Hummel/Kessel/Navarro/Butscher

Data Science mit Big Data

E-Book inklusive

Mit folgendem Code können Sie die E-Book-Ausgabe dieses Buches downloaden:

4p5e2-udl0n-ncqmx-nrnp2-v1jb3

Registrieren Sie sich unter

plus.hanser-fachbuch.de/ebookinklusive

Das E-Book können Sie auf Ihrem Rechner*, Tablet-PC und E-Book-Reader nutzen.

* Systemvoraussetzungen: Internet-Verbindung und Adobe® Reader®

Oliver Hummel
Marcus Kessel
Beate Navarro
Robert Butscher

Data Science mit Big Data

Techniken, Werkzeuge und Algorithmen zur Analyse großer Datenmengen

HANSER

MIX
Papier | Fördert gute Waldnutzung
FSC® C016368

Print-ISBN: 978-3-446-47640-0
E-Book-ISBN: 978-3-446-48154-1
E-Pub-ISBN: 978-3-446-48699-7

Die allgemein verwendeten Personenbezeichnungen gelten gleichermaßen für alle Geschlechter.

Bibliografische Information der Deutschen Nationalbibliothek:
Die Deutsche Nationalbibliothek verzeichnet diese Publikation in der Deutschen Nationalbibliografie; detaillierte bibliografische Daten sind im Internet unter http://dnb.d-nb.de abrufbar.

Vilshofener Straße 10 | 81679 München | info@hanser.de
www.hanser-fachbuch.de
Lektorat: Sylvia Hasselbach, Kristin Rothe
Copy editing: Walter Saumweber, Ratingen; Jürgen Dubau, Freiburg/Elbe
Herstellung: Grazyna Lada
Coverkonzept: Marc Müller-Bremer, www.rebranding.de, München
Covergestaltung: Thomas West
Titelmotiv: © AdobeStock/Avve Diana/genAI
Satz: le-tex publishing services GmbH, Leipzig
Druck: Elanders Waiblingen GmbH, Waiblingen
Printed in Germany

Inhalt

Vorwort

Ein Lehrbuch über Big Data zu schreiben ist ein großes, nicht zu unterschätzendes Unterfangen, das war uns von Anbeginn an klar. Immerhin haben wir alle schon mehrere Jahre in diesem Bereich gearbeitet sowie auch unterrichtet und kennen die Fülle an Themen, die noch dazu mit vielen neuen Trends Tag für Tag weiter wächst. Je tiefer wir uns eingelesen haben, desto mehr interessante Themen, die „man eigentlich mal anschauen könnte", haben wir gefunden. Wie groß das Buch und der Aufwand am Ende wirklich werden würden, hatten wir vermutlich am Anfang vor rund zwei Jahren alle gewaltig unterschätzt.

Ein Lehrbuch bringt zudem im Vergleich zu Vorlesungsfolien, die sich auch „auf der Tonspur" erläutern lassen, noch einmal deutlich höhere Anforderungen an Prägnanz und sowohl die Breite als auch die Tiefe mit sich. Wir halten wir es trotzdem mit dem römischen Philosophen Seneca (ca. 4 v. Chr. – 65 n. Chr.) …

> „Homines dum docent discunt" – „Die Menschen lernen, indem sie lehren."
>
> (Briefe an Lucilius, ca. 1. Jh. n. Chr.)

… und freuen uns, dass wir beim Schreiben und unseren vielen Diskussionen jede Menge Neues entdecken und lernen durften. Wir hoffen, liebe Leserinnen und Leser, dass es Ihnen bei der Lektüre dieses Buches genauso gehen wird. Wir hoffen ferner, dass wir Sie mit unserer Begeisterung für das Thema und unserer Lust am Experimentieren ein Stück weit anstecken können, und Sie trotz manchmal schwerer fachlicher Kost, auch etwas Vergnügen beim Lesen finden werden.

Unser Buch soll Ihnen daher nicht nur beim Zusammensetzen Ihres eigenen mentalen Bildes zur Big-Data-Verarbeitung eine gute Grundlage sein, sondern wird hoffentlich auch zum Ausgangspunkt für vielfältige eigene Experimente und Erfahrungen mit den aktuellen Trends und Werkzeugen. Probieren Sie wissbegierig alles aus, neben dem Lehren lernt man bekanntlich auch hervorragend beim Ausprobieren. Wir haben uns bemüht, den Einstieg in vielfach komplexe Technologien durch Links, Quelltexte und praktische Beispiele anschaulich und einfach zu machen. Diese sind auch im zum Buch gehörenden Github-Repository[1] hinterlegt, um Ihnen das Nachmachen noch leichter zu machen.

Wir hoffen zudem, dass wir nicht gerade aus Platzgründen das für Sie spannendste Thema weglassen mussten und falls Ihnen doch einmal der Tiefgang fehlen sollte, wir

1 *https://github.com/bigdatabuch*

hilfreiche weiterführende Literatur angegeben haben. Bedingt durch die Komplexität der vielen Frameworks, für die es jeweils oft sogar mehrere eigenständige Bücher gibt, ließ sich das leider an vielen Stellen nicht vermeiden. Kontaktieren Sie uns daher bei Fragen oder Anregungen gerne über Linkedin, wir freuen uns auf den Austausch mit Ihnen.

Zum Abschluss gilt unser Dank noch allen, die uns beim Schreiben dieses Werks in vielfältiger Art und Weise unterstützt haben, allen voran unseren Familien und Freunden, die uns für lange Zeit mit diesem Buch teilen mussten, Sylvia Hasselbach vom Hanser-Verlag sowie nicht zuletzt unseren Arbeitgebern für die akademische Freiheit, ein solches Werk überhaupt in Angriff nehmen zu können.

Nun wünschen wir Ihnen, liebe Leserinnen und Leser, viel Spaß beim Lesen, Lernen und Ausprobieren!

Im Januar 2026

Oliver Hummel

Marcus Kessel

Beate Navarro

Robert Butscher

Über die Autoren

Oliver Hummel lebt in der Pfalz und lehrt seit 2017 als Professor für Big Data an der Technischen Hochschule Mannheim, wo er auch das Gründungszentrum leitet. In den Jahren davor war er als CTO verantwortlich für die Entwicklung einer hochskalierbaren Datenvernetzungsplattform in einem gewachsenen Startup. Weitere berufliche Stationen umfassen eine Vertretungsprofessur am KIT sowie eine Juniorprofessur an der Universität Mannheim, beide im Bereich Softwaretechnik. Nach der Promotion in Mannheim arbeitete Oliver Hummel als Consultant an der Entwicklung von Systemen zur Datenanalyse in großen Konzernen mit. Er studierte Angewandte Informatik an der RPTU Kaiserslautern und schrieb seine Diplomarbeit am dort ansässigen Deutschen Forschungszentrum für Künstliche Intelligenz (DFKI).

Dr. **Marcus Kessel** (derzeit Akademischer Rat) ist promovierter Informatiker der Universität Mannheim, aktuell als Habilitant im Bereich Software Engineering tätig. Seine Forschung konzentriert sich auf die Entwicklung skalierbarer, verhaltensbewusster, laufzeitorientierter Methoden zur Analyse großer Software-Code-Repositorien – das sogenannte „Big Code“. Dabei verbindet er Erkenntnisse aus statischer und dynamischer Programm- und Software-Testing-Analyse mit datengetriebenen Ansätzen der Data-Science.

Beate Navarro ist seit 2021 Professorin für Data Science und Datenbanksysteme an der Technischen Hochschule Ingolstadt. Ihre fachlichen Schwerpunkte liegen in der praxisnahen Vermittlung moderner Datenbanktechnologien und datenanalytischer Verfahren. Zuvor war sie in verschiedenen Positionen in der Wirtschaft im Bereich Data Warehouse und Datenanalyse tätig. Ihre Promotion absolvierte sie an der Julius-Maximilians-Universität Würzburg an der Fakultät für Informatik mit den Schwerpunkten Information Retrieval und Data Mining in Web-2.0-Systemen. Studiert hat sie Wirtschaftsinformatik im dualen Studium in Stuttgart sowie an der Humboldt-Universität zu Berlin. Heute lebt sie mit ihrer Familie in der Nähe von Ingolstadt.

Robert Butscher ist seit 2022 Professor für Wirtschaftsinformatik, insbesondere Business Intelligence und Data Analytics, an der Technischen Hochschule Würzburg-Schweinfurt (THWS). Zuvor war er viele Jahre bei der IT-Genossenschaft DATEV eG für Analytics-Produkte und den Aufbau datengetriebener Geschäftsmodelle verantwortlich. Er studierte Betriebswirtschaftslehre an der Friedrich-Alexander-Universität Erlangen-Nürnberg und promovierte dort in Wirtschaftsinformatik zum Thema „Text Mining in der Konsumentenforschung unter besonderer Berücksichtigung von Produktontologien“. Robert Butscher lebt in Nürnberg, ist verheiratet und (stolzer) Vater von zwei Teenagern.

Teil 1
Grundlagen

1 Gestatten, Data – Big Data

Ein Lehrbuch über den Umgang mit großen Datenmengen zu schreiben, ist nicht zuletzt auch eine große Herausforderung. In kaum einem anderen Technologiefeld, vielleicht mit Ausnahme der künstlichen Intelligenz, ist der technische Fortschritt so rasant und der „Zoo" der Werkzeuge[1] und Frameworks so umfangreich und schwer zu überblicken wie bei Big Data.

Wir haben uns daher bemüht, Ihnen, liebe Leserinnen und Leser, die Informationen und wichtigsten Hintergründe passgenau so aufzubereiten, wie wir es bei unserem Einstieg in das Themenfeld vor mittlerweile etlichen Jahren selbst gerne gehabt hätten. Damals war Big Data ein boomendes Thema, ähnlich wie die Künstliche Intelligenz es heute ist. Zahlreiche Hersteller entwickelten neuartige Werkzeuge und priesen sie als eierlegende Wollmilchsau, auch wenn diese oft noch in den Kinderschuhen steckten und die Erfahrungen im Umgang mit ihnen vielfach erst mühsam erarbeitet werden mussten. Spannend ist in diesem Kontext insbesondere, dass gerade NoSQL-Datenbanken im Vergleich mit ihren SQL-Pendants eher das absolute Gegenteil einer eierlegenden Wollmilchsau sind, da sie ihre Vorteile gewöhnlich nur für sehr eng begrenzte Anwendungsfälle ausspielen können, auch wenn die Werbung der Hersteller anderes glauben machen möchte.

Heute sind zahlreiche Big-Data-Systeme längst im Dauereinsatz und verrichten ganz unauffällig ihren Dienst in der Cloud. Die Datenwissenschaft mit Big Data ist in den letzten gut zwei Jahrzehnten so weit gereift, dass sowohl stabile Werkzeuge als auch umfangreiche Erfahrungen mit ihnen zur Verfügung stehen. Diese möchten wir Ihnen in diesem Lehrbuch, das nach unserem Stand in seiner Breite mindestens im deutschsprachigen Raum, wenn nicht sogar weltweit, einzigartig ist, kompakt und dergestalt

1 Beinahe schon legendär geworden ist Matt Turcks „MAD Landscape", die versucht, einen Überblick über KI- und Big-Data-Tools zu geben, siehe *https://mattturck.com/landscape/mad2025.pdf*

vermitteln, dass es zum Ausprobieren und Experimentieren animiert. Schließlich waren nie so viele Werkzeuge und Daten frei verfügbar, wie das heute der Fall ist.

Primäre Zielgruppe unseres Buches sind neben Studierenden einschlägiger Studiengänge, ungefähr ab dem 4. Semester, auch all diejenigen, die sich für die berufliche Praxis einen schnellen und soliden technischen Überblick über den Umgang mit großen Datenmengen verschaffen möchten oder müssen. Sei es zur beruflichen Weiterentwicklung oder aus persönlichem Interesse. Auch Azubis im IT-Bereich dürften gegen Ende ihrer Ausbildung zahlreiche nützliche Anregungen aus diesem Buch verwenden können. Nicht zuletzt kann es natürlich auch allen Interessierten als Nachschlagewerk dienen, um spezielle Big-Data-Themen bei Bedarf schnell auffrischen zu können sowie Hinweise zu vertiefender Literatur zu finden.

1.1 Die Facetten von Big Data

Wörtlich übersetzt bedeutet „Big Data“ nichts weiter als „große Daten“ bzw. passender „große Datenmengen“[2]. Nie zuvor in ihrer Geschichte hat die Menschheit solche Massen davon produziert wie heute. Das globale Datenvolumen wächst rasant – von 26 Zettabyte (ZB) im Jahr 2017 über 104 ZB im Jahr 2022 zu geschätzten 175 ZB in 2025 [RRG18]. Diese Verdreifachung innerhalb von nur fünf Jahren setzt sich beschleunigt fort: Prognosen erwarten 284 ZB bis 2027 und 394 ZB bis 2028 [IDC24].

Bild 1.1 zeigt die für 2025 geschätzten 175 ZB in Bytes ausgeschrieben – was einer schier unvorstellbaren Zahl von 175 Billionen Gigabyte oder $175 * 10^{21}$ Byte entspricht.

Bild 1.1 175 Zettabyte in Bytes ausgeschrieben

175 Zettabyte sprengen jede Vorstellungskraft: Ein Stapel mit den dafür benötigten DVDs würde für rund 116 Reisen von der Erde zum Mond reichen und das Gesamtgewicht der aufeinander gestapelten DVDs entspräche etwa dem einer halben Milliarde Fahrzeuge vom Typ VW Golf (Bild 1.2). Diese Zahl übersteigt die gesamte Golf-Produktion seit Markteinführung 1974 (ca. 37 Millionen Exemplare) [Car24] um knapp das Zwölffache.

2 Teile dieses Kapitels wurden bereits in [Lan23] veröffentlicht.

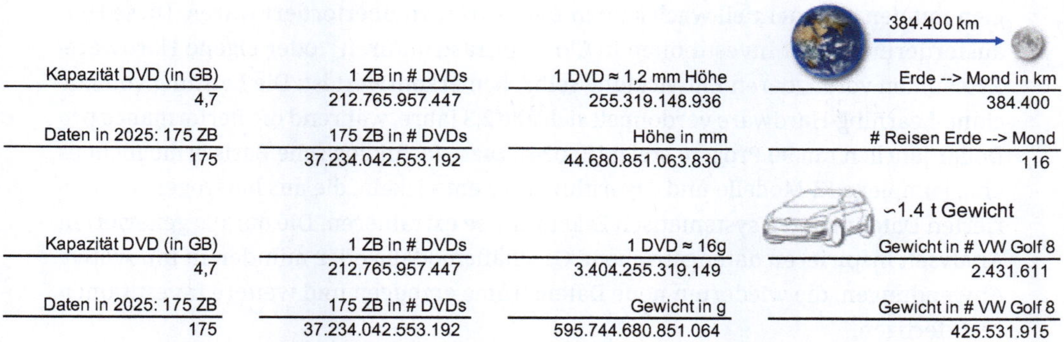

Bild 1.2 175 Zettabyte veranschaulicht

Ein sich selbstverstärkender Kreislauf

Diese rasant wachsenden Datenmengen sind weder Ursache noch alleinige Folge technologischer Entwicklungen, sondern Teil eines komplexen Wechselspiels. Das in Bild 1.3 dargestellte Kreislaufmodell illustriert die zirkuläre Dynamik ohne eindeutige Kausalität – keine Komponente fungiert als alleiniger Auslöser. Vielmehr entfaltet sich ein System gegenseitiger Verstärkung, bei dem jedes Element gleichzeitig Ursache und Wirkung ist.

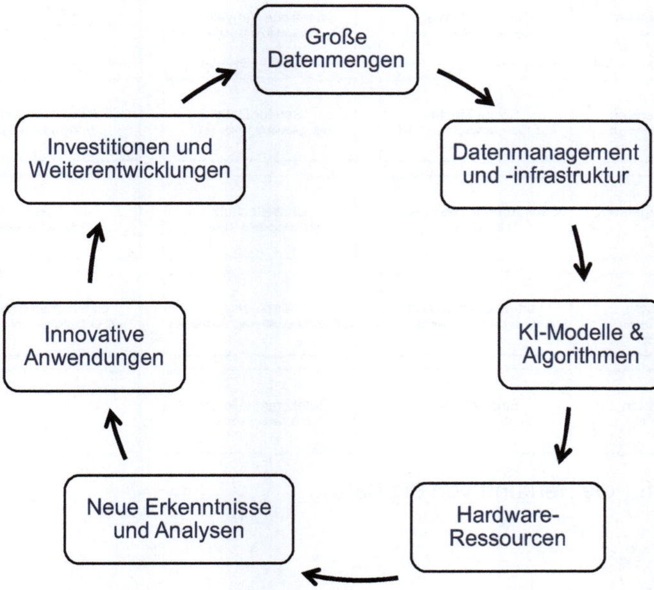

Bild 1.3 Der sich selbstverstärkende Big-Data-Kreislauf

Der Kreislauf beginnt mit der Notwendigkeit für Datenmanagement und -infrastruktur, da zu Beginn des Big-Data-Hypes (ab ungefähr 2005) herkömmliche Speichertechnologien mit den exponentiell wachsenden Datenströmen überfordert waren. Diese Herausforderung treibt Investitionen in Cloud-Infrastrukturen[3)] oder eigene Hardware-Ressourcen voran, deren Entwicklung selbst bemerkenswert ist: Die Leistung von Machine-Learning-Hardware verdoppelt sich alle 2,3 Jahre, während die Performance pro Dollar jährlich um 30 Prozent steigt [Epo24]. Diese technologische Basis ermöglicht es erst, komplexe KI-Modelle und Algorithmen zu entwickeln, die aus heterogen strukturierten Datenmengen systematisch Erkenntnisse extrahieren. Die daraus generierten Analysen inspirieren datengetriebene Geschäftsmodelle oder münden in innovative Anwendungen, die wiederum neue Datenströme erzeugen und weitere Investitionen rechtfertigen.

Vielfältige Datenquellen

Bild 1.4 zeigt die diversen Ursprünge dieser Datenmengen, die den Kreislauf kontinuierlich speisen. Die Entwicklung des Internet of Things (IoT) verdeutlicht diese Dynamik beispielhaft: Die Anzahl der IoT-Geräte soll von 20,1 Milliarden 2025 auf prognostizierte 32,1 Milliarden bis 2030 gewachsen sein [IDC24]. Neue Datenquellen, vielfältige Datenformate, große Datenmengen und kontinuierliche Datenströme treiben wiederum neue Technologien voran, um die Daten speichern, wirtschaftlich verarbeiten und analysieren zu können.

Bild 1.4 Mögliche Quellen für die Herkunft von Big Data

3 In diesem Kontext ist interessant, dass bereits in den 1960er-Jahren John McCarthy das mit Cloud einhergehende Computing so vorhersagte: *„Computing may someday be organized as a public utility just as the telephone system is a public utility“* [Gar11].

Die Evolution von Big-Data-Technologien

Diese Dynamik spiegelt sich auch in der Evolution der Technologien wider (Tabelle 1.1). Die Entwicklungen verliefen nicht linear, sondern griffen ineinander und verstärkten sich gegenseitig. Doug Laneys Definition der 3Vs (Volume, Velocity, Variety) von 2001 [Lan01] reagierte auf bereits existierende Datenphänomene und schuf gleichzeitig den konzeptionellen Rahmen für deren systematische Bewältigung. Googles MapReduce-Paper [DG04] machte ab 2004 parallele Datenverarbeitung einfach programmierbar sowie auf Standard-Hardware fehlertolerant und skalierbar. Apache Spark (2011) beschleunigte die Verarbeitung um Faktor 100 und eröffnete neue Anwendungsszenarien.

Tabelle 1.1 Ausgewählte Meilensteine im Kontext von Big Data

Jahr	Meilenstein	Erläuterung
2001	3Vs	Doug Laney definiert Big Data durch Volume, Velocity und Variety
2003	GFS	Google File System – verteiltes Dateisystem für Big Data
2004	MapReduce	Programmiermodell für parallele Datenverarbeitung
2005	Hadoop	Open-Source-Implementierung von GFS und MapReduce
2007	NoSQL-DBs	Nicht relationale Datenbanken für flexible Skalierbarkeit
2011	Apache Spark	In-Memory-Computing, bis zu 100-mal schneller als MapReduce
2013	Docker	Containertechnologie für Big-Data-Anwendungen
2014	Apache Flink	Stream-Processing mit echter Echtzeitverarbeitung
2015	Apache Kafka	Message-Broker wird Standard für Streaming-Pipelines
2016	TensorFlow 1.0	Deep-Learning-Framework für Big-Data-Pipelines
2021	Data Lakehouse	Kombination von Data Warehouse und Data Lake
2022	Generative KI	Revolution der Analyse unstrukturierter Daten
2024	Model Context Protocol (MCP)	Offener Standard für die Integration von Kontext- und Tool-Schnittstellen in generative KI-Systeme

Big Data im Kontext industrieller Revolutionen

Die in Bild 1.5 dargestellte Evolution industrieller Revolutionen verdeutlicht einen Wandel im Umgang mit Daten und Information. Während die ersten drei Revolutionen primär durch neue Energiequellen (Dampfkraft), Produktionsmethoden (Fließband) und Automatisierungstechnologien (Computer/IT) charakterisiert waren, markiert die vierte Revolution einen Paradigmenwechsel: Daten werden zum strategischen Produktionsfaktor.

Die vierte industrielle Revolution generierte Big Data als systemimmanente Konsequenz – durch Vernetzung von Fertigungsanlagen und Prozessautomatisierung. Daten entstehen nicht mehr als Nebenprodukt, sondern dienen fortan als Basis für Geschäftsmodelle, Prozessverbesserungen und Wertangebote. Cloud Computing, verteilte Systeme und neue Analyseverfahren wurden entsprechend als notwendige Infrastruktur ausgebaut [Sei19].

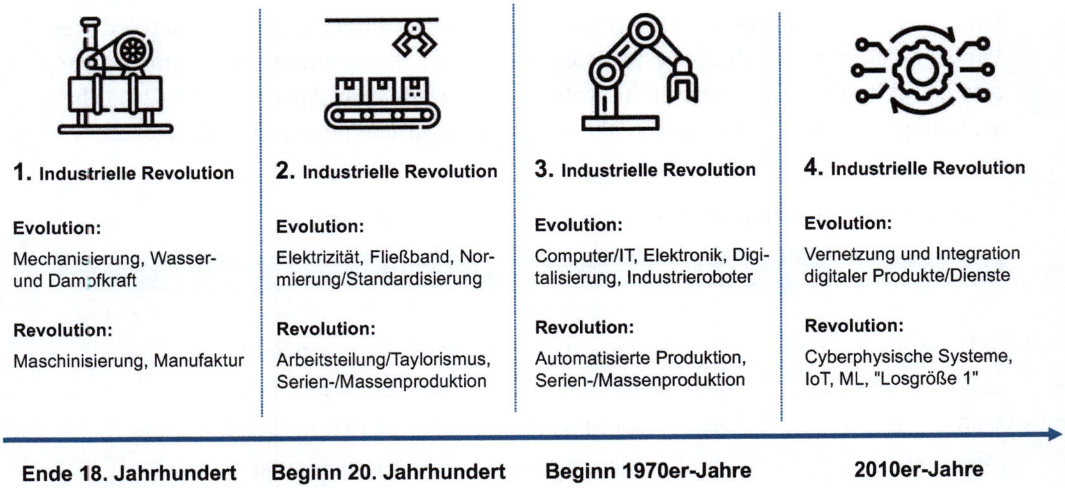

Bild 1.5 Industrielle Revolutionen im Überblick in Anlehnung an [HM24]

Der Übergang zu einer diskutierten fünften industriellen Revolution verschiebt den Fokus erneut. Die Europäische Kommission entwickelt und verfolgt mit Industrie 5.0 drei Säulen: Menschenzentriertheit, Nachhaltigkeit und Resilienz [Eur+21]. Diese Neuausrichtung interpretiert Big Data nicht mehr nur als Instrument der Prozessoptimierung, sondern auch als Mittel, gesellschaftliche Ziele zu verwirklichen, Lieferketten störungsfreier zu machen und eine nachhaltige Kreislaufwirtschaft zu etablieren [Sch+23].

KI geht schon heute Hand in Hand mit Big Data: Während Industrie-4.0-Ansätze Daten zur Prozessoptimierung nutzen, ermöglichen KI-Systeme erweiterte Mensch-Maschine-Interaktionen. Machine-Learning-Algorithmen identifizieren Muster in Datenmengen und passen Produktionsprozesse adaptiv daran an. Solche Systeme entwickeln eigenständig Lösungsansätze aus verfügbaren Daten, bleiben jedoch abhängig von Datenqualität und -umfang. Fehlende oder verzerrte Trainingsdaten führen zwangsläufig zu fehlerhaften Ergebnissen.

Die europäische Vision einer Industrie 5.0 zielt darauf ab, dass Big Data Analytics über reine Effizienzsteigerung hinaus auch gesellschaftliche Ziele verwirklichen soll [Sch+23]. Ob datengetriebene Systeme tatsächlich nachhaltiger oder resilienter werden, bleibt jedoch empirisch zu belegen. Der in Bild 1.3 dargestellte Mechanismus zwischen Datensammlung, KI-Training und Produktionssteuerung erhält eine erweiterte Funktion: Er soll technischen Fortschritt mit gesellschaftlichen Zielen systematisch verbinden.

Die Öl-Metapher und ihre Grenzen

Die Metapher von Daten als dem „neuen Öl“[4] des 21. Jahrhunderts bietet einen eingängigen Vergleich, erfasst aber nur Teilaspekte der Datenökonomie.

Die (vermeintlichen) Parallelen liegen zunächst in den Verarbeitungsprozessen: Wie Öl müssen Daten gesammelt (gefördert), gespeichert (gelagert) und aufbereitet (raffiniert) werden, um irgendeine Form von Wert zu generieren. Beide unterliegen strengen Regularien – Raffinerien folgen Sicherheitsvorschriften, Datenverarbeitung erfordert Data Governance. Diese umfasst die Katalogisierung durch Metadaten, die Einhaltung von Datenschutzrecht und die Nutzung verbindlicher Interoperabilitätsstandards. Auch die Katastrophenpotenziale ähneln sich: Datenlecks verursachen digitale „Ölpesten“, wie der Facebook-Vorfall im Jahre 2021 demonstrierte, bei dem über 500 Millionen Nutzerdatensätze kompromittiert wurden [Ham23; Del21].

Zwischen Daten und traditionellen Ressourcen wie etwa Öl existieren jedoch auch erhebliche Unterschiede: Daten vermehren sich durch ihre Nutzung, statt sich zu verbrauchen. Daten lassen sich zudem zielgerichtet erzeugen [Wer24]. Jede Analyse generiert potenziell neue Erkenntnisse, die weitere Datenerhebungen motivieren. Moderne Produkte erzeugen kontinuierlich Datenströme: Sensoren erfassen Umgebungsparameter, Nutzerinteraktionen werden protokolliert, Transaktionen gespeichert. Diese selbstverstärkende Dynamik steht im Gegensatz zur Endlichkeit fossiler Rohstoffe. Ein weiterer Unterschied betrifft die Reproduzierbarkeit. Öl verbrennt einmalig und ist dann verloren – Daten hingegen lassen sich beliebig oft kopieren und verwenden. Analysen zehren Daten nicht auf; sie sind ökonomisch betrachtet nicht rivalisierend, aber exkludierbar, etwa durch Zugangsrechte oder technische Beschränkungen.[5] Diese Eigenschaft hat jedoch eine Kehrseite: Datenlecks wirken irreversibel, da sich einmal veröffentlichte Informationen praktisch nicht mehr aus dem digitalen Raum entfernen lassen. Hier zeigt sich eine Parallele zu Ölkatastrophen: Beide hinterlassen dauerhafte Schäden in ihren jeweiligen Systemen – physisch bei Ölverschmutzungen, digital bei Datenlecks.

Einen weiteren Unterschied betont Wernicke: Im Vergleich zu physischen Rohstoffen haben Daten als nicht rivalisierende Güter keinen universellen Wert, so wie es etwa für einen Barrel Öl einen weltweit einheitlich definierten Wert pro Menge (aktueller Weltmarktpreis) gibt. Der Wert von Daten ergibt sich aus dem Kontext, in dem sich Daten nutzen lassen. Je nach Nutzer, Anwendungsfall und Erkenntnisziel können die identischen Daten entweder sehr wertvoll oder sehr wertlos sein [Wer24]. Gibt es keinen universellen Wert für Daten, so ist auch der Zusammenhang zwischen Datenmenge und Datenwert unklar [Wer24]. Während physische Rohstoffe wie Öl mit zunehmender

4 Grundlage für diese Metapher ist die Äußerung von Clive Humby aus dem Jahr 2006 [Hum06]. Michael Palmer betont den Aspekt der Raffinierung [Pal06]. Eine tiefere Auseinandersetzung mit der Metapher findet sich bei Hirsch aus dem Jahr 2014 [Hir14] oder auch bei Wernicke aus dem Jahr 2024 [Wer24].

5 So charakterisieren etwa Corrado et al. Daten als *non-rival (yet excludable)* Gut [Cor+22].

Menge in der Regel linear an Wert gewinnen – zwei Barrel sind doppelt so viel wert wie ein Barrel – gilt dies für Daten nicht. Ob zwei Terabyte an Daten mehr Wert erzeugen als eines, hängt von Faktoren wie Qualität, Exklusivität, Redundanz und Nutzbarkeit ab. Denkbare Verläufe reichen von *linear* (konstanter Grenznutzen) über *degressiv* (zunehmender, aber abnehmender Grenznutzen) bis hin zu *überproportional* im Sinne einer S-Kurve (Netzwerkeffekte, sprunghafte Verbesserungen ab einer kritischen Datenmenge). In ungünstigen Fällen kann der Wert mit wachsendem Volumen sogar *negativ* verlaufen, etwa durch überproportional steigende Kosten für Speicherung und Verarbeitung oder durch sinkende Datenqualität. Auf der anderen Seite können aber Daten auch zu sich selbst verstärkenden Kreisläufen führen: Je mehr datenbasierte Produkte gekauft werden, desto mehr entstehen weitere Daten (z. B. Nutzungsdaten), die wiederum neue Funktionalität, mehr Komfort oder höhere Zuverlässigkeit für das Produkt bedeuten können, was wiederum dem Absatz, der Wettbewerbsfähigkeit oder der Innovationskraft zugutekommt [Wer24]. Daten sind keine homogenen Güter: Ihr Wert reicht von „völlig nutzlos" bis „sehr wertvoll" und wird entscheidend durch den jeweiligen Anwendungskontext bestimmt.

Ironischerweise teilen beide Ressourcen auch ökologische Problematiken: Sowohl die Ölförderung und -verwendung als auch der massive Energiebedarf von Rechenzentren für Big-Data-Verarbeitung belasten die Umwelt erheblich [Bit24].

Die Öl-Metapher erfasst aber nicht die qualitative Andersartigkeit von Daten im Kontext der industriellen Transformation. Sie entsteht durch die Verbindung von Daten, hier speziell Big Data mit Künstlicher Intelligenz, worunter klassisches Machine-Learning (ML) ebenso fällt, wie auch avanciertere Ansätze wie Deep Learning: Daten werden nicht nur verarbeitet oder beinhalten Informationen, sondern ermöglichen auch lernende Systeme. Diese können sich (idealtypisch) kontinuierlich selbst verbessern und damit „intelligent" auf sich verändernde Rahmenbedingungen reagieren oder gar zum Bestandteil datengestützter Wertangebote werden [Sei19]. Dieser selbstverstärkende Mechanismus – von der reaktiven Prozessverbesserung in Industrie 4.0 zur Vision einer menschenzentrierten Produktion in Industrie 5.0 [Eur+21] – geht weit über die Möglichkeiten physischer Rohstoffe hinaus. Die Öl-Metapher hilft beim ersten Verständnis, regt zum Nachdenken und Diskutieren an, verdeckt aber den weitreichenden Unterschied zwischen stofflichen und informationsbasierten Ressourcen.

Big Data: Von der Option zur Notwendigkeit

Bild 1.3 hat gezeigt, wie Big Data sich selbst verstärkt. Unternehmen, die Daten systematisch nutzen, setzen einen idealtypischen Kreislauf in Gang: Daten ermöglichen Analysen, diese generieren Erkenntnisse, daraus entstehen Innovationen, die zu neuen Einnahmequellen führen [Wer24]. Diese wiederum finanzieren weitere Investitionen in KI und Big Data. Was für digitale Vorreiter wie Google oder Amazon von Beginn an Bestandteil des Geschäftsmodells war, müssen traditionelle Unternehmen nachträglich implementieren: IT-Infrastrukturen, Datenkompetenz und datenbasierte Entscheidungsprozesse.

Bild 1.6 verdeutlicht diese Entwicklung auf Grundlage einer Befragung[6]. In Deutschland nutzen 82 Prozent der untersuchten Unternehmen Big Data oder planen dessen Einsatz [Bit25]. Diese hohe Adoptionsrate zeigt, dass Big Data sich bei den befragten Unternehmen etabliert hat. Es ist keine isolierte IT-Aufgabe mehr, sondern findet Anwendung in verschiedenen Bereichen: Marketing nutzt Personalisierung, Produktion führt Process Mining durch, Lieferketten werden transparenter gestaltet. Der parallele Anstieg von IoT auf 84 Prozent und der Sprung der Robotik auf 74 Prozent binnen zwei Jahren deuten auf Synergieeffekte hin: IoT-Sensoren liefern Daten, Robotik nutzt diese für adaptive Steuerung – eine skalierbare IT-Infrastruktur für Big Data im Hintergrund vorausgesetzt.

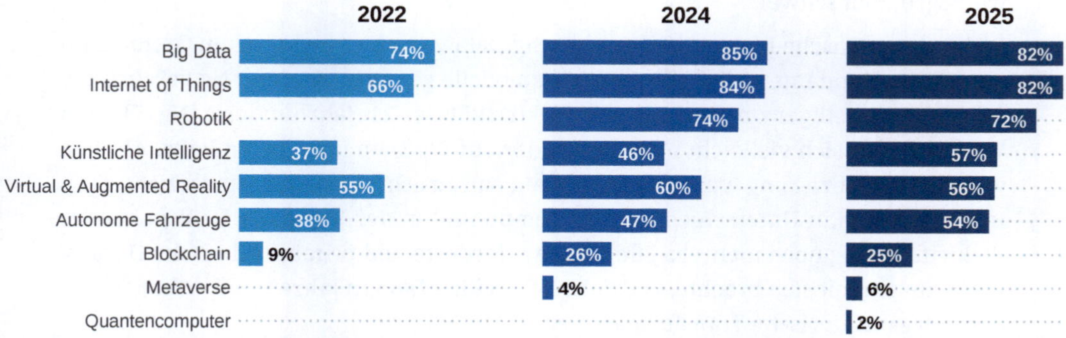

Bild 1.6 Einsatz tatsächlicher und geplanter Technologien in der Studie [Bit25]

Künstliche Intelligenz transformiert die in Bild 1.5 gezeigte Entwicklung qualitativ. Während frühere Revolutionen sequenziell abliefen – von Mechanisierung über Elektrifizierung zur Digitalisierung –, ermöglicht KI eine synergetische Integration aller Ebenen. Maschinelles Lernen (ML) verbindet physische Produktionsprozesse mit digitalen Zwillingen, Predictive Analytics mit Echtzeitsteuerung. Die Datenverarbeitung verschiebt sich von reaktiver Analyse zu proaktiver Verbesserung hin zu Handlungsempfehlungen oder gar autonom ausgeführten Tätigkeiten durch Roboter oder Software, wobei Algorithmen aus historischen Mustern lernen und Parameter kontinuierlich anpassen [Sei19].

Diese KI-getriebene Transformation wäre ohne Big-Data-Technologien niemals möglich. Big Data unterscheidet sich von früheren IT-Entwicklungen nicht nur durch schiere Menge und Verarbeitungsgeschwindigkeit, sondern bildet das technologische Fundament, auf dem KI-Systeme operieren. Ohne massive Trainingsdatenmengen keine

6 n = 603 Befragte (Unternehmen mit 20 und mehr Beschäftigten). Die Prozentwerte beziehen sich auf die befragten Personen bzw. Unternehmen [Bit25]. Der Code der in R erstellten Visualisierung findet sich hier: *https://colab.research.google.com/drive/1_FB_UU_w37TzLQQTSNSLSb1ysvpJaFMX?usp=sharing*.

Deep-Learning-Modelle, ohne Echtzeitdatenströme keine adaptive Steuerung, ohne skalierbare IT-Infrastrukturen kein wirtschaftlich tragbares Modelltraining. Wer einmal in IT-Infrastruktur für Big Data investiert hat, baut diese typischerweise weiter aus – weniger aus technischem Enthusiasmus, sondern aus betriebswirtschaftlicher Notwendigkeit.

Diese Logik manifestiert sich in den entstehenden Pfadabhängigkeiten. Die Verflechtung von Big-Data-Technologien funktioniert wie ein Dominoeffekt: Wer Dateninfrastruktur aufbaut, benötigt zwangsläufig Analysemethoden und muss entsprechende Geschäftsmodelle entwickeln. Wer Algorithmen implementiert, braucht Rechenkapazität – gleichgültig, ob in der Cloud oder On-Premises. Wer aus Daten Erkenntnisse gewinnt, entdeckt neue Anwendungsfelder und damit neue Datenquellen. Jeder Schritt verstärkt die Abhängigkeit vom Gesamtsystem – ein Ausstieg fällt allein aus Wettbewerbsgründen schwer.

Diese systematische Interdependenz hat Big Data von einer technischen Option zum operativen Fundament digitaler Geschäftsmodelle gemacht. Andrew Ng verglich die Künstliche Intelligenz bereits mit der Elektrizität des 21. Jahrhunderts [Ng17] – ein Vergleich, der sich vielleicht noch passender auf Big Data übertragen ließe. Ähnlich wie die Elektrifizierung wurde auch Big Data zur unsichtbaren, aber unverzichtbaren Infrastruktur. Ein Unterschied liegt im Tempo und in der Komplexität: Was bei der Elektrifizierung noch mehrere Jahrzehnte erforderte und primär technische Herausforderungen mit sich brachte, vollzieht sich bei Big Data in Jahren und erfordert vor allem organisatorische Transformationen.

Eine wesentliche Herausforderung liegt in der Integration: Big Data, KI, IoT, Data Science und Cloud Computing verschmelzen zu einem technologischen Ökosystem, in dem jede Komponente die anderen voraussetzt, wechselseitig bedingt und verstärkt. Die technische Konvergenz ist dabei nur die „Spitze des Eisbergs" – die organisatorischen Herausforderungen von Governance über Compliance bis zur Kulturveränderung im Unternehmen sind ein weiteres Betätigungsfeld.

1.2 Definition mit 3Vs

Geht es um eine Definition als Begriff bzw. Fachgebiet, bleibt die Literatur oft schwammig und zieht sich auf eine Beschreibung der wichtigsten Eigenschaften mithilfe einer **Alliteration mit 3 V** zurück. Auch wir werden diese gleich betrachten, zuvor sei jedoch der Versuch einer intuitiven Definition unternommen, die gleichzeitig die Schwierigkeiten beim Festlegen eines Schwellwerts an Daten für Big Data verdeutlichen wird.

Schon in den frühen 2000er-Jahren, als das zuvor endlos scheinende Wachstum der Prozessortaktraten zu einem Ende kam, erkannte man, dass die Verwendung immer größerer und stärkerer Einzelsysteme (sog. vertikale Skalierung) kein dauerhafter Ausweg für den Umgang mit wachsenden Datenmengen sein würde, da die Wachstumsgeschwindigkeit der Daten die der Hardware schlichtweg überstieg. Entsprechend liegt es nahe, eine Definition von Big Data an eine notwendige horizontale Skalierung, also die Verteilung von Daten auf mehrere Server, zu koppeln. Ganz salopp und einfach ausgedrückt: Big Data wird es, sobald die Daten nicht mehr auf eine einzelne „Kiste" passen[7].

Auf die Hintergründe, die dieser Definition zugrunde liegen, werden wir im folgenden Abschnitt näher eingehen, zuvor sei darauf hingewiesen, dass sich daraus keine feststehende Größe ableiten lässt, da sich parallel zu einer stetig wachsenden Datenmenge auch die Hardware permanent entwickelt. Zu Beginn der Big-Data-Verarbeitung Anfang der 2000er-Jahre waren Arbeits- und Festspeicher von Computern und Servern etwa um den Faktor eintausend kleiner als zur Mitte der 2020er-Jahre[8]. Entsprechend lag die Schwelle für die Notwendigkeit einer Verteilung von Daten deutlich niedriger als heute, wo beispielsweise leicht die Adressdaten aller Einwohner Deutschlands in einer relationalen Datenbank auf einem handelsüblichen Laptop gespeichert werden könnten. Um dennoch eine ungefähre Größenordnung zu geben: Wir wollen im Rahmen dieses Buches die Schwelle zu Big Data im industriellen Einsatz grob im Bereich von etwa zehn Terabyte an aufwärts veranschlagen. Das entspricht in etwa dem heute in großen Servern möglichen Arbeitsspeicher. Was natürlich nicht bedeutet, dass eine Verteilung auf verschiedene Maschinen nicht schon deutlich früher notwendig wird oder beispielsweise aus Gründen der Redundanz sinnvoll sein kann. Bestehen umgekehrt keine außergewöhnlichen Anforderungen an die Performanz, kann gegebenenfalls auch ein einzelner Server noch weit länger ausreichend sein.

Nach der klassischen 3V-Definition von Big Data [Lan01] kommen vor allem drei Ursachen in Betracht, die eine Verteilung der Daten auf mehrere Rechner erforderlich machen: Direkt mit dem Begriff „Big Data" auf der Hand liegt eine große Datenmenge (engl. **Volume**), die auf einem einzelnen Rechner nicht mehr vollständig gespeichert werden kann. Eine ausreichende Geschwindigkeit (engl. **Velocity**) bei Speicherung und Verarbeitung gesellt sich leicht nachvollziehbar als zweite Herausforderung hinzu. Ferner stammen große Datenmengen üblicherweise nicht nur aus einer einzigen Datenquelle, sondern aus vielen verschiedenen, mit oft unterschiedlichen Formaten und Speichersystemen, sodass mit der Daten- sowie Speicherungs- und Verarbeitungsvielfalt (**Variety**) schnell ein dritter Grund ausgemacht ist, um Big-Data-Systeme auf mehrere Rechner verteilen zu müssen.

In jüngerer Zeit zeigt es sich, dass durch neue Anforderungen, wie sie beispielsweise das Internet of Things (IoT) mit seinen schier endlosen Datenströmen von zahllosen

---

7 Für viele Endanwender trifft die Aussage „Sobald es nicht mehr in eine Excel-Tabelle (mit heute maximal rund einer Million Zeilen) passt" vielleicht noch besser zu.

8 Gängig waren damals PCs mit ungefähr 250 MHz CPU, 32 MB RAM und einer niedrigen einstelligen Gigabyte-Zahl an Festplattenspeicher.

Sensoren und Aktuatoren mit sich bringt, Daten verfälscht werden oder erst mit Verspätung oder gar nicht zur Verarbeitung ankommen können. Daher ergänzen manche Autoren mit **Veracity** (Wahrhaftigkeit) von Daten noch ein viertes V für diese Definition. Oft wird auch noch der Nutzen (**Value**), den die Verarbeitung großer Datenmengen stiften soll, als fünftes V angeführt. Da es sich jedoch weder bei Veracity noch bei Value um Eigenschaften der Daten handelt, die per se eine Parallelverarbeitung auf verschiedenen Rechnern notwendig machen würden, bevorzugen wir das 3V-Modell als Arbeitsgrundlage, anhand derer sich der Begriff Big Data wie folgt definieren lässt:

Big Data bezeichnet Daten, die wegen ihrer Größe (Volume), der geforderten Verarbeitungsgeschwindigkeit (Velocity) oder aufgrund ihrer Vielfalt (Variety) nicht auf einem einzelnen Rechnersystem gehalten werden können, sondern parallel auf mehreren Servern verarbeitet werden müssen.

Aus technischer Sicht bringt die Parallelverarbeitung großer Datenmengen auf verteilten Systemen vor allem zwei große Herausforderungen mit sich, nämlich die Vermeidung von gleichzeitigen Schreibzugriffen durch verschiedene Verarbeitungseinheiten („concurrent writes") sowie das konsistente Halten („consistency") von aus Resilienzgründen angelegten Kopien (sogenannten Replika) von Daten im System (vgl. auch [Kle17]).

Die Parallelverarbeitung (engl. Distributed Computing) und viele damit verbundene Ideen sind übrigens nicht erst mit dem Big-Data-Hype der 2000er-Jahre entstanden, erste Überlegungen in diese Richtung gab es bereits in den 1960er-Jahren und spätestens seit den 1980ern wurde ernsthaft an entsprechenden Systemen gearbeitet. Beispielsweise wurde schon Anfang der 1990er mit dem Message Passing Interface (kurz MPI) ein einheitlicher Standard für den Nachrichten- und Datenaustausch in verteilten Systemen geschaffen [Gro+96]. Die damaligen Ansätze setzten allerdings meist auf uniforme Hardware, die zu sogenannten Supercomputern verschaltet wurde (Stichwort Grid-Computing) und zielten darauf ab, die Daten durch alle Knoten im System im „Gleichtakt" verarbeiten zu lassen. Für heutige Computing-Cluster oder Cloud-Systeme, die oft aus „bunt zusammengewürfelter" sogenannter Commodity-Hardware bestehen, würde dieser Ansatz nicht besonders gut funktionieren. Daher wurden die frühen Vorreiter der Parallelverarbeitung im heutigen Big-Data-Einsatz nahezu vollständig von flexibleren (Open-Source-)Frameworks wie Hadoop und seinen Nachfolgern abgelöst.

Weitere Vs

In der Literatur scheint ein regelrechter Wettlauf darum entbrannt zu sein, wer noch weitere Vs zu den drei bisher genannten hinzu (er)finden kann. Mit einer schnellen Internet-Recherche lassen sich insgesamt über ein Dutzend solcher Begriff ausfindig machen [Fir17]. Wir wollen uns nicht dazu hinreißen lassen, bei diesem Wettlauf mitzumachen, da dieser die obige anschauliche Definition ad absurdum führen würde. Nichtsdestotz wollen wir aus Gründen der Vollständigkeit die gängigsten drei weiteren Vs sowie mit der Visualisierung ein „Bonus-V“ im Folgenden kurz erläutern:

- **Veracity (Wahrhaftigkeit):** Die Frage nach der Qualität, Vertrauenswürdigkeit und Genauigkeit der Daten. Ungenaue Daten können zu falschen Schlussfolgerungen führen.
- **Value (Wert):** Der wichtigste Aspekt ist, aus den gesammelten Daten einen messbaren geschäftlichen, gesellschaftlichen oder wissenschaftlichen Mehrwert zu generieren.
- **Variability (Veränderlichkeit):** Bezieht sich auf die sich ändernde Bedeutung oder Struktur von Daten im Zeitverlauf, was die Analyse erschwert.
- **Visualization (Visualisierung):** Die Notwendigkeit, komplexe Daten und Analyseergebnisse in verständliche, oft interaktive grafische Darstellungen zu überführen.

1.3 Berührungspunkte mit Data Science

Entstehung und Definition von Data Science

Bild 1.7[9)] dokumentiert drei unterschiedliche Verläufe von Begriffen bei Google Trends über zwei Dekaden (2005–2025): „Big Data“ erreichte im Oktober 2018 seinen Höhepunkt (Index 55) und fiel seitdem auf 33 zurück – ein Rückgang um 40 Prozent. „Artificial Intelligence“ hingegen wuchs nach einem Tiefpunkt 2012 (Index 11) kontinuierlich und erreichte im Mai 2023 mit 89 fast die Indexobergrenze. „Data Science“ verzeichnet seit 2015 einen fast kontinuierlichen Aufwärtstrend und kommt mit einer jährlichen Wachstumsrate (CAGR = Compound Annual Growth Rate) von 14,4 Prozent aktuell auf einen Indexwert von 93.

Diese Trends spiegeln begriffliche Verschiebungen wider: Während „Big Data“ als Schlagwort an Zugkraft verliert (CAGR dennoch 12,5 Prozent seit 2005), rücken konkrete Anwendungen der Daten – KI und Data Science – in den Fokus. Big Data verschwindet nicht, es wird zur selbstverständlichen Grundlage, während die Aufmerksamkeit sich auf die darauf aufbauenden Disziplinen verschiebt. Der Begriff „Artificial Intelligence“ stammt bereits aus den 1950er-Jahren (Dartmouth Conference 1956, vgl. [McC+06]) und erlebt zyklisch neue Aufmerksamkeitswellen – etwa 2016 durch den Sieg von AlphaGo (Google) im Brettspiel Go und ab Ende 2022 durch ChatGPT (OpenAI). Ob diese Suchtrends die technologischen Realitäten widerspiegeln oder lediglich begriffliche Moden dokumentieren, lässt sich aus den Daten allein natürlich nicht ableiten.

9 Die in R erstellte Grafik steht in Google Colab bereit: *https://colab.research.google.com/drive/1i0Ps58-uQ8LrlESNdbpelbCoJVVQq8XY?usp=sharing*. Im Chart nutzt jedes Panel eine serienspezifische Baseline und eine gemeinsame relative Spannweite, sodass alle drei Linien dasselbe Verhältnis von Minimum zu Maximum haben – Muster in den Daten bleiben so trotz verschiedener Absolutwerte direkt vergleichbar.

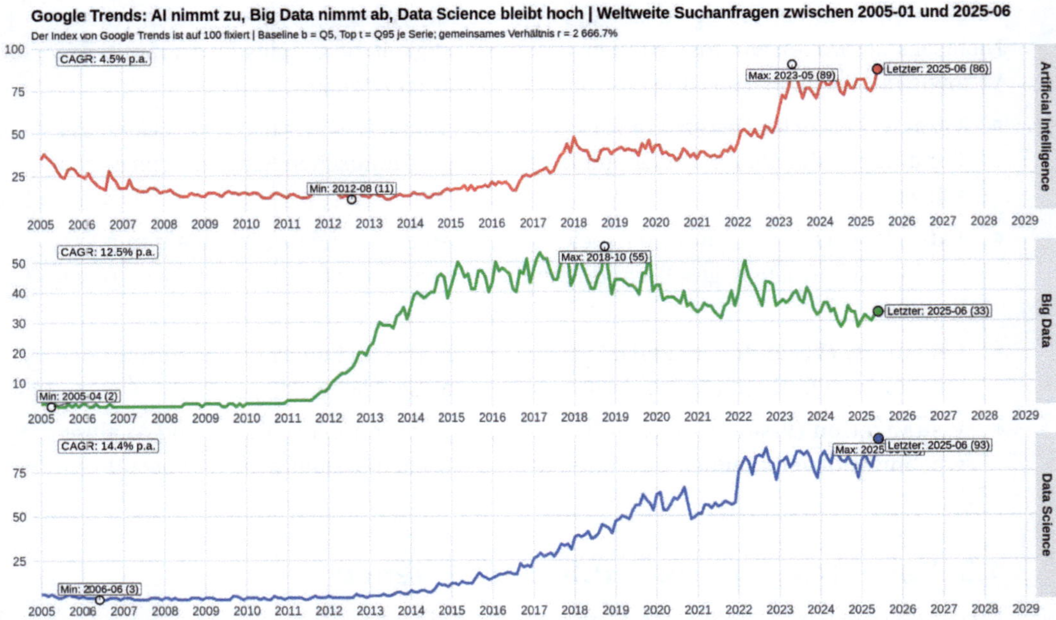

Bild 1.7 Google Trends für die Suchterme „Artificial Intelligence“, „Big Data“ und „Data Science“

Um zu verstehen, wie Data Science zu diesem prominenten Status gelangte und Data Scientist bereits als attraktivster Job des beginnenden 21. Jahrhunderts gehandelt wurde, lohnt ein Blick auf die historische Entwicklung des Begriffs. Die Ursprünge reichen bis in die 1960er-Jahre zurück, als der dänische Informatiker Peter Naur erstmals „Datalogy“ als Alternative zu „Computer Science“ vorschlug, um den Fokus auf die Daten zu lenken [SF88]. In seinem Werk „Concise Survey of Computer Methods“ nutzte Naur 1974 den Begriff Data Science bereits freier und definierte ihn als „*the science of dealing with data, once they have been established, while the relation of the data to what they represent is delegated to other fields and sciences*“ [Nau74]. Diese frühe Phase war geprägt von ersten Datenbanken und grundlegenden Konzepten der Datenanalyse, während die Verarbeitung großer Datenmengen noch eine erhebliche technische Herausforderung darstellte.

Die 1990er-Jahre markierten einen Wendepunkt, als die zunehmende Verbreitung von Computern und das Aufkommen des Internets zu einem Anstieg verfügbarer Daten führten. Jeff Wu schlägt 1997 in seinem Vortrag „Statistics = Data Science?“[10] vor, den Begriff Statistik durch Data Science zu ersetzen und statt der Berufsbezeichnung Statistiker besser von Data Scientist zu sprechen. So sollte die Bedeutung der computer-

10 Vortrag: *https://www2.isye.gatech.edu/~jeffwu/presentations/datascience.pdf*. In „Future directions of statistical research in China: a historical perspective“ erwähnt Wu bereits 1986 „Data Science“ [Wu86].

gestützten Datenanalyse zum Ausdruck gebracht werden. Ein Umstand, auf den auch der Statistiker John Tukey bereits in den 1960er-Jahren hinwies, um die Bedeutung der aufkommenden Computer für Datenanalysen hervorzuheben. In den 2000er-Jahren etablierte sich Data Science endgültig als eigenständige Disziplin. William S. Cleveland veröffentlichte 2001 einen Aufruf (Action Plan), in dem er fordert, Statistik in Richtung Informatik und umgekehrt zu erweitern. Hierfür schlug er folgende Bereiche vor: Multidisziplinäre Untersuchungen, Modelle und Methoden für Daten, Rechnen mit Daten, Pädagogik, Werkzeug-Bewertung und Theorie.

Data Science ist die Kunst und Wissenschaft, mit geeigneten Methoden aus Daten Information zu extrahieren [Kau19]. Sie verfolgt einen interdisziplinären Ansatz, der die mathematische Strenge der Statistik, die algorithmische Effizienz der Informatik und das spezifische Wissen aus dem Anwendungsbereich (Domäne) vereint. Drew Conway verdeutlichte 2010 diese Interdisziplinarität als Venn-Diagramm, das Data Science als Schnittmenge dreier Bereiche zeigt (Bild 1.8) [Con10]. Conway warnte dabei vor der „Danger Zone" – dem Bereich, in dem Hacking Skills und Domänenwissen ohne statistische Fundierung zusammentreffen, was zu falschen oder irreführenden Schlüssen führen kann.

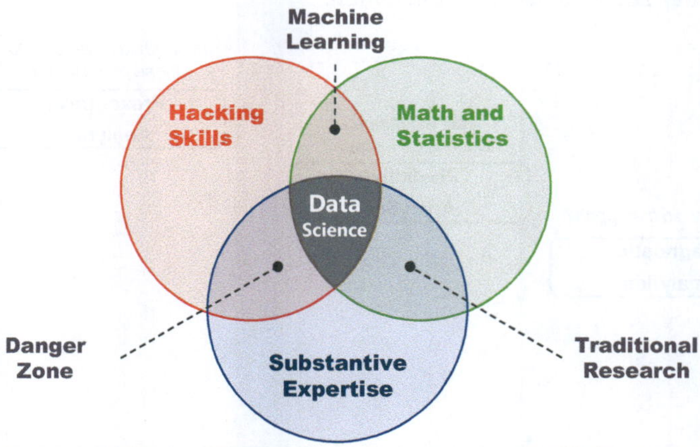

Bild 1.8 Data Science als Venn-Diagramm [Con10]

Conways Darstellung macht die notwendige Kompetenzbreite sichtbar. Als Arbeitsdefinition dient im Folgenden der Ansatz von Schulz et al., Data Science als *„interdisziplinäres Fachgebiet, in welchem mithilfe eines wissenschaftlichen Vorgehens, semiautomatisch und unter Anwendung bestehender oder zu entwickelnder Analyseverfahren Erkenntnisse aus teils komplexen Daten extrahiert und unter Berücksichtigung gesellschaftlicher Auswirkungen nutzbar gemacht werden"* [Sch+22] zu sehen.

Das „wissenschaftliche Vorgehen", das Schulz et al. ansprechen, konkretisiert sich in einem strukturierten Prozess, der sich von der Datenerhebung bis zur Kommunikation der Ergebnisse erstreckt. Jedes Data-Science-Projekt beginnt mit der Datenakquisition und -aufbereitung: Rohdaten werden bereinigt, fehlende Werte behandelt und Formate normalisiert. Die explorative Datenanalyse (EDA) nutzt statistische Kennzahlen und Visualisierungen, um erste Muster zu identifizieren und Hypothesen vorzubereiten. In der Modellierungsphase kommen die Analyseverfahren zum Einsatz – von klassischen statistischen Methoden über Machine Learning bis zu Deep-Learning-Ansätzen, je nach Komplexität der Fragestellung.

Der Informationsgehalt von Datenanalysen lässt sich in vier Reifegrade unterteilen, die sich nach Erkenntnisgewinn und praktischem Nutzen unterscheiden lassen (Bild 1.9) [TGB20]. Am Anfang steht die deskriptive Analytik, die historische Daten zusammenfasst und zeigt, *was* geschehen ist. Die diagnostische Analytik geht einen Schritt weiter und untersucht, *warum* bestimmte Muster auftreten. Mit der prädiktiven Analytik verschiebt sich der Blick in die Zukunft: Statistische Modelle und ML-Algorithmen prognostizieren, *was* wahrscheinlich geschehen wird. Die höchste Stufe bildet die präskriptive Analytik, die nicht nur vorhersagt, sondern konkrete Handlungsempfehlungen ableitet – sie beantwortet, *wie* auf die Vorhersagen reagiert werden sollte. Präskriptive Systeme können künftige Ergebnisse aktiv beeinflussen: Beispielsweise kann ein Recommendation-System, das im richtigen Moment einen passenden Vorschlag macht, die Wahrscheinlichkeit eines zusätzlichen Kaufs erhöhen.

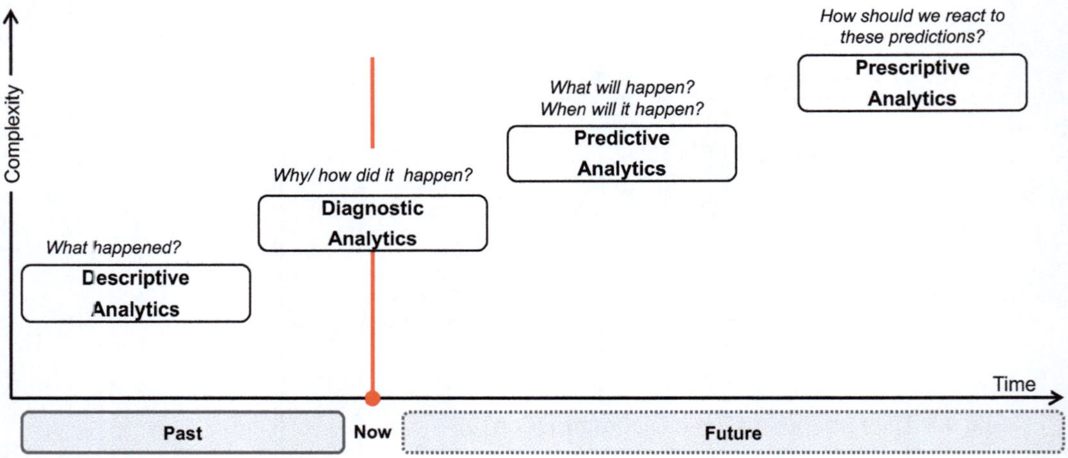

Bild 1.9 Der Informationsgehalt von Datenanalysen in Reifegraden in Anlehnung an [TGB20]

Diese vier Analyseebenen durchziehen den gesamten Data-Science-Prozess. Während die unteren Ebenen mit klassischer Statistik arbeiten, erfordern prädiktive und präskriptive Analytik avanciertere Methoden: Erst Data Mining, Machine Learning, Deep Learning und andere KI-Verfahren ermöglichen Vorhersagen und Handlungsempfehlungen – ML/KI transformieren Data Science damit vom Analysewerkzeug zum Entscheidungssystem.

Diese Ebenen sind keine isolierten Schritte, sondern greifen im Data-Science-Prozess ineinander: Die explorative Analyse arbeitet primär deskriptiv und diagnostisch, die Modellierung nutzt prädiktive Verfahren, und die finale Phase mündet in präskriptive Empfehlungen. Hier schließt sich der Kreis zur Definition von Schulz et al., wenn sie „gesellschaftliche Auswirkungen" betonen – denn Data Storytelling transformiert die technischen Ergebnisse in verständliche Narrative, die Entscheidungsträger befähigen, fundiert und verantwortungsvoll zu handeln [Ric+18].

Werkzeuge in der Data Science (Auswahl)

Die praktische Umsetzung von Data Science stützt sich auf ein umfangreiches Ökosystem spezialisierter Werkzeuge und Infrastrukturen, die verschiedene Phasen des analytischen Prozesses unterstützen:

- **Programmiersprachen und interaktive Umgebungen** bilden das Fundament der Datenanalyse. Python[11] und R[12] dominieren als Hauptsprachen, ergänzt durch Notebook-Umgebungen wie Jupyter[13], die Code, Dokumentation und Visualisierungen integrieren. Diese Sprachen bieten spezialisierte Bibliotheken für jeden Analyseschritt: Pandas[14] und dplyr[15] für Datenmanipulation, NumPy[16] für numerische Berechnungen, Scikit-learn[17] und caret[18] für Machine Learning. Die modulare Struktur ermöglicht es, genau die Funktionalitäten zu kombinieren, die für spezifische Aufgaben benötigt werden.
- **Datenverwaltung und Big-Data-Verarbeitung** stellen die notwendige Infrastruktur bereit. Während relationale Datenbanken wie PostgreSQL[19] strukturierte Daten effizient verwalten, bieten NoSQL-Systeme wie MongoDB[20] flexible Schemata für

11 Python: Universelle Programmiersprache mit umfangreichem Ökosystem für Data Science und Machine Learning. *https://www.python.org*.

12 R: Spezialisierte Programmiersprache für statistische Berechnungen und Datenvisualisierung. *https://www.r-project.org*.

13 Jupyter: Interaktive Entwicklungsumgebung für Notebooks, die Code, Text und Visualisierungen kombiniert. *https://jupyter.org*.

14 Pandas: Python-Bibliothek für Datenmanipulation und -analyse mit DataFrame-Strukturen. *https://pandas.pydata.org*.

15 dplyr: R-Paket für effiziente Datenmanipulation mit einer konsistenten Grammatik. *https://dplyr.tidyverse.org*.

16 NumPy: Fundamentale Python-Bibliothek für numerische Berechnungen und Array-Operationen. *https://numpy.org*.

17 Scikit-learn: Python-Bibliothek für Machine Learning mit Algorithmen für u. a. Klassifikation, Regression und Clustering. *https://scikit-learn.org*.

18 caret: R-Paket für Training und Evaluierung von Machine-Learning-Modellen. *https://topepo.github.io/caret*.

19 PostgreSQL: Open-Source relationales Datenbanksystem. *https://www.postgresql.org*.

20 MongoDB: Dokumentenorientierte NoSQL-Datenbank für flexible, schemafrei Datenspeicherung. *https://www.mongodb.com*.

unstrukturierte Daten. Für massive Datenvolumina kommen verteilte Frameworks zum Einsatz: Apache Spark[21] ermöglicht paralleles Rechnen auf Clustern, Hadoop HDFS[22] speichert Petabytes verteilt, und Streaming-Plattformen wie Kafka[23] verarbeiten Echtzeitdatenströme. Diese Systeme bilden das Rückgrat für datenintensive Analysen.

- **Visualisierung und Business Intelligence** demokratisieren den Datenzugang. Business-Intelligence-Plattformen wie Tableau[24] und Power BI[25] ermöglichen Self-Service-BI, während programmatische Bibliotheken wie Matplotlib[26], Seaborn[27] oder ggplot2[28] Kontrolle über jedes visuelle Detail bieten. Frameworks wie Plotly[29], Dash[30] oder Shiny[31] ermöglichen die Erstellung interaktiver Dashboards, die komplexe Analysen unternehmensweit zugänglich machen.
- **Machine Learning und Deep Learning Frameworks** revolutionieren die Modellentwicklung. TensorFlow[32] und PyTorch[33] haben die Implementierung neuronaler Netze vereinfacht und unterstützen verteiltes Training auf GPUs und TPUs. Diese Frameworks bieten Zugang zu vortrainierten Modellen wie BERT[34] oder ResNet[35] und ermöglichen Transfer Learning, wodurch der Einstieg in komplexe KI-Anwendungen erleichtert wird. Spezialisierte Bibliotheken wie XGBoost[36] optimieren klassische Verfahren für strukturierte Daten.

21 Apache Spark: Verteiltes Computing-Framework für Big-Data-Verarbeitung im Cluster. *https://spark.apache.org*.

22 Hadoop HDFS: Hadoop Distributed File System für verteilte Speicherung großer Datenmengen. *https://hadoop.apache.org*.

23 Apache Kafka: Verteilte Streaming-Plattform für Echtzeitdatenverarbeitung. *https://kafka.apache.org*.

24 Tableau: Business-Intelligence-Software für interaktive Datenvisualisierung und Self-Service-BI. *https://www.tableau.com*.

25 Power BI: Microsoft Business-Intelligence-Plattform für Datenanalyse und interaktive Dashboards. *https://powerbi.microsoft.com*.

26 Matplotlib: Python-Bibliothek für die Erstellung statischer, animierter und interaktiver Visualisierungen. *https://matplotlib.org*.

27 Seaborn: Python-Visualisierungsbibliothek basierend auf Matplotlib mit statistischen Grafiken. *https://seaborn.pydata.org*.

28 ggplot2: R-Paket für deklarative Datenvisualisierung basierend auf der Grammar of Graphics. *https://ggplot2.tidyverse.org*.

29 Plotly: Bibliothek für interaktive, publikationsreife Grafiken in Python, R und JavaScript. *https://plotly.com*.

30 Dash: Python-Framework für die Erstellung analytischer Webanwendungen und Dashboards. *https://dash.plotly.com*.

31 Shiny: R-Framework für interaktive Webanwendungen direkt aus R heraus. *https://shiny.posit.co*.

32 TensorFlow: Open-Source-Framework von Google für Machine Learning und Deep Learning. *https://www.tensorflow.org*.

33 PyTorch: Deep-Learning-Framework mit dynamischen neuronalen Netzen, entwickelt von Meta. *https://pytorch.org*.

34 BERT: Bidirectional Encoder Representations from Transformers – vortrainiertes Sprachmodell für NLP-Aufgaben. *https://github.com/google-research/bert*.

35 ResNet: Residual Neural Network – Deep-Learning-Architektur für Computer Vision. *https://arxiv.org/abs/1512.03385*.

36 XGBoost: Optimierte Gradient-Boosting-Bibliothek für strukturierte Daten. *https://xgboost.readthedocs.io*.

- **MLOps und Deployment-Infrastruktur** überführen Modelle in produktive Systeme. Docker[37] containerisiert Anwendungen und gewährleistet konsistente wie kontrollierbare Laufzeitumgebungen, während Kubernetes[38] die Orchestrierung und Skalierung übernimmt. Plattformen wie MLflow[39] automatisieren den gesamten ML-Lebenszyklus von der Experimentverwaltung bis zum Modell-Monitoring. CI/CD-Pipelines mit GitLab[40] oder GitHub Actions[41] automatisieren Tests und Deployments.
- **Cloud-Plattformen und AutoML-Services** bieten skalierbare Ressourcen on-demand. AWS[42], Google Cloud[43] und Azure[44] stellen nicht nur Rechenleistung und Speicher bereit, sondern auch spezialisierte ML-Services: von automatisiertem Machine Learning (AutoML) über vortrainierte APIs bis zu serverlosen Inferenz-Endpoints. Diese Managed Services reduzieren die Komplexität der Infrastrukturverwaltung und ermöglichen es Teams, sich auf die Modellentwicklung statt auf Operations zu konzentrieren.

Die Auswahl der konkreten Werkzeuge hängt vom jeweiligen Anwendungsfall, den verfügbaren Ressourcen und der im Unternehmen vorhandenen Datenkompetenz ab. Die Kunst besteht darin, aus diesem reichhaltigen Ökosystem die passende Kombination zu wählen und effizient sowie wirtschaftlich zu integrieren.

Abgrenzung und Zusammenspiel mit Big Data und anderen Analytics-Ansätzen

Big Data und Data Science adressieren unterschiedliche Aspekte: Big Data fokussiert eher auf die technologische Bewältigung der drei Vs: Volume (Datenmenge), Velocity (Geschwindigkeit) und Variety (Vielfalt). Verteilte Systeme, NoSQL-Datenbanken und Stream-Processing-Tools lösen Infrastrukturprobleme, die mit den Big-Data-Herausforderungen einhergehen.

---

37 Docker: Containerisierungsplattform für konsistente Anwendungsbereitstellung. *https://www.docker.com.*

38 Kubernetes: Open-Source-System für Automatisierung, Skalierung und Verwaltung von Container-Anwendungen. *https://kubernetes.io.*

39 MLflow: Open-Source-Plattform für den Machine-Learning-Lebenszyklus mit Experiment-Tracking und Model Registry. *https://mlflow.org.*

40 GitLab: DevOps-Plattform für Versionsverwaltung, CI/CD und kollaborative Softwareentwicklung. *https://gitlab.com.*

41 GitHub Actions: Automatisierungsplattform für CI/CD-Workflows direkt in GitHub. *https://github.com/features/actions.*

42 AWS: Amazon Web Services – Cloud-Computing-Plattform mit umfassenden Services für Computing, Storage und ML. *https://aws.amazon.com.*

43 Google Cloud: Cloud-Computing-Plattform von Google mit KI/ML-Services und Infrastruktur. *https://cloud.google.com.*

44 Azure: Microsoft Cloud-Computing-Plattform für Infrastructure, Platform und Software as a Service. *https://azure.microsoft.com.*

Data Science hingegen extrahiert aus diesen Datenmengen Erkenntnisse. Sie kombiniert Statistik, Informatik und Domänenwissen [KT18], um prädiktive Modelle zu entwickeln und Handlungsempfehlungen abzuleiten. Die Beziehung ist symbiotisch: Big Data stellt die technische Infrastruktur, skalierbare Pipelines und Repositories, bereit und fungiert somit als „Enabler". Data Science transformiert diese Datenbasis in geschäftlichen Mehrwert. Ohne Big-Data-Infrastruktur fehlt die Grundlage, ohne Data Science bleibt das Potenzial ungenutzt.

Tabelle 1.2 fasst wesentliche Unterschiede anhand ausgesuchter Merkmale zusammen – die Tabelle wurde mit Google Gemini erstellt.

Tabelle 1.2 Big Data vs. Data Science im Vergleich

Aspekt	Big Data	Data Science
Primäres Ziel	Effiziente Speicherung, Verarbeitung und Verwaltung großer Datenmengen.	Extraktion umsetzbarer Erkenntnisse und Wissen aus Daten.
Fokus	Infrastruktur, Datenarchitektur, Skalierbarkeit (Volume, Velocity, Variety).	Analytische Methoden, statistische Modelle, Algorithmen.
Aufgaben	Datenerfassung, -speicherung, -verarbeitung, ETL-Pipelines.	Datenanalyse, prädiktive Modellierung, maschinelles Lernen, Interpretation.
Datenfokus	Rohe, unstrukturierte, semistrukturierte und strukturierte Daten.	Verarbeitete und bereinigte Daten, für die Analyse vorbereitet.
Ergebnis	Zugängliche und performante Daten-Repositories.	Vorhersagemodelle, umsetzbare Erkenntnisse, strategische Empfehlungen.

Bild 1.10 verankert Data Science als interdisziplinäre Wissenschaft, die verschiedene Analysedisziplinen unter einem gemeinsamen Rahmen vereint. Die methodische Vielfalt auf der untersten Ebene entspringt praktischen Notwendigkeiten: Unterschiedliche Datenstrukturen, Formate und Anforderungen erfordern jeweils spezialisierte Ansätze.

Business Intelligence (BI) unterstützt datengestützte Entscheidungen im Unternehmen durch Dashboards, Reports und mehrdimensionale Analysen. Statistik liefert das mathematische Fundament – sie testet Hypothesen, quantifiziert Zusammenhänge und macht Unsicherheiten messbar. Data Mining durchsucht große Datenbestände automatisiert nach verborgenen Mustern und Anomalien. Text und Web Mining erschließen Informationen aus Dokumenten, sozialen Medien und Online-Quellen. Big-Data-Technologien bewältigen massive Datenvolumina durch verteilte Verarbeitung und skalierbare Speichersysteme. Künstliche Intelligenz und Machine Learning lernen aus Daten, treffen Vorhersagen und ermöglichen neue Anwendungen – von Recommendation-Systemen bis zu autonomen Fahrzeugen.

Diese scheinbar getrennten Disziplinen arbeiten in der Praxis integriert zusammen. Ein typischer Anwendungsfall: Ein Einzelhandelsbetrieb entdeckt durch BI-Reports sinkende Verkaufszahlen. Statistische Tests untersuchen, welche Produktgruppen oder Standorte signifikant vom Durchschnitt abweichen. Zeigen konventionelle Analysen keine klaren Ursachen, durchsuchen Data-Mining-Algorithmen Transaktions-, Wetter- und demografische Daten nach Korrelationen. Machine-Learning-Modelle prognostizieren dann zukünftige Entwicklungen und leiten Handlungsoptionen ab.

Die mittlere Ebene der Grafik verdeutlicht die Domänenvielfalt von Data Science. Business Analytics stellt die Anwendung im wirtschaftlichen Kontext dar – Chen et al. formulieren: *„BI&A [Business Intelligence & Analytics] is data science in business"* [CCS12]. Daneben existieren vergleichbare Anwendungen in Medizin, Landwirtschaft und weiteren Feldern. Trotz domänenspezifischer Anforderungen bleiben die methodischen Grundlagen identisch.

Knowledge Discovery als vertikale Klammer definiert das gemeinsame Ziel: die systematische Erkenntnisgewinnung aus Daten. Dieser Prozess durchzieht alle Anwendungsbereiche – sei es die Suche nach Therapieansätzen in Genomdaten, die Identifikation von Kundensegmenten oder die Analyse von Produktionsengpässen mittels Process Mining. Knowledge Discovery ist dabei mehr als reine Datenanalyse – darunter fällt auch, Ergebnisse kritisch zu bewerten, sie in den fachlichen Kontext einzuordnen und in praktikable Handlungen zu überführen.

Data Science erfordert das Zusammenspiel von Technologie, Methodik und Domänenexpertise. Die praktische Herausforderung liegt darin, für konkrete Fragestellungen die geeigneten Werkzeuge auszuwählen und diese fachgerecht einzusetzen. Nur durch diese Integration entsteht aus Daten verwertbares Wissen.

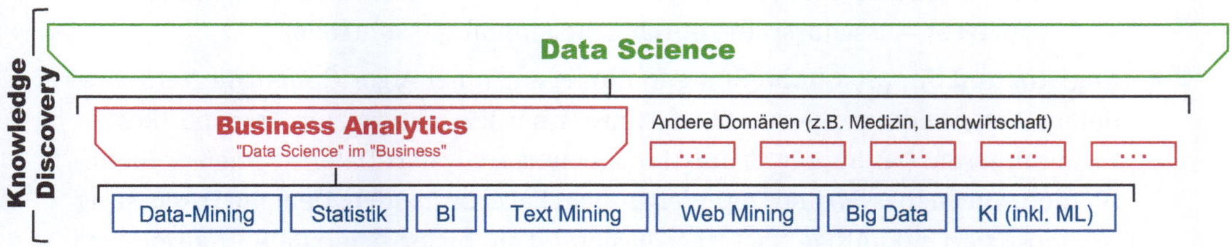

Bild 1.10 Data Science als Oberbegriff [But23]

Anwendungsbereiche in der Praxis nach Sektoren

Data Science mit Big Data transformiert nahezu jede Branche durch die Analyse von Daten zur Optimierung von Prozessen und Entwicklung neuer Produkte. Eine Übersicht von Anwendungsfällen findet sich etwa bei Marr [Mar20], Provost et al. [PF17] oder Seiter [Sei19]. Die folgenden Bereiche illustrieren die Bandbreite praktischer Anwendungen:

- **Gesundheitswesen und Pharma:** Algorithmen des maschinellen Lernens analysieren medizinische Bilder wie Röntgenaufnahmen und CT-Scans zur Erkennung von Anomalien und unterstützen Radiologen bei schnelleren Diagnosen. Die Arzneimittelentwicklung nutzt genetische Daten und klinische Studien zur Identifikation potenzieller Wirkstoffkandidaten. Durch die Auswertung von Genomsequenzen, Lebensstil und Krankengeschichte entstehen personalisierte Behandlungspläne, die individuelle Therapieoptionen ermöglichen.
- **Finanzsektor:** Data-Science-Modelle bewerten Kreditwürdigkeit durch Analyse von Kredithistorie, Einkommen und Ausgabeverhalten, was präzisere Risikoeinschätzungen ermöglicht. Machine-Learning-Algorithmen erkennen Betrugsversuche in Echtzeit, indem sie normale Transaktionsmuster lernen und bei Anomalien Alarm schlagen. Im algorithmischen Handel analysieren Systeme kontinuierlich Marktdaten und führen Trades in Millisekunden aus, basierend auf komplexen Vorhersagemodellen.
- **E-Commerce und Einzelhandel:** Die Analyse von Kaufhistorie, Demografie und Online-Verhalten ermöglicht präzise Kundensegmentierung für personalisierte Marketingkampagnen. Recommender-Systeme analysieren vergangenes Kundenverhalten und schlagen relevante Produkte vor, was Conversion-Raten und Kundenzufriedenheit steigert. Dynamische Preismodelle optimieren Erlöse unter Berücksichtigung von Nachfrage, Wettbewerb und Lagerbeständen in Echtzeit.
- **Automobilindustrie und Mobilität:** Autonome Fahrzeuge nutzen Deep-Learning-Algorithmen zur Analyse von Sensordaten aus Kameras, Radar und Lidar für sichere Navigationsentscheidungen. Predictive Maintenance analysiert Telemetriedaten, um Ausfälle vorherzusagen und Wartungsintervalle zu optimieren. In der Produktion verbessern Data-Science-Modelle die Effizienz von Fertigungsstraßen und reduzieren Ausschussraten durch Echtzeitqualitätskontrolle.
- **Logistik und Supply Chain:** Routenoptimierung nutzt Algorithmen, die Verkehrsdaten, Wetterbedingungen und Lieferfenster berücksichtigen, um Transportkosten zu minimieren. Das Supply-Chain-Management analysiert Datenströme zur Identifikation von Engpässen und Optimierung von Lagerbeständen. Demand Forecasting prognostiziert zukünftige Nachfrage basierend auf historischen Daten, Saisonalität und externen Faktoren.
- **IT-Sicherheit und Infrastruktur:** SIEM-Systeme (Security Information and Event Management) analysieren Protokolldaten zur Erkennung von Sicherheitsvorfällen und nutzen Machine Learning für die Identifikation anomaler Muster. Predictive Analytics für IT-Infrastruktur verhindert Ausfälle durch frühzeitige Erkennung von Performance-Degradation. Automatisierte Threat Intelligence aggregiert und analysiert globale Bedrohungsdaten zur proaktiven Abwehr von Cyberangriffen.

Diese Beispiele zeigen nur einen Ausschnitt der Anwendungsmöglichkeiten. Mit fortschreitender technologischer Entwicklung entstehen kontinuierlich neue Einsatzgebiete für Data Science.

Zusammenfassung

Die Komplexität von Data Science verdeutlicht Bild 1.11 als integriertes System [Han+18]. Die Grafik positioniert Data Science als Oberbegriff bzw. Klammer für alle Disziplinen, die sich mit der systematischen Wertschöpfung aus Daten befassen – von der Sammlung über die Analyse bis zur Interpretation.

Data Science basiert auf mehreren zentralen „Säulen" (Bild 1.11):

- **Personal:** Die Grafik zeigt für diese Kategorie bewusst ein breites Rollenspektrum, das über den oft genannten Data Scientist hinausgeht. Data Engineers bauen die Daten-Pipelines, Data Architects entwerfen die Systemarchitektur, Business Analysts übersetzen zwischen Fach- und IT-Abteilung, während Data Stewards für Governance und Qualität verantwortlich sind. Diese Rollenvielfalt unterstreicht Data Science als „interdisziplinäres Fachgebiet" und verdeutlicht gleichzeitig organisatorische Herausforderungen: Die Einführung datengetriebener Prozesse erfordert Change Management, neue Karrierepfade und oft einen kulturellen Wandel von der „Bauchentscheidung" zur evidenzbasierten Führung [Sei19].
- **Werkzeuge:** Von Programmiersprachen (Python, R, Java) über spezialisierte Software bis zu Cloud-basierten Analytics-Umgebungen – diese Vielfalt unterstützt nicht nur sämtliche Prozesse im Kontext der Datenanalyse, sondern macht auch eine teamübergreifende Zusammenarbeit auf Basis von Daten möglich.
- **Daten:** Diese Säule umfasst nicht nur Datenquellen und -typen, sondern auch Governance-Aspekte wie Metadaten und Datensicherheit – was sich in Summe unter „Datenmanagement" fassen lässt. Hierbei spielt die Datenqualität eine besonders große Rolle, da fehlerhafte Daten unweigerlich zu falschen Ergebnissen führen.
- **Methoden:** Mathematik, Statistik und KI-Algorithmen bilden das methodische Rückgrat der „Analyseverfahren", die in vielen Data-Science-Definitionen zum Ausdruck kommen. Visualisierung und Storytelling übersetzen technische Ergebnisse in verständliche Erkenntnisse – essentiell für die praktische Nutzbarkeit.
- **IT-Ressourcen:** Von lokaler Infrastruktur über Cloud Computing bis zu verteilten Systemen – diese technologische Basis ermöglicht erst die Skalierung von Data Science auf unternehmensweite oder gesellschaftliche Problemstellungen.

Diese operativen Komponenten funktionieren nur im Kontext der drei übergeordneten Rahmenbedingungen. Die *Ethik und Data Governance* stellt sicher, dass gesellschaftliche Auswirkungen berücksichtigt werden – algorithmische Fairness, Datenschutz und Transparenz sind keine optionalen Zusätze, sondern integraler Bestandteil verantwortungsvoller Data Science [VB21]. Die *Geschäftsmodelle und Unternehmensstrategie* definieren, wie aus Erkenntnissen wirtschaftlicher Mehrwert entsteht: Dient Data Science der Prozessoptimierung, der Produktinnovation oder der Erschließung neuer Märkte? Das *Domänenwissen* gewährleistet, dass Analysen fachlich relevant und korrekt interpretiert werden – ein Gesundheitsdatenanalyst benötigt medizinisches Verständnis, ein Finanzanalyst regulatorisches Wissen.

Bild 1.11 verdeutlicht damit, dass Data Science weder rein technische Disziplin noch isolierte Methodenlehre ist, sondern ein Zusammenspiel technischer, organisatorischer, rechtlicher, wirtschaftlicher und ethischer Aspekte erfordert. Erst diese ganzheitliche Perspektive ermöglicht es, aus Daten verantwortungsvoll und nachhaltig Wert zu schöpfen.

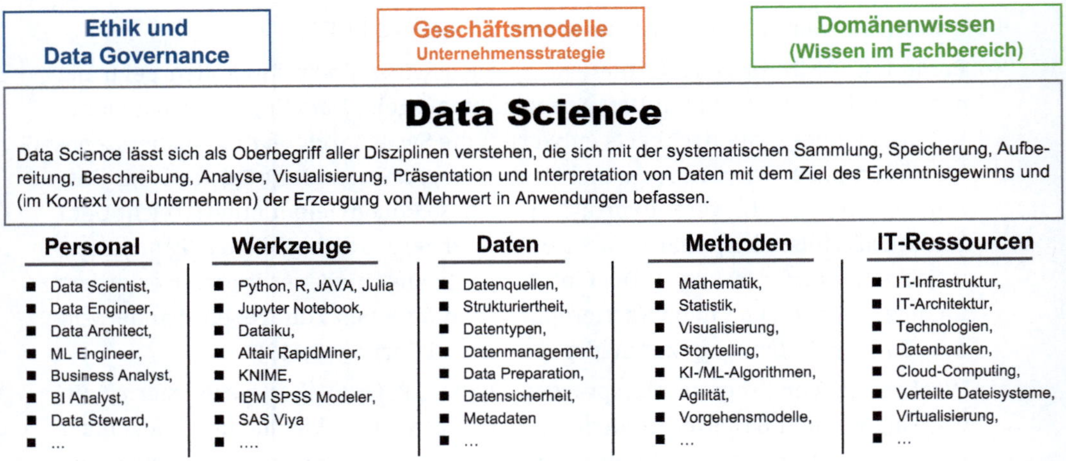

Bild 1.11 Data Science mit seinen Abhängigkeiten in Anlehnung an [Han+18]

1.4 Neue Rollen und Tätigkeitsfelder

Wer arbeitet mit Big Data und führt Analysen durch? Je nach Akteur bzw. Stakeholder gibt es unterschiedliche Perspektiven. Für die Ökonomen unter uns (z. B. Studierende von „Bindestrichstudiengängen" wie beispielsweise der Wirtschaftsinformatik) lässt sich die Big-Data-Welt zudem in Bezug auf die Wertschöpfung darstellen. Bild 1.12 zeigt eine umgedrehte Pyramide, die als Trichter interpretiert werden kann: Rohdaten liegen in der obersten Schicht, während Werte und Entscheidungen in der untersten Schicht entstehen. Die dazwischenliegenden Schichten sind essenziell, um diesen Prozess zu ermöglichen. Jede Schicht dient den Interessen verschiedener Rollen und Themenbereiche. Im Folgenden betrachten wir eine Auswahl unterschiedlicher Akteure mit variierenden Verantwortlichkeiten im Big-Data-Kontext.

Die strategische Bedeutung von Daten für Geschäftsmodelle sowie datengetriebene Produkte und Dienstleistungen hat in den letzten Jahren zahlreiche neue Berufsfelder entstehen lassen [Alb22; Han+18]. Die Anforderungen an diese Berufe entwickelten sich aus der Praxis heraus und variieren je nach Unternehmen und Branche erheblich.

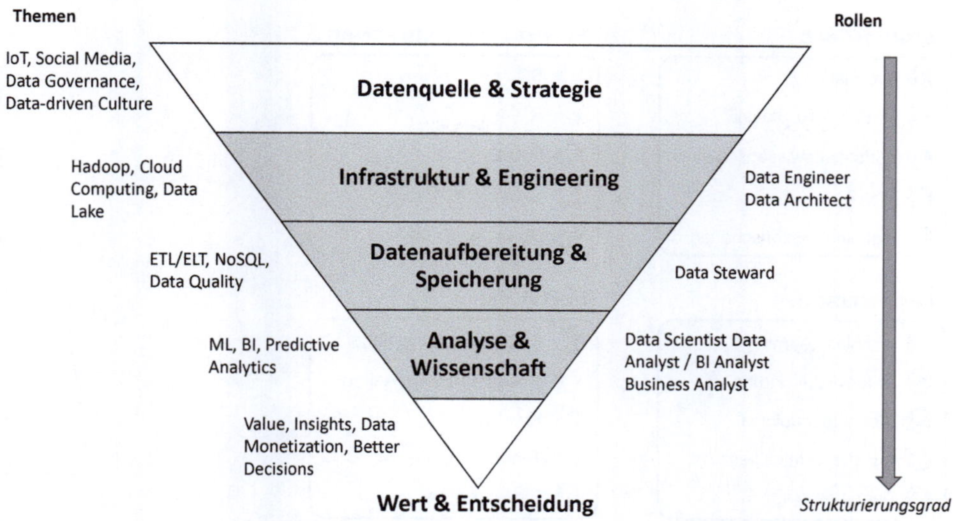

Bild 1.12 Wertschöpfung in der Big-Data-Welt

Data Scientist

Besonders bekannt im Analytics-Umfeld ist das Berufsbild des Data Scientist. Davenport und Patil prägten 2012 im Harvard Business Review die vielzitierte Bezeichnung *„sexiest job in the 21st century"* [DP12]. Publikation dieser Art sowie der Erfolg KI-basierter Anwendungen ab 2015 verschafften dem Beruf große öffentliche Aufmerksamkeit. Andere datenfokussierte Berufe gerieten dadurch in den Hintergrund, während der Data Scientist einen regelrechten Hype erfuhr. Diese Entwicklung verklärte das Berufsbild allerdings auch, sodass es oft mit Klischees behaftet ist oder unrealistischen Erwartungen begegnet.

Data Scientists analysieren große Datenmengen, um Muster, Trends und Zusammenhänge zu erkennen, die Unternehmen nutzen können. Sie verwenden dabei Methoden und Techniken aus Statistik, Informatik und Mathematik. Data Scientists entwickeln Vorhersagemodelle zur Prognose zukünftiger Ergebnisse und sind an der Entwicklung neuer Datenprodukte oder -lösungen beteiligt [Alb22; Han+18].

Bild 1.13 veranschaulicht die erforderlichen Kompetenzbereiche: Zentral sind Kenntnisse aus Mathematik, Statistik und Informatik, ergänzt durch fachspezifisches Domänenwissen. Diese Kompetenzkombination ist erforderlich, da das Aufgabenspektrum über das Zusammenführen und Bereinigen von Daten sowie die Entwicklung von Machine- oder Deep-Learning-Modellen hinausgeht. Die Interpretation der Daten aus dem jeweiligen Anwendungsbereich und die Generierung wirtschaftlichen Nutzens aus den Analyseergebnissen gehören ebenfalls zu den Kernaufgaben [Las18].

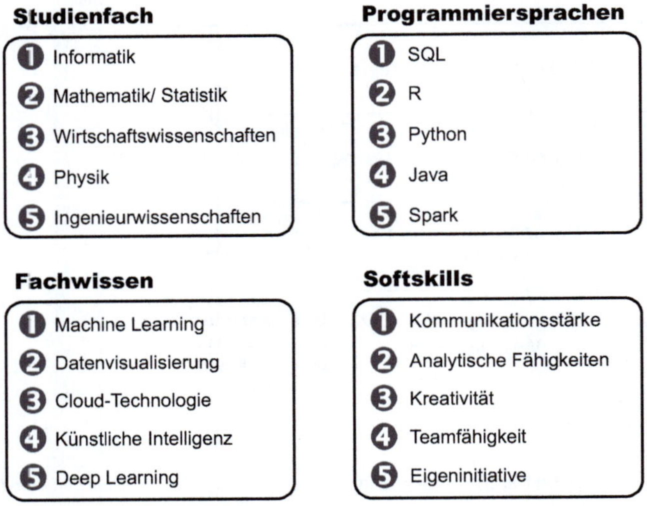

Bild 1.13 Typisches Kompetenzprofil eines Data Scientist [Las18]

Unternehmensspezifische Anforderungen erweitern diese Kernkompetenzen erheblich. Data Scientists benötigen Kenntnisse der jeweiligen Analytics-Infrastrukturen, Datenbanksysteme und Umgebungen zur Datenspeicherung und -verarbeitung. Sie müssen die im Unternehmen verwendeten Programmiersprachen beherrschen und mit dem spezifischen Analytics-Toolset umgehen können. Ein solides Verständnis von Datenstrukturen, Datenbanksystemen und Datenmodellen gehört zu den Grundvoraussetzungen. Erfahrungen in agiler Softwareentwicklung und Kenntnis der entsprechenden Rollen erleichtern die Zusammenarbeit erheblich.

Data Scientists müssen außerdem das Geschäftsmodell und die Strategie ihres Unternehmens verstehen. Nur dann können sie datengetriebene Produkte und Dienstleistungen entwickeln, die zur Unternehmensstrategie passen. Gleichzeitig müssen sie die gesetzlichen Regularien im Umgang mit personenbezogenen Daten kennen und ethische Grenzen der Datenanalyse reflektieren.

Neben diesen fachlichen Qualifikationen spielen „weiche" Kompetenzen eine wichtige Rolle. Kreativität hilft, innovative Anwendungsmöglichkeiten für Daten zu entdecken und neue Geschäftsmodelle zu entwickeln. Data Scientists müssen ihre Ergebnisse zielgruppengerecht aufbereiten und verständlich kommunizieren können – nur so entsteht eine datengetriebene Unternehmenskultur, die nicht auf wenige Experten beschränkt bleibt.

Bestimmte Persönlichkeitsmerkmale erleichtern die Arbeit als Data Scientist erheblich. Neugier und kontinuierliche Lernbereitschaft helfen, mit den rasanten technischen und fachlichen Entwicklungen Schritt zu halten. Selbstmotivation und Frustrationstoleranz sind wichtig, weil Modelle oft nicht die erhofften Ergebnisse liefern und Datenanalysen nicht immer zu spektakulären Erkenntnissen führen. Viele Tätigkeiten bestehen zudem aus Routineaufgaben: Daten sammeln, zusammenführen und „verschmutzte“ Datensätze bereinigen gehören zum Alltag.

Bei all diesen Anforderungen darf nicht vergessen werden: Data Scientists arbeiten in interdisziplinären Teams. Diese Teams erzielen nur dann gute Ergebnisse, wenn alle Mitglieder wertschätzend zusammenarbeiten und ihre jeweiligen Stärken einbringen. Data Scientists sind nicht allein für den Erfolg von Analytics-Projekten verantwortlich – auch wenn sie zweifellos einen integralen Bestandteil des Projektteams bilden.

Data Engineer

Während Data Scientists im „Rampenlicht“ stehen, bleiben Data Engineers oftmals im Hintergrund und ihr Aufgabenfeld ist der breiten Öffentlichkeit weniger bekannt – obwohl ihre Rolle für erfolgreiche Analytics-Projekte genauso wichtig ist.

Data Engineers entwickeln, bauen und warten die Infrastrukturen und Systeme, mit denen Unternehmen große Datenmengen verarbeiten. Sie nutzen dafür verschiedene Tools und Technologien aus Informatik und Datenverarbeitung. Data Engineers sorgen dafür, dass Daten für Analysen aufbereitet und bereitgestellt werden. Sie stellen sicher, dass die Infrastrukturen leistungsfähig sind und zuverlässig funktionieren [Alb22].

Zu ihren Aufgaben gehört es, Hardware- und Software-Infrastruktur aufzubauen, zu warten und zu überwachen. Sie müssen außerdem das gesamte System sichern, stabilisieren und gegen Fremdzugriffe schützen. Data Engineers setzen die gesetzlichen Datenschutzvorgaben technisch um und überwachen die dafür erforderlichen technischen Mechanismen. Ohne leistungsfähige und performante IT-Infrastruktur sowie funktionierende Daten-Pipelines könnten Unternehmen große Datenmengen nicht analysieren.

Data Engineers sammeln Daten, bereiten sie auf und stellen sie „Datenkonsumenten“ zur Verfügung [Lub22]. Diese Datenkonsumenten können Data Scientists sein oder andere Mitarbeitende, die für Business Analytics oder Business Intelligence verantwortlich sind. Data Engineers haben somit eine Schlüsselrolle: Sie müssen die benötigten Daten im richtigen Format, in der erforderlichen Qualität und im passenden Umfang rechtzeitig bereitstellen. Damit verantworten sie auf operativer Ebene das funktionierende Informationsmanagement im Unternehmen.

Für diese Tätigkeiten müssen Data Engineers Daten-Pipelines erstellen, Datenbanken aufbauen und abfragen sowie Cloud-basierte Infrastrukturen bedienen können. Sie müssen mit ETL-Tools Daten bereinigen und transformieren können. Data Engineers benötigen daher umfangreiches Wissen über Datenverarbeitung, Datenspeicherung und Dateninfrastrukturen [Lub22].

Data Engineers arbeiten oft in interdisziplinären Teams mit Data Scientists zusammen. Während Data Engineers sich hauptsächlich um die technische Seite der Datenverarbeitung kümmern, konzentrieren sich Data Scientists auf die Analyse der Daten. Beide Rollen ergänzen sich und sind für den Erfolg von Analytics-Projekten unverzichtbar.

Data Architect

Die Rollen von Data Architect und Data Engineer überschneiden sich häufig, lassen sich aber dennoch unterscheiden. Data Architects konzipieren und bauen ganzheitliche Datenarchitekturen auf, während Data Engineers sich stärker um die operative Datenversorgung kümmern [LN19b].

Data Architects verantworten, wie Unternehmen ihre Datenspeichersysteme konzipieren und aufbauen. Sie sorgen dafür, dass Daten in zweckmäßiger Form vorliegen und das Unternehmen alle Compliance-Vorgaben einhalten kann. Wenn Data Architects Datenarchitekturen entwerfen, müssen sie besonders auf Compliance und Data Governance achten. Sie setzen sich intensiv mit Datenschutzbestimmungen und -vorschriften auseinander und stellen sicher, dass das Unternehmen diesen folgt.

Data Architects entwickeln Datenmodelle und -strukturen, die zu den Unternehmensanforderungen passen. Diese Modelle sollen die Integrität und Sicherheit der Daten gewährleisten. Data Architects integrieren außerdem Daten aus verschiedenen Quellen und achten darauf, dass diese Daten über alle Systeme hinweg konsistent gehalten werden.

Während Data Engineers Daten-Pipelines bauen und betreiben, gestalten Data Architects die übergeordnete Architektur. Sie legen fest, wie Daten durch das Unternehmen fließen sollen, welche Standards gelten und wie verschiedene Systeme zusammenspielen. Beide Rollen ergänzen sich: Data Architects schaffen den konzeptionellen Rahmen, den Data Engineers technisch umsetzen.

Data Steward

Unternehmen können nur dann aussagekräftig analysieren und nachvollziehbar entscheiden, wenn ihre Daten qualitativ hochwertig und verlässlich sind. Viele Unternehmen wissen jedoch nicht genau, welche Daten sie besitzen, was diese Daten inhaltlich bedeuten oder wer für deren Qualität verantwortlich ist. Erschwerend kommt hinzu, dass Daten oft in „Datensilos“ abgelegt werden und kaum mit anderen Datenbeständen integriert sind. Dies erschwert es, das Unternehmen zu planen und zu steuern. Außerdem können Unternehmen ihre Daten nicht übergreifend auswerten und kritische Sachverhalte aus unterschiedlichen Perspektiven analytisch beleuchten.

Ohne funktionierendes Datenmanagement können Unternehmen aus ihren Daten kein nützliches Wissen schöpfen oder diese für „smarte“ Produkte und Dienstleistungen nutzen. Sie verlieren dadurch wichtige Wettbewerbsvorteile und riskieren, die digitale Transformation nicht bewältigen zu können – sei es bei Prozessveränderungen oder bei der Anpassung von Geschäftsmodellen.

Data Stewards übernehmen daher vielfältige Aufgaben: Sie verwalten Dateninhalte mithilfe von Metadaten, überwachen die Datenqualität und entwickeln Datenstandards sowie -policies. Sie klassifizieren Daten nach ihrer Vertraulichkeit und achten darauf, dass das Unternehmen Datenschutzgesetze und -vorschriften einhält. Data Stewards begleiten Daten durch ihren gesamten Lebenszyklus – von der Erzeugung bis zur Archivierung oder Löschung.

Data Stewards stellen sicher, dass Daten qualitativ hochwertig, integer und sicher sind. Sie schaffen damit das notwendige Vertrauen in eine ordnungsgemäße Datenhaltung und -analyse, die mit den geltenden Compliance- und Data-Governance-Richtlinien übereinstimmt. Dies stärkt das Vertrauen von Partnern und Kunden in die Kompetenz des Unternehmens. Ohne diese Maßnahmen bleiben Zweifel bestehen, ob Analyseergebnisse auf korrekten Daten basieren. Es entstehen zeitraubende Diskussionen im Unternehmen, die Umsetzungen blockieren.

Aus diesen Anforderungen ergeben sich die zentralen Aufgaben eines Data Stewards: Sie identifizieren die zu managenden Daten und Datenquellen, analysieren die Qualität von Daten und Metadaten, beheben Datenprobleme und beantworten Fragen zur Datenqualität [LN19a].

Data Stewards benötigen ein breites Kompetenzprofil. Sie müssen sich mit Datenbanktechnologien, Data Warehousing, Cloud-basierten Analytics-Infrastrukturen, Abfragesprachen sowie BI- und Reporting-Werkzeugen auskennen. Sie müssen komplexe Abläufe verständlich modellieren und dokumentieren können. Wichtig sind auch juristische Kenntnisse, besonders zu Datenschutzgesetzen und -vorschriften.

Wie in anderen datenfokussierten Berufen spielen auch bei Data Stewards „weiche" Fähigkeiten eine wichtige Rolle. Sie müssen gut kommunizieren können, im Team arbeiten und empathisch sein – nur so können sie die notwendigen Qualitätsmaßnahmen im Unternehmen reibungslos einführen.

Business Analyst

Das Berufsfeld Business Analyst lässt sich nicht eindeutig abgrenzen und variiert stark je nach Unternehmen und Branche. Business-Analysten arbeiten oft an ähnlichen Aufgaben wie BI-Analysten, wobei sich beide Rollen häufig überschneiden. Business-Analysten bewegen sich an der Schnittstelle von Technik, IT und Betriebswirtschaft.

Business-Analysten sind oft Generalisten, die verschiedene Bereiche verbinden. Sie kombinieren betriebswirtschaftliche Kenntnisse mit datenanalytischen Fähigkeiten. Häufig nehmen sie bestehende Geschäftsprozesse in Unternehmen oder Organisationen auf und verbessern diese. Sie untersuchen Geschäftsmodelle, Geschäftsprozesse und IT-Systeme, um Schwachstellen zu finden und Verbesserungsmöglichkeiten zu identifizieren.

Für ihre Arbeit nutzen Business-Analysten verschiedene Methoden wie Business Process Modeling (BPM)[45], um Prozesse zu modellieren und zu optimieren. Sie sammeln

45 *https://www.omg.org/bpmn*

Anforderungen von verschiedenen Stakeholdern – Mitarbeitern, Kunden oder Lieferanten – und erstellen daraus Anforderungsdokumente. Diese Dokumente bilden die Basis, wenn Unternehmen Software oder andere Lösungen entwickeln.

Business-Analysten müssen Unternehmen fundiert analysieren können. Sie müssen komplexe Prozesse verstehen, strukturieren und verbessern. Dafür sammeln sie Daten aus unterschiedlichen Quellen, bereiten diese auf und analysieren sie mit BI-Werkzeugen. Die Ergebnisse stellen sie dann verständlich dar. Je nachdem, wo ihr Schwerpunkt liegt, benötigen sie auch tiefe Kenntnisse in Prozessmodellierung, -analyse und Process Mining.

Business-Analysten arbeiten in interdisziplinären Teams und haben viele Berührungspunkte mit IT und Data Science. Oft übersetzen sie zwischen diesen „getrennten Welten". Sie müssen daher die Grundlagen der Datenanalytik und die entsprechenden Technologien verstehen.

Wie andere datenfokussierte Berufe erfordern auch Business-Analysten „weiche" Fähigkeiten. Sie müssen gut kommunizieren können, im Team arbeiten und empathisch sein. Nur so können sie erfolgreich zwischen Fachbereichen, Technik und Datenanalytik vermitteln.

Data Analyst/BI Analyst

Data Analyst ist ein Berufsfeld mit breitem Tätigkeitsspektrum, das Unternehmen in Stellenausschreibungen genauer spezifizieren müssen. Eine spezielle Ausprägung ist der BI Analyst oder auch BI Expert. BI-Analysten sammeln Daten, bereiten sie auf und visualisieren Ergebnisse fachgerecht. Ihre Tätigkeiten folgen den typischen Phasen datengetriebener Projekte, wofür Vorgehensmodelle wie das CRISP-DM-Modell eine gute Orientierung bieten.

Je nach Berufserfahrung übernehmen BI-Analysten unterschiedliche Aufgaben. Berufsanfänger bereiten Daten für Fachabteilungen oder Führungskräfte auf und erstellen aussagekräftige Berichte oder Dashboards. Erfahrene BI-Analysten suchen selbstständig nach Verbesserungsmöglichkeiten für das laufende Geschäft oder leiten als Fachkräfte Analytics-Teams mit Personalverantwortung.

Für fortgeschrittene Analysen erhalten BI-Analysten vollständigen Zugriff auf das interne Data Warehouse. Mit Self-Service-BI-Werkzeugen suchen sie nach Mustern in den Daten oder entwickeln eigene Modelle, beispielsweise für Prognosen. Sie bauen analytische Datenmodelle für multidimensionale Analysen auf, warten und betreuen diese. Außerdem etablieren sie unternehmensweite Reportingsysteme und organisieren die Berichtsverteilung.

BI-Analysten gestalten auch das Informationsdesign der Berichte und Analyseergebnisse unternehmensweit. Sie stellen Richtlinien für die Standardisierung auf und überwachen deren Einhaltung. Mit wachsender Berufserfahrung und steigenden Fähigkeiten arbeiten sie zunehmend autonom.

Neben dem „klassischen" Business Intelligence können sich BI-Analysten in das Wachstumsfeld Big-Data-Analytics einarbeiten oder Kenntnisse in Machine Learning und Deep Learning erwerben. Hier überschneiden sich die Aufgaben von Data Scientists und BI-Analysten zunehmend.

BI-Analysten benötigen verschiedene Kompetenzen: Sie müssen Abfragesprachen beherrschen und Grundkenntnisse über Datenbanken und Datenhaltung besitzen. Besonders wichtig sind fundierte Kenntnisse in Tabellenkalkulationsprogrammen und speziell in BI-Plattformen. Sie müssen mit Cloud-basierten Analytics-Umgebungen arbeiten und Visualisierungstechniken beherrschen.

1.5 Erwartungsmanagement

Wir verfolgen die Grundidee, technologie-agnostisch zentrale Big-Data-Konzepte zu vermitteln und fokussieren uns daher auf **Open-Source-Produkte**, die für alle Interessierten frei zur Verfügung stehen. Mit diesen können wir die ersten Schritte in der Analyse von großen Datenmengen angehen, ohne in die teilweise komplizierten und oft teuren Abomodelle von Cloud-Anbietern eintauchen zu müssen. Wo möglich und sinnvoll, verweisen wir natürlich auf ähnlich gelagerte Angebote der großen sogenannten Hyperscaler.

Ferner ist uns ein breiter Überblick mit den wichtigsten Punkten, soliden Grundlagen und praktischen Beispielen wichtiger als ein zu tiefes Abtauchen in einzelne Technologien. Letzteres würde den Rahmen bei Weitem sprengen, schließlich gibt es bereits für nahezu jedes Big-Data-Framework oder jede NoSQL-Datenbank spezifische Bücher mit selbst oft mehreren hundert Seiten. Entsprechend verweisen wir für eine größere Tiefe gegebenenfalls auf passende Fachliteratur.

Nach Möglichkeit wollen wir Ihnen, liebe Leserinnen und Leser, zu den vorgestellten Werkzeugen und Frameworks zwar lauffähige Beispiele bei GitHub[46] an die Hand geben, können aus Gründen der Praktikabilität jedoch gewöhnlich nicht zeigen, wie die oft komplexen Systeme in der Praxis hochskalierbar aufgesetzt werden. Zur Erreichung optimaler Performance mit komplexen verteilten Systemen on-premise sind auch heute noch oft genug umfangreiche Unterstützungsmaßnahmen durch die Hersteller oder erfahrene Consultants nötig, sodass diese Aufgabe den Rahmen dieses Buches ebenfalls bei Weitem sprengen würde.

Praktischerweise gelingt die skalierbare Nutzung von Big-Data-Plattformen heute auch meist – zumindest gegen entsprechende Bezahlung – über die „elastischen" Clouds der zuvor genannten Hyperscaler (sog. Platform as a Service (PaaS)). Auch der neueste

46 *https://github.com/bigdatabuch.*

Trend des sogenannten serverless[47] Computing verspricht hier eine deutlich einfachere Verteilung und Skalierbarkeit von Systemen, als das in den Anfangsjahren von Big Data möglich war.

Unser Fokus liegt also klar darauf, Ihnen einen Leitfaden zur Entwicklung Ihres eigenen mentalen „Big Picture" der Big-Data-Verarbeitung an die Hand zu geben. Wie genau wir das angehen möchten, haben wir im übernächsten Abschnitt zusammengefasst. Zuvor möchten wir Ihnen noch ein Gefühl dafür vermitteln, welche Voraussetzungen Sie mitbringen sollten, um unseren Ausführungen im Rest des Buches folgen zu können.

1.6 Voraussetzungen

Zum Verständnis der Inhalte dieses Buches setzen wir stabile Grundkenntnisse in der (objektorientierten) Programmierung sowie zumindest Grundkenntnisse im Umgang mit der Linux-Kommandozeile voraus. Zwar lassen sich viele Systeme heute auch auf Windows und/oder mit grafischen Benutzeroberflächen betreiben, der Standard zum schnellen Einstieg sind aber meistens Docker-Container oder über die Kommandozeile auszuführende Programme. Hilfreich für ein tieferes Verständnis der gezeigten Beispiele ist zudem zumindest ein solides Grundwissen aus dem Bereich der Data Science, entsprechend wird das Buch an einigen Stellen auch mit einem guten mathematischen Grundverständnis leichter zu erfassen sein. Ähnliches gilt auch für weitere Grundlagen aus der Softwaretechnik, wie sie beispielsweise von Craig Larman [Lar04] beschrieben werden. Diese Voraussetzungen sollten in grundständigen Informatik-Studiengängen ungefähr in den ersten drei bis vier Semestern vermittelt worden sein, sodass unser Werk etwa ab dem 4. Semester eines Bachelorstudiums oder mit vergleichbaren Kenntnissen gut verwendbar sein sollte. Wir haben uns nichtsdestotrotz bemüht, uns nicht hinter Floskeln wie „die Lösung dieser Aufgabe sei der Leserschaft zur Übung überlassen" zu verstecken, auch wenn es mal etwas komplizierter werden sollte, sondern erklären lieber einige Hintergründe mehr als zu wenige, um dem Anspruch, ein gut nachvollziehbares, leicht verständliches und praxisnahes Lehrbuch zu gestalten, gerecht zu werden.

Der ewig frischen „Auseinandersetzung" um die beste Programmiersprache möchten wir insoweit aus dem Wege gehen, als wir versucht haben, Codebeispiele in der im jeweiligen Kontext populärsten Sprache bzw. der Sprache des jeweiligen Frameworks anzugeben. Wo möglich, haben wir uns zudem die Mühe gemacht, noch Beispiele in einer zweiten Sprache zu hinterlegen. Wenn diese im Buch aus Platzgründen nicht mehr unterzubringen waren, haben wir sie im bereits genannten **GitHub-Repository zum**

47 Serverless ist hier so zu verstehen, dass für die Nutzung von Funktionsbausteinen in der Cloud keine explizite Server-Konfiguration notwendig ist.

Buch hinterlegt[48]. Nicht zuletzt eröffnet die immer weitere Verbreitung von immer besseren KI-Sprachmodellen natürlich auch immer bessere Möglichkeiten, Codebeispiele in die persönliche Lieblingssprache übertragen zu lassen.

Um einen technisch möglichst einfachen Zugang zu den verschiedenen vorgestellten Systemen zu ermöglichen, setzen wir oft auf Docker[49]. Docker erlaubt es, eine Art schlanker virtueller Maschine (VM), sogenannte Container, auf jedem Computer mit installierter Docker-Engine komfortabel zu starten, sodass es sich in den letzten Jahren zum Quasistandard entwickelt hat. Im Gegensatz zu einer echten VM benötigt Docker keine Virtualisierungsschicht (sog. Hypervisor), sondern läuft direkt auf dem Host-Betriebssystem, was deutlich beim Einsparen von Ressourcen hilft. Wo verfügbar werden wir daher bei der Vorstellung von Frameworks oder Datenbanken auch immer das passende Docker-Image zum Herunterladen angeben und es für unsere Beispiele verwenden. Docker ist im Big-Data-Umfeld auch deshalb nicht mehr wegzudenken, weil sich seine Verwendung auch im Cloud-Umfeld durchgesetzt hat. Skalierbare Big-Data-Anwendungen in der Cloud werden heute meist über Kubernetes oder vereinzelt auch noch über Apache Mesos orchestriert und verwaltet. Für nicht besonders komplexe Aufgaben kommen immer wieder auch Docker Compose und Docker Swarm zum Einsatz.

Wir haben über die üblichen Literaturangaben hinaus zu allen freien Tools die Links zu ihren Projektseiten angegeben, wo entsprechende Binaries und oft auch einbindbare Libraries zu finden sind. Diese haben wir bei Drucklegung zum Jahresende 2025 nochmals sorgfältig überprüft, um sicherzustellen, dass alle im Buch genannten Links auch abrufbar waren. Annotationen mit „abgerufen am" bei der Angabe von Links haben wir uns daher aus ästhetischen Gründen gespart. Leider garantiert auch diese Überprüfung natürlich nicht, dass alle Webseiten in einigen Jahren noch genauso zur Verfügung stehen. In diesem Fall können eventuell das Internet Archive[50] oder die Suchmaschine Ihres Vertrauens helfen, die passenden Informationen doch noch zu finden.

1.7 Überblick

Dieses Buch gliedert sich in 19 Kapitel, die wir in fünf Hauptteile unterteilt haben: Grundlagen, Datenhaltung, Datenverarbeitung, Praktische Umsetzung und einen Epilog. Um Ihnen den Einstieg zu erleichtern und die Struktur des Buches zu verdeutlichen, stellen wir Ihnen im Folgenden die einzelnen Teile und Kapitel anhand zentraler Leit-

48 *https://github.com/bigdatabuch*
49 *https://www.docker.com*
50 *https://web.archive.org*

fragen vor. Abgerundet wird dies zusätzlich mit Bild 1.14, welche die Gliederung dieses Buches in Teile und Kapitel zusätzlich als vereinfachte Mindmap darstellt[51].

Teil I: Grundlagen legt das Fundament für das Verständnis von Big Data und beantwortet die übergeordnete Frage: „Welche fundamentalen Konzepte, Begriffe und Vorgehensweisen bilden das Fundament der Big-Data-Analyse?". Kapitel 1 dient als Einstiegspunkt. Es führt in die grundlegenden Facetten ein, definiert Big Data anhand der bekannten 3Vs, beleuchtet die Berührungspunkte zu Data Science sowie neue Rollenbilder und managt die Erwartungen an das Feld. Nach dieser Einleitung werden in Kapitel 2 die Grundbegriffe verteilter Systeme erläutert, die für die (vertikale) Skalierbarkeit von Big-Data-Anwendungen entscheidend sind. Kapitel 3 widmet sich den Daten selbst, ihren Quellen, Strukturen – von unstrukturiert bis strukturiert – und den zwei vorherrschenden Speicherformen – zeilenorientierte und spaltenorientierte Speicherung. Abschließend werden in Kapitel 4 verschiedene Vorgehensmodelle für Big Data Analytics wie CRISP-DM und der Team Data Science Process vorgestellt, die Ihnen helfen können, Ihre Projekte zu strukturieren.

Teil 2: Datenhaltung dreht sich um die zentrale Frage: „Welche Technologien und Architekturen gibt es, um riesige und vielfältige Datenmengen effizient zu speichern und zu verwalten?". Er konzentriert sich auf die Technologien zur Speicherung großer Datenmengen. Er beginnt mit Kapitel 5 zu Datenformaten, von Klassikern wie CSV bis zu spaltenorientierten Formaten wie Parquet. Die Kapitel 6 (Big Daten-Management) und 7 (Data Warehouse) führen in die Welt der relationalen und NoSQL-Datenbanken sowie klassischer Data-Warehouse-Konzepte ein. Darauf aufbauend werden moderne Architekturen wie Data Lake (Kapitel 8), Data Lakehouse (Kapitel 9) und Data Mesh (Kapitel 10) näher beleuchtet. Kapitel 11 gibt einen tiefen Einblick in die Vielfalt der NoSQL-Datenbanken, von Key-Value-Stores über Dokumenten- und Graphen-Datenbanken bis hin zu Vektordatenbanken. Kapitel 12 schließt diesen Teil mit einer Einführung in Daten-Broker und Message Queues am Beispiel von Kafka ab.

Teil III: Datenverarbeitung stellt die Frage nach dem „Wie": „Mit welchen Paradigmen und Algorithmen können große Datenmengen verarbeitet werden, um daraus Erkenntnisse zu gewinnen?". Er behandelt die verschiedenen Methoden, um aus den gespeicherten Daten gezielt Erkenntnisse zu gewinnen. Kapitel 13 stellt die zentralen Verarbeitungsparadigmen vor, darunter Batch-Verarbeitung mit Hadoop, (Micro-) Batch mit Spark und Echtzeit-Streaming mit Flink. Skalierbare Algorithmen und Datenstrukturen, wie HyperLogLog, Bloom-Filter oder PageRank, sind Thema von Kapitel 14. Kapitel 15 rundet den Teil mit Strategien zur Datenanalyse und Visualisierung großer Datenmengen ab.

Teil IV: Praktische Umsetzung beantwortet die Frage: „Wie entwerfe, betreibe und teste ich robuste Big-Data-Systeme und wie integriere ich moderne KI-Anwendungen?". Er gibt einen Einblick in die Realisierung, Betrieb und Anwendungen von Big-Data-

[51] Der Epilog ist hier nicht enthalten.

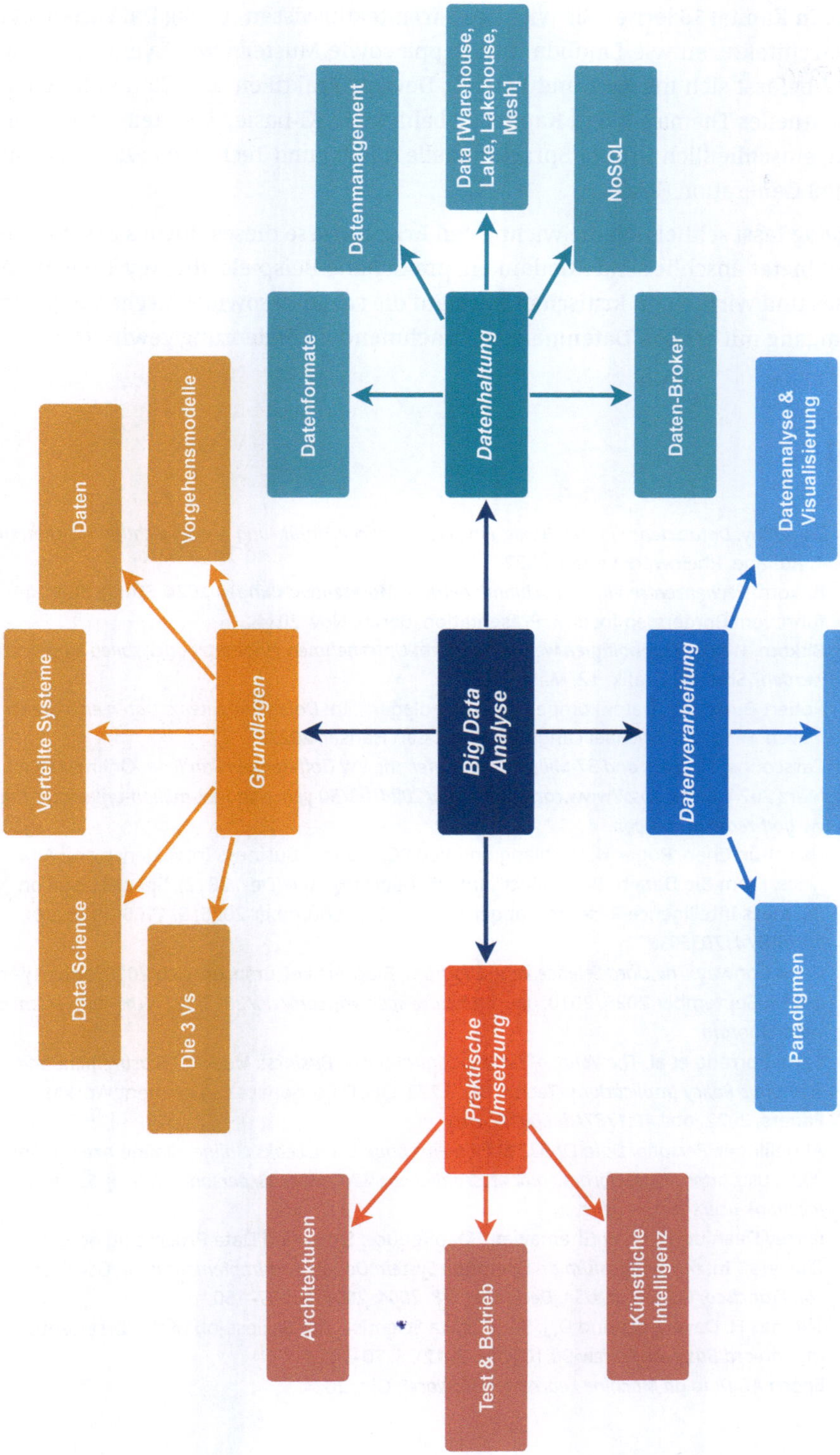

Bild 1.14 Überblick der Teile und Kapitel

Systemen. In Kapitel 16 lernen Sie wichtiges Architekturwissen für Big Data, inklusive Referenzarchitekturen wie Lambda und Kappa sowie Mustern wie Event Sourcing. Kapitel 17 befasst sich mit Test und Betrieb, DevOps-Praktiken und Cloud-Modellen. Ein hochaktuelles Thema wird in Kapitel 18 behandelt: KI-basierte Systeme mit Generativer KI, einschließlich Großer Sprachmodelle (LLMs) und Techniken wie Retrieval-Augmented Generation (RAG).

Teil V: Epilog fasst schließlich die wichtigsten Erkenntnisse dieses Buches zusammen. Kapitel 19 bietet abschließende Gedanken, praxisnahe Beispiele, die Key Takeaways des Buches und wirft einen kritischen Blick auf die sozialen sowie ethischen Aspekte, die im Umgang mit großen Datenmengen zunehmend an Bedeutung gewinnen.

Literatur

[Alb22] Tom Alby. *Data Science in Der Praxis: Eine verständliche Einführung in alle wichtigen Verfahren*. 1. Auflage. Rheinwerk Verlag, 2022.

[Bit24] Bitkom. *Rechenzentren in Deutschland: Aktuelle Marktentwicklungen 2024*. Studie durchgeführt vom Borderstep Institut. Präsentation. Berlin, Nov. 2024.

[Bit25] Bitkom. *Welche Technologien werden in Ihrem Unternehmen eingesetzt oder sollen eingesetzt werden?* Statista. Grafik. 12. März 2025.

[But23] Robert Butscher. „Datenkompetenz - Grundlagen". In: *Datenkompetenz: Daten erfolgreich nutzen*. Hrsg. von Michael Lang. München: Carl Hanser, 2023.

[Car24] Carscoops. *50 Years and 37 Million Units Later, the VW Golf Remains an Icon*. Online-Artikel. März 2024. URL: *https://www.carscoops.com/2024/03/50-years-and-37-million-units-later-the-vw-golf-remains-an-icon*.

[CCS12] Hsinchun Chen, Roger H. L. Chiang und Veda C. Storey. „Business Intelligence and Analytics: From Big Data to Big Impact". In: *MIS Quarterly* 36.4 (Dez. 2012). Special Issue on Business Intelligence Research, abgerufen am 18. September 2025, S. 1165–1188. DOI: *10.2307/41703503*.

[Con10] Drew Conway. *The Data Science Venn Diagram*. Blog-Artikel, ursprünglich 2010, abgerufen am 16. September 2025. 2010. URL: *http://drewconway.com/zia/2013/3/26/the-data-science-venn-diagram*.

[Cor+22] Carol Corrado et al. *The Value of Data in Digital-based Business Models: Measurement and Economic Policy Implications*. Techn. Ber. 1723. OECD Economics Department Working Papers, 2022. DOI: *10.1787/d960a10c-en*.

[Del21] AJ Dellinger. *Personal Data Of 533 Million Facebook Users Leaks Online*. Online-Artikel. Apr. 2021. URL: *https://www.forbes.com/sites/ajdellinger/2021/04/03/personal-date-of-533-million-facebook-users-leaks-online*.

[DG04] Jeffrey Dean und Sanjay Ghemawat. „MapReduce: Simplified Data Processing on Large Clusters". In: *6th Symposium on Operating System Design and Implementation (OSDI 2004), San Francisco, California, USA, December 6-8, 2004*. 2004, S. 137–150.

[DP12] Thomas H. Davenport und D. J. Patil. „Data Scientist: The Sexiest Job of the 21st Century". In: *Harvard Business Review* 90.10 (Okt. 2012), S. 70–76.

[Epo24] Epoch AI. *Data on Machine Learning Hardware"*. Okt. 2024.

[Eur+21] European Commission, Directorate-General for Research and Innovation et al. *Industry 5.0 – Towards a sustainable, human-centric and resilient European industry*. Luxembourg: Publications Office of the European Union, 2021. DOI: *10.2777/308407*.

[Fir17] George Firican. *The 10 Vs of Big Data*. Online-Artikel. Feb. 2017. URL: *https://tdwi.org/articles/2017/02/08/10-vs-of-big-data.aspx*.

[Gar11] Simson L. Garfinkel. „The Cloud Imperative". In: *MIT Technology Review* (Okt. 2011).

[Gro+96] William Gropp et al. „A high-performance, portable implementation of the MPI message passing interface standard". In: *Parallel computing* 22.6 (1996), S. 789–828.

[Ham23] Datenschutz Hamburg. *Informationen zum Datenleck bei Facebook*. 2023.

[Han+18] Uwe Haneke et al., Hrsg. *Data Science: Grundlagen, Architekturen und Anwendungen*. 1. Aufl. Edition TDWI. 2., überarbeitete Auflage 2019 verfügbar. Heidelberg: dpunkt.verlag, 2018, S. 372.

[Hir14] Dennis D. Hirsch. „The Glass House Effect: Big Data, The New Oil, and the Power of Analogy". In: *Maine Law Review* 66.2 (2014). Online-Artikel, S. 373–391.

[HM24] Marcel Hebing und Martin Manhembué. *Data Science Management: vom ersten Konzept bis zur Governance datengetriebener Organisationen*. 1. Aufl. Heidelberg: O'Reilly, 2024, S. 306.

[Hum06] Clive Humby. *Data is the new oil*. Address at the ANA Senior Marketer's Summit at the Kellogg School. 2006.

[IDC24] IDC and Statista. *Volumen der weltweit erstellten, erfassten, kopierten und konsumierten Daten von 2010 bis 2028*. Statista. Grafik. 31. Mai 2024.

[Kau19] Göran Kauermann. „Data Science – Einige Gedanken aus Sicht eines Statistikers". In: *Informatik Spektrum* 42.6 (Dez. 2019). Beitrag im Themenheft Data Analytics, abgerufen am 16. September 2025, S. 387–393. DOI: *10.1007/s00287-019-01224-8*.

[Kle17] Martin Kleppmann. *Designing data-intensive applications: The big ideas behind reliable, scalable, and maintainable systems*. O'Reilly Media, 2017.

[KT18] John D. Kelleher und Brendan Tierney. *Data Science*. The MIT Press Essential Knowledge Series. Cambridge, Massachusetts: MIT Press, 2018, S. 273.

[Lan01] Doug Laney. *3D Data Management: Controlling Data Volume, Velocity, and Variety*. Research Note ADS 6 Feb 01.949. Copyright © 2001 META Group Inc. META Group, Feb. 2001.

[Lan23] Michael Lang. *Datenkompetenz: Daten erfolgreich nutzen*. Carl Hanser Verlag, 2023.

[Lar04] Craig Larman. *Applying UML and Patterns*. 3. Prentice Hall, 2004.

[Las18] Nina Lasse. *Data Science – mehr als Datenbanken: Jede zweite Stellenanzeige nennt Kommunikationsstärke als unverzichtbare Fähigkeit*. Pressemitteilung, abgerufen am 19. September 2025. Apr. 2018. URL: *https://joblift.de/Presse/data-scientist* (besucht am 19. 09. 2025).

[LN19a] Stefan Luber und Nico Nitzel. *Was ist ein Data Steward?* Online-Artikel. 2019. URL: *https://www.bigdata-insider.de/was-ist-ein-data-steward-a-886587*.

[LN19b] Stefan Luber und Nico Nitzel. *Was ist ein Datenarchitekt?* Online-Artikel. 2019. URL: *https://www.bigdata-insider.de/was-ist-ein-datenarchitekt-a-887724*.

[Lub22] Stefan Luber. *Was ist ein Data Engineer?* Online-Artikel. 2022. URL: *https://www.bigdata-insider.de/was-ist-ein-data-engineer-a-eaa15f0abe87a06c74e8e282ebc598ce*.

[Mar20] Bernard Marr. *Künstliche Intelligenz in Unternehmen: Innovative Anwendungen in 50 erfolgreichen Firmen*. Weinheim: Wiley-VCH, 2020, S. 362.

[McC+06] John McCarthy et al. „A proposal for the dartmouth summer research project on artificial intelligence, august 31, 1955". In: *AI magazine* 27.4 (2006), S. 12–12.

[Nau74] Peter Naur. *Concise Survey of Computer Methods*. New York: Petrocelli Books, 1974, S. 397.

[Ng17] Andrew Ng. *Andrew Ng on why Artificial Intelligence is the New Electricity*. Online-Artikel. März 2017. URL: *https://insidehpc.com/2017/03/andrew-ng-artificial-intelligence-new-electricity*.

[Pal06] Michael Palmer. *Data is the new oil*. Blog-Artikel. Nov. 2006. URL: *https://ana.blogs.com/maestros/2006/11/data_is_the_new.html*.

[PF17] Foster Provost und Tom Fawcett. *Data Science für Unternehmen: Data Mining und datenanalytisches Denken praktisch anwenden*. 1. Aufl. mitp Business. Übersetzung aus dem Amerikanischen. E-Book-Version. Frechen: MITP, 2017, S. 432.

[Ric+18] Nathalie Henry Riche et al., Hrsg. *Data-Driven Storytelling*. A K Peters Visualization Series. Boca Raton: CRC Press/Taylor & Francis Group, 2018, S. 314. DOI: *10.1201/9781315281575*.

[RRG18] David Reinsel-John Gantz-John Rydning, John Reinsel und John Gantz. „The digitization of the world from edge to core". In: *Framingham: International Data Corporation* 16 (2018), S. 1–28.

[Sch+22] Michael Schulz et al. *DASC-PM v1.1 - Ein Vorgehensmodell für Data-Science-Projekte*. 2022.

[Sch+23] Dirk Schmalzried et al. „Analyse der Rolle Künstlicher Intelligenz für eine menschenzentrierte Industrie 5.0". In: *HMD Praxis der Wirtschaftsinformatik* 60.6 (2023). Open Access, Creative Commons BY 4.0 Lizenz, S. 1143–1155. DOI: *10.1365/s40702-023-01001-y*.

[Sei19] Mischa Seiter. *Business Analytics: Wie Sie Daten für die Steuerung von Unternehmen nutzen*. 2., komplett überarbeitete und erweiterte Auflage. Verlag Franz Vahlen, 2019.

[SF88] E. Sveinsdottir und E. Frøkjær. „Datalogy — The Copenhagen tradition of computer science". In: *BIT Numerical Mathematics* 28 (1988), S. 450–472. DOI: *10.1007/BF01941128*.

[TGB20] Alexander Thamm, Michael Gramlich und Alexander Borek. *The Ultimate Data and AI Guide: 150 FAQs About Artificial Intelligence, Machine Learning and Data*. München: Data AI Press, 13. März 2020, S. 399.

[VB21] Peter Vatter und Robert Butscher. „Ethische Aspekte der künstlichen Intelligenz: Implikationen und Handlungsempfehlungen für eine menschenzentrierte Nutzung". In: *Faktor Mensch im IT-Business*. Hrsg. von Kristin Weber und Stefan Reinheimer. Edition HMD. Wiesbaden: Springer Vieweg, 2021.

[Wer24] Sebastian Wernicke. *Data Inspired: Erfolgskonzepte für die datengetriebene Organisation*. München: Verlag Franz Vahlen, 2024, S. 252.

[Wu86] C. F. Jeff Wu. „Future directions of statistical research in China: a historical perspective". In: *Application of Statistics and Management* 1 (1986). Online-PDF, S. 1–7.

2 Grundbegriffe verteilter Systeme

Die Verarbeitung großer Datenmengen bewegt sich per Definition immer am Rande des Machbaren. Viele heute selbstverständliche Ansätze, wie etwa NoSQL-Datenbanken, wurden aus der Not heraus geboren, dass klassische relationale Systeme selbst auf den leistungsstärksten Einzelrechnern mit den Anforderungen der Anfang der 2000er Jahre massiv wachsenden Online-Systeme (z. B. im Bereich Social Media oder Online-Shopping) schlichtweg überfordert waren. Hinzu kamen aus physikalischen Gründen stagnierende Prozessortaktraten, die es unmöglich machten, den steigenden Anforderungen wie bis dahin üblich mit stärkerer Hardware, also einer sogenannten vertikalen Skalierung, zu begegnen.

Bild 2.1 illustriert die beiden Möglichkeiten, einer wachsenden Datenmenge Herr zu werden: Neben der gerade genannten vertikalen Skalierung mit stärkerer Hardware ist auch eine sogenannte horizontale Skalierung, nämlich das Verteilen der Daten auf mehrere Rechner bzw. systemintern auf mehrere Rechnerkerne möglich.

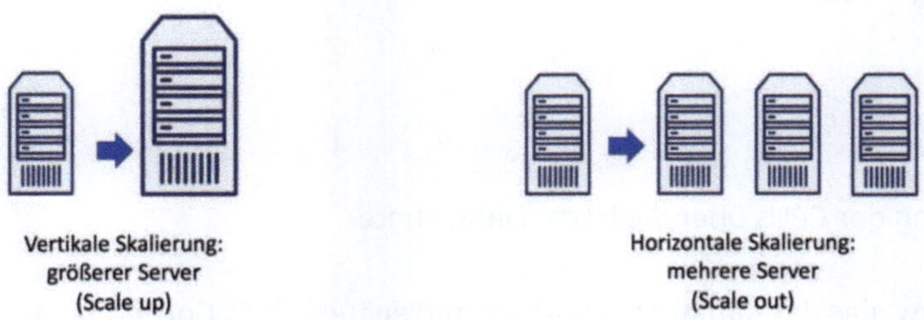

Bild 2.1 Grafische Veranschaulichung von vertikaler und horizontaler Skalierung

Die Verheißungen von solchen verteilten Systemen sind zunächst auch sehr vielversprechend, da, naiv betrachtet, zwei Server sicherlich die doppelte Datenmenge von einem Server verarbeiten können sollten, oder?

Ganz so einfach ist es leider nicht, die (lineare) Skalierbarkeit verteilter Systeme hängt sowohl von den Daten, als auch von den darauf notwendigen Verarbeitungen ab, und sobald dabei viel rechnerüberschreitende Kommunikation notwendig werden wird, geht die Performanz üblicherweise deutlich in die Knie. Der Versuch, diese teuren Kommunikationsaufwände so gering wie möglich zu halten, war letztlich der Grund für das Entstehen von Big-Data-Frameworks wie Hadoop oder NoSQL-Datenbanken wie Cassandra. Welche Herausforderungen und Grundideen dahinter stecken, möchten wir im Rest dieses Kapitels näher beleuchten.

2.1 Historie

Wie zuvor angedeutet, erreichte das, bis dahin kontinuierlich erscheinende Wachstum der Prozessortaktraten etwa zur Mitte der Nullerjahre des neuen Jahrtausends sein vorläufiges Ende. Es stagnierte, wie in Bild 2.2 zu sehen, ungefähr im Bereich zwischen 4 und 5 GHz und verharrt dort weitgehend bis heute.[1] Der nahezu geradlinige Anstieg zuvor indiziert aufgrund der logarithmischen Darstellung der y-Achse (die bei 1 MHz beginnt) eine Verdoppelung ca. alle 2 Jahre.[2]

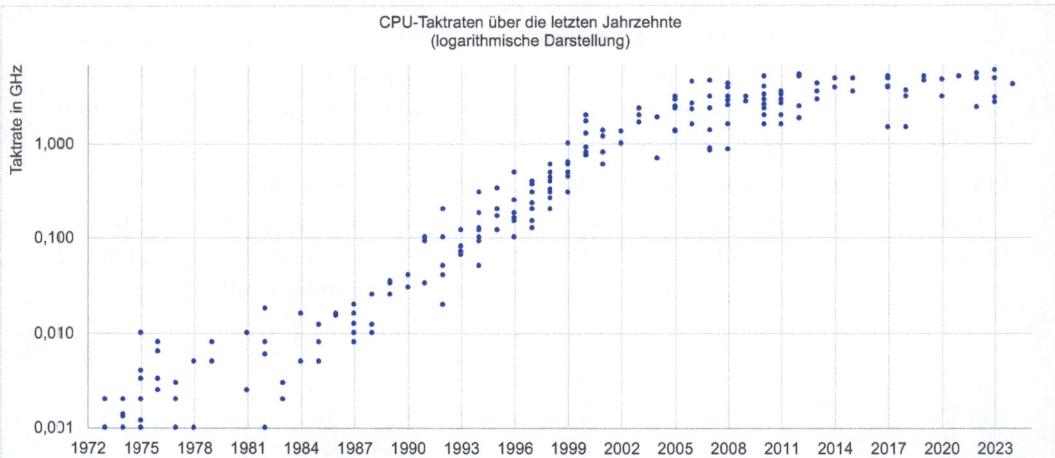

Bild 2.2 Taktraten gängiger CPUs über die letzten Jahrzehnte

Zuvor galt Moore's Law, das der damalige Intel-Vize und spätere CEO, Gordon Moore, 1965 als Vermutung für die sich jährlich verdoppelnde Anzahl an Transistoren pro

1 Erst jüngste Highend-CPUs von Intel und AMD konnten in Bereiche von über 5 GHz vorstoßen.

2 Eigene Darstellung auf Basis von Daten aus Wikipedia: *https://en.wikipedia.org/wiki/Microprocessor_chronology*

Flächeneinheit auf Mikrochips postulierte [Moo65], lange Jahre auch im Bereich der Prozessortaktraten als gesetzt.

Es liegt auf der Hand, dass wachsende Datenmengen zur Verarbeitung auf mehrere oder gar viele Server verteilt werden müssen, wenn dies nicht mehr der Fall ist. Spannend ist in diesem Zusammenhang, dass Moore's Law für die Anzahl der Transistoren pro Flächeneinheit weiterhin Gültigkeit zu haben scheint[3]. Ebenso spannend ist die in einer Biografie über Facebook-Gründer Marc Zuckerberg [Kir10] beschriebene Situation, als das frühe Facebook von einer rasant wachsenden Nachfrage förmlich überrannt wurde und Zuckerbergs Team im gesamten Silicon Valley Computer von der Stange aus Elektronikmärkten zusammenkaufte, um sein System horizontal zu skalieren und mit der explodierenden Nachfrage Schritt zu halten.

2.2 Skalierbarkeit

Die Grundidee, durch Verteilung auf mehrere Prozessoren oder Server eine Beschleunigung zu erreichen, liegt so deutlich auf der Hand, dass sie kaum der Rede wert zu sein scheint. Doch wie so oft steckt auch hier der Teufel im Detail, sodass einige theoretische Hintergründe unbedingt Erwähnung finden sollen.

2.2.1 Amdahl's Law

Auch Amdahl's Law, vgl. z. B. [PH21], das eine obere Grenze für die maximal erreichbare Beschleunigung durch Parallelverarbeitung auf mehreren Servern oder auch mehreren Prozessoren vorgibt, scheint auf den ersten Blick recht offensichtlich. Für vollständig und perfekt verteilbaren Code liegt diese obere Grenze für den sogenannten Speedup bei einer Anzahl der zur Verfügung stehenden Server n bei der n-fachen Geschwindigkeit. Anders ausgedrückt: Steht uns die fünffache Menge an Hardware zur Verfügung, kann die Datenverarbeitung maximal fünfmal so schnell erfolgen. Eine zauberhafte Beschleunigung durch „Parallelverarbeitungs-Synergien" widerspräche offensichtlich den Regeln der Physik.

Dieser einfache Zusammenhang kann mathematisch durch die folgende Formel ausgedrückt werden, in der p_p den Anteil der parallel ausführbaren Programmteile und p_s die sequenziell auszuführenden Programmteile beschreibt. Entsprechend ist auch festgelegt, dass $p_p + p_s = 1$ sein muss.

$$speedup = \frac{1}{(p_s + \frac{p_p}{n})} \tag{2.1}$$

3 Wie bspw. hier nachgelesen werden kann: *https://medium.com/predict/moores-law-is-alive-and-well-eaa49a450188*

Was in der Theorie so nachvollziehbar klingt, spielt jedoch in der Praxis eine eher untergeordnete Rolle. Zunächst sind verlässliche Werte für p_p und p_s alles andere als leicht zu bestimmen und spielen unserer Erfahrung nach bei der Analyse der Skalierbarkeit von Big-Data-Systemen meist auch nur eine untergeordnete Rolle. Meistens kann nämlich in modernen, gut skalierbaren Big-Data-Frameworks der Koordinationsaufwand insoweit vernachlässigt werden, dass er proportional mit der Datenmenge wächst und sich ebenfalls gut auf alle Maschinen verteilt.

In der Praxis werden beim Entwurf von Systemen daher meist erst einmal Überlegungen zur Algorithmenkomplexität (siehe im nächsten Abschnitt) bzw. bei der Erprobung von Systemen klassisches Performance-Testen eingesetzt, um den Zusammenhang von Datenmenge und Laufzeit abzuschätzen bzw. empirisch zu ermitteln. Relevant ist Amdahl's Law insbesondere dann, wenn etwa die Verteilung der Daten einen signifikanten Teil des Verarbeitungsaufwands ausmacht, wie das etwa in früheren MPI-Systemen [Gro+96] der Fall war, ansonsten überwiegt klar der Einfluss der im Folgenden beschriebenen Algorithmenkomplexität.

2.2.2 Algorithmenkomplexität

Auch um das an Hochschule und Universität eher ungeliebte Thema der Algorithmenkomplexität kommen wir im Big-Data-Umfeld nicht herum, wir wollen uns aber bemühen, es an dieser Stelle so kurz und prägnant wie möglich zu thematisieren. Wie bei Amdahl's Law ist an und für sich auch bei der Algorithmenkomplexität leicht einzusehen, dass es eine „wundersame Beschleunigung" durch Parallelverarbeitung nicht geben kann. Das bedeutet, dass eine nachhaltige Skalierung eines Algorithmus durch Verteilung nur bis zu einer linearen Komplexität in $O(n)$ nach der Landau-Notation (siehe z. B. [Cor+22]) möglich ist. Das gilt natürlich sowohl für die algorithmische als auch für die Speicherkomplexität.

Ein einfaches Beispiel soll das verdeutlichen: Angenommen, wir suchen nach einem bestimmten Datum in einer unsortierten Datenmenge mit n Elementen, so können wir erst nach n Zugriffen auf alle Elemente mit Sicherheit sagen, ob und ggf. wo das gesuchte Datum in unserer Datenmenge vorkommt oder nicht. Diese Operation lässt sich bei vielen Daten ziemlich gut auf bspw. zwei Servern verteilt ausführen und wird in etwa in der halben Zeit ablaufen, da p_s im Vergleich zu p_p sehr klein ausfallen wird. Voraussetzung dafür ist natürlich, dass die Daten bereits verteilt auf den Servern vorliegen und nicht erst aufwendig von einem auf den anderen geschoben werden müssen, was die verteilte Verarbeitung in diesem Beispiel ad absurdum führen würde.

Komplexitätsklassen, wie etwa $O(\log n)$, die unterhalb von $O(n)$ liegen, profitieren zwar aus Laufzeitgesichtspunkten weniger von einer Verteilung, da sie länger mit dem Wachstum der Datenmenge Schritt halten können. Bei Komplexitätsklassen, die darüber liegen, wie bspw. $O(n^2)$, stößt die Skalierbarkeit von Algorithmen durch das starke Wachstum der Laufzeiten aber früher oder später an ihre Grenzen. Gleiches gilt natürlich ebenfalls wieder für die Speicherkomplexität, die jedoch in der heutigen Praxis weniger eine Rolle spielt, da die wenigsten Algorithmen mehr als $O(n)$ zusätzlichen Speicher benötigen. Tabelle 2.1 illustriert eindrücklich, was ein quadratisches Wachstum schon bei kleineren Datenmengen bedeuten kann.

Tabelle 2.1 Vergleich der Verarbeitungsschritte bei verschiedenen Algorithmenkomplexitäten

Algorithmus / Anzahl Elemente	Lineare Suche $O(n)$	Binäre Suche $O(\log n)$	Schnelle Sortierung $O(n \log n)$	Langsame Sortierung $O(n^2)$
1.000	1.000	10	9.965	1.000.000
10.000	10.000	14	132.878	100.000.000
100.000	100.000	17	1.660.965	1E10
1.000.000	1.000.000	20	19.931.569	1E12

Geht es also hauptsächlich um die langfristige Skalierbarkeit eines Systems, ist nicht nur eine „elastische“ Cloud-Hardware, die durch Hinzuschalten neuer virtueller Maschinen an eine wachsenden Datenmenge angepasst werden kann, vonnöten, sondern auch eine obere Grenze in der Komplexität der verwendeten Algorithmen von maximal $O(n)$. Dabei kann in der Praxis oft auch eine Komplexität von $O(n \log n)$ noch eine gewisse Zeit mit mehr Hardware abgefedert werden. Im Internet finden sich verschiedene Seiten wie das „Big O Cheatsheet“[4]), die uns eine gute Unterstützung bei der Orientierung im Komplexitäten-Dschungel an die Hand geben und uns eindrucksvoll vor Augen führen, welche Last mit einem komplexen Algorithmus und steigender Datenmenge auf die Hardware zukommt.

Wer aufräumt, ist nur zu faul zum Suchen! Dieser Wahlspruch aus der Jugend hilft uns übrigens auch im Umgang mit Big Data zielsicher weiter. Nämlich dann, wenn Datenmengen zu groß werden sollten, um sie konstant sortiert zu halten, was ja bekanntlich mindestens einen Aufwand von $O(n \log n)$ erfordert.

Zwar würde eine binäre Suche auf, sagen wir, 100 Millionen Datensätzen mit maximal 27 Schritten abgeschlossen sein, während eine lineare Suche eben 100 Millionen Vergleichsoperationen benötigt. Da aber zum Sortieren der 100 Millionen Elemente bereits rund 2,7 Milliarden Vergleiche benötigt würden, können wir im Umkehrschluss jeden Datensatz $\log n$ mal vollständig durchsuchen, bevor sich eine Sortierung lohnen würde. Ob dieser verlockende Gedanke allerdings wirklich praxistauglich ist, sei dahingestellt.

4 *https://www.bigocheatsheet.com*

Mit $O(n \log n)$, wie es bspw. beim schnellen Sortieren von Daten mit etwa Mergesort vorkommt, lässt sich noch eine ganze Weile arbeiten, spätestens bei Algorithmen mit einer quadratischen Komplexität ist eine dauerhafte Skalierung bei wachsender Datenmenge jedoch nicht mehr möglich. Eine zweifache Datenmenge mag mit der vierfachen Serverzahl noch stemmbar sein und vielleicht sind auch zehnmal so viele Daten mit der hundertfachen Anzahl an Rechnern zu beherrschen, aber spätestens bei der zehntausendfachen Zahl von Rechnern, die für eine einhundertfache Datenmenge erforderlich wäre, werden die Grenzen dieses Vorgehens offensichtlich. In diesem Kontext überrascht es vermutlich auch nicht, dass ein Brute-Force-Ansatz etwa zur Lösung des Problems des Handlungsreisenden, das in $O(n!)$ liegt, auch mit der stärksten Computing-Cloud heute für mehr als ca. 20 Städte absehbar zum Scheitern verurteilt ist.

Ganz nutzlos ist Komplexitätstheorie übrigens auch für den Alltag nicht. Inspiriert durch ein sehr lesenswertes Buch [CG16], können wir uns beispielsweise Gedanken darüber machen, was der menschlichen Abneigung gegen Hausarbeit besser entgegenkommt: Lieber seltener viele Socken waschen und zusammensortieren oder öfter weniger Socken waschen und sortieren?

Wenn wir vereinfachend davon ausgehen, dass das Sortieren von Socken wie ein vergleichsbasierter Sortieralgorithmus im Computer bestenfalls mit einer Komplexität von $O(n * \log_2(n))$ ausgeführt werden kann, lässt sich an folgendem Beispiel ganz einfach zeigen, dass öfter wenige Socken zu waschen zu weniger Sortieraufwand führt, als seltener viele Socken zu waschen. Stellen wir die konkrete Anzahl an Sockenvergleichen, die es benötigt, um einmal 50 Paare Socken zu sortieren, dem Aufwand für fünf mal zehn Paare Socken gegenüber, dann sehen wir, dass Letzteres deutlich weniger Sortieraufwand bedeutet:

$50 * \log_2(50) = 283$, während $10 * \log_2(10) = 33$ ergibt, was mit fünf multipliziert zu 166 Sockenvergleichen und somit zu einem deutlich geringeren Sortieraufwand führt. Wer hätte gedacht, dass die Informatik auch praktische Tipps zum Optimieren der Hausarbeit für uns parat haben könnte.

In Kapitel 14 erläutern wir übrigens einige spannende Algorithmen, die zeigen, wie erfinderisch die Not, mit großen Datenmengen und einer verhältnismäßig kleinen Hardware umgehen zu müssen, machen kann.

2.2.3 Flynn's Taxonomy

An dieser Stelle soll auch Flynn's Taxonomy, siehe etwa [PH21], kurz Erwähnung finden. Wir sollten uns nämlich bewusst machen, wie Daten in Rechnerarchitekturen überhaupt verteilt verarbeitet werden können und werden in der Literatur auch immer wieder auf die folgenden Begriffe bzw. Abkürzungen stoßen. Wie vom klassischen von-Neumann-Rechner bekannt, gibt es zwei Dimensionen, die wir betrachten müssen: eine für die Daten und eine für die Instruktionen. Beide können jeweils entweder auf einzelne (single) oder viele parallele (multiple) Elemente ausgerichtet sein – also {Single, Multiple} Instruction × {Single, Multiple} Data – womit sich folgende vier Kombinationsmöglichkeiten ergeben:

Single Instruction × Single Data (SISD) ist letzten Endes die klassische von-Neumann-Architektur, in der eine Reihe von Befehlen auf einem Datenstrom abgearbeitet wird, also jeder Befehl einmal mit einem Datum ausgeführt wird.

Single Instruction × Multiple Data (SIMD) bedeutet, das ein Befehl auf eine Reihe von gleichartigen Daten angewendet wird. Das war die Grundidee von Vektorprozessoren früherer Supercomputer oder auch des Grid Computing: Alle Prozessoren verarbeiten die Daten im Gleichschritt. SIMD kann etwa auch in modernen Grafikkarten genutzt werden.

Multiple Instruction × Single Data (MISD) in der Praxis zu finden, gestaltet sich nicht ganz einfach. Manchmal werden hierfür redundante Architekturen, wie sie beispielsweise aus Sicherheitsgründen in Flugzeugen eingesetzt werden, angeführt. Hier werden allerdings die gleichen Befehle mehrfach auf verschiedenen Rechnern ausgeführt, um Hardware-Defekten entgegenzuwirken[5]. Als weiteres Gebiet, in dem verschiedene Befehle oder zumindest Befehlsteile auf gleichen Daten ausgeführt werden, werden häufiger die Pipelines moderner Prozessoren ins Feld geführt. Diese Ansicht ist allerdings umstritten.

Multiple Instruction × Multiple Data (MIMD) wiederum ist problemlos in der Praxis zu finden, das ist nämlich die Kategorie, nach der z. B. die heutigen Multicore-Maschinen arbeiten. Verschiedene Prozessoren verarbeiten unabhängig voneinander verschiedene Daten, die beliebig im Speicher abgelegt sein können.

2.2.4 PRAM-Modell

Auch das PRAM-Modell (PRAM für Parallel Random Access Machine, siehe z. B. [JáJ92]) ist eine wichtige Abstraktion in der Parallelverarbeitung, die uns vor allem auch dabei helfen wird, die damit verbundenen Herausforderungen besser zu verstehen. Die Grundidee ist zunächst einmal das Vorhandensein mehrerer Prozessoren sowie eines globalen Speichers, wie das in den heutzutage gängigen Multiprozessorsystemen der Fall ist, aber auch leicht auf Multithreading-Umgebungen (wie in Java) oder auch auf Cloud-Systeme mit einer gemeinsamen Datenbank o. Ä. verallgemeinert werden kann. Wobei das PRAM-Modell von einem synchronen Betrieb der Prozessoren ausgeht

5 Dass dieses Vorgehen für reine Software-Defekte nutzlos ist, hat der Absturz der Ariane 5 bei ihrem Jungfernflug schonungslos vor Augen geführt, als auch ein Backup-System aufgrund eines identischen Softwarefehlers abstürzte [Lio+96].

und damit am treffendsten die Hardware von Grid-Computing-Systemen beschreibt. Prinzipiell sind für die Prozessoren folgende Operationen vorgesehen:

1. Ein Datum aus dem globalen Speicher lesen.
2. Eine Berechnung lokal ausführen.
3. Ein Datum in den globalen Speicher schreiben.

Das ermöglicht interessante Analysen von parallelen Algorithmen, wie wir gleich beispielhaft kurz beschreiben möchten. Spannend aus der Sicht der Parallelverarbeitung ist das PRAM-Modell, weil es auch die folgenden möglichen Konflikte beim gleichzeitigen Speicherzugriff kategorisiert und damit auch Lösungsmöglichkeiten für konkurrierende Zugriffe beispielsweise in Datenbanken vorzeichnet:

1. **Exclusive Read / Exclusive Write (EREW)** verbietet alle gleichzeitigen Zugriffe auf die gleiche Speicherstelle.
2. **Concurrent Read / Exclusive Write (CREW)** erlaubt es allen Prozessen, lesend auf eine Speicherstelle zuzugreifen. Schreibzugriffe sind aber immer nur für einen Thread, User bzw. Prozessor erlaubt.
3. **Concurrent Read / Concurrent Write (CRCW)** ermöglicht es allen Prozessen, jederzeit zu lesen und zu schreiben, wobei für Letzteres noch festgelegt werden muss, wie der „Gewinner-Prozess" im Falle eines Schreibkonflikts ermittelt wird.

Wie versprochen möchten wir einen parallelen Algorithmus vorstellen, damit sich interessierte Leserinnen und Leser ein besseres Bild davon machen können.

Am sinnvollsten ist eine parallele Verarbeitung immer dann, wenn sich die zu bearbeitenden Daten unter den vorhandenen Prozessoren ohne Überlappung aufteilen lassen, wie das beispielsweise beim im Folgenden gezeigten parallelen Bubblesort-Algorithmus möglich ist.

Listing 2.1 Pseudocode eines parallelen Bubblesort-Algorithmus, der ein gegebenes Array a mit Ganzzahlen sortiert.

```
for h := 0 to n div 2 do
   for i := 0, 2, 4, ... pardo
      compareAndExchange(a[i], a[i+1])
   endfor
   for i := 1, 3, 5, ... pardo
      compareAndExchange(a[i], a[i+1])
   endfor
endfor
```

Wie in Listing 2.1 schön zu sehen, teilt der Algorithmus das für alle nutzbare, zu sortierende Zahlenarray paarweise auf die vorhandenen Prozessoren auf und vergleicht und vertauscht ggf. zunächst ausgehend von den geraden Indizes die Zahlenpaare, um das danach ausgehend von den ungeraden Indizes zu tun. Das funktioniert, weil die Prozessoren ihre Operationen synchronisiert ausführen.

An folgendem Array, das wir beispielhaft mit vier Prozessoren sortieren wollen, wird das sicher anschaulicher:

```
Eingabe: 4 2 5 7 3 1 6 8
Zeile 3: 2 4 5 7 1 3 6 8
Zeile 6: 2 4 5 1 7 3 6 8
Zeile 3: 2 4 1 5 3 7 6 8
Zeile 6: 2 1 4 3 5 6 7 8
Zeile 3: 1 2 3 4 5 6 7 8
Zeile 6: nicht mehr notwendig...
```

In Zeile 3 führen also alle vier Prozessoren parallel den Vergleich des i-ten und des $(i+1)$-ten Elements aus, also P_1 vergleicht die Einträge 0 und 1, P_2 die Einträge 1 und 2 usw. In Zeile 6 werden aufgrund der anderen Zählung von P_1 die Einträge 1 und 2, von P_2 die von 3 und 4 sowie von P_3 die Elemente 5 und 6 miteinander verglichen.

2.3 Immer schön skalierbar bleiben

Auf Basis der vorherigen eher theoretischen Überlegungen möchten wir in diesem Kapitel allen Leserinnen und Lesern mit wenig Zeit gleich zu Beginn die vier wichtigsten Best Practices für die Entwicklung verlässlicher und skalierbarer Big-Data-Systeme an die Hand geben.

2.3.1 Geiz ist geil: Share nothing!

Erfolgreiche Parallelverarbeitung von Daten funktioniert am besten mit der Befolgung eines ganz einfachen Grundprinzips, nämlich des sogenannten Share Nothing bzw. unter Verwendung einer Shared-Nothing-Architektur. Diese Idee ist so zentral, dass sie quer durch alle Informatik-Gebiete, die sich mit der Verarbeitung großer Datenmengen beschäftigen, Einzug gehalten hat. Wie der Name schon nahelegt, werden in einem entsprechenden System idealerweise keine Daten geteilt. Beispielsweise erhalten also alle Prozessoren in einem Multicore-System ihren eigenen Speicherbereich, in dem sie arbeiten können, ohne sich gegenseitig in die Quere zu kommen.

Dieses Prinzip erstreckt sich über alle Phasen der Verarbeitung. Idealerweise sollten in Big-Data-Systemen die Eingabedaten auf verschiedene Knoten verteilbar sein, während der Verarbeitung keine gemeinsamen Zustandsinformationen (wie bspw. Zähler) benötigt werden, und auch die Verarbeitungsergebnisse müssen von jedem Prozess ungestört (also lockfrei) geschrieben werden können.

Alle Arten von geteiltem Speicher (engl. Shared Memory) führen unweigerlich zu den sogenannten Wettlaufbedingungen (engl. Race Conditions), die durch das zur Synchronisation benötigte Locking[6] Performanceverluste nach sich ziehen. Es liegt auf der Hand, dass der gleichzeitige Zugriff auf Daten von möglicherweise hunderten von Prozessen auf verschiedenen Maschinen nur sehr aufwendig zu synchronisieren ist und daher unbedingt vermieden werden sollte.

Wie wir später noch im Detail betrachten werden, war genau das die Grundidee der ersten Big-Data-Frameworks wie Hadoop: Diese kümmern sich um die Verteilung der Eingabedaten und führen auch die Ergebnisse sinnvoll wieder zusammen.

2.3.2 Datenlokalität und Lastverteilung

Hadoop ist auch ein gutes Stichwort, was die Datenlokalität betrifft. Machen wir uns zunächst die Bedeutung des Begriffes klar: Die Daten sollen lokal dort abgelegt sein, wo sie auch verarbeitet werden. Was zunächst so trivial klingt und beispielsweise in Prozessoren über Caches seit Jahrzehnten umgesetzt wird, wurde im Big-Data-Umfeld erst mit der Einführung verteilter Dateisysteme wie dem HDFS von Hadoop möglich.

Ältere Multiprocessing-Frameworks wie MPI haben genau hier ein Bottleneck, weil sie die Rohdaten zunächst per Message Passing auf die beteiligten Rechenknoten verteilen müssen. Das lohnt sich offensichtlich vor allem dann, wenn die Berechnungen im Vergleich zur Datenübertragung sehr lange dauern. Der clevere Kniff von Hadoop war die Nutzung von verteiltem Speicher in einem Cluster. Alle verfügbaren Festplatten werden bildlich gesprochen zu einer großen Platte verschaltet. Sobald Daten bei einem der Cluster-Rechner ankommen, werden sie intern gleichmäßig und vollautomatisch auf alle Rechner verteilt. Sobald eine Batch-Verarbeitung gestartet wird, werden die Daten auf dem Rechner verarbeitet, auf dem sie auch gespeichert sind. Durch diese möglichst gleichmäßige Verteilung der Daten ergibt sich eine gute Lastverteilung von ganz allein. Wie in Abschnitt 13.3.1 über Hadoop genauer erläutert, gibt es bei Datenanalysen allerdings oft Überkreuz-Abhängigkeiten, die eine mehrstufige Verarbeitung und Datenaustausch zwischen den Verarbeitungseinheiten erforderlich machen (und zur Entwicklung des MapReduce-Ansatzes geführt haben). Erst dadurch wird ein lockfreies Schreiben der Ergebnisse möglich.

2.3.3 Lockfreies Schreiben

Lockfreies Schreiben ist ebenfalls absolut essenziell für performante Big-Data-Verarbeitung. Die beste Parallelverarbeitung wird zunichte gemacht, wenn es beim Schrei-

6 Wie wir das bspw. auch von relationalen Datenbanken kennen.

Bild 2.3 Gedränge beim Einstieg in einen Schulbus (von Google Imagen illustriert) als Analogie für viele Prozesse, die gleichzeitig an die gleiche Stelle einer Datenbank schreiben möchten.

ben der Ergebnisse ein „Gedränge" gibt, wie es am Beispiel eines Schulbusses in Bild 2.3 dargestellt ist.

Sobald (zu) viele Prozesse bzw. Server gleichzeitig an die gleiche Stelle einer Datenbank oder einer Datei schreiben wollen, wird der Schreibvorgang unweigerlich zum Bottleneck, weil immer nur ein Prozess direkten Zugriff haben kann und die anderen bildlich gesprochen in der (Warte-)Schlange stehen müssen.

Auch für die Umsetzung dieser Best Practice ist Hadoop bzw. das darin verwendete MapReduce wieder ein Musterbeispiel. Für den Reduce-Schritt sammelt die Hadoop-Logik intern alle Ergebnisse mit dem gleichen Schlüssel auf einem Server ein, sodass die einzelnen Teilergebnisse dort ggf. noch aggregiert werden und mit einer einzigen Schreiboperation weggespeichert werden können, sei es in der Ergebnisdatei im HDFS oder auch in eine Datenbank. Dieser Ansatz lässt sich auch in neueren Streaming-Frameworks wie Flink nachvollziehen. Auch hier gibt es Mechanismen, mit deren Hilfe Datensätze nach ihrem Identifier immer auf den gleichen Knoten im Cluster geroutet werden können, wo sich dann um Aggregation und Speichern von Werten gekümmert wird.

2.4 Resilienz durch Redundanz

Fehler passieren und laut Murphy's Law wird alles was schiefgehen kann, auch früher oder später tatsächlich schiefgehen. Das gilt insbesondere im Kontext von verteilten Systemen, die unter Umständen bei großen Datenmengen auf tausenden von Servern über mehrere Rechenzentren weltweit verteilt ausgeführt werden müssen.

> To make error is human. To propagate error to all server in automatic way is #devops.
>
> DevOps Borat[7]

Selbst eine geringe Ausfallwahrscheinlichkeit auf einem einzelnen Server summiert sich bei hunderten Geräten mitunter schnell auf tagtägliche Probleme, und auch Netzwerkstrecken zwischen Servern leiden, wie wir alle von der täglichen Internetnutzung wissen, selbst zur Mitte der 2020er-Jahre noch immer an notorischer Unzuverlässigkeit. Entsprechend ist es für Privatnutzer selbst heute nahezu unmöglich, einen Internet-Provider zu finden, der sich darauf einlassen würde, eine hohe Verfügbarkeit seines Angebots durch ein schriftlich fixiertes Service-Level-Agreement (SLA) zu garantieren.

> Zur Bestimmung der Ausfallwahrscheinlichkeit in einem Rechenzentrum bzw. Rechner-Cluster können wir gut die Komplementärregel verwenden. Angenommen, die Verfügbarkeit eines einzelnen Servers an einem Tag ist zu 99,9 % gegeben oder umgekehrt besteht eine Wahrscheinlichkeit von 0,1 % für einen Ausfall. Auf 1.000 Server gerechnet bedeutet das:
>
> $$P(\text{alle 1.000 verfügbar}) = 0{,}999^{1000} \approx 0{,}368$$
> $$P(\text{mindestens ein Ausfall}) = 1 - P(\text{alle 1.000 verfügbar}) \approx 0{,}632$$
>
> Mit anderen Worten, in einem Rechenzentrum mit 1.000 Servern und der zuvor gegebenen Ausfallwahrscheinlichkeit wäre die tägliche Chance auf einen Ausfall über 62 % und damit deutlich höher als die Wahrscheinlichkeit, an einem Tag keinen Ausfall zu erleben.

A propos Service-Level-Agreements, wir haben im Folgenden aufgelistet, was ein bestimmtes SLA an Downtimes[8] zulassen würde, um zu verdeutlichen, welche hohen Anforderungen sich daraus für den stabilen Betrieb von komplexen Softwaresystemen ableiten.

Die Auflistung in Tabelle 2.2 unterstreicht einmal mehr die Herausforderungen für den Betrieb von Big-Data-Systemen, bei denen bei einer hohen geforderten Verfügbarkeit nicht einmal ein Neustart des Gesamtsystems pro Jahr möglich sein dürfte. Entsprechend muss ein solches System nach modernen DevOps-Ansätzen bspw. mit Rolling Updates u. Ä. hochverfügbar betrieben werden, wie wir in Kapitel 17 genauer beschrieben haben.

Ein gekonnter Umgang mit Fehlern ist in einer Big-Data-Umgebung von höchster Wichtigkeit. Es wäre schließlich mehr als ärgerlich, wenn eine Datenauswertung nach lan-

7 *https://x.com/DEVOPS_BORAT/status/41587168870797312*

8 Vorsicht, Prozentwerte für Service-Levels dürfen nicht mit der zuvor genannten Ausfallwahrscheinlichkeit verwechselt werden.

Tabelle 2.2 Mögliche Ausfallzeiten bei gegebenen Service-Verfügbarkeiten.

Service-Level	pro Tag	pro Monat	pro Jahr
95 %	72 min	36 h	438 h
98 %	29 min	14 h	175 h
99 %	14 min	7 h	87 h
99,5 %	7 min	216 min	44 h
99,9 %	1,5 min	43 min	9 h
99,99 %	< 1 min	4 min	52 min
99,999 %	ca. 1 sek	< 30 sek	5 min

ger Laufzeit wegen eines kleines Fehlers ganz am Ende der Verarbeitungskette kein oder nur ein unvollständiges Ergebnis liefern würde.[9]

Um auf Ausfälle von Servern vorbereitet zu sein, empfiehlt es sich, Daten redundant, also mehrfach, auf verschiedenen Rechnern, möglichst in verschiedenen Rechenzentren, abzuspeichern, um auch fehlgeschlagene Berechnungen nötigenfalls an anderer Stelle zeitnah wiederholen zu können. Dieses Vorgehen vergrößert ohnehin große Datenmengen noch einmal weiter[10], weil sie doppelt oder sicherheitshalber sogar dreifach im Cluster abgelegt werden sollten. Von eventuell notwendigen Backups und weiteren Zwischenstufen in der Verarbeitung erst gar nicht zu reden.

Starre Systeme können mit solchen Situationen nur schwer umgehen, was mit ein Grund für den Erfolg von Hadoop oder auch NoSQL-Datenbanken sein dürfte, da diese die entsprechenden Konzepte bereits „out of the box" unterstützen und Daten wie im Falle von Hadoop per Default dreifach im Cluster ablegen. Was durchaus auch ein Vorteil werden kann, wenn durch Lastverteilung schnellere Lesezugriffe möglich werden. Ebenso wichtig ist die damit erzielbare Fehlertoleranz in der Verarbeitung: Sollte ein Server ausfallen, kann sofort ein anderer in die Bresche springen und die fehlende Verarbeitung nachholen. Auch wenn das bei gleichmäßig ausgelasteten Servern mit Zeitverlusten behaftet sein wird, ist es sehr viel angenehmer, wenn das automatisch durch das Verarbeitungs-Framework erledigt werden kann und nicht manuell nachgeholt werden muss.

Durch die physische Verteilung der einzelnen Maschinen in einem solchen Cluster stößt diese Idee jedoch auch an Grenzen, die mithilfe des bekannten CAP-Theorems (nach Eric Brewer, siehe Abschnitt 6.3) anschaulich beschrieben werden können. Redundanz wird daher auch immer mit der Herausforderung konfrontiert, wie Original und Kopie(n) bei konkurrierenden Schreibzugriffen konsistent gehalten werden können. Das

9 Ähnlich wie das unverständliche Ergebnis von Deep Thought nach 4,5 Milliarden Jahren in „Per Anhalter durch die Galaxis" von Douglas Adams.

10 Was zumindest dem ehemaligen Chef eines der Autoren die Schweißperlen auf die Stirn trieb.

ist ein bei relationalen Datenbanken recht gut untersuchtes Phänomen [KE09], das dort im Allgemeinen durch Locking-Ansätze gelöst wird. Bei NoSQL-Systemen, wie etwa Cassandra (siehe Abschnitt 11.3), die einen großen Schreibdurchsatz erreichen möchten, werden meistens optimistische Locking-Verfahren mit einem „last write wins" o. Ä. verwendet. Schon alleine wegen der physikalischen Schwierigkeiten bei der Synchronisation von Uhren in verteilten Computersystemen würde eine genauere Beschreibung der darauf folgenden Herausforderungen den Rahmen dieses Buches sprengen. Zudem hat sich Martin Kleppmann in seinem Buch [Kle17] bereits intensiv mit diesem Thema auseinandergesetzt.

Literatur

[CG16] Brian Christian und Tom Griffiths. *Algorithms to live by: The computer science of human decisions*. Macmillan, 2016.

[Cor+22] Thomas H Cormen et al. *Introduction to algorithms*. MIT press, 2022.

[Gro+96] William Gropp et al. „A high-performance, portable implementation of the MPI message passing interface standard". In: *Parallel computing* 22.6 (1996), S. 789–828.

[JáJ92] Joseph JáJá. *An Introduction to Parallel Algorithms*. Addison-Wesley Professional, 1992.

[KE09] Alfons Kemper und André Eickler. *Datenbanksysteme*. Bd. 6. Oldenbourg, 2009.

[Kir10] David Kirkpatrick. *The Facebook Effect: The Inside Story of the Company That Is Connecting the World*. New York: Simon & Schuster, 2010.

[Kle17] Martin Kleppmann. *Designing data-intensive applications: The big ideas behind reliable, scalable, and maintainable systems*. O'Reilly Media, 2017.

[Lio+96] Jacques-Louis Lions et al. „Report by the Inquiry Board on the Ariane 5 Flight 501 failure". In: *Joint Communication ESA-CNES* (1996).

[Moo65] Gordon Moore. „Cramming more components onto integrated circuits". In: *Electronics* 38.8 (1965), S. 114–117.

[PH21] David A. Patterson und John L. Hennessy. *Computer Organization and Design: The Hardware/Software Interface*. 6. Aufl. Morgan Kaufmann, 2021.

3 Daten

In der Verarbeitung großer Datenmengen treffen wir auf eine Vielzahl von Datenquellen und -formaten, die sich hinsichtlich ihrer Struktur, Organisation und Einsatzmöglichkeiten deutlich unterscheiden. Um diese Vielfalt (vgl. Variety, Abschnitt 1.2) besser einordnen und gezielt nutzen zu können, beschäftigen wir uns in diesem Kapitel mit den Grundlagen der Datenorganisation. Dabei lernen wir zunächst, unterschiedliche Arten von Daten – von klar strukturiert bis unstrukturiert – voneinander abzugrenzen und zu verstehen, warum eindeutige Schlüssel für den Zugriff eine zentrale Rolle spielen. Wir betrachten ferner die Bedeutung von Metadaten und Schemata, die eine einheitliche Beschreibung verschiedener Datenquellen ermöglichen. Ein weiterer Schwerpunkt liegt auf den Konzepten der zeilen- und spaltenorientierten Speicherung von strukturierten Daten, deren Vor- und Nachteile wir gegenüberstellen.

3.1 Daten sind nicht gleich Daten

Stellen wir uns nun folgendes Szenario vor: Wir möchten ein einzelnes Wort in einem Buch finden. In einem gut strukturierten Fachbuch mit Inhaltsverzeichnis, klarer Gliederung und einem detaillierten Index am Ende (so wie in diesem Buch) ist diese Aufgabe in wenigen Momenten erledigt. Nun stellen wir uns dieselbe Aufgabe in einem handgeschriebenen, unstrukturierten Buch vor (z. B. Tagebuch oder Notizbuch), welches aus einem einzigen langen Fließtext ohne Absätze, Überschriften oder Seitenzahlen besteht. Die Suche wird schnell zur Qual (ähnlich zur Suche nach der bekannten Nadel im Heuhaufen).

Diese Analogie trifft den Kern der Herausforderung in der Arbeit mit Daten: Die *Form* und *Struktur* von Daten bestimmen maßgeblich, wie effizient wir mit ihnen arbeiten, Informationen extrahieren und Erkenntnisse gewinnen können. Im Kontext von

Big Data, wo wir es nicht mit hunderten, sondern mit Millionen von Datensätzen zu tun haben, wird diese Effizienz zu einem entscheidenden Faktor für den Erfolg eines Datenexperten. Daten sind also nicht gleich Daten.

Bevor wir in die technischen Details von Datenformaten und -strukturen eintauchen können, müssen wir zunächst verstehen, warum dieses Thema im Zeitalter von Big Data eine so zentrale Bedeutung erlangt hat. Der Begriff „Big Data“ beschreibt nicht einfach nur „viele Daten“, sondern eine Reihe von Herausforderungen, die traditionelle Ansätze der Datenverarbeitung an ihre Grenzen bringen. Diese Herausforderungen werden oft durch die sogenannten *„Vs von Big Data“* charakterisiert. Ursprünglich als 3 Vs beschrieben (vgl. Abschnitt 1.2), hat sich das Modell inzwischen auf viele weitere Vs erweitert. Für dieses Kapitel beschränken wir uns auf die ursprünglichen 3 Vs und nehmen für unsere Diskussion noch drei weitere Vs in den Fokus: Veracity (Wahrhaftigkeit), Value (Wert) und Variability (Veränderlichkeit).

Diese 6 Vs zwingen uns fundamental darüber nachzudenken, wie wir Daten speichern, organisieren und abrufen. Stellen wir uns nun erneut vor, wir möchten ein einzelnes Wort in einem Buch, aber diesmal in einer großen Bibliothek finden. Angesichts der 6 Vs wird die Herausforderung in diesem Fall noch wesentlich komplexer. Wir suchen nicht nur in einem einzelnen Buch (*niedriges Volume, niedrige Velocity, niedrige Variety*), sondern in einer riesigen Bibliothek (*hohes Volume*), die täglich um neue Bücher, Zeitschriften und digitale Dokumente erweitert wird (*hohe Velocity*) und Werke in unzähligen Sprachen und Formaten enthält (*hohe Variety*). Die eigentliche Tücke liegt aber in der Veracity (Wahrhaftigkeit) der Inhalte: Inhalte können veraltet sein (z. B. ein 30 Jahre alter Reiseführer), sich widersprechen (z. B. Biographien über Personen), oder bewusste Falschinformationen oder stark subjektive Meinungen verbreiten. Unsere Aufgabe ist es also nicht nur, das Wort zu finden, sondern auch zu bewerten, wie vertrauenswürdig die Quelle ist, in der wir es finden. Diese Unsicherheit und mangelnde Zuverlässigkeit der Daten ist die Kernherausforderung von Veracity. Prüfen wir die Zuverlässigkeit des Inhalts nur sehr sporadisch (z. B. Herkunft), kann dies zu einer *niedrigen Veracity* führen.

In einem gut strukturierten Katalog dieser Bibliothek mit Inhaltsverzeichnissen und Indizes (strukturierte Daten) geht das Aufspüren des Buches schnell. Ein solcher Katalog kann uns durch Metadaten wie das Erscheinungsjahr oder den Verlag auch erste Hinweise auf die Vertrauenswürdigkeit (Veracity) einer Quelle geben. In einem ungeordneten „Haufen“ (d. h. Chaos) unbeschriebener Bücher (unstrukturierte Daten) ist es eine Qual. Wieder einmal wird die *Form* und *Struktur* unserer Daten zum entscheidenden Faktor für Effizienz und Erfolg.

In diesem Kapitel werden wir die grundlegenden Dimensionen untersuchen, nach denen sich Daten und Datenformate klassifizieren lassen. Wir werden dabei eine Art „Kompass“ entwickeln, der uns hilft, sich in der vielfältigen Landschaft der Datenformate zurechtzufinden. Dazu betrachten wir hauptsächlich zwei Achsen:

1. **Der Grad der Strukturierung:** Wie „ordentlich“ sind die Daten organisiert? Wir bewegen uns auf einem Spektrum von komplettem Chaos (unstrukturierte Daten) bis hin zu strenger Ordnung (strukturierte Daten).
2. **Die physische Anordnung:** Wie werden strukturierte Daten physisch auf einem Speichermedium wie einer Festplatte abgelegt? Hier liegt der fundamentale Unterschied zwischen zeilen- und spaltenorientierten Formaten, der massive Auswirkungen auf die Abfragegeschwindigkeit hat.

Es ist wichtig anzumerken, dass zusätzlich noch weitere, relevante Achsen existieren, anhand derer Daten und entsprechende Datenformate gegliedert werden können. Diese zusätzlichen Perspektiven werden im Buch teilweise in eigenständigen Kapiteln vertieft. Eine kompakte Übersicht dieser ergänzenden Achsen umfasst unter anderem die Unterscheidung zwischen relationalen Datenbanken (RDBMS) und nicht relationalen, NoSQL-Speicherlösungen (vgl. Kapitel 6), die Trennung von Daten im Ruhezustand („data-at-rest“) gegenüber Daten in Bewegung („data-in-motion“) bzw. Velocity-Daten (d. h. Batch- versus Streaming-Daten, siehe Kapitel 13, Verarbeitungsparadigmen), die Aufteilung in zentralisierter versus verteilter Datenhaltung, sowie die Betrachtung von veränderbaren (mutable) und unveränderbaren (immutable) Daten. Durch das gleichzeitige Berücksichtigen dieser Dimensionen lässt sich ein noch umfassenderes und nuancierteres Bild der Datengestaltung gewinnen.

3.2 Schlüssel-Wert-Paare und Metadaten

Bevor wir uns aber unseren beiden Hauptachsen widmen, führen wir ein zentrales Prinzip ein, das uns durch das gesamte Kapitel (und Buch) begleiten wird. Viele von uns kennen dieses Prinzip bereits aus der täglichen Programmierpraxis.

Wenn wir in Python ein `Dictionary`[1] oder in Java eine `Map`[2] aus der COLLECTIONS API verwenden, greifen wir auf einen Wert zu, indem wir seinen eindeutigen Schlüssel angeben (z. B. unter Verwendung einer eindeutigen Zeichenkette; d. h. ein Wert vom Typ `str` in Python).

Listing 3.1 Zugriff auf Werte über einen eindeutigen Schlüssel in Python mithilfe von Dictionaries

```
# Klasse 'Kunde' repräsentiert einen Kunden mit relevanten Informationen
class Kunde:
    def __init__(self, kunden_id, name, wohnort):
    # self. ...
```

1 *https://docs.python.org/3/tutorial/datastructures.html#dictionaries*

2 *https://docs.oracle.com/en/java/javase/21/docs/api/java.base/java/util/Map.html*

```

# Ein Python-Dictionary, das einen Kunden repräsentiert (Schlüssel: Kunden ID, Wert: Instanz von Kunde)
kunden_info = {
    "101": Kunde("101", "Meier", "Berlin")
}

# Gezielter Zugriff auf einen Wert über seinen Schlüssel
kunde = kunden_info["101"]
print(kunde.name)  # Gibt "Meier" aus

# Alternativ kann der Kunde auch als verschachteltes Dictionary dargestellt werden
kunden_info = {
    "101": {kunden_id: "101", name: "Meier", wohnort: "Berlin"}
}

print(kunden_info["101"]["name"])  # Gibt "Meier" aus
```

In unserem konkreten Python-Beispiel identifiziert der Schlüssel `101` den spezifischen Kunden „`Meier`“ eindeutig. Der erste Teil des Beispiels nutzt klassische Objektorientierung in Form eines Kunden-Objektes (d. h. Instanz der Klasse Kunde; vgl. Objektorientierung in Programmiersprachen, z. B. [Lar04]) als Wert, welcher wiederum weitere Werte aggregiert, also somit weitere Informationen über den Kunden enthält (z. B. `kunde.name`). Im zweiten Teil des Beispiel nutzen wir eine oft wiederkehrende Alternative in der Praxis. Hier werden die Kundeninformationen als ein verschachtelter Dictionary-Wert dargestellt. Dies kommt oft in hierarchischen (d. h. verschachtelten) Datenformaten wie JSON zum Einsatz.

Maps bzw. Dictionaries werden häufig als assoziative Arrays bezeichnet (siehe z. B. [Knu97; Cor+22]). Assoziative Arrays (oder manchmal auch Zuordnungstabellen genannt) sind Datenstrukturen, die Daten in Form von Schlüssel-Wert-Paaren speichern und den Zugriff auf diese Werte über den zugehörigen, meist nicht numerischen Schlüssel ermöglichen. Mithilfe von Hashing beispielsweise erlauben sie eine effiziente, schnelle Suche und Abfrage von Daten, indem sie einen eindeutigen Schlüssel (Identifier, kurz ID) einem bestimmten Wert zuordnen. Ein klassisches Beispiel ist ein Telefonbuch, bei dem der Name der Schlüssel und die Telefonnummer der Wert ist.

Auch grundlegende Datenstrukturen wie Arrays können vereinfacht als Schlüssel-Wert-Datenstruktur behandelt werden, da diese anstatt mit textuellen oder komplexen Schlüsseln (z. B. Objekte; vgl. Abschnitt 13.3.1, Hadoop) mit einfachen numerischen Ganzzahl-Indizes angesprochen werden, die als numerischer Schlüssel dienen. Dieses vermeintlich einfache, aber mächtige Konzept des Schlüssel-Wert-Zugriffs skaliert von einer kleinen Datenstruktur im Arbeitsspeicher bis hin zu Petabytes an Daten in einem verteilten System.

Ein frühes und dabei wegweisendes Beispiel für diese hohe Skalierungsfähigkeit von Schlüssel-Wert-Paaren in verteilten Systemen sind die `SequenceFiles` aus dem Hadoop-Ökosystem (siehe Abschnitt 13.3.1, Hadoop). Anstatt Daten als lesbaren Text abzulegen, speichert ein SequenceFile eine Sequenz von Schlüssel-Wert-Paaren in einem kompakten, binären Format. Der entscheidende Vorteil für die parallele Verarbeitung mit MapReduce ist hier die Eigenschaft der Teilbarkeit. Große Dateien können in Blöcke aufgeteilt werden und gleichzeitig im Cluster verarbeitet werden.

Merksatz: Um einen einzelnen Datensatz – sei es ein Kunde, ein Sensorwert oder eine finanzielle Transaktion – in einer riesigen Datenmenge gezielt lokalisieren (hier werden Schlüsselwerte auch genutzt, um den eigentlichen Speicherort der Daten in einem verteilten System – einem Cluster – zu identifizieren), abrufen, verknüpfen oder aktualisieren zu können, muss dieser über einen **eindeutigen Schlüssel** (engl. *Primary Key* oder *Identifier*) adressierbar sein.

Der Schlüssel ist generell die *Adresse* eines Datensatzes. Im obigen Programmierbeispiel sind es die Strings „`101`“ für das objektorientiere Beispiel oder „`name`“ für die verschachtelten Informationen im zweiten Teil des Beispiels. In einer relationalen Datenbanktabelle ist es der Wert in der Primärschlüssel-Spalte. In einem Dateisystem ist es der Dateiname[3]. Ohne diesen eindeutigen Zugriffspunkt wären wir im beliebig großen Suchraum der Daten verloren. Wir werden sehen, wie dieses Konzept in den verschiedenen Datenstrukturen und -formaten mal mehr, mal weniger offensichtlich umgesetzt wird.

In NoSQL-Datenbanken und Big-Data-Anwendungen reicht ein einzelnes Attribut als Schlüssel oft nicht aus, um einen Datensatz eindeutig zu identifizieren. Hier kommt der zusammengesetzte Schlüssel(*Composite Key*, vgl. RDBMS in Abschnitt 6.1) ins Spiel, der aus der Kombination von zwei oder mehr Attributen gebildet wird.

Praxisbeispiel für einen Composite Key: Stellen wir uns Sensordaten vor (z. B. ein Temperatursensor). Ein Sensor mit der `Sensor-ID` ‚S-42‘ sendet jede Sekunde einen neuen Messwert. Die `Sensor-ID` allein ist also nicht eindeutig für einen Messwert. Der eindeutige Schlüssel für einen spezifischen Messwert ist die Kombination aus Sensor-ID und dem genauen Zeitstempel:

```
Schlüssel = (Sensor-ID, Zeitstempel) → Wert = Messwert
```

3 Normalerweise als vollqualifizierter Pfad mit allen Unterordnern. Einen Schritt weiter gehen hier URIs (Uniform Resource Identifier), einheitliche Bezeichner für beliebige Ressourcen wie z. B. URLs

Dieser Ansatz ist für Technologien wie Apache Hadoop und NoSQL-Datenbanken (und Zeitreihendatenbanken, vgl. Kapitel 11) von zentraler Bedeutung, da er unter anderem eine intelligente Datenpartitionierung und effiziente Bereichsabfragen etwa in Wide Column Stores wie Apache Cassdandra (siehe Abschnitt 11.3) ermöglicht (z. B. *„Gib mir alle Messwerte von Sensor S-42 für die letzten 24 Stunden"*).

Neben der eindeutigen Schlüsselidentifizierung werden wir in Abschnitt 13.3.1 sehen, wie die einfache Idee einer `Map` (d. h. Schlüssel-Wert-Paare), die wir hier als grundlegende Datenstruktur kennengelernt haben, zum Kern des einflussreichen **MapReduce**-Paradigmas wird. Dieses von ursprünglich Google entwickelte Modell zerlegt komplexe Berechnungen in zwei Phasen – *Map* und *Reduce* – und war die Blaupause für die erste Generation der Big-Data-Verarbeitung mit **Apache Hadoop**. Seine Prinzipien leben auch heute in moderneren Frameworks wie Apache Spark weiter.

Ein Schlüssel gibt uns die Adresse zu einem Datensatz. Aber woher wissen wir, was sich an dieser Adresse befindet? Hier kommen die **Metadaten** ins Spiel. Metadaten sind „Daten über Daten". In gewisser Weise sind sie das Etikett auf dem Buch in der Bibliothek oder das Inhaltsverzeichnis eines Buches, das die Kapitel beschreibt. Sie beschreiben unter anderem die Struktur, den Inhalt, die Herkunft und die Qualität der eigentlichen Daten und können daher die Veracity der Daten erhöhen. In diesem Kapitel werden wir sehen, dass der Unterschied zwischen einem Dateiformat wie CSV und einem Format wie Parquet zu einem großen Teil in der Qualität und Reichhaltigkeit seiner Metadaten liegt, die darin enthaltene Daten beschreiben.

3.3 Datenquellen: Woher kommen die Daten?

Die Vielfalt (*Variety*) der Daten ist eine der zentralen Herausforderungen von Big Data. Diese Vielfalt entsteht, weil Daten aus unzähligen, heterogenen Quellen, oft unabhängiger Dritter stammen. Das Verständnis dieser Quellen ist der erste Schritt in jedem Projekt, da es oft die anfängliche Form, Qualität und Struktur der Daten bestimmt. Es ist möglich, Datenquellen grob in folgende vier Kategorien einzuteilen.

3.3.1 Öffentliche und kuratierte Datenplattformen

Öffentliche und kuratierte Datenplattformen sind oft die ersten und auch besten Anlaufpunkte für Anwendende (z. B. freier Zugriff), um (oft) kostenfrei an große Datensätze zu gelangen, da die Daten häufig bereits aufbereitet, strukturiert und gut dokumentiert sind.

Daten für Maschinelles Lernen und KI

- **Wettbewerbs- und Community-Plattformen:** *Kaggle*[4] ist wohl die bekannteste Plattform. Sie bietet eine riesige Sammlung an Datensätzen für Data Science/Machine-Learning-Wettbewerbe. Die Daten sind meist aufbereitet und in verschiedenen gängigen Formaten wie beispielsweise CSV oder JSON verfügbar.
- **Modell- und Daten-Hubs:** *Hugging Face*[5] hat sich zum zentralen „Hub"[6] für die KI/ML-Community entwickelt. Neben vortrainierten Modellen (d. h. LLMs) bietet die Plattform eine Vielzahl von Datensätzen (Trainingsdaten, Testdaten etc.), speziell für Aufgaben im Bereich Natural Language Processing (NLP) und Computer Vision.

Daten aus Forschung und Wissenschaft

Zur Reproduzierbarkeit von wissenschaftlichen Ergebnissen (z. B. aus Experimenten) wurden diverse Plattformen ins Leben gerufen, die entscheidende Daten bereitstellen, die zu einer bestimmten Publikation gehören. Dieser Grundsatz wird vor allem im Rahmen von Open-Science-Initiativen verfolgt[7], die die FAIR Prinzipien vertreten (Findable, Accessible, Interoperable, Reusable). Diese umfassen unter anderem:

- **Code-Hosting-Plattformen:** *GitHub*[8] ist nicht nur die weltweit größte Plattform für die kollaborative Softwareentwicklung, sondern auch eine enorme Quelle für Datensätze und deren Sammlungen[9]. Viele Forschungsprojekte und Open-Source-Mitwirkende hosten ihre Daten direkt in Git Repositories, oft zusammen mit dem Code, der sie analysiert. Typische Formate sind CSV, JSON oder Textdateien. Der Code und seine Dokumentation stellen natürlich selbst die vorrangige Datenquelle für das Mining von Repositories im Software-Engineering-Bereich dar, beispielsweise für die Programmsynthese mit (Code-) LLMs.
- **Wissenschaftliche Datenrepositorien:** Plattformen wie *Zenodo*[10] und *Figshare*[11] wurden speziell dafür geschaffen, Forschungsdaten, Publikationen, Software und andere wissenschaftliche Artefakte dauerhaft und zitierfähig zu speichern. Sie erhalten einen Digital Object Identifier (DOI) und sind somit eine verlässliche Quelle für die Replikation von Forschungsergebnissen.
- **Nationale Forschungsdateninfrastruktur:** Nicht unerwähnt bleiben kann in diesem Zusammenhang die im Aufbau befindliche NFDI[12], die gerade dabei ist, für

4 *https://www.kaggle.com*
5 *https://huggingface.co*
6 Ähnlich wie GitHub-Repositories bietet Hugging Face einen Zugang via Git/LFS.
7 *https://reproducibilitynetwork.de*
8 *https://github.com*
9 z. B. *https://github.com/awesomedata/awesome-public-datasets*
10 *https://zenodo.org*
11 *https://figshare.com*
12 *https://www.nfdi.de*

verschiedene Wissenschaftsbereiche dauerhafte Datenspeicher aufzubauen und auch mit einem Konsortium dabei eine spezifische Datensammlung für Data Science[13] anzulegen.

Open Data & Portale: Daten des öffentlichen Sektors

Es existiert eine Vielzahl an Open-Data-Portalen und Initiativen. Viele Regierungen und öffentliche Institutionen stellen ihre Daten der Allgemeinheit zur Verfügung (z. B. `data.gov`, statistische Ämter wie das Statistische Bundesamt[14], EU Open Data Portal[15]). Diese Daten reichen von Wetterbeobachtungen[16] über Verkehrsstatistiken bis hin zu Finanzdaten und sind oft über APIs oder als CSV/XML-Downloads verfügbar. Auch die großen Cloud-Anbieter, wie etwa Amazon[17] oder Microsoft[18], bieten öffentlich verfügbare Daten und Speicherplatz dafür an. Von Google Research gibt es mittlerweile sogar eine Suchmaschine für frei verfügbare Datensätze[19].

3.3.2 Operative und generierte Unternehmensdaten

Daten aus dem operativen Geschäft stellen das Herzstück bzw. den wichtigsten Rohstoff für die meisten internen Big-Data-Anwendungen dar. Hierzu zählen unter anderem:

- **Transaktionsdatenbanken (OLTP):** Klassische relationale Datenbanken (Oracle, MySQL, PostgreSQL etc.) aus dem operativen Betrieb verwalten u. a. Kundendaten, Bestellungen oder Finanztransaktionen. Diese Daten sind hochstrukturiert.
- **Log-Dateien:** Server, Anwendungen und Webseiten produzieren kontinuierlich Log-Dateien, um Ereignisse, Fehler und Benutzerinteraktionen aufzuzeichnen. Sie liegen oft als unstrukturierter oder semistrukturierter Text vor.
- **Internet of Things (IoT) und Sensordaten:** IoT und cyber-physische Systeme als integraler Bestandteil von Industrie 4.0[20] stellen eine schnell wachsende Datenquelle dar. Sensoren in Maschinen (z. B. Produktion), Fahrzeugen (z. B. Standort, Verbrauch etc.) oder Smart-Home-Geräten (Temperatur, Sicherheitskamera) senden einen konstanten Strom an Messwerten, meist in kompakten Formaten wie JSON oder binären Protokollen.

Unternehmensdaten entstehen heute nicht mehr ausschließlich in intern betriebenen Datenbanken, sondern auch in spezialisierten Cloud-Diensten (Software-as-a-Service,

13 *https://www.nfdi.de/konsortien-nfdi4datascience*
14 *https://www.destatis.de*
15 *https://data.europa.eu*
16 z. B. Deutscher Wetterdienst *https://opendata.dwd.de*
17 *https://aws.amazon.com/de/opendata*
18 *https://learn.microsoft.com/de-de/azure/open-datasets/dataset-catalog*
19 *https://datasetsearch.research.google.com*
20 Umfasst Projekte zur umfassenden Digitalisierung der industriellen Produktion.

kurz SaaS; siehe Abschnitt 17.2.1). Diese Dienste verwalten kritische Geschäftsprozesse und stellen die Daten über Programmierschnittstellen (APIs) zur Verfügung. ERP/CRM-Systeme (z. B. SAP und Salesforce), Zahlungsanbieter und Support-Plattformen bieten die Daten in der Regel bereits hochstrukturiert als API-basierten Dienst, oft im JSON-Format, an. Die größte Herausforderung liegt hier in der Integration dieser verteilten Datensilos, um eine einheitliche, unternehmensweite Sicht zu schaffen (vgl. Data Warehouse/Lakehouse in den Kapiteln 7 und 8).

3.3.3 Web Mining und Scraping

Eine Alternative, um an werthaltige Daten zu gelangen, ist das Web Scraping (oder Mining). Im Grundprinzip kennen wir dies von der Funktionsweise von Suchmaschinen wie Google, die strukturierte Datenbanken anhand von Webseitenindexierung erstellen. Das Web-Crawling und Scraping beinhaltet das automatisierte Abrufen und Extrahieren von Informationen von Webseiten[21]. Hierbei entstehen zunächst unstrukturierte HTML-Daten (natürlicher Text), aus denen dann strukturierte Informationen (z. B. Produktpreise, Kundenrezensionen) extrahiert werden müssen (vgl. Suchmaschinen und Web Crawling in Abschnitt 11.5). In der Vergangenheit hatten Webseitenbetreiber die explizite Möglichkeit, die Indexierung in Suchmaschinen durch die Bereitstellung verschiedener Metadaten – etwa Schlüsselwörter im HTML-Head – direkt zu beeinflussen. Heutzutage setzen Suchmaschinenbetreiber jedoch komplexere Bewertungsalgorithmen ein, um die Grenzen der Suchmaschinenoptimierung (SEO) festzulegen.

3.3.4 Datenhandel: Externe Dienste und aktiver Erwerb

Für gewisse Anwendungsfälle benötigt es Daten, die entweder nicht im Alltagsbetrieb direkt anfallen oder nur kostspielig erfasst werden können. Diese Daten müssen daher gezielt beschafft werden. Unternehmen können hier ganze Datensätze sowie auch Datendienste zur Datenerhebung zukaufen, um ihre eigenen Datensätze anzureichern. Beispiele hierfür sind Daten über Kundenverhalten und -bonität, soziodemografische Daten, Wetterdaten oder Marktforschungsdaten.

Eine allgegenwärtige und in diesem Kontext wertvolle Datenquelle sind externe Dienste, die sich darauf spezialisiert haben, das Verhalten von Nutzern auf den eigenen digitalen Kanälen zu messen und zu verwalten. Im Gegensatz zu rein internen Systemen werden die Daten hier von Drittanbietern gesammelt und aufbereitet, bevor sie Dritten (d. h. den Anwendenden) zur Verfügung gestellt werden:

21 Das heißt vorrangig Texte in natürlicher Sprache.

- **Bonitätsdaten (z. B. SCHUFA):** Der Bezug von Auskünften/Bonitäts-Scores von Auskunfteien stellt einen aktiven Erwerb von Dritt-Daten in Form von fallbezogenen Abrufen dar (rechtlich stark reguliert).
- **Web-Analyse-Dienste:** Durch das Einbinden eines JavaScript-Snippets (z. B. Google Analytics) auf der eigenen Webseite werden detaillierte Nutzerinteraktionen erfasst (Seitenaufrufe, Verweildauer, Klickpfade, technische Daten wie Browser und Gerät). Der Dienstanbieter aggregiert diese Daten und stellt sie in Dashboards oder über eine API zur Verfügung.
- **Werbeplattformen:** Dienste wie Google Ads, Meta Ads (Facebook/Instagram) liefern detaillierte Performance-Daten zu geschalteten Werbekampagnen. Dazu gehören Metriken wie Impressionen, Klicks, Cost-per-Click (CPC) und Conversions (erfolgreiche Durchführung einer Handlung).

Obwohl diese Daten von externen Plattformen stammen, sind sie aus analytischer Sicht besonders interessant. Wie bei spezialisierten SaaS-Diensten für Unternehmensdaten liegen diese meist bereits *hochstrukturiert* vor (z. B. als exportierbare CSV oder abfragbare JSON-Objekte via API). Die Plattformen erledigen die Aufgabe der Strukturierung von rohen Event-Daten bereits für uns. Die Herausforderung besteht hier, wie für operative Daten aus SaaS, darin, die Daten unternehmensintern zu verknüpfen (z. B. als Teil von Data Warehousing/Lakehousing).

Exkurs: Generative Datenquellen mit Large Language Models (LLMs) Neben den klassischen Datenquellen hat sich in jüngster Zeit eine völlig neue[22] Kategorie etabliert: generative, synthetisierte Datenquellen. Anstatt auf bestehende, gespeicherte Daten zuzugreifen, erzeugen diese Systeme neue Daten „on-demand".

Ein LLM ist kein statischer Datensatz, sondern ein trainiertes Sprachmodell, das auf Basis von Anfragen (Prompts) neue Informationen synthetisiert (vgl. Kapitel 18). Im Kontext von Big-Data-Anwendungen eröffnen sich dadurch viele Möglichkeiten:

- Generierung synthetischer Datensätze: LLMs können realistische, aber künstliche Datensätze in beliebigen Datenformaten (z. B. JSON, CSV) erstellen.
- Datenanreicherung: Bestehende Datensätze können um generierte Texte oder Attribute erweitert werden, etwa durch das Hinzufügen von Produktbeschreibungen oder Zusammenfassungen.
- Strukturierung von unstrukturierten Daten: Ein LLM kann als „Transformationsquelle" dienen, die einen Strom unstrukturierter Daten (z. B. Webseiten oder E-Mails) in einen strukturierten Datenstrom (z. B. extrahierte Absichten und Entitäten) umwandelt.

Die Herausforderung der Veracity: Die enorme Flexibilität von LLMs wird mit einer zentralen Herausforderung erkauft: der Veracity (Wahrhaftigkeit), hier im Sinne der Vertrauenswürdigkeit („Trustworthiness"). LLMs können „halluzinieren" (siehe z. B. [Hua+25]

22 Ansätze gab es bereits schon lange vor LLMs, beispielsweise SDV für tabellarische Daten [PWV16].

für eine Übersicht), also Fakten erfinden, oder die in ihren Trainingsdaten enthaltenen Verzerrungen (Bias) reproduzieren – sie sind daher in der Regel nicht blind vertrauenswürdig und erfordern stets kritische Validierungs- und Überprüfungsprozesse. Sie stellen eine Quelle von potenziell hohem Wert dar, aber nur, wenn ihre Vertrauenswürdigkeit vorsichtig abgewogen und gemanagt wird. In Kapitel 18 stellen wir Techniken vor, die die Vertrauenswürdigkeit durch „Fakten" weiter erhöhen (z. B. Retrieval-Augmented Generation und Function-Calling).

3.4 Der Grad der Strukturierung

Nachdem wir nun die grundlegende Bedeutung von Datenorganisation, eindeutigen Schlüsseln und Metadaten eingeführt haben, widmen wir uns der ersten der beiden Daten-Achsen: dem Strukturierungsgrad von Daten. Daten können auf einem Spektrum von völliger formaler Unordnung bis hin zu strenger, vordefinierter Ordnung eingeteilt werden (d. h. mit entsprechenden Metadaten/Schemata, die unsere Daten präzise beschreiben). Wir unterscheiden dabei grob drei Kategorien.

3.4.1 Unstrukturierte Daten: Das „Chaos"

Unstrukturierte Daten sind die ursprünglichste und am weitesten verbreitete Form von Daten. Sie besitzen – aus Sicht eines Computers – kein vordefiniertes, explizites Datenmodell oder Schema. Der Inhalt mag für einen Menschen durchaus eine Struktur haben (z. B. die Grammatik in einem Satz), aber die Datei selbst verrät dem Computer nichts darüber, wie diese Struktur aufgebaut ist. Metadaten (Schemata), die diese Daten beschreiben, sind oft sehr spärlich und gehen über den Dateinamen, Dateigröße oder Erstellungsdatum nicht hinaus[23)].

- **Beispiele:** Fließtext in Dokumenten (.txt, .docx), E-Mails, Bilder (.jpeg, .png), Videos (.mp4, .mov), Audio-Dateien (.mp3, .wav), Beiträge in sozialen Medien.
- **Herausforderungen:** Wie können wir gezielt Informationen finden? Wie aggregieren wir die Daten? Da kein Schema vorhanden ist, können Standard-Datenbankabfragen nicht angewendet werden[24)]. Wir benötigen spezialisierte Verarbeitungstechniken und Datenverarbeitungspipelines (ETL/ELT) wie Verarbeitung natürlicher Sprache (*Natural Language Processing*, NLP) für Texte (z. B. große Sprachmo-

23 Exkurs: Um schnell zu erkennen, um welchen Dateiinhalt es sich handelt, können wir oft auch „Magic Bytes" verwenden. Sie sind eine feste Zeichenkette aus Bytes, die einen Dateityp eindeutig identifiziert.

24 Es existieren spezialisierte Datenbanken, die automatisiert einen Suchindex erstellen. Dieser ist aber in der Regel ein Index über vorhandene Metadaten (z. B. Künstlernamen, die aus den Metadaten von MP3-Dateien extrahiert wurden)

delle) oder *Computer Vision* für Bilder, um nachträglich eine Struktur zu extrahieren.

- **Der eindeutige Schlüssel:** Bei unstrukturierten Daten ist der „Schlüssel" oft auf der Metadaten-Ebene angesiedelt (d. h. Daten, die die Daten beschreiben): Es ist typischerweise der **Dateiname** in einem Dateisystem oder eine URL einer Webseite. Es ist möglich, auf das gesamte Objekt zuzugreifen (z. B. „öffne die Datei `bericht_q3.docx`"), aber nicht auf einen Teil davon (z. B. „gib mir den zweiten Absatz aus `bericht_q3.docx`").

Im Big-Data-Umfeld machen unstrukturierte Daten oftmals den größten Teil des anfallenden Datenvolumens aus. Die Fähigkeit, aus diesem „Chaos" wertvolle Informationen zu unserem Vorteil zu gewinnen, ist eine der Kernkompetenzen von Big Data, Datenverarbeitung, Analyse und Data Science im Allgemeinen.

3.4.2 Strukturierte Daten: Die „Tabelle"

Am anderen Ende des Spektrums stehen die strukturierten Daten. Sie folgen einem starren, präzise vordefinierten Schema – haben also Metadaten, die die Daten formal beschreiben. Die bekannteste Analogie ist eine Tabelle in einer relationalen Datenbank (RDBMS). Eine einfache Tabellenkalkulation (wie z. B. Microsoft Excel oder LibreOffice Calc), die zwar oft Verwendung als Tabelle findet, hat allerdings nicht standardmäßig ein vordefiniertes Schema wie eine relationale Tabelle, sondern ist gewöhnlich Typoffen[25].

Jeder Datensatz in einer Tabelle existiert als **Zeile** (auch Tupel, Record, Beobachtung oder Versuch genannt) innerhalb der Tabelle. Jede Eigenschaft des Datensatzes ist in einer **Spalte** (auch Feld, Attribut, Merkmal oder auch Feature im Machine-Learning-Umfeld genannt) gespeichert (siehe Tabelle 3.1). Jede Spalte hat einen festen Namen und einen festen Datentyp (z. B. Ganzzahl, Text, Datum). Das Schema einer Tabelle (Spaltennamen, Datentypen, Konsistenzbedingungen etc.) sind die entscheidenden Metadaten, die Tabellen beschreiben (siehe SQL-Schema in Listing 3.2). Die **Zelle** (auch Datenpunkt genannt) steht für einen Messwert in einem Datensatz für ein bestimmtes Attribut.

Tabelle 3.1 Beispiel: Strukturierte Kundendaten in Tabellenform

Kunden-ID	Name	Wohnort	Registriert seit
101	Meier	Berlin	2022-03-15
102	Huber	München	2021-11-20
103	Schmidt	Hamburg	2023-01-05

25 Das geht sogar so weit, dass Metadaten auf Zellebene gesetzt werden können, was in einer relationalen Tabelle nicht der Fall ist. Dort wird das Schema auf Spaltenebene definiert.

Listing 3.2 Beispiel SQL-Schema unserer Kundentabelle

```
CREATE TABLE kunden (
    kunden_id INT PRIMARY KEY,
    name VARCHAR(100) NOT NULL,
    wohnort VARCHAR(100),
    registriert_seit DATE NOT NULL
);
```

In strukturierten Daten ist das Konzept des eindeutigen Schlüssels explizit und fundamental. Die Spalte Kunden-ID fungiert hier als **Primärschlüssel** (*Primary Key*). Dieser Wert identifiziert jede Zeile eindeutig und macht sie unverwechselbar. Dadurch wird es möglich, sehr effiziente Operationen durchzuführen, wie „rufe alle Informationen zu Kunde 102 ab" oder „aktualisiere den Wohnort von Kunde 101". Um diesen schnellen Zugriff auch bei Millionen von Zeilen zu gewährleisten, werden Primärschlüssel in der Praxis fast immer durch einen **Index** unterstützt.

Tabellarische Daten haben den Vorteil, dass sie einfach zu durchsuchen, zu filtern, zu sortieren und zu aggregieren sind. Die starre Struktur sorgt für Datenkonsistenz und hohe Effizienz bei der Verarbeitung (d. h. es gibt keine abweichenden Überraschungen).

Was ist ein Index?

Ein Index ist eine separate Datenstruktur, die eine Abkürzung zu den eigentlichen Daten darstellt. Stellen wir uns den Index am Ende eines Fachbuches vor (z. B. dieses Fachbuchs): Anstatt das ganze Buch Seite für Seite zu durchsuchen, schauen wir im alphabetisch sortierten Index nach einem Stichwort und finden dort sofort die Seitenzahl(en), wo das Thema behandelt wird.

In einer Datenbank funktioniert ein Index (oft ein „balanced tree"; kurz B-Tree[26]) ähnlich (vgl. [Cor+22]): Er hält eine sortierte Liste der Schlüsselwerte und einen Zeiger auf den Speicherort des vollständigen Datensatzes. Eine Abfrage über den Primärschlüssel wird so von einer langsamen Suche über die gesamte Tabelle (einem *Full Table Scan*) zu einer extrem schnellen Nachschlageoperation. Der Preis dafür ist zusätzlicher Speicherplatz für den Index und ein höherer Aufwand beim Schreiben neuer Daten, da auch der Index aktualisiert werden muss. In der Praxis werden Indizes auch oft manuell für bestimmte Spalten erstellt, sofern diese erwartungsgemäß oft abgefragt werden.

Strukturierte Daten stellen das Rückgrat von traditionellen transaktionalen (OLTP)-Anwendungen (z. B. Bankenwirtschaft, Buchhaltung, Warenwirtschaft) und Business-Intelligence-Systemen (BI) dar (vgl. Kapitel 7). Sie sind seit vielen Jahrzehnten im produktiven Einsatz und daher sehr ausgereift.

26 Ein B-Tree ist eine selbstbalancierende, verteilte Datenstruktur, die besonders dafür ausgelegt ist, große Mengen an Daten effizient zu speichern und zu durchsuchen.

3.4.3 Semistrukturierte Daten: Der Mittelweg

Zwischen den beiden Extremen befinden sich die semistrukturierten Daten. Sie haben kein starres (unflexibles) Schema wie eine Datenbanktabelle, enthalten aber „**Tags**“ oder andere semantisch bedeutsame Marker, die eine Hierarchie und eine Ordnung der Elemente ermöglichen. Sie werden daher oft als *selbstbeschreibend* bezeichnet, da die Strukturinformationen direkt in den Daten selbst enthalten sind.

Das grundlegende Prinzip semistrukturierter Daten ist typischerweise das **Schlüssel-Wert-Paar**. Wie bereits erläutert, wird einem Schlüssel (einem Bezeichner) ein Wert zugeordnet. Werte können dabei einfach sein (z. B. Text, Zahl) oder selbst wieder komplexe, als auch verschachtelte Strukturen enthalten.

Die bekanntesten Vertreter sind **XML**[27] (*Extensible Markup Language*) und *JSON* (*JavaScript Object Notation*)[28] – weitere sind unter anderem YAML[29] und TOML[30], welche speziell für das Schreiben von Konfigurationsdateien weite Verbreitung finden. Nehmen wir nun den Kundendatensatz von oben und stellen ihn in JSON (siehe Listing 3.3) und XML (siehe Listing 3.4) dar.

Listing 3.3 Kundendatensatz als semistrukturiertes JSON-Objekt

```
{
  "kunden_id": 101,
  "name": "Meier",
  "wohnort": "Berlin",
  "registriert_seit": "2022-03-15",
  "letzte_bestellungen": [
    { "bestell_id": 9001, "summe": 49.99 },
    { "bestell_id": 9004, "summe": 112.50 }
  ]
}
```

Listing 3.4 Kundendatensatz als semistrukturiertes XML Dokument

```
<kunde>
  <kunden_id>101</kunden_id>
  <name>Meier</name>
  <wohnort>Berlin</wohnort>                                    →
```

27 HTML selbst ist nicht XML, aber XHTML (und andere XML-basierte HTML-Varianten) ist eine gültige Untermenge von XML. HTML ist für die Darstellung von Inhalten im Web gedacht, toleriert Inkonsistenzen und liefert sofortige Ergebnisse im Browser. XML ist für die strukturierte Speicherung und Übertragung von Daten konzipiert, erfordert korrekte Syntax und wird in der Regel von Programmen verarbeitet.

28 *https://www.json.org*

29 *https://yaml.org*

30 *https://toml.io*

```
    <registriert_seit>2022-03-15</registriert_seit>
    <letzte_bestellungen>
      <bestellung>
        <bestell_id>9001</bestell_id>
        <summe>49.99</summe>
      </bestellung>
      <bestellung>
        <bestell_id>9004</bestell_id>
        <summe>112.50</summe>
      </bestellung>
    </letzte_bestellungen>
  </kunde>
```

Je nachdem, ob wir Kunden suchen möchten (d. h. iterieren mit einer Komplexität von $O(n)$) oder direkt Kunden nachschlagen möchten (d. h. $O(1)$ als Map-Datenstruktur), müssen wir eine Designentscheidung bzgl. der Repräsentation der Daten treffen. Möchten wir in JSON das Dokument nach mehreren Kunden durchsuchen (z. B. ist das Dokument eine Service-API-Antwort oder Datenaustauschformat), dann würden wir eine Liste von Kunden erwarten und müssen den passenden Kunden durch eine Schleife mit dem Schlüssel kunde_id ermitteln. Möchten wir einen Kunden nach seiner ID direkt nachschlagen, muss dem Kundendatensatz wie am Anfang des Kapitels ein Schlüssel zugeordnet werden ("101: { ... }). Für XML haben wir eine ähnliche Situation. Für das Nachschlagen können wir ein ID-Attribut verwenden (z. B. <kunde id="101">), allerdings müssen wir für die Suche dann z. B. spezifisch auf Abfragesprachen wie XPath[31] (z. B. /kunden/kunde[@id="101"] oder spezielle Parser zurückgreifen.

Das Konzept des eindeutigen Schlüssels ist hier allgegenwärtig. Auf der untersten Ebene ist jeder Wert über seinen Schlüssel ansprechbar (z. B. "name": "Meier"). Für den gesamten Datensatz fungiert oft ein bestimmtes Schlüssel-Wert-Paar wie "kunden_id": 101 als eindeutiger Identifikator des Dokuments.

Semistrukturierte Formate haben den Vorteil, dass sie weitaus flexibler sind als „starre“ Tabellen. Wie im Beispiel zu sehen, können problemlos neue Felder (hier: eine Liste von Bestellungen) hinzugefügt werden, ohne das Gesamtschema für alle anderen Datensätze ändern zu müssen (vgl. RDBMS). Diese Flexibilität macht sie zur De-Facto-Verkehrssprache (Lingua Franca) für Web-APIs[32] und viele NoSQL-Datenbanken (z. B. Dokumentendatenbanken wie MongoDB; vgl. Kapitel 11).

Es ist wichtig anzumerken, dass JSON von Haus aus selbstbeschreibend ist, weil es die Metadaten (d. h. die Schlüssel) zusammen mit den eigentlichen Daten in einem Dokument abspeichert. Allerdings existieren diverse Erweiterungen und Standards, die

31 *https://www.w3.org/TR/xpath-31*

32 Es existieren sogar Anfragesprachen wie GraphQL, um bestimmte Daten anzufragen: *https://graphql.org*

sowohl JSON als auch XML um strikte Schemata inklusive deren Validierung erweitern (z. B. JSON-Schema[33], XML-Schema[34]).

In der Praxis treffen Datenexperten auf alle drei Formen der Strukturierung. Ein typisches Szenario für eine Datenanalyse-Pipeline könnte darin bestehen, unstrukturierte Kundenrezensionen (Text), semistrukturierte Produktkatalogdaten (JSON von einer Service API) und strukturierte Verkaufszahlen (aus einer SQL-Datenbank) zu kombinieren, um umfassende Einblicke zu gewinnen.

3.4.4 Quasistrukturierte und polystrukturierte Daten

Das Drei-Kategorien-Modell des Strukturierungsgrades bietet uns ein grobes Grundgerüst. In der Praxis sind Daten jedoch oft nuancierter. Zwei weitere Begriffe helfen dabei, mögliche Grauzonen präziser zu beschreiben: quasistrukturierte Daten und polystrukturierte Daten.

Quasistrukturierte Daten enthalten gewissermaßen eine versteckte Ordnung im Chaos der unstrukturierten Daten. Stellen wir uns eine unstrukturierte Textdatei vor, zum Beispiel eine Log-Datei von einem Webserver wie Apache oder Nginx. Obwohl die Datei selbst kein Schema deklariert, folgt jede Zeile einem wiederkehrenden, impliziten Muster. Diese Daten sind daher auch *quasistrukturiert*:

Beispiel (Log-Zeile): `127.0.0.1 - - [31/Jul/2025:...] "GET /..."200 ...`

Solche Daten können als eine Unterart der unstrukturierten Daten eingeordnet werden, bei denen die Struktur nicht explizit deklariert, aber durch Mustererkennung (z. B. mit regulären Ausdrücken) extrahiert werden kann. Als ein etwas modernes Beispiel können wir auch die Antworten eines Chatbots wie ChatGPT betrachten. Nach wenigen Anfragen sind wir bereits in der Lage, gewisse Muster in der Antwortgenerierung zu entdecken, um diese ggf. automatisch zu extrahieren (z. B. Code Listings `''' Listing '''` in Markdown[35] Blöcken).

Der Begriff *polystrukturiert* beschreibt die allgemeine Charakteristik vieler moderner Datenquellen, bei denen ein einzelner Datensatz eine Mischung aus verschiedenen Strukturtypen enthält. Es ist eine komplexe Form von semistrukturierten Daten, die oft im Social-Media-Umfeld vorzufinden sind. Ein einziges JSON-Dokument, das beispielsweise einen Post beschreibt, enthält oft:

- *Strukturierte Felder:* ‚user_id', ‚like_count'
- *Unstrukturierten Text:* Die eigentliche Nachricht des Posts.
- *Semistrukturierte Listen:* Eine Liste von Hashtags zur Klassifikation des Posts.

33 *https://json-schema.org*
34 *https://www.w3.org/TR/xmlschema-0*
35 *https://commonmark.org*

Dies ist der typische Fall für Daten, die aus Web-APIs stammen und komplexe, heterogene Entitäten beschreiben. Die Fähigkeit, mit solchen polystrukturierten Daten umzugehen, ist für Datenexperten essenziell.

Abschließend können wir das gesamte Spektrum der Strukturierung von Daten also noch weiter verfeinern und wie folgend vorstellen:

Unstrukturiert → *Quasistrukturiert* → *Semistrukturiert* → **Strukturiert**

Polystrukturiert ist in diesem Kontext als Obermenge zu sehen, da alle vorherigen Strukturierungsgrade als „Aggregat" kombiniert werden können. Dieses verfeinerte Modell hilft uns, die Natur einer neuen Datenquelle schnell zu analysieren und die richtigen Werkzeuge für ihre Verarbeitung auszuwählen.

3.4.5 Datentypen und deren Wichtigkeit

In der Big-Data-Welt können vermeintlich kleine Ineffizienzen massiv eskalieren, und somit eine große Auswirkung auf die Effizienz und Kosten von Big-Data-Systemen haben (u. a. Laufzeit, Rechenressourcen). Wir möchten daher im Folgenden die Wichtigkeit der Wahl der passenden Datentypen für strukturierte Daten besonders betonen. Viele kennen die Bedeutung der richtigen Auswahl von Datentypen bereits aus der Programmierung. In Programmiersprachen mit strikter Typisierung – etwa Java – wird von uns verlangt, bei jeder Variablendeklaration den Datentyp explizit anzugeben. So treffen wir gezielte Entscheidungen über die Datentypen für jedes einzelne Attribut in unserem Code. In der Vergangenheit[36] erfolgte die Auswahl des passenden Datentyps häufig gezwungenermaßen aus der Not heraus, um den verhältnismäßig geringen und teuren Speicherplatz einzusparen.

Um die fundamentale Bedeutung von Datentypen im Big-Data-Kontext weiter zu verdeutlichen, eignet sich die einfache Analogie des Werkzeugkastens eines Handwerkers: Die Daten sind das Material und die Datentypen die spezialisierten Werkzeuge. Die Wahl des falschen Werkzeugs – etwa ein Text-Datentyp (String) für eine Zahl – kann unbeabsichtigte Folgen haben: Eine simple Addition wie „40" + „2", beispielsweise unter der Verwendung von Data-Frame-Analysen (vgl. Abschnitt 5.1.3), wird zu einer ineffizienten Textverkettungsoperation mit falschem Ergebnis („402"), und eine Sortierung liefert ebenfalls falsche Ergebnisse (z. B. kommt bei der lexikographischen Sortierung die „100" vor der „42"). Ähnliche Probleme können bei Vergleichen von Werten auftreten. Die Wahl der Präzision einer Zahl (Datentypen wie Integer, Floating-point Dezimale etc.), kann ggf. unbeabsichtigte Rundungsfehler in Zahlenvergleichen nach sich ziehen. Die Wahl eines ungeeigneten Datumsformates kann andererseits unter Umständen sinnvolle Zeitvergleiche verhindern.

36 Für Embedded-Systeme wie winzige Mikrocontroller ist dies heute noch der Fall.

Die korrekte Definition von Datentypen für die Attribute unser Daten (z. B. als Teil des Schemas einer Tabelle) ist daher nicht nur ein rein technisches Detail, sondern sie bildet die Grundlage für entscheidende Aspekte in der Verarbeitung von Datensätzen, insbesondere in Anbetracht von großen Datenmengen. Die Auswahl korrekter Datentypen ermöglicht unter anderem:

- *Datenintegrität:* Korrekte Berechnungen und Vergleiche (siehe Beispiele oben).
- *Performance:* Performancegewinne, weil Operationen auf geeigneten, nativen Typen (z. B. Zahlenvergleiche) um ein Vielfaches schneller sein können.
- *Speichereffizienz:* Diese kann gerade im Big-Data-Kontext bei einer riesigen Anzahl von Datensätzen massive Kostenunterschiede ausmachen (u. a. benötigter Speicherplatz und -verbrauch).

Darüber hinaus ist die Wahl des richtigen Datentyps die Voraussetzung für jede weiterführende Analyse (d. h. *Analysemöglichkeiten*). Gerade in modernen Big-Data-Architekturen (z. B. Data Lakes mit schema-on-read), bei denen Daten oft ohne vordefinierte Struktur abgelegt werden, ist die Verantwortung von Analysten enorm. Das Bewusstsein und das Wissen über Datentypen entscheidet hier darüber, wie viel Zeit eventuell mit mühsamer Datenbereinigung verbracht werden muss oder ob in dieser Zeit bereits wertvolle Erkenntnisse aus den Daten gewonnen werden können.

3.5 Zeilen- vs. spaltenorientierte Speicherung

Die Strukturierung (oder deren Fehlen) beschreibt die *logische* Organisation von Daten. Davon völlig unabhängig ist die Frage, wie diese Daten *physisch* auf einem Speichermedium wie einer Festplatte oder in einem verteilten Dateisystem abgelegt werden.

Diese zweite Dimension – die physische Anordnung – ist der Schlüssel zur generellen Performanz bei Datenabfragen. Viele Leistungsunterschiede zwischen transaktionalen Datenbanken (OLTP) und modernen analytischen Systemen (OLAP) lassen sich auf diese fundamentale Designentscheidung zurückführen.

Das Konzept der Zeilen- und Spaltenorientierung ist fast ausschließlich auf Daten anwendbar, die eine wiederkehrende, tabellarische Struktur aufweisen. Das trifft primär auf *strukturierte* und Sammlungen von *semistrukturierten* Daten zu. Für einzelne, rein unstrukturierte Objekte wie Bilder oder Videos ist diese Unterscheidung nicht sinnvoll, da sie als atomare Blöcke (engl. Blob) ohne interne „Zeilen“ oder „Spalten“ behandelt werden (d. h. sie können nicht sinnvoll neu angeordnet werden).

Im Folgenden betrachten wir dieselben strukturierten Daten wie zuvor (vgl. Tabelle 3.1). Nun untersuchen wir aber zwei fundamental verschiedene Wege, diese Tabelle zu speichern.

3.5.1 Zeilenorientierte Speicherung

Die zeilenorientierte Speicherung (engl. row-based/row-oriented) ist der intuitive und traditionelle Ansatz in RDBMS. Alle Werte, die zu einem einzigen Datensatz (einer Zeile) gehören, werden zusammenhängend auf dem Speichermedium abgelegt.

Konzept: Speicherung ganzer Zeilen:

Analogie: Stellen wir uns einen Aktenschrank in einer Verwaltungsabteilung vor. Jeder Kunde hat einen eigenen Aktenordner (die Zeile), in dem alle seine Dokumente (Name, Wohnort etc.) gemeinsam abgelegt sind.

Physisches Speicherlayout: `[101, Meier, Berlin, 2022-03-15]; [102, Huber, München, 2021-11-20]; [103, Schmidt, Hamburg, 2023-01-05]; ...`

Die zeilenorientierte Anordnung ist effizient, wenn der *gesamte Datensatz* benötigt wird. Die Abfrage *„Zeige mir alle Informationen zu Kunde 102"* ist optimal, da alle benötigten Daten direkt hintereinander liegen und mit einem einzigen Lesezugriff (I/O-Operation) geholt werden können. Dies ist ideal für transaktionale Systeme (OLTP), bei denen einzelne Datensätze erstellt, gelesen, aktualisiert oder gelöscht werden.

Die Schwäche der zeilenorientierten Speicherung liegt in ihrer Langsamkeit für nicht triviale analytische Abfragen, die nur eine oder wenige Spalten über viele Zeilen hinweg betreffen. Die Abfrage *„Berechne den häufigsten Wohnort aller Kunden"* wird zur Qual. Um an die Spalte `Wohnort` zu gelangen, muss das System die komplette Datei lesen und die Daten aller anderen Spalten (ID, Name, Datum) mit überfliegen und im Speicher verwerfen. Bei einer Vielzahl von Zeilen führt dies zu massiven, unnötigen I/O-Operationen. Ein typisches Datenformat, das auf Zeilenorientierung setzt, ist CSV (siehe Abschnitt 5.1.1).

3.5.2 Spaltenorientierte Speicherung

Spaltenorientierte (oder engl. column-based/column-oriented) Formate drehen das Speicherprinzip um. Anstatt Zeilen zusammenzuhalten, werden alle Werte, die zu einer einzigen *Spalte* gehören, hintereinander auf dem Speichermedium gespeichert.

Konzept: Speicherung ganzer Spalten:

Analogie: Zurück zu unserem Aktenschrank. Statt Ordnern für Kunden gibt es nun einen Ordner für „Namen", einen für „Wohnorte" usw. In jedem Ordner befindet sich eine lange Liste aller Werte nur für dieses eine Attribut.

Physisches Speicherlayout: `[101, 102, 103, ...]; [Meier, Huber, Schmidt, ...]; [Berlin, München, Hamburg, ...]; ...`

Diese Anordnung ist die treibende Kraft für analytische Abfragen (OLAP) und übertrifft hier die zeilenorientierte Anordnung üblicher OLTP-Ansätze [AMH08]. Die Abfrage *„Berechne den häufigsten Wohnort aller Kunden"* ist nun schnell, da das System nur die eine „Datei" lesen muss, die bereits alle Wohnorte in einer effizienten Reihenfolge enthält. Die I/O-Operationen werden daher auf ein Minimum reduziert.

Daten innerhalb einer Spalte sind oft sehr homogen (gleicher Datentyp, oft sich wiederholende Werte, z. B. „Berlin"). Dies ermöglicht eine drastisch bessere Datenkompression als bei zeilenorientierten Formaten. Geringere Dateigrößen bedeuten weniger Speicherplatzbedarf und daher schnellere Lesezeiten.

Wenn ein kompletter Datensatz benötigt wird (*„Zeige mir alle Informationen zu Kunde 102"*), ist dieser Ansatz aber im Nachteil. Um die Zeile zu rekonstruieren, muss das System auf jede einzelne Spaltendatei zugreifen, den Wert an der zweiten Position heraussuchen und diese Werte im Speicher wieder zu einem Datensatz zusammensetzen (d. h. mehr I/O-Operationen sind nötig). Ein typisches Datenformat, das auf Spaltenorientierung setzt, ist Apache Parquet (s. Abschnitt 5.1.2).

3.5.3 Zusammenfassender Vergleich

Die folgende Tabelle fasst die wichtigsten Unterschiede und Anwendungsfälle zusammen. Für Datenexperten ist das Verständnis dieser Abwägungen essenziell, um performante Daten-Pipelines zu entwerfen.

Tabelle 3.2 Vergleich von zeilen- und spaltenorientierter Speicherung

Eigenschaft	Zeilenorientiert	Spaltenorientiert
Grundprinzip	Alle Felder einer Zeile (Datensatz) werden zusammen gespeichert.	Alle Werte einer Spalte (Attribut) werden zusammen gespeichert.
Optimal für	Das Lesen/Schreiben ganzer Zeilen, z. B. *„Gib mir alle Daten von Kunde X"* (OLTP-Workloads).	Aggregationen und Analysen über wenige Spalten hinweg. z. B. *„Berechne den Durchschnittspreis aller Produkte"* (OLAP-Workloads).
Größter Nachteil	Hoher I/O-Overhead bei Abfragen, die nur wenige Spalten benötigen.	Aufwand für die Rekonstruktion ganzer Zeilen.
Kompression	Moderat. Daten pro Zeile sind heterogen (Zahlen, Text, Datum gemischt).	Exzellent. Daten pro Spalte sind homogen, was hohe Kompressionsraten ermöglicht.
Typische Formate (vgl. Kapitel 5)	CSV, Avro, JSON, relationale Datenbanken (z. B. MariaDB, PostgreSQL)	Parquet, ORC, analytische Datenbanken (z. B. DuckDB)

3.6 Zusammenfassung und Ausblick

In diesem Kapitel haben wir gesehen, dass die Art und Weise, wie wir Daten strukturieren, speichern und darauf zugreifen, einen tiefgreifenden Einfluss auf unsere Fähigkeit hat, aus riesigen Datenmengen Wert zu schöpfen. Die scheinbar einfache Wahl eines oder mehrerer Dateiformate ist in der Praxis eine der wichtigsten strategischen Entscheidungen in einem Big-Data-Projekt. Mit dem Wissen aus diesem Kapitel können wir die gängigsten Datenformate, die wir in Kapitel 5 vorstellen, besser einordnen und bewerten.

Die Kernbotschaften dieses Kapitels:

- *Der Schlüssel zur Adresse:* Fast alle nützlichen Daten müssen über einen *eindeutigen Schlüssel* identifizierbar sein. Dieser Schlüssel ist die Grundvoraussetzung, um Daten gezielt abzurufen, zu aktualisieren, zu verknüpfen und in verteilten Systemen zu lokalisieren.
- *Daten für Daten:* Je mehr Metadaten (oder Schemata) vorhanden sind, desto besser können wir beschreiben was sich hinter den Daten verbirgt. Metadata können auch dazu beitragen, die Veracity der Daten zu erhöhen.
- *Der Grad der Strukturierung:* von unstrukturiert (Text, Bilder) über semistrukturiert (JSON, XML) bis hin zu streng strukturiert (Datenbanktabellen). Darüber hinaus vereinen quasistrukturierte Daten die verschiedenen Strukturierungsgrade (z. B. ein Social-Media-Post).
- *Die physische Speicheranordnung:* zeilenorientiert (optimal für transaktionale Abfragen ganzer Datensätze; OLTP) versus spaltenorientiert (optimal für analytische Abfragen über wenige Spalten; OLAP).

Literatur

[AMH08] Daniel J. Abadi, Samuel R. Madden und Nabil Hachem. „Column-stores vs. row-stores: how different are they really?" In: SIGMOD '08. Vancouver, Canada: Association for Computing Machinery, 2008, S. 967–980. DOI: *10.1145/1376616.1376712*.

[Cor+22] Thomas H Cormen et al. *Introduction to algorithms*. MIT press, 2022.

[Hua+25] Lei Huang et al. „A Survey on Hallucination in Large Language Models: Principles, Taxonomy, Challenges, and Open Questions". In: *ACM Trans. Inf. Syst.* 43.2 (Jan. 2025). DOI: *10.1145/3703155*.

[Knu97] Donald E. Knuth. *The Art of Computer Programming, Volume 1: Fundamental Algorithms*. 3rd. Reading, Massachusetts: Addison-Wesley, 1997.

[Lar04] Craig Larman. *Applying UML and Patterns*. 3. Prentice Hall, 2004.

[PWV16] Neha Patki, Roy Wedge und Kalyan Veeramachaneni. „The Synthetic Data Vault". In: *2016 IEEE International Conference on Data Science and Advanced Analytics (DSAA)*. 2016, S. 399–410. DOI: *10.1109/DSAA.2016.49*.

4 Vorgehensmodelle für Big Data Analytics

4.1 Motivation

Ein wesentliches Ziel eines Analytics-Projekts besteht darin, aus Daten nützliche Informationen und Wissen zu gewinnen. Diese Zielsetzung existierte bereits lange vor der Big-Data-Ära – Vorgehensmodelle im Kontext von Big-Data-Analytics haben ihre Wurzeln weit vor dem Big-Data-Hype, der etwa ab 2005 einsetzte [MW15]. Gerade um aus großen Datenmengen nützliche Informationen und Wissen zu gewinnen, bedarf es einer systematischen und nachvollziehbaren Vorgehensweise.

Die Bedeutung von Daten für operative Abläufe, strategische Entscheidungen und datengestützte Geschäftsmodelle macht analytische Systeme heute in allen Unternehmensbereichen unverzichtbar. Im Einklang mit ihren Befugnissen und Aufgaben benötigen alle Teammitglieder angemessenen Zugriff auf für sie relevante Daten. Vor dem Hintergrund der digitalen Transformation entwickelt sich eine offene, datengetriebene Unternehmenskultur zum entscheidenden Erfolgsfaktor [Sei19]. Ein weiteres Erfolgskriterium bildet dabei eine unternehmensweite Datenkompetenz – die Fähigkeit, Daten zu verstehen, sachgerecht zu interpretieren und daraus fundierte Schlüsse zu ziehen.

Der Weg zu einer datengetriebenen Unternehmenskultur vollzieht sich in mehreren Stufen und zeigt sich in ihren jeweiligen Reifegraden (Bild 4.1) [Mar20; Sei19; But23].

Die Basis der Pyramide bildet das Prozessverständnis – Daten sind das Ergebnis betrieblicher Prozesse [Aal16]: Bevor Unternehmen Daten sinnvoll nutzen können, müssen sie Geschäftsmodell und -prozesse verstehen. Hierfür sind dokumentierte Prozesse essenziell. Prozesslandkarten visualisieren Abläufe, Key Performance Indicators (KPIs) messen deren Erfolg und Process Mining erhebt Daten über Prozesse systematisch, etwa um prozessbedingte Engpässe zu beseitigen [Aal16]. Nur wer versteht, wie das

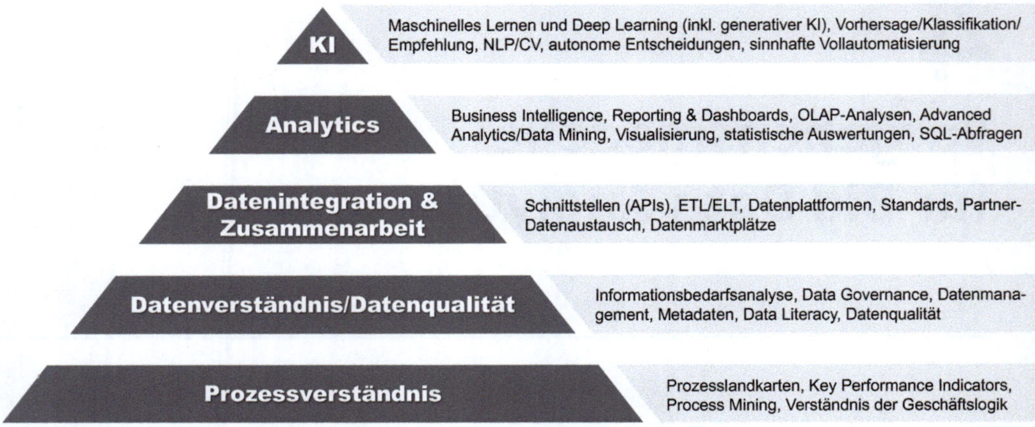

Bild 4.1 Reifegrade der Datennutzung in Unternehmen

eigene Geschäft funktioniert, kann erkennen, welche Daten relevant sind und wo sich Verbesserungspotenziale verbergen. Diese prozessuale Grundlage schafft die Voraussetzungen dafür, dass Daten nicht zum Selbstzweck werden, sondern konkrete Geschäftsprobleme lösen.

Darauf baut das Datenverständnis auf: Wer seine Prozesse kennt, kann gezielt die richtigen Daten identifizieren und aufbereiten. Alle Analytics-Tools bleiben wirkungslos, wenn Datenverständnis und -kompetenz fehlen – selbst bei vorhandener technischer Expertise. Moderne Plattformen setzen daher auf Fachanwender, die durch intuitiv bedienbare Werkzeuge eigenständig Daten zusammenführen, bereinigen und auswerten können. Data Governance spannt dabei einen Ordnungsrahmen auf, der den angemessenen Umgang mit Daten als wichtige Wirtschaftsgüter im Einklang mit dem regulatorischen Rahmen sichert [Sei19].

Sobald Unternehmen ihre Daten verstanden und deren Qualität sichergestellt haben, müssen sie diese zusammenführen und für die Zusammenarbeit nutzbar machen. Schnittstellen und ETL/ELT-Prozesse verbinden verschiedene Datenquellen, während Standards und Datenaustauschformate verlässlichen Austausch ermöglichen. Datenplattformen schaffen gemeinsame Arbeitsräume, in denen interdisziplinäre Teams zusammenarbeiten und auf alle Informationen zugreifen können. Partner-Datenaustausch und Datenmarktplätze erweitern den Horizont über die eigenen Unternehmensgrenzen hinaus. Diese Stufe schafft die technischen und organisatorischen Voraussetzungen dafür, dass Daten nicht in Silos verkümmern.

Unternehmen nutzen die qualitätsgesicherten Daten für vielfältige Analysen: Business Intelligence schafft Transparenz über das operative Geschäft, OLAP ermöglicht flexible Auswertungen aus verschiedenen Perspektiven. Advanced Analytics und Data Mining erkennen Muster, erstellen Prognosen und generieren Handlungsempfehlungen. Visualisierungen machen komplexe Zusammenhänge verständlich. Entscheidend bleibt dabei, eine daten- und faktenbasierte Entscheidungskultur zu entwickeln, die Vertrauen in analytische Vorgehensweisen schafft und Experimentierbereitschaft fördert.

Die höchste Reifestufe bildet die Fähigkeit, Künstliche Intelligenz nicht nur effektiv einzusetzen, sondern auch eigene KI-basierte Wertangebote zu entwickeln. Dies erfordert nicht nur Algorithmen und Infrastrukturen, sondern vor allem zahlreiche Voraussetzungen:

- **Datenmanagement-Kapazitäten:** Unternehmen müssen große Datenmengen systematisch sammeln, sicher speichern und für KI-Anwendungen aufbereiten können – einschließlich Datenbereinigung, -annotation und -versionierung.
- **Geschäftsmodell-Innovation:** Teams müssen tragfähige Geschäftsmodelle für intelligente Services entwickeln, Kundennutzen identifizieren und KI-basierte Wertangebote erfolgreich am Markt positionieren.
- **Organisationale Reife:** Das Unternehmen muss alle vorherigen Entwicklungsstufen erfolgreich durchlaufen haben – von Prozessverständnis über Datenqualität und Integration bis zu etablierter Analytics-Kultur.
- **Technische Infrastruktur:** Leistungsfähige IT-Systeme müssen KI-Modelle trainieren und ausführen können, einschließlich Cloud-Ressourcen, Entwicklungsumgebungen sowie Pipelines für die Überführung in den Produktivbetrieb.
- **Interdisziplinäre Expertise:** Fachkräfte mit Kompetenzen in Data Science, Machine Learning und Domänenwissen müssen verfügbar sein und effektiv zusammenarbeiten.

Alle Stufen der Pyramide müssen ineinandergreifen, damit Organisationen das Potenzial ihrer Daten für Automatisierung, Wissensgewinn und datenbasierte Geschäftsmodelle ausschöpfen können. Für diesen Entwicklungspfad (Bild 4.1) benötigen Organisationen strukturierte Herangehensweisen, die Orientierung und methodische Sicherheit bieten.

Systematische Herangehensweisen durch Vorgehensmodelle

Vorgehensmodelle erfüllen diesen Zweck: Sie strukturieren komplexe Entwicklungsprozesse, indem sie diese in überschaubare, zeitlich und inhaltlich abgegrenzte Phasen unterteilen [FBM98]. Vorgehensmodelle verdeutlichen, welche Aktivitäten Teams in welcher Reihenfolge durchführen, welche Ergebnisse sie dabei erzielen sollen und welche Methoden, Werkzeuge und Rollen sie einsetzen. Folgende Eigenschaften prägen Vorgehensmodelle:

- **Strukturierung und Untergliederung:** Komplexe Prozesse werden in handhabbare Teilschritte zerlegt, die Teams nacheinander oder parallel abarbeiten können. Diese Zerlegung ermöglicht es, Zwischenergebnisse zu validieren und frühzeitig Korrekturen vorzunehmen, bevor Fehler das gesamte Projekt beeinträchtigen. Die modulare Struktur erleichtert zudem die Koordination und Aufgabenverteilung im Team – verschiedene Mitglieder können gleichzeitig an unterschiedlichen Teilschritten arbeiten, ohne sich gegenseitig zu blockieren.

- **Standardisierung und Übertragbarkeit:** Vorgehensmodelle definieren standardisierte Phasen wie Datenerfassung, Datenaufbereitung, Modellierung und Evaluation, die Teams konsistent durchlaufen. Diese festgelegten Teilschritte schaffen eine gemeinsame Struktur, anhand derer sich Projektfortschritt messen und Ergebnisse zwischen Projekten vergleichen lassen. Teams profitieren von Lessons Learned aus vorherigen Durchläufen und können bewährte Praktiken systematisch weitergeben, wodurch sich die Einarbeitungszeit neuer Teammitglieder verkürzt. Trotz der standardisierten Phasen können Teams das Modell an spezifische Projektanforderungen anpassen – sie überspringen irrelevante Schritte oder vertiefen kritische Bereiche, ohne die Grundstruktur des jeweiligen Vorgehensmodells zu verlieren.
- **Orientierung und Anhaltspunkt:** Ein Vorgehensmodell führt Teams durch den gesamten Entwicklungszyklus und gibt klare Anhaltspunkte für jeden Schritt. Besonders in der explorativen Anfangsphase, wenn Teams noch unsicher über den einzuschlagenden Weg sind, schafft eine strukturierte Herangehensweise Sicherheit und verhindert, wichtige Aspekte zu übersehen. Gleichzeitig dient ein Vorgehensmodell mit seinen spezifischen Fachbegriffen als gemeinsame „Sprache“ und der Kommunikation zwischen verschiedenen Disziplinen: Data Scientists, Domänenexperten und IT-Spezialisten finden darin einen verbindlichen Referenzrahmen für ihre Zusammenarbeit.
- **Erfahrungen und Lernen:** Vorgehensmodelle laufen selten strikt linear ab, sondern bieten Feedback-Mechanismen zur Rückkopplung, um Phasen bei neuen Erkenntnissen erneut zu durchlaufen. Diese iterative Natur spiegelt die Realität von Data-Science-Projekten wider, in denen Teams oft erst während der Modellierung feststellen, dass sie zusätzliche Daten benötigen oder die Datenaufbereitung anpassen müssen. Jeder Durchlauf generiert wertvolles Wissen – sowohl über die spezifische Problemstellung als auch über die Effektivität der gewählten Methoden –, das Teams systematisch dokumentieren und in künftige Projekte einfließen lassen.
- **Grundlage für das Projektmanagement:** Vorgehensmodelle erleichtern Kommunikation, Projektcontrolling und Dokumentation, wenn Teams Projekte in Teilphasen mit spezifischen Zielen gliedern. Meilensteine markieren wichtige Zwischenergebnisse und schaffen Entscheidungspunkte, an denen Stakeholder über Fortführung, Anpassung oder Abbruch des Projekts entscheiden. Diese Herangehensweise minimiert Projektrisiken, indem sie große Aufgabenblöcke in beherrschbare Einheiten zerlegt – sollten Probleme auftreten, betreffen diese nur einzelne Phasen und nicht das Gesamtprojekt.

Nach Schulz et al. sollen Vorgehensmodelle die Qualität von Data-Science-Projekten erhöhen [Sch+20]. Teams müssen dafür alle durchlaufenen Schritte dokumentieren: Erkennbar muss sein, an welcher Stelle sie Erkenntnisse durch Analyseverfahren gewonnen und wo sie Interpretationen durch Domänenwissen ergänzt haben. Nur so lassen sich Reproduzierbarkeit, Wiederverwendbarkeit und Generalisierbarkeit der Ergebnisse sicherstellen.

Zudem müssen Vorgehensmodelle skalierbar sein, um Projekte unterschiedlicher Größe zu unterstützen. Hierzu empfiehlt sich eine Unterscheidung zwischen auszuführenden Projektaktivitäten und qualitativen Anforderungen an die Projektkoordination und -organisation [Sch+20]. Teams sollten das gewählte Framework an ihre spezifischen Bedürfnisse anpassen können – irrelevante Komponenten lassen sich mit entsprechender Begründung auslassen, ohne die Nachvollziehbarkeit zu gefährden.

Vorgehensmodelle finden sich in verschiedenen Domänen: Die Softwareentwicklung nutzt agile Herangehensweisen wie SCRUM, Data-Science-Projekte orientieren sich an CRISP-DM oder KDD, und die Geschäftsprozessmodellierung verwendet eigene spezialisierte Ansätze. Im Analytics-Kontext bieten Vorgehensmodelle bewährte Rahmenwerke, die den gesamten Prozess der Wissensentdeckung in handhabbare Phasen gliedern. Diese Modelle adressieren die zentralen Fragestellungen jedes Analytics-Projekts:

- **Wie lassen sich verlässliche Erkenntnisse gewinnen?** Aus heterogenen und oft unvollständigen Rohdaten müssen Analysten belastbare Erkenntnisse ableiten, die als Grundlage für Entscheidungen dienen. Welche Methoden gewährleisten dabei, dass die Ergebnisse stimmen und sachgerecht interpretiert werden?
- **Welche Schritte führen zum Ziel?** Der Weg von der ersten explorativen Datenanalyse über die Modellbildung bis zum verwertbaren Wissen muss klar strukturiert sein. Wie gestaltet man den Ablauf vom Rohdatensatz zur finalen Erkenntnis optimal?
- **Wie lassen sich Qualität und Wiederholbarkeit sichern?** Die gewonnenen Erkenntnisse sollen nicht nur einmalig stimmen, sondern sich auch reproduzieren und auf neue Daten übertragen lassen. Welche Maßnahmen stellen dies sicher?
- **Wie arbeiten verschiedene Disziplinen und Domänen zusammen?** Technische, fachliche und organisatorische Perspektiven müssen in einem gemeinsamen Prozess zusammenfließen. Wie gelingt es, dass Data Scientists, Fachexperten und Entscheidungsträger effektiv kommunizieren?
- **Wie lassen sich Erkenntnisse praktisch umsetzen?** Theoretische Erkenntnisse müssen in konkrete Handlungsempfehlungen münden. Welche Schritte führen von der analytischen Erkenntnis dazu, dass Unternehmen diese operativ nutzen können?

4.2 Knowledge Discovery in Databases

Bereits in den 90er-Jahren, lange vor dem Aufkommen von Big Data, wurde die Notwendigkeit für strukturierte Vorgehensmodelle in der Datenanalyse erkannt. Aus Disziplinen – wie Softwareentwicklung, Datenbankforschung, Statistik und maschinellem Lernen – entwickelten sich zunächst eigenständige Ansätze, die im Laufe der Jahre verfeinert und stärker aufeinander abgestimmt wurden. Diese Entwicklung führte zu einer Familie verwandter Modelle, die trotz verschiedener Schwerpunkte gemeinsame Kernphasen aufweisen: Problemverständnis, Datenaufbereitung, Modellierung, Evaluation und Deployment. Diese Grundstrukturen bilden bis heute die Basis für alle Arten von Analytics-Projekten.

Eines der wegweisenden Modelle aus dieser Familie ist der KDD-Prozess (Knowledge Discovery in Databases). Gregory Piatetsky-Shapiro schlug dieses Phasenmodell bereits 1989 vor, motiviert durch die Frage, ob sich Muster in Daten automatisch finden lassen (*„can we find such patterns in data automatically?“*[1]). Gemeinsam mit Usama Fayyad und Padhraic Smyth präzisierte er später, dass KDD den gesamten Prozess umfasst, der aus Daten nützliches Wissen gewinnt [FPS96]. KDD gilt als einer der ersten computergestützten, standardisierten Ansätze, der durch strukturiertes Vorgehen den Weg von Rohdaten zu verwertbarem Wissen systematisch beschreibt. Das Modell zielt darauf ab, durch Data Mining nicht nur Muster und Zusammenhänge in Daten zu finden, sondern diese so zu generalisieren, dass sie sich in übertragbares Wissen überführen lassen (Bild 4.2).

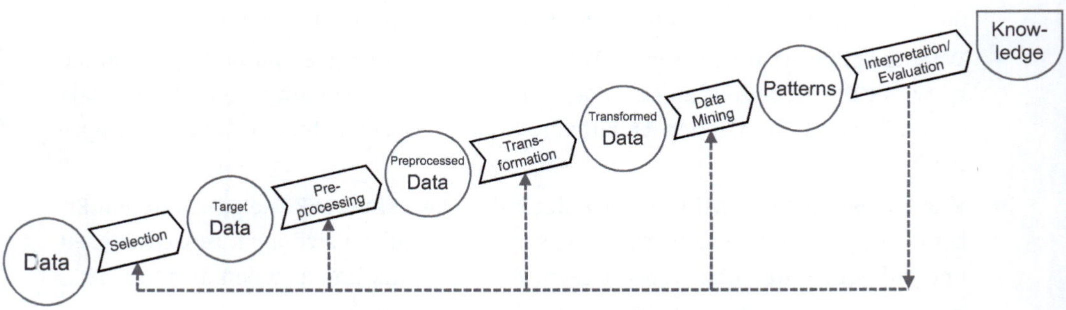

Bild 4.2 Der KDD-Prozess nach Piatetsky-Shapiro et al. [FPS96]

Viele spätere Vorgehensmodelle, darunter das weit verbreitete CRISP-DM, bauen auf den Prinzipien von KDD auf und adaptieren diese für Anwendungskontexte in Unternehmen. Den Ausgangspunkt für den KDD-Prozess bilden Rohdaten, die etwa in Datenbanken oder Dateien gespeichert sind. Der KDD-Prozess gliedert sich typischerweise in fünf aufeinander aufbauende Phasen, die den Weg von Rohdaten zu verwertbarem Wissen strukturieren:

- **Auswahl (Selection):** In dieser ersten Phase wählen Analysten aus den verfügbaren Datenquellen die relevanten Daten aus und erstellen einen Zieldatensatz (Target Data). Sie entscheiden, welche Daten für die Analyse benötigt werden.

1 Diese damalige Motivation erläutert er rückblickend in einem LinkedIn-Beitrag von 2021 [Pia21].

- **Vorverarbeitung (Preprocessing):** Die ausgewählten Daten werden bereinigt, um ihre Qualität zu sichern. Analysten behandeln fehlende Werte und beheben Inkonsistenzen. Das Ergebnis sind vorverarbeitete Daten. Diese Phase legt das Fundament für die Zuverlässigkeit aller nachfolgenden Analyseschritte.
- **Transformation:** Die vorverarbeiteten Daten werden in ein Format überführt, das sich für die geplanten Analyseverfahren bzw. für die Anforderungen (z. B. Struktur, Datentyp) sowie für die einzusetzenden Mining-Algorithmen eignet. Dies umfasst Aktivitäten wie die Reduzierung der Dimensionalität, die Normalisierung von Werten, die Transformation von Skalenniveaus[2)] oder die Berechnung neuer Attribute. Ziel ist es, die Daten so aufzubereiten, dass Data-Mining-Algorithmen effektiv damit arbeiten können.
- **Data Mining:** In dieser Kernphase des KDD-Prozesses wenden Analysten spezifische Algorithmen an, um Muster in den Daten zu identifizieren. Je nach analytischem Problem kommen Verfahren zur Klassifikation, Regression, Clusterbildung oder Assoziationsanalyse zum Einsatz. Moderne Werkzeuge automatisieren viele dieser Analyseschritte.
- **Interpretation und Evaluation:** Die gefundenen Muster werden bewertet und in einen fachlichen Kontext eingeordnet. Als Muster (Patterns) gelten dabei verschiedene Arten von Strukturen und Regelmäßigkeiten in den Daten – Korrelationen zwischen Variablen, zeitliche Trends, wiederkehrende Sequenzen, Cluster ähnlicher Datenpunkte oder Assoziationsregeln zwischen Ereignissen. Analysten prüfen, ob diese Muster neu, nützlich und verständlich sind. Sie visualisieren die Erkenntnisse und überführen sie in anwendbares Wissen, das Entscheidungen unterstützen soll.

Der KDD-Prozess kombiniert dabei induktive und deduktive Ansätze für den Erkenntnisgewinn, was sich am Beispiel einer Klassifikation verdeutlichen lässt: Ein Algorithmus lernt induktiv aus Trainingsdaten und erstellt ein Modell, das allgemeine Regeln ableitet. Nach erfolgreicher Evaluation wendet das System diese Regeln deduktiv auf neue, unbekannte Daten an und ordnet diese den vorgegebenen Klassen zu. Jede Instanz erhält dabei eine eindeutige Klassenzugehörigkeit basierend auf den gelernten Mustern.

Die Qualität der Ergebnisse hängt entscheidend davon ab, wie sorgfältig jede Phase durchgeführt wird. Bei einer Klassifikation lassen sich die Ergebnisse anhand von Testdaten überprüfen und die Genauigkeit quantifizieren. Bei explorativen Verfahren wie der Clusteranalyse müssen Analysten andere Evaluationskriterien heranziehen,

2 Ein Skalenniveau gibt an, welche Mess- und Rechenoperationen für eine Variable zulässig sind, und bestimmt so den Informationsgehalt der Daten. Es gibt vier grundlegende Stufen: Die Nominalskala erlaubt nur das Kategorisieren von Daten, die Ordinalskala zusätzlich das Bilden von Rangfolgen, die Intervallskala ermöglicht die Interpretation gleichmäßiger Abstände zwischen den Werten, und die Verhältnisskala besitzt zusätzlich einen natürlichen Nullpunkt, wodurch alle mathematischen Operationen möglich werden. Je höher das Skalenniveau, desto mehr statistische Analysemethoden sind anwendbar [Fah+11; Alb22].

etwa die fachliche Plausibilität der gefundenen Gruppierungen. Erst wenn die Evaluation qualitätsgesicherte Ergebnisse bestätigt, lassen sich die gewonnenen Erkenntnisse für praktische Anwendungen nutzen. Nach Fayyad et al. [FPS96] entsteht aus diesen validierten Erkenntnissen letztlich verwertbares Wissen – das Hauptziel des KDD-Prozesses.

Der KDD-Prozess ist iterativ und betont die Notwendigkeit, den gesamten Weg von den Rohdaten bis hin zum gewonnenen Wissen systematisch zu gestalten. Er liefert so ein generisches und nachvollziehbares Vorgehensmodell, das sich als Ausgangspunkt für weitere Referenzmodelle eignet, um die Phasen weiter zu verfeinern oder neue hinzuzufügen. Der KDD-Prozess selbst ist implementierungs-, werkzeug- und anwendungsneutral.

4.3 Cross-Industry Standard Model for Data Mining

Ein weiteres etabliertes Vorgehensmodell für Analytics-Projekte stellt Cross Industry Standard Process for Data Mining () dar. CRISP-DM ist ein branchenübergreifendes Referenzmodell, dessen Entwicklung von der EU gefördert wurde [EU98]. Es entstand ab Ende der 90er-Jahre unter Federführung von (damals) Daimler-Benz AG, SPSS (damals ISL) und NCR Corporation – alles Unternehmen – die Analytics-Lösungen im Angebot hatten oder bereits Data Mining operativ einsetzten [Alb22]. Trotz seines Alters von über zwei Jahrzehnten behält das CRISP-DM-Modell seine Relevanz – es dient als Grundlage für viele neuere Ansätze und war 2014 laut KDnuggets das meistgenutzte Vorgehensmodell in der Praxis [Pia14]. Seine Stärke liegt in seiner strukturierten und dennoch flexiblen Herangehensweise, die den gesamten Prozess von der Geschäftsanforderung bis zum Deployment[3)] abdeckt.

Das Modell strukturiert den Analytics-Prozess als iteratives Kreislaufmodell mit sechs Phasen (Bild 4.3) [EU98].

Das Referenzmodell unterteilt sich in sechs iterative Phasen bzw. Teilschritte, die auch mehrfach durchlaufen werden können. CRISP-DM ist werkzeugneutral und implementierungsunabhängig, auch wenn sich Data-Mining-Werkzeuge wie beispielsweise IBM

3 Unter Deployment (Nutzbarmachung) ist die Überführung entwickelter Systeme, Modelle oder Anwendungen in eine Produktionsumgebung zu verstehen, wo sie Endnutzer produktiv verwenden können [Alb22]. Dies können im Kontext von CRISP-DM trainierte Machine-Learning-Modelle sein, die für reale Anwendungsfälle Inferenz-Aufgaben übernehmen oder im Kontext von Business Intelligence Berichte, Dashboards oder Self-Service-BI-Umgebungen, die für den operativen Betrieb im Unternehmen freigegeben wurden. Der Begriff „Deployment" ist nicht nur an das CRISP-DM-Modell gekoppelt, sondern ist ein üblicher Terminus im Kontext von Data Science, Business Analytics und Business Intelligence.

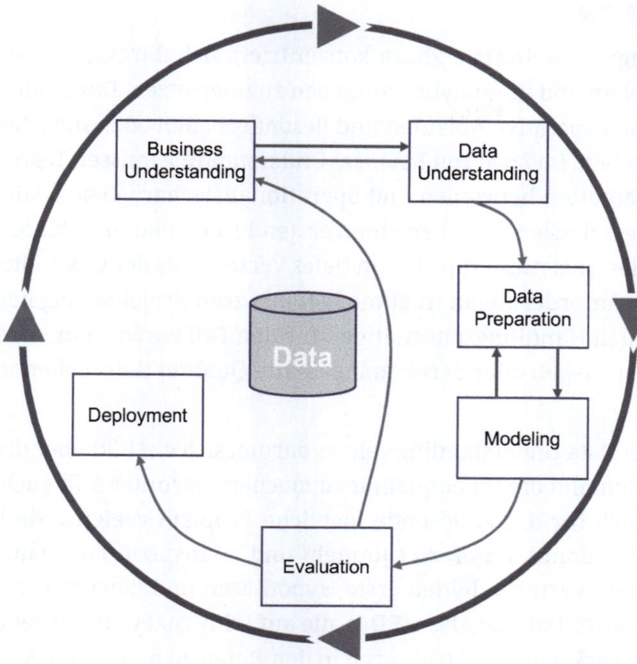

Bild 4.3 CRISP-DM als iteratives Kreislaufmodell in Anlehnung an [EU98]

SPSS Modeler[4] oder KNIME[5] an den Phasen orientieren und dafür eine grafische, workflow-orientierte Modellierungsumgebung bieten.

Die Darstellung in Bild 4.3 zeigt die Phasen von CRISP-DM als Kreislaufmodell: Der äußere Kreis versinnbildlicht die kontinuierliche Iteration des gesamten CRISP-DM-Modells. Jede Iteration kann neue Fragen aufwerfen oder das Vorgehen schrittweise verbessern. Die inneren Pfeile zwischen den Teilschritten machen Abhängigkeiten und Rückkopplungen deutlich, da neue Erkenntnisse oder Probleme oft den Rücksprung in vorherige Phasen erfordern [Alb22]. Diese Phasen mit ihren Rückkopplungen tragen der Realität von Analytics-Projekten Rechnung.

Das vom damaligen Konsortium ausgearbeitet Bild 4.3 mit ihren sechs Phasen ist „ikonisch“ und findet sich als Standardreferenz in vielen Fachbüchern über Data Science, Data Mining oder Machine Learning.

4 IBM SPSS Modeler: *https://www.ibm.com/products/spss-modeler*
5 KNIME: *https://www.knime.com*

Die sechs Phasen von CRISP-DM

- **Business Understanding:** Diese initiale Phase konzentriert sich darauf, das Geschäftsproblem zu verstehen und in Analytics-Aufgaben zu übersetzen. Dazu zählt, den Fachbereich mit seinen operative Abläufen und Besonderheiten oder auch das Geschäftsmodell zu verstehen. Im Zuge von Business Understanding müssen Teams auch die gegenwärtige Situation beurteilen und operationalisierbare Ziele festlegen. Sie definieren Erfolgskriterien, erstellen einen ersten Projektplan und klären den erwarteten Nutzen des Analytics-Projekts. Ein tiefes Verständnis der Geschäftsprozesse und fachlichen Anforderungen trägt maßgeblich zum Projekterfolg bei. Zudem müssen Teams auch Handlungsalternativen für den Fall entwickeln, dass keine geeigneten Daten vorliegen oder deren mangelhafte Qualität tiefergehende Analysen verhindert.
- **Data Understanding:** Bei Data Understanding geht es darum, sich ein Bild über die vorhandenen Datenquellen und die Datenqualität zu machen. Darunter fällt auch, ob die Daten grundsätzlich für das zu lösende fachliche Problem geeignet sind. Diese Phase beginnt initial damit, Daten zu sammeln und zu inspizieren. Teams machen sich mit den Daten vertraut, bilden erste Hypothesen und bewerten die Datenqualität. Die Explorative Datenanalyse (EDA), die auf John Tukey zurückgeht, dient dabei als zentrales Werkzeug, um Strukturen in den Daten zu entdecken. Mittels deskriptiver Statistik und visueller Analysemethoden identifizieren Analysten erste Muster, Anomalien und Zusammenhänge zwischen Merkmalen, die für die weitere Analyse von Bedeutung sind. Sie erkennen Ausreißer und fehlende Werte, prüfen die Dimensionalität der Daten und bestimmen, welche Merkmale sich für weiterführende Analysen eignen.
- **Data Preparation:** Diese oft zeitaufwendigste Phase bereitet die Rohdaten für die Modellierung vor [Alb22]. Teams wählen relevante Daten aus, bereinigen Fehler und Inkonsistenzen, transformieren Daten in geeignete Formate oder erstellen neue abgeleitete Attribute. Die Maßnahmen umfassen: Fehlende Werte ersetzen, fehlerhafte Einträge korrigieren, Duplikate entfernen, Werte konvertieren und normalisieren. Teams erstellen Datenkataloge mit Metadaten und überführen die Daten in die für Machine-Learning-Verfahren benötigten Strukturen, etwa in eine Analytical Base Table (ABT). Die Qualität der Datenaufbereitung beeinflusst direkt die Qualität der späteren Modelle (und damit auch die Qualität der späteren Entscheidungen) – obwohl diese Tätigkeiten wenig spektakulär erscheinen, spielen sie eine wichtige Rolle für die Ergebnisse.
- **Modeling:** In dieser Phase wählen Teams verschiedene Modellierungsalgorithmen aus und wenden sie an. Die Auswahl der geeigneten Methoden hängt von der spezifischen Data-Mining-Aufgabe ab – Klassifikation, Regression, Assoziation oder Clustering erfordern jeweils unterschiedliche Ansätze. Für Klassifikationsaufgaben stehen beispielsweise logistische Regression, Naive Bayes, neuronale Netze, Random Forest oder Decision Trees zur Verfügung. Teams entwickeln oft mehrere

Modelle parallel und optimieren deren Parameter, um die bestmöglichen Ergebnisse zu erzielen. Da unterschiedliche Algorithmen verschiedene Datenformate oder Skalenniveaus voraussetzen, entsteht ein iteratives Wechselspiel mit der Data-Preparation-Phase.

- **Evaluation:** in dieser Phase bewerten Teams die erstellten Modelle, ob sie die Projektziele erfüllen, ob die Modelle robust und zuverlässig sind oder interpretieren die Ergebnisse auf ihre geschäftliche Relevanz hin. Bei Klassifikationsaufgaben teilen sie die Daten in Trainings- und Testdatensätze auf, um die Generalisierbarkeit und Trennschärfe zu prüfen. Bei unüberwachten Lernverfahren wie Clustering ziehen sie fachliche Beurteilungskriterien heran. Die Evaluation überprüft alle Ausführungsschritte auch aus wirtschaftlicher Sicht und entscheidet, welches Modell sich am besten für die Implementierung eignet. Die beiden Phasen Modeling und Evaluation finden dabei im ständigen Wechsel statt.
- **Deployment:** Das erfolgreich evaluierte Modell wird in die Geschäftsprozesse implementiert. Die Bandbreite reicht von der Erstellung einfacher Berichte bis zur Integration des Modells in operative Systeme – als Visualisierung für menschliche Entscheidungen oder als ausführbarer Code für autonome maschinelle Prozesse. Teams integrieren Modelle in Workflows, Apps oder Datenbanken und erschließen so Potenziale zur Automatisierung. Nach der Implementierung überwachen und warten sie die Ergebnisse, um eine kontinuierliche Leistung sicherzustellen. Die Erfahrungen aus dem Deployment fließen oft in neue Projekte ein und starten den CRISP-DM-Zyklus von Neuem. Ein abschließendes Review identifiziert Verbesserungspotenziale für künftige Vorhaben.

Im Vergleich zu KDD fokussiert sich CRISP-DM stärker auf den Geschäftsnutzen und die Domäne, aus der die Daten stammen. Während CRISP-DM mit dem Business Understanding beginnt und mit dem Deployment endet, konzentriert sich KDD mit seinen fünf Phasen (Selection, Preprocessing, Transformation, Data Mining, Interpretation/Evaluation) vor allem auf den technischen Weg von den Daten zum Wissen.

In der Praxis werden oft Elemente aus beiden Modellen kombiniert, wobei CRISP-DM die geschäftlichen Rahmenaspekte zu den KDD-Kernphasen hinzufügt, um sowohl die geschäftlichen als auch die technischen Anforderungen von Datenanalyseprojekten abzudecken. Für Big-Data-Projekte bietet der KDD-Prozess durch seinen datenzentrischen Ansatz eine solide Grundlage für die systematische Extraktion von Wissen aus großen und komplexen Datensätzen, er muss aber wie CRISP-DM durch geeignete Technologien und Architekturen ergänzt werden, um den spezifischen Herausforderungen von Big Data insbesondere bezüglich Volume, Variety, Velocity und Veracity gerecht zu werden.

Tabelle 4.1 listet eine Auswahl typischer Kontrollfragen für die jeweiligen Phasen innerhalb des CRISP-DM-Kreislaufmodells auf [Alb22; GG21; But23; Her22].

Tabelle 4.1 Auswahl an Kontrollfragen bei CRISP-DM-Phasen

CRISP-DM-Phase	Kontrollfragen
Business Understanding	▪ Warum ist das Projekt wichtig und wie lauten seine Ziele? ▪ Um welches Problem handelt es sich und wen betrifft es? ▪ Was ist zu tun, wenn nicht die richtigen Daten vorliegen? ▪ Was ist zu tun, wenn die Ergebnisse nicht gefallen? ▪ Lassen rechtliche Rahmenbedingungen sowie ethische Normen und Werte das Projekt zu? ▪ Stehen die benötigten Ressourcen bereit? ▪ Gibt es die benötigten Skills im Unternehmen? ▪ Lassen die identifizierten Risiken das Projekt zu? ▪ Wie sehen die ökonomischen Zielvorstellungen und die Projektplanung aus?
Data Understanding	▪ Wer hat die Daten erhoben und wie wurden sie gewonnen? ▪ Sind die Daten repräsentativ? ▪ Wie wurden Ausreißer oder fehlende Werte behandelt? ▪ Welche Merkmale sind relevant und welche Rolle haben sie? ▪ Können die Daten abbilden, was zu messen beabsichtigt ist?
Data Preparation	▪ Wurden alle relevanten Datenquellen berücksichtigt? ▪ Wurden alle relevanten Daten bereinigt? ▪ Wurden die zur Zielsetzung passenden Daten gewählt? ▪ Wurden die Daten auf Anomalien usw. geprüft? ▪ Liegen die Daten im benötigten Format vor? ▪ Ist die Datenqualität gut genug für die Modellbildung?
Modeling	▪ Wurden alle potenziellen ML-Algorithmen bedacht? ▪ Ist das Skalenniveau für den ML-Algorithmus geeignet? ▪ Wurde ein Testentwurf generiert? ▪ Ist das Modell bewertet worden und ist es verständlich?
Evaluation	▪ Wurden unterschiedliche ML-Algorithmen eingesetzt? ▪ Wurde das Modell anhand von Trainingsdaten erzeugt? ▪ Wurden die Ergebnisse anhand von Testdaten überprüft? ▪ Wurden die Evaluations-/Gütekriterien festgelegt?
Deployment	▪ Wurden Pläne für das Deployment aufgestellt? ▪ Wurde der IT-Bereich rechtzeitig eingebunden? ▪ Gibt es definierte Übergabeprozesse für ML-Modelle? ▪ Gibt es ausreichend technische Ressourcen/Kapazität? ▪ Bewährt sich das Modell angesichts neuer Daten fortlaufend?

4.4 Analytics Solutions Unified Method for Data Mining / Predictive Analytics

Das CRISP-DM-Referenzmodell weist trotz seiner weiten Verbreitung systemische Schwächen auf, die sich aus den veränderten Rahmenbedingungen seit seiner Entwicklung in den 1990er-Jahren ergeben. Ein zentraler Kritikpunkt betrifft die späte Berücksichtigung IT-spezifischer Belange: Erst in der Deployment-Phase adressiert CRISP-DM explizit den IT-Betrieb, obwohl Analytics-Projekte heute von Anfang an stark mit der IT-Infrastruktur verwoben sind [LN19].

Die vorhandene IT-Landschaft bestimmt maßgeblich, welche Technologien nutzbar sind und ob ML-Modelle überhaupt lauffähig sein werden. Ohne frühzeitige Integration in die bestehende IT-Infrastruktur bleiben ML-Modelle Prototypen; sie entfalten ihren Nutzen erst im produktiven Betrieb, wenn Datenquellen dauerhaft angebunden sind und ML-Modelle mit aktuellen Daten arbeiten.

Diese Abhängigkeiten erfordern, dass IT-Teams von Projektbeginn an eingebunden und Softwareentwicklung und Analytics-Teams stärker miteinander verwoben werden, was CRISP-DM in seiner ursprünglichen Form nicht vorgesehen ist. IBM startete nach der Übernahme von SPPS[6] ab 2015 mit Analytics Solutions Unified Method for Data Mining/Predictive Analytics (ASUM-DM) eine Weiterentwicklung von CRISP-DM, die diese Lücken schließt. Aufbauend auf seinen Analytics-Kompetenzen – unter anderem gestärkt durch die SPSS-Übernahme im Jahr 2009 – integrierte IBM moderne Software-Engineering- und DevOps-Praktiken in das Modell. Bild 4.4 zeigt die Phasen von ASUM-DM.

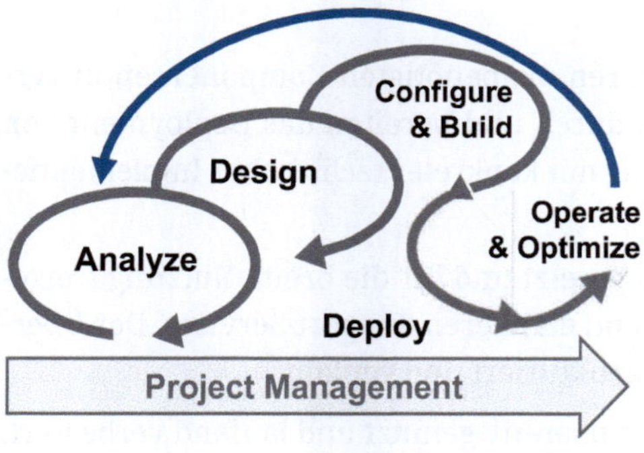

Bild 4.4 Die fünf Phasen von ASUM-DM in Anlehnung an [Kie18]

6 Integral Solutions (ISL) entwickelte das Data-Mining-Werkzeug Clementine und wurde 1999 von SPSS übernommen. SPSS war eines der Konsortiumsmitglieder des EU-finanzierten CRISP-DM–Projekts und trug wesentlich zur Ausrichtung des Modells auf die industrielle Praxis bei. IBM übernahm 2009 SPSS und entwickelte das CRISP-DM-Referenzmodell unter dem Namen ASUM-DM weiter. Das heutige Tool IBM SPSS Modeler geht auf SPSS Clementine zurück und orientiert sich an den Phasen von CRISP-DM.

Das Modell strukturiert einen Zyklus vielfach vernetzter Prozesse mit Iterationen auf unterschiedlichen Ebenen. Ein durchgängiger Projektmanagement-Stream überwacht sämtliche Phasen und sorgt für Konsistenz und Koordination [Kie18].

ASUM-DM existiert in einer öffentlichen und einer IBM-internen Version und ist Teil des übergreifenden Prozessmodells ASUM [LN19]. Im Vergleich zu CRISP-DM orientiert sich ASUM-DM stärker an agilen Paradigmen [Kie18]. Von Beginn an werden Berührungspunkte zum IT-Betrieb geknüpft. Konzepte aus der Softwareentwicklung prägen das Modell: Wiederverwertbarkeit von ML-Modellen und Daten-Pipelines, Reproduzierbarkeit der Lösungen, Versionskontrolle, verteilte Teamarbeit, kontinuierliche Dokumentation und organisationales Lernen durch Retrospektiven. Softwareentwicklung und maschinelles Lernen verschmelzen zunehmend – ASUM-DM trägt diesem Umstand Rechnung.

Die fünf Phasen von ASUM-DM

- **Analyze:** In dieser initialen Phase definieren und verabschieden alle Beteiligten die Anforderungen und Ziele des Analytics-Projekts – sowohl funktionale Features als auch nicht funktionale Eigenschaften wie Performance und Usability. Der Ansatz ähnelt agilen Methoden und Design Thinking: Teams arbeiten im gegenseitigen Einvernehmen zusammen und steuern sich selbst, vergleichbar mit Prinzipien der agilen Softwareentwicklung (vgl. agile Methoden in Abschnitt 17.1).
- **Design:** Bereits früh im Projekt bestimmen Teams die Lösungskomponenten, klären Ressourcen und Entwicklungsumgebung. Sie erstellen erste Prototypen und Lösungsansätze. Diese Phase fehlt bei CRISP-DM und stellt einen wesentlichen Unterschied dar – sie schafft frühzeitig Klarheit über technische Anforderungen und Machbarkeit.
- **Configure and Build:** Teams konfigurieren die benötigten Komponenten in verschiedenen Umgebungen, führen Tests durch und bereiten das Deployment vor. Diese Phase verbindet Modellentwicklung mit konkreter technischer Implementierung.
- **Deploy:** Das ML-Modell wird produktiv gesetzt und für die breite Nutzung freigegeben. Teams erstellen Wartungspläne und etablieren Support-Services. Der Übergang in den operativen Betrieb erfolgt strukturiert und geplant.
- **Operate and Optimize:** Das Modell wird operativ genutzt und laufend verbessert. Teams passen es an neue Anforderungen an und bauen es in iterativen Schritten aus. Kundenfeedback fließt stetig ein – ein KVP nach agilen Prinzipien.

ASUM-DM strukturiert einen zyklischen Prozess mit vielfältigen Verknüpfungen und Iterationen. Zusätzlich überwacht ein durchgängiger Projektmanagement-Stream sämtliche Phasen und sorgt für Konsistenz, Zusammenarbeit und Kommunikation [LN19]. Im Vergleich zu CRISP-DM orientiert sich ASUM-DM deutlich stärker an modernen Software-Engineering-Praktiken. Die frühe Design-Phase etabliert Berührungspunkte zum IT-Betrieb von Anfang an. Konzepte wie Wiederverwertbarkeit von ML-Modellen und Daten-Pipelines, Reproduzierbarkeit, Versionskontrolle, verteilte Teamarbeit und organisationales Lernen durch Retrospektiven prägen das Modell. ASUM-DM trägt der Tatsache Rechnung, dass Software- und Analytics-Projekte heute eng verzahnt sind. Das Ziel ähnelt dem Continuous Deployment in der Softwareentwicklung (vgl. Betrieb von Big-Data-Systemen als Teil einer DevOps Kultur in Abschnitt 17.1.2): Datenbasierte und durch ML gewonnene Erkenntnisse werden fortlaufend entwickelt und in regelmäßigen Schüben an die Nutzer ausgeliefert.

4.5 Big Data Analysis Lifecycle

Der Big Data Analytics Lifecycle (BDAL) nach Erl et al. adressiert die spezifischen Herausforderungen massiver, hochfrequenter und heterogener Datenmengen[7] [EKB16]. Im Vergleich zu Modellen wie KDD (1989) oder CRISP-DM (1999) führt der 2015 vorgestellte Ansatz[8] Neuerungen ein. Während KDD den Weg zur Wissensgewinnung aus Daten formalisierte und CRISP-DM einen branchenübergreifenden Standard etablierte, reagiert der Big Data Analytics Lifecycle auf technische und wirtschaftliche Realitäten von Big-Data-Projekten.

Die Phase Business Case Evaluation als Startpunkt verlangt mehr als das Business Understanding von CRISP-DM: Teams müssen Motivation und Ziele des Projekts fundiert begründen, bevor darüber entschieden wird. Bei Erl et al. verfolgt somit die erste Phase einen Stage-Gate-Ansatz: Potenzielle Anwendungsfälle werden anhand von Kriterien und Kennzahlen bewertet, bevor ein Projekt vorab festgelegte „Hürden“ überwindet und letztlich die in Bild 4.5 dargestellten Stufen durchlaufen kann.

Ein weiterer Unterschied zu früheren Vorgehensmodellen liegt in der modellierten Detailtiefe der datenverarbeitenden Prozesse: KDD und CRISP-DM bündeln datenbezogene Aufgaben in wenige umfassende Phasen – Pre-processing und Transformation bei KDD, Data Understanding und Data Preparation bei CRISP-DM. Diese monolithischen Blöcke können zeitintensiv sein. Der Big Data Analytics Lifecycle zerlegt diese Aufgaben in Teilabschnitte, von Data Identification bis Data Analysis, und fügt noch eine neue Stufe eigens zur Datenvisualisierung hinzu. Die durchgängige Betonung des Metadaten-Managements und der Datenherkunft (Data Provenance) ist ein weiteres Merkmal. Das Modell fordert, dass Teams Metadaten durch alle Phasen mitführen, um Herkunft, Qualität und Vertrauenswürdigkeit der Daten jederzeit beurteilen zu können. In komplexen Datenlandschaften mit vielen Quellen wird diese Nachvollziehbarkeit zur Grundvoraussetzung für valide Analyseergebnisse. Am Ende stellt die letzte

7 Die Eigenschaften lassen sich auch mit den 3 Vs, die Big Data ursprünglich charakterisierten, beschreiben: „Massiv“ steht für Volume, „hochfrequent“ für Velocity und „heterogen“ für Variety.

8 Die Erstfassung erschien im Dezember 2015, die finale Buchpublikation folgte im Januar 2016.

Phase sicher, dass die Ergebnisse im operativen Betrieb auch tatsächlich Wert generieren bzw. die anfänglich gesetzten Ziele erfüllen – ein Schritt über das traditionelle Deployment hinaus.

Während CRISP-DM beschreibt, *was* zu tun ist, liefert der Big Data Analytics Lifecycle eher eine architektonische Anleitung, *wie* eine Datenverarbeitungspipeline mit ihren typischen Stufen aufgebaut werden kann (Bild 4.5).

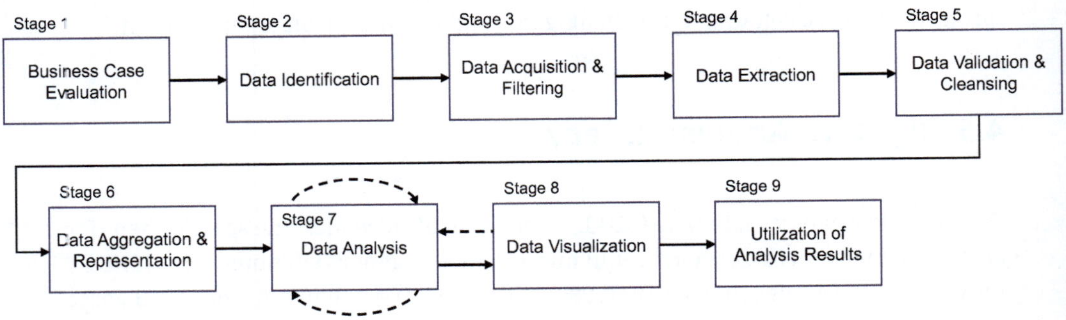

Bild 4.5 Die Stufen im Big Data Analytics Lifecycle in Anlehnung an [EKB16]

Die neun Phasen von Big Data Analysis Lifecycle

- **Phase 1: Business Case Evaluation:** Nach dem Vorgehensmodell von Erl et al. startet ein Analytics-Projekt mit einer klaren geschäftlichen Zielsetzung. Die erste Phase des Lifecycles, in der geschäftliche Anwendungsfälle beurteilt werden, stellt sicher, dass das Projekt von Anfang an auf einem soliden Fundament steht. Bevor technische oder analytische Arbeitsschritte beginnen, muss das Team den Anwendungsfall formulieren, bewerten und rechtfertigen [EKB16]. Dieser Schritt soll sicherstellen, dass die späteren Analyse einen echten Mehrwert für das Unternehmen schaffen und nicht zu einem reinen „Selbstzweck" werden. In dieser Phase definieren die Beteiligten die genauen Ziele des Projekts. Sie fragen, welche geschäftlichen Herausforderungen die Analyse lösen soll und welche Motivation dahintersteht. Um die Ziele greifbar zu machen, empfehlen Erl et al., sie nach dem SMART-Prinzip[9] zu formulieren: SMARTE Ziele[10] müssen demnach *spezifisch*

9 Das Akronym SMART geht ursprünglich auf George T. Doran zurück, der es 1981 in einem Beitrag unter dem Titel „There's a S.M.A.R.T. way to write management's goals and objectives" veröffentlichte [Dor81]. Es gibt etliche Variationen des Akronyms, welche etwa im Orghandbuch des Bundesministeriums des Innern (BMI) ausgeführt werden (*https://www.orghandbuch.de/Webs/OHB/DE/OrganisationshandbuchNEU/4_MethodenUndTechniken/Methoden_A_bis_Z/SMART_Regel_Methode/SMART_Regel_Methode_node.html*). Für den obigen Text werden die originären Adjektive für das Akronym SMART verwendet.

10 Ein Beispiel: Statt vage zu formulieren *„wir wollen Kundendaten besser verstehen"*, würde ein SMART-Ziel lauten: *„Wir wollen die Abwanderungsrate von Kunden im nächsten Quartal um 5 % senken, indem wir die Hauptgründe für Kündigungen durch die Analyse von Kundenfeedback und Nutzungsdaten identifizieren. Die Analyse übernimmt Team XY"*.

(Specific), *messbar* (Measurable), *erreichbar* (Assignable), *realistisch* (Realistic) und *zeitbezogen* (Time-related) sein.

Eng damit verbunden ist die Identifikation von Key Performance Indicators (KPIs). Kennzahlen sollen dabei helfen, den Erfolg des Projekts objektiv zu messen. Sie dienen als Leitplanken für die spätere Bewertung der Analyseergebnisse. Gleichzeitig prüft das Team in dieser Phase kritisch, ob das vorliegende Problem tatsächlich ein Big-Data-Problem ist. Das ist dann der Fall, wenn die Herausforderung direkt mit mindestens einem der drei Vs zusammenhängt. Schließlich gehört auch eine erste Budgetplanung in diese Phase [EKB16].

- **Phase 2: Data Identification:** Teams machen relevante Datenquellen ausfindig, die zur Beantwortung der Geschäftsfragen beitragen können. Sie evaluieren interne Quellen wie CRM- und ERP-Systeme, Data Warehouses oder Server-Logs sowie externe Datenquellen von öffentlichen Anbietern, kommerziellen Datenmärkten oder sozialen Medien. Die Herausforderung liegt darin, Qualität und Relevanz der heterogenen Quellen zu bewerten und deren Zugänglichkeit sicherzustellen. Teams erstellen eine umfassende Liste verfügbarer Datensätze als Grundlage für die weitere Verarbeitung.
- **Phase 3: Data Acquisition & Filtering:** In dieser Phase sammeln Teams die identifizierten Daten mittels APIs, Datenbankexporten oder Web-Scraping-Techniken. Sie filtern irrelevantes „Rauschen" frühzeitig aus, um Speicher- und Verarbeitungsressourcen zu schonen. Korrupte oder offensichtlich fehlerhafte Daten werden aussortiert. Teams speichern jedoch stets eine unveränderte Kopie der Originaldaten, da scheinbar irrelevante Informationen für künftige Analysen wertvoll werden könnten. Metadaten zur Datenherkunft (Provenance) werden systematisch hinzugefügt, um Nachvollziehbarkeit über den gesamten Lebenszyklus zu gewährleisten.
- **Phase 4: Data Extraction:** Teams transformieren die heterogenen Rohdaten in ein einheitliches, analysierbares Format. Sie extrahieren strukturierte Informationen aus unstrukturierten Texten – etwa Kundennamen oder Bestelldaten aus Fließtexten. XML- oder JSON-Formate werden in tabellarische Strukturen überführt, die sich für statistische Analysen eignen. Automatisierte ETL-Prozesse minimieren manuelle Arbeit und sichern die Konsistenz der aufbereiteten Daten. Der Transformationsumfang hängt von den Fähigkeiten der eingesetzten Analyse-Tools und der geplanten Analyseart ab.
- **Phase 5: Data Validation & Cleansing:** Die Qualität der Analyseergebnisse hängt unmittelbar von der Datenqualität ab. Teams etablieren komplexe Validierungsregeln zur Überprüfung von Korrektheit und Plausibilität. Sie nutzen Redundanzen zwischen verschiedenen Datensätzen, um fehlende Werte zu ergänzen oder inkonsistente Daten zu korrigieren. Bei Batch-Analysen führen Teams Offline-ETL-Prozesse durch, während Echtzeitanalysen In-Memory-Systeme für die Validierung „on the fly" erfordern. Die Datenherkunft hilft dabei, auch scheinbar fehlerhafte Daten zu bewerten – sie könnten auf wichtige Anomalien hinweisen.

- **Phase 6: Data Aggregation[11] & Representation:** Teams integrieren die bereinigten Daten aus verschiedenen Quellen zu einer konsolidierten Datenbasis. Sie verknüpfen Datensätze über gemeinsame Felder wie Kundennummern oder Zeitstempel und harmonisieren semantische Unterschiede – etwa wenn derselbe Wert in verschiedenen Systemen unterschiedlich benannt ist. Die aggregierten Daten werden in standardisierten Formaten gespeichert, die verschiedene Analysetypen unterstützen. Ein zentrales Analyse-Repository, etwa eine NoSQL-Datenbank, dient als flexibler Datenspeicher für unterschiedliche Analyseanforderungen.
- **Phase 7: Data Analysis:** Das Herzstück des Lebenszyklus bildet die eigentliche Datenanalyse. Teams wenden analytische Techniken explorativ und iterativ an, bis sie aussagekräftige Muster aufdecken. Bei der bestätigenden Analyse überprüfen sie deduktiv vorab formulierte Hypothesen – sie suchen gezielt nach Beweisen oder Widerlegungen. Die explorative Analyse verfolgt einen induktiven Ansatz ohne vordefinierte Annahmen – Teams durchsuchen Daten ergebnisoffen nach verborgenen Mustern und unerwarteten Zusammenhängen. Beide Ansätze werden oft kombiniert: Explorative Analysen generieren neue Hypothesen, die anschließend bestätigend überprüft werden.
- **Phase 8: Data Visualization:** Teams bereiten die Analyseergebnisse grafisch auf, damit Anwender sie intuitiv verstehen können. Sie wählen Visualisierungstechniken, die zur Zielgruppe und zum Kontext passen. Die explizite Feedback-Schleife zur Analysephase ermöglicht es, auf Basis der Visualisierungen neue Fragen zu entwickeln und die Analyse zu verfeinern.
- **Phase 9: Utilization of Analysis Results:** Die letzte Phase überführt die gewonnenen Erkenntnisse in konkrete Geschäftsentscheidungen und Handlungen. Teams integrieren Ergebnisse in operative Systeme – etwa Vorhersagemodelle für Maschinenausfälle in Wartungssysteme. Interaktive Dashboards machen KPIs und Analyseergebnisse einem breiten Nutzerkreis zugänglich und fördern eine datengetriebene Unternehmenskultur. Die verarbeiteten Daten können als Input für nachfolgende, tiefergehende Analysen dienen, wodurch ihr Wert kontinuierlich gesteigert wird.

Vergleich mit anderen Vorgehensmodellen

Im Vergleich zu anderen Vorgehensmodellen positioniert sich der Big Data Analytics Lifecycle als spezialisierte Variante. CRISP-DM und KDD sind allgemeiner gehalten und (historisch bedingt) weniger auf Big-Data-Herausforderungen ausgerichtet. Neuere agile Ansätze wie Team Data Science Process (TDSP) betonen stärker die experimentelle Natur von Datenanalysen und tragen organisatorischen Aspekten durch Definition von Rollen stärker Rechnung.

11 Bei Erl et al. entspricht „Aggregation“ eher einer Datenintegration und weniger einer Verdichtung von Daten mittels statistischer Operatoren.

Big Data Analysis Lifecycle wurde entwickelt, als Big Data noch ein relativ neues Konzept war – seitdem haben sich Technologien wie Machine Learning, Deep Learning und automatisierte Datenanalyse rasant weiterentwickelt. Die flexible Struktur des Modells ermöglicht jedoch die Integration dieser Entwicklungen, während seine Prinzipien der geschäftsorientierten, iterativen und qualitätsbewussten Herangehensweise ihre Relevanz behalten haben. Teams sollten das Modell daher als spezialisiertes Framework für infrastrukturintensive Big-Data-Initiativen verstehen, das je nach Kontext mit anderen Ansätzen kombiniert werden kann.

CRISP-DM eignet sich für standardisierte Analysen in stabilen Umgebungen, TDSP für agile Produktentwicklung, während der Big Data Analytics Lifecycle seine Stärken beim Aufbau großer Datenplattformen mit komplexen Anforderungen an die Architektur ausspielt. Diese komplementäre Sichtweise ermöglicht es Organisationen, das jeweils passende Modell für ihre spezifischen Anforderungen zu wählen oder Elemente verschiedener Ansätze zu kombinieren. Dabei bleibt CRISP-DM trotz seines Alters das am weitesten verbreitete Modell für klassische Data-Mining-Projekte [Dat24], während der Big Data Analytics Lifecycle seine Stärken insbesondere bei der systematischen Erschließung großer, heterogener Datenquellen und dem Aufbau entsprechender technischer Infrastrukturen ausspielt.

Tabelle 4.2 zeigt eine von Google Gemini generierte Tabelle, welche die unterschiedlichen Vorgehensmodelle anhand ausgesuchter Kriterien nochmals gegenüberstellt. Das in der Tabellenüberschrift verwendete Kürzel „BDAL“ steht für Big Data Analytics Lifecycle.

4.6 Team Data Science Process

Microsoft entwickelte 2016 mit dem Team Data Science Process (TDSP) ein agiles, iteratives Rahmenwerk für Data-Science-Projekte. Basierend auf internen Erfahrungen und Kundenprojekten kombiniert TDSP Elemente aus klassischen Data-Mining-Ansätzen wie CRISP-DM mit modernen Software-Engineering- und Agile-Prinzipien, ohne sich auf spezifische Technologien festzulegen [Mav23].

TDSP adressiert eine zentrale Herausforderung: Während Agile-Methoden in der Softwareentwicklung etabliert sind, fehlte lange ein vergleichbarer Ansatz für Data-Science-Projekte. Die Methodologie überträgt agile Prinzipien aus der Softwareentwicklung wie etwa iterative und inkrementelle Entwicklung, frühe Lieferung, kontinuierliche Verbesserung und flexible Reaktion auf Änderungen auf die spezifischen Anforderungen von Analytics-Projekten. Diese Prinzipien erweisen sich als besonders geeignet für das explorative Umfeld von Data Science, wo Teams oft mit unvollständigen oder vagen Anforderungen starten und diese erst während der Datenanalyse präzisieren können.

Tabelle 4.2 KDD, CRISP-DM und Big Data Analytics Lifecycle im Vergleich

Kriterium	KDD	CRISP-DM	BDAL
Ursprung & Philosophie	Akademisch, forschungsorientiert. Fokus auf der Extraktion von Wissen aus Daten.	Industriegetrieben, praxisorientiert. Fokus auf einem standardisierten, managebaren Prozess.	Technologie- und Engineering-getrieben. Fokus auf der Bewältigung der Big-Data-Herausforderungen.
Primäres Ziel	Entdeckung von validem, neuartigem, nützlichem und verständlichem Wissen.	Bereitstellung einer umsetzbaren Lösung für ein definiertes Geschäftsproblem.	Gewinnung handlungsrelevanter Erkenntnisse aus großen, komplexen und heterogenen Datenquellen.
Struktur & Fluss	Iterativ, aber oft als sequenzielle Abfolge von Veredelungsschritten dargestellt.	Explizit zyklisch und iterativ; Rücksprünge zwischen den Phasen sind vorgesehen und üblich.	Überwiegend linear und sequenziell (Pipeline-Charakter); Iterationen finden eher innerhalb der Phasen statt.
Zentrales Differenzierungsmerkmal	Fokus auf die Eigenschaften des entdeckten Wissens (insb. Neuheit). Data Mining ist nur ein Schritt.	Die zentrale Verankerung des gesamten Prozesses im Business Understanding und den Geschäftszielen.	Granulare, mehrstufige Phasen für die Datenverarbeitung (Acquisition, Extraction etc.).
Rolle des Geschäftskontexts	Dient als Leitfaden für die Datenauswahl und Interpretation (Domain Understanding).	Ist der zentrale Anker und Maßstab für den Erfolg des gesamten Projekts.	Ist der initiale Treiber für den Business Case, der Fokus liegt auf der technischen Umsetzung.
Ansatz zur Datenvorbereitung	Integrierte Schritte: Cleaning and Preprocessing und Transformation.	Zwei distinkte Phasen: Data Understanding (Exploration) und Data Preparation.	Mehrstufige Pipeline: Identification, Acquisition, Extraction, Munging, Aggregation.
Idealer Projekttyp	Explorative Forschung, Grundlagenforschung, Projekte ohne klar vordefinierte Fragestellung.	Zielgerichtete Projekte zur Lösung eines spezifischen, messbaren Geschäftsproblems mit geplanter Operationalisierung.	Projekte mit hoher Datenkomplexität, bei denen der Aufbau einer Daten-Pipeline eine zentrale Herausforderung darstellt.
Eignung für Big Data	Theoretisch anwendbar, aber die Phasen sind nicht granular genug für die technischen Herausforderungen.	Anpassbar, erfordert aber oft eine Erweiterung oder Detaillierung der Data Preparation-Phase.	Nativ für Big-Data-Szenarien konzipiert; adressiert die 3Vs explizit.

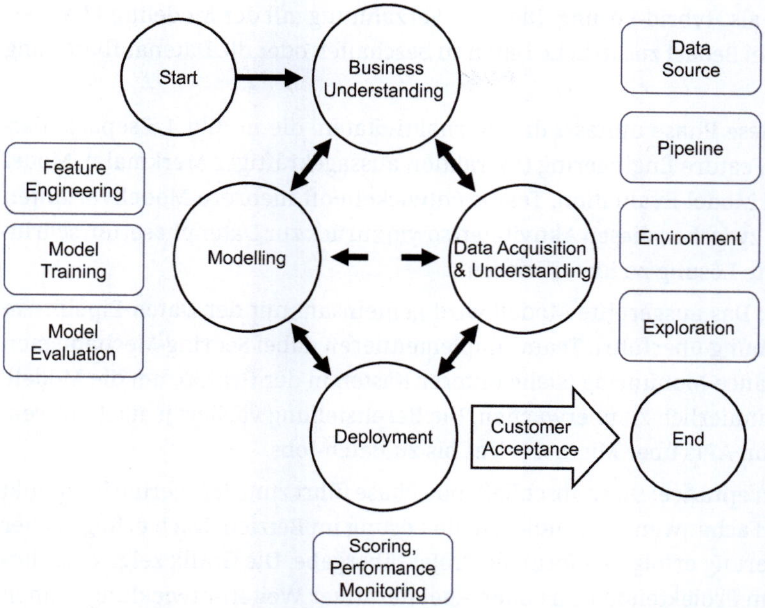

Bild 4.6 Team Data Science Process nach Microsoft in Anlehnung an [Mic23]

TDSP lässt sich in fünf iterativ zu durchlaufende Phasen gliedern, die den kompletten Lebenszyklus eines Data-Science-Projekts darstellen (Bild 4.6). Die Grafik verdeutlicht dabei nicht nur die sequenzielle Abfolge, sondern auch die bidirektionalen Verbindungen zwischen den Phasen – Teams springen je nach Erkenntnissen und Anforderungen zwischen den Phasen hin und her.

Die fünf Phasen des TDSP-Lebenszyklus

Wie Bild 4.6 zeigt, beginnt jedes Projekt mit einem definierten Startpunkt und durchläuft die folgenden Phasen:

- **Business Understanding:** Teams definieren gemeinsam mit den Fachbereichen die konkreten Projektziele und übersetzen das fachliche Problem aus der Domäne in Analytics-Fragestellungen. Sie identifizieren relevante Datenquellen, legen Erfolgskriterien und Metriken fest und erstellen einen ersten Projektplan. Diese Phase bildet den zentralen Ankerpunkt – die bidirektionalen Pfeile in der Grafik zeigen, dass Teams bei neuen Erkenntnissen aus späteren Phasen hierher zurückkehren, um Ziele anzupassen.
- **Data Acquisition and Understanding:** In dieser Phase erschließen Teams die identifizierten Datenquellen und überführen sie über automatisierte Pipelines in die Analyseumgebung. Durch systematische Exploration entwickeln sie ein tiefes Verständnis für die Daten, bewerten deren Qualität und erkennen erste Muster. Data Engineers etablieren dabei die Daten-Pipelines – entweder als Batch-Prozess, in

Echtzeit oder als Hybrid-Lösung. Die enge Verzahnung mit der Modeling-Phase ermöglicht es, bei Bedarf zusätzliche Daten zu beschaffen oder die Datenaufbereitung anzupassen.

- **Modeling:** Diese Phase umfasst drei Kernaktivitäten, die in Bild 4.6 separat dargestellt sind: Feature Engineering (Extraktion aussagekräftiger Merkmale), Model Training und Model Evaluation. Teams entwickeln oft mehrere Modellvarianten und springen zwischen diesen Aktivitäten sowie zurück zur Datenphase, um schrittweise die beste Lösung zu identifizieren.
- **Deployment:** Das ausgereifte Modell wird gemeinsam mit der Daten-Pipeline in die Zielumgebung überführt. Teams implementieren dabei Scoring-Mechanismen und Performance-Monitoring (siehe unterer Kasten in der Grafik), um die Modellleistung kontinuierlich zu überwachen. Die Bereitstellung variiert je nach Anwendungsfall – von APIs über Microservices bis zu Batch-Jobs.
- **Customer Acceptance:** Diese abschließende Phase führt zum definierten Endpunkt des Projekts. Fachanwender validieren die Lösung im Betrieb. Nach erfolgreicher Systemvalidierung erfolgt die formelle Projektübergabe. Die Grafik zeigt, dass dies entweder zum Projektende führt oder – bei iterativer Weiterentwicklung – einen neuen Zyklus initiiert.

Die in der Grafik dargestellten Komponenten (Feature Engineering, Model Training, Model Evaluation, Data Source, Pipeline, Environment, Exploration, Scoring/Performance Monitoring) verdeutlichen die konkreten Aktivitäten und Artefakte innerhalb der Hauptphasen.

Strukturelemente und Teamorganisation

Neben dem Lebenszyklus definiert TDSP drei weitere Schlüsselelemente für konsistente Projektabwicklung[12]:

- Die **standardisierte Projektstruktur** schafft einheitliche Ordner- und Repository-Vorlagen für Code, Dokumente und Artefakte. Teams versionieren ihre Arbeit in Versionskontrollsystemen und nutzen Issue-Tracker zur Aufgabenverfolgung. Die Standardisierung erleichtert Zusammenarbeit und Wissensaustausch zwischen Projekten.
- Die **empfohlene Infrastruktur** umfasst Compute- und Speicherumgebungen. Teams bauen Cloud-Dateisysteme, Big-Data-Cluster (wie z. B. Spark) und Machine-Learning-Services auf, die zentral verwaltet werden. Automatisierungstools sorgen für konsistente Ressourcen-Provisionierung und klare Zugriffsrechte.
- **Wiederverwendbare Tools und Utilities** senken die Einstiegshürden. Microsoft stellt Skripte und Bibliotheken bereit, etwa für explorative Datenanalyse (EDA)[13].

12 Kapitel 17 gibt einen weiterführenden Überblick über die verwendbaren Techniken und Werkzeuge zur Projektabwicklung.

13 Data Science Utilities from Microsoft: *https://github.com/Azure/Azure-TDSP-Utilities*.

Diese Werkzeuge automatisieren Routineaufgaben und fördern einheitliche Arbeitsweisen.

Ein zentrales Merkmal von TDSP ist die explizite Definition von sechs Teamrollen, die gemeinsam den Projekterfolg sicherstellen [Dat25]. Jeder Rolle sind spezifische Aufgaben zugeordnet, wodurch Transparenz über Zuständigkeiten entsteht:

- Solution Architect: Entwirft die technische Gesamtlösung
- Project Manager: Koordiniert und steuert den Projektfortschritt
- Data Engineer: Baut und wartet die Daten-Pipelines
- Data Scientist: Entwickelt, evaluiert und interpretiert Modelle
- Application Developer: Integriert Modelle in Anwendungen
- Project Lead: Übernimmt fachliche Führung und Qualitätssicherung

Vergleich mit anderen Methodologien und aktueller Status

Im Vergleich zu CRISP-DM weist TDSP mehrere konzeptionelle Weiterentwicklungen auf. Die explizite Customer-Acceptance-Phase legt stärkeren Fokus auf Validierung und Kundennutzen. Die definierten Teamrollen und die Abläufe schaffen eine solidere Basis zur Zusammenarbeit und verdeutlichen, dass alle Rollen für den Projekterfolg nötig sind.

KDD und CRISP-DM sind beides iterative Vorgehensmodelle: Die bekannte Grafik von CRISP-DM mit Pfeilen, die Rücksprünge zwischen den Phasen erlauben (Bild 4.3), unterstreicht diesen zyklischen Charakter. In der Praxis besteht jedoch die Gefahr, dass diese Modelle starr wie ein Wasserfallmodell umgesetzt werden. TDSP hingegen ist explizit als agile und iterative Methodik konzipiert und wendet Prinzipien aus der Softwareentwicklung, vor allem aus Scrum, auf den Data-Science-Prozess an. Teams arbeiten in Sprints, verwalten Anforderungen in einem Product Backlog mit Features und User Stories und visualisieren ihren Arbeitsfluss auf Boards. Die iterative Herangehensweise, die inkrementelle Wertschöpfung und die enge Zusammenarbeit mit Stakeholdern prägen TDSP. Es wendet agile Prinzipien an, wie etwa das Reagieren auf Veränderungen statt einen Plan strikt zu verfolgen. Hierbei unterscheiden sich „zyklisch“ und „agil“: CRISP-DM erlaubt Iterationen als eine Möglichkeit zur Korrektur, während TDSP Iterationen in Form von Sprints als zentralen Mechanismus des Fortschritts vorschreibt. Dies macht TDSP anpassungsfähiger gegenüber sich ändernden Anforderungen. Es eignet sich besser, die Unsicherheiten zu managen, die viele Analytics-Projekte kennzeichnen. Die Integration agiler Prinzipien und die Nähe zu DevOps-Praktiken machen TDSP zu einem zeitgemäßeren Ansatz für Teams, die bereits mit agilen Methoden in der Softwareentwicklung arbeiten.

Allerdings bringen die von TDSP favorisierten festen Sprint-Längen auch Herausforderungen mit sich – die explorative Natur von Data Science lässt sich oft schwer in starre Zeitrahmen pressen. Für sehr kleine Teams oder rein explorative Projekte ohne Produktionsziel kann der strukturierte Ansatz zu aufwendig sein.

Microsoft archivierte das offizielle TDSP-Repository im Oktober 2023, entwickelt die Konzepte aber im Data Science Lifecycle Process (DSLP)[14] weiter. Dieser neue Ansatz legt noch stärkeren Fokus auf Code-first-Entwicklung und Git-Workflows. Die TDSP-Prinzipien bleiben jedoch relevant und prägen weiterhin moderne Data-Science-Praktiken – insbesondere die Verbindung von agilen Methoden mit strukturiertem Vorgehen in Analytics-Projekten [Thu20].

4.7 Data Science Process Model

Das Data Science Process Model (DASC-PM) entstand zwischen 2019 und 2020 als Ergebnis einer interdisziplinären Arbeitsgruppe aus Wissenschaft und Praxis. Es liegt derzeit in Version 1.1[15] vor und wird kontinuierlich weiterentwickelt [Sch+22].

Das Projekt verfolgt das Ziel, vorhandenes Wissen über Vorgehensmodelle zu konsolidieren und die Lücken bestehender Ansätze zu schließen, statt neue Herangehensweisen zu entwickeln [Sch+20; Sch+22]. Die Arbeitsgruppe entwickelte DASC-PM, anhand 17 spezifischer Anforderungen aus Theorie und Praxis, die bestehende Modelle nicht vollständig abdeckten. Das resultierende Vorgehensmodell bildet ein Rahmenwerk für Data-Science-Projekte. DASC-PM verankert diese Projekte in ihrem Kontext: Es berücksichtigt durchgängig wissenschaftliches Vorgehen, Anwendungsbereiche, IT-Infrastrukturen und deren gesellschaftliche Auswirkungen. Teams erhalten für jede Projektphase definierte Kompetenz- und Rollenprofile, die eine strukturierte und effiziente Projektausführung ermöglichen. Das Modell fördert sowohl das Erreichen von Geschäfts- und Entscheidungszielen als auch ein tieferes Verständnis der zugrunde liegenden Problemstellungen, um letztlich die Qualität der erzielten Ergebnisse sicherzustellen.

Motivation und zentrale Lücken bisheriger Ansätze

DASC-PM reagiert auf Defizite bestehender Modelle, insbesondere die „Nutzungslücke“: Klassische Modelle enden typischerweise mit der Nutzbarmachung (Deployment) und vernachlässigen das Monitoring der Analysequalität während der Nutzung sowie die Erfassung von Nutzungserkenntnissen im operativen Betrieb. Schulz et al. analysierten systematisch Einschränkungen und spezifische Schwächen bestehender Ansätze[16] [Sch+20]:

- **KDD** konzentriert sich stark auf Data Mining bzw. auf die Transformation von Daten in Information und nützliches Wissen, beleuchtet aber kaum vor- und nachgelager-

14 The Data Science Lifecycle Process: *https://github.com/dslp/dslp/blob/main/README.md*.

15 DASC-PM 1.1: *https://opendata.uni-halle.de/handle/1981185920/87248*.

16 Auf das in der Studie ebenfalls untersuchte Vorgehensmodell SEMMA von SAS (*https://documentation.sas.com/doc/en/emref/15.3/n061bzurmej4j3n1jnj8bbjjm1a2.htm*) wird im Folgenden nicht eingegangen.

te Aufgaben wie Domänenverständnis und die Überführung in den produktiven Einsatz.

- **CRISP-DM** wurde maßgeblich aus der Industrie heraus entwickelt und erlaubt zwar Iterationen, behandelt aber wie auch KDD nicht das Monitoring der Analysequalität während der Nutzung. So fehlt die Erkenntnis, ob die verwendeten Analysemodelle weiterhin verwendbar oder anzupassen sind. Zudem beschränkt CRISP-DM sich weitgehend auf Unternehmenskontexte. Ein weiteres Problem liegt auch darin, dass CRISP-DM zu wenig mit anderen betrieblichen Prozessen, vor allem denen im IT-Bereich, synchronisiert und abgestimmt ist. Analytics-Projekte haben heute einen weitaus stärkeren Bezug zum IT-Betrieb als dies seinerzeit bei der Konzeption von CRISP-DM der Fall war. Ansätze wie etwa Agile Software Development haben die Softwareentwicklung geändert. Dies erfordert einen hohen Integrationsgrad bei Prozessen, Projektmanagement, Tools sowie umfangreiche Kommunikation zwischen allen Projektbeteiligten. Ein eher isoliertes Modell wie CRISP-DM benötigen daher „Schnittstellen" zu anderen Prozessen, die aber wiederum unternehmensspezifisch sind. Bei CRISP-DM wird der IT-Bereich adressiert, wenn Datenquellen zu suchen oder Daten(-Pipelines) zu integrieren sind. Erst die Phase Deployment berücksichtigt den IT-Betrieb. Dies vermittelt den Eindruck, dass die IT erst zu einem späten Zeitpunkt betroffen sei. Tatsächlich gibt es bereits vor Projektstart starke Berührungspunkte und Abhängigkeiten: Allein die vorhandene IT-Infrastruktur mit ihrer Kapazität und Funktionalität gibt vor, ob die erzeugten ML-Modelle sowie die dafür genutzten Technologien und Werkzeuge überhaupt lauffähig sein werden. CRISP-DM ist kein Vorwurf zu machen, da sich die Rahmenbedingungen, insbesondere der IT-Betrieb (etwa durch Cloud Computing), seit Ende der 90er-Jahr grundlegend geändert haben. Somit eignet sich CRISP-DM besonders, die grundsätzliche Methodik und Abfolge bei den Datenanalyse-Phasen zu beschreiben – in Bild 4.3 bilden auch die Daten das Zentrum, um welches sich alles dreht [EU98].
- **TDSP** wurde von Microsoft als agiles, iteratives Framework mit fünf Phasen entwickelt. Das Modell definiert klare Rollen und spezifiziert Artefakte für jede Phase. Teams profitieren von standardisierten Projektstrukturen, Repository-Vorlagen und Empfehlungen zu Infrastruktur und Tools. Der Hauptnutzen liegt in der managementorientierten Struktur und den etablierten Standards für Code-Repositories. Allerdings fokussiert TDSP stark auf Programmierung und Dokumentation, während ökonomische, soziale und auch ethische Aspekte unberücksichtigt bleiben. Obwohl das Framework grundsätzlich plattformunabhängig nutzbar ist, bezieht sich die Dokumentation oftmals auf Azure-Dienste (Cloud-Infrastruktur von Microsoft) und wirkt eng damit verzahnt.

DASC-PM ist ein Vorgehensmodell für Data-Science-Projekte. Es orientiert sich dabei weniger an Projektphasen, sondern an Schlüsselbereichen [Ale+21]. DASC-PM als Vorgehensmodell leitet sich aus den sieben phasenübergreifenden Schlüsselbereichen, die gemeinsam den Projektkontext abbilden und wesentliche Dimensionen für ein Data-

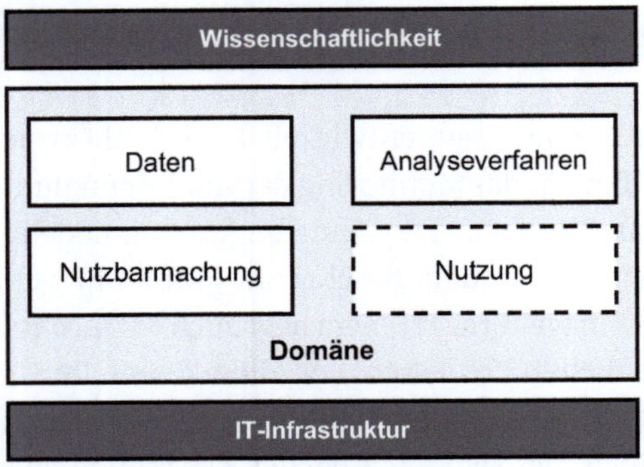

Bild 4.7 Sieben Schlüsselbereiche von Data Science nach Schulz et al. [Sch+22]

Science-Projekt umfassen, ab (Bild 4.7). Gemeinsam bilden bilden sie ein Gerüst, auf dessen Grundlage sich ein Vorgehensmodell ableiten lässt [Sch+20; Ale+21; Sch+22].

- **Domäne:** Dieser Bereich repräsentiert den Anwendungskontext, in dem Teams das Data-Science-Projekt durchführen – sei es in Unternehmen, Medizin, Naturwissenschaften oder Ingenieurwesen. Die Domäne beeinflusst alle anderen Schlüsselbereiche und legt spezifische Rahmenbedingungen fest. Teams identifizieren hier lohnende Analyseziele, entwickeln ein korrektes Verständnis der Datenherkunft und -zusammenhänge und ordnen Analyseergebnisse in den praktischen Anwendungskontext ein, einschließlich rechtlicher, gesellschaftlicher und ethischer Aspekte.
- **Daten:** Als „Rohstoff“ für späteren Erkenntnisgewinn oder datengetriebene Produkte oder Dienstleistungen erfordern Daten umfangreiche Arbeitsschritte: Teams erfassen, integrieren, bereinigen, transformieren und speichern Daten, was oft den Hauptaufwand eines Projekts darstellt [Alb22]. Sie klären Menge, Qualität, Schutz und Struktur der Daten und bauen ein gemeinsames Datenverständnis auf. Eine solide Datengrundlage ist entscheidend: Ohne adäquate und vorbereitete Daten können Teams keine aussagekräftigen Erkenntnisse gewinnen.
- **Analyseverfahren:** Teams nutzen aufbereitete Daten, um gewünschte Analyseergebnisse und Erkenntnisse zu gewinnen. Teams wenden Analyseverfahren auf Daten an und erstellen so ein Modell des untersuchten Wirklichkeitsbereichs. Sie identifizieren und wählen geeignete Verfahren aus oder entwickeln bei Bedarf neue, wobei sie nicht funktionale Anforderungen wie Effizienz, Skalierbarkeit, Robustheit und Verständlichkeit berücksichtigen. Die Verfahren decken Muster, Trends und Zusammenhänge in den Daten auf. Mit den resultierenden Modellen können Teams neue Daten klassifizieren, zukünftige Werte vorhersagen und fundierte Entscheidungen treffen.
- **Nutzbarmachung:** Dieser Schlüsselbereich transformiert Analyseergebnisse in anwendbare Formen, die Zielgruppen nutzen können. Hierbei ist zwischen technisch-methodischer und fachlicher Bereitstellung zu unterscheiden. Bei der technisch-methodischen Bereitstellung schaffen Teams technische Voraussetzungen und betten Analysemodelle in operative Produktivumgebungen ein. Die fachliche Bereit-

stellung integriert Ergebnisse in bestehende Prozesse und sichert die Anwendbarkeit für Nutzer. Als Ergebnis entstehen Analyseartefakte wie Dokumentationen, Modelle und Berichte, die Teams in passender Form bereitstellen. Die Nutzbarmachung stellt sicher, dass gewonnene Erkenntnisse tatsächlich Wertschöpfung generieren.

- **Nutzung:** Dieser Schlüsselbereich befasst sich mit der nachgelagerten Verwendung der Analyseartefakte. Obwohl außerhalb des eigentlichen Projekts liegend, sichert er die langfristige Effektivität der Modelle. Die Kernaufgabe bildet kontinuierliches Monitoring der Analysequalität. Teams überprüfen fortlaufend Qualität und Eignung der Modelle. Gewonnene Erkenntnisse bestimmen, ob Artefakte weiterbetrieben, angepasst oder ersetzt werden. Diese kontinuierliche Überwachung ermöglicht iterative Verbesserungen zukünftiger Entwicklungen.
- **Wissenschaftliches Vorgehen:** Dieser Schlüsselbereich fordert methodisch nachvollziehbare Projektdurchführung auf Basis aktuellen wissenschaftlichen Erkenntnisstandes. Als phasenübergreifender Rahmen prägt er das gesamte Projekt. Teams strukturieren ihr Vorgehen systematisch, stellen Hypothesen auf, evaluieren Methoden und sichern Reproduzierbarkeit der Ergebnisse. Diese Herangehensweise schützt vor manipulierten Analysen und gewährleistet Transparenz. Teams dokumentieren alle Schritte nachvollziehbar und validieren Ergebnisse statistisch. Der Wissenschaftlichkeitsgrad variiert kontextabhängig, doch Standards wie Reproduzierbarkeit, Objektivität und Validität bleiben verbindlich.
- **IT-Infrastruktur:** Dieser Schlüsselbereich umfasst benötigte Hard- und Software sowie deren Bereitstellung und Betrieb. Die Infrastruktur beeinflusst sämtliche Projektaktivitäten maßgeblich und fungiert in doppelter Rolle: Sie gibt als Rahmenbedingung Möglichkeiten und Grenzen vor, kann aber auch Optimierungsziel sein. Teams bewerten projektbezogen ihre Abhängigkeit von der IT-Infrastruktur. Sie berücksichtigen Schnittstellenmöglichkeiten, Automatisierbarkeit, Zugriffsrechte und Rechenleistung. Die Infrastruktur bestimmt, ob Analysen direkt in Datenbanken laufen oder Datenextraktion erforderlich ist. Data Engineers und technischer Support stellen spezialisierte Kompetenzen für diese komplexen Systeme bereit.

Die fünf Phasen von DASC-PM

DASC-PM strukturiert Data-Science-Projekte anhand sieben phasenübergreifender Schlüsselbereiche. Die vier zentralen Schlüsselbereiche Daten, Analyseverfahren, Nutzbarmachung und Nutzung (Bild 4.7) leiten sich in fünf iterativ zu durchlaufende Phasen des Modells ab (Bild 4.8). Die drei Schlüsselbereiche Domäne, Wissenschaftlichkeit und IT-Infrastruktur fungieren als konstituierender Rahmen für das Vorgehensmodell. Bild 4.8 stellt Domäne und Wissenschaftlichkeit als konzentrische Kreise dar. Domäne nimmt überdies eine besondere Stellung ein: Während sie den weit umfassenden Rahmen des Projekts bildet und andere Schlüsselbereiche beeinflusst, trägt sie gleichzeitig aufgabenbezogene Aspekte in sich, die phasenartig zu betrachten sind.

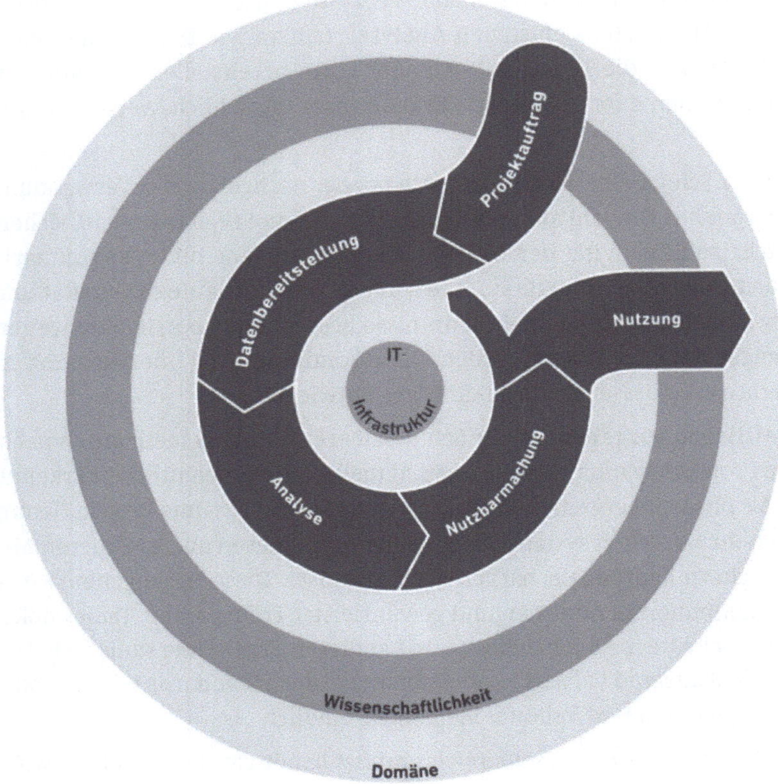

Bild 4.8 Data-Science-Vorgehensmodell DASC-PM nach [Sch+22]

Daher wird die Domäne auch als eigenständige Phase „Projektauftrag“ separat in das Modell integriert [Sch+22]. Den Mittelpunkt des Bildes 4.8 nimmt die IT-Infrastruktur ein: Sie bildet das technische Fundament besonders für jene Phasen, die diese Mitte umschließen [Sch+22].

- **Phase 1 – Projektauftrag (Project Order)**: Diese initiale Phase wird durch ein Ereignis oder Problem innerhalb der Anwendungsdomäne ausgelöst – im forschenden oder explorativen Kontext kann es sich auch um offene Fragestellungen handeln, die nicht notwendigerweise ein „Problem“ im herkömmlichen Sinne darstellen. Teams konkretisieren diese Problemstellung, definieren das Projektziel und den fachlichen Zweck der zu entwickelnden Lösung. Sie legen Anforderungen fest und etablieren bereits in dieser frühen Phase Kriterien zur Messbarkeit der Zielerfüllung.

  Es ist dabei essenziell, die Domäne umfassend zu betrachten, denn sie bildet den gesamten Kontext, in dem das Projekt stattfindet. Teams berücksichtigen domänenspezifische Rahmenbedingungen: Sie bewerten die Datenrelevanz, bauen ein Datenverständnis im Kontext der Domäne auf, beachten Datenstandards und ordnen spätere Analyseergebnisse in den Anwendungskontext ein. Die Domäne beeinflusst alle anderen Schlüsselbereiche und wird daher durchgängig berücksichtigt.

In dieser Phase klären Teams zentrale Aspekte: Das Projektziel (etwa Erkenntnisgewinn oder produktiver Modellbetrieb), den fachlichen Zweck zur Festlegung des Projektrahmens, die zu erfüllenden Anforderungen an die Lösung, die beteiligten Bereiche innerhalb der Domäne sowie den Anwendungsrahmen, der das Abstraktionsniveau festlegt. Sie schätzen die Komplexität der Problemstellung ein und betrachten Handlungsalternativen – sowohl innerhalb als auch außerhalb des Data-Science-Projekts. Besondere Bedeutung kommt der frühzeitigen Berücksichtigung rechtlicher, gesellschaftlicher und ethischer Aspekte und Auswirkungen zu, die aus der Domäne resultieren und die Datenverwendung sowie die Anwendbarkeit der Lösung beeinflussen.

Die Wichtigkeit dieser ersten Phase hebt DASC-PM in Version 1.1 besonders hervor, um auf ein branchenweites Problem besser aufmerksam zu machen: Projekte sind zwar oft technisch erfolgreich, lösen aber weder das eigentliche Problem noch stiften sie einen praktischen Nutzen, da die organisatorische Bereitschaft nicht mit der technologischen Entwicklung Schritt hält.

Im Gegensatz zu anderen Disziplinen lassen Data-Science-Projekte oftmals keine vollständige Planung zu, sodass Teams zunächst lediglich eine Projektskizze erstellen. Diese ordnet alle relevanten Anforderungen aus Daten-, Domänen- und Analysesicht und lässt sich im weiteren Projektverlauf ergänzen oder anpassen. Die anfängliche Problemstellung schärfen und konkretisieren Teams in Folgeschritten zu einem oder mehreren Anwendungsfällen, wobei sie das Abstraktionsniveau flexibel handhaben [Sch+22].

- **Phase 2 – Datenbereitstellung (Data Provision)**: Diese Phase fasst alle Aktivitäten des Schlüsselbereichs „Daten" zusammen. Teams wählen die benötigten Daten aus den Ursprungsdatenquellen aus und machen sie dem Analyseprozess in geeigneter Form verfügbar. Das Resultat ist eine methodisch und technisch aufbereitete Datenquelle, die sich für die weitere Analyse eignet. Die Phase „Datenbereitstellung" gliedert sich nochmals in eine Kernaufgabe und zwei begleitende Aufgaben:

  Die *Datenaufbereitung* als Kernaufgabe überführt die aus Quellsystemen extrahierten Daten in ein für Analyseverfahren geeignetes Format. Teams erhöhen dabei die Datenqualität durch verschiedene Maßnahmen: Sie erzeugen zusätzliche Merkmale aus bestehenden Daten, anonymisieren oder pseudonymisieren vertrauliche Informationen und integrieren Daten aus verschiedenen Quellen. Bei unstrukturierten Daten wenden sie Verfahren wie Natural Language Processing oder Bilderkennung an. Sie transformieren Datenformate, passen Skalenniveaus an und normalisieren Werte entsprechend den Anforderungen der Analyseverfahren. Wiederkehrende Aufbereitungsschritte automatisieren Teams teilweise oder vollständig. Sie protokollieren alle Schritte, um Reproduzierbarkeit und Repräsentativität der Projektergebnisse zu sichern.

Das begleitende *Datenmanagement* fokussiert darauf, Daten verfügbar bzw. zugänglich zu machen. Teams prüfen, ob aufbereitete Daten gesichert und Ursprungsdaten separat zu speichern sind, und treffen Vorkehrungen für wachsende Datenmengen. Sie legen die Zugriffsart fest – einmalig, Batch-Verarbeitung oder (Nahe-)Echtzeit-Stream – und gewähren bei Bedarf Dritten Zugriff im Kontext von Open Data. Metadaten aus Quellen oder ermittelte Metadaten verwalten sie systematisch.

Die *explorative Datenanalyse* (EDA) als zweite begleitende Aufgabe verschafft Teams ein inhaltliches Verständnis der Daten und identifiziert Ansatzpunkte für tiefgehende Analysen. Sie prüfen, ob Menge und Qualität der Daten für die Fragestellung ausreichen und ob weitere Aufbereitungsschritte notwendig sind. Teams identifizieren und behandeln Ausreißer, nutzen Domänenwissen zur Validierung inhaltlich korrekter Werte und bewerten die Dateneignung im Domänenkontext. Mit einfachen statistischen Maßen wie Median, Mittelwert und Korrelationen erfassen sie die Datencharakteristika. Sie untersuchen, welche Transformationen erforderlich sind und wie mit fehlenden Werten umzugehen ist [Alb22; Her22].

Die phasenübergreifenden Schlüsselbereiche beeinflussen die Datenbereitstellung maßgeblich: Die *Domäne* bestimmt rechtliche und regulatorische Anforderungen – etwa im Gesundheitswesen –, die Teams vor der Datenbereitstellung prüfen müssen. Sie ist entscheidend für das Verständnis von Datenherkunft (Data Lineage) und -zusammenhängen. Die *IT-Infrastruktur* determiniert, wie Teams auf Daten zugreifen können: Sie prüfen Schnittstellen der Quellsysteme, die Automatisierbarkeit von Datenstrecken, Zugriffsrechte und erforderliche Rechenleistung. Das *wissenschaftliche Vorgehen* fordert Transparenz, Replizierbarkeit und korrekte Dokumentation aller Aufbereitungsschritte sowie fundierte statistische Evaluation der explorativen Analyse.

In dieser Phase spielen Data Engineers eine zentrale Rolle – sie beschaffen, speichern, bereiten auf und strukturieren Daten. Data Scientists bringen besonders bei der explorativen Analyse ihre Kompetenzen in Mathematik, Statistik und IT (Datenbanken, Programmierung) ein. Die Datenbereitstellung schafft somit eine solide, qualitativ hochwertige und gut verstandene Datengrundlage für den gesamten Projektlebenszyklus.

- **Phase 3 – Analyse (Analysis)**: Diese zentrale Phase zielt darauf ab, aus den vorbereiteten Daten die gewünschten Erkenntnisse zu gewinnen. Teams wenden geeignete Analyseverfahren auf die in der Datenbereitstellung erarbeitete analytische Datenquelle an, um die angestrebten Ergebnisse zu erhalten. Als Grundlage dienen die im Projektauftrag definierten Anforderungen wie Effizienz, Skalierbarkeit, Validität, Robustheit und Verständlichkeit der Ergebnisse. Die Phase gliedert sich in drei Kernaufgaben und zwei begleitende Aufgaben: Bei der *Identifikation geeigneter Analyseverfahren* stehen Teams vor der Herausforderung, aus der Vielzahl vorhandener Verfahren diejenigen zu bestimmen, die mit den spezifischen Daten und Anforderungen die angestrebten Ergebnisse liefern können. Sie analysieren die

Problemklasse, erstellen eine Liste potenziell geeigneter Verfahren und begründen deren Auswahl. Domänenspezifische Rahmenbedingungen können die Auswahl beeinflussen – etwa wenn rechtliche Anforderungen erklärbare Modelle zwingend vorschreiben.

Die *Anwendung von Analyseverfahren* als zweite Kernaufgabe umfasst das konkrete Arbeiten mit den ausgewählten Methoden. Teams betreiben Feature Engineering durch Merkmalskonstruktion und Dimensionsreduktion, trainieren Modelle und parametrisieren Algorithmen, um die beste Konfiguration zu finden. Sie stellen dabei Validität, Reproduzierbarkeit und Transparenz sicher. Die verfügbare IT-Infrastruktur kann die Auswahl und Effizienz erheblich beeinflussen – Rechenleistung, Datenbankzugriffe und verfügbare Software setzen praktische Grenzen.

Sollte kein geeignetes bestehendes Verfahren existieren, sind *neue Analyseverfahren zu entwickeln* – dies ist die dritte Kernaufgabe. Teams passen vorhandene Verfahren an, kombinieren sie oder entwickeln vollständig neue Lösungen. Sie legen klare Kriterien fest, führen Gap-Analysen durch und konzipieren das weitere Vorgehen systematisch.

Die *Evaluation* als begleitende Aufgabe findet an verschiedenen Stellen statt: bei der Auswahl potenzieller Verfahren, bei der Entwicklung neuer Methoden und bei der Anwendung auf die konkrete Problemstellung. Teams überprüfen die Passung der Verfahren, die erzielte Ergebnisqualität und die Erfüllung der Vorgaben. Sie wählen geeignete Metriken – auch domänenspezifische –, um den tatsächlichen Wert der Analyse zu bestimmen. Die *Werkzeugauswahl* als weitere begleitende Aufgabe identifiziert die passende Implementierungsinfrastruktur für die ausgewählten Verfahren.

Als Artefakt der dritten Phase entsteht ein methodisch und fachlich evaluiertes Analyseergebnis. Die Ergebnisse reichen von deskriptiven und diagnostischen Analysen über prognostische und präskriptive Modelle bis zu selbststeuernden Systemen. Teams dokumentieren umfassend die Analysedurchführung, Evaluationsergebnisse einschließlich Zwischenergebnissen, die Auswahl des finalen Modells sowie trainierte Modelle und Parameterkonfigurationen.

Die iterative Natur der Phase zeigt sich besonders, wenn sich trotz vielfältiger Algorithmen keine Ergebnisse finden. Teams springen dann zur erneuten Identifikation von Verfahren zurück oder wechseln sogar die Datenquelle. Das wissenschaftliche Vorgehen sichert dabei durchgängig Nachvollziehbarkeit und Glaubwürdigkeit der Ergebnisse.

In dieser Phase sind Data Scientists als Spezialisten für den Analysebereich zentral. Sie wählen Methoden und Werkzeuge aus, analysieren Daten und interpretieren Ergebnisse. Domänenexperten bewerten die Ergebnisse im fachlichen Kontext, während Data Engineers die Daten bereitstellen und Projektmanager die Koordination übernehmen.

- **Phase 4 – Nutzbarmachung (Deployment)**: Diese Phase überführt Analyseergebnisse in anwendbare Formen und rechtfertigt damit den erheblichen zeitlichen und finanziellen Projektaufwand. Eine unzureichende Nutzbarmachung kann dazu führen, dass theoretisch erfolgreiche Projekte in der Praxis scheitern. DASC-PM behandelt diese Phase umfassender als viele andere Modelle, die oft nur die technische Bereitstellung betrachten. Die Phase gliedert sich in zwei Kernaufgaben und eine begleitende Aufgabe:

  Die *technisch-methodische Bereitstellung* konzentriert sich auf die technischen Voraussetzungen für den Einsatz der Analyseergebnisse. Teams betten das Analysemodell in eine operative Produktivumgebung ein, um dauerhaft Wert zu schaffen. Die Bereitstellungsformen variieren stark: Von manueller Verwendung in Workshops über einmalige Berichte bis zu kontinuierlich angewandten Modellen, die auf aktuelle Daten arbeiten. Manche Modelle lernen kontinuierlich und passen sich selbsttätig an neue Daten an.

  Teams bereiten Ergebnisse adressatengerecht auf, bauen Produktivumgebungen auf und transferieren Ergebnisse in operative Systeme. Sie prüfen die technische Umsetzbarkeit einschließlich Hardware- und Software-Stack, Laufzeiten und Zeitengpässe. Zugriffskonzepte, Betrieb und Support müssen etabliert werden. Rechtliche Rahmenbedingungen wie Datenschutz und Compliance fließen in alle Entscheidungen ein.

  Die *fachliche Bereitstellung* als weitere Kernaufgabe wird durch Anwendungsbereich und gewählte Bereitstellungsform geprägt. Teams sichern Nachhaltigkeit und Relevanz, bewerten ethische und gesellschaftliche Auswirkungen (ökonomisch, sozial, ökologisch) vor der Bereitstellung und klären rechtliche Rahmenbedingungen/Compliance. Sie legen fachliche Ansprechpartner fest und integrieren Analyseartefakte in bestehende Geschäftsprozesse. Für den Betrieb ermitteln sie interne Kostenverrechnungsmodelle, führen Schulungen durch und erstellen Benutzerhandbücher. Mechanismen zur Problembehandlung werden etabliert.

  Die *Sicherstellung der Anwendbarkeit* als begleitende Aufgabe gewährleistet, dass die Zielgruppe die Ergebnisse effektiv nutzen kann. Dies erfordert enge Zusammenarbeit zwischen methodischen Spezialisten und Domänenexperten. Teams identifizieren Adressaten, definieren Berechtigungsstrukturen und entwickeln Dokumentations- und Schulungskonzepte. Teams holen aktiv Feedback der Anwender ein und arbeiten es in ihre Lösungen ein. Als Ergebnis dieser vierten Phase entstehen vielfältige Artefakte: Benutzer- und technische Dokumentationen, Modelldokumentationen, Handlungsempfehlungen, die Modelle selbst sowie aggregierte Berichte. Eine spezifische Analyseinfrastruktur wird in die IT-Infrastruktur der Organisation eingebettet oder komplett neu aufgebaut.

  Die phasenübergreifenden Schlüsselbereiche beeinflussen die Nutzbarmachung maßgeblich: Die *Domäne* bestimmt den Hintergrund der Anwender und den Kontext, in dem Analyseergebnisse angewandt werden. Die Nutzbarmachung muss auf Unternehmensziele zugeschnitten sein und nicht funktionale Anforderungen berücksichtigen. Das *wissenschaftliche Vorgehen* sichert Transparenz und Reproduzierbarkeit der Bereitstellung durch vollständige Dokumentation von Verfahren, Ein- und Ausgaben sowie Schnittstellen. Die *IT-Infrastruktur* setzt technische Möglichkeiten und Grenzen – Teams prüfen, ob die vorhandene Infrastruktur für den Modellbetrieb geeignet ist, einschließlich Updates, Backups und Zugriffen.

In der vierten Phase arbeiten Data Scientists beratend, Data Engineers übernehmen die technische Umsetzung und Infrastruktur, Domänenexperten verantworten die fachliche Bereitstellung und Bewertung, während der technische Support bei den technischen Voraussetzungen unterstützt. Die erfolgreiche Nutzbarmachung stellt sicher, dass Analyseergebnisse tatsächlich Wertschöpfung generieren und zu den Unternehmenszielen passen.

- **Phase 5 – Nutzung (Application)**: Diese abschließende Phase befasst sich mit der langfristigen Verwendung der Analyseartefakte im Anwendungsbereich, nachdem diese bereitgestellt wurden (Nutzbarmachung). Obwohl die operative Nutzung außerhalb des eigentlichen Data-Science-Projekts liegt, ist diese Phase für DASC-PM von großer Bedeutung – sie unterscheidet das Modell von anderen Ansätzen wie KDD oder CRISP-DM, die oft mit der Bereitstellung enden.

  Die Kernaufgabe bildet das *kontinuierliche Monitoring* der Analysequalität und der fortbestehenden Eignung der entwickelten Modelle. Teams überprüfen regelmäßig, ob die ursprünglichen Rahmenbedingungen weiterhin erfüllt sind. Trainierte Modelle basieren auf historischen Daten, somit besteht die Gefahr, dass sie veralten oder unzuverlässig werden, wenn sich wesentliche Datencharakteristika ändern.

  Das Monitoring umfasst spezifische Überprüfungen: Domänenexperten validieren in regelmäßigen Abständen die Analyseergebnisse, um signifikante Abweichungen frühzeitig zu erkennen. Teams identifizieren Veränderungen in den Datencharakteristika oder der Absatzdynamik, die eine kontinuierliche Abnahme der Prognosegenauigkeit verursachen können – ein Phänomen, das als Modell- oder Konzeptdrift bekannt ist. Sie beobachten das tatsächliche Nutzerverhalten, erfassen Nutzungsart und -häufigkeit, dokumentieren die Performance der Artefakte und sammeln Fehlerberichte. Wiederholt prüfen sie, ob die IT-Infrastruktur für den Betrieb der Lösung weiterhin geeignet und ausreichend dimensioniert ist.

  Die gewonnenen Nutzungserkenntnisse bilden die Grundlage für strategische Entscheidungen über den weiteren Lebenszyklus der Analyseartefakte. Teams entscheiden, ob sie die Verwendung der Artefakte beenden, eine Überarbeitung vornehmen oder die Erkenntnisse für Weiterentwicklungen nutzen. Bei erheblichen Abweichungen trainieren sie Modelle mit aktuellen Daten nach oder passen deren Parameter an. Die Erkenntnisse können zu einem neuen oder veränderten Projektauftrag führen und initiieren so den nächsten Iterationszyklus.

  Die phasenübergreifenden Schlüsselbereiche prägen auch diese Phase: Die *Domäne* liefert spezifische Erkenntnisse aus der Nutzung, die Teams für Weiterentwicklungen berücksichtigen. Domänenexperten validieren kontinuierlich die Ergebnisse im fachlichen Kontext. Das *wissenschaftliche Vorgehen* fordert, dass Teams Monitoring und Auswertung der Nutzungserkenntnisse methodisch korrekt durchführen und dokumentieren – insbesondere Unterschiede zwischen Trainings- und Nutzungsumgebung sowie deren Veränderungen. Die *IT-Infrastruktur* muss wiederholt auf Eignung und Effizienz für den operativen Betrieb geprüft werden.

In dieser Phase verschieben sich die Schwerpunkte: Domänenexperten, Projektmanager und technischer Support übernehmen stärkere Rollen als in früheren Phasen, da der Fokus auf praktischer Anwendung und kontinuierlicher Anpassung im realen Umfeld liegt. Data Scientists bleiben jedoch für das Monitoring verantwortlich und bewerten, ob Modelle ihre Leistungsfähigkeit behalten. Die explizite Berücksichtigung dieser Nutzungsphase ermöglicht es DASC-PM, die langfristigen wirtschaftlichen, sozialen und ökologischen Auswirkungen von Data-Science-Projekten systematisch zu erfassen – eine Dimension, die andere Modelle vernachlässigen.

DASC-PM im Vergleich zu anderen Vorgehensmodellen

DASC-PM weist mehrere konzeptionelle Neuerungen gegenüber etablierten Modellen auf. Die Projektauftragsphase geht deutlich über das Business Understanding von CRISP-DM oder TDSP hinaus – Teams klären nicht nur Geschäftsziele, sondern bewerten systematisch ökonomische, ökologische und soziale Auswirkungen. Diese explizite Berücksichtigung gesellschaftlicher Implikationen ist ein Alleinstellungsmerkmal, das weder CRISP-DM, KDD noch TDSP in vergleichbarer Tiefe behandeln.

Die Nutzungsphase erweitert den Projektlebenszyklus über die typische Deployment-Phase (Nutzbarmachung) anderer Modelle hinaus: Während CRISP-DM mit dem Deployment endet und KDD mit der Interpretation der Ergebnisse abschließt, begleitet DASC-PM die langfristige Anwendung und deren systematische Überwachung während der operativen Nutzung. TDSP bietet zwar eine Customer Acceptance-Phase, jedoch keine vergleichbare strukturierte Begleitung der langfristigen Nutzung.

Ein weiteres zentrales Differenzierungsmerkmal ist der Schlüsselbereich „Wissenschaftlichkeit", der DASC-PM explizit von anderen Modellen abhebt. Während bestehende Modelle wissenschaftliche Methoden nur implizit voraussetzen, fordert DASC-PM die systematische Anwendung wissenschaftlicher Standards durch alle Projektphasen. Die drei übergreifenden Schlüsselbereiche – IT-Infrastruktur, Wissenschaftlichkeit und Domäne – fungieren als kontinuierliche Realitätsprüfung während des gesamten Projekts. Sie verhindern, dass Teams technisch solide, aber praktisch nutzlose Lösungen entwickeln. Diese durchgängige Kontextualisierung stellt sicher, dass Projekte technisch fundiert, geschäftsrelevant und praktisch umsetzbar bleiben.

Das Modell wurde mit Blick auf Iteration und Flexibilität entwickelt, was es kompatibel mit agilen Frameworks macht, obwohl DASC-PM selbst weder einem agilen noch einem linear und sequenziellen Modell zuzurechnen ist [Ale+21]. Ein Vorteil liegt in der Unterscheidung zwischen horizontaler Vollständigkeit (Abdeckung aller Projektphasen) und vertikaler Vollständigkeit (Spezifikation von Rollen und Informationsaustausch in Teams). Letztere wird von anderen Modellen, insbesondere CRISP-DM und KDD, nur unzureichend adressiert.

Die verschiedenen Abstraktionsebenen ermöglichen unterschiedliche Detailgrade: Übergeordnete Phasen bieten klare Struktur, während sich zentrale Schlüsselbereiche mit spezifischen Aufgaben und Rollen ausgestalten lassen. Diese Modularität macht DASC-PM für verschiedene Projektgrößen mit unterschiedlichen Graden an Komplexi-

Tabelle 4.3 DASC-PM v1.1, CRISP-DM, KDD und TDSP im Vergleich

Kriterium	DASC-PM v1.1	CRISP-DM	KDD	TDSP
Primäres Ziel	Management des gesamten Data-Science-Projekts in einem soziotechnischen Kontext.	Standardisierung des Data-Mining-Prozesses aus Business-Perspektive.	Akademischer Rahmen für die Extraktion nützlichen Wissens aus Daten.	Agile Methodik zur effizienten Bereitstellung von Predictive-Analytics-Lösungen.
Kernphasen	Projektauftrag, Datenbereitstellung, Analyse, Nutzbarmachung, Nutzung.	Business Understanding, Data Understanding, Data Preparation, Modeling, Evaluation, Deployment.	Selection, Preprocessing, Transformation, Data Mining, Interpretation/ Evaluation.	Business Understanding, Data Acquisition & Understanding, Modeling, Deployment, Customer Acceptance.
Ethik/ Soziale Aspekte	Explizit als Teil des Schlüsselbereichs Domäne berücksichtigt.	Nicht explizit adressiert, kann unter Business Understanding fallen.	Nicht explizit adressiert.	Nicht explizit (als Microsoft-Framework durch die „Responsible AI Principles“ geleitet).
Post-Deployment	Formalisiert durch die Nutzung-Phase mit Fokus auf Monitoring und kontinuierliche Verbesserung.	Endet mit der Deployment-Phase; Monitoring ist nicht Teil des Kernmodells.	Endet mit der Interpretation/ Evaluation der Ergebnisse.	Customer-Acceptance-Phase integriert MLOps-Praktiken mit Monitoring und Wartung.
Agile Kompatibilität	Von Grund auf iterativ und flexibel konzipiert; hohe Kompatibilität.	Kann agil adaptiert werden, ist aber originär eher sequenziell angelegt.	Weniger auf Projektmanagement als auf den technischen Prozess ausgerichtet.	Explizit als agile Methodik konzipiert, die Praktiken aus der Softwareentwicklung integriert.
Rollen/ Kompetenzen	Explizit definiert und als Teil des Modells beschrieben.	Erwähnt, aber weniger detailliert und zentral als in DASC-PM.	Nicht im Fokus des Modells.	Definiert sechs Rollen (z. B. Data Engineer, Data Scientist).

tät geeignet. Teams profitieren von explizit definierten Kompetenz- und Rollenprofilen für alle Projektphasen, die eine gemeinsame Sprache schaffen und die Zusammenarbeit in interdisziplinären Gruppen verbessern – ein Aspekt, den weder CRISP-DM noch KDD in vergleichbarer Detailtiefe behandeln.

Tabelle 4.3 zeigt eine aus dem Text mit Google Gemini erstellte Vergleichstabelle.

Bewertung von DASC-PM anhand des Big Data Analytics Lifecycle

Der Big Data Analytics Lifecycle nach Erl et al. gliedert Analyseprozesse in neun klar definierte Phasen, die von der initialen Business-Case-Evaluation bis zur tatsächlichen Nutzung der Analyseergebnisse reichen (Bild 4.5, S. 92). Als spezialisiertes Big-Data-Framework bietet er ein ideales Bewertungsraster für DASC-PM aus mehreren Gründen:

Erstens wurde der Big Data Analytics Lifecycle explizit für die technischen Herausforderungen massiver, heterogener Datenströme entwickelt – genau jene Anforderungen, die DASC-PM ebenfalls adressieren möchte. Während generische Modelle wie CRISP-DM primär für strukturierte Daten in kontrollierten Umgebungen konzipiert wurden, berücksichtigt der Big Data Analytics Lifecycle von Beginn an die Komplexität verteilter Datenquellen, Echtzeitverarbeitung und variabler Datenqualität. Ein Vergleich mit diesem spezialisierten Framework zeigt daher präziser, ob DASC-PM tatsächlich Big-Data-tauglich ist, als eine Gegenüberstellung mit älteren, allgemeineren Modellen.

Zweitens ermöglicht die granulare Struktur des Big Data Analytics Lifecycle eine differenzierte Analyse. Seine neun Phasen zerlegen besonders die datenbezogenen Aufgaben in spezifische Schritte – von Data Identification über Acquisition, Extraction und Validation bis zur Aggregation. Diese Detailtiefe erlaubt es, genau zu identifizieren, wo DASC-PM Stärken oder Lücken aufweist.

Drittens stellt der Big Data Analytics Lifecycle durch seine explizite Orientierung auf geschäftliche Anwendungsfälle und die finale Utilization-Phase einen praxisnahen Bewertungsrahmen dar, auch wenn DASC-PM auch für Domänen außerhalb von Unternehmen ausgelegt ist. Das Vorgehensmodell nach Erl et al. fordert nicht nur technische Exzellenz, sondern auch wirtschaftliche Rechtfertigung und operative Nutzung – Aspekte, die bei Big-Data-Projekten mit ihren hohen Investitionskosten essentiell sind.

Die neun Phasen des Big Data Analytics Lifecycle bilden das Raster für die folgende Untersuchung: Anhand jeden Schritts wird geprüft, wie DASC-PM die jeweiligen Big-Data-spezifischen Anforderungen adressiert. Diese methodische Gegenüberstellung offenbart Überschneidungen, Lücken und Ergänzungspotenziale zwischen beiden Ansätzen.

Phasen 1–2: Business Case Evaluation und Data Identification

DASC-PM zeigt in den initialen Phasen deutliche Stärken. Die umfassende Projektauftragsphase geht über eine reine Business-Case-Evaluation hinaus – Teams bewerten nicht nur geschäftliche Ziele und identifizieren Datenquellen, sondern berücksichtigen systematisch gesellschaftliche Auswirkungen und wissenschaftliche Fundierung. Die drei Schlüsselbereiche fungieren bereits in der Planungsphase als Kontrollmechanismen, was bei Big-Data-Projekten mit ihren komplexen infrastrukturellen Anforderungen besonders wertvoll ist.

Phasen 3–5: Data Acquisition, Extraction und Validation/Cleansing

Die eigenständige Datenbereitstellungsphase von DASC-PM integriert diese drei kritischen Schritte des Big Data Lifecycle. Diese Integration erweist sich als Vorteil, da Teams bei Big-Data-Projekten Akquisition, Extraktion und Bereinigung oft iterativ und verschränkt durchführen müssen. DASC-PM berücksichtigt bereits Streaming-Datenquellen, verschiedene Datenstrukturen und Qualitätsanforderungen, was den Variety- und Veracity-Aspekten entspricht. Allerdings fehlen spezifische Handlungsempfehlungen für sehr große Datenmengen und hohe Verarbeitungsgeschwindigkeiten – Teams müssen selbst Lösungen für Skalierung und Echtzeitverarbeitung entwickeln.

Phase 6: Data Aggregation & Representation DASC-PM behandelt Datenaggregation und -repräsentation implizit innerhalb der Datenbereitstellung, ohne diese als eigenständigen Schritt zu spezifizieren. Bei Big-Data-Projekten bindet diese Phase aufgrund komplexer Integration heterogener Quellen Ressourcen. Teams vermissen Orientierung für verteilte Speicherarchitekturen und Metadaten-Management, die der Lifecycle explizit adressiert.

Phase 7: Data Analysis Die Analysephase von DASC-PM entspricht weitgehend der Data Analysis im Big Data Lifecycle. Die iterative Natur ermöglicht es Teams, zwischen Analyse und Datenaufbereitung zu wechseln – ein Vorteil bei der explorativen Arbeit mit Big Data. Die systematische Anwendung wissenschaftlicher Methoden stärkt die Validität der Ergebnisse. Dennoch fehlen Empfehlungen für Big-Data-spezifische Verfahren wie MapReduce-basierte Algorithmen oder verteilte Machine-Learning-Frameworks, die Teams eigenständig auswählen und implementieren müssen.

Phasen 8–9: Data Visualization und Utilization of Analysis Results

Hier zeigt DASC-PM einen klaren Vorteil durch seine eigenständige Nutzungsphase. Während der Big Data Lifecycle mit der Utilization endet, begleiten Teams bei DASC-PM systematisch die langfristige Nutzung. Diese kontinuierliche Überwachung ist für Big-Data-Projekte essentiell, da sich Datencharakteristika und Modellperformance bei hohen Volumen und Geschwindigkeiten schnell ändern können. Die Visualisierung behandelt DASC-PM allerdings weniger explizit als der Big Data Lifecycle – ein Defizit bei der Kommunikation komplexer Big-Data-Analysen.

Kritische Bewertung der Eignung Die Gegenüberstellung zeigt, dass DASC-PM als generisches Data-Science-Framework konzipiert wurde und Big-Data-spezifische Aspekte nur partiell abdeckt. Die Stärke von DASC-PM liegt in der strategischen Rahmung von Big-Data-Projekten: Die durchgängige Berücksichtigung von IT-Infrastruktur, wissenschaftlicher Fundierung und Domänenkontext schafft eine solide Basis. Die explizite Nutzungsphase mit kontinuierlichem Monitoring adressiert zudem eine Lücke des Big Data Analytics Lifecycle, der mit der Utilization endet.

Dennoch zeigt DASC-PM Limitationen im Big-Data-Kontext. Das Modell bleibt bei technischen Spezifika abstrakt – Teams finden keine konkreten Handlungsempfehlungen für Skalierungsprobleme oder die Auswahl von Distributed-Computing-Frameworks wie Hadoop oder Spark. Echtzeitverarbeitung, Event-Streaming-Patterns oder verteilte Verarbeitungsstrategien fehlen als explizite Komponenten. Streaming-Architekturen, zentrale Elemente vieler Big-Data-Anwendungen, behandelt DASC-PM kaum. Selbst die hilfreichen DASC-PM-Fragebögen, die zwar Streaming-Datenquellen und Skalierbarkeitsanforderungen erfassen, bieten keine operativen Handlungsempfehlungen für die Implementierung. Diese bewusste Abstraktion verleiht DASC-PM seine Generalisierbarkeit, kann aber bei spezialisierten Big-Data-Projekten zu wenig konkrete Orientierung bieten.

Für die technisch intensiven mittleren Phasen des Big Data Analytics Lifecycle (Phasen 3–7) benötigen Teams zusätzliche, spezialisierte Big-Data-Methodiken. Sie müssen diese Lücken durch eigene Expertise oder externe Architekturmuster schließen. DASC-PM eignet sich somit als übergeordnetes Framework für Big-Data-Analytics, das Teams mit technischen Detailmethodiken ergänzen müssen. Unternehmen profitieren von der ganzheitlichen Perspektive und der strukturierten Herangehensweise, müssen aber für die operative Umsetzung Big-Data-spezifische Werkzeuge und Verfahren integrieren. Diese Kombination aus strategischem Rahmen und technischer Spezialisierung ermöglicht erfolgreiche Big-Data-Projekte, die sowohl wissenschaftlich fundiert als auch praktisch umsetzbar sind.

Praktische Herausforderungen und organisatorische Reife

Die Wirksamkeit von DASC-PM hängt stark von organisatorischen Rahmenbedingungen ab. Organisationen, die an Ad-hoc-Prozesse gewöhnt sind, stoßen oft auf Widerstand bei der Einführung eines strukturierten Ansatzes. Das Modell identifiziert zwar präzise den Bedarf an spezifischen Daten, Fähigkeiten oder Infrastrukturen, kann diese aber nicht selbst bereitstellen. Externe Faktoren wie Datenverfügbarkeit, Budgetkürzungen oder Fachkräftemangel können Projekte weiterhin blockieren.

Bei zu rigider Implementierung droht die umfassende Natur des Modells zu bürokratischem Aufwand zu führen, der explorative Arbeit verlangsamt. Teams müssen die Balance zwischen Struktur und Agilität finden – das Modell soll leiten, nicht einengen. Diese Herausforderung zeigt sich besonders bei Big-Data-Projekten, die oft experimentellen Charakter haben und schnelle Iterationen erfordern.

DASC-PM fungiert dabei auch als implizites Reifegradmodell für Organisationen. Die Fähigkeit, das Framework erfolgreich zu implementieren, indiziert die Data-Science-Reife einer Organisation. Unternehmen mit geringer Reife kämpfen typischerweise mit der Strenge der Projektauftragsphase oder verfügen nicht über die Infrastruktur für die Analysephase. Reife Organisationen haben bereits Prozesse etabliert, die mit der DASC-PM-Philosophie harmonieren. Der Implementierungsversuch wird so zum Diagnosewerkzeug, das Schwächen in Strategie, Personal und Infrastruktur aufdeckt – das Modell ist gleichzeitig Leitfaden und Maßstab.

Zukunftsperspektiven eines „lebenden Frameworks"

Die explizite Berücksichtigung sozialer, ökonomischer und ökologischer Auswirkungen signalisiert eine wichtige Perspektivenverschiebung. DASC-PM erkennt an, dass Analytics-Projekte wirkmächtige Eingriffe in Wirtschaft und Gesellschaft darstellen. Bei Big-Data-Anwendungen mit ihren weitreichenden Implikationen – von Datenschutzfragen über algorithmische Fairness bis zu gesellschaftlicher Überwachung – schafft diese Reflexionsebene notwendige Kontrollmechanismen.

Die Arbeitsgruppe konzipierte DASC-PM bewusst als lebendiges Framework, nicht als abgeschlossenes Werk. Die Weiterentwicklung von Version 1.0 auf 1.1 basierend auf Community-Feedback belegt dieses Engagement. Zukünftige Versionen könnten Big-Data-spezifische Aspekte stärker integrieren: konkrete Phasen für Streaming-Verarbeitung, explizite Berücksichtigung von Datenpartitionierung oder Handlungsempfehlungen für Cloud-native Architekturen. Die wachsende Bibliothek von Fallstudien aus verschiedenen Branchen und die Integration mit MLOps-Praktiken werden das Modell weiter verfeinern.

Bis dahin bleibt DASC-PM ein wertvoller strategischer Rahmen, den Teams mit technischer Expertise und domänenspezifischem Wissen erfolgreich adaptieren können. Für Organisationen, die Data-Science-Projekte ganzheitlich angehen und dabei gesellschaftliche Verantwortung ernst nehmen, bietet das Modell ein solides Fundament – unabhängig davon, ob es sich um klassische Analysen oder Big-Data-Initiativen handelt. Die Stärke des Modells liegt nicht in technischer Detailtiefe, sondern in seiner Fähigkeit, Struktur zu schaffen ohne zu erstarren, Orientierung zu bieten ohne einzuengen und Verantwortung zu verankern ohne zu moralisieren.

Literatur

[Aal16] Wil M. P. van der Aalst. *Process Mining: Data Science in Action*. 2nd. Berlin, Heidelberg: Springer, 2016. DOI: *10.1007/978-3-662-49851-4*.

[Alb22] Tom Alby. *Data Science in Der Praxis: Eine verständliche Einführung in alle wichtigen Verfahren*. 1. Auflage. Rheinwerk Verlag, 2022.

[Ale+21] Emal M. Alekozai et al. „Data-Science-Projekte mit dem Vorgehensmodell „DASC-PM"durchführen: Kompetenzen, Rollen und Abläufe". In: *Data Science anwenden: Einführung, Anwendungen und Projekte*. Hrsg. von Thomas Barton und Christian Müller. Angewandte Wirtschaftsinformatik. Wiesbaden: Springer Vieweg, 2021, S. 127–144.

[But23] Robert Butscher. „Datenkompetenz - Grundlagen". In: *Datenkompetenz: Daten erfolgreich nutzen*. Hrsg. von Michael Lang. München: Carl Hanser, 2023.

[Dat24] Data Science PM. *What is CRISP DM?* Online-Artikel. 9. Dez. 2024. URL: *https://www.datascience-pm.com/crisp-dm-2* (besucht am 14. 09. 2025).

[Dat25] Data Science PM. *What is TDSP?* Online-Artikel. 20. Jan. 2025. URL: *https://www.datascience-pm.com/tdsp*.

[Dor81] George T. Doran. „There's a S.M.A.R.T. way to write management's goals and objectives". In: *Management Review* 70.11 (Nov. 1981), S. 35–36.

[EKB16] Thomas Erl, Wajid Khattak und Paul Buhler. *Big Data Fundamentals: Concepts, Drivers, and Techniques*. Prentice Hall Service Technology Series. Boston: Pearson, 2016, S. 200.

[EU98] CORDIS - EU. *CRoss-Industry Standard Process for Data Mining. CRISP-DM Project Fact Sheet*. EU-Projekt unter FP4. European Commission, CORDIS. 1998. URL: *https://cordis.europa.eu/project/id/25959*.

[Fah+11] Ludwig Fahrmeir et al. *Statistik: Der Weg zur Datenanalyse*. 7. Aufl. Springer-Lehrbuch. Korrigierter Nachdruck. Berlin: Springer, 2011.

[FBM98] Thomas Fischer, Hubert Biskup und Günther Müller-Luschnat. „Begriffliche Grundlagen für Vorgehensmodelle". In: *Vorgehensmodelle für die betriebliche Anwendungsentwicklung*. Hrsg. von Ralf Kneuper, Günther Müller-Luschnat und Andreas Oberweis. Wiesbaden: Teubner, 1998, S. 13–32.

[FPS96] Usama Fayyad, Gregory Piatetsky-Shapiro und Padhraic Smyth. „From Data Mining to Knowledge Discovery in Databases". In: *AI Magazine* 17.3 (1996), S. 37–54.

[GG21] Alex J. Gutman und Jordan Goldmeier. *Becoming a Data Head: How to Think, Speak, and Understand Data Science, Statistics, and Machine Learning*. 1. Aufl. Wiley, 2021, S. 272.

[Her22] Steffen Herbold. *Data-Science-Crashkurs: Eine interaktive und praktische Einführung*. Heidelberg: dpunkt.verlag, 2022, S. 346.

[Kie18] Romeo Kienzler. *Architectural thinking in the Wild West of data science*. Online-Artikel. 2018. URL: *https://developer.ibm.com/articles/architectural-thinking-in-the-wild-west-of-data-science/?mhsrc=ibmsearch_a&mhq=ASUM-DM* (besucht am 14. 12. 2022).

[LN19] Stefan Luber und Nico Nitzel. *Was ist ASUM-DM?* Online-Artikel. 2019. URL: *https://www.bigdata-insider.de/was-ist-asum-dm-a-873406*.

[Mar20] Bernard Marr. *Künstliche Intelligenz in Unternehmen: Innovative Anwendungen in 50 erfolgreichen Firmen*. Weinheim: Wiley-VCH, 2020, S. 362.

[Mav23] Amol Mavuduru. *TDSP: When Agile meets Data Science*. Online-Artikel. 23. Jan. 2023. URL: *https://towardsdatascience.com/tdsp-when-agile-meets-data-science-15ccb5bf8f87*.

[Mic23] Microsoft. *Adopting a data science process framework*. Online-Artikel. Microsoft Azure ML-Ops Accelerator. 2023. URL: *https://microsoft.github.io/azureml-ops-accelerator/1-MLOpsFoundation/2-SkillsRolesAndResponsibilities/1-AdoptingDSProcess.html*.

[MW15] Nathan Marz und James Warren. *Big Data: Principles and best practices of scalable realtime data systems*. Simon und Schuster, 2015.

[Pia14] Gregory Piatetsky-Shapiro. *CRISP-DM, still the top methodology for analytics, data mining, or data science projects*. Online-Artikel. KDnuggets. 28. Okt. 2014. URL: *https://www.kdnuggets.com/2014/10/crisp-dm-top-methodology-analytics-data-mining-data-science-projects.html*.

[Pia21] Gregory Piatetsky-Shapiro. *KDnuggets: Personal History and Nuggets of Experience*. Online-Artikel. 2021. URL: *https://www.linkedin.com/pulse/kdnuggets-personal-history-nuggets-experience-piatetsky-shapiro*.

[Sch+20] Michael Schulz et al. „Introducing DASC-PM: A Data Science Process Model". In: *Australasian Conference on Information Systems*. Online-Artikel. Wellington, New Zealand, 2020, S. 1–11.

[Sch+22] Michael Schulz et al. *DASC-PM v1.1 - Ein Vorgehensmodell für Data-Science-Projekte*. 2022.

[Sei19] Mischa Seiter. *Business Analytics: Wie Sie Daten für die Steuerung von Unternehmen nutzen*. 2., komplett überarbeitete und erweiterte Auflage. Verlag Franz Vahlen, 2019.

[Thu20] Mike Thurber. *A Holistic Framework for Managing Data Analytics Projects*. Online-Artikel. Elder Research. 15. Mai 2020. URL: *https://www.elderresearch.com/blog/a-holistic-framework-for-managing-data-analytics-projects*.

Teil 2

Datenhaltung

5 Datenformate

In Kapitel 3 haben wir die verschiedenen Arten von Daten und ihre Eigenschaften – etwa den Strukturierungsgrad – bereits näher betrachtet. In diesem Kapitel konzentrieren wir wir uns weiterhin auf die Vielfalt (Variety; vgl. Abschnitt 1.2), diesmal aber in Form der vorherrschenden Datenformate. Wie für die Wahl geeigneter Datentypen (siehe Abschnitt 3.4.5) ist die Wahl des geeigneten Formats ein entscheidender Faktor für die Leistungsfähigkeit, Skalierbarkeit und Wartbarkeit von Big-Data-Lösungen. Eine falsche Entscheidung kann sich unmittelbar in langsamen Abfragen, hohem Speicherbedarf oder schwer nachvollziehbaren Verarbeitungs-Pipelines niederschlagen.

Im Folgenden betrachten wir gängige Formate wie CSV, JSON, Parquet und ORC, um ihre jeweilige Eigenschaften zu verstehen und abzuschätzen, und um zu diskutieren, welches Format für welches Big-Data-Szenario am besten geeignet ist. Weitere Perspektiven finden sich in der weiterführenden Fachliteratur, etwa in [Kle17].

Wir beginnen mit einer Klassifikation der wichtigsten Formate, die sich in drei Kategorien gliedert:

- **Zeilenorientierte, textbasierte Formate:** Formate wie CSV und JSON sind leicht zu erzeugen und zu lesen, weisen jedoch häufig einen hohen Speicherbedarf und eine niedrige Lese-Performance auf.
- **Spaltenorientierte, binäre Formate:** Formate wie Parquet und ORC sind für OLAP-Analysen und große Datenmengen optimiert, da sie u. a. Spaltenkompression, Predicate-Push-Down und effiziente Serialisierung bieten.
- **In-Memory-Abstraktionen:** DataFrames, beispielsweise Spark, Arrow, Pandas oder ähnliche Bibliotheken, fungieren als Verarbeitungsschnittstelle zu allen darunterliegenden Formaten und bieten Flexibilität sowie In-Memory Performance.

Anschließend beleuchten wir die praktischen Aspekte der Datenkonvertierung und geben einen praxisorientierten Leitfaden, der aufzeigt, welches Format für welche Anforderungen am sinnvollsten ist.

Bild 5.1 Datenformate (Illustration)

5.1 Die wichtigsten Formate im Big-Data-Umfeld

Mit dem Wissen über die beiden Datenachsen aus Kapitel 3 – Strukturierungsgrad und Speicheranordnung – können wir nun die wichtigsten Dateiformate einordnen, mit denen wir als Datenexperten täglich konfrontiert sein werden. Wir gliedern sie in drei Gruppen: die textbasierten Klassiker, die binären Favoriten der Analytik und die entscheidende In-Memory-Datenstruktur, mit der alles verarbeitet wird.

5.1.1 Zeilenorientierte und textbasierte Formate

Textbasierte Formate sind oft der Ausgangspunkt einer Datenanalyse. Sie sind weit verbreitet, einfach zu erstellen, leicht zu teilen (d. h. hohe Interoperabilität) und menschlich lesbar[1], stoßen aber im Big-Data-Kontext schnell an ihre Grenzen.

CSV (Comma-Separated Values)

CSV ist wohl das einfachste und universellste Format, das oft als beliebtes „Zwischenformat" zum Teilen tabellarischer Daten genutzt wird. Listing 5.1 zeigt unser Kundendatenbeispiel, welches wir in Kapitel 3 eingeführt haben, im CSV Format. Das Grund-

1 Sie können in einem einfachen Texteditor betrachtet werden.

prinzip ist das Speichern eines zweidimensionalen Arrays von Textdaten. Jede Zeile entspricht einer Tabellenzeile, die Werte werden durch ein Trennzeichen (meist Komma, Semikolon, Tab[2)]) separiert. Ein De-facto-Standard (RFC 4180[3)]) existiert zwar, wird aber leider selten konsequent umgesetzt. Zeichencodierung und Spaltentrennzeichen sind unter anderem nicht fest vorgeschrieben, und können daher in der Praxis variieren.

Listing 5.1 Beispieldaten im CSV-Format (Trennzeichen: Komma, mit Escaping von langen Zeichenketten, hier: `"Hamburg, Hansestadt"`)

```
Kunden-ID,Name,Wohnort,Registriert seit
101,Meier,Berlin,2022-03-15
102,Huber,Muenchen,2021-11-20
103,Schmidt,"Hamburg, Hansestadt",2023-01-05
```

Diese vermeintliche Flexibilität führt daher oft auch zu Komplikationen beim praktischen Einsatz von CSV. Im Folgenden fassen wir eine Auswahl der wichtigsten Komplikationen zusammen:

- **Uneinheitliche Trennzeichen:** Unterschiedliche Systeme erwarten unterschiedliche Trennzeichen – dies führt zu Mehrarbeit, um die Daten kompatibel zu machen. Viele moderne, gängige Systeme bringen zwar Unterstützung für gängige CSV-Varianten mit, aber diese müssen oft explizit konfiguriert werden (unter anderem auch, ob die erste Zeile die Spaltennamen enthält oder nicht).
- **Zeichencodierung:** Die Zeichencodierung muss bekannt sein (z. B. UTF-8). Fehler und daraus resultierende Missinterpretationen können zu falsch dargestellten Zeichen führen (z. B. Verwendung veralteter Windows-CP1252-Codierung, und Interpretation als UTF-8-Codierung).
- **Escaping:** Trennzeichen oder Zeilenumbrüche innerhalb von Zellen müssen korrekt „escaped" werden (z. B. Escaping von nicht trivialen Zeichenketten, wenn Komma als Trennzeichen verwendet wird; z. B. `"text, mit Komma"`).
- **Fehlende Datentypen und Metadaten:** Alles ist Text (vgl. Abschnitt 3.4.5). Das Schema (d. h. die Metadaten) muss bei jedem Laden wiederhergestellt werden (*Schema-on-Read*), was zu Performanceeinbußen und ggf. Dateninkonsistenz führen kann.
- **Keine komplexen Strukturen:** Es existieren keine Arrays, komplexe Datenstrukturen oder Verschachtelung wie z. B. in JSON/XML-Dokumenten – ausschließlich flache Tabellen können dargestellt werden.
- **Schlechte Parallelisierbarkeit:** Das Datei-Parsing ist durch Zeilenumbrüche und Escape-Konventionen für Big-Data-Frameworks schwerer parallelisierbar (d. h.

2 Tab-separated values (TSV)
3 *https://www.rfc-editor.org/rfc/rfc4180.html*

CSV-Dateien werden Zeichen für Zeichen umkomprimiert eingelesen; ein byteweiser Scan ist erforderlich); ein binäres Teilen der Datei beispielsweise mit gzip-Kompression ist stark eingeschränkt).

CSV ist ein Format fast ohne Metadaten. Es speichert weder Spaltennamen[4] noch Datentypen auf standardisierte Weise. Jedes System, das eine CSV-Datei liest, muss diese Metadaten (das Schema) „erraten" oder vom Benutzer explizit mitgeteilt bekommen. Dieser Vorgang wird als *Schema-on-Read* bezeichnet und ist eine häufige Fehlerquelle und ein Performance-Engpass (d. h. jedes Mal, wenn die Datei gelesen wird, muss das Schema neu abgeleitet werden). Es ist sicherlich davon auszugehen, dass viele Datenexperten bereits einen eigenen, individuellen Parser haben schreiben müssen, um besagte Fehlerquellen für einen gegebenen Datensatz zu umgehen.

Trotz dieser Nachteile ist CSV dank seiner Einfachheit weiterhin für Ad-hoc-Analysen von Datensätzen moderater Größe oder schnellen Datenaustausch beliebt.

Zusammenfassung: Do's and Don'ts bei CSV

- Do: Zeichencodierung immer dokumentieren.
- Do: Das gewählte Trennzeichen klar angeben (ggf. genutztes Escaping mitteilen).
- Do: Immer einen Header (d. h. Spaltennamen) angeben.
- Don't: Komplexe Datenstrukturen mit CSV modellieren wollen.
- Don't: CSV für Massendaten „at scale" ohne weitere Maßnahmen nutzen.
- Don't: Unstrukturierte Textfelder (z. B. Freitext) ohne Anführungszeichen schreiben.

JSON (JavaScript Object Notation)

Wie in Abschnitt 3.4.3 erwähnt, ist JSON[5] das De-facto-Standardformat für den Datenaustausch im Web und in modernen Software-Architekturen. Die große Stärke von JSON liegt in seiner Flexibilität und in der Fähigkeit, hierarchische, verschachtelte oder sogar unregelmäßig strukturierte Daten einfach darzustellen. Viele NoSQL-Datenbanken (z. B. Dokumentendatenbanken) als auch klassische RDBMS wie PostgreSQL[6] unterstützen JSON als explizites Datenformat bzw. expliziten Datentyp.

Formal gesehen ist ein JSON-Objekt (oder -Dokument) eine ungeordnete[7] Sammlung von Schlüssel-Wert-Paaren, codiert im Zeichenformat UTF-8. Ein Schlüssel muss eine Zeichenkette sein, während der Wert eine Zeichenkette, eine Zahl (der genaue Wertebereich wird durch den IEEE-754 Standard bestimmt; es gibt keine Unterscheidung

4 Es hat sich eingebürgert, diese als erste Zeile in CSV zu definieren.
5 *https://www.rfc-editor.org/rfc/rfc8259*
6 *https://www.postgresql.org/docs/current/datatype-json.html*
7 Die genaue Reihenfolge von Attributen ist nicht weiter definiert, sie kann sich daher teils unterscheiden.

zwischen Ganz- und Dezimalzahl), ein Boolean, null, ein Objekt oder ein Array sein kann. Ein Array ist eine geordnete Sequenz, die Null oder mehrere Werte enthält.

Über die Jahre haben sich diverse Erweiterungen (bzw. Varianten) von JSON etabliert, auf die wir kurz eingehen möchten.

JSON Schema: Standardisierte Beschreibung einer erwarteten JSON-Struktur (mit Validierung)

Auch wenn JSON schemalos, d. h. semistrukturiert ist (in Form von selbstbeschreibenden Schlüssel-Wert-Paaren), gibt es mit *JSON Schema*[8] eine Möglichkeit, die Struktur, Datentypen und Pflichtfelder von Daten formal zu beschreiben. Das hilft uns nicht nur bei der Verarbeitung (d. h. Schema und Datentypen sind bereits bekannt: „schema-on-write"), sondern auch bei der Validierung von JSON-Daten und ist heute bereits Standard bei der Beschreibung der Daten webbasierter APIs (z. B. OpenAPI Initiative[9]). Listing 5.2 demonstriert ein JSON-Schema-Beispiel anhand unserer Kundendaten.

Listing 5.2 Beispiel für ein JSON-Schema zur Validierung eines Kundendatensatzes

```
{
  "$schema": "http://json-schema.org/draft-07/schema#",
  "title": "Kunde",
  "type": "object",
  "properties": {
    "Kunden_ID": {"type": "integer"},
    "Name": {"type": "string"},
    "Wohnort": {"type": "string"},
    "Registriert_seit": {
      "type": "string",
      "format": "date"
    }
  },
  "required": [
    "Kunden_ID", "Name", "Wohnort", "Registriert_seit"
  ]
}
```

BSON: Binäres JSON

BSON ist ein binäres, effizientes Speicherformat, das die gleichen Datenstrukturen wie JSON unterstützt. Im Vergleich zu JSON ist es schneller zu parsen und zu schreiben, besonders für große Dokumente. Es wird nativ in der NoSQL-Dokumentendatenbank

8 *https://json-schema.org*
9 *https://www.openapis.org*

MongoDB verwendet (vgl. Abschnitt 11.4). Es unterstützt weitere Datentypen (z. B. Binärdaten, explizite Datumsfelder, ObjectIDs etc.) und optimiert das Parsen sowie Datenbankoperationen (u. a. Indexierung in Datenbanken). Im Gegensatz zu JSON ist es aber nicht menschenlesbar, wird aber trotzdem häufig als JSON-ähnliches Objekt dargestellt. Listing 5.3 zeigt ein Beispiel mit der Python-Bibliothek `bson`[10].

Listing 5.3 Beispiel für Serialisierung und Deserialisierung mit BSON in Python (hier Besonderheit: BSONs ObjectID)

```
from bson import ObjectId
import bson
from datetime import datetime

# ObjectId erzeugen (z. B. automatisch wie bei MongoDB)
kunden_id = ObjectId()

# Python-Dokument mit Typen, die BSON versteht
document = {
    "_id": kunden_id,
    "Name": "Meier",
    "angelegt": datetime(2022, 3, 15),
    "aktive": True
}

# Serialisierung: dict → BSON (Bytes)
bson_bytes = bson.BSON.encode(document)
print(bson_bytes)

# Deserialisierung: BSON → dict
decoded = bson.BSON(bson_bytes).decode()
print(decoded)
```

JSONL: JSON Lines

Während eine klassische JSON-Datei ein einziges, komplettes Dokument darstellt (oft ein großes Objekt oder Array), verfolgt das JSON-Lines-Format (Dateiendung `.jsonl`) einen anderen Ansatz: Jede Zeile enthält genau ein für sich stehendes JSON-Objekt (vgl. Listing 5.4).

Diese einfache Regel hat Vorteile für die Verarbeitung großer Datenmengen, insbesondere für Echtzeit-Datenströme (Streaming). Das entscheidende Merkmal für Streaming ist, dass ein Datenstrom Objekt für Objekt gelesen und verarbeitet werden kann. Ein Programm muss nicht warten, bis der gesamte Datenstrom beendet ist, um mit der

10 *https://pypi.org/project/bson*

Analyse zu beginnen. Stattdessen kann es eine Zeile lesen, das darin enthaltene JSON-Objekt parsen und sofort verarbeiten – dies ist ideal für Log-Dateien oder Echtzeit-Datenfeeds.

Gleichzeitig ermöglicht diese Struktur eine grundlegende Parallelisierung bei Batching Pipelines, ähnlich wie bei zeilenbasierten CSV-Dateien. JSONL-Daten können zeilenweise in einem Cluster verteilt und verarbeitet werden.

Listing 5.4 Beispieldaten im JSON-Lines-Format

```
{"name": "Meier", "wohnort": "Berlin"}
{"name": "Huber", "wohnort": "Muenchen"}
```

JSON-LD: Linked Data mit JSON

JSON-LD (JavaScript Object Notation for Linked Data) ist eine Erweiterung von JSON, mit der strukturierte Daten so annotiert werden können, dass sie als *verknüpfte Daten* (Linked Data) im Sinne der Semantic-Web-Idee[11] verständlich sind. JSON-LD macht es möglich, Daten mit eindeutigen Bedeutungen zu versehen und diese maschinenlesbar im Web zugänglich und verknüpfbar zu machen.

Zentrales Element von JSON-LD ist das **@context**-Objekt, das definiert, welche Begriffe (Felder, Entitäten) welche semantische Bedeutung nach einem externen Vokabular haben – häufig per URI. Damit lässt sich ein Bezug zu bekannten Ontologien oder Standards herstellen. Listing 5.5 zeigt ein einfaches Beispiel, in dem das normale JSON-Dokument im Kopf des Dokuments um den Kontext erweitert wird.

Listing 5.5 Beispieldaten im JSON-LD-Format

```
{
  "@context": {
    "name": "http://schema.org/name",
    "birthplace": "http://schema.org/birthPlace"
  },
  "name": "Meier",
  "birthplace": "Berlin"
}
```

JSON-LD ist heute der Standard für das Publizieren von Metadaten auf Webseiten – etwa zur Suchmaschinenoptimierung (Google Knowledge Graph). Es spielt ebenso eine zentrale Rolle in Open-Data-Initiativen, Wissensgraphen, digitalen Bibliotheken und dem IoT, wo Daten aus unterschiedlichen Quellen eindeutig verknüpft werden sollen. Es bietet maschinenlesbare Semantik, ohne die vertraute JSON-Syntax zu ver-

11 *https://www.w3.org/2013/data*

lieren, lässt existierende Vokabulare wie *schema.org* einbinden und lässt sich leicht in bestehende Web-APIs integrieren. Da JSON-LD ein semistrukturiertes Format ohne erzwungene Schema-Validierung ist, eignet es sich zur Integration heterogener Daten, jedoch nicht für konsistente, typisierte Datenhaltung wie in RDBMS.

Fazit

Klassisches JSON ist semistrukturiert und vor allem für komplexe Hierarchien und Listen geeignet. Wie wir gesehen haben, existieren eine Vielzahl von Erweiterungen, um spezielle Anwendungsfälle abzudecken und einen gewissen Strukturierungsgrad zu erreichen:

- **Vorteile:** JSON ist flexibel, menschen- und maschinenlesbar und unterstützt verschiedene Datentypen (String, Integer, Boolean, Null, Objekte, Listen). Es ist Standard für viele webbasierte APIs, Logs und Konfigurationsdateien.
- **Nachteile:** Das Datenformat ist sehr „geschwätzig" (engl. *verbose*), da Schlüssel stets wiederholt werden. Dadurch entsteht ein größerer Speicherbedarf im Vergleich zu (komprimierbaren) Binärformaten. „Normales" JSON ist nicht einfach teilbar und dadurch unpraktisch für parallele Verarbeitung großer Dateien. Ein fehlendes, festes Schema (ohne Verwendung von JSON Schema) erschwert zudem Validierung und Fehlerdiagnose (inkonsistente Daten sind daher möglich).

Im Kontext von Big Data bietet sich mit dem zeilenorientierten *JSON Lines* eine Alternative an, die von Hadoop/Spark nativ unterstützt wird. Durch seine Zeilenorientierung ist es für Big-Data-Verarbeitung (insbesondere Echtzeitanwendungen) grundsätzlich geeignet. Klassisches JSON ist allerdings für große Datenvolumina in der Regel ungeeignet und wird daher oft für Konfigurationsdateien, APIs (z. B. Kommunikation zwischen Server und webbasierten Clients) oder Mensch-Maschine-Kommunikation genutzt.

Excel (XLSX)

In der IT-Industrie kursiert seit Jahren augenzwinkernd die Legende, dass die Weltwirtschaft binnen kürzester Zeit zusammenbrechen würde, hätten Fortune-500-Firmen keine Möglichkeit mehr, die bekannte Tabellenkalkulation eines nicht minder bekannten Softwareherstellers aus der Nähe von Seattle zu verwenden. Und auch ein xkcd-Comic[12)] bringt die Verlockungen und Gefahren von Tabellenkalkulationen pointiert auf den Punkt.

Entsprechend überrascht es nicht, dass die allermeisten Tools zur Datenverarbeitung, seien sie nun für große oder nicht ganz so große Datenmengen gedacht, auch die Verarbeitung von Excel- oder wenigstens CSV-Dateien ermöglichen. Im Big-Data-Umfeld sind Excel-Dateien übrigens nur bedingt einsetzbar, da sie nach wie vor auf 1.048.576 Zeilen

12 *https://xkcd.com/2180*

(also 20 Bit) und 16,384 Spalten (14 Bit) begrenzt sind[13] sind. Das bringt beispielsweise Wirtschaftsprüfungskanzleien bei größeren Kunden oft in die Bredouille, wenn sie ihre geliebten Excel-Makros für das Prüfen einer großen Zahl von Journalbuchungen (sog. Journal Entry Testing) nicht mehr nutzen können. Während der Covid-Pandemie führte diese Begrenzung dazu, dass in England an die 16.000 Infektionsmeldungen[14] unter den Tisch gefallen sind.

Aktuelle Excel-Dateien im XLSX-Format entpuppen sich bei genauerer Betrachtung übrigens als nichts weiter als eine ZIP-Datei mit verschiedenen XML-Elementen, wie in Bild 5.2 gezeigt.

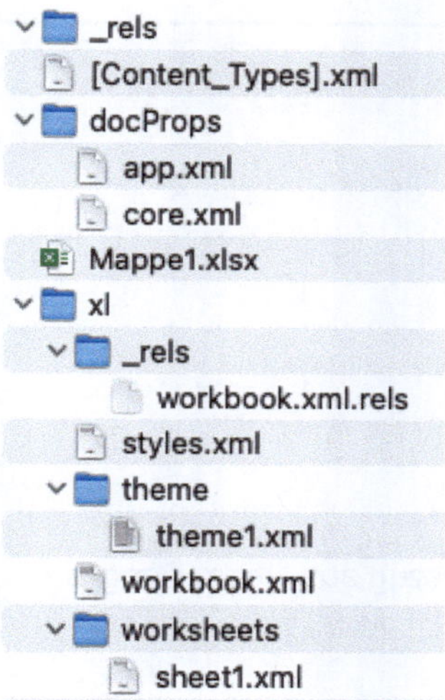

Bild 5.2 Entzippter Inhalt einer XLSX-Datei.

Im Ordner xl/worksheets ist darin für jedes Tabellenblatt eine XML-Datei mit den Inhalten der Tabelle abgelegt. Da es sowohl für Java mit Apache POI[15], als auch für Python direkt in Pandas oder mit openpyxl[16] sowie für die meisten anderen Sprachen ausgereifte Bibliotheken für Lesen und Schreiben von Excel-Dateien gibt und, wie bereits gesagt, auch die meisten Big-Data-Tools entsprechende Bibliotheken anbieten, wollen wir an dieser Stelle nicht tiefer auf ihren Aufbau eingehen.

Auch wenn Excel uns bei der Datenanalyse an vielen Stellen immer wieder an Grenzen stoßen lassen wird, bleibt es – nicht zuletzt für die Fortune 500 – ein unverzichtbares Werkzeug für die schnelle Datenauswertung zwischendurch, die Inspektion von Eingabedaten oder auch die schnelle Visualisierung von exportierten Analyseergebnissen.

13 *https://support.microsoft.com/en-us/office/excel-specifications-and-limits-1672b34d-7043-467e-8e27-269d656771c3*

14 *https://bloffintechnologies.com/6-famous-analytics-and-ai-disasters*

15 *https://mvnrepository.com/artifact/org.apache.poi/poi*

16 *https://pypi.org/project/openpyxl*

Für alle Data Scientists, die die Möglichkeit einfacher SQL-Abfragen in Excel ähnlich stark vermissen wie die Autoren, haben wir (außer dem Nachinstallieren von Plug-ins) leider auch kein Ass im Ärmel.

Wir können Sie aber immerhin auf Google Sheets verweisen, wo die Query-Funktion genau diese lang ersehnte Möglichkeit zur Verfügung stellt. So würde beispielsweise die folgende Abfrage den Durchschnitt der Spalte C aus einem Datenbereich von A1 bis A7 berechnen: `=QUERY(A1:A7; "select avg(A)"`.

Dabei ist auf die doppelten Anführungszeichen um die SQL-Query zu achten. Spaltenüberschriften erkennt und ignoriert Google Sheets dabei übrigens automatisch. Selbstverständlich sind auch komplexere Abfragen mit Joins ohne Weiteres möglich.

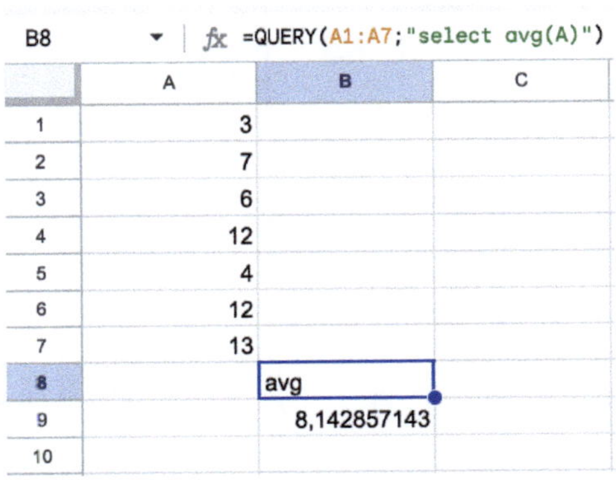

Bild 5.3 Auszug aus einem Google Sheet mit SQL-Abfrage.

Fazit

Excel Spreadsheets sind kein klassisches Big-Data-Format, aber eine der häufigsten **Datenquellen** im Unternehmensumfeld. Es ist wichtig, seine Eigenschaften und Grenzen zu kennen.

- **Einordnung:** Strukturiert, zeilenorientiert.
- **Realität:** Excel-Dateien sind oft nur „pseudostrukturiert“, da sie verbundene Zellen, Kommentare, Formeln und mehrere Tabellenblätter enthalten können.
- **Nachteile:** Die maximale Datenmenge ist per Spezifikation auf 1.048.576 Zeilen und 16.384 Spalten beschränkt. Jede Zelle ist ein eigenständiges XML-Element. Das Parsen bedeutet: ZIP-Entpackung und dann XML-Analyse. XLSX skaliert daher nicht für Millionen von Zeilen. Es wurde auch nicht für den Einsatz in verteilten Systemen wie Hadoop oder Spark konzipiert. Sein Nutzen liegt im Import/Export und in der schnellen, manuellen Datenexploration, nicht in der Verarbeitung von Big Data.

Apache Avro

Avro[17] ist ein binäres, zeilenorientiertes Austausch- und Speicherformat (und daher strukturiert), das ursprünglich für Apache Hadoop entwickelt wurde. Es bietet Unterstützung für alle gängigen Programmiersprachen, unter anderem für JVM-basierte Sprachen wie Java, Kotlin, Scala, und Python, C/C++/C#, PHP, Ruby, Rust und JavaScript.

Seine Kernidee ist die strikte Trennung von *Schema* und *Daten*. Das Schema wird einmal definiert und muss beim Lesen und Schreiben der Daten vorhanden sein. Dies macht Avro-Dateien extrem kompakt, da die Feldnamen nicht in jedem Datensatz wiederholt werden müssen, und robust gegenüber Datenfehlern. Es ist das bevorzugte Format in vielen Streaming-Systemen wie Apache Kafka (vgl. Abschnitt 12.3), da einzelne Ereignisse (Zeilen) effizient serialisiert und deserialisiert werden können.

Nachfolgend verwenden wir unser Kundendatenbeispiel, um den typischen Arbeitsablauf mit Avro in Python zu demonstrieren. Zuerst definieren wir dazu ein Schema unserer Kundendaten in Listing 5.6. Danach können wir Kundendaten schreiben, die diesem Schema entsprechen. Schließlich demonstrieren wir, wie wir sie danach wieder einlesen.

Listing 5.6 Avro-Schema zur Beschreibung unserer Kundendaten

```
{
    "type": "record",
    "namespace": "com.lehrbuch.daten",
    "name": "Kunde",
    "fields": [
        { "name": "Kunden_ID", "type": "int" },
        { "name": "Name", "type": "string" },
        { "name": "Wohnort", "type": "string" },
        { "name": "Registriert_seit", "type": { "type": "int",
        ↪  "logicalType": "date" } }
    ]
}
```

Wir benötigen dazu die Python-Bibliothek avro: `pip install avro`[18].

Nun kommen wir zu den Schritten 2 und 3: Erst schreiben wir Kundendaten, und danach lesen wir sie zu Demonstrationszwecken wieder ein. Das folgende Python-Skript verwendet das oben definierte Schema, um drei Beispielkunden in eine binäre Avro-Datei zu schreiben und sie anschließend wieder auszulesen.

17 *https://avro.apache.org*

18 Alternativ können wir auch eine performantere Alternative wie FASTAVRO verwenden: *https://github.com/fastavro/fastavro*

Listing 5.7 Python-Skript zum Schreiben und Lesen der Kundendaten als Avro-Datei

```
import avro.schema
from avro.datafile import DataFileReader, DataFileWriter
from avro.io import DatumReader, DatumWriter
from datetime import date

# Schritt 1: Schema laden (aus einer Datei oder einem String)
schema_json = ... # siehe vorheriges Listing
schema = avro.schema.parse(schema_json)

# Unsere Kundendaten, die dem Schema entsprechen
kunden_daten = [
    {'Kunden_ID': 101, 'Name': 'Meier', 'Wohnort': 'Berlin',
     'Registriert_seit': date(2022, 3, 15)},
    {'Kunden_ID': 102, 'Name': 'Huber', 'Wohnort': 'München',
     'Registriert_seit': date(2021, 11, 20)},
    {'Kunden_ID': 103, 'Name': 'Schmidt', 'Wohnort': 'Hamburg',
     'Registriert_seit': date(2023, 1, 5)}
]

# Schritt 2: Daten in eine Avro-Datei schreiben
with open('kunden.avro', 'wb') as f:
    writer = DataFileWriter(f, DatumWriter(), schema)
    for kunde in kunden_daten:
        writer.append(kunde)
    writer.close()

# Schritt 3: Daten aus der Avro-Datei lesen
with open('kunden.avro', 'rb') as f:
    reader = DataFileReader(f, DatumReader())
    for kunde in reader:
        registrierungsdatum = kunde['Registriert_seit']
        print(f"ID: {kunde['Kunden_ID']}, Name: {kunde['Name']}, "
              f"Datum: {registrierungsdatum.isoformat()}")
    reader.close()
```

Wie das Beispiel zeigt, agiert das Avro-Schema hier als strikter „Vertrag" zwischen dem schreibenden und dem lesenden System. Dies führt unter anderem zu folgenden Vorteilen:

- **Datenintegrität:** Es können nur Daten geschrieben werden, die dem Schema entsprechen. Ein Versuch, eine `Kunden_ID` als Text zu speichern, würde fehlschlagen.
- **Kompaktheit:** Die resultierende Binärdatei ist kompakt, da Feldnamen wie „Kunden_ID" oder „Name" nicht in jedem Datensatz wiederholt werden müssen.

- **Schema-Evolution:** Avro bietet Regeln, die es ermöglichen, das Schema im Laufe der Zeit zu ändern (z. B. ein Feld „Telefonnummer“ hinzuzufügen), ohne dass alte Daten ungültig werden. Dies ist ein entscheidender Vorteil in agilen Entwicklungsumgebungen.

In Avro ist das Schema im Vergleich zu Klassikern wie CSV und JSON inklusive. Ein Avro-File oder -Datenstrom enthält standardmäßig das Schema in sich selbst. Das erleichtert Datenübertragung und Evolution („schema-on-write“): Das schreibende System legt das Format und die Datentypen fest, das lesende erkennt sie direkt. Data-Streaming-Umgebungen wie Kafka und Flink nutzen Avro als effizientes Austauschformat (d. h. Serialisierungsformat) – auch zwischen verschiedenen Programmiersprachen. Das Format bietet daher eine hohe Kompatibilität und ist gut geeignet für Streaming-Aufgaben. Anders als Batch-Formate wie Parquet eignet sich Avro daher für kontinuierliche, zeilenweise Verarbeitung.

Im Umkehrschluss bedeutet dies allerdings, dass es daher weniger effizient für analytische OLAP-Workloads ist. Da Avro ein Binärformat ist, ist es ohne eingebautes CLI-Tool zur schnellen Ansicht menschenunlesbar. Die Verwaltung von Schemata kann dadurch komplex werden. In manchen Anwendungen muss daher mit expliziten Schema-Registries gearbeitet werden (typisch in Kafka-Umgebungen).

Avro ist ein führendes Format für die Datenserialisierung und damit die erste Wahl für „Data-in-Motion“. Es ist darauf optimiert, einzelne Datensätze effizient zu verpacken und zu versenden, was es ideal für Streaming-Plattformen wie Apache Kafka oder die Kommunikation zwischen Microservices macht.

Alternative Datenserialisierungs-Frameworks und RPC: In der Vergangenheit wurde Avro auch im Rahmen von Remote Procedure Call (RPC)-Systemen als Service-Schnittstelle eingesetzt (z. B. Hadoop Ökosystem). Neben Avro existieren zwei weitere bedeutende Frameworks in diesem Bereich, die Erwähnung finden sollten: *Apache Thrift*[19] (ursprünglich von Facebook, jetzt Meta, entwickelt) und *Protocol Buffers*[20] (von Google, auch bekannt als Protobuf). Beide basieren auf einem ähnlichen Prinzip: Datenstrukturen und Service-Schnittstellen werden in einer eigenen sprachenunabhängigen Definitionsdatei (‚.thrift‘ oder ‚.proto‘) definiert. Ein Compiler generiert daraus nativen Code in der jeweiligen Zielsprache (z. B. Java, Python, C++), um die Daten effizient zu serialisieren und zu deserialisieren. Dieser Ansatz macht sie leistungsfähig für den Aufbau von hochperformanten, sprachübergreifenden Microservice-Architekturen (vgl. Abschnitt 16.2). Im Gegensatz zu Avro liegt der traditionelle Fokus von Thrift und Protobuf stärker auf der statischen Code-Generierung für klar definierte RPC-Schnittstellen.

---

19 *https://thrift.apache.org*

20 *https://protobuf.dev*

5.1.2 Spaltenorientierte und binäre Formate

Im Gegensatz zu Apache Thrift und dessen Spezialisierung auf „Data-in-Motion“ stehen Formate wie Parquet und ORC, die für „Data-at-Rest“ konzipiert sind. Ihre spaltenbasierte Struktur ist nicht für die Übertragung einzelner Datensätze gedacht, sondern für hochperformante analytische Abfragen auf riesigen Datenbeständen, wie sie beispielsweise in einem Data Lake typisch sind (vgl. Kapitel 8).

Diese Formate wurden speziell für die Herausforderungen von Big Data, dessen Analyse und OLAP entwickelt. Sie sind in der Regel nicht mehr menschlich lesbar, aber effizient für Speicherung und analytische Abfragen.

Apache Parquet

Parquet[21)] ist ein weitverbreitetes Format zur Speicherung großer analytischer Datenmengen in Hadoop- und Spark-basierten Umgebungen und wird zunehmend in Data Lakes jeder Größenordnung eingesetzt. Das Format wurde stark von den Ideen aus Googles Dremel-Paper über interaktive, verteilte SQL-ähnliche Abfragen inspiriert (vgl. [Mel+10]). Sozusagen ist Parquet eine Open-Source-Implementierung der im Dremel-Paper beschriebenen Speichertechniken, ohne die eigentliche Query-Engine drumherum.

Während zeilenorientierte Formate wie CSV oder JSON Daten sequenziell pro Datensatz ablegen, ist Parquet *spaltenorientiert*. Das heißt, statt die Daten zeilenweise abzulegen (alle Informationen zu Kunde A, dann alle zu Kunde B), speichert Parquet alle Werte einer Spalte zusammenhängend ab (erst alle Kundennamen, dann alle Wohnorte usw.). Dies ist ideal für analytische Abfragen, die meist nur auf Teilmengen der Spalten zugreifen müssen.

Ein beträchtlicher Vorteil von Parquet ist die hohe Kompression. Da alle Werte einer Spalte zusammenliegen, sind die Daten oft sehr homogen (z. B. eine Spalte Wohnort enthält tausendfach die Zeichenfolge Berlin). Solche sich wiederholenden oder ähnlichen Daten können durch moderne Codierungs- und Kompressionsalgorithmen (wie Snappy[22)] oder gzip) sehr effizient verkleinert werden. Das reduziert Speicherkosten und Lesezeiten wesentlich. Die Analytik ist effizient, da Abfragen nur die benötigten Spalten lesen müssen (*spaltenweiser Zugriff*), was beträchtliche I/O-Einsparungen bringt.

Effizienz und Kosten im Alltag: Die Wahl des Datenformats wirkt sich direkt auf die Kosten aus. Ist eine Parquet-Datei beispielsweise rund 80 % kleiner als eine entsprechende CSV-Datei und wird in einer Cloud-Umgebung mit „pay-as-you-go“-Modell verarbeitet, treten die Vorteile effizienter Formate sofort zutage: geringerer Speicherbedarf, reduzierte I/O-Last (durch das Einlesen und Abfragen) und damit spürbare Kostenersparnis.

21 *https://parquet.apache.org*

22 *https://github.com/google/snappy*

Wie im zeilenorientierten Avro-Datenformat benötigt Parquet zwingend ein Schema, und bietet auch eine Schema-Evolution an. Das Schema der Datei (inklusive verschachtelter Strukturen wie „struct“, „list“, „map“) ist in der Datei gespeichert und kann weiterentwickelt werden (z. B. neue Spalten/Typänderungen).

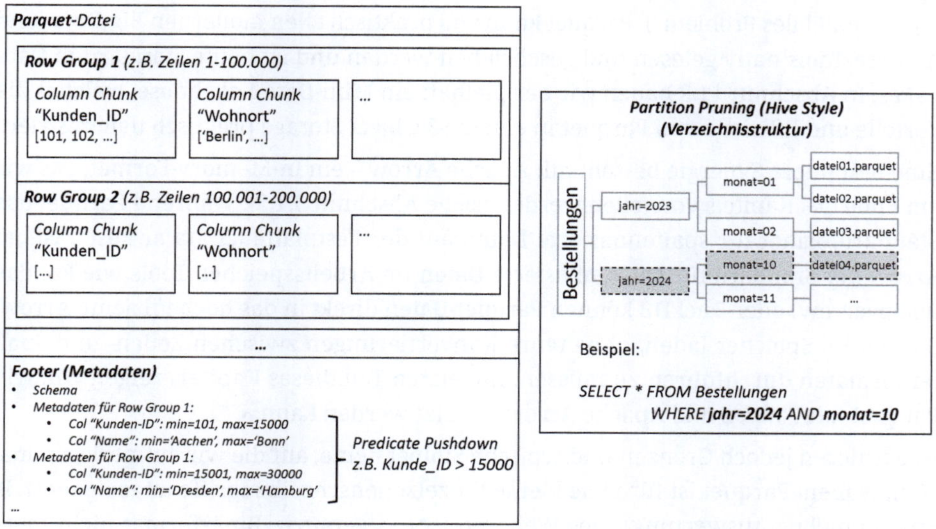

Bild 5.4 Apache-Parquet-Übersicht: Dateiformat am Beispiel von Kundendaten (links), und (Hive-Style) Partition Pruning (rechts)

Bild 5.4 illustriert den Aufbau einer Parquet-Datei (Dateiendung ‚.parquet‘) beispielhaft an unseren Kundendaten. Das Herzstück der Effizienz von Parquet ist die Kombination aus Metadaten im Footer und dem sogenannten Predicate Pushdown. Eine Abfrage-Engine liest zuerst nur den verhältnismäßig kleinen Footer am Ende der Datei. Dieser enthält Statistiken (Min/Max-Werte) für jeden Datenblock (Row Group). Bei einer Filterbedingung wie `WHERE Kunden_ID > 15000` kann eine geeignete Abfrage-Engine nun anhand der Statistiken sofort entscheiden, welche Row Groups Daten für diese Kunden-IDs überhaupt enthalten können. Row Groups, deren Metadaten die Kunden-IDs nicht abdecken, werden daher gar nicht erst gelesen. Dieses Überspringen irrelevanter Datenblöcke (auch Data Skipping oder Pruning genannt) ist der entscheidende Faktor für I/O-Einsparungen, da er „Full Table Scans“ vermeidet.

Neben Parquets interner, effizienter Partitionierung von Daten ist gerade im Data-Lake-Kontext auch die verzeichnisbasierte Partitionierung von Daten (d. h. Partition Pruning) in mehrere Parquet-Dateien beliebt. Ein populärer Ansatz ist hier die Hive-Style-Partitionierung[23] (z. B. `meinordner/Wohnort=Berlin/Jahr=2023/part-`

23 Das Schema ist format-agnostisch (d. h. es funktioniert gleichermaßen für weitere Formate wie CSV und ORC.)

`0001.parquet`). Die Idee, Ordnernamen zu verwenden, ist, Partitionierungsspalten als Schlüssel-Wert-Paare zu codieren, um so Abfrage-Engines bereits beim Auflisten der Verzeichnisse (ohne die Dateien zu öffnen) Filter-Pruning durchführen zu lassen. Das spart I/O, Latenz und damit Kosten. Natürlich ist darauf zu achten, dass hier ein „Sweet-Spot" zwischen der Anzahl der Dateien und der Dateigröße gefunden werden muss (vgl. „Small Files Problem"). Parquet kann von praktisch allen modernen Big-Data- und Analyse-Tools nativ gelesen und geschrieben werden und ist heute Standard in Data Lakes. In Abschnitt 11.2 bauen wir beispielhaft ein Mini-Data-Lakehouse, welches die Vorteile und Effizienz von Parquet in einem S3 Object Storage praktisch demonstriert.

Eine besondere Synergie besteht mit Apache Arrow – ein In-Memory-Format, das wir am Ende des Kapitels vorstellen werden (siehe Abschnitt 5.1.3). Während Parquet das Standardformat für spaltenbasierte Daten auf der Festplatte („Data at Rest") ist, ist Arrow der Standard für spaltenbasierte Daten im Arbeitsspeicher. Tools wie Pandas (via pyarrow) oder DuckDB können Parquet-Daten direkt in das hocheffiziente Arrow-Format im Speicher laden, ohne teure Konvertierungen zwischen Zeilen- und Spaltenformaten durchführen zu müssen. Im letzten Teil dieses Kapitels zeigen wir, wie Parquet mit Pandas und Apache Arrow genutzt werden kann.

Es existieren jedoch Grenzen und typische Stolpersteine, auf die wir aufmerksam machen wollen. Parquet ist für viele kleine Einzelzeilenschreibzugriffe ungeeignet (z. B. Streaming/Log-Auswertung). Des Weiteren ist das genutzte Binärformat nicht menschenlesbar, wie z. B. die zeilenorientierten Formate CSV oder JSON. Das heißt, eine schnelle Inspektion in einem Texteditor ohne spezielle Tools (etwa geeigneter Parquet-Viewer) ist per se nicht möglich. Die Datentypen und Blockgrößen sollten mit Bedacht gewählt werden, um optimale Performance zu erreichen.

Apache ORC (Optimized Row Columnar)

Wie Parquet ist auch Apache ORC (Optimized Row Columnar)[24] ein spaltenorientiertes, binäres Dateiformat, das für analytische Abfragen auf großen Datenmengen konzipiert wurde. Es wurde ursprünglich im Rahmen von Apache Hive entwickelt und teilt die grundlegenden Vorteile von Parquet, wie hohe Kompressionsraten und schnellen Spaltenzugriff.

Statt die Konzepte zu wiederholen, konzentrieren wir uns auf die entscheidenden Merkmale, die ORC von Parquet unterscheiden. Diese sind unter anderem:

- ***Native ACID-Unterstützung***[25]: Die größte Stärke von ORC ist seine tiefe Integration mit Apache Hive und die damit verbundene native Unterstützung für ACID-Transaktionen[26]. ORC kann Updates und Deletes auf Zeilenebene effizient über interne Delta-Dateien verwalten. Dies macht es zur ersten Wahl für Data-Warehouse-

24 *https://orc.apache.org*
25 *https://orc.apache.org/docs/acid.html*
26 In Abschnitt 11.2 zeigen wir, wie wir dies auch für Parquet mithilfe von Delta Tables erreichen können.

Realisierungen auf Hadoop-Basis, in denen Daten nicht nur hinzugefügt, sondern auch modifiziert werden müssen.

- ***Feingranulare Statistiken und Indizes***: ORC speichert für jeden Datenblock (Stripe genannt, analog zu Parquets Row Group) sehr detaillierte Statistiken (Min/Max, Summe, Anzahl etc.). Zusätzlich können leichtgewichtige Indizes und optional Bloom-Filter (siehe Abschnitt 14.3) pro Spalte gespeichert werden. Ein Bloom-Filter kann extrem schnell prüfen, ob ein Wert in einem Block definitiv nicht vorkommt, was das Überspringen von Daten (Data Skipping) bei bestimmten Filterabfragen nochmals beschleunigt.

Architektonisch[27)] ist eine ORC-Datei Parquet sehr ähnlich und besteht ebenfalls aus Datenblöcken (Stripes), einem zentralen Verzeichnis (File Footer) und Metadaten (Postscript).

Vergleich und Entscheidungshilfe: Parquet vs. ORC

Obwohl beide Formate auf den gleichen Prinzipien beruhen, haben sich in der Praxis klare Einsatzgebiete herauskristallisiert. Die Wahl hängt weniger von der reinen Lese-Performance ab, welche oft sehr ähnlich ist, als vom umgebenden Ökosystem und den spezifischen Anforderungen.

Parquet ist der De-facto-Standard im Spark- und Cloud-Ökosystem. Die enge Verzahnung mit Apache Arrow für die In-Memory-Verarbeitung macht es zur ersten Wahl in den meisten modernen Data Lakes, die auf Spark und Cloud-Speichern (wie Storage mit S3) basieren. Parquet bietet eine sehr gute Tool-Unterstützung und wird von Tools oft nativ unterstützt, insbesondere im Python-Ökosystem (Pandas, Dask, Polars), was die Interoperabilität weiter erhöht.

In traditionellen Hadoop-Clustern, in denen Hive die primäre Abfrage-Engine ist, ist ORC oft das dominierende Format. Transaktionen wie Updates und Deletes auf einem Data Lake machen ORC hier durch seine Integration mit Apache Hive zur überlegenen Lösung.

5.1.3 Data Frames: Die In-Memory-Abstraktion

Nachdem wir in den vorherigen Abschnitten verschiedene Dateiformate („on-disk") kennengelernt haben, wenden wir uns nun der primären Arbeitsumgebung für Datenanalysen zu: dem „in-memory"-*Data Frame*.

Zuerst müssen wir aber eine wichtige Einordnung vornehmen:

Data Frame ≠ Dateiformat

27 Die ORC Spezifikation befindet sich hier: *https://orc.apache.org/specification/ORCv1*

Ein Data Frame ist eine „lebendige“, tabellenförmige *In-Memory-Datenstruktur*, also kein Dateiformat, sondern eine Arbeitsumgebung im (ggf. verteilten) Arbeitsspeicher. Data Frames sind die Standardschnittstelle für Analyse, Transformation und Visualisierung in Tools wie *pandas*[28] (Python), *Polars*[29], *Spark* oder R. Immer häufiger setzen moderne Data-Frame-Frameworks für Performance und Interoperabilität auf das In-Memory-Format von Apache Arrow, welches wir weiter unten vorstellen werden.

Listing 5.8 und Listing 5.9 zeigen den typischen Workflow mit Pandas-„DataFrames“[30] anhand unseres Kundendatenbeispiels für das Verarbeiten von CSV, klassischer JSON-Objekte und JSONL. Dies beinhaltet unter anderem Folgendes:

1. **Lesen:** Import aus CSV, Parquet, SQL, JSON, etc.
2. **Verarbeiten:** Filtern, Aggregieren, Transformieren, Berechnen neuer Spalten.
3. **Exportieren:** Speicherung als Datei (z. B. Parquet mithilfe von pyarrow), in Datenbanken oder als Input für weitere Analyseprozesse.

Listing 5.8 Typischer Data-Frame-Workflow mit Pandas und CSV

```
import pandas as pd

# 1. Lesen einer CSV-Datei
df = pd.read_csv("kunden.csv")

# 2. Transformation
df["Mitglied_jahre"] = 2025 -
↪  pd.to_datetime(df["Registriert_seit"]).dt.year
df_berlin = df[df["Wohnort"] == "Berlin"]

# 3. Speichern als Parquet
df_berlin.to_parquet("berliner_kunden.parquet")
```

Grenzen der lokalen Skalierbarkeit

Pandas-Data-Frames laden standardmäßig alle Daten in den RAM des Rechners. Für sehr große Datenmengen, die nicht in den lokalen Arbeitsspeicher passen, gibt es Alternativen wie `dask`[31], `polars` oder verteilte Data-Frame-Verarbeitung in Apache Spark (vgl. Abschnitt 13.4.5).

Durch ihre universelle tabellarische Abstraktion sind Data Frames das praktische Bindeglied zwischen verschiedenen Speicherformaten (*on-disk*) und der In-Memory-Verarbeitung (z. B. interaktive Analysen mit Notebooks wie Jupyter Lab).

28 *https://pandas.pydata.org*
29 *https://pola.rs*
30 *https://pandas.pydata.org/docs/reference/api/pandas.DataFrame.html*
31 *https://www.dask.org*

Listing 5.9 Typischer Data-Frame-Workflow mit Pandas und JSON/JSONL

```
import pandas as pd

# JSON (klassisch): externe Datei daten.json
#[
#    {"Kunden_ID": 101, "Name": "Meier", "Wohnort": "Berlin"},
#    {"Kunden_ID": 102, "Name": "Huber", "Wohnort": "Muenchen"},
#    {"Kunden_ID": 103, "Name": "Schmidt", "Wohnort": "Hamburg"}
#]

# Gesamte Datei als JSON-Liste laden
df1 = pd.read_json("daten.json")
print(df1)

# JSON Lines: externe Datei daten.jsonl (separiert mit Newline!)
#{"Kunden_ID": 101, "Name": "Meier", "Wohnort": "Berlin"}\n
#{"Kunden_ID": 102, "Name": "Huber", "Wohnort": "Muenchen"}\n
#{"Kunden_ID": 103, "Name": "Schmidt", "Wohnort": "Hamburg"}\n

# JSON Lines laden: lines=True
df2 = pd.read_json("daten.jsonl", lines=True)
print(df2)
```

Apache Arrow

Apache Arrow[32] ist kein klassisches Speicherformat („on disk"), sondern ein standardisiertes[33] *In-Memory-Spaltenformat* mit dem Ziel, tabellarische Daten effizient zwischen Programmen und Prozessen auszutauschen, ohne sie neu zu serialisieren oder zu kopieren.

Arrow bietet hier den grundlegenden Vorteil, dass verschiedene Analyse-Tools denselben Speicherbereich für Daten nutzen können, ohne eine Umwandlung zu benötigen („zero-copy"). Hierbei nutzt Arrow moderne Hardware für weitere Optimierungen. Arrow organisiert Daten im Speicher so, dass CPUs und ihre Vektoreinheiten sie möglichst effizient verarbeiten können, insbesondere durch Optimierungen für Cache-Lokalität und SIMD-Zugriffe. Arrow hat sich so zur Grundlage moderner Data-Science-Tools entwickelt. Es ist das Backend hinter Pandas (mit Version *V2*, als alternatives Backend zu NumPy), Polars, Dremio usw. – überall, wo schnelle tabellarische Verarbeitung gefragt ist. Weiterhin unterstützt Arrow auch komplexe Datentypen wie Listen, Structs und Maps.

32 *https://arrow.apache.org*

33 Siehe entsprechende Spezifikationen hier: *https://arrow.apache.org/docs/format/index.html*

Da Arrow ein In-Memory-Spaltenformat ist, ist es nicht für die dauerhafte Speicherung designt. Arrow ist für Daten zur Bearbeitung im Speicher und schnellen Austausch geeignet. Wie bereits erwähnt, besteht eine besondere Synergie mit Parquet. Während Parquet das De-facto-Format für spaltenbasierte Daten auf der Festplatte (Data-at-Rest) ist, ist Arrow zum entsprechenden Standard für spaltenbasierte Daten im Arbeitsspeicher (In-Memory) geworden.

Listing 5.10 veranschaulicht, wie Arrow-Tabellen im Speicher erstellt, als Parquet-Datei lokal abgespeichert und wieder durch pyarrow-Unterstützung (‚pip install pyarrow‘)[34] in Pandas als Data Frame geladen werden können.

Listing 5.10 Beispiel: Mit `pyarrow` eine In-Memory-Arrow-Tabelle erstellen, als Parquet speichern und wieder als Pandas-DataFrame laden,

```
import pyarrow as pa
import pyarrow.parquet as pq

# 1. Arrow-Tabelle erstellen
data = {
    "Kunden_ID": [101, 102, 103],
    "Name": ["Meier", "Huber", "Schmidt"],
    "Wohnort": ["Berlin", "Muenchen", "Hamburg"]
}
table = pa.table(data)

# 2. Arrow-Tabelle als Parquet-Datei speichern
pq.write_table(table, "kunden.parquet")

# 3. Parquet-Datei laden und als Pandas-DataFrame anzeigen
table_read = pq.read_table("kunden.parquet")
df = table_read.to_pandas()

print(df)
```

Fazit

Arrow ergänzt „on-disk“-Formate wie Parquet. Oft werden Daten in Pipelines im Parquet-Format gelesen (z. B. Data Lakehouse mit S3 Object Storage), via Arrow zwischen Tools oder Sprachen ausgetauscht (wie z. B. Manipulation von Data Frames in Pandas) und dann im gewünschten Format weiterverarbeitet oder gespeichert.

34 *https://arrow.apache.org/docs/python/index.html*

5.2 Datenkonvertierung

Die meisten Big-Data-Plattformen bieten heute umfangreiche Möglichkeiten, auf Daten aus den verschiedensten Quellen und in den verschiedensten Formaten zuzugreifen. Eine der Kernaufgaben bei der Verwendung ist es daher, Daten aus einem Quellformat in ein für die Analyse und Speicherung optimiertes Zielformat zu überführen. Dieser Prozess der Datenkonvertierung, der oft Teil einer Daten-Pipeline oder eines Workflows ist, ist dank moderner, skalierbarer Frameworks wie z. B. Apache Spark (vgl. Abschnitt 13.4) oder lokaler Bibliotheken wie Pandas (siehe Beispiele oben) über die Jahre einfacher geworden.

Darüber hinaus ermöglichen spezialisierte *Connectoren* den unmittelbaren Zugriff auf Streaming- und Messaging-Systeme. Beispiele sind die Kafka- und Flink-Konnektoren, mit denen Datenströme in Echtzeit ausgetauscht, transformiert und in Zielformate wie Parquet überführt werden können.

Die zentrale Abstraktion, die dies ermöglicht, ist in der Regel ein tabellenähnliches Format – der Data Frame. Wie wir bereits gelernt haben, ist der Data Frame eine universelle In-Memory-Tabelle. Sobald die Daten – egal aus welchem unterstützten Format – in einen Data Frame in den Arbeitsspeicher geladen sind, können sie oft problemlos in jedes andere unterstützte Format geschrieben werden (d. h. der Data Frame dient hier als Brücke bzw. Zwischenrepräsentation).

5.2.1 Praxisbeispiel: Von CSV zu Parquet mit PySpark

Stellen wir uns ein typisches Szenario vor: Wir erhalten tägliche Verkaufsdaten unserer Kunden als CSV-Datei von einem Altsystem. Für unsere hypothetische analytische Plattform (z. B. Data Lake), wollen wir diese Daten jedoch im effizienten Parquet-Format speichern.

Schritt 1: CSV-Quelldatei zu Spark Data Frame

Da wir weiter oben bereits Beispiele für Pandas-Data-Frames und Datenkonvertierung vorgestellt haben, nutzen wir im folgenden Beispiel Apache Spark, welches verteilte Verarbeitung von Data Frames unterstützt. Da wir eine CSV-Datei einlesen möchten und bereits wissen, dass CSV-Dateien teils problematisch sein können, ist es eine gute Wahl, Spark darauf hinzuweisen, wie die CSV-Datei verarbeitet werden soll. Spark kann sowohl den verwendeten Separator als auch das Schema automatisch erkennen (*schema inference*), wie in Listing 5.11 gezeigt wird. Allerdings ist dies immer eine Abwägung, ob dies auch ohne Fehler verlaufen wird. Zusätzlich sehen wir, dass wir hier Sparks Parser explizit darauf hinweisen, die erste Zeile unserer CSV-Datei als Spaltennamen zu interpretieren.

Listing 5.11 Einlesen einer CSV-Datei in einen Spark-Data-Frame

```
from pyspark.sql import SparkSession

# Initialisiere Spark Session
spark = SparkSession.builder.appName("DataConversion").getOrCreate()

# Verkausdaten als CSV-Datei
# KundenID;AuftragID;Produkt;Preis
# 101;A2000;Smartphone;470.57
# ...

# Lese die CSV-Datei. Wir geben den Header an und lassen Spark das Schema ableiten.
df_sales = spark.read.csv(
    "verkaufsdaten.csv",
    header=True, # Erste Zeile enthält Die Spaltennamen
    inferSchema=True  # Einfach, aber für große Dateien nicht empfohlen!
)

df_sales.printSchema() # Optional: Gebe abgeleitetes Schema aus
# root
# |-- KundenID;AuftragID;Produkt;Preis: string (nullable = true)
```

Wenn wir das Python-Skript in Listing 5.11 ausführen, stellen wir jedoch fest, dass Spark das Schema nicht wie gewünscht abgeleitet hat – insbesondere da die KundenID als `int` definiert sein soll. Wir müssen hier also manuell eingreifen und Spark explizit mitteilen, wie unser Schema aussehen muss. Eine mögliche Lösung zur Schema-Korrektur wird dazu in Listing 5.12 demonstriert.

In diesem relativ einfachen Beispiel sehen wir eindrucksvoll, dass es gewisse Fallstricke in der Datenkonvertierung zu beachten gibt. Um diese zu vermeiden, müssen wir die Tücken dieser Datenformate bereits kennen (hier das Einlesen von CSV-Dateien; vgl. Abschnitt 5.1.1).

Schritt 2: Schreiben des Data Frames in das Parquet-Zielformat

Das Schreiben des erstellten Spark-Data-Frames als Parquet-Datei ist trivial. In Listing 5.13 weisen wir Spark mit einem einfachen Funktionsaufruf an, den Inhalt des Verkaufsdaten-Data-Frames im Parquet-Format in der Datei namens `verkaufsdaten.parquet` auf unsere lokalen Festplatte zu speichern.

Mit nur zwei Befehlen haben wir eine potenziell unhandliche CSV-Datei in ein hochkomprimiertes, spaltenorientiertes und für die Analyse optimiertes Format umgewandelt. Derselbe einfache Prozess funktioniert auch für andere Konvertierungen, z. B.

Listing 5.12 Schema-Korrektur in Spark beim Einlesen einer CSV-Datei

```
from pyspark.sql.types import StructType, StructField, IntegerType,
↪ StringType, DoubleType

schema = StructType([
    StructField("KundenID", IntegerType(), True),
    StructField("AuftragID", StringType(), True),  # String, solange
    ↪ 'A' vorne steht
    StructField("Produkt", StringType(), True),
    StructField("Preis", DoubleType(), True),
])

# Lese die CSV-Datei. Wir geben den Header an und lassen Spark das
↪ Schema ableiten.
df_sales = spark.read.csv(
    "verkaufsdaten.csv",
    header=True, # erste Zeile enthält Die schema = schema # Schema
    ↪ explizit definieren!
)
```

Listing 5.13 Schreiben des Data Frames in Spark in eine Parquet-Datei

```
# Schreibe den Data Frame in das Parquet-Format.
# Spark kümmert sich um Kompression und Metadaten automatisch.
df_sales.write.mode("overwrite").parquet("verkaufsdaten.parquet")
```

von JSON zu Parquet, von einer Datenbanktabelle zu Avro oder umgekehrt. Der Data Frame agiert hier als universeller „Übersetzer“ (d. h. Zwischenformat).

5.3 Praktischer Leitfaden: Welches Format für welchen Zweck?

Die Theorie bildet die Grundlage, aber die Kunst der Datenverarbeitung liegt in ihrer Anwendung. Nachdem wir die Datenstruktur und -speicherung sowie einen Katalog der wichtigsten Formate kennengelernt haben, fassen wir dieses Wissen nun in einem praktischen Leitfaden zusammen. Um eines vorweg zu nehmen: Es gibt nicht das „eine beste“ Format. Stattdessen müssen wir in Anbetracht der Formatvielfalt, die für unseren Anwendungszweck am *besten geeignetsten* Formate identifizieren.

Eine praktische Herausforderung ist in der Datenanalyse daher, eine fundierte Entscheidung über das zu verwendende Datenformat zu treffen. Diese Entscheidung, die

Tabelle 5.1 Entscheidungshilfe für die in diesem Kapitel vorgestellten Datenformate

Szenario	Beste Wahl(en)	Begründung
Daten-aufnahme (z. B. Rohdaten)	**Schema:** Avro **Schemalos:** JSONL, CSV	**Avro:** Behält die ursprüngliche Datenstruktur bei (schema-on-write), ist stark typisiert, versionierbar (Schema-Evolution) und kompakt. **JSON/CSV:** Einfach und universell, wenn die Datenquelle bereits in diesem Format vorliegt und dokumentiert ist und schnell abgelegt werden soll (z. B. Webservices, Datenrepositorien) – sonst unsicher, da nicht (stark) typisiert (schema-on-read).
Daten-Streaming / Echtzeit (Data-in-Motion) (z. B. Kafka)	**Avro** Alternativ: Protobuf	**Avro:** Der Industriestandard für Kafka. Die Kombination aus kompakten Binärdaten und einem Schema Registry ermöglicht eine robuste und flexible Daten-Pipeline mit Schema-Evolution.
Data Lake Storage für Analytics (Data-at-Rest)	**Parquet** Alternativ: ORC (Apache Hive)	**Parquet/ORC:** Spaltenorientierte Speicherung ist der Schlüssel. Abfragen, die nur wenige Spalten betreffen, müssen nicht die gesamte Datei lesen. Dies spart massiv I/O und beschleunigt Analysen um Größenordnungen.
Datenaustausch (Microservices, RPC)	**Protobuf** oder **Thrift**	**Protobuf/Thrift:** Extrem schnell, kompakt und sprachunabhängig. Ideal für performante Kommunikation über Netzwerkgrenzen hinweg. Das Schema dient als fester „Vertrag" zwischen den Services.
Verarbeitung & Austausch im Arbeitsspeicher (Data Frames, in-memory)	**Apache Arrow**	**Arrow:** Ein spaltenorientiertes In-Memory-Format, keine Speicherdatei. Dient als universeller, schneller Zwischenspeicher, um Daten verlustfrei zwischen Prozessen (z. B. Spark ↔ Pandas) auszutauschen (Zero-Copy). Beschleunigt die Verarbeitung, nicht die Speicherung.
Export für Anwender (Business User)	**CSV** oder **Excel**	**CSV/Excel:** Diese Formate werden oft als Exportformate zum Teilen von Daten eingesetzt. Business-Analysten können die Daten in Standard-Tools öffnen – allerdings ist dies bei CSV mit Design-Hürden verbunden (schema-on-read). Diese Formate eignen sich in der Regel nur für kleinere, voraggregierte Datensätze.
Datenarchivierung (Cold Storage)	**Parquet** oder **ORC** (mit starker Kompression)	**Parquet/ORC:** Die hohe Kompressionsrate dieser Formate spart langfristig viel Speicherplatz, und daher Kosten. Die Daten bleiben trotzdem abfragbar, falls sie später reaktiviert werden müssen.
Semistrukturierte Daten (verschachtelt)	**Parquet** oder **JSON** (je nach Fall)	**Parquet:** Bietet effiziente Unterstützung für verschachtelte Strukturen bei analytischen Abfragen. **JSON:** Wenn Flexibilität (schemalos) wichtiger ist als die Abfrageperformance.

oft am Anfang eines Projekts steht, kann weitreichende Konsequenzen für Performance, Kosten und die Flexibilität unserer gesamten Analyse-Architektur haben. Sie sollte somit mit Bedacht getroffen werden.

Tabelle 5.1 gibt uns eine grundlegende Übersicht über typische Szenarien und die dazugehörigen Empfehlungen.

Literatur

[Kle17] Martin Kleppmann. *Designing data-intensive applications: The big ideas behind reliable, scalable, and maintainable systems*. O'Reilly Media, 2017.

[Mel+10] Sergey Melnik et al. „Dremel: interactive analysis of web-scale datasets". In: *Proc. VLDB Endow.* 3.1–2 (Sep. 2010), S. 330–339. DOI: *10.14778/1920841.1920886*.

6 Big Daten-Management

Schon die Verwaltung noch überschaubarer Datenmengen in relationalen Datenbanken war und ist eine ernstzunehmende Herausforderung, wie die mittlerweile über 50-jährige Geschichte dieses Paradigmas eindrucksvoll unterstreicht. Moderne relationale Datenbanken sind Meisterwerke der Software-Ingenieurskunst, die mithilfe ausgefeilter Query-Planer die Ausführung von SQL-Abfragen sogar anhand der statistischen Verteilung von Daten optimieren können. Entsprechend reizen sie die technischen Möglichkeiten einer gegebenen Hardware üblicherweise sehr gut aus.

An dieser Stelle eine kurze Anmerkung für alle, die statistische Auswertungen ihrer Daten immer noch gerne selbst in ihrer Lieblingssprache implementieren, weil es ja besser ist, wenn man es selber macht.

Eine Auswertung, die direkt in einer Datenbank per SQL ausgeführt werden kann, erweist sich meist als die deutlich performantere Variante, schon alleine, weil die Daten nicht heruntergeladen werden müssen. Aber eben auch weil selbst gute Entwickler oder Entwicklerinnen selten in der Lage sind, die zuvor angesprochenen, ausgefeilten Optimierungen, die über viele Jahrzehnte hinweg für moderne Datenbanksysteme entwickelt wurden, zu übertreffen.

Spätestens sobald Tabellen oder Verknüpfungen zwischen Tabellen jedoch Rechnergrenzen überschreiten (müssen), stoßen Systeme nach dem klassischen relationalen Paradigma an ihre Grenzen und es stellt sich auch heute, rund 20 Jahre nach Geburt des NoSQL-Paradigmas, die Frage nach Alternativen. Der Begriff NoSQL wurde schon 1998 erstmals für eine alternative Abfragesprache von relationalen Datenbanken verwendet. In seiner heutigen Bedeutung von „Not only SQL" als Sammelbegriff für alternative Datenbankkonzepte, kam er gegen Ende der Nullerjahre nach einem Meetup in San Francisco in Mode.

Seither ist viel darüber geschrieben worden, doch nicht selten kommen dabei wichtige Aspekte nicht zum Ausdruck oder es werden gar falsche Interpretationen in die Welt gesetzt. Die Palette reicht von einer versuchten relationalen Nutzung alternativer Datenbankansätze bis hin zur Verwechslung von spaltenorientierten (relationalen) Datenbanken bzw. Data Warehouses mit den sogenannten Wide Column Stores aus der NoSQL-Welt.

In diesem Kapitel wollen wir daher die wichtigsten konzeptuellen Unterschiede von relationalen Datenbanken und ihren NoSQL-Verwandten, vor allem im Bereich der Normalisierung, herausarbeiten und die damit einhergehenden Konsequenzen für Skalierbarkeit, Flexibilität und Abfragemöglichkeiten verdeutlichen.

6.1 Relationale Datenbanken

> Relational Databases are the foundation of Western Civilization.
>
> Bruce Lindsay [Win05]

Relationale Datenbanken, die auf eine vor über 50 Jahren veröffentlichte Idee von „Ted“ Codd zurückgehen [Cod70], der dafür mit dem Turing-Award ausgezeichnet wurde, speichern bekanntlich strukturierte Daten (vgl. Abschnitt 3.4.2) in Form von Tabellen ab. Darüber hinaus können sie Beziehungen zwischen Tabellen über Fremdschlüssel abbilden, was einer der Gründe für ihren Namen ist[1]. Ein weiteres wichtiges Merkmal ist die **Normalisierung** der Datenmodelle, also das Aufspalten auf mehrere voneinander möglichst unabhängige Tabellen (vgl. [KE09]). Das in Bild 6.1 gezeigte Beispiel illustriert das anhand von Daten für Hotels und Bewertungen für einen Reiseratgeber à la Tripadvisor:

Im Beispiel sind die Bewertungen (Ratings) jeweils über einen Fremdschlüssel (Spalten Hotel und User) mit den Hotels und den bewertenden Usern verknüpft, um abzubilden, welcher User welches Hotel bewertet hat. Dazu werden relationale Normalisierungsprinzipien umgesetzt, was wiederum eine maximale Flexibilität in der Abfragegestaltung ermöglicht und die bekannten Anomalien (bei Insert, Update und Delete) vermeidet. Müssen Daten miteinander verknüpft werden, sind sogenannte Joins, also Verknüpfungen der Tabellen über die Fremdschlüssel notwendig.

Sollen beispielsweise wie in Bild 6.2 der volle Name der Autorin und der Name des bewerteten Hotels für das Rating mit ID 20 auf unserer Webseite angezeigt werden, müssen diese mitteles Joins aus den beiden anderen Tabellen „importiert“ werden. Listing 6.1 zeigt eine beispielhafte SQL-Abfrage dafür.

1 Der andere ist die Anlehnung an Relationen in der Mengenlehre, da wir Tabellen auch als Relationen betrachten können.

Hotels

ID	Name	Ort	Sterne
1	Quadrat-Hotel	Mannheim	4
2	Hotel Schlossblick	Heidelberg	5
3	Hotel am Dom	Speyer	5

Ratings (sog. Fremdschlüssel: Hotel, User)

ID	Hotel	User	Bewertung	Kommentar
18	1	csmith	1	Noisy and dirty.
19	2	csmith	4	Nice and clean.
20	3	emiller	4	Cosy hotel.
21	3	aheintz	5	Sehr gastfreundlich.

Users

Username	Land	Vorname	Name
aheintz	de	Alex	Heintz
csmith	us	Chris	Smith
emiller	en	Edith	Miller

Bild 6.1 Beispielhafte Tabellenstruktur für einen Reiseratgeber à la Tripadvisor.

Bild 6.2 Beispielhafte Bewertung eines Hotels.

Listing 6.1 Beispielhafte SQL-Abfrage mit einem Join von drei Tabellen

```
select Hotels.Name, Users.Name, Ratings.Kommentar
from Ratings, Hotels, Users
where Ratings.ID = 20 and Hotels.ID = Ratings.Hotel
                      and Users.Username = Ratings.User;
```

Offensichtlich verursacht ein solcher Join einen unter Umständen nicht unerheblichen internen Verarbeitungsaufwand, insbesondere wenn eventuell versehentlich ein Cross Join, also das kartesische Produkt von zwei oder mehr Tabellen angefordert werden würde. Jenseits dieser Gefahr einer Datenexplosion ist spätestens ein Join über Rechnergrenzen hinweg ein Flaschenhals, der unter allen Umständen vermieden werden sollte. Dem Wunsch nach einer skalierbaren Datenhaltung zusammen mit der Möglichkeit beliebiger Joins über die ggf. auf verschiedenen Servern liegenden Daten konnten relationale Datenbanken Anfang der 2000er Jahre nicht entsprechen.

6.1.1 Möglichkeiten & Grenzen

Relationale Datenbanken wurden primär für die alltägliche Verwaltung sogenannter Transaktionsdaten im **Online Transaction Processing** (kurz: OLTP), also den individuellen Zugriff auf einzelne Datensätze, ausgelegt. Entsprechend werden einzelne Datensätze (also die Tabellenzeilen) intern zeilenweise hintereinander weg so abgespeichert, dass sie zur Bearbeitung schnell en bloc geladen und bei Veränderung an der gleichen Stelle gesichert werden können, wie wir das bereits in Abschnitt 3.5.1 erläutert haben, vgl. auch [KE09]. Data Warehouses (erklärt in Kapitel 7, die für Datenauswertungen und -analysen (Stichwort: OLAP = **Online Analytical Processing**) großer, sich nicht andauernd ändernder Datensätze ausgelegt sind, speichern die Daten hingegen spaltenorientiert, um auf bestimmte Attribute aller Datensätze schnell zugreifen zu können. So können darauf etwa Aggregationen wie Summen oder Durchschnittswerte deutlich performanter berechnet werden.

Relationale Datenbanken punkten ferner durch ihre große Flexibilität im täglichen Umgang mit den Daten: Wird ein sauberes, d. h. normalisiertes Datenmodell wie aus Bild 6.1 genutzt, sind beinahe beliebige Abfragen darauf möglich, wie im SQL-Listing 6.1 demonstriert. Wie das folgende Zitat von Turing-Preisträger Michael Stonebraker [Sto10] wunderbar beschreibt, hatten die Anfang der 2000er Jahre auftretenden Performanzprobleme relationaler Datenbanken im Umgang mit großen Datenmengen jedoch wenig mit der Abfragesprache SQL an sich zu tun:

> "... blinding performance depends on removing overhead. Such overhead has nothing to do with SQL, but instead revolves around traditional implementations of ACID transactions, multi-threading, and disk management."

Die Performanceprobleme relationaler Systeme rühren neben den bereits angesprochenen nicht möglichen verteilten Joins auch von den ihnen inhärenten ACID-Garantien her. Transaktionen, die zu einem Locking einzelner Einträge oder gar ganzer Tabellen führen, sind nicht förderlich für die Performance, schon gar nicht bei einer großen Schreiblast, wie sie im Big-Data-Bereich regelmäßig vorkommen wird.

Zur Erinnerung: Die ACID-Prinzipien [HR83] definieren, dass jede Datenbank-Transaktion das System in einem gültigen Zustand hinterlässt. Konkret steht dieses Kürzel für Atomicity, Consistency, Isolation und Durability.

Atomarität bedeutet, dass eine Abfrage oder auch eine Transaktion aus mehreren, insbesondere schreibenden Abfragen entweder ganz oder gar nicht ausgeführt wird. Sollten Teile davon nicht erfolgreich sein, werden alle Änderungen zurückgerollt (sog. Rollback).

Die **ACID-Konsistenz**[2)] garantiert, dass die Datenbank nach jeder Transaktion wieder einen regelkonformen Zustand annimmt, also alle Integritätsregeln wie Fremdschlüsselbeziehungen oder Check-Constraints eingehalten werden.

2 Es ist wichtig, die ACID-Konsistenz von der Konsistenz redundanter Datenkopien nach dem CAP-Theorem (siehe Abschnitt 6.3) unterscheiden zu können.

Gemäß dem Prinzip der **Isolation** werden alle Transaktionen unabhängig voneinander ausgeführt, sie beeinflussen sich also nicht gegenseitig. Änderungen einer Transaktion werden für andere Transaktionen erst dann sichtbar, wenn erstere vollständig abgeschlossen sind.

Die **Dauerhaftigkeit** von Änderungen wird durch das letzte Prinzip garantiert. Hat die Datenbank eine Transaktion erfolgreich abgeschlossen (committed), gehen Änderungen auch beispielsweise bei einem Stromausfall nicht verloren.

Ihre Leistungsgrenzen erreichen relationale Datenbanken immer dann, wenn ein einzelner Server für die zu verarbeitenden Datenmengen nicht mehr ausreichend ist und die Daten auf einen Cluster von Maschinen verteilt werden müssen. Entsprechend bieten die wenigsten relationalen Datenbanken nativ eine echte Verteilung an. PostgreSQL kann beispielsweise zunächst nur nach dem Master-Slave-Prinzip einen einzelnen Server replizieren, um hohe Leselasten besser abfedern zu können. Selbst aufwendige und teure Oracle-RAC-Cluster verteilen nicht auf Datenbankebene, sondern über ein darunterliegendes gemeinsames Dateisystem und eine ausgeklügelte Cache-Kommunikation zwischen den einzelnen Datenbankknoten. Bei SAPs HANA ist es über eine geschickte Konfiguration und Replikation kleiner Tabellen machbar, Joins verteilt über verschiedene Maschinen auszuführen, für annehmbare Zugriffszeiten muss hier die Konfiguration sehr genau geplant werden. Bei sehr großen Datenmengen wiederum kann eine verteilte Verarbeitung von Joins sogar solche Netzwerklatenzen ausgleichen und zu einer besseren Performance führen.

Fachkundigen Leserinnen und Lesern mag an dieser Stelle das `Partition`-By-Statement zur Tabellenpartitionierung in den Sinn kommen, das sowohl Postgres als auch Oracle unterstützen. Dieses dient nativ jedoch nur dazu, große Tabellen auf einer Maschine zu unterteilen, um die Performance zu verbessern. Eine echte Verteilung auf mehrere Maschinen im Cluster (sog. Sharding), wie etwa bei Cassandra, ist (bisher?) nicht möglich. Für Postgres wird das immerhin über die Erweiterung durch Citus[3] möglich.

Schon bei kleineren Datenmengen ist es keine besonders gute Idee, Hash-Werte als Primärschlüssel für Datensätze zu verwenden. Erst recht nicht, wenn es sich um 32-Bit-Hashes, wie bspw. bei Javas hashCode-Methode, handelt.

Wie beim Geburtstagsparadoxon schon bei einer Gruppe von 23 Personen die Wahrscheinlichkeit, dass zwei am gleichen Tag Geburtstag haben bei rund 50,7 Prozent liegt, steigt auch die Wahrscheinlichkeit für die Kollision von Hash-Werten schon bei recht geringen Datenmengen sehr schnell an. Für die rund 4,3 Milliarden möglichen 32-Bit-Werte reichen schon ca. 77.163 Hash-Werte aus, um eine fünfzigprozentige Kollisionswahrscheinlichkeit zu erhalten[4].

3 *https://github.com/citusdata/citus*

4 Basierend auf der bspw. in *https://hbfs.wordpress.com/2012/03/30/finding-collisions* gegebenen Näherungslösung.

In der Praxis hat die weiterhin wachsende Hardware inzwischen dafür gesorgt, dass heute die meisten „normalen" Datenbankanwendungen auf einem einzelnen, ggf. replizierten, Server laufen können. Stellen wir uns etwa vor, wir wollten grundlegende Kundendaten in der Größenordnung von 100 Millionen (was mehr als die Einwohnerzahl Deutschlands ist) in einer Datenbank ablegen. Das stellte ein Projekt, an dem einer der Autoren Ende der Zwanzig-Nuller-Jahre mitarbeitete, noch vor signifikante Herausforderungen und benötigte damals einen der oben angesprochenen RAC-Cluster. Heutige Server, deren Arbeitsspeicher leicht den Terabyte-Bereich erreichen kann, könnten eine solche Datenmenge vermutlich problemlos in-memory verwalten. So drängt sich natürlich die Frage nach der Daseinsberechtigung von NoSQL-Systemen auf, der wir im Folgenden auf den Grund gehen möchten.

6.2 NoSQL

Moderne, auf Durchsatz ausgelegte NoSQL-Datenbanken[5)] wurden von Anfang an konsequent für die Verteilbarkeit auf nicht spezialisierter Commodity-Hardware, gegebenenfalls bestehend aus „wild zusammengewürfelten" Clustern aus verschiedenen Rechnertypen, entwickelt. Die einzelnen Maschinen finden sich dazu meist mit einigen wenigen Konfigurationsparametern, wie der Angabe von Seed-IP-Adressen, selbstständig zu einem Cluster zusammen.

Lese- und Schreibanfragen können gewöhnlich an jedes beliebige Gerät gestellt werden und werden automatisch im Cluster koordiniert. Zwar gibt es auch hier Systeme, bei denen die Installation einfacher funktioniert (wie bspw. der Wide Column Store Cassandra) und andere, die komplexer zu konfigurieren sind (wie etwa MongoDB), aber grundsätzlich sind NoSQL-Systeme deutlich leichter und performanter in Clustern zu betreiben als ihre relationalen Vorgänger.

Die SQL (Structured Query Language) ist auch in den 2020er-Jahren als Abfragesprache weiterhin so populär, dass sich selbst als NoSQL bekannte Datenbanken (wie Cassandra) mit ihrer Abfragesprache stark an ihr orientieren und gängige Big-Data-Frameworks (wie Hadoop, Spark oder Flink) oder die Streaming-Plattform Kafka Möglichkeiten bieten, um SQL-basiert auf enthaltene Daten zugreifen zu können. Auch die im Zuge des Data-Lakehouse-Ansatzes immer populärer werdenen Open Table Formats untermauern diesen Platzhirsch-Status. SQL dürfte daher noch über Jahrzehnte hinweg die Standardabfragesprache in der Welt des Datenmanagements bleiben.

NoSQL-Systeme lösen zudem das Problem verteilter Joins auf eigene Weise, nämlich durch eine Denormalisierung zusammenhängender Daten in der Form, damit sie ge-

5 Siehe auch Kapitel 11 mit einer detaillierten Vorstellung konkreter Systeme.

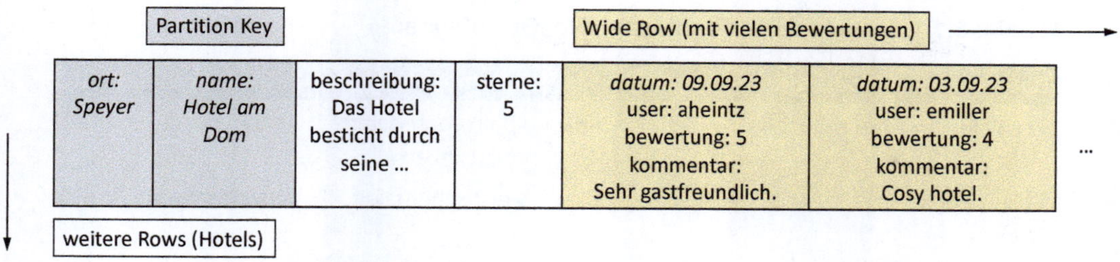

Bild 6.3 Mögliche Struktur der Hotelbewertungen mit einer Wide Row in einem Wide-Column Store.

meinsam auf einem Rechner gespeichert werden können. Bild 6.3 zeigt, wie die Daten der zuvor in Bild 6.2 gezeigten Hotelbewertung in einem Wide Column Store (Details dazu in Abschnitt 11.3) gespeichert werden könnten.

Wir sehen in Bild 6.3[6)], dass alle für die Anzeige der Bewertung benötigten Daten in einem Block gemeinsam abgespeichert werden würden. So können sowohl Hotelbewertungen schnell angezeigt, als auch statistische Daten wie die durchschnittliche Bewertung für ein bestimmtes Hotel schnell geladen und angezeigt werden. Die Schattenseite dieses Ansatzes ist jedoch, dass wir uns beim Speichern der Daten sehr genau überlegen müssen, wie unsere Queries aussehen werden, da die Speicherung der Daten genau auf die Abfragen zugeschnitten werden muss. Sollten weitere Abfragen notwendig werden, die mit dieser Struktur nicht kompatibel sind, also etwa eine Auflistung aller Bewertungen der Nutzerin Edith Miller, müssen die Daten dazu passend erneut abgespeichert werden.

6.2.1 Kurzüberblick

Wie bereits angedeutet, ist NoSQL ein breites Feld mit einer Reihe von verschiedenen Datenbanktypen. Allen gemeinsam ist die in modernen Systemen von Anfang an eingeplante Verteilbarkeit und redundante Speicherung von Daten. In der Literatur (bspw. in [Ges+17]) werden meist die in Tabelle 6.1 gezeigten NoSQL-Subtypen unterschieden.

Jenseits dieser Kategorien gibt es noch verschiedene andere für spezielle Einsatzzwecke, deren Darstellung den Rahmen einer übersichtlichen Tabelle sprengen würde. Zumal etwa Suchmaschinen als Untergruppe der dokumentenbasierten Datenbanken oder Zeitreihendatenbanken als Untergruppe der Wide-Column Stores gesehen werden können. Nichtsdestotrotz haben wir in Kapitel 11 entsprechende Anwendungsbeispiele auch aus dieser Gruppe vorbereitet.

6 Das technische Konzept, das die flexible Speicherung einer beliebigen Anzahl von Spalten pro Zeile eines Wide-Column Stores möglich macht, heißt tatsächlich Wide Row.

Tabelle 6.1 Übersicht der verbreitetsten NoSQL-Subtypen.

Datenmodell	Skalierbarkeit	Latenz	Schema	Betriebskomplexität
Key-Value Stores	Sehr hoch	Sehr gering	Applikationsseitig umzusetzen	Gering
Document Stores	Hoch	Gering	Meist schemalos	Mittel bis hoch
Wide-Column Stores	Sehr hoch	Gering (heutige Systeme)	Meist tabellarisch	Gering bis mittel
Graph-Datenbanken	Begrenzt	Gering bis mittel	Key-Value-Paare an Kanten und Knoten	Mittel bis hoch

6.2.2 Technische Grundlagen von NoSQL-Datenbanken

NoSQL-Systeme vertrauen auf einige wichtige technische Grundlagen, die größtenteils natürlich nicht erst für NoSQL entwickelt wurden, die wir aber nichtsdestotrotz für ein gutes Verständnis dieser Technologien und vor allem auch ihrer technischen Grenzen erklären müssen. Die konsequente Ausrichtung von NoSQL auf eine horizontale Verfügbarkeit findet sich in vielen der folgenden Abschnitte wieder.

Teile und herrsche: Sharding

Das Sharding, manchmal auch Partitioning genannt, ist sicherlich die wichtigste Idee, die NoSQL-Datenbanken horizontal skalierbar macht und liegt ebenso sicher auf der Hand: wenn die Daten nicht mehr auf eine Kiste passen, müssen wir sie eben „zersplittern" (von engl. shard = Splitter oder Bruchstück). Dieses Bild ist insofern etwas ungeschickt, als etwa beim Zersplittern einer Vase viele unkontrollierte Bruchstücke auftreten werden, von denen wir unter Umständen kleine Splitter, die wild davonspritzen, nur mit großem Aufwand oder auch gar nicht mehr wiederfinden können.

Der Begriff Partitioning wird meist etwas allgemeiner für alle Situationen verwendet, in denen Daten aufgeteilt werden müssen. Sharding hingegen bezieht sich auf die Unterteilung von Daten für eine horizontale Skalierung von Datenbanksystemen, sodass wir im Folgenden bei diesem Begriff bleiben wollen, wohlwissend, dass es auch eine Reihe von Datenbanken gibt, die den Begriff Partition statt Shard verwenden.

Ein unkontrolliertes Zersplitten der Daten müssen Datenbanken natürlich unbedingt vermeiden, sie benötigen daher eine Strategie, die Daten kontrolliert aufzuteilen und sie später wiederfinden zu können. Dazu gibt es im Wesentlichen drei Ansätze:

- Range-Based Sharding

- Hash-Based Sharding
- Directory-Based Sharding

Die zugrunde liegenden Ideen sind alle nicht sonderlich komplex. Wie so oft in der Informatik haben sie aber alle unterschiedliche Stärken und Schwächen, die wir uns klar machen müssen. Wir wollen an dieser Stelle noch einmal unterstreichen, dass Shards oder Partitionen eine rein systematische Unterteilung der Daten sind und nicht mit Maschinen, also Servern, verwechselt werden dürfen. Einzelne Shards werden aus Gründen der Datensicherheit typischerweise auf mehreren Servern abgelegt (repliziert) und auch auf einem Server können mehrere Shards abgelegt werden.

Wie der Name bereits nahelegt, verteilt **Range-Based Sharding** die Daten nach Bereichen des Primärschlüssels, bzw. einer zusammengesetzten Variante, die in diesem Kontext oft Partition Key genannt wird. Vereinfachend angenommen, Nachnamen wären dieser Schlüssel, dann könnten alle Namen, die mit A-H beginnen, in Sharding 1 abgelegt werden, alle von I-P in Sharding 2 und alle mit Q-Z in Sharding 3. Auf den einzelnen Servern muss entsprechend ein Verzeichnis vorgehalten werden, damit Anfragen an die entsprechende Maschine geroutet werden können. Dabei werden Schreibanfragen an den für die entsprechende Partition zuständigen Master-Rechner geleitet, während Leseanfragen von allen Maschinen beantwortet werden können, auf denen eine Partition repliziert ist.

Gerade anhand von Namen lässt sich das Hauptproblem dieses Ansatzes leicht nachvollziehen. Wenn Daten nicht gleichmäßig über die mögliche Range verteilt vorliegen, kann es schnell zu sogenannten „Hot Spots“ kommen. Bei deutschen Namen könnten wir etwa vermuten, dass bei „M“, „S“ oder speziell auch bei „Sch“ solche Hotspots auftreten dürften. Entsprechend benötigen Datenbanken für dieses Verfahren einen Balancer, der im Hintergrund beständig die Größe der Shards überwacht und bei Bedarf die Ranges neu zuschneidet (sog. Rebalancing.) Das kann auch eine Neuverteilung der Shards auf den Servern im Cluster notwendig machen und dabei die Gesamtperformance deutlich negativ beeinträchtigen, sodass manche Datenbanken dafür eine manuelle Bestätigung erfordern.

Eine Gleichverteilung lässt sich über **Hash-Based Sharding** mit dafür geeigneten Hash-Funktionen[7] besser hinbekommen. Hierzu muss schlicht der Hash-Wert des Schlüssels, also `hash(key) % n`, berechnet und daraus per Modulo-Operation der zuständige Server bestimmt werden. `n` bezeichnet dabei die Anzahl der Server. Sind die Server von `0` bis `n-1` durchnummeriert, kann direkt der Rest zur Bestimmung der Servernummer verwendet werden.

In der Praxis ist der Ansatz noch ein wenig komplizierter, zum einen, weil die Shards zur Sicherheit wieder auf mehreren Servern repliziert werden sollen und zum anderen, weil in elastischen Cloud-Systemen permanent damit gerechnet werden muss,

7 Eine böse Falle, in die man hineintappen kann, ist in der Textbox in Abschnitt 13.3.3 beschrieben.

dass (virtuelle) Server in das System hinzukommen, längerfristig ausfallen oder bei reduzierter Last bewusst herausgenommen werden. Auch diese Situation macht wieder ein Rebalancing erforderlich, doch hier würde das zuvor gezeigte, recht naive Hash-Schema nicht mehr gut funktionieren: Es müssten die allermeisten Schlüssel neu zugeordnet und entsprechend viele Daten verschoben werden. Um diesem Problem Herr zu werden, verwenden die meisten NoSQL-Systeme heute eine deutlich größere Zahl von Shards als als maximale Zahl an Serverknoten zu erwarten ist, vgl. bspw. [Kle17]. Angenommen, wir hätten zu Beginn 20 Shards, die auf vier Server verteilt wären, dann würde beim Hinzukommen eines neuen Servers von den bisherigen Servern jeweils ein Shard auf den neuen übertragen, sodass im Nachgang jeder Server vier Shards verwalten würde. Ganz ohne eine Verwaltung von Metadaten zur Verteilung auf den Knoten kommt dieser Ansatz in der Praxis also nicht aus. Hier können System wie ZooKeeper diese Aufgabe übernehmen.

Das **Directory-based Sharding** funktioniert ähnlich wie ein Dateisystem: Es führt schlicht Buch darüber, welche Daten auf welchem Knoten gespeichert worden sind. Das hat den großen Vorteil, dass es sehr flexibel alle hereinkommenden Datensätze gleichmäßig auf die zur Verfügung stehende Rechnerkapazität verteilen kann. Entsprechend ergibt sich der Nachteil, dass alle Anfragen über den Verwaltungsknoten laufen müssen und hier ein Single Point of Failure verborgen ist, der für einen zuverlässigen Betrieb repliziert werden muss.

LSM-Trees zur schnellen Datenspeicherung

Verschiedene NoSQL-Datenbanken wie insbesondere die Wide-Column- oder auch Key-Value-Stores wurden insbesondere für die Bewältigung großer Schreiblasten ausgelegt. Die wichtigsten der dazu eingesetzten Ansätze wollen wir im Folgenden kurz erläutern, um auch hier wieder vor allem die Grenzen bzw. Tradeoffs deutlich zu machen, die die Werbung der jeweiligen Hersteller allzu gerne ins Kleingedruckte verbannt. Das zuvor erläuterte Sharding ist eine wichtige Technik, die dabei hilft, die Schreiblast auf mehrere Knoten zu verteilen. Ebenso hilfreich ist die zuvor in Abschnitt 6.2 diskutierte Denormalisierung von Daten, sodass Datensätze sowohl zusammenhängend gelesen und eben auch zusammenhängend geschrieben werden können. Nicht zuletzt vermeidet die im folgenden Abschnitt beschriebene Eventual Consistency zumindest einen Teil des in diesem Buch schon vielfach angesprochenen Overheads von relationalen Datenbanken.

Relationale Datenbanken speichern ihre Tabellen typischerweise in Seiten von einigen Kilobyte Größe (vgl. [KE09]), die sich an den Sektorgrößen traditioneller HDDs orientieren, bzw. oft auch daran anpassen lassen. Um den zu einem Schlüssel passenden Eintrag schnell finden zu können, organisieren fast alle relationalen Datenbanken einen Index mit einem B-Baum oder Varianten davon. In diesem wird für jede Page die

Range von Schlüsseln abgelegt, deren Einträge (also die Zeilen) in der jeweiligen Page abgelegt sind. So kann beim Lesen in $O(\log n)$ die entsprechende Seite gefunden und geladen werden. Beim Schreiben muss zunächst ebenfalls die für einen neuen oder aktualisieren Key vorgesehene Seite gefunden und geladen werden, bevor sie aktualisiert und zurückgespeichert werden kann. Ist eine Seite voll, muss eine Aufteilung der Seite auf zwei neue, ein sogenannter „Page Split", ausgeführt und der B-Baum entsprechend aktualisiert werden. Besonders kritisch sind hohe Schreiblasten mit zufälligen Keys (wie etwa UUIDs), da hier die Daten wahllos in die bestehenden Seiten eingefügt werden, wodurch eine hohe Zahl von Page Splits auftreten werden.

NoSQL-Systeme wie Cassandra oder RocksDB nutzen eine klug ausgeknobelte Caching-Struktur namens Log-Structured Merge-Trees (**LSM-Trees**) [ONe+96], die Änderungen an bereits bestehenden Dateien vermeidet. Die zugrunde liegende Idee ist es, die Daten möglichst sequenziell in den Festspeicher zu schreiben. Dazu werden die zu schreibenden Daten zunächst im Arbeitsspeicher in einem sogenannten Memtable gesammelt und dort in der Regel nach dem Key sortiert gehalten. Dafür bietet sich die Verwendung eines balancierten Binärbaums an.

Sobald eine bestimmte (meist konfigurierbare) Datenmenge von einigen Megabyte im Arbeitsspeicher erreicht ist, werden die Daten aus dem Memtable en bloc in einen sogenannten SSTable (für Sorted String Table) auf die Platte geschrieben, wie das auch in Bild 6.4 zu sehen ist. Um im Falle eines Hardwareausfalls vor Datenverlust geschützt zu sein, schreiben Datenbanken (auch die relationalen) jeden Datensatz zur Sicherheit sofort in ein sogenanntes Write-ahead Log, an das Daten nur sequenziell (und daher schnell) hinten angehängt werden. Sollte etwas schief gegangen sein, können daraus auch bisher nicht in den SSTable persistierte Daten rekonstruiert werden.

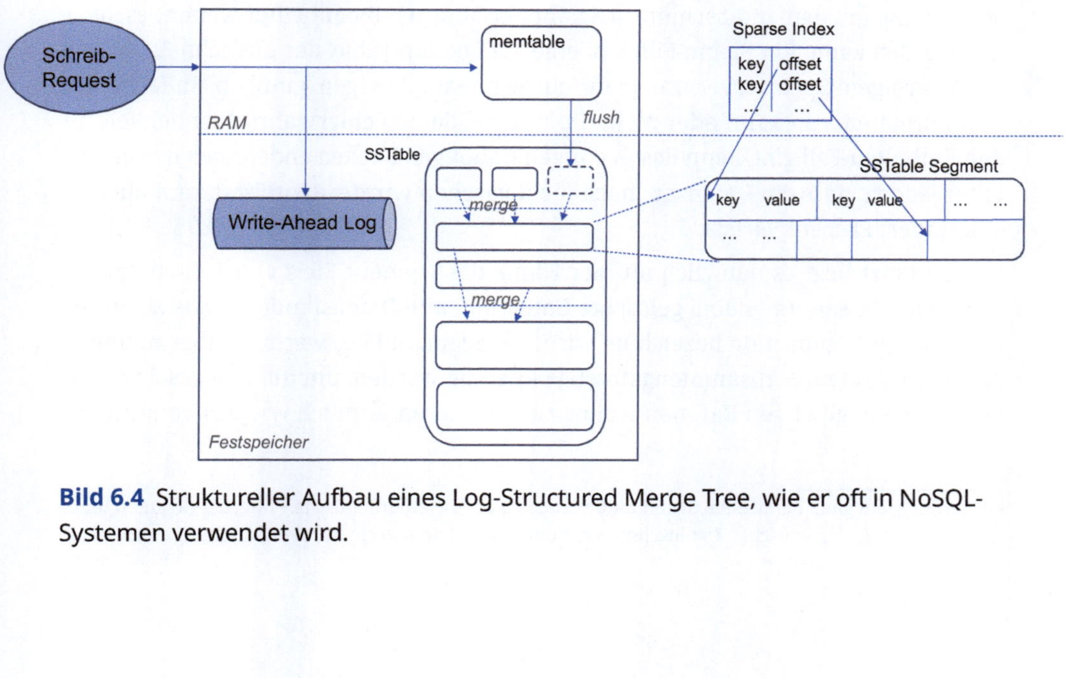

Bild 6.4 Struktureller Aufbau eines Log-Structured Merge Tree, wie er oft in NoSQL-Systemen verwendet wird.

Auf der Platte werden die Daten aus dem Memtable in einem sogenannten Segment File abgelegt. Der SSTable setzt sich aus den über die Zeit angesammelten Segmenten zusammen, die über die Zeit zu größeren Einheiten zusammen gemergt werden (sog. Compaction, s. u.). Wichtig zu wissen und zu verstehen ist hier zunächst, dass Segment Files read-only sind und daher, einmal geschrieben, nicht mehr verändert werden können. Das bedeutet auch, dass Updates oder auch das Löschen von Daten immer in ein neues Segment File (bzw. zunächst den Memtable) geschrieben werden müssen. Daten werden also nicht physisch gelöscht[8)], sondern nur mit einem Tombstone als gelöscht markiert und nur über die Zeit bei einer eventuell stattfindenden Compaction aus den Segmenten entfernt.

Entsprechend müssen NoSQL-Systeme zum Lesen der Daten mit dem Memtable beginnen und anschließend vom neuesten zum ältesten Segment File durch alle Daten gehen, um einen spezifischen Datensatz aufspüren zu können bzw., um ganz genau zu sein, ggf. seinen zuletzt gespeicherten aktuellen Stand. Das klingt für den schlimmsten Fall, eine große und lange gewachsene Datenmenge, zunächst einmal aufwendig – und ist es sicherlich auch. Auch wenn wir gleich noch einige gute Ideen zur Beschleunigung beschreiben werden, liegt die Schlussfolgerung nahe, dass Datenbanken mit diesem Ansatz mit dem Lesen und vor allem auch mit häufigen Aktualisierungen und Löschungen von Daten nicht besonders gut klarkommen, da diese paradoxerweise immer mehr Daten erzeugen und damit die Suchzeiten verlängern.

Wie können wir als Datenbank-Designer aus diesem Dilemma entkommen? Zunächst einmal sollten wir uns ins Gedächtnis rufen, dass die Daten innerhalb der Segmente sortiert abgespeichert werden. Um das teure Laden ganzer Segment Files zu vermeiden, bietet es sich zudem an, im Arbeitsspeicher einen dünn besetzten Index der in einem Segment File gespeicherten Werte zu halten, sodass das Durchsuchen gerade in Verbindung mit dem in Abschnitt 14.3 näher erläuterten Bloom-Filter weiter beschleunigt werden kann. Ein Bloom-Filter ist eine Art Lookup-Table, der uns schnell und mit recht geringem Speicherverbrauch für ein Segment File sagen kann, ob ein Datensatz dort enthalten sein kann oder nicht. Da es eine kleine Fehlerwahrscheinlichkeit für den Enthalten-Fall gibt, kann das in einigen unnötigen Suchen enden, sagt der Bloom-Filter jedoch, dass ein Datensatz noch nicht gesehen wurde, dann ist darauf auch zu einhundert Prozent Verlass.

Nicht zuletzt liegt es natürlich auf der Hand, die Segment Files von Zeit zu Zeit zusammenzufassen und dabei gelöschte Daten und alte Datenstände daraus zu entfernen, was als Compaction bezeichnet wird. Die Segment Files werden dabei zu immer größeren Einheiten zusammengefasst, je älter sie werden, um die Lesegeschwindigkeit in einem gewissen Rahmen weiter zu optimieren. Ähnlich wie das Verschieben

---

8 Das mag ein ganz handfester Grund dafür sein, warum die amerikanischen Internet-Giganten oft etwas mit dem europäischen Datenschutzrecht und speziell dem Recht auf Datenlöschung zu fremdeln scheinen.

von Shards zwischen Knoten, hat natürlich auch eine laufende Compaction negative Auswirkungen auf die System-Performance.

Mit Verwendung des in diesem Abschnitt vorgestellten Aufbaus erreichen entsprechende NoSQL-Datenbanken im Allgemeinen eine deutlich bessere Schreib-Performance als ihre relationalen Pendants, die sich dabei auch noch um die Einhaltung der ACID-Vorgaben kümmern müssen. Beim Lesen – gerade nach häufigen Updates – bleiben allerdings meist die relationalen Systeme im Vorteil.

Replikation

Die Replikation von Daten ist ein logischer Schritt, um in einem verteilten System gegen Ausfälle von Systemkomponenten gewappnet zu sein und ggf. auch eine höhere Leselast verkraften zu können. Was bei Leseanfragen also durchaus Vorteile bringen kann, erzeugt bei Schreibaufträgen zunächst allerdings eine größere Latenz, da natürlich die Kopien (engl. Replica) der Daten über das Netzwerk an andere Serverknoten gesendet werden müssen. Hierbei sprach man früher meist von einem Master-Slave-Verfahren, bei dem der Master-Knoten Vorgaben zur Speicherung an die Slaves weitergibt. Im NoSQL-Kontext hat sich heute der Begriff **Leader-Follower-Replikation** eingebürgert. Die Idee ist dieselbe geblieben: Alle Schreibanfragen werden vom Leader an die Follower gesendet und müssen dort repliziert werden. Dieses Vorgehen ist schon lange bekannt, da es auch schon bei vielen relationalen Datenbanken zum Einsatz kommt. Fällt ein Leader aus, kann einer der Follower seine Aufgabe übernehmen. Der Nachteil dieses Ansatzes liegt auf der Hand: Ist der Leader überlastet oder kurzzeitig nicht erreichbar, wird er zum Flaschenhals, was das Schreiben im System empfindlich stören kann.

Eine Alternative dazu ist eine **Multi-Leader-Replikation**, bei der auf mehreren (oder gar allen[9)]) Knoten geschrieben werden kann. Da aber die Schreibaufträge intern nach wie vor an die Replica-Server gesendet werden müssen, halten sich die Performance- und Skalierungsvorteile meist in Grenzen. In der Praxis wählt man dieses Verfahren meist dann, wenn ein System über mehrere Rechenzentren weltweit verteilt betrieben wird und durch die geografische Nähe zu den Clients bessere Latenzzeiten erreicht werden können. Dann ist es meist am sinnvollsten, in jedem Rechenzentrum einen Knoten zum Leader zu machen, der Schreibaufträge an andere Rechenzentren weiterverteilen kann.

Konsistenzmodelle

Wie bei Methodenaufrufen in der Programmierung können Schreib-Requests in einem Leader-Follower-Szenario entweder **synchron** oder **asynchron** ausgeführt werden. Eine synchrone Verarbeitung von Schreibanfragen kann gerade in weltweit verteilten

9 Dann spricht man meist von einem nach dem Peer-to-Peer-Verfahren organisierten System.

Systemen ein recht großes Risiko für eine signifikante Latenz mit sich bringen, da der Leader vor dem Bestätigen einer Anfrage zunächst die Bestätigungen aller Follower erhalten muss. Dies wird gewöhnlich als **Strong Consistency** bezeichnet, da damit garantiert ist, dass alle Knoten einen identischen Datenbestand gespeichert haben. Bei einer asynchronen Vorgehensweise drängt sich die Frage auf, ob und wie schlussendlich eine Konsistenz zwischen den Datenbeständen aller Knoten erreicht werden kann. Die Lösung dieser Frage ist unter dem Namen **Eventual Consistency** bekannt geworden und hat den Hype um NoSQL-Datenbanken wesentlich mit befeuert. Weitere Details dazu erläutern wir gleich in Abschnitt 6.3.1.

Ein Mittelding aus den beiden bisher genannten Verfahren ist die sogenannte **Causal Consistency**, bei der sichergestellt wird, dass kausal miteinander zusammenhängende Operationen in der richtigen Reihenfolge abgespeichert werden. So macht beispielsweise ein Like für einen Social-Media-Beitrag keinen Sinn, wenn nicht zuvor der Beitrag selbst abgespeichert worden ist. Dadurch müssen nicht alle Updates global synchronisiert werden, wohl aber vom Leader die notwendigen Updates in passender Form an die Follower kommuniziert werden. Eine weitere Möglichkeit, die Latenzzeiten zu reduzieren, ist die **Quorum-based Consistency**, bei der nur eine bestimmte Anzahl – typischerweise die Mehrzahl – der Knoten eine Schreiboperation bestätigt haben müssen. Wird das gleiche Quorum auch beim Lesen eingesetzt, ist sichergestellt, dass immer der neuste Datenstand gefunden und zurückgeliefert wird. Betrachten wird als Beispiel ein System, in dem ein Datum insgesamt dreimal geschrieben wird. Sobald zwei Knoten den Write bestätigt haben, wird ein darauffolgender Read mit mindestens zwei Knoten auf jeden Fall den neusten Stand mit zurückliefern, sodass der zweite eventuell veraltete Wert aussortiert werden kann.

Umgang mit Concurrent Writes

Concurrent Writes, also der gleichzeitige, schreibende Zugriff auf eine Speicherstelle ist kein neues Phänomen von Big Data. Es kommt vielmehr bereits seit Langem auch bei relationalen Datenbanken vor und hat dort zur Entwicklung von ausgefeilten Locking-Mechanismen geführt. Neu bei Big-Data-Anwendungen ist die teilweise extrem gesteigerte Massivität der parallelen Schreibversuche – vgl. Bild 2.3 mit dem Gedränge am Schulbus –, wenn beispielsweise bei Datenauswertungen gleichzeitig Dutzende von Prozessen auf den gleichen Key zugreifen möchten, was letztlich zur Entwicklung moderner Verarbeitungs-Frameworks geführt hat, um zumindest massive konkurrierende Schreibzugriffe auf die gleiche Speicherstelle möglichst zu vermeiden.

Es gibt einen Anwendungsfall in diesem Bereich, den NoSQL-Systeme wie Riak, Redis oder Cassandra gesondert unterstützen, nämlich sogenannte **Shared Counters**. Diese werden üblicherweise auf Basis von „Conflict-free Replicated Data Types“ (CRDT) implementiert. In solche Counter kann also auch bei hoher Schreiblast lockfrei geschrieben werden, da sie nicht permanent den Counterwert speichern müssen, sondern zunächst die Veränderungen (also etwa +1, -1, +3, +2, -5 usw.) auf jedem Knoten mitloggen und von dort an die anderen Knoten verteilen. Auf jedem Knoten muss periodisch oder bei Eintreffen von Updates der aktuelle Counterstand berechnet werden. Gewisse Unschärfen durch noch nicht angekommende Updates werden aus Performancegründen bewusst in Kauf genommen. Sie kennen das vielleicht selbst von den variierenden Anzahlen von Likes, wie sie auf Social-Media-Plattformen immer wieder vorkommen.

6.3 CAP-Theorem und Eventual Consistency

Wie zuvor bereits angedeutet, stößt die Verfügbarkeit von verteilten Systemen unter bestimmten Umständen selbst bei einer redundanten Auslegung über viele Server oder gar mehrere Rechenzentren an ihre Grenzen, die vor allem beim Abspeichern von Daten eine gewichtige Rolle spielen. Diese Grenzen lassen sich mithilfe des bekannten CAP-Theorems (nach Eric Brewer [Bre00]) recht anschaulich beschreiben, auch wenn das in der Literatur nicht immer gut gelungen ist. Daher folgt an dieser Stelle unser Beitrag, die Idee hinter CAP besser zu erläutern:

Zunächst steht das Akronym CAP, wie in Bild 6.5 zu sehen, für **Consistency** (Konsistenz), **Availability** (Verfügbarkeit) und **Partition Tolerance** (Fehlertoleranz im Falle von Nachrichtenverlusten oder Netzwerkausfall) und bezieht sich auf das Zusammenwirken von mehreren Knoten eines verteilten Systems.

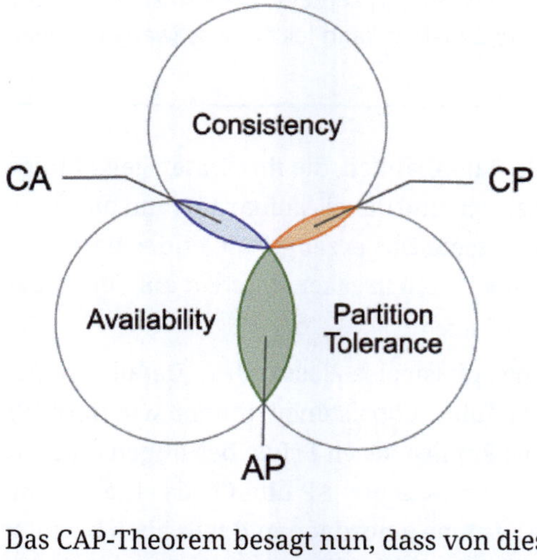

Bild 6.5 Darstellung der drei Eigenschaften des CAP-Theorems nach Brewer als Mengendiagramm

Das CAP-Theorem besagt nun, dass von diesen drei Eigenschaften in einem verteilten System maximal zwei gleichzeitig eingehalten werden können, daher gibt es in Bild 6.5 auch keine Schnittmenge zwischen allen Dreien. Schlimmer noch, da nach Murphy's Law (für das uns leider keine wissenschaftliche Quelle bekannt ist) immer damit zu rechnen ist, dass in jedem hinreichend komplexen System Kommunikationsschwierigkeiten auftreten werden, bleibt uns für die Praxis nur die Auswahl zwischen CP und AP, oder anders gesagt, eine verteilte Datenbank legt ihren Fokus entweder auf Konsistenz oder aber auf Verfügbarkeit.

Wichtig ist dabei, die CAP-Konsistenz nicht mit der ACID-Konsistenz der relationalen Datenbanken zu verwechseln, auch wenn gerade letztere oft als Beispiel für das C in CAP angeführt werden. Während das C in ACID (wie in Abschnitt 6.1.1 beschrieben) für die Konsistenz mit vorgegebenen Integritätsbedingungen steht, ist die CAP-Konsistenz im Sinne eines übereinstimmenden Datenzustands auf verschiedenen Knoten zu verstehen. Das bedeutet, dass, egal über welchen Knoten auf eine verteilte Datenbank zugegriffen wird, immer identische Ergebnisse geliefert werden müssen.

Noch einmal anders gesagt: Wir müssen im echten Leben immer auf Verbindungsprobleme zwischen den Knoten eines verteilten Systems eingestellt sein. Für diesen Fall bleiben nur zwei Möglichkeiten, nämlich redundante Daten auf verschiedenen Knoten konsistent zu halten und für den Augenblick mindestens keinerlei Schreiboperationen mehr zu gestatten (**CP**), oder aber auf den verfügbaren Knoten weiter alle Zugriffe (lesend wie schreibend) zu erlauben (**AP**) und somit das Risiko von Dateninkonsistenzen zwischen den Knoten in Kauf zu nehmen.

Auch wenn es in der Theorie naheliegen mag, bei einer Netzwerkstörung einen Teil des Clusters normal weiterarbeiten zu lassen, besteht doch die ernste Gefahr eines sogenannten Split-Brain-Syndroms, wenn nämlich mindestens zwei voneinander isolierte Teile des Clusters gleichzeitig „denken", dass sie das Zepter in die Hand nehmen und Schreibzugriffe zulassen könnten. Diese Situation kann leicht zu schwerwiegenden Dateninkonsistenzen führen.

CP gilt insbesondere für verteilte relationale Datenbanken, die ihre Daten gewöhnlich nach einem Master-Slave-Verfahren[10] replizieren und dabei Atomarität (und natürlich ACID) für ihre Transaktionen garantieren müssen. Das erzeugt, wie es das bereits in Abschnitt 6.1 wiedergegebene Zitat von Michael Stonebreaker so schön auf den Punkt bringt, jede Menge Overhead.

Moderne verteilte NoSQL-Systeme, wie beispielsweise Cassandra (Details in Abschnitt 11.3), erlauben eine sogenannte Tunable Consistency, indem wir dort für jede Operation bestimmen können, wie viele Replica deren Erfolg bestätigen müssen. Entsprechend können wir uns die „Wegstrecke" zwischen AP und CP als eine Art von Spektrum vorstellen, auf dem sich einzelne Systeme einordnen und teils auch bewusst konfigurieren lassen.

Ein System, das die theoretischen Grenzen des CAP-Theorems in der Praxis mit hohem technischen Aufwand ein Stück weit verschoben hat [Bre17], ist Google Cloud Span-

10 Im NoSQL-Umfeld meist Leader-Follower genannt.

ner [Cor+13], das interessanterweise ein relationales Datenmodell verwendet. Google verspricht dafür eine Hochverfügbarkeit von 99,999 % und hat, um diesen Wert zu erreichen, seine Rechenzentren mit dreifach redundanten Glasfaserstrecken verbunden sowie sie über Atomuhren und GPS zeitlich bestmöglich synchronisiert. Wenn man Googles Werbung Glauben schenkt, wird hier ACID und damit CP mit einer extrem hohen Verfügbarkeit (also AP) kombiniert. Nichtsdestotrotz kann natürlich selbst Google Ausfälle von Netzwerkstrecken und Servern nicht vollkommen ausschließen.

6.3.1 Eventual Consistency

Für (NoSQL-)Systeme, die stärker auf die Verfügbarkeit fokussieren wollen, hat sich das Akronym **BASE** (für „Basically Available, Eventually[11] Consistent") eingebürgert. Es bringt zum Ausdruck, dass Lese- und Schreibanfragen auf jeden Fall beantwortet werden sollen, auch wenn es unter Umständen zu (kurzzeitigen[12]) Inkonsistenzen zwischen den verschiedenen Replica von Datensätzen kommen kann. Das offensichtlich ein wenig erzwungen wirkende Akronym für BASE (dt. Base) wurde übrigens bewusst gewählt, um den Gegensatz zu ACID (dt. Säure) zu betonen.

Um nach einer Netzwerkstörung schlussendlich die Daten synchronisieren und die Konsistenz wiederherstellen zu können, also **Eventual Consistency** zu erreichen, benötigen BASE-Systeme ausgeklügelte Mechanismen, um die korrekte Reihenfolge von Schreiboperationen herausfinden zu können. Da alleine schon die Synchronisierung von verteilten Uhren eine nicht zu unterschätzende physikalische Herausforderung ist, wurden zu diesem Zweck beispielsweise sogenannte Vector Clocks, die sicher besser als Vector Counters oder schlicht Counting Vectors bezeichnet werden würden, entwickelt, vgl. z. B. [Kle17], um Schreiboperationen auf verschiedenen Knoten einer verteilten Datenbank in eine sinnvolle Reihenfolge bringen und auflösen zu können. Diese finden (oder zumindest fanden) auch bei Amazons Online-Shop Verwendung, wo bei der Verwaltung von Warenkörben mit Dynamo Availability die oberste Prämisse ist, Kunden möglichst nicht durch Verzögerungen vom Kaufen abzuhalten. Wie in [DeC+07] beschrieben, nimmt man hier lieber das Wiederauftauchen gelöschter Warenkorbeinträge (und damit mutmaßlich einige Beschwerden) in Kauf, anstatt auf ein aufwendigeres und vermutlich deutlich verzögerungsanfälligeres System mit höheren Konsistenzanforderungen zu setzen.

PACELC

Ein in der Praxis wichtiger Punkt, der vom CAP-Theorem nicht näher beleuchtet wird, ist die Latenz im Normalbetrieb. Diese hängt zunächst einmal von der Systemkonfi-

---

11 Eventually ist in diesem Zusammenhang im Deutschen als schlussendlich zu übersetzen!

12 Im Bereich von maximal wenigen hundert Milisekunden.

guration ab und wird bei schlechten Netzwerkverbindungen oder weit voneinander entfernt liegenden Knoten größer werden. Wie zuvor im Zusammenhang mit Cassandra angedeutet, spielt zudem eine Rolle, wie viele Replika eine Anfrage bestätigen müssen. Das sogenannte PACELC-Framework greift diesen Gedanken auf und erweitert das CAP-Theorem entsprechend [Aba12]. Das Akronym lässt sich folgendermaßen aufschlüsseln:

```
If (Partion)
   chose Avalailability xor Consistency
Else
    chose Latency xor Consistency
```

Kurz gesagt gilt also im Falle einer Netzwerkstörung das CAP-Theorem, die Umstellung der Reihenfolge zu PAC soll hierbei nochmals verdeutlichen, dass eine Netzwerkpartitionierung die Auswahl zwischen Verfügbarkeit und Konsistenz erzwingt. Die drei letzten Buchstaben (ELC) beziehen sich auf den Normalbetrieb, bei dem entweder die Latenz verringert oder die Konsistenz erhöht werden kann, was letzten Endes unter dem Begriff Tunable Consistency Eingang in die Literatur und auch in reale Systeme, wie etwa eben Cassandra gefunden hat.

6.4 Völlig schemalos

Ein festes, vorab festgelegtes Datenschema mit Tabellen, Tabellenspalten und zugehörigen Datentypen ist ein prägendes Markenzeichen der Speicherung strukturierter Daten in relationalen Datenbanken. Wir sprechen daher auch von einem „**schema on write**", das spätestens beim Schreiben der ersten Daten festgelegt sein muss und von der Datenbank auch strikt überprüft wird. Zwar kann es auch bei relationalen Datenbanken im Nachhinein geändert werden, wer allerdings schon einmal eine umfangreiche Datenmigration oder Schema-Evolution miterlebt hat, weiß, dass die Anpassung von bestehenden Daten an ein geändertes Schema ein aufwendiger und fehleranfälliger Prozess sein kann, da das geänderte Schema in diesem Fall auf alle bereits gespeicherten Datensätze angewendet werden muss.

Warum sich also diese Mühe machen, wenn die Daten vielleicht zunächst einmal nur für die spätere Analyse gespeichert werden sollen? Dieser mit den wachsenden Datenmengen Anfang der 2000er Jahre aufkommende Trend, potenziell wertvolle Daten erst einmal „irgendwie" zu speichern und später genauer zu betrachten, hat sicherlich auch die weite Verbreitung der Data Lakes und ihre oftmals schnell einsetzende „Versumpfung" befördert. Ein Schema ist also per se nichts Schlechtes und doch gibt es sicher verschiedene Gelegenheiten, bei denen wir uns eine größere Flexibilität wünschen würden.

So lassen sich spezielle Wünsche von Kunden oft einfacher abbilden, wenn das Schema nicht fest vordefiniert sein muss, wie das beispielsweise in Dokumentdatenbanken wie MongoDB der Fall ist. Wir sprechen in diesem Fall von **„schema on read"**, bei dem erst beim Lesen nach den konkreten Attributen gesucht, bzw. diese ausgewertet werden. Dadurch können etwa nach Belieben neue Felder für Kundendaten eingesetzt werden, die bei anderen Kunden nicht benutzt werden müssen, was uns eine größere Flexibilität ermöglicht und zahlreiche leere Einträge in großen Tabellen vermeidet. Manche NoSQL-Datenbanken, wie vor allem Key-Value-Stores, gehen sogar noch weiter und sind völlig schema-agnostisch oder **schemalos**. Das bedeutet, dass die als Value gespeicherten Daten einfach als Binärdaten, also einzelne Bytes, betrachtet werden und die Datenbank sich nicht weiter für deren Inhalt interessiert – was natürlich auch die Möglichkeiten zum Durchsuchen dieser Daten reduziert.

Die zuvor bereits angedeutete Parallele zwischen relationalen und NoSQL-Datenbanken mit den schemalosen Data Lakes (siehe Kapitel 8) und den mit strikten Schema versehenen Data Warehouses (siehe Kapitel 7) soll an dieser Stelle noch einmal Erwähnung finden, da sich in beiden „Welten" ungefähr zeitgleich eine ähnliche Entwicklung abgespielt hat. Mit wachsenden Datenmengen verschob sich der Schwerpunkt zunächst auf das grundsätzliche Storage-Management, damit potenziell als wertvoll erachtete Daten überhaupt gespeichert werden konnten. Aus **Extract-Transform-Load beim Data Warehouse** wurde **Extract-Load-Transform (later) beim Data Lake**. Analyse und Verständnis dieser Daten wurden sowohl beim Data Lake als auch bei schemalosen Datenbanken schlicht in die Zukunft verschoben. Wie oft aus in Zukunft der Sankt-Nimmerleins-Tag geworden ist, lässt sich zwar nicht ohne Weiteres nachvollziehen. Was sich aber nachvollziehen lässt, ist der aktuelle Trend hin zu Speicherformaten mit Schemainformationen (wie Parquet u. Ä.) und auch der Trend, Data Lakes mit Schema-Informationen und Open-Table-Format-Ansätzen zum Data Lakehouse (siehe Kapitel 9) aufzuwerten.

6.5 In-Memory: Schneller geht's im Arbeitsspeicher

In der Literatur findet sich unter dem Schlagwort In-Memory häufig ein eigenes Speicher-Paradigma. Darunter werden meist Systeme wie Redis oder Hazelcast aufgeführt, doch schauen wir beispielsweise auf Wikipedia nach einer Liste[13)] mit In-Memory-Datenbanken, finden sich darauf auch relationale Systeme wie HSQLDB, DuckDB oder sogar Microsofts SQL Server. Die Erklärung dafür und auch für unseren recht kurzen Abschnitt zu diesem Thema liegt auf der Hand: Eine Nutzung des Arbeitsspeichers alleine macht noch kein eigenes DB-Paradigma, sondern kann für jede Art von Speicherung angewendet werden. Es findet sich heute zudem kaum noch ein System auf dem Markt, das nicht irgendeine Art von Caching-Strategie zur Beschleunigung über den Arbeitsspeicher nutzen würde.

13 *https://en.wikipedia.org/wiki/List_of_in-memory_databases*

Umgekehrt werden in Big-Data-Architekturen durchaus reine In-Memory-Systeme wie Redis, Hazelcast oder Apache Ignite (vgl. Abschnitt 13.6) als Cache eingesetzt, um schnelle Zugriffe auf Daten zu gewährleisten, wo es unbedingt notwendig ist. Problematisch bei allen Arten von In-Memory-Systemen ist nämlich die fehlende dauerhafte Speicherung auf einem Festspeicher, hat doch der Ende der 2010-Jahre vorgestellte sogenannte „Persistent Memory", also nichtflüchtiger Arbeitsspeicher, noch immer nicht in eine breitere Anwendung finden können. Für einen sicheren Betrieb von In-Memory-Systemen ist es daher wichtig, einen Recovery-Mechanismus im Falle eines Stromausfalls vorzusehen: Viele Systeme verwenden dafür ein sogenanntes Journaling, bei dem alle ausgeführten Schreibbefehle hintereinander weg auf einem Festspeicher (idealerweise einer SSD) abgelegt werden, sodass im Falle eines erzwungenen Neustarts der Stand des Arbeitsspeichers schnell wieder rekonstruiert werden kann.

Während bei den Verarbeitungs-Frameworks (siehe Kapitel 13) eine deutliche Evolution (von Hadoop, Spark, Flink bis hin zu Ignite) hin zu einer verstärkten Nutzung des Arbeitsspeichers (ebenfalls mit entsprechenden Sicherungspunkten auf der Platte) zu erkennen ist, werden In-Memory-Systeme zum Speichern von Daten meist nur dann verwendet, wenn es aus Performancegründen unbedingt sein muss. Die Abwägungen dazu liegen auf der Hand. Einerseits ist der Arbeitsspeicher selbst im Vergleich zu schnellen SSDs deutlich schneller (Nanosekunden zu Milisekunden), andererseits ist RAM aber nach wie vor deutlich teuerer als SSDs oder gar HDDs, sodass sich ggf. ein Tiered-Storage-Modell ähnlich zur Cache-Hierarchie in einem Computersystem anbietet. Nicht zuletzt muss natürlich die Datensicherheit bei einer In-Memory-Speicherung noch einmal anderweitig sichergestellt werden, sodass eine Speicherung im Arbeitsspeicher meist nur als Cache-Speicher in Frage kommt.

Dieses Kapitel enthält Textteile, die bereits in [Hum23] veröffentlicht wurden.

Literatur

[Aba12] Daniel Abadi. „Consistency tradeoffs in modern distributed database system design: CAP is only part of the story". In: *Computer* 45.2 (2012), S. 37–42.

[Bre00] Eric A Brewer. „Towards robust distributed systems". In: *PODC*. Bd. 7. 10.1145. Portland, OR. 2000, S. 343–477.

[Bre17] Eric Brewer. „Spanner, truetime and the cap theorem". In: *Google Research* (2017).

[Cod70] Edgar F Codd. „A relational model of data for large shared data banks". In: *Communications of the ACM* 13.6 (1970), S. 377–387.

[Cor+13] James C Corbett et al. „Spanner: Google's globally distributed database". In: *ACM Transactions on Computer Systems (TOCS)* 31.3 (2013), S. 1–22.

[DeC+07] Giuseppe DeCandia et al. „Dynamo: Amazon's highly available key-value store". In: *ACM SIGOPS operating systems review* 41.6 (2007), S. 205–220.

[Ges+17] Felix Gessert et al. „NoSQL database systems: a survey and decision guidance“. In: *Computer Science-Research and Development* 32.3 (2017), S. 353–365.

[HR83] Theo Haerder und Andreas Reuter. „Principles of transaction-oriented database recovery“. In: *ACM computing surveys (CSUR)* 15.4 (1983), S. 287–317.

[Hum23] Oliver Hummel. „Denormalisieren in NoSQL oder wie wir lernten, Tabellen zu skalieren“. In: *Informatik Aktuell* (Okt. 2023).

[KE09] Alfons Kemper und André Eickler. *Datenbanksysteme*. Bd. 6. Oldenbourg, 2009.

[Kle17] Martin Kleppmann. *Designing data-intensive applications: The big ideas behind reliable, scalable, and maintainable systems*. O'Reilly Media, 2017.

[ONe+96] Patrick O'Neil et al. „The log-structured merge-tree (LSM-tree)“. In: *Acta informatica* 33.4 (1996), S. 351–385.

[Sto10] Michael Stonebraker. „SQL databases v. NoSQL databases“. In: *Communications of the ACM* 53.4 (2010), S. 10–11.

[Win05] Marianne Winslett. „Bruce Lindsay speaks out: on System R, benchmarking, life as an IBM fellow, the power of DBAs in the old days, why performance still matters, Heisenbugs, why he still writes code, singing pigs, and more“. In: *ACM SIGMOD Record* 34.2 (2005), S. 71–79.

7 Data Warehouse

7.1 Historischer Rückblick und Ausgangslage

„Data Warehouses" entstanden als Antwort auf Datenmanagement-Herausforderungen, die sich bereits in den 1970er- und 1980er-Jahren abzeichneten. Edgar F. Codd legte 1970 mit seinem wegweisenden Artikel *„A Relational Model of Data for Large Shared Data Banks"*[1] [Cod70] die theoretischen Grundlagen für relationale Datenmodelle. Ende der 1970er-Jahre entwickelten Unternehmen wie Oracle und IBM die ersten kommerziellen Datenbanksysteme, die auf diesem Modell basierten [Kof24]. Diese Systeme ermöglichten es Unternehmen, ihre Daten strukturiert und effizient zu verwalten.

Parallel dazu setzten Unternehmen verstärkt betriebliche Informationssysteme ein, um ihre operativen Wertschöpfungsprozesse zu unterstützen und effizient abzuwickeln [Sei19; Kum21]. Diese Informationssysteme nutzten überwiegend relationale Datenbanken für strukturierte, tabellarische Geschäftsdaten. Sie arbeiteten nach dem OLTP-Prinzip (Online Transaction Processing), das viele kleine, atomare Transaktionen schnell verarbeitet und dabei hohe Datenintegrität gewährleistet [Kum24]. OLTP-Systeme erfassen beispielsweise Lagerbestände, verbuchen Zahlungen oder verwalten Kundenbestellungen.

Diese Entwicklungen ließen die Datenmengen steigen. Unternehmen erkannten zunehmend, welchen Wert die anfallenden Daten für unternehmensweite Planungs- und Entscheidungsprozesse haben [SE20]. In dieser Zeit prägten sich auch Begriffe wie „Data Mining", „Business Intelligence" oder „Knowledge Discovery in Databases".

1 *https://www.seas.upenn.edu/~zives/03f/cis550/codd.pdf.*

Technische Limitationen

Bei analytischen Aufgaben stießen die damals verfügbaren OLTP-Systeme allerdings schnell an ihre Grenzen. Solche Systeme sind für operative Transaktionen ausgelegt, aber nicht für die Analyse großer Datenmengen [Kum24]. Komplexe Abfragen, umfangreiche Aggregationen oder das Scannen großer Datensätze überlasten diese Systeme [Mey24; Kum24]. Die im Folgenden kurz beschriebenen Herausforderungen machen deutlich, weshalb sich „Data Warehouses" als getrennte Architektur eigens für analytische Zwecke etablieren konnten.

Die operativen OLTP-Systeme der 1980er- und 1990er-Jahre konnten analytische und transaktionale Arbeitslasten nicht gleichzeitig bewältigen. Die seinerzeit verfügbare Hardware setzte enge Grenzen: Prozessoren und Arbeitsspeicher boten nur begrenzte Kapazitäten, während Festplatten besonders langsam auf Lese- und Schreibanfragen reagierten. Diese I/O-Engpässe verlängerten die Wartezeiten bei Transaktionen erheblich und blockierten häufig operative Geschäftsprozesse – im schlimmsten Fall kam das gesamte System zum Stillstand [Kum24]. Die Datenarchitektur verschärfte diese Probleme zusätzlich. OLTP-Systeme setzen auf normalisierten Datenmodellen auf, die zwar einzelne Transaktionen konsistent und effizient verarbeiten, bei analytischen Abfragen jedoch Grenzen haben. Komplexe Aggregationen erfordern hier umfangreiche Joins über viele Tabellen, was die Rechenlast deutlich erhöht [GLP22]. Ein weiteres Problem betraf die fehlende Versionierung: OLTP-Systeme speichern primär aktuelle Daten und archivieren historische Daten regelmäßig, um die Performance für das Tagesgeschäft zu erhalten. Dadurch lassen sich Analysen über längere Zeiträume nicht ohne Weiteres durchführen.

Erschwerend kam hinzu, dass die Systeme über keine leistungsfähigen Parallelisierungsmechanismen verfügten. Analytische Workloads liefen deshalb sequenziell ab und blockierten währenddessen wesentliche Systemressourcen. Diese technischen Beschränkungen machten deutlich: Klassische OLTP-Systeme eignen sich nicht für die gleichzeitige Verarbeitung von operativen Transaktionen und Ad-hoc-Analysen [Kum24].

Organisatorische und prozessuale Ineffizienzen

Die betrieblichen Informationssysteme arbeiteten zudem nicht durchgängig zusammen. Heterogene und dezentral gespeicherte Daten aus verschiedenen Unternehmensbereichen ließen sich über herkömmliche OLTP-Systeme nur schwer integrieren [GLP22]. Unterschiedliche Formate, Geschäftsregeln, Begrifflichkeiten und Update-Zyklen verursachten Inkonsistenzen und beeinträchtigten die Datenqualität erheblich. Vor dem Aufkommen von Data Warehouses entwickelten Unternehmen redundante Datenverarbeitungsprozesse für verschiedene Analyseanwendungen. Jede Analyseanwendung benötigte separate Prozesse, um Daten zu erfassen, zu bereinigen und zu integrieren. Dies verursachte nicht nur hohe Entwicklungs- und Wartungskosten, sondern führte auch zu inkonsistenten Sichten auf die Geschäftsdaten [Inm05; Ser24].

Parallel hielten Personal Computer mit Tabellenkalkulationsprogrammen in den Büros Einzug. Diese dezentralen Systeme verschärften die Problematik verteilter und fachlich isolierter Datenbestände zusätzlich, da Anwender Daten direkt am Computer eingeben und analysieren konnten [Ser24]. In der Folge bauten Abteilungen häufig eigene Datenbestände auf und verwendeten zudem noch unterschiedliche Analysewerkzeuge oder Berechnungsvorschriften.

Dezentrale Systeme boten zwar Flexibilität, verursachten aber erheblichen Aufwand für Datenqualität, Konsistenz und Governance. Fundierte Managemententscheidungen setzen jedoch voraus, die verteilten Daten zu integrieren, in einen konsistenten Zustand zu überführen und sachgerecht auszuwerten: Unternehmensweit integrierte Daten können wertvolle Einblicke in Stärken, Schwächen und Potenziale des Unternehmens liefern.

Dafür fehlten den meisten Organisationen die nötigen Prozesse und verbindlichen Data-Governance-Vorgaben. Als direkte Folge entstanden durch die monolithischen Informationssysteme und verschiedenen Analysewerkzeuge isolierte „Datensilos", die eine ganzheitliche Analyse deutlich erschwerten [Men24]. Diese fragmentierte Datenlandschaft hatte zur Folge, dass Unternehmen für jede Berichtsanforderung individuelle Datenabrufe entwickeln mussten. Mitarbeitende mussten Daten aus verschiedenen Quellen manuell zusammenführen und bereinigen. Dieser ineffiziente Ansatz beanspruchte nicht nur erheblich Zeit und finanzielle Ressourcen, sondern führte auch zu zahlreichen Redundanzen. Teams führten dieselben Datenaufbereitungsprozesse für unterschiedliche Berichtssysteme mehrfach durch. Die Ergebnisse spiegelten häufig nur die Sicht einer Abteilung wider. Teilweise entstanden sogar widersprüchliche Aussagen zu denselben Geschäftsvorgängen.

Hierarchische Unternehmensstrukturen der 1980er- und 1990er-Jahre mit klar getrennten Abteilungen und ihren fragmentierten Datenlandschaften begünstigten ebenfalls „Datensilos", die Wachstum, Innovationspotenzial und Agilität in Unternehmen hemmten. Jede Fachabteilung verwaltete ihre Daten in heterogenen, technisch nicht vernetzten Systemen, während strategisch relevante Informationen meist der Führungsebene vorbehalten blieben, was einer datengetriebenen Unternehmenskultur wenig förderlich war.

Diese unbefriedigende Ausgangslage führte zu Überlegungen und Konzepten, wie sich ein zentraler und konsistenter Datenbestand für Analysen im Unternehmen aufbauen ließe. Ein solcher analytischer Datenbestand sollte sich aus operativen OLTP-Systemen und weiteren Datenquellen speisen, dennoch aber unabhängig von diesen Systemen funktionieren. Diese Trennung begünstigte die Unterscheidung zwischen operativen und entscheidungsorientierten (dispositiven) Daten [Men24; GLP22]. Ein wesentlicher Zweck bestand darin, das Management in seinen Entscheidungen und in seiner Steuerungsfunktion zu unterstützen. Konsistente Daten waren dafür entscheidend, weshalb solche zentralisierten Datenbestände als „single source of truth“ bzw. „single version of truth“ bezeichnet werden [Ser24]. Diese Trennung bot zwar technische Vorteile, brach jedoch die Einheit zwischen operativen und analytischen Daten auf. Dieses Spannungsfeld wirkt bis heute nach.

Data Warehousing als Lösungsansatz

Die 1980er- und 1990er-Jahre markierten die Geburtsstunde des Data Warehousing als eigenständiges IT-Fachgebiet. In dieser Periode kristallisierten sich die theoretischen Grundlagen, praktischen Implementierungsansätze sowie unterschiedliche Denkschulen heraus, die bis heute Data Warehouses mit ihren unterschiedlichen Ansätzen prägen.

„Data Warehousing“ bezeichnet dabei den gesamten Prozess der Datenintegration für analytische Zwecke – es umfasst alle organisatorischen, technischen und methodischen Aspekte rund um Aufbau, Betrieb und Nutzung eines Data Warehouse [Lub17]. Ein „Data Warehouse“ bezeichnet die konkrete Architektur und technische Plattform, die Daten aus verschiedenen Quellen für Analysezwecke integriert und speichert. Als unternehmensweites Repository ermöglicht es konsistente und verlässliche Auswertungen, ohne Performance oder Stabilität operativer Systeme zu beeinträchtigen [Kum24]. Business-Intelligence-Anwendungen und Data Mining setzen eine solche mehrschichtige Architektur voraus, um aus operativen Daten geschäftsrelevante Informationen abzuleiten.

Der fundamentale Designkonflikt zwischen transaktionaler Verarbeitung und analytischen Abfragen machte spezialisierte Architekturen unumgänglich – diese Erkenntnis führte zur Entstehung von Data Warehouses. Zusammenfassend haben die folgenden Punkte Konzeption und Gestaltung von Data Warehouses geprägt und vorangetrieben:

- **Managementunterstützung:** Ein Data Warehouse bündelt konsistente, bereichsübergreifende Daten in einer zentralen Umgebung. Dies schafft eine einheitliche Basis für fundierte strategische und operative Entscheidungen.
- **Integration verschiedener Datenquellen:** Strukturierte Daten aus verschiedenen Quellsystemen werden vereinheitlicht und in einem konsistenten Modell zusammengeführt. Dadurch entsteht eine gemeinsame Grundlage für bereichsübergreifende Analysen.
- **Trennung analytischer Systeme:** Analytische Auswertungen erfolgen in speziell optimierten Datenmodellen und Zugriffspfaden. So bleibt der operative Betrieb unbeeinträchtigt und die Performanz beider Systeme wird gesichert.
- **Historisierung und Zeitbezug:** Daten werden versioniert und mit zeitlichen Attributen versehen, sodass vergangene Zustände nachvollziehbar sind. Dies erlaubt die Analyse von Entwicklungen, Trends und Veränderungen über die Zeit hinweg.

7.2 Ursprünge und Vordenker des Data-Warehouse-Ansatzes

Die im vorherigen Kapitel beschriebenen Probleme der 80er-Jahre zeigten: Unternehmen brauchten neue Wege, ihre verteilten Daten zu bündeln und zu analysieren. Im Folgenden stellen wir einige der Vordenker, die das Data-Warehouse-Konzept geprägt haben, vor.

William („Bill") Inmon: Bereits in den 1970er-Jahren beschäftigte sich Bill Inmon mit der Frage, wie Unternehmen ihre operativen Daten für Analysen nutzen können. Besonders die Jahre 1988 bis 1992 waren für die Entstehung der Begriffe „Data-Warehousing" bzw. „Data Warehouse" wichtig: In diesem Zeitraum erschien Inmons wegweisendes Werk „Building the Data Warehouse" (1992) [Inm92]. Es wurde zu einem Standardwerk und begründete Inmons Ruf als „Father of Data Warehouse" [Kem12]. Als Gründer von „Prism Solutions" brachte Inmon Anfang der 1990er-Jahre eines der ersten Software-Werkzeuge für Data Warehouses auf den Markt. Inmons propagierter Top-down-Ansatz basiert auf einem zentralen „Enterprise Data Warehouse", das alle für die Analyse erforderlichen Daten unternehmensweit an zentraler Stelle integriert und somit als „single source of truth" fungiert. Von diesem zentralen Data Warehouse werden anschließend bereichsspezifische Data Marts für verschiedene Geschäftsbereiche abgeleitet[2)].

Barry Devlin und Paul Murphy: Die beiden IBM-Forscher formalisierten 1988 das Konzept des Business Data Warehouse. In ihrem Artikel *„An architecture for a business and information system"*[3)] führten sie den Begriff offiziell ein und entwickelten einen systematischen Ansatz für den Datenfluss von operativen zu Entscheidungsunterstützungssystemen. Ihr Hauptziel: Die Kosten reduzieren, die entstanden, wenn Unternehmen mehrere unabhängige Entscheidungsumgebungen mit jeweils eigenen Prozessen für Datensammlung, -bereinigung und -integration betrieben.

Ralph Kimball: Kimball entwickelte eine alternative Herangehensweise zu Inmon. Mitte der 80er-Jahre schuf er die „Business Dimensional Lifecycle Methodology" für die iterative Entwicklung von Data-Warehouse- und Business-Intelligence-Systemen. Nach der Gründung von Red Brick Systems (1986) brachte er 1990 mit Red Brick Warehouse eines der ersten Datenbankmanagementsysteme für Data Warehousing auf den Markt. Sein 1996 veröffentlichtes Buch „The Data Warehouse Toolkit" etablierte den dezentralen Bottom-up-Ansatz [Kim96]: Zunächst bereichsspezifische Data Marts erstellen, dann zu einem Data Warehouse integrieren [KR13]. Dieser Gegensatz – Inmons

---

2 Bill Inmon sieht Data Marts nicht als Data Warehouse, sondern als abhängige, periphere Komponenten oder „Zubringer" (dependent Data Marts), die aus einem zentralen, integrierten „Enterprise Data Warehouse" (EDW) gespeist werden und für spezifische Abteilungen oder Anwendungsfälle dienen [Inm05].

3 *http://altaplana.com/ibmsj2701G.pdf*.

unternehmensweite Integration versus Kimballs schrittweiser Aufbau – prägte die fachliche Diskussion über viele Jahre.

James M. Kerr: Die sich ändernden Geschäftstrends der frühen 90er – Enterprise Resource Planning, Business Process Reengineering, verstärkter Kundenfokus und E-Business – erhöhten die Nachfrage nach geschäftsrelevanten Informationen erheblich. Kerr trug mit seinem Buch „The IRM Imperative: Strategies for Managing Information Resources" (1991) [Ker91] dazu bei, Unternehmensdaten als strategische Ressourcen zu etablieren. Er forderte, Informationen wie Vermögenswerte zu behandeln und dauerhaft nutzbar zu machen. Im Vergleich zu Inmon und Kimball fokussierte Kerr weniger die technische Ausgestaltung, sondern das strategische Informationsmanagement im gesamten Unternehmen.

7.3 Definitions- und Modellierungsansatz nach Inmon

Inmons „Enterprise Data Warehouse"-Konzept adressierte das Problem fragmentierter Unternehmens-IT mit ihren zahlreichen isolierten Anwendungen, die eine unternehmensweite Datenintegration erschwerten. Sein Top-down-Ansatz sieht vor, zunächst ein umfassendes Unternehmensmodell zu entwickeln und daraus abzuleiten, wie die verteilten Daten darin zu integrieren sind.

Dieser methodisch rigide Ansatz setzt auf ein „Enterprise Data Warehouse" als zentrales Repository, das nach der dritten Normalform (3NF) zu modellieren ist [Inm05]. 3NF-Modellierung gewährleistet unternehmensweite Konsistenz und ermöglicht es, aus dem zentralen Repository spezialisierte „dependent Data Marts" abzuleiten. Data Marts sind separate, physische Teilmengen von Unternehmensdaten, die auf die spezifischen Bedürfnisse einzelner Abteilungen zugeschnitten sind. Sie heißen „abhängig", weil sie ausschließlich Daten aus dem „Enterprise Data Warehouse" beziehen und keine weiteren Quellen nutzen. Ein Data Mart ist so aufgebaut, dass Fachanwender daraus Berichte, Dashboards und andere Business-Intelligence-Analysen erstellen können.

Der Top-down-Ansatz beginnt mit einer systematischen Analyse aller Geschäftsanforderungen und relevanter Daten. Bereits 1992 präzisierte Inmon seine Vorstellung und definierte ein Data Warehouse als *„a subject-oriented, integrated, time-variant, and non-volatile collection of data in support of management's decision making process"* [Inm92]. Diese vier Eigenschaften charakterisieren bis heute ein Data Warehouse und grenzen es klar von OLTP-Systemen ab:

- **Themenorientiert (Subject-Oriented):** Im Gegensatz zu anwendungsorientierten OLTP-Systemen, die Daten nach operativen Funktionen trennen, konzentriert sich das Data Warehouse auf betriebswirtschaftlich relevante Begriffe bzw. Themenfelder wie *Kunden, Produkte, Vertrieb* oder *Finanzen*. Diese Ausrichtung ermöglicht ganzheitliche Analysen, indem alle relevanten Daten themenbezogen und passend zum Informationsbedarf des Managements zusammengeführt werden. So lassen sich Fragen wie *„Wer war unser umsatzstärkster Kunde für Produkt X im letzten Jahr?“* beantworten.

- **Integriert (Integrated):** Während OLTP-Systeme oft fragmentierte, inkompatible und redundante Daten über verschiedene operative Quellen verteilen, führt das Data Warehouse diese heterogenen Daten in ein konsistentes Format zusammen. Dies erfordert, Namenskonflikte aufzulösen, Maßeinheiten zu standardisieren, Datenformate zu vereinheitlichen und Datenlücken sinnvoll zu schließen.
- **Zeitvariant (Time-Variant):** OLTP-Systeme fokussieren den aktuellen Zustand und archivieren historische Daten zur Performance-Optimierung. Das Data Warehouse hingegen historisiert Daten über lange Zeiträume und versieht jede Datenaufzeichnung mit einem Zeitstempel. Diese Eigenschaft ermöglicht es, Veränderungen zu verfolgen, Geschäftstrends zu erkennen und verschiedene Perioden zu vergleichen. Ohne Zeitvarianz wären fundierte Zeitreihenanalysen unmöglich.
- **Nichtflüchtig (Non-Volatile):** OLTP-Systeme erstellen, ändern und löschen kontinuierlich Daten für aktuelle Geschäftsprozesse. Das Data Warehouse dagegen sammelt Daten kontinuierlich: Es fügt neue hinzu, ändert oder löscht aber niemals bestehende Einträge. Diese Stabilität garantiert reproduzierbare Analyseergebnisse und verhindert nachträgliche Änderungen historischer Berichte.

Tabelle 7.1 grenzt DWH von OLTP-Systemen anhand der vier Merkmale Inmons ab:

Tabelle 7.1 Data Warehouse im Vergleich zu einem OLTP-System

Merkmal	Beschreibung	Abgrenzung zu OLTP
Themenorientiert	Konzentriert sich auf zentrale Geschäftsthemen (z. B. Vertrieb, Kunden), um eine ganzheitliche Analyse zu ermöglichen.	OLTP ist anwendungsorientiert und isoliert Daten nach operativen Funktionen.
Integriert	Daten aus heterogenen Quellen werden in einem konsistenten Format zusammengeführt, um eine einheitliche Sicht zu schaffen.	OLTP-Daten sind oft fragmentiert, inkompatibel und redundant über verschiedene operative Systeme hinweg.
Zeitvariant	Speichert historische Daten über lange Zeiträume, um Trendanalysen und Vergleiche über die Zeit zu ermöglichen.	OLTP konzentriert sich auf den aktuellen Zustand und bereinigt oder archiviert historische Daten oft zur Performance-Optimierung.
Nichtflüchtig	Daten werden nach dem Laden nicht geändert oder gelöscht; es werden nur neue Daten hinzugefügt, um eine lückenlose Aufzeichnung zu gewährleisten.	OLTP-Daten werden ständig aktualisiert, eingefügt und gelöscht, was eine konsistente historische Analyse erschwert.

Inmons „CIF-Framework“ (Corporate Information Factory) erstellt ein Data Warehouse top-down. CIF war eine direkte Reaktion auf die „Datensilos“, die in den frühen 90er-Jahren in Unternehmen vorherrschten [IIS98]. Im Kern des CIF steht das „Enterprise Data Warehouse“ (EDW), das alle Unternehmensdaten zentral integriert und historisiert. Es speist Data Marts, die einzelne Fachbereiche mit bereichsspezifischen Datenausschnitten versorgen. Das CIF-Framework integriert dabei alle relevanten Datenquellen – von internen Transaktionssystemen bis zu externen Marktdaten – in das zentrale EDW.

Business-Intelligence-Anwendungen bilden die Zugriffsschicht der „Corporate Information Factory“ und ermöglichen Anwendern, die aufbereiteten Daten der Data Marts für Analysen zu nutzen. In Inmons Modell speichert das EDW die Daten in normalisierter Form (3NF) auf atomarer Ebene, also so granular wie möglich. Bei Data Marts hingegen akzeptiert Inmon bewusst denormalisierte Datenstrukturen, da diese schnellere Abfragen ermöglichen und die Benutzerfreundlichkeit erhöhen.

Bild 7.1 zeigt die Phasen von Inmons Top-down-Ansatz. Obwohl das Diagramm linear dargestellt ist, betont Inmon bei der Vorgehensweise den iterativen Charakter: Rückkopplungen zwischen den Phasen sind möglich, sodass sich frühere Schritte bei neuen Erkenntnissen wiederholen und verfeinern lassen [Inm05].

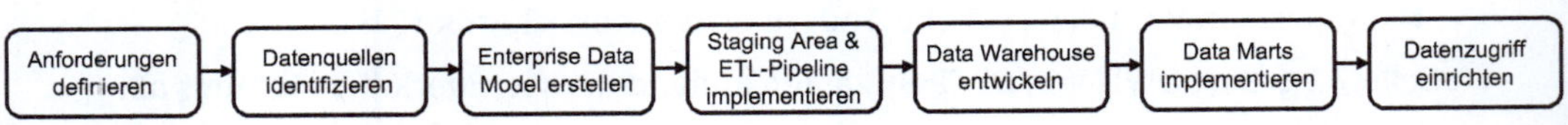

Bild 7.1 Phasen beim Top-down-Ansatz nach Inmon.

Die Implementierung eines „Enterprise Data Warehouse“ nach Inmon erfolgt als Projekt, das ein interdisziplinäres Projektteam aus IT-Experten, Datenarchitekten und Vertretern aus dem Fachbereich erfordert. Wie in Bild 7.1 gezeigt, lässt es sich in die folgenden Phasen bzw. Teilschritte unterteilen:

Phase 1 (Anforderungen definieren): Das Projektteam führt strukturierte Interviews mit Fachabteilungen durch, um deren Reporting- und Analyseanforderungen zu ermitteln. Dabei definiert es Key Performance Indicators (KPIs) sowie Dimensionen und Measures für mehrdimensionale Analysen. Auch technische Service-Level-Agreements für Antwortzeiten, Systemverfügbarkeit und Datenqualität fließen in den Anforderungskatalog ein.

Phase 2 (Datenquellen identifizieren): Das Projektteam verschafft sich einen Überblick über alle relevanten Datenquellen. Dazu gehören interne betriebliche Informationssysteme, externe Data Feeds, Dateien oder Schnittstellen für den Datenzugriff. Für jede Quelle bewertet das Team die Datenqualität, dokumentiert Schemas und Datenformate, prüft Zugriffsrechte und ermittelt optimale Zeitfenster für die Datenextraktion.

Phase 3 („Enterprise Data Model" erstellen): Das Projektteam entwickelt ein umfassendes „Enterprise Model", das alle relevanten Business Objects wie Kunden, Produkte und Vertriebsregionen sowie deren Beziehungen konzeptionell abbildet. Es definiert Strategien für „Slowly Changing Dimensions", legt Geschäftsregeln fest und erstellt sowohl logische als auch physische Datenmodelle in dritter Normalform (3NF) für das zentrale „Enterprise Data Warehouse".

Phase 4 (Staging Area und ETL-Pipeline implementieren): ETL steht für Extract, Transform und Load: Extract-Routinen importieren Datensätze aus Quellsystemen, Transform-Operationen bereinigen, konvertieren und reichern diese an – überführen sie also in einen konsistenten, qualitätsgesicherten Zustand. Load-Prozesse befüllen schließlich das Data Warehouse.

Phase 5 (Data Warehouse entwickeln): Hier setzt das Projektteam das Enterprise Data Model als physische relationale Datenbankstruktur um. Es implementiert Indexing-Strategien für optimale Query-Performance, richtet Table Partitioning für große Datenvolumen ein und konfiguriert Backup- sowie Recovery-Prozeduren. Das resultierende Enterprise Data Warehouse speichert alle Unternehmensdaten in normalisierter, integrierter und historisierter Form.

Phase 6 (Data Marts implementieren): Aus dem zentralen Enterprise Data Warehouse leitet das Team spezialisierte, denormalisierte Data Marts für einzelne Fachbereiche ab. Data Marts verwenden optimierte Dimensional Models wie Sternschema (Star Schema) oder Schneeflockenschema (Snowflake Schema) und enthalten voraggregierte OLAP-Cubes (Online Analytical Processing) für performante multidimensionale Analysen. Jeder Data Mart wird auf die spezifischen Anwendungsfälle seines Fachbereichs zugeschnitten.

Phase 7 (Datenzugriff einrichten): Abschließend konfiguriert das Team die Business-Intelligence-Infrastruktur (BI). Dies umfasst die Vergabe von Berechtigungen, die Schulung der Anwender sowie die Auswahl geeigneter BI-Tools.

7.4 Architektur nach Inmon

Inmon entwickelte das Data-Warehouse-Konzept in den frühen 1990er-Jahren und führte das „Corporate Information Factory-Modell" (CIF) als praktische Umsetzungsarchitektur ein [IIS98]. CIF integriert und verwaltet Unternehmensdaten zentral, um verschiedene Analyseanforderungen zu bedienen. Die Architektur gliedert sich in mehrere aufeinanderfolgende Schichten, wobei jede Zone spezifische Funktionen übernimmt und die Daten vom Ursprung bis hin zu den Analyseanwendungen transformiert. Bild 7.2 zeigt vereinfacht die Data-Warehouse-Architektur vom Typ Inmon und verdeutlicht, wie ein Data Warehouse schrittweise entsteht und welche Schichten bzw. Zonen typisch sind [Inm05].

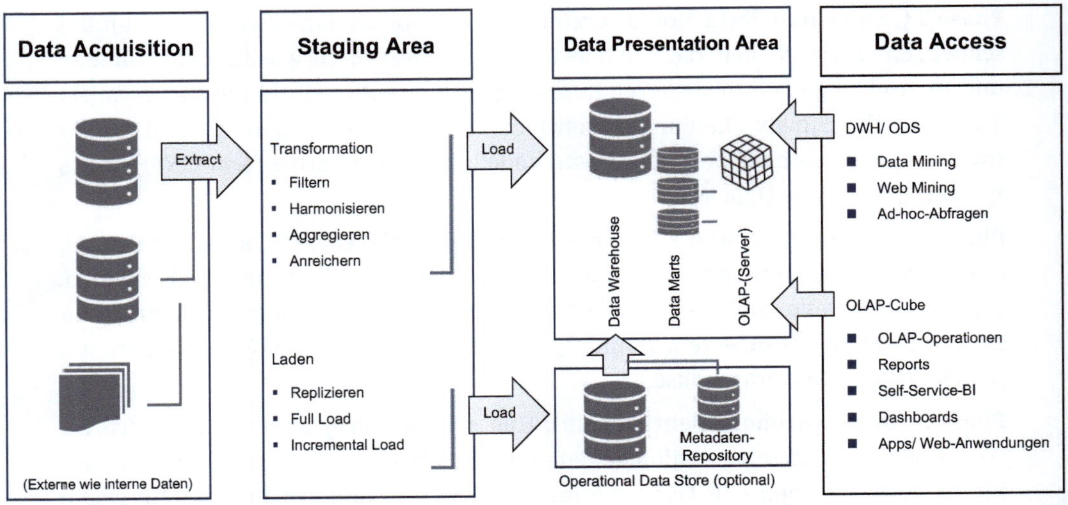

Bild 7.2 Data-Warehouse-Architektur nach Inmon (vereinfachte Darstellung).

Data Acquisition Layer (Datenerfassungsschicht)

Die Datenerfassungsschicht integriert heterogene Datenquellen in die Data-Warehouse-Umgebung. Strukturierte Datenquellen wie operative OLTP-Systeme liefern transaktionale Geschäftsdaten über standardisierte Datenbankschnittstellen oder Exportmechanismen. Parallel verarbeitet die Schicht weitere Datenquellen wie CSV-, XML-, JSON- oder Log-Dateien. Der Extraktionsprozess unterscheidet zwischen vollständiger Datenübernahme und inkrementeller Extraktion, bei der nur geänderte Datensätze übertragen werden.

Staging Area (ETL-Verarbeitungsschicht)

Die extrahierten Rohdaten durchlaufen die Staging Area, die als temporärer Zwischenspeicher dient. Diese Schicht implementiert die ETL-Pipeline (Extract, Transform, Load) mit ihren drei sequenziellen Phasen, wobei häufig spezialisierte ETL-Tools zum Einsatz kommen. Die Transformation-Phase zielt darauf ab, die Rohdaten in einen qualitätsgesicherten Zustand zu überführen. So korrigieren Data-Cleansing-Operationen fehlerhafte Werte und behandeln „Null Values". Weiterhin werden Geschäftsregeln validiert und die Integrität aller Tabellenverweise verifiziert. Ebenso werden Formate, Codierungen und Datentypen vereinheitlicht. Data-Enrichment-Prozesse reichern die Daten mit zusätzlichen Informationen an, die aus anderen Quellen stammen oder per Heuristik abgeleitet werden (z. B. Geschlecht anhand des Vornamens). ETL-Prozesse überschreiben keine vorhandenen Daten, sondern historisieren sie über Versionierungs- und Zeitstempelfelder. So lässt sich auch mit Slowly Changing Dimensions (SCD) umgehen, falls sich Dimensionsattribute mit der Zeit ändern. Dimensionsattribute ändern sich typischerweise langsam – Kunden ziehen um, Mitarbeiter wechseln Abteilungen, Produktkategorien werden überarbeitet. So lassen sich etwa Verkaufszahlen eines

Kunden zeitpunktgenau ausweisen, solange er noch an seiner alten Adresse wohnte. Ohne diese Strategien ließen sich sonst Berichte bei Änderungen nicht mehr vergleichen.

Schließlich werden in der Load-Phase die aufbereiteten Daten in das Data Warehouse geladen – entweder vollständig (Full Load) oder inkrementell (nur Änderungen seit dem letzten Lauf). In den 90er-Jahren programmierten Unternehmen ETL-Prozesse arbeitsintensiv über individuelle Skripte. Als Datenvolumen und Quellenvielfalt wuchsen, kamen spezialisierte ETL-Tools auf, die manuelle Programmierung weitgehend automatisierten und standardisierte Schnittstellen für diverse Datenquellen boten. ETL-Jobs laufen typischerweise nachts als Batch-Prozesse, wodurch Anwender tagsüber mit „veralteten" Daten arbeiten. Für Controllingzwecke ist dies vorteilhaft, da alle denselben konsolidierten Datenstand nutzen. Die nächtlichen bzw. nur zyklisch stattfindenden Lade-Prozesse verhindern jedoch zeitkritische Anwendungen. Nicht sauber aufgesetzte ETL-Prozesse können Projekte erheblich hemmen sowie zu Termin- und Budgetüberschreitungen führen.

Data Presentation Area (Präsentationsschicht)

Nach den ETL-Prozessen landen die aufbereiteten Daten in der „Data Presentation Area". Diese Schicht stellt die Daten für verschiedene Analysezwecke bereit. Im Zentrum steht das Enterprise Data Warehouse. Es organisiert die Daten nach strikten Regeln, vermeidet Redundanzen und stellt sicher, dass alle Daten korrekt und widerspruchsfrei sind.

Aus dem zentralen EDW erstellt das System spezialisierte Data Marts für einzelne Fachbereiche. Die Data Marts strukturieren Daten für schnelle Abfragen und mehrdimensionale Analysen. Faktentabellen enthalten die messbaren Geschäftsereignisse (Measures), während Dimensionstabellen die erklärenden Informationen ("Dimensions") liefern. Zusätzlich bereitet ein OLAP-Server (Online Analytical Processing) die Daten für interaktive, mehrdimensionale Analysen auf. Es werden Summen, Durchschnitte und andere Kennzahlen für alle möglichen Kombinationen von Dimensionen vorberechnet – etwa Umsatz nach Produkt, Region und Monat. Diese aggregierten Werte werden in speziellen OLAP-Datenbanken oder hochoptimierten Indexstrukturen gespeichert. Dadurch können Anwender zwischen detaillierten und zusammengefassten Sichten wechseln, ohne dass das System erst Daten zusammenführen oder zur Laufzeit berechnen muss.

Neben dem eigentlichen DWH enthält die Architektur ein optionales „Operational Data Store" (ODS). Es speichert nur aktuelle Geschäftsdaten in normalisierter Form. Es aktualisiert diese Daten mehrmals täglich oder stündlich direkt aus den Produktionssystemen. Anders als das DWH versioniert das ODS die Daten nicht, sondern überschreibt bestehende Datensätze mit neuen Werten. Fachbereiche nutzen das ODS für tagesaktuelle Berichte über Lagerbestände, offene Aufträge oder Produktionsmengen. Das ODS fungiert als eine Art „Zwischenspeicher" zwischen den schnelllebigen Daten aus den operativen OLTP-Systemen und denen aus dem langfristig ausgerichteten Data Warehouse.

Data Access Layer (Datenzugriffsschicht)

Sie gewährleistet allen Nutzergruppen und analytischen Systemen Zugriff auf die aufbereiteten Daten. Anwender greifen meist nicht direkt auf das Data Warehouse zu, sondern nutzen die spezialisierten Data Marts oder OLAP-Cubes. Diese sind für fachliche Anforderungen ausgelegt: Die Datenstrukturen orientieren sich an fachlichen Begriffen, sind einfacher zu verstehen und ermöglichen schnellere Abfragen.

Die „Datenzugriffsschicht" unterstützt verschiedene Analysemethoden. Ad-hoc-Abfragen bieten flexiblen Zugriff auf Data Marts oder OLAP-Cubes. Die verwendbaren Abfragesprachen hängen von der zugrunde liegenden Technologie ab: SQL für relationale Data Marts, MDX (Multidimensional Expressions) für multidimensionale OLAP-Modelle sowie DAX (Data Analysis Expressions) für tabellarische Modelle in OLAP-ähnlichen Umgebungen. Komplexere, multidimensionale Analysen basieren auf OLAP-Operationen, die in klassischen multidimensionalen Modellen auf vorberechneten Aggregationen aufsetzen, während tabellarische Modelle diese oft dynamisch zur Laufzeit berechnen. Anwender können interaktiv zwischen verschiedenen Detailstufen navigieren – etwa von Jahressummen zu Monats- oder Tagesdetails.

Automatisiertes Standardreporting versorgt Fachbereiche regelmäßig mit aktuellen Geschäftsdaten in Form statischer Berichte. Geplante Batch-Jobs führen am Monats- oder Quartalsende vordefinierte Skripte für das Standardreporting aus, wandeln die Ergebnisse in PDF- oder Excel-Dokumente um und verschicken sie an die zuständigen Fachbereiche oder stellen die Berichte über ein webbasiertes Portal bereit. Parallel dazu stellen Dashboards aktuelle Informationen aus verschiedenen Unternehmensbereichen bereit und ermöglichen direkte Interaktion mit den Daten. Sobald Anwender Komponenten auf die Anzeigefläche ziehen, aktualisieren sich Kennzahlen, Grafiken und Tabellen automatisch. Per Klick lassen sich Filter anpassen oder Detailansichten aufrufen – die Daten bzw. Darstellungen reagieren sofort auf jede Nutzeraktion.

Wenn Anwender eigenständig Daten aus unterschiedlichen Quellen integrieren, transformieren und Berichte erstellen, verkörpert dies das Prinzip „Self Service BI". Dieses Schlagwort beschreibt, wenn Fachabteilungen ihre Analysen selbstständig durchführen, ohne auf die IT-Abteilung angewiesen zu sein. Moderne BI-Plattformen unterstützen diesen Ansatz mit intuitiven Oberflächen: Anwender ziehen Daten per Drag-and-drop zusammen, definieren Kennzahlen über visuelle Editoren und erstellen interaktive Dashboards – alles ohne größere Programmierkenntnisse. So „demokratisieren" diese Werkzeuge den Datenzugang und beschleunigen gleichzeitig die Entscheidungsfindung im Unternehmen. Die Plattformen greifen dabei direkt auf Data Marts, OLAP-Cubes, Datenbanken, Vorsysteme und weitere (auch externe) Datenquellen zu. Anwender können unmittelbar mit den Daten arbeiten, Änderungen sofort sehen, ihre Analysen in Echtzeit anpassen und anschließend über Webportale oder mobile Apps veröffentlichen.

Erweiterte Analysen nutzen die historischen Daten für komplexere Auswertungen. Data-Mining-Verfahren wenden Clustering-, Klassifikations- oder Assoziations-Algorithmen auf die Datenbestände an, um Muster und Zusammenhänge zu entdecken. Machine-Learning-Pipelines trainieren mit diesen Daten verschiedene Modelle – für Vorhersagen, Klassifikationen, Kundensegmentierung oder Anomalie-Erkennung. Die technische Anbindung erfolgt über standardisierte Schnittstellen. Web- und Mobile-Apps greifen über REST-APIs oder OData-Schnittstellen auf die aufbereiteten Daten zu.

7.5 Kimballs dimensionaler Ansatz

Das Data Warehousing prägen zwei grundlegend verschiedene Denkschulen: Bill Inmons umfassender, zentralisierter Ansatz und Ralph Kimballs pragmatische, dezentrale Vorgehensweise. Kimball definiert ein Data Warehouse bewusst einfach und nutzerorientiert: *„[A data warehouse is] a copy of transaction data specifically structured for query and analysis“* [Kim96]. Diese Definition betont die praktische Analysefähigkeit der Daten, während Inmons Ansatz auf umfassende Datenintegration und -architektur fokussiert.

Grundprinzipien eines Data Warehouse nach Kimball

Die Kimball-Methodik, ausführlich im Standardwerk „The Data Warehouse Toolkit“ dokumentiert, basiert auf mehreren Prinzipien (Auswahl) [KR13]:

- **Einfache Zugänglichkeit und Verständlichkeit:** Das Data Warehouse muss Informationen so bereitstellen, dass Fachanwender sie intuitiv verstehen. Die Daten müssen aussagekräftig beschriftet sein und sich flexibel kombinieren lassen („Slicing and Dicing“). Zugriffswerkzeuge sollten einfach bedienbar sein und Abfrageergebnisse mit minimalen Wartezeiten liefern.
- **Konsistente und qualitätsgesicherte Datenbasis:** Die Daten aus dem Data Warehouse müssen vertrauenswürdig sein. Daten sind deshalb aus verschiedenen Quellen sorgfältig zusammenzuführen, zu bereinigen und die Datenqualität sicherzustellen, bevor Anwender darauf zugreifen. Kennzahlen mit gleicher Bezeichnung müssen dasselbe bedeuten, unterschiedliche Kennzahlen benötigen unterschiedliche Namen. Diese Konsistenz gewährleistet, dass Anwender den Daten vertrauen können und einheitliche Definitionen verfügbar sind.
- **Anpassungsfähigkeit und Resilienz:** Das Data Warehouse muss sich an stetige Veränderungen anpassen können – seien es neue Geschäftsanforderungen, Datenquellen oder Technologien. Änderungen sollten bestehende Daten und Anwendungen nicht beeinträchtigen oder ungültig machen. Wenn beschreibende Daten modifiziert werden, muss das System diese Änderungen angemessen dokumentieren und verwalten.

- **Sicherheit der Informationswerte:** Das Data Warehouse speichert die wertvollsten Informationen eines Unternehmens und muss diese entsprechend schützen. Es enthält sensible Details über Kunden, Preise und Verkäufe, die in falschen Händen schädlich wären. Der Zugriff auf vertrauliche Informationen muss deshalb effektiv kontrolliert und reguliert werden.
- **Grundlage für bessere Entscheidungen:** Das Data Warehouse muss die richtigen Daten bereitstellen, um fundierte Geschäftsentscheidungen zu ermöglichen. Der einzige wahre Output eines Data Warehouse sind die Entscheidungen, die auf Basis der präsentierten Daten getroffen werden. Diese Entscheidungen generieren den geschäftlichen Mehrwert und rechtfertigen die Investition in das System.
- **Akzeptanz durch die Fachabteilungen:** Ein Data Warehouse gilt nur dann als erfolgreich, wenn die Fachanwender es aktiv nutzen – auch noch sechs Monate nach der Einführung. Anders als bei operativen Systemen ist die Nutzung oft freiwillig, weshalb Einfachheit entscheidend für die Akzeptanz ist. Selbst die eleganteste technische Lösung scheitert, wenn Anwender sie nicht annehmen und kontinuierlich einsetzen.

Der Bottom-up-Entwicklungsprozess

Kimballs „DW/BI Lifecycle“ verfolgt einen Bottom-up-Ansatz: Statt zunächst ein zentrales, unternehmensweites Data Warehouse aufzubauen, entwickelt er zunächst einzelne Data Marts. Diese repräsentieren thematisch abgegrenzte Teilbereiche und adressieren spezifische Anforderungen einzelner Geschäftsprozesse oder Abteilungen.

Diese Strategie war eine direkte Reaktion auf die Herausforderungen von DWH-Projekten der 90er-Jahre, die häufig Budget und Zeitrahmen überschritten [KR13; Kum24]. Ein technisch perfektes System ist mehr oder minder wertlos, wenn das Projekt wegen fehlender Unterstützung oder zu hoher Kosten scheitert. Kimballs Bottom-up-Methode dient dem Risikomanagement: Ein großes, risikoreiches Vorhaben wird in kleinere, überschaubare Teilprojekte zerlegt, die einzeln leichter Erfolg nachweisen können. Bild 7.3 zeigt die Phasen, wie ein Data Warehouse nach Kimballs Bottom-up-Ansatz entwickelt wird [KR13].

Programm-/Projektplanung: Das Projektteam definiert Ziele, Umfang und Meilensteine. Es schätzt Aufwände für Hardware, Software und Personal. Gemeinsam mit Fachbereichen werden relevante Kennzahlen, Datenquellen und Anwendungsfälle ermittelt. Zudem werden Abnahme- und Qualitätskriterien definiert. Erste BI-Prototypen werden entworfen.

Technische Architektur entwerfen: Das Projektteam spezifiziert die Systemlandschaft: Es prüft ETL-Werkzeuge, Datenbankserver und BI-Frontends in Testumgebungen auf Performance, Usability und Skalierbarkeit. Die ausgewählten Lösungen werden dann installiert.

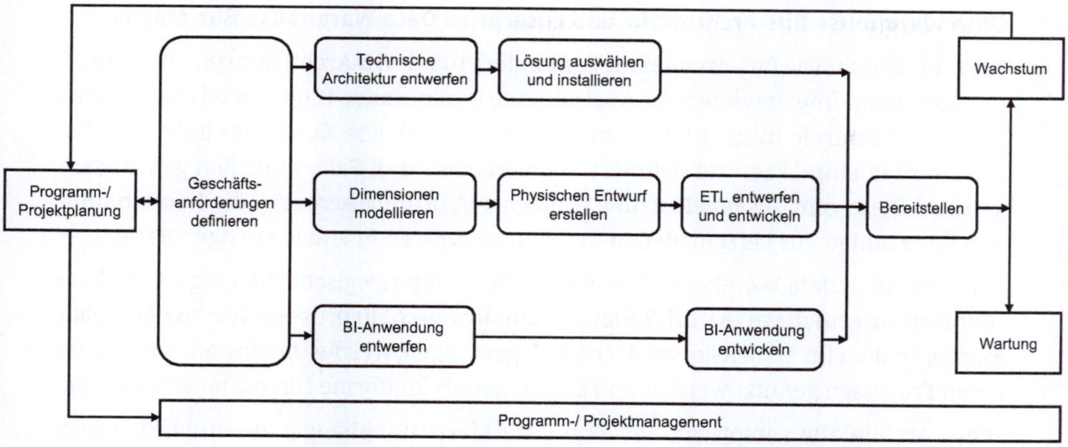

Bild 7.3 Typische Phasen beim Bottom-up-Ansatz nach Kimball (Kimball-Lifecycle) [KR13]

Dimensionen modellieren: Das Projektteam überführt Dimensionen und Kennzahlen in ein Sternschema oder Schneflockenschema. Es definiert den Detaillierungsgrad und legt fest, wie ändernde Dimensionen (Slowly Changing Dimensions) zu behandeln sind.

Physischen Entwurf erstellen: In dieser Phase wird das logische Modell umgesetzt: Das Projektteam erstellt Tabellen, Indizes und Partitionierung.

ETL entwerfen und entwickeln: Das Projektteam implementiert ETL-Prozesse: Diese extrahieren, transformieren und laden Daten in die „Staging Area", wo sie bereinigt und für die Data Marts aufbereitet werden. Das Data Warehouse entsteht dabei als integriertes Gesamtsystem aus den einzelnen Data Marts mit konformen Dimensionen.

BI-Anwendungen entwickeln: Das Projektteam erstellt Dashboards, Ad-hoc-Reports und mehrdimensionale Auswertungen. Es legt dabei Metriken, Hierarchien und Filter fest.

Bereitstellen: Diese Phase umfasst die Konfiguration von Zugriffsberechtigungen, den Rollout in die Produktionsumgebung sowie Schulungen. Nach dieser Phase entscheidet sich, ob das Projekt wächst oder in einen Wartungsmodus übergeht. „Wachstum" bedeutet: Das Team integriert neue Datenquellen, passt Modelle an und verfeinert Auswertungen. Neue Anforderungen führen zu weiteren Entwicklungszyklen. Bei „Wartung" kommt keine neue Funktionalität hinzu: Hier wird das System kontinuierlich überwacht, Dateninkonsistenzen behoben und die Architektur für einen stabilen Betrieb technisch aktuell gehalten.

Die inkrementelle Entwicklung einzelner Data Marts birgt das Risiko isolierter „Datensilos". Verschiedene Abteilungen entwickeln ihre eigenen Definitionen von *Kunde* oder *Produkt*, was abteilungsübergreifende Analysen erschwert [Inm05]. Kimball adressiert dieses Problem durch die „Data Warehouse Bus"-Architektur [KR13].

Data Warehouse Bus-Architektur und Enterprise Data Warehouse Bus-Matrix

Die Data Warehouse Bus-Architektur kombiniert Top-down-Architekturplanung mit einer Bottom-up-Implementierung. Abgestimmte Dimensionen (Conformed Dimensions) bilden das zentrale Integrationselement. Dimensionen wie Kunde, Produkt oder Datum werden einmal zentral definiert und von mehreren Faktentabellen gemeinsam genutzt. Diese gemeinsame Nutzung ermöglicht „Drilling Across" – die Kombination von Kennzahlen aus verschiedenen Geschäftsprozessen in einem einzigen Bericht.

Die Enterprise Data Warehouse Bus-Matrix dient als strategische Planungs- und Kommunikationsgrundlage [KR13]. Zeilen stehen für Geschäftsprozesse (potenzielle Data Marts), Spalten für Dimensionen. Markierungen zeigen, welche Dimensionen von mehreren Prozessen genutzt werden und sich daher als konforme Dimensionen anbieten.

Diese Architektur verspricht, einzelne Data Marts unabhängig zu entwickeln und gleichzeitig unternehmensweite Integration sicherzustellen. Jeder Data Mart liefert sofort Geschäftswert, während die Bus-Architektur langfristige Kohärenz gewährleistet. Tabelle 7.2 zeigt ein Beispiel: Die Kreuze markieren, welche Dimensionen für welchen Geschäftsprozess relevant sind und zeigen so die Verknüpfungsmöglichkeiten im Data Warehouse auf.

Tabelle 7.2 Beispiel einer Enterprise Data Warehouse Bus-Matrix

Geschäftsprozess / Dimension	Datum	Kunde	Produkt	Mitarbeiter	Filiale	Lieferant
Auftragserfassung	X	X	X	X	X	
Rechnungsstellung	X	X	X		X	
Lieferung	X	X	X		X	
Retourenabwicklung	X	X	X	X	X	
Lagerbestand	X		X		X	X

7.6 Dimensionale Modellierung

Traditionelle normalisierte Datenstrukturen, die für operative Transaktionssysteme optimiert sind, stoßen bei komplexen analytischen Abfragen an Performancegrenzen und erschweren intuitive Datenanalysen. Ralph Kimball gilt als „Father of dimensional Modeling" [Kor25]. Er entwickelte damit einen alternativen Ansatz, der explizit auf die Anforderungen von Business Intelligence und Data Warehousing ausgerichtet ist. Die dimensionale Modellierung basiert auf einem zentralen Prinzip: Geschäftsdaten lassen sich im Wesentlichen konsequent auf zwei grundlegend unterschiedliche Kategorien reduzieren.

Fakten (Facts) repräsentieren die numerischen Messwerte (Measures), die bei Geschäftsereignissen entstehen – etwa Verkaufsmengen, Umsatzbeträge oder Lagerbestände. Sherman definiert Fakten als „[...] *fact is a measurement of a business activity* [...] *and is generally numeric*" [She15]. Dimensionen (Dimensions) stellen den beschreibenden Kontext bereit, der den Measures Bedeutung verleiht, indem sie klassische W-Fragen (Wer, Was, Wo, Wann, Warum, Wie) zu jedem Geschäftsereignis beantworten. Sherman definiert Dimensions als „[...] *entity that establishes the business context for the measures (facts)*" [She15].

Measures sind numerisch, Dimensions hingegen meist kategorial. Corr et al. vergleichen Dimensions mit Nomen [CS14]. Ähnlich wie Adjektive Nomen um beschreibende Eigenschaften ergänzen, erweitern Attribute die Dimensionen um zusätzliche Charakteristika. Dimensionen erlauben verschiedene Sichten auf Measures und ermöglichen es, Daten mit einer oder mehreren Dimensionen zusammen zu analysieren. Dimensionen setzen sich aus einzelnen Elementen (Members) zusammen, die sich oft hierarchisch ordnen lassen. Beispielsweise wären bei der Dimension *Mitarbeiter* die einzelnen Mitarbeitenden die Members. Members sind somit konkrete Ausprägungen oder spezifische Werte einer Dimension. Hierarchien ermöglichen es, Daten sowohl auf aggregierter als auch auf detaillierter Ebene zu analysieren und schaffen damit eine intuitive Navigation durch komplexe mehrdimensionale Berichte.

Diese konzeptionelle Trennung vereinfacht die Datenarchitektur deutlich. Normalisierte Systeme teilen Geschäftsobjekte in viele kleine, hochspezifische Tabellen auf. Die dimensionale Modellierung hingegen konzentriert alle Measures in einer zentralen Faktentabelle und gruppiert verwandte Attribute in denormalisierten Dimensionstabellen. Die daraus resultierende Sternschema-Struktur bildet den Kern der Kimball-Methode: Eine zentrale Faktentabelle enthält die Measures und ist über Fremdschlüssel mit den sie umgebenden Dimensionstabellen verbunden. Diese Anordnung erinnert an einen Stern und verbessert sowohl die Abfrageleistung als auch die intuitive Verständlichkeit für Anwender [Kum21].

Dimensionstabellen bewusst zu denormalisieren stellt eine wichtige Designentscheidung der Kimball-Methode dar. Hierarchische Beziehungen wie „Produkt → Produktkategorie" werden nicht in separate Tabellen aufgeteilt, sondern als Spalten innerhalb einer einzigen Dimensionstabelle gespeichert. Diese Entscheidung erzeugt zwangsläufig Datenredundanz – der Kategorienname wiederholt sich für jedes Produkt in dieser Kategorie. Diese Redundanz ist beabsichtigt [Ser24] und erfüllt zwei zentrale Ziele: Erstens reduziert die flache Struktur die Anzahl der für analytische Abfragen erforderlichen Joins. Statt Produkt-, Kategorie- und Abteilungstabellen in einer komplexeren SQL-Abfrage zu verknüpfen, genügt ein einziger Join zwischen Faktentabelle und denormalisierter Produktdimension. Zweitens vereinfacht es die Struktur, Abfragen intuitiv zu erstellen, da alle relevanten Attribute eines Geschäftsobjekts an einer Stelle verfügbar sind.

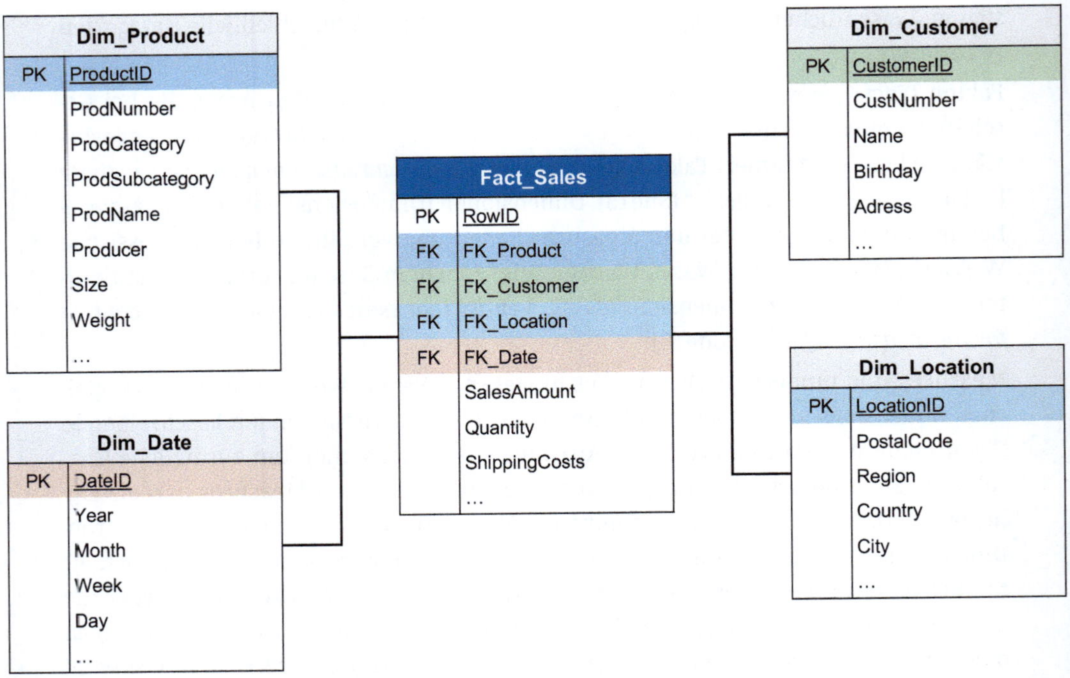

Bild 7.4 Beispiel für ein Sternschema

Bild 7.4 zeigt ein analytisches Datenmodell vom Typ Sternschema, bei dem eine zentrale (normalisierte) Faktentabelle über Primärschlüssel-Fremdschlüssel-Beziehungen mit mehreren (denormalisierten) Dimensionstabellen verbunden ist.

Im Beispiel enthält die Faktentabelle alle Verkaufsvorgänge: Jede Zeile in der Faktentabelle steht für einen getätigten Verkaufsvorgang und referenziert über Fremdschlüssel das Datum, das Produkt, den Kunden und den Ort. Die dimensionale Information – beispielsweise das Land – liegt in der korrespondierenden Dimensionstabelle „`Dim_Location`“, deren Primärschlüssel als Fremdschlüssel in der Faktentabelle gespeichert wird. Als Measures werden typischerweise Umsatz, Rabatt oder Absatzmenge in der Faktentabelle geführt.

Dimensionstabellen liefern den beschreibenden Kontext für Faktentabellen. Sie enthalten viele Spalten, um alle relevanten Attribute denormalisiert und ohne komplexe Joins bereitzustellen. Diese Dimensionstabellen basieren auf Surrogatschlüsseln, die die natürlichen Schlüssel der Quellsysteme ersetzen. Surrogatschlüssel entkoppeln das Data Warehouse von Änderungen in den Quellsystemen. Wird beispielsweise eine Kundennummer im CRM-System (Customer Relationship Management) geändert, bleibt die historische Integrität durch den unveränderbaren Surrogatschlüssel gewahrt. Bei der Integration mehrerer Quellsysteme verhindern Surrogatschlüssel Kollisionen natürlicher Schlüssel. Kunde 123 kann in zwei verschiedenen CRM-Systemen unterschiedliche Personen bezeichnen, erhält aber eindeutige Surrogatschlüssel im Data Warehouse.

Surrogatschlüssel verbessern außerdem die Performance. Joins über einfache Integer-Werte sind deutlich effizienter als über textbasierte oder mehrteilige natürliche Schlüssel. Mit Surrogatschlüsseln lassen sich Sonderfälle abbilden, indem für unbekannte Werte eigene Datensätze (z. B. „Unbekannter Kunde") mit festen Schlüsseln wie -1 oder 0 erstellt werden.

Bild 7.5 zeigt ein implementiertes Sternschema in der Entwicklungsumgebung Microsoft SQL Server Data Tools for Visual Studio. Das relationale Datenbankmanagementsystem MS SQL Server speichert sowohl die Rohdaten als auch die aufbereiteten DWH-Strukturen. ETL-Prozesse extrahieren, transformieren und laden die Daten in Fakten- und Dimensionstabellen des Data Warehouse. Die Komponente SQL Server Analysis Services (SSAS) greift auf diese Tabellenstrukturen zu und stellt sie als analytisches Modell für Abfragen bereit. SSAS unterstützt zwei Modelltypen: Multidimensional Models arbeiten mit klassischen OLAP-Würfeln und der Abfragesprache Multidimensional Expressions (MDX). Tabular Models basieren dagegen auf relationalen Strukturen und nutzen Data Analysis Expressions (DAX) als Abfragesprache, wobei sie ebenfalls OLAP-Funktionalität bieten. Das Beispiel verwendet ein Tabular Model mit einem Sternschema. Die Faktentabelle enthält Measures wie Mengen, Umsätze und Rabatte sowie Fremdschlüssel zu den umgebenden Dimensionstabellen. Diese Dimensionen (z. B. Zeit, Produkt, Kunde) sind über 1:n-Beziehungen mit der Faktentabelle verknüpft. Filter aus den Dimensionen werden zur Faktentabelle weitergegeben und schränken die Ausgabe entsprechend ein. DAX ermöglicht es, berechnete Measures wie „Total Sales" über Formeln zu definieren. Das Modell wird über Visual Studio mit

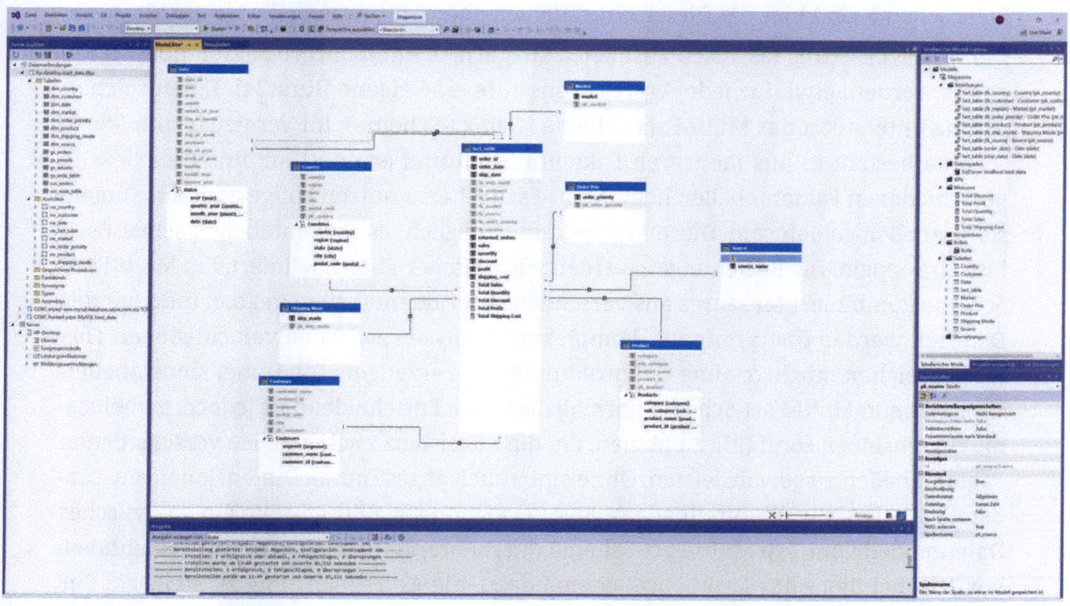

Bild 7.5 Sternschema, modelliert in Microsoft Visual Studio mit SQL Server Data Tools

den SQL Server Data Tools bereitgestellt. Dort werden Datenmodell, Beziehungen, Measures, Sicherheitsrollen und optional Perspektiven definiert sowie Partitionierungen konfiguriert. Nach der Konfiguration der Datenquellen und Festlegung der Zielumgebung (z. B. lokale Server oder Cloud) überträgt der Deployment-Prozess das Modell an den Tabular Server. Dieser verarbeitet das Modell und lädt die definierten Partitionen in den Speicher. Client-Anwendungen wie Excel, Power BI, DeltaMaster oder andere Analyse-Tools greifen anschließend auf das bereitgestellte Tabular Model zu. Für die kontinuierliche Datenaktualisierung werden automatisierte Prozesse eingerichtet. Sicherheitsrollen und Perspektiven steuern den Zugriff und reduzieren die Komplexität für Fachanwender. Diese Architektur gewährleistet eine klare Trennung der Schichten: Das Data Warehouse persistiert die Daten stabil und konsistent, während SSAS eine performante Schicht für analytische Abfragen bereitstellt.

Neben dem Sternschema als analytisches Datenmodell gibt es noch das Schneeflockenschema (Snowflake Schema). Ein Unterschied zum Sternschema liegt vor allem darin, dass beim Schneeflockenschema die Dimensionstabellen normalisiert sind. Hierarchisch zueinander stehende Dimensionen verteilen sich dadurch über mehrere, miteinander verknüpfte Dimensionstabellen. Die geringere Redundanz spart Speicherplatz. Für Anwender ist jedoch ein normalisiertes Modell schwerer zu verstehen, und die Navigation darin gestaltet sich weniger intuitiv. Weitere Nachteile liegen in erhöhter Komplexität, geringerer Abfrageleistung und höherem Wartungsaufwand [Kum24]. Bild 7.6 zeigt ein analytisches Datenmodell vom Typ Schneeflockenschema, bei dem eine zentrale (normalisierte) Faktentabelle über Primärschlüssel-Fremdschlüssel-Beziehungen mit mehreren Dimensionstabellen verbunden ist. Im Unterschied zu einem Sternschema sind hier die Dimensionstabellen ebenfalls normalisiert [Kum24].

Die Abfrageleistung lässt sich zusätzlich steigern, wenn mehrere Faktentabellen angelegt werden, etwa für jede Aggregationsstufe eine eigene [Kum24]. Einen solchen Ansatz unterstützt das Multi-Fact-Schema (Galaxy-Schema): Im Vergleich zum Sternschema besteht es aus mehreren Faktentabellen und erinnert an eine Galaxie. Die verschiedenen Faktentabellen beim Multi-Fact-Schema nutzen einige oder alle Dimensionstabellen gemeinsam. Diese Architektur ermöglicht es, Faktentabellen semantisch lose zu koppeln. Die Beziehungen werden auf logischer Ebene definiert. Ein Multi-Fact-Schema kombiniert Measures aus verschiedenen Faktentabellen flexibel miteinander. Dadurch werden übergreifende, komplexere Analysen zwischen verschiedenen Themenbereichen möglich, ohne Datenredundanz zu erzeugen. Die Dimensionstabellen können beim Multi-Fact-Schema normalisiert sein. Entscheidend ist jedoch, gemeinsame Dimensionen sorgfältig zu planen, um die Konsistenz zwischen den verschiedenen Faktentabellen zu gewährleisten. Ohne einheitlich abgestimmte Dimensionen entstünden Datensilos, die übergreifende Analysen verhindern. Bild 7.7 zeigt ein analytisches Datenmodell vom Typ Multi-Fact-Schema mit mehreren (normalisierten) Faktentabellen. Hierbei dient das Multi-Fact-Schema dazu, die Abfrageleistung zu steigern: Für bestimmte Zeithierarchien gibt es eigene Faktentabellen, die mit den korrespondierenden Dimensionstabellen verbunden sind.

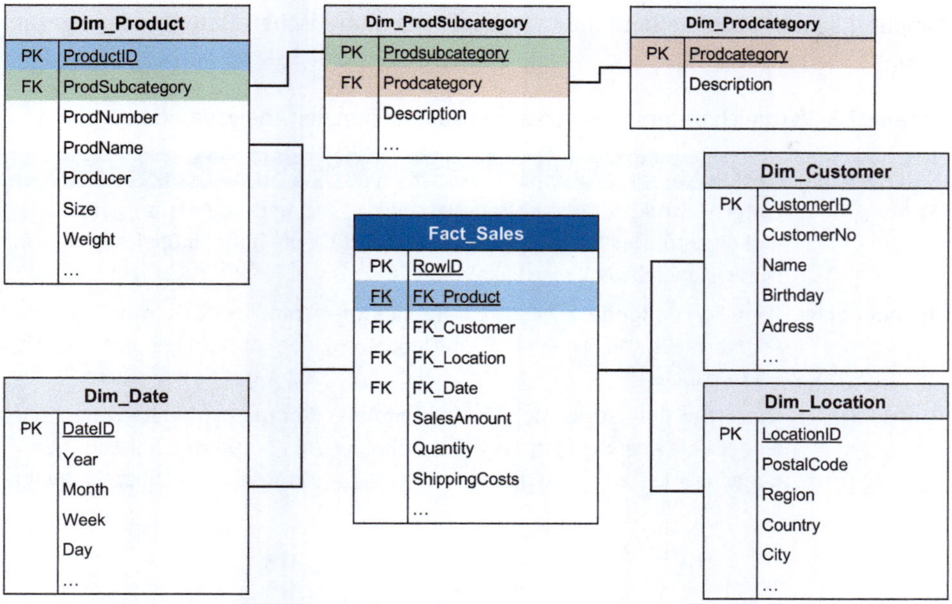

Bild 7.6 Beispiel für ein Schneeflockenschema

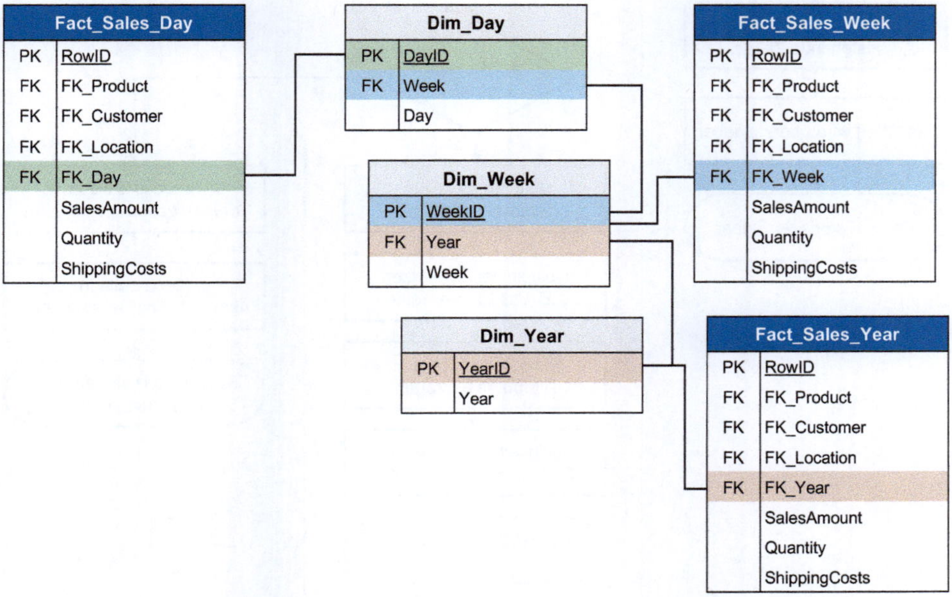

Bild 7.7 Beispiel für ein Multi-Fact-Schema

Tabelle 7.3 stellt abschließend die verschiedenen analytischen Datenmodelle gegenüber.

Tabelle 7.3 Vergleich unterschiedlicher mehrdimensionaler Analysemodelle

Schema-Typ	Vorteile & Merkmale	Nachteile
Stern	Einfache Struktur, hohe Abfragegeschwindigkeit, intuitive Navigation. Denormalisierte Dimensionstabellen, eine Faktentabelle.	Datenredundanz in Dimensionen, höherer Speicherbedarf.
Schneeflocke	Reduziert Redundanz, bessere Datenintegrität. Normalisierte Dimensionstabellen, eine Faktentabelle.	Komplexere Abfragen, geringere Abfragegeschwindigkeit, schwerer zu navigieren.
Multi-Fact	Skalierbar, unterstützt mehrere Faktentabellen, flexible Analyse. Mehrere Faktentabellen, gemeinsame Dimensionen.	Komplexe Modellierung, höhere Komplexität bei Abfragen, erfordert sorgfältige Planung.

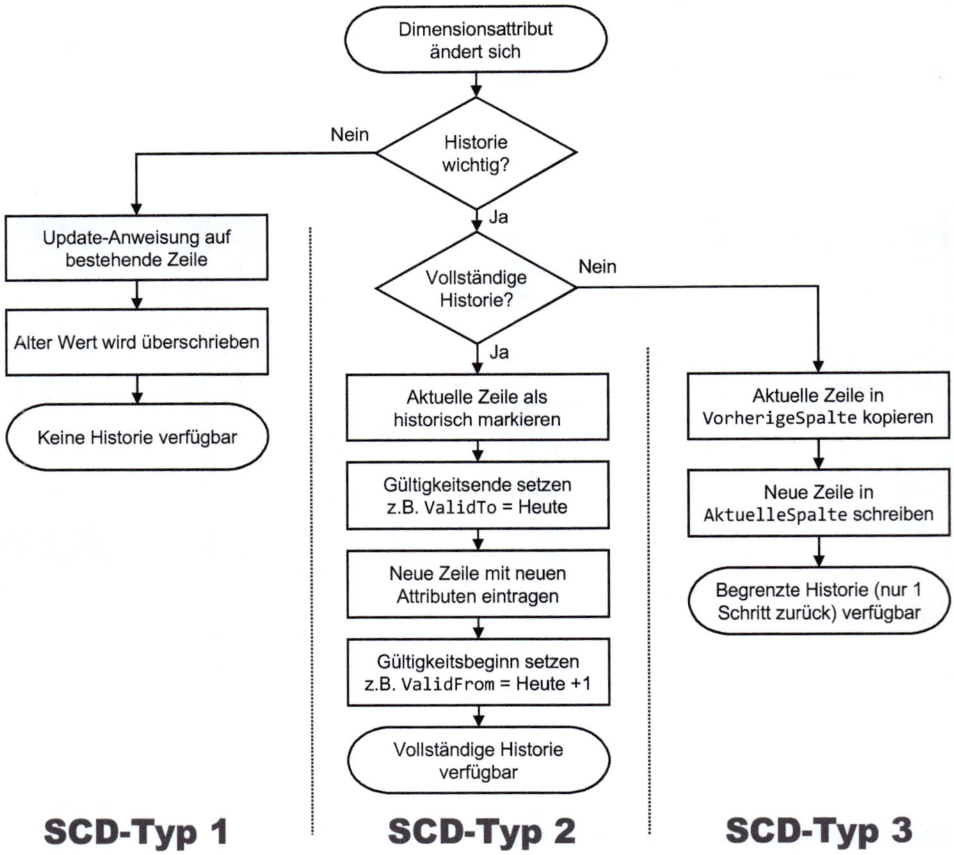

Bild 7.8 Unterscheidung verschiedener SCD-Typen

Eine Herausforderung bei der dimensionalen Modellierung liegt darin, die sich im Zeitverlauf ändernden Dimensionsattribute, „Slowly Changing Dimensions" (SCD), systematisch zu behandeln [CS14]. Bild 7.8 zeigt dafür unterschiedliche Ansätze. Es gibt insgesamt sieben [KR13], wobei drei davon die relevantesten sind:

SCD-Typ 1 überschreibt den vorherigen Wert mit dem neuen Attributwert. Diese Methode eignet sich für Fehlerkorrekturen oder Attribute, deren Historie nicht relevant ist – etwa die Korrektur eines falsch geschriebenen Kundennamens. Dies lässt sich per UPDATE umsetzen. Die Änderung lässt sich dann aus Anwendersicht nicht mehr nachverfolgen.

SCD-Typ 2 erstellt für jede geschäftsrelevante Änderung – etwa wenn ein Kunde umzieht – eine neue Zeile in der Dimensionstabelle mit einem neuen Surrogatschlüssel. Die ursprüngliche Zeile bleibt unverändert, wird aber als historisch markiert, typischerweise durch Gültigkeitsdaten oder Status-Flags. Bestehende Zeilen in der Faktentabelle verweisen weiterhin auf die zum Zeitpunkt der Entstehung gültigen Dimensionszeilen. Neue Einträge referenzieren die aktualisierten Zeilen.

SCD-Typ 3 ergänzt Dimensionstabellen um Spalten für alte Werte, bewahrt aber typischerweise nur den unmittelbar vorherigen Wert. Dieser Ansatz ist begrenzt, da bei mehreren Änderungen ältere Versionen verloren gehen.

7.7 Multidimensionale Datenanalyse mit OLAP-Systemen

Im Kontext von Business Intelligence, Data Warehousing und dimensionaler Modellierung spielt „Online Analytical Processing" (OLAP) eine zentrale Rolle. Der Begriff wurde 1993 von Edgar F. Codd et al. geprägt [CCS93][4] und beschreibt Systeme zur multidimensionalen Datenanalyse. Der Fokus von OLAP-Systemen liegt auf Planung, Reporting und Analyse zur Unterstützung datengetriebener Entscheidungsprozesse. Im Gegensatz zu transaktionsorientierten OLTP-Systemen fokussiert sich Online Analytical Processing auf die mehrdimensionale Analyse großer Datenmengen. OLAP-Systeme folgen den herstellerunabhängigen FASMI-Regeln nach Nigel Pendse et al. [PC95]: Das Akronym steht dabei für „Fast" (schnelle Antwortzeiten für komplexe Abfragen), „Analytical" (unterstützen statistische und numerische Analysen), „Shared" (ermöglichen gemeinsame Nutzung durch mehrere Anwender), „Multidimensional" (bieten mehrdimensionale Datensichten) und „Interactive" (erlauben intuitive, benutzerfreundliche Navigation

4 Es gab Kritik an dem Artikel: Codd wurde vorgeworfen, dass der Begriff OLAP und die Eigenschaften, die er definierte, sehr gut zur Funktionalität eines von Arbor Software kurz zuvor veröffentlichten Produkts namens Essbase passten. Es gab den Vorwurf, dass Codd das Konzept OLAP als Marketinghilfe für das Produkt entwickelt habe, wofür er von Arbor bezahlt wurde. Dies führte zu Kontroversen, worauf das Paper von Codd wieder zurückgezogen wurde.

durch OLAP-Operationen). Die Daten werden in OLAP-Cubes organisiert – mehrdimensionalen Datenwürfel für schnelle analytische Abfragen. Auf Basis analytischer Datenmodelle wie dem Sternschema lassen sich betriebswirtschaftliche Fragestellungen systematisch analysieren. Diese enthalten typischerweise Measures (Kennzahlen) oder calculated Measures (berechnete Kennzahlen) sowie Dimensionen zur Strukturierung des Informationsbedarfs. Beispiele sind etwa:

- In welcher Vertriebsregion [Dimension] wurde mit welchen Kunden [Dimension] welcher Absatz [Measure] und Umsatz [Measure] mit welchen Produkten [Dimension] gemacht?
- In welchem Land [Dimension] sind in welchem Monat [Dimension] die Personalkosten [Measure] am höchsten, aber die Umsätze [Measure] am niedrigsten?
- Welche Artikel [Dimension] einer Produktgruppe [Dimension] haben die höchsten Vertriebskosten [Measure]?
- Welchen Anteil am Gesamtumsatz [calculated Measure] hat ein bestimmter Vertriebskanal [Dimension]?
- Wie hoch war der Deckungsbeitrag [calculated Measure] in einem bestimmten Monat [Dimension] im Vergleich zur Vorperiode [Dimension]?

Multidimensionale Analysen und die interaktive OLAP-Navigation durch Datenbestände lassen sich anschaulich anhand eines Zauberwürfels mit drehbaren Achsen verdeutlichen (Tabelle 7.4). Ähnlich einem Zauberwürfel lassen sich bei OLAP-Cubes die Dimensionsachsen flexibel drehen und rotieren, wodurch verschiedene Sichten auf Daten entstehen. Diese Würfel-Metapher verdeutlicht die Dynamik und Interaktivität von OLAP-Analysen. OLAP ist nicht nur eine technische Implementierung, sondern primär ein Konzept zur interaktiven Datennavigation durch spezielle Operationen. OLAP-Operationen ermöglichen multidimensionale Datenanalyse: Drill-Down navigiert zu Details (z. B. Jahreswert → Monatswerte), Roll-Up aggregiert Daten (z. B. Monatswerte → Jahreswert), Slice and Dice selektiert Datenausschnitte (z. B. nur Daten für Frankreich), und Pivot vertauscht Dimensionen auf den Achsen (z. B. Regionen und Produkte tauschen). Anwender können Berichte und Auswertungen auf Basis von Dimensionen und Measures erstellen. Während der Analysesitzung haben sie die Möglichkeit, diese Berichte interaktiv anzupassen und in Echtzeit durch die Daten zu navigieren. Obwohl OLAP-Cubes als Würfel visualisiert werden, sind sie logisch multidimensional strukturiert – oft mit weit mehr als drei Dimensionen.

Use Case: DuckDB als OLAP-Engine und zur dimensionalen Modellierung

Die Analyse großer Datenmengen setzt traditionell leistungsfähige Server-Infrastrukturen voraus. Neben kommerziellen OLAP-Engines wie beispielsweise Microsoft SQL Server Analysis Services (SSAS) existieren jedoch auch Ansätze, OLAP-Analysen auf weniger leistungsfähigen Endgeräten auszuführen.

Tabelle 7.4 Auswahl verschiedener OLAP-Operationen

Würfel-Metapher	OLAP-Operation
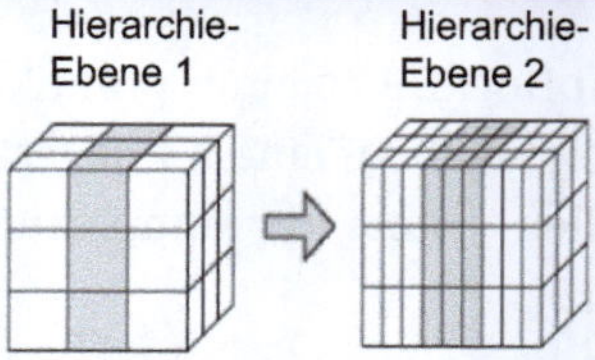	Drill-down navigiert von höheren Aggregationsebenen zu detaillierteren Stufen einer Dimensionshierarchie. Aggregierte Datenwerte werden in ihre Bestandteile aufgeschlüsselt und die Granularität erhöht. Beispiele: Jahresumsatz ⟶ Quartalsumsätze ⟶ Monatsumsätze; Produktkategorie ⟶ Produktgruppe ⟶ Einzelprodukte.
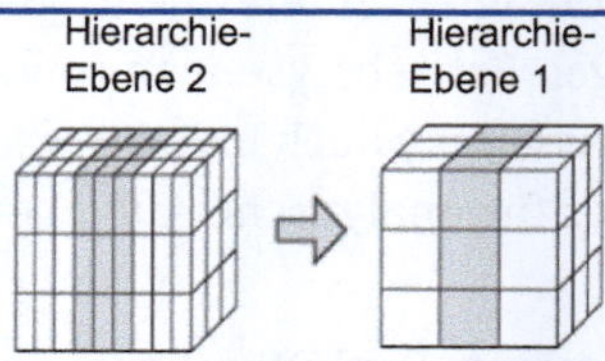	Roll-up fasst Daten entlang einer Dimension zusammen und reduziert so die Granularität, indem es von untergeordneten zu übergeordneten Attributen wechselt. Beispiele: Monatsumsätze ⟶ Quartalsumsätze ⟶ Jahresumsatz; Einzelprodukte ⟶ Produktgruppe ⟶ Produktkategorie.
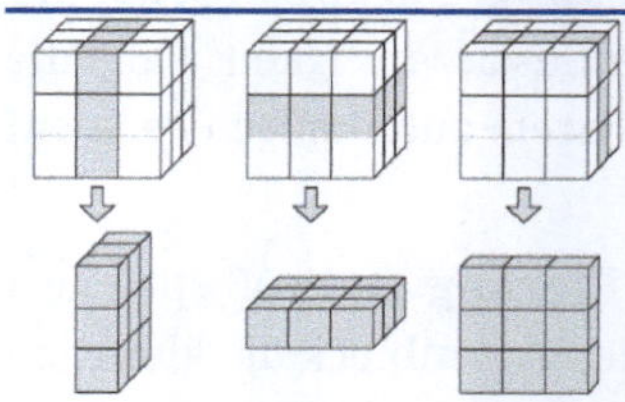	Slice isoliert Daten entlang einer Dimension, indem es einen festen Wert auswählt, zum Beispiel den Gesamtumsatz im Jahr 2024. So entsteht eine reduzierte Sicht mit um mindestens eins verringerter Dimensionalität, die gezielt nur diese Datenausschnitte analysiert. Beispiele: Umsatz 2024; Gewinn im ersten Quartal 2025.
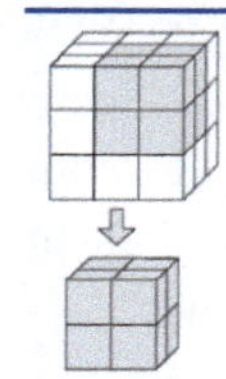	Dice wählt gleichzeitig feste Werte in mehreren Dimensionen aus und erzeugt so einen mehrdimensionalen Ausschnitt. Damit lassen sich mehrere Parameter zugleich in einer kombinierten Sicht analysieren. Beispiele: Produkt A und Deutschland und Q3 2023; Kunde X und Region Nord und März 2025.
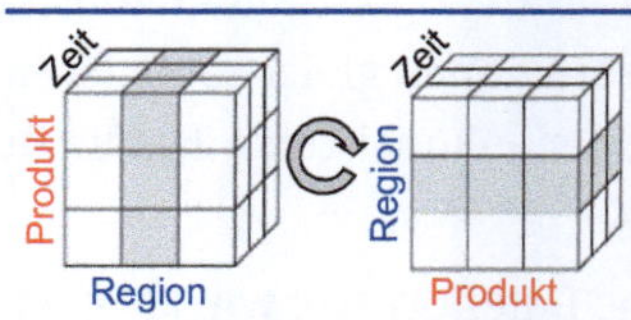	Pivot tauscht die Achsenzuordnung im Würfel, indem es Zeilen und Spalten wechselt und so alternative Sichten erzeugt. Diese Drehung erschließt neue Perspektiven, zum Beispiel den Umsatz von Produkt A pro Region oder die Quartalswerte einer Produktgruppe nach Region.

Einen solchen Ansatz repräsentiert DuckDB[5)]. Es wurde speziell für den Einsatz ohne Server-Infrastruktur als Open-Source-Datenbankmanagementsystem für analytische Workloads konzipiert. Anders als traditionelle Client-Server-Datenbanken läuft DuckDB als eingebettete Datenbank direkt im Anwendungsprozess, vergleichbar mit SQLite[6)] für transaktionale Workloads. Diese Architektur eliminiert Netzwerklatenz vollständig und beschleunigt den Datentransfer zwischen Anwendung und Datenbank

5 DuckDB: *https://duckdb.org*.

6 Oftmals wird DuckDB auch als „SQLite for Analytics" bezeichnet, was vor allem auf die Einfachheit der Inbetriebnahme abzielt und auch die Integration in analytische Anwendungen adressiert.

erheblich. Gerade auf einzelnen Arbeitsplatzrechnern oder Laptops, wo der Betrieb eines dedizierten Datenbankservers unpraktisch wäre, zeigt dieser Ansatz seine Stärken.

Die direkte Integration in den Anwendungsprozess macht DuckDB zu einer praktikablen Lösung für Szenarien, in denen analytische Abfragen lokal auf einem Endgerät wie beispielsweise einem Laptop ausgeführt werden sollen – ohne die Komplexität und den Ressourcenbedarf klassischer OLAP-Server [RM19].

DuckDB benötigt keine externen Abhängigkeiten und kompiliert zu einer einzigen Header- und Implementierungsdatei. Es läuft auf gängigen Betriebssystemen sowie x86- und ARM-Architekturen und funktioniert über WebAssembly auch in Browsern. DuckDB vereint mehrere technische Eigenschaften, die es für analytische Aufgaben geeignet machen:

- **Flexible Speicherverwaltung und In-Memory-Processing:** DuckDB arbeitet primär mit den Daten im Arbeitsspeicher für maximale Geschwindigkeit. Falls die Daten größer als der verfügbare RAM sind, lagert das System automatisch Teile auf die Festplatte aus und lädt sie bei Bedarf wieder nach.
- **Spaltenorientierte Speicherung mit intelligenter Filterung:** DuckDB speichert Daten nach Spalten gruppiert und „merkt" sich für jeden Datenblock die kleinsten und größten Werte. Bei Abfragen können so ganze Blöcke übersprungen werden, wenn die gesuchten Werte dort gar nicht vorkommen können.
- **Parallele Datenverarbeitung:** DuckDB verarbeitet Daten in großen Blöcken statt einzeln und nutzt dabei automatisch alle verfügbaren Prozessorkerne. Dies macht Abfragen deutlich schneller als bei traditioneller zeilenweiser Verarbeitung.
- **Transaktionssicherheit:** DuckDB garantiert, dass alle Datenoperationen konsistent und vollständig ausgeführt werden. Mehrere Nutzer können gleichzeitig lesen und schreiben, ohne sich gegenseitig zu blockieren oder inkonsistente Daten zu sehen.
- **Direkte Datenintegration:** DuckDB kann verschiedene Dateiformate wie Parquet, CSV und JSON direkt abfragen, ohne sie vorher importieren zu müssen. Auch Python-Datenstrukturen (Pandas/Polars-DataFrames) und Cloud-Speicher (S3) lassen sich nahtlos einbinden.

Mit diesen technischen Eigenschaften eignet sich DuckDB besonders für lokale Datenanalysen. Das System bietet dabei nicht nur effiziente Datenverarbeitung, sondern auch vollwertige OLAP-Funktionalität nach SQL-Standard – hier eine Auswahl von DuckDB-Features, die speziell für Datenanalysen interessant sind:

Window Functions bilden das Rückgrat für zeitbasierte und vergleichende Analysen:

- `PARTITION BY` und `ORDER BY` ermöglichen gruppierte Berechnungen wie laufende Summen oder gleitende Durchschnitte, etwa `SUM(umsatz) OVER (ORDER BY datum)` für kumulierte Umsätze.

- Ranking-Funktionen wie `RANK() OVER (PARTITION BY region ORDER BY umsatz DESC)` nummerieren Zeilen für Ranglisten, etwa zur Identifikation der umsatzstärksten Kunden je Region.
- Offset-Funktionen `LAG()` und `LEAD()` vergleichen Zeitreihen bei vollständigen Daten, etwa `LAG(umsatz, 12) OVER (ORDER BY monat)` für Vorjahreswerte.

SQL-Features für statistische Berechnungen sind in DuckDB vollständig implementiert:

- Statistische Funktionen wie `STDDEV_SAMP(umsatz)` und `CORR(preis, menge)` für Analysen direkt in SQL.
- Die `FILTER`-Klausel ermöglicht `SUM(betrag) FILTER (WHERE status = 'bezahlt')` statt verschachtelter `CASE`-Statements.

Mehrdimensionale Gruppierungen ermöglichen komplexe OLAP-Analysen:

- `GROUPING SETS ((region), (produkt), (region, produkt))` kombiniert verschiedene Aggregationsebenen in einer Abfrage für flexible Berichte.
- `CUBE (region, produkt, jahr)` generiert alle acht Dimensionskombinationen für vollständige Kreuztabellen in einem Durchgang.
- `ROLLUP (jahr, quartal, monat)` erzeugt hierarchische Berichte mit automatischen Zwischensummen auf jeder Ebene.

DuckDB-spezifische Komfort- und Analysefunktionen erweitern SQL und reduzieren den Implementierungsaufwand, zudem steigt auch die Lesbarkeit des Codes.

- `LIST(produkt) GROUP BY kunde_id` sammelt alle gekauften Produkte pro Kunde in einem Array, ideal für Warenkorbanalysen und Empfehlungssysteme.
- `t1 ASOF JOIN t2 ON t1.timestamp <= t2.timestamp` verbindet Zeitreihen mit unterschiedlichen Frequenzen, etwa Aktienkurse mit unregelmäßigen Trades.
- `PIVOT verkäufe ON monat USING SUM(umsatz)` transformiert Monatsdaten von Zeilen in Spalten für übersichtliche Jahresberichte.
- `SELECT * EXCLUDE (passwort, gehalt)` entfernt sensible Spalten aus Abfragen, ohne dutzende andere Spalten einzeln aufzulisten.
- `FROM kunden SELECT name, umsatz WHERE stadt = 'Berlin'` ermöglicht intuitivere Abfragen, da die Tabelle zuerst genannt wird.
- `SELECT AVG(preis) FROM pandas_df` analysiert Pandas-DataFrames direkt mit SQL, ohne vorherigen Import in eine Datenbank.

Für bestimmte Anwendungsfälle – insbesondere lokale Analysen mittelgroßer Datenmengen, Prototyping oder eingebettete Analytik – stellt DuckDB eine praktikable Lösung dar. Die SQL-Kompatibilität und die Integration in gängige Programmiersprachen reduzieren Einstiegshürden deutlich.

Gleichzeitig bestehen Einschränkungen: Eine lokal laufende DuckDB-Instanz bleibt auch bei Datenmengen im zweistelligen Terabyte-Bereich funktionsfähig, kann jedoch bei deutlich größeren Dateien (z. B. vielen zehn Terabyte) spürbare Performanceeinbußen beim Laden und Checkpointing aufweisen[7]; außerdem limitiert das Single-Writer-Modell parallele Schreibvorgänge und erschwert unternehmensweite Rollouts ohne zentrale Server-Infrastruktur. Cloud-Services wie MotherDuck[8] adressieren diese Einschränkungen durch Managed-Service-Funktionen und Multi-User-Koordination, transformieren dabei jedoch DuckDB von einer eingebetteten zu einer Cloud-basierten Data-Warehouse-Lösung.

Mit DuckLake[9] positioniert sich DuckDB seit 2025 auch im Lakehouse-Bereich [RM25]. Das Format verwendet SQL-Datenbanken für Metadaten-Management statt der JSON/Avro-Strukturen von Iceberg oder Delta Lake. Zusammen mit Parquet- und S3-Unterstützung kann DuckDB als Lakehouse-Engine fungieren, bleibt aber primär für lokale und Cloud-basierte OLAP-Analysen konzipiert.

Die tatsächliche Eignung von DuckDB lässt sich am besten anhand konkreter Szenarien bewerten. Im Folgenden wird daher anhand eines Musterdatensatzes untersucht, wie sich typische OLAP-Operationen in DuckDB umsetzen lassen. Der Fokus liegt dabei auf der OLAP-Funktionalität für betriebswirtschaftliche Fragestellungen bzw. mehrdimensionalen Auswertungen, nicht auf der Verarbeitung sehr großer Datenmengen.

Das in Python im Zusammenspiel mit DuckDB umgesetzte Analyseprojekt basierte auf dem fiktiven Global Superstore Dataset[10] mit 51.290 Transaktionen eines international tätigen Einzelhandelsbetriebs über vier Jahre. Der Datensatz umfasst 147 Länder, drei Produktkategorien und verschiedene Kundensegmente.

Eine zentrale Herausforderung bestand darin, die Datenintegrität bei komplexen mehrdimensionalen Aggregationen zu gewährleisten. Angesichts der überschaubaren Datenstruktur und -menge bietet sich im ersten Schritt ein Ansatz an, alle Daten zunächst in einer einzigen, denormalisierten („breiten“) Tabelle zusammenzuführen. Ein solcher Ansatz wird auch als One Big Table (OBT) bezeichnet – der Vorteil liegt darin, nach der Zusammenführung mehr oder minder auf `JOINS` bei Analysen verzichten zu können [Ehr24]. Auch wenn ein solcher Ansatz Nachteile nach sich zieht (z. B. Redundanz, Unübersichtlichkeit bei sehr breiten Tabellen) reduziert er doch zumindest die Komplexität analytischer Datenmodellierung und verspricht schnell prototypische Ergebnisse, zudem kommt er auch in Memory arbeitenden Datenbanken entgegen. In einer späteren Ausbaustufe wird ein Sternschema aufgesetzt, welches aus einer Fakten- und mehreren Dimensionstabellen, die mit der Faktentabelle verbunden sind, besteht. Die anhand von Tests qualitätsgesicherten Ergebnisse der OBT-Herangehensweise dienen dann zusätzlich weiterer Kontrolle.

7 Aussage gemäß Dokumentation: *https://duckdb.org/docs/stable/operations_manual/limits.html*

8 MotherDuck: *https://motherduck.com*

9 DuckLake: *https://duckdb.org/2025/05/27/ducklake.html*

10 Superstore Dataset (Kaggle): *https://www.kaggle.com/datasets/shekpaul/global-superstore/data*

Das Projekt folgt dem CRISP-DM-Phasenmodell und wurde über Google Colab als Jupyter Notebook freigegeben[11]. Im Notebook dient die denormalisierte Faktentabelle `fact_sales_obt` als „One Big Table“ mit allen zur Analyse relevanten Measures und Dimensions in einer einzigen Tabelle – es existieren keine dedizierten Dimensionstabellen.

DuckDB zeigt seine Stärken bei mehrdimensionalen Analysen, die für Business Intelligence charakteristisch sind. Die Analyse regionaler Märkte über Produktkategorien erfordert die Berechnung aller möglichen Kombinationen dieser Dimensionen mit Zwischen- und Gesamtsummen. Während traditionelle Systeme hierfür multiple Abfragen mit `UNION ALL`-Konstrukten benötigen, ermöglicht DuckDB dies durch eine einzige `CUBE`-Operation:

Listing 7.1 Mehrdimensionale CUBE-Analyse mit vollständiger Hierarchie im OBT-Ansatz

```sql
-- One Big Table: direkte CUBE-Operation
SELECT
    COALESCE("Region", 'ALLE␣REGIONEN') AS Region,
    COALESCE("Category", 'ALLE␣KATEGORIEN') AS Kategorie,
    COALESCE(CAST(YEAR("Order␣Date") AS VARCHAR), 'ALLE␣JAHRE') AS Jahr,
    ROUND(SUM("Sales"), 2) AS Umsatz,
    GROUPING("Region") + GROUPING("Category") +
        GROUPING(YEAR("Order␣Date")) AS Ebene
FROM fact_sales_obt
WHERE YEAR("Order␣Date") >= 2013
GROUP BY CUBE("Region", "Category", YEAR("Order␣Date"))
HAVING SUM("Sales") > 50000
ORDER BY Ebene, Umsatz DESC;
```

Diese `CUBE`-Operation (Listing 7.1) generiert automatisch alle Aggregationsebenen – von Detailkombinationen bis zur Gesamtsumme über alle Jahre. Die `GROUPING`-Funktion kennzeichnet transparent die Hierarchiestufe jedes Ergebnisses. Die Zeitdimension erhält durch `CAST(YEAR('"Order Date'") AS VARCHAR)` und `COALESCE` eine aussagekräftige Beschriftung („ALLE JAHRE“) auch für aggregierte Werte. Der Code bleibt trotz dieser Funktionalität kompakt und lesbar.

Analysen entlang der Zeit beeinflussen maßgeblich strategische Entscheidungen. Sie zeigen, wie sich Umsatz, Kundenzahlen oder Profitmargen für Produkte, Märkte, Segmente, Kunden oder Regionen entwickelt haben. Diese Erkenntnisse fließen direkt

11 Colab: *https://colab.research.google.com/drive/13R9qWj-Fg1NM14N0DJjdOqu9ubbZSCO-?usp=sharing*. Der Code wurde teilweise mit Claude Code implementiert. Das Jupyter Notebook dokumentiert den OBT-Ansatz vollständig und weist zudem Performance-Metriken aus.

in Produkt- und Investitionsentscheidungen ein. Zeitreihenanalysen decken zudem Trends und saisonale Muster auf, die Planungen und Prognosen für kommende Perioden ermöglichen. Vergleiche zwischen verschiedenen Zeiträumen – ob Quartale, Jahre oder rollierende Zeitfenster – quantifizieren Wachstum und identifizieren Wendepunkte im Geschäftsverlauf. Besonders interessant sind dabei Kohorten-Analysen, die das Verhalten von Kundengruppen über deren gesamten Lebenszyklus verfolgen.

Year-over-Year-Vergleiche lassen sich in DuckDB durch Window Functions mit wenig Code realisieren (Listing 7.2). Der OBT-Ansatz vereinfacht dies zusätzlich: JOIN-Operationen entfallen und Metriken wie Profitmargen lassen sich direkt berechnen:

Listing 7.2 Year-over-Year-Analyse mit erweiterten Metriken im OBT-Ansatz

```
-- One Big Table: direkte Zeitreihenanalyse
WITH yearly_metrics AS (
   SELECT
       YEAR("Order␣Date") AS jahr,
       SUM("Sales") AS umsatz,
       COUNT(DISTINCT "Customer␣ID") AS kunden,
       ROUND(AVG("Profit" / NULLIF("Sales", 0) * 100), 2) AS avg_margin
   FROM fact_sales_obt
   GROUP BY YEAR("Order␣Date")
)
SELECT
   jahr,
   ROUND(umsatz, 2) AS umsatz,
   kunden,
   avg_margin,
   LAG(umsatz) OVER (ORDER BY jahr) AS vorjahr_umsatz,
   ROUND((umsatz - LAG(umsatz) OVER (ORDER BY jahr)) /
         NULLIF(LAG(umsatz) OVER (ORDER BY jahr), 0) * 100, 2)
         AS wachstum_prozent
FROM yearly_metrics
ORDER BY jahr;
```

Die LAG-Funktion greift auf Vorjahreswerte zu, ohne JOIN-Konstrukte oder Hilfstabellen zu benötigen. Die Integration der Profitmarge (avg_margin) demonstriert einen weiteren Vorteil des OBT-Ansatzes: Alle relevanten Geschäftsmetriken können in einer einzigen Abfrage berechnet werden.

Explorative Datenanalysen erfordern verschiedene Perspektiven auf dieselben Daten. Die GROUPING SETS-Funktion ermöglicht es, multiple Aggregationsebenen in einer einzigen Abfrage zu definieren:

Listing 7.3 Flexible Aggregationsebenen mit GROUPING SETS im OBT-Ansatz

```
-- One Big Table: flexible GROUPING SETS
SELECT
    "Segment" AS segment,
    "Region" AS region,
    MONTHNAME("Order␣Date") AS monat,
    ROUND(SUM("Sales"), 2) AS umsatz,
    COUNT(DISTINCT "Customer␣ID") AS unique_kunden,
    COUNT(CASE WHEN "Returned" = 'Yes' THEN 1 END) AS returns
FROM fact_sales_obt
WHERE YEAR("Order␣Date") = 2014
GROUP BY GROUPING SETS (
    ("Segment", "Region"),                       -- Kunden x Geografie
    ("Region", MONTHNAME("Order␣Date")),          -- Geografie x Zeit
    ("Segment"),                                 -- Nur Kundensegmente
    ()                                           -- Gesamtsumme
)
ORDER BY GROUPING("Segment", "Region", MONTHNAME("Order␣Date")),
         umsatz DESC;
```

Diese Flexibilität vereinfacht die Entwicklung interaktiver Dashboards und Ad-hoc-Analysen erheblich. Analysten erhalten verschiedene Blickwinkel auf die Daten – einschließlich der Analyse von Retouren – ohne separate Abfragen für jede Perspektive erstellen zu müssen. Die zusätzliche `returns`-Spalte demonstriert, wie der OBT-Ansatz durch die Integration aller relevanten Attribute erweiterte Analysemöglichkeiten in einer einzigen Query ermöglicht. In dem Colab-Notebook sind noch weitere Beispiele für OLAP- bzw. mehrdimensionale Analysen enthalten.

Trotz der praktischen Vorteile des OBT-Ansatzes beim untersuchten Datensatz[12)] sollte ein analytisches Datenmodell vom Typ Sternschema als Alternative in Erwägung gezogen werden. Ein solches Modell trennt Fakten von Dimensionen und folgt damit etablierten Data-Warehouse-Prinzipien [KR13]. Diese Trennung reduziert Redundanzen und ermöglicht die unabhängige Pflege von Dimensionstabellen. Bei größeren Datenmengen oder häufigen Änderungen bestehender Dimensionen sowie beim Hinzufügen neuer Dimensionen bietet dieser Ansatz erhebliche Vorteile [Ehr24].

Bild 7.9 zeigt das modellierte Sternschema für das Anwendungsbeispiel. Aus Gründen der Übersichtlichkeit wurden nicht alle Dimensionstabellen, beispielsweise jene für Mitarbeitende, eingezeichnet. Das Prinzip dieses Modellierungsansatzes wird anhand der abgebildeten Dimensionstabellen demonstriert. Diese sind über Primär-Fremdschlüssel-Beziehungen mit der zentralen Faktentabelle verbunden, welche ausschließlich Fremdschlüssel und Measures enthält. Dieser Ansatz erfordert zwar `JOIN`-

12 Superstore Dataset (Kaggle): *https://www.kaggle.com/datasets/shekpaul/global-superstore/data.*

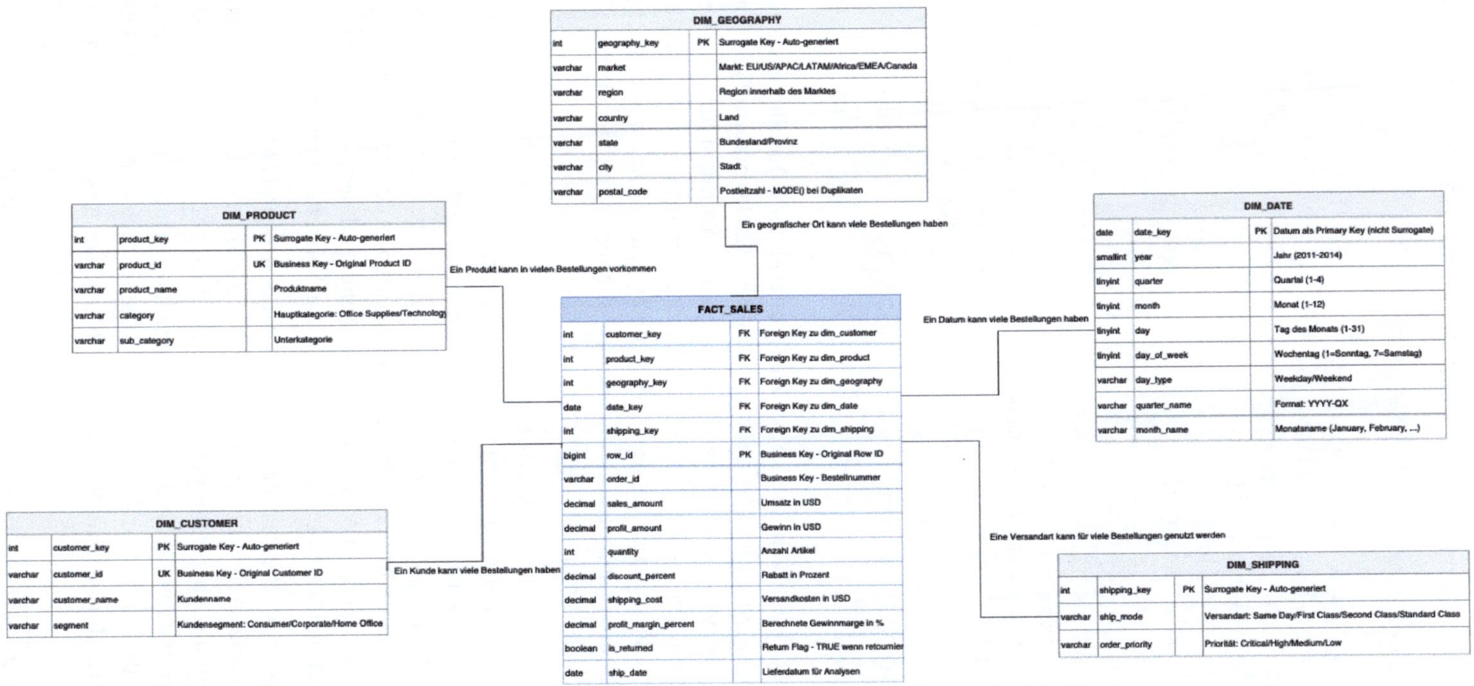

Bild 7.9 Einfaches Starschema für das Anwendungsbeispiel

Operationen, ermöglicht jedoch eine flexiblere Verwaltung der Dimensionen. Für den zweiten Ansatz, bei dem die Analysen auf einem Sternschema basieren, existiert ebenfalls ein vollständig implementiertes Python-Projekt in Google Colab[13]. Die Prozeduren zum Einlesen der Daten sind mit denen des OBT-Ansatzes identisch. Der wesentliche Unterschied liegt darin, dass Skripte eigene Tabellen für die Dimensionen und für die Fakten anlegen.

Die Implementierung des Sternschemas im Anwendungsbeispiel folgt den etablierten Kimball-Prinzipien und verwendet eine weitgehend konsistente Schlüssellogik für die Dimensionstabellen [KR13]. Das Modell trennt dabei zwischen Business Keys und Surrogate Keys, um sowohl die Nachvollziehbarkeit der Quelldaten zu gewährleisten als auch Performance und Konsistenz des analytischen Modells sicherzustellen. Eine bewusste Ausnahme bildet die Datumstabelle: Die Tabelle `dim_date` verwendet einen natürlichen Schlüssel (`date_key` = YYYYMMDD) anstatt eines separaten Surrogate Keys.

Business Keys repräsentieren die ursprünglichen Identifikatoren aus den Quelldaten. Die Spalte `customer_id` enthält etwa Einträge wie „RH-19495“ oder in `product_id` kommen Produktnummern wie „TEC-AC-10003033“ vor. Werden Daten aus mehreren Quellen zusammengeführt, können Business Keys potenziell mehrfach auftreten. Für die Dimensionstabellen müssen die fachlichen IDs wie Kundennummer (`customer_id`) oder Produktnummer (`product_id`) jedoch eindeutig sein, damit keine Dubletten in den Zeilen entstehen. Das System stellt die benötigte Eindeutigkeit sicher, wenn auf die entsprechende ID-Spalte, also den Business Key, ein Unique-Key-Index gelegt wird.

Dies gewährleistet, dass sich nur neue Einträge in der jeweiligen Dimensionstabelle anlegen lassen, wenn die neu anzulegende Produkt- oder Kundennummer dort noch nicht existiert. Wichtig ist dabei: Gemäß der Zwei-Schlüssel-Logik fungiert ein Business Key nicht als Primärschlüssel, sondern dient der Data Lineage (Datenherkunft) und ermöglicht es, die Originalwerte zurückzuverfolgen.

Zusätzlich zur Spalte für den Business Key wird eine weitere für den Surrogate Key angelegt. Im Gegensatz zum Business Key fungieren Surrogate Keys als technische Schlüssel, die das System deterministisch als Integer-Werte vergibt (beispielsweise über `ROW_NUMBER()`), wenn eine Dimensionstabelle neu aufgebaut oder mit Datensätzen beladen wird. Dadurch beschleunigt das System `JOIN`-Operationen und das analytische Modell lässt sich von Änderungen in den Quellsystemen entkoppeln. Wenn Business und Surrogate Keys getrennt werden, schafft dies außerdem die Grundlage für Slowly Changing Dimensions (SCD). In der aktuellen Implementierung realisiert das System die Dimensionen lediglich als Typ-1 (Overwrite); SCD-Varianten wie Typ-2 (Historisierung) lassen sich bei Bedarf ergänzen. Optional lassen sich die Surrogate

13 Colab: *https://colab.research.google.com/drive/14_TK9bW-DckERo4YLzrsh7hwlEeOUzYU?usp=sharing*. Der Code wurde teilweise mit Claude Code implementiert. Das Jupyter Notebook dokumentiert den Sternschema-Ansatz vollständig und weist zudem Performance-Metriken aus.

Keys als PRIMARY KEY markieren und per IDENTITY automatisch hochzählen – für eine eindeutige Identifikation und striktere Schema-Validierung.

Bei den Attributen einer Dimensionstabelle unterscheidet das Modell zwischen identifizierenden und beschreibenden. Identifikatoren wie customer_id oder product_id fungieren als Business Keys, die ausschließlich der eindeutigen, fachlichen Zuordnung und den JOIN-Operationen dienen. Das System verwendet sie nicht für analytische Auswertungen, da eine ID keine inhaltliche Bedeutung hat – die Aggregation von Produktnummern oder deren Summe ergäbe keinen Sinn. Deskriptive Attribute hingegen, beispielsweise Kategorien wie segment oder nominal skalierte Merkmalsausprägungen wie region, bilden die fachlichen Merkmale ab, nach denen Anwender ihre Datensätze filtern, gruppieren und aggregieren können. Eine Merkmalsausprägung wie segment = "Consumer" kann daher bei vielen Kunden auftreten, ohne dass dies die Eindeutigkeit der Dimension verletzt – die fachliche Eindeutigkeit eines konkreten Kunden oder einer konkreten Kundin wird ausschließlich durch den Business Key als Identifikator, hier customer_id mit einem bestimmten Wert wie etwa „RH-19495", gewährleistet.

Die Kundendimension (DIM_CUSTOMER) demonstriert diese Methodik exemplarisch. Sie wird als Type-1 Slowly Changing Dimension implementiert und extrahiert eindeutige Kundenkombinationen aus den Staging-Daten:

Listing 7.4 Erstellung der Kundendimension nach Kimball-Methodik

```
-- Kundendimension mit Surrogate und Business Keys
CREATE TABLE dim_customer AS
SELECT
 ROW_NUMBER() OVER (ORDER BY "Customer␣ID") AS customer_key,
 "Customer␣ID" AS customer_id,        -- Business Key (UK)
 "Customer␣Name" AS customer_name,    -- Deskriptives Attribut
 "Segment" AS segment                 -- Deskriptives Attribut
FROM (
 SELECT DISTINCT
     "Customer␣ID",
     "Customer␣Name",
     "Segment"
 FROM stg_orders
)
ORDER BY "Customer␣ID";

-- Unique Index auf Business Key
CREATE UNIQUE INDEX idx_customer_id
ON dim_customer(customer_id);
```

Das SQL-Statement nutzt `ROW_NUMBER()`, um den `customer_key` als Surrogate Key zu generieren, während es die originale „Customer ID" (`customer_id`) als Business Key beibehält. Die innere Abfrage eliminiert durch `DISTINCT` alle Duplikate aus den transaktionalen Staging-Daten, bevor die äußere Abfrage die Surrogate Keys zuweist. Der anschließend erstellte Unique Index auf `customer_id` erzwingt die im Text beschriebene Eindeutigkeit des Business Keys dauerhaft. Zusätzlich nimmt die Tabelle deskriptive Attribute wie Kundenname und Segment auf, die für Auswertungen oder als Filter benötigt werden.

Eine Faktentabelle enthält Fremdschlüssel und Measures bzw. eigens definierte Berechnungen auf Basis verfügbarer Measures (Calculated Measures). Im Beispiel bildet die Faktentabelle `fact_sales` den Mittelpunkt des Sternschemas und ist durch `JOIN`-Operationen zwischen den Staging-Daten und allen Dimensionstabellen entstanden. Hierbei war entscheidend, vollständige `JOIN`-Kriterien zu verwenden, um `JOIN`-Duplikate zu vermeiden. Bei der initialen Implementierung führten unvollständige JOINs zu 5.084 zusätzlichen Zeilen, da sowohl die Produkt- als auch die Geografiedimension mehrdeutige Zuordnungen aufwiesen – bliebe das Problem unbehandelt, so wären die aggregierten Werte zu den jeweiligen Hierarchieebenen nicht korrekt und die Summenwerte falsch.

Die Lösung besteht darin, alle relevanten Attribute als `JOIN`-Bedingungen einzusetzen. Für die Produktdimension bedeutet dies, dass das System nicht nur `Product ID` matcht, sondern auch `Product Name`, `Category` und `Sub-Category` einbezieht. Bei der Geografiedimension müssen `Country`, `State`, `City`, `Region` und `Market` gemeinsam als Composite Key fungieren. Die Faktentabelle speichert die Foreign Keys zu allen Dimensionen, die ursprünglichen Business Keys für Debugging-Zwecke sowie alle numerischen Measures wie Umsatz, Gewinn und Versandkosten. Zusätzlich integriert das System die Gewinnmarge als berechnetes Measure und markiert Retouren durch einen `LEFT JOIN` mit der `Returns`-Tabelle als Boolean-Flag.

Listing 7.5 Erstellung der Faktentabelle mit vollständigen JOIN-Kriterien

```
-- Faktentabelle zur Vermeidung von Duplikaten
CREATE TABLE fact_sales AS
SELECT
    -- Foreign Keys zu Dimensionen
    dc.customer_key,
    dp.product_key,
    dg.geography_key,
    o."Order␣Date" AS date_key,
    ds.shipping_key,

    -- Business Keys für Debugging
    o."Row␣ID" AS row_id,
    o."Order␣ID" AS order_id,
```

```
    -- Numerische Kennzahlen
    o."Sales" AS sales_amount,
    o."Profit" AS profit_amount,
    o."Quantity" AS quantity,
    o."Discount" AS discount_percent,
    o."Shipping␣Cost" AS shipping_cost,

    -- Berechnete Kennzahlen
    ROUND(o."Profit" / NULLIF(o."Sales", 0) * 100, 2)
        AS profit_margin_percent,

    -- Return Flag
    CASE WHEN r."Order␣ID" IS NOT NULL
        THEN TRUE ELSE FALSE END AS is_returned,

    -- Zusätzliche Datumsinformation
    o."Ship␣Date" AS ship_date

FROM stg_orders o

-- Customer JOIN (einfach, da Customer ID eindeutig)
LEFT JOIN dim_customer dc
    ON o."Customer␣ID" = dc.customer_id

-- Product JOIN mit ALLEN Attributen (verhindert Duplikate)
LEFT JOIN dim_product dp ON (
    o."Product␣ID" = dp.product_id AND
    o."Product␣Name" = dp.product_name AND
    o."Category" = dp.category AND
    o."Sub-Category" = dp.sub_category
)

-- Geography JOIN mit ALLEN Attributen (verhindert Duplikate)
LEFT JOIN dim_geography dg ON (
    o."Country" = dg.country AND
    o."State" = dg.state AND
    o."City" = dg.city AND
    o."Region" = dg.region AND
    o."Market" = dg.market
)

-- Shipping JOIN
LEFT JOIN dim_shipping ds ON (
    o."Ship␣Mode" = ds.ship_mode AND
    o."Order␣Priority" = ds.order_priority
)
```

```
-- Return-Integration
LEFT JOIN (SELECT DISTINCT "Order␣ID" FROM stg_returns) r
    ON o."Order␣ID" = r."Order␣ID";
```

Dieser Ansatz führt zu einem dimensionalen Sternschema: Die Faktentabelle bleibt normalisiert und enthält Fremdschlüssel sowie Measures, während die Dimensionstabellen denormalisiert sind und alle zugehörigen Attribute bündeln. So vermeidet das Sternschema Redundanz in der Faktentabelle und bleibt erweiterbar: Zusätzliche Attribute lassen sich als neue Spalten in bestehende Dimensionstabellen integrieren, und weitere Dimensionen lassen sich ohne tiefgreifende Umbauten an die Faktentabelle anbinden.

Die Implementierung nutzt DuckDB als eingebettete analytische Engine. Die Unterstützung von Window Functions sowie `CUBE`-, `ROLLUP`- und `GROUPING SETS`-Operationen gemäß SQL:2011 profitiert von der spaltenorientierten Speicherung und vektorisierten Ausführung und ermöglicht performante mehrdimensionale Analysen ohne architektonische Kompromisse. DuckDB läuft direkt im Anwendungsprozess, erfordert keine separate Datenbankinfrastruktur und verarbeitet vom Datenimport bis zur Materialisierung der Faktentabelle alle Schritte in einem konsistenten Workflow. Extensions wie `httpfs` und `postgres_scanner` erlauben es, externe Datenquellen direkt abzufragen. Partitionierung optimiert Abfragen auf zeitbasierte Faktentabellen und `ASOF JOIN`s erleichtern historisierte Analysen. Für Slowly Changing Dimensions empfiehlt sich die Kombination aus Surrogate Keys und Zeitstempeln, um Versionierung effizient umzusetzen.

Die Skalierungsgrenzen von DuckDB als Single-Node-Lösung zeigen sich bei hoher Schreibkonkurrenz und Datenvolumina, die den Arbeitsspeicher deutlich übersteigen. Verteilte OLAP-Systeme wie ClickHouse[14)] oder Apache Druid[15)] bieten horizontale Skalierung, bringen jedoch komplexere Betriebsanforderungen mit sich.

MotherDuck[16)] ergänzt DuckDB um zentrale Data-Warehouse-Funktionen und Read Scaling in der Cloud, während das DuckLake-Konzept die nahtlose Kombination von Data-Lake- und Warehouse-Workloads in Richtung eines Lakehouse ermöglicht. So entsteht eine hybride Plattform, die lokale und Cloud-basierte Szenarios vereint [RM25].

---

14 Clickhouse: *https://clickhouse.com/use-cases/data-warehousing*

15 Apache Druid: *https://druid.apache.org/use-cases*

16 MotherDuck: *https://motherduck.com*

7.8 Inmon und Kimball im Vergleich

Die Architekturansätze von Inmon und Kimball unterscheiden sich fundamental in ihrer Herangehensweise zur Datenmodellierung, ihrer Implementierungsstrategie und ihren organisatorischen Auswirkungen. Diese Unterschiede prägten die Entwicklung von Data Warehouses und beeinflussen bis heute Entscheidungen über Datenarchitekturen.

Inmons Top-down-Ansatz zielt darauf ab, ein zentrales Enterprise Data Warehouse zu schaffen, das als „single source of truth" für alle Unternehmensdaten dient [Inm05]. Aus diesem zentralen Data Warehouse leitet das Unternehmen anschließend abhängige Data Marts ab. Diese stellen spezifische, funktionsbezogene Datensichten für einzelne Abteilungen oder Geschäftsbereiche bereit. Data Marts enthalten typischerweise zusammengefasste Daten und verwenden ein dimensionales, analytisches Datenmodell, während das zentrale Data Warehouse ein normalisiertes Datenmodell beibehält. ETL-Prozesse integrieren die Daten, indem sie diese in das normalisierte Modell des Data Warehouse laden. Der Inmon-Ansatz bietet architektonische Konsistenz und langfristige Skalierbarkeit [Ser24]. Werden Daten zentral modelliert, sorgt dies für einheitliche Geschäftsregeln und Datenqualitätsstandards in allen Anwendungsbereichen.

Die normalisierte Datenstruktur minimiert Redundanzen und vereinfacht die Wartung komplexer Datenbeziehungen. Darüber hinaus schafft die Vorgehensweise eine solide Grundlage, um neue Datenquellen und Geschäftsbereiche zu integrieren. Der Inmon-Ansatz bringt jedoch Herausforderungen durch seine Komplexität und die hohen initialen Investitionen mit sich. Die umfassende Datenmodellierung benötigt erhebliche Zeit und Ressourcen. Erste Geschäftsergebnisse werden erst spät sichtbar. Darüber hinaus erfordert der Ansatz organisatorische Disziplin und zentrale Governance-Strukturen.

Als Antwort auf diese Komplexität entwickelte Ralph Kimball [KR13] parallel zu Inmon einen alternativen Ansatz für DWH-Architekturen. Kimball konzentriert sich auf praktische Umsetzung und schnellen Geschäftsnutzen. Sein Bottom-up-Ansatz beginnt mit spezifischen Data Marts für einzelne Geschäftsprozesse, die durch Stern- oder Schneeflockeschemata strukturiert sind. Für die Integration nutzt Kimball „Conformed Dimensions" – unternehmensweit standardisierte Dimensionstabellen. Diese werden logisch einheitlich definiert und in verschiedenen Data Marts konsistent verwendet. „Conformed Dimensions" ermöglichen konsistente Analysen über verschiedene Geschäftsbereiche hinweg. Nach Kimballs Philosophie entsteht so ein Data Warehouse als Sammlung themenbezogener Data Marts, ohne dass eine physische Zusammenführung nötig ist. Der Kimball-Ansatz bietet schnelle Wertschöpfung und hohe Benutzerfreundlichkeit. Die dimensionale Modellierung entspricht der natürlichen Denkweise von Anwendern über ihre Daten und ermöglicht intuitive Abfragen und Analysen. Die inkrementelle Umsetzung erlaubt es, schnell erste Erfolge zu erzielen und das Vertrauen der Stakeholder zu gewinnen. Außerdem bieten Sternschema-Analysemodelle hohe Performance für typische mehrdimensionale Abfragen. Der Kimball-Ansatz bringt jedoch Herausforderungen durch potenzielle Fragmentierung der Datenlandschaft mit sich. Ohne sorgfältige Planung entstehen inkonsistente Datenmodelle und redundante ETL-Prozesse. Skaliert das System auf Unternehmensebene, macht dies erhebliche Koordination zwischen verschiedenen Data-Mart-Projekten nötig. Konzentrieren sich Unternehmen zu stark auf spezifische Geschäftsprozesse, droht eine problematische Gesamtarchitektur. Die Ansätze von Inmon und Kimball spiegeln fundamentale Unterschiede in der Datenarchitektur-Philosophie wider, die bis heute relevant sind. Inmon konzentrierte sich auf Datenintegration und -konsistenz, während Kimball Benutzerfreundlichkeit und schnelle Wertschöpfung betonte. Diese Dichotomie zwischen architektonischen Prinzipien und praktischer Umsetzbarkeit bestimmt weiterhin Diskussionen über moderne Datenarchitekturen.

Tabelle 7.5 Die Ansätze von Inmon (Top-down) und Kimball (Bottom-up) im Vergleich

Merkmal	Inmon (Top-down)	Kimball (Bottom-up)
Philosophie	Enterprise-orientiert; zentrales, normalisiertes Data Warehouse zuerst.	Prozess-orientiert; Data Marts zuerst, DW als deren Zusammenführung.
Datenmodell	Normalisiertes Enterprise Data Model (3NF).	Denormalisiertes dimensionales Modell (Star Schema).
Daten-Granularität	Atomare Daten (höchster Detaillierungsgrad) im DW.	Atomare und aggregierte Daten in Data Marts.
Entwicklung	Längere Zyklen, umfangreiche Vorabplanung.	Iterativ, agile Entwicklung, schnellere Wertschöpfung.
Flexibilität	Hoch; Änderungen propagieren sich gut durch Normalisierung.	Geringer; Änderungen können Redundanz und Inkonsistenzen verstärken.
Single Source of Truth	Ja, durch zentrales, normalisiertes DW.	Nein, durch verteilte Data Marts mit potenzieller Redundanz.
Kosten	Höhere initiale Einrichtung und Wartung.	Geringere Einrichtungskosten, potenziell höhere Speicherkosten durch Redundanz.
Anwendungsbereich	Umfassende Unternehmenssicht, komplexe Integrationen.	Schnelles Reporting für spezifische Geschäftsbereiche.
ETL-Prozesse	Ein ETL-Prozess ins DW, weitere für Data Marts.	ETL direkt in die Data Marts.

Welchen Ansatz Organisationen wählen – Inmons Top-down- oder Kimballs Bottom-up-Ansatz –, entscheiden ihre spezifischen Anforderungen, Ressourcen und strategische Ausrichtung. Inmon strebt eine umfassende, zentralisierte und langfristig flexible Lösung an, benötigt jedoch meist höhere Anfangsinvestitionen und längere Implementierungszeiten. Kimball bietet eine agilere, schnellere Lösung mit geringeren Anfangsinvestitionen für spezifische Geschäftsanforderungen, bringt jedoch potenzielle

Datenredundanz und eine fragmentiertere Datenlandschaft mit sich. Organisationen müssen zwischen anfänglicher Komplexität und langfristiger Flexibilität abwägen – zwischen einer zentralen „single source of truth“ und schnellem Geschäftswert. In der Praxis wählen Unternehmen oft hybride Ansätze, die Elemente beider Philosophien kombinieren, um die jeweiligen Stärken zu nutzen und die Schwächen auszugleichen.

7.9 Business Intelligence

Business Intelligence (BI) ist weder eine spezifische Technologie noch ein festgelegtes Werkzeugset, sondern ein übergreifendes Konzept, um Daten systematisch für Geschäftsentscheidungen zu sammeln, aufzubereiten und zu analysieren.

Für Business Intelligence spielen Data Warehouses als Speicherorte für strukturierte Daten aus verschiedenen Quellen eine zentrale Rolle. Diese Synergie ermöglicht es Unternehmen, aus strukturierten, historischen Daten verwertbare Erkenntnisse zu gewinnen. Strategische wie operative Entscheidungen lassen sich so auf einer soliden Datenbasis treffen. Diesen Prozess beschrieb Howard Dresner, der den Begriff Business Intelligence in den 1990er-Jahren populär machte [Kot15; Kum21], mit seiner Definition: *„Business Intelligence is the process of transforming data into information and, through discovery into knowledge“*. Bild 7.10 verdeutlicht diesen Transformationsprozess und zeigt typische Ziele von Business Intelligence. Business Intelligence unterstützt menschliche Entscheidungsträger durch beschreibende und diagnostische Analysen („Was ist passiert?“, „Warum ist es passiert?“) auf Basis überwiegend strukturierter, historischer Unternehmensdaten, die häufig aus zentralen Data-Warehouse-Systemen stammen. Die Ergebnisse werden meist in Reports, Dashboards oder Ad-hoc-Abfragen dargestellt. Dabei stehen oft aggregierte (verdichtete) Daten und multidimensionale Analysen im Vordergrund, wobei auch auf die zugrunde liegenden Rohdaten durch-

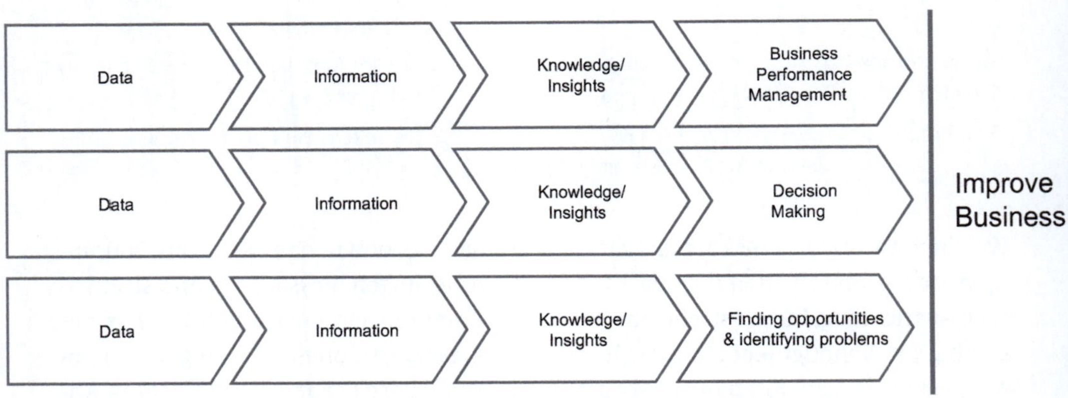

Bild 7.10 Ziele von Business Intelligence in Anlehnung an [Kum21]

gegriffen werden kann (Drillthrough). Im Unterschied dazu befasst sich Big Data Analytics mit der Analyse sehr großer, unterschiedlich strukturierter (polystrukturierter) Datenmengen mit besonderem Fokus auf Geschwindigkeit, Vielfalt und Umfang der Daten. Hier stehen oft automatisierte, datengetriebene Anwendungen oder KI-Modelle im Vordergrund, während klassisches Business Intelligence primär den Menschen unterstützt, Entscheidungen faktenbasiert und nachvollziehbar zu treffen. Business Intelligence und Big Data Analytics schließen sich nicht aus, sondern ergänzen sich. Dem muss eine Datenstrategie auch umfassend Rechnung tragen.

Im Zentrum dieser Prozesskette steht das Data Warehouse als themenorientierte, integrierte und persistente Datensammlung für analytische Zwecke. Im Gegensatz zu operativen Systemen (OLTP), die auf schnelle Transaktionsverarbeitung optimiert sind, speichert ein Data Warehouse qualitätsgesicherte Daten langfristig und bereitet sie systematisch für Analysen auf. Diese aufbereiteten Daten bilden die Grundlage für analytische Datenmodelle, die mittels OLAP-Operationen (Online Analytical Processing) multidimensionale Analysen aus verschiedenen Geschäftsperspektiven ermöglichen. Während das Data Warehouse traditionell die primäre Datenquelle für BI-Analysen bildet, integrieren erweiterte BI-Architekturen heute zusätzlich Data Lakes für unstrukturierte Daten sowie direkte Verbindungen zu operativen Systemen für Echtzeitanalysen. ETL-Prozesse (Extract, Transform, Load) extrahieren Daten aus operativen Systemen und anderen Quellen, bereinigen und vereinheitlichen diese, reichern sie mit Metadaten an und laden sie schließlich in das Data Warehouse. Das Data Warehouse nutzt den vollen Funktionsumfang von SQL für komplexe Abfragen, Filter, Joins und Gruppierungen über große Datenmengen. Diese Architektur bietet Business Intelligence mehrere entscheidende Vorteile:

- **Integrierte Datenbasis:** Das Data Warehouse konsolidiert Daten aus allen Unternehmensbereichen sowie externen Datenquellen und schafft damit eine einheitliche Entscheidungsgrundlage.
- **Historische Daten:** Im Gegensatz zu transaktionalen Systemen speichert das Data Warehouse umfangreiche historische Datenbestände und ermöglicht dadurch Zeitreihenanalysen, Periodenvergleiche sowie Prognosen.
- **Unterstützung für Data Mining:** Die qualitätsgesicherten Datenbestände des Data Warehouse ermöglichen es unterschiedlichen Algorithmen, in Daten nach versteckten, potenziell interessanten Mustern und Zusammenhängen zu suchen.
- **Entlastung operativer Systeme:** Das Data Warehouse führt die für BI erforderlichen komplexen Abfragen und Aggregationen durch. Rechenintensive Operationen belasten damit nicht die operativen Systeme.
- **Performante Abfragen:** Durch denormalisierte Datenmodelle und spezialisierte Indizierungsverfahren ermöglichen Data Warehouses schnelle Aggregationen, die BI-Tools für interaktive Analysen, Berichte oder Dashboards benötigen.

Diese technische Architektur entwickelte sich über Jahrzehnte. Der Begriff Business Intelligence selbst geht auf Hans Peter Luhn zurück, der ihn bereits 1958 prägte [Luh58][17]. Seitdem entwickelte sich BI kontinuierlich weiter: In den 1960er- und 1970er-Jahren entstanden erste Decision Support Systems (DSS), gefolgt von Executive Information Systems (EIS) in den 1980er-Jahren [Kum21]. Ende der 1970er-Jahre revolutionierten relationale Datenbanken die Datenhaltung und schufen damit die technische Grundlage für moderne BI-Systeme. Die 1990er-Jahre brachten mit Data Warehousing und OLAP zwei zentrale Konzepte hervor. Unternehmen konnten erstmals große Datenmengen systematisch für Analysen vorhalten und multidimensional auswerten – unterstützt durch neue Abfragesprachen wie MDX (Multidimensional Expressions), das Microsoft speziell für OLAP-Würfel entwickelte. In den 2000er- und 2010er-Jahren veränderte Cloud Computing die BI-Landschaft [GLP22]: Unternehmen konnten nun BI-Lösungen ohne große Hardware-Investitionen flexibel skalieren und schnell bereitstellen. Parallel dazu erweiterte das Big-Data-Paradigma die traditionellen DWH-Konzepte. Unstrukturierte und semistrukturierte Daten ließen sich nun ebenfalls verarbeiten. Data-Lake- und Lakehouse-Architekturen verarbeiten sowohl Texte aus sozialen Medien als auch Echtzeit-Streams. Sie vereinen damit die Flexibilität von Data Lakes mit der Struktur von Data Warehouses. Diese verschiedenen Architekturansätze ergänzen sich heute in hybriden BI-Landschaften. Jede Technologie spielt dabei ihre spezifischen Stärken aus. Mobile BI brachte Analysen und Dashboards auf Smartphones und Tablets. Entscheidungsträger können damit jederzeit und ortsunabhängig auf aktuelle Geschäftskennzahlen zugreifen. Gleichzeitig sorgten In-Memory-Technologien für die nötige Performance: Sie halten Daten vollständig im Arbeitsspeicher vor und beschleunigen Analysen damit um Größenordnungen gegenüber festplattenbasierten Systemen. Diese Technologien machen Real-Time BI möglich. Daten lassen sich fast zeitgleich analysieren, nachdem sie entstanden sind. Berichte und Dashboards werden so kontinuierlich mit aktuellen Daten versorgt. Während früher IT-Spezialisten Berichte für das Management erstellten, arbeiten heute Fachanwender direkt mit den BI-Werkzeugen. Generative KI und große Sprachmodelle transformieren BI derzeit erneut: Anwender formulieren ihre Fragen in natürlicher Sprache. Die KI übersetzt diese automatisch in komplexe Datenbankabfragen und generiert passende Visualisierungen.

Bild 7.11 zeigt ein Beispiel für ein Dashboard mit Musterdaten über Verkaufsanalysen. Das Dashboard wurde mit der BI-Plattform Power BI erstellt. Anwender können damit selbstständig aus verschiedenen Quellen Daten einlesen, diese bereinigen, filtern und transformieren. Darüber hinaus ermöglicht Power BI, Berichte, Dashboards und analytische Anwendungen zu erstellen, die sich über Desktop, Browser oder mobile Apps nutzen lassen. Der Funktionsumfang ist typisch für „Self Service BI“. Das

17 *https://web.archive.org/web/20080913121526/http://www.research.ibm.com/journal/rd/024/ibmrd0204H.pdf*

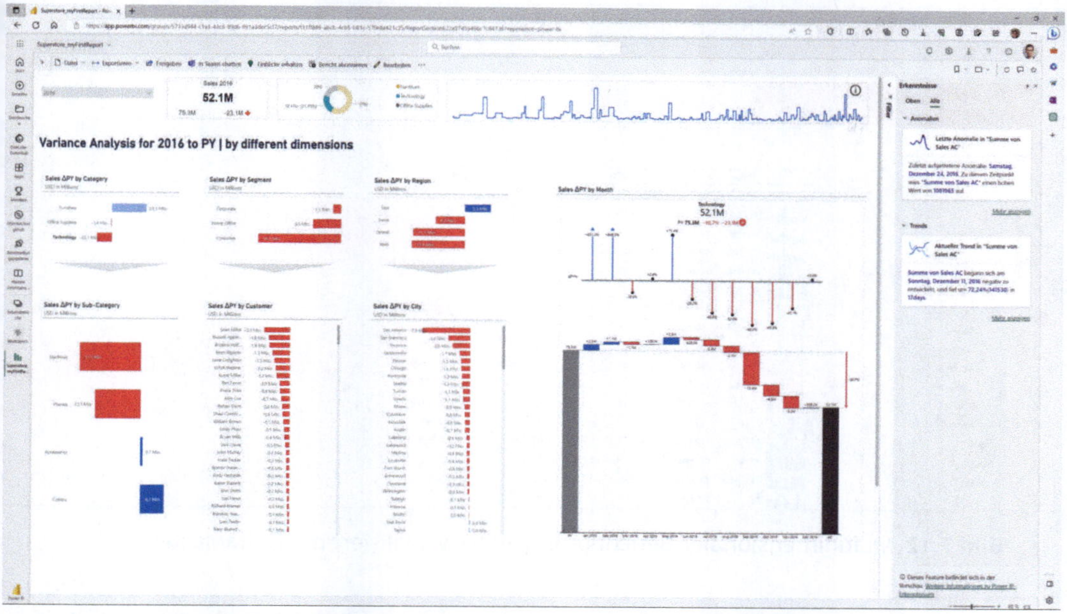

Bild 7.11 Beispiel für ein Dashboard, umgesetzt mit Microsoft Power BI

Dashboard aus Bild 7.11 verfügt über Filterelemente, mit denen Anwender Daten eingrenzen können. Die Visualisierungen sind interaktiv verknüpft: Klickt ein Anwender beispielsweise auf einen Balken im Diagramm, werden alle anderen Visualisierungen entsprechend gefiltert oder zeigen Details zum ausgewählten Segment. Über die Cloud lässt sich das Dashboard unternehmensweit veröffentlichen, sodass mehrere Anwender gleichzeitig darauf zugreifen und gemeinsam Entscheidungen datenbasiert treffen können.

Anwendungsbeispiel: BI mit DeltaMaster

Bild 7.12 zeigt am Beispiel des BI-Werkzeugs DeltaMaster[18] von Bissantz & Company, wie Anwender ein multidimensionales Analysemodell mit OLAP-Operationen interaktiv erkunden können. Es handelt sich dabei um eine fiktive Deckungsbeitragsanalyse von Büromöbeln. Über ein Data Warehouse werden die Daten aus den Vorsystemen gesammelt und konsolidiert. Die analytischen Datenmodelle sind vom Typ Sternschema und als OLAP-Cubes über eine multidimensionale Datenbank berechtigten Anwendern zugänglich. Die OLAP-Cubes dienen als Grundlage für Berichte und Analysen.

Der Bericht (Bild 7.12) untersucht Deckungsbeiträge im Segment Luxusmodelle und zeigt verschiedene Dimensionen wie Vertriebsregionen oder Kunden sowie Measures

18 DeltaMaster ist eine BI-Software für multidimensionale Datenanalyse, Planung und Reporting. Nähere Informationen finden sich unter *https://bissantz.de/deltamaster*.

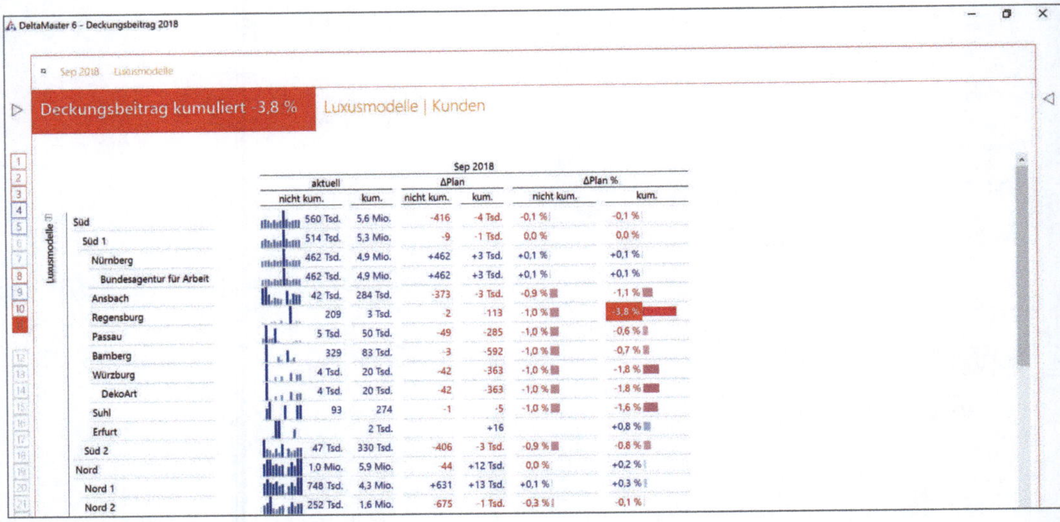

Bild 7.12 Multidimensionaler Bericht (Ausschnitt), visualisiert mit DeltaMaster

wie den Deckungsbeitrag in absoluten und prozentualen Werten. Hierarchisch strukturierte Dimensionen machen den Bericht für Anwender intuitiver verständlich. Details werden erst durch Interaktion sichtbar, wodurch sich Anwender besser in den Daten orientieren können. Im Bild klappt ein Drill-down die Vertriebshierarchie von der aggregierten Ebene „Süd“ über die Teilregion „Süd 1“ bis zu einzelnen Städten mit ihren Kunden auf. Die Einzelwerte bilden dabei jeweils den Gesamtwert für die nächsthöhere Hierarchieebene. Diese Navigation hilft dabei, kritische Konstellationen in den Daten gezielt zu identifizieren. Der Drill-down deckt Regensburg mit der höchsten Abweichung beim kumulierten Deckungsbeitrag als Problem auf. Durch die Slice-Operation konzentriert sich der Bericht auf die Periode September 2018 und extrahiert damit eine spezifische Zeitscheibe aus dem OLAP-Cube. Werden verschiedene Kennzahlen pivotiert, erscheinen aktuelle Werte, Planwerte sowie deren Abweichungen nebeneinander. Roll-up aggregiert die Einzelwerte auf den Hierarchieebenen wieder (z. B. Summe für Vertriebsregion Süd). Rote Balken bei negativen Abweichungen und integrierte Sparklines (miniaturisierte Grafiken) helfen zusätzlich, Trends und kritische Entwicklungen im Zeitverlauf zu erfassen. Die Zeitreihendaten sind das Ergebnis der Historisierung durch das Data Warehouse.

BI stützt sich nicht nur auf Technologie, sondern auch auf etablierte Managementtheorien. Diese stammen aus dem strategischen Management, dem Prozessmanagement und der wissensbasierten Organisation – Ansätze, die systematische datenbasierte Entscheidungen fördern und Prozesse in den Mittelpunkt stellen. Die Prozessorientierung folgt dem Prinzip kybernetischer Regelkreise: Über BI-Systeme lassen sich kontinuierlich Ist- und Soll-Werte miteinander vergleichen. Abweichungen lassen sich so erkennen. Dies ermöglicht Unternehmen, den Ursachen identifizierter Abweichungen auf den Grund zu gehen und mit zu ergreifenden Maßnahmen rechtzeitig gegenzusteuern.

Ebenso zentral ist das Wissensmanagement, das zeigt, wie Organisationen Wissen erfassen, verarbeiten und im Unternehmen verteilen. Unternehmen erkennen Wissen als strategischen Wettbewerbsvorteil und managen es wie andere kritische Ressourcen [Sei19]. Dieser Ansatz fördert eine datengetriebene Unternehmenskultur: BI-Systeme transformieren Rohdaten zu Informationen und verdichten diese zu handlungsrelevantem Wissen. Die Entscheidungstheorie ergänzt diesen Ansatz und untersucht, wie Menschen unter Unsicherheit und Risiko rationale Entscheidungen treffen.

BI nutzt diese Erkenntnisse und stellt Führungskräften analytische Informationen oder auch Szenario-Berechnungen bereit, die deren Entscheidungsqualität verbessern. Zudem unterstützt BI das Prozessmanagement, indem es betriebliche Abläufe durch Monitoring kontinuierlich verfeinert: Unternehmen definieren Kennzahlen, überwachen diese kontinuierlich mit BI-Tools und verbessern dadurch systematisch ihre Prozesse.

BI verbindet dabei Prozess- und strategisches Management. Unternehmen übersetzen ihre strategischen Ziele in messbare Kennzahlen, überwachen diese systematisch und leiten bei Abweichungen konkrete Maßnahmen ab. Etablierte Konzepte wie die Balanced Scorecard oder Business Performance Management dienen hier als methodische Grundlage [Sei19]. BI-Systeme verändern mit diesen Methoden häufig etablierte Arbeitsweisen und Entscheidungsprozesse, weshalb Change Management eine wichtige Rolle spielt. Change Management erhöht die Akzeptanz bei Mitarbeitenden und stellt sicher, dass Unternehmen hohe Datenqualität und klare Datennutzungsregeln etablieren. Zunehmend setzen Unternehmen auch auf agile Methoden, um flexibel auf sich ändernde BI-Anforderungen oder den unterschiedlichen Informationsbedarf zu reagieren.

Diese Agilität zeigt sich in zwei Aspekten: Erstens in der iterativen Entwicklung von BI-Lösungen mit kurzen Zyklen. Zweitens darin, dass Fachanwender selbstständig Daten analysieren und Dashboards bauen können – was Hersteller unter dem Stichwort Self-Service BI vermarkten [Kum21]. Fachanwender erstellen dabei die benötigten Analysen und Berichte selbst, statt wie früher auf eine IT-Abteilung zu warten, die diese für sie entwickelt. Dafür benötigen sie intuitiv bedienbare BI-Werkzeuge mit umfassendem Funktionsumfang. Diese Werkzeuge müssen Daten aus verschiedenen Quellen abrufen, bereinigen und transformieren können. Außerdem müssen Anwender Datenmodelle erstellen, Beziehungen zwischen Tabellen definieren und eigene Kennzahlen berechnen können. Zudem erstellen Anwender interaktive Berichte und Dashboards, die sie unternehmensweit teilen und auf verschiedenen Endgeräten nutzen können. Dieser umfassende Funktionsumfang wird heute meist über die Cloud bereitgestellt. BI-Werkzeuge werden dadurch zu integrierten Plattformen, die als zentraler Bestandteil der Analytics-Infrastruktur fungieren. Alle diese theoretischen Grundlagen verschmelzen mit der Technologie zu einem integrierten Ansatz: Business Intelligence wird so zum umfassenden Managementinstrument, das fundierte Entscheidungen auf Datenbasis ermöglicht.

7.10 Data Mining

Ähnlich wie Business Intelligence greift auch Data Mining auf Daten aus dem Data Warehouse zurück, das als Datengrundlage für Data-Mining-Projekte fungieren kann. Das Data Warehouse schafft als zentrale Datenhaltung eine einheitliche Sicht auf die Unternehmensdaten („single version of truth"), die Data-Mining-Algorithmen nutzen können.

Die Data-Mining-Ergebnisse wie Prognosemodelle, Kundensegmente oder Scoring-Werte lassen sich wiederum ins Data Warehouse integrieren und stehen damit für Reports, Dashboards oder Anwendungen bereit. Data Mining entstand im Zuge von Knowledge Discovery in Databases (KDD) und ist darin ein eigenständiger Teilprozess (Bild 7.13). Der Begriff Knowledge Discovery in Databases wurde 1989 von Gregory Piatetsky-Shapiro geprägt, der den ersten Workshop zu diesem Thema organisierte. Gemeinsam mit Usama Fayyad und Padhraic Smyth definierte er KDD als „*the nontrivial process of identifying valid, novel, potentially useful, and ultimately understandable patterns in data*"[19] [FPS96] – also einen Prozess, der valide, neuartige und nützliche Muster in Daten aufdeckt. Der KDD-Prozess verläuft iterativ und phasenorientiert. Er prägte auch weitere Data-Mining-Vorgehensmodelle wie CRISP-DM (Cross-Industry Standard Process for Data Mining).

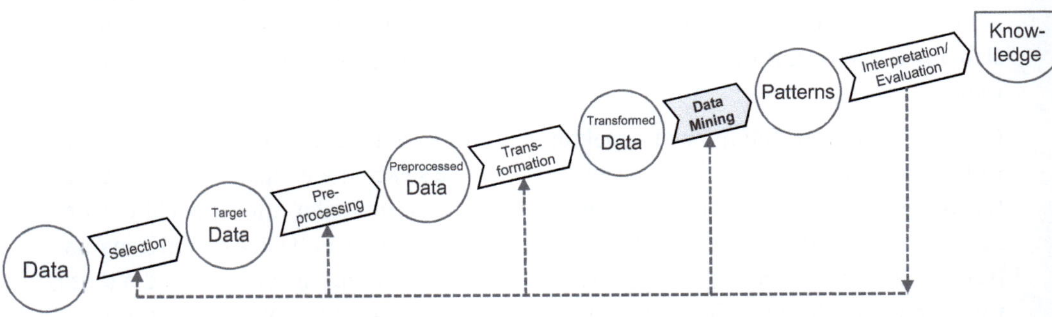

Bild 7.13 Data Mining innerhalb des KDD-Prozesses nach Piatetsky-Shapiro et al.

Nach Bild 7.13 startet der KDD-Prozess mit Rohdaten, die aus Dateien, Datenbanken, Data Warehouses, Operational Data Stores usw. stammen können. Im Vergleich zu mehrdimensionalen Analysen, die bei BI eine Rolle spielen und per OLAP-Operationen exploriert werden, sind die Daten für Data-Mining-Algorithmen meist nicht aggregiert, sondern liegen möglichst granular vor. Ziel des KDD-Prozesses ist es, in Daten Muster als Vorstufe zum Wissen (Knowledge) zu entdecken und diese unbekannten Zusammenhänge dem Menschen offensichtlich zu machen. Data Mining bildet dafür den analytischen Kern. Laut Fayyad et al. [FPS96] wendet Data Mining Algorithmen an, die

19 *https://ojs.aaai.org/aimagazine/index.php/aimagazine/article/view/1230*

innerhalb vertretbarer Rechenzeit spezifische Muster oder Modelle in Daten identifizieren sollen. Die Verfahren lassen sich in hypothesenprüfende (Verification) und explorative (Discovery) Ansätze zur Aufdeckung von Mustern wie Korrelationen, Trends oder Anomalien unterteilen. Fayyad et al. unterteilen Discovery-Verfahren weiter in beschreibende (Description) und vorhersagende (Prediction) Methoden. Eine frühe Perspektive lieferten 1993 Bissantz und Hagedorn, die Data Mining als „Datenmustererkennung“ bezeichnen. Sie definieren den Begriff als *„[...] die Extraktion implizit vorhandenen, nichttrivialen und nützlichen Wissens aus großen, dynamischen, relativ komplex strukturierten Datenbeständen“* [BH93].

Data Mining wendet verschiedene Algorithmen auf Daten an, um Vorhersagen zu treffen oder Muster zu identifizieren. Zu den wichtigsten Verfahren gehören unter anderem Klassifikation, Clustering, Assoziationsregeln, Regression und Anomalieerkennung. Die folgenden Anwendungsbeispiele zeigen exemplarisch zwei dieser Ansätze in der Praxis. Im Einzelhandel deckt der Apriori-Algorithmus durch Assoziationsregeln auf, welche Produkte Kunden häufig gemeinsam kaufen. Der Algorithmus identifiziert zunächst häufige Einzelprodukte und prüft dann schrittweise größere Produktkombinationen. Er bewertet die gefundenen Regeln anhand von Metriken wie Support, Confidence und Lift. Mit dieser Warenkorbanalyse können Handelsunternehmen ihre

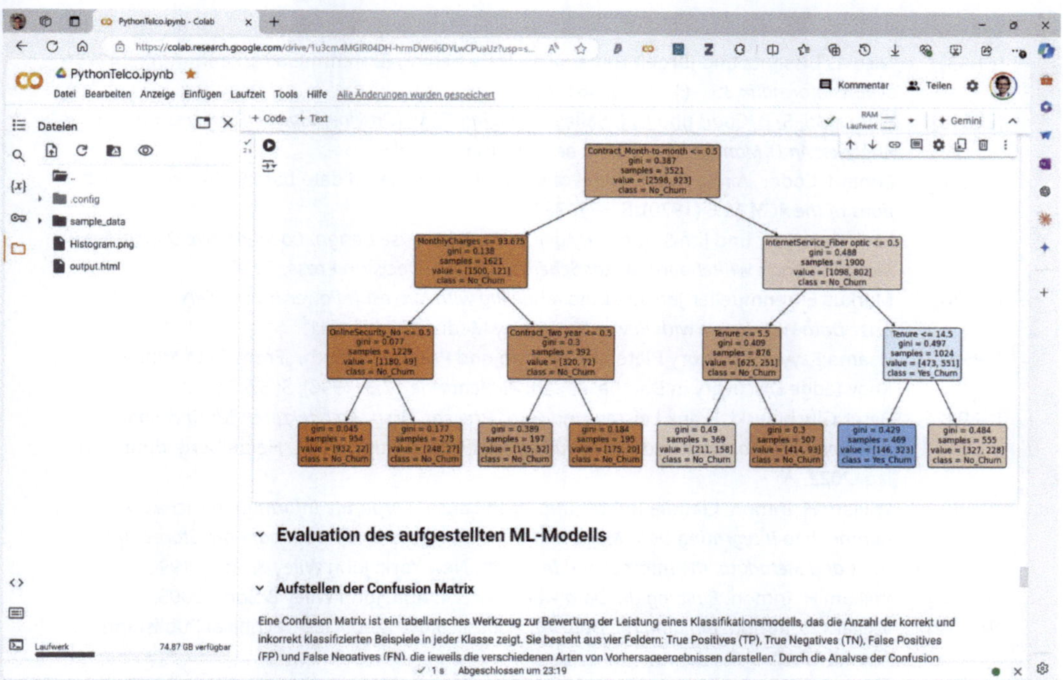

Bild 7.14 Beispiel für eine Klassifikation mithilfe von Decision Tree, umgesetzt mit Python

Produktplatzierungen optimieren und Cross-Selling-Potenziale ausschöpfen. Mobilfunkanbieter nutzen Klassifikationsverfahren für Churn Prediction – die Vorhersage abwanderungsgefährdeter Kunden. Algorithmen wie Decision Trees, Random Forests oder neuronale Netze verarbeiten Nutzungsdaten und erkennen Warnzeichen: Kunden telefonieren weniger, beschweren sich häufiger oder wechseln in günstigere Tarife. Identifizieren Unternehmen diese wechselwilligen Kunden frühzeitig, können sie mit individuellen Angeboten reagieren und Kündigungen vermeiden. Bild 7.14 zeigt einen Entscheidungsbaum zur Churn-Vorhersage. Der Algorithmus segmentiert Kunden hierarchisch nach Merkmalen wie Vertragstyp und monatlichen Kosten, wodurch erkennbar wird, welche Faktoren das Kündigungsrisiko bestimmen. Diese Beispiele zeigen, wie Data Mining aus Daten konkrete Handlungsempfehlungen ableitet. Weitere Anwendungsfelder finden sich im Gesundheitswesen, bei Banken oder in der Produktion. Die Spannweite bei Data-Mining-Tools ist groß: Grafische Plattformen ermöglichen es, ohne Programmierung vorgefertigte Module per Mausklick zu Analyseabläufen zu kombinieren. Am anderen Ende des Spektrums stehen Programmiersprachen wie Python oder R mit ihren spezialisierten Bibliotheken für komplexe Analysen.

Literatur

[BH93] Nicolas Bissantz und Jürgen Hagedorn. „Data Mining (Datenmustererkennung)". In: *Wirtschaftsinformatik* 35.5 (1993), S. 481–487.

[CCS93] E. F. Codd, S. B. Codd und C. T. Salley. *Providing OLAP (On-Line Analytical Processing) to User-Analysts: An IT Mandate*. E. F. Codd and Associates. 1993.

[Cod70] Edgar F Codd. „A relational model of data for large shared data banks". In: *Communications of the ACM* 13.6 (1970), S. 377–387.

[CS14] Lawrence Corr und Jim Stagnitto. *Agile Data Warehouse Design: Collaborative Dimensional Modeling, from Whiteboard to Star Schema*. Rev. ed. Decision Press, 2014.

[Ehr24] Markus Ehrenmueller-Jensen. *Data Modeling with Microsoft Power BI: Self-Service and Enterprise Data Warehouse with Power BI*. O'Reilly Media, 2024, S. 441.

[FPS96] Usama Fayyad, Gregory Piatetsky-Shapiro und Padhraic Smyth. „From Data Mining to Knowledge Discovery in Databases". In: *AI Magazine* 17.3 (1996), S. 37–54.

[GLP22] Peter Gluchowski, Frank Leisten und Gero Presser, Hrsg. *Architekturen für BI & Analytics: Konzepte, Technologien und Anwendung*. 1. Auflage. Edition TDWI. Heidelberg: dpunkt.verlag, 2022.

[IIS98] William H. Inmon, Claudia Imhoff und Ryan Sousa. *Corporate Information Factory: A Proven Approach to Integrating Data Marts and Data Warehouses, Operational Data Stores, Applications and Metadata, the Internet and Intranets*. New York: John Wiley & Sons, 1998.

[Inm05] William H. Inmon. *Building the Data Warehouse*. 4. Aufl. John Wiley & Sons, 2005.

[Inm92] William H. Inmon. *Building the Data Warehouse*. illustrated. QED Technical Publishing Group, 1992.

[Kem12] Shannon Kempe. *A Short History of Data Warehousing*. *https://www.dataversity.net/a-short-history-of-data-warehousing*. Aug. 2012.

[Ker91] James M. Kerr. *The IRM Imperative: Strategies for Managing Information Resources*. illustrated. Wiley, 1991.

[Kim96] Ralph Kimball. *The data warehouse toolkit: practical techniques for building dimensional data warehouses*. USA: John Wiley & Sons, Inc., 1996.

[Kof24] Michael Kofler. *Datenbanksysteme: Das umfassende Lehrbuch*. 2. Auflage. Bonn: Rheinwerk Verlag, 2024.

[Kor25] John Korcac. *Dimensional Modeling Design: Why Does It Matter? https://jamesdixon.wordpress.com/2014/09/25/data-lakes-revisited*. Feb. 2025.

[Kot15] Markus Kottbauer. „Das BI-Haus: Von der Daten-Grundlage zum Anwendernutzen". In: *Business Reporting* 1.15 (2015), S. 6–9.

[KR13] Ralph Kimball und Margy Ross. *The Data Warehouse Toolkit: The Definitive Guide to Dimensional Modeling*. 3. Aufl. Hoboken, NJ: John Wiley & Sons, 2013.

[Kum21] Anoop V. K. Kumar. *Business Intelligence Demystified: Understand and Clear All Your Doubts and Misconceptions about BI*. BPB Publications, 2021.

[Kum24] Jugnesh Kumar. *Data Warehouse and Data Mining: Concepts, Techniques and Real Life Applications*. BPB Publications, 2024.

[Lub17] Nico Luber Stefan und Litzel. *Was ist ein Data Warehouse?* Online-Artikel. 2017. URL: *https://www.bigdata-insider.de/was-ist-ein-data-warehouse-a-606701*.

[Luh58] Hans Peter Luhn. „A Business Intelligence System". In: *IBM Journal of Research and Development* 2.4 (1958), S. 314–319. DOI: *10.1147/rd.24.0314*.

[Men24] Pradeep Menon. *Data Mesh: Principles, patterns, architecture, and strategies for data-driven decision making*. First Edition. BPB Publications, India, 2024.

[Mey24] Dominik Meyer. *Data Infrastructure Architecture: OLAP, OLTP and HTAP. https://techblog.unite.eu/data-infrastructure-architecture-olap-oltp-and-htap-e7ad25efd338*. Apr. 2024.

[PC95] Nigel Pendse und Richard Creeth. *The OLAP Report: Succeeding with On-Line Analytical Processing*. 1995.

[RM19] Mark Raasveldt und Hannes Mühleisen. „DuckDB: An Embeddable Analytical Database". In: *Proceedings of the 2019 International Conference on Management of Data*. 2019, S. 1981–1984. DOI: *10.1145/3299869.3320212*.

[RM25] Mark Raasveldt und Hannes Mühleisen. *DuckLake: SQL as a Lakehouse Format*. Online-Artikel. DuckDB. 27. Mai 2025. URL: *https://duckdb.org/2025/05/27/ducklake.html*.

[SE20] SAP SE. *Was ist Data Mining? Definition, Bedeutung, Arten. https://www.sap.com/germany/products/data-cloud/hana/what-is-data-mining.html*. Jan. 2020.

[Sei19] Mischa Seiter. *Business Analytics: Wie Sie Daten für die Steuerung von Unternehmen nutzen*. 2., komplett überarbeitete und erweiterte Auflage. Verlag Franz Vahlen, 2019.

[Ser24] James Serra. *Deciphering Data Architectures: Choosing Between a Modern Data Warehouse, Data Fabric, Data Lakehouse, and Data Mesh*. 1st Edition. Sebastopol, CA: O'Reilly Media, 2024, S. 280.

[She15] Rick Sherman. *Business Intelligence Guidebook: From Data Integration to Analytics*. Morgan Kaufmann, 2015.

8 Data Lake

8.1 Ausgangslage und Motivation

In den 1980er- und 1990er-Jahren entwickelten Unternehmen Data Warehouses als spezialisierte Systeme für die analytische Datenverarbeitung [GLP22]. Sie sammelten Daten aus verschiedenen operativen Quellen, wandelten sie in ein einheitliches Schema um und bereiteten sie für analytische Zwecke auf.

Zwei grundlegende Architekturansätze prägten die Implementierung: Inmon setzte auf ein zentralisiertes, normalisiertes Data Warehouse als Kern (Hub) [Inm05]. Hier lagen alle Unternehmensdaten in einem einheitlichen, qualitätsgesicherten Format vor. Aus diesem Kern speisten sich spezialisierte Data Marts (Spokes), die auf spezifische Fachbereiche wie Vertrieb, Marketing oder Controlling zugeschnitten waren. Kimball verfolgte dagegen einen Bottom-up-Ansatz: Einzelne Starschema-Modelle wurden direkt aus den Quellsystemen befüllt und über konforme Dimensionen zu einem vernetzten Gesamtmodell verbunden [KR13]. Trotz ihrer Unterschiede erfüllten die etablierten Ansätze jahrzehntelang die Anforderungen der meisten Unternehmen. Data Warehouses ermöglichten komplexe Geschäftsanalysen und unterstützten datenbasierte Entscheidungen. Die Systeme arbeiteten zuverlässig und deckten den Informationsbedarf der Unternehmen durch strukturierte Analysen und Berichte ab.

Ende der 90er-Jahre revolutionierten Internet und E-Business die Datenlandschaft [BCD16]. Gleichzeitig wandelte sich die Beschaffenheit der Daten: Neben den bisher üblichen strukturierten Daten entstanden riesige Mengen unstrukturierter und semistrukturierter Daten – Webserver-Logs, E-Mails, Dokumente und später Social-Media-Posts, Bilder und Videos. Diese Datenströme und Datenmengen stellten Unternehmen vor neue Herausforderungen – oftmals mit „Volume“ als Schlagwort beschrieben. Die Daten lagen in heterogenen Strukturen und Formaten vor, wuchsen stark und erforderten häufig Echtzeitverarbeitung, was sich mit „Variety“ und „Velocity“ chrakterisieren lässt. Diese drei Phänomene prägten als 3Vs ursprünglich den Begriff „Big Data“ [BCD16]. Mit wachsender Vielfalt und Komplexität der Datenquellen stießen starre, schemaorientierte Modelle zunehmend an ihre Grenzen. Zudem zeigten DWH-Systeme Probleme hinsichtlich Skalierbarkeit und Echtzeitfähigkeit, da sie ursprünglich für Batch-Verarbeitung konzipiert worden waren.

Ein Data Warehouse ist dafür ausgelegt, strukturierte Daten aus betrieblichen Informationssystemen, Datenbanken oder Dateien mit tabellierten Datenstrukturen über vielschichtige ETL-Prozesse (Extract, Transfer, Load) für Entscheidungen qualitätsgesichert aufzubereiten und Rohdaten für Berichte, Dashboards oder interaktive Analyse-Anwendungen zu aggregieren. Diese oft zeitintensiven Batch-ETL-Läufe stehen im Gegensatz zur „Velocity“ in Big-Data-Umgebungen, die nicht nur die Geschwindigkeit beschreibt, mit der Daten anfallen, sondern in der Praxis auch die Anforderung an eine fortlaufende oder zumindest nahezu Echtzeitverarbeitung von Daten und Analyseergebnissen impliziert. Für datengetriebene Anwendungsfälle wie autonomes Fahren, Predictive Maintenance oder Empfehlungssysteme im E-Commerce ist niedrige Latenz essenziell, da (computerbasierte oder menschliche) Entscheidungen innerhalb von Millisekunden bis Sekunden getroffen werden müssen [Sei19]. Klassische Data-Warehouse-Landschaften führen hingegen ihre Ladeprozesse meist außerhalb der Geschäftszeiten aus und legen den Schwerpunkt auf einen konsolidierten (integrierten), konsistenten Datenbestand, der für betriebswirtschaftliche Entscheidungen und die gemeinsame Interpretation der Analyseergebnisse eine höhere Priorität einnimmt als Echtzeitverfügbarkeit [GLP22; Ser24].

Die mit Big Data assoziierten Eigenschaften (Stichwort 3Vs) und damit einhergehende Anforderungen machten neue Technologien und Architekturen erforderlich. Diese sollten neben strukturierten auch semi- und unstrukturierte Daten effizient integrieren und kosteneffizient verarbeiten können. Außerdem entwickelte sich das Datenmanagement zunehmend vom reinen Reporting hin zu fortschrittlicheren Analysen und prädiktiven Verfahren bis hin zu datengetriebenen oder KI-gesteuerten Anwendungen, was die Anforderungen an Wirtschaftlichkeit, Performance und Adaptivität weiter erhöhte.

8.2 Von der Flasche zum See: Die Data-Lake-Metapher

James Dixon, der damalige Technikvorstand von Pentaho, prägte 2010 den Begriff „Data Lake“ [Dix10]. Dixon veranschaulichte den Unterschied zwischen Data Lakes und Data Marts mit einer Metapher[1]: Ein Data Mart gleiche einer Flasche Wasser – sauber verpackt, strukturiert und bereit für den direkten Konsum. Ein Data Lake entspricht

1 *„If you think of a datamart as a store of bottled water – cleansed and packaged and structured for easy consumption – the data lake is a large body of water in a more natural state. The contents of the data lake*

hingegen einem natürlichen Gewässer, das sich kontinuierlich aus einer Quelle speist. Ähnlich wie Wasser aus einem See können Nutzer flexibel auf die Inhalte zugreifen, sie explorieren, analysieren oder gezielt Proben entnehmen.

Diese Metapher verdeutlicht einen Paradigmenwechsel beim Datenmanagement. Das Data-Lake-Konzept begreift Rohdaten als flexible Ressource, die sich je nach Anforderung formen und nutzen lässt. Ein Data Lake fungiert als zentrales Repository, das sehr große Datenmengen im ursprünglichen Format speichern kann – ohne vorher strukturiert, transformiert oder aufbereitet worden zu sein. Anders als Data Warehouses speichern Data Lakes alle Datentypen: strukturierte, semistrukturierte (JSON, XML) sowie unstrukturierte Daten (Texte, Bilder, Videos). Daten müssen in keine vordefinierten Schemata passen. Ein Data Lake trägt damit drei zentralen Prinzipien von Big Data Rechnung [MW15; Ser24]:

- **Ursprünglichkeit:** Daten werden im unveränderten, originalen Zustand gespeichert. Dies beugt Fehlern vor, die durch Transformation der Daten entstehen können.
- **Unveränderbarkeit:** Daten werden nicht überschrieben oder gelöscht, sondern nur als neue Version hinzugefügt.
- **Beständigkeit:** Daten bleiben dauerhaft und korrekt erhalten, was die Zuverlässigkeit und Nachvollziehbarkeit sicherstellt.

Data Warehouses und Data Marts bedienen einen weitgehend statischen, vorab definierbaren Informationsbedarf. Datenquellen und Anwendungsfälle stehen von Beginn an fest. Für diese Anforderungen transformieren und bereiten automatisierte ETL-Prozesse Daten effizient auf und gewährleisten eine qualitätsgesicherte, strukturierte Datengrundlage. Die überschaubare Anzahl an Datenquellen erleichtert es zusätzlich, sich passgenau auf vergleichsweise stabile Anforderungen einzustellen und eine dafür optimal ausgelegte Architektur mit ihren Zonen für entsprechende ETL-Abläufe aufzubauen.

Dieser Ansatz – den Informationsbedarf zu antizipieren und dafür Architektur und Analysemodelle vorzubereiten – funktioniert bei Big Data nicht mehr. Datengetriebene Geschäftsmodelle erfordern schnelle Reaktionen auf Marktveränderungen. Sie liefern die erforderlichen Informationen, Erkenntnisse oder Empfehlungen nicht in Echtzeit. Vorgefertigte Analysemodelle mit aggregierten Daten sind zudem zu inflexibel: Data Warehouses stoßen mit ihren standardisierten Measures und Dimensionen an Grenzen, sobald Fachabteilungen individuelle Datenquellen nutzen. Die starren Strukturen erfüllen weder spezifische noch spontane Analyseanforderungen flexibel. Wichtige externe Datenquellen bleiben unberücksichtigt – etwa Daten aus Web-Portalen oder Social Media, da sich diese nicht in ein traditionelles, relationales Data Warehouse integrieren lassen.

---

stream in from a source to fill the lake, and various users of the lake can come to examine, dive in, or take samples."

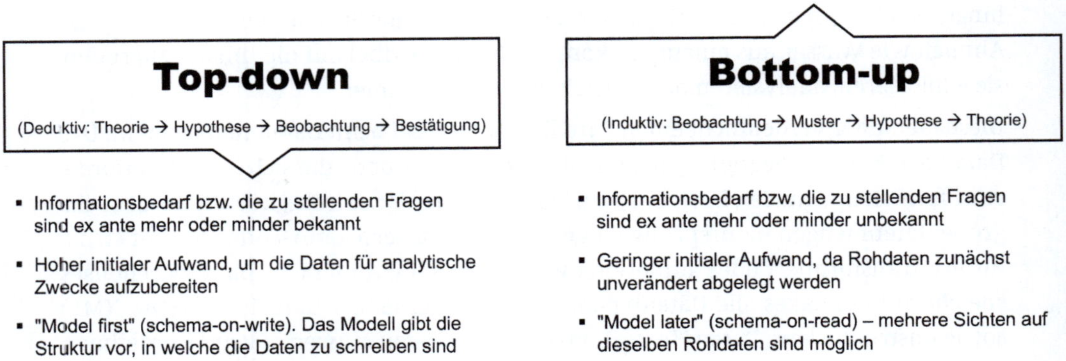

Bild 8.1 Erkenntnisgewinn: Top-down und Bottom-up im Vergleich

Bild 8.1 zeigt zwei unterschiedliche Wege, wie Erkenntnisse entstehen. Diese Ansätze sind nicht mit den gleichnamigen, aber inhaltlich verschiedenen Konzepten von Inmon oder Kimball zu verwechseln, die beschreiben, wie Data Warehouses aufgebaut werden.

Data Warehouses folgen laut James Serra einem deduktiven Top-down-Ansatz [Ser24]: Organisationen leiten aus ihrer Unternehmensstrategie und vordefinierten Hypothesen ab, welche Fragen ihre Daten beantworten sollen. Erst dann entwickeln sie das dafür passende Datenmodell. Dieser deduktive Weg prägt die gesamte Architektur. Das Schema-on-Write-Prinzip zwingt Daten in vordefinierte Strukturen, die aus den strategischen Anforderungen oder dem antizipierten Informationsbedarf abgeleitet wurden. Dieser Ansatz eignet sich besonders für deskriptive und diagnostische Analysen, bei denen die Fragestellungen im Voraus bekannt sind. Data Lakes begünstigen hingegen eine datengetriebene Herangehensweise (Bottom-up). Für Big-Data-Analytics ist kennzeichnend, dass Daten zunächst mit der allgemeinen Erwartung gesammelt werden, sie könnten später noch wertvoll sein. Die konkreten Fragestellungen, Geschäftsmodelle und Anwendungsfälle kristallisieren sich jedoch erst während einer explorativen Datenanalyse heraus. Dadurch bleibt der anfängliche Aufwand geringer, da Rohdaten zunächst ohne ETL-Prozesse gespeichert werden. Serra [Zitat fehlt] sieht diesen Ansatz eher geeignet, um Vorhersagen zu treffen (prädiktive Analysen) und Handlungsempfehlungen abzuleiten (präskriptive Analysen). Das Schema-on-Read-Prinzip erlaubt es, die Daten erst beim Lesen zu strukturieren. So können Anwender dieselben Rohdaten mit unterschiedlichen Sichten für verschiedene Anwendungsfälle nutzen. Diese beiden Ansätze lassen sich auch zu hybriden Vorgehensmodellen kombinieren und so die Vorteile beider Paradigmen nutzen.

Data Lakes versprachen ursprünglich Vorteile in drei zentralen Bereichen: Kosteneffizienz, Skalierbarkeit und Formatflexibilität [Ser24]. Data Lakes galten als kosteneffizient, weil sie auf Commodity-Hardware oder Cloud-basierten Object-Storage-Systemen aufbauen. Traditionelle, on-premises betriebene Data Warehouses wie Teradata, IBM Netezza oder Oracle Exadata setzten historisch auf teure, spezialisierte Hardware mit eng abgestimmten Komponenten. Diese Systeme brachten zwar hohe Verfügbarkeit, große Geschwindigkeit und parallele Verarbeitung, verursachten aber hohe Anschaffungs- und Betriebskosten. Dieser Kostenvorteil der Data Lakes galt allerdings vor allem gegenüber lokal installierten Systemen. Cloud-basierte DWH-Plattformen wie Snowflake, Amazon Redshift oder Google BigQuery nutzen mittlerweile ebenfalls skalierbare Standard-Hardware. Sie haben die ursprüngliche Kostenlücke heute weitgehend geschlossen [Ser24].

Data Lakes waren traditionell eng mit dem Hadoop-Ökosystem und dem Hadoop Filesystem (HDFS) assoziiert. Sie lassen sich aber auch gut auf Cloud-basierten, hochskalierbaren Object-Stores wie AWS S3, Microsoft Azure Blob Storage und Google Cloud Storage betreiben. Unternehmen konnten dadurch ihre Speicherkosten nutzungsbasiert kalkulieren und durch das Outsourcing die Kosten für den IT-Betrieb besser planen sowie eigenen Aufwand senken [BCD16].

Ursprünglich waren Data Lakes vor allem als flexible Ablageorte für Rohdaten konzipiert, ohne jegliche Transformation. Dies unterscheidet sie von Data Warehouses, die Daten stark strukturieren und qualitätsgesichert bereitstellen [BCD16]. Diese Freiheit birgt jedoch die Herausforderung, dass Datenqualität, Governance und Metadaten-Management in Data Lakes oft weniger rigoros umgesetzt werden, was zu „Datensilos" und Schwierigkeiten bei der Datenintegration führen kann [Ser24]. Zudem versprechen Data Lakes nahezu unbegrenzte Skalierbarkeit und können sehr große Datenmengen verwalten. Sie skalieren horizontal durch zusätzliche Speicher- oder Rechenknoten. Neue Knoten werden zum bestehenden Cluster hinzugefügt, statt einzelne Server teuer aufzurüsten. Diese Architektur bietet für stark wachsende Datenmengen eine effiziente Lösung [BCD16; Ser24]. Die Speicherung in einem Data Lake ist zwar vergleichsweise günstig, die Verarbeitung und Analyse großer Mengen heterogener und unbearbeiteter Daten ist jedoch oft ressourcenintensiv und komplex. Dies relativiert die Gesamtkosten des Betriebs und erfordert eine ganzheitliche Betrachtung von Speicher- und Verarbeitungskosten [BCD16].

Die Formatflexibilität ist ein Unterschied zu klassischen Systemen. Data Lakes folgen dem Schema-on-Read-Paradigma: Daten bleiben im ursprünglichen Format gespeichert und werden erst beim Lesen strukturiert. So lassen sich auch unbekannte oder sich ändernde Formate speichern, ohne sie vorab modellieren zu müssen. Klassische DWHs verlangen eine Struktur vor dem Laden, was Anpassungen komplex und zeitintensiv macht. Tabelle 8.1 stellt anhand bestimmter Merkmale Data Warehouses und Data Lakes gegenüber.

Tabelle 8.1 Data Warehouse und Data Lake im Vergleich

Merkmal	Data Warehouse	Data Lake
Datenarten	Vorwiegend strukturierte, bereinigte und integrierte Daten	Strukturierte, semistrukturierte und unstrukturierte Daten
Schema-Ansatz	Schema-on-write; strikte Modellierung vor dem Laden	Schema-on-read; Transformation und Modellierung bei Nutzung
Datenmodell	3NF bzw. dimensional in kuratierten Schichten	Dateiorientierte/objektbasierte Layouts; Zonen wie raw/ curated
Abfrage-/Workloads	Reporting, BI, OLAP	Data Science, Exploration, Ad-hoc; analytische Apps; BI
Skalierung & Kosten	Eher vertikal; höhere Lizenz-/Compute-Kosten	Günstiger Objektspeicher, Compute getrennt skalierbar
Flexibilität	Geringer; Änderungen aufwendig, dafür stabil	Hoch; schnelle Aufnahme neuer Quellen und Formate
Nutzerkreis	Business Analysts, Management	Data Scientists, Data Engineers, Business Analysts

8.3 ETL vs. ELT

Big Data hat die Datenverarbeitung in Unternehmen fundamental verändert. ETL (Extract, Transform, Load) und ELT (Extract, Load, Transform) unterscheiden sich nicht nur in der Reihenfolge ihrer Schritte – sie stehen für zwei verschiedene Paradigmen. ETL kommt aus einer Zeit, als Speicherplatz teuer und Rechenleistung begrenzt war [Kum24]. Unternehmen mussten sorgfältig planen, welche Daten sie speichern wollten. Serra schlägt für ETL als Merkhilfe „Early Transformation Leads" vor – die Transformation findet früh statt, direkt nach der Extraktion [Ser24]. Das Schema-on-Write-Prinzip zwingt alle Daten in vordefinierte Strukturen. Dieser Ansatz gewährleistet hohe Datenqualität: Klare Transformationsregeln bereinigen die Daten vor dem Laden, minimieren Fehler und schaffen konsistente Datenbestände. Zusätzlich erhöht ETL Datenschutz und -sicherheit, da nur zulässige, geprüfte und bereinigte Daten ins Zielsystem gelangen. Für Unternehmen mit stabilen Prozessen, strukturierten Daten und bekannten Anforderungen funktioniert ETL optimal.

Bild 8.2 zeigt einen klassischen ETL-Workflow mit Schema-on-Write-Prinzip: Nach Quellanalyse/Data Profiling und Modellierung werden strukturierte Daten aus Vorsystemen über ETL-Prozesse extrahiert und transformiert. Je nach Architekturansatz laden die ETL-Prozesse entweder in ein zentrales Data Warehouse (Inmon) oder direkt in Data Marts (Kimball). Diese bilden mit analytischen Datenmodellen und OLAP-Würfeln die Grundlage für Berichtserstellung, Business Intelligence und Analytics.

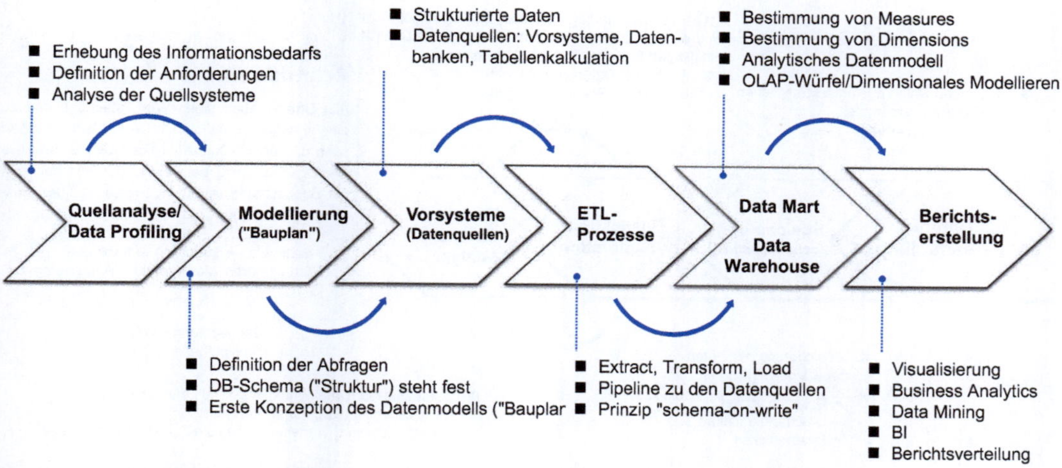

Bild 8.2 ETL-Workflow im Kontext Data Warehousing

Big Data brachte jedoch neue Herausforderungen mit sich. Angesichts generell sinkender Speicherkosten sammelten Unternehmen Daten aus diversen Quellen in unterschiedlichen Formaten [BCD16]. ELT entwickelte sich als Antwort für diese Rahmenbedingungen und folgte einem neuen Ansatz: Rohdaten zunächst zu speichern und erst bei konkretem Bedarf zu transformieren, da künftige Verwendungszwecke oft noch nicht abzusehen sind. Die Motivation hinter ELT ist Flexibilität und Skalierbarkeit, insbesondere beim Umgang mit großen Mengen unstrukturierter Daten. Bei ELT laden Systeme die Rohdaten direkt in Data Lakes oder Cloud-Speicher – die Transformation erfolgt erst bei der tatsächlichen Nutzung, was Serra treffend mit „Every Load Transforms“ für ELT umschreibt [Ser24].

Da die Transformation erst im Zielsystem stattfindet, lassen sich die Rohdaten schnell erfassen, wodurch sich Daten mit hoher Geschwindigkeit schreiben lassen. Engines wie Apache Spark nutzen In-Memory-Verarbeitung und Parallelisierung für die spätere Transformation von Millionen Datensätzen in Sekunden. Das Schema-on-Read-Prinzip gibt verschiedenen Teams Flexibilität: Marketing strukturiert Rohdaten für Kampagnenanalysen, Data Scientists nutzen diese für Sentiment Analysis, um Einstellungen zu eruieren.

Bild 8.3 zeigt das Schema-on-Read-Prinzip von ELT im Kontext von Big-Data-Analytics: Heterogene Daten werden schemaflexibel gespeichert. Exploration und Strukturierung erfolgt erst zum Zeitpunkt der Analyse. Dieser induktive Ansatz – von der Beobachtung über Mustererkennung zur Theoriebildung – ermöglicht Predictive Analytics durch Data Mining oder Machine Learning. Im Vergleich zum deduktiven ETL-Ansatz offenbart sich der mögliche Wert der Daten oft erst später durch explorative Analysen.

Der Wandel von ETL zu ELT spiegelt einen Paradigmenwechsel wider. Früher kannten Unternehmen ihren Informationsbedarf genau – monatliche Umsatzberichte, Quar-

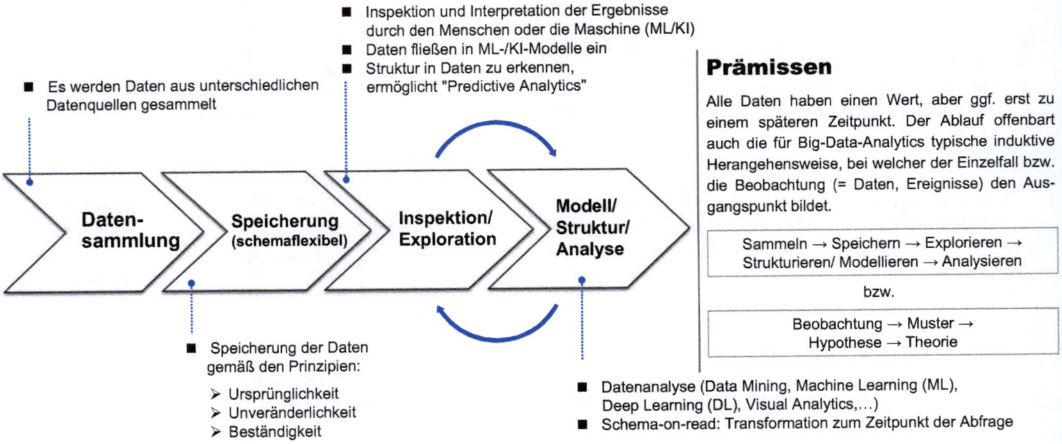

Bild 8.3 ELT-Workflow im Kontext Big-Data-Analytics

talsbilanzen, Kundenstatistiken. Heute experimentieren sie mit Daten und entwickeln datengetriebene Geschäftsmodelle, deren Anforderungen sich erst während der Exploration herauskristallisieren. Beide Ansätze haben ihre Berechtigung – entscheidend ist, für jeden Anwendungsfall die passende Methode zu wählen. Tabelle 8.2 bietet hierfür Anhaltspunkte.

Tabelle 8.2 Gegenüberstellung von ETL und ELT anhand ausgewählter Merkmale

Merkmal	ETL (Schema-on-Write)	ELT (Schema-on-Read)
Datenarten	Vorwiegend strukturierte Daten	Heterogen strukturierte Daten
Aktualität	Typisch batchorientiert (täglich/stündlich)	Von Batch bis Near-/Realtime (Streaming) möglich
Flexibilität	Geringer; Änderungen am Modell sind aufwendig, dafür stabil	Hoch; neue Formate lassen sich schnell aufnehmen
Typische Workloads	Reporting, BI, regulierte KPI-Landschaften, OLAP	Exploration, Data Science/ML; BI über kuratierte Bereiche möglich

8.4 Architektur von Data Lakes

Die technologische Evolution der Data Lakes durchlief mehrere Phasen: Hadoop bildete mit HDFS ab 2005 das erste verteilte Framework für Big-Data-Verarbeitung auf Commodity-Hardware. Das Prinzip, Berechnungen zu den Daten zu bringen statt umgekehrt, wurde fundamental für die Architektur. Mit Komponenten wie Hive, Spark und Kafka entstand ein vollständiges Ökosystem. Jedoch zeigte HDFS Limitierungen: Die enge Kopplung von Speicher und Rechenleistung erschwerte unabhängige Skalierung

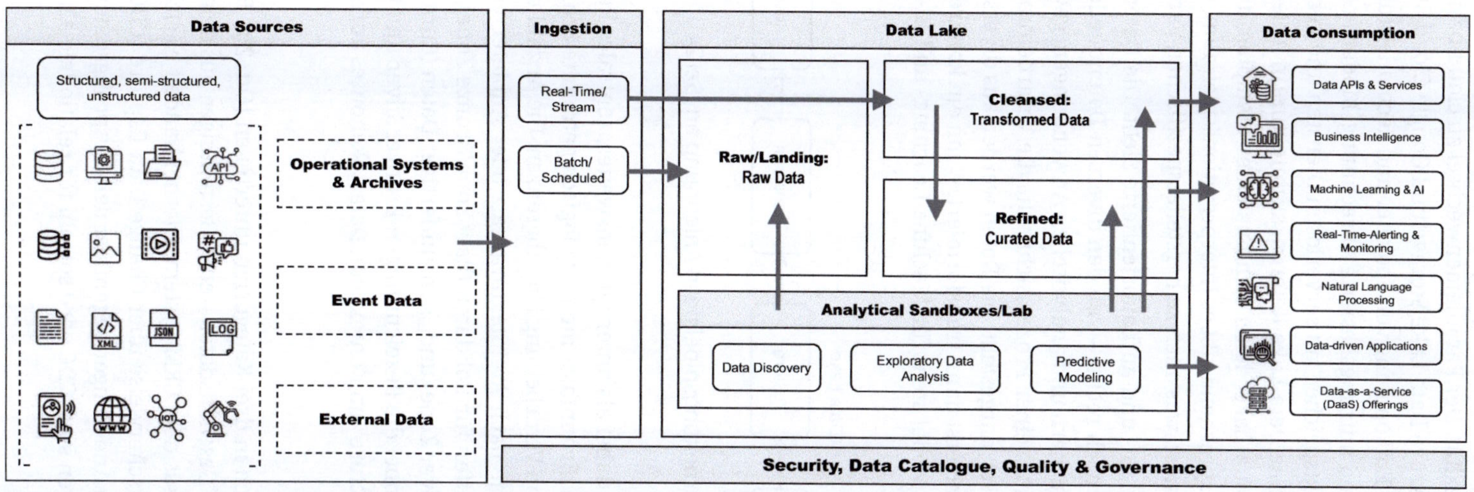

Bild 8.4 Beispiel für eine Data-Lake-Architektur in Anlehnung an [Ser24; TLT24]

und erhöhte die Komplexität. Der Paradigmenwechsel zu cloud-basierten Objektspeichern wie Amazon S3, Azure Data Lake Storage und Google Cloud Storage löste diese Herausforderungen. Die Entkopplung von Speicher und Rechenleistung ermöglicht unabhängige Skalierung und nutzungsbasierte Abrechnung. Moderne Cloud-Data-Lakes kombinieren diese Objektspeicher mit serverlosen Diensten und verwalten Analytics-Services. Bild 8.4 zeigt eine Data-Lake-Referenzarchitektur (in Anlehnung an [Ser24; Ott+20]). Der Begriff „Data Lake" leitet sich aus einer Metapher ab und beschreibt eher ein Paradigma. Entsprechend gibt es Interpretationsspielraum, wie ein Data Lake technisch auszugestalten ist, was auch zu herstellerspezifischen Variationen führt.

Bild 8.4 vereint eine ablauf- und aufbauorientierte Sicht. Die Datenflüsse verlaufen überwiegend von links nach rechts – von den diversen Datenquellen bis hin zu den jeweiligen Datenverbrauchern und analytischen Anwendungen, gewissermaßen von der Quelle zur Senke. Aus reiner Prozesssicht sähe die Verarbeitungspipeline so aus wie in Bild 8.5 schematisch dargestellt: Die Daten werden aus diversen Quellen in das Data Lake eingelesen und erst dann transformiert, wenn ein konkreter Anwendungsfall vorliegt. Die Phase Model steht für Machine-Learning- und BI-Modelle, die hier entstehen.

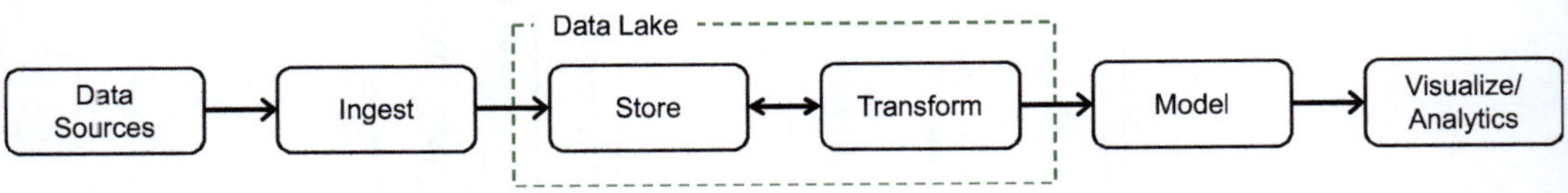

Bild 8.5 Data-Lake-Verarbeitungspipeline in Anlehnung an [Ser24]

Ein Data Lake fungiert dabei als unternehmensweites, zentrales Repository für analytisch relevante Daten. Er umfasst mehrere logisch getrennte Schichten, die Aufgaben wie Speicherung und Verarbeitung klar abgrenzen. Die Anzahl und Ausgestaltung dieser Schichten kann je nach Architekturansatz oder Anbieter variieren. Geläufig sind unter anderem Stufen für Rohdaten (Raw Zone/Bronze Zone), bereinigte Daten (Cleansed/Processed/Silver Zone) und „konsumfertige" Daten (Curated/Consumption/Gold Zone) [Ser24] – wobei die Bezeichnungen Bronze, Silver und Gold erst im Zuge der „Medallion Architecture" im Kontext von Data Lakehouses aufkamen.

Data Sources

Datenquellen lassen sich in drei Kategorien unterteilen [Ott+20]. Betriebliche Informationssysteme liefern Geschäftsdaten – etwa Bestellungen aus dem ERP-System oder Kundeninteraktionen aus dem CRM-System. Hierbei handelt es sich meist um strukturierte Daten, die typischerweise über Change Data Capture (CDC) erfasst werden, wodurch ausschließlich Änderungen gegenüber dem Ursprungsdatenbestand zu extrahieren und zu übertragen sind. CDC wird sowohl für relationale als auch zunehmend für NoSQL-Datenbanken eingesetzt. Werkzeuge wie Debezium[2] erkennen Datenbankänderungen in Echtzeit und streamen sie weiter, ohne die Produktivsysteme merklich zu belasten. Abhängig von Quelle, Tooling und Anforderungen erfolgt die Übertragung entweder als kontinuierlicher Stream, periodischer Batch oder in Micro-Batches.

Ereignisdaten (Event Data) repräsentieren Geschäftsereignisse: Jeder Klick auf der Website, jede Sensormessung einer Produktionsanlage, jeder Applikations-Logeintrag oder jeder durchgeführte Prozessschritt generiert Events. Apache Kafka[3] hat sich hier als De-facto-Standard etabliert – es fungiert als zentraler Event-Hub, der Millionen von Nachrichten pro Sekunde im Stream-Processing aufnehmen, zwischenpuffern und zugänglich machen kann [Wae21; Rao19]. Die Events werden im Kafka-Cluster mit konfigurierbarer Aufbewahrungszeit gespeichert, sodass verschiedene Konsumenten sie sequenziell oder parallel verarbeiten können. Downstream-Systeme konsumieren diese Ereignisdaten wahlweise als kontinuierlichen Stream oder aggregieren sie in konfigurierbaren Micro-Batches.

Externe Datenquellen erweitern die Analysemöglichkeiten: Wetterdaten beeinflussen Absatzprognosen, Social-Media-Stimmungen zeigen Markenwahrnehmung, Marktdaten ermöglichen Wettbewerbsanalysen. Die Integration externer Daten erfolgt häufig über verschiedenste Schnittstellen – etwa APIs, Flat Files, Daten-Feeds oder Web-Scraping – und kann unterschiedlichste Datenformate und -strukturen umfassen. Externe Quellen anzubinden und aufzubereiten, erfordert oft aufwendige Datenintegration und Transformation. Orchestrierungs-Frameworks wie Apache Airflow[4] steuern solche Batch-basierten ELT-Prozesse. Sie ermöglichen Workflows wie: *„Prüfe nachts um 2 Uhr, ob neue Marktforschungsdaten vorliegen, lade sie herunter und triggere die nachgelagerte Verarbeitung"*.

Ingestion

Ingestion bezeichnet den Prozess, bei dem Daten aus Quellen wie Datenbanken, IoT-Geräten oder Webanwendungen in einen Data Lake übernommen werden. Ziel ist es, den kontinuierlichen Datenfluss in den Lake zu steuern und dabei zwei Anforderungen auszubalancieren: möglichst geringe Latenz (Verzögerungszeit) für zeitkritische Daten sowie hoher Durchsatz für große Datenmengen. Da die Quellen sowohl strukturierte als auch unstrukturierte Daten liefern, muss Ingestion unterschiedliche Formate verarbeiten und dabei Datenqualität und -integrität bewahren [Ser24].

Streaming-Ingestion verarbeitet Daten nahezu in Echtzeit. So muss eine Betrugserkennung verdächtige Transaktionen sofort identifizieren können. Systeme wie Apache

2 *https://debezium.io.*

3 *https://kafka.apache.org.*

4 *https://airflow.apache.org.*

Flink[5], Spark Streaming[6] oder Kafka Streams[7] analysieren Daten während des Flusses, reichern sie an und speichern Ergebnisse unmittelbar im Data Lake [Ott+20]. Ein typisches Beispiel ist das Tracking von Nutzerinteraktionen im Online-Shop: Aus Klicks werden Sessions gebildet, die Verweildauer und Absprungraten berechnet und daraus wiederum Empfehlungen abgeleitet. Batch-Ingestion ist auf Durchsatz und Effizienz optimiert. Im Hadoop-Ökosystem wurde dafür lange Apache Sqoop[8] genutzt, heute übernehmen Apache Spark[9] oder spezialisierte Werkzeuge diese Aufgabe. Millionen von Datensätzen werden in periodischen Ladevorgängen importiert, meist nach Zeit oder Region partitioniert, um spätere Abfragen zu beschleunigen. Tools wie Apache NiFi[10] unterstützen dabei, Datenflüsse grafisch zu modellieren und neue Quellen flexibel einzubinden. Updates oder Löschungen – und als Ereignisse in den Data Lake übernommen werden. Ursprünglich wurde CDC vor allem im Data-Warehouse-Umfeld eingesetzt, wo batch-orientierte Log-Parser Änderungen aus den Transaktionsprotokollen der Datenbanken extrahierten [MPT24]. In klassischen Hadoop-basierten Data Lakes war CDC dagegen nur eingeschränkt möglich: Änderungen wurden in Form zusätzlicher Dateien oder über Zeitstempelversionierung gespeichert, wodurch es keine nativen Update- oder Delete-Operationen gab und der aktuelle Datenstand lediglich über komplexe Abfragen oder manuelle Kompaktierungen ermittelt werden konnte. Erst mit neueren Entwicklungen hat sich CDC auch in Data-Lake-Umgebungen etabliert. Tools wie Debezium lesen Datenbank-Transaktionslogs (z. B. MySQL Binlog oder PostgreSQL WAL) kontinuierlich aus, übersetzen sie in Change-Events und spielen sie nahezu in Echtzeit in den Lake ein. Damit lassen sich Tabellen aktuell halten, ohne vollständige Neuimporte durchzuführen. (Spätere) Lakehouse-Formate wie Delta Lake, Iceberg oder Hudi führen dieses Prinzip noch einen Schritt weiter, indem sie CDC nativ mit ACID-Transaktionen und Schema-Evolution kombinieren [Sid24].

Data Lake (Speicher- und Verarbeitungsschichten)

Ein Data Lake besteht aus mehreren Schichten bzw. Zonen: Die Raw- oder Landing Zone (auch Bronze Zone genannt) bildet die erste persistente Speicherschicht eines Data Lakes. Hier „landen" alle eingehenden Daten im Originalformat – seien es Dateien, Logs, Dokumente, Bilddaten oder Daten aus Quellsystemen wie relationalen Datenbanken. Diese Zone implementiert das Prinzip der Unveränderlichkeit (Immutability): Einmal geschriebene Daten werden nicht überschrieben, sondern nur durch neue Versionen ergänzt. Dies gewährleistet die vollständige Nachvollziehbarkeit der Daten und die Möglichkeit, bei Bedarf frühere Versionen wiederherzustellen, etwa wenn Fehler in nachfolgenden Transformationsprozessen auftreten. Die Daten werden typischerwei-

5 *https://flink.apache.org*
6 *https://spark.apache.org/docs/latest/streaming-programming-guide.html.*
7 *https://kafka.apache.org/documentation/streams*
8 *https://sqoop.apache.org*
9 *https://spark.apache.org*
10 *https://nifi.apache.org*

se zeitlich partitioniert abgelegt, beispielsweise im Pfadschema `/raw/orders/2024/03/15/`, wodurch zeitbasierte Abfragen erheblich beschleunigt werden.

In der Cleansed Zone (auch Silver Zone genannt) finden erste systematische Datenqualitätskontrollen und Aufbereitungen statt (Data Preparation). Hier standardisieren Jobs Datumsformate, vereinheitlichen Ländercodes nach ISO-Standards oder validieren definierte Geschäftsregeln. Ein typischer Bereinigungsprozess besteht aus mehreren Teilschritten: Kundendaten aus verschiedenen Quellsystemen werden mittels Fuzzy-Matching-Algorithmen dedupliziert, Adressen über externe Validierungsdienste geprüft und fehlende Werte durch statistische Verfahren ergänzt (Imputation). Frameworks wie GX Core[11] unterstützen die formale Definition, Automatisierung und Dokumentation solcher Datenqualitätsregeln – etwa dass bestimmte Spalten keine NULL-Werte enthalten dürfen oder Preise innerhalb festgelegter Grenzen liegen müssen. Bei Regelverletzungen lösen die Workflows automatisierte Warnungen oder Fehlerbehandlungen aus, die eine manuelle Prüfung oder den Stopp nachfolgender Verarbeitungsschritte initiieren können.

Die Refined Zone (auch Gold Zone genannt) enthält vollständig aufbereitete und kuratierte Datensätze, die direkt für analytische und operative Zwecke nutzbar sind. Hier entstehen konsolidierte Entitäten (Golden Records), die auch als „Single Version of the Truth" bezeichnet werden und als verlässliche Grundlage für Business Intelligence, Reporting und Machine-Learning-Modelle dienen. Aufgrund der hohen Bedeutung dieser Zone sind hier oft besonders strenge Governance- und Zugriffskontrollen implementiert, sodass die Datenqualität und Sicherheit auf hohem Niveau gewährleistet bleibt.

Analytical Sandboxes

Sandbox-Umgebungen bieten isolierte Bereiche zur sicheren Entwicklung, Tests und Innovation mit Daten, bevor diese in Produktionsumgebungen verwendet werden. Die Analytical Sandboxes sind optional, dienen aber der besseren Organisationsfähigkeit und minimieren Risiken. Sie ermöglichen datengetriebene Innovation durch explorative Analysen und kontrollierte Experimente. In erster Linie nutzen Data Scientists diese isolierten Umgebungen, um Daten zu explorieren, neue Hypothesen zu testen und Machine-Learning-Modelle zu entwickeln. Darüber hinaus dienen sie als Analyseumgebung, wenn Auffälligkeiten oder Ungereimtheiten in den Daten näher zu untersuchen sind. Als primäre Datengrundlage nutzen die Sandboxes Kopien aus der Bronze Zone [Ser24]. Diese isolierte Umgebung bietet Vorteile: Data Scientists arbeiten mit vollständigen, unveränderten Rohdaten und können eigene Transformationen durchführen, ohne die übrigen Verarbeitungsprozesse zu stören. Die Sandbox-Umgebungen laufen auf separaten Ressourcen, wodurch Performance und Funktionsweise der produktiven Daten-Pipelines unbeeinträchtigt bleiben. In Cloud-Umgebungen werden diese Ressourcen häufig dynamisch zugewiesen und Sandboxes können temporär sein.

11 *https://greatexpectations.io*

Je nach Analysezweck und Anwendungsfall greifen die Sandboxes bei Bedarf auch auf aufbereitete Daten aus der Silver Zone oder aggregierte Bestände der Gold Zone zu. Diese Flexibilität versetzt Data Scientists in die Lage, sowohl explorative Rohdatenanalysen durchzuführen als auch Machine-Learning-Modelle auf kuratierten Daten zu trainieren. So entsteht eine eigenständige Experimentierumgebung für datengetriebene Innovationen.

Die Analytical Sandboxes unterstützen den typischen Data-Science-Workflow, wie Bild 8.4 zeigt. Den Einstieg bildet Data Discovery – hier erkunden und bewerten Data Scientists die heterogenen Datenbestände des Data Lake. Sie identifizieren relevante Daten, analysieren Datentypen, Verteilungen und Qualitäten, decken Anomalien auf und erkennen erste Muster und Trends. Explorative Werkzeuge unterstützen diesen Prozess durch automatisierte Profilerstellung, Metadatenanalyse, Data-Cataloging und Dokumentation der Data Lineage. Gleichzeitig helfen sie, sensible Daten zu identifizieren und Zusammenhänge mittels KI-gestützter Mustererkennung aufzudecken. Das Ziel ist es, unbekannte Datenbestände zugänglich und deren Potenzial erkennbar zu machen, was weiterführende Analysen wie explorative Datenanalyse oder Qualitätsmanagement ermöglicht. Für Data Discovery nutzen Data Scientists interaktive Umgebungen wie Apache Zeppelin[12] oder Jupyter Notebooks[13], die Ad-hoc-Abfragen und direkte Visualisierung ermöglichen.

Die Exploratory Data Analysis (EDA) vertieft die ersten Discovery-Erkenntnisse systematisch. John Tukey prägte dieses Konzept mit seinem Standardwerk Exploratory Data Analysis [Tuk77][14]. Ziel der explorativen Datenanalyse besteht darin, aus Daten neue Hypothesen und Einsichten zu gewinnen. Sie ist als explorativer und interaktiver Prozess zu verstehen, der durch Visualisierungen und Analysen Muster, Zusammenhänge und Auffälligkeiten in Daten entdeckt, ohne formale Hypothesentests durchzuführen. Die explorative Datenanalyse dient dem besseren Verständnis der Daten, bevor statistische Prüfungen oder Machine-Learning-Modelle angewendet werden. In Analytics-Vorgehensmodellen wie Cross-Industry Standard Process for Data Mining (CRISP-DM) ist EDA Bestandteil der Phase Data Understanding [Alb22]. Die im Rahmen der EDA gewonnenen Erkenntnisse lassen sich später durch induktive Statistik auf ihre Allgemeingültigkeit prüfen.

Data Scientists arbeiten hierfür mit Entwicklungsumgebungen für R oder Python – etwa RStudio[15] oder Jupyter Notebooks. Mit deskriptiver Statistik charakterisieren sie die Datenbestände, testen Hypothesen und untersuchen Korrelationen zwischen Merkmalen. Aussagekräftige Datenvisualisierungen mit Bibliotheken wie Plotly[16], Sea-

12 *https://zeppelin.apache.org*
13 *https://jupyter.org*
14 *https://consoleflare.com/blog/wp-content/uploads/2022/09/Exploratory-Data-Analysis-1977-John-Tukey.pdf*
15 *https://posit.co/products/open-source/rstudio*
16 *https://plotly.com*

born[17] oder ggplot2[18] decken Muster, Anomalien und Ausreißer auf. Das Skalenniveau der Merkmale bestimmt, welche statistischen Methoden anwendbar sind [Alb22]. Basierend auf diesen Analysen identifizieren Data Scientists die aussagekräftigsten Merkmale für weiterführende Modellierungen. Parallel dazu läuft das Feature Engineering, bei dem neue Variablen entstehen, Dimensionalität reduziert und die Datenstruktur optimal auf die Anforderungen der geplanten Machine-Learning-Modelle ausgerichtet wird.

Predictive Modeling baut auf den Erkenntnissen aus Discovery und EDA auf und nutzt kuratierte Daten für Machine-Learning- und KI-Anwendungen. Nachdem Analysten die Daten verstanden und die relevanten Features identifiziert haben, entwickeln sie Vorhersagemodelle. Werkzeuge wie MLflow[19] orchestrieren den gesamten Lebenszyklus dieser Modelle. Teams dokumentieren damit ihre Experimente, vergleichen Modellversionen und stellen die besten Modelle reproduzierbar in Produktion bereit. AutoML-Plattformen wie beispielsweise DataRobot[20] oder H2O AutoML[21] senken die Einstiegshürden, indem sie Modellauswahl und Hyperparameter-Tuning automatisieren. Trotz der Automatisierung bleibt es jedoch eine wichtige Aufgabe für Data Scientists, die Modelle fachgerecht zu interpretieren und zu validieren.

Für Deep-Learning-Aufgaben setzen Teams spezialisierte Frameworks wie TensorFlow[22] und PyTorch[23] ein, die neuronale Netze auf umfangreichen Datensätzen trainieren und GPU-Ressourcen optimal nutzen. Diese Frameworks erlauben das Training komplexer Architekturen wie Transformer-Modelle oder Convolutional Neural Networks.

Unabhängig von den eingesetzten Tools, Plattformen und Methoden unterliegen alle Sandbox-Umgebungen klaren Governance-Regeln: Sie arbeiten mit definierten Ressourcen-Limits und festgelegten Lebenszyklen. Sobald Modelle und Analysen die Validierung erfolgreich durchlaufen, werden sie in produktive Pipelines überführt – der experimentelle Charakter weicht stabilen, automatisierten Prozessen. So gewährleisten die Analytical Sandboxes sowohl kreativen Freiraum für Innovation als auch einen kontrollierten Übergang in den operativen Betrieb.

Security, Data Catalogue, Quality & Monitoring

Eine durchgängige Governance-Schicht bildet eine kritische Komponente für den erfolgreichen und rechtssicheren Betrieb eines Data Lake. Diese Schicht umfasst Mechanismen zur Datenherkunftsverfolgung (Data Lineage), Zugriffskontrolle, Qualitätssicherung, kontinuierlichen Überwachung sowie Auditierung.

17 *https://seaborn.pydata.org*
18 *https://ggplot2.tidyverse.org*
19 *https://mlflow.org*
20 *https://www.datarobot.com*
21 *https://docs.h2o.ai/h2o/latest-stable/h2o-docs/automl.html*
22 *https://www.tensorflow.org*
23 *https://pytorch.org*

Mit Frameworks wie beispielsweise Apache Atlas[24] lassen sich Datenherkunft und -verwendung innerhalb eines Data Lake dokumentieren. Es bietet Funktionen zur Verwaltung, Kategorisierung und Überwachung von Datenbeständen, insbesondere in Hadoop-Umgebungen. Mithilfe von Apache Atlas lässt sich erfassen, aus welchen Quellen Daten stammen, welche Transformationen sie durchlaufen und in welchen Zielstrukturen sie verwendet werden. Data Lineage ermöglicht es, transparent nachzuvollziehen, aus welchen Quelltabellen verschiedener Systeme eine aggregierte Kennzahl in einem Dashboard stammt und wie sie berechnet wird. Eine solche Transparenz ist erforderlich, um Fehler nachvollziehen zu können oder abzusehen, wie sich Schemaänderungen auswirken. Darüber hinaus lassen sich so regulatorische Compliance-Anforderungen einhalten – etwa wenn für bestimmte Datensätze keine Zustimmungserklärungen mehr vorliegen und diese aus dem Datenbestand dauerhaft zu löschen sind. Die Zugriffskontrolle erfolgt über Policy-basierte Frameworks wie Apache Ranger[25], das granulare Berechtigungen auf Daten- und Spaltenebene definiert. Rollenbasierte Zugriffskontrolle (RBAC) stellt sicher, dass bestimmte Nutzergruppen nur auf für ihre Aufgaben relevante Daten zugreifen dürfen – beispielsweise haben nur autorisierte Mitarbeiter der Personalabteilung Zugriff auf Gehaltsdaten. Darüber hinaus implementiert das System datenschutzrechtliche Anforderungen: Für personenbezogene Daten aus der Europäischen Union gelten die Vorgaben der DSGVO, während für Daten aus anderen Regionen entsprechende Regularien umzusetzen sind. Diese Policies werden zentral definiert und konsistent über alle Zugriffsmethoden hinweg durchgesetzt – unabhängig davon, ob SQL-Abfragen, Python-Skripte oder BI-Tools auf die Daten zugreifen.

Das Metadaten-Management integriert technische, geschäftliche und betriebliche Metadaten in einem zentralen Data Catalog. Diese Kataloge verbessern die Datenauffindbarkeit erheblich und dokumentieren Bedeutung, Struktur und Verwendungszweck der gespeicherten Daten. Kontinuierliches Monitoring der Daten-Pipelines gewährleistet die Systemstabilität: Orchestrierungstools wie Apache Airflow[26] überwachen die Ausführung von Workflows, während Monitoring-Systeme wie Prometheus[27] oder der ELK-Stack[28] Performance-Metriken erfassen und bei Störungen alarmieren.

Zusätzliche Sicherheitsmaßnahmen schützen die Daten auf mehreren Ebenen: Daten werden sowohl im Ruhezustand als auch während der Übertragung verschlüsselt. Personenbezogene Daten werden maskiert, um Datenschutzvorschriften einzuhalten. Intrusion-Detection-Systeme erkennen und melden unberechtigte Zugriffsversuche. Diese Maßnahmen bilden zusammen ein umfassendes Sicherheits- und Governance-Framework, das Integrität, Vertraulichkeit und Verfügbarkeit der Daten im Data Lake gewährleistet.

---

24 *https://atlas.apache.org*
25 *https://ranger.apache.org*
26 *https://airflow.apache.org*
27 *https://prometheus.io*
28 Elasticsearch, Logstash, Kibana – *https://www.elastic.co/elastic-stack*

Data Consumption

Data Consumption steht für die vielfältigen Anwendungsfälle, die auf den aufbereiteten Daten basieren und Mehrwert (Business Value) generieren. Diese Schicht umfasst ein breites Spektrum an Anwendungen und Nutzungsszenarien, die von klassischer Business Intelligence über maschinelles Lernen bis zu datengetriebenen Applikationen reichen. Die Philosophie von Data Lakes kommt Self-Service-BI entgegen: BI-Werkzeuge wie Tableau[29)] oder Microsoft Power BI[30)] ermöglichen Anwendern, sich mit Query-Engines wie Presto/Trino zu verbinden und Daten interaktiv zu erkunden. Diese Tools greifen primär auf die kuratierten Datenbestände der Gold Zone zu und erstellen Dashboards, die aktuelle Verkaufszahlen, Trend-Analysen und prädiktive Vorhersagen in Echtzeit darstellen. Visualisierungen komplexer Datenbestände unterstützen Entscheidungsträger dabei, Muster in den Daten zu identifizieren und operative wie strategische Maßnahmen abzuleiten.

Die technische Umsetzung dieser Zugriffsmuster erfolgt über verschiedene spezialisierte Schnittstellen und Tools. Presto (heute Trino[31)]) fungiert dabei als zentrale SQL-Query-Engine, die es ermöglicht, Daten aus verschiedenen Zonen des Data Lake – von Rohdaten über bereinigte Bestände bis hin zu kuratierten Datensätzen – in einer einzigen Abfrage zu verknüpfen, ohne diese vorher kopieren oder konsolidieren zu müssen. Für zeitkritische Anwendungen werden verarbeitete Ereignisse über Streaming-Plattformen wie Apache Kafka bereitgestellt. Ein typisches Szenario ist die Betrugserkennung: Spezialisierte Pipelines analysieren eingehende Transaktionen mittels trainierter ML-Modelle und publizieren verdächtige Ereignisse zurück in Kafka-Topics. Nachgelagerte Systeme können diese unmittelbar nutzen und entsprechende Maßnahmen einleiten.

ML-Anwendungen nutzen die historischen Datenbestände des Data Lake für Training und Inferenz prädiktiver Modelle. Die trainierten Modelle werden über Plattformen wie MLflow[32)] verwaltet und versioniert. Typische Anwendungsfälle umfassen die Prognose von Kundenabwanderung (Churn Prediction), die Optimierung von Lagerbeständen oder die Vorhersage von Wartungsbedarf (Predictive Maintenance) [Sei19]. Die Modelle werden über REST-APIs bereitgestellt und lassen sich in Echtzeit abfragen. Dies ermöglicht eine nahtlose Integration analytischer Erkenntnisse in Geschäftsprozesse.

Spezialisierte datengetriebene Applikationen nutzen Data Lakes als zentralen Datenspeicher. Empfehlungssysteme analysieren Kaufhistorien und Produktkataloge, um personalisierte Vorschläge zu generieren. Überwachungssysteme monitoren kontinuierlich definierte Kennzahlen und benachrichtigen automatisch, wenn sie Anomalien

29 *https://www.tableau.com*

30 *https://powerbi.microsoft.com*

31 *https://trino.io*

32 *https://mlflow.org*

erkennen. Natural-Language-Processing-Schnittstellen ermöglichen Nutzern, komplexe Datenabfragen in natürlicher Sprache zu formulieren. Sie erhalten dann in Textform Antworten, die auf den verfügbaren Datenbeständen basieren. Weitere Anwendungsbeispiele sind Sentiment-Analysen oder die Extraktion von Information aus Formularen. Für die Integration in externe Anwendungen müssen REST-APIs oder GraphQL[33)]-Endpunkte typischerweise individuell entwickelt werden. Diese ermöglichen es dann, kuratierte Datensätze gezielt abzurufen und die Netzwerklast durch selektive Datenübertragung zu reduzieren. Entsprechende Sicherheitsmechanismen wie OAuth-Authentifizierung und Verschlüsselung werden dabei projektspezifisch implementiert.

Tabelle 8.3 zeigt die Einschätzung des Autors, wofür sich welche Schicht eignet.

Tabelle 8.3 Anwendungsfall zu Schicht

Anwendungsfall	Conformed	Cleansed	Sandbox
BI Dashboards	++	++	–
Operational APIs	++	++	–
Data Science	+	++	++
Ad-hoc Analytics	+	++	++
Prototyping	–	+	++
Production ML	++	++	+
++ = sehr gut geeignet, + = geeignet, – = ungeeignet			

8.5 Rolle und Bedeutung von Data Lakes

Data Lakes entstanden als Reaktion auf die Grenzen klassischer Data Warehouses, die mit wachsenden Datenmengen und heterogenen Formaten nur begrenzt umgehen konnten. Im Unterschied zu Data Warehouses speichern Data Lakes Daten polystrukturiert in ihrer ursprünglichen Form und verzichten bewusst auf vorgelagerte Transformationen (Schema-on-Read). Unternehmen können so zunächst Daten kostengünstig sammeln und erst später entscheiden, wie diese genutzt werden sollen. Diese Offenheit macht Data Lakes zu einem flexiblen Konzept für explorative Analysen und maschinelles Lernen, auch wenn der Begriff in der Praxis lange Zeit stark mit Apache Hadoop verbunden war [Wei19]. Hadoop spielte dabei eine Schlüsselrolle: Mit dem verteilten Dateisystem HDFS und dem MapReduce-Programmierungsmodell konnten Unternehmen erstmals sehr große Datenmengen auf vergleichsweise preisgünstiger Standard-Hardware speichern und verarbeiten [Ser24]. Das Hadoop-Ökosystem entwickelte sich rasch weiter: Apache Hive ermöglichte SQL-ähnliche Abfragen, Apache Spark beschleunigte die Verarbeitung durch In-Memory-Computing, und HBase ergänzte NoSQL-Funktionalitäten.

33 *https://graphql.org*

Mit dem Aufkommen von Cloud-Diensten verlagerten viele Unternehmen ihre Data Lakes in Object-Storage-Systeme wie Amazon S3, Azure Blob Storage oder Google Cloud Storage [Ser24]. Diese reduzierten Einrichtungsaufwand und Investitionskosten erheblich. Für datenintensive Verfahren wie maschinelles Lernen erwiesen sich Data Lakes als besonders geeignet: ML-Modelle benötigen große Mengen an Trainingsdaten in unterschiedlichsten Formaten – Bilder, Texte, Sensordaten, Log-Dateien oder Audioaufnahmen. Data Lakes speichern diese Daten effizient und stellen sie für wiederholte Trainingszyklen bereit. Sie lassen sich mit ML-Frameworks wie TensorFlow oder PyTorch kombinieren und unterstützen so moderne Entwicklungsansätze. In diesem Kontext etablierte sich auch das Konzept von MLOps[34)] [MPT24]: Analog zu DevOps in der Softwareentwicklung verbindet es Data Scientists, ML-Engineers und IT-Operations enger miteinander, um automatisierte Pipelines für Datenverarbeitung, Modelltraining, Versionierung und Monitoring aufzubauen.

Praxisbeispiele verdeutlichen die Bandbreite der Einsatzmöglichkeiten: Unternehmen kombinieren historische Daten mit Echtzeitströmen aus IoT-Sensoren, Social Media und Transaktionssystemen. Automobilhersteller analysieren Fahrzeugdaten, prognostizieren präventive Wartungen und verbessern ihre Produkte kontinuierlich. Versicherungen entwickeln auf Basis von Data Lakes dynamische, risikoadjustierte Tarifmodelle [Sei19]. Handelsunternehmen nutzen Clickstream-Daten, um Kampagnen zielgerichteter zu steuern und personalisierte Empfehlungen abzuleiten.

Data Lakes haben zudem die Art verändert, wie Unternehmen mit Daten arbeiten und datengetriebene Wertangebote entwickeln [Sei19]. Fachabteilungen können selbstständig Analysen durchführen, ohne auf die IT angewiesen zu sein, wenn geeignete Schnittstellen und aufbereitete Views bereitstehen. BI-Werkzeuge wie (Auswahl) Tableau[35)], Power BI[36)] oder Qlik Sense[37)] greifen über SQL-Engines wie Apache Hive[38)] oder Trino[39)] auf die gespeicherten Daten zu und verbinden standardisierte Dashboards mit explorativen Analysen. Parallel dazu nutzen Data Scientists die Rohdaten für Hypothesenbildung oder zum Training von Machine-Learning-Modellen. Diese Konvergenz von klassischer BI und Advanced Analytics eröffnet neue Möglichkeiten: Verkaufsprognosen können Wetterdaten und Social-Media-Trends berücksichtigen, Kundensegmentierungen beziehen Clickstream-Analysen und Transaktionshistorien ein [Sei19]. Data

---

34 MLOps ist ein Kofferwort aus *Machine Learning* und *Operations*. Es beschreibt weniger ein einzelnes Werkzeug als vielmehr ein organisatorisches Paradigma: Durch die enge Verzahnung von Entwicklung, Betrieb und Data Science soll der oft experimentelle Charakter von Machine-Learning-Arbeiten mit den Anforderungen stabiler IT-Systeme in Einklang gebracht werden. Damit erweitert MLOps die Idee von DevOps um die spezifischen Herausforderungen von datengetriebenen Modellen, wie etwa kontinuierliches Retraining, Datenabhängigkeiten und Modell-Drift.

35 *https://www.tableau.com*.

36 *https://powerbi.microsoft.com*.

37 *https://www.qlik.com*.

38 *https://hive.apache.org*.

39 *https://trino.io*.

Lakes schufen die Voraussetzung für datengetriebene Innovationen, indem sie polystrukturierte Rohdaten ohne vorab festgelegtes Schema aufnehmen und für flexible, nachträgliche Modellierung bereitstellen. Diese Offenheit ermöglicht es, bisher unverbundene Datenquellen zu kombinieren und neue Nutzungskontexte zu erschließen, die in strikt kuratierten Systemen wie traditionellen Data Warehouses nicht abbildbar wären [Gor19].

Mit der stärkeren Nutzung entstanden neue Rollen und Verantwortlichkeiten. Data Engineers entwickeln und betreiben komplexe Daten-Pipelines und bereiten Rohdaten für unterschiedliche Nutzergruppen auf. Data Stewards definieren und überwachen Qualitätsmetriken, die sowohl für explorative Analysen als auch für regulierte BI-Berichte gelten [Gor19]. Bild 8.6 zeigt die verschiedenen Stufen analytischer Verfahren – vom Standard-Reporting bis zu Prescriptive Analytics, das konkrete Handlungsempfehlungen generiert. Während Data Warehouses vor allem deskriptive und diagnostische Analysen unterstützen, eignen sich Data Lakes für explorative und prädiktive Verfahren.

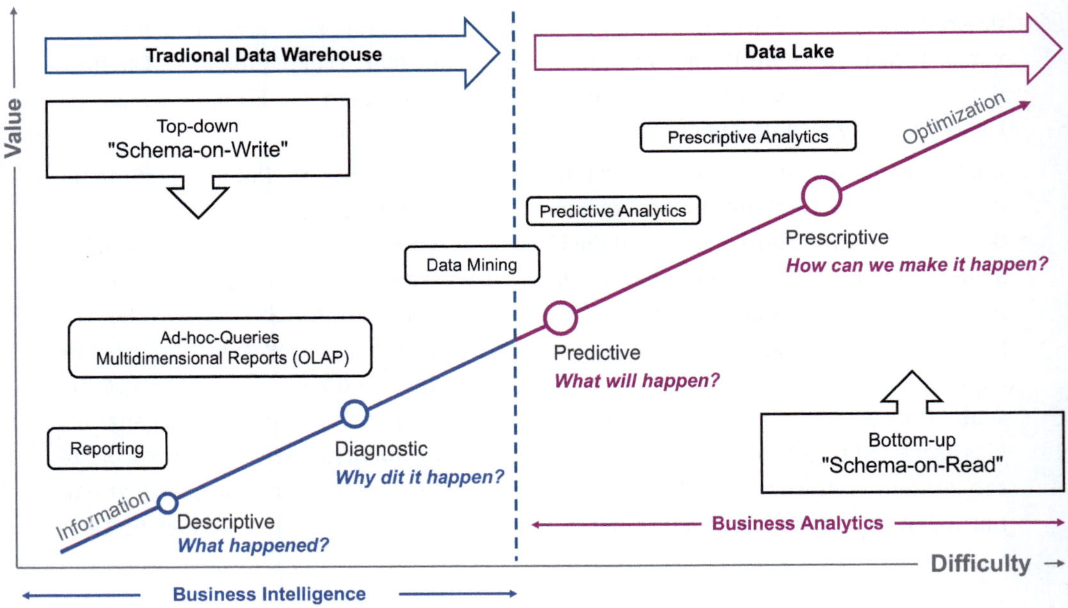

Bild 8.6 Die verschiedenen Stufen bei Analytics in Anlehnung an [Sei19; Ser24]

Limitierungen und Kritk

Die Flexibilität von Data Lakes bringt zugleich Herausforderungen mit sich. Ohne systematisches Metadaten-Management und klare Verantwortlichkeiten droht ein Data

Lake schnell zu einem „Data Swamp“ mit mieser Datenqualität zu werden. Es muss dokumentiert sein, woher Daten stammen, wie aktuell sie sind und wer darauf zugreifen darf (Data Lineage). Regulatorische Anforderungen wie die DSGVO verschärfen diese Problematik zusätzlich: Unternehmen müssen Zugriffskontrollen umsetzen, sensible Daten verschlüsseln und Löschprozesse nachweisbar dokumentieren. Gerade die fehlende Struktur, die Data Lakes flexibel machte, erschwert wirksame Governance und Compliance.

Aktuelle Entwicklungen versuchen, diese Schwächen zu adressieren, indem sie die Offenheit von Data Lakes mit bewährten Prinzipien aus Data Warehouses verbinden. Die noch vorzustellenden Data Lakehouses erweitern den Ansatz um Funktionen wie ACID-Transaktionen, strukturierte Abfragemöglichkeiten und zentrale Governance-Mechanismen.

Das Konzept „Data Lake“ wurde in der Praxis teils missverstanden, weshalb James Dixon 2014 grundlegende Fehlinterpretationen korrigierte [Dix14]. Data Lakes sind nach seiner Definition kein Synonym für ein unternehmensweites Hadoop-Repository, das Daten aus vielen Quellen zusammenführt. Ursprünglich beschrieb er einen Data Lake als Sammlung von Rohdaten aus einer einzigen Quelle[40]. 2014 stellte er klar, dass ein System, das Daten aus vielen Quellen integriert, eher einem „Water Garden“ gleiche [Dix14]. Dieser Ansatz sollte die Komplexität reduzieren und klar abgegrenzte, domänenspezifische Repositories schaffen. Dixon betonte zudem, dass Data Lakes Data Warehouses nicht ersetzen, sondern ergänzen: Sie bieten heterogenen Nutzergruppen rollenspezifischen Zugang zu polystrukturierten Rohdaten, während Warehouses weiterhin für strukturierte und konsistente Berichte erforderlich sind. Gleichzeitig prognostizierte er, dass IT-Landschaften auch künftig aus hybriden, spezialisierten Systemen bestehen werden.

Die praktische Umsetzung wich jedoch von dieser ursprünglichen Idee ab: Moderne Data Lakes integrieren routinemäßig Daten aus vielen Quellen. Dixons „Water-Garden“-Metapher beschreibt daher heute eher die Realität als die Ausnahme – mit entsprechend höheren Anforderungen an Governance, Metadaten-Management und Qualitätssicherung. Diese Multi-Source-Integration macht die Verwaltung komplexer, erklärt aber auch die zentrale Rolle von Data Lakes als Infrastruktur für Machine Learning und Advanced Analytics. Sie ermöglichen die kosteneffiziente Speicherung großer Mengen polystrukturierter Daten, ohne die klassischen Anforderungen von Data Warehouses wie starre Datenmodelle und vordefinierte Transformationen zu erfüllen. Als Ergänzung, nicht als Ersatz, sind sie auf Flexibilität und explorative Nutzung ausgelegt [Ser24; Deh23; Men24].

40 Dixon 2010: *„[...] The contents of the data lake stream in from a source to fill the lake, and various users of the lake can come to examine, dive in, or take samples.“* [Dix10]

Literatur

[Alb22] Tom Alby. *Data Science in Der Praxis: Eine verständliche Einführung in alle wichtigen Verfahren*. 1. Auflage. Rheinwerk Verlag, 2022.

[BCD16] Rajkumar Buyya, Rodrigo N. Calheiros und Amir Vahid Dastjerdi. *Big Data: Principles and Paradigms*. Morgan Kaufmann, 2016.

[Deh23] Zhamak Dehghani. *Data Mesh: eine dezentrale Datenarchitektur entwerfen*. Übers. von Jochen Christ und Simon Harrer. 1. Auflage. O'Reilly, 2023.

[Dix10] James Dixon. *Pentaho, Hadoop, and Data Lakes*. *https://jamesdixon.wordpress.com/2010/10/14/pentaho-hadoop-and-data-lakes*. abgerufen am 10. August 2025. Okt. 2010.

[Dix14] James Dixon. *Data Lakes Revisited*. *https://jamesdixon.wordpress.com/2014/09/25/data-lakes-revisited*. abgerufen am 12. August 2025. Sep. 2014.

[GLP22] Peter Gluchowski, Frank Leisten und Gero Presser, Hrsg. *Architekturen für BI & Analytics: Konzepte, Technologien und Anwendung*. 1. Auflage. Edition TDWI. Heidelberg: dpunkt.verlag, 2022.

[Gor19] Alex Gorelik. *The Enterprise Big Data Lake: Delivering on the Promise of Big Data and Data Science*. Beijing: O'Reilly Media, 2019, S. 207.

[Inm05] William H. Inmon. *Building the Data Warehouse*. 4. Aufl. John Wiley & Sons, 2005.

[KR13] Ralph Kimball und Margy Ross. *The Data Warehouse Toolkit: The Definitive Guide to Dimensional Modeling*. 3. Aufl. Hoboken, NJ: John Wiley & Sons, 2013.

[Kum24] Jugnesh Kumar. *Data Warehouse and Data Mining: Concepts, Techniques and Real Life Applications*. BPB Publications, 2024.

[Men24] Pradeep Menon. *Data Mesh: Principles, patterns, architecture, and strategies for data-driven decision making*. First Edition. BPB Publications, India, 2024.

[MPT24] Katherine Munro, Stefan Papp und Zoltan Toth. *The Handbook of Data Science and AI*. Munich: Carl Hanser Verlag, 2024, S. 876.

[MW15] Nathan Marz und James Warren. *Big Data: Principles and best practices of scalable realtime data systems*. Simon und Schuster, 2015.

[Ott+20] Ralf Otte et al. *Von Data Mining bis Big Data: Handbuch für die industrielle Praxis: inklusive Small Data und Mind Data*. Hanser, 2020.

[Rao19] Negin Raoof. *Processing trillions of events per day with Apache Kafka on Azure*. Abruf am 16.08.2025. Feb. 2019.

[Sei19] Mischa Seiter. *Business Analytics: Wie Sie Daten für die Steuerung von Unternehmen nutzen*. 2., komplett überarbeitete und erweiterte Auflage. Verlag Franz Vahlen, 2019.

[Ser24] James Serra. *Deciphering Data Architectures: Choosing Between a Modern Data Warehouse, Data Fabric, Data Lakehouse, and Data Mesh*. 1st Edition. Sebastopol, CA: O'Reilly Media, 2024, S. 280.

[Sid24] Laiba Siddiqui. *Iceberg vs Delta Lake: Vergleich moderner Data-Lake-Technologien*. Online-Artikel. DataCamp. 23. Okt. 2024. URL: *https://www.datacamp.com/de/blog/iceberg-vs-delta-lake*.

[TLT24] Marco Tranquillin, Valliappa Lakshmanan und Firat Tekiner. *Architecting Data and Machine Learning Platforms: Enable Analytics and AI-Driven Innovation in the Cloud*. Sebastopol, CA: O'Reilly Media, 2024, S. 300.

[Tuk77] John W. Tukey. *Exploratory Data Analysis*. Reading, Mass., Menlo Park, Cal., London, Amsterdam, Don Mills, Ontario, Sydney: Addison-Wesley Publishing Company, 1977, S. 688.

[Wae21] Kai Waehner. *Kafka API is the De Facto Standard API for Event Streaming like Amazon S3 for Object Storage*. Mai 2021.

[Wei19] Thomas Weiler. *Data Lake und Data Warehouse – Konkurrenz oder Ergänzung? https://www.sigs.de/artikel/data-lake-und-data-warehouse-konkurrenz-oder-ergaenzung*. Aug. 2019.

9 Data Lakehouse

9.1 Ausgangslage und Motivation

Aus Analysesicht lassen sich im Kern zwei Anforderungsprofile unterscheiden: Geschäftskritische Analysen verlangen die Verlässlichkeit und Governance eines Data Warehouse. Dazu zählen abgestimmte KPIs, ein konformes Datenmodell, klar geregelte Änderungsprozesse und reproduzierbare Ladeabläufe. Data Warehouses setzen auf Schema-on-Write, kontrollierte Datenqualität und stabile Latenzen für BI-Workloads; zugleich sichern verbindliche Zielwerte für Verfügbarkeit, Antwortzeiten und Datenaktualität einen überprüfbaren Betrieb sowie Standards für Reporting und Compliance [Sei19; Deh23].

Demgegenüber stehen datengetriebene Anwendungen und neue Geschäftsmodelle, die vor allem Flexibilität und Kosteneffizienz benötigen. Data Lakes entstanden als Antwort auf Big-Data-Anforderungen und ermöglichen es, schnell sehr viele Daten in ihrem originären Format aufzunehmen, ohne vorab ein Schema festlegen zu müssen [Deh23]. Storage und Compute[1)] sind dabei entkoppelt, womit sich diese Schichten unabhängig voneinander skalieren lassen. Data Lakes bieten die Umgebung für datengestützte Experimente und das Training von Machine-Learning-Modellen. Sie nutzen sowohl Batch- als auch Streaming-Verarbeitung auf verteilten Dateisystemen oder Object Stores [Ser24].

1 Mit *Compute* sind Hardware und IT-Infrastruktur (z. B. CPU, RAM, Netzwerk) und Rechen-Engines wie Spark, Flink oder Trino gemeint, die technische Grundlagen für Datenverarbeitung, Analyse und Aggregation bereitstellen. *Processing* hingegen bezeichnet Verarbeitungsprozesse rund um Datenaufbereitung, etwa Transformation, Data Cleansing oder Data Enrichment – unabhängig von der darunterliegenden Infrastruktur.

Dieser Zielkonflikt prägt die Datenlandschaft vieler Unternehmen: Das Kerngeschäft benötigt kuratierte, revisionssichere Daten, während Produkt- und ML-Teams Rohdaten nutzen, breiten Datenzugriff verlangen und ML-basierte Lösungen schnell entwickeln und iterieren wollen. Aus Architektursicht unterscheiden Schneider et al. verschiedene Ansätze: Bei der vollständigen Trennung greifen Warehouse und Lake jeweils nur auf eigene Datenbestände zu – es gibt keine gemeinsame Datenbasis. Die nächste Stufe ist der Parallelbetrieb: Warehouse und Lake existieren nebeneinander auf gleicher Ebene, greifen weiterhin auf eigene Datenbestände zu, teilen sich aber zusätzlich bestimmte Daten. In der nächsten Variante werden Ebenen (Tier) eingezogen: Bei der Two-Tier-Architektur[2] greift nur der Data Lake direkt auf die Datengrundlage zu und bietet Data Scientists eine Plattform. Das Data Warehouse bildet eine zweite Ebene und bezieht seine Daten aus dem Lake. BI-Anwender greifen innerhalb der DWH-Ebene auf die aufbereiteten Daten zu [Sch+23]. So arbeiten Prozesse rund um Business Intelligence getrennt, während Data Scientists parallel Daten explorieren und ML-Modelle für datengestützte Anwendungen entwickeln können [Sch+23; Sei19]. Diese funktionale Entkopplung trägt zwar den beiden grundsätzlichen Anforderungsprofilen Rechnung, verlangt aber klare Schnittstellen sowie eine konsistente Pflege von Kennzahlen, Metadaten und Qualitätsregeln über beide Welten hinweg.

Weitere architektonische Varianten bestehen darin, zusätzliche Ebenen einzuführen, was zu Multi-Tier-Architekturen führt, etwa wie die aus Bild 9.1. Zu Data Lake und Data Warehouse tritt eine übergreifende Datenvirtualisierung als Zugriffsschicht, die Abfra-

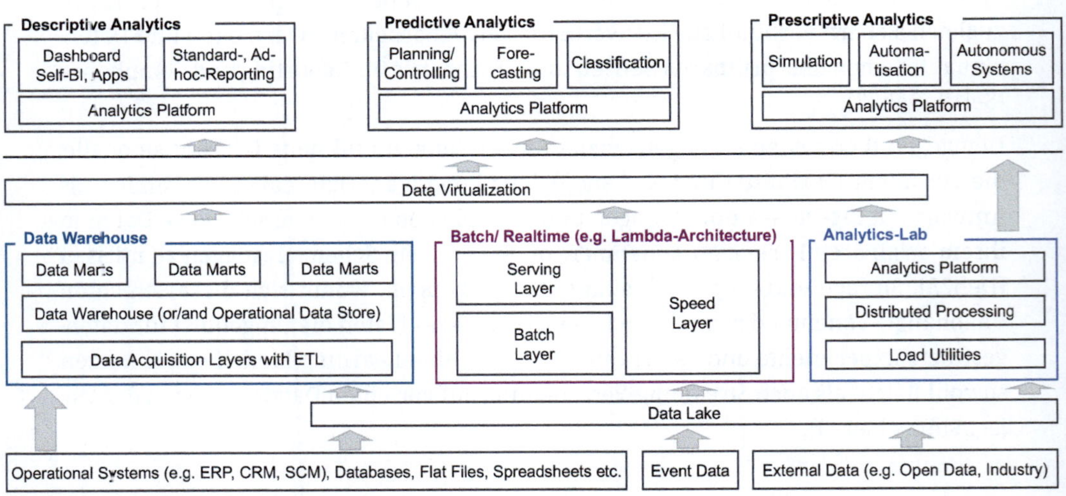

Bild 9.1 Multi-Tier-Architektur mit Warehouse und Lake in Anlehnung an [Sei19]

2 Der Begriff Two-Tier steht hier nicht für Client-Server-Architektur, sondern für die hierarchische Anordnung zweier Systeme: Ein flexibler Data Lake bildet die Basis und nimmt alle Rohdaten auf, während das Data Warehouse als zweite Ebene darauf aufsetzt und seine Daten aus dem Lake bezieht.

gen föderiert und mehrere Speicher unter einem logischen Schema bündelt. Zusätzlich laufen dedizierte Compute-Layer für Batch und Stream, Analytics-Labs als Sandboxes sowie Serving-Layer für operative Modelle. Diese Variante schafft mehr Flexibilität und erlaubt es, Systeme schrittweise zu modernisieren. Erkauft wird dies jedoch mit zusätzlichen Datenkopien, aufwendigerer Orchestrierung, verteilter Governance und komplexerer Data Lineage. Wenn BI- und Advanced-Analytics-Workloads über die Virtualisierungsschicht sowohl auf das Warehouse als auch direkt auf Lake-Bestände zugreifen, steigt das Risiko voneinander abweichender Sichten und möglicher Inkonsistenzen zwischen den Schichten.

Eine Architektur wie die aus Bild 9.1 bedient zwar die Anforderungsprofile von Data Scientists und BI-Anwendern, zieht aber auch neue Herausforderungen nach sich, die ebenso für noch strikter getrennte Ansätze gelten [Sch+23; TLT24].

- **Datensynchronisation und -duplikation:** Unternehmen müssen Daten kontinuierlich zwischen Data Lake und Data Warehouse synchronisieren, was erhebliche Redundanz erzeugt. Dies erhöht nicht nur Speicherkosten, sondern gefährdet auch die Konsistenz, wenn Änderungen nicht zeitnah in beide Systeme übertragen werden. Machine-Learning-Pipelines verschärfen das Problem: Sie müssen historische strukturierte Daten aus dem Warehouse mit aktuellen unstrukturierten Strömen aus dem Lake kombinieren. Die zusätzlichen ETL-Prozesse zwischen beiden Welten verzögern Analysen und schaffen neue Fehlerquellen [Kum24; TLT24].
- **Integration und Interoperabilität:** Beide Systeme technisch zu verbinden, erfordert komplexe Integrationsplattformen, die Datenflüsse automatisieren und zwischen verschiedenen Formaten transformieren. Diese Integrationsschichten wachsen oft zu eigenständigen Systemen mit intensivem Wartungsaufwand heran. Ändert sich eines der Hauptsysteme, müssen Teams oft auch die Integrationsprozesse anpassen, was die Agilität mindert. Wie gut diese Integrationen automatisiert sind, bestimmt maßgeblich, ob Daten konsistent bleiben und Analysen verlässlich funktionieren [TLT24].
- **Fragmentierte Nutzergruppen:** DWHs und Lakes bedienen verschiedene Zielgruppen mit eigenen Anforderungen. BI-Analysten arbeiten mit dem DWH und benötigen strukturierte, validierte Daten für ihre Berichte. Data Scientists nutzen den Lake, um Rohdaten zu explorieren und Modelle zu trainieren. Diese Trennung behindert die Zusammenarbeit zwischen Teams, die verschiedene Tools und Paradigmen verwenden.
- **Sicherheit und Compliance:** Daten parallel mehrfach zu halten, vergrößert die Angriffsfläche. Verschiedene Technologien verschlüsseln, kontrollieren Zugriffe und protokollieren unterschiedlich, was einheitliche Sicherheitsstrategien erschwert. Zudem wird es schwierig, DSGVO-Vorgaben einzuhalten, wenn personenbezogene Daten über mehrere Ablageorte verstreut sind. Datenzugriffe und -änderungen lückenlos über Systemgrenzen hinweg nachzuvollziehen, erfordert zusätzliche Governance-Mechanismen.

- **Datenqualität und Data Swamp:** Fachabteilungen horten oftmals Daten. Fehlen jedoch grundlegende Maßnahmen wie Data Governance, Metadaten-Management und systematische Qualitätssicherung, droht der Data Lake zu einem „Data Swamp" zu verkommen – gekennzeichnet durch minderwertige, redundante oder veraltete Bestände [Gor19]. Synchronisiert man diese Probleme ins DWH, leidet die BI-Umgebung. Umgekehrt verlieren Daten beim Transfer vom Warehouse zum Lake oft wichtige Metadaten und Geschäftskontext. Konsistente Qualitätsstandards über beide Systeme zu etablieren bedeutet, Prozesse und Tools doppelt zu implementieren und zu pflegen.
- **Technologische Komplexität:** Verschiedene Speicher- und Berechnungssysteme parallel zu betreiben führt zu einem Wildwuchs an Tools. Teams müssen sowohl SQL-basierte DWH-Technologien als auch Big-Data-Frameworks beherrschen. Diese Vielfalt verkompliziert Berechtigungen, Upgrades und Migrationen. Lizenzen, Wartungsverträge, Schulungen und Infrastruktur für beide Systeme belasten IT-Budgets erheblich – Ressourcen, die anderweitig produktiver eingesetzt werden könnten [GLP22].

Weder strukturierte Data Warehouses noch schemaflexible Data Lakes allein erfüllen sämtliche Anforderungen zeitgemäßer Datenanalyse. Der Ansatz, beide Architekturen strikt getrennt voneinander zu betreiben, zieht hohe Kosten und Komplexität nach sich. Der parallele Betrieb beider Systeme verstärkt sogar deren jeweilige Nachteile, statt sie zu kompensieren. Diese Erfahrungen und Erkenntnisse machten neue Architekturansätze unumgänglich [Sch+23; TLT24].

9.2 Haus mit Seeblick – Konvergenz von Data Warehouse und Data Lake

Zwischen 2016 und 2019 entstanden unabhängig voneinander ähnliche Lösungen für dasselbe Problem: Data Lakes boten zwar kostengünstige Speicherung und Flexibilität, aber ihnen fehlten nützliche Eigenschaften von Datenbanken – ACID-Transaktionen, konsistente Datenstrukturen und Schema-Verwaltung. In der Folge „versumpften" viele Daten Lakes zu unorganisierten „Data Swamps" mit fragwürdiger Datenqualität und erfüllten nicht die gesetzten Erwartungen [Ser24].

Uber startete 2016 Apache Hudi[3)] (Open Source 2017), Netflix initiierte Apache Iceberg[4)] (bereitgestellt als Open Source 2018, Incubator 2019), und Databricks veröffentlichte 2019 Delta Lake[5)] als Open Source. Diese Projekte sind bekannt als **Tabellenformate**,

3 *https://hudi.apache.org*
4 *https://iceberg.apache.org*
5 *https://delta.io*

die als Abstraktionsschicht über Dateiformaten wie Parquet arbeiten. Sie verfolgten alle das Ziel, ACID-Transaktionen und vergleichbare Data-Warehouse-Funktionalität direkt auf kostengünstigem Object Storage zu realisieren – ohne die Flexibilität von Data Lakes aufzugeben [Gor19].

Aus diesen parallelen Projekten entwickelte sich ein neues Architekturparadigma namens „Data Lakehouse". Der Begriff, den Databricks populär machte, verschmilzt „Lake" und „Warehouse" zu dem neuen Kofferwort „Lakehouse" und signalisiert damit den integrativen Anspruch dieser Architektur [Ser24]. Ein Data Lakehouse implementiert ACID-Transaktionen, Schema-Management und Governance-Funktionen eines Data Warehouse direkt auf kostengünstigem Object Storage und behält zugleich die Flexibilität und Skalierbarkeit von Data Lakes. Im Gegensatz zu traditionellen Ansätzen, die Data Lake und Data Warehouse als getrennte Systeme betreiben, stellt das Lakehouse eine einheitliche Plattform dar, die strukturierte und unstrukturierte Daten gleichermaßen verarbeitet[6].

Data Lakehouses strukturieren Daten vergleichbar streng, wo erforderlich, ermöglichen in vielen Szenarien ähnlich schnelle Abfragen wie Data Warehouses, bleiben aber offen für unterschiedliche Datenformate und skalieren elastisch wie Data Lakes. Sie ermöglichen Warehouse-ähnliche Funktionalität auf Lake-basierter Infrastruktur. Data Lakehouses kombinieren die Vorteile beider Welten, ohne die systemisch bedingten Nachteile getrennt laufender Data-Warehouse- und Data-Lake-Architekturen in Kauf nehmen zu müssen [Gor19].

Ähnlich wie bei Data Lakes oder Data Warehouses handelt es sich auch beim um einen zentralistischen Architekturansatz: Es entsteht ein zentrales Repository für analytische Zwecke, das Daten aus verschiedensten Quellen zusammenführt [Deh23]. Die technische Umsetzung basiert auf mehreren Schichten: Die genannten Tabellenformate – Delta Lake, Iceberg und Hudi – verwalten Metadaten über Dateien, implementieren ACID-Eigenschaften durch transaktionale Commits und ermöglichen Schema-Evolution sowie Time-Travel-Funktionen. Sie nutzen dabei spaltenorientierte Dateiformate wie z. B. Apache Parquet[7], das Daten in einem binären Columnar-Format speichert und dadurch effiziente Kompression und schnelle analytische Abfragen ermöglicht. Metadaten-Kataloge wie Apache Nessie[8] verwalten diese Tabellen und gewährleisten, dass verschiedene Tools konsistent auf dieselbe Datenbasis zugreifen können [Ser24]. Query Engines wie Trino[9] (früher Presto) und Spark SQL[10] nutzen diese Infrastruktur. Spark ergänzt dies durch Adaptive Query Execution. So erreichen sie Abfragegeschwin-

6 Armbrust et al. definieren „Data Lakehouse" als „*data management system based on lowcost and directly-accessible storage that also provides traditional analytical DBMS management and performance features such as ACID transactions, data versioning, auditing, indexing, caching, and query optimization.*" [Arm+21]

7 *https://parquet.apache.org*

8 *https://projectnessie.org*

9 *https://trino.io*

10 *https://spark.apache.org/sql*

digkeiten, die in vielen Szenarien DWHs nahekommen, behalten aber die Flexibilität, verschiedene Formate zu verarbeiten.

Auf dieser Grundlage löst die Lakehouse-Architektur mehrere Kernprobleme bisheriger Ansätze wie Two-Tier, Parallelbetrieb usw. [Sch+23; Gor19; TLT24]:

- **Vermeidung von Datenduplikation:** Während traditionelle mehrstufige Architekturen Daten zwischen verschiedenen Systemebenen synchronisieren müssen – sei es zwischen Lake und Warehouse in Two-Tier-Umgebungen oder über mehrere Tiers hinweg in komplexeren Architekturen –, arbeiten im Data Lakehouse alle Systemkomponenten auf einer gemeinsamen Datenbasis. Das senkt Speicherkosten und reduziert Inkonsistenzen durch veraltete Kopien erheblich. Da Zugriffskontrollen und Datenqualitätsregeln nur einmal definiert werden, vereinfacht sich die Governance über alle Architekturebenen hinweg.
- **Vereinheitlichte Workload-Unterstützung:** Das Lakehouse führt verschiedene Analyse-Verfahren auf denselben Daten aus, unabhängig von der darunterliegenden Architekturkomplexität. Business-Intelligence-Tools greifen über SQL auf strukturierte Sichten zu, während Machine-Learning-Frameworks direkt mit Rohdaten arbeiten. Stream-Processing-Engines verarbeiten Echtzeitdaten parallel zu Batch-Analysen – weitgehend ohne redundante Datenbewegung zwischen separaten Systemebenen. Diese Konvergenz verkürzt die für Analysen erforderliche Zeitspanne (Time to Insight) deutlich, da keine Latenz-Akkumulation über mehrere Tiers entsteht.
- **Tool-Interoperabilität und offene Standards:** Offene Formate ermöglichen es verschiedenen Compute Engines wie Apache Spark[11], Apache Flink[12] oder Trino, parallel auf dieselben Daten zuzugreifen. Organisationen vermeiden Vendor Lock-in und wählen Tools nach Bedarf, ohne Daten migrieren oder Tier-spezifische Technologie-Entscheidungen treffen zu müssen. Diese Interoperabilität zahlt sich besonders in heterogenen Technologielandschaften aus, wo verschiedene Architekturebenen oft unterschiedliche Tool-Stacks erfordern.
- **Kostenoptimierung durch Entkopplung:** Da Speicher und Rechenleistung vollständig getrennt sind, skalieren beide Komponenten unabhängig voneinander – ohne die kostspielige Koordination mehrerer Systemtiers. Unternehmen zahlen nur für tatsächlich genutzte Compute-Ressourcen, während Daten kostengünstig auf Object Stores liegen. Dies vermeidet Überkapazitäten und passt sich variierenden Workloads flexibel an, ohne Tier-spezifische Skalierungskonflikte.
- **Integrierte Governance und Compliance:** Schema-Enforcement und Datenvalidierung sichern die Datenqualität Tier-übergreifend, während Audit-Funktionen regulatorische Anforderungen ohne komplexe Nachverfolgung über Systemgrenzen hinweg erfüllen. Das Lakehouse kombiniert Enterprise-Features von Data

11 *https://spark.apache.org*
12 *https://flink.apache.org*

Warehouses mit der Flexibilität von Data Lakes in einer einheitlichen Governance-Schicht. Gleichzeitig bleibt Raum für explorative Analysen mit unstrukturierten Daten, ohne separate Compliance-Mechanismen für verschiedene Architekturebenen.

- **Vereinfachter Betrieb:** Statt mehrere separate Systemebenen parallel zu verwalten – von einfachen Two-Tier-Setups bis hin zu komplexen Multi-Tier-Landschaften – betreiben IT-Teams nur eine einheitliche Plattform. Dies reduziert die technische und organisatorische Komplexität erheblich, da keine Tier-spezifischen Integrationsmechanismen erforderlich sind. Metadaten, Zugriffsrechte und Qualitätsprozesse werden zentral verwaltet, was Betriebskosten senkt und die Einhaltung von Compliance-Anforderungen erleichtert. Durch die gemeinsame transaktionale Tabellenebene entfallen zudem aufwendige ETL/ELT-Prozesse zwischen verschiedenen Architekturebenen.

Tabelle 9.1 stellt abschließend Unterschiede bei den drei Architektur-Typen anhand ausgesuchter Merkmale gegenüber (per ChatGPT aus dem vorherigen Text abgeleitet).

Tabelle 9.1 Data Warehouse, Data Lake und Data Lakehouse im Vergleich

Merkmal	Data Warehouse	Data Lake	Data Lakehouse
Leitidee/ Philosophie	Kuratierte, integrierte Sicht als verlässliche Entscheidungsbasis; Stabilität vor Wandel	Offen sammeln, erst später strukturieren und verstehen; maximale Aufnahmefähigkeit für neue Quellen	Verlässlichkeit und Offenheit: eine gemeinsame, transaktionale Basis für BI, DS/ML und Streaming
Schema-Ansatz	Schema-on-Write: Modell kommt vor dem Laden; strenge Kuratierung	Schema-on-Read: Struktur entsteht bei Nutzung; spätes Modellieren	Offene ACID-konforme Tabellenformate auf Object Storage; konsistente Tabellen, flexibel nutzbar
Governance	Zentraler Semantic Layer, klare Verantwortungen, geprüfte Datenqualität	Leichter Einstieg und Experimente; Qualität und Policies variieren je Zone/Dataset	Einheitliche Policies/ Kataloge; Quality Gates (Schema-Enforcement, Time-Travel)
Umgang mit Wandel	Änderungen kontrolliert, planbar, eher langsam; Priorität: Konsistenz	Änderungen schnell, experimentell; höheres Drift-/ Inkonsistenz-Risiko	Schnelle Änderungen mit Sicherheitsnetz (ACID, Rollback, Versionierung)

9.3 Prinzipien einer Data-Lakehouse-Architektur

Data Lakehouses basieren auf mehreren Technologien und Architektur-Prinzipien, die sie von Data Lakes und Data Warehouses unterscheiden [TLT24]:

- **Vereinheitlichung und Vereinfachung:** Die Konsolidierung aller Daten in einem einzigen Repository eliminiert separate Systeme und komplexe ETL-Pipelines. Dies reduziert den Wartungsaufwand erheblich und minimiert Datenredundanzen [Sch+23]. Die zentrale Datenhaltung vereinfacht zudem Governance-Prozesse und Compliance-Anforderungen, da sich einheitliche Richtlinien und Zugriffskontrollen implementieren lassen. Eine vereinheitlichte Datenplattform vermeidet typische Probleme geschichteter Architekturen wie Two-Tier-Systeme: Zusätzliche Daten-Pipelines führen hier oft zu Verzögerungen und veralteten Datenbeständen [Sch+23]. Schneider et al. heben in ihrer Definition hervor, dass Data Lakehouses die Funktionalität von Data Warehouses und Data Lakes in einer universellen Datenplattform vereinen[13)] [Sch+23].
- **Offenheit:** Data Lakehouses setzen auf offene, spaltenorientierte Dateiformate wie Apache Parquet[14)], die eingebaute Schemata, effizientes Column Pruning (selektives Lesen nur benötigter Spalten) und Schema Evolution (nachträgliche Schemaänderungen ohne Datenmigration) unterstützen [Sid24]. Darauf aufbauend bieten offene Tabellenformate wie Delta Lake[15)], Apache Iceberg[16)] oder Apache Hudi[17)] jeweils eine transparente Transaktions- und Metadaten-Schicht. Delta Lake nutzt hierfür ein JSON-basiertes Delta-Log für Versionierung und ACID-Transaktionen, Iceberg arbeitet mit Metadata.json- und Manifest-List-Dateien zur effizienten Partitionsverwaltung, während Hudi eine Timeline-Struktur im .hoodie-Verzeichnis für inkrementelle Datenverarbeitung implementiert [Sid24]. Durch diese Architektur bleiben Daten und Schemata unabhängig von der eingesetzten Plattform oder Compute-Engine (z. B. Apache Spark[18)], Apache Flink[19)], Trino[20)]). Ein Anbieterwechsel funktioniert somit einfacher [Sch+23; Ser24]. Dies reduziert die Abhängigkeit von proprietären Lösungen erheblich, welche in der Vergangenheit die Flexibilität von Data Warehouses eingeschränkt haben [TLT24].
- **Entkopplung von Storage und Compute:** Speicher und Rechenleistung funktionieren als getrennte Schichten, wodurch sich beide Ressourcen unabhängig voneinan-

13 *„A lakehouse is an integrated data platform that leverages the same storage type and data format for reporting and OLAP, data mining and machine learning, as well as streaming workloads.“* [Sch+23].
14 *https://parquet.apache.org*
15 *https://delta.io*
16 *https://iceberg.apache.org*
17 *https://hudi.apache.org*
18 *https://spark.apache.org*
19 *https://flink.apache.org*
20 *https://trino.io*

der skalieren lassen. Rechencluster (Compute-Ressourcen für Processing) können dynamisch an den jeweiligen Workload angepasst werden, während sich die Speicherinfrastruktur nahezu unbegrenzt erweitern lässt. Diese Architektur ermöglicht es mehreren Compute-Engines, parallel auf denselben Datenbestand zuzugreifen, ohne Daten duplizieren zu müssen. Lakehouse-Implementierungen nutzen typischerweise Cloud-Objektspeicher wie Amazon S3[21], Azure Blob Storage[22] oder Google Cloud Storage[23] als Storage-Schicht. Als Compute-Schicht unterstützen sie verschiedene Processing-Engines wie Apache Spark[24] (Batch- und Stream-Processing), Trino[25] (SQL-Analytics) oder Apache Flink[26] (Stream-Processing) [Sch+23; Ser24; Men24].

- **Transaktionale Integrität:** Klassische Data Lakes bieten keine ACID-Garantien (Atomicity, Consistency, Isolation, Durability) [Maz25]. Bei Data Lakehouses werden hingegen diese Grundprinzipien verlässlicher Datenbanktransaktionen durch die Tabellenformate selbst implementiert. Sie realisieren eine Transaktionsschicht über Cloud-Objektspeicher und gewährleisten so Datenkonsistenz auch bei gleichzeitigen Zugriffen mehrerer Prozesse [Maz25]. Jedes der modernen Lakehouse-Frameworks – Delta Lake, Apache Iceberg und Apache Hudi – bringt seine eigene ACID-Implementierung mit. Alle Formate setzen dabei auf Multi-Version Concurrency Control[27] (MVCC). Zur Verwaltung von Dateizugriffen nutzen sie unterschiedliche transaktionale Metadaten-Logs: Delta Lake verwendet JSON-basierte Logs, Iceberg arbeitet mit Snapshot- und Manifest-Strukturen, während Hudi Timeline-Protokolle einsetzt. Dadurch stellen alle Formate Isolation und Atomizität auf Tabellenebene sicher. Diese transaktionale Sicherheit macht Data Lakehouses für unternehmenskritische Workloads nutzbar. Sie ermöglicht Features wie Time-Travel-Queries (Abfragen historischer Datenstände) und Schema-Evolution (nachträgliche Schemaänderungen ohne Datenmigration), die für moderne Datenanalysen essentiell sind [Sid24].
- **Integrierte Metadata-Governance:** Eine zentrale Metadata-Schicht fungiert als „Datenkatalog“ für alle Bestände im Data Lakehouse. Sie ermöglicht Data Lineage, granulare Zugriffskontrolle und Schema-Management über die gesamte Lakehouse-

21 *https://aws.amazon.com/s3*
22 *https://azure.microsoft.com/services/storage/blobs*
23 *https://cloud.google.com/storage*
24 *https://spark.apache.org*
25 *https://trino.io*
26 *https://flink.apache.org*
27 MVCC ermöglicht parallele Lese- und Schreibzugriffe, indem für jede Transaktion eine eigene, konsistente Sicht auf die Daten (Snapshot) erstellt wird, wobei Änderungen erst bei erfolgreichem Commit für andere Transaktionen sichtbar werden. Im Lakehouse-Kontext bedeutet dies, dass neue Datenversionen als neue Dateien geschrieben werden, während bestehende Dateien unveränderlich bleiben, und ein zentrales Metadaten-Log die jeweils gültige Version verwaltet [Maz25].

Architektur [TLT24]. Systeme wie Unity Catalog[28] oder Apache Atlas[29] bieten einheitliche Governance-Mechanismen. Diese verwalten sowohl technische Metadaten (Schema, Partitionierung, Datentypen) als auch fachliche Metadaten (Dateneigner, Qualitätsmetriken, Geschäftskontexte) [TLT24]. Dies unterscheidet Lakehouses von klassischen Data Lakes, die häufig zu wenig Augenmerk auf Governance legten und dadurch zu „Data Swamps" degenerierten – unstrukturierten Datenspeichern ohne vertrauenswürdige Informationen [Too25]. Die Metadata-Schicht ermöglicht zudem automatisierte Compliance-Überwachung. Sie vereinfacht die Durchsetzung von Datenschutzbestimmungen wie der DSGVO durch zentrale Verwaltung von Zugriffsrechten, Maskierungsregeln und die lückenlose Protokollierung aller Datenzugriffe (Audit-Trails) [TLT24].

- **Stufenweise Datenaufbereitung:** Lakehouses implementieren eine mehrstufige Zonen-Architektur (Bronze–Silver–Gold), die sich von der weitgehend schemalosen, heterogenen Speicherorganisation traditioneller Data Lakes unterscheidet [Ser24]. Diese „Medallion Architecture" strukturiert den Datenfluss in drei Qualitäts- und Verarbeitungsebenen: Bronze speichert Rohdaten mit minimaler Transformation. In der Silver Zone werden die Daten bereinigt und angereichert, zudem noch Validierungen und Harmonisierung durchgeführt. Die Gold Zone stellt analysebereite Daten mit höchster Qualität bereit [Ser24]. Die Medallion Architecture steht somit für die logische Datenorganisation entlang der Verarbeitungsstufen innerhalb der Data-Lakehouse-Architektur. Diese Struktur gewährleistet, dass nachgelagerte Anwendungen auf vertrauenswürdige, validierte Datenbestände zugreifen. Gleichzeitig bleiben Rückverfolgbarkeit und Auditierbarkeit über alle Verarbeitungsschritte erhalten [Gor19; Ser24].
- **Schema Evolution und Temporal Queries:** Moderne Tabellenformate ermöglichen dynamische Schema-Änderungen ohne Datenmigration sowie Time-Travel-

Tabelle 9.2 Architekturprinzipien im Vergleich (per ChatGPT 5 aus dem Text generiert)

Prinzip	Data Warehouse	Data Lake	Data Lakehouse
Vereinheitlichung	Getrennte Systeme	Offene Ablage	Einheitliche Plattform
Offenheit	Proprietäre Formate	Heterogene Formate	Offene Standards
Storage/Compute	Gekoppelt	Teilweise getrennt	Entkoppelt
Transaktionen	ACID	Keine ACID	ACID + MVCC
Governance	Stark	Schwach	Einheitlich, Audit
Aufbereitung	Striktes ETL	Rohdaten	Bronze–Silver–Gold
Schema/Historie	Statisch	Flexibel	Evolution + Time Travel

28 *https://www.databricks.com/product/unity-catalog*
29 *https://atlas.apache.org*

Queries für historische Analysen. Schema Evolution erlaubt es, Spalten hinzuzufügen, zu entfernen oder Datentypen zu modifizieren, ohne bestehende Pipelines zu unterbrechen – eine kritische Anforderung in agilen Datenumgebungen. Time Travel basiert auf Snapshot-Isolation (konsistente Sicht auf einen bestimmten Zeitpunkt) und ermöglicht Audit-Trails, Datenwiederherstellung nach fehlerhaften Operationen sowie reproduzierbare Analysen zu jedem beliebigen Zeitpunkt. Diese Funktionen werden durch Multi-Version Concurrency Control (MVCC) in den Transaction Logs von Delta Lake, Iceberg und Hudi realisiert [Maz25]. Sie befähigen das Lakehouse, sowohl zeitkritische als auch regulierte Anwendungsfälle zu unterstützen [Ser24].

9.4 Data-Lakehouse-Architektur

Bild 9.2 vereint ähnlich wie Bild 8.4 eine ablauf- und aufbauorientierte Sicht. Die Datenflüsse verlaufen überwiegend von links nach rechts – von den diversen Datenquellen über die verschiedenen Verarbeitungsschichten bis zu den Datenverbrauchern und analytischen Anwendungen. Dieser Aufbau folgt dem etablierten Prinzip der Datenverarbeitung von der Quelle zur Senke (Source-to-Sink-Pattern). Auf den ersten Blick ähnelt die Darstellung einer klassischen Data-Lake-Architektur. Bei genauerer Betrachtung zeigen sich jedoch fundamentale Unterschiede in der Schichtenstruktur: Data Lakehouses verfügen über eine dedizierte API-Schicht, die als Abstraktionsebene zwischen Speicher und Anwendungen fungiert. Zudem unterscheiden sich die eingesetzten Technologien erheblich von traditionellen Data Lakes. Während letztere primär auf reinen Dateiformaten basieren, benötigen Data Lakehouses offene Tabellenformate wie Delta Lake[30], Apache Iceberg[31] oder Apache Hudi[32]. Diese Formate bauen auf spaltenorientierten Dateiformaten wie Apache Parquet[33] auf und erweitern sie um transaktionale Eigenschaften sowie integriertes Metadaten-Management [Ser24]. Das Ziel einer Data-Lakehouse-Architektur ist es, Offenheit und Flexibilität klassischer Data Lakes mit Transaktionssicherheit und Governance traditioneller Data Warehouses in einer einheitlichen Datenplattform zu vereinen [Sch+23].

Besonders hervorzuheben ist die zentrale Metadatenschicht, die als horizontale Querschnittsebene sämtliche Verarbeitungs- und Zugriffsstufen durchzieht. Sie fungiert nicht nur als zentrales Steuerungselement für Transaktionen, Datenkatalogisierung und Zugriffssteuerung, sondern ermöglicht auch erweiterte Funktionen wie Time-Travel-Queries, ACID-Konformität und vollständige Data Lineage [Sid24; Maz25]. Diese

30 *https://delta.io*

31 *https://iceberg.apache.org*

32 *https://hudi.apache.org*

33 *https://parquet.apache.org*

umfassende Integration macht das Metadaten-Management zum Rückgrat des Data Lakehouse. Sie unterscheidet es fundamental von klassischen Data Lakes, die solche Governance-Mechanismen nur rudimentär oder gar nicht implementieren [TLT24].

Data Sources

Die linke Seite in Bild 9.2 zeigt die vielfältigen Datenquellen, die ein Data Lakehouse integrieren kann [Ser24].

Strukturierte Daten stammen aus verschiedenen Systemen: Tabellenkalkulationen wie Microsoft Excel[34] und CSV-Exportdateien bilden häufige Quellen für Fachabteilungen. Relationale Datenbankmanagementsysteme wie Oracle[35], SQL Server[36] oder PostgreSQL[37] liefern transaktionale Daten. Operative Systeme – ERP-Lösungen wie SAP[38], Buchhaltungssoftware wie DATEV[39] oder CRM-Plattformen wie Salesforce[40] – stellen geschäftskritische Daten bereit. Auch bestehende Data Warehouses dienen als Quellen, wenn sie durch Lakehouses ergänzt oder schrittweise abgelöst werden.

Semistrukturierte Daten umfassen JSON-Daten aus REST-APIs, XML-Dateien, Telemetriedaten aus IoT-Geräten, HTML-Seiten und Webserver-Logs [Ser24]. Kennzeichnend ist eine flexible, selbstbeschreibende Struktur (Key-Value-Paare, Tags, Hierarchien) ohne starres, vorab fixiertes Schema; Datensätze können unterschiedliche Felder enthalten und jeweils variabel aufgebaut sein.

Unstrukturierte Daten wie PDF-Dokumente, Textdateien, Videos oder Bilder (multimediale Daten) erweitern das Spektrum um nicht tabellarische Inhalte, die für moderne Analysen zunehmend relevant werden [Sei19]. Ihnen fehlt ein vorab definiertes, maschinenlesbares Datenmodell; Form und Aufbau variieren stark zwischen Instanzen, und der Informationsgehalt liegt im freien Inhalt statt in konsistenten Feldern. Begleitende Metadaten sind optional und meist nur beschreibend, nicht inhaltstragend.

Bei strukturierten und semistrukturierten Daten nimmt das Parquet-Format[41] eine Schlüsselrolle ein. Dieses spaltenbasierte, offene Dateiformat ermöglicht effiziente analytische Zugriffe durch Column Pruning (selektives Lesen einzelner Spalten) und erzielt dabei hohe Komprimierungsraten [Mer24]. Parquet eignet sich dadurch optimal für große Datenmengen. Es unterstützt neben klassischen Tabellenstrukturen auch komplexe, verschachtelte Datentypen wie Arrays und Key-Value-Sammlungen (Maps bzw. Dictionary), die insbesondere für semistrukturierte Daten typisch sind [Mer24]. Damit fungiert Parquet als universelles Standardformat für Laden, Speichern und Austausch

34 *https://www.microsoft.com/excel*
35 *https://www.oracle.com/database*
36 *https://www.microsoft.com/sql-server*
37 *https://www.postgresql.org*
38 *https://www.sap.com*
39 *https://www.datev.de*
40 *https://www.salesforce.com*
41 *https://parquet.apache.org*

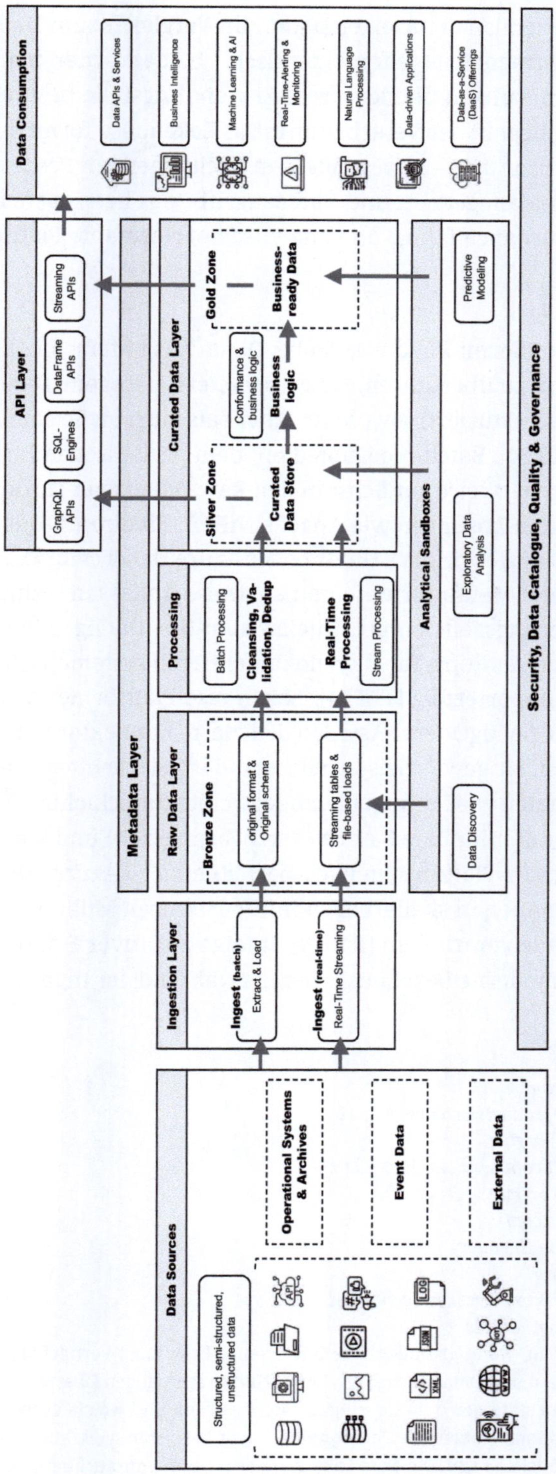

Bild 9.2 Beispiel für eine Data-Lakehouse-Architektur in Anlehnung an [Ser24; TLT24]

strukturierter sowie semistrukturierter Daten. Im Vergleich zum Data Lake bleiben Datenquellen und -formate weitgehend identisch – beide werden maßgeblich durch Unternehmensanforderungen und konkrete Anwendungsfälle bestimmt. Der fundamentale Unterschied liegt in der Verarbeitung: Das Lakehouse formt durch Standardisierung und Automatisierung – insbesondere in nachfolgenden Prozessschichten wie Ingestion, Metadaten-Management und Datenzugriff – aus heterogenen Datenquellen eine integrierte, Governance-fähige und analytisch performante Plattform [Sch+23].

(Data) Ingestion

Die Ingestion-Schicht übernimmt die Aufgabe, Daten aus unterschiedlichsten Quellen in das Data Lakehouse zu überführen. Sie verarbeitet heterogene Daten (strukturiert, semistrukturiert, unstrukturiert) sowohl im Batch- als auch im Streaming-Modus oder in hybrider Form [TLT24]. Batch-Ingestion dient dem periodischen Import großer Datenmengen, die typischerweise zunächst in den Raw Data Layer (Bronze Zone) eingespielt werden. Ingestion-Lösungen wie Apache NiFi[42], Fivetran[43] oder StreamSets[44] sowie Cloud-native Dienste wie AWS Glue[45] oder Azure Data Factory[46] reichern Daten bereits beim Laden mit Metainformationen an. Diese umfassen technische Attribute wie Lade- und Änderungszeitstempel, Quellsystem-IDs, Dateigröße und Kompressionsgrad. Kontroll- und Auditing-Tabellen dokumentieren systematisch Validität, Übertragungsstatus und Importerfolg [TLT24]. Lakehouse-Plattformen wie Databricks[47], Snowflake[48] und Google BigQuery[49] stellen dedizierte Konnektoren für verschiedenste Datenquellen bereit. Sie gewährleisten eine standardisierte Integration und Speicherung in offenen Formaten wie Parquet über alle Architekturschichten hinweg. Echtzeit-Ingestion fokussiert auf minimale Latenz (Verzögerungszeit) und kontinuierliche Datenaufnahme. Streaming-Plattformen wie Apache Kafka[50], Azure Event Hubs[51] oder Amazon Kinesis[52] können in skalierbaren Infrastrukturen Millionen von Events (Ereignissen) pro Sekunde verarbeiten [Rao19]. Infolge negativer Erfahrungen mit Data Swamps[53] erfassen moderne Lakehouses bereits während der Ingestion automatisiert

42 *https://nifi.apache.org*
43 *https://www.fivetran.com*
44 *https://www.ibm.com/products/streamsets*
45 *https://aws.amazon.com/glue*
46 *https://azure.microsoft.com/services/data-factory*
47 *https://www.databricks.com*
48 *https://www.snowflake.com*
49 *https://cloud.google.com/bigquery*
50 *https://kafka.apache.org*
51 *https://azure.microsoft.com/services/event-hubs*
52 *https://aws.amazon.com/kinesis*
53 Data Swamps entstehen, wenn grundlegende Governance-Prinzipien vernachlässigt werden: Fehlen Metadaten-Management und Data Lineage, verlieren Nutzer schnell den Überblick. Data Lineage dokumentiert, woher Daten stammen, wie sie transformiert wurden und wo sie verwendet werden. Ohne diese Transparenz können Nutzer die Datenqualität nicht bewerten, vertrauen den Beständen nicht mehr und nutzen sie folglich nicht. Der Data Lake degeneriert zum unbrauchbaren Data Swamp [Too25].

Metadaten, Schema-Informationen und Data Lineage [Too25]. Neben technischen Metadaten werden auch fachliche Metadaten dokumentiert – von inhaltlichen Beschreibungen über Data-Owner-Zuordnungen und Datenschutzklassifizierungen bis hin zu semantischen Informationen wie Maßeinheiten oder Währungen. Diese umfassende Metadaten-Erfassung bildet das Fundament für Governance- und Qualitätssicherungsprozesse. Während klassische Data Lakes Streaming-Daten oft über separate Pipelines verarbeiten und erst nachträglich harmonisieren, integriert das Lakehouse Streaming- und Batch-Ingestion nahtlos. Beide Pfade schreiben direkt in transaktionale, tabellarische Formate und gewährleisten einheitliche Governance-, Lineage- und Qualitätsstandards. Dieser Ansatz löst die traditionelle Lambda-Architektur (getrennte Batch- und Stream-Verarbeitungspfade) ab und führt beide Verarbeitungsarten in einer einheitlichen Pipeline zusammen [TLT24].

Raw Data Layer (Storage)

Data Lakehouses übernehmen von Data Lakes die strikte Trennung von Storage und Compute. Dadurch lassen sich Daten unabhängig vom Rechencluster speichern und sowohl für Processing-Workloads (Transformationen, ETL-Prozesse) als auch für Analytics und Machine Learning durch flexibel skalierbare Engines nutzen. Speicher- und Rechenressourcen können so unabhängig voneinander skaliert werden.

Die „Medallion Architecture" strukturiert die Datenveredelung in drei aufeinanderfolgenden Stufen: Bronze (Rohdaten), Silver (bereinigte Daten) und Gold (kuratierte Daten). In Bild 9.2 zeigt sich dieses Muster durch die Abfolge von Raw Data Layer, Cleansed Data Layer und Curated Data Layer [Ser24; TLT24].

In der Bronze Zone (Raw Data Layer) landen sämtliche Rohdaten unverändert, typischerweise als Parquet[54)]-, seltener als Avro[55)]-Dateien. Offene Tabellenformate wie Delta Lake[56)], Apache Iceberg[57)] oder Apache Hudi[58)] verwalten diese Dateien und stellen Funktionen wie Transaktionssicherheit (ACID), Versionierung und Time-Travel-Funktionalitäten bereit. Processing-Engines wie Apache Spark[59)], Apache Flink[60)] oder Trino[61)] können diese Rohdaten direkt verarbeiten. In der Bronze Zone werden die Daten unverändert gespeichert, sodass ihre ursprüngliche Struktur aus den Quellsystemen erhalten bleibt. Gleichzeitig stellen die verwendeten Tabellenformate (z. B. Delta Lake, Iceberg, Hudi) sicher, dass grundlegende Mechanismen wie Transaktionssicherheit, Versionierung und Auditierbarkeit greifen. Solange die Dateien nicht im zentralen Katalog registriert sind, gilt das Schema-on-Read-Prinzip: Die Datenstruktur wird erst

54 *https://parquet.apache.org*
55 *https://avro.apache.org*
56 *https://delta.io*
57 *https://iceberg.apache.org*
58 *https://hudi.apache.org*
59 *https://spark.apache.org*
60 *https://flink.apache.org*
61 *https://trino.io*

bei der Abfrage interpretiert. Die Verarbeitung beschränkt sich bewusst auf Integritäts- und Dublettenprüfungen sowie das Protokollieren von Anomalien. Diese Unveränderlichkeit gewährleistet, jederzeit auf die Originaldaten zurückgreifen und diese erneut transformieren zu können [TLT24].

Processing

Processing ist keine dedizierte Schicht, sondern bezeichnet die schrittweise Veredelung der Rohdaten aus der Bronze Zone zu verwertbarer Information.

Anders als beim traditionellen ETL-Ansatz, der Daten bereits vor dem Speichern transformiert, folgt das Lakehouse dem ELT-Paradigma: Transformationen erfolgen erst nach dem Laden in den Storage, was maximale Flexibilität bei der Datenverarbeitung gewährleistet [TLT24]. Ausgehend von den unveränderten Rohdaten der Bronze Zone beginnt die eigentliche Veredelung mit umfassenden Cleansing- und Validierungsroutinen. Diese erkennen und bereinigen Tipp- und Formatfehler, eliminieren Dubletten und identifizieren unzulässige Werte. Parallel reichern die Pipelines jeden Datensatz mit technischen Attributen wie Batch-IDs oder Source-Timestamps an und protokollieren kontinuierlich Qualitätsmetriken [Ser24]. Im nächsten Schritt werden Formate und Einheiten vereinheitlicht, Zeitzonen harmonisiert sowie Referenz- und Stammdaten integriert. Verschachtelte Strukturen – etwa JSON-Objekte – werden in tabellarische Form überführt (Flattening). Apache Spark[62)] ermöglicht dabei skalierbare In-Memory-Verarbeitung, wodurch sich die Geschwindigkeit gegenüber rein festplattenbasierten Systemen erheblich steigert [Ser24].

Diese mehrstufige Verarbeitung unterstützt Batch- und Stream-Processing gleichermaßen. Orchestrierungstools wie Apache Airflow[63)], AWS Glue[64)] oder Azure Data Factory[65)] koordinieren periodische Batch-Transformationen großer Datenvolumen. Gleichzeitig verarbeiten Streaming-Engines wie Spark Structured Streaming[66)], Apache Flink[67)] oder Kafka Streams[68)] Events kontinuierlich. Beide Verarbeitungspfade schreiben inkrementell in dieselben transaktionalen Tabellen und dokumentieren jeden Schritt mit vollständiger Data Lineage im zentralen Metadatenkatalog [TLT24].

Curated Data Layer (Storage)

Nach der umfassenden Normalisierung im Processing folgt der Curated Data Layer mit Silver- und Gold-Zonen. Die Bronze Zone bewahrt die ursprünglichen Quelldaten, während die Silver Zone harmonisierte und qualitätsgesicherte Daten bereitstellt: Jedes

62 *https://spark.apache.org*
63 *https://airflow.apache.org*
64 *https://aws.amazon.com/glue*
65 *https://azure.microsoft.com/services/data-factory*
66 *https://spark.apache.org/structured-streaming*
67 *https://flink.apache.org*
68 *https://kafka.apache.org/documentation/streams*

Attribut entspricht dem konsistenten Datenmodell, Fremdschlüssel sind auf Master- und Referenzdaten aufgelöst, Zeitzonen und Einheiten vereinheitlicht.

In der Literatur herrscht Uneinigkeit, ob Bronze oder Silver als „Single Source of Truth" gelten soll. Während manche Ansätze Bronze als *Raw Truth* hervorheben, verstehen andere Arbeiten die Silver Zone als konsolidierte und vertrauenswürdige Unternehmenssicht. Für den vorliegenden Text gilt die Silver Zone als *Single Source of Truth*, da sie konsistente, qualitätsgesicherte und anschlussfähige Daten bereitstellt, die als zuverlässige Grundlage für Analysen und Machine Learning dienen.

Die Speicherung erfolgt durchgängig in transaktionalen Tabellenformaten wie Delta Lake[69)], Apache Iceberg[70)] oder Apache Hudi[71)]. Diese gewährleisten Schema Evolution, Time-Travel und ACID-Compliance. Die Silver Zone etabliert damit eine einheitliche, harmonisierte Datenschicht für weiterführende Analysen und ML-Anwendungen. Qualitätsmetriken aus dem Processing werden als persistente Scores mitgeführt. Unterschreitet ein Datensatz definierte Schwellenwerte, markiert die Pipeline ihn automatisch als problematisch, sodass fehlerhafte Daten nicht in nachgelagerte Schichten gelangen. Durch ihre Kombination aus Aktualität und Historisierung bilden Silver-Tabellen eine ideale Grundlage für Data Scientists beim explorativen Feature Engineering (Entwicklung von ML-Merkmalen), während dedizierte Feature Stores für produktive ML-Inferenz (Anwendung trainierter Modelle) dienen [Ser24; TLT24]. Die Gold Zone materialisiert darauf aufbauend analysefertige Daten für den direkten Geschäftsgebrauch. Hier entstehen aggregierte Fakt-Tabellen, Star- und Snowflake-Schemata (dimensionale Datenmodelle), vorkalkulierte Metriken sowie themenspezifische Views – etwa Customer-360-Sichten[72)] oder IoT-Telemetrie-Dashboards. Geschäftslogik, die in der Silver Zone noch als SQL-Expressions oder dbt[73)]-Modelle (Data Build Tool für Transformationen) vorliegt, wird hier fest implementiert. Währungskonversionen nach Tageskurs, dynamische Preislogik, KPI-Definitionen und Datenschutzmaskierung auf Row- und Column-Level werden Teil der physischen Gold-Tabellen.

Der Zugriff auf Silver- und Gold-Daten erfolgt dabei stets über den API Layer, der als Vermittlungsschicht zwischen Daten und Konsumenten fungiert. BI-Tools, Data APIs und Echtzeit-Services konsumieren diese Daten nicht direkt aus den Speicherschichten, sondern über standardisierte Schnittstellen. Dadurch werden Abfragen optimiert, Zugriffsrechte geprüft und Governance-Vorgaben konsistent umgesetzt. Über die zen-

69 *https://delta.io*

70 *https://iceberg.apache.org*

71 *https://hudi.apache.org*

72 Eine Customer-360-View bezeichnet die konsolidierte, ganzheitliche Sicht auf einen Kunden über alle verfügbaren Datenquellen hinweg – von Stammdaten über Kaufhistorie bis zu Interaktionen auf verschiedenen Kanälen. Ziel ist es, ein vollständiges Bild der Kundenbeziehung zu schaffen, um personalisierte Angebote, besseren Service und fundierte Entscheidungen zu ermöglichen. Technisch wird dies durch die Integration und Harmonisierung von Daten aus CRM-, ERP-, Marketing- und Service-Systemen erreicht [Ela25].

73 *https://www.getdbt.com*

trale Metadatenschicht sind alle Silver- und Gold-Objekte vollständig versioniert und mit feingranularen Zugriffsrichtlinien versehen.

Business-Analysten arbeiten typischerweise mit freigegebenen Gold-Daten, während Data Scientists flexibel zwischen Gold für produktive ML-Inferenz und Silver-Daten für exploratives Feature Engineering wählen können. Processing und Curated Data Layer bilden gemeinsam das operative Rückgrat des Data Lakehouse: Processing führt Rohdaten systematisch durch definierte Qualitätsstufen, während der Curated Layer mit der Silver Zone konsistente Basisdaten und mit der Gold Zone unmittelbar nutzbare Datenprodukte bereitstellt. Diese Architektur vereint Governance-Anforderungen mit hoher Agilität für unterschiedliche Nutzergruppen.

Analytical Sandboxes

Analytical Sandboxes lösen ein zentrales Spannungsfeld bei der Datenanalyse in Unternehmen: Data Scientists benötigen Freiheit zum Experimentieren, während produktive Systeme stabil und verlässlich bleiben müssen. Diese dedizierten Experimentierräume ermöglichen explorative Analysen, ohne Produktionsdaten oder etablierte Governance-Prozesse zu gefährden [Ser24].

In traditionellen Data Lakes führte diese Anforderung zu problematischen Workarounds. Data Scientists kopierten Rohdaten in separate Umgebungen, wo sie ohne Metadaten-Registrierung, Zugriffsmanagement oder Qualitätskontrolle arbeiteten. Diese isolierten Kopien verloren schnell den Bezug zu den Originaldaten – Änderungen waren nicht nachvollziehbar, Aktualisierungen gingen verloren, erfolgreiche Experimente ließen sich kaum in produktive Prozesse überführen. Fehlt eine einheitliche, übergreifende Data Governance begünstigt dies wiederum Data Swamps [Too25].

Bei einem Data Lakehouse hingegen greifen Sandboxes auf denselben Storage wie produktive Zonen zu und nutzen dedizierte Compute-Ressourcen sowie erweiterte Berechtigungen. Data Scientists können direkt auf aktuelle Daten aus Bronze, Silver oder Gold zugreifen – ohne zeitaufwendige Kopiervorgänge oder Synchronisationsprobleme. Jedes Experiment wird vollständig im Metadata Layer dokumentiert: Wer hat wann auf welche Daten zugegriffen, welche Transformationen wurden durchgeführt, welche Hypothesen getestet [TLT24]. Der entscheidende Unterschied liegt in der kontrollierten Flexibilität: Sandboxes erlauben experimentelle Schreiboperationen und Schemaänderungen, die in produktiven Zonen blockiert würden. Ein Data Scientist kann neue Spalten hinzufügen, alternative Aggregationen testen oder komplexe Joins durchführen – alles innerhalb eines geschützten Bereichs. Dabei bleiben ACID-Garantien erhalten, sodass auch experimentelle Analysen konsistente Ergebnisse liefern. Die Trennung von Storage und Compute ermöglicht es zudem, für rechenintensive Experimente wie Deep-Learning-Training dedizierte GPU-Ressourcen hochzufahren, ohne andere Teams zu beeinträchtigen [TLT24].

Praktische Anwendungsfälle verdeutlichen den Nutzen: Ein Team entwickelt ein Churn-Prediction-Modell und muss verschiedene Feature-Kombinationen für die

Klassifikation testen. In der Sandbox können sie historische Kundendaten mit Transaktionsdaten verknüpfen, neue Metriken berechnen und verschiedene Zeitfenster evaluieren. Alle Experimente sind versioniert – wenn ein Ansatz vielversprechend ist, lässt sich exakt nachvollziehen, welche Transformationen oder Kalibrierungen des ML-Modells zum Erfolg führten. Diese validierten Features werden anschließend in einen Feature Store oder in die Silver Zone übernommen und stehen ab dann allen Teams zur Verfügung.

Ein anderes Team untersucht Anomalien in Produktionsdaten. Sie können in der Sandbox alternative Bereinigungsmethoden testen, ohne laufende Processing-Routinen zu stören. Sobald die Ursache identifiziert ist, wird die Korrektur zunächst in der Sandbox validiert, bevor definierte Prozesse sie in die produktive Pipeline übernehmen. Die Governance bleibt dabei durchgängig erhalten: Auch in Sandboxes gelten Zugriffsrechte – sensible Daten bleiben maskiert, Audit-Logs dokumentieren alle Aktivitäten. Der Unterschied liegt in den erweiterten Schreibrechten und der Möglichkeit, experimentelle Transformationen durchzuführen. Nach Abschluss eines Experiments können erfolgreiche Ansätze durch definierte Prozesse in produktive Zonen überführt werden.

Diese Architektur beschleunigt datengetriebene Innovationen erheblich. Statt wochenlang auf Datenkopien zu warten oder in isolierten Umgebungen zu arbeiten, können Data Scientists sofort mit aktuellen Daten experimentieren. Die vollständige Integration in die Lakehouse-Architektur bedeutet, dass erfolgreiche Experimente mit geringerem Anpassungsaufwand nahtlos in Produktion übernommen werden können [TLT24].

Metadata Layer

Der Metadata Layer als übergreifende Querschnittsschicht löst ein grundlegendes Problem klassischer Data Lakes: Nutzer wissen oft nicht, welche Daten existieren, wo sie liegen, woher sie stammen und wie vertrauenswürdig sie sind [TLT24; Too25].

Der Metadata Layer fungiert als zentrales Verzeichnis und Kontrollinstanz. Er erfasst technische, geschäftliche und operative Metadaten. Eine Übersicht solcher Metadaten aus den unterschiedlichsten Bereichen beschreibt Núria [Núr]. Technische Metadaten beschreiben Struktur und physische Ablage: Tabellen, Spalten, Datentypen und Partitionen. Geschäftliche Metadaten erläutern Bedeutung, Verantwortlichkeiten und Policies. Operative Metadaten dokumentieren Nutzung, Verarbeitungszustände und Laufzeiten. Soziale Metadaten ergänzen diese um kollaborative Elemente wie Kommentare, Bewertungen oder Upvotes. Im Data Lakehouse werden Metadaten eng mit den gespeicherten Daten verwaltet und versioniert. Während Delta Lake hierfür ein Transaktionsprotokoll nutzt, arbeitet Apache Iceberg mit Snapshot-Metadaten, um den konsistenten Zustand einer Tabelle jederzeit rekonstruieren zu können.

Dadurch werden Time-Travel, Reproduzierbarkeit und konsistente Governance möglich [Sid24]. Datenflüsse und Ableitungen werden über Data Lineage (Nachverfolgung von Datenherkunft und -transformation) und Audit-Logs nachvollziehbar, was Fehlersuche, Compliance und Impact-Analysen signifikant vereinfacht. Zusätzlich verbessern Statistiken, File-Pruning (selektives Überspringen irrelevanter Dateien) und Katalog-Indizes die Abfrageeffizienz, da nicht mehr blind große Dateimengen zu durchsuchen sind.

API Layer

Die API-Schicht (Application Programming Interface) vermittelt den Datenzugriff zwischen kuratierten Datenbeständen und ihren Konsumenten [TLT24]. Sie abstrahiert komplexe Speicherformate und Tabellenstrukturen durch standardisierte Schnittstellen.

Diese „Vermittlungsschicht" adressiert die Herausforderung, dass diverse Anwendergruppen mit unterschiedlichen Protokollen, Query-Sprachen und Performance-Anforderungen auf identische Daten zugreifen müssen, während gleichzeitig Governance-Policies durchgesetzt und Service-Level-Agreements (SLAs – vereinbarte Leistungsgarantien) eingehalten werden [TLT24]. Heterogene Zugriffsmuster spiegeln die vielfältigen Anforderungen wider: Business-Analysten formulieren SQL-Abfragen für Reports und Dashboards – sie erwarten vertraute Syntax und schnelle Antwortzeiten. Der API-Layer übersetzt diese Anfragen in optimierte Zugriffe auf die darunterliegenden Tabellenformate und nutzt dabei Indizes und Partitionierung für Performance-Optimierung.

Data Scientists arbeiten mit DataFrame-APIs in Python oder R. Sie bearbeiten große Datenmengen programmatisch und benötigen direkten Zugriff auf Rohdaten [Ser24]. Der API Layer bietet hierfür Konnektoren für Apache Spark[74)] und Pandas[75)] APIs.

Moderne Anwendungen erwarten RESTful APIs (standardisierte Web-Schnittstellen) und GraphQL-Endpoints für flexiblen Datenzugriff [TLT24]. Ein Frontend-Entwickler kann über GraphQL exakt die Datenfelder anfordern, die seine Anwendung benötigt. Der API Layer löst diese Anfragen auf, prüft Berechtigungen und liefert JSON-formatierte Datensätze. Streaming-Anwendungen konsumieren Daten über Kafka-kompatible APIs oder WebSockets für Echtzeit-Updates [Ser24].

Die Integration mit dem Metadata Layer ist entscheidend: Jede API-Anfrage wird gegen aktuelle Schema-Definitionen validiert, Zugriffsrechte werden in Echtzeit geprüft und sensible Daten automatisch maskiert [TLT24]. Ein Analyst sieht nur die Spalten, für die er berechtigt ist – personenbezogene Daten werden je nach Rolle ausgeblendet oder anonymisiert. Sicherheit und Compliance werden serverseitig durchgesetzt. „Konsumenten" sehen ausschließlich die für sie freigegebenen Daten, ohne eigene Filter- oder Maskierungslogik implementieren zu müssen [TLT24]. Die Performance-Optimierung

74 *https://spark.apache.org*
75 *https://pandas.pydata.org*

im Data Lakehouse wird durch mehrere Mechanismen unterstützt – einige davon wirken direkt in der API-Schicht, andere systemweit in Engine und Metadaten-Layer:

- **Query Result Caching (API-nah)**: Wiederholte Anfragen werden nicht jedes Mal neu berechnet, sondern aus einem Zwischenspeicher (Cache) beantwortet. Dadurch sinken die Antwortzeiten deutlich, insbesondere bei wiederkehrenden Reports und Dashboards, die oft dieselben Ergebnisse abrufen.
- **Materialized Views und Precomputed Aggregates (systemweit)**: Häufig benötigte Ergebnisse – etwa Summen, Durchschnitte oder vorberechnete Tabellenansichten – werden im Voraus berechnet und dauerhaft gespeichert. Der Abfrage-Optimizer erkennt automatisch, wenn eine Anfrage durch eine solche vorberechnete Sicht schneller bedient werden kann, und leitet sie entsprechend um. So profitieren auch API-Aufrufe transparent von dieser Optimierung.
- **Effizientes Ressourcenmanagement (API-nah)**: Performancegewinne entstehen zudem durch intelligente Verwaltung der Rechenressourcen. Offene Verbindungen werden wiederverwendet (Connection Pooling), mehrere kleine Abfragen werden gebündelt verarbeitet (Query Batching), und bei Lastspitzen sorgt eine faire Aufteilung (Fair Scheduling) dafür, dass keine einzelne Anfrage alle Kapazitäten blockiert.

Governance durchzieht alle Ebenen der Architektur und manifestiert sich im API Layer durch die Durchsetzung von Richtlinien: Jede Anfrage durchläuft Sicherheitsfilter, die Authentifizierung validieren, Autorisierung prüfen und Audit-Logs schreiben. Mechanismen zur Qualitätssicherung verhindern, dass fehlerhafte Daten an Nutzer weitergegeben werden. Anforderungen aus Datenschutz und Compliance werden im Lakehouse automatisiert umgesetzt: Personenbezogene Daten können auf Anfrage gelöscht, Aufbewahrungsfristen definiert und die Speicherung auf vorgesehene Rechtsräume (geografische Regionen mit spezifischen Datenschutzgesetzen) beschränkt werden [TLT24].

Data Consumption

Das Lakehouse bedient unterschiedlichste Nutzergruppen mit ihren vertrauten Werkzeugen. Business-Analysten arbeiten weiter mit BI-Tools wie Tableau[76], Power BI[77] oder DeltaMaster[78]. Der API Layer fungiert dabei als Übersetzer: Er versteht die speziellen SQL-Dialekte verschiedener Werkzeuge und wandelt sie in Abfragen für die darunterliegenden Speicherschichten um. Dashboards können durch Push-Mechanismen oder geplante Aktualisierungen auf neue Daten reagieren [TLT24].

Machine-Learning-Plattformen greifen über spezialisierte APIs zu: Feature Stores (zentrale Verwaltung wiederverwendbarer ML-Features) stellen konsistente Feature-Sets für Training und Inferenz bereit, während MLflow[79] Experimente verfolgt sowie Mo-

76 *https://www.tableau.com*
77 *https://powerbi.microsoft.com*
78 *https://www.bissantz.de*
79 *https://mlflow.org*

delle versioniert und verwaltet. Der API Layer stellt sicher, dass Training und Serving konsistente Daten sehen – ein kritischer Aspekt für reproduzierbare ML-Pipelines. AutoML-Systeme können über Metadata-APIs verfügbare Features entdecken und automatisch Feature-Kombinationen testen [TLT24].

Operative Anwendungen integrieren Analytics direkt in Geschäftsprozesse: Ein CRM-System reichert Kundenprofile mit aktuellen Verhaltensscores an, ein ERP-System nutzt Nachfrageprognosen für Bestandsoptimierung.

Data-as-a-Service (DaaS) bezeichnet den Ansatz, Datenprodukte (z. B. Marktanalysen, Logistikdaten oder branchenspezifische Benchmarks) nicht nur intern zu nutzen, sondern auch externen Partnern strukturiert bereitzustellen. Der Zugriff erfolgt über gesicherte APIs auf freigegebene Datensätze. Dabei werden Nutzungen protokolliert und können abgerechnet werden, während Zugriffsbeschränkungen die Einhaltung vereinbarter Rahmenbedingungen sicherstellen. Der API Layer fungiert in diesem Modell als Geschäftsschnittstelle: Er stellt die Daten in verständlicher Form bereit, während die technische Komplexität verborgen bleibt [Sei19].

Architektur-Schichten mit typischen Technologien (Überblick)

Bild 9.3 verdeutlicht den Schichtenaufbau eines Data Lakehouse und ordnet typische Technologien den einzelnen Ebenen zu.

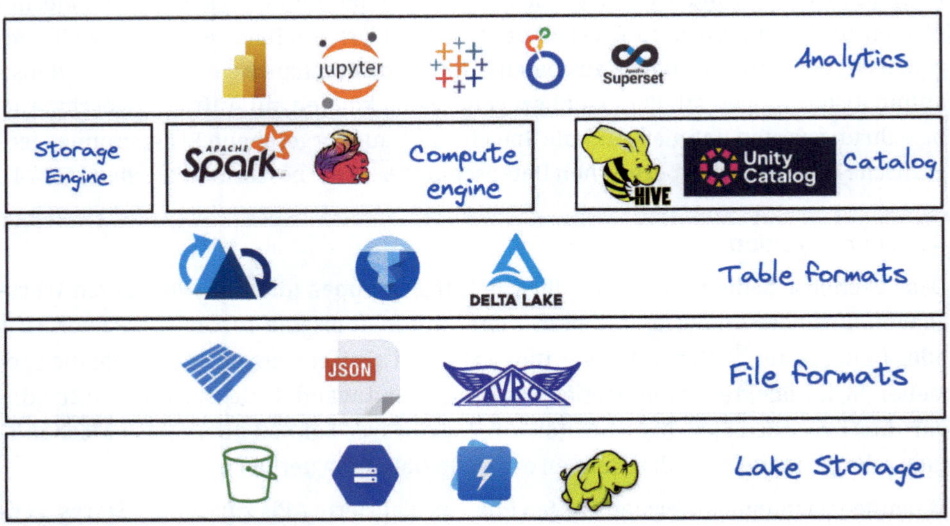

Bild 9.3 Data-Lakehouse mit typischen Technologien nach [Maz24]

Damit wird sichtbar, wie die zuvor beschriebenen Konzepte technisch ineinandergreifen und eine einheitliche Architektur bzw. Datenplattform bilden [Maz24]:

- **Lake Storage**: Das Fundament bilden verteilte Dateisysteme und Cloud-Objektspeicher wie Amazon S3[80], Google Cloud Storage[81], Azure Data Lake Storage[82] oder HDFS[83]. Sie dienen als kostengünstige, praktisch unbegrenzt skalierbare Basis für die Ablage aller Daten – unabhängig von deren Datenformat.
- **File Formats**: Darauf definieren Formate wie Parquet[84], JSON oder Avro[85] die physische Repräsentation der Daten. Sie bestimmen, wie Datensätze komprimiert, strukturiert und effizient gespeichert werden.
- **Table Formats**: Frameworks wie Delta Lake[86], Apache Iceberg[87] oder Apache Hudi[88] erweitern reine Dateien um eine transaktionale Ebene. Sie implementieren ACID-Transaktionen, Time-Travel und Schema-Evolution und transformieren Dateien zu konsistenten Tabellen mit Datenbanksemantik.
- **Catalog (Metadata Layer)**: Metadaten-Services wie Hive Metastore[89] oder Unity Catalog[90] registrieren Tabellen, verwalten Versionen und setzen Zugriffsrechte durch. Sie bilden die Grundlage für Governance, Data Lineage und einheitliches Schema-Management.
- **Compute & Analytics**: Engines wie Apache Spark[91] oder Apache Flink[92] führen Transformationen und Analysen aus, während BI- und ML-Tools wie Power BI, Tableau, Apache Superset[93] oder Jupyter-Notebooks[94] den Endanwendern den Zugriff ermöglichen. Diese oberste Schicht konsumiert die aufbereiteten Daten und macht sie nutzbar für Business Intelligence, Data Science und operative Anwendungen.

Im Zusammenspiel zeigen diese fünf Ebenen, wie ein Data Lakehouse Rohdaten aus dem Speicher über standardisierte Formate und Tabellenframeworks in konsistente, transaktionale Strukturen überführt, im Katalog versioniert und abgesichert verwaltet und schließlich über Compute-Engines und APIs für verschiedenste Tools bereitstellt. Damit schließt sich der Bogen: Vom günstigen Objektspeicher bis zur geschäftsnahen Analyse verbindet das Lakehouse Offenheit und Flexibilität mit Verlässlichkeit und Governance [TLT24].

80 *https://aws.amazon.com/s3*
81 *https://cloud.google.com/storage*
82 *https://azure.microsoft.com/services/storage/data-lake-storage*
83 *https://hadoop.apache.org/docs/current/hadoop-project-dist/hadoop-hdfs/HdfsDesign.html*
84 *https://parquet.apache.org*
85 *https://avro.apache.org*
86 *https://delta.io*
87 *https://iceberg.apache.org*
88 *https://hudi.apache.org*
89 *https://hive.apache.org*
90 *https://www.databricks.com/product/unity-catalog*
91 *https://spark.apache.org*
92 *https://flink.apache.org*
93 *https://superset.apache.org*
94 *https://jupyter.org*

Literatur

[Arm+21] Michael Armbrust et al. „Lakehouse: a new generation of open platforms that unify data warehousing and advanced analytics“. In: *Proceedings of the 11th Conference on Innovative Data Systems Research (CIDR)*. Virtual Event, 2021, S. 1–8.

[Deh23] Zhamak Dehghani. *Data Mesh: eine dezentrale Datenarchitektur entwerfen*. Übers. von Jochen Christ und Simon Harrer. 1. Auflage. O'Reilly, 2023.

[Ela25] Elastic. *Was bedeutet Customer 360? | Eine umfassende Anleitung zum Thema Customer 360. https://www.elastic.co/de/what-is/customer-360*. Elastic, 2025.

[GLP22] Peter Gluchowski, Frank Leisten und Gero Presser, Hrsg. *Architekturen für BI & Analytics: Konzepte, Technologien und Anwendung*. 1. Auflage. Edition TDWI. Heidelberg: dpunkt.verlag, 2022.

[Gor19] Alex Gorelik. *The Enterprise Big Data Lake: Delivering on the Promise of Big Data and Data Science*. Beijing: O'Reilly Media, 2019, S. 207.

[Kum24] Jugnesh Kumar. *Data Warehouse and Data Mining: Concepts, Techniques and Real Life Applications*. BPB Publications, 2024.

[Maz24] Dipankar Mazumdar. *What is a Data Lakehouse & How does it Work? | Apache Hudi*. Online-Artikel. Apache Hudi. 11. Juli 2024. URL: *https://hudi.apache.org/blog/2024/07/11/what-is-a-data-lakehouse*.

[Maz25] Dipankar Mazumdar. *Concurrency Control in Open Data Lakehouse | Apache Hudi*. Online-Artikel. Apache Hudi. 28. Jan. 2025. URL: *https://hudi.apache.org/blog/2025/01/28/concurrency-control*.

[Men24] Pradeep Menon. *Data Mesh: Principles, patterns, architecture, and strategies for data-driven decision making*. First Edition. BPB Publications, India, 2024.

[Mer24] Alex Merced. *All About Parquet Part 05 — Compression Techniques in Parquet*. Online-Artikel. 22. Okt. 2024. URL: *https://medium.com/data-engineering-with-dremio/all-about-parquet-part-05-compression-techniques-in-parquet-442f37a66345* (besucht am 28. 08. 2025).

[Núr] Emilio Núria. *What Is Metadata? Types of Metadata and What They Are Used For*. Online-Artikel. Bismart. URL: *https://blog.bismart.com/en/metadata-definition-types* (besucht am 28. 08. 2025).

[Rao19] Negin Raoof. *Processing trillions of events per day with Apache Kafka on Azure*. Abruf am 16.08.2025. Feb. 2019.

[Sch+23] Jan Schneider et al. *Assessing the Lakehouse: Analysis, Requirements and Definition*. Conference paper. Cited by: 9; All Open Access, Hybrid Gold Open Access. 2023. DOI: *10.5220/0011840500003467*.

[Sei19] Mischa Seiter. *Business Analytics: Wie Sie Daten für die Steuerung von Unternehmen nutzen*. 2., komplett überarbeitete und erweiterte Auflage. Verlag Franz Vahlen, 2019.

[Ser24] James Serra. *Deciphering Data Architectures: Choosing Between a Modern Data Warehouse, Data Fabric, Data Lakehouse, and Data Mesh*. 1st Edition. Sebastopol, CA: O'Reilly Media, 2024, S. 280.

[Sid24] Laiba Siddiqui. *Iceberg vs Delta Lake: Vergleich moderner Data-Lake-Technologien*. Online-Artikel. DataCamp. 23. Okt. 2024. URL: *https://www.datacamp.com/de/blog/iceberg-vs-delta-lake*.

[TLT24] Marco Tranquillin, Valliappa Lakshmanan und Firat Tekiner. *Architecting Data and Machine Learning Platforms: Enable Analytics and AI-Driven Innovation in the Cloud*. Sebastopol, CA: O'Reilly Media, 2024, S. 300.

[Too25] Jon Toor. *Top 5 Causes of Data Swamps + 5 Early Warning Signs. https://cloudian.com/guides/data-backup/top-5-causes-of-data-swamps-and-5-early-warning-signs*. Cloudian, 2025.

10 Data Mesh

10.1 Ausgangslage und Motivation

Seit den 1980er-Jahren durchliefen analytische Systeme etliche Evolutionsstufen, die jeweils auf verschiedene Anforderungen reagierten: Data Warehouses ermöglichten erstmals systematisches Unternehmensreporting, Data Lakes erschlossen unstrukturierte Datenquellen für Data Science, und Data Lakehouses versuchen heute, beide Ansätze in einer vereinheitlichten Datenplattform zu kombinieren. Die folgenden Stichpunkte zeigen die jeweiligen Möglichkeiten dieser Architekturen:

- **Data Warehouses (ab 1980er):** Sie integrieren Daten zentral und strukturieren sie beim Laden. Dieser Schema-on-Write-Ansatz erfordert eine durchdachte Vorab-Planung der Datenstrukturen, gewährleistet aber dafür hohe Datenqualität von Anfang an. So entstehen unternehmensweit einheitliche Begriffe und konsistente Kennzahlen, die reproduzierbares Reporting, Steuerung und Audits ermöglichen. Änderungen dauern hingegen lange – neue Fragestellungen erfordern Anpassungen an Modellen und Pipelines. Warehouses eignen sich daher besonders, wenn Stabilität und Nachvollziehbarkeit wichtiger sind als schnelle, flexible Anpassung.
- **Data Lakes (ab 2010er):** Sie nehmen Daten schnell und kostengünstig im Rohformat auf – unabhängig von Struktur, Quelle oder Volumen. Diese Schema-on-Read-Philosophie verschiebt die Strukturierung auf einen späteren Zeitpunkt, wenn Analyse oder Anwendungsfall feststehen, und ermöglicht maximale Flexibilität bei sich ändernden Anforderungen. Teams erkunden Daten explorativ, testen Hypothesen und nutzen historische Bestände für neue Machine-Learning-Modelle. Das beschleunigt frühe Erkenntnisphasen und unterstützt vielfältige Datentypen von strukturierten Tabellen bis zu unstrukturierten Texten und Bildern. Ohne klare Verantwortlichkeiten, Metadaten und Qualitätsregeln werden Bestände jedoch unübersichtlich und die Datenqualität sinkt.

- **Data Lakehouses (ab 2019/2020):** Sie verbinden die Strukturstrenge der Warehouses mit der Offenheit und Skalierbarkeit der Lakes. Table-Formate wie Delta Lake oder Apache Iceberg ermöglichen dabei ACID-Transaktionen direkt auf kostengünstigem Object Storage. Teams setzen Berichte und ML-Modelle auf denselben reproduzierbaren Tabellen auf, statt Daten mehrfach vorzuhalten. Dadurch entfallen Medienbrüche und es verkürzen sich die Datenbereitstellungszeiten bei zugleich höherer Konsistenz und Nachvollziehbarkeit. Ein Lakehouse bietet somit eine gemeinsame Datengrundlage für stabile Standardberichte und iterative Experimente im Data-Science-Umfeld.

Ein Aspekt blieb jedoch bei diesen zentral organisierten Architekturen weitgehend unberücksichtigt und unverändert: In der Vergangenheit hatten überwiegend zentrale IT-Abteilungen bzw. Datenteams die Datenverantwortung bzw. -hoheit (Data Ownership) für das gesamte Unternehmen. Diese Teams speicherten, integrierten und verwalteten die Daten, definierten Qualitätsstandards und setzten Governance-Richtlinien unternehmensweit durch.

Diese zentrale Organisation steht im Kontrast zur heutigen Praxis der Softwareentwicklung: Viele Unternehmen setzen auf Domain-Driven Design und Microservices und stellen ihre Teams dezentral auf, zudem arbeiten diese mit agilen Methoden [Wer24]. Domänenteams kontrollieren heute in vielen Unternehmen ihre operativen Systeme weitgehend autonom – sie entwerfen, implementieren und betreiben sie selbstständig [Deh19]. Bei analytischen Daten müssen dieselben Teams jedoch auf eine zentrale Stelle warten, die ihre Anforderungen erst verstehen, dann priorisieren und schließlich umsetzen muss. Je mehr Domänen bzw. Fachabteilungen ein Unternehmen umfasst und je spezifischer deren Anforderungen werden, desto eher wird dieser zentrale Bereich zum Engpass [Wer24].

Das Problem liegt nicht in der Technologie. Moderne Datenplattformen verbesserten die technischen Möglichkeiten erheblich: Sie bewältigen Petabytes und analysieren Daten nahezu in Echtzeit [GLP22]. Die Herausforderung liegt in der Organisation und im Betriebsmodell für analytische Daten: Ein zentrales Datenteam kann die spezifischen Anforderungen und die Geschäftslogik aller Domänen nur begrenzt verstehen. Das Marketing kennt die Kundenprozesse, die Logistik versteht die Lieferketten, die Produktentwicklung weiß, wie datengetriebene Wertangebote entstehen. Dieses verteilte Wissen lässt sich aber nur schwer in einem zentralen Datenteam bündeln, das gleichzeitig noch die technische Infrastruktur betreiben und weiterentwickeln muss [Men24].

In der Praxis zeigen sich typische Probleme zentraler Datenarchitekturen: Fachabteilungen warten lange, bis neue Datenquellen integriert oder vorhandene Datenbestände für ihre spezifischen Anforderungen aufbereitet werden. Zentrale Datenteams bearbeiten zahlreiche parallele Anfragen und werden so schnell zu einem organisatorischen Engpass, der Innovation, Geschwindigkeit und Agilität hemmt. Weiterhin leidet die Datenqualität, wenn den zentralen Teams spezifisches Domänenwissen fehlt

– Marketingdaten werden von Spezialisten verarbeitet, die Kampagnenlogik nicht hinreichend verstehen, oder Logistikdaten von Teams, die mit Lieferkettenprozessen nicht vertraut sind.

Zhamak Dehghani analysierte 2019 in einem viel beachteten Blog-Artikel[1)] die strukturellen Probleme zentralistischer Ansätze [Deh19] und schlug mit Data Mesh einen Gegenentwurf vor. Data Mesh ist ein soziotechnischer Ansatz, der organisatorische und technische Aspekte gleichermaßen adressiert. Nach ihrer Auffassung erhöhen bisherige Ansätze die Software-Komplexität und technischen Schulden, etwa durch aufwendig zu wartende ETL-Prozesse. Nachteilig ist auch, dass zentralisierte Datenarchitekturen Daten oft aus ihrem Kontext herauslösen. Ohne den Bezug zu konkreten Geschäftsprozessen, in denen sie entstanden sind, wird es schwieriger, sie fachlich zu interpretieren. Dies ist problematisch für Unternehmen, die eine datengetriebene Organisation aufbauen oder datenbasierte Produkte und Dienstleistungen anbieten wollen. Dehghani beschreibt zentrale Datenplattformen (etwa zentral betriebene Data Lakes) pointiert als *„centralized, monolithic and domain agnostic“* [Deh19].

Solche Systeme horten nur noch Daten, ohne deren fachlichen Kontext zu bewahren. Daten haben jedoch keinen inhärenten Wert, wenn Kontext und Information verloren gehen oder wenn sich Personen um die Administration kümmern, die fachlich von der Entstehung der Daten und deren Nutzen für Geschäftsprozesse zu weit entfernt sind. Das zugrunde liegende Problem: In zentralen Datenspeichern treffen Daten aus unterschiedlichsten Bereichen aufeinander, die zwar über Geschäftsprozesse verbunden sind, deren Beziehungen aber verloren gehen, wenn sie undifferenziert in einem zentralen Repository landen.

Das Data-Mesh-Konzept hingegen verfolgt einen dezentralen, soziotechnischen Ansatz: Domänenteams verantworten ihre analytischen Datenprodukte selbst und betreiben sie wie Software-Services – mit klaren Schnittstellen, zugesicherten Qualitätsniveaus und nachvollziehbarer Dokumentation. So wird das fachliche Wissen dort wirksam, wo es entsteht. Das dezentrale Data Mesh adressiert direkt die organisatorischen Skalierungsprobleme, die durch rein technische Innovationen oder Architekturen nicht lösbar sind, sondern einen soziotechnischen Ansatz erfordern.

10.2 Probleme bisheriger Ansätze

Die Ahnenreihe der Analytics-Architekturen eint ein zentralistischer Ansatz, der in der Praxis jedoch oft an seine Grenzen stößt. Die Vorstellung, alle Daten unternehmensweit qualitätsgesichert zu sammeln, zusammenzuführen, zu katalogisieren und zudem noch in Einklang mit Geschäftsprozessen zu bringen, erweist sich häufig als illusorisch.

1 *https://martinfowler.com/articles/data-monolith-to-mesh.html*

Trotz technologischer Fortschritte blieben organisatorische Herausforderungen über alle Architekturgenerationen hinweg bestehen. Diese strukturellen Probleme wurzeln in der zentralisierten Organisation der Datenhoheit und sind technologieunabhängig [Deh23].

Das zentrale Datenteam als systemischer Engpass

Ein grundlegendes Problem sieht Dehghani in der zentralisierten Natur bisheriger Architekturen. Diese entwickelten sich zu domänenagnostischen Monolithen, die sämtliche Unternehmensdaten unter einem Dach vereinen wollten. Während operative Systeme längst den Übergang zu domänenorientierten Microservices vollzogen haben, blieben analytische Datenplattformen in zentralistischen Strukturen verhaftet [Deh23].

Die Trennung zwischen operativen und analytischen Daten begann bereits mit dem Aufkommen der Data Warehouses und war zunächst technologisch bedingt. Operative OLTP-Systeme eigneten sich nicht für die Anforderungen umfangreicher, unternehmensweiter Datenanalysen. Folglich entkoppelten sich Data Warehouses von operativen OLTP-Systemen und bildeten separate Repositories für entscheidungsrelevante Daten. Eine zentrale Datenplattform fokussiert sich auf Infrastruktur statt auf Domänenlogik und führt zu organisatorisch verteilten Teams [Ser24]. Ein zentrales Datenteam oder IT-Bereich übernahm die Verantwortung für alle Datenprozesse und schuf damit faktisch einen Monolithen im Unternehmen. In einer solchen Konstellation fungiert das zentrale Datenteam als Drehscheibe zwischen Datenquellen und Anwendern: Jede Anfrage zu neuen Quellen, Datensätzen, Analysen oder Berichten läuft dort zusammen. Bereitet das Team die Daten auf, muss es sie zwangsläufig auch fachlich einordnen – nicht nur technisch verarbeiten. Mit wachsender Größe und Komplexität der Organisation führt dies zu erheblichen Warteschlangen und Verzögerungen: Ein kontinuierlich wachsender Anfrage-Backlog trifft auf Prioritätskonflikte zwischen Geschäftsbereichen, wobei strategisch wichtige Projekte häufig durch operative Anfragen blockiert werden. Diese Verzögerungen hemmen nachhaltig Geschwindigkeit und Agilität der gesamten Organisation.

Phasenorientierte Dekomposition statt Domänenzuschnitt

Der nächste Kritikpunkt betrifft die architektonische Dekomposition traditioneller Plattformen. Statt entlang fachlicher Domänen zu schneiden, werden Data-Lake-Umgebungen häufig entlang technischer Schichten organisiert – etwa *Landing/Raw (Bronze), Cleansed/Conformed (Silver)* und *Curated/Serving (Gold)* – und die Arbeitsabläufe zusätzlich entlang von Pipeline-Phasen (Ingestion, Transformation/Qualitätssicherung, Aggregation, Bereitstellung) geschnitten. Diese technikorientierte Dekomposition nach Phasen und Schichten erzeugt enge Kopplungen zwischen ihnen: Jede neue Anforderung erfordert koordinierte Änderungen über mehrere Schichten und Phasen hinweg. Da die Struktur orthogonal zum fachlichen Änderungsdruck verläuft, müssen Teams domänenübergreifend koordiniert werden; die Pipeline bleibt faktisch die kleinste veränderbare Einheit.

Ein weiterer Nachteil besteht darin, dass zentrale Architekturen die spezifischen Bedürfnisse einzelner Geschäftsbereiche nicht ausreichend berücksichtigen, da sie eine „Einheitslösung" für alle Domänen anstreben [Ser24].

Die Kluft zwischen Technik und Domänenwissen

Ein weiteres Problem entsteht durch die Distanz zwischen technischen Datenspezialisten und fachlichen Domänenexperten. Zentrale Datenteams verfügen typischerweise über profunde Kenntnisse in Bereichen wie Datenmodellierung, ETL-Implementierung und Analytics-Plattformen. Ihnen fehlt jedoch oft das spezifische Geschäftswissen, das für die sachgerechte Aufbereitung und Interpretation domänenspezifischer Daten erforderlich ist. Diese Wissenslücke zeigt sich in verschiedenen Problemen: Geschäftsregeln werden falsch implementiert, wichtige Nuancen in den Daten übersehen, irrelevante Metriken berechnet oder triviale Muster überinterpretiert. Die Kommunikation zwischen Fachabteilungen und Datenteams verläuft über mehrere Ebenen und bleibt anfällig für Missverständnisse, unklare Zuständigkeiten und Informationsverluste. Besonders kritisch wird dies bei der Beurteilung von Datenqualität und -validität: Während sich technische Qualitätskriterien wie Vollständigkeit, Konsistenz und Aktualität zentral prüfen lassen, erfordert die fachliche Korrektheit spezifisches Domänenwissen. Anomalien, die für Fachexperten offensichtlich oder erklärbar wären, bleiben unentdeckt, während normale Geschäftsschwankungen fälschlicherweise als Qualitätsprobleme eingestuft und unnötig korrigiert werden.

10.3 Prinzipien und Architektur

Die organisatorische und konzeptionelle Trennung in Daten- und Domänenteams erzeugt vielschichtige Kommunikationsbeziehungen zwischen den Akteuren und Fachabteilungen. Nach dem Gesetz von Melvin Conway bringen Organisationen Systeme hervor, deren Architektur ihre internen Kommunikationsstrukturen widerspiegelt [Con68][2]. Praktisch bedeutet das: Wo sich Kommunikation und Verantwortung bündeln, entstehen auch die systemischen Kopplungspunkte – und umgekehrt: Wo Domänen organisatorisch getrennt sind, bilden sich in der Architektur Reibungsflächen an den Übergängen.

Übertragen auf die Zweiteilung in eine operative und in eine analytische Datenwelt bedeutet dies: Ein zentral aufgestelltes Datenteam erzeugt tendenziell eine Architektur, die seine Lage als Zentrum (Hub) in den Kommunikationswegen der Organisation

2 *https://www.melconway.com/Home/pdf/committees.pdf*

spiegelt – Anfragen und Änderungen der Domänen laufen über dieses Team zusammen. Typische Symptome sind Übergabeketten (Anforderung → Ticket → Pipeline-Änderung → Abnahme) und lange Feedback-Zyklen (mehrfaches Nachschärfen von Semantik, Granularität, Qualitätsregeln). Überlastete Datenteams müssen gleichzeitig Daten aus verschiedenen Quellen integrieren, fachliche Datenmodelle entwickeln, die Qualität sicherstellen und die Infrastruktur betreiben. Eine solche Architektur orientiert sich häufig an technischen Verarbeitungsphasen statt an fachlichen Domänen. Sie wirkt zwar technisch konsistent, kann aber fachliche Änderungen nur mit hohem Koordinationsaufwand umsetzen [Men24].

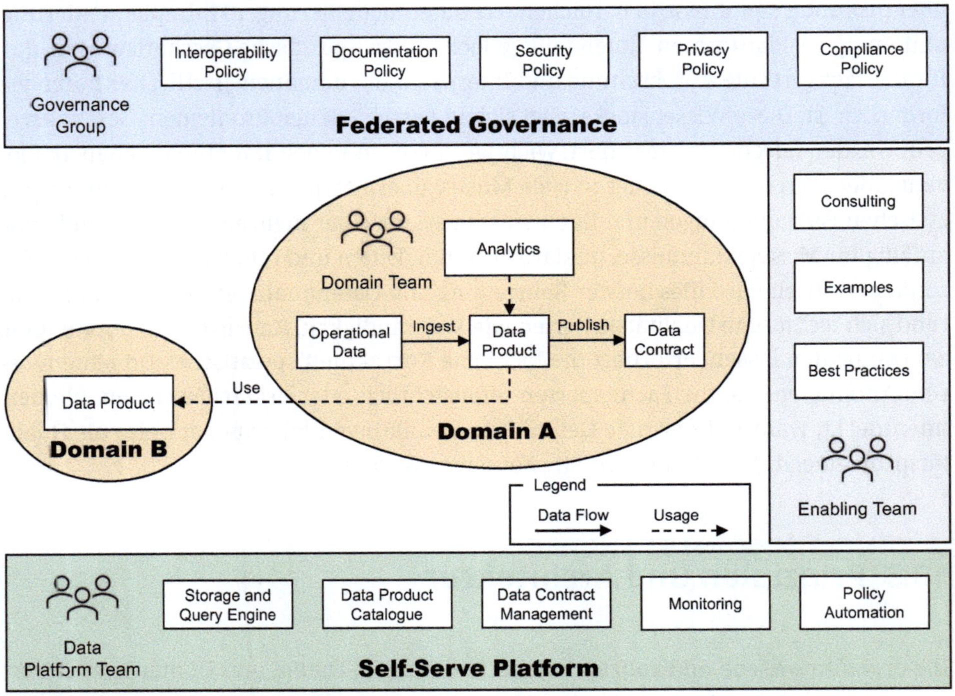

Bild 10.1 Data-Mesh-Architektur in Anlehnung an [CVH]

Das Data-Mesh-Paradigma setzt genau an diesem Punkt an und nutzt das „Inverse Conway Maneuver" als Gestaltungsprinzip [LS10]: Nicht die bestehende Organisationsstruktur diktiert die Architektur, sondern die gewünschte Architektur (domänenorientierte Datenverantwortung, klare Produkt-Schnittstellen) wird zum Zielbild, an dem Teamzuschnitte und Verantwortlichkeiten ausgerichtet werden.

Data Mesh fußt auf vier Prinzipien, die Zhamak Dehghani in ihrem Standardwerk „Data Mesh" ausführlich beschreibt [Deh23] und die sich auch in der Architektur eines Data Mesh widerspiegeln. Die Architektur eines Data Mesh zeigt Bild 10.1. Dieser soziotechnische Ansatz überwindet Skalierungsengpässe monolithischer Datenplattformen.

Bild 10.1 stellt kein spezifisches Blueprint für eine schlüsselfertige Implementierung dar, sondern ein konzeptionelles Modell, das Interaktion und Zusammenspiel der vier Kernprinzipien veranschaulicht.

1. **Domain Ownership:** Das erste Prinzip von Data Mesh stellt die Domänen in den Mittelpunkt der Datenarchitektur. Ziel ist es, von zentralistischen, domänenagnostischen Datenplattformen zu einer domänenorientierten, dezentral verantworteten Datenlandschaft zu gelangen. Dafür wird die Datenverantwortung (Data Ownership) und Produkthoheit in die verschiedenen Domänen verlagert.

   Eine Domäne im Kontext des Data Mesh bezeichnet eine geschäftlich abgegrenzte, autonome Organisationseinheit, die eine spezifische Geschäftsfunktion oder einen Teil der Wertschöpfungskette abbildet und verantwortet [Deh23]. Eine Domäne ist die grundlegende Einheit der Dezentralisierung in dieser Architektur und wird ähnlich wie bei Microservices im Domain-Driven Design entlang der Geschäftsgrenzen und dem Bounded Context[3] eines Systems definiert. Innerhalb dieser Grenzen hat ein Domänenteam die vollständige Autonomie und Verantwortung für alle Aspekte seiner Daten: Von der Erzeugung über die Verarbeitung bis zur Bereitstellung für andere Domänen.

   Diese Ende-zu-Ende-Verantwortung stellt sicher, dass das notwendige Domänenwissen für alle datenrelevanten Entscheidungen verfügbar ist. Die Domänenteams mit dem Geschäftswissen übernehmen die vollständige Verantwortung – ein großer Unterschied zu Ansätzen, bei denen zentrale Teams ohne tiefes Domänenverständnis die Datenhoheit innehaben. Ein Unternehmen könnte etwa folgende Domänen identifizieren:

   - **Customer Management Domain:** Verantwortlich für alle Aspekte der Kundenbeziehung, einschließlich Registrierung, Profilverwaltung, Präferenzen und Kommunikationshistorie. Diese Domäne versteht die Nuancen der Kundensegmentierung, Lifecycle-Stadien und Verhaltensmuster.
   - **Inventory Management Domain:** Verantwortlich für Produktkataloge, Lagerbestände, Lieferantenbeziehungen und Nachschubplanung. Diese Domäne versteht Saisonalitäten, Lieferzeiten und Bestandsoptimierung.
   - **Order Processing Domain:** Zuständig für den gesamten Bestellprozess von der Warenkorbverwaltung über die Bezahlung bis hin zur Auftragsbestätigung.

3 Ein Bounded Context definiert im Domain-Driven Design eine explizite Grenze, innerhalb derer ein spezifisches Domänenmodell mit seiner eigenen „Ubiquitous Language" (hier im Sinne von allgegenwärtiger Fachsprache) gilt und konsistent anzuwenden ist. Die Grenze markiert den Übergang zu anderen Kontexten, in denen dieselben Geschäftskonzepte möglicherweise unterschiedlich modelliert und interpretiert werden – z. B. hat „Kunde" im Vertriebskontext (Fokus auf Leads und Opportunities) eine andere Struktur und Semantik als im Abrechnungskontext (Fokus auf Zahlungsinformationen und Rechnungsadressen). Bounded Contexts sind nicht nur technische Modellgrenzen, sondern definieren auch organisatorische Verantwortlichkeiten, Teamgrenzen und die Schnittstellen zwischen verschiedenen Teilsystemen eines Unternehmens [Fow14].

Diese Domäne besitzt sämtliches Wissen über Bestellmuster, Zahlungsmethoden und operative Fulfillment-Prozesse.

- **Marketing Domain:** Zuständig für Kampagnenmanagement, Neukundengewinnung, Personalisierung und Erfolgsmessung von Marketingmaßnahmen. Diese Domäne besitzt Expertise darin, Kundenverhalten zu analysieren, die Umwandlungsrate (Conversion Rate) von Interessenten zu Käufern zu verbessern und Marketingmaßnahmen zu erzielten Ergebnissen zuzuordnen (Attribution).

Jede Domäne entwickelt eigene Datenmodelle und Qualitätsstandards bei hoher interner Kohäsion und loser externer Kopplung. Data Mesh führt dabei operative und analytische Daten unter gemeinsamer Domänenverantwortung zusammen, ohne ihre technischen Unterschiede zu negieren. Die Domänen liefern sowohl operative Services als auch analytische Datenprodukte – sie überwinden damit die traditionelle Trennung zwischen diesen Datenarten.

Bild 10.1 zeigt die Domänenorientierung: Domäne A entwickelt und stellt ein Datenprodukt bereit. Dafür vereint das interdisziplinäre Domänenteam Fachexperten und technische Rollen. Es trägt die Ende-zu-Ende-Verantwortung für seine Domäne – von den operativen Anwendungen bis zu den analytischen Daten. Dies markiert den fundamentalen Unterschied zu zentralistischen Ansätzen: Während dort fachfremde Datenteams ohne direkten Geschäftskontext die analytischen Daten verarbeiten, behalten hier die Domänenteams die vollständige Datenhoheit.

Der in Bild 10.1 gezeigte Datenfluss beginnt mit den operativen Daten, die über den Ingest-Prozess in das Datenprodukt fließen. Dieses Datenprodukt bildet das „architektonische Quantum" des Mesh – mehr als nur ein Datensatz, sondern eine kuratierte, qualitätsgesicherte Einheit, die Code, Metadaten und Infrastrukturdefinition kapselt.

Das Datenprodukt wird bereitgestellt. Die Schnittstelle bildet der Data Contract – eine formale, maschinenlesbare Vereinbarung zwischen Produzent und Konsument. Technisch manifestiert sich dieser als strukturierte Spezifikation, die Schema, Semantik, Qualitätsmetriken und Nutzungsrichtlinien definiert. Tools wie die Data Contract CLI[4] validieren diese Spezifikationen automatisiert. Der Contract garantiert Konsumenten Stabilität durch Versionierung, während er die Integrationsverantwortung zum Produzenten verlagert.

Die gestrichelte Linie zwischen Domäne A und Domäne B symbolisiert die Mesh-Interaktion: Domäne B nutzt das Datenprodukt von Domäne A ausschließlich über den definierten Vertrag. So entsteht lose Kopplung – Änderungen erfolgen kontrolliert über Versionierung statt über fragile Pipeline-Abhängigkeiten. Jede Domäne kann gleichzeitig Produzent und Konsument sein, wodurch das namensgebende Netzwerk interoperabler Datenprodukte entsteht.

---

4 Data Contract CLI: *https://cli.datacontract.com*

Das Enabling Team (rechts in Bild 10.1) unterstützt die Domänen mit Consulting, Examples und Best Practices bei der Umsetzung ihrer Datenprodukte, ohne deren Autonomie zu untergraben.

2. **Data as a Product:** Im traditionellen Datenmanagement werden Daten häufig als Nebenprodukte des operativen Betriebs mit seinen Wertschöpfungsprozesse behandelt: Sie werden gesammelt, verarbeitet und in spezialisierten analytischen Systemen wie Data Warehouses oder Data Lakes gespeichert. Zwar gelten Daten auch hier als Assets, doch in zentralisierten Ansätzen geht der Bezug zu den zugrunde liegenden fachlichen Prozessen der Domänen leicht verloren.

   Data Mesh stellt dem eine stark produktorientierte Sicht als Prinzip gegenüber: Datenprodukte sind adressierbare, versionierte Artefakte mit klarem Zweck und expliziter Schnittstelle. Solche Datenprodukte können sein: Eine Datenbanktabelle, Rohdaten als Datei, Streaming-Daten, Features für ML-Modelle, Visualisierungen oder Dashboards. Ein cross-funktionales Domänenteam aus Fach- und Datenexperten trägt die Verantwortung für den gesamten Lebenszyklus – es erfasst und modelliert die Daten, sichert ihre Qualität, betreibt die Systeme und stellt sie für Konsumenten bereit.

   Höhere Nutzbarkeit und Qualität entstehen nicht automatisch, sondern erfordern klare Produktverträge (Schema und Semantik), definierte Service-Level (Aktualität, Verfügbarkeit, Latenz, Vollständigkeit), durchdachte Versionierung, umfassende Dokumentation sowie kontinuierliche Überwachung von Qualität, Herkunft und Kosten. Unter diesen Voraussetzungen lassen sich Datenprodukte in einem Mesh interoperabel koppeln, was zur namensgebenden netzwerkartigen Struktur eines Data Mesh führt. Dehghani gibt Merkmale vor, die Datenprodukte erfüllen sollten – hier eine Auswahl [Deh23]:

   - **Auffindbar** – Datenprodukte sind katalogisiert und durchsuchbar, damit Nutzer sie leicht finden und verstehen können,
   - **Adressierbar** – Datenprodukte bieten stabile APIs als standardisierte Schnittstellen für autonome Nutzung,
   - **Verständlich** – Datenprodukte definieren klar ihre Semantik, Syntax und Geschäftsregeln durch umfassende Metadaten und Dokumentation,
   - **Vertrauenswürdig** – Datenprodukte weisen Qualitätsmetriken und Datenherkunft transparent aus, wobei das jeweilige Domänenteam die Qualität direkt sicherstellt,
   - **Eigenständig wertvoll** – Datenprodukte bilden ein architektonisches Quantum mit hoher funktionaler Kohäsion und können unabhängig bereitgestellt werden.
   - **Interoperabel** – Datenprodukte befolgen globale Standards und Richtlinien, um domänenübergreifende Aggregation und Korrelation zu ermöglichen.

Im Kontext des Data Mesh wird das Konzept des „architektonischen Quantums" (Architectural Quantum) aufgegriffen, um zu definieren, wie Datenprodukte zu strukturieren und zu betreiben sind. Ein architektonisches Quantum bildet die kleinste Einheit, die unabhängig bereitgestellt werden kann, eine hohe funktionale Kohäsion aufweist und alle strukturellen Elemente umfasst, die für ihre Funktion erforderlich sind [FPK17].

Im Data Mesh bildet das Datenprodukt selbst dieses architektonische Quantum. Es fungiert als Knotenpunkt im Netzwerk (Mesh) und kann durch seine standardisierten Schnittstellen mit anderen Datenprodukten verknüpft werden. Das Datenprodukt kapselt drei strukturelle Komponenten, die den Zugriff auf die Daten einer Domäne als Produkt ermöglichen:

- **Code:** Dies umfasst die gesamte Logik, die zur Erzeugung, Wartung und Bereitstellung des Datenprodukts nötig ist. Dazu gehören der Code für Daten-Pipelines, der Code zur Implementierung von APIs für den Datenzugriff, Skripte für automatisierte Qualitätsprüfungen sowie der Code, der Zugriffsrichtlinien durchsetzt.
- **Daten und Metadaten:** Dazu gehören die zugrunde liegenden historischen und heterogenen Daten sowie die zugehörigen Metadaten sowie Qualitätsmetriken.
- **Infrastruktur:** Diese Komponente ermöglicht den Aufbau, die Bereitstellung und den Betrieb des Codes des Datenprodukts sowie die Speicherung und den Zugriff auf Big Data und Metadaten.

Frühere Paradigmen verwalteten Pipelines oder Code getrennt von den Daten, die sie produzierten, und teilten die Infrastruktur über viele Datensätze hinweg. Ein Datenprodukt im Data Mesh hingegen vereint alle Komponenten – Code, Daten und Infrastruktur – auf der Granularität des Bounded Context einer Domäne.

Diese Zusammenführung ermöglicht es, Datenprodukte autonom bereitzustellen und im gesamten Daten-Ökosystem zu skalieren. Standardisierte Verträge und Interoperabilität sollen dabei das Risiko neuer „Datensilos" reduzieren. Vollständig vermeiden lassen sich diese jedoch nur, wenn die Domänen konsequent eine „föderierte Governance" praktizieren, gemeinsame Namenskonventionen einhalten und kompatible Schemata verwenden. Die klare Domänen-Verantwortlichkeit fördert eine datengetriebene Innovationskultur.

Wie bei Produkten üblich, sind auch Datenprodukte konsequent von den Bedürfnissen ihrer Nutzer her zu denken. Statt einfach vorhandene Rohdaten zu verpacken, analysieren die Teams zunächst, wer die Daten nutzen wird und welche Probleme damit zu lösen sind. Diese Kundenorientierung[5] prägt die gesamte Pro-

5 Für jede dieser Gruppen muss das Datenprodukt klar definieren: Welches konkrete Problem löst es? Welchen messbaren Nutzen bietet es? Wodurch unterscheidet es sich von anderen verfügbaren Datenquellen? Nur wenn diese Fragen beantwortet sind, entsteht ein Datenprodukt, das tatsächlich Mehrwert schafft.

duktentwicklung. Datenprodukte selbst lassen sich mit Vorlagen[6] gut beschreiben. Verschiedene Nutzergruppen stellen dabei sehr unterschiedliche Anforderungen:

- **Data Scientists** arbeiten explorativ und benötigen granulare, historische Daten für ihre Analysen und Modelle. Sie schätzen flexible Formate und reichhaltige Metadaten, die ihnen helfen, die Datenstrukturen zu verstehen.
- **Business Analysts** erstellen Reports, Szenarios und Dashboards und benötigen dafür aggregierte, bereits bereinigte Daten. Sie arbeiten meist mit stabilen Schemata und eindeutigen Measures und Dimensionen. Im Kern Business Intelligence.
- **Führungskräfte** verfolgen Geschäftsentwicklungen über Dashboards oder Standardberichte. Hierbei spielt auch die endgerätespezifische Aufbereitung der Daten eine wichtige Rolle (z. B. mobile BI).
- **Operative Systeme** können ebenfalls funktional von Datenprodukten profitieren – hohe Verfügbarkeit und standardisierte APIs vorausgesetzt.

3. **Self-Serve-Datenplattform:** Das dritte Prinzip der Self-Serve-Datenplattform bildet eine weitere der vier tragenden Säulen des Data Mesh. Es ermöglicht Domänenteams, ihre Datenprodukte autonom zu entwickeln und zu betreiben. Die Herausforderung besteht darin, dass Datenprodukte spezialisierte Infrastruktur und Fähigkeiten erfordern, die nicht in jedem Domänenteam vorhanden sein können.

   Diese Transformation erfordert sowohl technologische Ansätze als auch einen kulturellen Wandel. Im Zentrum steht das „Plattform-Denken“: Ein dediziertes Plattformteam stellt standardisierte, wiederverwendbare Dateninfrastruktur als Service bereit. Die Plattform konzentriert sich dabei auf eine homogene Entwicklungsumgebung mit allen benötigten IT-Services – Hardware, Speicher, Netzwerke, Virtualisierung und Containerisierung –, ohne in die spezifische Domänenlogik der einzelnen Teams einzugreifen. Sie erweitert bestehende Bereitstellungsplattformen für operative Dienste und überbrückt dabei die technologische Kluft zwischen Big-Data-Stacks und operativen Systemen.

   Die Plattform reduziert Komplexität und Reibungsverluste durch Self-Service-Tools, die über Webportale, APIs und grafische Benutzeroberflächen zugänglich sind. Diese Werkzeuge automatisieren Daten-Workflows und Pipelines, wodurch manuelle Eingriffe und die Koordination mit zentralen Teams entfallen. Dies führt zu erheblichen Zeit- und Kosteneinsparungen und ermöglicht schnelle Iterationen und Experimente.

   Die logische Architektur der Self-Serve-Plattform gliedert sich in drei integrierte, aber separat existierende Ebenen, die unterschiedliche Nutzergruppen bedienen:

   - **Infrastructure Provisioning Plane:** Diese Ebene stellt die zugrunde liegende Infrastruktur bereit – verteilte Speichersysteme, Zugriffsverwaltung und Or-

6 Hier ein Beispiel: *https://www.datamesh-architecture.com/data-product-canvas*

chestrierung. Fortgeschrittene Entwickler und andere Plattformebenen nutzen diese Ebene direkt.

- **Developer Experience Plane:** Diese Ebene bildet die Hauptschnittstelle für Datenproduktentwickler. Sie bietet deklarative Schnittstellen mit hohem Abstraktionsniveau und verbirgt die Komplexitäten des Datenprodukt-Workflows. Hier kommen die Self-Service-Tools zum Einsatz, die Entwicklern ermöglichen, ohne Spezialwissen produktiv zu arbeiten.
- **Mesh Supervision Plane:** Sie stellt Fähigkeiten auf Mesh-Ebene bereit – etwa die globale Suche nach Datenprodukten oder die Korrelation mehrerer Datenprodukte für höherwertige Erkenntnisse. Diese Ebene implementiert und überwacht übergreifende Standards und Konventionen, die für alle Datenprodukte gelten.

Diese Architektur verbirgt technische Komplexität und ermöglicht Domänenteams, sich auf ihre fachlichen Datenprodukte zu konzentrieren. Das Data-Mesh-Paradigma definiert bewusst keine standardisierte technische Lösung, sondern liefert einen organisatorischen und architektonischen Ansatz, der sich mit verschiedenen Technologie-Stacks realisieren lässt.

Data Mesh ist primär eine organisatorische sowie kulturelle Transformation – die Technologie dient als Enabler, nicht als Selbstzweck. Die konkrete Implementierung erfordert daher ein eigenes Projekt, das neben der Technologieauswahl vor allem umfassendes Change Management, neue Governance-Strukturen und eine Kulturveränderung hin zu dezentraler Datenhoheit umfasst.

Die Umsetzung zeigt die untere Schicht in Bild 10.1, wobei auch potenziell infrage kommende Tools oder Frameworks aufgeführt werden. Das Data Platform Team betreibt die Self-Serve-Plattform mit fünf Kernkomponenten:

- **Storage and Query Engine:** Stellt skalierbare Infrastruktur für polyglotte Datenhaltung und föderierte Abfragen bereit.

  Domänen speichern ihre Daten je nach Anforderung in Cloud-basierten Data Warehouses wie Snowflake[7)] oder BigQuery[8)], in Object Stores wie Amazon S3 oder als Streaming-Events in Kafka[9)]. Föderierte Query Engines wie Trino[10)] ermöglichen domänenübergreifende Analysen ohne zentrale Datenreplikation.
- **Data Product Catalogue:** Ein zentral bereitgestelltes, aber föderativ befülltes Verzeichnis macht alle Datenprodukte im Mesh auffindbar.

  Implementierungen reichen von spezialisierten Tools wie Select Star[11)] über Cloud-native Lösungen bis zu selbstentwickelten Katalogen – entscheidend ist die Transparenz über verfügbare Datenprodukte.

7 Snowflake: *https://www.snowflake.com*
8 Google BigQuery: *https://cloud.google.com/bigquery*
9 Apache Kafka: *https://kafka.apache.org*
10 Trino: *https://trino.io*
11 Select Star: *https://www.selectstar.com*

- **Data Contract Management:** Verwaltet die im Bild gezeigten Data Contracts, die als formale Schnittstellen zwischen Domänen fungieren.

  Tools wie die Data Contract CLI[12] oder Frameworks wie Great Expectations[13] automatisieren die Validierung dieser Verträge.
- **Monitoring:** Stellt den verlässlichen Betrieb der Datenprodukte sicher – inklusive Qualität, Aktualität, Verfügbarkeit und Herkunftsnachweis.

  Tools wie Monte Carlo[14] übernehmen die automatisierte Prüfung.
- **Policy Automation:** Diese Komponente verbindet die Plattform mit der Governance-Schicht. Sie setzt die vom Governance-Gremium definierten Policies (Interoperability, Documentation, Security, Privacy, Compliance) automatisiert durch.

  Tools wie Open Policy Agent[15] transformieren die Governance-Vorgaben in ausführbaren Code.

Der Paradigmenwechsel liegt im Nutzungsmodell: Statt eines monolithischen Systems betreibt jede Domäne ihre eigene Dateninfrastruktur autonom – unterstützt durch die Plattform und gebunden an globale Standards durch Policy-Automatisierung.

4. **Federated Computational Governance:** Dieses vierte Prinzip löst ein zentrales Dilemma dezentraler Datenarchitekturen: Wie lassen sich in einer Umgebung mit autonomen Teams Konsistenz, Interoperabilität und Compliance unternehmensweit sicherstellen?

   Die Antwort liegt in einer ausgewogenen Governance-Struktur, die zentrale Regeln mit lokaler Flexibilität verbindet. „Föderiert" bedeutet, dass nicht eine zentrale Stelle alle Entscheidungen trifft, sondern eine Governance-Gruppe aus Vertretern aller am Data Mesh teilnehmenden Teams gemeinsam die Mindeststandards festlegt. Diese Gruppe vereint Domänen-Produktverantwortliche, Plattform-Produktverantwortliche sowie Experten für Recht, Compliance und Sicherheit [Deh23; Men24].

   Das Governance-Gremium muss die Balance zwischen zentralen Standards mit dezentraler Autonomie finden. Es definiert verbindliche Mindestanforderungen[16], lässt aber Spielraum für domänenspezifische Umsetzung. Wenn etwa die Verschlüsselung personenbezogener Daten vorgeschrieben wird, wählen die Domänen die konkrete Methode selbst – solange sie den Sicherheitsanforderungen genügt.

12 Data Contract CLI: *https://cli.datacontract.com*

13 Great Expectations: *https://greatexpectations.io*

14 Monte Carlo: *https://www.montecarlodata.com*

15 Open Policy Agent: *https://www.openpolicyagent.org*

16 Unternehmensweite Standards umfassen z. B. einheitliche Namenskonventionen für domänenübergreifende Kombinierbarkeit, verpflichtende Produktdokumentation, Richtlinien zum Schutz sensibler Daten, Schema-Kompatibilität und Versionierung zur Wahrung der Rückwärtskompatibilität sowie lückenlose Nachvollziehbarkeit von Herkunft und Verarbeitung für Audits.

Ein Unterschied zu traditioneller Governance liegt in der „rechnergestützten" Durchsetzung – der Computational Governance. Statt auf manuelle Prozesse und nachgelagerte Kontrollen zu setzen, werden Governance-Regeln als ausführbarer Code implementiert. Die Plattform prüft automatisch Standards wie Feldbenennungen, Datenschutz und Dokumentation. Nur konforme Datenprodukte werden freigegeben – Abweichungen lösen sofort Alarme aus.

Die praktische Umsetzung zeigt Bild 10.1 [CVH]: Die oberste Schicht definiert fünf Governance-Policies, die durch die Policy-Automatisierung in der Plattform-Schicht durchgesetzt werden:

- **Interoperability Policy:** Standardisiert Bereitstellungsformate und Zugriff (z. B. CSV auf S3 im domäneneigenen Bucket) und verlangt klar definierte Schemas/ Semantik im Datenvertrag –Grundlage für Schema-Validierungen.
- **Documentation Policy:** Stellt Auffindbarkeit und Verständnis sicher, z. B. über eine Wiki-Seite mit Pflichtmetadaten (Owner, Location-URL, Feldbeschreibungen).
- **Security Policy:** Erzwingt einen einheitlichen, sicheren Zugriff (z. B. rollenbasiert via AWS IAM), verwaltet durch das Domänenteam.
- **Privacy Policy:** Schützt personenbezogene Daten im Sinne unternehmensweiter Vorgaben.
- **Compliance Policy:** Stellt die Einhaltung organisatorischer Regeln und Branchenvorschriften sicher.

Die föderierte Governance schafft so einen flexiblen Rahmen, der das dezentrale System vor Wildwuchs bewahrt, ohne Innovation zu bremsen. Erst das Zusammenspiel aller vier Prinzipien – Domänenorientierung, Datenprodukte, Self-Serve-Plattform sowie föderierte Governance – ermöglicht ein funktionierendes Data Mesh.

Zusammenfassung der vier Prinzipien

Bild 10.2 fasst die vier tragenden Prinzipien des Data Mesh auf einen Blick zusammen und zeigt deren Verankerung auf drei Ebenen: Strategic Domain-driven Design, Socialtechnical Perspective und Technology [CVH].

Das erste von insgesamt vier Prinzipien beschreibt Domain Ownership und basiert auf dem Konzept des Bounded Context aus dem Domain-Driven Design. Domänenteams übernehmen die vollständige Verantwortung für operative und analytische Daten ihrer Geschäftsdomäne. Dies markiert den Bruch mit zentralisierten Datenarchitekturen: Datenhoheit liegt dort, wo auch das Fachwissen sitzt.

Das zweite Prinzip Data as a Product überträgt Product Thinking auf den Datenbereich. Domänenteams entwickeln ihre analytischen Daten als vollwertige Produkte mit definierten Schnittstellen, Service-Level-Agreements und klaren Konsumenten. Diese Datenprodukte sind interoperabel, selbstbeschreibend und folgen unternehmensweiten

Standards, bleiben aber unter der Kontrolle der jeweiligen Domäne. Domänenteams entwickeln ihre analytischen Daten als vollwertige Produkte mit definierten Schnittstellen, Service-Level-Agreements und klaren Konsumenten. Diese Datenprodukte sind interoperabel, selbstbeschreibend und folgen unternehmensweiten Standards, bleiben aber unter der Kontrolle der jeweiligen Domäne.

Das dritte Prinzip der Self-serve Data Platform adressiert die technische Komplexität. Ein dediziertes Plattformteam stellt domänenagnostische Infrastruktur bereit, die Domänenteams befähigt, ohne Spezialkenntnisse über Big-Data-Technologien produktiv zu arbeiten. Die Plattform abstrahiert technische Details und bietet standardisierte Services für Speicherung, Verarbeitung und Bereitstellung von Datenprodukten.

Das vierte Prinzip der Federated Computational Governance balanciert Autonomie mit notwendiger Standardisierung. Eine Governance-Gruppe aus Domänen- und Plattformvertretern definiert gemeinsam verbindliche Mindeststandards. Diese werden nicht manuell kontrolliert, sondern durch Policy Automation automatisiert durchgesetzt – Governance wird zu ausführbarem Code.

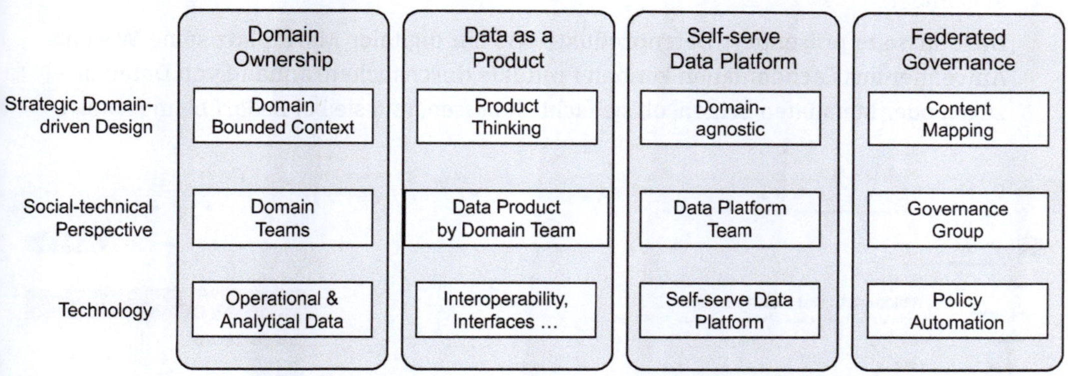

Bild 10.2 Prinzipien für ein Data Mesh in Anlehnung an [CVH]

Data Mesh Manager als Tool-Beispiel

Die Plattform Data Mesh Manager[17)] dient im Folgenden als Beispiel und zur Illustration, wie sich die Data-Mesh-Prinzipien (Bild 10.2) in der Praxis umsetzen lassen. Neben einer kostenpflichtigen SaaS-Variante gibt es auch eine kostenfreie Community Edition[18)] für Self-Hosting. Data Mesh Manager bietet die folgenden Funktionsbereiche:

- **Data Product Inventory:** Fungiert als zentraler Katalog für alle Datenprodukte im Mesh. Dies unterstützt direkt das Prinzip der Datenprodukte als eigenständige, auffindbare Einheiten.

17 Data Mesh Manager: *https://datamesh-manager.com*

18 Data Mesh Manager Community Edition: *https://github.com/entropy-data/entropy-data-ce*

- **Data Contract Management:** Verwaltet den vollständigen Lebenszyklus von Datenverträgen (Data Contracts). Contracts können über verschiedene Schnittstellen (Web-UI, YAML, API) erstellt und automatisch auf Compliance geprüft werden. Die Integration mit der Open-Source Data Contract CLI ermöglicht automatisierte Qualitätsprüfungen.
- **Request- und Approval-Workflow:** Implementiert Self-Service-Prinzipien: Konsumenten können Zugriff auf Datenprodukte anfragen, der nach Genehmigung durch den Product Owner automatisch in der zugrunde liegenden Datenplattform konfiguriert wird.

Der Screenshot des Data Mesh Manager Marketplace zeigt ein Beispiel anhand von Musterdaten, wie sich das Prinzip „Data as a Product" praktisch umsetzen ließe (Bild 10.3). Im unteren Bereich finden sich verschiedene Datenprodukte als eigenständige Einheiten, etwa „Orders" vom Sales Team oder „Articles History" mit Versionsverwaltung. Jedes Datenprodukt verfügt über etliche Metainformationen: eine klare Teamzuordnung als Product Owner oder Statusindikatoren wie „active" oder „proposed" (nicht abgebildet).

Die Startseite präsentiert Datenprodukte wie ein digitaler Marktplatz seine Waren: Anwender aus Fachdomänen können Produkte durchsuchen, anhand von Datenauszügen oder Metadaten prüfen, ob sie fachlich passen, und sie bei Bedarf beim Product

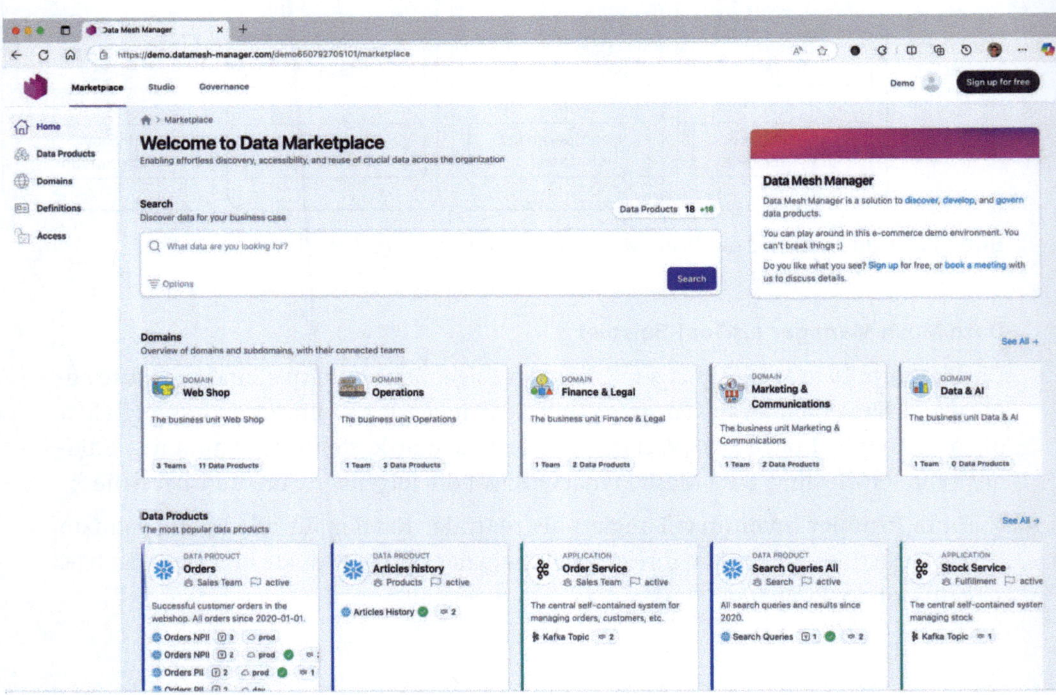

Bild 10.3 Data Mesh Manager als Tool-Beispiel | Übersicht

Owner anfordern. Anhand der Datenprodukte wie etwa „orders“, „search queries all“ oder „articles_history“ lässt sich nachvollziehen, wie Domänenteams operative Daten in kuratierte, wiederverwendbare Einheiten transformieren. Sie versionieren ihre Produkte, definieren klare Schnittstellen und reichern sie mit selbstbeschreibenden Metadaten an.

Die Oberfläche verbindet alle vier Data-Mesh-Prinzipien: Die Domänenzuordnung (Web Shop, Finance & Legal) verdeutlicht die dezentrale Datenhoheit, die einheitliche Darstellung aller Produkte setzt die föderierte Governance um, und die Suchfunktion ermöglicht Self-Service beim Entdecken von Datenprodukten.

Bild 10.4 visualisiert die Datenprodukte und ihre Abhängigkeiten als Netzwerk. Diese Darstellung verkörpert das namensgebende „Mesh“ – ein Geflecht vernetzter Datenprodukte verschiedener Domänen. Die Netzwerkansicht macht sichtbar, was Dehghani unter einem Data Mesh versteht: Kein zentrales Repository wie etwa ein Data Lake, sondern ein dezentrales Netz gleichberechtigter Datenprodukte. Jeder Knoten repräsentiert ein eigenständiges Produkt mit klarem Verantwortungsbereich und definierten Schnittstellen. Die Verbindungen legen offen, welche Datenprodukte andere Produkte als Input nutzen – Data Contracts definieren an diesen Schnittstellen die formalen Vereinbarungen über Struktur, Qualität und Nutzungsbedingungen.

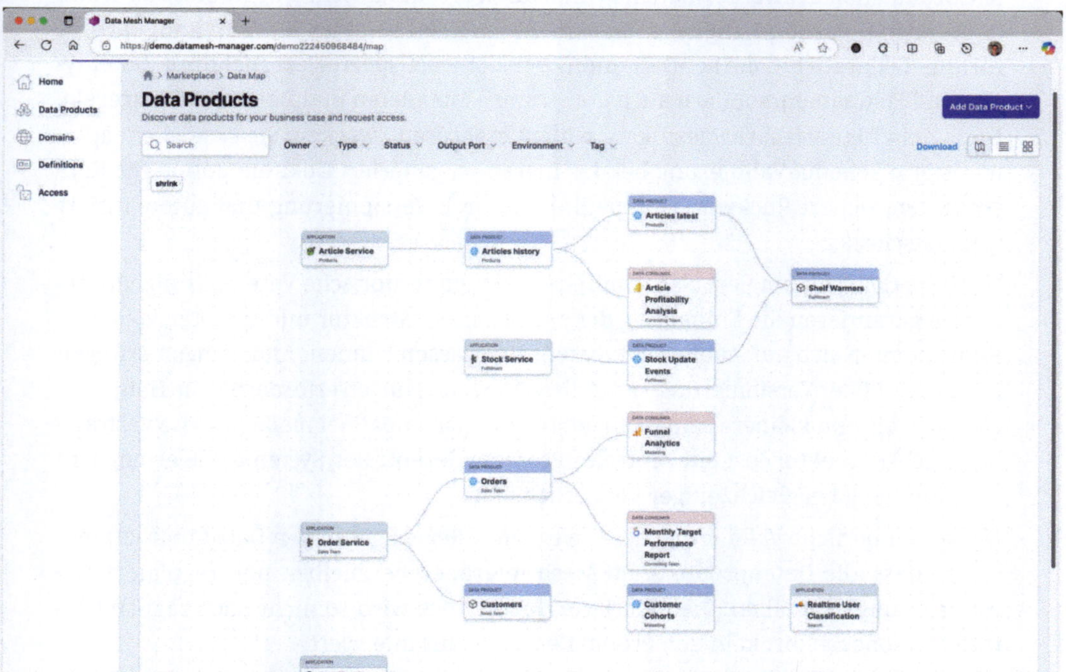

Bild 10.4 Data Mesh Manager als Tool-Beispiel | Verknüpfte Datenprodukte

Die Darstellung offenbart auch potenzielle Herausforderungen: Viele Domänen nutzen „orders" oder „articles history" als Input. Ändern sich diese Datenprodukte, müssten zahlreiche Konsumenten ihre Integration anpassen. Die geflechtartige Struktur verdeutlicht, warum föderierte Governance und automatisierte Contract-Validierung notwendig sind – manuelle Koordination stößt bei solchen Vernetzungsgraden schnell an ihre Grenzen.

Bild 10.5 zeigt die Contract-Spezifikation für „articles_history".

Bild 10.5 zeigt die Detailansicht des Datenprodukts „articles history" mit allen technischen und fachlichen Metadaten. Diese Ansicht demonstriert, wie das „Data as a Product"-Prinzip praktisch umgesetzt wird.

Die zentrale Tabelle präsentiert die Datenstruktur mit Feldern wie *sku*, *name*, *color*, *brand_name* und *timestamp* – jeweils mit Datentyp und Beispielwerten. Feld *sku* (Stock Keeping Unit) dient als eindeutiger Identifier, während Zeitstempel sowohl fachliche Gültigkeit als auch technische Verarbeitungszeiten dokumentieren.

Der rechte Bereich in Bild 10.5 dokumentiert die Produktverantwortlichkeiten und integrierte Governance-Checks: „Mandatory fields" und „Snowflake Naming Conventions" melden Issues, während der Check für personenbezogene Daten erfüllt ist.

Im unteren Code-Bereich des Bildes 10.5 zeigt der Data Contract die formale Schnittstellenspezifikation in zwei Formaten: Python für programmatische Integration und YAML (YAML Ain't Markup Language, manchmal auch Yet Another Markup Language)[19] für die deklarative Contract-Definition. Der Contract spezifiziert nicht nur Datentypen und Feldnamen, sondern auch Constraints, Metadaten und Datenqualitätsregeln. Diese maschinenlesbare Spezifikation dient mehreren Zwecken: Sie ermöglicht automatisierte Schema-Validierung bei der Ingestion, generiert Dokumentation für Konsumenten, sichert Rückwärtskompatibilität durch Versionierung und automatisiert Qualitätschecks.

Der Data Contract fungiert als technische und organisatorische Vereinbarung: Produzenten garantieren die Einhaltung der spezifizierten Struktur und Qualität, während Konsumenten sich auf stabile Schnittstellen verlassen können. Änderungen erfolgen kontrolliert über Versionierung – grundlegende Änderungen erfordern neue Hauptversionen, während kleinere Anpassungen rückwärtskompatibel bleiben. Diese vertragsbasierte Architektur löst ein zentrales Problem dezentraler Systeme: Sie ermöglicht lose Kopplung bei gleichzeitiger Verlässlichkeit.

Die kontinuierliche Validierung der Governance-Regeln gegen den Data Contract stellt sicher, dass alle Datenprodukte im Mesh interoperabel bleiben und regulatorische Anforderungen erfüllen. Die föderierte Governance wird so nicht nachträglich kontrolliert, sondern direkt in den Produktlebenszyklus integriert.

19 YAML ist eine für den Menschen lesefreundliche Sprache zur Datenserialisierung, häufig für Konfigurationsdateien; YAML 1.2 ist als striktes Superset von JSON konzipiert und setzt zur Strukturierung auf Einrückungen statt Klammern.

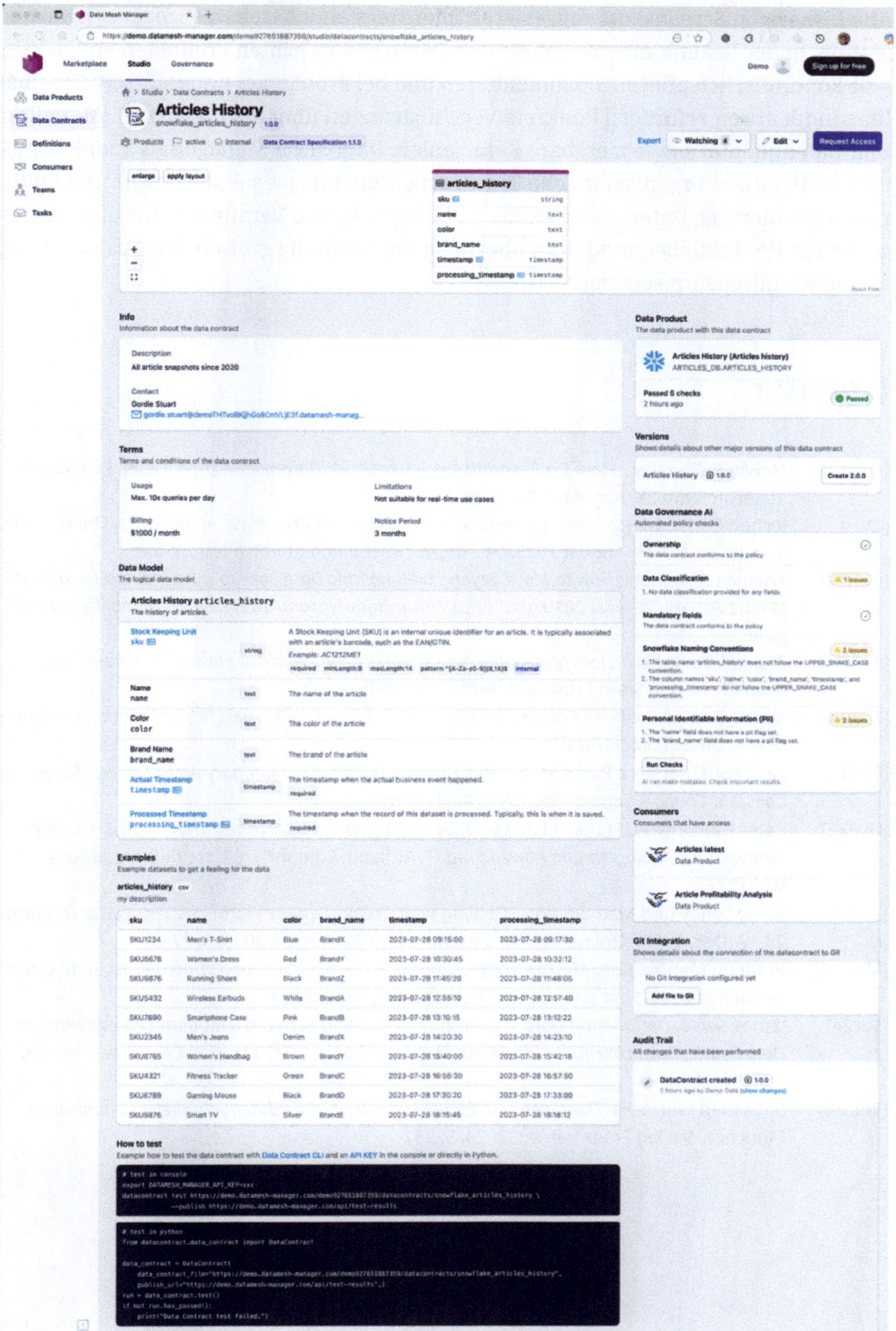

Bild 10.5 Data Mesh Manager als Tool-Beispiel | Data Contract

Alle bisherigen Screenshots suggerieren allerdings eine bereits vollzogene Transformation. In der Realität müssen Teams ihre Daten erst zu echten Produkten entwickeln – sie kontinuierlich pflegen, dokumentieren und bei Problemen unterstützen. Die Qualitätsindikatoren erfordern konkrete Vereinbarungen über Verfügbarkeit, Aktualität und Datenqualität sowie messbare Kennzahlen. Data Mesh Manager als Tool-Beispiel unterstützt diese organisatorische Transformation, ersetzt sie aber nicht. Die kulturelle Veränderung, Daten als Produkte zu behandeln und Verantwortung entlang des gesamten Produktlebenszyklus zu übernehmen, bleibt die größere Herausforderung als die technische Umsetzung.

Literatur

[Con68] Melvin E. Conway. „How Do Committees Invent?" In: *Datamation* (Apr. 1968). PDF-Artikel, abgerufen am 28. August 2025, S. 28–31.

[CVH] Jochen Christ, Larysa Visengeriyeva und Simon Harrer. *Data Mesh Architecture*. Online-Seite, abgerufen am 31. August 2025. URL: *https://www.datamesh-architecture.com*.

[Deh19] Zhamak Dehghani. *How to Move Beyond a Monolithic Data Lake to a Distributed Data Mesh*. Online-Artikel. 20. Mai 2019. URL: *https://martinfowler.com/articles/data-monolith-to-mesh.html*.

[Deh23] Zhamak Dehghani. *Data Mesh: eine dezentrale Datenarchitektur entwerfen*. Übers. von Jochen Christ und Simon Harrer. 1. Auflage. O'Reilly, 2023.

[Fow14] Martin Fowler. *Bounded Context*. Online-Artikel. 15. Jan. 2014. URL: *https://martinfowler.com/bliki/BoundedContext.html*.

[FPK17] Neal Ford, Rebecca Parsons und Patrick Kua. *Building Evolutionary Architectures: Support Constant Change*. Sebastopol, CA: O'Reilly Media, 2017.

[GLP22] Peter Gluchowski, Frank Leisten und Gero Presser, Hrsg. *Architekturen für BI & Analytics: Konzepte, Technologien und Anwendung*. 1. Auflage. Edition TDWI. Heidelberg: dpunkt.verlag, 2022.

[LS10] Jonny LeRoy und Matt Simons. „Dealing with Creaky Legacy Platforms". In: *Cutter IT Journal* 23.12 (Dez. 2010). Online-Artikel, abgerufen am 30. August 2025, S. 27–32.

[Men24] Pradeep Menon. *Data Mesh: Principles, patterns, architecture, and strategies for data-driven decision making*. First Edition. BPB Publications, India, 2024.

[Ser24] James Serra. *Deciphering Data Architectures: Choosing Between a Modern Data Warehouse, Data Fabric, Data Lakehouse, and Data Mesh*. 1st Edition. Sebastopol, CA: O'Reilly Media, 2024, S. 280.

[Wer24] Sebastian Wernicke. *Data Inspired: Erfolgskonzepte für die datengetriebene Organisation*. München: Verlag Franz Vahlen, 2024, S. 252.

11 NoSQL

Die Anforderungen an die Datenspeicherung sind in den letzten Jahren deutlich vielfältiger geworden. Wo früher eine einzelne relationale Datenbank ausreichte, benötigen wir heute oft einen ganzen Zoo von Persistenz-Optionen (und damit eine sogenannte Polyglot Persistence), um alle Anforderungen an eine zuverlässige und performante Datenspeicherung abzudecken. Wie schon mehrfach erwähnt, bewegen sich Big-Data-Systeme oft an der Grenze des technisch Machbaren, wodurch eine gezielte Auswahl bzw. Zusammenstellung der Persistenz obligatorisch wird, um die entsprechenden Datenmengen überhaupt handhaben und auswerten zu können.

Die Palette an Systemen reicht dabei von einem verteilten Dateisystem zum Ablegen von Rohdaten über schnelle FIFO-Puffer zum Zwischenspeichern von hohen Daten-Volumina bis hin zum Einsatz einer entsprechend spezialisierten NoSQL-Datenbank für beispielsweise die Speicherung von Graph-Daten. **Die wichtigste Grundüberlegung dabei ist, das richtige Werkzeug für eine anstehende Aufgabe auszuwählen** und sich sowohl seine Stärken als auch seine sicherlich ebenso vorhandenen Schwächen bewusst zu machen. Entgegen der vollmundigen Marketing-Versprechen vieler DB-Hersteller und -Consultants gibt es unter NoSQL-Datenbanken kein „Universal-Genie", das alle möglichen Anforderungen perfekt abdecken würde; auch hier gilt, wie so oft in der Informatik, die goldene Regel **„There is no free lunch!"**.

> Um es gleich zum Einstieg in das Kapitel deutlich hervorzuheben: Der Hauptvorteil von NoSQL-Datenbanken ergibt sich durch die geschickte Auswahl eines Systems für eine bestimmte Aufgabenstellung. Durch die Anpassung an den gegebenen Use Case kann eine bessere Geschwindigkeit (velocity) und Skalierbarkeit (volume) erreicht werden. Diese Vorteile werden meist mit deutlichen Einschränkungen in der Flexibilität im Vergleich zu relationalen Datenbanken erkauft, sodass zur Speicherung verschiedener Datenarten (variety) oft auch verschiedene DB-Systeme genutzt werden müssen.

11.1 Key-Value-Stores

Key-Value-Stores gehören zu den ältesten und einfachsten Formen nicht relationaler Datenbanksysteme. Heute sind sie ein fester Bestandteil moderner IT-Architekturen und werden vor allem dort eingesetzt, wo schnelle Zugriffe auf einfache Datenstrukturen erforderlich sind, etwa beim Caching oder der Verwaltung von Sitzungsinformationen.

Aufbau und Einsatz

Erst einmal speichern Key-Value-Stores Informationen in Form von Schlüssel-Wert-Paaren, wobei jeder Schlüssel eindeutig einem Wert zugeordnet ist. Das Prinzip lässt sich anschaulich mit Schließfächern in einem Schwimmbad oder Fitnessstudio vergleichen: Jedes Fach hat einen Schlüssel mit einer eindeutigen Nummer, sodass man es nach dem Training schnell wiederfindet. In das Fach selbst lassen sich beliebige Inhalte (z. B. Kleidung, Smartphone, Haustürschlüssel) einschließen – solange sie hineinpassen.

Key-Value-Strukturen begegnen uns in zahlreichen Bereichen der Informatik, etwa in Programmiersprachen (z. B. HashMaps in Java) oder Datenformaten (z. B. JSON, siehe Abschnitt 5.1.1). Die Werte können dabei ganz unterschiedliche Formen annehmen. Sie reichen von einfachen Datentypen wie Integern oder Strings bis hin zu komplexeren Strukturen wie Blobs oder JSON-Objekten. Intern werden sie in der Regel als binäre Objekte abgelegt.

Eingesetzt werden Key-Value-Stores vor allem dann, wenn ein besonders schneller Lese- und Schreibzugriff auf Daten erforderlich ist, die über einen bestimmten Schlüssel adressiert werden. Schlüssel können automatisch generiert werden (z. B. über Session-IDs oder Zeitstempel) oder explizit vom Nutzer festgelegt werden (z. B. als User-ID). Entscheidend ist, dass sie eindeutig sind.

Key-Value-Stores erreichen ihre hohe Zugriffsgeschwindigkeit in erster Linie durch einfache Datenmodelle (Schlüssel–Wert), optimierte Speicherstrukturen und häufig durch das Halten von Daten im Hauptspeicher. Da Key-Value-Stores kein vordefiniertes Schema erfordern, lassen sie sich in unterschiedlichen Anwendungsszenarien einsetzen. Typische Einsatzgebiete sind insbesondere Caching und Session-Management. Erweiterte Systeme wie Redis bieten darüber hinaus zusätzliche Funktionen, die den Einsatz als einfacher Message Broker, als Event-Streaming-Plattform oder sogar als Vektordatenbank ermöglichen. Diese erweiterten Anwendungsfelder gelten jedoch nicht allgemein für alle Key-Value-Stores, sondern sind abhängig von der jeweiligen Implementierung und ihren Zusatzmodulen.

Während Key-Value-Stores beim direkten Zugriff über bekannte Schlüssel eine sehr hohe Effizienz erreichen, stoßen sie bei komplexeren Abfragen an ihre Grenzen. Operatio-

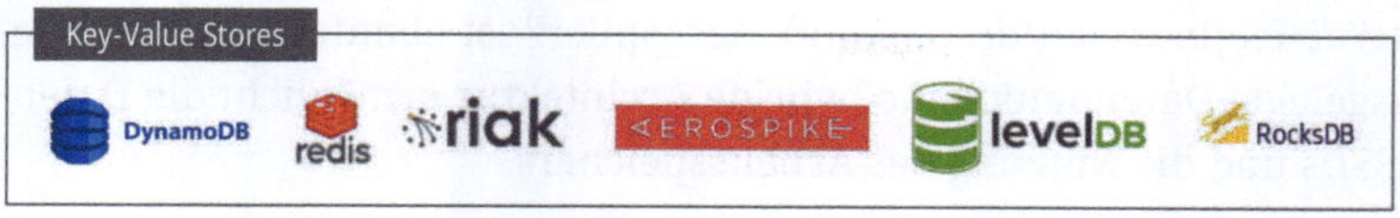

Bild 11.1 Verschiedene Key-Value-Stores

nen wie das Filtern nach Attributwerten oder die Suche innerhalb von Wertebereichen gehören im Kern nicht zum Funktionsumfang und werden von reinen Key-Value-Stores entweder gar nicht unterstützt oder nur mit deutlichen Einbußen bei Leistung und Skalierbarkeit ermöglicht. Erweiterungen einzelner Systeme, etwa Sekundärindizes oder zusätzliche Suchmodule, können diese Einschränkungen teilweise kompensieren, stellen jedoch keine generelle Eigenschaft von Key-Value-Stores dar.

Übersicht

Erste Umsetzungen entstanden bereits in den 1970er- und 1980er-Jahren. Ein Beispiel ist die Datenbank *Berkeley DB*, welche als eingebetteter Key-Value-Store in vielen Softwareanwendungen zum Einsatz kam[1].

Wie viele der hier vorgestellten Datenbanksysteme erfuhren auch Key-Value-Stores in den 2000er-Jahren einen erheblichen Aufschwung. Ein frühes Beispiel ist *Memcached*[2], das 2003 von der Firma Danga Interactive für das Internetportal LiveJournal entwickelt wurde. Memcached ist als verteilter In-Memory-Datenspeicher konzipiert, mit dem Ziel, Datenbankzugriffe in Webanwendungen zu minimieren.

Ein weiteres prägendes Beispiel ist *Amazon Dynamo*, das 2007 vorgestellt wurde [DeC+07]. Viele Aufgaben innerhalb von Amazons E-Commerce-Plattform erforderten keine komplexen Abfragen, sondern es mussten schnelle Zugriffe über Primärschlüssel auf riesigen Datenmengen realisiert werden. Die Architektur und das Datenmodell von Amazon Dynamo wurden deswegen konsequent auf hochskalierbare Key-Value-Strukturen mit klar definierten Konsistenzgarantien (*eventual consistency*, siehe Abschnitt 6.3.1) und hoher Verfügbarkeit ausgerichtet. Dynamo diente in der Folge als Architekturvorlage für zahlreiche moderne Key-Value-Stores [Cor+17].

Das Open-Source-System *Riak*[3] (2009) basiert zum Beispiel auf Amazon Dynamo. Es ist ein verteilter Key-Value-Store mit hoher Ausfallsicherheit. *Redis*[4] hält Daten komplett im Arbeitsspeicher und persistiert diese nur optional. Abfragen sind dadurch sehr schnell, allerdings auf Kosten der vollen Datensicherheit. Da Redis als beliebter Key-Value-Store gilt, wird das System im folgenden Kapitel noch einmal näher vorgestellt

1 *https://www.oracle.com/database/technologies/related/berkeleydb.html*
2 *https://memcached.org*
3 *https://riak.com/index.html*
4 *https://redis.io*

(siehe auch *https://db-engines.com/de/ranking*). Aerospike[5] ist ebenfalls eine auf Geschwindigkeit ausgelegte Datenbank. Eine hybride Architektur ermöglicht die Datenspeicherung auf SSDs und die Nutzung des Arbeitsspeichers.

2011 stellten Jeff Dean und Sanjay Ghemawat *LevelDB*[6] vor. Bekannt wurden die beiden Google-Mitarbeiter zuvor durch die Entwicklung des Systems Bigtable [Cha+08]. LevelDB ist eine Key-Value-Datenbankbibliothek, die lokal in Anwendungen eingesetzt wird und kein eigenes Serversystem hat. LevelDB beruht auf der LSM-Tree-Struktur (siehe Abschnitt 6.2.2), eine Datenstruktur, die sich besonders gut für „write heavy, read light"-Workloads eignet. Bereits 2012 folgte bei Facebook mit RocksDB[7] eine Weiterentwicklung von LevelDB [Don+21]. Die C++-Bibliothek erweitert LevelDB um Funktionen wie Datenkompression, Transaktionen, Column Families und Checkpoints. Außerdem bietet sie eine verbesserte Unterstützung für SSDs sowie für den parallelen Betrieb mit mehreren Threads[8]. Heute ist RocksDB ein weit verbreitetes Open-Source-Projekt und dient als Speicher-Engine für viele Systeme, darunter MyRocks (eine MySQL-Variante) und Apache Kafka Streams.

Neben den schon erwähnten Key-Value-Stores existieren auch verteilte Datenspeicher, die das Key-Value-Prinzip in großem Maßstab umsetzen. Hierzu zählen insbesondere Object Stores wie Amazon S3[9] oder MinIO[10], die im Kern ebenfalls Schlüssel-Wert-Speicherung nutzen, jedoch für massiv verteilte, hochskalierbare und kostengünstige Speicherung großer Datenmengen ausgelegt sind (siehe auch Abschnitt 11.2).

Beispiel: Redis

Redis ist eine in C implementierte In-Memory-Datenbank, die sich flexibel als Cache, Datenbank oder Message Broker einsetzen lässt [Cao+16]. Der Name Redis steht für **Re**mote **Di**ctionary **S**erver. Entwickelt wurde das System 2006 von dem Italiener Salvatore Sanfilippo, der für sein Startup Web-Log-Analysen in Echtzeit (über lloogg.com) realisieren wollte. Logeinträge sollten nicht nur sehr schnell geschrieben, sondern auch die zuletzt eingegangenen zügig abrufbar sein. Da die von ihm genutzte relationale Datenbank diesen Anforderungen nicht genügen konnte, begann Sanfilippo, ein eigenes System zu entwerfen und stellte 2009 eine erste Version auf HackerNews vor. Seitdem hat sich Redis zu einem erfolgreichen Open-Source-Projekt weiterentwickelt. Die Datenbank wurde unter der BSD-3-Lizenz angeboten. Ab Version 7.4 änderte Redis sein Lizenzmodell in ein duales Lizenzmodell „Redis Source Available License 2.0 (RSALV2)" und „Server Side Public License (SSPL)".

5 *https://aerospike.com*
6 *https://github.com/google/leveldb*
7 *https://github.com/facebook/rocksdb/wiki*
8 *https://github.com/facebook/rocksdb/wiki/Features-Not-in-LevelDB*
9 *https://aws.amazon.com/de/s3*
10 *https://www.min.io*

Tabelle 11.1 Steckbrief Redis

Eigenschaft	Beschreibung
Webadresse	*https://redis.io*
Docker-Image	`docker pull redis:latest`
Technische Dokumentation	*https://redis.io/docs/latest*
Typ	In-Memory-Datenbank, Key-Value-Store
Datenstrukturen	Strings, Listen (Lists), Hashes, Sorted Sets
Implementierungssprache	C
Erstveröffentlichung	2009
Datenschema	Schemafrei
Persistenz	RDB (Snapshotting), AOF (Append-Only File)
Concurrency	Single Threaded Event Loop; ab Redis 6 Multi-Threading für Netzwerk-I/O
Replikation	Asynchrone Leader-Follower-Replikation
Skalierung	Horizontale Skalierung durch Sharding, Redis-Cluster
Lizenz	Redis Source Available License (RSALv2), Server Side Public License (SSPLv1)

Redis bietet ein einfaches Schlüssel-Wert-Datenmodell, in dem Schlüssel auf fünf verschiedene Datenstrukturen verweisen können. Neben der Haltung im Hauptspeicher können Daten persistiert werden. Horizontale Skalierung erfolgt über ein Redis-Cluster, wobei die Schlüssel über Hash-Slots verteilt werden. Eine Replikation der Daten erfolgt über ein asynchrones Leader-Follower-Modell (siehe auch Abschnitt 6.2.2). Damit Follower nach einem Verbindungsabbruch wieder schnell aufholen können, nutzt Redis (ab Version 4) das Synchronisationsprotokoll PSYNC2.

Bild 11.2 zeigt eine typische Nutzung von Redis als verteilter Cache-Server zur Umsetzung des Cache-Aside-Musters [Atc21]. Um häufige Datenbankabfragen zu vermeiden,

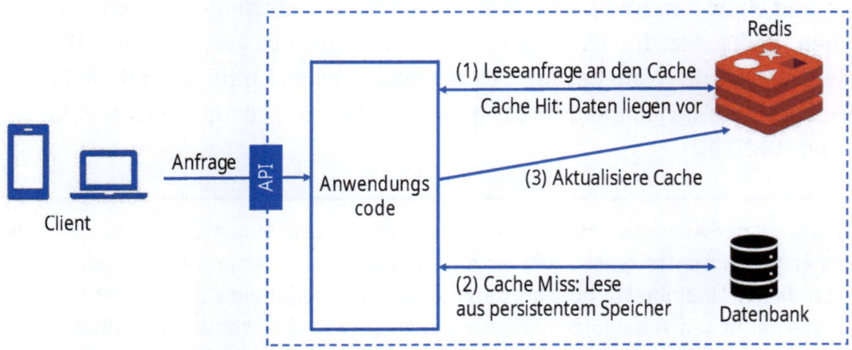

Bild 11.2 Nutzung des Key-Value-Stores Redis als verteilter Cache-Server

werden Anwendungsdaten in einen temporären Speicherbereich gelegt. Bei neuen Anfragen prüft der Service zuerst, ob die Daten dort gefunden werden (Cache Hit). Ist dies der Fall, können sie direkt genutzt werden. Falls die Daten nicht gefunden werden (Cache Miss), erhält die Anwendung die Daten von der Hauptdatenbank und aktualisiert den Cache.

Architektur und Grundlagen

Die Architektur von Redis ist konsequent auf eine hohe Verarbeitungsgeschwindigkeit optimiert. Dies wird durch mehrere zentrale Architekturentscheidungen erreicht:

- Alle Daten werden vollständig im Arbeitsspeicher gehalten und verarbeitet. Dadurch wird der typische Flaschenhals, der durch langsame Disk-I/O-Operationen entsteht, vermieden.
- Redis bietet ein einfaches, effizientes Datenmodell mit kompakten, spezialisierten Datenstrukturen.
- Redis nutzt ein Single-Threaded-Event-Loop-Modell mit asynchronen I/O-Mechanismen.
- Replikation, Sharding und Persistenz können je nach Anwendungsfall flexibel eingesetzt werden – möglichst ohne die Kerngeschwindigkeit wesentlich zu beeinträchtigen.

Die verschiedenen Komponenten der Architektur schauen wir uns jetzt im Einzelnen an:

In-Memory-Datenhaltung

Bei der Speicherung sämtlicher Daten im Hauptspeicher können Zugriffe auf Daten ohne die Latenzen klassischer Festplatten realisiert werden. Allerdings ist die verfügbare Hauptspeicherkapazität begrenzt sowie deren Kosten um einiges höher als die Kosten für Festplattenspeicher. Der Hauptspeicher muss also optimal genutzt werden: Dafür gibt es eine Menge Optimierungsmöglichkeiten, die von komprimierten Datenstrukturen und einer besseren Cache-Nutzung bis hin zur effizienten Speicherverwaltung reichen. Redis setzt für letztere den Speicher-Allocator `jemalloc` ein [Eva06]. Studien zeigen, dass die Wahl des Allocators maßgeblichen Einfluss auf die Effizienz von In-Memory-Systemen hat und Performanceverbesserungen um mehrere Faktoren möglich sind [DLN19].

Ein **Speicher-Allocator** ist eine zentrale Komponente in einem Betriebssystem oder einer Programmiersprache, die für die Verwaltung des dynamischen Speichers zuständig ist. Über ihn können Programme neuen Speicher anfordern (z. B. beim Anlegen einer neuen Variable) und nicht mehr benötigten Speicher wieder freigeben. Der Standard-Allocator in den meisten Linux-Distributionen ist `glibc malloc`. Eine weit verbreitete Alternative ist `jemalloc` (Jason Evans Malloc), der ursprünglich für das Betriebssystem FreeBSD entwickelt wurde. Der Allocator unterteilt den Arbeitsspeicher in feste Blockgrößen. Der Speicher wird so gleichmäßig belegt, was Fragmentierungen reduziert, eine bessere Parallelisierung ermöglicht und Allokationen und Freigaben vereinfacht [Wei22].

Um Datenverlust, beispielsweise bei einem Absturz des Hauptspeichers, zu vermeiden, kombiniert Redis Datenpersistenz mit Replikation. Für die Persistenz werden Daten zusätzlich auf der Festplatte gesichert. Redis bietet dafür zwei Verfahren [Car13], siehe auch Bild 11.3.

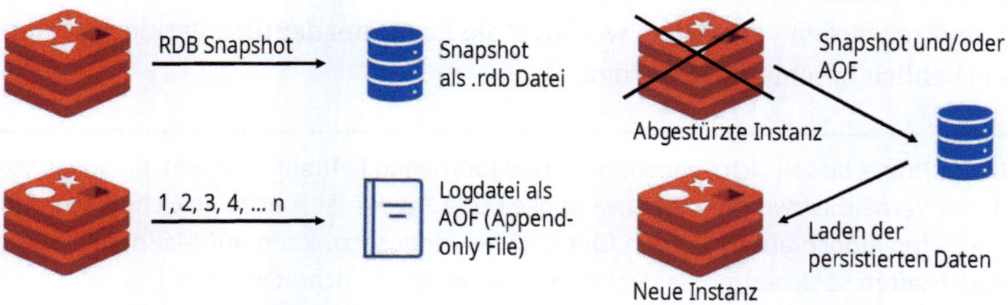

Bild 11.3 Erstellen eines Snapshots oder eines AOF zur Persistierung von Daten (in Anlehnung an [Yus22])

Snapshotting: Der aktuelle Zustand der Datenbank wird in festgelegten Intervallen als kompakte, binäre Datei (Redis Database Backup (RDB)-Snapshot) gespeichert. Ein solcher Snapshot kann manuell ausgelöst oder automatisch gemäß der Konfigurationseinstellungen erstellt werden. Zur Durchführung forkt Redis den laufenden Prozess (erstellt eine Kopie des Prozesses). Der Kindprozess übernimmt das Schreiben des Snapshots auf die Festplatte, während der Elternprozess parallel weiterläuft und weiterhin Clientanfragen verarbeitet. Diese Methode ist ressourcenschonend, da nur zu bestimmten Zeitpunkten Schreiboperationen auf die Festplatte erfolgen. Allerdings besteht das Risiko des Datenverlusts, da alle Änderungen zwischen dem letzten Snapshot und einem unerwarteten Absturz verloren gehen können.

Journaling (Append-only File, AOF): Jede Schreiboperation wird sequenziell in eine Log-Datei geschrieben. Dadurch lässt sich der Datenzustand zum Zeitpunkt eines Absturzes nahezu vollständig rekonstruieren. AOF ist somit zuverlässiger als Snapshotting, allerdings auch ressourcenintensiver, da jeder Schreibvorgang einen zusätzlichen Schreibzugriff auf die Log-Datei erfordert.

Zur Optimierung der Performanz kann konfiguriert werden, wie häufig diese Schreiboperationen auf die Festplatte übertragen werden. Eine Möglichkeit besteht darin, nach jeder Operation im Hauptspeicher sofort einen Schreibvorgang auf der Festplatte auszuführen – dies ist die sicherste, aber zugleich ressourcenintensivste Variante. In der Praxis wird meist die Einstellung gewählt, bei der alle Änderungen innerhalb einer Sekunde gesammelt und gemeinsam auf die Festplatte geschrieben werden. Schließlich gibt es auch die Option, die Synchronisation vollständig dem Betriebssystem zu überlassen.

Mit zunehmender Laufzeit wächst die Log-Datei kontinuierlich an. Dies kann nicht nur den verfügbaren Speicherplatz belasten, sondern auch zu längeren Startzeiten führen: Beim Neustart muss Redis die gesamte Log-Datei zeilenweise abarbeiten, was bei sehr großen Dateien erheblich Zeit in Anspruch nehmen kann. Um diesem Problem entgegenzuwirken, bietet Redis den AOF-Rewrite-Mechanismus. Dabei wird im Hintergrund ein kompaktes Abbild der Datenbank erzeugt, in dem nur die minimal notwendigen Operationen enthalten sind, um den aktuellen Zustand wiederherzustellen. Alte, redundante Einträge werden verworfen, wodurch die Log-Datei deutlich verkleinert und Neustarts erheblich beschleunigt werden.

In der Praxis lassen sich Snapshotting und Journaling kombinieren, um ein ausgewogenes Verhältnis zwischen Geschwindigkeit und Zuverlässigkeit zu erreichen. Werden die Daten jedoch ausschließlich fürs Caching eingesetzt, kann auf Maßnahmen zur dauerhaften Speicherung der Daten auch komplett verzichtet werden.

Verteilte Verarbeitung

Mit **Redis Cluster** können Daten horizontal verteilt gespeichert und verarbeitet werden. Die Architektur folgt dabei einem dezentralisierten Ansatz: Es existiert kein zentraler Master-Knoten, der den Cluster überwacht oder Metadaten verwaltet. Stattdessen übernehmen alle Knoten (Redis-Server) gleichberechtigt Verantwortung für die Verwaltung von Schlüsselbereichen (Slots) sowie für die Speicherung und Replikation der Daten. Jeder Knoten hält zudem Informationen über die Partitionskonfigurationen und den Zustand der übrigen Knoten. Der notwendige Abgleich dieser Metadaten sowie die Erkennung von Ausfällen erfolgt über das Gossip-Protokoll [Zha+15].

Redis nutzt **Consistent Hashing**, um Daten in einem Cluster zu verteilen. Per Default gibt es insgesamt 16384 Slots. Die Schlüssel-Wert-Paare selbst werden über ein Mapping auf die verschiedenen Knoten verteilt.

- Im ersten Schritt wird der Schlüsselwert in einen Hash-Wert transformiert. Für die Generierung des Hash-Werts wird der CRC16-Checksummen-Algorithmus verwendet.
- Im zweiten Schritt wird jeder Hash-Wert einem Slot zugeordnet. Dies erfolgt über die folgende Formel:

  $$\text{HashSlot} = \text{CRC16(Key)} \mod 16384$$

  Durch die Modulo-Operation wird garantiert, dass ein Integer zwischen 0 und 16384 als Ergebnis ermittelt wird. Dies dient der Identifikation des zugehörigen Slots. Damit wird derselbe Schlüssel auch immer demselben Slot zugeordnet.

- Die Slots wiederum können dynamisch den einzelnen Knoten des Clusters zugewiesen werden. Sollte beispielsweise ein Knoten hoch ausgelastet sein, kann das System flexibel Slots dieses Knotens einem weniger ausgelasteten Knoten zuweisen.

Concurrency

Redis nutzt nur einen Thread, um Client-Operationen zu verarbeiten (*single threaded*). Anstatt also für jede Client-Verbindung einen neuen Thread zu starten, gibt es einen einzigen Thread, der alle eingehenden Verbindungen bedient. Dies erscheint auf den ersten Blick als Flaschenhals. Redis spart sich dadurch allerdings Synchronisations-Overhead und die Verwaltung vieler Threads. Durch zwei Techniken bleibt es trotzdem effizient: **I/O-Multiplexing** und **Event Buffer**.

Schauen wir uns kurz an, was I/O hier bedeutet: Jeder Client, der sich mit Redis verbindet, öffnet ein Socket. Die Netzwerkkommunikation zwischen Client und Server (Sockets) zählen zu den I/O-Kanälen, die ein Betriebssystem verwaltet (andere Beispiele sind das Lesen und Schreiben von Dateien oder die Eingaben per Maus oder Tastatur). In Betriebssystemen werden I/O-Kanäle als **File Descriptors (FD)** repräsentiert.

I/O-Multiplexing ermöglicht einem einzelnen Thread, verschiedene Clients mit ihren Lese- und Schreiboperationen zu verwalten. Das Prinzip ist einfach: „*Let the OS notify us only when a connection has data ready to be processed*"[11]. Dafür nutzt Redis einen Systemaufruf namens `epoll`. Bei diesem Aufruf wird dem Kernel des Betriebssystems eine Liste von FDs (also bestehende Verbindungen) übergeben. Der Kernel hält intern Tabellen, in denen er den Zustand jedes Kanals kennt (z. B. ob neue Daten im Socket-Puffer liegen). Wenn neue Daten vorliegen, werden die betroffenen FDs an Redis übergeben, sodass Redis gezielt nur aktive Clients bearbeitet.

Die Abarbeitung der Anfragen erfolgt mit einer Ereignisschleife (Event Loop). Ein Redis-Server sortiert alle vom `epoll`-Aufruf zurückgelieferten Verbindungen in eine Warteschlange ein (Event Buffer) und arbeitet sie nacheinander ab.

Man kann sich Multiplexing auch noch mal mithilfe einer Analogie verdeutlichen [Yad23]: Ein Kellner mit einer Vielzahl von Tischen und Gästen hat verschiedene Möglichkeiten, Bestellungen abzuarbeiten:

- **Blockierende Bearbeitung**: Der Kellner geht auf einen Gast zu und wartet, bis dieser bestellt hat. Erst dann wendet er sich dem nächsten Gast zu (auch wenn dieser vielleicht schon viel eher bereit war, seine Bestellung aufzugeben).
- **Nicht blockierend (Polling)**: Ein Kellner wandert permanent von Tisch zu Tisch und fragt nach Bestellungen. Wer schon mal in einem Restaurant gearbeitet hat, weiß, wie stressig und wenig effizient dies sein kann.

11 *https://medium.com/@shivamgor498/redis-deep-dive-why-a-single-threaded-in-memory-db-can-scale-like-magic-832466a193d2#e209*

- **Multiplexing**: Möchte ein Gast bestellen, hebt er oder sie die Hand. Der Kellner notiert sich kurz Tisch und Gast. Er arbeitet seinen Notizblock dann Gast für Gast ab, sodass er gezielt nur auf Gäste zugehen kann, die Bestellbedarf haben.

Trotz eines Single-Thread-Modells kann Redis mithilfe von I/O-Multiplexing und der Ereignisschleife mit Nutzung des Ereignisbuffers tausende Anfragen pro Sekunde verarbeiten. Bild 11.4 verdeutlicht noch einmal den Vorgang.

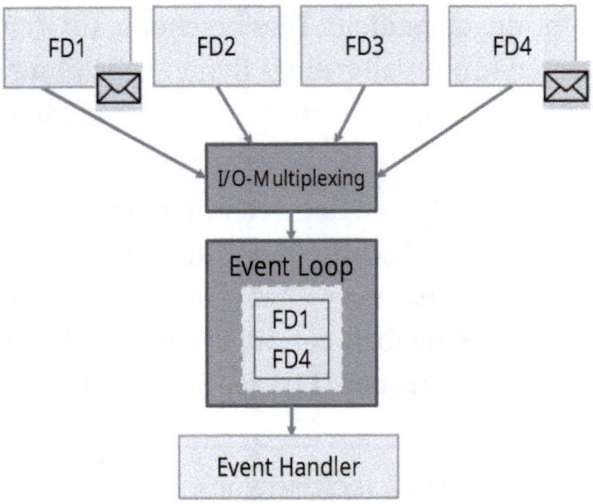

Bild 11.4 I/O-Multiplexing in Redis (in Anlehnung an [HW18])

Datentypen

Redis erlaubt neben einfachen Datentypen wie Strings auch komplexere Datentypen wie Listen, Mengen oder Hashes. Für jeden dieser Datentypen gibt es zusätzliche Operationen.

Tabelle 11.2 Datentypen in Redis

Datentyp	Struktur/Inhalt	Operationen	Typische Use Cases
String	Binärsichere Bytesequenz (Text, Binärdaten, Integer, Float)	GET, SET, APPEND, INCR/DECR, Teilzugriffe	Allgemeine Werte, Zähler, Cache, Sessions
List	Geordnete Liste von Strings	LPUSH/RPUSH, LPOP/RPOP, LINDEX, LRANGE	Warteschlangen, Stacks, Nachrichtenpuffer
Set	Unsortierte Menge eindeutiger Strings	SADD, SREM, SISMEMBER, SINTER, SUNION, SDIFF	Tags, eindeutige IDs, Mengenoperationen
Hash	Sammlung von Feld-Wert-Paaren (ähnlich Dictionary)	HSET, HGET, HDEL, HMGET	Benutzerprofile, Objekte mit Attributen
Sorted Set (ZSET)	Menge eindeutiger Strings, sortiert nach Score (Float)	ZADD, ZRANGE, ZRANK, ZREM	Leaderboards, Rankings, Prioritätswarteschlangen

Starten mit Docker

Redis lässt sich mit Docker über den Aufruf

```
mkdir -p ./redis-data
docker run -d --name redis \
  -p 6379:6379 \
  -v "$PWD/redis-data":/data \
  redis:latest \
  redis-server --save 60 1 --appendonly yes --requirepass s3cret
```

installieren und starten. Die Container-Instanz nennen wir hier `redis`. Standardmäßig lauscht Redis auf den Port 6379. Mit der Option `-p` wird dieser an den lokalen Port 6379 gebunden. Über `localhost:6379` kann jetzt auf die Redis-Instanz zugegriffen werden.

Wenn Sie Redis testen möchten, können Sie dies mit `docker exec -it redis redis-cli -a s3cret ping` machen. Der erste Teil `docker exec` führt den Befehl `ping` im Container `redis` über den Redis-Client (CLI) aus. Das Passwort wird mit `-a` übergeben. Der Befehl `ping` testet, ob der Server verfügbar ist.

Mit `docker stop redis` können Sie den Container wieder stoppen.

CRUD-Operationen

Betrachten wir typische CRUD-Operationen anhand eines Beispiels: Ein Web-Shop speichert seine Produktdaten in einer PostgreSQL-Datenbank. Um zu verhindern, dass die Datenbank bei häufigen Zugriffen auf dieselben Produkte überlastet wird, nutzt der Shop Redis als In-Memory-Cache. Produktdaten legt das System dort als Key-Value-Paare ab. Der folgende Code-Ausschnitt 11.1 zeigt einige Befehle, mit denen das Produkt 123 – ein „IMEA Pax"-Kleiderschrank zum Preis von 499,99 Euro – angelegt und bearbeitet wird. Beim Anlegen beträgt der Lagerbestand 25 Stück.

Listing 11.1 Erstellen und Lesen eines Datensatzes in Redis

```
MULTI
HSET product:123 name "IMEA Pax" price "499.00" stock "25" category "
    kleiderschrank"
EXPIRE product:123 300
EXEC

# Lesen
HGETALL product:123
HMGET product:123 name price
TTL product:123

# Preis ändern
HSET product:123 price "459.99"
```

```
# Bestandsänderung
HINCRBY product:123 stock -1

# TTL anpassen/entfernen
EXPIRE product:123 600
PERSIST product:123

# Löschen
DEL product:123
```

Schauen wir uns das Beispiel genauer an. Redis führt Befehle normalerweise sofort und einzeln aus. Startet man jedoch mit `MULTI`, beginnt eine Transaktion. Alle nachfolgenden Befehle landen zunächst in einer Warteschlange. Erst wenn das Schlüsselwort `EXEC` aufgerufen wird, führt Redis die Befehle nacheinander in einem Block aus. Währenddessen verarbeitet der Server keine Befehle anderer Clients.

Im Beispiel oben speichert der Hash-Key `product:123` mehrere Attribute, darunter `name`, `price`, `stock` und `category`.

Redis-Keys sind binärsicher und können daher beliebige Zeichen enthalten, dazu gehören auch Leerzeichen oder Sonderzeichen. In der Praxis hat sich die Doppelpunkt-Notation als Konvention etabliert, um Keys logisch zu strukturieren, etwa `location:paris` oder `location:berlin`.

Der Befehl `EXPIRE` weist dem Key `product:123` eine Gültigkeitsdauer (Time To Live, TTL) von 300 Sekunden zu. Nach Ablauf dieser Zeit entfernt Redis den gesamten Hash automatisch. Mit `HGETALL` liest man alle Feld-Wert-Paare des Hashes aus, während `TTL product:123` die verbleibende Lebenszeit des Keys in Sekunden zurückgibt. Diese Lebensdauer lässt sich jederzeit anpassen (`EXPIRE`) oder dauerhaft machen (`PERSIST`).

`HINCRBY` reduziert im Beispiel den Wert des Feldes `stock` um eins. Das Feld muss dabei eine Ganzzahl enthalten, Werte wie `25.5` oder `abc` führen zu einem Fehler. Außerdem verhindert Redis nicht, dass der Bestand negativ wird, dies muss zusätzlich geprüft werden.

11.2 Object Stores

Stellen Sie sich einen WG-Kühlschrank vor: Jeder wirft sein Essen einfach hinein, vielleicht mit einem Zettel „gehört Anna“ oder „Pizza für Freitag“. Es gibt keine festen Fächer und keine Unterordner. Hauptsache, das Essen ist beschriftet und schnell wiederzufinden. Genau so speichern Object Stores Daten: nicht in komplizierten Verzeichnisbäumen, sondern als Objekte mit klaren Etiketten.

Object Stores erinnern sehr stark an die im vorhergenden Kapitel vorgestellten Key-Value-Stores, da auch sie nur Keys mit zugehörigen Values (hier Objects genannt) abspeichern. Es gibt aber einige kleine und doch entscheidende Unterschiede. Ein Object Store hat eine komplett flache Datenstruktur, alle Objects werden in sogenannten Buckets unter einem Schlüssel gespeichert, und auch wenn sich für den Schlüssel Benennungen ähnlich zu Dateipfaden (/bilder/urlaub/am-strand.jpg) etabliert haben, gibt es innerhalb eines Buckets weder Ordner noch Datenbanken. Object Stores speichern im Vergleich zu Key-Value-Stores meist größere Dateien, wie etwa ganze Parquet-Files, während Key-Value-Stores gewöhnlich einzelne Einträge dieser Dateien in einer Datenbank speichern. Während Key-Value-Stores auf Geschwindigkeit optimiert sind und daher oft in Memory arbeiten, sind Object Stores auf eine günstige langfristige Speicherung von großen Datenmengen ausgelegt und werden daher als moderne Data Lakes immer populärer.

In der Praxis ist Amazons S3 (Simple Storage Service)[12)] der bekannteste Vertreter dieser Technologie und hat sich als De-facto-Standard etabliert. Seine API ist zur Standardsprache für den programmatischen Datenzugriff in der Cloud geworden. S3-kompatible Technologien wie Google Cloud Storage oder der Azure Blob Storage von Microsoft sind in großen Schritten dabei, verteilte Datensysteme als Data Lakes abzulösen.

Dateien, Blöcke und Objekte

Object Storage ist jedoch nicht die einzige Form, Daten zu speichern. In der Praxis werden auch dateibasierte (File Storage) und blockbasierte (Block Storage) Systeme eingesetzt. Ein kurzer Vergleich der drei Ansätze verdeutlicht die Unterschiede und zeigt, worin die Stärken des Object Storage liegen.

File Storage

Das Dateisystem folgt einer vertrauten Logik: Daten liegen in Ordnern, sortiert in einer hierarchischen Struktur. Damit ein Dokument gefunden werden kann, braucht es den vollständigen Pfad und den Dateinamen. Dieses Prinzip funktioniert zuverlässig, solange die Menge an Dateien überschaubar bleibt. Mit wachsendem Umfang steigt jedoch die Komplexität, denn das Organisieren und Verwalten der Struktur kostet Zeit und Performance.

Typische Einsatzformen sind lokaler Speicher oder Netzwerkspeicher (NAS). Dabei kommen Protokolle wie NFS oder SMB zum Einsatz, die ursprünglich für kleine, lokale Netze entwickelt wurden. In globalen Cloud-Umgebungen stoßen sie schnell an Grenzen. Greifen zudem viele Clients gleichzeitig auf dieselben Dateien zu, wird ein komplexes Sperr- und Konsistenzmanagement erforderlich, was die Skalierbarkeit einschränkt.

12 *https://aws.amazon.com/de/s3*

Block Storage

Blockspeicher beschreiben, wie ein Dateisystem oder eine Datenbank Festplatten organisieren können. Die Festplatte selbst wird in gleich große Einheiten, z. B. 4 KB große Blöcke, unterteilt. Der Speicher kennt dabei keine Dateien oder Ordner, sondern lediglich eine Abfolge von Blöcken (z. B. Block 0 enthält 4 KB, Block 1 4 KB, Block 2 4 KB usw.) Mit einem Dateisystem (z. B. NTFS, ext4 oder XFS) erhält die Festplatte Struktur. Das Dateisystem entscheidet, welche Daten einer Datei in welchen Blöcken landen und wie sich diese wieder zusammensetzen lassen.

Blöcke lassen sich auch auf verschiedene Platten verteilen. Beispielsweise verteilt das System Amazon Elastic Block Storage (EBS)[13)] Blöcke intern über verschiedene Speichersysteme. Für die Benutzer bleibt dies unsichtbar. Sie „sehen" ein virtuelles Laufwerk, auf das ein Dateisystem angelegt werden muss. Auch (relationale) Datenbanken nutzen Blockspeicher: Sie können gezielt kleine Seiten (Pages) lesen oder schreiben, ohne eine komplette Datei überschreiben zu müssen.

Abgrenzung HDFS-Blockspeicher und klassischer Blockspeicher: Ein verteilter Dateispeicher, bei dem wir ebenfalls von Blöcken reden, ist HDFS (siehe auch Abschnitt 13.3.1). Das verteilte Dateisystem unterteilt Dateien in 64 MB/128 MB große Blöcke und speichert diese redundant auf verschiedenen Knoten (den DataNodes) im Cluster. Die DataNodes selbst nutzen zur physischen Speicherung der HDFS-Blöcke ebenfalls klassische Blockspeicher (Festplatten, SSDs, Cloud-Volumes).

Object Storage

Object Storage unterscheidet sich grundlegend von Datei- und Blockspeichern. Daten werden als Objekte abgelegt, bestehend aus drei Elementen: den eigentlichen Daten (z. B. eine Bilddatei oder ein Parquet-File), einem eindeutigen Schlüssel (Key) und den zugehörigen Metadaten.

Alle Objekte befinden sich in sogenannten Buckets, die keine hierarchische Ordnerstruktur besitzen, sondern eine flache Ablage bilden. Jedes Bucket erhält einen global eindeutigen Namen. Der Zugriff auf ein Objekt erfolgt über den Schlüssel, meist über HTTP-basierte APIs wie die S3-Schnittstelle. Keys können zwar wie Dateipfade wirken, tatsächlich handelt es sich aber um einfache Bezeichner ohne echte Hierarchie.

Object Storage eignet sich für sehr große, unstrukturierte Datenmengen – von Backups über Logfiles bis zu Mediendateien oder als Basis von Data Lakes. Die Skalierbarkeit ist nahezu unbegrenzt: Neue Objekte werden einfach hinzugefügt, ohne bestehende Strukturen verändern zu müssen. Einschränkungen bestehen beim Überschreiben: Anders als bei Blöcken lassen sich Objekte nicht partiell aktualisieren, sondern nur als Ganzes ersetzen. Für klassische Datenbanken oder transaktionale Workloads ist

---

13 *https://aws.amazon.com/de/ebs*

Object Storage daher weniger geeignet. Seine Stärke liegt vielmehr in kostengünstiger, langfristiger Speicherung und flexibler Erweiterbarkeit.

Eigenschaften von Object Stores

Metadaten

Metadaten speichern zusätzliche Daten über das Objekt. Dies können technische Metadaten (z. B. MIME-Typ, Größe, Prüfsummen oder Erstellungszeitpunkt) oder vom Benutzer definierte Daten sein. Metadaten können beliebig erweitert werden. Metadaten liegen in einem separaten Metadaten-Katalog oder in einem internen Key-Value-Store (wie der RocksDB). Dadurch ist die Suche und Verwaltung von Metadaten unabhängig vom eigentlichen Objektinhalt (mehr zu Metadaten in Abschnitt 11.2).

API-basiert

Der Zugriff auf Objekte erfolgt über RESTful APIs mit den typischen HTTP-Methoden `GET`, `PUT` oder `DELETE`. Damit unterscheidet sich Object Storage deutlich von Datei- oder Blockspeicher, die über das Betriebssystem und POSIX-Schnittstellen (z. B. `open`, `read`, `write`) angesprochen werden. Eine Objektschnittstelle stellt keinen direkten Byte-Adressraum bereit, sondern arbeitet immer auf ganzen Objekten: Ein Objekt kann gelesen oder komplett überschrieben werden, partielle Änderungen innerhalb einer Datei sind nicht möglich. Zusätzlich lassen sich über die API Metadaten anlegen oder abfragen, etwa mit `HEAD`-Requests.

In der Praxis hat sich die S3-API von Amazon als De-facto-Standard etabliert. Viele andere Systeme wie Google Cloud Storage, Azure Blob Storage oder MinIO[14] sind S3-kompatibel, sodass ein breites Ökosystem an Anwendungen und Bibliotheken existiert. Die API-basierte Arbeitsweise erlaubt außerdem einen einfachen, weltweiten Zugriff über HTTPS und erleichtert die Integration in moderne Cloud- und Webanwendungen.

Replikation

Um große Objekte effizient zu verwalten, zerlegen viele Systeme die Daten in kleinere Chunks/Fragmente und führen intern eine Index- oder Mappingliste, die beschreibt, auf welchen Servern die Fragemente gespeichert werden.

Jeder Chunk kann repliziert oder über Erasure Coding gesichert werden [Noo+25]. Bei der Replikation werden die Chunks mehrfach abgelegt. Erasure Coding ist hier effizienter. Statt vollständiger Kopien von Chunks werden nur mathematisch berechnete Zusatzfragmente, sogenannte Paritätsfragmente, erzeugt[15]. Diese enthalten verschiedene Kombinationen der Originaldaten. Fallen jetzt eines oder mehrere Chunks aus,

14 *https://www.min.io*

15 Normalerweise bedeutet Parität Gleichheit. Hier steht Parität für Zusatzinformationen, mit denen man fehlende Daten rekonstruieren kann.

kann mit einer Mischung aus Original-Chunks und Paritätsfragmenten das Original-Objekt wiederhergestellt werden.

Bei einem Dokument von 10 Seiten und einem Replikationsfaktor von 3 würden bei einer Replikation insgesamt 30 Seiten gespeichert. Beim Erasure Coding werden die 10 Originalseiten geschrieben sowie 4 Paritätsfragmente erstellt. Selbst wenn jetzt 4 Seiten verloren gehen, lässt sich das Dokument mit den übriggebliebenen Seiten und den Paritätsfragmenten wiederherstellen.

Konsistenzmodelle

Object Stores bieten sowohl Strong-Consistency-, als auch Eventual-Consistency-Modelle an.

- **Strong Consistency**: Ein neu erstelltes oder überschriebenes Objekt (PUT) ist sofort weltweit für alle Clients in der neuesten Version sichtbar.
- **Eventual Consistency**: Nach einer Aktualisierung eines Objekts kann ein Client noch die alte Version einsehen, während ein anderer schon die neueste Version liest.

Es ist gar nicht so einfach, Strong Consistency zu garantieren und gleichzeitig in einem global verteilten Objektspeicher nicht extrem langsam zu werden. Die größeren Cloud-Provider bieten trotzdem zumeist Strong Consistency an.

Amazon hat dafür beispielsweise 2020 seine interne S3-Architektur angepasst[16], um insbesondere sicherzustellen, dass Metadatencaches keine veralteten Daten bei einer Anfrage zurückliefern.

Diese Caches speichern Informationen über Objekte (z. B. Schlüssel, Versionen, Speicherort) und beschleunigen damit Lesezugriffe erheblich. Ohne zusätzliche Mechanismen ist es allerdings möglich, dass Caches nach dem Überschreiben oder Löschen von Objekten noch eine veraltete Version ausliefern.

S3 hat deshalb sogenannte Witnesses eingeführt[17]. Ein Witness gilt als eine Art Anker: Er kann bestätigen, ob ein Cache-Eintrag noch korrekt ist oder ob eine neue Version vorliegt. Dazu ist der Witness eng mit Schreiboperationen verbunden:

1. Ein Client führt eine Schreiboperation durch (PUT, DELETE, Überschreiben).
2. Die neuen Daten werden an mehrere Storage Nodes (Replikate oder Erasure-Coding-Fragmente) verteilt.
3. Bevor die Write-Operation gegenüber dem Client bestätigt wird, wird der Witness aktualisiert:
   - Er erhält den neuen Commit-Status (Key, neue Version, ggf. Metadaten).
   - Erst wenn der Witness den Commit registriert hat **und** ein Quorum an Storage Nodes geschrieben wurde, gilt die Operation als erfolgreich.

16 *https://www.allthingsdistributed.com/2021/04/s3-strong-consistency.html*
17 *https://blog.min.io/strict-consistency-hard-requirement-for-primary-storage*

Bei einer Leseoperation können die Metadatencaches mithilfe des Witness dahingehend überprüft werden, ob ihre Daten noch aktuell sind. Ist dies nicht der Fall, werden alte Daten als ungültig erklärt und mit den neuen aktualisiert. Der Client erhält immer nur die neuesten Daten.

Zusammenfassend können wir an dieser Stelle festhalten, dass Object Storage Vorteile überall dort bietet, wo wachsende, unstrukturierte Datenmengen, flexible Skalierung, günstige Speicherung, Metadatenmanagement und zuverlässige Verfügbarkeit gefragt sind. Objektspeicher sind praktisch der Standard für Cloud-native Anwendungen[18)], bilden das Fundament in KI-Workloads oder werden als Dateispeicher in Data Lakes und Cloud Data Warehouses eingesetzt.

Ein Mini-Data-Lake als Beispiel für Object Storage mit S3

Wir wenden uns im Folgenden einem praktischen Anwendungsfall zu und simulieren den Aufbau eines einfachen Data Lakes. Unser Ziel ist es, dort Verkaufsdaten zu speichern, zu verwalten und direkt zu analysieren. Wir verwenden dafür MinIO[19)], eine verbreitete Open-Source-Implementierung eines Object Storage, die vollständig S3-kompatibel ist. Damit können wir das vollständige System lokal auf unserem eigenen Rechner aufbauen und testen, sodass weder eine Anmeldung bei einem Cloud-Anbieter nötig wird, noch Kosten in der Cloud entstehen. Die entwickelten Skripte und Konzepte sind später eins zu eins auf Cloud-Dienste wie Amazon S3, Google Cloud Storage oder Azure Blob Storage, oder auch andere „on-premises" gehostete Dienste wie Apache Ozone[20)] übertragbar, da sie alle die S3-API unterstützen.

Anwendungsfall: Analyse von Verkaufsdaten

Um unserem praktischen Beispiel einen realistischen Rahmen zu geben, stellen wir uns ein fiktives E-Commerce-Unternehmen vor: die *Datenwandler GmbH.* Dieses Unternehmen betreibt einen erfolgreichen Online-Shop für Elektronikartikel. Bei jedem Verkauf in ihrem System (z. B. über eine transaktionale Datenbank wie PostgreSQL) entsteht ein Datensatz mit Informationen wie Kunden-ID, Umsatz, gekauftem Produkt, Region und dem genauen Zeitstempel des Kaufs. Mit wachsendem Erfolg des Unternehmens sammelt sich eine riesige Menge dieser Verkaufsdaten an – zu viel, um sie direkt in der operativen Datenbank zu analysieren, ohne deren Leistung zu beeinträchtigen (vgl. OLTP vs. OLAP).

18 *https://www.ionos.de/digitalguide/server/knowhow/was-ist-object-storage*

19 *https://github.com/minio/minio*
Die freie Community Version von MinIO wurde Ende 2025 überraschenderweise in den Maintenance Mode versetzt. Mögliche populäre und freie Alternativen sind u. a. RustFS (*https://github.com/RustFS/RustFS*) oder SeaweedFS (*https://github.com/seaweedfs/seaweedfs*). Beide unterstützen ebenfalls die S3-Schnittstelle.

20 *https://ozone.apache.org*

Dennoch möchte das Management tiefere Einblicke in die Verkäufe gewinnen: Welche Produkte sind in welcher Region am beliebtesten? Gibt es saisonale Trends? Wie entwickelt sich der durchschnittliche Umsatz pro Kunde? Um diese und zukünftige, komplexere Fragen (z. B. für Machine Learning) beantworten zu können, entscheidet sich die Datenwandler GmbH für den Aufbau eines zentralen Data Lakes. Der Object Storage soll dabei als kostengünstiges und zugleich skalierbares Fundament dienen (vgl. Kapitel 8). Die Verkaufsdaten werden in regelmäßigen Abständen aus dem operativen System extrahiert und als Objekte in den Data Lake geladen, wo sie für die Analyse durch verschiedene Abteilungen wie Marketing und Controlling bereitstehen. Unser folgendes Beispiel simuliert genau diesen Prozess.

Architektur des Mini-Data-Lakes

Im Folgenden beschreiben wir kurz das Zusammenspiel der wichtigsten Komponenten in unserem Mini-Data-Lake. Jede Komponente erfüllt eine spezifische Rolle in unserer Datenplattform:

- **Datenquelle (Python-Skript)**: Simuliert einen Prozess, der kontinuierlich neue Daten liefert, in unserem Fall (generierte) Verkaufsdaten eines E-Commerce-Systems.
- **Object Storage (MinIO-Server)**: Das Herzstück unseres Data Lakes. Er läuft als Docker-Container, stellt die S3-API bereit und speichert unsere Daten als Objekte in einem Bucket. Dies bildet die persistente, skalierbare Speicherschicht (*Storage Layer*).
- **Datenformat (Parquet)**: Wir speichern unsere Daten nicht als CSV, sondern im spaltenorientierten Parquet-Format (vgl. Abschnitt 5.1.2). Dies ist für analytische Abfragen optimiert, da nur die benötigten Spalten gelesen werden müssen[21], was die Lesezeit drastisch reduziert.
- **Analyse-Engines (DuckDB/Pandas)**: Dies ist die Rechenschicht (*Compute Layer*). Tools wie DuckDB oder Pandas greifen über die S3-API direkt auf die Daten im Object Storage zu, um sie zu analysieren, ohne dass wir sie vorab manuell herunterladen müssen. Diese Entkopplung von Compute und Storage ist ein zentrales Merkmal moderner Datenarchitekturen.

Praktische Umsetzung

Wir bauen unseren Mini-Data-Lake im Folgenden Schritt für Schritt auf.

Schritt 1: MinIO-Server aufsetzen

Zunächst erstellen wir eine `docker-compose.yml`-Datei[22] wie in Listing 11.2 gezeigt. Hier definieren wir unseren MinIO-Server als einen Dienst. Alternativ, können wir auch direkt zu Docker greifen.

21 Achtung, dies kann je nach Unterstützung des verwendeten Tools/Frameworks variieren.
22 *https://hub.docker.com/r/minio/minio*

Listing 11.2 Docker-Compose-Konfiguration für MinIO für unseren S3 Object Storage

```yaml
services:
  minio:
    image: minio/minio:latest # Nutzt das offizielle MinIO
    ↪ Docker-Image
    container_name: minio-server
    ports:
      - "9000:9000"      # Port für die S3-API
      - "9001:9001"      # Port für die Web-Konsole
    environment:
      # Definiert die Anmeldedaten für den Root-User.
      # In Produktionsumgebungen sollten diese sicher verwaltet
      ↪ werden!
      MINIO_ROOT_USER: minioadmin
      MINIO_ROOT_PASSWORD: minioadmin123
    command: server /data --console-address ":9001" # Startet den
    ↪ Server
    volumes:
      - minio-data:/data # Speichert die Daten persistent in einem
      ↪ Docker-Volume
volumes:
  minio-data: # Definiert das Docker-Volume für die Datenspeicherung
```

Der Server wird mit dem Befehl `docker-compose up -d` im Terminal gestartet[23]. Anschließend ist die MinIO-Webkonsole unter *http://localhost:9001* erreichbar, wo wir uns mit den oben festgelegten Zugangsdaten einloggen können. Die Webkonsole erlaubt uns das Management von Buckets (anzeigen, erstellen und löschen).

Schritt 2: Daten generieren und in den Data Lake laden

Im nächsten Schritt simulieren wir eine Datenquelle, wie im Python-Skript in Listing 11.3 illustriert wird. In unserem vereinfachten Fall generieren wir mit einem Python-Skript mithilfe von Pandas Beispieldaten (d. h. Verkaufszahlen für unser fiktives E-Commerce-System) und laden diese als Parquet-Datei in den MinIO-Storage. Damit das gelingt, erstellen wir zuerst einen neuen Bucket mit dem Namen `datalake` (im Beispielcode), dann generieren wir Beispieldaten und laden sie mit dem MinIO-Client in den Store hoch.

Dies ist ein typischer Anwendungsfall: Ein Service sammelt Daten (z. B. aus Web-Klicks, IoT-Sensoren oder Verkaufssystemen) und schreibt sie gesammelt in den Data Lake. Das ist – gerade im Bezug auf die Stream-Verarbeitung – eine zentrale Schwachstelle klassischer Data Lakes, die erst mit den jüngst aufgekommenen Data Lakehouses (vgl.

23 Das Flag `-d` steht für „detached“, was bedeutet, dass der Container im Hintergrund läuft.

Kapitel 9), die auch das ACID-konforme Speichern einzelner Datensätze erlauben, behoben worden ist. Im nächsten Abschnitt erweitern wir unseren Data Lake zu einem Lakehouse und zeigen, wie dies mit Delta Lake erreicht werden kann.

In unserem Beispiel ist es allerdings wichtig zu beachten, dass wir die Datei nicht erst lokal speichern. Stattdessen konvertieren wir den Pandas-DataFrame *in-memory*[24] in das Parquet-Format und laden den resultierenden Byte-Stream direkt in den S3-Dienst hoch. Dies ist effizient und vermeidet unnötige Festplattenzugriffe. Als Engine unter der Haube kommt hier Apache Arrow (d. h. PyArrow) zum Einsatz.

Listing 11.3 Verkaufsdaten generieren und via Python in MinIO hochladen

```
import pandas as pd
import numpy as np
from minio import Minio
from io import BytesIO

# 1. MinIO Client initialisieren
minio_client = Minio(
    # ... Zugangsdaten zum MinIO Service
)

# 2. Bucket erstellen (falls nicht vorhanden)
bucket_name = "datalake"
if not minio_client.bucket_exists(bucket_name):
    minio_client.make_bucket(bucket_name)
    print(f"Bucket '{bucket_name}' erstellt.")

# 3. Beispieldaten für ein fiktives E-Commerce-Unternehmen generieren
np.random.seed(42)
df = pd.DataFrame({
    'kunde_id': range(1, 10001),
    'umsatz': np.random.normal(1000, 300, 10000).round(2),
    'produkt': np.random.choice(['Laptop', 'Smartphone', 'Tablet',
    ↪ 'Monitor'], 10000),
    'region': np.random.choice(['Nord', 'Süd', 'Ost', 'West'], 10000),
    'datum': pd.to_datetime(pd.date_range('2025-01-01', periods=10000,
    ↪ freq='h'))
})

# 4. Daten in Memory in das Parquet-Format konvertieren
# BytesIO: binärer Puffer im Arbeitsspeicher, verhält sich wie Datei
buffer = BytesIO()
df.to_parquet(buffer, engine='pyarrow')
```

24 Er befindet sich bereits im Arbeitsspeicher, da wir die Beispieldaten zur Laufzeit generiert haben.

```
buffer.seek(0) # Zurück zum Anfang, um ihn lesen zu können.

# 5. Datei (als Objekt) in MinIO hochladen
object_name = "sales/raw/2025/sales_data_full.parquet"
minio_client.put_object(
    bucket_name,
    object_name,
    buffer,
    length=buffer.getbuffer().nbytes,
    content_type='application/octet-stream' # Binärdaten
)
print(f"Datei erfolgreich hochgeladen:
    s3://{bucket_name}/{object_name}")
```

Alternative: Upload mit Boto3 (offizielles AWS SDK)

Da die S3-API ein De-facto-Standard ist, können wir anstelle der MinIO-spezifischen Bibliothek (vgl. Listing 11.3) auch den am weitesten verbreiteten S3-Client verwenden: **Boto3**[25], das offizielle AWS Software Development Kit (SDK) für Python.

Der in Listing 11.4 folgende Code-Ausschnitt zeigt, wie die Schritte der Client-Initialisierung, der Bucket-Erstellung und des Uploads mit Boto3 aussehen. Die Variablen `df` und `buffer` werden exakt wie im vorherigen Beispiel erzeugt. Die zugrunde liegende HTTP-Anfrage an die S3-API ist konzeptionell ebenfalls gleich.

Listing 11.4 Alternative: Daten-Upload mit Boto3, dem AWS SDK

```
import boto3
from botocore.client import Config
from io import BytesIO

# 1. S3-Client mit Boto3 konfigurieren
s3_client = boto3.client(
    's3',
    endpoint_url='http://localhost:9000', # MinIO Service
    # ...
)

# 2. Bucket erstellen (falls nicht vorhanden)
bucket_name = "datalake"
try:
    s3_client.create_bucket(Bucket=bucket_name)
    print(f"Bucket '{bucket_name}' erstellt.")
```

25 *https://boto3.amazonaws.com*

```python
except s3_client.exceptions.BucketAlreadyOwnedByYou:
    print(f"Bucket '{bucket_name}' existiert bereits.")

# Schritte 3 (Daten generieren) & 4 (in Parquet konvertieren) sind identisch
# ... hier werden df und buffer wie im vorherigen MinIO-Client-Beispiel erzeugt ...
# buffer = BytesIO(); df.to_parquet(buffer); buffer.seek(0)

# 5. Datei (als Objekt) mit Boto3 in MinIO hochladen
object_key = "sales/raw/2025/sales_data_full.parquet"
s3_client.put_object(
    Bucket=bucket_name,
    Key=object_key,
    Body=buffer
)
print(f"Datei erfolgreich mit Boto3 hochgeladen: s3://{bucket_name}/{object_key}")
```

Die wichtigen Konzepte dieses Schritts noch einmal zusammengefasst:

- **Bucket (`datalake`):** Ein Bucket ist ein global eindeutiger Namespace, vergleichbar mit dem Laufwerksbuchstaben (`C:`) unter Windows. Alle unsere Objekte werden in diesem Bucket gespeichert.
- **Object Key (`sales/raw/2025/...`):** Dies ist der eindeutige Bezeichner des Objekts innerhalb des Buckets. Es ist wichtig zu verstehen, dass es in S3 keine echten Ordner wie in einem lokalen Dateisystem gibt. Der gesamte String ist der Name des Objekts. Die Schrägstriche / werden von Tools wie der MinIO-Konsole oder S3-Browsern interpretiert, um eine visuelle Hierarchie darzustellen, was als *präfixbasierte Organisation*[26)] bezeichnet wird. Diese Struktur ist entscheidend für das Datenmanagement.
- **Parquet:** Durch die Speicherung als Parquet bereiten wir die Daten optimal für analytische Abfragen vor (d. h. OLAP).

Schritt 3: Datenanalyse mit DuckDB (OLAP)

Abschließend folgt noch der spannendste Teil unserer kleinen Übung: die Analyse der Daten. Wir nutzen DuckDB, eine In-Memory-OLAP-Datenbank, die Abfragen direkt auf Parquet-Dateien ausführen kann – auch wenn diese in einem S3-Speicher liegen. Das Besondere hierbei ist, dass DuckDB nicht die gesamte Datei herunterlädt. Dank einer geschickten Kombination der S3-API (die das Lesen von Teilen einer Datei, sog. *Range-Requests*, erlaubt) und dem spaltenorientierten Parquet-Format holt sich DuckDB nur die Daten vom Server, die für die Beantwortung der SQL-Abfrage notwendig sind.

26 *https://docs.aws.amazon.com/de_de/AmazonS3/latest/userguide/using-prefixes.html*

Das in Listing 11.5 gezeigte Python-Skript demonstriert die direkte Abfrage von Daten aus dem Object Storage. Zunächst wird eine Verbindung zu einer In-Process-Instanz von DuckDB hergestellt. Der entscheidende Schritt ist die Konfiguration der S3-Verbindung zu MinIO über eine Reihe von SET-Befehlen[27]. Hier wird DuckDB mitgeteilt, dass es anstelle der echten AWS-Cloud-Server unseren lokalen MinIO-Endpunkt ansprechen soll und welche Zugangsdaten dafür zu verwenden sind. Die eigentliche SQL-Abfrage verwendet dann eine `s3://`-URL direkt in der `FROM`-Klausel[28]. DuckDB ist intelligent

Listing 11.5 Direkte SQL-Analyse auf S3-Daten mit DuckDB

```python
import duckdb

# 1. DuckDB-Verbindung herstellen
conn = duckdb.connect()

# 2. DuckDB mitteilen, wie es sich mit unserem lokalen S3 (MinIO) verbinden soll
conn.execute("""
    SET s3_endpoint='localhost:9000';
    # ... weitere SET Aufrufe für S3 Konfiguration
""")

# 3. SQL-Abfrage direkt auf dem S3-Objekt ausführen
# Der S3-Pfad wird direkt in der FROM-Klausel verwendet!
query = """
    SELECT
        region,
        produkt,
        COUNT(*) as anzahl_verkaufe,
        ROUND(AVG(umsatz), 2) as avg_umsatz
    FROM 's3://datalake/sales/raw/2025/sales_data_full.parquet'
    GROUP BY ALL
    ORDER BY region, produkt
"""

# 4. Hole Resultat als Pandas-DataFrame
result_df = conn.execute(query).fetchdf()

print("--- DuckDB Analyse direkt von S3 ---")
print(result_df)
conn.close()
```

27 *https://duckdb.org/docs/stable/guides/network_cloud_storage/s3_import.html*

28 DuckDB kann sehr elegant mit mehreren Parquet-Dateien in einem „Ordner“ (S3-Präfix) und darin enthaltenen Tabellen arbeiten. Weitere Anwendungsbeispiele gibt es in der offiziellen Dokumentation: *https://duckdb.org/docs/stable/core_extensions/httpfs/s3api.html*

genug, um diese URL zu interpretieren und nur die für die Abfrage benötigten Spalten und Datenbereiche aus der Parquet-Datei vom S3-Server anzufordern – ein Prozess, der als „Predicate Pushdown" und „Column Pruning" bekannt ist (vgl. Abschnitt 5.1.2 zu Datenformaten). Dies minimiert den Netzwerkverkehr und die Lesezeit erheblich. Das Ergebnis wird schließlich mit `.fetchdf()` bequem in einen Pandas-DataFrame zur weiteren Verwendung in Python konvertiert.

Die Ausgabe unserer SQL-Abfrage in Listing 11.6 zeigt die aggregierte Übersicht der Verkäufe pro Region und Produkt. Diese wurde direkt aus dem Object Storage berechnet, ohne dass die Rohdaten (d. h. die ganze Parquet-Datei) je vollständig im Arbeitsspeicher des Analyse-Clients gelegen hätten.

Listing 11.6 Ausgabe des Skripts für die direkte SQL-Analyse auf S3-Daten mit DuckDB. (Die Verkaufsdaten sind zufällig generiert, und können daher bei einer Wiederholung abweichen.)

```
--- DuckDB Analyse direkt von S3 ---
   region     produkt  anzahl_verkaufe  avg_umsatz
0    Nord      Laptop              612     1013.97
1    Nord     Monitor              629      987.13
2    Nord  Smartphone              709     1016.98
3    Nord      Tablet              637      986.84
4     Ost      Laptop              597     1005.70
5     Ost     Monitor              640      985.80
6     Ost  Smartphone              640      980.86
7     Ost      Tablet              616     1000.27
8     Süd      Laptop              616      985.90
9     Süd     Monitor              574      986.73
10    Süd  Smartphone              595     1007.05
11    Süd      Tablet              590     1002.12
12   West      Laptop              614     1009.00
13   West     Monitor              653     1014.14
14   West  Smartphone              642     1008.53
15   West      Tablet              636      996.65
```

Schritt 4: Datenverarbeitung mit Pandas und das Konzept der Partitionierung

Eine weitere sehr verbreitete Methode ist die Nutzung von Pandas in Kombination mit der Bibliothek `s3fs`[29]. Dieser Ansatz eignet sich gut für die Datenexploration und -transformation, wenn die Datenmenge in den Arbeitsspeicher des Clients passt.

Wir nutzen diesen Schritt, um eine wichtige „Best Practice" für Data Lakes zu demonstrieren: die Partitionierung. Wir lesen die Rohdaten ein und schreiben sie in einer neuen, partitionierten Struktur zurück in den Data Lake. Partitionierung bedeutet, eine große Datensammlung in kleinere, logische Teile aufzuteilen, die auf den Werten

29 *https://s3fs.readthedocs.io/en/latest*

einer oder mehrerer Spalten basieren. Ein klassisches Beispiel ist die Partitionierung nach Datum (Jahr, Monat, Tag).

Im Python-Skript in Listing 11.7 verwenden wir s3fs, welches als eine Art Übersetzer fungiert: Es stellt eine Dateisystem-ähnliche Schnittstelle für S3 bereit, sodass Bibliotheken wie Pandas S3-Pfade (`s3://...`) direkt lesen können. Im Gegensatz zu DuckDBs gezieltem Datenabruf müssen wir `pd.read_parquet` mit s3fs behutsam einsetzen, um zu vermeiden, das gesamte Objekt in einen Pandas-DataFrame zu laden[30]. Der entscheidende Teil des Skripts ist jedoch der zweite Schritt: die Transformation und Parti-

Listing 11.7 Lesen und partitioniertes Schreiben von S3-Daten mit Pandas

```
import pandas as pd

# 1. Daten aus dem "raw"-Bereich unseres Data Lakes lesen
# Wir verwenden den gleichen S3-Pfad wie zuvor mit DuckDB
s3_path_raw = 's3://datalake/sales/raw/2025/sales_data_full.parquet'
storage_options = {
    "endpoint_url": 'http://localhost:9000',
    "key": 'minioadmin',
    "secret": 'minioadmin123',
}
df = pd.read_parquet(s3_path_raw, storage_options=storage_options)

# 2. Partitionsspalten hinzufügen
# Wir extrahieren Jahr und Monat aus der Datumsspalte
df['jahr'] = df['datum'].dt.year
df['monat'] = df['datum'].dt.month

# 3. Daten partitioniert zurück in den Data Lake schreiben
# Pandas und PyArrow erstellen automatisch eine Ordnerstruktur
↪ basierend auf den Werten
# in den `partition_cols`.
# z.~B.: .../jahr=2025/monat=1/....parquet
s3_path_partitioned = 's3://datalake/sales/partitioned/'
df.to_parquet(
    s3_path_partitioned,
    partition_cols=['jahr', 'monat'],
    storage_options=storage_options,
    engine='pyarrow'
)
print(f"Daten partitioniert nach '{s3_path_partitioned}'
↪ geschrieben.")
```

30 Wir tun dies hier nicht. Um ähnliches Verhalten in Pandas zu erreichen, benötigen wir weitere Parameter wie `columns` und `filters`, siehe *https://pandas.pydata.org/docs/reference/api/pandas.read_parquet.html*

tionierung. Nachdem wir aus dem Datum die Spalten `jahr` und `monat` extrahiert haben, schreiben wir den DataFrame mit `df.to_parquet` und der Option `partition_cols` zurück in den Data Lake. Dies weist die Engine (hier PyArrow) an, automatisch eine „Hive-Stil"-Verzeichnisstruktur[31] wie `.../jahr=2025/monat=1/...` anzulegen. Dieser Prozess – das Einlesen von Rohdaten, deren Anreicherung und das Zurückschreiben in eine optimierte, partitionierte Struktur – ist die Grundlage für performante Analysen, wie wir im nächsten Schritt sehen werden.

Nach Ausführung dieses Skripts können wir in der MinIO-Konsole die neue Struktur unter `datalake/sales/partitioned/` betrachten. Wir finden eine Hierarchie von „Ordnern" wie `jahr=2025/` und darin `monat=1/`, `monat=2/` etc. vor. Jeder dieser End-„Ordner" enthält eine Parquet-Datei nur mit den Daten für diese spezifische Jahr-Monat-Kombination.

Vorteile von Object Storage für Analytics (OLAP):

1. **Entkopplung von Compute und Storage:** Unser S3-kompatibler MinIO-Server speicherte die Daten, während DuckDB und Pandas die Analyse durchführen. Diese Schichten können unabhängig voneinander skaliert werden.
2. **Skalierbarkeit und Kosteneffizienz:** Object Storage ist darauf ausgelegt, riesige Datenmengen kostengünstig (in der Cloud) zu speichern, deutlich günstiger als traditionelle Datenbank- oder Dateisystem-Festplatten.
3. **Flexibilität durch Standard-APIs:** Die S3-API ermöglicht es uns, verschiedene Tools (MinIO Client, DuckDB, Pandas/s3fs und viele mehr!) nahtlos mit demselben Datenspeicher zu verbinden.
4. **Analyse „in-place":** Wir haben Daten direkt dort analysiert, wo sie liegen. Aufwendige ETL-Prozesse, um Daten erst in eine analytische Datenbank zu laden, werden oft überflüssig.

Schritt 5: Der Vorteil der Partitionierung – effiziente Abfragen

Warum haben wir diesen Aufwand betrieben? Eine Hive-Style-Partitionierung in S3 ist eine Art physische Partitionierung des Datensatzes nach Zeilen, und nicht nach Spalten wie bisher beschrieben. Der Vorteil wird sofort sichtbar, wenn wir nun eine Abfrage ausführen, die nur einen Teil (der Zeilen) der Daten benötigt. Die Hive-Partitionierung filtert also grob vor und sagt der Engine, welche Dateien sie überhaupt ansehen muss. Angenommen, uns interessieren nur die Verkäufe aus dem Februar 2025.

Das finale Python-Skript in Listing 11.8 demonstriert den Nutzen der in Schritt 4 durchgeführten Partitionierung. Es wird erneut eine DuckDB-Abfrage ausgeführt, diesmal jedoch auf dem partitionierten Pfad. Der entscheidende Punkt ist die `WHERE`-Klausel, die nach `jahr` und `monat` filtert. DuckDB erkennt die Partitionierung im „Hive-Stil" und

31 *https://arrow.apache.org/docs/r/reference/hive_partition.html*

Listing 11.8 Effiziente Abfrage auf partitionierten S3-Daten

```
import duckdb
conn = duckdb.connect()
# ... (gleiche S3-Konfiguration wie in Schritt 3) ...
conn.execute("SET s3_endpoint='localhost:9000'; ...")

# Abfrage auf den PARTITIONIERTEN Daten.
# DuckDB erkennt die /jahr=.../monat=... Struktur ('Hive-Partitioning')
# und wendet den WHERE-Filter bereits auf die Dateipfade an.
# So wird NUR die Parquet-Datei für Februar 2025 gelesen!
partitioned_query = """
    SELECT
        produkt,
        SUM(umsatz) as monatsumsatz
    FROM 's3://datalake/sales/partitioned/**/*.parquet' -- Lesen aus partitioniertem Pfad
    WHERE jahr = 2025 AND monat = 2 -- Filter auf Partitions-Spalten
    GROUP BY produkt
    ORDER BY monatsumsatz DESC;
"""
feb_result = conn.execute(partitioned_query).fetchdf()

print("\n--- Analyse der partitionierten Daten (nur Februar 2025) ---")
print(feb_result)
conn.close()
```

wendet diesen Filter direkt auf die Pfade an, bevor es die Daten liest (engl. „Partition Pruning"). Anstatt den gesamten Datensatz zu scannen, liest die Engine ausschließlich die kleine Parquet-Datei, die sich im Verzeichnis `.../jahr=2025/monat=2/` befindet. Dadurch werden Abfragezeit und Netzwerklast dramatisch reduziert, was das fundamentale Prinzip für die Leistungsfähigkeit von Data Lakes bei großen Datenmengen darstellt. Bei Terabytes oder Petabytes an Daten ist dies der Unterschied zwischen einer Abfrage, die Sekunden, Minuten oder Stunden benötigt.

Tipps für S3 in der Datenhaltung:

- **Datenpartitionierung:** Wie in Schritt 4 und 5 gezeigt, ist die Organisation von Daten in logische Partitionen anhand von Zeilen (z. B. nach Datum) der „Trick" zu performanten Abfragen. Die key=`value`-Ordnerstruktur ist hierbei ein Quasistandard (Hive-Style Partitioning).

- **Spaltenorientierte Formate:** Die Verwendung von Formaten wie Parquet (oder ORC) ist unerlässlich. Sie ermöglichen nicht nur die spaltenweise Leseoptimierung, sondern bieten auch effiziente Kompression (z. B. mit Snappy oder Zstd).
- **Klare Namenskonventionen:** Eine durchdachte Struktur für Buckets und Objekt-Präfixe (z. B. `s3://<bucket>/<zone>/<dataset>/<partition_key=value>/...`) ist entscheidend für Ordnung im Data Lake. Wir haben dies mit `raw` und `partitioned` angedeutet.
- **Lifecycle Policies (in der Cloud):** In einer realen Cloud-Umgebung würde man Regeln definieren, um Daten automatisch zu verwalten. Zum Beispiel könnten Daten nach X Tagen von einer schnellen Speicherklasse (Standard) in eine günstigere Archivklasse (z. B. S3 Glacier[32]) verschoben werden.

Metadaten zur Steuerung, Kontrolle und Dokumentation im Object Storage

Bisher haben wir uns darauf konzentriert, Daten als Objekte zu speichern und abzufragen. Ein entscheidender Aspekt für den Aufbau eines verwaltbaren Data Lakes ist jedoch die Speicherung dieser Objekte mit Kontext (d. h. Dokumentation), also mit Metadaten. Ohne Metadaten droht ein Data Lake schnell zu einem unübersichtlichen Datensumpf zu werden, in dem niemand mehr weiß, woher die Daten stammen, was sie bedeuten oder wie vertrauenswürdig sie sind.

Amazon S3 und kompatible Systeme wie MinIO bieten zwei unterschiedliche Mechanismen zur Speicherung von Metadaten an: „User-Defined Metadata"[33] und „S3 Object Tags"[34].

User-Defined Metadaten dienen primär dazu, anwendungsspezifische Informationen direkt an das Objekt zu heften. Sie werden als HTTP-Header mit dem Präfix `x-amz-meta-` gespeichert und sind *unveränderlich*. Das heißt, einmal gesetzt, können sie nur durch das Neuanlegen des Objekts geändert werden. Aufgrund ihrer schnellen Abrufbarkeit über eine HEAD-Anfrage eignen sie sich ideal für Metadaten, die zur Interpretation der Daten benötigt werden, zum Beispiel:

- `schema-version: v1.0`
- `source-system: online-shop-api`

S3 Object Tags hingegen sind für die Verwaltung, Kostenkontrolle und Zugriffssteuerung des Objekts konzipiert. Ihr entscheidender Vorteil ist, dass sie *veränderlich* sind und jederzeit hinzugefügt oder modifiziert werden können. Sie sind tief in Cloud-Dienste (z. B. für Abrechnung, Zugriffsberechtigungen und Lifecycle-Regeln) integriert. Typische Anwendungsfälle sind das Markieren von Objekten mit Tags wie `Projekt: MiniDataLake` oder `Datenschutz: Geheim`.

32 *https://docs.aws.amazon.com/AmazonS3/latest/userguide/object-lifecycle-mgmt.html*

33 Neben System-defined Metadata, die vom Anbieter verwaltet wird – *https://docs.aws.amazon.com/AmazonS3/latest/userguide/UsingMetadata.html*

34 *https://docs.aws.amazon.com/AmazonS3/latest/userguide/object-tagging.html*

Metadaten mit Amazons Boto3 hinzufügen

Das Python-Skript in Listing 11.9 erweitert unser Upload-Skript aus Listing 11.3 und zeigt, wie beide Arten von Metadaten mit Amazons Boto3 S3-Client hinzugefügt werden können.

Listing 11.9 Hinzufügen und Abrufen von Metadaten und Tags mit Boto3

```
import boto3
# ... (Client-Konfiguration, Verkausdatengenerierung und Buffer-Vorbereitung wie gehabt) ...

object_key = "sales/raw/2025/sales_with_metadata.parquet"

# Metadaten und Tags definieren
user_metadata = {
    'source-system': 'online-shop-api',
    'schema-version': '1.0'
}
# Tags als URL-codierter(!) String
object_tags = "Projekt=MiniDataLake&Kostenstelle=Analytics"

# Objekt hochladen inkl. Metadaten und Tags
s3_client.put_object(
    Bucket=bucket_name,
    Key=object_key,
    Body=buffer,
    Metadata=user_metadata,
    Tagging=object_tags
)
print(f"Objekt mit Metadaten/Tags hochgeladen: s3://{bucket_name}/{object_key}")

# Metadaten abrufen (Tags sind hier nicht direkt enthalten!)
response = s3_client.head_object(Bucket=bucket_name, Key=object_key)
print(f"\nUser-Defined Metadata: {response['Metadata']}")

# Tags separat abrufen
tag_response = s3_client.get_object_tagging(Bucket=bucket_name, Key=object_key)
print(f"\nS3 Object Tags: {tag_response['TagSet']}")
```

Dieses Codebeispiel demonstriert, wie ein Objekt beim Hochladen mit wertvollem Kontext angereichert wird. Der Aufruf `s3_client.put_object` wird um zwei entscheidende Parameter erweitert: `Metadata` für die anwendungsspezifischen, unveränderlichen Metadaten und `Tagging` für die flexiblen, zur Verwaltung dienenden S3-Tags. Ebenso aufschlussreich ist der zweite Teil des Skripts, der den Abruf der Metadaten zeigt. Er verdeutlicht, dass User-Defined Metadata direkt über die `head_object`-Antwort verfügbar sind, während für die Tags ein separater API-Aufruf `get_object_tagging` notwendig ist. Diese technische Trennung spiegelt ihre unterschiedlichen Einsatzzwecke wider und zeigt, wie ein einfaches binäres Objekt (hier Parquet-Datei) durch Metadaten zu einem selbsterklärenden, verwaltbaren Datenbestand im Data Lake wird.

Als Fazit gilt in der Praxis, das die bewusste und strategische Nutzung beider Metadaten-Typen der Schlüssel zum Erfolg ist, um aus einer Ansammlung von Dateien einen organisierten, durchsuchbaren und verwaltbaren Data Lake zu schaffen, und nicht einen undurchschaubaren Sumpf.

Fazit zum Data-Lake-Beispiel

Dieser für einen fiktiven E-Commerce-Händler praxisnah umgesetzte Mini-Data-Lake hat den Weg von einer transaktionalen Datenbank zu einem funktionalen Data Lake mit OLAP-Analysen illustriert. Wir haben einen S3-kompatiblen Server mit MinIO aufgesetzt, Daten in einem optimierten Format geladen (Parquet) und mithilfe moderner Analyse-Tools wie DuckDB und Pandas (PyArrow) direkt darauf zugegriffen. Dabei wurde das Zusammenspiel von entkoppeltem Compute (Rechenleistung) und Speicher (Storage) sowie die fundamentale Bedeutung von Konzepten wie Partitionierung und spaltenorientierter Speicherung demonstriert.

Ein wichtige Erkenntnis ist, dass Object Stores weit mehr sein können als nur ein „Online-Laufwerk". Sie sind vielmehr das Fundament, das die Skalierbarkeit, Flexibilität und Kosteneffizienz moderner Big-Data- und Analytics-Plattformen möglich macht. Die hier lokal implementierten Fähigkeiten sind auch direkt auf den Cloud-Plattformen großer, bekannter Anbieter übertragbar.

Vom Lake zum Lakehouse: Transaktionen mit Delta Lake

Unser bisheriger Mini-Data-Lake auf Basis von S3 und Parquet-Dateien ist bereits leistungsfähig und dabei effizient und kostengünstig, insbesondere für analytische Abfragen auf großen, unveränderlichen Datensätzen. Die Praxis ist jedoch oft wesentlich komplexer. Stellen wir uns nun vor, unsere fiktive Datenwandler GmbH steht vor neuen Herausforderungen wie den folgenden:

- **Zuverlässigkeit:** Was passiert, wenn ein stündlicher Schreibjob (z. B. Batch-Prozess), der tausende neue Verkäufe hinzufügt, nach der Hälfte abbricht (z. B. wegen eines Netzwerkfehlers)? In einem reinen parquet-basierten Data Lake bleiben möglicherweise inkonsistente, nur halb geschriebene Dateien zurück. Lesende Akteure, die in diesem Moment auf die Daten zugreifen, erhalten womöglich unvollständige oder korrupte Ergebnisse. Es gibt keine Garantie für Datenintegrität.

- **Neue Daten und Datenkorrekturen:** Ein Kunde sendet ein Produkt zurück (d. h. er macht Gebrauch von seinem Widerrufsrecht), und ein Umsatzdatensatz muss korrigiert werden (`UPDATE`). Gleichzeitig kommen neue Verkäufe hinzu (`INSERT`).
- **Datenlöschung (DSGVO):** Ein Kunde beruft sich auf sein Recht auf Vergessenwerden nach der DSGVO. Alle ihn betreffenden Transaktionen müssen permanent aus dem Data Lake entfernt werden (`DELETE`). In einem Parquet-Lake ist dies mit großen Kosten verbunden.
- **Mangelnde Audits/Reproduzierbarkeit:** Daten in einem Data Lake haben in der Regel verschiedene Stakeholder. Wenn Dateien ständig überschrieben oder hinzugefügt werden, ist es extrem schwierig, für alle Stakeholder die Übersicht zu behalten. Ein versehentlich gelöschter oder geänderter Datensatz ist für immer verloren, und es gibt keine einfache Möglichkeit, die Historie der Daten nachzuvollziehen.

Diese Operationen sind in einem traditionellen Data Lake extrem umständlich, teils nur manuell und daher kostenintensiv umzusetzen. Wir müssten die betroffenen Parquet-Dateien vollständig einlesen, im Speicher modifizieren und komplett neu schreiben. Es ist nicht schwer einzusehen, dass dies ein fehleranfälliger und ineffizienter Prozess ist.

Hier kommt das Konzept des Data Lakehouse ins Spiel, welches in Kapitel 9 ausführlich behandelt wurde. Technologien wie beispielsweise Delta Lake[35)] schaffen hier Abhilfe durch die Einführung eines zentralen Elements aus OLTP: dem Transaktionsprotokoll (hier Delta Log genannt). Delta Lake ist kein neues Datenbanksystem, sondern ein Open-Source-Storage-Format, das auf unserem bestehenden Data Lake aufsetzt und ihm die Zuverlässigkeit und Funktionalität eines Data Warehouse verleiht. Es lässt sich als eine intelligente Verwaltungsschicht für unsere Parquet-Dateien im Object Storage vorstellen und bringt wichtige Features wie ACID-Transaktionen, Updates, Deletes und Datenversionierung direkt in den kostengünstigen Object Storage.

Im Folgenden illustrieren wir anhand unseres bestehenden Data Lakes in S3 und den neuen Herausforderungen der Datenwandler GmbH, wie wir ein Data Lakehouse mit Deltas Python-Bibliothek realisieren können.

Herausforderung 1: Atomare Schreibvorgänge

Der Umstieg von unserem Data Lake auf Delta Lake ist erstaunlich einfach. Anstatt unsere Daten als einfache Parquet-Datei zu speichern (vgl. Listing 11.3), verwenden wir einen Befehl, der sie im Delta-Format ablegt. Wir verwenden dazu die bereitgestellte Python-Bibliothek deltalake (`pip install deltalake`[36)]). Listing 11.10 illustriert, wie wir unsere generierten Verkaufsdaten (vgl. Listing 11.3) nun als Delta-Tabellen in S3 (d. h. in unserer lokalen MinIO-Instanz) in den Bucket „datalakehouse“ ablegen können.

35 *https://delta.io*
36 *https://pypi.org/project/deltalake*

Listing 11.10 Schreiben der Daten in eine Delta-Tabelle auf S3

```
import boto3
import numpy as np
import pandas as pd
from botocore.config import Config
from deltalake.writer import write_deltalake

# 1. Wir nehmen an, der DataFrame 'df' aus den vorherigen Schritten
    ↪ unseres Data Lakes ist noch im Speicher.
df = ... # unsere zuvor generierten Verkaufsdaten

# Die Storage-Optionen für MinIO bleiben identisch.
storage_options = {
    "AWS_ENDPOINT_URL": 'http://localhost:9000',
    "AWS_ACCESS_KEY_ID": 'minioadmin',
    "AWS_SECRET_ACCESS_KEY": 'minioadmin123',
    "AWS_ALLOW_HTTP": 'true' # In deltalake wird dies als String
        ↪ erwartet
}

# S3-Client konfigurieren (boto3 - offizieller AWS SDK) - wie zuvor im
    ↪ Data Lake
s3_client = boto3.client(...)

# 2. Bucket hier erstellen oder im Dashboard (falls nicht vorhanden)
bucket_name = "datalakehouse"
# stark vereinfacht ohne Fehlerbehandlung
s3_client.create_bucket(Bucket=bucket_name)

# 3. Daten in eine neue Delta-Tabelle schreiben
delta_table_path = 's3://datalakehouse/sales_delta/'
write_deltalake(
    delta_table_path,
    df,
    mode='overwrite', # 'overwrite' überschreibt, 'append' fügt hinzu
    storage_options=storage_options
)

print(f"Daten erfolgreich als Delta-Tabelle nach '{delta_table_path}'
    ↪ geschrieben.")
```

Was ist im Code passiert? Unter der Haube schreibt Delta Lake die Daten weiterhin in Parquet-Dateien. Der entscheidende Unterschied ist jedoch, dass zusätzlich ein Verzeichnis namens `_delta_log` erstellt wird. Dieses Verzeichnis enthält ein Transaktionsprotokoll in Form von JSON-Dateien. Jeder Schreibvorgang wird als atomarer

Commit in diesem Protokoll festgehalten. Dieses Protokoll ist sozusagen das Gehirn der Delta-Tabelle und der Schlüssel zu all ihren erweiterten Funktionalitäten. Es ist wichtig anzumerken, wie leicht uns der Wechsel zu einem Data Lakehouse gelingt: Anstatt `df.to_parquet(...)` wird nun `write_deltalake(...)` verwendet[37].

Der Inhalt unseres Buckets „datelakehouse/sales_delta" hat nun folgende Struktur (Dateinamen können sich lokal unterscheiden):

- `_delta_log/*.json`: Protokolliert die Transaktion des initialen Schreibvorgangs unserer Verkausdaten. Es erzeugt für jeden Schreibvorgang inkrementell neue JSON-Dateien, die menschenlesbar sind[38].
- `part-*.parquet`: Die Parquet-Datei mit eindeutigem Namen, die unsere eigentliche Verkaufsdaten enthält. Für jeden Schreibvorgang wird eine neue Parquet-Datei mit den Unterschieden (= Delta) erstellt.

Herausforderung 2: Neue Daten und Korrekturen

Jetzt demonstrieren wir die wahre Stärke des Data Lakehouse anhand der MERGE[39]-Operation von deltalake. Angenommen, wir erhalten zwei neue Datensätze. Diese enthalten einen neuen Verkauf (also ein INSERT) und eine Korrektur (ein UPDATE) für einen bereits bestehenden Datensatz. Die Korrektur könnte in unserem Szenario beispielhaft eine teilweise Warenrücksendung eines Kunden sein, was eine Änderung des Umsatzes nötig macht. Mit der MERGE-Operation von deltalake können wir diese Änderungen effizient und transaktionssicher (d. h. konsistent) auf unseren S3-Storage anwenden. Listing 11.11 illustriert dies anhand neuer (generierter) Änderungsdatensätze in einem Pandas-DataFrame.

Das Python-Beispiel zeigt den Kern des Lakehouse-Ansatzes. Eine komplexe Read-Modify-Write-Logik wird durch einen einzigen, atomaren Befehl ersetzt. Die MERGE-Anweisung prüft für jede Zeile in unserem `updates_df`-DataFrame, ob ein passender Datensatz in der Zieltabelle existiert (ähnlich zu einem SQL-Join bzw. zu einem `pandas.merge(...)`). Wenn ja (d. h. `when_matched`), wird der bestehende Datensatz aktualisiert. Wenn nicht (d. h. `when_not_matched`), wird ein neuer Datensatz eingefügt. All dies geschieht transaktionssicher als Teil des Delta Logs. Für unsere Korrektur von Kunde 25 nehmen wir vereinfacht an (da zufallsbasiert generiert), dass die Korrekturdaten die initialen Verkaufsdaten widerspiegeln (d. h. ein SQL Join mit Spalte `kunde_id` und `datum` ist erfolgreich).

Konkret bietet uns deltalake eine Abgleichbedingung in Form eines „Predicate" für das Matching (d. h. die Übereinstimmung) zwischen dem Datensatz und unseren Änderungen an:

```
predicate = 'source.kunde_id = target.kunde_id
            AND source.datum = target.datum'
```

37 PySpark bietet uns ebenfalls eine einfache API an: `df.to_delta(...)`

38 Die Spezifikation befindet sich hier: *https://github.com/delta-io/delta/blob/master/PROTOCOL.md*

39 Die MERGE-Operation wurde im SQL:2003 initial eingeführt – ein geläufiges Synonym ist UPSERT.

Listing 11.11 Transaktionssichere MERGE-Operation in eine Delta-Tabelle

```
import pandas as pd
from deltalake import DeltaTable

# Die Storage-Optionen für MinIO bleiben identisch.
storage_options = {...}

# 1. Beispieldaten für den Merge-Vorgang erstellen
# Ein neuer Verkauf (kunde_id '10001') und eine Korrektur für Kunde '25'
# Annahme: Die Korrektur spiegelt die initialen Verkausdaten wieder (d. h. ein SQL Join mit kunde_id und datum gelingt)
updates_df = pd.DataFrame({
    'kunde_id': [10001, 25],
    'umsatz': [199.99, 1150.00], # Neuer Verkauf und korrigierter Umsatz
    'produkt': ['Zubehör', 'Smartphone'],
    'region': ['Nord', 'West'],
    'datum': pd.to_datetime(['2025-02-15 10:00:00', '2025-01-01 02:00:00'])
})

# 2. Bestehende Delta-Tabelle öffnen
delta_table_path = 's3://datalakehouse/sales_delta/'
delta_table = DeltaTable(delta_table_path, storage_options=storage_options)

# 3. MERGE-Operation ausführen
# Dies ist eine deklarative, SQL-ähnliche Anweisung.
delta_table.merge(
    source=updates_df,
    predicate='source.kunde_id = target.kunde_id AND source.datum = target.datum',
    source_alias='source',
    target_alias='target'
).when_matched_update_all().when_not_matched_insert_all().execute()

print("MERGE-Operation erfolgreich abgeschlossen.")
print(f"Aktuelle Version der Tabelle: {delta_table.version()}")
```

In anderen Worten teilen wir mit unserem Prädikat folgendes mit: „Finde eine Übereinstimmung, bei der `kunde_id` UND der `datum`-Zeitstempel exakt gleich sind“.

Nachdem wir die Änderungen geschrieben haben, finden wir in unserem S3 Bucket nun jeweils eine weitere JSON-Transaktionsdatei sowie eine neue Parquet-Datei mit den Unterschieden (d. h. Delta) in unserer Verkaufstabelle vor. Aus transaktionaler Sicht wurde daher unsere initiale Version 0 der Verkaufsdaten nun inkrementell zur Version 1, dabei blieben die anderen initialen Daten erhalten!

Herausforderung 3: Gezieltes Löschen von Daten (DSGVO)

Als Erweiterung zu unserem INSERT- und UPDATE-Beispiel im vorherigen Abschnitt schauen wir uns zuletzt den DELETE von Datensätzen an. In unserem Szenario beruft sich ein Kunde auf sein Recht auf Vergessenwerden nach der DSGVO. Dazu müssen alle ihn betreffenden Transaktionen permanent aus dem Data Lakehouse entfernt werden (d. h. `DELETE` entsprechender Zeilen). In einem Parquet-Lake wäre dies ein Albtraum, da alle entsprechenden Parquet-Dateien lokalisiert und komplett untersucht werden müssten.

Der Delta Lake unterstützt SQL-ähnliche DELETE-Befehle, die gezielt Datensätze basierend auf einer Bedingung entfernen, ähnlich zu unserem UPDATE im vorherigen Beispiel. Listing 11.12 demonstriert ein Beispiel, in dem wir alle Zeilen eines Kunden mit der ID = 42 löschen und eine neue Version in S3 abspeichern.

Listing 11.12 Gezieltes Löschen von Daten in einer Delta-Tabelle

```
... # Intitialisierung wie in den vorherigen Beispielen
# Angenommen, der Kunde mit der ID 42 verlangt die Löschung seiner Daten.
delta_table = DeltaTable(delta_table_path, storage_options=storage_options)
delta_table.delete(predicate="kunde_id = 42")

print(f"Löschvorgang erfolgreich. Tabelle auf Version {delta_table.version()} aktualisiert.")
```

Auch diese Operation ist eine atomare Transaktion. Delta Lake kennzeichnet die betroffenen Daten im Transaktionsprotokoll als gelöscht, sodass sie in der aktuellen Version (d. h. Version 2) der Tabelle nicht mehr sichtbar sind.

Herausforderung 4: Audits und Reproduzierbarkeit: Time Travel

Da jede Transaktion im `_delta_log` in S3 versioniert wird, können wir jederzeit zu einem früheren Zustand unserer Tabelle „zurückreisen“. Dies ist ein sehr mächtiges Feature für den Rollback von Daten, Audits, das Debugging von fehlerhaften Daten-Pipelines oder die Reproduzierbarkeit von Analysen und Machine-Learning-Modellen. Listing 11.13 illustriert dieses Feature anhand eines einfachen Vorher/Nacher-Vergleiches unserer Verkaufsdaten.

Mithilfe des Konstruktors der `DeltaTable`-Klasse von deltalake sind wir in der Lage zu bestimmen, an welcher Version unseres Datensatzes wir genau interessiert sind. In un-

Listing 11.13 Time Travel in einer Delta-Tabelle

```python
from deltalake import DeltaTable

# Die Storage-Optionen für MinIO bleiben identisch.
storage_options = { ... }

# 1. Reise zurück in der Zeit zur Version 0 (vor dem MERGE)
delta_table_path = 's3://datalakehouse/sales_delta/'
# Initiale Version
delta_table_v0_df = DeltaTable(delta_table_path,
    version=0,  # Spezifische Version
    storage_options=storage_options
).to_pandas()
# Momentane Version (nach dem MERGE)
delta_table_latest_df = DeltaTable(delta_table_path,
    storage_options=storage_options
).to_pandas()

print(f"Anzahl Zeilen in der aktuellen Version:
↪ {len(delta_table_latest_df)}")
print(f"Anzahl Zeilen in Version 0: {len(delta_table_v0_df)}")
```

serem Beispiel laden wir zuerst die initiale Version unserer Verkaufsdaten (Schritt 1), und dann direkt die Version der Verkaufsdaten nach unserem MERGE im letzten Beispiel (Schritt 2). Wenn wir nun die Datensätze zu einem Pandas-DataFrame konvertieren und die Anzahl der Zeilen ausgeben, können wir beobachten, dass nun eine weitere Zeile hinzugekommen ist: der neue Verkauf. Sofern der korrigierte Umsatz in Schritt 2 mit den initialen Verkaufsdaten übereinstimmt, führt das zu keiner weiteren Zeile, nur zum UPDATE einer bereits bestehenden. Sollte alternativ keine Übereinstimmung gefunden worden sein, würde sich dies ebenfalls in einer weiteren Zeile mit einem neuen Datensatz materialisieren.

Zentrale Erkenntnisse zum Lakehouse-Ansatz

Die Erweiterung unseres Data Lakes zu einem Data Lakehouse mit Delta Lake bietet entscheidende Vorteile, die in realen Unternehmensumgebungen unverzichtbar sind:

- **Zuverlässigkeit durch ACID-Transaktionen:** Datenintegrität ist jederzeit gewährleistet. Laufende Lese- und Schreibvorgänge stören sich nicht gegenseitig (vgl. OLTP).
- **Flexibilität bei Datenänderungen:** Komplexe Change-Data-Capture-(CDC)-Szenarien (ein Entwurfsmuster zum Tracken von Deltas aus Produktivsystemen, vgl. Ab-

schnitt 16.4.3), Datenkorrekturen und Löschungen werden durch UPDATE, DELETE und MERGE zu Standardoperationen.

- **Auditierbarkeit und Reproduzierbarkeit:** Durch „Time Travel“ ist die gesamte Historie der Daten zugänglich, was die Einhaltung von Compliance-Anforderungen und die Fehlersuche massiv vereinfacht.
- **Einheitliche Architektur:** Die Notwendigkeit, separate Systeme für Batch- und Streaming-Daten oder für Speicherung und Serving zu unterhalten, wird reduziert. Das Lakehouse wird zur zentralen, einzigen Quelle der Wahrheit („Single Source of Truth“).

Indem wir auf unserem S3-basierten Data Lake mit Delta Lake eine weitere Schicht aufgesetzt haben, konnten wir ihn auf die nächste Stufe heben und ihn zu einer robusten, flexiblen und zuverlässigen Datenplattform ausbauen, die das Beste aus dem Data Lake und dem Data Warehouse vereint. Dabei können wir die Kostenvorteile des günstigen S3-Object-Storage direkt ausnutzen. Alternative Frameworks wie PySpark usw. bieten weitere APIs an, um den Umgang mit Delta Lakes zu vereinfachen.

11.3 Wide-Column Stores

Da Wide-Column Stores im Deutschen aufgrund ihres internen Aufbaus auch gerne spaltenorientierte Datenbanken genannt werden, sind Verwechslungen mit spaltenorientierten relationalen Datenbanken, wie sie in Data Warehouses eingesetzt werden (vgl. Kapitel 7) leider vorprogrammiert. Tatsächlich war die Literatur (nicht nur die deutschsprachige) in diesem Punkt in der Vergangenheit oft unscharf. Daher sei an dieser Stelle extra noch einmal darauf hingewiesen, dass es sich hier um zwei verschiedene Konzepte handelt.

Auch die Wide-Colum Stores gehen, wie viele andere Ideen im Big-Data-Umfeld, auf eine Entwicklung bei Google zurück. Dort wurde etwa zur Mitte der Nullerjahre Bigtable [Cha+08] zur Speicherung von Metadaten von Webseiten entwickelt. Die Grundidee ist eine Art zweidimensionaler Key-Value-Store, bei dem zusammenhängende Werte gewöhnlich als Zeilen einer Tabelle dargestellt und auch unter einer gemeinsamen ID, dem sogenannten RowKey gespeichert werden. Der Clou „zweidimensionaler Key-Value-Store“ besteht nun darin, dass beim Speichern, vereinfacht ausgedrückt, einfache Verschachtelungen von Daten möglich sind. Diese Idee wird von den dokumentenorientierten Datenbanken (vgl. Abschnitt 11.4) sogar noch weiter auf die Spitze getrieben, da diese beliebige Verschachtelungen möglich machen. Wollten wir beispielsweise in einer relationalen Datenbank eine beliebige Anzahl an Mail-Adressen pro Kunde in einer Kundendatenbank abspeichern, würde das unter Beachtung der Normalisierungsrichtlinien unweigerlich zu einer eigenen Tabelle führen, die in etwa folgendermaßen aufgebaut sein könnte:

Listing 11.14 Beispielhafte SQL-Anweisung zur Erstellung einer Tabelle für Mail-Adressen.

```
CREATE TABLE mails (
  userid text,
  label text,
  address text
  ...
  PRIMARY KEY(userid, label)
)
```

Nur so könnten Mail-Adressen mit verschiedenen Labels wie „privat“, „Arbeit“ oder Ähnlichem sauber abgespeichert werden. Eine ähnliche eigene Tabelle würde bei verschiedenen Telefonnummern, Adressen usw. entstehen. Diese sogenannte Normalisierung und der Aufbau von Beziehungen zwischen Tabellen, wie sie im Detail in klassischen Datenbank-Lehrbüchern, etwa [KE09], beschrieben werden, sind der Kerngedanke der relationalen Datenbanken, vgl. auch Abschnitt 6.1.

Getrennt gespeicherte Datensätze können bzw. müssen in relationalen Systemen bei einer Abfrage wieder durch sogenannte Joins zusammengeführt werden. So lange sich alle Datensätze auf einem Server befinden, ist das auch kein größeres Problem, da die relationalen Systeme genau dafür ausgelegt sind. Sobald jedoch eine Verteilung notwendig wird, beginnen die Probleme. Da jede dieser Tabellen über eigene Primärschlüssel verfügt, würden zusammenhängende Daten bei einer automatischen Verteilung auf verschiedene Server früher oder später „auseinandergerissen“ werden müssen, was offensichtlich negative Auswirkungen auf die Performance mit sich bringt.

Wide-Row-Datenmodell

Wide-Column Stores setzen genau an dieser Stelle an und speichern für das Beispiel alle Daten zu einer gleichen User-ID gemeinsam in einer **breiten Spalte** (engl. Wide Row[40]) mit Unterspalten ab, wie das auch schon in Bild 6.3 gezeigt wurde. Die Unterspalten enthalten wiederum jeweils die zu speichernden Daten als Key-Value-Paare, sodass sich für obige Daten beispielsweise der in Bild 11.5 gezeigte Aufbau ergeben könnte.

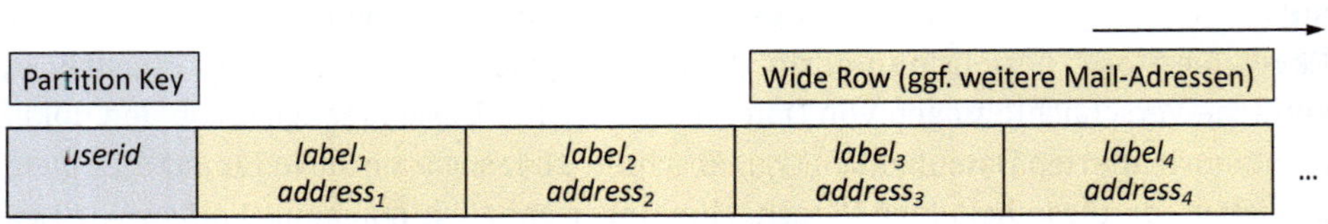

Bild 11.5 Schematischer Aufbau einer Datenzeile in einem Wide-Column Store

40 Um die Verwirrung komplett zu machen, heißt diese Datenstruktur innerhalb von Wide-Column Stores tatsächlich Wide Row.

Der Vorteil liegt auf der Hand, der Wide-Column Store kann alle zu einem Key gehörenden Daten auf dem gleichen Server bzw. dort auch in der gleichen Datenpartition speichern. Entsprechend wird die UserID in diesem Kontext auch Partition Key genannt. Das Label der Mail-Adresse wird bei Verwendung der zuvor gezeigten Tabellendefinition automatisch zum sogenannten Clustering Key[41)], der einen Eintrag innerhalb der entstehenden Wide Row identifizierbar macht.

Das ermöglicht eine schnelle Speicherung und auch eine einfache Verteilung von sehr großen Datensätzen auf mehrere Maschinen, was in relationalen Systemen nicht ohne Weiteres möglich ist. So werden bei geschickter Datenmodellierung zwar einerseits Such- und Aggregationsanfragen super schnell, andererseits wird aber die Flexibilität bei einer Suche deutlich eingeschränkt, da ähnlich wie bei Key-Value-Stores die in einer Wide-Colum „versteckten" Werte nicht mehr performant durchsucht werden können und ein Full-Table-Scan bei extrem großen Datenmengen nicht angeraten ist. Zudem erlauben Wide-Colum Stores gewöhnlich nur eine Wide-Row pro Tabelle und sind somit bei Weitem nicht so flexibel wie relationale Datenbanken, zumal sie auch keine Joins erlauben.

Beispiel Cassandra

Auch Cassandra ist ein Open-Source-Projekt und heute bei Apache beheimatet, wie so viele andere Big-Data-Werkzeuge. Aufgrund seiner Ursprünge bei Facebook überrascht es wenig, dass Cassandra nach wie vor stark im Facebook-Mutterkonzern Meta im Einsatz ist. Aber auch viele andere Unternehmen, die mit großen Datenmengen arbeiten, wie beispielsweise Netflix, nutzen Cassandra intensiv. Auch von Cassandra ist eine kommerziell erweiterte und vertriebene Version namens DataStax Enterprise über die Firma DataStax verfügbar. Eine dem Vernehmen nach nochmals deutlich schnellere Datenbank mit Kompatibilität zu Cassandra ist die ebenfalls kommerziell erhältliche und in C++ geschriebene ScyllaDB[42)], von der ebenfalls eine freie Community Edition sowie ein Docker-Container[43)] zur Verfügung stehen.

Steckbrief

Cassandra, oft auch C* abgekürzt, kann hochskalierbar auf Commodity-Hardware betrieben werden. Eine Besonderheit ist der Ansatz, ein verteiltes Datenbanksystem über einen Cluster aus vollständig gleichberechtigten Knoten zu betreiben, was als Grundlage für Cassandras hohe Skalierbarkeit und Ausfallsicherheit gilt, da Lese- und Schreib-

41 Ein mehrteiliger Partition Key muss entsprechend über eine zweite runde Klammer kenntlich gemacht werden.

42 *https://www.scylladb.com*

43 *https://hub.docker.com/r/scylladb/scylla*

Tabelle 11.3 Übersicht wichtiger Eigenschaften von Neo4J

Eigenschaft	Beschreibung
Webadresse	*https://cassandra.apache.org*
Docker-Image	docker pull cassandra:latest
Datenschema	Wide-Column Store
Konsistenzmodell	Eventual Consistency (AP)
Technische Dokumentation	*https://cassandra.apache.org/doc/latest*
Abfragesprache	Cassandra Query Language (CQL, syntaktisch ähnlich zu SQL)
Datenstrukturen	Tabellen, Listen, Mengen, Maps, User-Defined Types
Implementierungssprache	Java
Erstveröffentlichung	2008
Persistenz	LSM-Tree
Concurrency	Optimistic Concurrency Control (mit „last write wins")
Replikation	Datacenter-aware konfigurierbar mit gleichberechtigten Knoten (als Ring organisiert)
Skalierung	Horizontal annähernd linear durch Hinzufügen neuer Knoten
Lizenz	Apache License, Version 2.0

Requests an jeden Knoten gesendet werden können. Somit ist eine annähernd lineare Skalierbarkeit durch das Hinzufügen neuer Knoten gegeben, wobei natürlich mit anfänglichen Performanceeinbußen gerechnet werden muss, wenn bestehende Daten auf einen neu hinzugekommenen Knoten verteilt werden müssen. Cassandra bietet ferner durch seine sogenannte „Tunable Consistency" die Möglichkeit, in einem gewissen Rahmen zwischen einer Priorität auf Konsistenz oder Verfügbarkeit zu wählen und ist insbesondere für schnelles Schreiben optimiert (vgl. Bild 6.4).

Obwohl Cassandra auf eine Tabellenstruktur aufsetzt und mit seiner heutigen Abfragesprache CQL sehr nahe an die SQL angelehnt ist, sollte es nicht wie eine relationale Datenbank behandelt werden. Bedingt durch das zugrunde liegende Konzept eines Wide-Column Stores **sollen zusammenhängende Daten „query-driven" gemeinsam, also denormalisiert gespeichert werden**, was die zu verwaltende Datenmenge noch weiter in die Höhe treiben und die üblichen logischen Konsistenzprobleme mit sich bringen kann. Entsprechend sind auch keinerlei Joins verfügbar. Folgerichtig werden auch Integritätsbedingungen wie Cascading Deletes oder ähnliche, die wir aus relationalen Datenbanken kennen, nicht unterstützt. Performante Abfragen müssen schon beim Entwurf des Datenmodells mitgedacht werden, damit die Daten entsprechend optimiert und **nötigenfalls sogar mehrfach** abgespeichert werden können. Die Entwickler sprechen hier von einem „Query-Driven Design", das entweder vollständig manuell mit verschiedenen Tabellen oder auch mit der Unterstützung des Systems in sogenannten Materialized Views abgespeichert werden kann.

Architektur

Cassandra verwendet zur Implementierung seiner Storage-Engine den in Bild 6.4 erläuterten LSM-Tree und speichert daher ihre Daten zunächst in einem sogenannten Memtable im Arbeitsspeicher und spielt sie erst auf den Festspeicher, wenn ersterer eine vorkonfigurierte Größe erreicht hat.

In einem Cassandra-Cluster sind alle Knoten gleichberechtigt, er ist also gemäß einer Peer-to-Peer-Architektur aufgebaut und skaliert damit annähernd linear. Die Knoten organisieren sich (logisch) ringförmig und können auch über mehrere Rechenzentren verteilt arbeiten. Die Daten werden nach dem Hash des sog. Partition Key (entspricht ungefähr dem Primärschlüssel) auf die einzelnen Rechner verteilt. Jeder Knoten ist für einen bestimmten Bereich der Hash-Werte zuständig. Die Daten werden gewöhnlich mehrfach repliziert.

Lese- und Schreibzugriffe können vom Client an einen beliebigen Knoten in einem Cluster gesendet werden, dieser wird zum sogenannten Coordinator und ermittelt den für die Operation zuständigen Server. Damit das funktioniert, wird über ein sogenanntes Gossip-Protokoll periodisch, aber zufällig zwischen allen Knoten kommuniziert, um auszutauschen, wer für welche Hashes zuständig ist. Somit sind alle Rechner immer gut über die Verantwortlichkeiten und den Status der anderen Rechner informiert, sodass auch im Falle des Ausfalls eines Rechners schnell reagiert werden kann.

Replikation

Ein Schreib-Request wird vom Koordinator an alle zuständigen Replica-Knoten gesendet und von diesen zunächst in Commit Log und Memtable geschrieben. Sie entscheiden selbstständig und asynchron, wann sie in den SSTable auf der Platte schreiben. Je nach gewähltem Consistency Level wartet der Koordinator auf die entsprechende Zahl von Rückmeldungen, bevor er das Ergebnis des Schreibvorgangs an den Client meldet. Üblich sind die folgenden drei Consistency-Möglichkeiten:

- ONE: Nur ein erfolgreiches Schreiben nötig.
- QUORUM[44)]: Die Mehrzahl der Knoten muss bestätigen.
- ALL: Alle zuständigen Knoten müssen Erfolg melden.

Es liegt auf der Hand, dass sowohl Latenz als auch Datensicherheit mit den Levels ansteigen. Auch beim Lesen wird eine Antwort je nach gewähltem Consistency Level schneller oder langsamer zurückgeliefert.

Da Cassandra „eventually consistent" ist, kann es sein, dass auf verschiedenen Replica kurzzeitig verschiedene Werte gespeichert sind. Fallen dem Koordinator bei einem Read unkorrekte Werte auf, werden solche Konflikte nach dem „Last Write Wins"-Verfahren aufgelöst. Die Replica mit älteren Timestamps müssen ihre Werte

44 Das QUORUM kann auch nur für das lokale Rechenzentrum oder für alle verwendeten Rechenzentren ermittelt werden.

mit den neueren überschreiben (sog. Repair). Da der Timestamp vom Coordinator geliefert wird, müssen die Uhren aller Rechner im Cluster möglichst gut synchronisiert sein, sonst können Writes verloren gehen. Ein Repair kann auch manuell (über `nodetool repair`) oder von einem Hintergrundprozess ausgelöst werden.

CRUD-Operationen

Nach dem im Steckbrief angegebenen Download des aktuellsten (bei Cassandra auch sehr gut gepflegten) offiziellen **Docker**-Images lässt sich aus diesem mit folgendem Aufruf ein Container namens cass starten[45]:

```
docker run --name cass -d cassandra:latest
```

Auch eine Shell, mit deren Hilfe auf die Datenbank zugegriffen werden kann, wird mitgeliefert. Diese kann mit dem folgenden Befehl im gerade gestarteten Container ausgeführt werden, sodass wir darin auch die folgenden Beispiele problemlos ausführen können.

```
docker exec -it cass bash
cqlsh
```

Cassandra ist im Grunde ähnlich aufgebaut wie ein relationales Datenbanksystem. Das Cassandra-Pendant zur `Database` im RDBMS heißt `Keyspace` und wird folgendermaßen angelegt:

```
CREATE KEYSPACE IF NOT EXISTS shop WITH REPLICATION = {
  'class' : 'NetworkTopologyStrategy',
  'datacenter1' : '1'
};
```

Auch das Anlegen und Befüllen einer Tabelle ist sehr nahe an den Befehlen in einem RDBMS:

```
CREATE TABLE IF NOT EXISTS shop.customers (
  userid text PRIMARY KEY,
  mail text
);

INSERT INTO shop.customers(userid, mail)
                VALUES('Mayer', 'mayer0815@gmx.de');
INSERT INTO shop.customers(userid, mail)
                VALUES('Schulze', 'schulze123@gmx.at');
```

Wie in einem RDBMS können wir uns das Leben erleichtern und durch `use shop;` den gewünschten Keyspace auswählen, sodass eine Abfrage aller Werte folgendermaßen aussehen könnte und uns die beiden gerade eingetragenen Datensätze zurückliefern würde:

45 Vergleiche auch die offizielle Seite des Images hier: *https://hub.docker.com/_/cassandra*

```
select * from customers;

 userid  | mail
---------+-------------------
 Schulze | schulze123@gmx.at
   Mayer |  mayer0815@gmx.de
```

Auch Abfragen mit einem Parameter erinnern verdächtig an SQL:

```
select * from customer where userid = 'Mayer';

 userid | mail
--------+------------------
  Mayer | mayer0815@gmx.de
```

Versuchen wir allerdings auf den Mail-Adressen zu suchen, wird das mit einer Fehlermeldung quittiert, die uns vor unvorhersehbaren Performanceeinbußen warnt:

```
select * from customer where mail = 'mayer0815@gmx.de';

InvalidRequest: Error from server: code=2200 [Invalid query]
message="Cannot execute this query as it might involve data
filtering and thus may have unpredictable performance.
If you want to execute this query despite the performance
unpredictability, use ALLOW FILTERING"
```

Mit ALLOW FILTERING am Ende angehängt (oder auch dem Anlegen eines sog. Secondary Index auf der Spalte mit den Mail-Adressen) erhalten wir schlussendlich das gewünschte Ergebnis. Dieses Beispiel illustriert einen wichtigen Punkt bei den Designentscheidungen bei der Nutzung von Cassandra: **Nur zu einem Key gehörige Elemente werden automatisch indexiert und sind per Default schnell durchsuchbar.** Nicht indexierte Elemente erfordern einen Full Table Scan, der aufgrund der internen Speicherstruktur (vgl. Abschnitt 6.2.2 zu LSM-Tree) mit unkalkulierbaren Abfragezeiten behaftet sein kann.

Die Cassandra-Dokumentation[46] spricht sich sehr klar dafür aus, dass statt eines Index in den meisten Fällen eine Kopie (oder eine Materialized View) der Tabelle mit einer passenden Reihenfolge der Spalten performanter sein wird, auch wenn das zusätzlichen Speicher verbraucht. Ein Index ist nur dann performant, wenn er auf einer Spalte mit einer geringen Kardinalität angelegt wird, sprich wenn es dort viele Einträge mit identischen Werten gibt und die Anzahl an verschiedenen Werten eher niedrig bleibt.

Generell ist Cassandra in erster Linie für schnelles (einmaliges) Schreiben en bloc und Lesen in der gegebenen Reihenfolge optimiert. Häufige und weitestgehend zufällige Änderungen an einzelnen Werten können die Performance deutlich reduzieren, wie einer der Autoren einst selbst in der beruflichen Praxis erfahren durfte.

46 *https://docs.datastax.com/en/cql-oss/3.x/cql/cql_using/useWhenIndex.html*

Besteht der Primary Key wie im bisherigen Beispiel nur aus einem Element, wird er in Cassandra Partition Key genannt und identifiziert die Partition, auf der der Datensatz gespeichert wird. Auch Composite Partition Keys sind möglich und müssen, wie in diesem Fall auch bei relationalen Datenbanken üblich, am Ende des CREATE-Statements aufgelistet werden. Dabei gibt es allerdings noch eine Reihe von gleich beschriebenen Besonderheiten zu beachten.

Das Löschen einer Tabelle funktioniert übrigens über `drop table ...;`, wie aus der SQL bekannt. Auch Updates von bereits geschriebenen Werten funktionieren wie von der SQL bekannt:

```
UPDATE customers
SET mail_address = 'schulz123@gmx.de'
WHERE userid = 'Schulze' AND mail_label = 'privat';
```

Gleiches gilt für das Einfügen neuer Spalten, wie etwa das Speichern eines Stadtnamens für jeden Kunden, und die meisten anderen Operationen auch:

```
ALTER TABLE customers ADD city text;
```

Wide Rows

Wollten wir unsere Kundendatensätze beispielsweise mit mehreren Mail-Adressen versehen, könnte das zugehörige CREATE für die Nutzung einer Wide Row folgendermaßen aussehen, alle gezeigten Operationen könnten mit BEGIN BATCH ... APPLY BATCH; geklammert auch als zusammenhängender Aufruf an Cassandra gesendet werden:

```
CREATE TABLE IF NOT EXISTS customers (
  userid text,
  mail_label text,
  mail_address text,
  PRIMARY KEY (userid, mail_label)
);

INSERT INTO customers(userid, mail_label, mail_address)
        VALUES('Mayer', 'privat', 'mayer0815@gmx.de');
INSERT INTO customers(userid, mail_label, mail_address)
                 VALUES ('Mayer', 'privat2', 'mayer0816@gmx.de');

INSERT INTO customers(userid, mail_label, mail_address)
                 VALUES('Schulze', 'privat', 'schulze123@gmx.at');
INSERT INTO customers(userid, mail_label, mail_address)
                 VALUES('Schulze', 'business', 'schulze@demo.com');
```

In einer relationalen Datenbank würden Einträge in die entsprechende Tabelle zeilenweise gespeichert, sodass für einen User mehrere Zeilen entstehen können, wenn er mehrere Mail-Adressen hat. Um die Zeilen dennoch eindeutig identifizieren zu können, ist der zusammengesetzte Primärschlüssel notwendig.

Cassandra verwendet eine Wide Row, sobald der Primärschlüssel aus mehreren Teilen besteht. Der zweite Teil (hier also `mail_label`) wird dann Clustering Key genannt und ist für die Identifizierung der Spalten in der Wide Row verantwortlich. Bewusst mehrspaltig gewünschte Primärschlüssel können nochmals mit einer runden Klammer eingefasst werden. Eine Select-Abfrage auf die Tabelle liefert uns interessanterweise in beiden Fällen die folgende identische Ausgabe:

```
 userid  | mail_label | mail_address
--------+-----------+-------------------
 Schulz |  business |    schulz@demo.com
 Schulz |    privat |   schulz123@gmx.at
  Mayer |    privat |   mayer0815@gmx.de
  Mayer |   privat2 |   mayer0816@gmx.de
```

Da Cassandra ab Version 3 auf eine tabellenartige Speicherung umgestellt hat und nicht mehr die vorherige thrift-basierte Abfrage und Speicherung verwendet, wird hier auch eine normale Tabellenansicht ausgegeben. Entsprechend sind die Möglichkeiten zur Nutzung von Wide Rows in Cassandra heute doch recht stark eingeschränkt. So ist es beispielsweise auch nicht möglich, in diese Tabelle weitere Spalten einzufügen, weil Cassandra intern in den Compact-Storage-Modus früherer Versionen zurückfällt, sobald nur ein einzelner Partition Key genutzt wird.

Pro User können immerhin viele Unterwerte – Cassandra erlaubt hier bis zu 2 Milliarden – in einer Wide Row abgespeichert werden. Ferner zu beachten ist noch, dass C* pro Tabelle nur eine Wide Row erlaubt und insofern das hier gezeigte Beispiel zwar anschaulich, aber für die Praxis sicher nicht besonders nützlich ist. Schließlich wollen wir vielleicht nicht nur mehrere Mail-Adressen, sondern evtl. auch mehrere Telefonnummern oder gar Wohnorte abspeichern. Das lässt sich immerhin elegant mit den im nächsten Abschnitt beschriebenen Collection-Typen hinbekommen. Wir empfehlen die Nutzung von Wide Rows mit Cassandra aktuell nur noch für echte Wide-Row-Daten, wie beispielsweise das Erfassen von Sensordaten, vgl. auch Abschnitt 11.7.

Collections

Kleinere Mengen an mehrfach auftauchenden Informationen sollten – wie bereits angedeutet – ohnehin nicht in einer Wide Row gespeichert werden, dafür stehen die Datenstrukturen List, Set und Map zur Verfügung, die allen mit Java Vertrauten schnell bekannt vorkommen werden. Das Anlegen einer passenden Tabelle könnte folgendermaßen aussehen:

```
CREATE TABLE customers (
    userid text PRIMARY KEY,
    mails set<text>,
    phones set<text>
);
```

Auch hierbei gibt es wieder ein Caveat, Collections sollten nicht zu viele Einträge bekommen, ab mehr als ca. eintausend kann das auch leicht wieder Performance kosten.

Daten lassen sich für Set über Mengenklammern zusammenfassen und werden nach einer Abfrage auch entsprechend wieder angezeigt:

```
INSERT INTO customers(userid, mails, phones)
    VALUES('Mayer', {'mayer0815@gmx.de', 'mayer0816@gmx.de'}, {'+498932168'}
);
```

Daraus folgendes Ergebnis einer Select-Abfrage:

```
 userid | mails                                    | phones
--------+------------------------------------------+----------------
  Mayer | {'mayer0815@gmx.de', 'mayer0816@gmx.de'} | {'+498932168'}
```

Bei Listen hat das Zusammenfassen über eckige Klammern zu erfolgen:

```
.. VALUES('Mayer', ['mayer0815@gmx.de', 'mayer0816@gmx.de'], ['+498932168'])
```

Eine Map kann über ihre Key-Value-Struktur genutzt werden, um etwa Mail-Adressen oder Telefonnumern wieder mit einem Label zu versehen (`{'privat': 'mayer0815@gmx.de'}`).

User-Defined Types

Komplexere Strukturen lassen sich in Cassandra mit benutzerdefinierten Datentypen (kurz UDTs) umsetzen, die eine ähnliche Flexibilität bieten wie Dokumentdatenbanken. Für diese gilt in Bezug auf Aggregationen und Performance ebenfalls das soeben zu den Collections Gesagte. Wir empfehlen daher lieber gleich die Benutzung einer Dokumentendatenbank wie MongoDB oder ähnlichen, wenn eine große Flexibilität, gerade auch im Hinblick auf Schema-Änderungen, benötigt wird.

Nichtsdestotrotz sei im Folgenden am Beispiel einer Adresse kurz gezeigt, wie sich ein UDT in Cassandra definieren lässt. Das geht nämlich zunächst einmal recht einfach und ist eng an die Syntax der Tabellenerzeugung angelehnt:

```
CREATE TYPE address (
    street text,
    city text,
    zip int
);
```

In der Erzeugung einer Tabelle kann die Adresse nun folgendermaßen eingesetzt werden:

```
CREATE TABLE customers (
    userid text PRIMARY KEY,
    name text,
    home_address frozen<address>
);

INSERT INTO customers (userid, name, home_address)
VALUES (
    'schulze',
```

```
    'Peter Schulze',
    {street: 'Hauptstr. 1', city: 'Mannheim', zip: 68159}
);
```

„Frozen“ bedeutet dabei, dass eine Adresse nur als atomare Einheit verwendet werden kann, sie muss also etwa bei einem Update komplett neu geschrieben werden. Das klingt zwar erst einmal sperrig, sollte aber aus Gründen der Konsistenz zwischen verschiedenen Knoten im Cluster immer verwendet werden.

Eine Select-Abfrage danach führt zur Ausgabe folgender Tabelle:

```
 userid  | home_address                                          | name
---------+-------------------------------------------------------+--------------
 schulze | {street: 'Hauptstr. 1', city: 'Mannheim', zip: 68159} | Peter Schulze
```

Aggregatfunktionen

Misstrauische Naturen unter unseren Leserinnen und Lesern werden sich eventuell schon gefragt haben, wie gut unter den genannten Voraussetzungen und mit den gemachten Andeutungen Aggregatfunktionen ausgeführt werden können. Cassandra bietet zwar selbstverständlich die dafür nötigen Operationen (count, sum usw.) an, diese sind jedoch unter Umständen mit Vorsicht zu genießen. Eine Aggregation über „normale“ Tabellen – also solche ohne Wide Rows – erfordert ohne Index einen Full Table Scan und ist somit in einer verteilten Umgebung immer aufwendig.

Aggregationen über die Wide Row eines Datensatzes können sinnvoll und auch performant ausgeführt werden. Um bei dem vorherigen Beispiel zu bleiben, wäre also die Abfrage der Anzahl der Mail-Adressen für einen User performant möglich, nicht jedoch das Zählen aller Mail-Adressen über alle Datensätze. Cassandra empfiehlt aber, Partitionen, also einzelne Datensätze, nicht größer als 100 MB werden zu lassen, um eine hinreichende Performance zu gewährleisten. Achtung, Aggregationen über Collection-Typen sind auch bei Zahlen gar nicht möglich (sum, avg) bzw. beziehen sich auf das Collection-Element. So würde etwa für ein `COUNT(mails)` nur die Anzahl der Zeilen gezählt und nicht die Anzahl der in allen Sets enthaltenen Einträge.

Merke: Performante Aggregationen in Cassandra erfordern immer die Angabe eines Partition Key (in der Where-Klausel).

Die Abfrage `select count(mail_address) from customers;` lässt sich entsprechend des Gesagten zwar ausführen, wird aber direkt mit einer Warnung über einen fehlenden Partition Key quittiert und sollte um eine Where-Klausel mit dem Namen eines der Kunden ergänzt werden:

```
select count(mail_address) from customers where userid = 'Schulze';
```

Das gerade Gesagte gilt auch für die Nutzung von Group-by-Anfragen. Auch hier wird eine Anfrage ohne einen Partition Key zwar ausgeführt, aber mit einer Warnung annotiert. Eine sinnvolle Abfrage könnte hier beispielsweise folgendermaßen aussehen:

```
select userid, mail_label, count(mail_address)
from customers
where userid = 'Mayer' group by userid, mail_label;
```

Die Abfrage könnte folgendes Ergebnis liefern:

```
 userid | mail_label | system.count(mail_address)
--------+------------+---------------------------
  Mayer |     privat |                          1
  Mayer |    privat2 |                          1
```

Zählungen von Werten über alle Datensätze hinweg sollten besser außerhalb von Cassandra – etwa in Spark – erledigt werden oder beim Entwurf der Datenbanken von Anfang an mitgeplant und über einen Shared Counter (vgl. Abschnitt 6.2.2) umgesetzt werden. Die Anzahl der gespeicherten Mail-Adressen könnten wir etwa folgendermaßen definieren und setzen:

```
CREATE TABLE addr_counter(
   id text PRIMARY KEY, addr_count counter
);

update addr_counter set addr_count = addr_count + 4 where id = 'all';
```

Indexierung

Cassandra ist hochoptimiert darauf, auf die Daten einer Partition, also etwa eines Users, schnell zugreifen zu können. Wie zuvor bereits erwähnt, unterstützt es zwar die Verwendung von Indizes (sog. Secondary Indices), rät aber in den allermeisten Fällen aus gleich noch erläuterten Gründen von der Nutzung ab. Der Name rührt daher, dass auf dem Primary Key automatisch ein Index angelegt und genutzt wird. Ein Index wird, wie von der SQL her gewohnt, beispielsweise mit `CREATE INDEX ON customers(city)` angelegt und mit `DROP INDEX customers.city` wieder gelöscht. Wir verwenden hier bewusst eine dazugedachte neue Spalte für unser Beispiel, da Indizes weder für den Clustering Key (ist ja bereits Teil des Primärschlüssels) noch für die Werte in Wide Rows erstellt werden können.

Da Indizes über den C*-Cluster verteilt verwaltet und abgefragt werden müssen, sollten sie nur sehr eingeschränkt verwendet werden, insbesondere auf Spalten mit vielen verschiedenen Werten (wie Mail-Adressen) ist ihr Einsatz mit hohem Risiko für eine suboptimale Performance verbunden.

In den frühen Versionen von Cassandra wurden sogenannte **Materialized Views** empfohlen, um Query-Anforderungen, die mit der Hauptmodellierung einer Tabelle nicht performant umgesetzt werden konnten, zu unterstützen. Für Materialized Views wird automatisch eine Kopie jedes Datensatzes nach dem benötigten geänderten Schema weggespeichert. Das ist für den Nutzer erst einmal bequem, führt allerdings in einem verteilten Cluster einer BASE-Datenbank zu signifikanten Performance- und Konsistenzproblemen, sodass zwischenzeitlich von ihrer Nutzung abgeraten wird[47]. Als Alternative wird das manuelle Ansprechen der zweiten Tabellenstruktur empfohlen, mit anderen Worten werden die Koordinationsprobleme also auf die Nutzer des Systems abgewälzt.

Zusammenfassend können wir festhalten, dass Wide-Column Stores zwar für den speziellen Anwendungsfall hochoptimiert sind, von der Flexibilität allerdings weder mit relationalen Datenbanken, noch mit den im folgenden Abschnitt beschriebenen Dokumentdatenbanken mithalten können. Strukturelle Ähnlichkeiten mit den in Abschnitt 11.7 beschriebenen Zeitreihendatenbanken hingegen sind sicher nicht von der Hand zu weisen.

Ein kurzer Blick auf HBase

War Cassandra in seinen jungen Jahren noch ein reinrassiger Wide-Column Store, entwickelt es sich in jüngerer Zeit immer weiter weg von den ursprünglichen Ideen dieser Gattung hin zu einer stärkeren Strukturierung seiner Tabellen – und damit weg von dynamischen Spaltenfamilien. Aus diesem Grund wollen wir an dieser Stelle noch einen kurzen Blick auf Apache HBase[48] werfen, das nach dem Vorbild von Googles BigTable [Cha+08] entwickelt wurde und zur Speicherung von Daten technisch auf der Hadoop-Plattform bzw. genauer auf dem HDFS aufsetzt. Es ist neben Cassandra der bekannteste freie Wide-Column Store, allerdings nimmt seine Verbreitung aufgrund einer hohen Betriebskomplexität und der zurückgehenden Verbreitung von Hadoop-Stacks ebenfalls ab. Dabei war es zu Beginn des Big-Data-Hypes das Arbeitspferd, wenn es darum ging, hohe Schreiblasten mit Append-Only-Workloads zuverlässig abzubilden. Der Trend zu Data Lakehouses und der Verwendung von Daten-Brokern wie Kafka macht der Verbreitung von HBase zusätzlich zu schaffen.

Wie bei Cassandra (und BigTable) werden Daten in Tabellen gespeichert, die in Zeilen organisiert sind und durch einen Row Key identifiziert werden. Innerhalb einer Zeile können die Daten in Spaltenfamilien gruppiert werden, wobei jede Tabelle im Gegensatz zu Cassandra mehrere Spaltenfamilien haben kann. In der Praxis sollte die Zahl der Spaltenfamilien aber möglichst gering gehalten werden. Die Spalten innerhalb einer Spaltenfamilie sind dynamisch und müssen im Gegensatz zur Spaltenfamilie selbst nicht vorab definiert werden. Die Inhalte einer Spaltenfamilie werden gemeinsam in einem Block im HDFS abgespeichert. Besondere Erwähnung verdient die Versionierungsmöglichkeit von HBase, die es erlaubt, beliebig viele versionierte Einträge für jede Tabellenzelle abzuspeichern.

47 *https://docs.datastax.com/en/cql-oss/3.3/cql/cql_using/faqMV.html*

48 *https://hbase.apache.org*

Um die Benutzung von HBase in aller Kürze zu illustrieren, nutzen wir einen der bekannten, wenn auch schon länger nicht mehr aktualisierten Container aus dem Docker-Hub, der sich sehr gut für lokales Ausprobieren eignet:

```
docker run -d --name hbase-cont -p 16010:16010 dajobe/hbase
```

Sobald dieser heruntergeladen und gestartet ist, können wir über die integrierte Weboberfläche unter *http://localhost:16010* den Status des Servers betrachten sowie im Container die HBase-Shell aufrufen:

```
docker exec -it hbase-cont hbase shell
```

Dort können wir uns mit dem Befehl `list` die verfügbaren Tabellen anzeigen lassen. Um eine Tabelle anzulegen, können wir beispielsweise folgenden Befehl verwenden, der eine Tabelle namens `users` mit zwei Spaltenfamilien für die Userdaten und ihre Aktivitäten anlegt:

```
create 'users', 'data', 'activities'
```

Anschließend können Daten über Put-Befehle in die Tabelle geschrieben werden. Innerhalb der Spaltenfamilien sind beliebige Daten möglich, Spalten bzw. Attribute jenseits des Row Key ohne Angabe einer Spaltenfamilie hingegen nicht.

```
put 'users', 'user1', 'data:name', 'Berta'
put 'users', 'user1', 'data:mail, 'berta@benz.de'
put 'users', 'user1', 'activities:login', '04.09.25'
put 'users', 'user1', 'activities:order', '04.09.25'
```

In der Shell ist leider keine Zusammenfassung mehrerer Spalten aus einer Zeile möglich, jeder einzelne Eintrag muss für sich geschrieben werden. Auffällig ist ferner, dass keine Datentypen angegeben werden (müssen), da HBase alle übergebenen Daten in einem Byte-Array speichert und somit einen Schema-on-Read-Ansatz verfolgt, bei dem der Client die Daten beim Auslesen korrekt interpretieren muss.

Mit einem `scan 'users'` können wir uns die in die Tabelle eingetragenen Daten wieder ausgeben lassen, im Gegensatz zu Cassandra sind hier die Column Families an ihrem jeweiligen Prefix klar erkennbar:

```
ROW     COLUMN+CELL
user1   column=activities:login, timestamp=1758902804717, value=04.09.25
user1   column=activities:order, timestamp=1758902811048, value=04.09.25
user1   column=data:mail, timestamp=1758902737902, value=berta@benz.de
user1   column=data:name, timestamp=1758901852014, value=Berta
```

Abfragen eines bestimmten Datensatzes über den Row Key funktionieren über ein simples Get: `get 'users', 'user1'`. Ein Suchen nach Werten in den Spaltenfamilien ist ohne Sekundärindex übrigens nur über sogenannte Filter möglich:

```
scan 'users', {FILTER =>
        "SingleColumnValueFilter('data', 'name', =, 'binary:Berta')"}
```

Da HBase hier einen Full Table Scan ausführen muss, kann das bei großen Datenmengen sehr langsam werden. Entsprechend sind auch Aggregationen mit HBase nicht vorgesehen und müssen clientseitig oder mithilfe eines Werkzeugs wie Apache Phoenix[49], das eine SQL-Schicht über HBase legt, ausgeführt werden.

Um eine Tabelle wieder zu löschen, benötigen wir in HBase zwei Befehle, nämlich zunächst ein `disable 'users'`, bevor ein Löschen möglich wird: `drop 'users'`. Weitere Details zu HBase finden sich beispielsweise im Buch von Lars George [Geo11].

11.4 Document Stores

Hilfsorganisationen im Katastropheneinsatz stehen vor vielfältigen Herausforderungen. Mal geht es um eine Familie, die nach einer Flutkatastrophe eine Unterkunft braucht, mal um eine alleinstehende Person mit sprachlichen oder psychologischen Unterstützungsanforderungen. All diese Fälle müssen dokumentiert werden. Ein starres Tabellenschema, wie es aus der Welt der relationalen Datenbanken bekannt ist, stößt hier an seine Grenzen. Die Informationen, die hier erfasst werden müssen, sind zu vielfältig und dynamisch.

Dokumentenbasierte Datenbanken bieten dafür ein einfaches und flexibles Datenmodell. Jeder Fall kann in einem eigenen Dokument gespeichert werden. Ein Dokument kann dann als eigenständige Dateneinheit angesehen werden, die sämtliche wesentliche Informationen für eine spezifische Abfrage erfasst. Oft werden Dokumente im JSON Format dargestellt. Die Schlüssel-Wert-Paare können beliebig strukturiert, hinzugefügt oder weggelassen werden, ohne dass globale Schemaänderungen vorgenommen werden müssen.

Die folgenden zwei Auschnitte zeigen exemplarisch zwei Beispiele:

Listing 11.15 Fallbeispiel Familie nach Flutkatastrophe als JSON-Objekt

```
{
  "caseId": "CASE-2025-001",
  "familyName": "Nguyen",
  "location": "Region X",
  "members": [
    { "name": "Hoa", "age": 34, "medicalNeeds": "Diabetes" },
    { "name": "Minh", "age": 6 }
  ],
  "needs": ["Unterkunft", "Medizinische Versorgung"],
  "assignedVolunteer": "Anna Müller",
  "status": "offen"
}
```

49 *https://phoenix.apache.org*, Phoenix stellt auch einen JDBC-Treiber zur Verfügung, mit dessen Hilfe eine HBase-Datenbank in Java angesprochen werden kann.

Listing 11.16 Alleinstehende Seniorin mit psychologischer Betreuung als JSON-Objekt

```
{
  "caseId": "CASE-2025-002",
  "person": {
    "name": "Jeanette Lagarde",
    "age": 76
  },
  "location": "Region Y",
  "needs": ["Nahrungsmittelhilfe", "Psychologische Betreuung"],
  "language": "Französisch",
  "followUpDate": "2025-09-15",
  "status": "in Bearbeitung"
}
```

Beide Dokumente gehören zur gleichen Sammlung, unterscheiden sich aber deutlich in ihrer Struktur. Während der eine Fall Angaben zu einer Familie und medizinischen Details enthält, umfasst der andere sprachliche und psychologische Informationen. Genau diese Flexibilität macht Document Stores aus: Sie passen sich den Daten an, nicht umgekehrt. Da keine feste Strukturen vorgegeben sind, können Schlüssel flexibel hinzugefügt, weggelassen oder verschachtelt werden. Damit eignen sie sich ideal für Szenarien, in denen die Realität zu komplex und dynamisch ist, um in starre Tabellenstrukturen gepresst zu werden[50].

Aufbau und Einsatz

Das Einführungsbeispiel hat bereits die grundlegende Datenstruktur vorgestellt: das Dokument. Ein Dokument kann – je nach Datenbank – verschachtelte Strukturen, Arrays und unterschiedliche Felder enthalten. Document Stores folgen dem Prinzip *schema-on-read*. Die Datenbank erzwingt kein festes Schema, sondern die Struktur wird erst beim Auslesen oder der Verarbeitung interpretiert. Damit lassen sich insbesondere auch semistrukturierte Daten (siehe Abschnitt 3.4.3) verarbeiten, die in ihrer Struktur variieren [DCL18].

Die meisten moderneren Document Stores speichern ihre Daten in JSON oder einer binären Variante (z. B. BSON) ab. Wie in diesem Buch schon öfter angesprochen, ist JSON leichtgewichtig, menschenlesbar und in vielen Programmiersprachen direkt nutzbar. BSON ermöglicht zusätzlich weitere Datentypen und eine schnellere Verarbeitung. In den 2000-er Jahren waren XML-basierte Document Stores (XML-Datenbanken) verbreitet. Sie speichern Dokumente im XML-Format, die mit Abfragesprachen wie XQuery

50 Das Rote Kreuz setzt tatsächlich einen Document Store für die Erfassung von Einsätzen ein. Die Organisation verwendet die mobile Anwendung iDat, die auf der dokumentenorientierten Datenbank Apache CouchDB als Backend basiert (*https://github.com/redcross/idat*).

oder XPath bearbeitet werden können. Heute sind diese Datenbanken noch in Nischen zu finden, z. B. bei normierten Datenformaten in digitalen Bibliotheken[51].

Mehrere thematisch zusammenhängende Dokumente werden in Sammlungen (Collections) organisiert. In der relationalen Welt entsprechen *Collections* ungefähr einer Tabelle, allerdings ohne ein fest vorgegebenes Schema. Dokumente innerhalb einer *Collection* können sich deshalb stark voneinander unterscheiden. Dennoch dienen *collections* in der Praxis vor allem dazu, eine Sammlung von Dokumenten inhaltlich zu gruppieren – häufig orientiert an den Anfragen, die später ausgeführt werden sollen. Um die Abfragegeschwindigkeit zu erhöhen, lassen sich Dokumente zusätzlich indexieren.

Der Zugriff auf Dokumente erfolgt in der Regel über eindeutige Schlüssel, die ein einzelnes Dokument identifizieren. Dieses Prinzip ähnelt Key-Value-Stores, bei denen ein Schlüssel auf einen bestimmten Wert verweist. Im Unterschied dazu erlauben Document Stores auch den Zugriff auf einzelne Attribute innerhalb eines Dokuments. Darüber hinaus unterstützen sie komplexere Operationen wie Textsuche oder Aggregationen. Dadurch eignen sich Document Stores für vielfältige Datenstrukturen und flexiblere Abfragen, sind jedoch meist etwas langsamer als die besonders schnellen Schlüsselzugriffe in Key-Values-Stores.

In der Praxis finden dokumentenorientierte Systeme in ganz unterschiedlichen Bereichen Anwendung [RB24]:

- **Content- und Produktkataloge:** Die Firma Otto verwaltet ihren Produktkatalog in MongoDB [Mon23]).
- **Finanzdienstleistungen und Versicherungen:** Dokumente erleichtern die Integration heterogener Datenquellen (Policies, Schadensmeldungen, Kommunikation). Das US-amerikanische Versicherungsunternehmen MetLife [Hen13] nutzt MongoDB zur Verwaltung relevanter Kundendaten.
- **Medien und Contentmanagement:** Forbes nutzt MongoDB Atlas auf der Google Cloud zur Verwaltung seiner Datenstrukturen [Mon20].
- **Öffentliche Verwaltung:** Die Stadt Rom nutzt MongoDB, um relevante Daten aus den Bereichen Gesundheit, Transport oder Administration zu speichern [Mon24].

Übersicht

Bereits in den 1960er-Jahren standen mit IBMs Datenbanksystem IMS erste Lösungen zur Verfügung, die hierarchische Datenstrukturen abbilden konnten. Gegen Ende

---

51 Die XML Datenbank *exist-db* wird beispielsweise für die Digitalisierung von historischen Dokumenten oder die Verwaltung des medizinischen Informationsportals der Deutschen Gesellschaft für Hämatologie und Medizinische Onkologie (DGHO) verwendet. Mehr Beispiele sind unter *https://exist-db.org/exist/apps/homepage/references.html* zu finden.

der 1990er-Jahre und zu Beginn der 2000er-Jahre folgten dann die dokumentenorientierten XML-Datenbanken. Vertreter aus dieser Kategorie sind existDB[52], Marklogic Server[53] und Virtuoso[54]. Marklogic Server und Virtuoso zählen mittlerweile zu den multimodalen Datenbanken (siehe Abschnitt 11.9).

Getrieben durch Web 2.0 und insbesondere dem Wunsch nach mehr Schemaflexibilität und höherer Skalierbarkeit entstanden in der NoSQL-Bewegung einige, vor allem auf dem Datenformat JSON basierende, verteilte Datenbanksysteme. Die Datenbanken MongoDB[55] und Apache CouchDB[56] gehören zu dieser Kategorie. MongoDB entwickelte sich rasch zum bis dato populärsten Document-Store und wird hier im Folgenden als ein Beispiel näher dargestellt. Sogar etwas früher (ab 2005) entstand CouchDB durch den Entwickler Damien Katz. Fokus dieses Systems ist die Replikation (Multi-Master-Replikation), gute Offline-Fähigkeiten sowie die RESTful HTTP-API. Auch CouchDB ist heute noch (allerdings eher als Nischenprodukt) im Einsatz.

2011 entstand aus der Fusion von CouchDB und Membase (Key-Value-Store) die Datenbank Couchbase[57] als eigenständiges System. Entwickelt in C++ standen vor allem Performance-Optimierungen im Vordergrund. So basiert die Architektur auf dem *In-Memory First*-Ansatz: Alle Lese- und Schreiboperationen werden zuerst im Arbeitsspeicher bearbeitet und unmittelbar an den anfragenden Client zurückgemeldet. Persistenz und Replikation auf der Festplatte erfolgen asynchron im Hintergrund.

In den letzten Jahren wurden auch einige Datenbanken entwickelt, die mehr als ein Datenmodell in einer einzigen Engine vereinen (siehe Abschnitt 11.9). Dazu gehören beispielsweise ArangoDB[58], OrientDB[59], Azure Cosmos DB[60] oder die bei den XML Datenbanken schon erwähnte Datenbank MarkLogic.

Viele der hier erwähnten Datenbanken bieten Cloud-Versionen an. Aber auch größere Cloud-Provider haben Document Stores in ihrem Repertoire. Dazu gehören Amazon DocumentDB[61], Azure Cosmos DB oder Google Firestore[62].

Beispiel: MongoDB

MongoDB wurde als einfache, flexible Datenbank für einen Webapplikationsstack entwickelt. Die Firma 10gen aus New York wollte 2007 ursprünglich eine Plattform

52 *https://exist-db.org/exist/apps/homepage/index.html*
53 *https://www.progress.com/marklogic*
54 *https://virtuoso.openlinksw.com*
55 *https://www.mongodb.com*
56 *https://couchdb.apache.org*
57 *https://www.couchbase.com*
58 *https://arangodb.com*
59 *https://orientdb.dev*
60 *https://azure.microsoft.com/de-de/products/cosmos-db*
61 *https://aws.amazon.com/de/documentdb*
62 *https://firebase.google.com*

zur Verfügung stellen, welche Webapplikationen verwalten und nach Bedarf skalieren konnte. Während sich dieses Geschäftsmodell (zumindest für diese Firma) nicht durchsetzte, zeigte sich ein unerwartetes Interesse der Kunden an der zugrunde liegenden Datenbank. Daraufhin änderte das Unternehmen seinen Namen in MongoDB Inc. und fokussierte sich fortan auf die Weiterentwicklung seiner Datenbanklösung MongoDB [Ban+16].

MongoDB ist als kostenfreie Community Edition sowie als Enterprise Edition erhältlich. Letztere verfügt über erweiterte Sicherheits- und Betriebsfunktionen, darunter verschlüsselte Speicherung, Kerberos- und LDAP-Authentifizierung oder Auditing [Bor25]. Ergänzend dazu stellt MongoDB Atlas einen vollständig verwalteten DBaaS bereit, der auf den führenden Cloud-Anbietern läuft.

Steckbrief

Tabelle 11.4 Übersicht wichtiger Eigenschaften von MongoDB

Eigenschaft	Beschreibung
Webadresse	*https://www.mongodb.com*
Docker-Image	`docker pull mango:latest`
Technische Dokumentation	*https://www.mongodb.com/docs*
Typ	Dokumentenorientierte NoSQL-Datenbank
Datenstrukturen	BSON-Dokumente (binäres JSON), Collections
Implementierungssprache	C++, C, JavaScript
Erstveröffentlichung	2009
Datenschema	schemafrei, optionale Schema-Validierung
Persistenz	Journaling, Write-Ahead-Log (WiredTiger)
Concurrency	Multi-Threaded, dokumentbasierte Sperren (document-level locking)
Replikation	Replica Sets (asynchrone Replikation, automatisches Failover)
Skalierung	Sharding für horizontale Skalierung
Lizenz	Server Side Public License (SSPL)

Architektur

MongoDB wurde als verteilter, horizontal skalierbarer Document Store konzipiert.

Sharding

Die Daten eines Datenbankservers können durch AutoSharding automatisch horizontal über mehrere Knoten skaliert werden. Dies wird auch durch das einfache Datenmodell ermöglicht: Jedes Dokument ist autark – alle notwendigen Informationen befinden sich im Dokument selbst. Dokumente können also auf verschiedene Knoten verteilt werden. Für ein solches *Sharded Cluster* sind in MongoDB die folgenden Komponenten beteiligt [Bor25]:

- **Anwendung und Driver:** Die Interaktion zwischen der Datenbank und der Anwendung erfolgt über einen Driver. Dieser kommuniziert mit den `mongos`.
- **Mongos:** Mongos-Server dienen als Router. Aufgrund der Metadaten, die sie von den Konfigurationsservern erhalten, leiten sie Anfragen von Clients an die entsprechenden Shards weiter.
- **Shards:** Ein oder mehrere Server, die eine Partition der Daten verwalten. Jeder Shard wird als *Replica Set* zur Verfügung gestellt.
- **Konfigurationsserver:** Speichern Metadaten und Konfigurationseinstellungen über einzelne Shards. Config Server werden als Replica Sets bereitgestellt um die Verfügbarkeit durch Redundanz zu gewährleisten.

Bild 11.6 zeigt die Architektur.

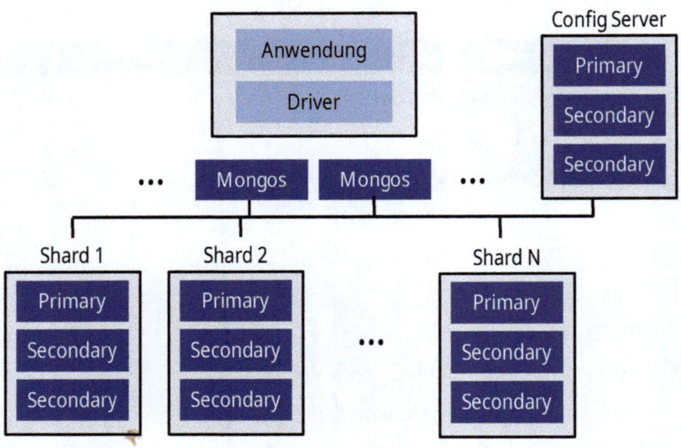

Bild 11.6 Architektur eines Sharded Clusters nach [Bor25]

In produktiven, verteilten Clustern laufen immer mehrere `mongos`-Instanzen. Damit kann die Menge der eingehenden Client-Anfragen besser skaliert werden. Wenn Clients über einen LoadBalancer auf `mongos` zugreifen, bietet MongoDB das Konzept der *Session Affinity* (oder *Sticky Sessions*). Dabei sorgt der Load Balancer dafür, dass alle Anfragen eines bestimmten Clients während einer Sitzung immer an dieselbe `mongos`-Instanz gerichtet werden. Diese hält die passenden Sitzungs- und Transaktionsdaten im Cache, sodass Anfragen zügig und konsistent bearbeitet werden können.

In MongoDB wird Sharding pro Collection innerhalb einer Datenbank konfiguriert. Der ShardKey legt fest, nach welchen Feldwerten die Dokumente einer Collection auf die Shards verteilt werden; er kann aus einem einzelnen Feld oder mehreren Feldern (Compound Key) bestehen. Im Beispiel zu Beginn des Kapitels bieten sich etwa `date` oder `location` als ShardKey an.

Der Wertebereich des ShardKeys (bzw. dessen Hash) wird in zusammenhängende Chunks unterteilt. Diese Chunks werden durch den Balancer möglichst gleichmäßig auf die Shards verteilt und bei Bedarf automatisch gesplittet oder zusammengeführt.

MongoDB unterstützt sowohl bereichsbasiertes Sharding (Range) als auch hashbasiertes Sharding: Range-Sharding ist vorteilhaft für Bereichsabfragen, kann jedoch bei monoton wachsenden Schlüsseln zu Hotspots führen; Hash-Sharding sorgt für eine gleichmäßigere Verteilung, streut dafür Bereichsabfragen über mehrere Shards (siehe Abschnitt 6.2.2).

Seit der Version 7.0 gibt es einen Shard Key Analyzer, der auf Basis von Metriken einen Shard Key für eine Collection aussucht[63]. Die Metriken berücksichtigen u. a. die Kardinalität der Daten (wie viele unterschiedliche Werte gibt es?), Monotonie (wenn Werte nur aufsteigend eingefügt werden, wie bei Zeitreihen, führt dies zu Hotspots), Verteilung (wie sind die Daten über den Wertebereich verteilt?), mögliche Anfragen oder Lösch/Aktualisierungsoperationen, die spezifische Shards betreffen könnten.

Replikation

Die Replikation in MongoDB basiert auf Replica Sets. Jedes Shard besteht aus einem solchen Replica Set mit einem primären Knoten (*Primary Node*) und mindestens einem sekundären Knoten (*Secondary Node*). Der Primärknoten übernimmt sowohl Lese- als auch Schreiboperationen und protokolliert alle Änderungen in eine Log-Datei, dem sogenannten Oplog (Operations Log). Die Sekundärknoten lesen kontinuierlich dieses Oplog und wenden die dort aufgezeichneten Änderungen in der gleichen Reihenfolge auf ihre eigenen Daten an. Auf diese Weise bleiben sie mit dem Primärknoten synchron. Die Operationen des Oplogs sind idempotent, können also beliebig oft wiederholt werden, ohne das Endergebnis zu ändern.

Standardmäßig sind auf Sekundärknoten nur Lesezugriffe möglich. Da die Replikation asynchron erfolgt, weisen diese lediglich eine *eventual consistency* auf. Das heißt, es können kurze Zeiträume auftreten, in denen die Daten auf den Sekundärknoten noch nicht den aktuellen Stand des Primärknotens widerspiegeln (siehe auch Abschnitt 6.3).

Sollte der Primärknoten eines Shards ausfallen, übernimmt einer der Sekundärknoten die Funktion des Primärknotens. Dadurch bleibt das System hochverfügbar und ausfallsicher.

Datenmodell

Eine MongoDB-Instanz kann mehrere Datenbanken hosten. Eine MongoDB-Datenbank selbst speichert eine Menge an Collections. Diese enthalten Dokumente mit einer Menge von geordneten Schlüssel-Wert-Paaren. Jedes Dokument ist eindeutig identifiziert

63 *https://www.mongodb.com/docs/manual/core/sharding-shard-key*

über ein ID-Feld, gekennzeichnet mit `_id`. Eine solche ID ist innerhalb einer Collection eindeutig.

Ein Schlüssel eines Key-Value-Paares muss innerhalb eines Dokuments eindeutig sein. Schlüssel werden als Strings im UTF-8 Format abgelegt, wobei Groß- und Kleinschreibung berücksichtigt wird. Das Schlüssel-Wert-Paar `"Location": "Region X"` ist beispielsweise nicht dasselbe wie `"location": "Region X"`.

MongoDB speichert Dokumente im Binary-JSON-Format (BSON)[64], siehe auch Abschnitt 5.1.1. Datentypen werden so gespeichert, wie man sie aus der Programmiersprache C kennt: mit festen Byte-Längen, Nullterminierung bei Strings und standardisierten Speicherlayout. Um Dokumente einfacher parsen zu können, gibt es einige Optimierungen. Beispielsweise werden Strings mit einem Präfix, das die Länge des Strings angibt, gespeichert. So muss beim Lesen nicht nach dem Nullterminator gesucht werden. Auch bietet BSON zusätzliche Datentypen wie Datumsangaben (Dates) und Binärdaten, sodass MongoDB besser mit komplexen Datenstrukturen umgehen kann.

Collections in MongoDB besitzen ein dynamisches Schema. Technisch lassen sich völlig unterschiedliche Dokumente innerhalb einer Collection speichern. Trotzdem macht die Aufteilung in Collections Sinn [Ban+16]:

- Unterschiedliche Dokumente in einer Collection erschweren Abfragen. Diese müssen so gestellt werden, dass nur Dokumente eines bestimmten Typs gewählt werden, oder sie müssten Dokumente aussortieren.
- Es ist schneller, eine Liste über alle existierenden Collections zu erhalten, als innerhalb einer Collection verschiedene Typen zu selektieren.
- Die Gruppierung ähnlicher Dokumente innerhalb einer Collection ermöglicht Datenlokalität.
- Indexe werden über Collections definiert. Es ist daher sinnvoll, dass die Dokumente, die in einer Collection gespeichert werden, auch denselben Index benötigen.

Für eine bessere Strukturierung empfiehlt MongoDB die Nutzung von Subcollections, welche mithilfe der Punktnotation erstellt werden können. Beispielsweise könnten für die Speicherung der Lagerbestände der Hilfsorganisation im obigen Beispiel die folgenden Subcollections angelegt werden:

- `lager.medikamente`
- `lager.zelte`
- `lager.lebensmittel`

64 BSON Spezifikation: *http://www.bsonspec.org*

MongoDB mit Docker

Mit dem folgenden Befehl wird das aktuelle MongoDB-Image geladen (falls es noch nicht vorhanden ist) und ein Docker-Container im Hintergrund (-d) gestartet. Der Container erhält den Namen mongo. Die Daten werden dauerhaft in einem Docker-Volume mit dem Namen mongo_db gespeichert.

```
docker run -d \
  --name mongo \
  -p 27017:27017 \
  -v mongo_data:/data/db \
  mongo:latest
```

Um die MongoDB-Shell zu öffnen und direkt Befehle auszuführen, wird folgender Befehl genutzt:

```
docker exec -it mongo mongosh
```

Die MongoDB-Shell ist JavaScript-basiert und erlaubt die direkte Interaktion mit einer laufenden MongoDB-Instanz. Eine Datenbank kann mit `use db\_name` ausgewählt oder angelegt werden. Dabei steht db_name für einen frei wählbaren Namen.

Alternativ steht mit MongoDB Compass eine grafische Benutzeroberfläche zur Verfügung, die sich auf dem jeweiligen Betriebssystem installieren lässt und eine komfortable Verwaltung sowie Bearbeitung von Daten in MongoDB ermöglicht[65]. Nach der Installation kann über `Add Connection` eine neue Verbindung eingerichtet werden. Durch Eingabe des Verbindungsstrings `mongodb://localhost:27017` lässt sich anschließend eine Verbindung zur im Docker-Container laufenden MongoDB-Instanz herstellen.

CRUD-Operationen

Zum Einfügen von Dokumenten in eine *Collection* stehen zwei Methoden zur Verfügung:

```
db.collection.insertOne()
db.collection.insertMany()
```

Das JavaScript-Objekt db repräsentiert die aktuell ausgewählte Datenbank. Der Platzhalter `collection` bezeichnet eine Sammlung innerhalb dieser Datenbank. Falls die angegebene Collection noch nicht existiert, wird sie automatisch beim Einfügen angelegt. Der Unterschied zwischen den beiden Methoden liegt darin, ob nur ein einzelnes oder mehrere Dokumente gleichzeitig eingefügt werden.

Das folgende Beispiel fügt zwei Dokumente in die Collection *cases* ein:

65 Download und Installation unter *https://www.mongodb.com/try/download/compass*

Listing 11.17 Create operation: `insertMany` in MongoDB

```
db.cases.insertMany([
  {
    caseId: "CASE-2025-001",
    date: ISODate("2025-08-20"),
    familyName: "Nguyen",
    location: "Region X",
    members: [
      { name: "Hoa", age: 34, medicalNeeds: "Diabetes" },
      { name: "Minh", age: 6 }
    ],
    needs: ["Unterkunft", "Medizinische Versorgung"],
    assignedVolunteer: "Anna Müller",
    status: "offen"
  },
  {
    caseId: "CASE-2025-002",
    person: { name: "Jeanette Lagarde", age: 76 },
    location: "Region Y",
    needs: ["Nahrungsmittelhilfe", "Psychologische Betreuung"],
    language: "Französisch",
    followUpDate: ISODate("2025-09-15"),
    status: "in Bearbeitung"
  }
])
```

Nach erfolgreichem Einfügen bestätigt der MongoDB-Server die Aktion mit `acknowledged: true`. Jedes Dokument erhält dabei automatisch eine eindeutige Objekt-ID. Eine mögliche Rückgabe für den obigen Aufruf könnte so aussehen:

```
{
  acknowledged: true,
  insertedIds: {
    '0': ObjectId('68b5b4834972fc976789b03d'),
    '1': ObjectId('68b5b4834972fc976789b03e')
  }
}
```

Die `find()`-Methode[66] mit allen möglichen Parametern und Variationen erlaubt es, Anfragen an die Datenbank zu stellen. Das folgende Beispiel sucht in allen Dokumenten aus der Sammlung *cases* die Dokumente, die ein Schlüssel-Wert-Paar mit `location : "Region X"` enthalten.

```
db.cases.find({location:"Region X"})
```

66 siehe auch *https://www.mongodb.com/docs/manual/reference/method/db.collection.find*

Im laufenden Beispiel würde das Dokument mit der Objekt-ID ‚68b5b4834972fc976789b03d' zurückgegeben werden.

Es gibt die folgenden drei Methoden, um Dokumente zu modifizieren:

```
db.collection.updateOne()
db.collection.updateMany()
db.collection.replaceOne()
```

In Beispiel 11.18 wird für den Fall mit der ID „CASE-2025-001" der Name der Helferin geändert sowie das Alter von Hoa auf 36 erhöht.

Listing 11.18 Aktualisieren eines Dokuments

```
db.cases.updateOne(
  { "caseId": "CASE-2025-001" }, // Filter nach bestimmter CaseID
  {
    $set: {
      "assignedVolunteer": "Bernd Meier", // Familienname ändern
    },
    $inc: {
      "members.0.age": 1 // Alter um ein Jahr erhöhen
    }
  }
);
```

MongoDB nutzt die Punktnotation, um verschachtelte Strukturen anzusprechen.

- Beispiel: `members.0.age` greift auf das Feld age des ersten Elements im Array `members` zu.
- Für tiefere Verschachtelungen können mehrere Punkte kombiniert werden, etwa `person.address.city`, um die Stadt im eingebetteten Objekt `address` eines Dokuments `person` anzusprechen.

Mit dieser Notation lassen sich gezielt einzelne Werte in Arrays oder eingebetteten Dokumenten ändern, ohne das gesamte Objekt neu zu schreiben.

Ähnlich wie beim Einfügen von neuen Dokumenten gibt es zwei Methoden, um ein oder mehrere Dokumente zu löschen.

```
db.collection.deleteOne()
db.collection.deleteMany()
```

Wenn alle Fälle der Region Y gelöscht werden sollen, könnten wir dies mit Listing 11.19 realisieren. Die Daten sind dann unwiderruflich gelöscht.

Listing 11.19 Löschen eines Dokuments

```
db.cases.deleteMany({ "location": "Region Y" })
```

Indexierung

MongoDB unterstützt die Erstellung von Indizes zu einem beliebigen verschachtelten Feld in der JSON-Struktur. Es lassen sich sowohl Einzelindizes als auch zusammengesetzte Indizes erstellen. Die Syntax ähnelt hier wieder der Syntax von SQL.

Listing 11.20 Erstellen eines Index

```
db.cases.createIndex({ "caseID": 1})
```

Der Typ 1 gibt in Listing 11.20 die aufsteigende Reihenfolge beim Anlegen des Index an, -1 würde eine absteigende Reihenfolge erwirken. Pro Collection kann auch ein Textindex angelegt werden. Dieser erlaubt die Durchsuchung eines oder mehrerer Textfelder. Der Raumindex unterstützt bei geografischen Abfragen. Per `db.cases.getIndexes()` lassen sich alle Indizes der Collection `cases` anzeigen.

Aggregatfunktionen

Für analytische Abfragen bietet MongoDB die Aggregationspipeline. Die Eingabe einer solchen Pipeline ist eine Collection, an der dann Schritt für Schritt Transformationen durchgeführt werden. Die Ausgabe jedes einzelnen Schritts ist die Eingabe des nächsten Schritts. Ein Beispiel für eine Aggregationspipeline ist im folgenden Diagramm veranschaulicht. Ausgegeben wird die Anzahl der Fälle pro Helfer für die Region X.

Listing 11.21 Anzahl der Fälle pro Helfer für die Region X

```
db.cases.aggregate([
    // Stage 1: Filter Region X
    {
        $match: {location: "Region X"}
    },
    // Stage 2: Gruppierung nach Helfern; Anzahl der Fälle zählen
    {
        $group: { _id: {"assignedVolunteer": "$assignedVolunteer"},
            totalCount: { $sum: 1 } }
    }
])
```

11.5 Suchmaschinen

Für die Allermeisten unter uns sind Suchmaschinen aus dem täglichen Leben nicht mehr wegzudenken, wäre doch die Navigation im World Wide Web (WWW) ohne Google oder Bing heute kaum mehr vorstellbar. Tatsächlich basierte der anfängliche Erfolg von Google als Suchmaschine im Konkurrenzkampf gegen die damals oft noch handgepflegten Web-Kataloge von Yahoo oder Fireball sowohl auf der deutlich größeren Abdeckung des damals explosionsartig wachsenden WWW als auch auf PageRank (siehe [Pag+99] und auch Abschnitt 14.8), dem „billion dollar algorithm", der es Google ermöglichte, deutlich treffendere Ergebnisse zur Verfügung zu stellen als die Konkurrenz.

Bild 11.7 Einfacher Webseiten-Katalog von Yahoo im Oktober 1996 (aus web.archive.org).

Der primäre Geistesblitz hinter PageRank war es, die Wichtigkeit einer Webseite durch die Anzahl der auf sie zeigenden Links zu ermitteln und die Trefferliste absteigend nach dieser Wichtigkeit zu sortieren, vgl. auch Abschnitt 14.8 Ein zweiter wichtiger Gedanke der Google-Gründer war es, das Auftauchen von Suchbegriffen in wichtigen Teilen einer Webseite, wie etwa der URL oder in Überschriften auf der Seite, höher zu gewichten, um so das Ranking, also die Sortierung der Ergebnisse, ebenfalls positiv zu beeinflussen.

Im Laufe der Jahre haben sich SEO-Spezialisten (SEO = Search Engine Optimization) und auch Spammer im WWW natürlich an diese Ideen angepasst, sodass sich die Algorithmen von Suchmaschinen in einer beständigen Weiterentwicklung befinden, um möglichst objektive Ergebnisse liefern zu können, die nicht leicht zu Werbezwecken o. Ä. manipuliert werden können.

Spannend ist in diesem Kontext die Frage, wie Suchmaschinen im Web so erfolgreich werden konnten, ihnen ein ähnlicher Erfolg in der Suche in Unternehmensnetzen (engl.: Enterprise Search) aber versagt blieb. Selbst die Google-Suche, die immerhin das Fundament für eine der erfolgreichsten Firmen der Weltgeschichte bildet, tat sich in der Suche in Unternehmensdaten so schwer, dass die sogenannte Google Search Appliance, die das vor einigen Jahren versuchte, mittlerweile sang und klanglos vom Markt verschwunden ist.

Unsere Erfahrungen in der Corporate-Welt deuten vor allem auf zwei Hauptursachen dafür: Einmal auf das Fehlen von Links zwischen Dokumenten, sodass ein sinnvolles Ranking von Treffern nach ihrer Wichtigkeit nur schwer bis gar nicht möglich ist. Sowie ferner auf das Silodenken, das auch heute noch in vielen Firmen vorherrscht, und aufgrund dessen Daten nur ungern über Abteilungsgrenzen hinaus geteilt werden. Letzteres hat natürlich in vielen Fällen auch etwas mit der Geheimhaltung sensitiver Daten und den dafür nötigen Zugriffsrechten zu tun.

Weiterhin spannend ist auch die Frage, ob Mitarbeiter bei einer unternehmensweiten Suche wenigstens auf die Existenz nicht zugreifbarer Dokumente hingewiesen werden sollten, da diese wichtige Informationen für ihre Arbeit enthalten könnten, oder ob das eher keine gute Idee sein würde, da beispielsweise ein Treffer für ein neues Dokument namens „Sozialplan.docx" die Belegschaft erheblich beunruhigen könnte.

Aufbau von Suchmaschinen

Suchmaschinen sind auf eine möglichst hohe Abfragegeschwindigkeit optimiert. Ein lineares Durchsuchen aller vorliegenden Dokumente wäre viel zu langsam, sodass ein sogenannter invertierter Index zum Einsatz kommt. Diesen können wir uns ähnlich wie den Index am Ende dieses Buches vorstellen, der es uns ermöglicht, wichtige Informationen zu bestimmten Begriffen schnell zu finden ohne dafür das komplette Buch lesen zu müssen. Im Index sind für jeden Begriff die relevanten Seitenzahlen aufgelistet, sodass die benötigten Informationen sehr schnell nachgeschlagen werden können.

Cache, 214
Cassandra, 76
Chuck-Norris-Witz, 209
Combiner, 170, 173
Commit Log, 199
Commodity-Hardware, 10
Concurrent Writes, 166, 196
Counter, 176

Bild 11.8 Screenshot einer frühen Version des Index dieses Buches.

Analog sind im invertierten Index einer Suchmaschine alle Begriffe (sog. Terme) aus den indexierten Dokumenten enthalten (abzüglich eventuell aussortierter sog. Stopwörter) und zu jedem Begriff die Dokumente bzw. Datensätze gespeichert, in denen ein Begriff vorgekommen ist. Weitere Details sind beispielsweise bei Manning et al. [Man08] beschrieben. Wenn die Begriffe in sortierter Form, also beispielsweise in einem B-Baum abgespeichert werden, können relevante Dokumente für einen Suchbegriff in $O(\log n)$ gefunden werden.

Terme werden für Suchmaschinen meist normalisiert, also in Kleinbuchstaben gewandelt und bspw. durch ein sogenanntes Stemming auf ihren Wortstamm reduziert. So könnten „Laufen", „läuft" und „lief" auf den Wortstamm „lauf" abgebildet werden. Das reduziert einerseits die Indexgröße und ermöglicht es ferner, bei einer Suche auch verwandte Begriffe zu finden. Bei der Suche müssen die Eingaben entsprechend in gleicher Weise behandelt werden wie beim Indexieren der zu durchsuchenden Daten.

Wie zuvor angerissen, scheint ein gutes Ranking, also die Sortierung der Suchergebnisse, eine sehr große Rolle für die wahrgenommene Nützlichkeit einer Suchmaschine zu spielen. Wir können dafür zahlreiche Aspekte in Betracht ziehen, zunächst einmal unabhängig von der Quelle der indexierten Elemente die Häufigkeit, mit der ein Wort in einem Dokument auftaucht. Ferner verfügen viele Dokumente über Formatierungsinformationen für Überschriften, Fettschrift oder Unterstreichungen, auch das kann einer Suchmaschine hilfreiche Hinweise für besonders wichtige Begriffe geben. Web-Suchmaschinen können ferner natürlich auch Begriffe (wie etwa Firmennamen), die in der URL einer Seite auftauchen, höher bewerten und nicht zuletzt auch die Wichtigkeit einer Seite selbst, die sich bspw. über die Anzahl der auf sie verweisenden Links bestimmen lässt, wie das Googles PageRank-Algorithmus tut (vgl. Abschnitt 14.8).

Obgleich wir Opensearch als Beispiel einer Suchmaschine innerhalb des Kapitels NoSQL-Datenbanken besprechen wollen, gibt es einen wichtigen Unterschied zu klassischen Datenbanken, den wir den weiteren Details voranstellen möchten. Datenbanken sind bekanntlich eher schwach, wenn es um Stichwortsuchen geht, insbesondere dann, wenn diese ohne Beachtung von Groß- und Kleinschreibung erfolgen sollen. Umgekehrt können Suchmaschinen durch geschickte Nutzung ihrer Möglichkeiten in einem gewissen Rahmen durchaus als Datenbankersatz dienen, da auch sie die Definition verschiedener Felder erlauben, die vergleichbar mit Spalten in der Welt der SQL-Datenbanken sind. Doch worin liegt dann genau der Unterschied?

Die Aufnahme in die Trefferliste einer Datenbanksuche erfolgt immer ganz oder gar nicht, oder anders ausgedrückt, bei einer Datenbanksuche müssen immer alle geforderten Suchkriterien (aus der WHERE-Klausel in SQL) erfüllt sein. Die sich ergebende Trefferliste kann zwar nach Belieben auf Basis der Ergebniswerte sortiert werden, ein Ranking nach Treffergüte ist jedoch nicht möglich. Genau das ist das Geheimnis einer Suchmaschine, hier können, wie zuvor bereits erwähnt, beispielsweise eine große Anzahl von Treffern oder Treffer in bestimmten Bereichen einer Webseite oder eines Dokuments stärker gewichtet werden, sodass ein Ranking der Ergebnisse möglich wird.

Übersicht

Betrachten wir die heute für eigene Projekte verfügbaren Suchmaschinen, so wird dieser Markt hauptsächlich von drei Systemen dominiert, nämlich Elasticsearch (bzw. Opensearch), Splunk und Apache Solr. Verfolgen wir Elasticsearch und Solr zu ihren Ursprüngen zurück, stoßen wir wieder auf den Namen eines alten Bekannten: Doug Cutting. Dieser hat nämlich nicht nur Hadoop (siehe Abschnitt 13.3.1), sondern auch das Such-Framework Lucene, das sowohl Solr als auch Elasticsearch als Grundlage dient, maßgeblich mitentwickelt und es nach dem zweiten Vornamen seiner Ehefrau bzw. deren Großmutter benannt. Lucene (siehe bspw. [McC+10]) liefert dabei die grundlegende, zuvor grob beschriebene Suchfunktionalität, während Elasticsearch oder Solr letztlich den Überbau für ein skalierbares Serversystem liefern.

Die Firma Elastic, die hinter Elasticsearch steht, änderte im Jahr 2021 die Lizenz von Elasticsearch weg von der liberalen Apache-2.0-Lizenz, was vielen Cloud-Providern, die Elasticsearch als Suchmaschinen-Service im Angebot hatten, aufgrund für sie entstehender Kosten missfiel. Als Konsequenz forkte AWS (Amazon Web Services) ein Projekt namens Opensearch, das weiter unter Apache 2.0 verfügbar ist, vom ursprünglichen Projekt ab. In den Grundfunktionalitäten und auch in den Bedienoberflächen sind sich beide Systeme weiterhin sehr ähnlich, sodass auch wir im Folgenden das immer populäre werdende freie Opensearch genauer vorstellen wollen.

Beispiel Opensearch

Steckbrief

Webadresse	*https://opensearch.org*
Docker-Container	docker pull opensearchproject/opensearch:latest
Technische Dokumentation	*https://docs.opensearch.org/latest*
Typ	Suchmaschine
Datenstrukturen	Inverted Index für Vollstextsuchen
Implementierungssprache	Java
Erstveröffentlichung	2021 (Elasticsearch 2010)
Datenschema	Schemaless mit dynamischem Mapping sowie auch explizite Feld-Definitionen mit eigenen Analyzern möglich
Persistenz	Persistente Speicherung in Lucene-Segmenten
Replikation	Über Sharding mit Replica
Concurrency	Gute Skalierbarkeit durch Verteilung auf Shards
Skalierung	Horizontale Skalierung durch Hinzufügen weiterer Knoten (Nodes) in den Cluster
Lizenz	Apache 2.0

Die einfachste Möglichkeit, einen Opensearch-Server zu starten, ist wie folgt über einen Docker-Containers:

```
docker run --name os-test \
  -p 9200:9200 \
  -e "discovery.type=single-node" \
  -e "OPENSEARCH_INITIAL_ADMIN_PASSWORD=StrongPW123?" \
  -e "OPENSEARCH_INITIAL_ADMIN_USERNAME=admin" \
  -i \
  opensearchproject/opensearch:latest
```

Danach können wir den Link *https://localhost:9200* im Browser oder mit `curl -k -u "admin:StrongPW123?" -X GET "https://localhost:9200"` in der Kommandozeile aufrufen, um zu testen, ob der Server erfolgreich gestartet wurde[67]. Leider gibt es im Docker-Container keinen direkt nutzbaren Client, da sowohl Elastic- als auch Opensearch über HTTP-Aufrufe mit JSON-Inhalten gesteuert werden und auch solche zurückliefern. Das ist aus dem Browser nur über Plug-ins wie Postman, RESTer o. Ä. möglich.

Es klappt immerhin auch per CURL von der Kommandozeile, da hier aber sehr genau auf die Parameter geachtet und auch jedes Mal das Passwort mitgesendet werden muss, wollen wir an dieser Stelle nur ein ganz knappes Beispiel demonstrieren, bevor wir uns der Opensearch-Konsole zuwenden.

```
curl -k -u "admin:StrongPW123?" \
  -X POST "https://localhost:9200/produkt-demo/_doc" \
  -H "Content-Type: application/json" \
  -d '{
    "produktname": "Laptop",
    "preis": 1200,
    "verfuegbar": 17
  }'
```

Mit dem vorherigen Aufruf nutzen wir das sogenannte Dynamic Indexing mit dem die beiden „Search-Geschwister" automatisch einen Index (vergleichbar zu einer Tabelle in SQL) anlegen. Entsprechend können wir direkt darauf suchen und uns mit folgender CURL-Abfrage (oder auch mit der gezeigten URL im Browser) die ersten zehn Einträge aus dem gerade angelegten Index zurückgeben lassen:

```
curl -k -u "admin:StrongPW123?" \
  -X GET "https://localhost:9200/produkt-demo/_search"
```

Eine konkrete Suchanfrage etwa nach Laptop erfordert ein wenig „JSON-Gymnastik":

```
curl -k -u "admin:StrongPW123?" \
  -X POST "https://localhost:9200/produkt-demo/_search" \
  -H "Content-Type: application/json" \
  -d '{
```

67 Dabei müssen wir das logischerweise nicht korrekt signierte SSL-Zertifikat ignorieren.

```
    "query": {
      "match": {
        "produktname": "laptop"
      }
    }
  }'
```

Opensearch-Cluster mit GUI

Am einfachsten kommen wir vermutlich über das Docker-Compose-File von der Opensearch-Website[68] weiter voran, da dort sowohl ein einfacher Cluster aus zwei Servern als auch mit Opensearch Dashboards direkt eine Oberfläche mit einer Console und einer sogenannten Query Workbench installiert wird. Für Performance-Messungen gibt es praktischerweise ein Benchmarking-Tool[69].

Die heruntergeladene YML-Datei müssen wir noch in `docker-compose.yml` umbenennen und darin das Admin-Passwort (einmal für jeden Knoten oder über eine Systemvariable) setzen. Danach können wir sie mit `docker compose up` über die Kommandozeile starten. War alles erfolgreich, können wir uns auf `http://localhost:5601` auf der Dashboard-Oberfläche einloggen und uns dort beispielhafte Datasets in das System spielen lassen oder auch, wie im Folgenden gezeigt, eigene Daten eintragen.

Daten können wir über die sogenannte Console, die bei Opensearch gleich rechts oben auf der Landing Page über „Dev Tools" oder am Ende des aufgeklappten Burger-Menüs auf der linken Seite erreicht werden kann, eintragen. Das Eintragen eines Datensatzes erleichtert sich hier erheblich und kann eine substanzielle Ähnlichkeit mit Dokumentendatenbanken nicht verleugnen:

```
POST produkt-demo/_doc
{
    "produktname": "Laptop",
    "preis": 1200,
    "verfuegbar": 17
}
```

Abfragen in SQL (oder der sog. Piped Processing Language, kurz PPL) können über die Query Workbench, zu finden knapp unterhalb der Mitte des Burger-Menüs, ausgeführt werden:

```
select * from produkt-demo;
```

Bei installierter Python-Umgebung auf dem eigenen Rechner können wir uns für die Kommandozeile mit `pip install opensearchsql` einen SQL-Client installieren, der

68 *https://github.com/opensearch-project/opensearch-build/blob/main/docker/release/dockercomposefiles/docker-compose-3.x.yml*

69 *https://docs.opensearch.org/latest/benchmark/quickstart*

sich im Anschluss daran mit dem Befehl `opensearchsql https://localhost:9200 --username admin --password "StrongPW123?"` starten lässt. Leider aktuell nur für Abfragen auf bereits angelegten Opensearch-Indizes, sodass wir damit keine Daten eintragen können.

Bei großen Datenmengen mit unter Umständen Milliarden von Datensätzen kann ein REST-Aufruf pro Datensatz natürlich schnell zum Performance-Killer werden, sodass wir die Datensätze unbedingt als Bulk-Aufrufe in den Index eintragen sollten. Das können wir über die Dev-Tools beispielsweise folgendermaßen bewerkstelligen, um auf einen Schlag zwei weitere Produkte zu unserer Datenbank hinzuzufügen:

```
POST _bulk
{ "index" : { "_index" : "produkt-demo", "_id" : "2" } }
{ "produktname" : "Smartphone", "preis" : 800, "verfuegbar" : 52 }
{ "index" : { "_index" : "produkt-demo", "_id" : "3" } }
{ "produktname" : "Monitor", "preis" : 300, "verfuegbar" : 25 }
```

Ein Aufruf von der Konsole mit CURL wäre selbstverständlich ebenso möglich. Wir müssen lediglich darauf achten, die URL wie folgt anzupassen: `https://localhost:9200/_bulk`.

Web-Crawling

Wenngleich Suchmaschinen heute vielfach Aufgaben von Datenbanken übernehmen, können wir natürlich die klassische Websuche nicht gänzlich unter den Tisch fallen lassen, zumal auch hierfür ein sehr leistungsfähiges Open-Source-Werkzeug zur Verfügung steht. Es handelt sich dabei um nutch[70)], einen aus dem Lucene-Projekt hervorgegangenen Web-Crawler, der heute leicht mit (fast) allen gängigen Suchmaschinen verbunden werden kann.

Im Folgenden zeigen wir die notwendigen Schritte, um mit nutch einen Web-Crawl anzustoßen und die gefundenen Seiten in einer Suchmaschine zu hinterlegen. Wir können den offiziellen Docker-Container[71)] hier nicht empfehlen, da er bei unseren Tests vermutlich aufgrund nicht passender Binaries sehr langsam und auch fehleranfällig war. Wir laden nutch daher direkt (in der Version 1.21) von der Webseite herunter und entpacken es. Gegebenenfalls muss zum Ausführen noch Java installiert und die JAVA-HOME-Umgebungsvariable gesetzt werden.

Im entpackten Ordner öffnen wir eine Kommandozeile und editieren die grundlegende Konfigurationsdatei, was natürlich auch mit einem grafischen Texteditor möglich wäre.

```
nano runtime/local/conf/nutch-site.xml
```

---

70 *https://nutch.apache.org*

71 docker pull apache/nutch:latest; Im Container ist nutch ausführbar installiert, für die Konfigurationen müssen die conf-Dateien in nutch_source/runtime/local/conf editiert werden.

Hier müssen wir zwischen den Configuration-Tags auf jeden Fall den gewünschten Namen des User-Agents angeben, den nutch beim Crawlen verwenden soll, sowie ferner einige grundlegende Plug-ins, die zum Crawlen verwendet werden sollen:

```
<property>
   <name>http.agent.name</name>
   <value>MyNutchCrawler</value>
</property>

<property>
   <name>plugin.includes</name>
   <value>protocol-http|urlfilter-regex|parse-(html|tika)
           |indexer-(basic|metadata|opensearch-1x)
           |scoring-opic|urlnormalizer-(pass|regex|basic)</value>
</property>
```

Achten Sie darauf, bei eigenen Versuchen die Zeile mit dem Value-Tag, die wir aus Platzgründen auf drei Zeilen aufteilen mussten, wieder zu einer Zeile zu machen, da nutch diese sonst nicht parsen kann. Damit später auch das Indexieren in der Suchmaschine funktioniert, ist es wichtig, in `index-writers.xml` das `scheme` auf `https` zu setzen und noch das entsprechende Passwort zu setzen.

Als Nächstes müssen wir die Seed-URLs angeben, bei denen wir mit dem Crawlen beginnen möchten, wozu wir zunächst einen Ordner *urls* und darin eine Datei namens *seed.txt* anlegen müssen:

```
mkdir urls
echo https://nutch.apache.org/ > urls/seed.txt
```

Letztere könnten wir bei Bedarf zur Angabe mehrerer URLs natürlich auch wieder mit nano oder eben auch vi editieren.

Um ausgehend von den gesetzten URLs zu crawlen, listet die nutch-Dokumentation eine Reihe von Schritten, die aufgrund der sich immer ändernden Ordnerstrukur (nutch legt die Crawl-Daten in einem Verzeichnis mit einem Timestamp ab) und der neuen Iterationen, die wir für jede Link-Ebene unternehmen müssen, recht arbeitsintensiv sind. Glücklicherweise gibt es auch ein Crawl-Skript, das sich wie folgt ausführen lässt und alle nötigen Schritte[72] automatisiert:

```
bin/crawl -i -s urls crawl 2
```

Der Parameter `-i` gibt an, dass die gecrawlten Seiten direkt in die ausgewählte Suchmaschine indexiert werden sollen[73]. `-s urls` benennt den Ordner, in dem die Seed-URLs angegeben sind, `crawl` ist der Zielordner für die gecrawlten Daten und die 2 bedeutet, dass zwei Iterationen unternommen werden sollen, also nach der angegebenen Startseite noch die nächste Ebene mit allen zuvor gefundenen Links abgecrawlt wird. Dabei

72 Schön aufgeschlüsselt bspw. bei *https://www.baeldung.com/apache-nutch*

73 Das Indexieren kann ggf. auch über bin/nutch index crawl -dir crawl/segments nachträglich angestoßen werden.

kann bei einer Webseite mit vielen Links schnell einiges an Laufzeit zusammenkommen. Glücklicherweise könnten wir in der Datei `conf/domain-urlfilter.txt` durch Angabe von `+google.com` das Crawling auf nur eine einzige Domain beschränken, bzw. in `conf/regex-urlfilter.txt` diese Angabe auf Basis von Regex genauer spezifizieren und dort bspw. auch bestimmte Dateitypen ausschließen oder Ähnliches. Dennoch sollten tiefere Crawl-Iterationen, bei denen noch weitere Links verfolgt werden, nur mit Bedacht angewendet werden.

Möchten wir uns das Ergebnis unseres Crawls betrachten, können wir es über die folgenden beiden Befehle auf der Kommandozeile anzeigen lassen[74]:

```
bin/nutch readseg -dump crawl/segments/20250811155604/ /tmp/dump
less /tmp/dump/dump
```

Leider ist die Eintragung bei Opensearch jedoch nur teilweise erfolgreich, da nutch bisher nur die Version 1.x der Suchmaschine (im August 2025 ist bereits die Version 3.1.2 aktuell) unterstützt. Immerhin können wir uns über die Query-Workbench alle bei unserem Crawl gefundenen URLs anzeigen lassen, auch wenn nutch auf der Konsole eine Fehlermeldung wirft und die Texte nicht überträgt.

11.6 Graph-Datenbanken

Bei der Produktion in einem Fertigungsunternehmen kann es immer wieder zu Rückrufen einzelner Bauteile kommen. Wenn diese schon in einem Produkt verbaut sind, müssen die entsprechenden Produkte aus dem Verkehr gezogen werden. Dazu muss nachvollzogen werden können, in welchen Baugruppen das fehlerhafte Bauteil verbaut wurde, und wo sich diese Baugruppen im Fertigungsprozess befinden.

In einer relationalen Datenbank ist eine solche Suche oft umständlich: Über mehrere Tabellen (*Stücklisten, Produkte, Lieferanten, ...*) hinweg müssten rekursive Abfragen mit mehreren `Join`-Operationen formuliert und optimiert werden. Spätestens bei großen Datenmengen und tiefen Abhängigkeitsketten stößt dieses Vorgehen an praktische Grenzen.

Graph-Datenbanken lösen dieses Problem deutlich eleganter: Entitäten wie Stücklisten, Produkte oder Lieferanten werden als Knoten modelliert, Beziehungen (z. B. *ist verbaut in, liefert an, ist befreundet mit*) sind Kanten. Man kann nun entlang dieser Kanten traversieren, um Pfade, Nachbarschaften oder Zusammenhänge zu erkennen.

Dasselbe Prinzip bietet sich für Anwendungen verschiedenster Domänen an. Hier sind einige Beispiele:

- **Empfehlungsalgorithmen**: Beziehungen zwischen Kunden, Produkten, Kaufhandlungen und Bewertungen lassen sich in einem Graph-Modell effizient abbilden.

74 Der Timestamp wird natürlich bei jedem Crawl anders aussehen.

Dadurch können z. B. Empfehlungen wie „Kunden, die dieses Buch angesehen haben, kauften auch …“ auf personalisierter Basis generiert werden.

- **Routenplanung im Flugverkehr**: Flugverbindungen zwischen Flughäfen können als Graph modelliert werden. Dies ermöglicht eine optimierte Routenplanung sowie ein flexibles Umplanen bei Verspätungen oder Ausfällen.
- **Betrugserkennung im Finanzbereich:** Konten und Personen werden als Knoten, Transaktionen als Kanten im Graph dargestellt. Typische Betrugsmuster erscheinen als bestimmte Graphstrukturen (z. B. Zyklen) und können einfacher entdeckt werden als über SQL Abfragen.
- **Soziale Netzwerke**: Nutzende, Gruppen, Beiträge und Interaktionen (Freundschaften, Follows, Likes, Mentions) werden als Knoten und Kanten modelliert. Effizient möglich sind „Personen, die du vielleicht kennst“-Suchen, Community-Erkennung sowie Reichweiten-Analysen für Inhalte.

Bei den oben genannten Anwendungsfällen sind relationale Datenbanken nur bedingt geeignet, vor allem wenn Graph Traversals nötig sind, also das systematische Durchlaufen und Auswerten von Beziehungsstrukturen zwischen Datenobjekten. Graph-Datenbanken hingegen sind speziell für solche Szenarien ausgelegt. Sie speichern Entitäten als Knoten und deren Verbindungen als Kanten, wodurch komplexe Beziehungsstrukturen explizit im Datenmodell abgebildet werden können. Nicht nur das Datenmodell macht Graph-Datenbanken attraktiv, sondern auch die Implementierung verschiedener Graphalgorithmen, die den Nutzern zur Verfügung stehen. Hier einige Beispiele, die z. B. in [NH19] näher beschrieben werden:

- **Kürzeste Pfade (Shortest Path)**: um Verbindungen zwischen zwei Knoten zu finden – etwa bei Routenplanung oder sozialen Netzwerken.
- **Zentralitätsanalysen (z. B. PageRank, Betweenness)**: um einflussreiche Knoten in einem Netzwerk zu identifizieren – z. B. bei Fraud Detection oder Wissensgraphen.
- **Community Detection**: zur Erkennung von Gruppen oder Clustern in großen Netzwerken – etwa bei Nutzersegmentierung oder Produktempfehlungen.

Linked Data und Knowledge Graphs

Neben den gerade erwähnten Anwendungen für Graph-Datenbanken bilden diese das technische Fundament für Knowledge Graphs (Wissensgraphen). Zum Verständnis von Wissensgraphen lohnt sich ein kurzer Ausflug in die Weiten des World Wide Web bis zu Tim Berners-Lee *Web of Data*.

Linked Data und Semantic Web

Die ursprüngliche Idee des World Wide Web war denkbar einfach: Dinge (Dokumente) im Netz eindeutig adressieren und durch Links verbinden. Die Vision Tim Berner-Lees ging aber noch einen Schritt weiter: Was für Dokumente gilt, lässt sich auch auf alle möglichen Konzepte übertragen: Datenpunkte werden eindeutig benannt, im Web auffindbar gemacht und sinnvoll verlinkt. Dieses Konzept wird mit *Linked Data* bezeichnet. So entsteht Schritt für Schritt ein vernetzter Datenraum – das *Web of Data*[75].

Tim Berners-Lee schlägt vier Grundprinzipien[76] vor, um Linked Data umzusetzen:

- **URIs verwenden**: Jede Entität erhält eine eindeutige URI (Uniform Ressource Identifier).
- **HTTP-URIs nutzen**: URIs sollen per HTTP abrufbar sein.
- **Nützliche, maschinenlesbare Informationen bereitstellen**: Beim Aufruf einer URI werden mit offenen Webstandards strukturierte Informationen geliefert.
- **Verlinkung**: Die bereitgestellten Informationen enthalten Links auf weitere URIs.

Bild 11.9 zeigt einen Ausschnitt von Datensätzen im Web, die diesen Prinzipien folgen. Zusammengetragen wurden die Datensätze von der *Linked Open Data Initiative*.

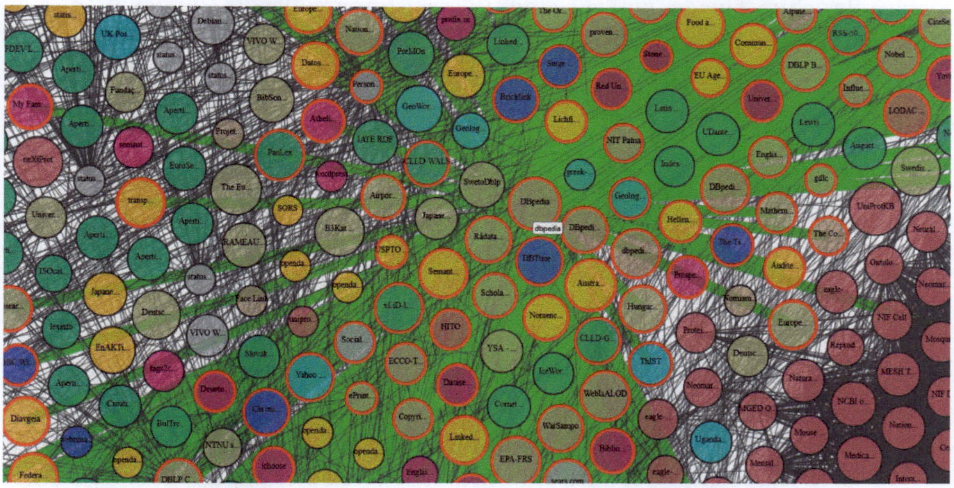

Bild 11.9 Verschiedene Datensätze, die dem Linked-Data-Prinzip folgen, als Ausschnitt aus der Linked Open Data Cloud. Quelle: Linked Open Data Initiative

Das Konzept von Linked Data verfolgt den Grundgedanken des Semantic Webs. Die vier Best Practices von Tim Berner-Lees beschreiben vor allem die eindeutige Identifikation und Verknüpfung von Datenpunkten im Web. Das Semantic Web führt diesen Ansatz konsequent weiter: Durch die Anreicherung mit Metadaten und die Einbindung sogenannter *Ontologien* lassen sich komplexe Wissensbeziehungen modellieren. Auf diese Weise entstehen Datenstrukturen, die nicht nur verknüpft, sondern auch von Maschinen interpretiert werden können. Das Ergebnis ist ein Netz aus Daten und

75 TED-Talk von Tim Berners-Lee: *https://www.youtube.com/watch?v=OM6XIICm_qo*

76 *https://www.w3.org/DesignIssues/LinkedData.html*

Bedeutungen, das die Grundlage für leistungsfähige Anwendungen wie Knowledge Graphs bildet (siehe folgenden Abschnitt „Knowledge Graphs“).

Für die praktische Umsetzung des Semantic Webs stehen standardisierte Technologien zur Verfügung, die in einem *Semantic Web Stack* gebündelt werden. Viele Graph-Datenbanken sind entweder direkt auf die im Semantic Web verwendeten Graph-Modelle (sogenannte Triple-Graphs) spezialisiert oder ermöglichen deren Speicherung und Bearbeitung. Entsprechend basieren auch sie (oder unterstützen diese zumindest) auf Technologien des Semantic Webs wie RDF oder SparkQL, die in Abschnitt „Datenmodelle für Graphen“ näher vorgestellt werden.

Knowledge Graphs

Wissensgraphen (Knowledge Graphs) zielen darauf ab, Wissen über eine bestimmte Domäne abzubilden und dieses Wissen sowohl für Menschen als auch für Maschinen nutzbar zu machen. Knoten repräsentieren Entitäten, Kanten deren Beziehungen, inklusive Beziehungstypen. Im Falle eines Wissensgraphen für die Harry-Potter-Reihe *weiß* ein Graph nicht nur, dass *Harry Potter* und *Minerva McGonagall* verbunden sind, sondern auch *wie*: Minerva McGonagall ist die Hauslehrerin von Harry Potter. Über diese Beziehungen lassen sich mithilfe von Inferenzverfahren neue Erkenntnisse ableiten.

Damit solches Wissen über Systemgrenzen hinweg anschlussfähig ist, greifen viele Knowledge Graphs die Prinzipien von *Linked Data* auf: Entitäten erhalten eindeutige Web-Identifikatoren, sind direkt abrufbar und verlinken auf verwandte Ressourcen. So können lokale Graphen mit externen Quellen verbunden und automatisch angereichert werden.

Bekannte Wissensgraphen sind DBpedia, Wikidata oder YAGO. Alle drei basieren auf Fakten aus Wikipedia. DBpedia[77)] und YAGO[78)] überführen Fakten automatisiert in das RDF Graph Framework. Wikidata[79)] dagegen wird kollaborativ gepflegt. Neben den frei zugänglichen Ansätzen gibt es auch unternehmenseigene Wissensgraphen, die sich auf die Domänen der verschiedenen Unternehmen stützen. Siemens pflegt beispielsweise einen industriellen/IoT-Wissensgraphen[80)], Netflix bietet eine unternehmensweite Wissensbasis[81)] an. Der Wissensgraph FolkScope wird zur Modellierung von Nutzerverhalten in eCommerce-Systemen von Amazon eingesetzt [Yu+23].

Knowledge-Graphen können sowohl als Labeled Property Graphs oder als RDF Graphs umgesetzt werden (siehe nächster Abschnitt „Datenmodelle für Graphen“).

77 *https://www.dbpedia.org*
78 *https://github.com/yago-naga/yago-4.5*
79 *https://www.wikidata.org*
80 *https://metaphacts.com/industrial-knowledge-graph-at-siemens?utm_source=chatgpt.com*
81 *https://netflixtechblog.com/uda-unified-data-architecture-6a6aee261d8d*

Datenmodelle für Graphen

Für die Verwendung in Graph-Datenbanken haben sich zwei Datenmodelle etabliert: Labeled Property Graphs und RDF (Resource Description Framework) Triple Stores. Beide Ansätze modellieren einen Graphen aus Knoten und aus gerichteten oder ungerichteten Kanten (Beziehungen). Sie unterscheiden sich allerdings in ihrer Semantik und Serialisierung.

Labeled Property Graphs

Ein **Eigenschaftsgraph** (Property Graph) ist eine besondere Form des gerichteten Graphen, die in vielen Graph-Datenbanken als Datenmodell verwendet wird. Sowohl Knoten als auch Kanten können dabei mit verschiedenen **Eigenschaften** (Properties) versehen werden. Eine Eigenschaft wird durch ein **Schlüssel-Wert-Paar** dargestellt. Ein **beschrifteter** Eigenschaftsgraph (labeled property graph) verfügt zusätzlich noch über die Möglichkeit, Knoten mit einem oder mehreren Label zu versehen. Damit können Knoten einer bestimmten Gruppe zugeordnet werden.

In Bild 11.10 sind zwei Personenknoten (Alice und Bob) sowie ein Knoten dargestellt, der einen Film (Harry Potter) repräsentiert. Die verschiedenen Rollen der Knoten (Person oder Film) sind per Textfeld angedeutet. Die beiden gerichteten Kanten besitzen jeweils die Eigenschaften `friends_with` und `rated`.

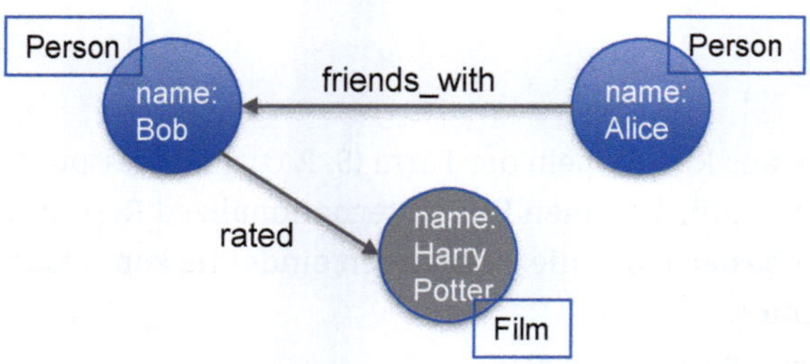

Bild 11.10 Beispiel für einen Labeled-Property-Graphen

Seit April 2024 existiert für Property Graphs ein eigener Standard für Abfragesprachen: ISO GQL[82]. Von der gleichen Organisation (ISO) entwickelt, bestehen zwischen SQL und GQL einige Gemeinsamkeiten. So gibt es dieselben Datentypen und viele überschneidende Schlüsselwörter und Befehle. Im Zentrum von GQL steht die Definition von Mustern in Graphen, die mithilfe einer an ASCII-Art angelehnten Syntax beschrieben werden. Anstelle grafischer Darstellungen kommen dabei Textzeichen zum Einsatz, um Linien, Formen oder andere Elemente abzubilden und so Graphstrukturen auf einfache und verständliche Weise zu veranschaulichen. Deutlich geprägt wurde der Standard durch die von Neo4J entwickelte Sprache Cypher, die auch von vielen anderen Graph-Datenbanken (z. B. Amazon Neptune, TigerGraph) unterstützt wird. Beispiele für Cypher finden sich in Abschnitt „Beispiel: Neo4J".

82 1. Edition, 2024: *https://www.iso.org/standard/76120.html*

RDF Triple Stores

Das zweite Modell bildet Tripel nach dem Ressource Description Framework (RDF) ab, die als solche in RDF Triple Stores gespeichert werden. RDF ist die technische Grundlage des Semantischen Webs. Es erlaubt, Wissen in Form von Beziehungen zwischen eindeutig identifizierbaren Ressourcen abzubilden und so Daten über System- und Anwendungsgrenzen hinweg zu vernetzen. RDF wird ergänzt durch Vokabulare und Ontologien wie RDFS und OWL, die Bedeutung und Struktur festlegen, sowie durch SPARQL als standardisierte Abfragesprache.

RDF

Das Ressource Description Framework ist ein Standard des W3C[83]. Es beschreibt, wie sich Objekte einer Anwendungsdomäne, deren Eigenschaften und ihre Beziehungen in strukturierter Form darstellen lassen. Die kleinste Einheit eines RDF-Datensatzes ist ein Tripel, bestehend aus Subjekt, Prädikat und Objekt. In einem Graphen entspricht dies einer gerichteten Kante mit dem Ausgangsknoten (Subjekt), dem Zielknoten (Objekt) und der Beziehung zwischen Quell- und Zielknoten als Prädikat. Ein Beispiel:

Tabelle 11.5 Beispiel-Tripel aus dem Graphen in Bild 11.10

Subjekt	Prädikat	Objekt
Alice	friends_with	Bob
Bob	age	22
Bob	rated	Harry Potter

Ein RDF-Graph umfasst eine Menge aus RDF-Tripeln der Form (S, P, O). Jede Ressource sollte eindeutig identifizierbar sein. Dafür kommen IRIs (Internationalized Resource Identifiers) zum Einsatz – Unicode-basierte IDs, die Ressourcen eindeutig kennzeichnen. Beispiel für IRIs von Harry Potter:

```
http://dbpedia.org/resource/Harry_Potter # DBPedia
https://en.wikipedia.org/wiki/Harry_Potter # Wikipedia
http://www.wikidata.org/entity/Q3244512  # Wikidata
```

Neben Ressourcen gibt es Literale, also konkrete Werte wie Texte, Zahlen oder Datumsangaben. Sie tragen zusätzlich einen Datentyp, etwa so:

```
23^^integer
Alice^^string
```

Bild 11.11 zeigt eine Gegenüberstellung der *friends_with* Beziehung in einem LPG und einem RDF Graphen. Als dritter Graph wurde noch ein RDF* Graph hinzugefügt, eine Erweiterung des RDF-Graphen. Schaut man sich diesen nämlich genauer an, ist zu erkennen, dass für Properties keine Eigenschaften abgebildet werden können. RDF* führt hierfür Zusatztripel ein (Reifikation). Diese Zusatztripel führen eine Art Meta-

83 *https://www.w3.org/TR/rdf-schema*

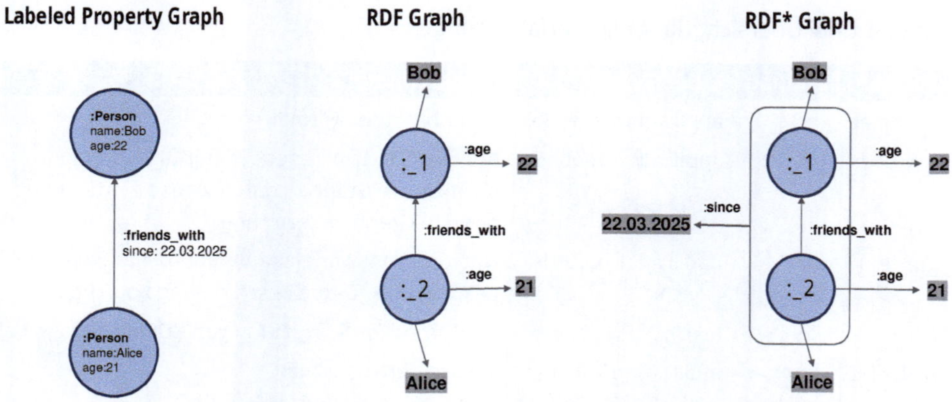

Bild 11.11 LPG, RDF und RDF* Graphen für die Beziehung *friends_with*

ebene ein, in der ein Tripel selbst als Subjekt oder Objekt auftreten kann. Ein Beispiel dafür ist das folgende:

```
# Bob knows Alice, mit since
_:t    a rdf:Statement
_:t    rdf:subject   ex:Bob
_:t    rdf:predicate ex:knows
_:t    rdf:object    ex:Alice
_:t    ex:since  "22.03.2025"^^xsd:date
```

Im Beispiel mit der Eigenschaft *since* für die Property *knows* fungiert `_:t` als Subjekt[84]. Leicht lesbar ist diese Variante allerdings nicht.

Serialisierung von RDF-Daten

Um RDF-Daten abzuspeichern, gibt es eine Vielzahl von Möglichkeiten zur Serialisierung. Typische Serialisierungen sind in Tabelle 11.6 aufgeführt.

Ein Beispiel für eine RDF-Serialisierung im Turtle-Format findet sich in Listing 11.22[85]. Im Beispiel wird das Subjekt `<human/1>` beschrieben. Ihm sind verschiedene Prädikate zugeordnet, wie etwa a[86], `rdfs:label` oder `voc:desc`. Damit der Text übersichtlicher bleibt, werden Präfixe verwendet, die auf bestimmte Namensräume verweisen. So steht zum Beispiel das Präfix `voc` für den Namensraum *https://swapi.co/vocabulary*. Die Basis-IRI ist *https://swapi.co/resource*, sodass die vollständige IRI der dargestellten Figur lautet: *https://swapi.co/resource/human/1*[87].

84 Mehr zu den Unterschieden findet man auch unter *https://dzone.com/articles/rdf-triple-stores-vs-labeled-property-graphs-whats*

85 Der Beispieldatensatz ist unter *https://platform.ontotext.com/semantic-objects/datasets/star-wars.html* zu finden.

86 Turtle Abkürzung für `rdf:type`

87 Die Domain *https://swapi.co* ist nicht mehr aktiv. Eine alternative REST-API der Star-Wars-API ist aktuell unter *https://swapi.info* erreichbar, eine RDF-Referenz ist dort jedoch nicht mehr dokumentiert. Der entsprechende aktuelle REST-Endpunkt für diese Figur ist *https://swapi.info/api/people/1*.

Tabelle 11.6 Übersicht über RDF-Serialisierungen

Format	Endung	MIME-Type	Beschreibung
N-Triples	.nt	application/n-triples	Zeilenbasiertes Format
N-Quads	.nq	application/n-quads	Analog zu N-Triples, jedoch mit Unterstützung für mehrere Graphen durch viertes Element, das den Graphen bezeichnet.
Turtle	.ttl	application/x-turtle	Nutzung von Namensräumen und Präfixen, kompakte Syntax für die Beschreibung von Tripeln
N3	.n3	text/n3	Ähnlich zu Turtle; Nutzung von RDF-Regeln
RDF/XML	.xml	application/rdf+xml	XML-basiertes Format
JSON-LD	.jsonld	application/ld+json	Anbindung an JSON API, Webanwendungen, allerdings weniger performant als andere Formate

Listing 11.22 Serialisierung RDF-Tripel im Turtle-Format

```
@base <https://swapi.co/resource/> .
@prefix voc: <https://swapi.co/vocabulary/> .
@prefix rdfs:  <http://www.w3.org/2000/01/rdf-schema#> .
# ...
<human/1>
          a                   voc:Character , voc:Human ;
          rdfs:label          "Luke Skywalker";
          voc:birthYear       "19BBY" ;
          voc:desc            "Figur aus Star Wars"@de;
          voc:eyeColor        "blue" ;
          voc:film            <film/6> , <film/7> , <film/2> , <film/1> ,
          ↪  <film/3> ;
          voc:gender          "male" ;
          voc:hairColor       "blond" ;
          voc:height          172.0 ;
          voc:homeworld       <planet/1> ;
          voc:mass            77.0 ;
          voc:skinColor       "fair" ;
          voc:starship        <starship/12> , <starship/22> ;
          voc:vehicle         <vehicle/30> , <vehicle/14> ;
          voc:wikidataLink    wd:Q51746 .
```

Bei der Schreibweise gilt:

- Tripel mit gleichem Subjekt, aber unterschiedlichen Prädikaten, werden durch ein Semikolon (`;`) getrennt.
- Tripel mit gleichem Subjekt und gleichem Prädikat, aber unterschiedlichen Objekten, werden mit einem Komma (`,`) getrennt.

Beispielsweise fasst die Angabe

```
<human/1> voc:film <film/6> , <film/7> , <film/2> , <film/1> , <film/3> ;
```

fünf Tripel zusammen, die alle das Subjekt `<human/1>` und das Prädikat `voc:film` haben.

RDF-Serialisierungen dienen als Austausch- und Schnittstellenformat, nicht als Speicherung innerhalb von RDF Tripel Stores.

RDF Schema und Ontologien

RDF beschreibt zunächst die Syntax für den gemeinsamen Datenaustausch. Damit Subjekte, Prädikate und Objekte jedoch auch eine Bedeutung erhalten, benötigt man ein Vokabular, das die Zusammenhänge beschreibt. Im Serialisierungsbeispiel mit Luke Skywalker werden diese über Namensräume eingebunden. Das grundlegende Schema für solche Vokabulare ist das RDF Schema (RDFS), welches mit dem Präfix `rdfs` eingebunden wird.

RDFS erlaubt unter anderem die Bildung von Klassen und Hierarchien. So wird Luke im Beispiel als Instanz sowohl der Klasse `voc:Character` als auch der Klasse `voc:Human` ausgezeichnet:

```
<human/1> a voc:Character, voc:Human .
```

Über `rdfs:label` können zudem Namen oder Bezeichnungen vergeben werden. Luke erhält auf diese Weise den Namen „Luke Skywalker“:

```
<human/1> rdfs:label "Luke Skywalker" .
```

Eine Erweiterung von RDFS ist die Web Ontology Language (OWL). OWL erlaubt die Definition komplexerer Regeln, Beziehungen und Einschränkungen, die über einfache Klassenhierarchien hinausgehen. Damit lassen sich Strukturen aufbauen, die eine Wissensrepräsentation mit Inferenz ermöglichen, sogenannte Ontologien. Beispielsweise kann man festlegen, dass die Klasse `voc:Jedi` eine Unterklasse von `voc:character` ist. Alle Instanzen der Klasse `voc:Jedi` wären damit automatisch auch Instanzen von `voc:Character`:

```
voc:Jedi rdfs:subClassOf voc:Character .
```

Zudem kann man über OWL definieren, dass `voc:Jedi` gleichbedeutend mit einer anderen Klasse ist, etwa `voc:MitgliedDesJediOrdens`:

```
voc:Jedi owl:equivalentClass voc:MitgliedDesJediOrdens .
```

Wird Luke nun als Instanz der Klasse `voc:Jedi` ausgezeichnet, könnte ein Inferenzsystem automatisch ableiten, dass Luke sowohl ein Charakter ist als auch Mitglied des Jedi-Ordens.

Es gibt zahlreiche domänenspezifische Ontologien, die RDF und OWL nutzen, um Wissen über bestimmte Bereiche formal abzubilden. In der Medizin etwa beschreibt SNOMED CT Krankheiten, Symptome und Therapien[88]. Im Bereich sozialer Netzwerke ermöglicht ActivityStreams, ein W3C-standardisiertes Vokabular, die Modellierung sozialer Aktivitäten und Interaktionen.[89]

88 *https://www.bfarm.de/EN/Code-systems/Terminologies/SNOMED-CT/_node.html*

89 *https://www.w3.org/TR/activitystreams-vocabulary/*

SPARQL

SPARQL (SPARQL Protocol and RDF Query Language) ist die standardisierte Abfragesprache für RDF-Daten. Mit SPARQL lassen sich RDF-Triple-Stores gezielt durchsuchen und manipulieren. Auch föderierte Abfragen, also Abfragen über mehrere RDF-Graphen hinweg, sind möglich.

Ein wesentliches Merkmal von SPARQL ist, dass nicht nur exakte Muster (Pattern-Matching) abgefragt werden können, sondern auch implizite Beziehungen, die sich aus Ontologien ergeben. Dadurch können logische Schlussfolgerungen (Inferenz) in die Abfrageergebnisse einbezogen werden.

Die Syntax orientiert sich an SQL, ist aber auf die graphbasierte Struktur von RDF-Daten zugeschnitten. Im Vergleich zu SQL gilt SPARQL oft als etwas anspruchsvoller in der Einarbeitung. Durch den Einsatz von KI-gestützten Tools wird diese Hürde jedoch zunehmend geringer.

Ein einfaches Beispiel wäre eine Abfrage, die alle Filme ausgibt, in denen Luke Skywalker (<human/1>) vorkommt:

```
PREFIX voc: https://swapi.co/vocabulary/
PREFIX rdfs: http://www.w3.org/2000/01/rdf-schema#
SELECT ?film
WHERE {
    https://swapi.co/resource/human/1 voc:film ?film .
}
```

Diese Abfrage liefert die in den RDF-Daten hinterlegten Filme zurück, die Luke zugeordnet sind. Weitere Beispiele für SPARQL finden sich in Abschnitt 11.6.

Übersicht

Graph-Datenbanken können in native, nicht native und RDF-Triple-Stores unterteilt werden [Bes+23].

Native Graph-Datenbanken: Hier werden die Daten direkt in graph-spezifischen Strukturen wie Adjazenzlisten oder Compressed Sparse Rows gespeichert [WX18]. Solche Formate sind auf die effiziente Navigation im Graphen (Graph Traversals) ausgelegt. Das dominante Datenmodell ist der *Labeled Property Graph*. Typische Vertreter sind Neo4j (s. Abschnitt „Beispiel: Neo4J") und Memgraph[90], die beide die Abfragesprache Cypher nutzen, sowie TigerGraph[91] mit seiner Sprache GSQL.

Nicht native Graph-Datenbanken: In diesem Ansatz werden Graphdaten auf relationalen oder NoSQL-Systemen abgelegt. Dadurch profitieren die Systeme von deren Eigenschaften wie einfacher Skalierung, Clusterbetrieb oder Replikation, sind jedoch bei klassischen Graphoperationen – insbesondere Traversals – oft weniger performant.

90 *https://memgraph.com*
91 *https://www.tigergraph.com*

Beispiele sind AgensGraph[92], das auf PostgreSQL basiert, oder JanusGraph[93], das verschiedene Backends unterstützt, darunter Wide Column Stores wie Apache Cassandra oder HBase.

RDF-Triple-Stores: Diese Systeme speichern Daten in Form von RDF-Tripeln und setzen als Abfragesprache in der Regel SPARQL ein. Ihr Fokus liegt stark auf semantischer Modellierung und Inferenz. Beispiele sind GraphDB (siehe Abschnitt „Beispiel: GraphDB“) oder AllegroGraph[94], ein multimodaler Triple-Store mit Unterstützung für SPARQL, Prolog und Reasoning sowie für JSON/JSON-LD-Dokumente.

Beispiel: Neo4J

Bereits im Jahr 2000 skizzierte Emil Eifrem, der spätere Gründer von Neo4j, während eines Fluges nach Mumbai erste Ideen für eine Graph-Datenbank[95]. Gemeinsam mit seinen Mitentwicklern Peter Neubauer und Anders Persson verfolgte er das Ziel, relationale Datenbanksysteme bei der Speicherung und Verarbeitung typischer Graphanwendungen abzulösen. Im Jahr 2007 wurde Neo4j schließlich gegründet. Heute kommt die Graph-Datenbank in zahlreichen Unternehmen und Anwendungsbereichen weltweit zum Einsatz.

Steckbrief

Tabelle 11.7 Übersicht wichtiger Eigenschaften von Neo4J

Webadresse	*https://neo4j.com*
Docker-Image	`docker pull neo4j:latest`
Datenschema	Labeled Property Graph
Abfragesprache	Cypher (SPARQL)
Implementierungssprache	Java
Erstveröffentlichung	Februar 2010
Concurrency	Hoher Grad an Parallelität durch Multi-Threaded Query Execution
Replikation	Master-Slave-Replikation
Sharding	Nicht nativ unterstützt (ab Neo 4.0 mit Neo4j Fabric für verteilte Daten)
Lizenz	GPLv3 (Community Edition), kommerzielle Lizenz für Enterprise Edition

92 *https://github.com/skaiworldwide-oss/agensgraph*
93 *https://janusgraph.org*
94 *https://allegrograph.com*
95 *https://hackernoon.com/something-much-broader-than-compensation-drives-us-emil-eifrem-neo4j-founder-interview-168278957077*

Docker-Container erstellen

Für die Erstellung eines Docker-Containers halten wir die folgenden Konfigurationen und Befehle in einer `docker-compose.yml` fest (Listing 11.23):

Listing 11.23 Docker-Compose-Konfiguration für Neo4J

```
services:
  neo4j:
    image: neo4j:latest
    container_name: neo4j
    ports:
      - "7474:7474"
      - "7687:7687"
    environment:
      - NEO4J_AUTH=neo4j/testtest
    volumes:
      - neo4j_data:/data
    restart: unless-stopped

volumes:
  neo4j_data:
```

Dieses Skript definiert einen Docker-Service namens `neo4j`, der das offizielle Neo4j-Image verwendet. Der Container heißt ebenfalls `neo4j` und veröffentlicht die Ports 7474 (für den Zugriff über den Browser) und 7687 (für die Bolt-Protokollschnittstelle, siehe Kasten unten). Die Variable `NEO4J_AUTH=neo4j/testtest` legt den Standard-Benutzernamen (neo4j) und das Passwort (testtest) für die Datenbank fest. Die Datenbankdaten werden im Volume neo4j_data gespeichert, sodass sie beim Neustart des Containers erhalten bleiben. Die Option `restart: unless-stopped` sorgt dafür, dass der Container automatisch wieder gestartet wird, falls er nicht manuell gestoppt wurde.

> **Bolt** ist ein binäres, effizient serialisiertes Protokoll für Anwendungen, die programmgesteuert auf Neo4j zugreifen – vergleichbar mit JDBC/ODBC bei relationalen Datenbanken. Damit können Client-Anwendungen wie beispielsweise Python, Java oder JavaScript effizient mit einem Neo-Datenbankserver kommunizieren.

Sie können Abfragen in einem laufenden Docker-Container direkt per CLI ausführen:

```
docker exec -it neo4j cypher-shell -u neo4j -p testtest
```

Per Webinterface erreichen Sie die Datenbank unter *http://localhost:7474* mit dem Nutzernamen `neo4j` und dem Passwort `testtest`.

Die typischen CRUD-Befehle dazu schauen wir uns im nächsten Abschnitt an.

CRUD-Operationen

Die folgenden Beispiele beruhen auf Cypher, Neo4Js deklarativer Anfragesprache[96]. Cypher ist eine der einfachsten Graphanfragesprachen und kann das Verständnis weiterer Ansätze erleichtern [RWE15]. Ausgangspunkt bei der Formulierung von CRUD-Operationen ist der Gedanke, dass wir Teilstücke nach einem bestimmten Muster in unseren Graphen einfügen, auswählen, ersetzen oder löschen möchten. Ein solches Teilstück ließe sich als Skizze (z. B. an einem Whiteboard) oder als ASCII-Notation ausdrücken. Der Graph in Bild 11.10 sähe z. B. folgendermaßen aus:

Listing 11.24 ASCII Notation des Beispielgraphen

```
(Alice:Person {name: "Alice"})-[:friends_with]
->(Bob:Person {name: "Bob"})
(Alice:Person {name: "Alice"})-[:rated]
->(Movie:Film {name: "Harry Potter"})
```

Ein Knoten (z. B. Alice oder Bob) lässt sich mit folgendem Grundbaustein beschreiben:

`(:Label {property: "value"})`

Einem Knoten kann ein Label als zugehöriger Knotentyp zugeordnet werden. Zusätzlich können Eigenschaften per Schlüssel-Wert-Paaren eingefügt werden. Im folgenden Beispiel hat der Knoten `Alice` das Label `Person` und die Eigenschaft `name` mit der Ausprägung „Alice“.

`(Alice:Person {name: "Alice"})`

Eine (direkte) Beziehung zwischen zwei Knoten wird mithilfe von Pfeilen dargestellt:

`()-[:RELATIONSHIP_TYPE]->()`

Konkret kann eine Beziehung so aussehen:

`(Alice)-[:friends_with]->(Bob)`

Die gerade vorgestellte Notation von Knoten und Beziehungen finden wir in den Cypher-Anfragen (`CREATE`, `MATCH`, oder `MERGE`) wieder.

CREATE

Starten wir mit der Erstellung neuer Knoten und Kanten über den `CREATE`-Befehl. In Listing 11.25 werden zunächst zwei Knoten, Alice und Bob, angelegt. Das letzte Statement legt den Filmknoten sowie die zwei Beziehungen an (Zeile 6–8). Das Erstellen von Elementen innerhalb eines `CREATE`-Befehls läuft in einer Transaktion ab. Sollte diese abgebrochen werden, werden im letzten Fall alle drei Elemente nicht erstellt.

Listing 11.25 CREATE in Cypher

```
1 // Personen
2 CREATE (alice:Person {name: "Alice"});
3 CREATE (bob:Person {name: "Bob"});
4
```

96 *https://neo4j.com/docs/cypher-manual/current/introduction*

```
// Filme und Beziehungen
CREATE (potter:Movie {title: "Harry Potter"}),
(alice)-[:RATED {score: 5}]->(potter),
(alice)-[:FRIENDS_WITH]->(bob);
```

Die Graphbeschreibung lässt sich auch in ein Skript ablegen und per copy-Befehl in den Container kopieren. Für den oben erstellten Docker-Container könnte dies folgendermaßen aussehen. Das Skript `init.cypher` finden Sie mit einem etwas komplexeren Graphen im Github.

```
docker cp ./init.cypher neo4j:/init.cypher
docker exec -it neo4j cypher-shell -u neo4j -p test -f /init.cypher
```

MATCH Das MATCH-Statement wird verwendet, um nach bestimmten Mustern im Graphen zu suchen. Es funktioniert ähnlich wie SELECT in SQL, aber anstatt Tabellen zu durchsuchen, wird der Graph nach Knoten und Beziehungen durchsucht. Dazu nutzen wir die Notation, die wir zur Beschreibung von Knoten und Beziehungen schon kennen. Wenn wir beispielsweise alle Knoten suchen möchten, die den Namen „Harry Potter" tragen, kann dies folgendermaßen aussehen:

Listing 11.26 Suche nach Knoten mit MATCH

```
MATCH (f:Film {name: "Harry Potter"})
RETURN f
```

`MATCH (f:Film ...)` sucht einen oder mehrere Knoten `f` mit dem Label Film, der ein Property `name` mit dem Wert „Harry Potter" hat. `f` ist ein Bezeichner (oder eine Variable), den man im weiteren Verlauf der Anfrage benutzen kann. Hier werden die gefunden Knoten (in unserem Beispiel nur einer) über `RETURN` zurückgegeben. Die Struktur des Graphen haben wir hier noch nicht wirklich ausgenutzt. In SQL wäre diese Abfrage ein einfacher Filter über eine mögliche Filmtabelle gewesen.

Nehmen wir uns deswegen eine weitere Abfrage vor: Finde alle Freunde von Personen, die den Film „Harry Potter" schon bewertet haben.

Listing 11.27 Suche nach Graphmustern mit MATCH

```
MATCH (f:Movie)<-[r:RATED]-(p:Person) -[:FRIENDS_WITH]->(friend:Person
    )
WHERE f.title='Harry Potter'
RETURN DISTINCT p.name, friend.name;
```

Zum Verständnis der Anfrage einige Erläuterungen:

- `p:Person` ist ein Platzhalter für alle Knoten, die mit einem Filmknoten `f:Film` über eine `RATED`-Beziehung in Verbindung stehen und über `FRIENDS_WITH` mit einer weiteren Person befreundet sind.

- `WHERE`: Es sollen nur die Filmknoten angeschaut werden, die als Eigenschaft den Titel „Harry Potter“ aufweisen.
- `RETURN DISTINCT`: Gibt die zur Anfrage passenden bewertenden Personen sowie deren Freunde aus.

Wie lässt sich ein kompletter Graph anzeigen (Achtung bei großen Datenmengen)?

Listing 11.28 Zeige alle Knoten und Beziehungen mit MATCH

```
MATCH (n)
OPTIONAL MATCH (n)-[r]-(f)
RETURN n, r, f;
```

Hier werden alle Knoten im Graphen gesucht. Das Matching ist unabhängig vom Label sowie von der Tatsache, ob der Knoten in einer Beziehung steht oder nicht. Beim zweiten MATCH werden hier noch die Beziehungen jedes Knotens in beliebiger Richtung (`-[r]-` gesucht. Das **OPTIONAL** lässt sich wie ein `LEFT JOIN` in SQL lesen: Falls es zu einem Knoten Beziehungen gibt, werden diese zusammen mit dem Knoten zurückgegeben. Falls nicht, wird per `RETURN` trotzdem der Knoten zurückgegeben, aber `r` und `f` werden mit `null` Werten gefüllt.

Einen Graphen aktualisieren oder löschen

Manchmal möchte man einem bereits existierenden Knoten oder einer bestehenden Beziehung zusätzliche Eigenschaften zuweisen oder vorhandene Werte ändern. Dies lässt sich mit dem Schlüsselwort `SET` umsetzen. Zunächst muss dazu der entsprechende Teil des Graphen identifiziert werden, bevor die gewünschten Änderungen vorgenommen werden können.

Im folgenden Befehl wird der Titel des Films „Harry Potter“ in „Harry Potter und der Stein der Weisen“ geändert und das Erscheinungsjahr ergänzt.

Listing 11.29 Zeige alle Knoten und Beziehungen mit MATCH

```
MATCH (p:Movie {title: "Harry Potter"})
SET p.title='Harry Potter und der Stein der Weisen',
    p.year=2001
RETURN p;
```

Mit dem Schlüsselwort `DELETE` können Knoten und Beziehungen aus dem Graphen entfernt werden. Das Vorgehen ähnelt dem bei der Aktualisierung: Zunächst wird der relevante Teilgraph identifiziert, anschließend werden die betroffenen Knoten oder Kanten gelöscht. Befindet sich ein zu löschender Knoten jedoch noch in bestehenden Beziehungen, gibt das System eine Fehlermeldung aus. Dies dient dazu, Kanten zu vermeiden, die ins Leere zeigen.

Listing 11.30 Löschen einer Beziehung

```
MATCH (j:Person {name:'Alice'}) - [r:FRIENDS_WITH]-> (n:Person {name:
    'Bob'})
DELETE r;
```

In Beispiel 11.30 wurde eine Beziehung gelöscht. Das folgende Beispiel löscht zusätzlich noch den Personenknoten Bob:

Listing 11.31 Löschen einer Beziehung

```
MATCH (m:Person {name: 'Bob'})
DELETE m;
```

Um den gesamten Graphen, inklusive der zugehörigen Beziehungen, zu löschen:

Listing 11.32 Löschen einer Beziehung

```
MATCH (n)
DETACH DELETE n;
```

Graphalgorithmen

Die **Neo4j Graph Data Science (GDS) Library**[97] ist eine Erweiterung der Neo4j-Plattform zur effizienten Analyse großer und komplexer Graphstrukturen. Die GDS Library kapselt gängige Graphalgorithmen hinter einer deklarativen API, die sowohl über das Cypher Query Language Interface als auch über dedizierte Prozeduraufrufe nutzbar ist. Sie ist in Java implementiert und für die Verarbeitung rechenintensiver Analysen optimiert. Dazu gehört die speicherinterne Verarbeitung (in memory computing) oder eine parallele Ausführung der Algorithmen.

Der typische Workflow in der GDS Library (siehe auch Bild 11.12) gliedert sich in drei Schritte:

1. **Graphprojektion:** Ein logischer Teilgraph aus dem Neo4j-Datenmodell wird in den Arbeitsspeicher geladen. Dabei lassen sich Knoten- und Beziehungstypen sowie Property-Filter explizit angeben.
2. **Algorithmusausführung:** Der gewünschte Graphalgorithmus wird gegen den projizierten In-Memory-Graphen ausgeführt.
3. **Persistierung (optional):** Ergebnisse können als neue Eigenschaften an Knoten zurückgeschrieben oder zur Weiterverarbeitung zwischengespeichert werden.

97 *https://neo4j.com/docs/graph-data-science/current*

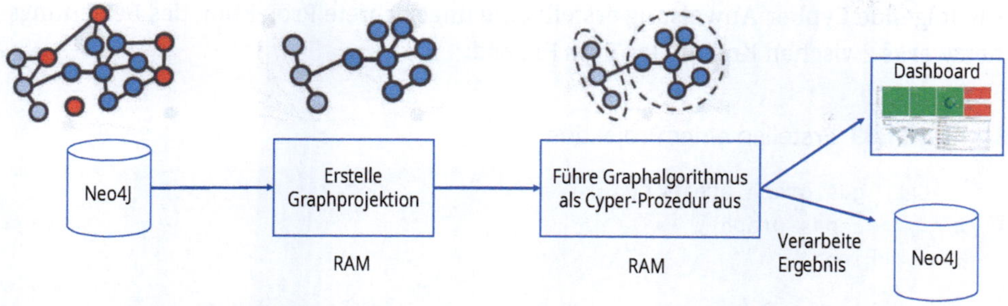

Bild 11.12 Workflow für die Durchführung eines Graphalgorithmus mit der GDS Library

Für das folgende Beispiel müssen Sie in Ihrer Docker-Instanz noch die Graph Data Science Library als Plug-in installieren. Eine Möglichkeit dafür ist, die Konfiguration in der Docker-Konfigurationsdatei (*docker-compose.yml*) um die folgenden drei Zeilen unter `environment` zu erweitern und den Container neu zu bauen.

```
- NEO4J_PLUGINS=["graph-data-science"]
- NEO4J_dbms_security_procedures_unrestricted=gds.*d
- NEO4J_dbms_security_procedures_allowlist=gds.*
```

Als Beispielgraph dient der folgende Graph:

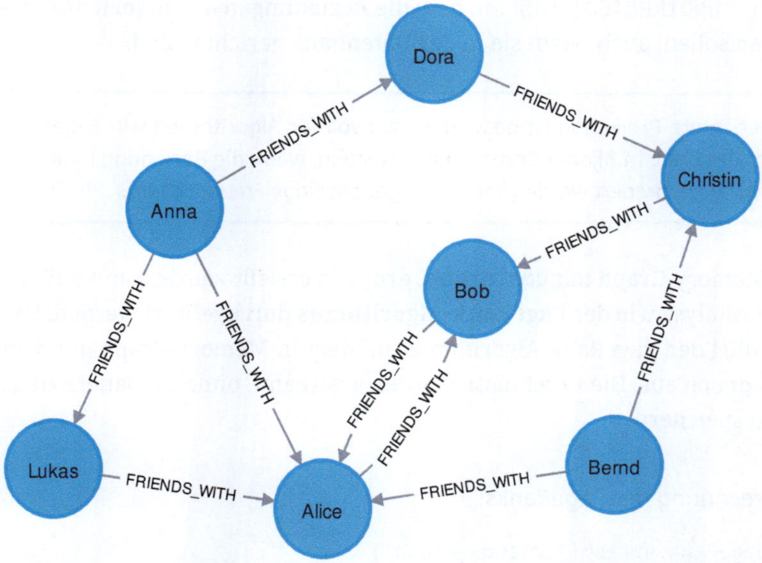

Bild 11.13 Beispielgraph für die Ausführung eines GDS-Workflows zur Ermittlung der PageRank-Gewichte

Die folgende Cypher-Anweisung erstellt eine ungerichtete Projektion des Beziehungsnetzwerks zwischen Knoten des Typs `Friend`:

Listing 11.33 Erstellen einer Projektion

```
CALL gds.graph.project(
  'friends-graph',
  'Friend',
  {
    FRIENDS_WITH: {
      orientation: 'UNDIRECTED'
    }
  }
);
```

- `friends-graph`: Der Name der Projektion, unter dem der In-Memory-Graph gespeichert wird.
- `Friend`: Der Knotentyp (*Label*) der Knoten, die in die Projektion aufgenommen werden.
- `FRIENDS_WITH`: Der Beziehungstyp (*Relationship Type*), der in der Projektion verwendet wird.
- `orientation: 'UNDIRECTED'`: Gibt an, dass die Beziehungen als **ungerichtet** behandelt werden sollen, auch wenn sie in der Datenbank gerichtet sind.

Eine ungerichtete Projektion ist besonders sinnvoll für Algorithmen wie PageRank (vgl. auch Abschnitt 14.8) oder Community Detection, wenn die Beziehung inhaltlich symmetrisch interpretiert werden kann (z. B. gegenseitige Freundschaft).

Nachdem ein In-Memory-Graph mit `gds.graph.project` erstellt wurde, kann auf diesem eine zentrale Analyse wie der **PageRank-Algorithmus** durchgeführt werden. Der folgende Aufruf führt den PageRank-Algorithmus auf dem In-Memory-Graph mit dem Namen `friends-graph` aus. Die Ergebnisse werden gestreamt, ohne sie dauerhaft in der Datenbank zu speichern:

Listing 11.34 Berechnung des PageRanks

```
CALL gds.pageRank.stream('friends-graph')
YIELD nodeId, score
RETURN gds.util.asNode(nodeId).name AS person, score
ORDER BY score DESC;
```

`gds.util.asNode(nodeId).name AS person` wandelt die interne Knoten-ID der Projektion mit der Hilfsfunktion `gds.util.asNode` zurück in einen konkreten Datenbankknoten und greift auf dessen Eigenschaft `name` zu. Das Ergebnis wird als `person` zurückgegeben. Weil diese Funktion Zugriff auf interne Datenbankfunktionen hat, muss sie explizit freigeschaltet werden, z. B. über die Einstellung `dbms.security.procedures.unrestricted=gds.*` in der Konfigurationsdatei des Docker-Containers.

Beispiel: GraphDB

Im Unterschied zu vielen der hier vorgestellten Systeme blickt GraphDB[98] bereits auf eine lange Entwicklungsgeschichte zurück. Ursprünglich wurde die Datenbank um 2004 unter dem Namen OWLIM von der bulgarischen Firma Ontotext entwickelt. Zwei Jahrzehnte später, im Jahr 2024, schloss sich Ontotext mit der österreichischen Semantic Web Company zusammen und ging in dem neuen Unternehmen Graphwise[99] auf. Heute bietet GraphDB sowohl eine kostenlose Edition als auch eine erweiterte kommerzielle Edition an.

Als nativer RDF-Triple-Store organisiert GraphDB sämtliche Informationen in Form von Tripeln. Dank der Unterstützung von RDFS und OWL lassen sich aus vorhandenen Aussagen automatisch neue Zusammenhänge ableiten (OWL-Reasoning). Für Abfragen kommt der Standard SPARQL zum Einsatz.

Damit auch sehr große Datenmengen effizient verarbeitet werden können, setzt GraphDB auf verschiedene Optimierungsmechanismen. Dazu gehören spezialisierte Indexstrukturen, ein leistungsfähiger Query-Optimizer für komplexe SPARQL-Abfragen sowie die Möglichkeit, Cluster-Setups zu betreiben. Auf diese Weise bleibt die Datenbank auch bei Milliarden von Tripeln leistungsfähig und flexibel einsetzbar.

Docker-Container starten

Mit dem folgenden Befehl lässt sich GraphDB direkt in einem Docker-Container starten. Um das Feature *„Talk to your graph“* nutzen zu können, muss zusätzlich ein OPENAI-API-Key angegeben werden:

```
docker run -d --name graphdb \
  --restart unless-stopped \
  -p 7200:7200 \
  -e graphdb.openai.api-key="YOUR OPENAI API-KEY" \
  -v graphdb_home:/opt/graphdb/home \
  ontotext/graphdb:latest
```

98 *https://graphwise.ai/components/graphdb*
99 *https://graphwise.ai*

Nach dem Start ist die GraphDB Workbench unter *localhost:7200* erreichbar. Sie dient als zentrale Oberfläche zum Importieren und Abfragen von RDF-Daten. Vor dem Start der Nutzung der Workbench muss zunächst noch eine Lizenz hochgeladen werden. Auch die freie Edition erfordert eine Registrierung über die GraphDB-Webseite unter Angabe einer E-Mail-Adresse.

Anschließend lässt sich ein erstes Repository anlegen, beispielsweise *starwars*. Ein Repository fungiert als logischer Container für einen oder mehrere Datensätze. Als Beispiel eignet sich der Star-Wars-Datensatz[100]. Der Import erfolgt über den Tab *Import* → *Upload RDF files*. Dort wird bei Bedarf ein Ziel-Graph angegeben. Ohne Named-Graph-Unterstützung landen die Daten automatisch im Default Graph. Mit *Load Data* beginnt der eigentliche Ladevorgang.

Im Tab *Explore* stehen die geladenen Daten anschließend zur Verfügung. Besonders interessant ist die SWAPI-Ontologie unter `https://swapi.co/ontology`. Über den Bereich Visual Graph lässt sich die Ontologie als Netzwerk darstellen: Knoten repräsentieren Ressourcen oder Literale, Kanten die jeweiligen Prädikate. So entsteht eine anschauliche Visualisierung, etwa des Beziehungsnetzes von Luke Skywalker (siehe Bild 11.14).

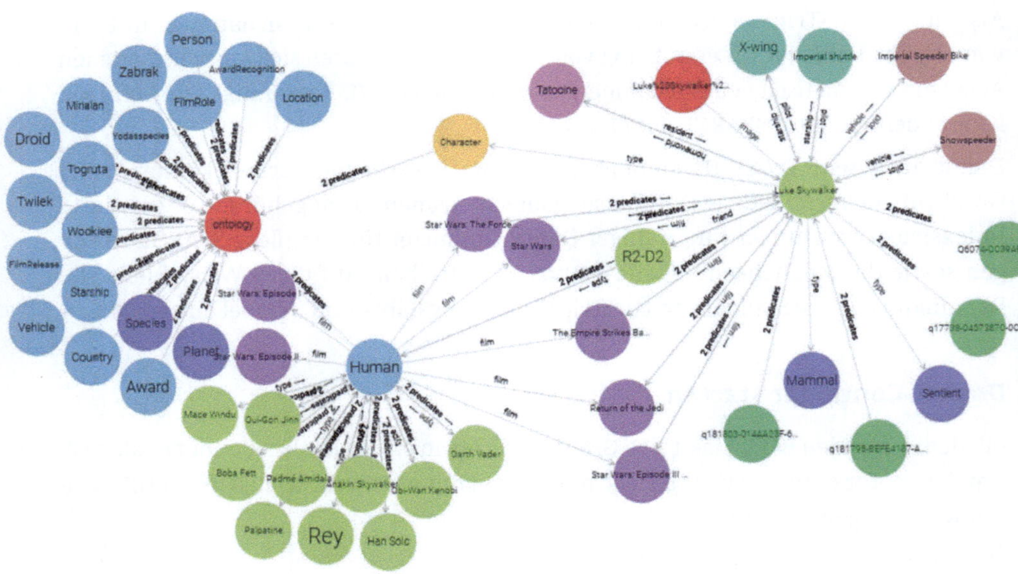

Bild 11.14 Visualisierung eines Teilgraphen des *starwars*-Datensatzes

100 *https://graphdb.ontotext.com/documentation/master/_downloads/9ad0c85c635a3d1db4e23a806691f263/starwars.trig* oder im Buch-Github

Abfragen mit SPARQL

Im Reiter *SPARQL* lassen sich Abfragen direkt gegen den Datensatz ausführen. Viele Schlüsselwörter wie `SELECT`, `WHERE` oder `GROUP BY` sind aus SQL bekannt und erleichtern den Einstieg. Das Beispiel 11.35 liefert die 20 Klassen mit den meisten Instanzen.

Listing 11.35 SPARQL-Abfrage, die die 20 Klassen mit den meisten Instanzen liefert

```
PREFIX rdf: <http://www.w3.org/1999/02/22-rdf-syntax-ns#>
SELECT ?class (COUNT(*) AS ?n)
WHERE { ?s rdf:type ?class }
GROUP BY ?class
ORDER BY DESC(?n)
LIMIT 20
```

Ein Objekt gehört zu einer Klasse, wenn es über das Prädikat `rdf:type` mit ihr verknüpft ist. Für Luke Skywalker (`https://swapi.co/resource/human/1`) findet sich im Datensatz zum Beispiel:

```
<https://swapi.co/resource/human/1> a voc:Character, voc:Human .
```

Das Kürzel a ist dabei gleichbedeutend mit `rdf:type`. Um die zugehörigen Klassen von Luke Skywalker auszugeben, genügt folgende Abfrage:

```
SELECT ?class
WHERE { <https://swapi.co/resource/human/1> a ?class }
```

Einige **Syntaxhinweise** zu Variablen:

- Variablen beginnen mit ? oder – seltener – mit $.
- Erlaubt sind Buchstaben, Ziffern und Unterstriche.
- Groß- und Kleinschreibung ist relevant.
- Werden Variablen in mehreren Mustern wiederverwendet, müssen sie denselben Wert annehmen. Dies entspricht einem natürlichen JOIN in SQL.

Ein Beispiel für einen natürlichen JOIN ist die folgende Abfrage, die Filme und deren Regisseure zurückgibt:

```
PREFIX voc: <https://swapi.co/vocabulary/>

SELECT ?film ?dir
WHERE {
  ?film a voc:Film ;
  voc:director ?dir .
}
```

Die nächste Abfrage 11.36 gibt die 20 bevölkerungsreichsten Planeten zurück. Kommentare sind direkt im Code integriert. Bevor wir die Abfrage näher betrachten, wollen wir noch einmal zwei Konstrukte näher anschauen:

- **OPTIONAL**: Teilmuster sind nicht zwingend erforderlich. Fehlt ein Wert, bleibt die Zeile im Ergebnis erhalten und die Variable ungebunden.
- **BIND(expr AS ?v)**: erzeugt eine neue Variable aus einem Ausdruck, die anschließend weiter genutzt werden kann.

Listing 11.36 SPARQL-Abfrage zu den 20 bevölkerungsreichsten Planeten

```
PREFIX rdfs: <http://www.w3.org/2000/01/rdf-schema#>
PREFIX xsd:  <http://www.w3.org/2001/XMLSchema#>

SELECT ?planetLabel ?pop
WHERE {
  # Planeten finden + Label-Fallback
  ?planet a voc:Planet .

  # Gibt es ein Label?
  OPTIONAL { ?planet rdfs:label ?pl }
  # Falls ja, gib dieses aus, sonst den letzten IRI-Teil der Ressource
  BIND(COALESCE(?pl, REPLACE(STR(?planet), ".+[#/]", "")) AS ?planetLabel)

  # Population holen
  OPTIONAL {
    ?planet voc:population ?popRaw .
    # unknown ausschließen
    FILTER(LCASE(STR(?popRaw)) != "unknown")
    # Nur Zahlen
    FILTER(
      DATATYPE(?popRaw) IN (xsd:integer, xsd:decimal, xsd:double)
      || REGEX(STR(?popRaw), "^[0-9]+(\\.[0-9]+)?$")
    )
    BIND(xsd:decimal(STR(?popRaw)) AS ?pop)
  }
}
ORDER BY DESC(?pop) ?planetLabel
LIMIT 20
```

Indexierung

GraphDB pflegt standardmäßig zwei Hauptindizes über Tripel: PSO (predicate–subject–object) und POS (predicate–object–subject). Je nach Datensatz und Anwendungsfall können zusätzliche Indizes sinnvoll sein und bei Bedarf aktiviert werden[101].

Unterstützung durch KI: Talk to your Graph

Wie sich bereits an den vorherigen SPARQL-Beispielen zeigt, können Abfragen schnell

101 *https://graphdb.ontotext.com/documentation/11.1/storage.html*

komplex und unübersichtlich werden. Um Entwickler bei der Generierung von Abfragen zu unterstützen, existieren inzwischen zahlreiche Werkzeuge. Die GraphDB Workbench selbst bietet hierfür das Feature *Talk to your Graph* (im Reiter `Lab`) an.

Voraussetzung ist ein gültiger API-Key von OpenAI, der beim Start des Docker-Containers übergeben wird:

```
-e graphdb.openai.api-key="YOUR OPENAI API-KEY"
```

Zu beachten ist, dass Anfragen nicht kostenlos sind. Unter *Tokens Usage* lässt sich für jede Abfrage nachvollziehen, wie viele Tokens für Prompt und Response angefallen sind.

Damit Abfragen per Chatfenster an OpenAI geschickt werden können, muss zunächst ein Agent erstellt werden (*Create new Agent*). Dabei wird das gewünschte Repository ausgewählt. Über verschiedene Einstellungen lässt sich anschließend die Art des Prompts steuern. Im folgenden Beispiel wurde als Abfragemethode `SPARQL` gewählt. Dem Prompt wird ein `SPARQL CONSTRUCT` mitgegeben, das die beteiligten Tripel auswählt. Um den Prompt klein zu halten, ist der Graph stark eingeschränkt: Es werden nur Ressourcen berücksichtigt, die `a rdfs:Class` oder `a rdf:Property` sind, und es werden ausschließlich deutsche Labels ausgewählt.

Listing 11.37 Graph-Konstruktion für den Prompt an die OpenAI-API

```
PREFIX rdfs: <http://www.w3.org/2000/01/rdf-schema#>
PREFIX voc:  <https://swapi.co/vocabulary/>

CONSTRUCT {
  ?c a rdfs:Class ; rdfs:label ?cl_de .
  ?p a rdf:Property ; rdfs:label ?pl_de .
}
WHERE {
    { ?c a rdfs:Class .
      FILTER EXISTS { GRAPH ?g { ?x a ?c }
      FILTER(?g != <https://swapi.co/vocabulary/>) }
      OPTIONAL { ?c rdfs:label ?cl_de FILTER(LANG(?cl_de) = "de") } }
    UNION
    { ?p a rdf:Property .
      FILTER EXISTS { GRAPH ?g { ?x ?p ?y }
      FILTER(?g != <https://swapi.co/vocabulary/>) }
      OPTIONAL { ?p rdfs:label ?pl_de FILTER(LANG(?pl_de) = "de") } }
}
```

Im Chatfenster lassen sich anschließend Fragen wie *Welche Menschen leben auf welchen Planeten?* oder *Wie viele Einwohner hat jeder Planet?* stellen. Die Antworten werden von OpenAI erzeugt und in der Workbench direkt angezeigt (siehe Bild 11.15). Über *Explain response* kann die Antwort des Chatbots auch erklärt werden. Es wird dann der generierte SPARQL-Befehl angezeigt.

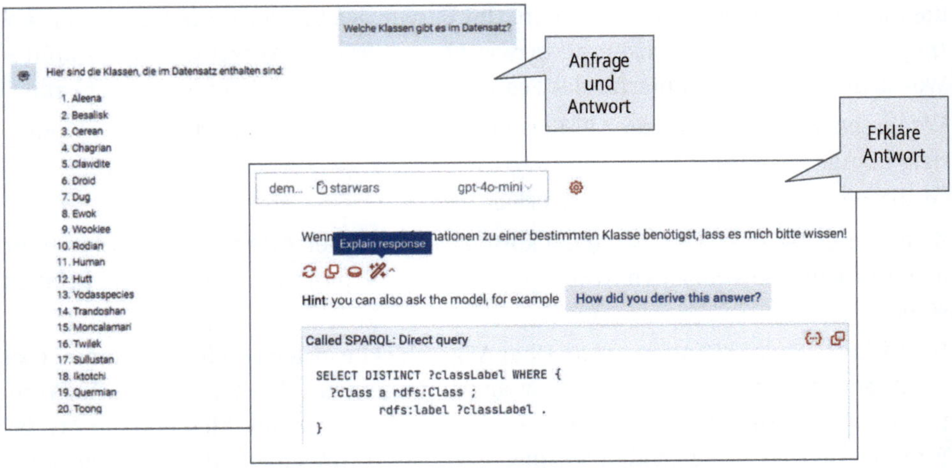

Bild 11.15 *Talk to your graph*-Chatfenster mit Frage, Antwort und SPARQL-Anfrage

11.7 Zeitreihendatenbanken

Am Morgen des 1. Januar 2024 schnellten in vielen deutschen Städten die Feinstaubwerte sprunghaft in die Höhe. In Stuttgart überschritt die PM10-Konzentration an mehreren Messstationen deutlich den zulässigen Tagesgrenzwert von 50 µg/m³ – ein bekanntes Phänomen nach Silvester, ausgelöst durch Feuerwerkskörper und stehende Luftmassen. Auch im Vergleich zur ländlichen Umgebung schneidet Stuttgart schlechter ab: Studien zeigen, dass PM10-Spitzen im Innenstadtbereich um die 50 µg/m³ liegen, besonders während Morgen- und Spätverkehr. Dies steht im Gegensatz zu ländlichen Orten, wo die PM10-Werte häufig unter 20 µg/m³ bleiben. Die für solche Analysen zugrunde liegenden Daten stammen aus einem engmaschigen Netz von Luftmessstationen, das vom Umweltbundesamt betrieben wird. Jede Station erfasst in stündlichen Intervallen Werte für Feinstaub, Stickoxide, Ozon und andere Schadstoffe. Diese Messreihen sind typische Zeitreihendaten: regelmäßig erhoben, mit präzisem Zeitstempel versehen und in großer Menge verfügbar.

In vielen anderen Anwendungen finden sich ebenfalls Zeitreihen – eigentlich überall dort wo Messungen erhoben werden. Dazu zählen Sensordaten in der Industrie (z. B. Temperatur, Druck, Vibration), Nutzungsdaten in IT-Systemen (wie CPU-Last, Netzwerkverkehr oder Fehlerraten), Börsen- und Finanzdaten, Wetterbeobachtungen, Energiedaten aus Smart-Metern sowie Gesundheitsdaten aus Wearables. Gemeinsam ist all diesen Anwendungen, dass sie kontinuierlich Werte erfassen, oft in hoher Frequenz und großen Datenmengen. Time-Series-Datenbanken (TSDBs) ermöglichen es, solche zeitbasierten Datenströme effizient zu speichern, zu durchsuchen und auszuwerten. Wie auch bei anderen dedizierten Systemen kann hier mit Erweiterungen relationaler

Datenbanksysteme, wie z. B. TimescaleDB (Erweiterung von PostgreSQL), gearbeitet werden oder auf dedizierte NoSQL-Datenbanken wie InfluxDB zurückgegriffen werden.

Beispiel InfluxDB

InfluxDB ist eine Open-Source-Datenbank mit optionalen kommerziellen Komponenten. Entwickelt durch InfluxData wurde die erste, in der Programmiersprache GO geschriebene Version 2013 herausgebracht. Mittlerweile gibt es Version 3, implementiert in Rust, die sich von ihren Vorgängerversionen erheblich unterscheidet.

Steckbrief

Webadresse	*https://www.influxdata.com*
Docker-Image	`docker pull influxdb:latest`
Datenschema	Zeitreihen (Messwerte organisiert nach Zeit, Tags und Feldern)
Abfragesprache	Flux (Version 2), SQL (ab Version 3)
Erstveröffentlichung	2013
Concurrency	Hoher Grad an Parallelität durch Go-basierte Engine und Multi-Threaded Query Execution (InfluxDB 1x/2x)
Replikation	Datacenter-Aware, Objekt-Storage basiert (InfluxDB 3x)
Sharding	Fester Zeitbereich als Shard-Basis in TSM Dateien (InfluxDB 1x/2x), Partitionierung durch Parquet-Dateien im Objekt-Storage (InfluxDB 3x)
Lizenz	MIT/Apache 2 License

Datenmodell

Die kleinsten Einheiten sind die Messwerte zu einem bestimmten Zeitpunkt, die man sich auch als Datensatz in einer relationalen Tabelle oder einem Knoten in einer Graph-Datenbank vorstellen kann. Datenpunkte werden in Tabellen organisiert (in den vorhergegangenen Versionen als Measurement bezeichnet). Die Spalten einer Tabelle bestehen aus:

- Einem Zeitstempel (Timestamp), der nanosekundengenau bestimmt, wann ein Datenpunkt gemessen wurde. Zeitstempel werden im RFC3339 UTC-Format gespeichert.
- Feldern (Field Sets), welche die eigentlichen Messwerte enthalten. Ein Feld (Schlüssel-Wert-Paar) besteht aus einem Namen, einem Typen und dem eigentlichen Wert. Zum Beispiel kann es das Feld mit dem Namen Windstärke vom Typ Floating Point und dem Wert 8,3 geben. Eine Tabelle kann unterschiedliche Messwerte enthalten.

- Tags als optionale Metadaten, um Messdaten weiter beschreiben zu können. Auch Tags werden über Schlüssel-Wert-Paare definiert, wobei ein Paar auch als Tag Set bezeichnet wird. Die Angabe der konkreten Messstation kann beispielsweise als Tag Set abgelegt werden.

Für jede Tabelle wird ein Primärschlüssel angelegt. Dieser besteht aus dem Zeitstempel in Kombination mit den zugehörigen Tags. Ein Unterschied zwischen Feldern und Tags ist, dass nur letztere indexiert werden. Damit sind Anfragen über Tags performanter als über Feldwerte.

Mehrere Tabellen bilden eine Datenbank (in vorherigen Versionen auch als Bucket bezeichnet). Einzelnen Buckets kann eine Zeitperiode (Retention Time) zugewiesen werden. Diese bestimmt, wie lange Daten in der Datenbank aufbewahrt werden. Wenn der Zeitstempel eines Datensatzes älter als die Grenze zur Retention Time ist, werden die zugehörigen Datensätze verworfen. Jedes Bucket hat eine eigene Retention-Politik. Für die Speicherung der Zeitreihendaten wurde über die verschiedenen Versionen hinweg verschiedene Speicherformate genutzt. So wurde in Version 2 ein eigenes Speicherformat entworfen – der TSM Tree (Time Structured Merge Tree). Angelehnt an Log Structured Merge Trees (vergleiche LSM Tree in Abschnitt 6.2.2) ermöglichen TSM Trees die Speicherung von zeitlich sortierten Daten in komprimierten Datenblöcken, die über einen Index am Dateiende leicht zugreifbar gemacht werden. In Version 3 wurde das proprietäre Format durch Parquet Dateien ersetzt. Der Primärschlüssel einer Tabelle bestimmt die Sortierordnung der Parquet-Dateien, die die Tabelle abspeichern.

Docker-Container erstellen

Als Beispiel nutzen wir eine lokale Installation von InfluxDB2 über einen Docker-Container. Dafür legen Sie die folgende `docker-compose.yml` Datei an.

```
services:
  influxdb:
    image: influxdb:2.7      # Verwendetes InfluxDB-Image (Version 2.7)
    container_name: influxdb     # Name des Containers
    ports:
      - "8086:8086"      # Portweiterleitung Host:Container
    volumes:
      - influxdb-data:/var/lib/influxdb2    # Datenpersistenz: Volume für InfluxDB Daten
    environment:
      - DOCKER_INFLUXDB_INIT_CLI_CONFIG_NAME=my_conf
      - DOCKER_INFLUXDB_INIT_MODE=Setup    # Einmalige Initialisierung
      - DOCKER_INFLUXDB_INIT_USERNAME=admin    # Benutzername
      - DOCKER_INFLUXDB_INIT_PASSWORD=adminpass    # Passwort
      - DOCKER_INFLUXDB_INIT_ORG=air_quality_org  # Organisation in InfluxDB
      - DOCKER_INFLUXDB_INIT_BUCKET=air_quality   # Bucket Name für Messdaten
      - DOCKER_INFLUXDB_INIT_ADMIN_TOKEN=my-secret-token # Authentifizierungs-Token

volumes:
  influxdb-data:      # Definition des benannten Volumes
```

Die `DOCKER_INFLUXDB_INIT_*` Variablen ermöglichen eine automatische Ersteinrichtung von Benutzer, Organisation, Bucket und Token. Der Port 8086 ist die Standard-API von InfluxDB. Nach Starten des Containers kann diese über *http://localhost:8086* abgerufen werden. Wir starten InfluxDB mit

```
docker compose up -d
```

Es wird automatisch ein Bucket `air_quality` angelegt.

CRUD-Operationen

InfluxDB bietet verschiedene Möglichkeiten, Messdaten in InfluxDB zu laden. Wir wählen hier eine einfache Variante, um die Datenbank kennenzulernen. Dazu erstellen wir ein Python-Skript, das uns beliebig viele Messwerte generieren kann[102]. Die Werte selbst werden in einer Line-Protocol-Datei abgelegt. Das **Line Protocol** ist ein einfaches, textbasiertes Format, bei dem jede Zeile einen einzelnen Datenpunkt beschreibt. Die Struktur einer solchen Zeile sieht dann wie folgt aus:

```
<measurement>,<tag_set> <field_set> <timestamp>
```

Ein konkreter Eintrag für die Station Münchener Straße in Ingolstadt (Tags) mit den Werten NO2 = 42.5, PM10 = 35.1, PM2_5 = 22.3, Ozon = 72.8 (Field Sets) sähe folgendermaßen aus:

```
air_quality,city=Ingolstadt,station=Muenchener_Strasse NO2=42.5,PM10=35.1,
PM2_5=22.3,Ozon=72.8 1722345678900000000
```

Die Daten können mit dem Kommandozeilen-Tool `curl` über die API als POST-Anfrage gesendet werden. Per Header wird das Zugriffstoken mit übergeben.

```
curl -XPOST http://localhost:8086/api/v2/write?org=air_quality_org
    \&bucket=air_quality
    \&precision=ns
 --header "Authorization: Token my-secret-token"
 --data-binary @air_quality.lp
```

Zum Einlesen von Daten bietet InfluxDB ein Helfertool an: Telegraf[103]. Dieses ist separat zu InfluxDB zu installieren und bietet verschiedene Plug-ins, um Daten zu sammeln und zu verarbeiten. Typische Metriken, die Telegraf verarbeiten kann, sind beispielsweise Systemmetriken (CPU-Auslastung, Systemlast etc.), Netzwerkdaten, IoT-Sensorwerte oder Messwerte aus Maschinen. Mithilfe von Processor- und Aggregator-Plug-ins können diese Daten direkt vor dem Speichern gefiltert, bereinigt oder aggregiert werden. Dabei gibt es eingebaute Mechanismen für die Pufferung bei Netzwerkproblemen, Wiederholungsmechanismen bei fehlgeschlagenen Schreibvorgängen oder der Bündelung von Daten zur Übertragung in Blöcken.

102 Das Skript und die erstellten Messwerte finden Sie in GITHUB.

103 *https://www.influxdata.com/time-series-platform/telegraf*

In Version 2 dient für Abfragen die funktionale und deklarative Skriptsprache Flux. Flux bedient sich der Konzepte funktionaler Programmierung und verwendet Pipe-Operatoren |> zur Verkettung von Operationen. Um beispielsweise die PM10-Werte für die Station „Muenchener_Strasse" in Ingolstadt zu analysieren, ist folgende Abfrage möglich:

Listing 11.38 Abfrage im Flux-Stil

```
from(bucket: "air_quality")
  |> range(start: 2025-07-28T08:00:00Z, stop: 2025-07-31T10:00:01Z)
  |> filter(fn: (r) =>
    r._measurement == "air_quality" and
    r.city == "Ingolstadt" and
    r.station == "Muenchener_Strasse" and
    r._field == "PM10")
  |> yield(name: "_result")
```

Eine kurze Erläuterung zu diesem Beispiel:

- `from()` spezifiziert die Datenquelle, also unser Bucket `air_quality`.
- Der Pipe-forward-Operator `|>` übergibt die Ausgabe der aktuellen Funktion als Eingabe für die folgende Funktion.
- `range()` erlaubt eine zeitliche Auswahl.
- `filter()` ermöglicht die Selektion von Daten basierend auf verschiedenen Filterkriterien, z. B. der Auswahl bestimmter Tags (hier Stadt und Station) sowie bestimmter Messwerte.
- `yield` gibt die Ergebnisse aus.

Die Abfrage kann direkt im Data Explorer gestellt werden. Über eine Konsole und als Docker-Befehl sieht die Abfrage (etwas abgewandelt) folgendermaßen aus:

```
docker exec -it influxdb influx query --org air_quality_org
'from(bucket: "air_quality")
  |> range(start: -5h)
  |> filter(fn: (r) => r.city == "Ingolstadt" and r.station == "Muenchener_Strasse")'
```

Als Ausgabe erhält man die Messdaten der Station ‚Münchener Straße' aus den letzten fünf Stunden. In Version 3 werden als Abfragesprachen natives SQL (als SQL-Engine wird Apache DataFusion eingesetzt) sowie eine SQL-ähnliche Eigenentwicklung **InfluxQL** unterstützt. Letztere bietet zwar nicht die volle SQL-Funktionalität, ist dafür aber auf die Abfragen von Zeitreihendaten spezifiziert. Die obige Abfrage würde im SQL-Stil in Version 3 wie eine normale SQL-Abfrage in einem relationalen System aussehen:

Listing 11.39 Abfrage im SQL-Stil

```
SELECT
  time,
  "pm10"
FROM
  "air_quality"
WHERE
  city = 'Ingolstadt'
  AND station = 'Muenchener_Strasse'
  AND time >= TIMESTAMP '2025-07-28T08:00:00Z'
  AND time <= TIMESTAMP '2025-07-31T10:00:00Z'
ORDER BY time
```

Visualisierung von Zeitreihen

Für die anschauliche Darstellung und Analyse der in InfluxDB gespeicherten Zeitreihendaten wird zumeist auf Visualisierungstools, insbesondere Grafana zurückgegriffen. Grafana[104] ist ein Open-Source-Tool zur Visualisierung von Metriken, das eine direkte Integration mit InfluxDB ermöglicht (siehe auch Abschnitt 15.5.3).

Nach dem Einrichten der Datenquelle in Grafana (durch Auswahl von InfluxDB als Backend und Angabe der Verbindungsparameter (URL, Datenbankname, Authentifizierung etc.)) können die Zeitreihen in interaktiven Dashboards dargestellt werden. Mithilfe der integrierten Abfragesprache (Flux, SQL oder InfluxQL, je nach InfluxDB-Version) lassen sich präzise Abfragen definieren, um spezifische Metriken über Zeiträume hinweg zu visualisieren.

Grafana bietet zahlreiche Visualisierungsmöglichkeiten wie Liniendiagramme, Heatmaps, Balkendiagramme oder Gauge-Elemente. Darüber hinaus lassen sich Schwellenwerte, Alarme sowie automatische Aktualisierungen konfigurieren, was eine effiziente Überwachung von Systemzuständen und Prozessen ermöglicht.

Sharding und Replikation

InfluxDB 3.x verwendet eine Cloud-native, Shared-Nothing-Architektur mit Objektspeicher. Die Daten werden als unveränderliche Parquet-Dateien in einem Objektspeicher (z. B. S3) abgelegt. Dabei wird jede Schreiboperation synchron auf mehrere Replikationsziele geschrieben. Abfragen können auf beliebigen Compute-Nodes Daten parallel einlesen.

Durch die Nutzung von Parquet-Dateien erfolgt das Sharding ab Version 3 über eine dynamische Partitionierung im Objektspeicher. Die Daten werden innerhalb von Par-

104 *https://grafana.com*

titionen gespeichert. Diese können nach Zeit (z. B. nach Tagen oder Stunden) oder/und nach den Tags einer Tabelle (z. B. Station, Host) geschrieben werden. Ein verteiltes Abfragesystem (Data Fusion/Arrow) kann anhand der Metainformationen aus den Parquet-Dateien nur die für die Abfrage relevanten Partitionen lesen.

11.8 Vektordatenbanken

Mit dem Durchbruch generativer KI in den letzten Jahren hat sich ein neuer Typ von Datenbanken etabliert: Vektordatenbanken. Da generative KI-Modelle enorme Mengen an Trainingsdaten benötigen, zum Beispiel Bilder, Dokumente oder Audiodateien, müssen diese hochdimensionalen Informationen in eine mathematisch verarbeitbare Form gebracht werden. Dafür werden sie in Vektoren übersetzt, wobei jede Dimension eines Vektors ein abstraktes Merkmal oder eine charakteristische Eigenschaft eines Bildes, Dokuments oder Audioausschnitts abbildet.

Aufbau und Einsatz

Vektordatenbanken ermöglichen die effiziente Speicherung komplexer und unstrukturierter Daten, indem diese in hochdimensionale Vektoren transformiert werden. Darüber hinaus bieten sie verschiedene Algorithmen, um bei Anfragen relevante oder ähnliche Vektoren zu finden. Anders als bei exakten Treffern in relationalen Datenbanken geht es hier darum, eine Ergebnismenge zu liefern, die die größte semantische oder konzeptionelle Ähnlichkeit zur gestellten Anfrage aufweist. Wenn wir beispielsweise ein Foto von einer Katze in eine Vektordatenbank laden, findet die Vektordatenbank ähnliche Katzenbilder, auch wenn Dateiname, Metadaten oder die Beschreibung keine Informationen über Katzen enthalten. Die zugrunde liegenden Ähnlichkeitsalgorithmen (siehe auch Abschnitt 14.7) basieren auf bewährten Verfahren, die bereits in Bereichen wie Information Retrieval, Empfehlungssystemen oder Computer Vision Anwendung finden. Genau wie in anderen NoSQL-Datenbanken werden Techniken wie Sharding, Partitionierung und Caching eingesetzt, um Abfragen auf riesige Datenmengen effizient und möglichst in Echtzeit zu gestalten.

Warum nutzen wir für die Ermittlung ähnlicher Objekte nicht einfach eine klassische Suchmaschine, wie in Abschnitt 11.5 schon beschrieben? Tatsächlich sind Vektordatenbanken nicht die einzige Option für Ähnlichkeitssuchen. Neben spezialisierten Datenbanken wie Milvus[105)], Qdrant[106)] oder Pinecone[107)] existieren Vektorsuchbibliothe-

105 *https://milvus.io/de*
106 *https://qdrant.tech*
107 *https://www.pinecone.io*

ken wie FAISS[108] und auch relationale und NoSQL-Systeme ergänzen ihr Profil um die Vektorsuche[109]. Es lohnt sich hier ein genauer Blick auf die jeweiligen Speicher- und Suchmechanismen, da diese von System zu System variieren. Da Vektormanagement-Systeme noch eine relativ junge Entwicklung im Bereich der NoSQL-Systeme darstellen, ist in den kommenden Jahren mit weiteren Innovationen und Veränderungen zu rechnen.

Vektorisierung

Für die Erfassung der Rohdaten in eine Vektordatenbank werden mithilfe eines Embeddingmodells die Daten in Vektoren umgewandelt (siehe Bild 11.16). Oft spricht man deswegen bei den Vektoren auch von Embeddings. Das Einbettungsmodell beruht oft auf einem neuronalen Netz, das Deep-Learning-Ansätze nutzt, um zu lernen, sinnvolle Vektoreinbettungen zu generieren. Ziel ist es, die Muster und Zusammenhänge eines Objekts möglichst gut zu repräsentieren. In „Embeddings" in Abschnitt 14.6.3 zeigt ein Beispiel die Erstellung von Word-Embeddings.

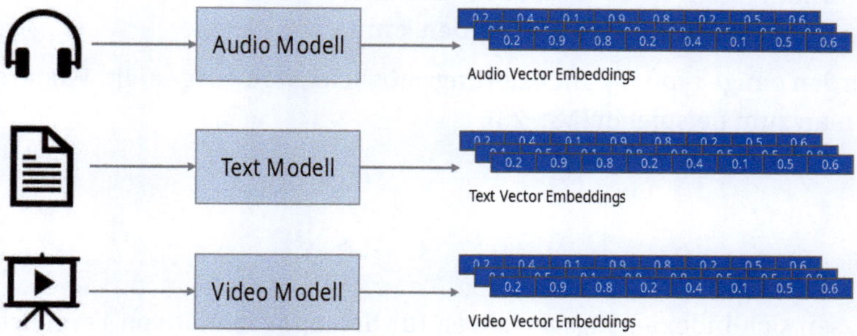

Bild 11.16 Beispiele für Embeddings aus Audio-, Text-, und Videodaten in Anlehnung an [Par22]

Suche

Ein Kernmerkmal einer Vektordatenbank oder -bibliothek ist die Suche nach ähnlichen Vektoren. Diese wird zumeist über Algorithmen der Nächste-Nachbar-Suche (nearest neighbour search NNS) umgesetzt. Für eine gegebene Menge an Vektoren werden diejenigen Vektoren ausgewählt, die am nächsten (am ähnlichsten) zum Anfragevektor liegen. Ähnlichkeit oder Nähe kann über eine Distanzfunktion ausgedrückt werden. Bekannte Beispiele für Distanzfunktionen sind die euklidische Distanz, die Manhattan-Distanz oder die Kosinusdistanz[110].

108 *https://github.com/facebookresearch/faiss*
109 Beispielsweise PostgreSQL mit pgvector: *https://github.com/pgvector/pgvector*
110 Bekannte Distanzmaße werden in dem Blogeintrag *https://www.kdnuggets.com/2020/11/most-popular-distance-metrics-knn.html* noch einmal erklärt.

Die lineare Suche (auch Brute-Force-Ansatz genannt) ist ein naiver Algorithmus, der nacheinander alle Vektoren des Datensatzes auf Distanz testet und sich die ähnlichsten Vektoren merkt. Klar, wenn alle Vektoren angeschaut werden, lassen sich auch mit Sicherheit die ähnlichsten Vektoren finden. Allerdings ist das Verfahren für große Datensätze nicht mehr performant. Die Zeitkomplexität eines Brute-Force-Algorithmus ist $O(n)$, also abhängig von der Größe des Datensatzes n. Die Speicherkomplexität der Ergebnismenge ist dagegen nur $O(1)$ – es müssen ja immer nur die Top k ähnlichsten Vektoren im Hauptspeicher gehalten werden.

Um eine Ähnlichkeitssuche auch auf großen Datenmengen durchführen zu können, werden Verfahren benötigt, die die Anzahl derjenigen Vektoren, die mit dem Anfragevektor verglichen werden sollen, sinnvoll einschränken. Hier kommt die approximative Nächste-Nachbar-Suche (Approximate Nearest Neighbor Search, ANNS) ins Spiel. ANNS ermöglicht eine schnellere Suche zum Preis von nicht mehr exakten Suchergebnissen. ANNS-Algorithmen nutzen zumeist probabilistische und heuristische Methoden, um sich den Top-k-Ergebnissen zu nähern. Diese bauen zumeist eine leichter durchsuchbare Struktur, sprich einen Index, auf, der anschließend für eine effizientere Ermittlung der nächsten Nachbarn genutzt werden kann.

Im Folgenden werden einige typische Indexierungsmöglichkeiten vorgestellt. Weitere Varianten findet man zum Beispiel in [Ma+25].

Indexierung

Grundsätzlich lassen sich Indexierungsverfahren für den approximativen Vergleich in die folgenden Kategorien einteilen.

- **Quantisierungsbasierte Methoden:** Bei Verfahren wie Product Quantization (PQ) oder Optimized PQ werden Vektoren von einem hochdimensionalen Raum in einen niedrig dimensionalen Raum gemappt. Dadurch lassen sich Distanzen im komprimierten Raum schnell berechnen. Ein bekanntes Verfahren ist die Kombination von Inverted File Index (IVF) mit PQ, wie sie z. B. in der FAISS-Bibliothek implementiert ist.
- **Graphbasierte Methoden:** Graphbasierte Verfahren wie HNSW (Hierarchical Navigable Small World Graphs) bilden die Vektoren als Knoten in einem Graphen ab. Durch gezieltes Traversieren solcher Graphen lassen sich sehr schnelle und genaue Annäherungen finden.
- **Hashbasierte Methoden:** Hashbasierte Methoden wie z. B. LSH (Locality Sensitive Hashing) projizieren hochdimensionale Vektoren in kompakte Binärcodes, sodass ähnliche Vektoren ähnliche Hash-Werte erhalten. Die Suche kann dann über Bit-Vergleiche (z. B. mit der Hamming-Distanz) erfolgen, was sehr effizient ist.

Inverted File Index

Beim invertierten Dateiindex (inverted file index) wird der Datenraum mithilfe von Clusteringmethoden partitioniert. Die Distanz des Anfragevektors wird dann nur noch zu den Mittelpunkten (Zentroiden) des jeweiligen Clusters berechnet. In dem Cluster mit dem nächsten Zentroiden erfolgt die Ermittlung ähnlicher Vektoren mittels linearer Suche. Die Methode liefert zwar nur Näherungswerte, ermöglicht aber eine drastische Reduktion der Vergleichsvorgänge.

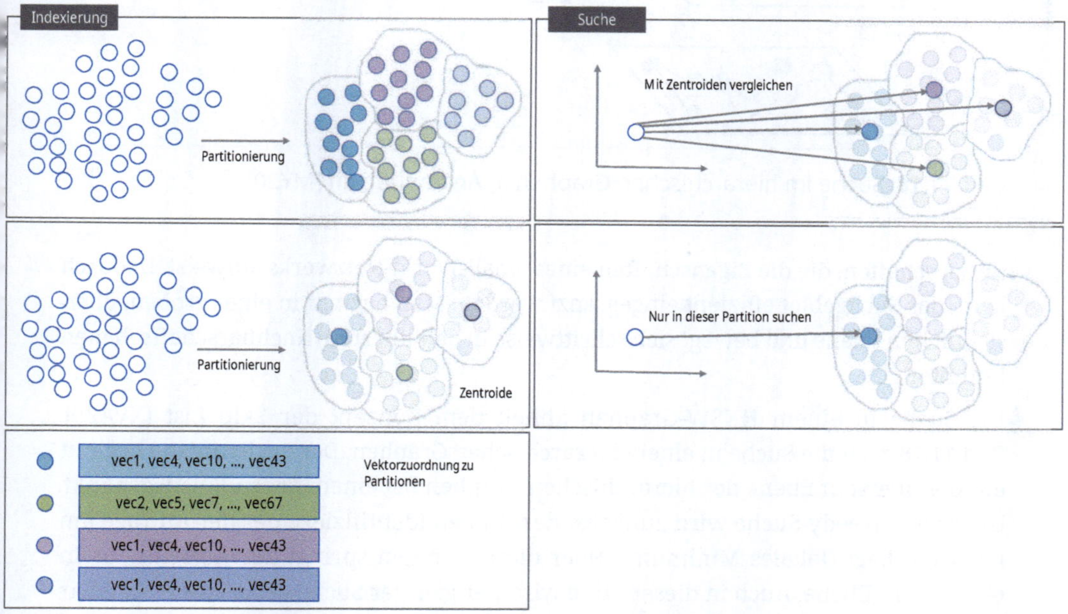

Bild 11.17 Indexierung und Suche mit dem Inverted File Index in Anlehnung an [Cha24]

Hierarchical Navigable Small Worlds (HNSW)

Bei den Hierarchical Navigable Small Worlds (HNSW) werden Vektoren als Knoten in einem hierarchischen Graphen organisiert. Dieser besteht aus mehreren Schichten, wobei höhere Schichten weniger Knoten enthalten als niedrigere. Die Zuordnung eines Vektors zu einer Schicht erfolgt zufällig, wobei die Wahrscheinlichkeit, einer höheren Schicht zugewiesen zu werden, exponentiell abnimmt. Ein Knoten, der einer bestimmten Schicht angehört, ist automatisch auch in allen darunterliegenden Schichten vertreten.

Innerhalb jeder Schicht sind die Knoten über Kanten mit ihren nächsten Nachbarn verbunden. Beim Einfügen eines neuen Knotens sucht der Algorithmus zunächst in höheren, dünn besetzten Schichten nach den nächstgelegenen Knoten und verfeinert die Suche schrittweise in dichteren, tieferen Schichten. Ziel ist es, eine Netzwerkstruk-

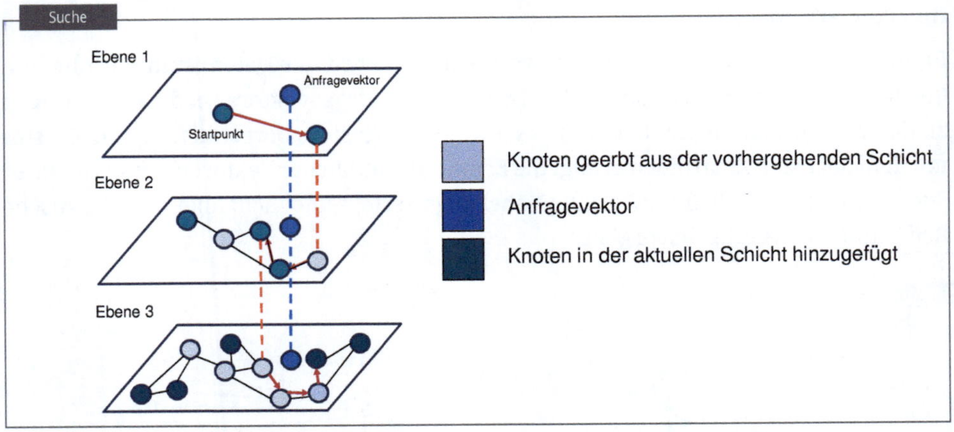

Bild 11.18 Suche im hierarchischen Graphen in Anlehnung an [MY20]

tur zu schaffen, die die Eigenschaften eines Small-World-Netzwerks aufweist. Dadurch kann das Suchgebiet effizient eingegrenzt werden: Man beginnt in einer groben, übersichtlichen Ebene und bewegt sich schrittweise in detailliertere Nachbarschaftsebenen hinunter.

Die Suche in einem HNSW-Graphen ähnelt dem Konzept der Skip List [XVA25]. Bild 11.18 zeigt die Suche in einem hierarchischen Graphen. Der Suchvorgang beginnt auf der obersten Ebene des hierarchischen Graphen bei einem festen Einstiegspunkt. Über eine Greedy-Suche wird zunächst der Knoten identifiziert, der der Anfrage am nächsten liegt (lokales Minimum). Über diesen Knoten springt der Algorithmus in eine tiefere Ebene. Auch in dieser Stufe wird per gieriger Suche der nächste Nachbar ermittelt. Dies wird so lange wiederholt, bis auf der untersten Ebene im letzten Schritt die nächsten Nachbarn als Ergebnis für die Anfrage ermittelt werden.

Locality Sensitive Hashing (LSH)

Für LSH wird für jeden Vektor ein Hash-Wert ermittelt. Der Hash-Wert entscheidet darüber, welchem Bucket der Vektor zugeordnet werden kann. Normalerweise werden Hash-Funktionen so gewählt, dass möglichst wenig Kollisionen entstehen. Im Fall von LSH ist dies anders. Hier sollen ähnliche Vektoren zu Kollisionen führen – also möglichst im gleichen Bucket landen. Der Algorithmus nutzt dafür eine Familie von Hashfunktionen, die auf zufälligen Projektionen oder anderen lokalitätssensitiven Methoden basieren. Die Besonderheit der Hash-Funktion liegt darin, dass sie die Lokalität der Vektoren bewahrt. Dadurch haben ähnliche Vektoren eine höhere Wahrscheinlichkeit, gleiche Codes zu erhalten, als unähnliche Vektoren. Bei der Suche müssen dann nur Vektoren aus demselben Bucket verglichen werden[111].

111 Ein anschauliches Video zu LSH findet sich hier: *https://www.youtube.com/watch?v=e_SBq3s20M8*

Beispiel: Milvus

„Milvus ist ein Raubvogel der Gattung Milvus aus der Familie der Habichte (Accipaitridae), der für seine Fluggeschwindigkeit, sein scharfes Sehvermögen und seine bemerkenswerte Anpassungsfähigkeit bekannt ist.“[112] Der Rotmilan (Milvus milvus) ist übrigens auch ein häufig vorkommender Greifvogel in Deutschland, denn mehr als die Hälfte der gesamten Weltpopulation brütet hier.[113]

Entwickelt wurde Milvus vom dem Unternehmen Zilliz, einem Startup aus Shanghai, dass sich auf die Entwicklung Cloud-nativer Software zur Verarbeitung von Daten für KI-Anwendungen spezialisiert hat. Das erste Release der in C++ geschriebenen Vektordatenbank erfolgte im Oktober 2019 [Wan+21]. Im Jahr 2022 erfolgte ein Redesign der Architektur, welches die Anforderungen an Skalierbarkeit, Konsistenz und Leistungsfähigkeit stärker betonte [Guo+22].

Steckbrief

Webadresse	*https://milvus.io*
Docker-Image	`docker pull milvusdb/milvus:latest`
Datenschema	Schema-freie Vektordaten (Collections mit Feldern für Vektoren und Metadaten)
Abfragesprache	
Erstveröffentlichung	Oktober 2019
Concurrency	Hohe Parallelität durch verteilte und Multi-Threaded Query Execution
Replikation	Unterstützt über verteilte Cluster-Architektur (mit etcd, Pulsar und MinIO)
Sharding	Nativ unterstützt (Partitionierung und horizontale Skalierung)
Lizenz	Apache License 2.0

Datenmodell

Milvus arbeitet mit dem folgenden Datenmodell:

- **Datensätze (Entities):** Datensätze mit Primärschlüssel und Embeddings sowie optionalen Zusatzfeldern in numerischer oder Textform (siehe Bild 11.19).
- **Sammlungen (Collections):** Enthalten eine Menge von Datensätzen. Operationen wie JOINs zwischen verschiedenen Sammlungen werden nicht unterstützt.
- **Indizes:** Milvus unterstützt verschiedene Indexierungsmethoden, um die Ähnlichkeitssuche zu beschleunigen. Darunter sind die oben beschriebenen Methoden HNSW (Hierarchical Navigable Small World), IVG (Inverted File Index), PQ (Product Quantization) oder FLAT (Brute Force).

112 Einstieg auf der Milvus-Webseite: *https://milvus.io/docs/de/overview.md*

113 *https://www.nabu.de/tiere-und-pflanzen/voegel/portraets/rotmilan*

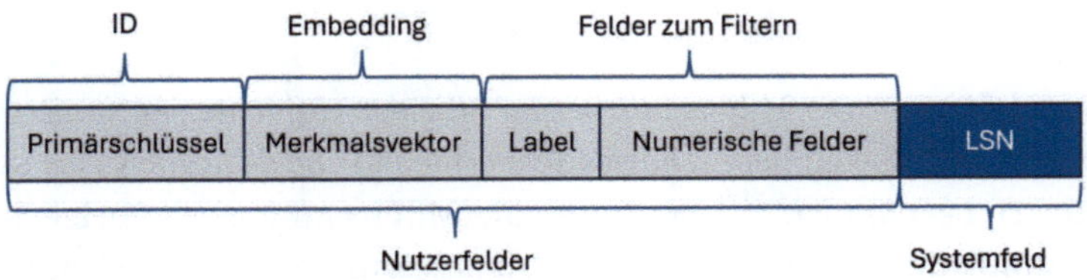

Bild 11.19 Datensatz (entity) in Milvus in Anlehnung an [Guo+22]

Architektur

Die Architektur von Milvus basiert auf mehreren lose gekoppelten Services, die über ein Log-basiertes Modell miteinander kommunizieren. Diese Services sind in vier Ebenen unterteilt: Zugriffsschicht, Koordinatordienst, Arbeitsknoten und Speicher. Jede Ebene übernimmt spezifische Aufgaben.

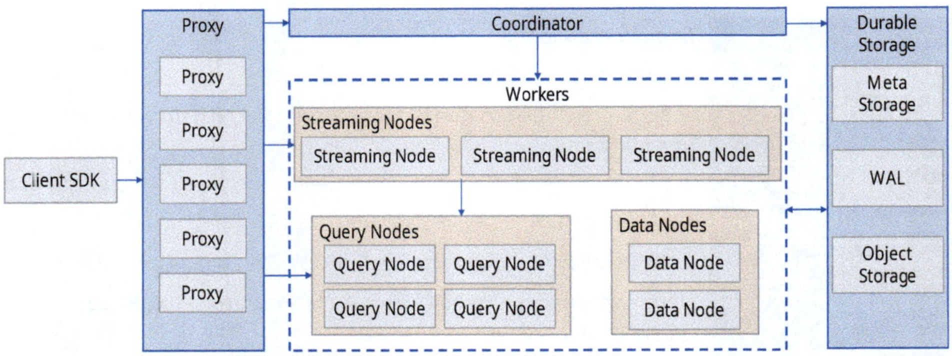

Bild 11.20 Milvus Architektur Übersicht (vereinfachte Darstellung aus der Dokumentation [25])

Die **Zugriffsschicht** besteht aus mehreren zustandsfreien Proxy-Instanzen. Sie empfängt Nutzeranfragen und leitet diese an die zuständigen Verarbeitungseinheiten weiter. Der **Koordinatordienst** speichert Metadaten zu den einzelnen Collections und koordiniert die Verarbeitungsvorgänge. In einem Cluster läuft zu jedem Zeitpunkt genau eine Koordinatorinstanz.

Spezialisierte **Arbeitsknoten** führen ihre Aufgaben unabhängig voneinander aus. Sie arbeiten mit Read-only-Kopien der benötigten Daten und lassen sich je nach Bedarf skalieren. Es gibt sogenannte Query Nodes für die Abfrageverarbeitung, Streaming Nodes für die Echtzeitaufnahme und Bearbeitung eingehender Daten und Data Nodes für die dauerhafte Speicherung und Protokollierung von Daten.

Die **Speichereinheit** übernimmt die Speicherung des Systemstatus und der Koordinations-Metadaten. Das eigentliche Datenvolumen wird in einem Objektspeicher wie AWS S3 abgelegt, wobei auch alternative Lösungen wie MinIO unterstützt werden. Da die Worker Nodes die benötigten Daten als Lesekopie in den Hauptspeicher laden, hat die Latenz des Objektspeichers keinen Einfluss auf die Verarbeitungsgeschwindigkeit.

Logging, Wiederherstellung und Replikation

Milvus nutzt für die Speicherung und Verarbeitung von Datenoperationen Write-Ahead Logs (WAL), die über einen Log Broker asynchron verteilt werden. Derzeit unterstützt Milvus die Log-Broker-Systeme Kafka und Pulsar. Alle Operationen, die den Systemzustand ändern – wie das Erstellen oder Löschen von Collections sowie das Einfügen oder Entfernen von Vektoren – werden zunächst in ein logisches Log geschrieben, bevor sie tatsächlich ausgeführt werden. Spezialisierte Arbeitsknoten (Nodes), die für die Verarbeitung dieser Operationen verantwortlich sind, abonnieren die entsprechenden Log-Channels, lesen die Einträge und führen die Anweisungen aus.

Schauen wir uns das am Beispiel einer Einfügeoperation an: Mithilfe von Consistent Hashing wird basierend auf der Entitäts-ID der zugehörige Channel im Log Broker bestimmt. Datenknoten abonnieren diese Channels, lesen die Einfügeoperationen und speichern die Daten in Binlogs (binäre Logs). Diese werden häufig als Blob-Dateien in S3, MinIO oder auf der lokalen Festplatte persistent abgelegt.

Zur besseren Verwaltung und effizienteren Abfrage sind Binlogs in Segmente unterteilt. Jedes Segment speichert Datenblöcke, die einem bestimmten Zeitstempel oder ID-Bereich zugeordnet sind. Sobald ein Segment eine bestimmte Größe erreicht, wird es geschlossen, indexiert und für schnelle Suchen optimiert. Binlogs lassen sich auch für die Replikation und Wiederherstellung von Daten nutzen, da diese aus dem Speicher geladen werden können.

Anwendungsbeispiel

Nachdem ein Docker-Container an Port 19530 gestartet ist, kann über die Verbindung eine neue Datenbank erstellt werden. Wir nennen diese „wiki_demo“.

Listing 11.40 Erstellen einer Datenbank in Milvus mit Python

```
from pymilvus import MilvusClient

client = MilvusClient(
    uri="http://localhost:19530",
    token="root:Milvus",
)
client.create_database("wiki_demo")
```

Bei einem erneuten Verbindungsaufbau kann mit `client.using_database("wiki_demo")` die Datenbank ausgewählt werden. Wir schauen uns in diesem Beispiel Trainingsdaten von vorverarbeiteten Artikeln aus Wikipedia an[114], die wir wie folgt laden können:

Listing 11.41 Laden des Beispieldatensatzes

```
from datasets import load_dataset

dataset = load_dataset(
    "wikipedia", "20220301.simple",split="train"
)
```

Der Datensatz besteht aus 205328 englischen Wikipedia-Einträgen. Für jeden Eintrag wird eine ID (id), die URL (url), der Titel (title) und der Wikipediatext (text) zur Verfügung gestellt.

Als Nächstes erstellen wir ein Schema für die Datensätze, die wir als Entitäten in eine noch zu erstellende Collection in die Datenbank laden werden. Das Schema besteht aus einer ID (die wir uns mit der Option `auto_id=True` automatisch generieren lassen, den Feldern url, title, den ersten 1000 Zeichen des Wikipediatextes sowie unseren noch zu generierenden Embeddingvektoren (embedding).

Listing 11.42 Erstellen eines Schemas

```
schema = MilvusClient.create_schema(
    auto_id=True,
)
schema.add_field(field_name="id", datatype=DataType.INT64, is_primary=
    True)
schema.add_field(field_name="url", datatype=DataType.VARCHAR,
    max_length=500, description="article URL")
schema.add_field(field_name="title", datatype=DataType.VARCHAR,
    max_length=200, description="article title")
schema.add_field(field_name="text", datatype=DataType.VARCHAR,
    max_length=50000, description="article text")
schema.add_field(field_name="embedding", datatype=DataType.
    FLOAT_VECTOR, dim=384, description="embedding vector")
```

Für das Feld der Embeddings fügen wir einen Index hinzu. In diesem Fall setzen wir `index_type="AUTOINDEX"`[115].

114 *https://huggingface.co/datasets/legacy-datasets/wikipedia*
115 *https://docs.zilliz.com/docs/autoindex-explained*

Listing 11.43 Erstellen eines Index

```
index_params = client.prepare_index_params()

index_params.add_index(
    field_name="embedding",
    index_type="AUTOINDEX",
    metric_type="IP",
)
```

Nun können wir eine Sammlung (Collection) erstellen. Wir nennen sie „wiki_collection". Bei der Erstellung werden Schema und Indexparameter mit übergeben. Mit der Methode `describe_collection()` ist es möglich, eine Beschreibung der angelegten Collection zu erhalten.

Listing 11.44 Erstellen einer Collection

```
collection_name = "wiki_collection"

if client.has_collection(collection_name):
    client.drop_collection(collection_name)

collection = client.create_collection(
    collection_name=collection_name,
    schema=schema,
    index_params=index_params
)

collection_desc = client.describe_collection(
    collection_name=collection_name
)
print(collection_desc)
```

Für die Erstellung der Embeddingvektoren nutzen wir das kompakte und leistungsstarke Modell *all-MiniLM-L6-v2*[116], das auf der Transformer-Architektur basiert. Es wird über die Bibliothek SentenceTransformer bereitgestellt. Das Modell wandelt den Text in eine 384-dimensionale, dichte Vektorrepräsentation um. Diese soll die semantische Bedeutung des Textes widerspiegeln.

Listing 11.45 Methode zur Erstellung von Embeddingvektoren

```
from sentence_transformers import SentenceTransformer
transformer = SentenceTransformer('all-MiniLM-L6-v2')

```

116 *https://huggingface.co/sentence-transformers/all-MiniLM-L6-v2*

```
def emb_text(text):
    return transformer.encode(text)
```

Mithilfe der Funktion `embed_insert(ds)` erstellen wir jetzt eine Liste von Entities nach dem vorgegebenen Schema. Diese wird mit `client.insert(colletion_name, data)` in die zugehörige Sammlung mit hinzugefügt. Die Vektoren werden on-the-fly ermittelt, was bedeutet, dass sie direkt bei der Erstellung der Entities berechnet werden. Alternativ wäre eine performantere Lösung denkbar, bei der mehrere Vektoren in einem Batch-Prozess generiert werden.

Beim Aufruf von `client.insert(colletion_name, data)` erfolgt zunächst eine Validierung der Datenstruktur anhand des Schemas. Anschließend sucht der Datenkoordinator ein passendes Segment oder erstellt bei Bedarf ein neues. In einer verteilten Umgebung werden die Daten in entsprechende Pulsar/Kafka-Kanäle geschrieben. Sobald dieser Schritt abgeschlossen ist, erhält der Client eine Erfolgsmeldung mit der Anzahl der eingefügten Datensätze zurück.

Listing 11.46 Einfügen von Entities in eine Collection

```
def embed_insert(ds):
    data = []
    for item in ds:
        data.append({"url": item['url'], "title": item['title'], "text": item['text'], "embedding": emb_text(item['text'])})

    client.insert(collection_name, data)

embed_insert(ds)
client.flush(collection_name)
```

Die letzte Aktion – `client.flush(collection_name)` – ist noch erwähnenswert. Hier wird sichergestellt, dass die Daten innerhalb eines Segments persistent gespeichert werden. Diese Aufgabe übernimmt ein Datenknoten, der die eingefügten Daten aus den abonnierten Kanälen konsumiert (siehe Architektur in Abschnitt 11.8). Seit Version 2.0 verfügt Milvus über ein Autoflush-Feature, das Daten automatisch in einem Segment speichert, sobald eine Größe von 16 MB (Standardwert) oder ein bestimmtes Zeitfenster erreicht wird. Dadurch wird das manuelle Flushen in vielen Fällen überflüssig.

Für den Start einer Ähnlichkeitssuche müssen wir die Collection noch in den Hauptspeicher laden.

Listing 11.47 Laden einer Collection

```
client.load_collection(collection_name)
client.get_collection_stats(collection_name) # Gibt Anzahl eingefügter Entities zurück
```

Jetzt kann der eigentliche Suchaufruf erfolgen. Aus welchen Bestandteilen besteht Luft? Dies fragen wir das System, in dem wir die Suchfunktion aufrufen. Zunächst muss die Suchanfrage in einen Embeddingvektor umgewandelt werden. Dazu verwenden wir die Funktion `emb_text(text)` aus Listing 11.45. Darüber hinaus können wir die Anzahl der zurückgegebenen Ergebnisse (Limit) festlegen und das spezifische Feld der gefundenen Entität definieren, das in der Antwort ausgegeben werden soll. Schließlich wird die Distanzmetrik angegeben, die zur Berechnung der Ähnlichkeit zwischen den Vektoren verwendet wird. In diesem Fall nutzen wir das Skalarprodukt, indem wir `metric_type: "IP"` angeben.

Listing 11.48 Suchabfrage

```
question = "What does air consist of?"
search_res = client.search(
    collection_name=collection_name,
    data=[
        emb_text(question)
    ],  # Nutze `emb_text` Funktion um Anfrage in einen Embeddingvektor zu konvertieren
    limit=3,  # Rückgabe der ersten drei Ergebnisse
    search_params={"metric_type": "IP", "params": {}},  # Skalarprodukt
    output_fields=["text"],  # Textfeld mit Artikel wird zurückgegeben
)
```

Das Ergebnis der Suchanfrage wird als Liste zurückgegeben, wobei jeder Eintrag ein Dictionary enthält. Dieses Dictionary enthält jeweils das Primärattribut, die errechnete Distanz und die angeforderten Felder der Entität. Das erste Ergebnis der Suchabfrage liefert mit einem Score von 0.64 die Antwort „Air refers to the Earth's atmosphere. Air is a mixture of many gases and tiny dust particles. It is the clear gas in which living things live and breathe. ...".

11.9 Multi-Model-Datenbanken

Jedem Tierchen sein Pläsierchen – dieses Bonmot beschreibt plakativ ein Grundprinzip von NoSQL-Systemen: den vielfältigen Datenstrukturen und -modellen mit jeweils spezialisierten Data Stores zu begegnen. Während dieses „Best-of-Breed"-Paradigma es erlaubt, für jeden Anwendungsfall die optimale Technologie zu wählen, führt es in der Praxis häufig zu heterogenen Systemlandschaften, hohem Integrationsaufwand und komplexer Synchronisation.[117]

[117] Wie weit dieses Prinzip der Spezialisierung reichen kann, zeigt Martin Fowler in seinem Blog über Polyglot Persistenz, in dem er acht verschiedene Datenbanksysteme für die Module eines imaginären Händlerportals skizziert: *https://martinfowler.com/bliki/PolyglotPersistence.html*

Multi-model-Datenbanksysteme (MMDBs) verfolgen das Ziel, verschiedene Datenmodelle in einer einzigen Plattform bereitzustellen. Strukturierte Daten wie Tabellen, semistrukturierte Daten wie JSON-Dokumente und Graphen sowie unstrukturierte Daten wie Text oder Audio sollen unter einem Dach zur Verfügung stehen und mit (nur) einer Abfragesprache abrufbar sein. So erschaffen sie eine gemeinsame Basis für Anwendungen, die mit heterogenen Daten arbeiten. Einige typische Anwendungsfälle, in denen multimodale Data Stores zum Einsatz kommen:

- **Content Management:** Ein Content Management System legt Blogartikel als Dokumente, Schlagwort-Hierarchien als Graph und Zugriffscaches als Key-Value-Strukturen ab.
- **Soziale Netzwerke:** Anwendungen greifen auf das Freundschaftsnetzwerk als Graph, Nutzer-Profile als semistrukturierte JSON-Dokumente und Feed-Caching als Key-Value Stores zu.
- **E-Commerce:** Unternehmen speichern Produktdaten als JSON-Dokumente, Preis- und Bestanddaten in relationaler Form und Empfehlungsnetzwerke als Graph.
- **Medizinisches Wissensnetzwerk:** Das Netzwerk verwaltet Patientenakten als Dokumente, Labordaten als Zeitreihen und Diagnosen in Form von Symptom-Krankheitsbeziehungen als Graph.

Architektur und Übersicht

Dem Big-Data-Aspekt *Variety* gerecht zu werden, ist in den letzten Jahren zu einem klaren Trend geworden. Viele NoSQL-Systeme positionieren sich als Multi-Model-Datenbanken und bieten neben ihrem Kerndatenmodell weitere Modelle an. Wie weit dabei eine gemeinsame Abfragesprache, Indexierung, Optimierung und Transaktionen *über* Datenmodelle hinweg unterstützt werden, variiert jedoch deutlich. Im folgenden werden verschiedene Ansätze der Integration kurz vorgestellt.

- **Native Multi-Model-Engine:** Alle Datenmodelle nutzen ein gemeinsames Speicher- und Index-Subsystem und können in denselben Abfragen und Transaktionen kombiniert werden. So sind konsistente Operationen über unterschiedliche Modelle möglich.
  Beispiel: ArangoDB oder OrientDB[118] unterstützen Dokumente, Graphen und Key-Value-Strukturen nativ in einer Engine. Auch SAP HANA[119] verfolgt diesen Ansatz: Relationale Tabellen, JSON-Dokumente, Graphen, Zeitreihen- und Geodaten werden in einer einheitlichen In-Memory-Engine verarbeitet und lassen sich per SQL gemeinsam abfragen. MarkLogic[120] gilt als früher Vertreter: Ausgehend von einer XML-Datenbank integriert es heute JSON, semantische Tripel (RDF) sowie Text- und Geodaten in einem gemeinsamen Speicher- und Abfragesystem.

118 *https://orientdb.dev*
119 *https://www.sap.com/germany/products/data-cloud/hana.html*
120 *https://www.progress.com/marklogic*

- **API-kompatibel („multi-API“):** Unterschiedliche Protokolle und Abfragesprachen werden auf ein gemeinsames internes Basismodell gemappt. Nach außen wirkt es, als würden mehrere Datenbanken unterstützt; tatsächlich laufen die Abfragen auf derselben Grundlage.
  Beispiel: Azure Cosmos DB[121] mit SQL, MongoDB-API, Cassandra-API und Gremlin für Graphabfragen.
- **Bestehende Stores mit Multi-Model-Erweiterungen:** Neben nativen Multi-Model-Datenbanken erweitern bestehende Systeme ihr ursprüngliches Datenmodell schrittweise. Es entstehen hybride Plattformen, die zwar nicht als „echte“ Multi-Model-DBMS konzipiert sind, aber zunehmend ähnliche Einsatzszenarien abdecken.
  Beispiel: PostgreSQL[122], ursprünglich strikt relational, bietet heute u. a. JSONB für semistrukturierte Daten, PostGIS für Geodaten, PGVector für Embeddings sowie Graph-Erweiterungen an. So lässt sich eine breite Palette an Datenmodellen in einem etablierten RDBMS verarbeiten. MongoDB (siehe Abschnitt „Beispiel: MongoDB“) startete als Document Store, inzwischen erweitert mit Geodaten (GeoJSON, räumliche Indizes), Time-Series-Collections und Graph-Ansätzen über das Atlas-Graph-Interface. MongoDB bleibt im Kern dokumentenorientiert, nähert sich aber Multi-Model-Szenarien an. Couchbase[123] kombiniert Dokumenten- und Key-Value-Ansatz und bietet mit SQL++ (N1QL)[124] eine deklarative Abfragesprache.

Beispiel: ArangoDB

Die in C++ implementierte Datenbank *ArangoDB* vereint JSON-Dokumente, Graphen und Key-Value-Paare in einer *nativen Multimodell-Architektur*. ArangoDB erschien 2012. Im Vergleich zu etablierten NoSQL-Systemen wie MongoDB oder Neo4j ist die Verbreitung geringer; zu den bekannten Anwendern zählen Orange, Cisco und das NASA Ames Research Center.[125]

Alle Datenmodelle laufen innerhalb derselben Datenbankinstanz und lassen sich mit der ArangoDB Query Language (AQL) gemeinsam abfragen. Neben den genannten Strukturen sind Geodaten und Volltextsuchen integriert.

Graphen und Dokumente werden als JSON-Objekte gespeichert, angelehnt an dokumentenorientierte Systeme. Dokumente sind in *Collections* organisiert, die funktional relationalen Tabellen entsprechen.[126]

121 *https://azure.microsoft.com/de-de/products/cosmos-db*
122 *https://www.postgresql.org*
123 *https://www.couchbase.com/de*
124 *https://www.couchbase.com/products/n1ql*
125 *https://arango.ai/customer-stories*. Zu den bekanntesten Anwendern zählen GE Healthcare oder NVIDIA.
126 *https://docs.arango.ai/arangodb/3.12/concepts/data-structure*

- Edge-Collections sind eine spezielle Collection-Art mit den zusätzlichen Attributen `_from` und `_to`. Über diese Kanten werden Graphen modelliert: Zwei Document-Collections plus eine Edge-Collection ergeben ein Beziehungsnetz.
- Jedes Dokument besitzt einen Primärschlüssel `_key` sowie die Systemattribute `_id` und `_rev`. Das Attribut `_id` dient Verweisen (z. B. in Verknüpfungen oder den `_from`/`_to`-Feldern von Edge-Collections); `_rev` kennzeichnet die Dokumentrevision.

Seit ArangoDB 3.7 wird zur Speicherung der Key-Value-Store RocksDB verwendet. Sie hält häufig genutzte Daten im Hauptspeicher, persistiert sie auf Datenträgern und stellt Indizes und Caches für schnelle Abfragen bereit [BKJ23]. Pro Collection existiert automatisch ein Primärindex auf `_key`; Edge-Collections erhalten zusätzliche Indizes auf `_from` und `_to`. Darüber hinaus stehen u. a. TTL (Time To Live)-Indizes, Geo-Indizes sowie ArangoSearch-Views für Volltext- und Relevanzabfragen zur Verfügung.

ArangoDB in Action

Das folgende Beispiel veranschaulicht typische CRUD-Operationen in ArangoDB.

Starten des Docker-Containers und der Datenbank

Für einen schnellen lokalen Start *ohne Authentifizierung* (nur zu Demo-Zwecken) genügt:

```
docker run -e ARANGO_NO_AUTH=1 -p 8529:8529 -d --name test-arangodb arangodb
```

Anschließend ist die Web-UI unter *http://localhost:8529* erreichbar. Wir verwenden die Oberfläche im weiteren Verlauf, da sie weitgehend selbsterklärend ist. Bild 11.21 zeigt die Oberfläche, in der bereits die Collections sichtbar sind, die wir gleich anlegen.

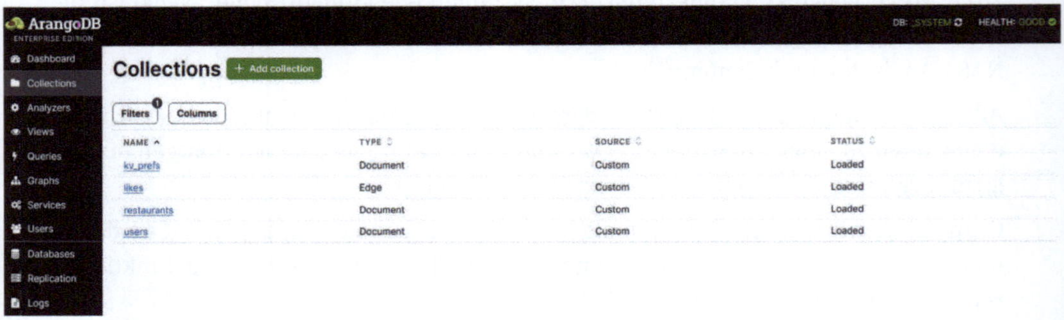

Bild 11.21 Weboberfläche ArangoDB mit der Übersicht über die angelegten Collections, z. B. *restaurants*

Daten einlesen

Ziel ist es, Graph-, Document- und Key-Value-Daten rund um Berliner Restaurants einzulesen und anschließend abzufragen[127]. Bild 11.22 zeigt einen Ausschnitt der verschiedenen Datenstrukturen.

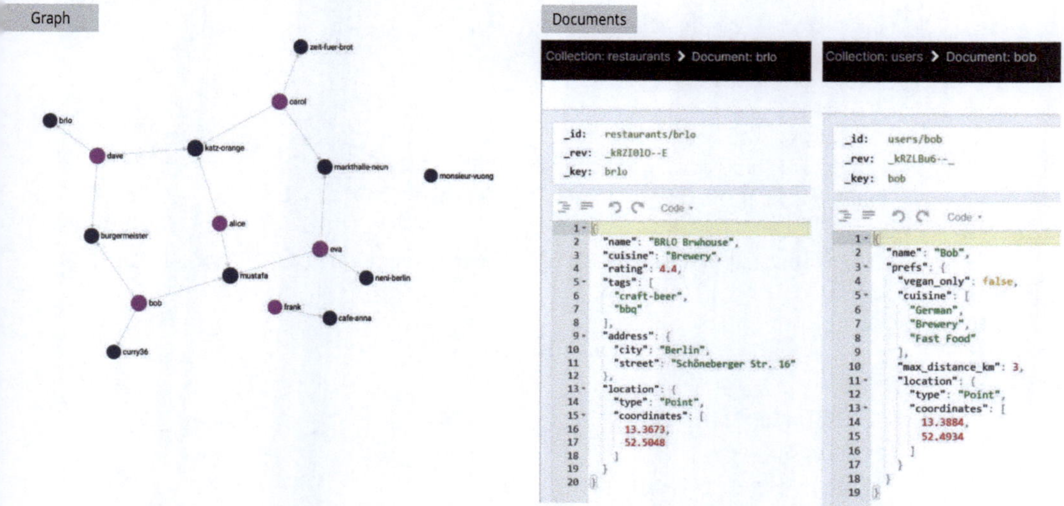

Bild 11.22 Beispieldaten aus dem Datensatz: Ein bipartiter Graph, in dem Nutzer Restaurants „liken", Dokumente mit Infos über Restaurants und Kundenpräferenzen auf Key-Value Basis

Folgende Collections können direkt zu Beginn per `Add Collection` hinzugefügt werden:

- `restaurants` (Typ: Document)
- `users` (Typ: Document)
- `likes` (Typ: Edge)

Unterschied Document und Edge Collections

Typ Document steht für eine Entität mit frei strukturierbaren JSON-Feldern. Jedes Dokument besitzt die Systemfelder `_key` (Primärschlüssel), `_id` und `_rev`. Über zusätzliche Indizes (z. B. persistent, Geo, TTL oder ArangoSearch) lassen sich Abfragen beschleunigen und komplexe Filter formulieren.

Typ Edge modelliert eine gerichtete Beziehung zwischen zwei Dokumenten. Neben den üblichen Systemfeldern enthält sie `_from` und `_to`, die auf die `_id`-Werte der Quell- und Zieldokumente verweisen. Edge-Collections erhalten automatisch Indizes auf `_from` und `_to`, wodurch Graphdurchläufe effizient möglich werden.

127 Die Beispieldaten wurden mit ChatGPT generiert und liegen in GITHUB-LINK

Als Erstes laden wir eine JSON-Datei mit Restaurants aus Berlin. Exemplarisch ist hier ein Auszug aus der JSON-Datei gezeigt:

Listing 11.49 Auszug aus der `restaurant.json`-Datei mit zwei Berliner Restaurants

```
{
  "_key": "zeit-fuer-brot",
  "name": "Zeit für Brot",
  "cuisine": "Bakery",
  "rating": 4.6,
  "tags": ["bakery", "vegetarian"],
  "address": { "city": "Berlin", "street": "Alte Schönhauser Str. 4"
  ↪ },
  "location": { "type": "Point", "coordinates": [13.4085, 52.5258] }
},
{
  "_key": "cafe-anna",
  "name": "Café Anna",
  "cuisine": "Cafe",
  "rating": 4.0,
  "tags": ["coffee", "breakfast"],
  "address": { "city": "Berlin", "street": "Kollwitzstraße 50" },
  "location": { "type": "Point", "coordinates": [13.4245, 52.5380] }
}
```

Zum Einlesen sind die folgenden Schritte notwendig:

1. `Collections` → `restaurants` → `Import`: Datei `restaurants.json` auswählen.
2. Auf `Import` klicken.

Für jedes Document in der Collection `restaurants` gibt es die drei Felder `_key`, `_id` und `_rev`. Diese sehen beispielsweise für das erste eingetragene Restaurant wie folgt aus:

```
"_key": "katz-orange",
"_id": "restaurants/katz-orange",
"_rev": "_kRZI0lO---"
```

- Das Feld `_key` wurde manuell angelegt. Sollte es nicht mit angegeben werden, generiert das System für jedes eingefügte Dokument einen Eintrag. Das manuelle Setzen erleichtert idempotente Schreibvorgänge: Beim Einfügen eines Dokuments werden Duplikate erkannt. Ohne einen stabilen Schlüssel würde jeder Import neue Dokumente erzeugen, falls keine weiteren Prüfungen erfolgen. Auf das Feld wird automatisch ein Index angelegt. Dementsprechend können Dokumente schnell abgerufen werden.
- `_id` ist die globale Dokument-ID im Format `<collection>/<key>` und wird aus dem Primärschlüssel `_key` abgeleitet. Sie ist unveränderlich und eindeutig, dient

als Referenz in Kantenfeldern `_from`/`_to` sowie in Abfragen und Traversals. Im Unterschied zu `_key` ist `_id` immer vollqualifiziert und damit auch außerhalb des Collection-Kontexts eindeutig.

- `_rev` ist die Revisionskennung eines Dokuments. Sie ändert sich bei jeder Aktualisierung und dient der optimistischen Nebenläufigkeitskontrolle (Conflict Detection). Der Wert wird vom System vergeben.

Optimistische Nebenläufigkeitskontrolle ist ein Verfahren, bei dem man ohne Sperren arbeitet und davon ausgeht, dass Konflikte selten sind. Ein Client liest ein Objekt samt Versionskennzeichen (also samt `_rev`). Beim Schreiben schickt er diese Version mit. Hat sich das Objekt zwischendurch geändert, lehnt die Datenbank das Update ab – der Client merkt den Konflikt und wiederholt die Operation mit frischen Daten.

Für verschiedene Restaurantbesucher halten wir die Nutzerpräferenzen in der Collection `users` fest. Die Werte werden per Batch-Insert eingefügt (siehe Listing 11.50).

Listing 11.50 Batch Insert der Nutzerpräferenzen in die Collection `users`

```
FOR u IN [
  { _key: "alice", name: "Alice", prefs: {
      vegan_only: true,
      cuisine: ["Vietnamese","Israeli"],
      max_distance_km: 2,
      location: GEO_POINT(13.4050, 52.5200)
  }},
  % ... Weitere Nutzer ...
  { _key: "frank", name: "Frank", prefs: {
      vegan_only: false,
      cuisine: ["Cafe","Bakery"],
      max_distance_km: 1.5,
      location: GEO_POINT(13.4245, 52.5380)
  }}
]
INSERT u INTO users
OPTIONS { overwriteMode: "update", keepNull: false }
RETURN NEW
```

Mögliche `overwriteMode`-Werte sind `ignore`, `replace`, `update`. In Listing 11.50 wurde `update` gewählt: Wird bei einen Eintrag ein schon existierender Eintrag entdeckt, wird dieser aktualisiert.

Analog zur Befüllung von `users` wird die Collection `likes` befüllt (Listing 11.51).

Listing 11.51 Batch Insert der *likes*-Beziehungen im Anwendungsbeispiel

```
FOR e IN [
  // Alice
  { _key: "alice_katz-orange",       _from: "users/alice", _to:
  ↪  "restaurants/katz-orange" },
  { _key: "alice_mustafa",           _from: "users/alice", _to:
  ↪  "restaurants/mustafa" },
  # ... Weitere Restaurants ...
  // Frank
  { _key: "frank_cafe-anna",         _from: "users/frank", _to:
  ↪  "restaurants/cafe-anna" }
]
INSERT e INTO likes
OPTIONS { overwriteMode: "ignore" }
RETURN NEW
```

Zu guter Letzt wird im System noch der Graph angelegt.

1. Graphs → Add Graph → GeneralGraph
2. Name social; Edge-Definition: likes von users → restaurants
3. Create klicken

Abfragen

Als Start lassen wir uns aus der Collection users alle veganen Nutzer ausgeben (Listing 11.52).

Listing 11.52 Selektiere alle veganen Nutzer

```
FOR u IN users
  FILTER u.prefs.vegan_only == true
  RETURN { key: u._key, name: u.name }
```

FOR u IN users iteriert über alle Dokumente der Collection users und bindet jedes an das Alias u. Die Zeile FILTER u.prefs.vegan_only == true beschränkt die Ergebnismenge auf Nutzer mit gesetzter Vegan-Präferenz (Kurzform möglich: FILTER u.prefs.vegan_only). Mit RETURN { key: u._key, name: u.name } wird pro Treffer ein JSON-Objekt mit Primärschlüssel und Name zurückgegeben. Für eine bessere Performance kann ein *persistent* Index auf prefs.vegan_only angelegt werden.

Als Nächstes sollen alle Nutzer ausgegeben werden, die das Restaurant katz-orange mögen (Listing 11.53).

Listing 11.53 Graph Traversal: Selektiere alle Nutzer, die das Restaurant *katz-orange* mögen

```
FOR v IN 1..1 INBOUND "restaurants/katz-orange" GRAPH "social"
  FILTER IS_SAME_COLLECTION("users", v)
  RETURN v.name
```

Ausgehend vom Knoten `restaurants/katz-orange` durchläuft die Abfrage im Graphen `social` genau eine Kante in *eingehender* Richtung (`INBOUND`). Für die gefundenen Quellknoten *v* wird per Filter `IS_SAME_COLLECTION("users", v)` sichergestellt, dass nur Dokumente aus der Collection `users` berücksichtigt werden, also Nutzer, die das Restaurant mögen. `RETURN v.name` gibt schließlich die Namen dieser Nutzer zurück.

Listing 11.54 zeigt eine Abfrage, die mehrere Collections kombiniert. Aus `Restaurants` werden alle diejenigen Restaurants ausgesucht, die nahe zu Bob sind und seinen Präferenzen entsprechen (Dokument + Geo).

Listing 11.54 Collections *users* und *restaurants* sowie Geo-Daten-Auswertung: Selektiere Restaurants, die Bobs Präferenzen entsprechen und in seiner Nähe liegen

```
LET here     = DOCUMENT("users/bob").prefs.location
LET cuisines = DOCUMENT("users/bob").prefs.cuisine
LET maxKm    = DOCUMENT("users/bob").prefs.max_distance_km
LET vegan    = DOCUMENT("users/bob").prefs.vegan_only

FOR r IN restaurants
  FILTER (cuisines == null OR r.cuisine IN cuisines)
  FILTER (vegan == null OR vegan == false OR "vegan" IN r.tags)
  FILTER GEO_DISTANCE(here, r.location) <= maxKm * 1000
  LET dist = GEO_DISTANCE(here, r.location)
  SORT dist ASC, r.rating DESC
  LIMIT 5
  RETURN { name: r.name, cuisine: r.cuisine, rating: r.rating, meters:
  ↪ ROUND(dist) }
  RETURN { name: r.name, meters: ROUND(GEO_DISTANCE(here,
  ↪ r.location)), rating: r.rating }
```

Die Abfrage liest zunächst Bobs Präferenzen aus dem `users`-Dokument (`location`, `cuisine`, `max_distance_km`, `vegan_only`). Danach filtert sie Restaurants optional nach gewünschter Küche und – falls `vegan_only` aktiv ist – auf Einträge mit dem Tag `vegan`. Per `GEO_DISTANCE` werden nur Treffer innerhalb von `max_distance_km` (in Meter umgerechnet) zugelassen. Die Entfernung wird einmal berechnet (`LET dist`) und zum Sortieren (nächstes zuerst, bei Gleichstand höhere Bewertung zuerst) und zur

Ausgabe verwendet. `LIMIT 5` begrenzt die Ausgabe auf die Top 5. Für die Verbesserung der Performance empfiehlt sich ein Geo-Index auf `restaurants.location`.

Zu guter Letzt ist Bob interessiert, welche Restaurants Nutzer, die dieselben Restaurants wie er mögen, noch besuchen. Listing 11.55 zeigt die diesmal etwas komplexere (aber durchaus lesbare) Anfrage.

Listing 11.55 Empfehlungen für Bob auf Basis ähnlicher Nutzer

```
// User-Dokument laden und Präferenzen als Variablen bereitstellen
LET u        = DOCUMENT("users/bob")
LET here     = u.prefs.location
LET cuisines = u.prefs.cuisine
LET vegan    = u.prefs.vegan_only
LET maxKm    = u.prefs.max_distance_km

// Restaurants, die Bob bereits geliked hat (OUTBOUND-Kanten von Bob)
LET userLikes = (
  FOR v IN 1..1 OUTBOUND u._id GRAPH "social"
    FILTER IS_SAME_COLLECTION("restaurants", v)
    RETURN v._id
)

// Ähnliche Nutzer finden (teilen mind. ein Like mit Bob)
LET similarUsers = UNIQUE(
  FOR rId IN userLikes
    FOR u2 IN 1..1 INBOUND rId GRAPH "social"
      FILTER IS_SAME_COLLECTION("users", u2) AND u2._id != u._id
      RETURN u2._id
)

// Kandidatenrestaurants der ähnlichen Nutzer
//  - nicht von Bob geliked
//  - nach Bobs Präferenzen (Küche, vegan) und Entfernung filtern
FOR uId IN similarUsers
  LET voter = DOCUMENT(uId)
  FOR r IN 1..1 OUTBOUND uId GRAPH "social"
    FILTER IS_SAME_COLLECTION("restaurants", r)
      AND r._id NOT IN userLikes
      AND (cuisines == null OR r.cuisine IN cuisines)
      AND (vegan == null OR vegan == false OR "vegan" IN r.tags)
  LET dist = GEO_DISTANCE(here, r.location)
  FILTER maxKm == null OR dist <= maxKm * 1000

  // Aggregation
  //  - Votes je Restaurant zählen
  //  - Namen der Voter einsammeln
  //  - Distanz und einfacher Score berechnen
  COLLECT rest = r INTO grp = { voterName: voter.name }
  LET votes       = LENGTH(grp)
  LET voterNames  = UNIQUE(grp[*].voterName)                          →
```

```
LET distM        = GEO_DISTANCE(here, rest.location)
LET score        = votes * 2 + rest.rating - (distM / 1000) * 0.2

// Sortieren und Top-N zurückgeben
SORT score DESC, rest.rating DESC
LIMIT 10
RETURN {
  name:    rest.name,
  cuisine: rest.cuisine,
  rating:  rest.rating,
  tags:    rest.tags,
  meters:  ROUND(distM),
  votes,
  likedBy: voterNames,
  score
}
```

`DOCUMENT("users/bob")` lädt ein vollständiges Dokument, dessen Felder (hier `prefs.*`) direkt weiterverwendet werden können. Die Traversals `OUTBOUND/INBOUND` im Graphen „social" laufen über die Edge-Collection und liefern verbundene Knoten. `UNIQUE(...)` dedupliziert die Menge ähnlicher Nutzer. Mit `COLLECT rest = r INTO grp` wird je Restaurant gruppiert. `grp[*].voterName` ist eine Array-Projektion, um die Namen der „Voter" einzusammeln. Der `score` kombiniert Stimmenzahl, Bewertung und Distanz zu einer einfachen Rangfolge.

11.10 Praktischer Leitfaden: Welche Datenbank für welchen Zweck?

Die vorhergehenden Kapitel haben die Vielfalt an Konzepten, Datenmodellen und Anwendungsbereichen von NoSQL-Datenbanken gezeigt. Die Systeme bieten spezialisierte Ansätze für unterschiedliche Anforderungen wie hohe Skalierbarkeit, flexible Schemata oder komplexe Beziehungsstrukturen.

Ursprünglich ließen sich einzelne Kategorien (typischerweise Key-Value-Stores, Dokumenten- oder Graph-Datenbanken) klar voneinander abgrenzen. In der Praxis zeigen sich jedoch zunehmend Überschneidungen: Viele Systeme kombinieren verschiedene Datenmodelle oder erweitern ihren Funktionsumfang um Volltextsuche, Vektorsuche oder KI-gestützte Abfragen. Dadurch verschwimmen die Grenzen zwischen den klassischen NoSQL-Typen, und die Auswahl der passenden Datenbank hängt heute weniger von starren Kategorien als von den konkreten funktionalen und nicht funktionalen Anforderungen eines Projekts ab.

Die folgende Tabelle 11.8 fasst die zentralen NoSQL-Datenbanktypen mit ihren typischen Merkmalen, Stärken und Einsatzgebieten zusammen.

Tabelle 11.8 NoSQL-Datenbanktypen (per ChatGPT als Zusammenfassung generiert)

Datentyp	Struktur/Inhalt	Operationen/Merkmale	Typische Use Cases
Key-Value-Store	Schlüssel-Wert (einfaches Paar)	Sehr schnelle Direktzugriffe, horizontale Skalierung, TTL/Expiry, Unterstützung einfacher atomarer Änderungen	Caching, Sitzungen, Feature-Flags, Benutzerpräferenzen
Object Store	Objekte/Blobs mit Metadaten	Hohe Skalierbarkeit, Versionierung, Lifecycle- und Retention-Policies	Speicherung großer Dateien, Medien, Backups, Data Lakes
Wide-Column Store	Tabellen mit Spaltenfamilien	Schreiboptimiert, Partitionierung/Shardingschemata, tunable consistency, TTL pro Spalte/Zeile	IoT-/Sensor- und Logdaten, Events, große schreibintensive Workloads
Document Store	Dokumente (JSON/BSON) mit flexibler Struktur	Schemaflexibilität, sekundäre Indizes, Aggregations-Frameworks, ACID auf Dokumentebene	CMS/Content, Benutzerprofile, Produktkataloge, Web-Backends
Suchmaschinen	Invertierter Index (Text/Felder) mit Ranking	Volltextsuche, Relevanz-/Scoring-Modelle, Aggregationen	Textsuche, Loganalyse, Monitoring-Suche, E-Commerce-Suche
Graph-Datenbank	Knoten–Kanten–Eigenschaften (Property Graph)	Traversierungen, Pfad- und Musterabfragen, Graphalgorithmen (z. B. Zentralität)	Soziale Netzwerke, Empfehlungen, Wissensgraphen
Zeitreihen-Datenbank	Zeitgestempelte Messreihen	Kompakte Speicherung, Downsampling/Retention, Fenster- und Intervallaggregation	System- und Anwendungsmetriken, IoT, Finanzzeitreihen
Vektor-datenbank	Hochdimensionale Embedding-Vektoren	Ähnlichkeitssuche (kNN/ANN), Filter nach Metadaten, hybride Suche (Vektor + Text/Filter)	Semantische Suche, Retrieval-Augmented Generation (RAG), Bild-/Text-Ähnlichkeit, Empfehlungen
Multi-Model-Datenbank	Kombination mehrerer Modelle (z. B. Dokument, Graph, KV)	Einheitliche Abfragen/Transaktionen über Modelle, gemeinsame Indizes, geringerer Integrationsaufwand	Hybride Domänenmodelle, flexible Anforderungen ohne mehrere Systeme

Literatur

[25] *Milvus Architecture Overview. https://milvus.io/docs/de/architecture_overview.md*. 2025.

[Atc21] Lee Atchison. *Caching at Scale With Redis: Cloud Caching Techniques for Enterprise Applications*. E-Book, Download verfügbar über Redis Resources. Redis, Inc., Dez. 2021.

[Ban+16] Kyle Banker et al. *MongoDB in Action: Covers MongoDB version 3.0*. 2nd. USA: Manning Publications Co., 2016.

[Bes+23] Maciej Besta et al. „Demystifying Graph Databases: Analysis and Taxonomy of Data Organization, System Designs, and Graph Queries". In: *ACM Comput. Surv.* 56.2 (Sep. 2023). DOI: *10.1145/3604932*.

[BKJ23] Rajat Belgundi, Yash Kulkarni und Balaso Jagdale. „Analysis of Native Multi-model Database Using ArangoDB". In: *Proceedings of Third International Conference on Sustainable Expert Systems*. Hrsg. von Subarna Shakya, Valentina Emilia Balas und Wang Haoxiang. Bd. 587. Lecture Notes in Networks and Systems. Springer, Singapore, 2023, S. 923–935. DOI: *10.1007/978-981-19-7874-6_68*.

[Bor25] Arkadiusz Borucki. *MongoDB 8.0 in Action, Third Edition. Building on the Atlas Data Platform*. Shelter Island, NY, USA: Manning Publications, 2025.

[Cao+16] Wenqi Cao et al. „Evaluation and Analysis of In-Memory Key-Value Systems". In: *2016 IEEE International Congress on Big Data (BigData Congress)*. 2016, S. 26–33. DOI: *10.1109/BigDataCongress.2016.13*.

[Car13] Josiah L. Carlson. *Redis in Action*. Manning Publications Co., Juni 2013.

[Cha+08] Fay Chang et al. „Bigtable: A distributed storage system for structured data". In: *ACM Transactions on Computer Systems (TOCS)* 26.2 (2008), S. 1–26.

[Cha24] Avi Chawla. *A Beginner-friendly and Comprehensive Deep Dive on Vector Databases*. Blogpost in "Daily Dose of Data Science". Abgerufen am 09.09.2025. Feb. 2024.

[Cor+17] Alejandro Corbellini et al. „Persisting big-data: The NoSQL landscape". In: *Information Systems* 63 (2017), S. 1–23. DOI: *https://doi.org/10.1016/j.is.2016.07.009*.

[DCL18] Ali Davoudian, Liu Chen und Mengchi Liu. „A Survey on NoSQL Stores". In: *ACM Comput. Surv.* 51.2 (Apr. 2018). DOI: *10.1145/3158661*.

[DeC+07] Giuseppe DeCandia et al. „Dynamo: Amazon's highly available key-value store". In: *ACM SIGOPS operating systems review* 41.6 (2007), S. 205–220.

[DLN19] Dominik Durner, Viktor Leis und Thomas Neumann. „On the Impact of Memory Allocation on High-Performance Query Processing". In: *Proceedings of the 15th International Workshop on Data Management on New Hardware (DaMoN)*. 2019. DOI: *10.1145/3329785.3329939*.

[Don+21] Siying Dong et al. „RocksDB: Evolution of Development Priorities in a Key-value Store Serving Large-scale Applications". In: *ACM Trans. Storage* 17.4 (Okt. 2021). DOI: *10.1145/3483840*.

[Eva06] Jason Evans. „A Scalable Concurrent malloc(3) Implementation for FreeBSD". In: *BSDCan*. 2006.

[Geo11] Lars George. *HBase: the definitive guide: random access to your planet-size data*. O'Reilly Media, Inc., 2011.

[Guo+22] Rentong Guo et al. „Manu: a cloud native vector database management system". In: *Proc. VLDB Endow.* 15.12 (Aug. 2022), S. 3548–3561. DOI: *10.14778/3554821.3554843*.

[Hen13] Doug Henschen. *MetLife Uses NoSQL for Customer Service Breakthrough*. InformationWeek. Mai 2013.

[HW18] Pengcheng Huang und Zuofei Wang. *Redis 4.x Cookbook: Over 80 Hand-Picked Recipes for Effective Redis Development and Administration*. Birmingham, UK: Packt Publishing, 2018, S. 382.

[KE09] Alfons Kemper und André Eickler. *Datenbanksysteme*. Bd. 6. Oldenbourg, 2009.

[Ma+25] Le Ma et al. *A Comprehensive Survey on Vector Database: Storage and Retrieval Technique, Challenge*. 2025. arXiv: *2310.11703* [cs.DB].

[Man08] Christopher D Manning. *Introduction to information retrieval*. Cambridge University Press, 2008.

[McC+10] Michael McCandless et al. *Lucene in action*. Bd. 2. Manning Greenwich, 2010.

[Mon20] MongoDB, Inc. *Forbes: MongoDB Cloud Migration Helps World's Biggest Media Brand Continue To Set Standard For Digital Innovation. https://www.mongodb.com/resources/solutions/use-cases/forbes-cloud-migration-helps-worlds-biggest-media-brand-continue-standard-digital-innovation*. 2020.

[Mon23] MongoDB, Inc. *Customer Case Study: OTTO. https://www.mongodb.com/solutions/customer-case-studies/otto*. 2023.

[Mon24] MongoDB, Inc. *The Eternal Smart City Powered by Roma Capitale and MongoDB. https://www.mongodb.com/solutions/customer-case-studies/roma*. 2024.

[MY20] Yu A. Malkov und D. A. Yashunin. „Efficient and Robust Approximate Nearest Neighbor Search Using Hierarchical Navigable Small World Graphs“. In: *IEEE Transactions on Pattern Analysis and Machine Intelligence* 42.4 (2020), S. 824–836. DOI: *10.1109/TPAMI.2018.2889473*.

[NH19] Mark Needham und Amy E. Hodler. *Graph Algorithms: practical examples in Apache Spark and Neo4j*. Sebastopol, California: O'Reilly, 2019.

[Noo+25] Jannatun Noor et al. „Towards benchmarking erasure coding schemes in object storage system: A systematic review“. In: *Future Generation Computer Systems* 163 (2025), S. 107522. DOI: *https://doi.org/10.1016/j.future.2024.107522*.

[Pag+99] Lawrence Page et al. *The PageRank citation ranking: Bringing order to the web*. Techn. Ber. Stanford infolab, 1999.

[Par22] Sam Partee. *Vector Similarity Search: From Basics to Production. https://mlops.community/vector-similarity-search-from-basics-to-production*. Blog post on MLOps Community, in collaboration with Redis. Abgerufen am 9. September 2025. Aug. 2022.

[RB24] Mukesh Rathore und Sikha S. Bagui. „MongoDB: Meeting the Dynamic Needs of Modern Applications“. In: *Encyclopedia* 4.4 (2024), S. 1433–1453.

[RWE15] Ian Robinson, Jim Webber und Emil Eifrem. *Graph Databases: New Opportunities for Connected Data*. 2nd. O'Reilly Media, Inc., 2015.

[Wan+21] Jianguo Wang et al. „Milvus: A Purpose-Built Vector Data Management System“. In: *Proceedings of the 2021 International Conference on Management of Data*. SIGMOD '21. Virtual Event, China: Association for Computing Machinery, 2021, S. 2614–2627. DOI: *10.1145/3448016.3457550*.

[Wei22] Maximilian Weisgut. „Separated Allocator Metadata in Disaggregated In-Memory Databases: Friend or Foe?“ In: *International Workshop on Exploiting Hardware Advances for Database Systems (HardBD)*. 2022.

[WX18] Brian Wheatman und Helen Xu. „Packed Compressed Sparse Row: A Dynamic Graph Representation“. In: *2018 IEEE High Performance extreme Computing Conference (HPEC)*. 2018, S. 1–7.

[XVA25] Lu Xing, Venkata Sai Pavan Kumar Vadrevu und Walid G. Aref. „The Ubiquitous Skiplist: A Survey of What Cannot be Skipped About the Skiplist and its Applications in Data Systems“. In: *ACM Computing Surveys* 57.11 (Juni 2025), S. 1–37. DOI: *10.1145/3736754*.

[Yad23] Umesh Kumar Yadav. *Understanding I/O Multiplexing: The Key to Scalable Systems*. 2023.

[Yu+23] Changlong Yu et al. „Folkscope: Intention knowledge graph construction for e-commerce commonsense discovery“. In: *Findings of the Association for Computational Linguistics: ACL 2023*. 2023, S. 1173–1191.

[Yus22] Mahdi Yusuf. *Redis Explained: A Deep Technical Dive into All Things Redis*. Architecture Notes (Blogpost). Aug. 2022.

[Zha+15] Hao Zhang et al. „In-Memory Big Data Management and Processing: A Survey“. In: *IEEE Transactions on Knowledge and Data Engineering* 27.7 (2015), S. 1920–1948. DOI: *10.1109/TKDE.2015.2427795*.

12 Daten-Broker

NoSQL-Datenbanken adressieren vor allem die flexible und hochskalierbare Speicherung großer Datenmengen. In modernen Architekturen reicht es jedoch nicht aus, Daten nur zu speichern, vielmehr müssen sie auch effizient und in Echtzeit zwischen verschiedenen Komponenten bewegt werden können. Hier kommen Daten-Broker (Messaging-Systeme) ins Spiel: Sie entkoppeln Produzenten und Konsumenten, stellen eine zuverlässige Datenübertragung sicher und erlauben die Integration vieler heterogener Systeme. Gerade im Zusammenspiel mit NoSQL-Datenbanken bilden Messaging-Systeme das Rückgrat für Daten-Pipelines, Event-Streaming und Microservice-Kommunikation. So ergänzen sie die Welt der verteilten Speicherung um den Aspekt der verteilten Datenbewegung.

12.1 Konzepte und Funktionsweise von Message Queues

Beim Ticketverkauf für Konzerte in einer Webanwendung können plötzlich tausende Nutzeranfragen gleichzeitig eintreffen[1]. Ein Webserver kann die Anfragen zwar erst einmal entgegennehmen, aber das Backend-System kämpft mit der Verarbeitung der schnell und parallel eintreffenden Anfragen. Durch die Überlastung können Anfragen verloren gehen und sogar das gesamte System kann instabil werden. Wie kann sichergestellt werden, dass der Webserver soweit vom Backend entkoppelt ist, dass Anfragen trotzdem noch aufgenommen werden können, auch wenn das Backend mit der Verarbeitung (erst einmal) nicht hinterher kommt?

1 Der Autorin hängt noch der verzweifelte Versuch nach, ein Ticket für OASIS-Konzerte zu ergattern, siehe *https://www.rnd.de/kultur/tickets-fuer-oasis-2025-ausverkauft-band-warnt-vor-weiterverkaeufen-6QHBVELN75BAVNUCARTWRTUCDE.html*

Genau für dieses Problem eignet sich der Einsatz von Message Queues. Eine solche Queue kann erst einmal als **Puffer** zwischen Produzenten (hier der Webserver) und den Konsumenten (hier das Backend) angesehen werden. Man bezeichnet solche Puffer auch als Middleware-Komponente, die Nachrichten (in Form von Events) eines Produzenten zwischenspeichern, bis sie von Konsumenten gelesen und verarbeitet werden können. Es handelt sich hier also um eine **asynchrone Nachrichtenübermittlung**, denn zwischen Eingabe in den Puffer und Auslesen durch Konsumenten kann ein beliebiges Zeitintervall liegen. Bild 12.1 zeigt beispielhaft eine Message-Queue in einem Producer-Consumer-Szenario.

Bild 12.1 Message-Queue als Puffer für Nachrichten zwischen Produzenten und Konsumenten

Der Einsatz einer Message-Queue bringt eine Menge Vorteile:

- Sender (Produzent) und Empfänger (Konsument) werden entkoppelt.
- Produzenten können schneller arbeiten als Konsumenten (Lastverteilung).
- Durch die Pufferung können Nachrichten persistent zwischengespeichert werden und eine wiederholte Zustellung der Nachrichten ist möglich.

Messaging-Systeme können anhand zweier Modelle realisiert werden. Bei der **Point-to-Point**-Kommunikation wird als Datenstruktur für den Puffer von Nachrichten eine Queue genutzt. Ein Produzent sendet eine Nachricht, die in der Queue gespeichert wird, bis genau ein Konsument diese Nachricht liest und verarbeitet. Wird eine Nachricht von einem Konsumenten gelesen, steht diese in der Queue nicht mehr zur Verfügung. Jede Nachricht kann dadurch nur **genau einmal** gelesen werden. Bild 12.2 veranschaulicht diesen Zusammenhang.

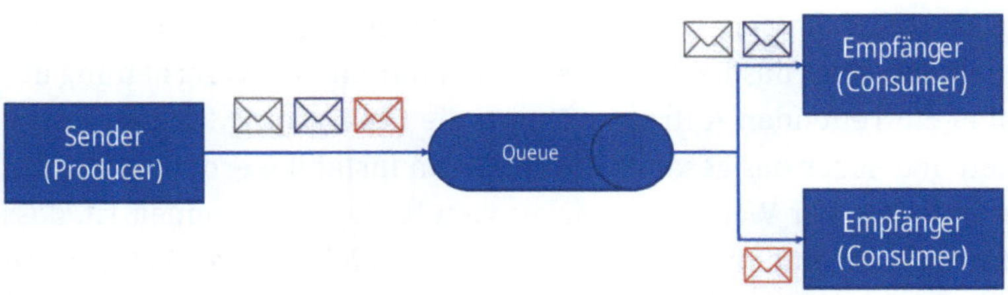

Bild 12.2 Message-Queue bei der Point-to-Point-Kommunikation

Point-to-Point-Kommunikation macht beispielsweise bei der Zahlungsabwicklung Sinn. Eine Bezahlung sollte nur einmal verarbeitet werden. Auch bei der Vergabe von Bestellaufträgen sollte eine Bestellung nur von einem Service bearbeitet werden.

Der Puffer der **Publish/Subscribe**-Kommunikation, oft auch kurz als Pub/Sub-Messaging beschrieben, besteht aus einer logischen Komponente, die Topic genannt wird. Ein Publisher veröffentlicht Nachrichten in einem Topic. Ähnlich wie beim Folgen eines Instagram-Accounts können Subscriber ein Topic abonnieren. Ab dem Zeitpunkt des Abonnementabschlusses liefert das System alle passende Nachrichten als Kopie an den Subscriber. Nachrichten in der Pub/Sub-Kommunikation können daher von mehreren Konsumenten parallel gelesen werden (siehe Bild 12.3).

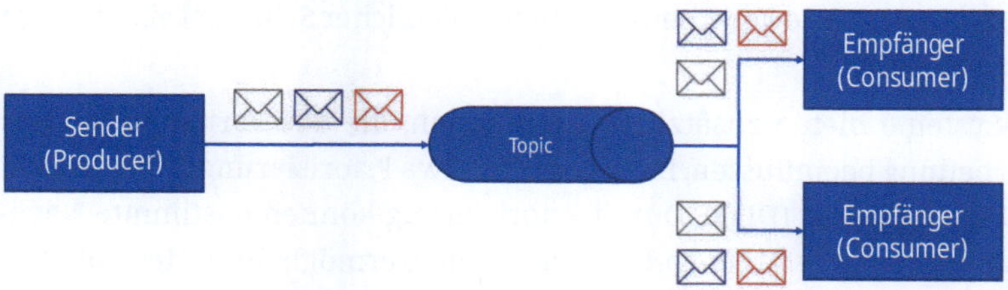

Bild 12.3 Message-Queue bei der Pub/Sub-Kommunikation

Während sich Messaging-Systeme grundsätzlich anhand der Kommunikationsmodelle Point-to-Point und Publish/Subscribe unterscheiden, reicht diese Unterscheidung alleine nicht aus, um ihr Verhalten zuverlässig zu beschreiben. Ebenso entscheidend ist die Frage, wie garantiert wird, dass Nachrichten beim Konsumenten ankommen. Hier kommen die sogenannten Liefergarantien (in der Wissenschaft wird auch von der Nachrichten-Zustellungssemantik gesprochen) ins Spiel. Liefergarantien legen für eine Kommunikation fest, ob eine Nachricht möglicherweise verloren geht, mehrfach zugestellt wird oder exakt einmal verarbeitet werden kann.

Ein zentrales Konzept von Messaging-Systemen sind die sogenannten Liefergarantien, also die Zusicherung, wie oft eine Nachricht zugestellt wird.

- Beim Modus **At-most-once** wird eine Nachricht höchstens einmal zugestellt. Dies vermeidet Duplikate, birgt jedoch das Risiko, dass Nachrichten bei Fehlern verloren gehen.
- **At-least-once** garantiert, dass jede Nachricht mindestens einmal ankommt. Dies erhöht die Zuverlässigkeit, kann jedoch zu Duplikaten führen, die von der Anwendung entsprechend behandelt werden müssen.
- Am aufwendigsten ist **Exactly-once**, bei dem sichergestellt wird, dass jede Nachricht genau einmal verarbeitet wird – ohne Verlust und ohne Mehrfachausführung. Dieser Modus erfordert zusätzliche Mechanismen zur Koordination und Transaktionsverwaltung und ist daher komplex sowie ressourcenintensiv.

Bisher haben wir noch nicht diskutiert, in welcher Reihenfolge Nachrichten aus einer Queue oder einem Topic entnommen werden sollen. Viele Messaging-Systeme bieten FIFO (First in, First out) als Entnahmemöglichkeit an. Nachrichten werden in der Reihenfolge ausgeliefert, in der sie auch empfangen wurden. Werden die Nachrichten in parallelen Queues und durch mehrere Consumer verarbeitet, kann eine sequenzielle Abarbeitung über parallele Instanzen hinweg nicht mehr gewährleistet werden. Um dennoch eine logische Ordnung innerhalb bestimmter Datenkontexte zu erhalten, erfolgt die Zuteilung zu den Queues häufig über einen Schlüssel (Key). Nachrichten mit demselben Schlüssel werden dabei derselben Partition zugewiesen (z. B. bei Apache Kafka oder AWS SQS FIFO Queues) und innerhalb dieser Partition in sequenzieller Reihenfolge abgearbeitet. Dadurch bleibt die Reihenfolge pro Schlüssel gewahrt, während gleichzeitig durch parallele Verarbeitung unterschiedlicher Schlüssel eine höhere Skalierbarkeit erreicht wird.

Viele Messaging-Systeme bieten zusätzliche Funktionen, die das Verhalten bei der Nachrichtenverarbeitung beeinflussen. Dazu gehören etwa Priorisierung, Time-to-Live (TTL) und Dead-Letter Queues (DLQ). Durch Priorisierung können bestimmte Nachrichten bevorzugt werden, die Time-To-Live Eigenschaft ermöglicht es, festzulegen, wie lange eine Nachricht gültig ist. Nicht mehr gültige Nachrichten können dann verworfen werden. Fehlerhafte Nachrichten können in einer Dead Letter Queue (vgl. auch Abschnitt 16.4.4) gesammelt, erneut analysiert und ggf. verarbeitet werden.

Die Java-Plattform bietet mit JMS (Java Messaging Services) eine einheitliche Programmierschnittstelle für Messaging. JMS legt fest, wie Nachrichten gesendet, empfangen und verarbeitet werden können, und unterscheidet dabei zwischen Queues (Point-to-Point-Modell) und Topics (Publish/Subscribe-Modell). Die klassischen Messaging-Systeme ActiveMQ oder IBM MQ nutzen JMS. Andere Systeme wie RabbitMQ, Apache Kafka, AWS SQS oder Azure Service Bus basieren dagegen auf eigenen Kommunikationsprotokollen und APIs. RabbitMQ verwendet beispielsweise das AMQP-Protokoll (Advanced Message Queuing Protocol), während Kafka auf einem eigenen, für hohe Skalierbarkeit optimierten Protokoll aufbaut. Das in den letzten Jahren zunehmend verbreitete Messaging-System Apache Kafka wird in Abschnitt 12.3 detaillierter beschrieben.

12.2 Log-basierte Message Broker

Log-basierte Message Broker führen die Idee der Pub/Sub-Systeme einen Schritt weiter. Es sind nicht nur verschiedene Konsumenten erlaubt, die Nachrichten parallel bearbeiten können, sondern die Nachrichten werden auch permanent mithilfe eines Logs gespeichert (zumindest begrenzt über eine gewisse Zeit oder Größe).

Man kann sich klassische Pub/Sub-Systeme wie eine Poststelle vorstellen. Ein Publisher schickt einen Brief an ein bestimmtes Fach (Topic). Alle, die dieses Fach abonniert haben, erhalten eine Kopie des Briefes. Nach der Zustellung der Nachricht wird diese gelöscht. Wenn ein Konsument den Briefkasten „verpasst", ist die Nachricht nicht mehr verfügbar.

Log-basierte Message Broker funktionieren ähnlich wie ein YouTube-Kanal: Alle Ereignisse werden chronologisch in einem Log gespeichert, vergleichbar mit den Videos, die dauerhaft in der Reihenfolge ihres Uploads auf dem Kanal verfügbar sind. Jeder Subscriber kann selbst entscheiden, ab welchem Punkt er einsteigen möchte – zum Beispiel von der ersten „Episode" an oder erst bei den neuesten Inhalten. Zudem können Nachrichten beliebig oft erneut abgerufen werden, genau wie Videos auf YouTube beliebig oft abgespielt werden können.

Ein Log ist im Kern eine einfache Datei, in die ausschließlich neue Einträge angehängt werden (*append-only*). Produzenten fügen Nachrichten an das Ende des Logs an, während Konsumenten Nachrichten nacheinander aus der Log-Datei lesen [Kle17]. Ähnlich wie in den NoSQL-Systemen, die wir im vorhergehenden Kapitel kennengelernt haben, kann eine solche Log-Datei partitioniert werden. Verschiedene Partitionen können dann als separate Log-Dateien auf verschiedenen Knoten im Cluster liegen.

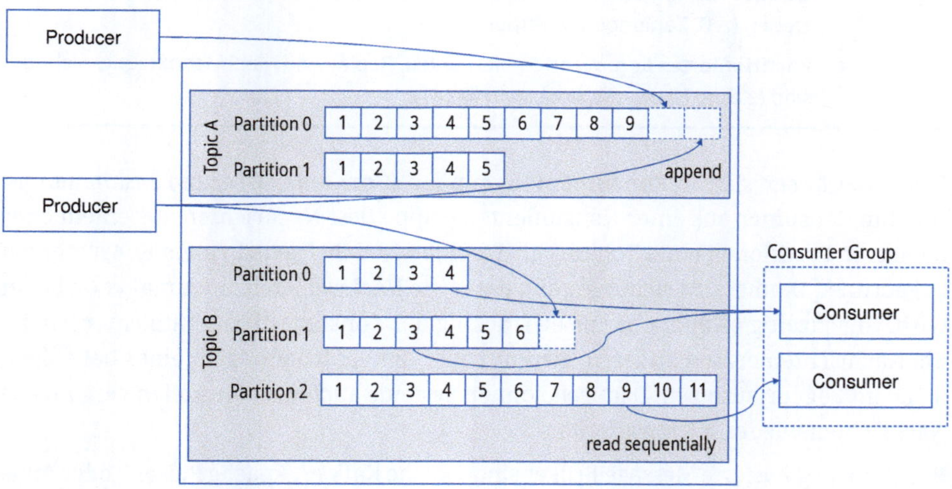

Bild 12.4 Zwei partitionierte Topics, die von verschiedenen Produzenten geschrieben und von einer Konsumentengruppe gelesen werden; angelehnt an [Kle17]

In Bild 12.4 werden zwei partitionierte Topics gezeigt. Die Produzenten hängen ihre Nachrichten an das Ende der jeweiligen Partition an. Sie können auch verschiedene

Topics bedienen. Jede Partition wird durch eine eigene Log-Datei repräsentiert, in die einzelne Einträge mit einer Sequenznummer gespeichert werden. Sequenznummern, auch Offsets genannt, spiegeln die Reihenfolge der Einträge innerhalb einer Partition wider, über Partitionen hinweg haben sie keine Bedeutung. Wir können feststellen, dass in Partition 0 des Topics A die Nachricht mit dem Offset 3 vor der Nachricht mit dem Offset 4 angekommen ist. Wir können aber keine Aussage darüber treffen, ob der Eintrag 4 aus Partition 0 des Topics A vor dem Eintrag 5 aus Partition 1 aus demselben Topic erfolgt ist. Es gibt also keine Ordnungsgarantien über Partitionen hinweg [Kle17].

In **klassischen Message Queues**, wie etwa RabbitMQ oder JMS, herrscht in der Regel eine globale Reihenfolge: Nachrichten werden in einer Queue abgelegt und in der gleichen Reihenfolge wieder ausgeliefert (FIFO – First In, First Out). Mit mehreren parallelen Konsumenten kann diese Reihenfolge aber nicht über alle Verbraucher hinweg garantiert werden.

In **Log-basierten Systemen** (z. B. Kafka) gilt die Ordnung nur innerhalb einer Partition. Jede Partition ist ein append-only Log mit eindeutigen Offsets, über mehrere Partitionen hinweg existiert jedoch keine globale Ordnung.

Nutzung:

- **Queue:** Wenn globale Reihenfolge und einmalige Verarbeitung im Vordergrund stehen (z. B. Zahlungen, Aufträge).
- **Partitioniertes Log:** Wenn Skalierbarkeit, Replay und Mehrfachnutzung wichtiger sind (z. B. IoT-Streams, Log-Analytik).

Consumer lassen sich zu **Konsumentengruppen (Consumer Groups)** zusammenfassen. Ein Consumer aus einer Konsumentengruppe liest Nachrichten aus einem oder mehreren Partitionen eines Topics. Jede Partition ist dabei genau einem Konsumenten zugeordnet. Damit wird sichergestellt, dass jede Nachricht genau einmal verarbeitet wird. Gleichzeitig erlaubt das Offset-Tracking der Consumer innerhalb einer Partition, Nachrichten erneut zu lesen (**Replay**) oder die Verarbeitung an einer beliebigen Stelle im Log fortzusetzen. Dadurch können Systeme auch nach Ausfällen vergangene Nachrichten wiederholt verarbeiten.

Bekannte Log-basierte Message Broker sind Apache Kafka[2], Apache Pulsar[3] oder Amazon Kinesis Data Streams[4].

2 *https://kafka.apache.org*
3 *https://pulsar.apache.org*
4 *https://aws.amazon.com/de/kinesis/data-streams*

12.3 Beispiel: Kafka

Apache Kafka wurde ursprünglich von Jay Kreps, Neha Narkhede und Jun Rao bei LinkedIn als Log-basiertes Message-Queue-System entwickelt [KNR11]. Ziel war es, ein zentrales „Datenrückgrat“ für kontinuierlich anfallende Ereignisse wie Likes, Posts oder Klicks bereitzustellen. Das System sollte so skalierbar sein, dass selbst enorme Datenmengen nahezu in Echtzeit verschiedenen internen Anwendungen zur Verfügung gestellt werden konnten. Im Unterschied zu klassischen Message Queues, bei denen Nachrichten nach dem Konsum gelöscht werden, speichert Kafka Ereignisse für eine konfigurierbare Dauer (sog. Rentention Time), sodass sie auch von mehreren Systemen wiederholt verarbeitet werden können [Goo+12].

Der Name „Kafka“ selbst geht auf Jay Kreps zurück und verweist auf den Schriftsteller Franz Kafka – in Anlehnung an ein System, das insbesondere auf das Schreiben von Ereignissen optimiert ist [NSP17]. Im Oktober 2012 wurde Kafka als Top-Level-Projekt in die Apache Software Foundation aufgenommen. Zwei Jahre später, im November 2014, gründeten die drei Entwickler das Unternehmen Confluent, das sich auf die Weiterentwicklung von Kafka spezialisiert hat und dessen Einsatz in Industrie und Wirtschaft vorantreibt. Heute ist Kafka Bestandteil zahlreicher moderner Dateninfrastrukturen. Drei Anwendungsbeispiele sollen an dieser Stelle verdeutlichen, wie vielfältig die Einsatzbereiche des Systems sind:

- Im **Finanzwesen** zählt die Echtzeiterkennung von Betrugsversuchen zu den kritischsten Anwendungsfällen. Jede Sekunde laufen Millionen von Kreditkarten- und Online-Transaktionen durch die Systeme von Banken und Zahlungsanbietern. Um Schäden zu vermeiden, müssen verdächtige Transaktionen innerhalb von Millisekunden erkannt und gegebenenfalls blockiert werden. Wenn ein Kunde in München beispielsweise seinen Einkauf mit seiner Kreditkarte bezahlt und wenige Sekunden später dieselbe Karte in Los Angeles für einen hohen Betrag eingesetzt wird, deutet dies auf einen möglichen Betrug hin. In einem klassischen Batch-basierten System würde die Auswertung dieser Transaktionen möglicherweise erst nach Stunden oder Tagen erfolgen. Dies wäre viel zu spät, um dem Risiko zu begegnen.

  Beim Einsatz von Kafka lassen sich die Transaktionen als Ereignisse in Kafka-Themen (Topics) speichern und in Echtzeit an Analysekomponenten verteilen. Dort prüfen Machine-Learning-Modelle oder regelbasierte Systeme sofort, ob ein Betrugsverdacht vorliegt. Verdächtige Transaktionen können so unmittelbar blockiert werden, bevor finanzieller Schaden entsteht. Große Finanzunternehmen wie PayPal oder ING setzen Kafka produktiv ein, um Milliarden von Ereignissen täglich zu verarbeiten und Echtzeitanalysen durchzuführen.[5)]

[5] Zum Nachlesen: *https://developer.paypal.com/community/blog/scaling-kafka-to-support-paypals-data-growth* oder *https://www.confluent.io/kafka-summit-london18/the-evolution-of-kafka-at-ing-bank*

- Im Bereich des **Internet of Things (IoT)** spielt Kafka eine zentrale Rolle beim Sammeln und Verarbeiten von Sensordaten. Moderne Fabrikanlagen, Fahrzeuge oder Smart-Home-Geräte erzeugen kontinuierlich große Mengen an Messwerten – etwa Temperatur, Druck, Energieverbrauch oder GPS-Positionen. Diese Daten müssen oft in Echtzeit analysiert werden, um Anomalien frühzeitig zu erkennen oder Prozesse dynamisch zu steuern.

  Ein typischer Anwendungsfall ist die vorausschauende Wartung (*Predictive Maintenance*) in der Industrie: Sensoren an Maschinen senden permanent Statusinformationen wie Vibrationen, Stromaufnahme oder Öltemperatur. Diese Ereignisse werden über Kafka in Topics gespeichert und an Analysekomponenten weitergeleitet, wo Machine-Learning-Modelle mögliche Verschleißmuster identifizieren. Erkennt das System eine Auffälligkeit, kann automatisch ein Wartungseinsatz ausgelöst werden, bevor ein Ausfall die gesamte Produktionslinie lahmlegen kann.

  Unternehmen wie Bosch oder Audi setzen Kafka in ihren IoT-Plattformen ein, um Milliarden von Sensordaten täglich zu erfassen und für Echtzeitanalysen bereitzustellen.[6)]

- Auch im **E-Commerce** kommt Kafka oft zum Einsatz. Online-Händler müssen in der Lage sein, das Verhalten ihrer Kunden in Echtzeit zu erfassen und darauf zu reagieren, etwa beim Personalisieren von Produktempfehlungen, dem dynamischen Anpassen von Preisen oder dem Erkennen von Warenkorbabbrüchen. Jeder Klick, jede Produktsuche oder jede Transaktion erzeugt Ereignisse, die unmittelbar weiterverarbeitet werden können.

  Mit Kafka lassen sich diese Ereignisse als Datenströme in Topics ablegen und parallel an verschiedene Systeme verteilen: Empfehlungs-Engines generieren auf Basis der aktuellen Aktivitäten personalisierte Vorschläge, Marketing-Komponenten stoßen automatisierte Kampagnen an, während Analytics-Tools das Nutzerverhalten statistisch auswerten. Durch diese Architektur können Händler ihre Angebote dynamisch optimieren und Kunden ein individualisiertes Einkaufserlebnis bieten.

  Unternehmen wie Zalando oder Shopify nutzen Kafka, um Milliarden von Kundeninteraktionen pro Tag in Echtzeit zu verarbeiten und so sowohl das Einkaufserlebnis als auch ihre internen Prozesse kontinuierlich zu verbessern.[7)]

6 Zum Nachlesen: *https://iotusecase.com/de/loesungsbeispiele/bosch-power-tools-streamt-iot-daten-mit-confluent-cloud* oder *https://www.confluent.io/de-de/kafka-summit-london18/keynote-fast-cars-in-a-streaming-world-reimagining-transportation-at-audi*

7 Zum Nachlesen: *https://engineering.zalando.com/tags/apache-kafka.html*

Steckbrief

Webadresse	*https://kafka.apache.org*
Docker-Image	`docker pull apache/kafka:latest`
Datenschema	Schlüssel-Wert-basierte Nachrichten (Events) in Topics organisiert; Schema-Verwaltung optional über Confluent Schema Registry (Avro, Protobuf, JSON)
Abfragesprache	ksqlDB (SQL-ähnliche Syntax für Streams), Kafka Streams API (Java/Scala)
Erstveröffentlichung	2011 (bei LinkedIn), seit 2012 Apache Top-Level-Projekt
Concurrency	Hohe Parallelität durch Partitionierung und Consumer-Gruppen; horizontale Skalierung über mehrere Broker
Replikation	Konfigurierbare Replikationsfaktoren pro Topic; Leader-Follower-Replikation für Fehlertoleranz
Sharding	Automatische Partitionierung von Topics; Nachrichtenverteilung anhand von Schlüsseln oder Round-Robin
Lizenz	Apache License 2.0

12.3.1 Grundbegriffe und Komponenten

Im Folgenden werden die Grundbausteine eines Kafka-Systems beleuchtet. Eine Übersicht der verschiedenen Komponenten ist in Bild 12.5 zu sehen.

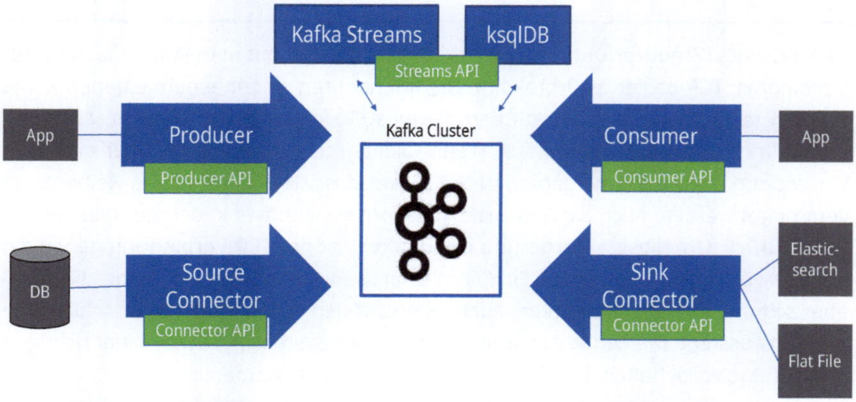

Bild 12.5 Komponenten der Systemumgebung

Kafka ist ein verteiltes System, das aus einem oder mehreren Servern bestehen kann. Server, die die Datenspeicherung vornehmen, werden auch **Broker** genannt.

Als **Ereignis (Event)**, bezeichnet Kafka Dateneinheiten, die aus einem Schlüssel, Werten und einem Zeitstempel bestehen. Oft werden Events in der Literatur auch als Datensätze (Records) oder Nachrichten (Messages) bezeichnet.

```
Key:
"order-873492"
Value:
{"status": "PAID", "amount": 278.98, "currency": "EUR"}
Timestamp:
"2025-08-22T10:15:34.527Z"
```

Producer sind Prozesse, die Nachrichten erzeugen. Kafka stellt dafür die `Producer API` zur Verfügung[8]. Anwendungsentwickler implementieren Anwendungen, die Ereignisse generieren und diese über die API an das Kafka Cluster senden. Dafür steht eine Vielzahl von Client-Bibliotheken zur Verfügung, die je nach Programmiersprache und Anwendungsfall genutzt werden können:

- Java: `org.apache.kafka.clients.producer.KafkaProducer`
- Python: `confluent_kafka.Producer` (Confluent-Client)
- Go, .NET, Node.js, C/C++ → es gibt offizielle und Community-Libraries

Nachrichten werden von Prozessen der **Consumer** gelesen. Diese lassen sich in Gruppen zusammenfassen, um gemeinsam und parallel an einem Topic arbeiten zu können. Consumer werden von Anwendungsentwicklern implementiert, die die Nachrichten weiterverarbeiten möchten. Dafür stellt Kafka die `Consumer API` zur Verfügung.

- Java: org.apache.kafka.clients.consumer.KafkaConsumer
- Python: confluent_kafka.Consumer (Confluent-Client)
- Go, .NET, Node.js, C/C++ → es gibt offizielle und Community-Libraries

> Kafka-Clients (Producer und Consumer) kommunizieren mit dem Kafka-Cluster über ein binäres, TCP-basiertes Protokoll[9]. Die Nachrichten sind in einem eigenen Kafka Wire Protocol serialisiert, das auf dem Request/Response-Modell basiert. Anfragen gehen immer von den Clients aus. Wenn Clients mehrere Requests über eine TCP-Verbindung schicken, dann garantiert der Broker, dass sie genau in dieser Reihenfolge verarbeitet werden. Auch die Antworten (Responses) kommen in der gleichen Reihenfolge zurück. Um diese Anforderung einzuhalten, ist pro TCP-Verbindung genau ein Request zur selben Zeit erlaubt. Ein Client kann (wenn er nicht blockierendes IO nutzt) aber schon Requests losschicken, auch wenn auf den vorherigen Request noch eine Antwort aussteht. Die Requests werden vom Betriebssystem im Socket in der richtigen Reihenfolge vorgehalten, bis sie vom Broker verarbeitet werden können.

Kafka stellt über die `Connector API` vorgefertigte Bausteine zur Verfügung (Connectors), die als Adapter zwischen Kafka und einem externen System (z. B. Datenbanken, Cloud Service, Dateisystem) fungieren. Zum Beispiel kann der `JDBC Source Adapter`

8 *https://kafka.apache.org/documentation/#producerapi*
9 *https://kafka.apache.org/protocol*

Tabellenänderungen aus einer Datenbank lesen und diese als Ereignisse in ein Kafka-Topic streamen. Auf der anderen Seite kann ein `Elasticsearch Sink Adapter` Ereignisse aus einem Kafka-Topic lesen und sie automatisch in Elasticsearch indexieren. Auf diese Weise können zahlreiche Datenhaltungssysteme (wie beispielsweise Datenbanken, Suchmaschinen, Data Lakes oder Cloud-Services) direkt mit Kafka synchronisiert werden, ohne dass dafür eigene Producer- oder Consumer-Clients entwickelt werden müssen.

Bisher haben wir APIs betrachtet, die Nachrichten entweder in das System einspeisen oder herausholen. Oft ist es aber notwendig, Ereignisse direkt innerhalb von Daten-Pipelines zu verarbeiten. Kafka bietet hierfür die **Streams API**, eine Java-Bibliothek zur Erstellung von skalierbaren, zustandsbehafteten Streaming-Anwendungen. Sie ermöglicht Operationen wie Filtern, Windowing, Joins und Aggregationen. Seit ihrer Einführung im Jahr 2016 bietet Kafka Streams Entwicklern die Möglichkeit, ohne externe Frameworks wie Apache Spark oder Apache Flink Datenströme zu verarbeiten [Sey21].

ksqlDB ermöglicht es, Echtzeit-Datenströme mit SQL-ähnlichen Abfragen zu verarbeiten. Anstatt wie bei Kafka Streams eigene Anwendungen in Java zu schreiben, können Nutzer mit einfachen Befehlen wie `CREATE STREAM`, `SELECT ... EMIT CHANGES` oder `JOIN` direkt auf Kafka-Topics zugreifen, Daten transformieren, anreichern und in neue Topics schreiben. ksqlDB eignet sich besonders für Streaming-ETL, kontinuierliche Aggregationen, Materialized Views und schnelle Analysen, ohne dass zusätzlicher Code notwendig ist. Technisch baut ksqlDB intern auf Kafka Streams auf, bietet aber eine vereinfachte, deklarative Oberfläche für Entwickler- und Data-Engineering-Teams.

12.3.2 Architektur

Zusammengehörende Nachrichten lassen sich in einem **Topic** speichern. Von außen wirkt ein Topic wie ein zusammenhängendes Konstrukt (vergleichbar mit einer großen Log-Datei). Intern werden jedoch – abhängig von der Konfiguration – mehrere **Partitionen** für ein Topic angelegt. Jede Partition schreibt die ihr zugeordneten Ereignisse sequenziell in eigene Logsegmente.

Warum ist sequenzielles Schreiben besonders effizient?

Ein anschauliches Beispiel: Beim Schreiben in ein Notizbuch ist es am effizientesten, die Seiten fortlaufend zu füllen. Der Stift bewegt sich nur nach vorne. Würde man dagegen ständig zurückblättern, um an unterschiedlichen Stellen Einträge zu ergänzen, würde dies deutlich mehr Zeit kosten.

Genauso profitieren Speichermedien von sequenziellem Zugriff:

- Festplatten (HDDs): Sequenzielle Zugriffe reduzieren die Bewegungen des Schreibkopfes, dadurch werden maximale Transferraten ermöglicht.

- Solid-State-Drives (SSDs): Daten können in großen, zusammenhängenden Blöcken geschrieben werden, wodurch der Verwaltungsaufwand minimiert wird.
- Betriebssysteme und Dateisysteme: Sequenzielle Zugriffe lassen sich effizient puffern und übertragen.

Zusätzlich optimiert Kafka die Performance beim Schreiben und Lesen, indem es den Page Cache des Betriebssystems nutzt. Dadurch wird der JVM Heap umgangen und Probleme wie lange Pausen durch Garbage Collection werden vermieden. Neue Nachrichten landen zunächst im Page Cache im Arbeitsspeicher. Wann diese Daten schließlich auf die Festplatte geschrieben werden, entscheidet das Betriebssystem selbst [SGK22].

In Kafka bekommt jede Nachricht innerhalb einer Partition eine fortlaufende Nummer, das sogenannte **Offset**. Ein Consumer merkt sich den zuletzt gelesenen Offset. Dadurch kann er jederzeit seine Arbeit unterbrechen und später genau an dieser Stelle weitermachen.

Mehrere Consumer können sich zu einer Consumer-Gruppe zusammenschließen und gemeinsam ein Topic verarbeiten. Innerhalb einer Gruppe gilt: **jede Partition wird immer nur von genau einem Consumer gelesen**, damit es keine Überschneidungen gibt.

Der Schlüssel einer Nachricht bestimmt, in welcher Partition diese gespeichert wird. Der Offset sorgt außerdem dafür, dass die Reihenfolge der Nachrichten innerhalb einer Partition erhalten bleibt. Beispiel: Alle Nachrichten mit derselben **Kunden-ID** landen in derselben Partition. Damit ist garantiert, dass die Nachrichten für diesen Kunden in der richtigen Reihenfolge ankommen. Eine Reihenfolge über alle Partitionen hinweg gibt es jedoch nicht. Soll die globale Reihenfolge aller Nachrichten in einem Topic erhalten bleiben, darf dieses nur eine einzige Partition besitzen.

Eine **Partition** selbst wird abhängig vom konfigurierten Replikationsfaktor mehrfach repliziert. Das bedeutet: Es gibt mehrere Kopien derselben Partition auf unterschiedlichen Servern. Das System folgt dem Leader-Follower-Prinzip [ZK25]. Dabei übernimmt genau eine Partition die Rolle des **Leaders**, die jeweiligen Replikate auf den anderen Brokern sind **Follower** (siehe Bild 12.6). Leader sind für Schreib- und Leseoperationen zuständig. Die **Follower** gleichen ihren Datenbestand kontinuierlich mit dem Leader ab. Fällt der Leader aus, wählt Kafka automatisch einen der Follower als neuen Leader, sodass die Partition weiterhin verfügbar bleibt. Bei der Bestimmung der Leader-Partition wird darauf geachtet, dass diese möglichst gleich über verschiedene Broker verteilt werden.

Kafkas Setup mit Brokern und Partitionen ermöglicht eine einfache, horizontale Skalierung. Zur internen Koordination der Broker sowie zur Metadatenverwaltung nutzte Kafka früher ZooKeeper (siehe Abschnitt 13.3.3). Neuerdings (ab Version 3.3) wird zur Verwaltung das Raft-Protokoll eingesetzt. Kafka wollte damit Abhängigkeiten zu externen Tools reduzieren [Wan22].

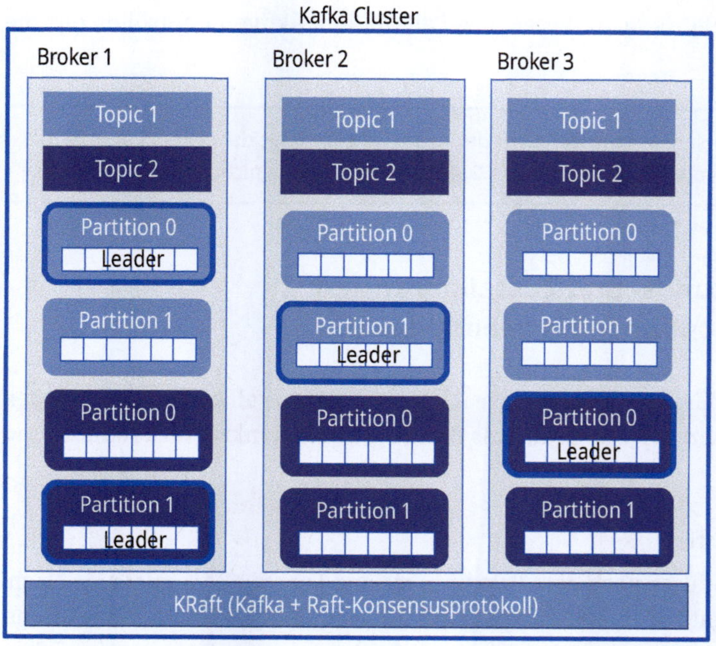

Bild 12.6 Replikation der Partitionen auf verschiedenen Brokern

KRaft (Kafka + Raft-Protokoll) ist ein Konsensus-Protokoll und definiert, wie Metadaten in Kafka verwaltet werden. Solche Daten können beispielsweise Informationen enthalten wie:

- Welche Topics existieren?
- Welche Partitionen gehören zu welchem Broker?
- Wer ist Leader für eine Partition?

Ähnlich wie Nachrichten in Commit-Logs gespeichert werden, führt Kafka auch für Metadaten-Änderungen ein eigenes Log. Jeder Eintrag darin besitzt eine Offset-Nummer, die seine Position im Log angibt. Ein Broker merkt sich, bis zu welchem Offset er die Metadaten bereits kennt. Nach einem Absturz kann er so genau ab diesem Punkt die fehlenden Änderungen nachladen.

Für die Verwaltung dieser Metadaten sind spezielle Kafka-Prozesse zuständig, die **Controller-Nodes** genannt werden. Sie dienen gleichzeitig als zentrale Ansprechpartner für die Broker und übernehmen die Verwaltung der Leader-Follower-Rollen innerhalb der Partitionen.

Mehrere Controller-Nodes laufen parallel und nutzen das Raft-Konsensusprotokoll, um sich jederzeit über den aktuellen Stand abzustimmen. Einer der Controller übernimmt die Rolle des aktiven Leaders, die übrigen sind Follower und springen ein, falls der aktive Controller ausfällt. Möchte ein Broker zum Beispiel ein neues Topic anlegen, wendet er sich per RPC (Remote Procedure Call) an den aktiven Controller, der die Anfrage verarbeitet.

Beim Raft-Konsensusprotokoll trifft der Leader die Entscheidungen. Solange er aktiv ist, replizieren die Follower zwar alle Daten, greifen jedoch nicht selbstständig ein.

12.3.3 Verarbeitungs- und Zustellgarantien: Von At-most-once bis Exactly-once

Kafka bietet alle drei Liefergarantien, die je nach Anwendungsfall konfiguriert werden können[10]. Schauen wir uns jeweils an, was diese Garantien konkret für Producer und Consumer bedeuten.

At-most-once-semantic

Hier arbeitet der Producer nach dem Prinzip „Fire and Forget“: Er sendet eine Nachricht, wartet aber nicht auf eine Bestätigung des Brokers. Geht die Nachricht während eines Ausfalls verloren, wird sie nicht erneut verschickt, sodass im Datenstrom Lücken entstehen. Ein Consumer mit At-most-once-Semantik liest Nachrichten, speichert den Offset und verarbeitet anschließend die Daten. Stürzt er nach dem Speichern, aber vor der Verarbeitung ab, übernimmt der nächste Consumer ab dem zuletzt gespeicherten Offset. Nicht verarbeitete Nachrichten sind damit verloren.

At-least-once-semantic

In diesem Modus wartet der Producer auf eine Bestätigung des Brokers. Bleibt diese aus, sendet er die Nachricht erneut. Problematisch kann das erneute Senden werden, wenn der Broker erst nach dem Schreiben des Ereignisses, aber vor dem Senden der Empfangsbestätigung ausfällt. In diesem Fall landet das Ereignis doppelt im Topic. Ein Consumer verarbeitet Nachrichten und speichert anschließend den Offset. Stürzt er in dieser Phase ab, übernimmt ein anderer Consumer aus der Gruppe die Verarbeitung ab dem letzten gespeicherten Offset und verarbeitet einige Ereignisse erneut. Dadurch kommt es zu einer doppelten Verarbeitung. Dieses Problem kann seitens des Consumers z. B. mit einer Duplikatsprüfung über einen eindeutigen Schlüssel abgefangen werden.

Exactly-once-semantic

Hier muss sichergestellt werden, dass Nachrichten bei fehlender Bestätigung zwar erneut gesendet, aber trotzdem nicht doppelt gespeichert werden. Kafka erreicht das

10 *https://docs.confluent.io/kafka/design/delivery-semantics.html*

mit *idempotenten Produzenten*. Eine idempotente Operation kann beliebig oft wiederholt werden, ohne dass sich das Ergebnis ändert. Trotz mehrfacher Sendung derselben Nachricht darf diese also niemals mehrfach im Topic auftauchen. Dazu erweitert Kafka die `send`-Methode: Jede Nachricht erhält eine eindeutige Sequenznummer. So erkennt der Broker, ob es sich um eine erneute Übertragung handelt [NW17].

Für Consumer wird es bei Exactly-once besonders interessant, wenn Nachrichten verarbeitet und in ein neues Topic weitergeschrieben werden. Damit keine doppelten oder verlorenen Ergebnisse entstehen, bietet Kafka *transaktionale Producer*. Mehrere `send`-Aufrufe sowie der Offset-Commit der Consumer-Gruppe werden in einer Transaktion zusammengefasst. Erst wenn ein `commit` ausgeführt wird, werden sowohl die Ergebnisse als auch die Offsets sichtbar. Bei einem Abbruch (`abort`) werden alle Operationen zurückgerollt.

Soll lediglich verhindert werden, dass doppelte Nachrichten im Topic auftauchen, genügt es, den Producer idempotent zu konfigurieren (`enable.idempotence=true`). Wird hingegen eine echte Ende-zu-Ende-Exactly-Once-Garantie benötigt, müssen Transaktionen eingesetzt werden. In der Kafka Streams API lässt sich dies mit den folgenden Einstellungen aktivieren (die Variante v2 ist eine performantere Weiterentwicklung des Konzepts): `processing.guarantee=exactly_once_v2`

12.3.4 Kafka mit Docker – Erste Schritte

Für einen ersten, praktischen Einstieg gibt es – wie schon bei den NoSQL-Systemen – die Möglichkeit, einen Docker-Container zu starten. Eine mögliche `docker-compose.yml` Konfigurationsdatei sieht folgendermaßen aus:

```
services:
  kafka:
    image: bitnami/kafka:3.7
    container_name: kafka
    ports:
      - "9092:9092"
    environment:
      - KAFKA_ENABLE_KRAFT=yes
      - KAFKA_CFG_NODE_ID=1
      - KAFKA_CFG_PROCESS_ROLES=broker,controller
      - KAFKA_CFG_CONTROLLER_LISTENER_NAMES=CONTROLLER
      - KAFKA_CFG_LISTENERS=PLAINTEXT://:9092,CONTROLLER://:9093
      - KAFKA_CFG_ADVERTISED_LISTENERS=PLAINTEXT://localhost:9092
      - KAFKA_CFG_LISTENER_SECURITY_PROTOCOL_MAP=PLAINTEXT:PLAINTEXT,
        CONTROLLER:PLAINTEXT
      - KAFKA_CFG_CONTROLLER_QUORUM_VOTERS=1@kafka:9093
     # Ein-Knoten-Dev-Defaults
```

```
      - KAFKA_CFG_OFFSETS_TOPIC_REPLICATION_FACTOR=1
      - KAFKA_CFG_TRANSACTION_STATE_LOG_REPLICATION_FACTOR=1
      - KAFKA_CFG_TRANSACTION_STATE_LOG_MIN_ISR=1
      - KAFKA_CFG_AUTO_CREATE_TOPICS_ENABLE=true
    volumes:
      - kafka_data:/bitnami/kafka

volumes:
  kafka_data:
```

Dies sind eine ganze Menge Konfigurationsparameter, die in der folgenden Tabelle noch einmal näher erläutert werden.

Parameter	Bedeutung	Empfehlung (Dev)
KAFKA_ENABLE_KRAFT	Aktiviert den KRaft-Modus (ohne ZooKeeper)	yes
KAFKA_CFG_NODE_ID	Eindeutige ID des Brokers/Controllers	1
KAFKA_CFG_PROCESS_ROLES	Rollen dieses Knotens (Broker, Controller)	broker,controller
KAFKA_CFG_LISTENERS	Definiert Endpunkte, auf denen Kafka lauscht	PLAINTEXT://:9092, CONTROLLER://:9093
KAFKA_CFG_ADVERTISED_LISTENERS	Adresse, die Kafka an Clients meldet	PLAINTEXT://localhost:9092
KAFKA_CFG_AUTO_CREATE_TOPICS_ENABLE	Automatisches Anlegen von Topics bei Zugriff	true (für Dev)

Mit den folgenden beiden Befehlen wird der im docker-compose.yml beschriebene Container im Hintergrund gestartet und die Log-Ausgabe des Containers mit dem Namen kafka gezeigt.

```
docker compose up -d
docker logs -f kafka
```

Durch KAFKA_CFG_AUTO_CREATE_TOPICS_ENABLE wird automatisch beim ersten Zugriff ein Topic erstellt. Es ist auch möglich, ein Topic manuell anzulegen. Für jedes Topic können dann Konfigurationsparameter wie der Replikationsfaktor oder die Anzahl an Partitionen angegeben werden. Im zweiten Schritt werden mit -list alle angelegten Topics ausgegeben.

```
docker exec -it kafka kafka-topics.sh \
  --create --topic my_first_topic \
  --bootstrap-server localhost:9092 \
  --replication-factor 1 --partitions 1

docker exec -it kafka kafka-topics.sh \
  --list --bootstrap-server localhost:9092
```

Im nächsten Schritt erstellen wir ein Producer-Skript in Python. Zuerst installieren wir die Python-Bibliothek `kafka-python`.

```
pip install kafka-python
```

`kafka-python`[11] ist eine reine Python-Implementierung. Sie lässt sich leicht per `pip install kafka-python` installieren und ist besonders für Lernzwecke oder kleinere Projekte geeignet. Die API ist einfach und nah an den Kafka-Grundkonzepten. Allerdings ist die Performance begrenzt, weil alles in Python ausgeführt wird.

`confluent-kafka-python`[12] basiert auf der hochoptimierten C-Bibliothek `librdkafka` und wird aktiv von Confluent gepflegt. Dadurch bietet es eine deutlich höhere Performance, Unterstützung für moderne Kafka-Features (z. B. Admin API, Schema Registry, Avro/Protobuf) und ist De-facto Standard in Produktionsumgebungen. Die Installation erfordert allerdings native Abhängigkeiten (zu `librdkafka`), und die API unterscheidet sich leicht von `kafka-python`.

Ziel ist, dass das Skript von der Kommandozeile liest und diese Inhalte als Events in Kafka speichert. Listing 12.1 zeigt hierfür ein Beispielprogramm. Die Funktion `get_producer()` ist eine Hilfsfunktion, die eine konfigurierte Instanz der Klasse `KafkaProducer` zurückgibt.

- `localhost:9092` gibt die Adresse des Kafka-Brokers an.
- Da Kafka zur Übertragung Bytes benötigt, muss die Nachricht serialisiert werden. Dies geschieht mit `lambda v: json.dumps(v).encode('utf-8')`. JSON wird genutzt, um die Nachrichten als Key-Value-Struktur übertragen zu können.
- `linger_ms=5`: System puffert Nachrichten innerhalb einer 5 ms-Zeitspanne und schickt diese dann gesammelt raus
- `acks=all`: Die Bestätigung seitens des Brokers erfolgt erst, wenn alle Replikate die Nachricht erhalten haben.
- `retries=5`: Falls das Senden fehlschlägt, werden bis zu fünf Neuversuche gestartet, um die Nachricht erneut zu senden.

Im Hauptprogramm wird in einer Schleife mit bis zu zehn Versuchen die Methode `get_producer()` aufgerufen. Wenn Kafka noch nicht erreichbar ist (Exception `NoBrokersAvailable`), wartet das Programm jeweils zwei Sekunden und probiert es erneut. Wenn nach zehn Versuchen immer noch kein Broker erreichbar ist, beendet sich das Programm mit einer Fehlermeldung. Mit `for line in sys.stdin` liest das Programm Zeile für Zeile von der Standard-Eingabe (z. B. über die Konsole oder aus einer Datei, die per Pipe übergeben werden kann). Jede Eingabezeile wird getrimmt (`.strip()`) und in eine Kafka-Nachricht verpackt: `event = {"id": i, "msg": msg}`

11 *https://github.com/dpkp/kafka-python*
12 *https://github.com/confluentinc/confluent-kafka-python*

Listing 12.1 Python-Code für einen Producer

```
from kafka import KafkaProducer
from kafka.errors import NoBrokersAvailable
import json, time, sys

BOOTSTRAP = "localhost:9092"
TOPIC = "my_first_topic"

def get_producer():
    # JSON-Serializer und UTF-8 Encoding
    return KafkaProducer(
        bootstrap_servers=BOOTSTRAP,
        value_serializer=lambda v: json.dumps(v).encode("utf-8"),
        key_serializer=lambda k: str(k).encode("utf-8") if k is not
        ↪ None else None,
        linger_ms=5,                 # kleine Bündelung
        acks="all",                  # sichere Bestätigung
        retries=5,                   # einfache Retry-Logik
    )

if __name__ == "__main__":
    # Warte ggf. kurz, bis Kafka verfügbar ist
    for i in range(10):
        try:
            producer = get_producer()
            break
        except NoBrokersAvailable:
            print("Kafka noch nicht erreichbar, warte...")
            time.sleep(2)
    else:
        raise SystemExit("Kafka nicht erreichbar.")

    try:
        for msg_id, line in enumerate(sys.stdin, start=1):
            msg = line.strip()
            if not msg:
                continue
            event = {"id": msg_id, "msg": msg}
            key = f"user-{msg_id % 3}"  # Beispiel: Partitionierung
            ↪ nach msg_id
            producer.send(TOPIC, key=key, value=event)
            print(f"Gesendet: {event}")
    except KeyboardInterrupt:
            print("\nAbgebrochen.")
```

→

```
42         finally:
43             producer.flush()
44             producer.close()
45             print("Fertig.")
```

Die Nachricht wird mit einem Schlüssel (`key=f{i%3}`) verschickt. Alle Nachrichten mit demselben Schlüssel landen in der gleichen Partition. Für jede Nachricht wird eine Bestätigung auf der Konsole ausgegeben. `producer.flush()` (Zeile 43) sorgt dafür, dass Nachrichten, die sich noch im Puffer befinden, an den Broker übertragen werden.

Starten können wir das Python Skript mit

```
$ python producer.py
```

Die Konsole wird dann Zeile für Zeile ausgelesen und als Nachricht an den Broker gesendet. Ein Beispiel könnte wir folgt aussehen:

```
------------------------------------------------------------------------
ICE 720 Voraussichtliche Ankunft 16:20 Uhr
Gesendet: {'id': 1, 'msg': 'ICE 720 Voraussichtliche Ankunft 16:20 Uhr'}
ICE 720 Voraussichtliche Ankunft 16:50 Uhr
Gesendet: {'id': 2, 'msg': 'ICE 720 Voraussichtliche Ankunft 16:50 Uhr'}
ICE 720 Voraussichtliche Ankunft 17:00 Uhr
Gesendet: {'id': 3, 'msg': 'ICE 720 Voraussichtliche Ankunft 17:00 Uhr'}
```

Im nächsten Schritt betrachten wir, wie Nachrichten konsumiert werden können, auch wieder am Beispiel eines Python-Programms (Listing 12.2). Nach dem Start wird eine Verbindung zu Kafka aufgebaut und fortlaufend Nachrichten aus dem Topic `my_first_topic` gelesen.

Listing 12.2 Python-Code für Consumer

```
from kafka import KafkaConsumer
import json

BOOTSTRAP = "localhost:9092"
TOPIC = "my_first_topic"
GROUP_ID = "my-group-1"    # Consumer-Group für Offset-Management

if __name__ == "__main__":
    consumer = KafkaConsumer(
        TOPIC,
        bootstrap_servers=BOOTSTRAP,
        group_id=GROUP_ID,
        auto_offset_reset="earliest",
        enable_auto_commit=True,
        value_deserializer=lambda v: json.loads(v.decode("utf-8")),
        key_deserializer=lambda k: k.decode("utf-8") if k else None, →
```

```
17      )
18      print("Warte auf Nachrichten... (Strg+C zum Beenden)")
19      try:
20          for msg in consumer:
21              print(
22                  f"Topic={msg.topic} Partition={msg.partition}
                    ↪  Offset={msg.offset} "
23                  f"Key={msg.key} Value={msg.value}"
24              )
25      except KeyboardInterrupt:
26          pass
27      finally:
28          consumer.close()
```

Dafür wird ein `KafkaConsumer`-Objekt konfiguriert (Zeilen 9–17).

- `bootstrap_servers=...`: Gibt an, wo der Kafka-Broker erreichbar ist.
- `group_id`: Zuordnung zu einer Consumer-Gruppe. Diese ermöglichen Offset-Management (Kafka merkt sich, bis wohin diese Gruppe schon Nachrichten gelesen hat).
- `auto_offset_reset="earliest"`: Sollte es noch keinen gespeicherten Offset geben, wird am Start des Topics begonnen.
- `enable_auto_commit=True`: Offsets werden regelmäßig automatisch gespeichert → Consumer liest beim nächsten Start an der letzten Stelle weiter.
- `value_deserializer`: Wandelt die empfangenen Bytes (JSON-Text) zurück in ein Python-Objekt (`dict`).
- `key_deserializer`: Wandelt den optionalen Key zurück in einen String.

Der Consumer liest die Nachrichten in einer Endlosschleife, indem er kontinuierlich neue Daten von Kafka abruft (pollt). Für jede Nachricht gibt er die Metadaten wie das Topic, die Partition und den Offset sowie den eigentlichen Nachrichteninhalt aus (Zeilen 21–24).

Starten können Sie den Consumer in einer neuen Konsole mit:

```
python consumer.py
```

Für die drei Nachrichten, die im Producer-Beispiel versendet wurden, wäre die Ausgabe:

```
Warte auf Nachrichten... (Strg+C zum Beenden)
Topic=my_first_topic Partition=0 Offset=0 Key=user-1 Value={'id': 1,
'msg': 'ICE 720: Verspätung 16:20 Uhr'}
Topic=my_first_topic Partition=0 Offset=1 Key=user-2 Value={'id': 2,
'msg': 'ICE 720: Verspätung 16:50 Uhr'}
Topic=my_first_topic Partition=0 Offset=2 Key=user-0 Value={'id': 3,
'msg': 'ICE 720: Verspätung 17:00 Uhr'}
```

Literatur

[Goo+12] Ken Goodhope et al. „Building LinkedIn's Real-time Activity Data Pipeline." In: *IEEE Data Eng. Bull.* 35.2 (2012), S. 33–45.

[Kle17] Martin Kleppmann. *Designing data-intensive applications: The big ideas behind reliable, scalable, and maintainable systems*. O'Reilly Media, 2017.

[KNR11] Jay Kreps, Neha Narkhede und Jun Rao. „Kafka: a Distributed Messaging System for Log Processing". In: *Proceedings of the NetDB Workshop*. NetDB '11. ACM, 2011.

[NSP17] Neha Narkhede, Gwen Shapira und Todd Palino. *Kafka: the definitive guide: real-time data and stream processing at scale*. O'Reilly Media, Inc., 2017.

[NW17] Neha Narkhede und Guozhang Wang. *Exactly-Once Semantics Are Possible: Here's How Kafka Does It*. Zuletzt aktualisiert im März 2025. 2017.

[Sey21] Mitch Seymour. *Mastering Kafka Streams and ksqlDB: Building Real-Time Data Systems by Example*. 1. Aufl. O'Reilly Media, 2021, S. 432.

[SGK22] Dylan Scott, Viktor Gamov und Dave Klein. *Kafka in Action*. Shelter Island, NY: Manning Publications (Simon & Schuster), 2022, S. 272.

[Wan22] Guozhang Wang. *Why ZooKeeper Was Replaced with KRaft – The Log of All Logs*. März 2022. URL: *https://www.confluent.io/blog/why-replace-zookeeper-with-kafka-raft-the-log-of-all-logs*.

[ZK25] Anatoly Zelenin und Alexander Kropp. *Apache Kafka: Von den Grundlagen bis zum Produktiveinsatz*. 2. Aufl. Carl Hanser Verlag, 2025, S. 256.

Teil 3

Datenverarbeitung

13 Verarbeitungsparadigmen

13.1 Historie

Vor der Jahrtausendwende war die IT-Welt noch weitgehend in Ordnung. Zwar war früher mit Sicherheit nicht alles besser, wer wünscht sich heute etwa noch Disketten, auf unter ein Megabyte beschränkten Arbeitsspeicher oder Monochrom-Monitore zurück? Aber wenn wir ehrlich sind, war es doch eine schöne Zeit, als die allermeisten Daten und Programme noch ganz leicht auf eine Diskette mit 720 Kilobyte gepasst haben. Auf eines war damals jedenfalls Verlass: Die Computer wuchsen zuverlässig mit den steigenden Anforderungen ihrer Nutzer. Wurden sie nach zwei, drei Jahren zu klein und zu langsam, gab es bereits eine neue Gerätegeneration auf dem Markt, die entsprechend leistungsfähiger und zumeist sogar günstiger war als die Vorgängergeneration.

Das änderte sich allerdings schlagartig ab etwa 2005 mit der Stagnation der Prozessortaktraten (vgl. auch Bild 2.2), die durch die steigende Wärmeentwicklung in immer dichter mit Schaltungen bepackten Prozessoren ausgelöst wurde: Wachsende Datenmengen konnten plötzlich nicht mehr durch den Einsatz schnellerer Rechner (engl.: scale-up) bewältigt werden, sondern müssen seither auf mehrere Prozessoren oder gar Maschinen verteilt werden (engl.: scale-out), um sie bearbeiten zu können. Offensichtlich spielten auch eine Reihe weiterer Faktoren wie das Wachstum des World Wide Web und vor allem des E-Commerce oder die steigende Verbreitung von mobilen Geräten und eine Flut an Fotos und Videos in den sozialen Medien eine Rolle[1)], aber es ist sicher kein Zufall, dass die Geburt der ersten Big-Data-Ansätze wie MapReduce genau mit der genannten Stagnation der Taktraten zusammenfällt.

1 In diese Zeit fallen auch die Gründung von Facebook 2004 sowie die Vorstellung des iPhone in 2007.

Viele der Ideen, die zu dieser Zeit einer breiteren Fachöffentlichkeit bekannt wurden und die wir heute unter dem Begriff Big Data zusammenfassen, waren auch damals schon alles andere als neu: Beispielsweise hatte das seit den frühen 1990er-Jahren entwickelte Parallelprogrammierungs-Framework MPI (für: Message Passing Interface) bereits alle Bausteine, um ein verteiltes MapReduce mit wenigen Funktionsaufrufen umzusetzen. Weitsichtige Ingenieure und Ingenieurinnen prägten nämlich bereits in den 1990er-Jahren den Begriff des Grid Computing, bei dem Verarbeitungsaufgaben auf einen Cluster gleichartiger Maschinen verteilt werden und dort quasi im Gleichschritt ausgeführt werden konnten.

Es bleibt rückblickend schwer einzuschätzen, was den breiten Erfolg von MPI verhinderte und den Weg für den Siegeszug von MapReduce alias Hadoop bereitete. Vielleicht war es schlicht die geschickte Kombination mit einem verteilten Dateisystem, die den Erfolg von Hadoop möglich machte. Während die Daten bei Hadoop direkt im Cluster gespeichert werden, ist bei MPI zu Beginn eines Jobs eine zeitintensive Verteilung von Daten in den Computing-Cluster notwendig. Vielleicht spielte auch eine Rolle, dass Hadoop von Anfang an auf Commodity-Hardware, also Cluster aus beliebig „zusammengewürfelten“ Rechnern, ausgelegt war und kein aufwendig zu betreibendes Computing-Grid benötigte. Zudem ist Hadoop durch Redundanz auch deutlich resilienter bei Ausfällen einzelner Rechner, als das bei MPI der Fall war.

DON'T TRY THIS AT HOME! Die Entwicklung einer resilienten Verarbeitungsumgebung für große Datenmengen ist eine komplexe Aufgabe, für die man auf ein ausgereiftes Framework zurückgreifen sollte. Ein solches selbst neu zu entwickeln, führt nur zu unnötigen technischen Schulden.

Vielleicht war es aufgrund der vielen anderen, parallel stattfindenden Entwicklungen in der Informatik auch einfach nur an der Zeit für den Durchbruch des in Java entwickelten Hadoop-Frameworks, das schließlich günstige Big-Data-Analysen für alle versprach.

13.2 Überblick

Die Verwendung von MapReduce und Hadoop in einem Rechner-Cluster war in den frühen 2010er-Jahren quasi das Synonym für Big Data. Hadoop ist zwar heute (nur noch) eines von vielen Frameworks zur Verarbeitung großer Datenmengen, hat aber die frühen Jahre der Big-Data-Verarbeitung wie kein anderes geprägt.

Doch die Entwicklung ist in den letzten Jahren in rasantem Tempo vorangeschritten. Die Zahl der verfügbaren Frameworks ist schier unüberschaubar geworden, alleine im sogenannten Hadoop-Ökosystem sind weit über ein Dutzend Werkzeuge verfügbar, die dessen Einsatz in Spezialbereichen vereinfachen sollen. Das macht das Schreiben eines Buches zu einer nicht unerheblichen Herausforderung, einmal im Hinblick auf den Umfang und einmal natürlich auch im Hinblick auf die Aktualität.

Aus heutiger Sicht lassen sich die Big-Data-Frameworks, die wir in diesem Kapitel vorstellen möchten, in folgende vier Generationen einteilen:

1. Generation: **Batch-Verarbeitung** großer Datenmengen (ab ca. 2005).

   Primär mit Hadoop.

2. Generation: **In-Memory-Verarbeitung** mit Batches und später Micro-Batches (ab ca. 2010).

   Spark und Beginn von Spark Streaming.

3. Generation: **Echte Stream-Verarbeitung** (ab ca. 2012).

   Hier sind vor allem Storm und Samza zu nennen.

4. Generation: **Hybride Systeme mit Real-Time Streaming** (ab ca. 2016).

   Insbesondere Flink, aber auch Spark Structured Streaming.

Wir möchten daher in diesem Kapitel zunächst die grundlegenden Konzepte hinter den drei wichtigsten Paradigmen, die sich etablieren konnten, im Detail und möglichst zeitlos vorstellen, um eine gute Grundlage für eigene Vertiefungen zu geben. Nichtsdestotrotz werden wir diese Grundlagen anhand konkreter Beispiele illustrieren, um sie anschaulicher zu machen und einen leichten Einstieg in populäre Frameworks zu vermitteln.

Tabelle 13.1 fasst alle drei Paradigmen auf einen Blick zusammen und greift dazu den zuvor bereits gezogenen Vergleich mit der Verarbeitung von Rohöl noch einmal auf, um die bevorzugten Anwendungsbereiche und Herausforderungen der Paradigmen zu verdeutlichen.

Wir werden uns bei der folgenden Erläuterung der Verarbeitungsparadigmen an der historischen Entwicklung orientieren und mit der Batch-Verarbeitung auf Basis von MapReduce und Hadoop beginnen. Wie in Tabelle 13.1 gut zu sehen, ist die Verarbeitung von großen Datenportionen (sogenannten Batches) gut mit dem Löschen der Ladung eines Tankschiffs zu vergleichen. Es ist mit der Anlieferung schlagartig eine große Datenmenge zu verarbeiten, was entsprechend einen größeren Zeitraum in Anspruch nehmen kann.

Auch die Entladung von „Tanklastern voller Daten“, im Fachjargon Micro-Batches genannt, benötigt eine gewisse Verarbeitungszeit, aber keinesfalls so lange wie das Umschlagen einer kompletten Schiffsladung. Bleibt als drittes Paradigma noch die Stream-Verarbeitung zu nennen, die Daten oder im bildlichen Vergleich Öl kontinuierlich über eine Pipeline angeliefert bekommt und diese quasi in Echtzeit ohne Rückstaus verarbeiten können muss.

Tabelle 13.1 Big-Data-Verarbeitungsparadigmen im Überblick

Paradigma	Anwendungsfälle	Merkmale	siehe
Batch  (Tankschiff)	Nicht zeitkritische Verarbeitung sehr großer Datenmengen, bspw. die Auswertung aller jährlichen Umsätze einer Firma	Lange Latenzzeiten (Stunden bis Tage)	Abschnitt 13.3
Micro-Batch  (Tanklaster)	Regelmäßige Verarbeitung nicht zu großer Datenmengen, bspw. zur nächtlichen Auswertung von Umsätzen über alle Filialen hinweg	Kürzere Latenzzeiten (Sekunden bis wenige Minuten)	Abschnitt 13.4
Stream  (Pipeline)	Fortlaufende Datenanlieferung, bspw. zur Erkennung von betrügerischen Kreditkarten-Transaktionen	Echtzeitverarbeitung mit Latenzzeiten im einstelligen Sekundenbereich	Abschnitt 13.5

Interessant ist, dass alle drei Paradigmen letztlich wie alle IT-Systeme dem EVA-Prinzip (für Eingabe-Verarbeitung-Ausgabe) folgen und die gelieferten Rohdaten in eine Ausgabe, wie bspw. eine Analyse oder eine Vorhersage, transformieren. Bei allen drei Paradigmen besteht zudem die Möglichkeit, mehrere solcher EVA-Bausteine hintereinander zu verketten; das Pipes-and-Filters-Pattern aus der Softwaretechnik lässt grüßen.

13.3 Batch-Verarbeitung

Das 2006 veröffentlichte Hadoop-Framework, ursprünglich von Doug Cutting, dem Entwickler des Suchmaschinen-Frameworks Lucene, angestoßen und nach dem Spielzeug-Elefanten seines Sohns benannt, gilt gemeinhin als die Mutter des in den frühen 2000er-Jahren beginnenden Big-Data-Hypes. Spätestens in den 2010er-Jahren gehörte es für größere Firmen zum guten Ton, einen Hadoop-Cluster für Big-Data-Analytics zu unterhalten, um dem sogenannten „Big Data Envy“, also der Angst, diese wichtige technische Innovation und die daraus resultierenden Wettbewerbsvorteile zu verpassen, zu entgehen. Dennoch wurden solche Cluster nach glaubwürdigen Erzählungen aus der Industrie in vielen Fällen nicht ansatzweise ausgelastet, da sowohl die Daten als auch die Datenexperten und nicht zuletzt sinnvolle Use Cases dafür fehlten.

Schon alleine aus historischen Gründen kommt ein Lehrbuch über Big Data also nicht an MapReduce und Hadoop vorbei. Einmal ganz davon abgesehen, dass beide noch immer weitläufig in der Praxis eingesetzt werden.

Neueinsteigern in der Big-Data-Verarbeitung würden wir heute dennoch zur Verwendung eines der im Anschluss erläuterten, moderneren Frameworks raten. Auch Spark und sogar Flink sind sehr gut in der Lage, große Datenmengen in sogenannten Batches zu verarbeiten. Dazu mehr in den Abschnitten 13.4 und 13.5.

13.3.1 MapReduce und Hadoop

Spannend sind Hadoop und MapReduce nicht zuletzt deshalb, weil sich mit ihrer Hilfe einige fundamentale Herausforderungen der verteilten Datenverarbeitung anschaulich erläutern lassen. Wie sollen wir etwa damit umgehen, wenn unter Umständen hunderte oder gar tausende Rechner Daten parallel auswerten und ihre Zwischenergebnisse an der gleichen Stelle in eine Datenbank schreiben möchten? MapReduce ist zuallererst ein Ansatz zur Auflösung von solchen konkurrierenden Schreibzugriffen (engl.: Concurrent Writes), die durch parallele Verarbeitung entstehen können.

Im Wesentlichen besteht Hadoop aus drei Komponenten: Nummer 1 ist ein **verteiltes Dateisystem** namens HDFS (= **H**adoop **D**istributed **F**ile **S**ystem), das automatisch über alle Rechner in einem Hadoop-Cluster aufgespannt wird. Dabei nutzt das HDFS einen sogenannten **NameNode** als Master, der die Metadaten des Dateisystems verwaltet und Buch darüber führt, welcher Datenblock wo gespeichert und repliziert ist. Um die eigentliche Speicherung der Daten kümmern sich die sogenannten **DataNodes**.

Das MapReduce-Framework zur verteilten Verarbeitung der im HDFS gespeicherten Daten macht den zweiten Kernbestandteil von Hadoop aus. Diese beiden werden ergänzt und auch orchestriert von **YARN** (**Y**et **A**nother **R**esource **M**anager), den man als eine Art Betriebssystem für Hadoop-Cluster verstehen kann.

YARN besteht selbst wiederum aus zwei Komponenten, nämlich aus einem zentralen **ResourceManager**, der für die Verteilung von Rechenleistung und Speicher, eben der Ressourcen, für die MapReduce-Jobs zuständig ist. Sowie zum anderen aus einem sogenannten **NodeManager**, der für die lokale Überwachung der Ressourcen sowie die Steuerung der auf einer Maschine nötigen MapReduce-Instanzen zuständig ist, und auf jedem Knoten laufen muss. Nicht zuletzt kommuniziert der NodeManager mit dem ResourceManager, damit dieser die möglichst optimale Ausführung aller Jobs im Blick behalten kann. Mit der Einführung von YARN in Hadoop 2.0 ist es möglich geworden, auch andere Verarbeitungs-Frameworks wie Spark oder Flink in einem Hadoop-Cluster auszuführen, was zur Nutzung des HDFS auch heute noch gerne gemacht wird.

13.3.2 Einleitendes Beispiel

Nähern wir uns den technischen Grundlagen mithilfe eines anschaulichen Beispiels an, das es auch auf YouTube in einem gelungenen Video[2] zu sehen gibt. Stellen wir uns dafür vor, wir müssten in einem sehr großen Haufen von Spielkarten zählen, wie viele Karten von jeder Farbe (also Kreuz, Pik, Herz, Karo) darin enthalten sind; beispielsweise um daraus wieder komplette Kartenspiele zusammenzustellen, wie sie in Las Vegas palettenweise von den großen Casinos als Souvenirs verkauft werden.

Bild 13.1 Manuelle Kartenzählung mithilfe von DeepAI.org illustriert

Um den Überblick über den aktuellen Zählerstand nicht zu verlieren, aktualisieren wir die jeweilige Anzahl, wie in Bild 13.2 gezeigt, tabellarisch an einer Tafel bzw. einem Whiteboard. Ob wir das mit Zahlen oder einer Strichliste angehen, spielt dabei zunächst einmal keine Rolle.

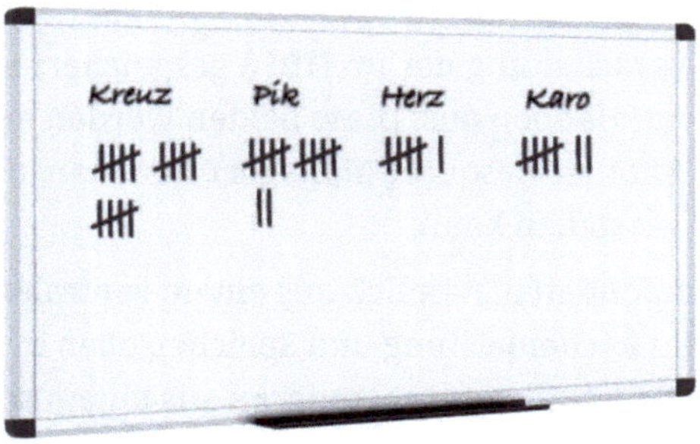

Bild 13.2 Beispielhafter Zählerstand an einem Whiteboard

Weil es so viele Karten sind, bitten wir eine Reihe von Freunden um Unterstützung, um die Zählung zu beschleunigen. Die Karten lassen sich leicht in kleineren Haufen an diese verteilen, sodass alle unabhängig voneinander zählen können. Wenn nun aber alle von uns nach jeder Karte zur Tafel laufen müssen, um den entsprechenden Zählerstand zu aktualisieren, haben wir dort sehr schnell ein großes Gedränge, weil immer nur eine Person einen Eintrag an der Tafel ändern kann. Es wären daher alle

2 *https://www.youtube.com/watch?v=bcjSe0xCHbE*

mehr mit Laufen zur und Warten an der Tafel beschäftigt als mit dem eigentlichen Zählen.

Ein ganz ähnliches Problem hätte auch ein großer Computer-Cluster mit potenziell hunderten von Servern, der seine Ergebnisse auf diese Weise in eine Datenbank speichern möchte. Auch die Rechner des Clusters müssten sich an der Datenbank in eine Warteschlange einreihen, bis sie schließlich den passenden Zähler aktualisieren dürften. Der Zeitverlust durch diese konkurrierenden Schreibzugriffe wäre immens.

Überlegen wir uns also eine erste Optimierung: Wenn jeder unserer Freunde erst eine größere Anzahl, also bspw. ein Dutzend Karten, zählt und dann alle Zählerwerte auf einmal in der Datenbank aktualisiert, sollte es schon um einiges schneller gehen.

Doch es geht noch geschickter: Wir verteilen wie zuvor den vorhandenen Kartenhaufen vollständig und möglichst gleichmäßig auf unsere Unterstützer. Noch besser haben wir das schon vorher gemacht, beispielsweise weil die Kartenmenge bei der Anlieferung ohnehin zu groß zur Ablage auf einem einzelnen Tisch gewesen ist und wir sie auf viele Tische verteilen mussten. Nun erklären wir unseren Freunden, dass jeder von ihnen eine eigene Tabelle für die vier Farben auf einem Blatt Papier führen soll.

Sobald alle mit Zählen fertig sind, wählen wir vier Freunde aus, die besonders gut im Kopfrechnen sind. Diesen lassen wir die gefundenen Werte jeweils einer Farbe von allen Freunden übermitteln. Angenommen, wir hätten 15 Freunde mit Kartenzählen beschäftigt, dann würde nun also einer der Kopfrechner alle 15 Ergebnisse für Karo, einer alle für Herz, einer alle für Pik und einer alle für Kreuz erhalten. Die vier Rechenkünstler addieren die erhaltenen Werte nun zusammen und jeder von ihnen kann sein Gesamtergebnis ungestört an die Tafel schreiben, da so sichergestellt ist, dass niemand anderes mehr den gleichen Eintrag, sprich, die gleiche Farbe, bearbeiten möchte.

So einfach ist also die Grundidee von MapReduce zu verstehen, auch wenn sie auf den ersten Blick nicht besonders geradlinig erscheint. **Map** und **Reduce** bezeichnen hier die beiden Phasen, für die wir unsere Freunde eingespannt haben. In der Map-Phase zählt jeder unserer 15 Freunde seinen Kartenstapel, in der Reduce-Phase addieren schließlich die Rechenkünstler die erhaltenen Zwischenergebnisse zur jeweiligen Gesamtsumme zusammen. Genau genommen gibt es dazwischen noch eine sogenannte Shuffle-Phase, in der die Zwischenergebnisse aus dem Map-Schritt (die einzelnen Zählungen der vier Farben) an die Kopfrechner verteilt werden. Um in unserem Bild zu bleiben, würden die Kartenzähler ihren Tabellenzettel zerschneiden und den jeweils passenden Eintrag an einen der Rechenkünstler weiterreichen.

13.3.3 Einführendes Codebeispiel

Da Hadoop ursprünglich in Java implementiert worden ist, wollen wir auch unsere Kartenzählung in Java implementieren. Zunächst benötigen wir dafür eine Datenquelle, die einen großen „Stapel" von kunterbunt gemischten Karten erzeugt. Diese könnten wir beispielsweise wie in Listing 13.1 implementieren. Wir wollen es an dieser Stelle einfach halten und verwenden daher für eine Karte schlicht einen String aus Farbe und Wert der Karte, z. B. also „Pik Ass“.

Listing 13.1 Einfaches Programm zum Erzeugen von Spielkarten-Werten (in Java)

```java
static void createHugeCardStack(String filename, int noOfCards)
                                        throws FileNotFoundException {

    String[] suits = {"Karo", "Herz", "Pik", "Kreuz"};
    String[] values = {"Zwei", "Drei", "Vier", "Fünf",
                       "Sechs", "Sieben", "Acht", "Neun",
                       "Zehn", "Bube", "Dame", "König", "Ass"};

    PrintWriter pw = new PrintWriter(new File(filename));
    for (int i = 0; i < noOfCards; i++)
        pw.println(suits[(int)(Math.random() * 4)] + " "
                      + values[(int)(Math.random() * 13)]);
    pw.close();
}
```

Die nächste Frage, die wir klären müssen, ist die, wie wir unseren Kartenstapel in Hadoop bzw. in der realen Welt in einen Hadoop-Cluster hinein bekommen würden. Der einfachste Weg, Daten in Hadoop zu laden, ist, diese wie oben in Textform vorliegen zu haben. Sollten die Daten in der Praxis zu groß für eine Maschine werden, drängt sich die Verwendung des Hadoop File System (HDFS) auf, das sich automatisch darum kümmert, die Datei auf mehrere Maschinen zu verteilen. Das entspricht ungefähr unserem vorherigen Bild mit den verschiedenen Tischen, auf die die realen Kartenhaufen verteilt werden.

Diese elegante Verknüpfung von verteilter Speicherung und verteilter Verarbeitung war sicherlich eine der Hauptgrundlagen für die große Popularität von Hadoop. Um es an dieser Stelle noch einmal hervorzuheben: Bei Verwendung des HDFS verteilt Hadoop die Daten idealerweise schon beim Speichern möglichst gleichmäßig auf die zur Verfügung stehenden Maschinen, sodass diese direkt mit der Verarbeitung loslegen können und keine Eingabedaten mehr hin und her transferiert werden müssen. Da Hadoop auf die Verarbeitung großer Datenmengen ausgelegt ist, werden Daten per Default in Blöcke von 64 MB zerteilt; darunter wäre der daraus resultierende Overhead zu groß.

Zum Ausführen benötigen wir eine lauffähige Hadoop-Distribution bzw. zum Ausprobieren und Üben reicht auch eine Entwicklungsumgebung, mit den entsprechenden Bibliotheken im Classpath eines Projekts. In diesem Projekt legen wir ein MapReduce-Programm an, das die Kartenzählung übernimmt. Wie der Name MapReduce nahelegt, müssen wir zwei Methoden implementieren: eine für die Map- und eine für die

Reduce-Funktionalität. In der Praxis hat es sich zumindest bei kleineren Programmen mit wenigen Schritten bewährt, diese in statische innere Klassen zu packen, die von den entsprechenden Vorgaben des Hadoop-Frameworks erben. Dazu gleich mehr.

MapReduce-Jobs verwenden für Map und Reduce jeweils ein Format, das auf **Key-Value-Paaren** basiert. Das heißt, sowohl Ein- als auch Ausgaben, die gewöhnlich aus dem Dateisystem (also dem HDFS) gelesen und auch dorthin wieder zurückgeschrieben werden, müssen aus einer Menge von Schlüsseln mit jeweils zugehörigen Werten bestehen.

Um mit diesem recht primitiv anmutenden Ansatz auch komplexere Aufgaben erfüllen zu können, lassen sich mehrere MapReduce-Jobs hintereinander hängen. Aber der Reihe nach.

Hadoop-Jobs

Betrachten wir zunächst die main-Methode der umschließenden Klasse eines Hadoop-Programms, das im einfachsten Fall aus genau einem MapReduce-Job[3] besteht. Richtig gelesen, Hadoop wird über eine ganz normale, recht gut nachvollziehbare main-Methode gestartet, die wie in Listing 13.2 gezeigt aufgebaut ist:

Listing 13.2 Typischer Aufbau der main-Methode eines Hadoop-Programms (in Java)

```
public class CardCount {
   public static void main(String[] args) throws Exception {
      Configuration conf = new Configuration();
      job job = Job.getInstance(conf, "card count");
      job.setNumReduceTasks(4);

      // Angabe der nötigen Klassen
      job.setJarByClass(CardCount.class);
      job.setMapperClass(CardSuitMapper.class);
      job.setCombinerClass(MySumReducer.class);
      job.setReducerClass(MySumReducer.class);

      // Festlegung der Ausgabedaten für Mapper und Reducer
      job.setMapOutputKeyClass(Text.class);
      job.setMapOutputValueClass(LongWritable.class);
      job.setOutputKeyClass(Text.class);
      job.setOutputValueClass(LongWritable.class);

                                                              →
```

3 Eine ausführliche Erläuterung dieses Programms gibt es bei Youtube: *https://www.youtube.com/watch?v=Us3qqdyxRgg*

```
19            FileInputFormat.addInputPath(job, new Path("/tmp/cards.txt"));
20            FileOutputFormat.setOutputPath(job, new Path("/tmp/counters/"));
21
22            job.waitForCompletion(true);
23        }
24
25        // hier können später noch statische innere Klassen für die
26        // Implementierungen von Mapper und Reducer (s. Zeile 8 ff.) folgen
27
28    }
```

Zunächst werden in den Zeilen 3 und 4 ein Objekt für eine Hadoop-Konfiguration und eines für den eigentlichen Hadoop-Job angelegt sowie die Anzahl der Reducer festgelegt. Außer dem Namen des Jobs, der im Betrieb bspw. auf der Weboberfläche[4] von Hadoop zur Identifikation des Jobs verwendet werden kann, müssen wir hier keine Parameter angeben. Die Idee hinter der in Zeile 5 angegebenen Zahl der Reducer-Instanzen ist, eine für jede Kartenfarbe zu verwenden.

Da Hadoop die Daten per Default jedoch mit einem HashPartitioner[5] nach einem Hash des Keys modulo der Reducer-Anzahl verteilt (siehe Listing 13.3), ist das leider nicht garantiert.

Listing 13.3 getPartition-Methode des Standard-HashPartitioners von Hadoop

```
    public int getPartition(K key, V value, int numReduceTasks) {
        return (key.hashCode() & Integer.MAX_VALUE) % numReduceTasks;
    }
```

Das spielt in unserem kleinen Beispiel zwar keine besondere Rolle, kann aber in der Praxis zu starken „Unwuchten" bei der Verarbeitung (sog. Data Skew) führen.

Daten nach dem Hash ihres Keys zu verteilen, ist nicht immer ganz ungefährlich: Es gab nämlich einmal eine Graph-Datenbank, die ihre ganzzahligen Primärschlüssel immer in 32er-Schritten inkrementierte. Es kostete das Entwicklungsteam eines der Autoren mehrere Stunden, um herauszufinden, warum in einem MapReduce-Job ein Großteil der Reducer-Knoten nur Däumchen drehte, während ein kleiner Teil permanent am Anschlag arbeitete.

4 Bei einer lokalen Installation ist der YARN-Ressourcenmanager unter *http://localhost:8088* erreichbar. Unter *http://localhost:50070* für ältere Hadoop-Versionen und *http://localhost:9870* ab Hadoop 3 kann auf die Oberfläche des sog. NameNodes mit Informationen zum Dateisystem und den zugehörigen Rechnern zugegriffen werden.

5 *https://hadoop.apache.org/docs/r2.7.1/api/src-html/org/apache/hadoop/mapreduce/lib/partition/HashPartitioner.html*

Ursache dafür war, dass der Hash von ganzzahligen Werten in Java direkt der Wert selbst ist und damit der Modulo direkt auf dem Primärschlüssel berechnet wurde. Somit wird nur ein kleiner Teil der Reducer auch tatsächlich mit Daten versorgt. Bei 20 Stück bspw. wäre das Modulo-Ergebnis immer nur entweder 0, 4, 8, 12 oder 16. Entsprechend argwöhnisch sollten Sie bei der Verwendung der Standard-Datenverteilung immer auf eine Gleichverteilung der Hash-Codes achten.

Ab Zeile 7 folgt in Listing 13.2 die Parametrisierung des Jobs über eine Reihe von Setter-Methoden. Wir müssen angeben, wie die Klasse heißt, die den **Job** selbst enthält; das ist in diesem Fall schlicht der Name der Klasse aus Zeile 1. Dann folgen die Klassennamen von **Mapper** (Zeile 9) und **Reducer** (Zeile 11); das sind zwei (ggf. statische innere) Klassen, die wir gleich noch besprechen werden.

Die von Hadoop zur Laufzeit erzeugten Mapper-Instanzen entsprechen unseren 15 Freunden von zuvor, die wir zum Kartenzählen akquirieren konnten, die Reducer-Instanzen den Rechenkünstlern, die die 15 Einzelergebnisse für jede Farbe zusammenaddieren. Wie bereits erläutert, verteilt Hadoop die Eingabedaten möglichst gleichmäßige auf die im Cluster vorhandenen Rechenknoten. Die im Beispiel verwendeten Textdateien werden zeilenweise an die verschiedenen Mapper-Instanzen geschickt; dazu gleich mehr (bspw. in Tabelle 13.2).

Etwas unterschlagen haben wir bisher den sogenannten **Combiner** (in Zeile 10). Dieser ist zunächst einmal nichts weiter als ein Reducer, der auf dem gleichen Rechner wie der Mapper ausgeführt wird, um Bandbreite bei der Datenübertragung zu sparen. Daher verwenden wir an dieser Stelle auch genau die gleiche Klasse wie für den Reducer.

Warum ist ein Combiner notwendig, fragen Sie sich? Er ist zunächst optional, aber eben doch hilfreich, da Hadoop zur Vermeidung von Abhängigkeiten, ähnlich wie wir an der Tafel, auch nur eine Art Strichliste zur Zählung der Karten führen kann. Das wird gleich im Code für den Mapper noch deutlich werden. Ohne den Combiner müssten alle Striche an die Rechner, die die Summierung durchführen, übertragen werden. Der Combiner ermöglicht es, lokale Zwischensummen zu bilden und so die zu übertragende Datenmenge deutlich zu reduzieren.

Im Code-Block ab Zeile 13 definieren wir die **Datentypen der Ausgaben** von Mapper und Reducer. Dazu müssen wir an dieser Stelle kurz eine Reihe weiterer Konzepte von Hadoop aus dem Codebeispiel verstehen: Zunächst einmal Text und LongWritable. Das sind Hadoops eigene Wrapper-Klassen für Strings und Long-Werte, so wie bspw. Java mit Long eine Wrapper-Klasse für ein primitives Long anbietet. Auch für andere gängige Datentypen gibt es entsprechende Wrapper. Wie bereits angesprochen, passieren alle Ein- und Ausgaben bei MapReduce über Key-Value-Paare; weitere Details dazu gleich.

Als letzte Konfigurationsparameter benötigen wir in den Zeilen 19 und 20 noch den Pfad zu unserer **Eingabedatei** mit den Karten sowie einen Pfad zu dem **Ordner**, in dem die Ergebnisse gespeichert werden sollen. Ersterer kann auch ein Ordner mit vielen gleichartigen Dateien sein, wenn beispielsweise Daten aus vielen verschiedenen Quellen verarbeitet werden sollen. Ist ein HDFS konfiguriert und eingerichtet, versucht Hadoop diese Pfade dort zu finden, ist es nicht vorhanden, wird automatisch im lokalen Dateisystem gesucht.

Hadoop weigert sich übrigens zu Beginn einer Job-Ausführung, existierende Ausgabeordner zu überschreiben, und zwar aus gutem Grund: es ist sicherlich nicht lustig, nach Ausführung eines tagelangen Hadoop-Jobs wertvolle alte Daten überschrieben zu bekommen, nur weil man vergessen hat, diese vorher wegzusichern. Beim Testen kann es daher hilfreich sein, an den Output-Pfad kurzerhand noch ein `System.currentTimeMillis()` anzuhängen, um jedes Mal einen neuen Ordnernamen zu generieren.

Mit job.waitForCompletion(true) in Zeile 22 wird schließlich der Hadoop-Job gestartet. Wie am Methodennamen und dem gesetzten Parameter ersichtlich, wird dieser Aufruf synchron ausgeführt, d. h. er wartet (unter Umständen also Stunden oder sogar Tage), bis der komplette Job abgearbeitet ist. Um einen Überblick über den Stand eines Jobs zu bekommen, empfiehlt es sich, diesen über die bereits erwähnte Weboberfläche von Hadoop im Auge zu behalten, da es auf der Kommandozeile des Hauptprogramms bis zum Verarbeitungsende nichts mehr weiter zu sehen gibt.

Mapper und Reducer

Wie zuvor angedeutet, werden Mapper und Reducer oft als statische innere Klassen implementiert, um sie direkt in der Klasse des Jobs mit angeben zu können. Beide erben jeweils von generisch ausgelegten Klassen des Hadoop-Frameworks, die wie folgt definiert sind:

Listing 13.4 Generische Superklassen des Hadoop-Frameworks

```
public class Mapper<KEYIN, VALUEIN, KEYOUT, VALUEOUT>
public class Reducer<KEYIN, VALUEIN, KEYOUT, VALUEOUT>
```

Wie wir sehen, gibt es hier also zwei Key-Value-Paare, eines für die Eingabedaten und eines für die Ausgabedaten. Für unsere konkreten Mapper- und Reducer-Klassen müssen wir die generischen Typen wie folgt parametrisieren:

Jetzt drängt sich vermutlich die Frage auf, was genau unsere Ein- und Ausgabedaten sein sollen? Betrachten wir daher den CardSuitMapper genauer und überlegen, was wir diesem als Eingabe zur Verfügung stellen können. Erinnern wir uns dazu an unsere Textdatei mit einer großen Anzahl von Strings, die wir zuvor angelegt haben. Diese enthält pro Zeile genau eine „Karte" bzw. ihre textuelle Beschreibung (etwa „Karo

Listing 13.5 Konkrete Kopfzeilen von Mapper und Reducer für das Kartenbeispiel

```
public static class CardSuitMapper
            extends Mapper<LongWritable, Text, Text, LongWritable>

public static class MySumReducer
            extends Reducer<Text, LongWritable, Text, LongWritable>
```

Dame"). Diese Datei hatten wir in Zeile 17 von Listing 13.2 als Input für den Hadoop-Job definiert.

Das Hadoop-Framework liest diese Datei zeilenweise ein und ruft für jede Zeile genau einmal die folgend gezeigte map-Methode des Mappers auf. Der Kopf dieser Methode sieht ganz ähnlich zum Kopf der Mapper-Klasse aus, enthält er doch Eingabe-Key und Eingabe-Value als Parameter:

Listing 13.6 Kopf der zur Klassendefinition passenden Map-Methode

```
public void map(LongWritable key, Text value, Context context)
            throws IOException, InterruptedException { ... }
```

Über den Context-Parameter können weitere Werte transportiert werden, die dem Mapper zur Verfügung stehen sollen, ähnlich wie beispielsweise beim Session-Kontext einer Webanwendung. Ausgabe-Key und -Value müssen in der map-Methode festgesetzt werden, die konkreten Werte werden dann in den Kontext zurückgeschrieben.

Nur was genau sind unsere Eingabe-Keys und -Values? Wie bereits beschrieben, **zerlegt Hadoop die Datei in einzelne Zeilen und ruft für jede Zeile einmal die map-Methode auf.** Vier beispielhafte Eingaben, die jeweils in einem **zustandslosen** Methodenaufruf münden, könnten etwa folgendermaßen aussehen:

Tabelle 13.2 Beispielhafte Eingabedaten im Mapper.

Key	Value
98411	Karo Dame
98421	Kreuz Zehn
98432	Karo Ass
98441	Pik Vier

Als Value kommt der textuelle Inhalt einer Zeile der Eingabedatei, also der Name einer einzelnen Karte, an, als Key ein Long-Wert, der die Position (also den Offset) in der gelesenen Datei angibt.

Aus der Beschreibung der Karte wollen wir nun die Farbe extrahieren und sie zählen. Das kann auf vielen Maschinen parallel nur unabhängig voneinander funktionieren und ist auch der Grund, warum hier **keine** Klassenvariablen zur Zählung genutzt werden können, sondern das Ergebnis in den Hadoop-Kontext geschrieben werden muss.

Rufen wir uns dafür die Ausgabedaten aus dem Kopf der Mapper-Klasse ins Gedächtnis, so benötigen wir wieder einen Key in Textform sowie eine Zahl als Value. Da wir in jedem Methodenaufruf nur genau eine Karte sehen, extrahieren wir dort ihre Farbe und zählen diese genau ein einziges Mal, bildhaft gesprochen wie in einer Strichliste. Somit ergibt sich der folgende Quelltext für die gesamte Mapper-Klasse:

Listing 13.7 Vollständige Mapper-Klasse des Cardcount-Programms für Hadoop

```
public static class CardSuitMapper
            extends Mapper<LongWritable, Text, Text, LongWritable> {

    private Text suit = new Text();
    private final static LongWritable ONE = new LongWritable(1);

    public void map(LongWritable key, Text value, Context context)
            throws IOException, InterruptedException {

        String[] card = value.toString().split(" ");
        suit.set(card[0]);
        context.write(suit, ONE);
    }
}
```

In der Mapper-Klasse wird eine Variable für die gefundene Kartenfarbe als Ausgabe-Key sowie ferner ein konstantes LongWritable mit dem Wert eins als Ausgabe-Value angelegt. Diese beiden Datentypen müssen mit den in den Zeilen 14 und 15 von Listing 13.2 definierten Ausgabe-Typen übereinstimmen.

In der map-Methode selbst wird der erhaltene Kartentext anhand des im Kartennamen enthaltenen Leerzeichens, also bspw. zwischen Pik und Ass, zerlegt, sodass die vier beispielhaften Ausgaben zur obigen Eingabe folgendermaßen aussehen würden, wobei die Reihenfolge aufgrund der möglichen parallelen Verarbeitung ebensowenig festgelegt ist, wie die Mapper-Instanz, in der das passiert:

Tabelle 13.3 Beispielhafte Ausgabedaten des Mappers

Key	Value
Karo	1
Kreuz	1
Karo	1
Pik	1

Wird nun eine große Anzahl von Daten pro beteiligtem Rechner verarbeitet, sammelt sich dort pro Kartenfarbe eine große „Strichliste“ mit Einsen an, die für die Reduce-Phase vollständig auf andere Rechner übertragen werden müsste.

Um diese zeitaufwendige Übertragung zu vermeiden, bietet es sich an, einen Reducer schon lokal auf jedem der beteiligten Server auszuführen. Das ist der bereits angesprochene Combiner, den wir in unserer main-Methode gesetzt haben. Dieser sammelt die Anzahl aller Karten einer Farbe auf jedem Rechner zusammen, sodass nur noch vier verschiedene Werte an den jeweils zuständigen Reducer übermittelt werden müssen.

Combiner und Reducer sind in unserem Beispiel also identisch und zu unserem Zweck wie in Listing 13.8 aufgebaut:

Listing 13.8 Vollständige Reducer-Klasse für das Cardcount-Projekt

```
public static class MySumReducer
            extends Reducer<Text, LongWritable, Text, LongWritable> {

   private LongWritable result = new LongWritable();

   public void reduce(Text key, Iterable<LongWritable> values,
         Context context) throws IOException, InterruptedException {

      long sum = 0;
      for (LongWritable val : values) {
         sum += val.get();
      }

      result.set(sum);
      context.write(key, result);
   }
}
```

Analog zum Mapper gibt es auch hier jeweils ein Key-Value-Paar für die Input-Werte und eines für das finale Ergebnis. Hadoop sammelt für einen Reduce-Aufruf alle Outputs mit dem gleichen Key zusammen. Oder anders ausgedrückt, da wir in der main-Methode die Anzahl der Reducer auf vier gesetzt haben, werden vier Reducer erzeugt, von denen jeder alle Values zu einem Key bekommt, also alle Zählungen einer bestimmten Farbe von allen beteiligten Rechnern.

Diese kommen im Parameter `values` an, sodass wir sie in der reduce-Methode mithilfe einer foreach-Schleife abarbeiten und die Summe berechnen können. Diese Summe wiederum wird abermals als Key-Value-Paar in den Hadoop-Kontext weggeschrieben und landet abschließend als Textdatei (eine pro Reducer) in dem Output-Path, den wir der main-Methode vorgegeben haben. In unserem Fall werden dort zwei Dateien abgelegt, eine namens part-r-00000 und eine namens part-r-00001, offenbar haben also zwei Reducer alleine die Arbeit geleistet, während die beiden anderen keine Keys zugewiesen bekommen haben. Die Dateien hatten in unserem Beispiel folgenden Inhalt:

```
part-r-00000:     part-r-00001:
 Herz 61941        Pik 61641
 Karo 61262
 Kreuz 61744
```

Für einfache Additionsaufgaben wie die gerade gezeigte gibt es von Hadoop übrigens auch vordefinierte Reducer. Das passende Pendant für unsere Aufgabe nennt sich LongSumReducer und könnte problemlos anstelle der gezeigten Eigenimplementierung eingesetzt werden.

Die nummerierten Ausgabedateien der verschiedenen Reducer können auf verschiedene Arten zusammengefasst, also hintereinander gehängt werden: Angenommen, wir haben sie bereits auf ein lokales Dateisystem mit Unix-Shell geholt, reicht schlicht der Aufruf `cat part-* > ausgabedatei.txt`. Ebenso ist es möglich, den Merge direkt beim Herunterladen der Daten aus dem HDFS über `hadoop fs -getmerge /hdfs/ergbnisordner zieldatei` ausführen zu lassen.

Nicht zuletzt besteht natürlich die Möglichkeit, einen weiteren Hadoop-Job auszuführen, der alle Ausgabedateien in einem einzigen Reducer (per `job.setNumReduceTasks(1)` zusammenführt und diese dabei auch sortiert. Dies kann allerdings je nach Größe der Ausgabedaten noch einmal sehr zeitintensiv werden und für eine große Last auf dem finalen Reducer sorgen.

WordCount und weitere Beispiele

In der Literatur und im Web wird zur Einführung von MapReduce oft ein sogenanntes WordCount-Beispiel verwendet, das dem vorherigen Kartenbeispiel sehr ähnlich ist. Bei WordCount wird gezählt, wie oft bestimmte Worte in großen Mengen von Text vorkommen, was ein häufiger Use Case im Information Retrieval ist und bspw. für die Erstellung von Wordclouds, wie in Bild 13.3 beispielhaft gezeigt[6], verwendet werden kann. In Hadoop können dazu eine Reihe von Textdateien im Eingabeordner auf dem HDFS abgelegt und vom MapReduce-Job anhand von Leer- und Satzzeichen in einzelne Worte zerlegt werden.

Diese Worte können noch in Klein- oder Großbuchstaben umgewandelt werden, bevor sie wie zuvor die Spielkarten mit dem Wert eins (Stichwort Strichliste) in den Kontext geschrieben werden. Auch in diesem Fall ist es sinnvoll, mithilfe eines Combiners zunächst die Summe der Worthäufigkeiten lokal auf jedem Rechner zu ermitteln, bevor diese Zwischensummen an die Reducer-Rechner übermittelt werden. Mithilfe des WordCount-Beispiels als Stream in Java aus Listing 13.9 sollte die Übertragung des zuvor beschriebenen Card-Counter-Jobs für alle Leserinnen und Leser leicht machbar sein.

6 Dort hätten für eine bessere Qualität noch Stopp- und Füllworte herausgefiltert werden können.

Bild 13.3 Beispielhafte Wordcloud zu Big-Data-Algorithmen, generiert mit WordClouds.com

Listing 13.9 WordCount als lokaler Java-Stream implementiert

```
Map<String, Long> result = liste.stream()
   .flatMap(s -> Arrays.stream(s.split("\\W+")))
   .map(w -> w.toLowerCase())
   .collect(Collectors.groupingBy(Function.identity(),
   ↪ Collectors.counting()));
```

Pivot-Tabellen

Eine bei der Analyse von Datensätzen häufig anzutreffende Aufgabe ist die Erstellung einer sogenannten Pivot-Tabelle, bei der bildlich gesprochen die Daten gedreht (engl. to pivot) und zusammengefasst werden. Beispielhaft sei dafür die folgende Liste an „rohen“ Verkaufsvorgängen in Filialen eines Elektronikmarkts gegeben.

Tabelle 13.4 Beispielhafte Verkäufe von Elektronikprodukten nach Filiale und Produkt

Filiale	Handy	Laptop	Tablet	Gesamt
Berlin	800 €	1300 €	500 €	2600 €
Hamburg	850 €	1200 €	450 €	2500 €
München	750 €	1500 €	–	2250 €
Gesamt	**2400 €**	**4000 €**	**950 €**	**7350 €**

Nun könnte es spannend sein, die Verkäufe beispielsweise nach Standort oder Produkt auszuwerten. Oder natürlich auch nach beiden Kategorien. In Tabelle 13.5 haben wir uns für eine Auswertung nach Produktkategorien entschieden.

Die MapReduce-Logik ist für solche Aufgaben förmlich prädestiniert, weil es dort genau darum geht, Daten nach Keys zusammenzufassen, wie es dieses Beispiel verlangt.

Tabelle 13.5 Zusammengefasste Verkäufe von Elektronikprodukten

Produkt	Umsatz
Handy	2400 €
Laptop	4000 €
Tablet	950 €
Gesamt	**7350 €**

Entsprechend sind auch hier die notwendigen Änderungen am CardCount-Beispiel von zuvor nur minimal. Beginnen wir zunächst mit einer Eingabedatei für unsere Verkäufe. Diese könnte etwa folgendermaßen aussehen[7]:

```
Datum,Filiale,Produkt,Preis
20.08.,Berlin,Handy,800
21.08.,Hamburg,Laptop,1200
...
```

Der zugehörige Mapper-Code könnte etwa folgendermaßen aufgebaut sein, mit dem zweiten Context-Schreibbefehl in Zeile 11 können wir auch direkt den Gesamtumsatz ausrechnen lassen.

Listing 13.10 Code für einen Mapper zur Erstellung einer Pivot-Tabelle

```
1  public static class TokenizerMapper extends Mapper<Object, Text, Text,
   ↪ IntWritable> {
2      private final static IntWritable price = new IntWritable(0);
3      private Text product = new Text();
4      private Text gesamt = new Text("Gesamt");
5
6      public void map(Object key, Text value, Context context) throws
       ↪ IOException, InterruptedException {
7          String[] spalten = value.toString().split(",");
8          product.set(spalten[2].trim());
9          price.set(Integer.parseInt(spalten[3].trim()));
10         context.write(product, price);
11         context.write(gesamt, price);
12     }
13 }
```

Als Reducer funktioniert problemlos der von Hadoop mitgelieferte IntSumReducer und auch ansonsten sind außer marginalen Anpassungen der Pfade keinerlei Änderungen am vorherigen Code notwendig, um die in Tabelle 13.5 gezeigten Werte selbst mit Hadoop zu berechnen.

7 Für das Ausführen des Programm lassen wir die Zeile mit den Spaltenüberschriften der Einfachheit halber lieber weg.

Hadoop bzw. genauer MapReduce ist ein mächtiges, wenn auch heute mehr und mehr veraltendes Werkzeug. Daher wollen wir an dieser Stelle nur kurz einige weitere spannende Punkte anreißen, um Platz für die folgende Erläuterung der moderneren Frameworks zu sparen.

Weitere Themen

Weitere Lösungsansätze für typische Anwendungsfälle der Datenanalyse mit Hadoop wollen wir im Folgenden kurz anreißen, um noch ausreichend Platz für die Beschreibung der moderneren Frameworks vorzuhalten.

Verkettung von Jobs

Sollten Ihnen die bisher gezeigten Beispiele zu trivial erscheinen, denken Sie daran, dass diese leicht als Bausteine für mehrere von der main-Methode hintereinander ausgeführte Hadoop-Jobs genutzt werden können. Dazu setzen wir einfach den Input-Path des Folgejobs auf den Output-Path seines Vorgängers, ungefähr wie folgt:

```
Path path = new Path("someFolder");
FileOutputFormat.setOutputPath(job1, path);
// ...
FileInputFormat.setInputPath(job2, path);
```

Sequence Files

Es kostet oft unnötig Zeit, textuell gespeicherte Ergebnisdaten (bspw. Fließkommazahlen) in einem zweiten Job neu zu parsen, sodass Hadoop auch eine Möglichkeit vorgesehen hat, Daten in einem Container-Format abzuspeichern. Dieses nennt sich SequenceFile (Dateiendung .seq) und kann als eine Art Vorgänger von Avro, Parquet oder ORC (siehe Abschnitt 5.1.1) gesehen werden. Es speichert kurz gesagt den Output eines Jobs als Key-Value-Paare, sodass sie von einem Nachfolge-Job direkt wieder im gleichen Format gelesen werden können. Die beiden Job-Definitionen müssen dazu um die beiden folgenden Befehle ergänzt werden:

```
job1.setOutputFormatClass(SequenceFileOutputFormat.class);
// ...
job2.setInputFormatClass(SequenceFileInputFormat.class);
```

Schreiben und Lesen von SequenceFiles im Reducer bzw. im folgenden Mapper übernimmt Hadoop praktischerweise ganz automatisch. Sollen SequenceFiles außerhalb von Reducer oder Mapper gelesen oder geschrieben werden, gibt es im SequenceFile spezielle innere Klassen dafür[8].

8 *https://hadoop.apache.org/docs/stable/api/org/apache/hadoop/io/SequenceFile.html*

Daten filtern und gruppieren

Bei der Verarbeitung von Daten besteht oftmals die Notwendigkeit, diese vorab zu **filtern**, also unerwünschte Werte (wie etwa alle Karo-Karten oder auch unerwünschte sogenannte Stoppworte) auszusortieren. Das lässt sich sowohl beim Kartenzählen als auch beim WordCount problemlos im Mapper erledigen, indem einfach nichts in den Context geschrieben wird.

In Fällen, in denen **keine Reduce-Operation** ausgeführt werden muss, kann entweder die Zahl der Reducer auf null gesetzt und keine Klasse angegeben werden, dann werden schlichtweg die Map-Ergebnisse in der gegebenen Reihenfolge „durchgeschleift". Wird eine Sortierung der Ergebnisse benötigt, kann die in Hadoop vordefinierte IdentityReducer.class genutzt werden, die die Ergebnisse aus dem Mapper eins zu eins als Ergebnisse des Reducers abspeichert und sie dabei aufsteigend nach dem Key sortiert.

Auch das **Gruppieren** von Daten liegt Hadoop quasi im Blut, weil wir pro Gruppe im Mapper leicht einen Key definieren und dessen Werte im Reducer auswerten können. Angenommen, wir möchten den klassischen WordCount modifzieren und ermitteln, wie oft Worte mit einem bestimmten Anfangsbuchstaben vorkommen, so setzen wir dazu den Anfangsbuchstaben als Key der jeweiligen Gruppe und erhalten im Reducer alle Werte der Gruppe frei Haus geliefert. Wir können das mit einem zweiten `context.write` im Mapper auch problemlos parallel zur Gruppierung der Worte durchführen. Möchten wir die Gruppierung der Daten im Reducer beeinflussen, also beispielsweise alle Worte nach Anfangsbuchstaben in den gleichen Reducer routen und dabei das Wort als Key behalten, geht das über einen sogenannten GroupingComparator wie gleich beim „SecondarySorting" von Daten erläutert.

Aggregationen

Ein weiterer bei Datenanalysen oft benötigter Anwendungsfall sind Aggregationsoperationen wie Summen, Extrem- oder Durchschnittswerte. Sowohl das Kartenzählen als auch der WordCount gehören zu dieser Gruppe, sodass sich nach dem gezeigten Grundmuster auch ähnliche Aufgabenstellungen lösen lassen. Über das Hinausschreiben entsprechender Werte im Mapper und eine Addition im Reducer lassen sich leicht nicht nur Anzahlen zählen, sondern auch beliebige Summen, wie etwa die von Umsätzen, Transaktionen o. Ä. berechnen. Extremwerte für einen Key können ebenfalls leicht im Reducer ermittelt werden.

Möchten wir einen Durchschnittswert bestimmen, müssen wir neben der Summe der Werte auch deren Anzahl übermitteln, was zwar über einen eigenen Key, wie etwa „CNT" leicht möglich wäre, dann aber einen zusätzlichen Rechenschritt, entweder manuell oder in Form eines weiteren Jobs, erfordern würde, da der CNT-Wert zunächst nur mit in die Ergebnisdatei gespeichert würde.

Zähler

Hadoop bietet praktischerweise zum Zählen sogenannte Counter, mit denen in Mappern und Reducern gezählt werden kann. Diese können wir entweder selbst definieren oder auch auf eine Reihe vordefinierter Zähler zugreifen. Für die Berechnung eines Durchschnitts kann beispielsweise die Anzahl aller Ouput-Records des Mappers interessant sein:

```
job.getCounters().findCounter(TaskCounter.MAP_OUTPUT_RECORDS).getValue();
```

Auch eigene Zähler können leicht definiert und abgefragt werden:

```
// Counter anlegen im Reducer
context.getCounter("Gruppe", "Name").increment(1);

// Auslesen in main
job.getCounters().findCounter("Gruppe", "Name").getValue();
```

Es stehen increment-, get- und set-Methoden für selbstdefinierte Counter zur Verfügung, sodass wir uns das Leben bei einer Durchschnittsberechnung dadurch erleichtern können, dass wir die Anzahl der Elemente über einen Counter im Mapper zählen und im Reducer direkt den Durchschnitt berechnen können. Wobei im Reducer selbstverständlich auch die Anzahl der Elemente des Iterables gezählt werden könnte.

Auch die Anzahl der Karten pro Farbe ließe sich für den „CardCounter" womöglich einfacher über vier Counter erheben, aber spätestens bei einem WordCount-Algorithmus mit mehreren tausend zuvor unbekannten Worten ergibt die Zählung der Wortvorkommen über Counter keinen Sinn mehr.

Sortieren

Wie bereits erwähnt, sortiert Hadoop im Reducer die Daten automatisch aufsteigend nach den Keys, was bei der Durchsicht der Ergebnisse gewöhnlich den Überblick erleichtert. Eine andere Sortierreihenfolge kann über einen eigenen Comparator wie folgt umgesetzt werden. Das Prinzip ist sehr ähnlich wie bei einem Standard-Comparator in Java. Wir erweitern Hadoops WritableComparator-Klasse und überschreiben dessen Compare-Methode, um bspw. IntWritables absteigend zu sortieren, wie in Listing 13.11 gezeigt.

Im Konstruktor müssen wir noch angeben, welche Art von Daten sortiert werden sollen, und können den Comparator im Job über folgenden Aufruf entsprechend setzen:

```
job.setSortComparatorClass(MyDescendingComparator.class);
```

Da verschiedene Reducer unabhängig voneinander arbeiten, ergibt sich jedoch ein Problem: Sie können jeweils nur ihre eigenen, lokalen Daten, die sie ja per Hash-Code erhalten, sortieren und damit keine globale Ordnung über alle Reducer herstellen.

Listing 13.11 Überschriebene compare-Methode in einer eigenen WritableComparator-Klasse

```java
class MyDescendingComparator extends WritableComparator {
    public MyDescendingComparator() {
        super(IntWritable.class, true);
    }

    public int compare(WritableComparable c1, WritableComparable c2) {
        IntWritable i1 = (IntWritable) c1;
        IntWritable i2 = (IntWritable) c2;
        return k1.compareTo(k2) * -1;
    }
}
```

Globale Sortierung

Wollen wir Daten global sortieren lassen, muss der lokal sortierte Output aus den Ergebnis-Dateien abschnittsweise in der richtigen Reihenfolge hintereinander gehängt werden. Ein einfacher Trick dazu ist die Ausführung eines weiteren MapReduce-Jobs mit einem leeren Mapper und einem einzelnen IdentityReducer, der die Daten wie gewünscht global sortiert. Sinnvoll ist das jedoch nur bei einer überschaubaren Datenmenge, wie sie sich glücklicherweise bei den allermeisten Aggregationen ergeben dürfte.

Wollen wir eine große Datenmenge aus vielen Reducern sortiert aneinander hängen, müssen die Daten schon bereichsweise nach ihren Keys an die Reducer verteilt werden, was bei der Default-Verteilung per Hashes nicht der Fall ist. Dazu benötigen wir einen sogenannten Partitioner, der die Keys eben nicht nach ihrem Hash, sondern nach dem passenden Bereich des Sortierkriteriums an die Reducer zuweist.

Das wiederum führt zu dem Problem, dass wir uns vorher einen Überblick über die Verteilung der Daten verschaffen müssen, da sich sonst sehr leicht ein Skew, also eine ungleiche Verteilung der Daten auf die Knoten, einschleichen kann. Da Hadoop auch nicht über hellseherische Fähigkeiten verfügt, muss vorab ein sogenanntes Sampling der Daten durchgeführt werden. Hadoop bringt dafür eine Sampler-Klasse mit, um die Verteilung der Keys abschätzen zu können. Dessen Ergebnis kann als Grundlage für den Partitioner verwendet werden, wie in Listing 13.12 gezeigt.

Dabei muss unbedingt darauf geachtet werden, dass der `Sampler` in Zeile 3 passend zum Input des Reducers (= Output des Mappers) parametrisiert wird, da wir ja die Reducer gleichmäßig auslasten möchten. Die Parameter des `RandomSamplers`, ebenfalls in Zeile 3, beschreiben die Sampling-Wahrscheinlichkeit, die Anzahl der Samples, die gezogen werden sollen sowie die Anzahl der vorgesehenen Reducer.

Listing 13.12 Nutzung von Sampling und Partitioning für die Konfiguration eines Hadoop-Jobs zur gleichmäßigen Verteilung von Daten auf die Reducer

```
TotalOrderPartitioner.setPartitionFile(job.getConfiguration(), new
    Path("/tmp/pout"));

InputSampler.Sampler<IntWritable, Text> sampler = new
    InputSampler.RandomSampler<>(0.05, 1000, 4);
InputSampler.writePartitionFile(job, sampler);

job.setPartitionerClass(TotalOrderPartitioner.class);
```

Achtung, Datensätze mit einem Long Tail führen beim Partitioning leicht zu einer Fehlermeldung namens „Split Points out of Order". Wenn etwa bei einem WordCount absteigend nach Worthäufigkeiten sortiert werden soll und viele Keys bspw. aufgrund von Tippfehlern o. Ä. eine sehr geringe Häufigkeit (evtl. von eins) aufweisen, kann es vorkommen, dass zwei Split Points den gleichen Wert erhalten und Hadoop nicht weiß, wie die Daten geteilt werden sollen. In diesem Fall lohnt es sich, darüber nachzudenken, den Long Tail abzuschneiden und zu geringe Häufigkeiten einfach nicht weiter zu beachten. Wie so oft in der Big-Data-Welt können uns auch hier leichte Ungenauigkeiten das Leben deutlich leichter machen.

Secondary Sorting

Speziellere Anforderungen an das Sortieren, wie sie in der Praxis hin und wieder vorkommen, lassen sich in Hadoop mit dem Idiom zum sogenannten Secondary Sorting umsetzen. Damit können wir beispielsweise bei einer großen Menge von Temperaturen die Tageshöchsttemperaturen innerhalb eines Monats aufsteigend sortieren. Dazu werden vom Mapper zusammengesetzte Schlüssel (engl. Composite Keys) aus Monat und Temperaturwert generiert und von Hadoop automatisch sortiert. Um sicherzustellen, dass diese auch alle auf den gleichen Reducer geleitet werden, müssen zuvor ein eigener Partitioner und ein eigener GroupingComparator gesetzt werden. Details dazu und zu vielen weiteren komplexeren Anwendungsfällen wie Joins, Top-N-Listen, K-Means-Clustering u. Ä. sind beispielsweise in [Par15] beschrieben.

Testen, Debuggen und Betrieb

Es ist nicht ganz einfach, die spezielle Logik von MapReduce-Jobs zu testen, zumal MRUnit[9], ein speziell dafür geschriebenes Werkzeug, bereits seit rund 10 Jahren nicht mehr weiterentwickelt wird. Immerhin kann Hadoop mit den entsprechenden Biblio-

9 *https://mrunit.apache.org*

theken recht problemlos auch lokal in einer IDE ausgeführt werden, sodass es dort mit kleineren Datensätzen zwar nicht systematisch getestet, aber immerhin einigermaßen ausprobiert werden kann.

Auch Breakpoints lassen sich bei einer lokalen Ausführung wie gewohnt setzten, sodass auch ein Debugging möglich wird und gerade anfangs auch sehr hilfreich sein kann, um den ungewohnten Aufbau von MapReduce besser nachvollziehen zu können. Auf einem Cluster verteilte Hadoop-Jobs können prinzipiell über Remote-Debugging analysiert werden. Das ist jedoch bei möglicherweise recht kurzlebigen Instanzen von Mapper oder Reducer nicht immer ganz einfach, sodass umfangreiche Log-Ausgaben und eine Analyse der Log-Dateien bei hartnäckigen Fehlern oft die bessere Lösung sind. Hadoop speichert seine Logs per Default in `$HADOOP_HOME/logs` und sammelt darin auch Ausgaben auf `System.err`.

Die Installation von Hadoop in einem Cluster ist zwar einerseits etwas „fummelig", andererseits aber im Netz vielfach ausführlich beschrieben und nicht übermäßig kompliziert, sodass wir an dieser Stelle nur ganz kurz die wichtigsten Punkte ansprechen möchten, um die vielen nötigen Schritte anzudeuten. Zunächst muss natürlich auf allen Maschinen Java installiert sein, sowie `JAVA_HOME` und `HADOOP_HOME` gesetzt sein. Ferner müssen für das HDFS auch der Master-Knoten mit allen anderen Maschinen direkt kommunizieren können, sodass am besten überall ein Hadoop-User eingerichtet wird, mit dem sich der Master per SSH-Key, den wir entsprechend anlegen und verteilen müssen, dort einloggen kann. Ferner muss natürlich auf jeder Maschine das Hadoop-Binary mit entsprechenden Konfigurationen abgelegt werden. Es empfiehlt sich, das auf dem Master-Rechner vorzunehmen und dann auf alle Slaves zu verteilen, wo dann noch kleinere rechnerspezifische Anpassungen vorzunehmen sind. Danach können wir zunächst das HDFS und dann YARN starten und damit arbeiten.

Hadoop-Ökosystem

Hadoop ist durch das Aufkommen moderner Streaming-Architekturen (siehe Abschnitt 16.3.3) und Cloud-Systeme zwar bei Weitem nicht mehr so populär wie noch vor einigen Jahren, nichtsdestotrotz gibt es auch heute noch ein vielfältiges Ökosystem mit umfangreichen Erweiterungen. Viele dieser Systeme sind zwar heute eher als Legacy zu betrachten, da es modernere Alternativen gibt, aber da sie in noch laufenden Hadoop-Installationen oft noch Verwendung finden, möchten wir in Tabelle 13.6 einen kurzen Überblick über die wichtigsten Erweiterungen geben.

Zu allen vorgestellten Werkzeugen gibt es umfangreiche Tutorials und Anleitungen im Internet sowie teilweise auch ausführliche Spezialliteratur oder auch einen etwas ausführlicheren Überblick in [Fre18].

Tabelle 13.6 Wichtigste Hadoop-Erweiterungen (Stand 2025)

Tool-Name	Hauptzweck	Aktualität in 2025	Projekt-URL
Apache Hive	Data Warehousing & SQL-Abfragen auf HDFS; Hive Metastore oft zentral	Weiter verbreitet, besonders für BI-/SQL-Zugriff; Hive-Metastore bleibt Kernkomponente, auch wenn Iceberg/Delta wachsen.	*https://hive.apache.org*
Apache Impala	MPP-SQL-Engine für interaktive Abfragen auf HDFS/Parquet	Aktiver Release-Zyklus (zuletzt 2025), beliebt für schnelle Abfragen; ergänzt oder ersetzt Hive in interaktiven Szenarien.	*https://impala.apache.org*
Apache Sqoop	Datenübertragung zwischen relationalen Datenbanken und Hadoop	Legacy, kaum Weiterentwicklung; in bestehenden ETL-Pipelines aber noch genutzt.	*https://sqoop.apache.org*
Apache Oozie	Workflow-Scheduler für Hadoop-Jobs (MapReduce, Hive, Sqoop etc.)	Noch im Einsatz, aber zunehmend durch modernere Orchestrierer wie Airflow abgelöst.	*https://oozie.apache.org*
Apache Pig	Skriptsprache zur Datenverarbeitung auf Hadoop (mittlerweile abgelöst durch Spark)	Praktisch Legacy, nur noch in alten Projekten im Einsatz.	*https://pig.apache.org*
Apache HBase	NoSQL-Datenbank für Echtzeitzugriffe auf HDFS-Daten	Wird für Time-Series und Key-Value-Daten noch eingesetzt; stabil, aber weniger modern.	*https://hbase.apache.org*
Apache ZooKeeper	Koordination und Konfigurationsmanagement für Cluster	Fundamentale Infrastrukturkomponente; auch außerhalb von Hadoop weit verbreitet.	*https://zookeeper.apache.org*

13.4 (Micro-)Batch-Verarbeitung mit Spark

Apache Spark[10] startete als Forschungsprojekt am AMPLab (Algorithms, Machines and People Laboratory) der University of California, Berkeley, im Jahr 2009. Zu dieser Zeit begannen viele Unternehmen, Hadoop für die verteilte Verarbeitung ihrer Daten einzusetzen. Trotz sehr guter Skalierbarkeit des Frameworks zeigten sich auch schnell dessen Grenzen. Iterative Algorithmen, wie sie beispielsweise im Machine-Learning-Bereich verwendet werden, interaktive Abfragen oder Stream-Processing sind mit dem MapReduce-Framework nur schwer umsetzbar. Die datenintensive Kommunikation zwischen den einzelnen Verarbeitungsstufen, der hohe Anteil an Festplattenzugriffen sowie die fehlende Unterstützung für In-Memory-Computing führen in Hadoop zu einer insgesamt komplexen und wenig performanten Ausführungspipeline.

10 *https://spark.apache.org*

Ziel des Forschungsprojekts am AMPLab war es, die verteilte Datenverarbeitung deutlich schneller und flexibler zu gestalten, als dies mit bisherigen Ansätzen wie Hadoop der Fall war. Im Zentrum des Projekts stand der PhD-Student Matei Zaharia, der maßgeblich im Rahmen seiner Forschung zur Architektur des Frameworks beitrug. Seine Ergebnisse fasste er 2014 in seiner Dissertation „An Architecture for Fast and General Data Processing on Large Clusters" zusammen [Zah14]. Bereits 2010 wurde das daraus entstandene System Apache Spark als Open-Source-Projekt unter der BSD-Lizenz veröffentlicht und 2014 von der Apache Software Foundation zu einem Top-Level-Projekt ernannt. Gemeinsam mit anderen Mitgliedern des AMPLabs gründete Matei Zaharia 2013 das Unternehmen Databricks, das Spark professionell weiterentwickelte und weitere Big-Data-Projekte wie Delta Lake[11)] und MLflow[12)] initiierte. Heute zählt Spark zu den führenden Frameworks für die verteilte Verarbeitung großer Datenmengen.

Spark selbst wurde in Scala implementiert, eine ebenfalls auf der Java-VM laufende Programmiersprache, die sowohl objektorientierte als auch funktionale Programmierung unterstützt. Ein Spark-Programm läuft daher innerhalb eines JVM-Prozesses.

Die folgenden Konzepte der funktionalen Programmierung eignen sich sehr gut für die verteilte Datenverarbeitung. Wir werden diese Prinzipien auch bei einer genaueren Betrachtung der Datenarchitektur in Spark und Flink wiederfinden.

- **Immutability (Unveränderlichkeit):** Datenstrukturen werden nach ihrer Erstellung nicht mehr verändert. Sollte es durch Operationen zu Änderungen kommen, werden diese in neuen Versionen gespeichert. Dies dient zur Vereinfachung der Datenhaltung in verteilten Umgebungen, da Änderungen jederzeit nachvollziehbar sind.
- **Funktionen höherer Ordnung (Higher-Order Functions):** Funktionen, die andere Funktionen als Parameter erhalten oder als Rückgabewert liefern. Ein typisches Beispiel ist `map`: Sie wendet eine übergebene Funktion auf jedes Element einer Eingabemenge an und erzeugt daraus eine neue Ausgabe. Die konkrete Verarbeitung wird durch die übergebene Funktion bestimmt.
- **Pure Functions:** Funktionen, die keine Nebeneffekte haben (z. B. keine Datenbankzugriffe) und immer das gleiche Ergebnis für die gleiche Eingabe zurückliefern. Dies ermöglicht eine parallele Ausführung, verteilt auf verschiedene Knoten, da jede Funktion unabhängig von anderen Funktionen ausgeführt werden kann, ohne dass es zu unerwarteten Ergebnissen kommt.
- **Lazy Evaluation:** Operationen werden nicht sofort ausgeführt, sondern erst dann, wenn ihr Wert tatsächlich benötigt wird.

Das Framework bietet APIs für Java, Python (Pyspark) und R (über SparkR), sodass es in verschiedenen Entwicklungsumgebungen eingesetzt werden kann. Neben dem

11 *https://docs.databricks.com/aws/en/delta*
12 *https://docs.databricks.com/aws/en/mlflow*

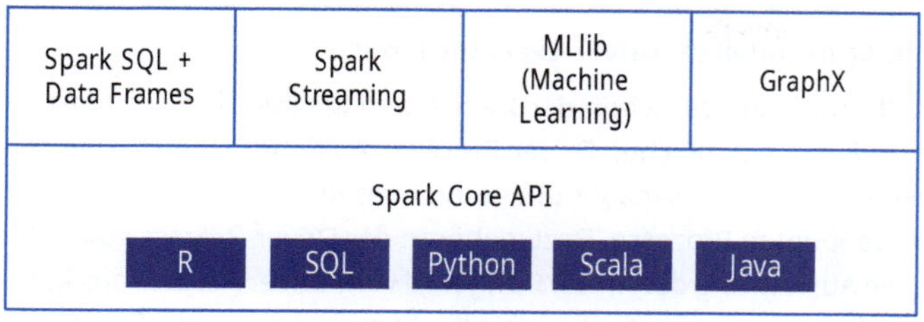

Bild 13.4 Bestandteile des Apache-Spark-Frameworks

Spark Core (den wir gleich näher beschreiben werden) decken eine Reihe weiterer Bibliotheken verschiedene Anwendungsbereiche ab. Eine Übersicht ist in Bild 13.4 abgebildet.

- **Spark SQL** – Native SQL Unterstützung zur strukturierten Abfrage auf DataFrames
- **Spark Streaming** – für skalierbare Verarbeitung von Echtzeitdatenströmen
- **Structured Streaming** – für skalierbare Verarbeitung von Echtzeitdatenströmen auf Basis von Spark SQL
- **MLlib** – für verteiltes maschinelles Lernen
- **GraphX** – für Graphverarbeitung und -analysen

13.4.1 Architektur

Apache Spark nutzt für die verteilte Datenverarbeitung ein **Driver-Executor-Modell**, das funktional auf einer **Master-Slave-Architektur** aufsetzt. Das Ressourcen- und Prozessmanagement übernimmt entweder der eingebaute Spark Standalone-Cluster-Manager oder – häufiger in Produktionsumgebungen – ein externer Cluster-Manager wie YARN, Mesos oder Kubernetes. Beim Start einer Spark-Anwendung weist der Cluster-Manager einem Knoten die Rolle des Drivers zu und startet den entsprechenden JVM-Prozess. Der Driver ist nicht fest an einen physischen Master-Knoten gebunden, sondern kann auf jedem Knoten des Clusters ausgeführt werden.

Der Driver-Prozess koordiniert die Verarbeitung eines Jobs innerhalb einer Spark-Anwendung. Dazu gehört die Jobplanung (welche Aufgaben fallen an?), die Kommunikation mit dem Cluster-Manager (z. B. Yarn, Mesos oder Kubernetes) und die Verteilung der Aufgaben (Tasks) auf die Slave-Knoten. Auf letzteren werden vom Cluster-Manager langlebige JVM (Java Virtual Machine)-Prozesse gestartet, die sogenannten Executor-Prozesse. Diese dienen dazu, Sparkaufgaben auszuführen, Daten im Cache oder auf Disk zwischenzuspeichern und die Ergebnisse oder Statusmeldungen an den Driver-Prozess zurückzusenden.

Master-Slave-Architekturmodell vs. Driver-Executor-Modell

In Apache Spark sollte man klar zwischen der klassischen Master-Slave-Architektur des Cluster-Setups und dem eigentlichen Driver-Executor-Ausführungsmodell unterscheiden. Ein (oft externer) Cluster-Manager übernimmt das Ressourcenmanagement und das Starten der benötigten Prozesse. Dazu gehören der Driver-Prozess sowie die Executor-Prozesse. Die Ausführung der Anwendung wird vom Driver-Prozess aus koordiniert. Dieser verteilt Aufgaben und kommuniziert direkt mit den Executor-Prozessen. Letztere führen die vom Driver zugewiesenen Aufgaben durch.

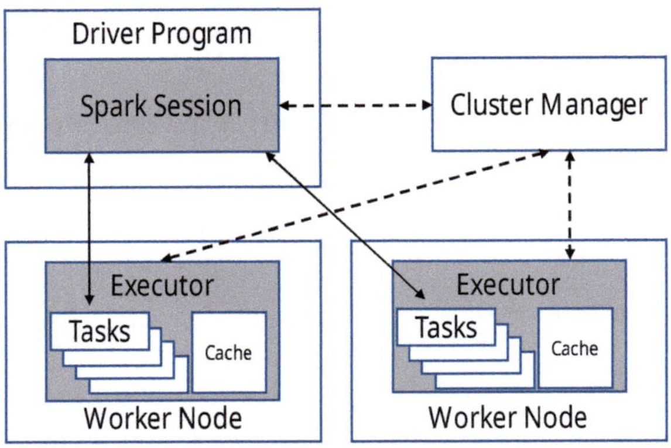

Bild 13.5 Architektur eines Spark Clusters in Anlehnung an [Fou25]

Es gibt auch die Möglichkeit, Spark in einem **lokalen Modus** zu betreiben. Dies ist insbesondere für Entwicklung und Test einer Anwendung hilfreich. In diesem Modus laufen der Driver-Prozess sowie die Executor-Prozesse auf derselben Maschine, ohne dass ein physisches Cluster notwendig ist. Bevor wir uns Jobs, Aufgaben und deren Verteilung näher anschauen, müssen wir uns noch mit den grundlegenden Datenstrukturen und Prinzipien von Spark vertraut machen.

13.4.2 Spark starten

In den Release Notes von Spark 3.0 ist notiert: „Python is now the most widely used language on Spark. PySpark has more than 5 million monthly downloads on PyPI, the Python Package Index[13].“ In den Codebeispielen zur Einführung von Spark nutzen auch wir die offizielle Python-Schnittstelle PySpark. Spark selbst, in Scala implementiert, läuft auf der Java Virtual Machine (JVM). Pyspark nutzt **Py4J**, eine Brücke zwischen Java und Python, um aus Python heraus mit den Spark-Komponenten innerhalb der JVM zu kommunizieren.

13 *https://spark.apache.org/releases/spark-release-3-0-0.html*

Eine einfache Möglichkeit, PySpark und Apache Spark auszuprobieren, ist der Einsatz einer online verfügbaren Notebook-Umgebung wie Google Colab[14]. Da in einer solchen Umgebung PySpark in der Regel nicht vorinstalliert ist, muss es zunächst eingerichtet werden. In Google Colab lässt sich PySpark mit dem Befehl `!pip install pyspark` installieren. Möchten Sie Spark lokal testen, empfiehlt sich ein Docker-Container. Ein Beispiel zur Installation eines Docker Containers ist in Abschnitt 13.4.7 zu finden, in dem eine lokale Umgebung für Spark Streaming aufgesetzt wird.

Da Spark auf der JVM läuft, ist eine Java-Laufzeitumgebung erforderlich. Ob diese in Ihrer aktuellen Umgebung bereits vorhanden ist, können Sie in einer Konsole mit `java -version` überprüfen.

Ein Spark-Programm, dass die **Spark Core API** nutzt, beginnt mit dem Erstellen eines `SparkContext`. Damit initialisiert Spark nicht nur ein einzelnes Objekt, sondern die gesamte Laufzeitumgebung: Executors werden angefordert, der Driver-Prozess verbindet sich mit dem Cluster-Manager (lokal, YARN oder Kubernetes), und der DAG-Scheduler[15] beginnt mit der Planung der Ausführung eines Spark Jobs. Der `SparkContext` ermöglicht Low-Level-Operationen mit den Resilient Distributed Datasets (RDDs), der zentralen Datenstruktur von Spark (siehe Abschnitt 13.4.3).

In den meisten Anwendungsfällen arbeiten Entwickler jedoch nicht mehr direkt mit der Core API, sondern mit darauf aufbauenden, komfortableren APIs wie DataFrames (siehe Abschnitt 13.4.5). In diesem Fall wird ein Spark-Programm über ein `SparkSession`-Objekt gestartet, das im Hintergrund auf den `SparkContext` zugreift. Eine SparkSession ist quasi der Startschalter für eine Spark-Anwendung.

Die Methode `builder` gibt ein `SparkSession.Builder`-Objekt zurück. Dieses Objekt stellt Methoden bereit, mit denen sich Konfigurationsparameter – etwa der Name der Anwendung („ReviewsExampleRDD") oder das Cluster-Setup, hier eine lokale Umgebung – festlegen lassen. Der abschließende Aufruf von `getOrCreate()` prüft, ob bereits eine SparkSession existiert. Falls ja, wird diese zurückgegeben, andernfalls wird eine neue Session inklusive Kontext und Konfigurationen erstellt. Über `spark.sparkContext` kann anschließend auch direkt auf die Komponenten der Spark-API zurückgegriffen werden.

14 Ein Beispielnotebook ist über GitHub abrufbar und lässt sich in *https://colab.research.google.com* ausführen.

15 Der DAG-Scheduler (DAG steht für Directed Acyclic Graph) übersetzt Programme in Spark in Ablaufpläne. Er sorgt dafür, dass die in einem Ablaufplan enthaltenen Operationen in der richtigen Reihenfolge und möglichst parallel auf den Rechnern des Clusters ausgeführt werden und startet fehlerhafte Berechnungen im Bedarfsfall noch einmal. Mehr dazu in Abschnitt 13.4.4.

Listing 13.13 Los geht's: SparkSession starten

```
from pyspark.sql import SparkSession

# Spark-Session starten
spark = SparkSession.builder \
    .appName("ReviewsExampleRDD") \
    .master("local[*]") \
    .getOrCreate()

print(spark.sparkContext)
print(spark.sparkContext.appName)
```

Grundlage für den Start einer SparkSession ist das **Builder-Pattern**. Dieses Entwurfsmuster dient dazu, komplexe Objekte schrittweise zu erstellen. Die Parameter werden dabei in einzelnen Methoden initialisiert anstatt einem einzigen unübersichtlichen Konstruktor übergeben zu werden. Jede dieser Methoden gibt dasselbe Builder-Objekt zurück, sodass hier **Method Chaining**, also das Hintereinanderausführen mehrerer Methodenaufrufe, möglich ist. Mit einer Erzeugungsmethode, hier `getOrCreate()`, wird schließlich das fertige Objekt erstellt.

13.4.3 Grundlegende Konzepte oder der Kern von Spark

Um den Unterschied zwischen Apache Spark und Hadoop, insbesondere dessen MapReduce-Framework, zu verstehen, lohnt sich ein Blick auf die grundlegende Datenstruktur von Spark: die **Resilient Distributed Datasets (RDDs)**.

Ein RDD lässt sich zunächst als eine **partitionierte Sammlung von Objekten** begreifen. Jede dieser Partitionen kann unabhängig von den anderen von unterschiedlichen Executor-Prozessen im Cluster verarbeitet werden, was eine hohe Parallelität ermöglicht. Diese Partitionierung ist die Grundlage für die effiziente, verteilte Datenverarbeitung in Spark.

Der entscheidende Unterschied zu Hadoops MapReduce liegt in der Art und Weise, wie Zwischenergebnisse gehandhabt werden:

- Bei MapReduce werden die Ergebnisse eines jeden Verarbeitungsschritts nach dessen Abschluss auf die Festplatte geschrieben. Für den nächsten Verarbeitungsschritt müssen diese Daten erneut von dort eingelesen werden. Dieses wiederholte Schreiben und Lesen verursacht hohe I/O-Kosten und verlangsamt mehrstufige Daten-Pipelines erheblich.

- Spark hingegen versucht, die Partitionen eines RDD im Arbeitsspeicher (RAM) des Knotens zu halten, auf dem der jeweilige Executor-Prozess läuft. Solange genügend Speicher verfügbar ist, können die Daten so ohne den Umweg über Festplattenzugriffe in den nächsten Verarbeitungsschritt übergeben werden. Das reduziert den I/O-Overhead drastisch und beschleunigt iterative oder interaktive Berechnungen deutlich.

Diese **In-Memory-Verarbeitung** ist einer der Hauptgründe, warum Spark bei vielen Workloads um ein Vielfaches schneller als klassisches Hadoop-MapReduce arbeitet. Dies gilt insbesondere bei wiederholten Zugriffen auf dieselben Daten, wie sie etwa bei Machine-Learning-Algorithmen oder explorativen Datenanalysen auftreten.

Schauen wir uns zur weiteren Funktionsweise ein Beispiel an. Nehmen wir an, wir haben eine sehr große Textdatei mit Produktbewertungen, die zeilenweise in Tupel bestehend aus einer Bewertungspunktzahl (1 bis 5 Sterne) und Bewertungstext aufgeteilt wird.

```
5 Der Laptop ist schnell und leise, bin sehr zufrieden.
4 Gute Qualität, aber Lieferung hat lange gedauert.
1 Enttäuschend - Gerät war defekt.
5 Top Produkt, gerne wieder!
3 Okay, aber Preis etwas zu hoch.
...
```

Wir möchten in diesem Beispiel zählen, wie oft das Wort `schnell` vorkommt, und zwar ausschließlich in positiven Bewertungen mit mindestens vier Punkten.

Im ersten Schritt erstellen wir dazu eine RDD. In unserem Fall stammt sie aus einer HDFS-Datenquelle. Beim Einlesen teilt Spark die Datei abhängig von ihrer Größe in mehrere Partitionen auf. Standardmäßig orientiert sich Spark dabei an der Blockgröße des zugrunde liegenden Dateisystems. Bei HDFS liegt diese oft bei 64 MB oder 128 MB.[16] Eine 4 GB große Datei würde bei 128 MB somit in

$$\frac{4\,\text{GB}}{128\,\text{MB}} = 32$$

Partitionen zerlegt.

> **!** RDDs sind unveränderlich (immutable). Das bedeutet, dass ein einmal gelesenes RDD nicht direkt verändert werden kann. Jede Transformation erzeugt stattdessen ein **neues** RDD, das auf dem vorherigen basiert.

Die folgenden Transformationsschritte aus dem Beispiel 13.14 extrahieren aus jeder Zeile ein (Sterne, Text)-Tupel, filtern nur die positiven Bewertungen (> 4), extrahieren alle Wörter und filtern dann das Wort „schnell“.

16 *https://www.geeksforgeeks.org/software-engineering/why-a-block-in-hdfs-is-so-large*

Listing 13.14 Filtern und Zählen des Wortes `schnell` in positiven Bewertungen als Beispiel für Transformationen in Spark

```
1 reviews_rdd = sc.textFile("hdfs://daten/reviews.txt")
2 # (Sterne, Text) als Tupel extrahieren
3 parsed_rdd = reviews_rdd.map(lambda line: (int(parts[0]), parts[1]) if (parts := line.split("\t")) else None)
4 # Nur positive Bewertungen
5 positive_rdd = parsed_rdd.filter(lambda x: x[0] >= 4)
6 # Nur den Bewertungstext behalten
7 texts_rdd = positive_rdd.map(lambda x: x[1])
8 # Wörter extrahieren
9 words_rdd = texts_rdd.flatMap(lambda text: text.lower().split(" "))
10 # Nur das Wort "schnell" herausfiltern
11 schnell_rdd = words_rdd.filter(lambda word: word == "schnell")
```

Transformationen

Die in dem Beispiel verwendeten Spark-Methoden, konkret `map`, `filter` und `flatmap`, nennt man auch **Transformationen**[17]. Hierbei handelt es sich um Funktionen höherer Ordnung, sie erhalten als Parameter eine Funktion, die dann auf den verschiedenen Partitionen ausgeführt wird.

Betrachten wir zwei der als Parameter übergebenen Funktionen etwas genauer. In Python handelt es sich hierbei um **anonyme Funktionen**, die mit dem Schlüsselwort `lambda` definiert werden. Bei der folgenden Funktion handelt es sich um die Funktion aus Zeile 3 in Listing 13.14. Diese Funktion erwartet einen String `line` und gibt ein Tupel zurück. Zunächst wird `line` anhand des Tab-Zeichens `\t` in eine Liste `parts` zerlegt.

```
lambda line: (int(parts[0]), parts[1]) if (parts := line.split("\t")) else None
```

Das Tupel enthält als ersten Eintrag den vor dem Delimiter stehenden Teil, der in einen Integer konvertiert wird (Bewertungspunkte), und als zweiten Eintrag den Text hinter dem Delimiter (Bewertungstext). Für die erste Zeile aus unserem Beispiel würde das Ergebnis wie folgt aussehen:

```
(5, 'Der Laptop ist schnell und leise, bin sehr zufrieden.')
```

Das folgende zweite Beispiel ist kürzer. Die Eingabe `x` entspricht den Objekten unserer RDD, hier also den zuvor erzeugten Tupeln. Die Funktion prüft, ob das erste Element des Tupels (die Bewertungspunkte) größer oder gleich 4 ist. In diesem Fall wird `True` zurückgegeben, andernfalls `False`.

```
lambda x: x[0] >= 4
```

17 *https://spark.apache.org/docs/latest/rdd-programming-guide.html#transformations*

Die Transformationen `map`, `filter` und `flatMap` verarbeiten die Elemente einer RDD jeweils auf unterschiedliche Weise:

- `map`: Wendet die Funktion auf jedes Element an und speichert genau ein Ergebnis pro Eingabeelement in der Ausgabe.

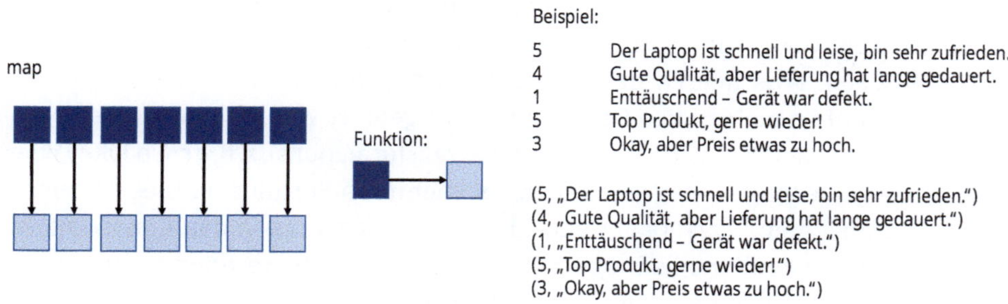

Bild 13.6 Beispiel für eine Transformation mit map in Anlehnung an [Fou24]

- `filter`: Wendet die Funktion auf jedes Element an und behält nur jene, für die das Ergebnis `True` ist.

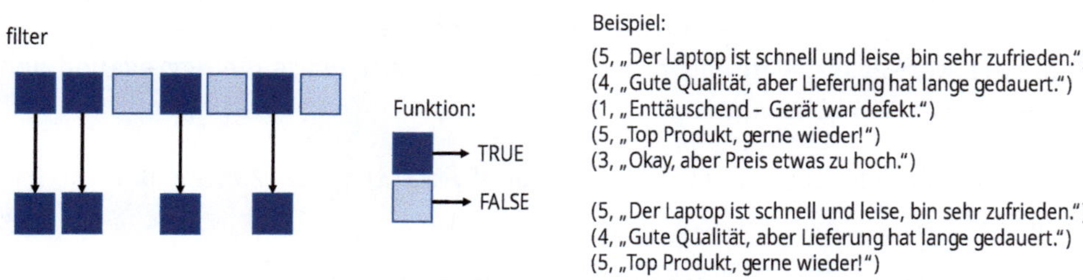

Bild 13.7 Beispiel für eine Transformation mit filter in Anlehnung an [Fou24]

- `flatMap`: Wendet die Funktion auf jedes Element an, wobei jedes Eingabeelement zu *null*, einem oder mehreren Ausgabeelementen führen kann. Im Beispiel werden alle Wörter aus den Bewertungstexten einzeln in der Ausgabe gespeichert.

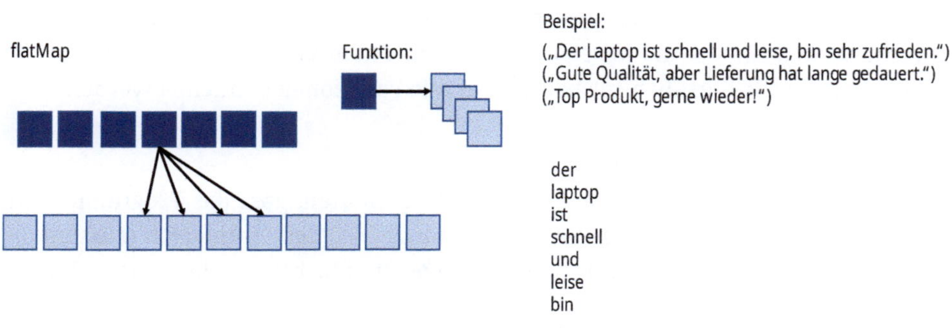

Bild 13.8 Beispiel für eine Transformation mit flatMap in Anlehnung an [Fou24]

In der Spark-Dokumentation[18] findet sich eine Übersicht aller RDD-Transformationen. Für das Verständnis der Ausführung von Spark-Jobs (gerade hinsichtlich Performance-Optimierung) ist eine Eigenschaft besonders wichtig: der Unterschied zwischen **engen** und **weiten** Transformationen.

Enge Transformationen (narrow transformations) wie z. B. `map` oder `filter` verarbeiten jede Eingabepartition ausschließlich mit den darin enthaltenen Daten. Da dabei keine Daten zwischen Partitionen ausgetauscht werden müssen, können diese Operationen ohne aufwendige Datenshuffles ausgeführt werden und sind entsprechend effizient. Weite Transformationen (wide transformations), z. B. `groupByKey` oder `reduceByKey`, benötigen hingegen Daten aus mehreren Partitionen. Dies löst einen Shuffle aus, bei dem Spark Daten über das Netzwerk zwischen den Clusterknoten verteilt. Solche Operationen ermöglichen zwar komplexe Aggregationen und Sortierungen, erfordern aber mehr Zeit und Ressourcen.

Möchten wir in unserem Beispiel ermitteln, wie oft jedes Wort im Text vorkommt[19], können wir dafür die weite Transformation `reduceByKey` verwenden (siehe Beispiel 13.15). Die Funktion `map` (siehe Zeile 1) wird auf dem RDD `words_rdd` aus Beispiel 13.14 angewendet. Die Ausgabe der von `map` (Zeile 1) bildet dabei die Eingabe für die Funktion `reduceByKey`. Diese beiden Transformationen spiegeln die grundlegenden Schritte des **Map/Reduce-Frameworks** wider: Die *Map*-Phase erzeugt die Schlüssel-Wert-Paare, während `reduceByKey` als *Reduce*-Phase die Aggregation der Werte pro Schlüssel übernimmt.

Listing 13.15 `ReduceByKey als weite Transformation zum Zählen der Wörter`

```
1  word_counts_rdd = words_rdd.map(lambda w: (w, 1)) \
2                              .reduceByKey(lambda a, b: a + b)
```

Im Codebeispiel ist dies in der gängigen kompakten **Kettenschreibweise** umgesetzt: Da jede Transformation wieder ein RDD zurückgibt, lassen sich die Methoden direkt hintereinander aufrufen.

Die Bild 13.9 verdeutlicht noch einmal die Funktionsweise von `reduceByKey`. Um für verschiedene Schlüssel die jeweils zugehörigen Daten zu verarbeiten, müssen die Schlüssel über alle Eingaben, also auch über alle Partitionen betrachtet werden.

Aktionen

Wer das Beispiel bis jetzt verfolgt hat, könnte vermuten, dass das Programm mittlerweile schon recht weit mit seinen Berechnungen ist, denn immerhin müssten die Termhäufigkeiten ja jetzt bekannt sein. Doch Vorsicht: Bisher wurde tatsächlich noch

18 *https://spark.apache.org/docs/latest/rdd-programming-guide.html#rdd-operations*

19 Der klassische, bereits bei Hadoop gezeigte, WordCount.

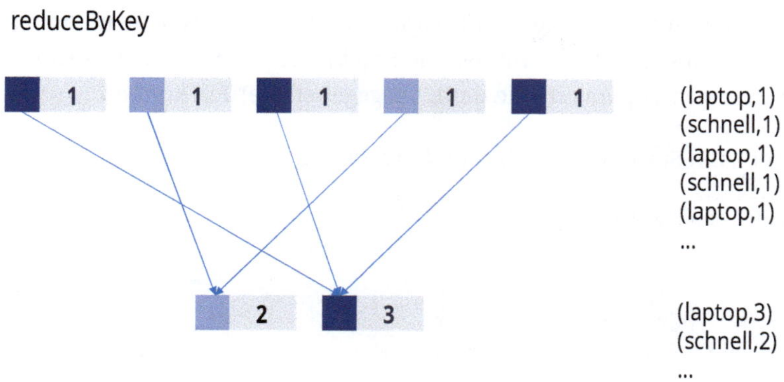

Bild 13.9 Beispiel für eine Transformation mit `reduceByKey`

gar nichts berechnet. Neben den bereits kennengelernten Transformationen gibt es in Spark nämlich auch Aktionen (Actions).

Transformationen beschreiben lediglich, was mit den Daten geschehen soll, und geben ein neues RDD zurück. Erst Aktionen lösen die Berechnung tatsächlich aus: Sie geben keine neue RDD zurück, sondern schicken die Ergebnisse der einzelnen Partitionen an den Driver-Prozess, der diese – je nach Aktion – zum Beispiel in eine Datei schreibt oder im Terminal anzeigt.

Spark arbeitet hier nach dem Prinzip der **Lazy Evaluation**: Die einzelnen Transformationen werden erst dann gestartet, wenn eine Aktion aufgerufen wird. Man kann sich dies wie beim Einkaufen in einem Supermarkt vorstellen. Zunächst werden alle Einkäufe – wie in Bild 13.10 bildhaft dargestellt – im Einkaufswagen gesammelt, aber der Einkauf (also die Berechnung) beginnt erst, sobald wir tatsächlich an die Kasse gehen – und diese Kasse ist in Spark eine Aktion.

Bild 13.10 Darstellung einer Lazy-Evaluation als Einkauf, bei dem die Berechnung erst an der Kasse beginnt. (von Google Imagen illustriert)

Im laufenden Beispiel könnten wir die Ausführung der einzelnen Transformationen mit der Aktion `collect` starten. Diese sammelt die Ergebnisse der einzelnen Executor-Prozesse in einer Liste von Tupeln ein, die dann ausgegeben werden können.

Listing 13.16 Action zum Start der eigentlichen Berechnung

```
result = word_counts_rdd.collect()

# Ausgabe
for word, count in result:
    print(f"{word}: {count}")
```

`collect()` holt ALLE Daten ins Treiberprogramm und kann bei großen Datensätzen sehr viel Speicher verbrauchen oder zum Absturz führen. Nutzen Sie für große Datenmengen besser Aktionen wie:

- `take(n)`: Gibt die ersten *n* Elemente zurück, ohne alles in den Speicher zu laden.
- `saveAsTextFile(path)`: Schreibt die Ergebnisse direkt ins Dateisystem (z. B. HDFS, lokal, S3), sodass sie verteilt gespeichert werden können.
- `takeSample()`: Zieht eine zufällige Stichprobe.

Einfaches Java-Beispiel

Um auch allen Interessierten, denen Java näher liegt als Python, den ersten Einstieg in Spark so einfach wie möglich zu machen, möchten wir ein kleines Java-Beispiel mit Ihnen teilen. Am einfachsten funktioniert das über ein Maven-Projekt in einer beliebigen IDE, dem wir zunächst die folgende Dependency hinzufügen müssen:

```
<dependency>
  <groupId>org.apache.spark</groupId>
  <artifactId>spark-core_2.13</artifactId>
  <version>3.5.0</version>
</dependency>
```

Die Ähnlichkeiten mit Python sind glücklicherweise sehr groß, wie wir im gleich folgenden Codebeispiel sehen werden. Auf dieser Basis sollte auch die Übertragung der weiteren Python-Beispiele nach Java kein größeres Problem mehr darstellen.

Für die Beispielfunktionalität haben wir uns von einem Youtube-Video[20] zur Abschätzung der Kreiszahl Pi durch das simulierte Werfen von Dart-Pfeilen inspirieren lassen. Die Grundidee ist, einen Einheitskreis in einem Quadrat zu platzieren, das ihn genau umschließt und zufällig Pfeile darauf zu werfen, wie das in Bild 13.11 dargestellt ist.

20 *https://www.youtube.com/watch?v=M34TO71SKGk*

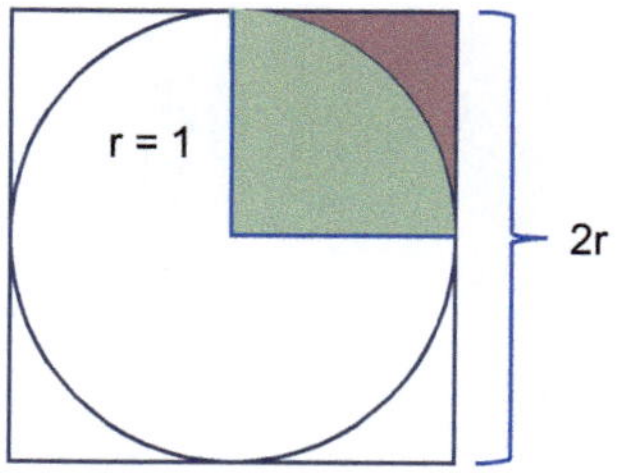

Bild 13.11 Einheitskreis mit einem gedachten Quadrat umschlossen

Mit dem Verhältnis der Pfeile, die innerhalb und außerhalb des Einheitskreises landen, lässt sich Pi sehr gut abschätzen, da der Einheitskreis eine Fläche von Pi ($r^2\pi$) und das umschließende Quadrat eine Fläche von 4 (Seitenlänge von 2 zum Quadrat) hat. Listing 13.17 zeigt den zugehörigen Spark-Code.

Listing 13.17 Java-Code zur Abschätzung von Pi mit Spark

```
package de.hsma.informatik.bdea;

import java.util.ArrayList;

import org.apache.spark.SparkConf;
import org.apache.spark.api.java.JavaSparkContext;

public class PiExample {

        private static final int NUM_SAMPLES = 10000000;

        public static void main(String[] args) throws Exception {
                SparkConf sparkConf = new SparkConf()
                                .setAppName("JavaSparkPi")
                                .setMaster("local[*]");

                JavaSparkContext spark = new
                ↪ JavaSparkContext(sparkConf);

                var al = new ArrayList<>(NUM_SAMPLES);
                for (int i = 0; i < NUM_SAMPLES; i++) {
                        al.add(i);
                }

                long count = spark.parallelize(al)
                        .filter(i -> {
                                double x = Math.random();
                                double y = Math.random();
                                return x*x + y*y <= 1;
                        }).count();
```

```
30
31                 System.out.println("Pi is roughly " + 4.0 * count /
                   ↪  NUM_SAMPLES);
32
33                 spark.close();
34         }
35 }
```

Im Code werden zunächst 10.000.000 Pseudo-Eingabedaten erzeugt, die Spark wegen der Anweisung `local[*]` mit `.parallelize` auf alle verfügbaren (logischen) Prozessorkerne verteilt. Statt der Wildcard kann hier auch eine konkrete Zahl angegeben werden. Die Kernfunktionalität der Abschätzung von Pi folgt ab Zeile 24, wo für jedes Eingabedatum – dessen konkreten Wert i wir ignorieren können – eine zufällige x- und eine y-Koordinate zwischen 0 und 1 erzeugt und danach gefiltert wird (Zeile 27), ob sie weiter als 1 vom Ursprung des Kreises entfernt ist. Sollte das der Fall sein, wird dieser „Pfeil" aussortiert. In Zeile 30 wird abschließend noch das Verhältnis der im Kreis gelandeten Pfeile zu allen geworfenen Pfeilen berechnet und mit 4 multipliziert, da wir zur Vermeidung von Multiplikationen zuvor nur auf den 1. Quadranten geworfen haben.

13.4.4 DAGs oder die Bestandteile eines Spark Jobs

Die verzögerte Ausführung von Transaktionen gibt Spark die Möglichkeit, den Ablauf von Programmen zu planen und zu optimieren. Bis zur Ausführung einer Aktion werden die einzelnen Transformationsschritte intern als Directed Acyclic Graph (DAG, also gerichteter azyklischer Graph) abgebildet. Dieser Graph beschreibt die Abhängigkeiten und die Reihenfolge der Verarbeitungsschritte von der Datenquelle bis zum Endergebnis. Die Knoten stehen für RDDs oder DataFrames (siehe Abschnitte 13.4.3 und 13.4.5), die Kanten repräsentieren die Transformationen zwischen ihnen. Da es keine Zyklen geben darf, kann kein Verarbeitungsschritt direkt oder indirekt auf sich selbst zurückgeführt werden.

Wenn in Spark eine Aktion wie `collect()`, `count()` oder `saveAsTextFile()` aufgerufen wird, startet Spark einen Job. Ein Job ist die gesamte Arbeitseinheit, die notwendig ist, um diese Aktion auszuführen. Sämtliche Verarbeitungsschritte werden im DAG abgebildet. Dabei unterteilt der DAG-Scheduler den Graphen in mehrere Stages.

- Eine **Stage** umfasst eine Abfolge von engen Transformationen, die ohne Datenaustausch zwischen Partitionen ausgeführt werden können.
- Sobald eine weite Transformation auftritt, die einen Shuffle erfordert, endet die aktuelle Stage und eine neue Stage beginnt.

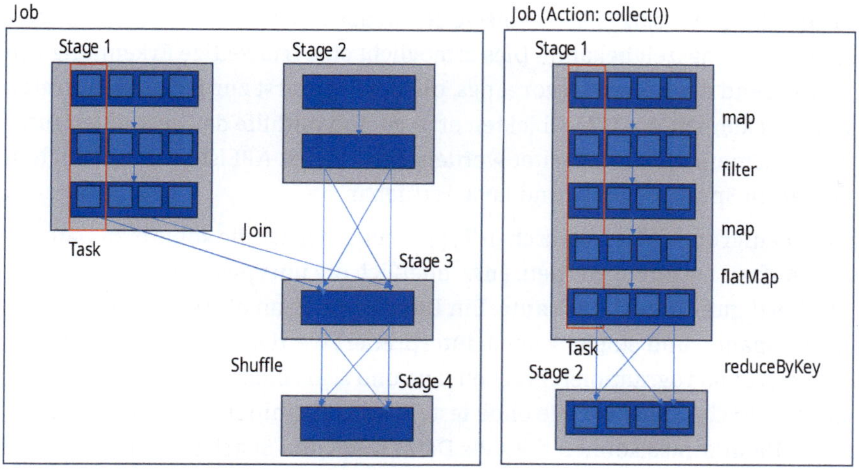

Bild 13.12 Visualisierung zweier Jobs mit ihren Stages

Jede Stage wiederum wird in viele **Tasks** zerlegt. Ein Task ist die kleinste Ausführungseinheit in Spark und bearbeitet genau eine Partition der Daten in dieser Stage. Wenn eine Stage beispielsweise 30 Partitionen enthält, erzeugt Spark 30 parallele Tasks, die im Cluster ausgeführt werden. Mit dem DAG als übergeordnetem Plan kann Spark diese Einheiten optimal parallelisieren, Shuffle-Vorgänge minimieren und so eine effiziente Ausführung im Cluster sicherstellen. In Bild 13.12 sind zwei Beispieljobs gezeigt, die das verdeutlichen.

- Der linke Job besteht aus 4 Stages. Stage 1 und 2 können parallel abgearbeitet werden. Ein JOIN erzeugt in der Regel einen Shuffle, da zwei Datensätze mit unterschiedlichen Keys zusammengebracht werden müssen. Es wird also eine neue Stage 3 konstruiert und da die nächste Transformation wiederum ein Shuffle benötigt, wird diese in einer eigenen Stage 4 behandelt.
- Der rechte Job beschreibt das Anwendungsbeispiel aus diesem Kapitel. Da darin nur eine weite Transformation vorkommt, entstehen lediglich zwei Stages.

13.4.5 DataFrames und SQL

RDDs gehören zum Kern der Spark-Implementierung. Mit Spark SQL stellt Spark darüber hinaus eine erweiterte Programmierschnittstelle zur Verfügung, die den Datenzugriff und die Datenverarbeitung über **Datasets** und **DataFrames** ermöglicht [Arm+15]. DataFrames wurden mit der Version 1.3 eingeführt und ab 2.0 mit der Dataset-API vereint.

Ein **Dataset** ist eine verteilte Sammlung von Datenelementen, analog zu einer RDD. Im Gegensatz zu RDDs handelt es sich jedoch um eine **stark typisierte** Datenstruktur. Der konkrete Typ jedes Datensatzes, beispielsweise `Dataset[Review]`, ist dem Compiler bereits zur Übersetzungszeit bekannt. Dies ermöglicht eine frühzeitige Erkennung von Typfehlern während des Kompiliervorgangs, die bei RDDs erst zur Laufzeit auftreten würden. Datasets können aus JVM-Objekten erzeugt und mithilfe der bekannten funktionalen Transformationen verarbeitet werden. Die Dataset-API ist ausschließlich in den JVM-basierten Sprachen Scala und Java verfügbar.

In Python steht aufgrund der dynamischen Typisierung, bei der die konkreten Datentypen erst zur Laufzeit bestimmt werden, ausschließlich die **untypisierte** Variante eines Datasets zur Verfügung: der **DataFrame**. Ein DataFrame kann als relationale Tabelle mit benannten Spalten und einem Schema interpretiert werden. Technisch entspricht ein DataFrame in den Programmiersprachen Java und Scala einem `Dataset[Row]`, wobei `Row` eine generische Tabellenzeile ohne feste Klassendefinition darstellt. Durch die Struktur eines DataFrames können die APIs DataFrame und Spark SQL im Gegensatz zur RDD-API deklarative Anfragen ähnlich zu SQL unterstützen.

Auch bei DataFrames unterscheidet Spark zwischen Transformationen und Aktionen – ähnlich wie bei RDDs. Die Schreibweise fühlt sich oft wie eine Mischung aus SQL und Pandas (Python-Bibliothek) an, nur eben verteilt und skalierbar. Im nächsten Schritt schauen wir uns das Beispiel aus dem letzten Kapitel noch einmal an, diesmal aber mit der DataFrame-API. Zur Demonstration der DataFrame-Konstruktion erstellen wir das Objekt hier selbst. In der Praxis lassen sich jedoch zahlreiche weitere Datenquellen direkt in Spark einbinden[21)].

Spark & Parquet – perfekte Kombination

Spark ist für das Einlesen von Parquet-Dateien optimiert, die häufig im Zusammenhang mit großen Datenmengen, etwa in Data Lakes, eingesetzt werden (siehe Abschnitt 5.1.2). Die Methode spark.read.parquet() bietet verschiedene Parameter, um zu steuern, wie Spark Parquet-Dateien interpretiert. Bereits in der Standardeinstellung führt der integrierte SQL-Optimierer verschiedene Verbesserungen durch. So ermöglicht die spaltenbasierte Speicherung von Parquet, dass nur die tatsächlich benötigten Spalten geladen werden. Die in den einzelnen Datenblöcken enthaltenen Metainformationen kann Spark nutzen, um beispielsweise ganze Blöcke zu überspringen und so Leseoperationen zu beschleunigen. Darüber hinaus kann Spark komprimierte Daten direkt verarbeiten. Dank der nativen Integration in Spark SQL und die DataFrame-API lassen sich Parquet-Dateien ohne zusätzliche Bibliotheken einsetzen.

In Listing 13.18 erstellen wir zuerst eine Spark-Session. Da wir zu Demostrationszwecken den DataFrame manuell erstellen, wird eine Liste mit den Produktbewertungen und Reviews angelegt. Diese wird der Methode `createDataFrame` übergeben, genauso wie die Namen der beiden Spalten. Sowohl der Inhalt des DataFrames (`show()`) als

21 *https://spark.apache.org/docs/latest/sql-data-sources.html*

Listing 13.18 Beispielprogramm zur Erstellung eines DataFrames

```
from pyspark.sql import SparkSession

# Spark-Session starten
spark = SparkSession.builder \
    .appName("ReviewsExampleDataFrame") \
    .master("local[*]") \
    .getOrCreate()

# Daten vorbereiten
data = [
    (5, "Der Laptop ist schnell und leise, bin sehr zufrieden."),
    (4, "Gute Qualität, aber Lieferung hat lange gedauert."),
    (1, "Enttäuschend - Gerät war defekt."),
    (5, "Top Produkt, gerne wieder!"),
    (3, "Okay, aber Preis etwas zu hoch.")
]

# DataFrame anlegen
df = spark.createDataFrame(data, ["rating", "review"])

# Anzeigen & Schema prüfen
df.show(truncate=False)
df.printSchema()
```

auch das Schema (`printSchema()`) lassen sich ausgeben. Wenn die Datentypen nicht explizit spezifiziert werden, werden sie automatisch abgeleitet.

Die Ausgabe der letzten Methode zeigt das folgende Schema:

```
root
 |-- rating: long (nullable = true)
 |-- review: string (nullable = true)
```

DataFrames lassen sich auch mit SQL bearbeiten. In unserem laufenden Beispiel zeigt Listing 13.19 den entsprechenden SQL-Code, um beispielhaft die Review-Texte von Sonderzeichen zu bereinigen. Zunächst wird mit `createOrReplaceTempView` eine temporäre View angelegt. Spark merkt sich intern, dass eine View mit dem Namen `df` existiert, deren Inhalt dem DataFrame `df` entspricht. Diese View ist nur für die Dauer der SparkSession verfügbar, in der sie erstellt wurde, und wird automatisch gelöscht, sobald die Session endet. Über `spark.sql("SELECT ... FROM ...")` kann anschließend per SQL auf die View zugegriffen werden. Der so als View bereitgestellte DataFrame wird wie eine relationale Tabelle verarbeitet. DataFrame-Operationen und SQL-Befehle lassen sich dabei beliebig miteinander kombinieren.

Listing 13.19 Beispielprogramm zur Bearbeitung des DataFrames mit SQL

```
df.createOrReplaceTempView("df")

spark.sql("""SELECT
  word,
  COUNT(*) AS count
FROM (
  SELECT explode(
           split(
             lower(regexp_replace(coalesce(review, ''),
             ↪  '[^a-zA-ZäöüÄÖÜß0-9\\\\s]', '')),
             '\\\\s+'
           )
         ) AS word
  FROM df
  WHERE rating >= 4
) t
WHERE word <> ''
GROUP BY word
ORDER BY count DESC""").show()
```

Für den Anwender soll mit der Verwendung von SQL-Befehlen oder DataFrame-Operationen die Erstellung von Verarbeitungspipelines möglichst einfach gehalten werden. Im Hintergrund führt Spark jedoch eine Vielzahl komplexer Schritte zur Analyse, Optimierung und Übersetzung der Abfrage in einen ausführbaren Plan durch.

Die **Spark SQL Engine** ist die zentrale Ausführungsschicht für strukturierte Daten in Spark. Sie sorgt dafür, dass Abfragen – egal ob sie als SQL-Befehle, über die DataFrame-API oder als Datasets formuliert sind – in einen einheitlichen Ausführungsplan überführt werden. Kernstück dieser Engine ist der **Catalyst Optimizer**, der jede Abfrage zunächst als logischen Plan darstellt, diesen analysiert, optimiert und schließlich in einen physischen Plan umwandelt. Dieser Ablauf gilt für alle Abfragen, die auf der Spark SQL Engine basieren – nicht jedoch für „rohe" RDD-Operationen, bei denen keine SQL-Optimierung möglich ist. Anschließend greift die **Whole-Stage Code Generation**, die mehrere aufeinanderfolgende, codegen-fähige physische Operatoren zu einer optimierten Verarbeitungsschleife im Java-Bytecode zusammenfasst, um die Ausführungsgeschwindigkeit zu maximieren.

Schauen wir uns die zuvor in der Textbox vorgestellten Komponenten etwas genauer an, insbesondere den Catalyst-Optimizer. Catalyst ist genau wie die Spark-Kernkomponente in Scala implementiert und nutzt zur Optimierung die funktionalen Konstrukte der Programmiersprache. Bei seiner Entwicklung standen zwei zentrale Ziele im Vordergrund: Erstens sollte das Hinzufügen neuer Optimierungstechniken und Funktionen zu Spark SQL möglichst einfach gestaltet werden. Zweitens sollte externen Entwicklern die Möglichkeit gegeben werden, den Optimierer zu erweitern. Dies kann beispielsweise durch das Ergänzen datenquellenspezifischer Regeln oder durch die Unterstützung neuer Datentypen erfolgen.

Man kann die Umwandlung von der vom Nutzer eingegebenen Abfrage bis zur Erstellung eines physischen Plans durch den Optimierer in fünf Phasen unterteilen (siehe Bild 13.13):

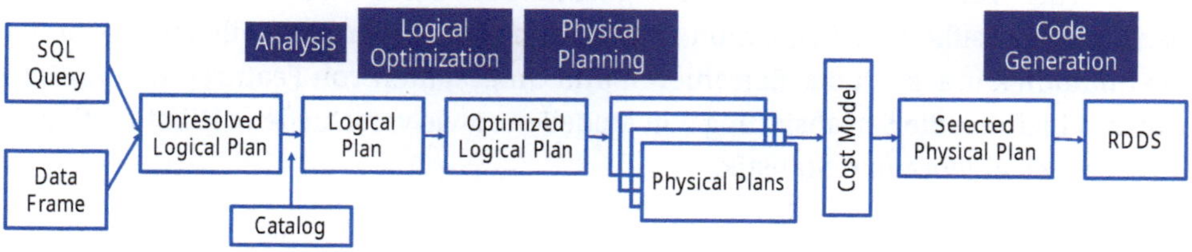

Bild 13.13 Verarbeitungsschritte des Catalyst-Optimierers [Arm+15]

1. **Parsing:** SQL-Code oder DataFrame-Operationen werden in einen **unresolved logical plan** umgewandelt. Dies ist ein Rohentwurf des Abfrageplans, der noch unaufgelöste Bezüge zu konkreten Datenschemata oder Spalten enthält.
2. **Analysis:** Spaltennamen, Datentypen und Tabellen werden aufgelöst (**resolved logical plan**).
3. **Logical Optimization:** Hier erfolgen regelbasierte Optimierungen, wie sie auch ein SQL Optimierer ähnlich in einer relationalen Datenbank ausführen würde. Solche Optimierungen sind beispielsweise Prädikats-Pushdowns, das Entfernen von Projektionen oder die Zusammenfassung von Filtern.
4. **Physical Planning:** Erstellung verschiedener physischer Pläne mit Kostenabschätzung (Cost-Based Optimizer). Zur Abschätzung werden verschiedene Statistiken zu Hilfe genommen wie die Tabellenzeilenanzahl, Wertebereiche, durchschnittliche Zeilengröße etc. Diese Informationen erhält Spark je nach Datenquelle auch direkt aus der Quelle, z. B. bei der Verwendung von Parquet oder ORC-Dateien. Auch die spezifische Art der SQL-Operationen (ob für ein JOIN beispielsweise ein **Broadcast Hash Join** oder ein **Sort-Merge Join** verwendet wird), wird bei der Erstellung des physischen Plans entschieden.
5. **Code Generation:** Die Transformation von DataFrames/SQL zu RDDs passiert erst ganz am Ende – nachdem Catalyst den Plan optimiert hat und der physische Plan feststeht. Vorher existieren noch keine RDDs, sondern nur eine deklarative Beschreibung der Berechnung. Spark verwendet eine Technik namens **Whole-Stage Code Generation**, um die Ausführung von Abfragen effizienter zu gestalten. Dazu durchsucht Spark den physischen Plan nach aufeinanderfolgenden Operatoren, die

für die Code-Generierung geeignet sind – sogenannte *codegen-fähige Operatoren*. Diese werden zu Pipeline-Segmenten zusammengefasst. Für jedes dieser Segmente erzeugt Spark zur Laufzeit speziellen, optimierten Java-Code.

13.4.6 MLlib: Verteiltes Machine Learning

Mit MLlib[22] stellt Spark eine Bibliothek bereit, die klassische Machine-Learning-Pipelines in einer verteilten Umgebung ermöglicht. Neben bekannten Algorithmen aus den Bereichen Klassifikation, Regression, Clustering oder kollaboratives Filtern unterstützt die Bibliothek u. a. auch das Extrahieren und Umgestalten von Features, den Aufbau ganzer Pipelines, die Serialisierung von Modellen sowie verschiedene Hilfsfunktionen aus linearer Algebra und Statistik.

Beispiel: Sarkasmus in Schlagzeilen

Das folgende Beispiel verdeutlicht die Arbeitsweise von MLlib. Es wird ein Modell trainiert, das Sarkasmus in Schlagzeilen erkennen soll. Grundlage bildet ein Datensatz aus [MA23], der sowohl sarkastische als auch nicht sarkastische Überschriften aus zwei Quellen enthält:

- 26709 Schlagzeilen (davon 11724 Schlagzeilen als sarkastisch markiert) der US-Satirezeitung *The Onion*, die aktuelle Ereignisse aus Politik, Wirtschaft und Gesellschaft in Form fiktiver Nachrichtenartikel parodiert[23]
- 14.985 nicht sarkastische Schlagzeilen des US-amerikanischen Online-Nachrichtenportals *HuffPost*[24]

Einige typische Beispiele für sarkastische *Onion*-Überschriften:

- Warm, Encouraging Email From CEO Quickly Identified As Phishing Attempt
- New Study: Books Don't Take You Anywhere
- New ‚Aspershirt' Relieves Torso Pain
- Trump Angry – Not A Single Visiting European Leader Wearing Lederhosen, Tiny Hat

Kurzer Überblick: Zentrale Konzepte

Bevor der eigentliche Programmcode folgt, zeigt ein kurzer Überblick die wichtigsten Konzepte der Bibliothek:

22 *https://spark.apache.org/mllib*
23 *https://theonion.com*
24 *https://www.huffpost.com*

DataFrames: Strukturierte ML-Datenbasis

Die aktuelle Spark-MLlib-Version baut auf den DataFrames der Spark-SQL-API auf. Ein DataFrame repräsentiert dabei den ML-Datensatz mit Spalten für Merkmale, Merkmalsvektoren, Labels oder Vorhersagen. Neben den bekannten Datentypen aus der Spark-SQL-Referenz[25] führt MLlib zusätzlich den speziellen Typ `Vector` ein. Dieser dient zur effizienten Repräsentation von numerischen Feature-Vektoren, wie sie für maschinelles Lernen benötigt werden. Ein `Vector` kann dabei entweder dense (alle Werte werden explizit gespeichert) oder sparse (nur Nicht-Null-Werte werden mit ihren Indizes gespeichert) sein, was insbesondere bei hochdimensionalen Daten Speicher- und Performancevorteile bringt.[26]

Pipelines: Verarbeitungsschritte organisieren

Die Klassifikation der Schlagzeilen erfordert mehrere Verarbeitungsschritte:

- Zerlegung der Schlagzeilen in Terme
- Umwandlung der Schlagzeilen in Termvektoren (Grundlagen dazu in Abschnitt 14.6.4)
- Training eines Klassifikationsmodells mithilfe der Merkmalsvektoren und Labels

Diese Schritte lassen sich in einer Pipeline zusammenfassen. Spark orientiert sich hier stark an den Pipelines der Python-Bibliothek `scikit-learn`[27].

Transformers: Daten transformieren

Ein Transformer wandelt Daten in neue Daten um. Er implementiert die Methode `transform()`, die ein DataFrame als Eingabe erhält und ein DataFrame als Ausgabe zurückgibt.

Beispielsweise zerlegt ein Transformer den Text einer Schlagzeile in einzelne Terme. Das Ergebnis ist ein DataFrame mit einer zusätzlichen Spalte, die die Token pro Schlagzeile enthält. Ebenso kann ein Transformer ein ML-Algorithmus sein, der Vorhersagen berechnet und diese als neue Spalte ergänzt.

Estimators: Modelle trainieren

Ein Estimator stellt einen trainierbaren Lernalgorithmus dar. Er implementiert die Methode `fit()` und liefert als Ergebnis ein Modell, das wiederum selbst ein Transformer ist.

Bild 13.14 zeigt im oberen Teil eine Pipeline mit Transformers und Estimators wie sie für die Klassifikation von Headlines genutzt werden kann. Im unteren Teil des Bildes sind die jeweiligen Ein- und Ausgaben zu sehen. Zum Beispiel erhält der Transformer

---

25 *https://spark.apache.org/docs/latest/sql-ref-datatypes.html*

26 Nicht zu verwechseln mit dem Java-Datentyp `Vector`, einer synchronisierten Liste mit vorwiegend historischer Bedeutung. In Java werden stattdessen `ArrayList` oder Klassen aus `java.util.concurrent` empfohlen. Der Spark-`Vector` ist ein eigener MLlib-Datentyp zur Repräsentation von Feature-Vektoren.

27 *https://scikit-learn.org/stable/index.html*

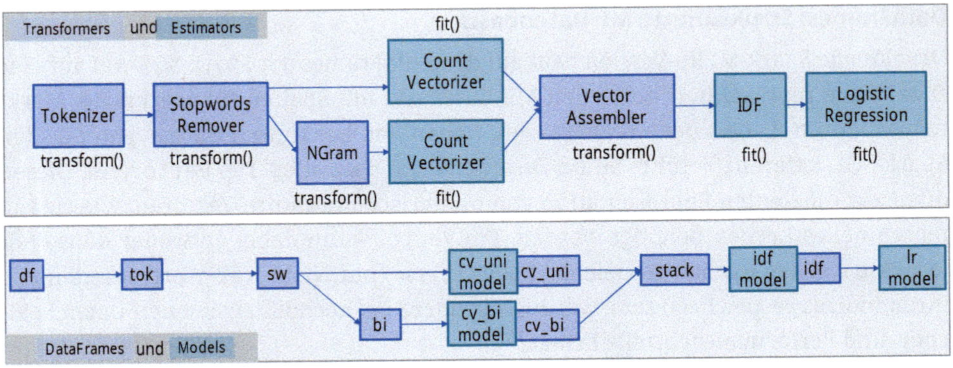

Bild 13.14 MLlib-Pipeline für das Beispiel

`Tokenizer` als Eingabe das DataFrame `df` und gibt das DataFrame `tok` aus. Die Benennungen im Bild entsprechen den Namen der DataFrames aus dem Codebeispiel, das im Folgenden näher vorgestellt wird.

Machine Learning in Action

Listing 13.21 zeigt die Verarbeitung unserer Pipeline für die Identifikation von sarkastischen Headlines. Zuerst wird der Datensatz aus einer JSON-Datei in ein DataFrame *raw* eingelesen.

Listing 13.20 Ausschnitt aus der JSON-Datei mit Beispielen für das Trainieren des ML-Modells

```
{
    "is_sarcastic": 1,
    "headline": "leading probability researchers confounded by three coworkers
    ↪ wearing same shirt color on same day", "article_link":
    ↪ "https://www.theonion.com/leading-probability-researchers-confounded-
    ↪ by-three-cow-1822174747"
}
{
    "is_sarcastic": 1,
    "headline": "new york introduces shoe-sharing program for city's
    ↪ pedestrians",
    "article_link":
    ↪ "https://www.theonion.com/new-york-introduces-shoe-sharing-program-for-
    ↪ city-s-ped-1819577633"
}
{
    "is_sarcastic": 0,
    "headline": "number of homeless students in america is rising rapidly",
    "article_link":
    ↪ "https://www.huffingtonpost.com/entry/homeless-students_n_5864414.html"}
```

Aus diesem werden noch einmal nur diejenigen Spalten herausgesucht, die für das Trainieren wichtig sind, und alle Zeilen, die Nullwerte enthalten, entfernt. Anschließend wird der Datensatz in Training- und Testdaten unterteilt.

Listing 13.21 Beispiel für ein Programm mit Spark MLlib anhand einer Pipeline zur Klassifikation von Ironie in Schlagzeilen

```python
from pyspark.sql import SparkSession
from pyspark.sql.functions import col
from pyspark.ml import Pipeline
from pyspark.ml.feature import (RegexTokenizer, StopWordsRemover, NGram,
        CountVectorizer, IDF, VectorAssembler)
from pyspark.ml.classification import LogisticRegression

spark = SparkSession.builder.appName("Ironiemeter").getOrCreate()
raw = spark.read.json("sarcasm_v2.json")

df = (raw.select(col("headline").alias("text"), col("is_sarcastic").cast("int").alias("label"))
        .na.drop(subset=["text","label"]))

train, test = df.randomSplit([0.8, 0.2], seed=42)

# 1) Vorverarbeitung
token = RegexTokenizer(inputCol="text", outputCol="tokens", pattern="\\W+", minTokenLength=2)
sw    = StopWordsRemover(inputCol="tokens", outputCol="tokens_clean")
bi    = NGram(n=2, inputCol="tokens_clean", outputCol="bigrams")

# 2) Termfrequenzen (Estimatoren -> Modelle bei fit())
cv_uni = CountVectorizer(inputCol="tokens_clean", outputCol="tf_uni", minDF=5)
cv_bi  = CountVectorizer(inputCol="bigrams",      outputCol="tf_bi",  minDF=5)

# 3) Stacken + IDF
stack = VectorAssembler(inputCols=["tf_uni", "tf_bi"], outputCol="tf")
idf   = IDF(inputCol="tf", outputCol="features")

# 4) Klassifikator
lr = LogisticRegression(featuresCol="features", labelCol="label",
                        maxIter=50, regParam=0.1, elasticNetParam=0.0)

# 5) Pipeline & Training
pipe  = Pipeline(stages=[token, sw, bi, cv_uni, cv_bi, stack, idf, lr])
model = pipe.fit(train)

# 6) Inferenz & Sichtkontrolle der Features
pred  = model.transform(test)
pred.select("label", "features").show(truncate=False)
```

Für die Vorverarbeitung werden drei Transformer verwendet. Der `RegexTokenizer` zerlegt den Text der Eingabespalte `text` mithilfe eines regulären Ausdrucks in einzelne Tokens. Tokens mit weniger als zwei Buchstaben werden entfernt (`minTokenLength`). Der zweite Transformer, `StopWordsRemover`, erhält als Eingabe die Spalte mit den zerlegten Tokens. Er erstellt eine neue Spalte (`tokens_clean`), in der alle Stopwörter entfernt werden. Optional können hier auch eigene Stopwortlisten eingebracht werden. Der dritte Transformer bildet n-Gramme (da $n = 2$ werden Bigramme gebildet). Es entsteht eine neue Spalte `bigrams`, die eine Liste von 2-Wort-Kombinationen enthält.

Im nächsten Schritt werden die Vektoren für das Training des Modells vorbereitet:

- `CountVectorizer` baut beim `fit()`-Aufruf ein Vokabular der vorkommenden Wörter bzw. Bigramme auf.
- `VectorAssembler` kombiniert die erzeugten Spalten zu einem gemeinsamen Vektor `tf`.
- `IDF` berechnet die inverse Dokumenthäufigkeit (IDF) und erzeugt daraus die Spalte `features`.

Der Klassifizierer `LogisticRegression` trainiert schließlich ein Modell auf Basis der Spalten `features` und `label`. Parameter wie maximale Iterationszahl, Regularisierungsstärke und Art der Regularisierung lassen sich anpassen.

Die Pipeline fasst sämtliche Schritte zusammen. Mit `.fit(train)` erfolgt das Training auf dem Trainingsdatensatz. Ergebnis ist ein Transformer, der als Modell fungiert. Neue Daten lassen sich dann mit `model.transform(test)` klassifizieren.

Evaluation

Um das Modell auf den Testdaten zu evaluieren, lassen sich verschiedene Evaluator-Klassen nutzen. Diese implementieren die Methode `evaluate()` und liefern einen skalaren Wert zurück. Im Beispiel werden der ROC, Precision, das F1-Maß sowie die Accuracy berechnet.

Listing 13.22 Evaluation des Modells anhand der Testdaten

```
from pyspark.ml.evaluation import BinaryClassificationEvaluator, MulticlassClassificationEvaluator
from pyspark.sql import functions as F

pred = model.transform(test).cache()

roc = BinaryClassificationEvaluator(labelCol="label", metricName="areaUnderROC").evaluate(pred)
pr  = BinaryClassificationEvaluator(labelCol="label", metricName="areaUnderPR").evaluate(pred)
f1  = MulticlassClassificationEvaluator(labelCol="label", metricName="f1").evaluate(pred)
acc = MulticlassClassificationEvaluator(labelCol="label", metricName="accuracy").evaluate(pred)
```

Quick Check: Wie sarkastisch ist diese Überschrift?

Um selbst einmal eigene Headlines zu testen, kann man wie in Listing 13.23 vorgehen.

Listing 13.23 Anwendung des trainierten PipelineModels (Inferenz)

```
from pyspark.sql import Row
from pyspark.sql import functions as F
from pyspark.ml.functions import vector_to_array

examples = [
    "Local man heroically volunteers to finish leftover pizza",
    "Government announces restrictions",
    "Experts confirm Mondays are indeed the worst"
]

ex_df = spark.createDataFrame([Row(text=t) for t in examples])
out = model.transform(ex_df)

(out.select(
        "text",
        vector_to_array("probability").getItem(1).alias("p_sarcasm"),
        F.col("prediction").cast("int").alias("pred"))
    .orderBy(F.desc("p_sarcasm"))
    .show(truncate=False))
```

`out = model.transform(ex_df)` wendet das trainierte *PipelineModel* auf die neuen Headlines an. Dabei durchlaufen die Texte nacheinander Tokenisierung, Stopwort-Filter, N-Gram-Erzeugung, Vektorisierung, TF-IDF-Gewichtung und schließlich die logistische Regression. Das Modell gibt den Text, die Wahrscheinlichkeit für eine sarkastische Prädiktion sowie das vorhergesagte Label zurück.

Das mit dem hier trainierten Modell erzeugte Ergebnis sieht so aus:

```
+--------------------------------------------------------+------------+----+
|text                                                    |p_sarcasm   |pred|
+--------------------------------------------------------+------------+----+
|Local man heroically volunteers to finish leftover pizza|0.9343669974 |1   |
|Experts confirm Mondays are indeed the worst            |0.5098573787 |1   |
|Government announces restrictions                       |0.28203558056|0   |
+--------------------------------------------------------+------------+----+
```

Hier lässt sicherlich noch eine Menge Optimierungspotential (z. B. Hyperparameter-Tuning, bessere Vorverarbeitung oder balancierte Splits) finden – Sarkasmus zu erkennen ist allerdings oft auch schwer im wirklichen Leben ... Für mehr Beispiele sei hier noch einmal auf die Dokumentation[28] verwiesen.

28 *https://spark.apache.org/docs/latest/ml-guide.html*

13.4.7 Structured Streaming: Mikro-Batch-Verarbeitung von Datenströmen

Stellen Sie sich Ihren Lieblings-Coffeeshop zur Rushhour vor: Bestellung für Bestellung wird aufgenommen und an das Barista-Team weitergereicht, das alle Hände voll zu tun hat. Anstatt jeden Latte macchiato sofort einzeln zuzubereiten, sammelt die Barista für kurze Zeit alle Bestellzettel. Parallel schäumt sie eine große Kanne Milch auf und brüht mehrere Espressi in Serie – bei geeigneter Maschine auch gleichzeitig. Die Kunden merken die Verzögerung kaum, die Barista spart sich einige Handgriffe und weist trotzdem noch eine gute Durchsatzrate auf.

Nach demselben Prinzip verarbeitet Spark Datenströme mit seiner Structured-Streaming-API[29]. Eingehende Ereignisse werden in sehr kurzen, festen Intervallen zu *Mini-Batches* gebündelt und anschließend wie reguläre DataFrames vom Spark-SQL-Optimizer verarbeitet. Die kurze Bündelung vermittelt ein Gefühl nahezu in Echtzeit.

Die Vorteile liegen auf der Hand: Spark kann die schon implementierten Batch-Operatoren und Strukturen nutzen. Entwickler brauchen sich keine neue Syntax einprägen (insbesondere, wenn das Spark-Ökosystem schon eingesetzt wird), sondern verwenden für Batch- und Stream-Verarbeitung dieselben Anfragen. Auch Fehlertoleranz und Skalierbarkeit lassen sich mit dem bewährten Framework gut lösen. Im Vergleich zu Stream-Processing-Frameworks, die auf eine kontinuierliche Verarbeitung von Datenströmen setzen, kommt es allerdings zu etwas höheren Latenzen [Chi+16].

Kurzer Überblick: Zentrale Komponenten

Spark Structured Streaming stellt die zweite Implementierung einer Streaming-API in Spark dar. Die erste API, *Spark Streaming*[30] setzte direkt auf RDDs als Datenstrukturen für die Micro-Batch-Verarbeitung auf. Sie wird nicht mehr weiterentwickelt. Structured Streaming nutzt die Spark-SQL-Engine, um kontinuierliche Workloads zu verarbeiten[31]. Standardmäßig läuft die Engine im *Micro-Batch*-Modus. Bild 13.15 skizziert die Architektur.

Eingaben (Input Sources) und Ausgaben (Output Sinks)

Als Datenquellen kommen Dateien, Kafka, Sockets oder Delta-Tabellen in Frage. Um *Exactly-once*-Garantien zu erreichen, erfüllen Pipeline und Infrastruktur zwei Bedingungen (vgl. auch Kafka oder Flink):

---

29 *https://spark.apache.org/docs/latest/structured-streaming-programming-guide.html*

30 *https://spark.apache.org/docs/latest/streaming-programming-guide.html*

31 Einen ähnlichen Ansatz verfolgt Flink Streaming mit Apache Calcite als SQL-Engine, siehe Abschnitt 13.5.3.

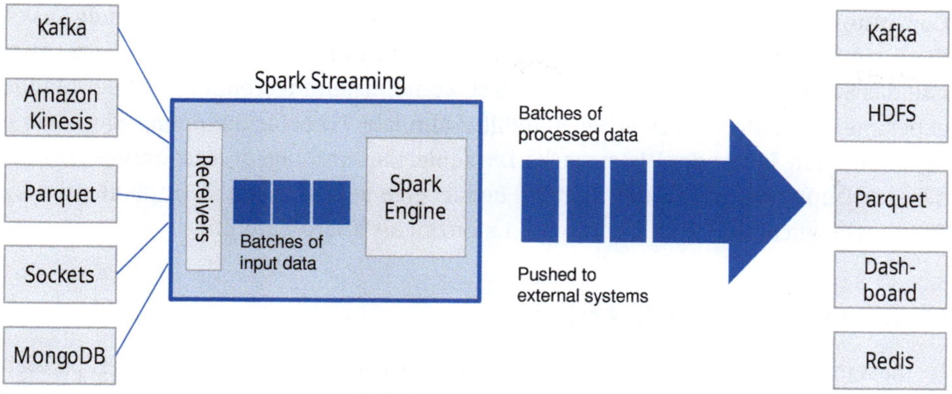

Bild 13.15 Spark-Streaming-Micro-Batch-Architektur in Anlehnung an [Mat16]

- Quellen sind *wiederbespielbar*, damit das System nach einem Fehlerlauf Ereignisse erneut lesen kann, etwa über einen zuverlässigen Broker wie Kafka oder ein persistentes Dateisystem.
- Sinks unterstützen *idempotente* Schreiboperationen, damit wiederholte Vorgänge identische Ergebnisse liefern.

Structured Streaming integriert nahtlos mit Spark SQL: Streams lassen sich mit Batch-Daten kombinieren, z. B. über einen Join eines Eingangsstreams mit einer statischen Tabelle.

Datenmodell und Datenverarbeitung

Structured Streaming behandelt einen Stream konzeptionell wie eine stetig wachsende Tabelle: Jedes Ereignis entspricht einer neuen Zeile. Abfragen laufen nicht auf der gesamten Tabelle, sondern auf den neu hinzugekommenen Zeilen; das System aktualisiert anschließend das Gesamtergebnis und schreibt die Inkremente in den konfigurierten Sink. Diese inkrementelle Pflege einer Materialisierung entspricht dem Prinzip der *incremental view maintenance* [Arm+18].

Verarbeitungsmodi

Structured Streaming bietet zwei Verarbeitungsmodi [Arm+18]:

Micro-Batch (Standard): Trigger im Programmcode bestimmen, wann das System neue Daten verarbeitet und Ergebnisse in den Sink schreibt. Setzt der Code z. B. einen Sekundentrigger, fasst die Engine alle Ereignisse innerhalb dieser Sekunde zu einem Mini-Batch zusammen und verarbeitet sie gemeinsam. Jeder Micro-Batch entspricht einem regulären Spark-Job: Der Treiberprozess (*Driver*) plant einen DAG, dessen Tasks auf die Worker-Nodes verteilt und dort ausgeführt werden.

Continuous Processing (experimentell):[32] Dieser Modus startet lang laufende Tasks, die neue Einträge fortlaufend lesen, transformieren und schreiben. Den Fortschritt hält das System in Checkpoint-Epochen fest. Zum Entstehungszeitpunkt ist der Modus experimentell; unterstützt werden map/filter-ähnliche Transformationen, jedoch keine Aggregationen, Joins oder Watermarks. Die Fehlertoleranz folgt *at-least-once*-Semantik, d. h. zur Duplikateliminierung sind bei Bedarf eigene Prüfungen zu implementieren. Dafür ermöglicht der Modus geringere Latenzen als Micro-Batching.

Structured Streaming in Action

In diesem Beispiel erfolgt eine Echtzeitanalyse von Bestellungen mit verspäteten Events. Die Events werden aus einen Ordner als JSON-Dateien gelesen, verarbeitet und in Parquet-Dateien abgelegt. Wir nutzen PySpark auf einer lokalen Spark-Installation mit Docker. Die Projektstruktur sieht wie folgt aus:

```
spark-streaming-tutorial/
|- docker-compose.yml
|- data/
|   |- input/            # Streaming-Quelle: JSON-Dateien
|   |- out/              # Output-Sink: Parquet-Dateien
|- spark/
|   |- stream_orders.py  # Structured-Streaming-Job
|   |- Dockerfile
|- generate_orders.py    # Datengenerator (simuliert Live-Events)
```

Streaming-Quelle

Als Input dienen JSON-Dateien, die Kaffeebestellungen (Art, Größe, Anzahl, Preis, Ereigniszeitpunkt) enthalten. Um nicht händisch Daten zu generieren, bietet sich ein kleines Skript an (siehe Listing 13.24), das in einem separaten Terminal gestartet werden kann und Ereignisse nach dem Format in Listing 13.25 ausgibt. Per Generator-Skript (Python) wird alle drei Sekunden eine neue JSON-Datei mit frischen Zeitstempeln abgelegt. Das Skript kann mit

```
python tools/generate_orders.py
```

gestartet werden.

Listing 13.24 Generieren von zufälligen Kaffeebestellungen als Events

```python
import json, time, uuid, random
from pathlib import Path
from datetime import datetime

```

32 *https://spark.apache.org/docs/latest/streaming/performance-tips.html#continuous-processing*

```python
BASE = Path("data/input")
BASE.mkdir(parents=True, exist_ok=True)

drinks = [
    ("Espresso", 2.20),
    ("Americano", 2.80),
    ("Cappuccino", 3.20),
    ("Latte", 3.40),
    ("Flat White", 3.60),
    ("Mocha", 3.80),
    ("Macchiato", 2.60),
    ("Cold Brew", 3.90),
    ("Iced Latte", 3.60),
]

def price_with_size(base, size):
    mult = 1.0 if size=="S" else (1.3 if size=="M" else 1.6)
    return round(base * mult, 2)

while True:
    rows = []
    for _ in range(random.randint(5, 10)):
        drink, base = random.choice(drinks)
        size = random.choice(["S", "M", "L"])
        qty = random.randint(1, 2)
        rows.append({
            "order_id": str(uuid.uuid4()),
            "drink": drink,
            "size": size,
            "quantity": qty,
            "unit_price": price_with_size(base, size),
            "event_time": datetime.utcnow().strftime("%Y-%m-%d %H:%M:%S")  # UTC
        })
    out = BASE / f"batch_{int(time.time())}.json"
    with out.open("w", encoding="utf-8") as f:
        for r in rows:
            f.write(json.dumps(r, ensure_ascii=False) + "\n")
    print(f"Wrote {out} ({len(rows)} orders)")
    time.sleep(3)
```

Jede Zeile in der Ausgabe entspricht einer Bestellung. Beispiele zeigt das Listing 13.25. Die Dateien liegen im Ordner `data/input`.

Listing 13.25 Drei Beispielevents mit Bestelldaten

```
{"order_id":"o-1","drink":"Latte","size":"M","quantity":1,
"unit_price":3.9,"event_time":"2025-09-11 08:30:05"}
{"order_id":"o-2","drink":"Espresso","size":"S","quantity":2,
"unit_price":2.2,"event_time":"2025-09-11 08:30:08"}
{"order_id":"o-3","drink":"Iced Latte","size":"L","quantity":1,
"unit_price":5.8,"event_time":"2025-09-11 08:30:12"}
```

Listing 13.26 zeigt einen einfachen Spark-Streaming-Job von der Quelle bis zur Ausgabe.

Listing 13.26 Streaming-Job in Spark mit Mikro-Batches zur Verarbeitung von Bestellungen

```python
from pyspark.sql import SparkSession
from pyspark.sql.types import StructType, StructField, StringType, IntegerType, DoubleType
from pyspark.sql.functions import col, to_timestamp, window, sum as _sum, count as _count, round as _round

spark = (SparkSession.builder.appName("CoffeeFileStream").getOrCreate())

# 1) Schema
schema = StructType([
    StructField("order_id",   StringType(), False),
    StructField("drink",      StringType(), False),
    StructField("size",       StringType(), False),
    StructField("quantity",   IntegerType(), False),
    StructField("unit_price", DoubleType(), False),
    StructField("event_time", StringType(), False),
])

# 2) Quelle: JSON-Lines aus data/input/ (nur neue Dateien)
raw = (spark.readStream.schema(schema)
.option("maxFilesPerTrigger", 1).json("/data/input"))

events = (raw.withColumn("event_time", to_timestamp(col("event_time")))
    .withColumn("revenue", _round(col("unit_price") * col("quantity"), 2))
)

# 3) Watermark + Deduplikation (im Watermark-Horizont)
dedup = (events.withWatermark("event_time", "2 minutes")
```

```
            .dropDuplicates(["order_id"]))

# 4) Fenster: 5-Minuten (tumbling)
agg = (dedup.groupBy(
            window(col("event_time"), "5 minutes"),col("drink")
      ).agg(
            _sum("revenue").alias("revenue"),
            _count("*").alias("orders")
      ).select(
            col("window.start").alias("window_start"),
            col("window.end").alias("window_end"),
            col("drink"),
            col("orders"),
            _round(col("revenue"), 2).alias("revenue")
      )
)

# 5) Sink: Parquet (nur **finale** Fenster)
parquet_q = (agg.writeStream.outputMode("append") # nur abgeschlossene Fenster
      .format("parquet")
      .option("path", "/data/out/coffee_by_drink")      # Docker? -> "/data/out/coffee_by_drink"
      .option("checkpointLocation", "/chk/parquet")     # Docker? -> "/chk/parquet"
      .start())

spark.streams.awaitAnyTermination()
```

Der Streaming-Job liest keine alten Dateien, sondern nur Dateien, die nach Start des Jobs neu in den Ordner hinzugekommen sind.

Streaming per Docker-Container starten

Die `docker-compose.yml`-Datei definiert einen Container-Dienst und die notwendigen Volumes. Spark wird hier über eine Login-Shell gestartet.

Listing 13.27 `docker-compose.yml` zum Starten eines Docker-Containers mit einem einzelnen Container-Dienst

```
services:
  spark-job:
    build: ./spark
    volumes:
```
→

```
      - ./spark:/app
      - ./data:/data
      - ./chk:/chk
    working_dir: /app
    command:
      - /bin/bash
      - -lc
      - /opt/bitnami/spark/bin/spark-submit --master local[*] /app/stream_orders.py
```

Mit `build: ./spark` wird kein fertiges Image aus der Registry gezogen, sondern ein eigenes Image aus dem Verzeichnis `./spark` verwendet. Dort wird ein Dockerfile angelegt, das das Basis-Image (`bitnami/spark:latest`) und die Ergänzungen (Python3-Installation) anzeigt. Dieses sieht wie folgt aus:

Listing 13.28 `Dockerfile` mit Basis-Image und Python-Installation

```
# spark/Dockerfile
FROM bitnami/spark:latest

# Bitnami-Images laufen als non-root (1001). Zum Installieren kurz root werden:
USER root
# 'install_packages' ist in Bitnami-Images vorhanden (wrappt apt-get)
RUN install_packages python3 && ln -sf /usr/bin/python3 /usr/bin/python

# PySpark explizit auf python3 setzen
ENV PYSPARK_PYTHON=python3 \
    PYSPARK_DRIVER_PYTHON=python3

# Zurück zum Standard-User
USER 1001
```

Die folgenden Befehle starten den Container und zeigen die Log-Datei, in der auch die Konsolenausgaben aus dem Programm zu sehen sind.

```
docker compose up -d
docker compose logs -f spark-job
```

Nach dem Starten finden Sie ein neues Verzeichnis `chk`, in das der Streaming-Job seinen Fortschritt und ggf. Aggretations-Zustände schreibt, damit der Job bei einem Neustart fortsetzbar weiterläuft.[33)]

33 Wird als Quelle beispielsweise Kafka verwendet, finden sich die gelesenen Quell-Offsets im Verzeichnis `chk/offsets`.

Im Entwicklungsmodus können Sie nach dem Stoppen eines Streams den Ordner `./chk` löschen, um eine Query „frisch" zu starten. Das Verzeichnis sollte nicht während des Laufens eines Stream-Jobs gelöscht werden.

Ausgabe (Sink)

Die Ausgaben auf der Konsole wurden als eine Art Live-Ticker der Aggregationen konfiguriert (ein typischer Modus beim Entwickeln und Debuggen). Hier zur Übersicht noch einmal die entsprechende Stelle im Streaming-Job-Code:

```
# 5a) Sink: Console (live Updates)
console_q = (agg.writeStream
    .format("console")
    .option("truncate", "false")
    .option("checkpointLocation", "/chk/console")
    .start())
```

Ein Beispiel für eine Ausgabe in der Konsole zeigt Start und Ende des Fensters, das jeweilige Getränk sowie die Anzahl der Bestellungen und den Gesamtumsatz, der mit dem Job ermittelt wurde.

```
| -------------------------------------------
| Batch: 242
| -------------------------------------------
| +-------------------+-------------------+----------+------+-------+
| |window_start       |window_end         |drink     |orders|revenue|
| +-------------------+-------------------+----------+------+-------+
| |2025-09-11 15:30:00|2025-09-11 15:35:00|Iced Latte|73    |496.44 |
| |2025-09-11 15:30:00|2025-09-11 15:35:00|Cappuccino|66    |416.32 |
| |2025-09-11 15:30:00|2025-09-11 15:35:00|Flat White|72    |532.44 |
| |2025-09-11 15:30:00|2025-09-11 15:35:00|Macchiato |81    |441.48 |
| |2025-09-11 15:30:00|2025-09-11 15:35:00|Latte     |81    |564.4  |
| |2025-09-11 15:30:00|2025-09-11 15:35:00|Americano |80    |439.88 |
| +-------------------+-------------------+----------+------+-------+
```

Werfen wir einen genaueren Blick auf die Konfiguration:

- `.outputMode("update")`: Pro Trigger/Micro-Batch werden nur die Zeilen gedruckt, deren Zustand sich seit dem letzten Batch geändert hat, also hier nur Getränke, für die neue Bestellungen aufgegeben wurden.
- `.format("console")`: Die Ausgabe des Konsole-Sinks erscheint im Driver-Log (einsichtbar mit `docker compose logs -f` <name>).
- `.option("truncate","false")`: Verhindert Kürzungen langer Spaltenwerte bei der Ausgabe.

- `.option("checkpointLocation","/chk/console")`: Legt den Checkpoint-Pfad für diesen Sink fest. Dort landen Offsets/Progress/State, damit der Stream nach Neustart nahtlos fortsetzt. Durch den Unterordner `/chk/console` wird eine Kollision mit anderen Sinks verhindert.
- `start()`: Startet die Streaming-Query asynchron und gibt ein `StreamingQuery`-Handle zurück (`console_q`). Damit lässt sich die Abfrage stoppen, `console_q.stop()`, oder ihr Ende abwarten, `console_q.awaitTermination()`.

Auch in der Konfiguration für die Ausgabe in Parquet-Dateien werden das Ausgabeformat („parquet") und der Checkpoint-Pfad gesetzt. Kurz noch mal der entsprechende Code-Ausschnitt zur Erinnerung:

```
# 5b) Sink: Parquet (nur **finale** Fenster)
parquet_q = (agg.writeStream
    .outputMode("append")
    .format("parquet")
    .option("path", "/data/out/coffee_by_drink")
    .option("checkpointLocation", "/chk/parquet")
    .start())
```

Zusätzlich wird hier noch der Zielordner definiert. Interessant wird es beim Modus: append heißt, dass nur **finale** Fenster geschrieben werden. Teil- und Zwischenzustände landen nicht im Parquetordner.

Ein Fenster ist final, wenn es hinter der Watermark liegt, also wenn keine verspäteten Events mehr ankommen (oder angenommen werden dürfen). Für die Verarbeitung im Beispiel wurde ein Watermark von zwei Minuten angegeben (`.withWatermark("event_time", "2 minutes")`). Das System trackt die maximale Eventzeit (das neueste Event). Für ein Fenster von 04:05:00 bis 04:10:00 bedeutet dies, dass erst, wenn ein Event mit Ereigniszeit >= 04:12:00 eingetroffen ist, das Fenster und dessen Zustand in die Parquet-Datei geschrieben werden.

Es ist zu beachten, dass in einer Datei durchaus der gleiche Schlüssel mit unterschiedlichen Zeitfenstern angezeigt werden kann. Dies ist beispielsweise der Fall, wenn die Watermark über mehrere Fenster springt, also mehrere Fenster in einem Batch geschlossen werden können oder wenn sich Fenster überlappen, wie dies beim Sliding/Hopping-Window der Fall ist.

13.5 „Echtzeit"-Verarbeitung von Datenströmen

Die Verarbeitung von kontinuierlich eingehenden Datenströmen gewinnt in jüngster Zeit immer mehr an Bedeutung. Sei es bei der Erkennung von Betrugsversuchen in der Finanzwirtschaft oder bei der Steuerung des Warenflusses in Supermärkten, überall da, wo eine schnelle Reaktion auf ständige auflaufende Ereignisse erforderlich ist, haben Batch-Prozesse üblicherweise eine zu lange Latenz- und Bearbeitungszeit. Verdächtige Finanztransaktionen möchten Banken verständlicherweise sofort blockieren und nicht erst, wenn ein Schaden entstanden ist. Um dabei akzeptable Verarbeitungszeiten im niedrigen einstelligen Sekundenbereich erreichen zu können, werden Frameworks benötigt, die Daten in „Echtzeit" und bei entsprechender Menge auch verteilt verarbeiten können. Weitere Use Cases finden sich natürlicherweise im Umfeld von IoT-Anwendungen (Internet of Things), z. B. in der Verarbeitung von Sensordaten, bei der Analyse der sogenannten Clickstreams von Nutzern in Online-Shops zur Optimierung des Verkaufserfolgs oder bei Online-Spielen sowie an vielen weiteren Stellen.

Die zentrale Herausforderung im Stream-Processing besteht darin, ankommende Daten in Echtzeit zu verarbeiten, ohne sie zwischenzuspeichern, unter Umständen sogar ohne sie überhaupt jemals vollständig zu speichern, weil die Datenmengen sonst zu groß werden würden. Im Englischen gibt es das schöne Idiom „Drinking from a fire hose", zu deutsch also etwa „trinken aus einem Feuerwehrschlauch", das die Größe dieser Herausforderung anschaulich macht.

Die Daten müssen also so schnell verarbeitet werden, wie sie aus dem Schlauch herausströmen, bestenfalls kurzzeitig durch eine Queue gepuffert. Es stehen aber für eine Analyse niemals alle Daten gleichzeitig zur Verfügung. Entscheidungen müssen also immer auf Basis der aktuellen Daten und ggf. mithilfe von „älteren" Zwischenergebnissen getroffen werden. Das ist beispielsweise bei der Berechnung eines Mittelwerts noch recht trivial. Hierfür reicht es, die Anzahl der bisher betrachteten Einzelwerte sowie den aktuellen Mittelwert zu speichern, um künftige Mittelwerte bestimmen zu können. Beim Median ist dieses Vorgehen bereits nicht mehr ohne Weiteres möglich (vgl. auch Abschnitt 14.5).

Wir möchten in diesem Kapitel mit Apache Flink das aktuell populärste Stream-Verarbeitungs-Framework vorstellen und dabei auch die zugrunde liegenden allgemeinen Ideen (wie Windowing u. Ä.) verdeutlichen, die die Verarbeitung „endloser" Datenströme überhaupt erst ermöglichen. Da die Stream-Verarbeitung das jüngste der Big-Data-Verarbeitungsparadigmen ist, sind diese noch nicht besonders weit verbreitet und erfordern daher eine fundierte Betrachtung.

13.5.1 Grundkonzepte

Um die Unterschiede zwischen der Verarbeitung von Datenströmen und der Batch-Verarbeitung zu verdeutlichen, lohnt sich ein Blick auf die grundlegenden Eigenschaften eines Datenstroms zu werfen. Es handelt sich dabei um einen kontinuierlichen Fluss von Datensätzen, der keine zeitliche Begrenzung aufweist.

Data at Rest vs. Data in Motion: Die Daten eines endlichen Datensatzes, der auf einem Medium präsent ist, z. B. die Transaktionsdaten einer Bank des letzten Tages oder die CO2-Messungen einer Messstation des letzten Jahres werden auch als **Data at Rest** bezeichnet, wohingegen fortlaufende Datenströme, die während der Übertragung verarbeitet und ausgewertet werden, als **Data in Motion** bezeichnet werden. Beispiel: Ein IoT-Sensor in einer Produktionsanlage streamt seine Messwerte über das Internet an Kafka und eine daran angebundene Echtzeitanalyseplattform in der Cloud, wo die Daten während der Übertragung aggregiert und auf Anomalien geprüft werden.

Ein einzelner Datensatz in einem solchen Datenstrom wird als **Ereignis** (Event, vgl. auch Abschnitt 16.4.3) bezeichnet. Solche Ereignisse lassen sich durch mehrere zentrale Eigenschaften charakterisieren:

- **Unabhängigkeit:** Einzelne Ereignisse treten unabhängig voneinander auf und besitzen keine Kopplung untereinander.
- **Kontinuität:** Die Anzahl der Ereignisse pro Zeiteinheit ist variabel. Es kann Zeitabschnitte mit nur sehr wenigen oder gar keinen Ereignissen geben und Abschnitte mit hoher Ereignisdichte.
- **Zeitbezug:** Jedes Ereignis ist mit einem Zeitstempel versehen, der entweder den Zeitpunkt seiner Erzeugung oder den Zeitpunkt seiner Verarbeitung angibt.
- **Struktur:** Die Inhalte eines Ereignisses liegen in der Regel als Schlüssel-Wert-Paare z. B. als JSON-Objekt oder in einem binären Format (Avro, Protobuf) vor.
- **Schlüssel (optional):** Ein eindeutiger Identifikator im Ereignis, der zur logischen Zuordnung sowie Verarbeitung eines Ereignisses dient, z. B. die Kundennummer.

Zeit spielt in Streaming-Systemen eine zentrale Rolle, da sie maßgeblich bestimmt, wie Ereignisse interpretiert und verarbeitet werden. Besonders wichtig ist es, zwischen den folgenden drei verschiedenen Zeitbegriffen unterscheiden zu können.

Die **Event Time** beschreibt den Zeitpunkt, an dem ein Ereignis tatsächlich entstanden ist. Das kann beispielsweise der Moment sein, in dem ein Sensor einen Messwert erfasst, oder der Augenblick, in dem ein Nutzer einen Beitrag in einem sozialen Netzwerk veröffentlicht. Die **Ingestion Time** hingegen gibt den Zeitpunkt an, zu dem ein Ereignis vom Streaming-System entgegengenommen und in den Datenstrom eingespeist wird. Schließlich bezeichnet die **Processing Time** den Zeitpunkt, an dem das Ereignis tatsächlich vom System verarbeitet wurde. Abweichungen zwischen den Zeitpunkten sind in der Praxis nicht ungewöhnlich und erfordern entsprechende Mechanismen in der Stream-Verarbeitung, um etwa verspätet eintreffende Ereignisse noch angemessen berücksichtigen zu können.

Merke: Zeitpunkt der Ereigniserzeugung ≠ Zeitpunkt der Ankunft im verarbeitenden System ≠ Zeitpunkt der Verarbeitung

Viele der Herausforderungen in Bezug auf die Verarbeitung von Ereignissen in Streaming-Systemen sind zeitlicher Natur. So ist beispielsweise nicht gewährleistet, dass Ereignisse in der Reihenfolge eintreffen, in der sie auch erstellt worden sind (**out-of-order Events**). Es kann zu zeitlichen Verzögerungen durch das erstellende System oder durch die Übertragung kommen (**spät eintreffende Ereignisse**). Und natürlich möchte man das Zeitintervall (**Latenz**) zwischen Ereigniserzeugung und Verarbeitung möglichst gering halten.

13.5.2 Verarbeitungsmuster in Streaming-Systemen

Bevor wir uns konkrete Systeme für die Verarbeitung von Streaming-Daten anschauen, widmet sich dieser Abschnitt allgemeinen Verarbeitungsmustern für Anfragen über unbegrenzte Datenströme. Angelehnt an [Aki15] werden wir die drei grundlegenden Ansätze näher betrachten:

- Zeitunabhängige Verarbeitung (time agnostic)
- Windowing (Fensterbildung)
- Approximation

Stellen wir uns für die Betrachtung der Ansätze ein Beispiel vor: Eine große Nachrichtenplattform verzeichnet sekündlich tausende Klicks von Nutzerinnen und Nutzern, die Artikel online lesen. Das Analyseteam möchte möglichst in Echtzeit erkennen,

1. welche Artikel in den letzten fünf Minuten die meisten Aufrufe hatten,
2. welche Artikel aus dem Ressort *Politik* in den letzten zehn Minuten die meisten Aufrufe hatten,
3. auf welchem Beitrag ein Nutzer besonders lange verweilte.

Jeder Klick enthält dabei die Nutzer-ID, die aufgerufene Seite sowie den Zeitpunkt des Klicks.

Zeitunabhängige Verarbeitung

Für manche Verarbeitungsschritte in einer Streaming-Pipeline spielt die Zeit keine Rolle. Diese Schritte lassen sich analog zur Batch-Verarbeitung implementieren und stellen für Streaming-Systeme in der Regel keine besondere Herausforderung dar. Ein typisches Beispiel für eine zeitunabhängige Verarbeitung ist das **Filtern von Ereignissen**. Nehmen wir dazu die Analyseabfrage (2) aus dem Beispiel: Wir möchten ausschließlich Artikel betrachten, die dem Ressort Politik zugeordnet sind. Enthält die URL des Artikels den entsprechenden Hinweis[34)], kann bei jedem eintreffenden Ereignis sofort entschieden werden, ob es verworfen oder weiterverarbeitet wird. Dabei ist es

34 Als Beispiel könnte hier der Artikel von Zeit Online dienen: *https://www.zeit.de/politik/ausland/2025-08/gipfeltreffen-washington-d-c-donald-trump-europaeische-verbuendete-ok-america*

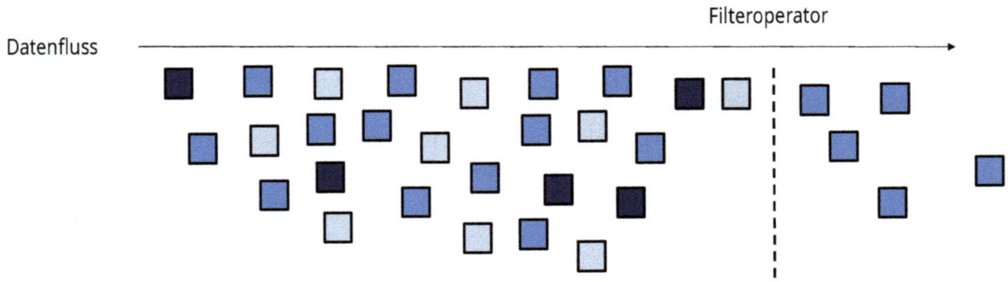

Bild 13.16 Der Filteroperator selektiert eingehende Ereignisse.

unerheblich, in welcher Reihenfolge die Ereignisse eintreffen oder wann genau sie ankommen – entscheidend ist allein, ob die Daten eines Ereignisses den definierten Filterkriterien entsprechen. Dies ist auch noch einmal in Bild 13.16 illustriert. Hier werden nach Anwendung des Filteroperators nur die Ereignisse einer bestimmten Farbe behalten.

Zustandslose Verarbeitung: Die Unabhängigkeit von Ereignis- oder Verarbeitungszeit ermöglicht eine zustandslose Verarbeitung der Ereignisse. Bei dieser Form der Verarbeitung wird jedes eingehende Event unabhängig von allen anderen verarbeitet. Das bedeutet, dass das System keinerlei Informationen über bereits gesehene Events speichern oder berücksichtigen muss. Typische Beispiele sind das Filtern von Datenströmen nach bestimmten Kriterien, einfache Formattransformationen oder das Anreichern von Events mit statischen Metadaten. Zustandslose Operatoren sind besonders leicht skalierbar, da sie keinen internen Speicher benötigen und bei einem Ausfall ohne Wiederherstellung sofort weiterarbeiten können.

Windowing

Es gibt viele Verarbeitungsszenarien, in denen einzelne Ereignisse nicht für sich allein betrachtet werden können, sondern erst im Zusammenhang mit weiteren Events einen Sinn ergeben. Dazu gehört zum Beispiel das Ranking von Artikeln oder die Anzahl, wie häufig ein Artikel geklickt wurde. In solchen Fällen müssen die zugrunde liegenden Operatoren auf vergangene Informationen zugreifen und damit einen internen Zustand verwalten.

Zustandsbehaftete Verarbeitung Bei der zustandsbehafteten Verarbeitung hängt die Verarbeitung neuer Events vom Verlauf vorheriger Ereignisse ab. Das System muss sich also einen internen Zustand merken, der zusätzlichen (verteilten) Speicher erfordert. Hierfür wird sowohl der lokale Arbeitsspeicher als auch externer Speicher genutzt (Flink setzt dafür beispielsweise auf Embedded RocksDB[35]). Außerdem muss der Zustand bei Fehlern oder einem Neustart zuverlässig wiederhergestellt werden können.

35 *https://rocksdb.org*

Als Faustregel gilt: Immer wenn ein Operator Kontext über mehrere Ereignisse hinweg (Zeit, Schlüssel, Sequenz) benötigt, ist er zustandsbehaftet. Im Folgenden sehen wir einige Beispiele:

- **Aggregation** (z. B. `count`, `sum`, `avg`, `min`, `max`)
- **Joins** (Stream–Stream-Join, Stream–Table-Join)
- **Keyed State / GroupBy** (Speichern von Zustand pro Schlüssel, z. B. letzter Wert, laufender Durchschnitt)
- **Deduplication** (Unterdrückung von Duplikaten durch Speicherung bereits verarbeiteter Schlüssel/Events)

Für die Bearbeitung von zustandsbehafteten Operatoren wie Aggregationen oder Joins greifen Streaming-Systeme auf sogenannte Fenster (Windows) zurück. Die Bildung eines Fensters bedeutet erst einmal: *Sammle alle Ereignisse, die in einen bestimmten Zeitraum oder in eine bestimmte Menge gehören.* Ein Datenstrom wird dadurch in zeitlich oder mengenmäßig begrenzte Abschnitte unterteilt. Der Operator muss die zugehörigen Ereignisse oder Zwischenergebnisse entsprechend so lange puffern, bis das Fenster „geschlossen“ ist. Danach lassen sich die Ereignisse eines Fensters nahezu wie ein statischer Datensatz behandeln: So können beispielsweise Durchschnittswerte berechnet, Ranglisten erstellt oder Häufigkeiten ermittelt werden.

Je nach Art der Fensterbildung unterscheidet man drei grundlegende Typen [ACL18]:

- **Tumbling Window (Fixed Window):** Ein Tumbling Window besitzt eine feste Fensterlänge. Die einzelnen Fenster sind disjunkt und überlappen sich nicht. Im Beispiel könnte man etwa alle fünf Minuten für den jeweils letzten Fünf-Minuten-Abschnitt ein neues Ranking der angeklickten Artikel berechnen.

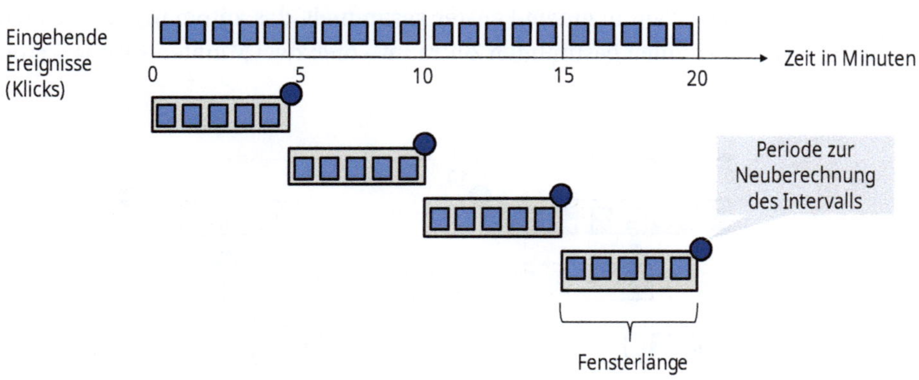

Bild 13.17 Beispiel für ein Tumbling Window

- **Sliding Window (Hopping Window):** Bei einem Sliding Window sind zwei Parameter entscheidend: die Fensterlänge und das Intervall, in dem das Fenster regelmäßig ausgeführt wird. Ist dieses Intervall kleiner als die Fensterlänge, können sich die

Fenster überlappen. Entspricht es genau der Fensterlänge, handelt es sich praktisch um ein Tumbling Window. Liegt das Intervall dagegen über der Fensterlänge, wird jeweils nur ein Teil des Datenstroms erfasst. In Bild 13.18 wird beispielsweise alle fünf Minuten ein Ranking für die jeweils letzten zehn Minuten erstellt. Das erste Intervall ist dabei kürzer, da zu Beginn nur die Daten der zurückliegenden fünf Minuten vorliegen.

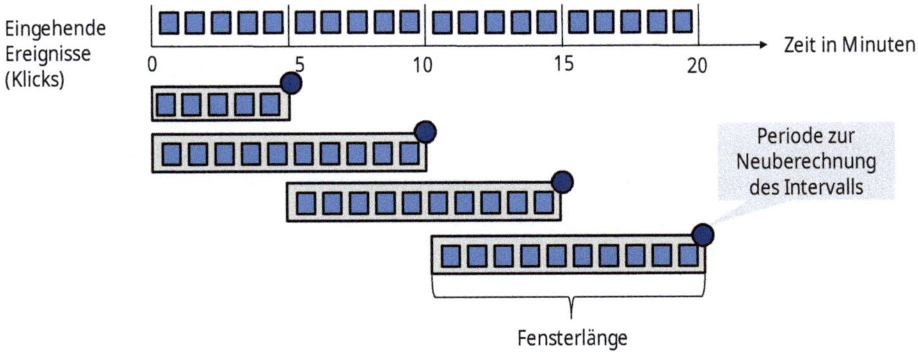

Bild 13.18 Beispiel für ein Sliding Window

- **Session Window:** Session Windows sind dynamisch und gruppieren Ereignisse, die zeitlich eng beeinander liegen. Sie enden, sobald innerhalb einer definierten Inaktivitätsdauer (Timeout) keine neuen Ereignisse mehr eintreffen und sind damit sehr ähnlich zu Sessions auf einem Webserver. Die Länge eines Session Windows hängt also von der tatsächlichen Erzeugung der Ereignisse ab und ist vorab nicht festgelegt. In Bild 13.19 werden Session Windows pro NutzerID gebildet. Alle Klicks eines Nutzers werden in einem Fenster gesammelt, das automatisch geschlossen wird, wenn über einen bestimmten Zeitraum – hier zwei Minuten – keine weiteren Klicks erfolgen.

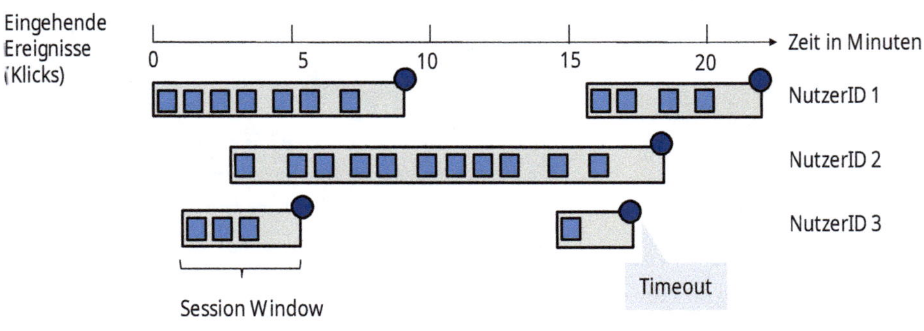

Bild 13.19 Beispiel für ein Session Window

Die Umsetzung der Fensterlogik anhand der Verarbeitungszeit ist vergleichsweise einfach: Alle Ereignisse, die während der Fensterperiode eintreffen und verarbeitet werden, zählen zum Fenster. Dabei ist es unerheblich, wann sie tatsächlich erzeugt wurden. Für bestimmte Anwendungsfälle, etwa das Monitoring von eingehenden Anfragen in einem Websystem, ist dies völlig ausreichend. Dort interessiert in erster Linie, wie viele Requests pro Minute eintreffen, nicht jedoch, wann genau sie ursprünglich abgesendet wurden. In vielen anderen Szenarien spielt der Erzeugungszeitpunkt der Ereignisse jedoch eine zentrale Rolle. Ein Fenster soll in diesem Fall tatsächlich alle Ereignisse enthalten, die in der jeweiligen Zeitspanne entstanden sind, und nicht lediglich jene, die in dieser Periode verarbeitet wurden.

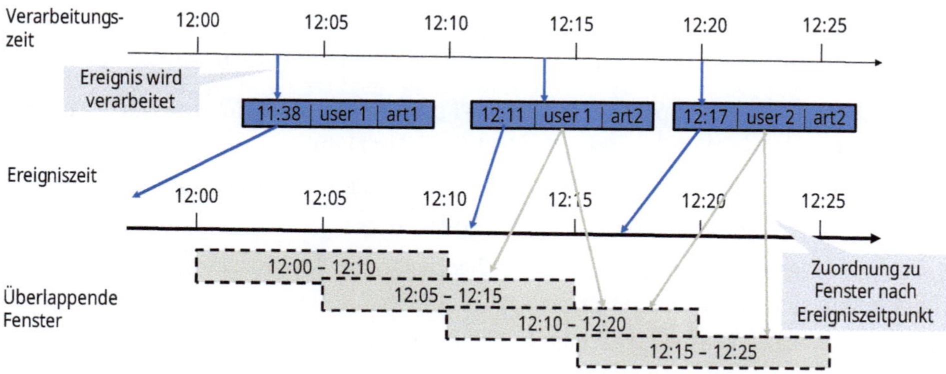

Bild 13.20 Zuordnung von Ereignissen zu überlappenden Fenstern in Anlehnung an [Das17]

Bild 13.20 illustriert diesen Unterschied. Auf der oberen Zeitleiste ist die Verarbeitungszeit dargestellt, also der Zeitpunkt, zu dem ein Ereignis tatsächlich im System eintrifft und verarbeitet wird. Die untere Zeitleiste zeigt dagegen die Ereigniszeit, also den Moment, an dem das Ereignis ursprünglich entstanden ist.

Die gestrichelten Boxen im Bild zeigen überlappende Zeitfenster von jeweils fünf Minuten. Ereignisse werden dabei den Fenstern anhand ihres Entstehungszeitpunkts zugeordnet. So landet beispielsweise der Klick von `user1` auf `art2` um 12:11 sowohl im Fenster von 12:10–12:15 als auch im Fenster von 12:10–12:20. Im Bild wird auch deutlich, dass die Klicks der Nutzer zu Zeitpunkten verarbeitet werden, die teilweise deutlich nach ihrer eigentlichen Entstehung liegen. So wird beispielsweise ein Ereignis mit Ereigniszeit 11:38 erst um 12:03 verarbeitet. Würde man allein die Verarbeitungszeit berücksichtigen, würde dieses Ereignis fälschlicherweise in das Fenster ab 12:00 eingeordnet. Richtig wäre, es einem Zeitfenster 11:30 – 11:40 und 11:35 – 11:45 zuzuordnen. Müssen wir also mit der Verarbeitung des 11:30 – 11:40 Fensters bis 12:03 warten, um das zu spät eingetroffene Ereignis noch zu berücksichtigen? Könnte es sein, dass eine oder zwei Stunden später immer noch Ereignisse für dieses Fenster eintreffen? Um diese Fragen zu klären, muss für ein Streaming-System festgelegt werden, wie lange es auf verspätete Ereignisse warten soll, bevor ein Fenster endgültig geschlossen wird.

Dafür werden sogenannte **Watermarks** eingesetzt. Ein Watermark (Wasserzeichen) signalisiert, bis zu welchem Zeitpunkt alle (oder zumindest die allermeisten) Ereignisse für eine bestimmte Ereigniszeit im System eingetroffen sein müssen. Ab diesem Punkt geht das System davon aus, dass keine weiteren Ereignisse mit einer kleineren oder gleichen Ereigniszeit mehr eintreffen werden. Da die exakt benötigte Zeitspanne in der Regel unbekannt ist, werden Watermarks in der Praxis meist heuristisch bestimmt.

Formal lässt sich ein Watermark wie folgt beschreiben [Aki+21]: Ein Watermark $W(t)$ zum Verarbeitungszeitpunkt t entspricht einer Ereigniszeit T. Die Semantik lautet dann:

$$W(t) = T \quad \Rightarrow \quad \forall e\colon \left(\text{event\_time}(e) \leq T \implies e \text{ ist bereits verarbeitet}\right).$$

Ein kurzer Blick auf die Spark Streaming API zeigt ein Beispiel für eine Umsetzung[36]. Die Erstellung eines Watermarks erfordert zwei Angaben:

- eine Zeitstempelspalte, in der für jedes Ereignis die Ereigniszeit hinterlegt ist,
- sowie eine maximale Verspätung (z. B. 10 Minuten).

Spark merkt sich stets den größten bisher beobachteten Ereigniszeitpunkt. Das Watermark ergibt sich aus der Differenz:

```
Watermark = Max. Ereigniszeitpunkt - Max. Verspätung
```

Zurück zum Beispiel in Bild 13.20: Um 12:03 Uhr muss das System entscheiden, wie mit dem verspäteten Ereignis von 11:38 Uhr verfahren wird. Nehmen wir an, das größte bekannte Ereignis stammt von 12:02 Uhr und es wird mit einer Max. Verspätung von 10 Minuten gearbeitet. In diesem Fall liegt das Watermark bei 11:52. Das Ereignis von 11:38 ist kleiner als der Watermark und wird damit nicht mehr berücksichtigt. Wäre das größte bekannte Ereignis dagegen von 11:47, läge das Watermark bei 11:37 und das verspätete Ereignis würde noch in die Verarbeitung eingehen.

Watermarks ermöglichen es, über die **Vollständigkeit** von Daten im Streaming-Kontext zu sprechen. Sie definieren einen Zeitpunkt, ab dem ein System annehmen darf, dass alle relevanten Ereignisse bis zu einer bestimmten Ereigniszeit eingetroffen sind. Damit bilden Watermarks die Grundlage für die endgültige Schließung von Zeitfenstern.

Bei der Auswahl eines Watermarks muss zwischen **Latenz** und **Korrektheit** abgewogen werden. Ein spätes Schließen von Fenstern erhöht die Wahrscheinlichkeit, dass verspätete Ereignisse berücksichtigt werden, vergrößert jedoch die Verzögerung bis zur finalen Bereitstellung von Ergebnissen (auch wenn die Ausgabe von frühzeitigen Ergebnissen schon möglich ist). Je länger gewartet wird, desto mehr Fenster müssen offen gehalten werden, sodass späte Watermarks den Speicherbedarf des Systems erhöhen. Ein frühes Schließen reduziert zwar die Latenz, birgt jedoch das Risiko unvollständiger Resultate.

36 *https://spark.apache.org/docs/3.5.3/structured-streaming-programming-guide.html?#handling-late-data-and-watermarking*

Da das Eintreffen von Ereignissen inhärent unsicher ist und von Faktoren außerhalb des Systems abhängt, können Watermarks stets nur eine heuristische Annäherung an die tatsächliche Vollständigkeit liefern. Unterschiedliche Datenquellen und Netzwerkbedingungen können sehr unterschiedliche Grade an Verspätung mit sich bringen. Watermarks machen diese Unsicherheit zwar handhabbar, nehmen sie dem Entwickler aber nicht vollständig ab: Die Wahl der richtigen Parameter bleibt eine entscheidende Designentscheidung.

Approximationen

Eine weitere Möglichkeit, Daten in Streaming-Systemen effizient zu verarbeiten, sind **Approximationsalgorithmen**. Anders als beim klassischen Windowing, bei dem nach Abschluss eines Fensters alte Daten konsequent „vergessen" werden, verfolgen Approximationsverfahren einen anderen Ansatz: Sie gehen davon aus, dass für aussagekräftige Ergebnisse nicht unbedingt *alle* Daten verarbeitet werden müssen. Stattdessen genügt es oft, entweder eine **repräsentative Stichprobe** der Daten (Sampling) zu ziehen oder **kompakte Zusammenfassungen** der bisher gesehenen Elemente (Sketching) zu speichern.

Dieser Ansatz ist insbesondere dann nützlich, wenn ein kurzer zeitlicher Ausschnitt, wie er bei Fenstern typisch ist, nicht reicht, sondern ein möglichst vollständiges Bild bis zum aktuellen Zeitpunkt benötigt wird. Ein Beispiel wäre die fortlaufende Auswertung von **Artikeltrends auf einem Nachrichtenportal**: Die Redaktion möchte über mehrere Wochen hinweg beobachten, welche Themen an Popularität gewinnen. Alle Ereignisse (Klicks, Aufrufe, Interaktionen) dauerhaft abzuspeichern und exakt auszuwerten, wäre jedoch zu teuer und ineffizient. Hier können Approximationsverfahren eine praktikable Lösung bieten, indem sie Speicherplatz und Rechenleistung drastisch reduzieren und dennoch Trends zuverlässig erkennbar machen.

Viele Approximationsalgorithmen stammen ursprünglich aus der Batch-Verarbeitung, lassen sich jedoch mit geeigneten Anpassungen auch für Streaming-Daten einsetzen.[37] Ihnen allen ist gemein, dass sie einen **Trade-off** verkörpern: Je mehr Speicher man zur Verfügung stellt, desto genauer werden die Ergebnisse – und umgekehrt.

Ein typisches Beispiel für einen Sketching-Algorithmus bei der Stromverarbeitung ist der **Bloom-Filter** (siehe Abschnitt 14.3), weil er eine Menge kompakt darstellt, ohne alle Elemente explizit zu speichern. Im Streaming-Kontext wird der Bloom-Filter genutzt, um schnell zu überprüfen, ob ein Ereignis (z. B. eine Werbung für einen bestimmten Nutzer) schon einmal gesehen wurde, ohne den gesamten Datenstrom speichern zu müssen. Gleiches gilt auch für den t-digest (siehe Abschnitt 14.5), mit dessen Hilfe die Percentile einer nummerischen Datenmenge ermittelt werden kann, ohne jedes einzelne Datum speichern zu müssen.

37 Interessierte Leserinnen und Leser seien auf das Tutorial der KDD'20 verwiesen [TMR20].

Reservoir Sampling [Vit85] ist ein weiterer klassischer Algorithmus, um aus einem Datenstrom eine zufällige Stichprobe fester Größe k zu ziehen – und zwar so, dass jedes Element im Strom die gleiche Wahrscheinlichkeit hat, in die Stichprobe (*Reservoir*) aufgenommen zu werden, auch wenn die Gesamtzahl der Ereignisse im Datenstrom unbekannt ist. Zu jedem beliebigen Zeitpunkt könnte jemand den Datenstrom anhalten, und es müssen k zufällige Ereignisse zurückgegeben werden.

- Zu Beginn werden die ersten k Elemente des Stroms in das Reservoir geschrieben.
- Ab dem $(k + 1)$-ten Element wird zufällig entschieden, ob dieses neue Element in das Reservoir aufgenommen werden soll:

  Mit Wahrscheinlichkeit $\frac{k}{i}$, wobei i die bisherige Gesamtzahl gesehener Elemente ist, ersetzt es ein zufällig ausgewähltes Element im Reservoir.

Der Speicherverbrauch bleibt dabei konstant (k Elemente, unabhängig von der Stromlänge), und jede Beobachtung hat die gleiche Auswahlwahrscheinlichkeit. Der Algorithmus ist damit besonders einfach, effizient und gut für kontinuierliche Datenströme geeignet.

Im Streaming-Kontext eignet sich Reservoir Sampling immer dann, wenn eine **gleichmäßig zufällige Stichprobe** benötigt wird, ohne den gesamten Datenstrom speichern zu müssen. Typische Anwendungsfälle sind die zufällige Auswahl von Klick-Events auf einer Nachrichtenplattform zur Trendanalyse, die Qualitätssicherung durch stichprobenartige Überprüfung von Log-Einträgen oder die Bereitstellung eines repräsentativen Trainingssamples für Machine-Learning-Verfahren.

13.5.3 Stream-Processing mit Apache Flink

Flink kann der 4. Generation von Datenanalyse-Plattformen zugeordnet werden und ist eines der wenigen Big-Data-Frameworks, deren ursprüngliche Entwicklung in Deutschland angestoßen wurde, nämlich 2010 durch ein von der Deutschen Forschungsgemeinschaft (DFG) finanziertes Projekt von TU und HU Berlin gemeinsam mit dem Hasso-Plattner-Institut in Potsdam. Um eine internationale Sichtbarkeit zu erreichen, bemühte sich das Entwicklerteam schon früh um eine Aufnahme bei Apache und erreichte dort Ende 2014 den Status eines Top-Level-Projekts, sodass bspw. auch Uber und Netflix darauf aufmerksam wurden und es zeitnah zu nutzen begannen.[38)]

Obwohl Flink in erster Linie als modernes Streaming-Framework ausgelegt worden ist, stellt es auch Möglichkeiten zur Batch-Verarbeitung bereit [Car+15]. Neben der DataStream API, die auf die Verarbeitung unendlicher Datenströme ausgerichtet ist,

38 *https://www.youtube.com/watch?v=mp7PLLeoWCw*

existierte lange auch eine DataSet API, mit deren Hilfe klassische Batch-Jobs ausgeführt werden konnten. Ferner gibt es eine Table API, die SQL-ähnliche Befehle zur Datenverarbeitung sowohl für Streaming- als auch für Batch-Szenarien bereitstellt. Zur Zeit der Erstellung dieses Buches arbeitete die Flink-Community daran, die DataStream-API so weiterzuentwickeln, dass sie auch die Verarbeitung endlicher Datensätze unterstützt. Mit der im März 2025 erschienenen Version 2.0 wird diese Vereinheitlichung forciert: Die DataSet API wurde entfernt, sodass die DataStream API in Kombination mit der Table API die zentrale Schnittstelle für alle Streaming- und auch Batch-Workloads bildet[39].

Flink (selbst großteils in Java geschrieben) ist mit beiden APIs praktischerweise sehr stark an die Stream API von Java angelehnt, was den Einstieg einfach macht, sofern wir uns mit den Ideen von Lambda-Ausdrücken und der funktionalen Programmierung in Java haben anfreunden können. Falls das noch nicht passiert sein sollte, ist der Einstieg in Flink (oder wie zuvor schon gesehen auch Spark) ein guter Zeitpunkt dafür.

Der Name Stream API in Java ist übrigens im Big-Data-Kontext insofern irreführend, als dass Java selbst damit keine endlosen Datenströme verarbeiten kann, sondern „Data at Rest", die beispielsweise in einer Collection abgelegt sind, durch eine Pipeline an Verarbeitungsschritten strömen lässt, um das Ergebnis wieder in einer Collection o. Ä. abzulegen. Somit handelt es sich letztlich um eine Batch-Verarbeitung, die in Java auch nicht verteilt auf mehreren Servern ausgeführt wird, sondern durch die Verwendung von `.parallel()` bestenfalls auf die Prozessorkerne im Rechner verteilt werden kann.

Um die syntaktische Ähnlichkeit zu verdeutlichen, zeigen wir zunächst einen Code-Vergleich der Java Stream API[40] und der Flink DataStream API. Das Beispiel erhebt keinen Anspruch auf eine besonders sinnvolle Funktionalität, es addiert einfach nur alle Zahlen aus einer gegebenen Liste, die größer oder gleich 30 sind, zusammen:

Listing 13.29 Beispielhafte Verarbeitung mit der Stream API des Standard-JDK

```
Stream<Integer> numbers = Stream.of(1, 12, 21, 40, 42, 50, 77);

int sum = numbers
    .filter(n -> n >= 30)
    .reduce(0, (sum, next) -> sum + next);

System.out.println(sum);
```

39 Allerdings ist die API noch nicht voll für Produktionsumgebungen verfügbar: *https://nightlies.apache.org/flink/flink-docs-release-2.1/docs/dev/datastream-v2/overview*

40 In Java kann für eine bessere Performanz ein IntStream verwendet werden. Wir haben uns aber aus Gründen der Vergleichbarkeit für die generische Variante entschieden.

Listing 13.30 Zum Vergleich die gleiche Verarbeitung mit der DataStream API von Flink

```
DataStream<Integer> numbers = env
    .fromElements(1, 12, 21, 40, 42, 50, 77); // Source (bounded) numbers
    .filter(n -> n >= 30)
    .keyBy(n -> 0) // ein globaler Key
    .window(TumblingProcessingTimeWindows.of(Time.seconds(5)))
    .reduce(Integer::sum)       // Transformations
    .print();   // Sink
```

In beiden Fällen erfolgt die Verarbeitung übrigens „lazy“, d. h. sie beginnt erst mit dem Aufruf einer terminierenden Operation, im Beispiel ist das jeweils die reduce-Operation. Ähnlichkeiten zur Verarbeitung in Spark sind natürlich nicht nur rein zufällig und im folgenden Code-Auszug sehr augenfällig:

Listing 13.31 Abschließend das gleiche Beispiel zum Vergleich noch einmal mit der DataSet API von Spark

```
SparkSession spark = SparkSession.builder()
        .appName("SparkDatasetExample")
        .master("local[*]")
        .getOrCreate();

    List<Integer> data = Arrays.asList(1, 12, 21, 40, 42, 50, 77);

    Dataset<Integer> numbers = spark.createDataset(data, Encoders.INT());

    int sum = numbers
        .filter((FilterFunction<Integer>) n -> n >= 30)
        .reduce((ReduceFunction<Integer>) (ssum, next) -> ssum + next);

    System.out.println(sum);

    spark.stop();
```

Seit 2019 ermöglicht **PyFlink** die Entwicklung von Flink-Anwendungen auch in Python[41]. Dabei werden sowohl die Table/SQL-API als auch die DataStream-API unterstützt. Ähnlich wie PySpark ist PyFlink als Wrapper um Flinks Java-Computing-Engine realisiert; die Kommunikation zwischen Python und der Java Virtual Machine (JVM) erfolgt über Py4J[42]. PyFlink erlaubt die Implementierung eigener User Defined Functions (UDFs), etwa zur Transformation von Daten, zur Berechnung von Werten oder zur Verarbeitung von Strings. Für eine höhere Effizienz stehen zudem vektorisierte UDFs auf Basis der Pandas-Bibliothek zur Verfügung, die ganze Datenbatches statt einzelner Zeilen verarbeiten können. Ein Nachteil gegenüber einer direkten Nutzung von Java besteht jedoch darin, dass der Datenaustausch zwischen der Python-Laufzeitumgebung und der JVM eine Serialisierung und Deserialisierung erfordert, was zusätzlichen Overhead und erhöhte Latenzen verursacht.

Grundlegende Konzepte in Flink

Das Herzstück von Flink ist das **Dataflow-Modell**. Ein Flink-Programm wird dabei als kontinuierlicher *Streaming Dataflow* beschrieben: Ereignisse fließen von der Quelle durch verschiedene Verarbeitungsschritte, bis sie schließlich im *Sink*-Operator ausgegeben oder gespeichert werden[43]. Diese Verarbeitungsschritte sind wie bei Spark in Form eines gerichteten azyklischen Graphen (DAG) organisiert. Bei Flink repräsentieren die Knoten des Graphen Operatoren, die Transformationen, Aggregationen oder Window-Operationen durchführen, während die Kanten den Fluss der Daten zwischen diesen Operatoren abbilden. Ein besonderer Vorteil dieses Modells liegt in seiner zeitbasierten Semantik: Ereignisse können nicht nur nach Ankunftszeit, sondern auch nach Ereigniszeit verarbeitet werden. So lassen sich flexible Windowing-Strategien wie Tumbling-, Sliding- oder Session Windows umsetzen. Zudem ermöglicht Flink die korrekte Verarbeitung von Ereignissen, selbst wenn sie verspätet eintreffen oder außerhalb der ursprünglichen Reihenfolge verarbeitet werden müssen.

Ein Basisprogramm in Flink gleicht dem folgendem Schema:

1. Lese Ereignisse aus einer Quelle (Source), z. B. aus Message Queues, verteilten Logsystemen wie Apache Kafka oder Dateien im Dateisystem.
2. Wende Operationen an.
3. Gebe Ergebnisse an eine Sink aus, z. B. an Datenbanken, Objektspeicher oder zurück in ein Kafka Topic.

Für das einführend gezeigte Flink-Programm aus Listing 13.30 sieht der Graph wie in Bild 13.21 aus. Dieser wird auch als logisches Dataflow-Modell bezeichnet.

41 *https://nightlies.apache.org/flink/flink-docs-release-2.1/docs/dev/python/overview*

42 *https://www.py4j.org*

43 Flinks Dataflow-Modell orientiert sich an Googles Dataflow-Modell, insbesondere im Hinblick auf die Window-Semantik und die Verarbeitung verspäteter Ereignisse [Aki+15].

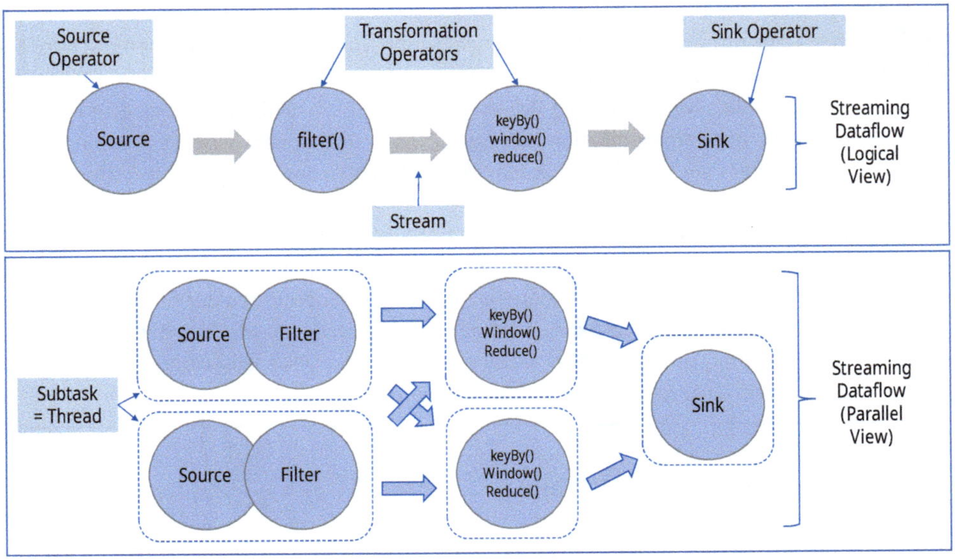

Bild 13.21 Flink Dataflow am Beispiel von Listing 13.30. Der obere Teil zeigt einen logischen Dataflow, der untere Teil einen physischen mit Parallelisierung der einzelnen Operatoren.

Verteilte Verarbeitung

Die verteilte Verarbeitung in Flink (siehe Bild 13.22) basiert auf einer klaren Aufgabenteilung zwischen mehreren zentralen Komponenten, die in ähnlicher Form auch aus den Architekturen anderer verteilter Big-Data-Systeme wie etwa Hadoop bekannt sind:

- Der **Client** übermittelt einen Job an den **JobManager**. Dieser Job umfasst den *Job-Graph* – einen logischen Dataflow-Graphen (vgl. Bild 13.21, oben) – sowie eine JAR-Datei mit den erforderlichen Klassen, Bibliotheken und weiteren Ressourcen.
- Der **JobManager** übernimmt die zentrale Koordination. Er übersetzt den JobGraph in einen physischen *Execution Graph*, der in parallel ausführbare Tasks zerlegt wird (vgl. Bild 13.21, unten). Darüber hinaus beantragt er beim **ResourceManager** die benötigten Ressourcen, insbesondere Slots auf den TaskManagern, und weist die Tasks diesen zu. Auch Querschnittsaufgaben wie Scheduling, Monitoring und Fehlerbehandlung werden hier koordiniert. Zur Erhöhung der Ausfallsicherheit kann der JobManager redundant betrieben werden.
- Die **TaskManager** führen die eigentliche Datenverarbeitung durch. Jeder TaskManager stellt eine bestimmte Anzahl von Slots bereit, in denen Operatoren ausgeführt werden. Der Austausch von Daten erfolgt dabei direkt zwischen den TaskManagern, was eine effiziente parallele Verarbeitung ermöglicht.

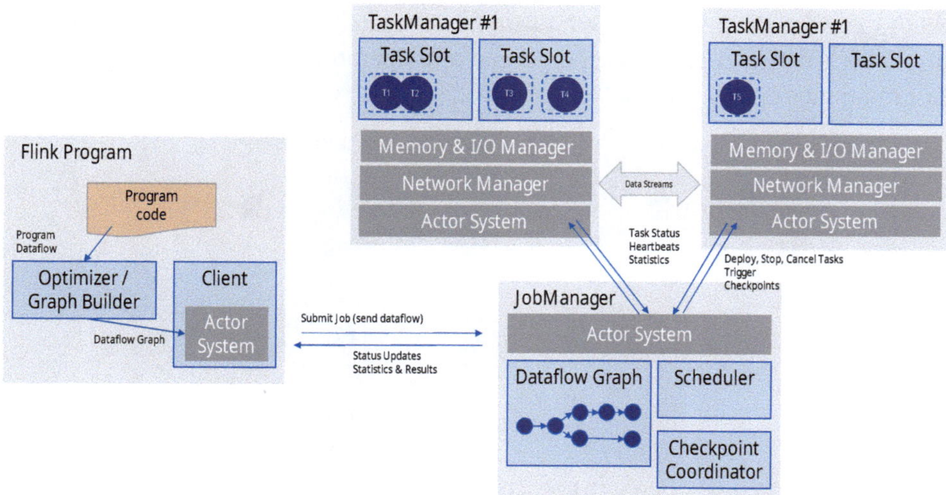

Bild 13.22 Architektur von Flink, angelehnt an [Apa25]

- Der **ResourceManager** verwaltet die verfügbaren Cluster-Ressourcen und sorgt für deren Zuweisung an die JobManager. Flink unterstützt dabei unterschiedliche Ausführungsumgebungen, etwa YARN, Mesos, Kubernetes oder ein Standalone-Deployment.

TaskManager laufen jeweils in einem eigenen JVM-Prozess und stellen ein oder mehrere *Task Slots* bereit, in denen Tasks ausgeführt werden können. Jeder Task Slot verfügt über eigene Threads und erhält einen Anteil des verwalteten Speichers (*managed memory*). Mehrere Task Slots innerhalb desselben JVM-Prozesses teilen sich Infrastrukturressourcen wie TCP-Verbindungen, Heartbeat-Nachrichten sowie – abhängig von der Konfiguration – auch bestimmte Datensätze und Datenstrukturen. Diese gemeinsame Nutzung ermöglicht eine effizientere Auslastung der Ressourcen und reduziert den Kommunikations- und Verwaltungsaufwand.

Zustandsbehaftete Operatoren

Kurz noch einmal wiederholt: Ein zustandsloser Operator verarbeitet jedes eingehende Ereignis für sich allein. Er berücksichtigt keine früheren Ereignisse und reagiert ausschließlich auf das aktuelle. Ein typisches Beispiel ist ein Filter: Er prüft jedes Ereignis und entscheidet sofort, ob es im Datenstrom bleibt oder verworfen wird.

Ein zustandsbehafteter Operator dagegen speichert Informationen über frühere Ereignisse und nutzt sie, um neue Ereignisse zu verarbeiten. Beispiele sind das Zählen von Ereignissen oder ein Join zwischen zwei Datenströmen. Beide Aufgaben erfordern Wissen über bereits zuvor eingetroffene und verarbeitete Daten.

Bild 13.23 zeigt diesen Unterschied: Während der zustandslose Operator jedes Ereignis direkt verarbeitet, greift der zustandsbehaftete Operator zusätzlich auf gespeicherte Informationen (State) zurück.

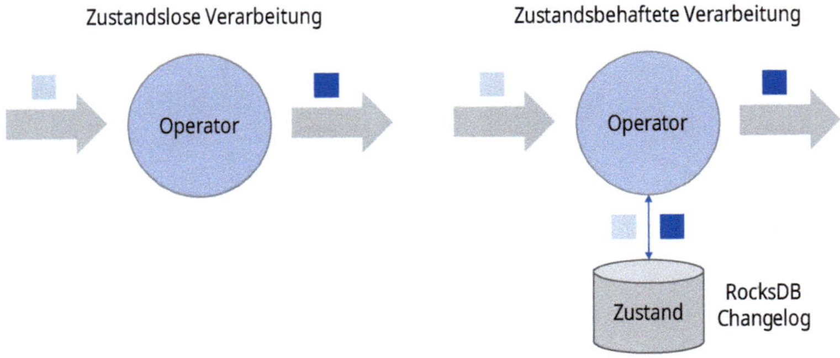

Bild 13.23 Operatoren ohne und mit Zustand

In Apache Flink gibt es zwei grundlegende Arten von zustandsbehafteten Operatoren[44]:

- **Keyed State:** Flink speichert den Zustand getrennt für jeden Schlüssel. Beispiel: Zählt man die Klicks pro Nutzer, führt Flink für jeden Nutzer einen eigenen Zähler.
- **Operator State:** Flink speichert den Zustand für einen gesamten Operator, genauer für jeden parallelisierten Operator-Subtask. Dies ist häufig bei Source- oder Sink-Operationen notwendig. Etwa wenn sich ein Kafka-Connector merkt, bis zu welchem Offset ein Kafka-Topic gelesen wurde. Oder wenn eine Sink mehrere Datensätze zwischenspeichert, um sie gesammelt in ein externes System (z. B. eine Datenbank) zu schreiben.

Flink legt Zustände in ein konfigurierbares State Backend ab. Standardmäßig liegen die Daten als Objekte im Java Heap. Alternativ kommt RocksDB zum Einsatz, eine eingebettete Schlüssel-Wert-Datenbank, die auch große Zustände zuverlässig verwalten kann[45].

Fehlertoleranz durch Checkpoints

Um trotz möglicher (Hardware-)Fehler eine konsistente Verarbeitung gewährleisten zu können, setzt das Flink-System auf *Checkpoints*. Sie bilden den zentralen Mechanismus, mit dem Flink den Zustand aller Operatoren und die Positionen in den Eingabequellen regelmäßig absichert. So kann das System im Fehlerfall exakt an der zuletzt gesicherten Stelle weitermachen, ohne dass Ereignisse verloren gehen oder doppelt verarbeitet werden. Die technische Basis bildet eine Variante des *Chandy-Lamport-Algorithmus* für verteilte konsistente Snapshots [CL85].

44 *https://nightlies.apache.org/flink/flink-docs-release-2.1/docs/concepts/stateful-stream-processing*
45 *https://nightlies.apache.org/flink/flink-docs-master/docs/learn-flink/fault_tolerance*

Der Ablauf sieht folgendermaßen aus:

- Der **JobManager** stößt einen Checkpoint an, indem er ein spezielles Ereignis, eine sogenannte *Checkpoint-Barrier*, in den Datenstrom einfügt.
- Dieses Barrier bewegt sich gemeinsam mit den anderen Ereignissen entlang des Datenflussgraphen.
- Sobald ein Operator von allen Eingabeströmen ein Barrier empfangen hat, schreibt er seinen aktuellen Zustand (z. B. Zähler, Fensterinhalte oder Modellparameter) in das konfigurierte *State Backend*.

Die Checkpoints laufen **asynchron**, sodass die Eventverarbeitung währenddessen weitergeht. Kommt es zu einem Ausfall, setzt Flink den Job auf den **letzten erfolgreichen Checkpoint** zurück:

- Der Operator-Zustand wird aus dem State Backend wiederhergestellt.
- Die Quellen springen auf die in diesem Checkpoint gespeicherten Positionen zurück.
- Danach läuft die Verarbeitung weiter, als wäre kein Fehler passiert. Die *exactly-once-Semantik* ist dabei garantiert.

Zusätzlich existieren *Savepoints*. Sie funktionieren ähnlich wie Checkpoints, werden aber manuell ausgelöst. Sie eignen sich vor allem für geplante Wartungen, Upgrades oder wenn ein Job auf eine neue Umgebung migriert werden soll.

Gedanken zur Vereinheitlichung von DataStream- und DataSet-API

Die geplante Vereinheitlichung führt die bislang getrennten Verarbeitungswege zu einer gemeinsamen Architektur zusammen. Konkret bedeutet das: **ein Codepfad** für Stream- und Batch-Ausführung, **identische Ergebnissemantik** (gleiche Eingaben ergeben gleiche Ausgaben) und eine **einheitliche Betriebsumgebung** mit konsistentem Logging, Metriken und Konfiguration.[46] Anders formuliert: einmal modellieren, überall laufen lassen – mit reproduzierbaren Ergebnissen und demselben operativen „Look-and-feel".

Ein Modell, zwei Modi: Das logische Verarbeitungsmodell gilt gleichermaßen für Streaming und Batch, dieselben Operatoren können verwendet werden. Zustandslose Operatoren verhalten sich in beiden Verarbeitungsmodi identisch. Zustandsbehaftete Operatoren (z. B. Aggregationen, Joins, Top-*k*) benötigen besondere Sorgfalt, weil sie Schlüssel, Zeit und Zustand managen. Das *Execution Model* bleibt je Modus optimiert: Streaming arbeitet inkrementell mit Wasserzeichen und Checkpoints, Batch kann global planen und stärker optimieren (Shuffle-Minimierung, Repartitionierung, Sortierung). Die Vereinheitlichung liefert also ein gemeinsames API- und Ergebnisverständnis, ohne die spezifischen Laufzeitvorteile der beiden Modi aufzugeben.

46 *https://www.infoq.com/presentations/stream-finch* (Jiangjie Qin)

Word-Count-Beispiel mit Docker und DataStream

Das im Folgenden illustrierte Beispiel lässt sich dank Docker unkompliziert auch auf einem lokalen Rechner nachvollziehen. Es zeigt, wie mit wenigen Schritten ein kleiner Flink-Cluster[47)], bestehend aus einem JobManager, einem TaskManager sowie einer einfachen Textquelle, aufgesetzt werden kann. Für den Bau des Java-Clients wird zusätzlich ein temporär gestarteter Container verwendet, der einen Maven-Job ausführt, um die benötigten Artefakte wie die JAR-Datei zu erzeugen.

Docker-Container starten

Die Datei `pom.xml` (vgl. Listing 13.32) dient Maven als Bauanleitung. Darin ist angegeben, welche Java-Klasse kompiliert werden soll, inklusive Abhängigkeiten, Versionen und Build-Schritten. Da das Docker-Mini-Cluster bereits die Flink-Bibliotheken bereitstellt, genügt es, eine sogenannte Thin JAR zu erstellen (Scope: `provided`). Die Bibliotheken stehen also nur beim Kompilieren zur Verfügung, werden aber nicht in die JAR eingebunden und stattdessen zur Laufzeit direkt aus dem Cluster genutzt.

Listing 13.32 `pom.xml`

```
<!-- pom.xml -->
<project xmlns="http://maven.apache.org/POM/4.0.0"
         xmlns:xsi="http://www.w3.org/2001/XMLSchema-instance"
         xsi:schemaLocation="http://maven.apache.org/POM/4.0.0
         ↪  http://maven.apache.org/xsd/maven-4.0.0.xsd">
  <modelVersion>4.0.0</modelVersion>

  <groupId>com.example</groupId>
  <artifactId>socket-wordcount</artifactId>
  <version>1.0.0</version>

  <properties>
    <maven.compiler.release>17</maven.compiler.release>
    <flink.version>2.1.0</flink.version>
  </properties>

  <dependencies>
    <!-- DataStream API -->
    <dependency>
      <groupId>org.apache.flink</groupId>
      <artifactId>flink-streaming-java</artifactId>
      <version>${flink.version}</version>
      <scope>provided</scope>
    </dependency>
```

47 Die Konfiguration basiert auf Flink 2.1.0 und Java 17.

```
    <!-- Flink CLI/Client (praktisch für 'flink run') -->
    <dependency>
      <groupId>org.apache.flink</groupId>
      <artifactId>flink-clients</artifactId>
      <version>${flink.version}</version>
      <scope>provided</scope>
    </dependency>
  </dependencies>

  <build>
    <finalName>socket-wordcount</finalName>
    <plugins>
      <!-- Java 17 -->
      <plugin>
        <groupId>org.apache.maven.plugins</groupId>
        <artifactId>maven-compiler-plugin</artifactId>
        <version>3.11.0</version>
        <configuration>
          <release>${maven.compiler.release}</release>
        </configuration>
      </plugin>
    </plugins>
  </build>
</project>
```

Die `docker-compose.yml` in Listing 13.33 beschreibt den eigentlichen Cluster. Insgesamt werden drei Container definiert:

Der **JobManager**-Dienst lädt das offizielle Flink-Image und startet darin den JobManager-Prozess. Über Port 8081 stellt er die Flink-Weboberfläche bereit, über die Jobs eingereicht und der Cluster überwacht werden können. Die Umgebungsvariable in Zeile 11 (`jobmanager.rpc.address`) sorgt dafür, dass andere Dienste wie der TaskManager den JobManager über den Service-Namen „jobmanager" im Compose-Netzwerk erreichen. Zudem wird das lokale Verzeichnis `./target` in den Container eingebunden, sodass dort erzeugte JAR-Dateien unmittelbar im Cluster verfügbar sind.

Listing 13.33 `docker-compose.yml` für das Docker-Setup von Flink

```
1 services:
2   jobmanager:
3     image: flink:2.1.0-scala_2.12
4     container_name: flink-jobmanager
5     ports:
6       - "8081:8081"
7     command: jobmanager
```
→

```
    environment:
      - |
        FLINK_PROPERTIES=
        jobmanager.rpc.address: jobmanager
    volumes:
      - ./target:/opt/flink/usrlib

  taskmanager:
    image: flink:2.1.0-scala_2.12
    container_name: flink-taskmanager
    depends_on: [jobmanager]
    command: taskmanager
    environment:
      - |
        FLINK_PROPERTIES=
        jobmanager.rpc.address: jobmanager
        taskmanager.numberOfTaskSlots: 2
    volumes:
      - ./target:/opt/flink/usrlib

  textsource:
    image: alpine:3.20
    container_name: textsource
    stdin_open: true
    tty: true
    command: /bin/sh -c "apk add --no-cache netcat-openbsd >/dev/null && nc -lk -p 9000"
```

Der **TaskManager**-Dienst verwendet ebenfalls das Flink-Image und startet den entsprechenden Prozess. Mithilfe von `depends_on` wird sichergestellt, dass er erst nach dem JobManager hochfährt. Über die Umgebungsvariablen verbindet sich der Dienst automatisch mit dem JobManager und registriert sich dort. In der Konfiguration stellt er zwei Task-Slots bereit, wodurch zwei Subtasks parallel ausgeführt werden können. Auch hier wird das lokale Verzeichnis `./target` eingebunden, sodass die TaskManager-Instanz Zugriff auf die gleichen JAR-Dateien hat.[48]

> Die Gesamtzahl der verfügbaren Slots im Cluster ergibt sich aus der Summe aller Slots der gestarteten TaskManager. Sie bestimmt die maximale Parallelität, mit der Flink-Jobs ausgeführt werden können. Soll die Parallelität eines Programms erhöht werden, kann dies entweder durch das Hinzufügen weiterer TaskManager oder durch eine Anpassung der Anzahl der Slots pro TaskManager erreicht werden.

48 Soll der Cluster um weitere TaskManager erweitert werden, genügt es, im `docker-compose.yml` zusätzliche `taskmanager`-Services zu definieren oder beim Start mit `docker-compose up -scale taskmanager=N` mehrere Instanzen parallel zu erzeugen.

Die **Textquelle** schließlich basiert auf einem schlanken Alpine-Linux-Image. Beim Start wird das Paket `netcat-openbsd` installiert, anschließend lauscht der Container auf Port 9000 und nimmt eingehende Textdaten entgegen. Damit lässt sich eine einfache Datenquelle simulieren, die sich an die `SocketTextStreamSource` von Flink anbinden lässt. So können kontinuierlich Textzeilen eingespeist und innerhalb des Clusters verarbeitet werden.

Um in Flink loszulegen, schauen wir uns ein ganz klassisches Beispiel an: die Wortzählung über einen Socket. Das Programm (vgl. Beispiel 13.34) liest Textzeilen, zerlegt sie in Wörter und zählt, wie oft jedes Wort vorkommt.

Der Ablauf folgt dem typischen Muster in Flink: Source → Transformationen → Sink:

- Zunächst wird über das `StreamExecutionEnvironment` die Streaming-Umgebung gestartet, die den gesamten Datenstrom verwaltet.
- Als Quelle dient eine Socket-Verbindung zum Netcat-Container (Zeile 18), über die fortlaufend eingehende Textzeilen eingelesen werden.
- In den darauffolgenden Transformationen (Zeile 20 bis 29) werden die Zeilen in einzelne Tokens zerlegt, vereinheitlicht (Kleinschreibung) und anschließend pro Schlüsselwort gezählt. Die zentrale, zustandsbehaftete Operation ist hier `sum(1)` nach `keyBy`: Flink führt dafür einen Keyed State, in dem es pro Schlüssel (Token) die aktuelle Häufigkeit speichert und fortlaufend aktualisiert.
- Die Ergebnisse landen anschließend in der Sink `counts.print()`. Diese gibt die Zählstände auf der Standardausgabe aus. Sichtbar sind diese dann in den Logs der TaskManager-Container. Mit `.name("print")` erhält der Operator zusätzlich eine sprechende Bezeichnung, die in der Flink-WebUI (*http://localhost:8081*) angezeigt wird – nützlich vor allem wenn mehrere Sinks oder komplexere Pipelines im Spiel sind.
- Erst mit dem Aufruf `env.execute("Socket WordCount");` wird der Job tatsächlich gestartet. Bis dahin hat Flink nur den Ausführungsplan erstellt. Der übergebene Name „Socket WordCount" erscheint anschließend sowohl in der WebUI als auch in der Ausgabe von `flink list`.

Listing 13.34 Java-Programm zur Erstellung der Anwendung

```
1  import org.apache.flink.api.common.typeinfo.Types;
2  import org.apache.flink.api.java.tuple.Tuple2;
3  import org.apache.flink.streaming.api.datastream.DataStream;
4  import org.apache.flink.streaming.api.environment. StreamExecutionEnvironment;
5  import org.apache.flink.util.Collector;
6  import org.apache.flink.util.ParameterTool;
7
8  public class SocketWordCount {
9
10   public static void main(String[] args) throws Exception {
11     final ParameterTool params = ParameterTool.fromArgs(args);
12                                                                    →
```

```
        final String host = params.get("host", "textsource");
        final int port = params.getInt("port", 9000);

        final StreamExecutionEnvironment env =
        ↪  StreamExecutionEnvironment.getExecutionEnvironment();

        DataStream<String> lines = env.socketTextStream(host, port, "\n");

        DataStream<Tuple2<String, Integer>> counts =
            lines
              .flatMap((String line, Collector<Tuple2<String, Integer>> out) -> {
                for (String token : line.toLowerCase().split("\\W+")) {
                  if (!token.isEmpty()) out.collect(Tuple2.of(token, 1));
                }
              })
              .returns(Types.TUPLE(Types.STRING, Types.INT))
              .keyBy(t -> t.f0)
              .sum(1);

        counts.print().name("print");
        env.execute("Socket WordCount");
    }
}
```

Standardmäßig läuft der Streaming-Job unbegrenzt weiter. Möchte man ihn gezielt beenden, empfiehlt sich die asynchrone Ausführung. Dabei liefert Flink eine Job-ID zurück, über die sich der Job später stoppen lässt:

```
import org.apache.flink.api.common.JobID;
import org.apache.flink.core.execution.JobClient;

JobClient client = env.executeAsync("Socket WordCount");
JobID jobId = client.getJobID();
System.out.println("Submitted job: " + jobId);
```

Beenden lässt sich der Job anschließend per Docker-Befehl:

```
docker compose exec jobmanager flink cancel <JOB_ID>
```

Vorbereitung und Ausführung

Bevor wir Jobs überhaupt stoppen können, muss zunächst ein ausführbares Artefakt gebaut und das Cluster gestartet werden. Dazu erstellt ein temporärer Maven-Container das JAR (Java 17) (siehe auch `pom.xml` zu Beginn des Abschnitts 13.5.3):

```
docker run --rm \
  -v "$PWD":/app \
  -w /app \
  -c com.example.SocketWordCount \
  maven:3.9.9-eclipse-temurin-17 \
  mvn -B -DskipTests package
```

Das fertige JAR liegt anschließend im Verzeichnis `target/`.

Nun lässt sich das Cluster starten, und bei erfolgreichem Hochfahren kann der Job innerhalb des JobManagers ausgeführt werden. Mit `--host textsource` wird der Socket zum Container `textsource` (Port 9000) verbunden, der via `nc` eingehende Textzeilen annimmt:

```
docker compose up -d

# Job starten
docker compose exec jobmanager \
  flink run -d /opt/flink/usrlib/socket-wordcount.jar \
  --host textsource --port 9000
```

Um das WordCount-Beispiel zu testen, können Sie in einem Terminal

```
docker attach textsource
```

eingeben. Der Befehl verbindet das Terminal mit STDIN/STDOUT des Hauptprozesses im Container (`nc -lk -p 9000`). Der Befehl startet mit netcat (nc) einen einfachen TCP-Server auf Port 9000, der nach Verbindungsaufbau alles, was getippt wird, an den Client (den Flink-Container) schickt.

Die Ausgabe lässt sich mit `docker compose logs -f taskmanager` betrachten. Bild 13.24 zeigt ein Beispiel für Eingaben (links) und die Ausgaben in der Log-Datei (rechts).

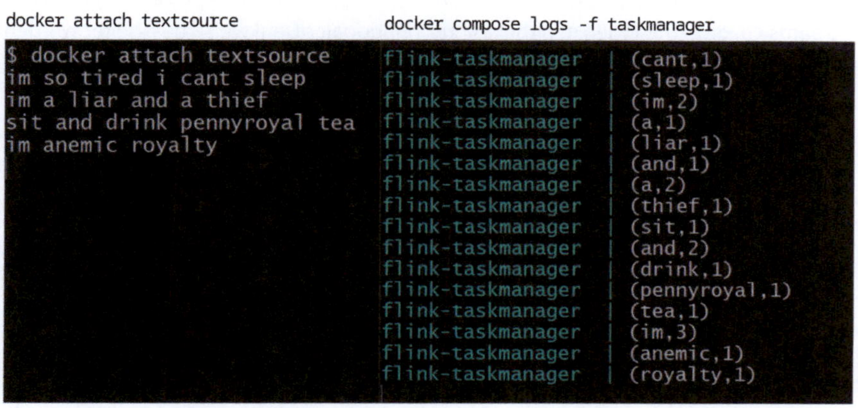

Bild 13.24 Beispielein- und ausgabe

Table/SQL-API

Flink bietet ferner zwei deklarative Schnittstellen, mit denen sich Daten-Pipelines entwerfen lassen: die Table API und Flink SQL.

- Die Table API ist direkt in Programmiersprachen wie Java oder Python eingebettet und erlaubt es, SQL-artige Transformationen mit Methodenketten auszudrücken.

- Flink SQL ermöglicht die Ausführung von SQL-Statements. Die API basiert auf der SQL-Engine Apache Calcite[49], die sich eng am ANSI-Standard orientiert.

Beide APIs können sowohl endliche Batch-Daten als auch unendliche Streaming-Daten verarbeiten. Im Abstraktionsstapel von Flink stehen sie ganz oben – sie erlauben also die deklarativste und zugleich benutzerfreundlichste Sicht auf Datenströme.

Im Zentrum der beiden APIs stehen die sogenannten dynamischen Tabellen (dynamic tables). Was unterscheidet sie von der altbekannten relationalen Tabelle? Dynamische Tabellen ändern sich kontinuierlich im Zeitverlauf. Man könnte einwenden, dass auch in einer normalen OLTP-Datenbank Tabellen laufend verändert werden. Doch im Streaming-Kontext spielt die Abfrage-Semantik eine zentrale Rolle:

- Eine dynamische Tabelle entspricht einer zeitveränderlichen Relation $R(t)$. Zu jedem Zeitpunkt t existiert ein Snapshot wie in einer normalen DB-Tabelle.
- Eine Flink-SQL-Abfrage läuft deshalb permanent. Sie reagiert laufend auf neue oder verspätete Ereignisse und verarbeitet Änderungen („Deltas") kontinuierlich weiter.
- Man spricht hier auch von kontinuierlichen Abfragen (continuous queries). Von „eine Query → ein fertiges Ergebnis" ändert sich die Dynamik in Streaming-Systemen also zu „eine Query → ein Strom von Ergebnisänderungen". Das Ergebnis einer kontinuierlichen Abfrage ist wieder eine dynamische Tabelle [Beg+19].

Dynamische Tabellen sind in erster Linie ein logisches Konzept. Sie abstrahieren Streams so, dass mit ihnen in altbekannter relationaler Denkweise gearbeitet werden kann. Man spricht hier auch von **Stream-Table Duality**: Ein Ereignisstrom und eine Tabelle sind zwei Sichtweisen auf dieselbe Information. Der Stream ist der fortlaufende Änderungs-Log (Changelog): Jede eingehende Nachricht beschreibt eine Veränderung. Die Tabelle ist der jeweils aktuelle Zustand (Snapshot), der entsteht, wenn alle bisher eingegangenen Änderungen „angewendet" werden" [Sax+18].

Die Abbildung funktioniert in beide Richtungen: Aus einem Stream lässt sich durch INSERTs, UPDATEs oder DELETE eine (dynamische) Tabelle materialisieren; umgekehrt kann jede Tabellenänderung wieder als Änderungsstrom ausgegeben werden.

Word Count mit Flink SQL

Im folgenden Beispiel 13.35 wird das klassische WordCount-Programm nicht mehr über die DataStream-API, sondern mit der SQL-API umgesetzt. Um etwas Abwechslung zu schaffen und auch andere Möglichkeiten von Flink zu illustrieren, stammt die Eingabe diesmal aus einem eingebauten Flink-Connector, der Zufallsdaten erzeugt. Als Ausgabemedium (Sink) dient eine einfache CSV-Datei in einem temporären Verzeichnis.

49 *https://calcite.apache.org*

Der erste Schritt besteht darin, ein `TableEnvironment` für einen Streaming-Job aufzubauen. Man kann sich dieses Environment wie eine Art Laufzeitumgebung für Tabellen vorstellen: Hier laufen SQL-Statements und Table-API-Ausdrücke zusammen, die dann von Flink in echte Jobs übersetzt werden. Außerdem verwaltet das TableEnvironment wichtige Dinge wie Kataloge (Tabellen, Schemata, Views, Funktionen) sowie Konfigurationen, etwa Checkpointing oder Parallelität.[50]

Wie genau diese Laufzeitumgebung aussehen soll, wird über ein `EnvironmentSettings`-Objekt gesteuert. Im Beispiel wird mit `newInstance()` eine neue Konfiguration gestartet und mit `inStreamingMode()` festgelegt, dass der Job kontinuierlich im Streaming-Modus laufen soll (die Alternative wäre Batch). Weitere Feinjustierungen sind auch noch zur Laufzeit möglich, indem man Schlüssel-Wert-Paare in die Konfiguration schreibt.[51] So wird im Beispiel z. B. Checkpointing aktiviert und ein Intervall von zehn Sekunden gesetzt. Das sorgt nicht nur für Fehlertoleranz, sondern auch dafür, dass bestimmte Sinks (z. B. Dateisysteme oder Kafka mit Exactly-once-Semantik) ihre Daten regelmäßig „finalisieren" – was gerade beim Testen sehr praktisch ist.

Danach wird die Quelle (Source) definiert. Anders als beim ursprünglichen WordCount-Beispiel, das mit echten Eingabedaten arbeitet, nutzen wir hier den Datagen-Connector, der Zufallswerte erzeugt. Konkret werden pro Sekunde 50 zufällige Strings mit je fünf Zeichen generiert. Über ein CREATE-TABLE-Statement entsteht daraus eine dynamische Tabelle mit einer Spalte `word` (die Zufallsstrings). Zusätzlich merkt sich Flink für jede Zeile den Zeitpunkt der Verarbeitung (Spalte `pt`).[52]

Listing 13.35 Java-Programm zur Verwendung von Flink SQL

```java
import org.apache.flink.configuration.Configuration;
import org.apache.flink.table.api.EnvironmentSettings;
import org.apache.flink.table.api.TableEnvironment;

public class DataGenSQLWordCount {

  public static void main(String[] args) {

    // Table-Umgebung im Streaming-Mode
    EnvironmentSettings settings = EnvironmentSettings
        .newInstance()
        .inStreamingMode()
        .build();

```
→

50 *https://nightlies.apache.org/flink/flink-docs-release-2.1/docs/dev/python/table/table_environment*
51 *https://nightlies.apache.org/flink/flink-docs-release-2.1/docs/dev/table/config*
52 *https://nightlies.apache.org/flink/flink-docs-release-2.1/docs/dev/table/sql/create*

```
        TableEnvironment tEnv = TableEnvironment.create(settings);
        Configuration conf = tEnv.getConfig().getConfiguration();
        conf.setString("execution.checkpointing.interval", "10 s");

        // Quelle: DataGen + Processing-Time-Spalte
        tEnv.executeSql(
            "CREATE TABLE datagen_source (\n" +
            "  word STRING,\n" +
            "  pt AS PROCTIME()\n" +
            ") WITH (\n" +
            "  'connector'='datagen',\n" +
            "  'rows-per-second'='50',\n" +
            "  'fields.word.length'='5'\n" +
            ")"
        );

        // Filesystem-Sink (CSV) - Append-only; schreibt fertige Dateien
        tEnv.executeSql(
            "CREATE TABLE fs_sink (\n" +
            "  window_start TIMESTAMP(3),\n" +
            "  window_end   TIMESTAMP(3),\n" +
            "  word STRING,\n" +
            "  cnt BIGINT\n" +
            ") WITH (\n" +
            "  'connector'='filesystem',\n" +
            "  'path'='/tmp/out',\n" +                    // im
            ↪  TaskManager-Container
            "  'format'='csv',\n" +
            "  'sink.rolling-policy.rollover-interval'='10s'\n" +
            ")"
        );

        // Tumbling-Window (5s) auf Processing-Time → Append-only,
        ↪  kompatibel mit Filesystem
        tEnv.executeSql(
            "INSERT INTO fs_sink\n" +
            "SELECT window_start, window_end, word, COUNT(*) AS cnt\n" +
            "FROM TABLE(\n" +
            "  TUMBLE(TABLE datagen_source, DESCRIPTOR(pt), INTERVAL '5'
            ↪  SECOND)\n" +
            ")\n" +
            "GROUP BY window_start, window_end, word"
        );
    }
}
```

Filesystem-Sink definieren

Mit dem `CREATE TABLE fs_sink (... ) WITH (...)`-Statement werden Zielschema und die Eingabequelle festgelegt. Die Spalten `window_start` und `window_end` markieren das Zeitintervall des jeweiligen Fensters, in dem die Zählung ermittelt wurde, während `word` und `cnt` das gezählte Wort sowie dessen Häufigkeit in diesem Intervall enthalten. Über die Optionen im `WITH`-Block wird der Ausgabekanal konfiguriert: `'connector'='filesystem'`, `'path'='/tmp/out'` (im TaskManager-Container) und `'format'='csv'` bewirken, dass die Ergebnisse als CSV-Dateien in das Dateisystem geschrieben werden. Die Option `'sink.rolling-policy.rollover-interval'='10s'` steuert, dass spätestens alle 10 Sekunden eine Datei abgeschlossen und eine neue begonnen wird; in der Praxis werden Dateien zusätzlich bei Checkpoints finalisiert, wodurch Ergebnisse regelmäßig sichtbar werden und sauber abgeschlossene Dateien entstehen.

Fensteraggregation und Insert

Das anschließende `INSERT INTO ...SELECT ...FROM TABLE(TUMBLE(...)) ...`-Statement berechnet eine Tumbling-Window-Aggregation. Die Funktion `TUMBLE(TABLE datagen_source, DESCRIPTOR(pt), INTERVAL '5' SECOND)` teilt den kontinuierlichen Stream anhand der Processing-Time-Spalte `pt` in nicht überlappende Fünf-Sekunden-Fenster. Durch `GROUP BY window_start, window_end, word` wird mit `COUNT(*)` die Anzahl der Vorkommen pro Wort und Zeitfenster bestimmt. Das Ergebnis wird *append-only* in `fs_sink` geschrieben; dies ist für Filesystem-Sinks ideal, da für jedes Paar aus Fenster und Wort genau ein finales Resultat entsteht und keine nachträglichen Updates erforderlich sind.

Beispielausgabe für eine Datei:

```
2025-09-05T12:00:00.000,2025-09-05T12:00:05.000,abcde,7
2025-09-05T12:00:00.000,2025-09-05T12:00:05.000,flink,12
2025-09-05T12:00:00.000,2025-09-05T12:00:05.000,daade,5
```

Window-Funktionen in Flink SQL

- TUMBLE (Tumbling Window): feste, nicht überlappende Intervalle. Beispiel: alle 5 Sekunden ein neues Fenster. Jedes Ereignis gehört genau zu einem Fenster.
- HOP (Hopping / Sliding Window): überlappende Fenster. Beispiel: Fenstergröße 10 Sekunden, Schrittweite 5 Sekunden. Jedes Ereignis kann in mehreren Fenstern gezählt werden.
- CUMULATE (Cumulative Window): Fenster wachsen schrittweise bis zu einer Maximalgröße. Beispiel: Start 5 Sekunden, dann 10 Sekunden, dann 15 Sekunden bis zum Maximum. Ereignisse aus einem Intervall erscheinen kumulativ in mehreren Ergebnissen.

Append-only vs. Update-Datenströme

Ein Changelog beschreibt Änderungen zeilenweise mit vier Operationen: +I (Insert), -U (Update-Before), +U (Update-After) und -D (Delete). Die folgende Übersicht fasst die Bedeutung zusammen.

Tabelle 13.7 Mögliche Änderungen im Changelog

Kurzbezeichnung	Langname	Beschreibung
+I	Einfügen (Insert)	Standard
-U	Update Before	Zuvor ausgegebenes Ergebnis zurückziehen (Retract)
+U	Update After	Retract-Modus: zuvor ausgegebenes Ergebnis aktualisieren; Upsert-Modus: Einfügen/Aktualisieren über Upsert-Schlüssel
-D	Löschen (Delete)	Löschen

Append-Stream. Ein *Append-only*-Stream liegt vor, wenn ausschließlich +I-Operationen auftreten, sodass keine Korrekturen oder Löschungen vorkommen. Im WordCount-Beispiel (vgl. Bild 13.25) erzeugt `datagen_source` links fortlaufend Wörter und bildet damit eine dynamische Tabelle, deren Changelog nur +I enthält. Die Abfrage in der Mitte führt eine Tumbling-Window-Aggregation auf Processing Time mit einer Fensterbreite von fünf Sekunden aus und hält währenddessen einen Zustand pro Schlüssel

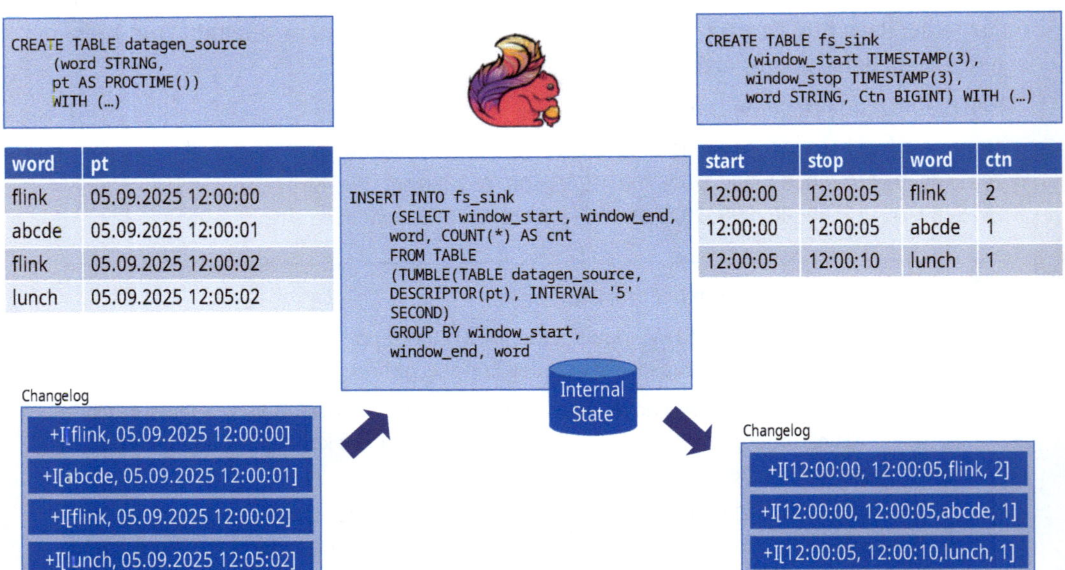

Bild 13.25 Dynamische Tabellen, Changelogs und Append-only-Modus am WordCount-Beispiel. Zur besseren Übersicht erfolgt die Datumsausgabe ohne Millisekunden, obwohl TIMESTAMP(3) eigentlich eine Millisekundenauflösung vorsieht.

(`window_start`, `window_end`, `word`). Sobald ein Fenster schließt, steht je Schlüssel ein endgültiger Zähler fest; die Abfrage rechts schreibt daher pro Schlüssel genau einen Ausgabeeintrag in `fs_sink`. Das Ausgabe-Changelog bleibt damit ebenfalls ein *append-only* Datenstrom, passend für Filesystem-Sinks, die Zeilen anfügen, aber keine Updates verarbeiten können.

Retract-Stream. Wenn eine Abfrage nachträgliche Korrekturen erfordert, macht der Changelog diese Änderungen explizit sichtbar: Zunächst wird der alte Zustand zurückgenommen (`-U`), anschließend wird der neue Zustand ausgegeben (+U). Dieses Format eignet sich immer dann, wenn bereits emittierte Resultate korrigiert werden müssen oder wenn kein Schlüssel bekannt ist. Typische Auslöser sind Aggregationen, `DISTINCT`, `OVER`-Fenster, Top-N/Ranking oder Sortierungen. Auch nachgelagerte Komponenten, die keine Upsert-Semantik oder keinen Primärschlüssel unterstützen, benötigen Retract-Sequenzen, um den eigenen Zustand korrekt fortzuschreiben.

Upsert-Stream. Ein Upsert-Stream fasst Änderungen kompakt zusammen, benötigt dafür aber einen stabilen Schlüssel (in Flink üblicherweise mit `PRIMARY KEY (...) NOT ENFORCED` angegeben). Änderungen erscheinen dann als zwei Fälle: *UPSERT* („aktuellen Wert für Schlüssel einfügen oder bisherigen Wert ersetzen") und *DELETE* („Eintrag zu Schlüssel entfernen"). Ein Konsument kann damit den eigenen Zustand wie eine einfache Schlüssel-Wert-Struktur pflegen: `state[key] = value` für Upserts bzw. `remove(key)` für Deletes. Steht kein Schlüssel zur Verfügung, muss der allgemeinere Retract-Stream mit $-U/+U/-D$ verwendet werden.

Bild 13.26 stellt den Unterschied zwischen Retract- und Upsert-Streams anhand eines Beispiels schematisch gegenüber: Retract überträgt Vorher/Nachher explizit, Upsert ersetzt oder löscht nach Schlüssel.

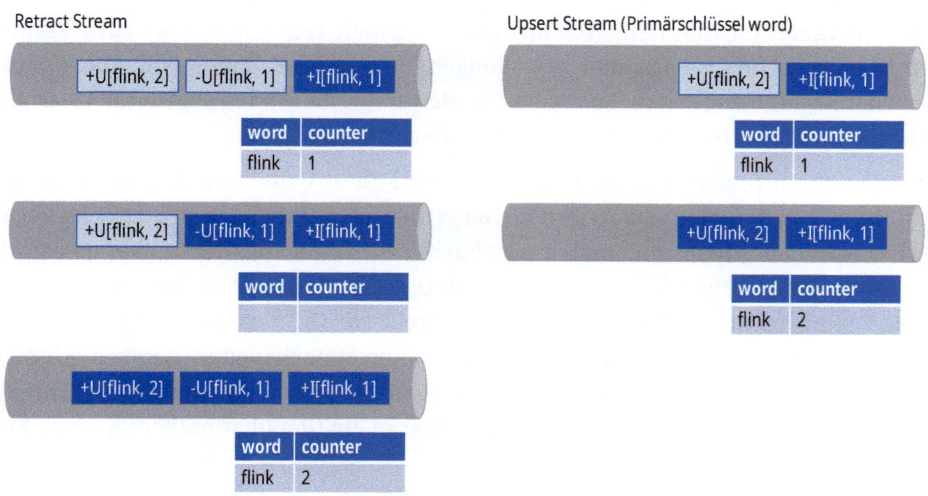

Bild 13.26 Vergleich der Änderungsoperationen Retract-Stream vs. Upsert-Stream. Die ältesten Nachrichten stehen jeweils rechts in der Queue.

Eine letzte Bemerkung zur Nutzung der Flink APIs: Die verschiedenen APIs lassen sich auch innerhalb einer Anwendung kombinieren. Daten können beispielsweise per SQL gefiltert und aggregiert, die resultierenden Tabellen anschließend in einen `DataStream` umgewandelt und mit `ProcessFunctions` weiterverarbeitet werden. Wichtig sind saubere Übergänge zwischen den APIs: Zum Beispiel müssen Schlüssel oder Primärschlüssel auf beiden Seiten konsistent sein oder Watermarks und Checkpoints über die Grenzen beibehalten werden.

13.6 Apache Ignite – In-Memory-Computing-Plattform

Wenn wir im Big-Data-Kontext über die „Vs" sprechen, steht intuitiv oft das Volume, also die schiere Menge der Daten im Vordergrund. Frameworks wie Hadoop oder Spark wurden speziell dazu entwickelt, um Petabytes an Daten zu speichern und in Batches zu analysieren – aber das kann eine Weile dauern. Was aber können wir unternehmen wenn für uns nicht die schiere Menge, sondern die Geschwindigkeit (Velocity) die entscheidende Rolle in der Praxis spielt, und unsere „Geduld" daher nicht ausreicht? Anders gesagt, was tun wir, wenn wir auf Daten in Echtzeit reagieren und komplexe Analysen sehr schnell durchführen müssen (z. B. in Sekundenbruchteilen, um E-Commerce-Kunden in einem Online-Shop ad hoc Produktvorschläge anhand der angeschauten Produkte zu machen)?

Hier kann *Apache Ignite*[53)] Abhilfe schaffen, das In-Memory-Datenverarbeitungsdienste anbietet. Der folgende Vergleich soll die Kernidee von Ignite veranschaulichen: Stellen wir uns ein riesiges, zentrales Warenlager am Stadtrand vor (z. B. E-Commerce-Lager wie von Amazon oder ein KFZ-Teilelager). Jede Bestellung (Anfrage) braucht einen LKW, der dorthin fährt, Waren zusammenstellt, lädt und wieder zurückfährt. Das ist effizient für große Sammelbestellungen (Batches), z. B. über Nacht. Aber es kostet in der Regel zu viel Zeit für spontane Einzelaufträge, die schnell abgewickelt werden sollen, da wir auf weitere Bestellungen warten müssen.

Anstatt auf ein zentrales Lager zu setzen, funktioniert Ignite wie ein Netzwerk aus Mini-Lagern in mehreren Stadtvierteln: Die gefragtesten Waren liegen *bereits* im Regal (Arbeitsspeicher). Wenn eine Bestellung eintrifft, wird sie an das Mini-Lager geschickt, in dem die Ware schon liegt (Data Locality). Das Verarbeiten und Packen (z. B. „Veredeln"[54)]; Aggregation) von Waren passiert direkt vor Ort (Compute Grid), also dort, wo die Daten lagern. Wächst die Nachfrage, können einfach weitere Zentren eröffnet werden (horizontales Skalieren). Alternativ, wenn ein Mini-Lager ausfällt, springen beispielsweise Nachbarlager mit denselben Waren ein (Replikation/Redundanz). Ein

53 Ignite wurde in der Vergangenheit als eines der Top-5-Projekte im Apache-Ökosystem gelistet, *https://ignite.apache.org*

54 Zum Beispiel Ware als Geschenk verpacken, wie in manchen Online-Shops üblich.

zentrales Lager kann trotzdem existieren (optionale Persistenz bzw. Storage), aber der Alltag läuft aus der Nähe in kurzer Zeit (Geschwindigkeit – Latenz der Verarbeitung in Echtzeit).

13.6.1 Einordnung in das Big-Data-Ökosystem

Ignite ist daher kein weiteres Batching-Framework wie Hadoop oder Spark, sondern ein sehr vielseitiges Framework, das wir am besten als verteilte **In-Memory-Computing-Plattform** mit entsprechenden Diensten beschreiben können. Aus Entwicklersicht dient Ignite also eher als Unterbau für individuelle Anwendungsfälle, in denen die Geschwindigkeit und die Latenz der Datenbereitstellung den Ton angeben. Wir können Ignite daher aus verschiedenen Blickwinkeln betrachten, unter anderem:

- **In-Memory-Data-Grid:** Die Architektur von Ignite besteht aus einem verteilten System, in dem Daten über den Arbeitsspeicher (RAM) eines Clusters verteilt und so I/O-Zugriffe beschleunigt werden (Skalierbarkeit).
- **In-Memory-Datenbank:** Auf der Grundlage des Grids bietet Ignite einen verteilten Key-Value Store (Caches genannt), auf dem auch eine vollwertige, ACID-konforme und verteilte SQL-Datenbank mit (optionaler) Transaktionssicherheit aufbaut und mithilfe von WAL (Write Ahead Logging) und Checkpointing realisiert wird. Durch optionale „Native Persistence“[55] kann Ignite Daten auch auf Festplatten oder anderem Storage speichern[56].
- **Caching-Layer:** Ein häufiger Anwendungsfall von Ignite ist die Realisierung als Caching-Schicht, bei der Ignite als schneller Zwischenspeicher vor beispielsweise einer potenziell langsameren Datenbank (z. B. Oracle, MariaDB) genutzt wird.
- **Compute Grid:** Ignite ermöglicht, Anwendungslogik (Compute) dorthin zu schicken, wo die Daten liegen (Data Locality), anstatt die Daten zur Anwendung zu verschieben.
- **HTAP-Plattform:** Ignite ermöglicht *Hybrid Transactional/Analytical Processing*, also die Ausführung von transaktionalen (OLTP) und analytischen (OLAP) Workloads auf denselben Daten in Echtzeit.

13.6.2 Partitionierung und der Affinity Key

Das entscheidende Paradigma hinter der hohen Performance von Ignite ist neben dem In-Memory-Ansatz die Kollokation (Collocated Compute), um horizontale Skalierung

55 *https://ignite.apache.org/arch/native-persistence.html*

56 Das bedeutet, dass Daten nach einem Neustart des Ignite-Clusters nicht verloren gehen, was bei reiner Nutzung des Arbeitsspeichers der Fall wäre!

zu erreichen (vgl. Kapitel 2). Ähnlich zur Data Locality von Hadoop in Verbindung mit HDFS (siehe Prinzip von Data Locality in Hadoop in Abschnitt 13.3.1), lautet hier die Devise, dass wir die Berechnung zu den Daten bringen und nicht andersherum. Wie wir bereits in anderen Kapiteln besprochen haben, macht das Senden von riesigen Datenmengen das Netzwerk zum Flaschenhals, was daher nicht für Big Data skaliert. Ignite kehrt dieses Prinzip um, indem es im Vergleich kleine Berechnungen (Compute) an die beteiligten Knoten sendet, die die relevanten Daten bereits im Arbeitsspeicher halten. Die Berechnung findet daher parallel auf vielen Knoten statt, und nur die handhabbaren, kleineren Ergebnisse werden zentral gesammelt und konsolidiert.

In Bezug auf das CAP-Theorem ist die verteilte Architektur von Ignite von Natur aus partitionstolerant. Es überlässt Entwicklern die Wahl zwischen Konsistenz (CP) und Verfügbarkeit (AP) durch die Konfiguration des `CacheAtomicityMode`[57]. Die Standardkonfiguration (ATOMIC) ist für hohe Verfügbarkeit und Performance (AP) optimiert, aber für Anwendungsfälle, die starke Konsistenz erfordern (etwa in der Finanz-Domäne), kann Ignite mit einer einfachen Konfigurationsänderung (TRANSACTIONAL) in ein konsistentes CP-System umgewandelt werden.

Damit Kollokation funktioniert, muss Ignite wissen, wo die Daten liegen. Dies geschieht durch einen deterministischen Partitionierungsprozess. Ein Key-Value-Speicher, der über eine ID adressierbar ist, d. h. ein „Cache" in Ignite, wird in eine feste Anzahl von Partitionen (Standardwert ist 1024) aufgeteilt. Für jeden Datensatz wird wie in Hadoop anhand des Hash-Werts seines Schlüssels (nummeriert von 0 bis 1023) die zuständige Partition ermittelt:

$$\text{hash}(\text{Schlüssel}) \mod \#\text{Partitionen} = \text{Partitions-ID}$$

Mittels eines effizienten Hashing-Algorithmus namens *Rendezvous Hashing* (auch bekannt als Highest Random Weight Hashing) wird jede Partition zuverlässig einem primären und mehreren Backup-Knoten zugeordnet. Eine Änderung im Cluster, beispielsweise eine neue Maschine tritt dem Cluster bei, führt zu einer Neuaufteilung („Rebalancing") der Partitionen, sodass Daten gleichverteilt auf den Maschinen bleiben. Sollte eine Maschine den Cluster verlassen, müssen vorab Backup-Maschinen konfiguriert sein. Sind diese nicht vorhanden, gehen Partitionen verloren – was wegen der vorgenommenen Gleichverteilung der Daten zu einem Versagen des Systems führen kann.

Der eigentliche Performancevorteil von verteiltem Rechnen (d. h. vor allem verteilten SQL-Abfragen) in Ignite neben In-Memory-Haltung von Daten wird durch den sogenannten *Affinity Key* gesteuert: Er bestimmt per Hashing, auf welcher Partition bzw. welchem Knoten ein Datensatz liegt, und ermöglicht die Kollokation logisch zusammengehöriger Daten (z. B. ein Kunde mitsamt seinen Warenbestellungen) auf derselben Maschine – auch wenn sie unterschiedliche Primärschlüssel haben und dadurch wegen des Hashings auf unterschiedlichen Maschinen landen würden. Der *Primary Key*

57 *https://ignite.apache.org/docs/ignite2/latest/configuring-caches/atomicity-modes*

identifiziert Datensätze eindeutig und dient der Indizierung. Wird kein Affinity Key angegeben, verwendet Ignite standardmäßig diesen zur Partitionierung. Da der Affinity Key nur die Platzierung regelt, muss er nicht eindeutig sein. Wir können deshalb einen Affinity Key wie `kunde_id` wählen, um Daten gezielt zusammenzulegen (z. B. PRIMARY KEY(`order_id`, `kunde_id`) mit AFFINITY_KEY=kunde_id).

Wie in Bild 13.27 schematisch dargestellt, nutzt Ignite den Affinity Key mithilfe der sogenannten Affinity-Function. Diese Funktion bestimmt anhand des angegebenen Affinity Keys und einer Hash-Funktion zwei Arten von Zuordnungen:

- **Partitionierung in Blöcke:** Die Key-Value-Paare eines Caches werden auf Partitionen mithilfe des Affinity Keys abgebildet.
- **Kollokation (Platzierung) auf Knoten:** Die entstandenen Partitionen bzw. Blöcke werden anschließend mithilfe des Affinity Keys den Knoten zugewiesen.

In Bild 13.27 wird veranschaulicht, wie mithilfe eines Affinity Keys zunächst die beiden Caches in logische Blöcke partitioniert werden – etwa Kundendaten und Bestelldaten (also Kunde + Bestellungen). Anschließend werden diese Blöcke, die denselben Affinity Key besitzen, auf denselben Knoten verteilt.

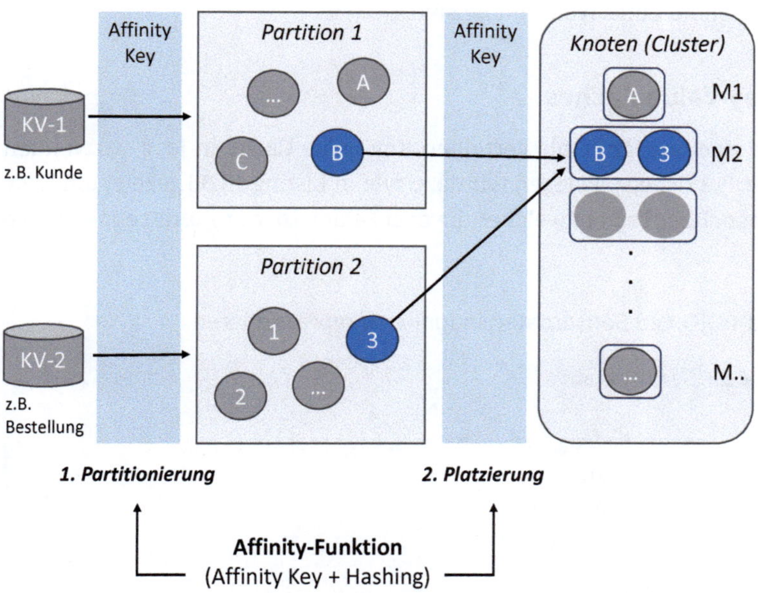

Bild 13.27 Apache Ignite und Partitionierung mit Affinity Keys

Der Affinity Key ist daher die Voraussetzung für schnelle, netzwerkfreie Joins der Daten (d. h. die Umsetzung der Data Locality in Ignite) und erfordert von uns Vorabüberlegungen[58] zum optimalen Design unserer Daten.

58 Wir müssen vorab abwägen, welche Daten zusammen gespeichert werden. Dies ist ähnlich zu Designentscheidungen, die wir im Allgemeinen für alle unsere Datenmodelle treffen müssen (wie das SQL-Schema in RDBMS).

13.6.3 Praxisbeispiel: Sensordaten

Um die Grundlagen von Ignite praktisch zu demonstrieren und den Vorteil von Affinity Keys zu illustrieren, nutzen wir Ignites Java API[59], die den vollen Funktionsumfang von Ignite bietet[60], und stellen uns folgenden Anwendungsfall vor: Wir sind Betreiber eines Netzwerks einer Vielzahl von dezentralen Wetterstationen und möchten Sensordaten (z. B. Temperatur oder Luftqualität) in Echtzeit analysieren[61]. Jede Station sendet uns ihre ID, die Stadt und beispielsweise die aktuelle Temperatur.

Wir möchten im Folgenden Sensordaten analysieren, die in einem kurzen Zeitraum angefallen sind, und wollen die Durchschnittstemperatur für die Stadt „Mannheim" berechnen. Dazu zeigen wir folgende drei Schritte:

- **Grundlagen:** Daten im Ignite Data Grid (Key-Value Store) speichern und abrufen.
- **Der langsame, lokale Weg:** Daten zum Client holen und dort analysieren.
- **Der schnelle, verteilte Weg (Velocity):** Die Analyse zu den Daten bringen (der Ignite-Ansatz mit Collocated Compute & SQL)

Nach diesen drei Schritten widmen wir uns schließlich im nächsten Unterabschnitt den Affinity Keys anhand eines weiteren Beispiels.

Grundlagen: Key-Value Caches

Zuerst zeigen wir, wie wir Ignite als verteilten Key-Value Cache in Java verwenden können. Für unser Praxisbeispiel legen wir dazu wie in Listing 13.36 gezeigt ein Java-POJO namens `SensorReading` an, welches die drei Felder `id`, `city` und `temperature` besitzt.

Listing 13.36 Java-POJO, um Sensordaten in Ignite zu repräsentieren

```
import java.io.Serializable;

public class SensorReading implements Serializable {
    private final int id;
    private final String city;
    private final double temperature;

    public SensorReading(int id, String city, double temperature) {
        this.id = id;                                                  →
```

59 Diese können wir z. B. mithilfe eines modernen Build-Tools wie Maven oder Gradle relativ einfach verwenden, indem wir Ignite's Maven Dependencies nutzen: *https://ignite.apache.org/docs/ignite2/latest/quick-start/java*

60 Später werden wir zeigen, wie Ignite auch als Client in anderen wichtigen Programmiersprachen wie Python verwendet werden kann.

61 In der Tat gibt es öffentliche Community-Projekte, die genau dieses Ziel verfolgen.

```
        this.city = city;
        this.temperature = temperature;
    }

    public int getId() { return id; }
    public String getCity() { return city; }
    public double getTemperature() { return temperature; }
}
```

Wie wir sehen können, ist es möglich, gewöhnliche Java Klassen als Wert für den Key-Value Cache zu nutzen. Wir müssen dabei nur sicherstellen, dass die Klasse serialisierbar ist (vgl. Javas `Serializable`-Interface), da Instanzen dieser Klasse in unserem Ignite-Cluster (d. h. Grid) als Daten behandelt werden, die gesendet (serialisiert) und wieder gelesen (deserialisiert) werden[62].

In Listing 13.37 zeigen wir exemplarisch, wie wir einen Ignite-Cluster starten, einen Key-Value-Cache erstellen, drei Sensordaten anhand unserer `SensorReading`-Klasse speichern (d. h. ein „put" mit der numerischen ID), und einen Wert anhand seiner Sensor-ID lesen können (d. h. ein „get" mit der numerischen ID). Die Konfiguration, die in `Ignition.start` mitgegeben wird, enthält alle Details, wie unser Cluster aufgebaut ist (u. a. ob native Persistenz aktiviert wurde). Alternativ zu einer deklarativen Konfiguration mithilfe von XML[63], können wir den Cluster per Ignite-API auch programmatisch in Java konfigurieren (so wie in Listing 13.37).

Listing 13.37 Starten des Ignite-Clusters und Schreiben/Lesen von Sensordaten

```
import org.apache.ignite.Ignite;
import org.apache.ignite.IgniteCache;
import org.apache.ignite.Ignition;
import org.apache.ignite.configuration.IgniteConfiguration;

public class IgniteSensorExample {
    public static void main(String[] args) {
        // Startet einen Ignite-Knoten und tritt einem Cluster bei
        ↪ (anhand gegebener Konfiguration, deklarativ per XML oder
        ↪ programmatisch)
        try (Ignite ignite = Ignition.start(new
        ↪ IgniteConfiguration())) {
            // Erstellt einen verteilten Cache (oder holt ihn, wenn er
            ↪ schon existiert).
            // Verwendbar wie eine verteilte HashMap                    →
```

62 Ignite ist dabei auch in der Lage, Java-Klassendefinitionen eines lokalen ClassLoaders mit anderen Maschinen zu teilen (engl. Peer Class Loading).

63 Anmerkung: Apache Ignite nutzt das Spring-Framework als Unterbau.

```
            IgniteCache<Integer, SensorReading> sensorCache = ignite.getOrCreateCache("sensorCache");

            // 1. Daten in den Cache legen
            sensorCache.put(1, new SensorReading(1, "Mannheim", 22.5));
            sensorCache.put(2, new SensorReading( 2, "Würzburg", 24.1));
            sensorCache.put(3, new SensorReading( 3, "Ingolstadt", 25.2));

            // 2. Daten aus dem Cache lesen
            SensorReading maReading = sensorCache.get(1);
            System.out.println("Sensorwert: " + maReading.getTemperature());
        }
    }
}
```

Den eigentlichen Cache (hier „sensorCache“ genannt) können wir uns als eine verteilte HashMap vorstellen, die eine Map-ähnliche API bietet. Im Hintergrund verbirgt sich aber ein komplexeres verteiltes System. Da Ignite häufig als Caching-Layer (d. h. schneller Zwischenspeicher) eingesetzt wird, existieren darüber hinaus mehrere Ansätze, um Ignite als konkrete Realisierung der standardisierten Java-Cache-Schnittstelle (d. h. JCache JSR-107) oder Spring Cache zu verwenden.

Der langsame, lokale Weg

Um den Vorteil von Collocated Computing zu veranschaulichen, stellen wir zuerst einen ineffizienten Gebrauch von Ignite als Key-Value-Speicher vor. Listing 13.38 zeigt, dass

Listing 13.38 Langsamer, lokaler Client-seitiger Ansatz, um Sensordaten zu aggregieren

```
int totalTemp = 0;
int count = 0;
// Client holt alle Einträge über das Netzwerk von allen teilnehmenden Maschinen!
for (Cache.Entry<Integer, SensorReading> entry : sensorCache) {
    if ("Mannheim".equals(entry.getValue().getCity())) {
        totalTemp += entry.getValue().getTemperature();
        count++;
    }
}
double average = totalTemp / count;
```

wir alle Daten, also alle Schlüssel-Wert-Paare unserer Sensordaten, zum Client „holen" und dort filtern, mit dem Ziel, die Durchschnittstemperatur zu ermitteln.

In der Annahme, dass mehrere Maschinen unserem Ignite-Cluster beigetreten sind, bedeutet dies, dass die Daten in unserem Sensorcache mithilfe des beschriebenen Hashings vorab partitioniert wurden und daher zuerst von allen teilnehmenden Maschinen geladen werden müssen. Je nach Anzahl teilnehmender Maschinen kann dies bei großen Datenmengen schnell zu einem Netzwerk-Flaschenhals werden.

Der schnelle Weg

Um die Kollokation-Fähigkeiten von Ignite zu verdeutlichen, können wir alternativ eine verteilte SQL-Anfrage an den Cluster schicken. Ignite ermöglicht es nämlich, den Key-Value-Store als vollwertige SQL-Datenbank anzufragen. Listing 13.39 demonstriert, wie wir mit SQL eine schnelle, verteilte Berechnung unseres vorherigen, potenziell langsamen Durchschnittswerts realisieren können, indem die SQL-Abfrage auf alle Knoten transportiert und dort ausgeführt wird.

Listing 13.39 Schneller, verteilter, SQL-basierter Ansatz, um Sensordaten zu aggregieren (Kollokation)

```
// Eine SQL Anfrage wird an den Cluster gesendet
String sql = "SELECT AVG(temperature) FROM SensorReading WHERE city =
↪ ?";
SqlFieldsQuery query = new SqlFieldsQuery(sql).setArgs("Mannheim");

// Nur das Endergebnis (ein double-Wert) wird zurückgesendet
List<List<?>> result = sensorCache.query(query).getAll();
double average = (Double) result.get(0).get(0);
```

Wie wir sehen können, ist Ignite in der Lage, die Schlüssel-Wert-Paare der SensorReading-Klasse im Cache automatisch als relationale Tabellen mit SQL abzufragen. Die genaue Übersetzung von Schlüsseln und Werten können wir feingranular mithilfe weiterer Java-Annotationen beeinflussen[64].

Damit uns dies gelingt, müssen wir Ignite vorab mitteilen, dass unsere SensorReading-Klasse auch als SQL-Tabelle im Cache ansprechbar sein soll. Dazu müssen wir sowohl den Sensor Cache entsprechend konfigurieren, als auch die SensorReading-Klasse mit speziellen Annotation ergänzen[65]. Ignite weiß dann Bescheid, dass die annotierten Felder unserer Klasse auch als Spalten in einer Tabelle abfragbar sein sollen. Listing 13.40 verdeutlicht diese benötigten Änderungen an der Klasse und am Cache.

64 Wir können sogar individuelle SQL-Funktionen (User-defined Functions) bereitstellen.

65 Alternativ können wir dies auch per API tun, was aber nicht so elegant ist wie per Annotation.

Listing 13.40 Konfiguration, um für das SensorReading-Beispiel SQL zu aktivieren – Annotation der Klasse und Konfiguration des Caches

```java
// Nötige Änderungen an unserer SensorReading-Klasse (d.\,h. Annotationen ergänzen)
    @QuerySqlField(index = true) // optional: Index erzeugen
    private final int id;
    @QuerySqlField(index = true) // optional: Index erzeugen
    private final String city;
    @QuerySqlField
    private final double temperature;

// Konfiguration des Caches anpassen, um SQL zu aktivieren
CacheConfiguration<Integer, SensorReading> cacheCfg = new CacheConfiguration<>();
cacheCfg.setName("sensorCache");
cacheCfg.setCacheMode(CacheMode.REPLICATED); // Replizierung
cacheCfg.setIndexedTypes(Integer.class, SensorReadingSQL.class);
// Verwendbar wie eine verteilte HashMap
IgniteCache<Integer, SensorReadingSQL> sensorCache = ignite.getOrCreateCache(cacheCfg);
```

Warum ist der SQL-Ansatz potenziell schneller? Weil Ignite ihn als einen optimierten Map-Reduce-Job[66] ausführt:

Map-Phase: Die SQL-Anfrage wird in Teilanfragen zerlegt und an relevante Maschinen im Cluster, die Partitionen der Daten besitzen, geschickt. Jede relevante Maschine im Cluster führt die Filterung (`WHERE city = 'Mannheim'`) und eine Voraggregation (lokales `SUM` und `COUNT`) auf ihren eigenen, lokalen Daten aus (Collocated Computing).

Reduce-Phase: Die Teilergebnisse werden aggregiert und zusammengeführt. Die Knoten senden nur ihre Teilergebnisse (Summe und Anzahl) an eine Koordinator-Maschine, die diese zum finalen Durchschnitt konsolidiert.

Die Daten werden also dort verarbeitet, wo sie gespeichert wurden, und dies minimiert somit den Netzwerk-Overhead. Allerdings gibt es keine feste „Master-“ oder „SQL-Maschine“ in Apache Ignite, die immer die Konsolidierung übernimmt. Die Rolle des Koordinators für eine verteilte SQL-Anfrage wird dynamisch von der Server-Maschine übernommen, die die Anfrage vom Client empfängt. Dieses Design verteilt die Last, vermeidet zentrale Flaschenhälse und stellt sicher, dass das System auch bei Teilausfällen verfügbar bleibt.

66 Es ist wichtig anzumerken, dass hier nicht von Hadoops MapReduce die Rede ist. MapReduce ist hier als Paradigma zu verstehen.

Der Affinity Key

Um den Vorteil von Affinity Keys zu demonstrieren, d. h. zu vermeiden, dass logisch zusammengehörige Daten auf verschiedenen Maschinen in einem Cluster landen, was potenziell zu einem hohen Netzwerkverkehr führt, stellen wir uns nun einen weiteren vereinfachten Anwendungsfall vor: Eine E-Commerce-Anwendung, in der wir Kunden und Bestellungen, beispielsweise nach einem Warenkorb-Checkout, speichern möchten.

Ohne die Verwendung von Affinity Keys entsteht in einem Ignite-Cluster möglicherweise folgendes Problem:

- Kunde *K-1234* landet durch das Hashing seines Primärschlüssels auf Maschine *A*.
- Die Bestellung *B6789* von Kunde *K-1234* landet durch Hashing ihres eigenen Schlüssels auf Maschine *C*.

Wenn wir nun alle Bestellungen für Kunde *K-1234* abfragen wollen (z. B. mit einem SQL-Join), müssen die Daten über das Netzwerk zwischen Maschine *A* und Maschine *C* ausgetauscht werden. Ignite bietet hier die elegante Lösung des Affinity Keys. Ähnlich zur konzeptionellen Funktionsweise von ORM-Frameworks in Java (wie Hibernate oder EclipseLink) können wir Ignite mitteilen, für die Partitionierung eines (Java-)Objekts nicht dessen eigenen Primärschlüssel zu verwenden (hier `Bestellung`), sondern den Primärschlüssel eines verwandten Objekts (hier `Kunde`). Wie in Listing 13.41 illustriert, müssen wir dazu nur die von Ignite dafür vorgesehene Annotation verwenden (`@AffinityKeyMapped`).

Listing 13.41 Der Affinity Key (`@AffinityKeyMapped`) ermöglicht Kollokation in Ignite.

```java
// Klasse für die Bestellung
public class Bestellung implements Serializable {
    @QuerySqlField(index = true)
    private final String bestellungId; // Eigener Schlüssel
    @AffinityKeyMapped // wichtige Annotation!
    @QuerySqlField(index = true)
    private final String kundenId; // Schlüssel, der für die
        ↪ Partitionierung verwendet wird

    @QuerySqlField
    private final double betrag;
    @QuerySqlField
    private final Date bestellDatum;

    // weitere Felder und Methoden ...
}

```
→

```java
// Klasse für den Kunden
public class Kunde implements Serializable {
    @QuerySqlField(index = true)
    private final String kundenId; // Schlüssel, der für die Partitionierung verwendet wird
    @QuerySqlField(index = true)
    private String email;

    // weitere Felder und Methoden ...
}
```

Mit dieser Markierung unseres `kundenId`-Feldes in der Klasse Bestellung weiß Ignite, dass Bestellungen für einen bestimmten Kunden auch auf derselben Maschine wie die Kundendaten abgelegt werden sollen. Somit erreichen wir also durch explizite Datenmodellierung, dass ein Kunde zusammen mit seinen Bestellungen effizient auf einer Maschine als Teil einer verteilten SQL-Anfrage, wie dem folgenden Join, verarbeitet werden kann:

```sql
SELECT k.kundenId, COUNT(b.bestellungId), SUM(b.betrag)
    FROM Kunde k
    JOIN Bestellung b ON k.kundenId = b.kundenId
    GROUP BY k.kundenId
```

13.6.4 Die Grenzen von verteiltem SQL

Die Effizienz von Collocated Computing hängt also sehr eng mit unseren Designentscheidungen zur Verwendung von Affinity Keys ab. Fehlentscheidungen oder Unwissen bzgl. Datendesign können daher zu ineffizienter Datenverarbeitung führen.

Ignite ist leider kein Wundermittel im Allgemeinen und kann daher auch generelle Probleme der verteilten Datenverarbeitung nicht direkt lösen. Performance-Flaschenhälse entstehen weiterhin dann, wenn Ignite gezwungen ist, große Datenmengen zwischen den Maschinen im Cluster zu verschieben (ein sogenannter Shuffle). Dies passiert unter anderem unter folgenden Umständen:

- **Non-co-located Joins:** Joins über Tabellen, deren Daten nicht über einen Affinity Key auf denselben Knoten platziert wurden.
- **Bestimmte ‚GROUP BY' / ‚DISTINCT'-Klauseln:** Wenn die zu gruppierenden Daten über den Cluster verstreut sind.
- **Globale ‚ORDER BY'-Abfragen:** Wenn das gesamte Ergebnis an eine Maschine zur Sortierung gesendet werden muss.

Merke: Das Design unseres Datenmodells ist ausschlaggebend für die Effizienz in Ignite. Das Datenmodell, insbesondere die Wahl der Affinity Keys, muss zu den wichtigsten Abfragen passen. Wir müssen uns daher vorab gründlich Gedanken zum Design unserer Daten machen. Dieser Schritt kann nicht von Ignite automatisiert werden.

13.6.5 Ignite Thin Clients

Der volle Funktionsumfang von Diensten in Ignite ist nur in Java verfügbar. Allerdings bietet Ignite lesenden als auch schreibenden Zugriff auf Daten auch für Clients in anderen gängigen Programmiersprachen, unter anderem Python. Für moderne Datenanalysen ist die Anbindung an das Python-Ökosystem entsprechend wichtig. Ignite bietet dies über einen sogenannten *Thin Client* (`pip install pyignite`[67]). Ein Beispiel, wie der Ignite-Client in Python genutzt werden kann, um unsere vorherigen Sensorwerte aus den erstellten Caches zu lesen, ist in Listing 13.42 illustriert.

Listing 13.42 SQL-Abfrage mit dem Python Thin Client

```
from pyignite import Client

# Setzt voraus, dass wir einen Ignite Cluster gestartet haben (Java)
client = Client()
client.connect('127.0.0.1', 10800)

# Alle Caches anzeigen
result = client.get_cache_names()
# Sensor Cache
sensor_cache = client.get_or_create_cache('sensorCache')

sql = "SELECT AVG(temperature) FROM SensorReading WHERE city = ?"
result = client.sql(sql, query_args=['Mannheim'])

for row in result:
    print(f"Durchschnitt: {row[0]}")

client.close()
```

Python-Clients können Ignite via Key-Value und SQL vollumfänglich nutzen und es daher als schnellen Store für viele verschiedene Anwendungsbereiche verwenden (z. B. schnelles Lesen und Schreiben von In-Memory-Daten für maschinelles Lernen). Die direkte Ausführung von Python-Code auf dem Compute Grid ist jedoch nicht möglich, da

67 *https://pypi.org/project/pyignite*

dies Java-Objekte voraussetzt. Alternativ ist es aber möglich, ähnlich zu Java-Objekten binäre Objekte mithilfe des Binary-Client-Protokolls[68] (Complex Object oder Binary Object) nachzubilden, um Interoperabilität zwischen beiden Sprachen zu erreichen.

13.6.6 Positionierung im Markt

Mit Apache Ignite haben wir ein weiteres Open-Source-Projekt der Apache Software Foundation vorgestellt. Abschließend sei seine Beziehung zu seinem kommerziellen Pendant, der **GridGain Platform**[69], noch näher erläutert. GridGain verfolgt hier ebenfalls ein kommerzielles Open-Source-Modell wie in der Softwareindustrie oft üblich (z. B. bei Kafka oder MongoDB).

Historisch gesehen ist GridGain das Unternehmen, das die Technologie ursprünglich entwickelt und an die Apache Community gespendet hat, woraus schließlich Ignite entstand. GridGain bleibt aber der wichtigste Beitragende zum Ignite-Projekt. GridGains Plattform erweitert Apache Ignite jedoch um Funktionen, die für den Betrieb in kritischen Unternehmensumgebungen unerlässlich sind. Kunden bezahlen daher nicht für den freien Ignite-Kern selbst, sondern für diverse Erweiterungen, die die Stabilität im operativen Betrieb weiter erhöhen (z. B. Monitoring, Integrationen, Dashboards etc.), und professionellen Support.

13.6.7 Fazit

Wir haben in diesem Abschnitt nur einige wichtige Funkionen von Ignite näher betrachten können. Die Plattform bietet weit mehr als nur eine schnelle, verteilte In-Memory-Datenbank. Es ist eine Computing-Plattform, die eine Reihe von eng verzahnten Diensten anbietet, um eine Vielzahl von Echtzeitanwendungen zu ermöglichen. Darüber hinaus ist Ignite in das Apache-Ökosystem integrierbar. Es kann selbst als Quelle über verfügbare Konnektoren integriert werden (z. B. universell als SQL/BI via JDBC/ODBC, oder via Kafka Connect als JDBC-Sink/Source). Die Basis von Ignite ist das Data Grid, ein hochperformanter, verteilter In-Memory-Speicher, der Daten partitioniert, repliziert und über ein Cluster verteilt. Ergänzt wird diese durch eine Sammlung verteilter Datenstrukturen wie Queues, Sets oder atomare Zähler (ähnlich zu Redis und Hazelcast).

Für Akteure im Big-Data-Umfeld, die eine deklarative Sprache (hier SQL als zentrale Schnittstelle) gegenüber der Semantik eines Key-Value-Speichers bevorzugen, stellt Ignite ein vollwertiges SQL-Grid mit ACID und Transaktionalität zur Verfügung. Diese

68 *https://ignite.apache.org/docs/ignite2/latest/binary-client-protocol/binary-client-protocol*
69 *https://www.gridgain.com*

verteilte SQL-Engine übersetzt Standard-SQL-Anfragen in optimierte MapReduce-Jobs, die parallel auf den Daten im Cluster ausgeführt werden. Insgesamt ist Ignite also als eine Art Mischung verschiedener Techniken zu verstehen, die wir bereits in anderen Kapiteln vorgestellt haben – optimiert für eine möglichst große Verarbeitungsgeschwindigkeit (Velocity).

Apache Ignite ist eine Art *Kurzzeitgedächtnis* (in-memory), und daher ideal für Anwendungsfälle mit niedriger Latenz. Es bietet sich vor allem dann an, wenn es nicht nur auf das Volumen, sondern vor allem auf die Velocity und die sofortige Verarbeitung von Daten ankommt. Durch das Prinzip der *Kollokation* löst es den Netzwerk-Flaschenhals und ermöglicht sowohl transaktionale (OLTP) und analytische Operationen (OLAP) in Echtzeit.

Literatur

[ACL18] Tyler Akidau, Slava Chernyak und Reuven Lax. *Streaming Systems: The What, Where, When, and How of Large-Scale Data Processing*. 1st. O'Reilly Media, Inc., 2018.

[Aki+15] Tyler Akidau et al. „The Dataflow Model: A Practical Approach to Balancing Correctness, Latency, and Cost in Massive-Scale, Unbounded, Out-of-Order Data Processing“. In: *Proc. VLDB Endow.* 8.12 (2015), S. 1792–1803. DOI: *10.14778/2824032.2824076*.

[Aki+21] Tyler Akidau et al. „Watermarks in stream processing systems: semantics and comparative analysis of Apache Flink and Google cloud dataflow“. In: *Proc. VLDB Endow.* 14.12 (Juli 2021), S. 3135–3147. DOI: *10.14778/3476311.3476389*.

[Aki15] Tyler Akidau. *Streaming 101: The world beyond batch*. *https://www.oreilly.com/radar/the-world-beyond-batch-streaming-101*. O'Reilly Media. 2015.

[Apa25] Apache Flink Project. *Flink Architecture*. *https://nightlies.apache.org/flink/flink-docs-release-1.20/docs/concepts/flink-architecture*. Version 1.20.2. 2025.

[Arm+15] Michael Armbrust et al. „Spark SQL: Relational Data Processing in Spark“. In: SIGMOD '15. Melbourne, Victoria, Australia: Association for Computing Machinery, 2015, S. 1383–1394. DOI: *10.1145/2723372.2742797*.

[Arm+18] Michael Armbrust et al. „Structured Streaming: A Declarative API for Real-Time Applications in Apache Spark“. In: *Proceedings of the 2018 International Conference on Management of Data*. SIGMOD '18. Houston, TX, USA: Association for Computing Machinery, 2018, S. 601–613. DOI: *10.1145/3183713.3190664*.

[Beg+19] Edmon Begoli et al. „One SQL to Rule Them All - an Efficient and Syntactically Idiomatic Approach to Management of Streams and Tables.“ In: *SIGMOD Conference*. Hrsg. von Peter A. Boncz et al. ACM, 2019, S. 1757–1772.

[Car+15] Paris Carbone et al. „Apache Flink: Stream and Batch Processing in a Single Engine“. In: *Bulletin of the IEEE Computer Society Technical Committee on Data Engineering* 36.4 (2015), S. 28–38.

[Chi+16] Sanket Chintapalli et al. „Benchmarking Streaming Computation Engines: Storm, Flink and Spark Streaming“. In: *2016 IEEE International Parallel and Distributed Processing Symposium Workshops (IPDPSW)*. 2016, S. 1789–1792. DOI: *10.1109/IPDPSW.2016.138*.

[CL85] K. Mani Chandy und Leslie Lamport. „Distributed Snapshots: Determining Global States of Distributed Systems“. In: *ACM Transactions on Computer Systems* 3.1 (Feb. 1985), S. 63–75. DOI: *10.1145/214451.214456*.

[Das17] Tathagata Das. *Event-time Aggregation and Watermarking in Apache Spark's Structured Streaming*. *https://www.databricks.com/blog/2017/05/08/event-time-aggregation-watermarking-apache-sparks-structured-streaming.html*. 2017.

[Fou24] Ghislain Fourny. *The Big Data Textbook - teaching large-scale databases in universities*. Independently published, Aug. 2024.

[Fou25] Apache Software Foundation. *Cluster Mode Overview*. *https://spark.apache.org/docs/latest/cluster-overview.html*. Version 4.0.1. 2025.

[Fre18] Jonas Freiknecht. *Big Data in der Praxis: Beispiellösungen mit Hadoop und NoSQL. Daten speichern, aufbereiten, visualisieren*. Carl Hanser Verlag GmbH Co KG, 2018.

[MA23] Rishabh Misra und Prahal Arora. „Sarcasm detection using news headlines dataset“. In: *AI Open* 4 (2023), S. 13–18. DOI: *https://doi.org/10.1016/j.aiopen.2023.01.001*.

[Mat16] Taras Matyashovskyy. *Lambda Architecture with Apache Spark*. *https://dzone.com/articles/lambda-architecture-with-apache-spark*. Nov. 2016.

[Par15] Mahmoud Parsian. *Data algorithms: recipes for scaling up with Hadoop and Spark*. O'Reilly Media, Inc., 2015.

[Sax+18] Matthias J Sax et al. „Streams and tables: Two sides of the same coin“. In: *Proceedings of the International Workshop on Real-Time Business Intelligence and Analytics*. 2018.

[TMR20] Daniel Ting, Jonathan Malkin und Lee Rhodes. „Data Sketching for Real Time Analytics: Theory and Practice“. In: *Proceedings of the 26th ACM SIGKDD International Conference on Knowledge Discovery & Data Mining*. KDD '20. Virtual Event, CA, USA: Association for Computing Machinery, 2020, S. 3567–3568. DOI: *10.1145/3394486.3406480*.

[Vit85] Jeffrey S. Vitter. „Random sampling with a reservoir“. In: *ACM Trans. Math. Softw.* 11.1 (März 1985), S. 37–57.

[Zah14] Matei Zaharia. „An Architecture for Fast and General Data Processing on Large Clusters“. EECS Department, University of California, Berkeley, Technical Report No. UCB/EECS-2014-12. Diss. Berkeley, CA, USA: University of California, Berkeley, 2014.

14 Skalierbare Algorithmen und Datenstrukturen

Viele Überlegungen, die wir im Bereich der großen Datenmengen anstellen müssen, haben – Schreck lass nach – mit der theoretischen Informatik zu tun. Dort kursiert der nette Ausspruch „There is no such thing as free lunch“, vgl. bspw. [WM02], was in etwa bedeuten soll, dass für jegliche „Beschleunigung“ auf dem Weg zu einem Analyseergebnis ein Preis zu zahlen ist. Diese Feststellung gilt gerade auch im Big-Data-Umfeld, wo große Datenmengen die Verarbeitungskapazitäten regelmäßig an ihre Grenzen treiben.

Grundsätzlich gilt, dass ein System, das zukünftig weiter wachsenden Datenmengen gewachsen sein soll, maximal eine linear wachsende Verarbeitungs- und Speicherkomplexität haben sollte: also bei doppelter Datenmenge mit den doppelten Hardware-Ressourcen auskommen muss. Oder mit anderen Worten, die Komplexität der Verarbeitung sollte in $O(n)$ oder darunter liegen. Da das vielfach in der Praxis nicht möglich ist, wird oft auch eine Komplexität in $O(n \log n)$ als tolerabel angesehen. Wie allerdings bereits in Abschnitt 2.2.2 erläutert, ist damit keine „endlose“ Skalierbarkeit möglich.

Müssen wir unter solchen Voraussetzungen dennoch ein größeres Stück Datenkuchen verdauen, um bei einem Bild im Bereich des Essens zu bleiben, kann es unter Umständen sinnvoll sein, die absolute Genauigkeit der Ergebnisse einer besseren Performance oder einem geringeren Speicherbedarf zu opfern – oder dafür, überhaupt in zumutbarer Zeit Ergebnisse zu bekommen. Genau diesem Gedanken folgen viele der in diesem Kapitel vorgestellten Big-Data-Algorithmen bzw. -Datenstrukturen. Neben der Genauigkeit opfern wir übrigens oft auch den Determinismus, weil Kollege Zufall bei der Umsetzung der vorgestellten Ansätze eine wichtige Rolle spielt.

Beginnen wir zur Auflockerung mit einem kleinen Chuck-Norris-Witz, um den Grundgedanken hinter dieser Idee zu illustrieren:

Chuck Norris braucht keine $\log_2(n)$ *Bits zum Zählen, er schafft es mit weniger.*

Bild 14.1 Chuck Norris im Kampf mit Binärzahlen, wie von Google Imagen illustriert

Zugegeben, unser Chuck Norris heißt eigentlich Bob (bzw. Robert) Morris, doch nichtsdestotrotz ist der von ihm erdachte Morris-Counter ein wunderbarer Einstieg in die spannende Denkweise der probabilistischen Algorithmen. Wenn Sie nun denken: „Probabilistisches Zählen? Was soll das bitte sein?“, tauchen Sie mit in den nächsten Abschnitt ein, wo wir das Geheimnis des Morris-Counters lüften, um auf dessen Grundlage weitere Ansätze mit wohlklingenden Namen wie HyperLogLog oder Bloom-Filter zu erläutern.

14.1 Morris-Counter als Hinführung

Der Morris-Counter stammt noch aus den Anfangsjahren der Informatik, als an Big Data noch lange nicht zu denken war, und wurde zum Einsparen von Speicherplatz bei der Nutzung von Zählern auf der damals noch bescheidenen Hardware konzipiert [Mor78]. Bekanntlich arbeite(te)n Computer[1] damals wie heute mit dem Binärsystem und speichern Zahlen in sogenannten Bits, die entweder auf 0 oder auf 1 gesetzt werden können. Jedes dieser Bits kann also zwei verschiedene Werte repräsentieren, zwei Bits gemeinsam entsprechend zwei mal zwei, also vier Werte, drei Bits zwei mal zwei mal zwei Werte usw.

1 Ausgenommen natürlich kommende Quantencomputer.

Oder andersherum betrachtet, um im Computer beispielsweise bis zur Zahl 1.000 zählen zu können, benötigen wir mindestens 10 Bits, um die erforderlichen eintausend verschiedenen Werte repräsentieren zu können, da 2^{10} gleich 1.024 ist.

Um für eine im Dezimalsystem geschriebene Zahl zu bestimmen, wie viele Bits zu ihrer Speicherung notwendig sind, kann umgekehrt der Zweierlogarithmus herangezogen werden: Das Ergebnis von $\log_2$ (1.000) ist 9,9658 und muss logischerweise auf 10 aufgerundet werden, da Bruchteile von Bits keinen Sinn zur Speicherung von Daten ergeben. Robert Morris sah sich in den 1970er Jahren exakt diesem Problem gegenüber; ihm stand lediglich ein 8-Bit-Register zum Zählen von Events zur Verfügung, womit er jedoch deutlich weiter als bis 255 zählen musste.

Um nun mit weniger Bits beim Zählen auszukommen, liegt mit etwas Nachdenken folgende Idee auf der Hand: wir zählen nur jedes zweite Auftreten eines Events und multiplizieren den Zähler am Ende mit zwei, um wieder auf den korrekten Wert zu kommen. Entsprechend kommen wir mit einem Bit weniger Speicher aus. Oder wir zählen nur jedes vierte Auftreten und sparen somit gleich zwei Bits oder nur jedes achte für drei Bit Ersparnis usw.

Doch halt: Um zu wissen, ob gerade ein zweites, viertes oder achtes Event gezählt werden soll, müsste ein zweiter Zähler angelegt werden, der wiederum genau die eingesparten ein, zwei oder drei Bits benötigen würde … Somit wäre leider rein gar nichts gewonnen.

Die spannende Idee von Robert Morris war es nun, für seinen Zählalgorithmus keinen zweiten Zähler zu benutzen, sondern einen Pakt mit dem Zufall einzugehen: Bildhaft gesprochen lässt sich ein Bit einsparen, wenn bei jedem Zählschritt eine Münze geworfen und der Zähler nur dann erhöht wird, falls diese „Kopf“ geliefert hat. Im Computer verwenden wir statt einer Münze natürlich einen Zufallszahlengenerator etwa mit ganzen Zahlen zwischen 0 und 2^b-1, wobei b die Anzahl der Bits beschreibt, die wir einsparen möchten. Wird der Zähler immer nur dann erhöht, wenn zufällig eine Null generiert worden ist, wäre die Wahrscheinlichkeit für eine Zählererhöhung bei $b = 2$ also ein Viertel, was die folgende Tabelle noch einmal anhand eines Beispiels anschaulich macht.

Tabelle 14.1 Beispielhafter Verlauf eines vereinfachten Morris-Counters

Event	Zufallswert	Zählerstand	Näherung
1	0	1	4
2	2	1	4
3	3	1	4
4	3	1	4
5	1	1	4
6	0	2	8
7	3	2	8

Wie in der Tabelle zu sehen, wächst der in der dritten Spalte gezeigte Zählerstand des Morris-Counters deutlich langsamer als die Zahl der Events in der ersten Spalte und spart somit Bits. Zählerstand und der in der vierten Spalte daraus berechnete Näherungswert hängen vom jeweils in der zweiten Spalte gezeigten „ausgewürfelten“ Zufallswert ab und werden nur dann erhöht, wenn dieser zufällig eine Null ergibt. Entsprechend ist die vom Morris-Counter gelieferte Näherung immer mit einer Ungenauigkeit behaftet.

Morris musste damals übrigens noch einen Schritt weiter gehen: Da er mit den ihm zur Verfügung stehenden 8 Bit noch sehr viel größere Werte speichern wollte, musste er eine noch stärkere Reduzierung der Bit-Anzahl erreichen: Die Originalversion seines Zählers merkt sich daher nur die (binäre) Größenordnung (also den Exponenten *c* zur Basis 2) der Event-Anzahl *n* und benötigt entsprechend nur $\log_2(\log_2(n))$ Bits zum Zählen bis n, was sich insbesondere bei großen Zählerständen mit einer nochmals deutlich größeren Speicherersparnis bemerkbar macht. Selbst Chuck Norris wäre davon sicher beeindruckt.

Der „echte“ Morris-Zähler hat somit allerdings auch mit einer deutlich größeren Unschärfe in Bezug auf die tatsächliche Event-Anzahl zu kämpfen. *c* wird nämlich immer nur dann inkrementiert, wenn eine Zufallszahl zwischen 0 und 2^c genau 0 ergibt, was bei wachsendem *c* natürlich immer seltener vorkommen wird. Tabelle 2 illustriert den Effekt auf die Unschärfe des aus 2^c errechneten Näherungswerts anhand einiger erdachter Beispiele.

Tabelle 14.2 Beispielhafte Werte für einen „echten“ Morris-Counter, der sich nur die binäre Größenordnung der Ereignisanzahl merkt

Event	Benötigte Bits	Zählerstand	Bits im Zähler	Näherung
5	3	2	2	4
42	6	5	3	32
100	7	7	3	128
221	7	8	4	256
3.456	12	11	4	2.048
53.823	16	15	4	32.768
34.645.245	26	27	5	134.217.728

Wie einem der Autoren vor einiger Zeit nach einem Vortrag zu diesem Thema bei einem großen deutschen Hersteller von Business-Software zurückgemeldet wurde, führte allein der Gedanke an die Verwendung von Probabilismus und Unschärfe in einer auf Genauigkeit ausgelegten Geschäftssoftware zu einem deutlichen Unbehagen in Teilen der Zuhörerschaft. Nichtsdestotrotz ist diese Unschärfe der Preis, der oftmals für einen performanten Umgang mit extrem großen Datenmengen zu zahlen sein wird.

14.2 HyperLogLog für Mengen-Kardinalitäten

Im Big-Data-Umfeld muss vielfach die Kardinalität, also die Anzahl eindeutiger Elemente in einer großen Datenmenge abgeschätzt werden. Würden wir das auf traditionelle Weise programmieren, müssten alle vorgekommenen Elemente in einer HashMap bzw. einem Dictionary abgespeichert werden, um feststellen zu können, ob ein neues Element bereits gesehen und gezählt worden ist oder nicht.

Zwar lässt sich ein solcher Lookup mit einer HashMap recht performant in-memory erledigen, allerdings benötigen wir für jedes gespeicherte Element entsprechenden Speicherplatz. Wollen wir beispielsweise über die IP-Adressen die eindeutigen Besucher für jede gehostete Seite auf einem Webserver im Auge behalten, wird das sehr schnell zu einem enormen Bedarf an Arbeitsspeicher und bei der sicher bald notwendigen Auslagerung auf die Platte zu deutlichen Leistungseinbußen führen.

Der nachfolgend vorgestellte LogLog-Algorithmus (siehe [DF03], später verbessert zu **HyperLogLog**) hat seinen Namen von seinem äußerst geringen Speicherbedarf, der bei einer großen Datenmenge mindestens zwei Größenordnungen unter dem einer HashMap liegen wird. Genau genommen ist sein Arbeitsspeicher sogar konstant. Ähnlich wie der Morris-Counter verwendet auch er wieder Binärwerte und nutzt Zufallswerte sehr geschickt aus.

Die Grundidee ist, jeden zu zählenden Wert über in einen Hash-Wert umzuwandeln und anschließend dessen Binärdarstellung zu betrachten. Diese könnte beispielsweise für das Datum „Mannheim“ mit dem MurMur3-Algorithmus folgende Bit-Kette ermitteln:

0010100011011001111111110010001011101010001110101110111100101100

1001001001111100101010000001110100000010001110100111111001000011101

(die fett markierten Stellen am Anfang werden gleich noch einmal relevant)

Merken wir uns die größte Anzahl an bereits gesehenen, führenden Nullen aus den Binärwerten der berechneten Hashes, können wir mithilfe von etwas Wahrscheinlichkeitsrechnung abschätzen, wie viele Hash-Werte wir ungefähr bereits berechnet haben müssen.[2]

Die Idee hinter diesem Vorgehen hat mit den Zufallseigenschaften von (guten) Hash-Funktionen zu tun: diese streben nach einer maximalen Entropie, also einer möglichst zufälligen Verteilung der Nullen und Einsen in ihren Bit-Ketten, vgl. [Cor+22]. Entsprechend hat eine Null an der ersten Stelle eine Wahrscheinlichkeit von 50 %, zwei Nullen am Anfang von 25 % und drei Nullen von 12,5 % usw. Setzen wir die größte Anzahl an führenden Nullen gleich c und rechnen 2^c, erhalten wir ähnlich wie beim Morris-Counter eine gute Abschätzung für die Anzahl der bisher betrachteten eindeutigen

2 Einsen funktionieren natürlich gleichermaßen.

Elemente. Einen Hash-Wert mit zwei führenden Nullen wie im obigen Beispiel würden wir also ungefähr bei der 4. Hash-Berechnung erwarten.

Bei Verwendung nur einer einzigen Hash-Funktion kann dieses Ergebnis natürlich extrem vom Zufall beeinflusst werden, sodass der LogLog-Algorithmus die Verwendung von mehreren (z. B. 64) Hash-Funktionen sowie eines daraus gemittelten Schätzwerts vorschlägt. Um in der Praxis nicht aufwendig 64 verschiedene Hash-Funktionen vorhalten und durchrechnen zu müssen, gibt es eine sehr elegante Lösung: Wir erinnern uns an die fett markierten sechs ersten Bits des obigen Beispiel-Hashs. Diese werden einfach abgeschnitten und als Identifier mit Werten zwischen 0 und 63 interpretiert.

Somit ergeben sich 64 „künstlich“ unterschiedene Hash-Funktionen, für die jeweils die Zahl der längsten Nuller-Kette aus den verbleibenden Bits des Hash-Werts in einem sogenannten Bucket (einem Zahlenspeicher) abgelegt wird.

Der zuvor gezeigte Hash-Wert für Mannheim beginnt mit den fettgedruckten Bits 001010 (= zehn in Dezimalschreibweise), sodass für die danach folgenden beiden Nullen eine Zwei in den Bucket mit der (dezimalen) Nummer 10 abgelegt würde, vorausgesetzt, dass dort nicht zuvor bereits eine größere Zahl gespeichert worden wäre.

Für eine Abschätzung der Anzahl der bisher gesehenen Werte kann mithilfe folgender Formel das geometrische Mittel über alle 64 Buckets berechnet werden.

$$E := \alpha_m m 2^{\frac{1}{m}\sum_{j=1}^{m} M^{(j)}}$$

Bild 14.2 Berechnung des näherungsweisen Zählerstands im LogLog-Algorithmus über das geometrische Mittel

Dabei ist E der vom Algorithmus angenäherte Zählerstand, m die Anzahl der verwendeten Buckets (im Beispiel zuvor also 64), $M^{(j)}$ der Zählerstand im j-ten Bucket und α_m eine empirisch ermittelte Konstante mit den folgenden Werten: $\alpha_{16} = 0.673$, $\alpha_{32} = 0.697$, $\alpha_{64} = 0.709$ und bei $m \geq 128$ Buckets sei $\alpha_m = 0.7213/(1+1.079/m)$. Letztere soll das bei frühen empirischen Untersuchungen festgestellte Überschätzen des Zählerstandes verringern helfen, scheint aber (wenig überraschend) auf Basis neuerer Untersuchungen mehr zu schaden als zu nutzen.

Der später daraus weiterentwickelte HyperLogLog-Algorithmus [Fla+07] funktioniert nach exakt dem gleichen Grundprinzip, verwendet allerdings das in der folgenden Formel dargestellte harmonische Mittel zur Abschätzung seines Zählerstands und erreicht damit eine nochmals bessere Genauigkeit.

$$E := \frac{\alpha_m m^2}{\sum_{j=1}^{m} 2^{-M^{(j)}}}$$

Bild 14.3 HyperLogLog verwendet für die näherungsweise Berechnung des Zählerstands das hier gezeigte harmonische Mittel.

HyperLogLog erzielt bei Verwendung von 1024 Buckets und einer 256-Bit-Hash-Funktion eine durchschnittliche Fehlerrate von etwa 3,25 %, und das bei einem konstanten Speicherverbrauch von gerade 1024 Byte.

Übrigens ist das Zusammenführen von Näherungswerten von mehreren parallel laufenden Serverknoten problemlos möglich, es kann leicht der Mittelwert aus den Werten der verschiedene Knoten gebildet werden. Für eine verbesserte Genauigkeit können ferner die Maximalwerte aus den jeweiligen Buckets aller Knoten gesammelt und direkt auf dem koordinierenden Server zur Berechnung des Schätzwerts verwendet werden.

Es versteht sich fast von selbst, dass die Open-Source-Community zwischenzeitlich zahlreiche Implementierungen des HyperLogLog in den verschiedensten Sprachen entwickelt hat. Um ein Gefühl für seine Verwendung zu bekommen, wollen wir kurz die Verwendung der Java-HLL-Implementierung von Aggregate Knowledge illustrieren:[3)]

```
HLL hll = new HLL(14, 25);

    HashFunction hf = Hashing.murmur3_128();
    Hasher hasher = hf.newHasher();
```

Dem HyperLogLog-Konstruktor muss die Anzahl der Bits (hier also 14), die für die Zähler in den Buckets verwendet werden sollen, sowie die Anzahl der Buckets (hier 25) übergeben werden. Ferner wird noch eine Hash-Funktion aus der mitgelieferten Guava-Bibliothek benötigt. Danach kann die HLL-Instanz hll beispielsweise über einen Lambda-Ausdruck mit einigen Werten befüllt und nach einem Näherungswert für die Anzahl der gesehenen Werte gefragt werden:

```
LongStream.range(0, 1000000)
        .forEach(n -> hll.addRaw(hasher.putLong(n).hash().asLong()) );

System.out.println(hll.cardinality());
```

In diesem Beispiel mit einer Million Werten ergibt sich ein Fehler von gerade einmal rund 0,3 Prozent, was einer der Gründe für die Beliebtheit des HyperLogLog bei Zählungen großer Datenmengen in der Praxis sein mag. Seine Nutzung drängt sich beispielsweise bei der Auswertung von Textdaten im Information Retrieval oder in Datenbanken geradezu auf. So sind entsprechende Implementierungen beispielsweise sowohl in der Suchmaschine Elasticsearch/OpenSearch als auch in der PostgreSQL-Datenbank zu finden.

3 *https://github.com/aggregateknowledge/java-hll*

14.3 In Bloom... Mengenzuhörigkeit

Gerade in großen und verteilten Datenbeständen kann eine Art Cache, der eine Indikation dafür liefert, ob ein Wert in einem Datensatz enthalten sein kann oder nicht, sehr hilfreich sein. Um Letzteres zweifelsfrei bestimmen zu können, müsste ohne ein solches Hilfsmittel der Datenbestand vollständig nach dem gewünschten Wert durchsucht werden. Eine ähnliche Herausforderung stellt sich, wenn bei einem nicht begrenzten Datenstrom beurteilt werden soll, ob ein bestimmter Wert bereits zuvor darin enthalten war. Mit herkömmlichen Mitteln funktioniert das abermals nur durch das speicherplatzintensive Sichern aller zuvor gesehenen Werte, beispielsweise in einer Hash-Tabelle.

Mit dem nach seinem Entwickler benannten **Bloom-Filter** [Blo70] lässt sich durch die Verwendung von Hash-Funktionen und ihres „Fingerabdrucks" in einem Bit-Array sehr leicht speichern, ob ein Wert in einer Menge von Daten schon einmal gesehen worden sein kann. Aufgrund seines Aufbaus kann ein Bloom-Filter zwar leider gelegentlich falsch positive Treffer liefern, jedoch niemals falsch negative Werte.

Die grundlegende Mechanik des Bloom-Filters ist dabei hinreichend einfach: Neben dem bereits erwähnten Bit-Array benötigt er einige (ca. zwischen 3 und 12) Hash-Funktionen. Für Letztere bietet sich wieder die Verwendung von Murmur3-Hashes an, da diese mit verschiedenen Seed-Werten initialisiert werden können und somit nur ein einzelner Hash-Algorithmus implementiert werden muss.

Betrachten wir ein vereinfachtes Beispiel, in dem das Array aus lediglich acht Bits besteht. Wie in der echten Implementierung werden diese initial alle mit Null bzw. false initialisiert:

```
0 0 0 0 0 0 0 0
0 1 2 3 4 5 6 7
```

Unter dieser Reihe von Nullen steht jeweils noch ihr nullbasierter Laufindex im Array. Zusätzlich überlegen wir uns zwei einfache Hash-Funktion `hf1` und `hf2`, die jeweils durch eine Modulo-Operation alle Input-Werte auf den Wertebereich zwischen 0 und 7, also auf die Index-Werte unseres Arrays, abbilden:

```
hf1(e) = (e + 1) * 3 modulo 8
hf2(e) = (e + 2) * 2 modulo 8
```

Verwenden wir als Eingaben nun beispielsweise `e1 = 7` und `e2 = 13`, ergäbe dies folgende Ergebnisse beim Einsetzen in die beiden Hash-Funktionen:

```
hf1(7) = 0        hf1(13) = 2
hf2(7) = 2        hf2(13) = 6
```

Entsprechend müssen nun die Bits 0, 2 und 6 im Array auf eins gesetzt werden, die Eingabewerte hinterlassen also quasi einen Finger- bzw. Fußabdruck in unserem Bit-Array:

```
1 0 1 0 0 0 1 0
0 1 2 3 4 5 6 7
```

Das Bit mit dem Index 2 wird faktisch zweimal auf eins gesetzt, was allerdings folgenlos bleibt, da ein einmal auf eins gesetzter Eintrag immer auf eins bleiben wird. Entsprechend können **aus einem Bloom-Filter keine Einträge mehr gelöscht werden**.

Solche Überlappungen können bei der gleich erklärten Abfrage eines Bloom-Filters zu den bereits erwähnten falsch positiven Ergebnissen führen, nämlich dann, wenn bei einer Abfrage ein bisher noch nicht gesehener Wert auf komplett auf Eins gesetzte Array-Einträge abgebildet werden würde.

Die Abfrage funktioniert nach exakt dem gleichen Prinzip: zunächst wird der gesuchte Wert durch den „Wolf gedreht“ (also seine Hash-Werte werden berechnet), und wenn alle dadurch adressierten Bits bereits auf eins gesetzt sein sollten, wird ein Treffer zurückgemeldet; andernfalls kann der Bloom-Filter diesen Wert mit Sicherheit noch nicht gespeichert haben und meldet einen „Miss“ zurück.

Betrachten wir 7 und 4 als beispielhafte Abfragen. Für die Eingabe 7 errechnen die Hash-Funktionen wie zuvor die Bits 0 und 2, die beide auf eins gesetzt sind, und entsprechend wird ein (korrekter) Treffer zurückgemeldet. Für die 4 müssen die Bits 7 und 6 überprüft werden, von denen Ersteres noch den Wert Null enthält, entsprechend kann eine 4 noch nicht in diesem Bloom-Filter gespeichert worden sein. Gerade dieses einfache Beispiel illustriert bereits sehr eindringlich, dass ein Bloom-Filter mit zunehmender Befüllung immer mehr Werte aus dem Bit-Array auf eins setzen und damit auch immer mehr falsch positive Werte zurückmelden wird.

Eine gut zu merkende Daumenregel besagt daher, dass ein Bloom-Filter bei ungefähr 6 Hash-Funktionen etwa sechsmal so viele Bits vorhalten sollte wie maximal an Einträgen zu erwarten sein wird, um die Fehlerrate im Bereich von 6 % (bzw. knapp darüber) zu halten.

Das wären für eine Million Einträge beispielsweise 6 Millionen Bits, also ungefähr 750 Kilobyte und mithin deutlich weniger als die 4 Megabyte, die wir zum Abspeichern von einer Million 32-Bit-Werten etwa in einer HashMap bzw. einem Dictionary benötigen würden. Zur genaueren Bestimmung der optimalen Größe eines Bloom-Filters bietet sich übrigens beispielsweise der in der Fußnote verlinkte Online-Rechner[4)] an.

Bloom-Filter-Implementierungen sind ebenfalls für zahlreiche Sprachen als Open-Source im Netz zu finden, beispielsweise enthält Googles Guava-Library[5)] eine ent-

4 *https://hur.st/bloomfilter*

5 *https://github.com/google/guava*

sprechende Klasse. Nach ihrer Einbindung kann mit folgendem Konstruktor-Aufruf eine Instanz eines Bloom-Filters erzeugt werden:

```
BloomFilter<Integer> bf = BloomFilter.create(
                       Funnels.integerFunnel(), 1000, 0.01);
```

Ein Blick auf den Code verrät, dass hier ca. 1.000 Integer-Werte bei einer Fehlerwahrscheinlichkeit von einem Prozent gespeichert werden sollen. Auf dieser Basis berechnet Guava selbstständig die optimale Größe des Bit-Arrays, sodass wir direkt mit der Befüllung beginnen können:

```
filter.put(4);
filter.put(7);
```

Auch die Überprüfung auf mögliche Treffer ist ähnlich einfach und liefert jeweils true oder false zurück:

```
bf.mightContain(1);
bf.mightContain(4);
```

Ähnlichkeiten zur Verwendung einer „normalen“ Set-Datenstruktur sind natürlich nicht rein zufällig, da beide zur Bestimmung einer Mengenzugehörigkeit verwendet werden. Dabei ist der Bloom-Filter vor allem noch aus Datenschutz-Gesichtspunkten sehr charmant: er speichert nämlich die gesehenen Daten pseudonymisiert, sodass vom Inhalt seines Bit-Arrays nicht auf die tatsächlich gespeicherten Einträge zurückgeschlossen werden kann.

Von den in diesem Kapitel vorgestellten Ansätzen hat der Bloom-Filter vermutlich die mit Abstand weiteste Verbreitung auch in „Mainstream“-Systemen gefunden. Es gibt Berichte, dass Bloom-Filter in Routern zum Tracking von Denial-of-Service-Attacken eingesetzt werden. Auch in Datenbanken wie Cassandra oder HBase werden Bloom-Filter genutzt, um vorab abzuschätzen, ob ein teurer Festplattenzugriff lohnenswert sein könnte oder ob ein gesuchter Datensatz ohnehin nicht gespeichert sein kann. Auch in der Zeitreihendatenbank InfluxDB oder im Spark-Framework werden Bloom-Filter ausgiebig genutzt.

14.4 Häufigkeitsabschätzungen

Eine ganz offensichtliche Erweiterungsmöglichkeit für den zuvor beschriebenen Bloom-Filter ist die Verwendung eines Zähler-Arrays (z. B. aus Bytes) als Alternative für das bisher eingesetzte Bit-Array. In Abwägung von Speicherplatz und „Reichweite“ beim Zählen sind natürlich auch noch größere Datentypen mit 16 Bit oder mehr verwendbar. Auf dieser Basis kann statt einer rein bool’schen Wahr/Falsch-Aussage auch eine Abschätzung gegeben werden, wie oft ein Wert in einer Wertemenge aufgetreten sein könnte. Zudem wird durch eine Subtraktion auch endlich ein Löschen von Werten möglich. Der ebenso offensichtliche Nachteil ist natürlich der entsprechend höhere Speicherbedarf, der mindestens bei einem Faktor acht liegen wird.

Beim Anlegen dieses sogenannten **Counting-Bloom-Filter** wird das Byte-Array wie zuvor das Bit-Array initial mit Nullen gefüllt, und beim Eintragen eines Wertes wird der Byte-Wert an jeder durch die Hash-Funktionen errechneten Stelle um 1 erhöht. Somit kann ein Näherungswert für die gesehene Anzahl eines Wertes über den kleinsten Array-Eintrag angegeben werden. Beim Löschen eines Wertes wird entsprechend jeder errechnete Array-Eintrag bis minimal Null dekrementiert. Die folgenden Beispiele illustrieren das anhand des vorherigen Beispiels. Zunächst wird das Byte-Array mit acht Einträgen wieder mit Nullen initialisiert:

```
0 0 0 0 0 0 0 0
0 1 2 3 4 5 6 7
```

Werden nun die Werte 7 und 13 hineingeschrieben, ändert sich sein Inhalt wie folgt:

```
hf1(7) = 0, hf2(7) = 2 -> 1 0 1 0 0 0 0 0
                          0 1 2 3 4 5 6 7

hf1(13) = 2, hf2(13) = 6 -> 1 0 2 0 0 0 1 0
                            0 1 2 3 4 5 6 7
```

Zu beachten ist insbesondere der Wert 2, der nun an Index zwei gespeichert worden ist. Ein darauf folgendes Speichern einer weiteren 7 würde zu folgender Belegung der Array-Werte führen:

```
hf1(7) = 0, hf2(7) = 2 -> 2 0 3 0 0 0 1 0
                          0 1 2 3 4 5 6 7
```

Bei einer Anfrage nach der Anzahl der gesehenen Vorkommen einer Sieben würde als Ergebnis das Minimum der Werte an den Positionen 0 und 2 zurückgeliefert, also eine 2. Würde beispielsweise die 13 einmal aus der Datenstruktur gelöscht, bliebe folgende Array-Belegung zurück:

```
2 0 2 0 0 0 0 0
0 1 2 3 4 5 6 7
```

Die Mechanik des Counting-Bloom-Filters ist also ähnlich einfach wie die seines bool'schen Vorfahrens, wie gesagt allerdings um den Preis eines deutlich größeren Speicherbedarfs.

Auch der sogenannte **CountMin-Sketch** [CM05] schätzt die Frequenzen einzelner Elemente in einer großen Multimenge bzw. einem großen Datenstrom ab und funktioniert dabei ganz ähnlich zum Counting-Bloom-Filter. Auch er bildet die Input-Daten über eine Anzahl von Hash-Funktionen auf ein Zähler-Array ab, allerdings hat hier jede Hash-Funktion ihr eigenes, üblicherweise deutlich kleineres Array. Und auch beim CountMin-Sketch ist der Näherungswert für die Frequenz eines Elements der kleinste Wert, der über alle Hash-Funktionen gefunden wird.

Somit neigen auch sowohl der Counting-Bloom-Filter als auch der CountMin-Sketch zu falsch positiven Aussagen, also zu eventuell überhöhten Frequenzangaben; beide werden aber niemals zu niedrige Ergebnisse liefern. Durch eine Vergrößerung der Zähler-Arrays bei gleichzeitiger Erhöhung der Anzahl an Hash-Funktionen lässt sich die Wahrscheinlichkeit für Kollisionen und damit zu hohe Werte auch hier verringern.

Der Namensbestandteil Sketch spielt übrigens auf die skizzenhafte Darstellung der Eingabedaten bei der Datenspeicherung an. Diese ist deutlich speichersparender als bei den Bloom-Filter-Varianten. Während der Speicherbedarf der Letztgenannten linear (also in $O(n)$) wächst, kommt der CountMin-Sketch mit einem sublinearen Speicherwachstum und generell einem deutlich geringeren Speicherbedarf aus. Die Berechnung der Zahl der Hash-Funktionen d und der Anzahl der jeweils benötigten Zähler w ist beispielsweise in [CM11] erklärt: kurz gesagt muss 2/w gleich der gewünschten Fehlerwahrscheinlichkeit sein und $(1/2)^d$ dem gewünschten Konfidenzniveau entsprechen.

Als Beispiel: Möchten wir n Elemente per CountMin-Sketch zählen und dabei eine maximale relative Abweichung in der Zählung von 0,1 % bei 99,5 %iger Gewissheit dieser Limitierung tolerieren, erfordert dies folgende Berechnungen:

```
w = 2 / 0,001 = 2.000
d = log(0,005) / log(1/2) ~ 8
```

Somit erhalten wir z. B. bei 8 Hash-Funktionen und 4 Byte-Integer-Zählern einen Speicherbedarf von $w * d * 4 = 64$ kByte für das Zähler-Array und z. B. bei $n = 100$ Millionen eine absolute Zählerabweichung von maximal rund 100.000.

Auch für den CountMin-Sketch finden sich die üblichen Verdächtigen unter den Einsatzbereichen wie beispielsweise Datenbanken, Text- und Stream-Analysen. Auf der Website der In-Memory-Datenbank Redis gibt es etwa einen spannend geschriebenen Blog-Beitrag über die dort verwendete Implementierung.[6]

14.5 Median und andere statistische Lagemaße

Um ein Gefühl für einen numerischen Datensatz zu erhalten, wird bei Analysen neben dem Mittelwert gerne auch die Standardabweichung verwendet. Das ergibt bei normalverteilten Werten wie etwa der durchschnittlichen Körpergröße in einer Bevölkerung ein recht gutes Bild über deren ungefähre Verteilung. Es erlaubt sogar Aussagen wie ca. 95 % der Bevölkerung sind größer als x und kleiner als y, da in einer Normalverteilung per Definition ungefähr 95 % aller Werte im Bereich von +/- 2 Standardabweichungen um den Mittelwert liegen. Hierbei gelten 68-95-99,7 % als Richtwerte für eine, zwei bzw. drei Standardabweichungen.[7]

6 *https://redis.io/blog/count-min-sketch-the-art-and-science-of-estimating-stuff*

7 Wie unter *https://www.mensa.de/ggmbh/wifo/iq*, nachzulesen ist, ist eine Hochbegabung beispielsweise dann gegeben, wenn der Intelligenzquotient bei mindestens 130 und damit zwei Standardabweichungen über dem Durchschnitt liegt.

Ab welcher Größe jemand zu den am größten gewachsenen 10 % der Bevölkerung gehört, ist mit diesen Angaben jedoch nicht ohne Weiteres zu bestimmen. Gerade auch bei schiefen Verteilungen wie beispielsweise der Latenz von Serverzugriffen ist ein Mittelwert oft wenig aussagekräftig. Bei diesem Beispiel handelt es sich um sogenannte Long-Tail-Verteilungen, bei denen viele Messwerte nahe des Nullpunkts liegen. Je weiter sich die Werte von dort entfernen, desto weniger Werte gibt es zwar einerseits, andererseits existieren immer einige Ausreißer mit sehr hohen Latenzzeiten, die den Mittelwert erheblich verfälschen können.

Abhilfe schafft bekanntlich der Median, der, wie der Name schon impliziert, der Wert ist, der nach einer Sortierung der Daten genau in der Mitte liegt. Der Median definiert gleichzeitig auch das zweite Quartil (Viertel) in einem Datensatz. Entsprechend sind 50 % der Werte kleiner und 50 % der Werte größer als der Median[8] Das 25%- und 75%-Quartil sollten in diesem Kontext selbsterklärend sein. Noch allgemeiner können wir von Perzentilen, also Prozentstufen, sprechen: das 13. Perzentil läge also an der Stelle eines aufsteigend sortierten Datensatzes, an der 13 % aller Werte kleiner und 87 % größer sind.

Da sich Median, Quartile bzw. allgemein Quantile nur auf sortierten Daten bestimmen lassen, sind sie für große, verteilte oder gar unbegrenzte Datenströme eine nicht zu unterschätzende Herausforderung, da eben alle Daten gespeichert und sortiert gehalten werden müssten. Daher bieten manche (NoSQL-)Datenbanken aufgrund des hohen Berechnungsaufwands in einem potenziell verteilten System erst gar keine Funktion dafür an.

Abhilfe für diese Fragestellung versprechen abermals sogenannte Sketching- bzw. Digest-Verfahren, die den Verlauf einer Häufigkeitsverteilung anhand von charakteristischen Werten „skizzieren" und zusammen mit statistischen Metadaten abspeichern, um auf dieser Basis nachhaltig skalierbar Quantilwerte abschätzen zu können. Oder mit anderen Worten, diese Verfahren speichern intern eine komprimierte Darstellung der kumulierten Verteilungsfunktion (engl. Cumulative Distribution Function (CDF)) der gesehenen Daten ab.

Entsprechende Implementierungen waren lange Jahre recht grob, bevor der erstmals 2013 vorgestellte t-digest-Ansatz [DE19] einen bemerkenswerten Fortschritt gebracht hat: Er liefert bei einem Speicherverbrauch von nur wenigen Kilobyte auch auf großen Datenbeständen zuverlässig Perzentilwerte mit einem Fehler von üblicherweise unter einem Prozent. t-digest ist im GitHub-Repository[9] seines Entwicklers Ted Dunning frei in einer Java-Implementierung verfügbar. Dort sind auch zahlreiche weitere Versionen in anderen Sprachen verlinkt.

8 Sollte es keinen einzigen Wert in der Mitte geben, wird gewöhnlich der Mittelwert der beiden in der Mitte liegenden Werte genommen.

9 *https://github.com/tdunning/t-digest*

Die Nutzung dieser Bibliothek ist denkbar einfach, aktuell gibt es zwei Implementierungen: eine, die auf AVL-Bäumen basiert (AVLTreeDigest), und eine, die neu gesammelte Daten in eine Liste von Datenpunkten mergt (MergingDigest). Im folgenden Codebeispiel wird eine AVLTreeDigest-Instanz erzeugt und mit eintausend Zahlen befüllt, um danach das 50-Prozent-Quantil, also den Median abzufragen. Am Ende wird umgekehrt noch die Verteilungsfunktion abgefragt, um zu erfahren, welcher Anteil der gespeicherten Werte kleiner als fünf ist. In diesem Beispiel liefert der t-digest in guter Näherung etwa 0,55 Prozent.

Listing 14.1 Code-Schnipsel zur Nutzung des t-Digest-Algorithmus in Java

```
TDigest td = new AVLTreeDigest(100);
IntStream.range(0, 1000).forEach(n -> td.add(n));
System.out.println(td.quantile(0.5));
System.out.println(td.cdf(5));
```

Die 100 im Konstruktor des Codebeispiels ist ein Kompressionsfaktor, der die Anzahl der Daten-Cluster im t-digest bestimmt (in diesem Fall ca. 5 x 100) und damit auch den Fehler festlegt (laut Quellcode in diesem Beispiel bei maximal etwa 3 Prozent (3 / 100)).

Intern speichert ein t-digest alle übergebenen Zahlenwerte in einer begrenzten Zahl von Daten-Clustern ab und hält diese sortiert. Pro Cluster wird ein Mittelwert (Dunning nennt es Centroid) aller Werte gebildet, die bisher dort eingefügt worden sind. Eine neu übergebene Zahl wird zunächst immer dem Cluster mit dem nächstliegenden Mittelwert zugewiesen. Um die Genauigkeit zu erhöhen, erhalten sowohl die Cluster selbst als auch die eingefügten Werte zusätzlich einen Gewichtswert, der sich aus der Anzahl der übergebenen Werte ergibt. Dieser erlaubt es insbesondere auch, mehrere t-digest-Instanzen miteinander zu mergen und ferner die Größe der Cluster zu beschränken, was von zentraler Bedeutung für den Erhalt der Genauigkeit und der Performance des t-digest ist.

Abhängig von der Gesamtanzahl an gespeicherten Werten erhält jeder Cluster entsprechend ein Maximalgewicht, das er nicht überschreiten darf. Dieses wird jedoch nicht gleichverteilt über alle Cluster angesetzt, wie sich das naiv erwarten ließe, sondern nimmt zu den Rändern hin ab. Dunning begründet das damit, dass etwa bei der Überwachung eines Service-Level-Agreements (SLA) beispielsweise das am rechten Rand liegende 99,5-%-Quantil einer deutlich höheren Genauigkeit bedarf als etwa der Median, sodass die an den beiden Rändern liegenden Cluster kleiner gehalten sind.

Praktisch aus Sicht von Big-Data-Anwendungen ist die zuvor schon angesprochene Aggregierbarkeit von t-digests, sodass auch in einem verteilten System wie beispielsweise in einer MapReduce-Umgebung in Hadoop oder Spark Teile der Gesamtdaten auf einzelnen Maschinen mithilfe eines t-digest analysiert werden können und die relativ kleinen Ergebnisse dann auf einer Maschine gesammelt und zum Endergebnis zusammengefasst werden können.

14.6 Information Retrieval und Text Mining

Analyse und Verständnis von natürlichsprachlichen Texten als Teil des sogenannten **Natural Language Processing** (NLP) waren seit jeher ein wichtiger Treiber zur Entwicklung von Big-Data-Systemen. NLP beschäftigt sich mit Ansätzen, mit deren Hilfe Computer menschliche Sprache analysieren, interpretieren und generieren können. Damit hat es durch den jüngsten Boom großer Sprachmodelle, die menschliche Sprache schon heute nahezu perfekt generieren können, nochmals einen starken Aufmerksamkeitsschub bekommen. **Information Retrieval** (IR, siehe z. B. [BR+99]) ist ein Teilgebiet des NLP, das sich – wie der Name bereits vermuten lässt – darauf fokussiert, relevante Dokumente oder konkrete Informationen in großen Dokumentsammlungen aufzufinden. **Text Mining** (siehe beispielsweise [LRU20]) wiederum zielt darauf ab, neue Erkenntnisse aus Texten, wie z. B. zu den enthaltenen Themen, zu gewinnen. Auch wenn menschliche Sprache nach einer festen grammatikalischen Struktur aufgebaut ist, sind Textdaten aus Sicht der elektronischen Datenverarbeitung unstrukturiert (vgl. Kapitel 3) und haben die Wissenschaft lange Zeit vor große Herausforderungen gestellt, die auch durch heutige LLMs bei Weitem noch nicht alle gelöst werden.

Schon bei der Implementierung bzw. der Skalierung der Websuche bei Google und Yahoo wurden um die Jahrtausendwende zahlreiche Entwicklungen (wie MapReduce und Hadoop) angestoßen, die bei der Verarbeitung großer Textdatenmengen wichtige Fortschritte ermöglicht haben. Da Textverarbeitung und -verständnis nicht nur zentrale Grundlagen der menschlichen Kommunikation, sondern auch des gegenwärtigen KI-Booms ausmachen, wollen wir in diesem Abschnitt die wichtigsten Grundlagen dazu erläutern. Wobei wir auch eingestehen müssen, dass die großen Sprachmodelle (LLMs) einige in der Vergangenheit erforschte Ansätze des Information Retrieval bzw. insbesondere des Text Minings, wie etwa Sentiment Analysis oder Named Entity Recognition, nahezu obsolet gemacht haben. Zur Nutzung von Machine Learning und LLMs haben wir in Kapitel 18 einige konkretere Beispiele gegeben. Da sich zu ihrem Aufbau leicht selbst ein umfangreiches Lehrbuch schreiben ließe, werden wir uns in diesem Kapitel auf die relevanten Grundlagen der Textverarbeitung beschränken und verweisen für weitere Details auf jüngst erschienene Literatur wie etwa [Ras24] und empfehlen auch einen Blick in das Paper von Vaswani et al. [Vas+17], das heute schon getrost als Meilenstein in der Entwicklung von KI bezeichnet werden kann.

Die klassische[10] Extraktion von Informationen aus natürlichsprachlichem Text lässt sich in vier Aufgabenbereiche bzw. Phasen unterteilen, nämlich:

1. Textvorverarbeitung
2. Merkmalsextraktion und -repräsentation
3. Retrieval und Retrieval-Modelle
4. Textanalyse (Text Mining)

10 Klassisch meint hier vor der Epoche der großen Sprachmodelle.

Deren wichtigste Aspekte wollen wir im Folgenden kurz beschreiben und dabei auch immer wieder gerne auf entsprechende andere Bereiche dieses Buches verweisen, wo passende Ansätze, Anwendungen oder auch Werkzeuge zu finden sind.

14.6.1 Textvorverarbeitung

Wir gehen der Einfachheit halber an dieser Stelle davon aus, dass wir alle Dokumente bereits in Textform vorliegen haben und kein Crawling (vgl. Abschnitt 3.3.3 und Abschnitt 11.5) sowie keine Textextraktion aus HTML-, PDF-, DOC- oder sonstigen Dateien mehr vornehmen müssen. Dafür gibt es heute ausgereifte Frameworks wie etwa Apache Tika.[11)]

In der Textvorverarbeitung werden Dokumente zunächst in sogenannte Tokens oder Terme zerlegt. Diese wollen wir uns schlicht als Worte vorstellen, auch wenn ebenso Anwendungen von Zeichen oder Zeichenkombinationen sowie für Phrasen (also Wortkombinationen) möglich sind. Diesen Schritt nennt man **Tokenisierung**. Dabei werden üblicherweise Satzzeichen entfernt und die Wörter für die einfachere Verarbeitung meist auf Kleinbuchstaben normalisiert. Meist werden auch häufige und eher inhaltslose Stopworte wie Artikel, Konjunktionen und Ähnliches entfernt, um Speicher zu sparen und die Analysequalität zu verbessern. Ferner wird häufig versucht, Begriffe auf ihre Stammform zurückzuführen, entweder algorithmisch über das sogenannte **Stemming** oder auf Basis von Wörterbüchern und einer vorangegangenen linguistischen Analyse durch die sogenannte **Lemmatisierung**. Dabei gilt, dass Stemming gewöhnlich schneller und ungenauer ist, während Lemmatisierung aufwendiger ist und zu besseren Ergebnissen führen kann, sofern eine hinreichend gute Datenbasis zur Verfügung steht. Die gängigen Stemming-Algorithmen sind zwar beispielsweise in der Lage, „Spiel", „spielen" oder auch „gespielt" auf den Stamm „spiel" zu reduzieren, stoßen aber etwa bei der Zusammenführung von „gut" und „besser" an ihre Grenzen.

14.6.2 Token-Repräsentation

Datengrundlage für die Speicherung ist gewöhnlich das Dokument, weil etwa in Suchmaschinen gewöhnlich ganze Dokumente gesucht oder bei vergleichenden Analysen ganze Dokumente miteinander verglichen werden. In Spezialfällen können durchaus auch einzelne Absätze (engl. Chunks) von Dokumenten in den Fokus rücken. Im Gegensatz zu modernen KI-Sprachmodellen nutzt das Information Retrieval gewöhnlich keinerlei Informationen über die Reihenfolge der Worte in einem Satz oder Dokument. Worte werden als ein sogenannter **Bag of Words** gespeichert, wobei nur gespeichert

11 *https://tika.apache.org*

wird, ob bzw. wie oft ein Wort in einem Dokument vorgekommen ist (sog. count-based approach). Zur leichteren Weiterverarbeitung – und da Computer mit Worten wenig anfangen können – werden Dokumente als Vektoren von Zahlen gespeichert. Dabei wird für jedes Wort, das im gesamten Korpus, also allen gleichzeitig betrachteten Dokumenten, vorhanden ist, ein Eintrag im Vektor angelegt. Wird eine bool'sche Speicherung verwendet, werden nur Nullen oder Einsen gespeichert, ansonsten die konkreten Zahlen, wie oft ein Term in einem Dokument vorgekommen ist. Betrachten wir als Beispiel zwei ganz einfache Texte, die gemeinsam einen kleinen Korpus bilden sollen:

```
Dokument 1: eins eins zwei drei
Dokument 2: zwei zwei drei drei eins
```

Der komplette Korpus umfasst also alle drei vorkommenden Terme `eins`, `zwei`, `drei`, die wir, wie in Bild 14.4 gezeigt, den Einträgen bzw. Dimensionen unserer Dokumentvektoren zuordnen können.

$$d_1 = \begin{pmatrix} 2 \\ 1 \\ 1 \end{pmatrix} \qquad d_2 = \begin{pmatrix} 1 \\ 2 \\ 2 \end{pmatrix}$$

Bild 14.4 Aus den beiden Dokumenten abgeleitete Dokumentvektoren

Normalisiert man die gezählten Werte noch anhand der Anzahl der Worte im jeweiligen Dokument, sprich man von der sogenannten Termfrequenz. Bei großen Korpora mit entsprechend umfangreichem Vokabular können mit diesem Vorgehen offensichtlich leicht Vektoren mit mehreren tausend Dimensionen entstehen, sodass spätestens hier noch einmal deutlich wird, warum Stemming und Stopwort-Filterung sinnvolle Techniken zur Beschleunigung von Analysen sein können.

Der bis hierhin beschriebene Ansatz kann zwar die Relevanz von Worten pro Dokument erfassen, allerdings nicht die Relevanz von Worten über den gesamten Korpus – bzw. besser gesagt: die Irrelevanz bestimmter Worte in einem Korpus. Zwar hilft es bereits, Stopworte auszufiltern, aber dennoch werden etwa Worte wie zahlreiche Verben in nahezu allen Texten auftauchen und sind damit weniger hilfreich, wenn es darum geht, Dokumente voneinander zu differenzieren. Anders ausgedrückt, nur weil ein bestimmtes Wort (wie etwa „gehen“) sehr häufig in einem Dokument auftritt, ist es noch lange kein gutes Schlüsselwort, das den Inhalt eines Dokuments treffend beschreibt, insbesondere dann nicht, wenn der Korpus größtenteils aus Texten über Schuhe bestehen würde. Entsprechend schwierig ist damit auch die automatische Extraktion von Schlüsselworten oder die Bestimmung von wichtigen Bereichen eines Textes. Schon in den 1970er Jahren wurde daher von Karen Spärck Jones analog zur Termfrequenz die sogenannte Dokumentfrequenz [Spä72] vorgeschlagen. Mit dieser können wir speichern, in wie vielen Dokumenten ein Term auftaucht, und so besonders häufig vorkommende Terme abwerten. Üblicherweise wird auch die Dokumentfrequenz auf die Gesamtzahl der Dokumente normalisiert.

Es war Gerard Salton, der die Kombination von Termfrequenz (TF) und Dokumentfrequenz (DF) als **TFIDF** populär machte [SB88]. Das zwischen beiden stehende „I" rührt daher, dass die Termfrequenz mit dem Inversen der Dokumentfrequenz bzw. bei großen Korpara meist mit deren Logarithmus multipliziert wird. Der Logarithmus wird benötigt, damit die DF im Vergleich zur TF nicht zu groß wird. Somit ergibt sich folgende Formel für die TFIDF und damit die „Prägnanz" eines Terms in einem Dokument aus einem Korpus:

$$w_{x,y} = tf_{x,y} \cdot \log\left(\frac{N}{df_x}\right)$$

Dabei ist w das TFIDF-Gewicht, das für Term x in Dokument y bzw. dessen Dokumentvektor errechnet werden soll. Es errechnet sich konkret aus der Termfrequenz tf des Terms im gerade betrachteten Dokument mal dem Logarithmus der Dokumentanzahl N geteilt durch die Dokumentfrequenz des Terms x über alle Dokumente im Korpus. Mit der TFIDF wird es also möglich, beispielsweise die prägnantesten Schlüsselbegriffe eines Dokuments zu finden. Das sind die Begriffe, die im Dokument häufig, aber über den Korpus verteilt recht selten vorkommen. Ein neuerer Ansatz, der heute beispielsweise in Elasticsearch als Standard verwendet wird, ist der sogenannte BM25, der eine Sättigungsfunktion verwendet, um die Relevanz häufig vorkommender Terme zu relativieren (vgl. z. B. [BR+99] oder [Man08]).

Ein grundlegendes Problem löst allerdings auch eine mit TFIDF oder BM25 verbesserte Zählung nicht. So können in einem solchen Dokumentvektor weder sogenannte Homonyme (also ob mit Bank die Parkbank oder die Postbank gemeint ist) unterschieden werden, noch können Synonyme zugeordnet werden. Taucht also etwa nur das Wort „Computer" in einem Dokument auf, würde es mit einer Suche nach „Rechner" oder „Server" nicht gefunden werden. Die pragmatischste Lösung, um dieser Herausforderung im klassischen Information Retrieval Herr zu werden, war die Verwendung eines Wörterbuchs wie beispielsweise des an der Princeton University zusammengetragenen WordNet [Mil+90]. WordNet ist dabei kein rein lexikalisches Wörterbuch, das nur die äußere Form der Worte beschreibt, sondern umfasst auch semantische Beziehungen zwischen den enthaltenen Begriffen.

14.6.3 Retrieval-Modelle

Wenn es um Suche und damit im Grunde um Ähnlichkeitsvergleiche von Dokumenten geht, werden im Information Retrieval traditionell die gerade geschilderten Dokumentenvektoren verwendet (vgl. auch [BR+99]). Diese können für eine schnelle Suche, wie wir sie heute von Suchmaschinen kennen, in einen sogenannten Invertierten Index gewandelt werden, wie er in Abschnitt 11.5 kurz beschrieben ist. Die Grundidee ist hier, nicht die Dokumentvektoren zu speichern, sondern umgekehrt für jedes Wort abzulegen, in welchem Dokument es vorkommt. Somit kann etwa eine Suche nach `hallo welt` sehr schnell durch Verundung der bei `hallo` und `welt` gespeicherten Dokumente beantwortet werden.

Die traditionellen Dokumentvektoren des Information Retrieval basieren auf der **lexikalischen** (äußeren) Form der Worte bzw. Wortstämme. Die Bedeutung (Semantik) der Worte bleibt ihnen fremd. Diesen Makel beheben erst die später beschriebenen Term-Embeddings, wie sie heute in großen Sprachmodellen Verwendung finden, mit ihrer Abbildung in einen „semantischen" Vektorraum.

Um Dokumente auf Ähnlichkeit vergleichen bzw. auch längere Suchanfragen mit lexikalisch ähnlichen Dokumenten matchen zu können, findet das sogenannte Vektorraum- bzw. Vektormodell Verwendung. Dieses interpretiert die Dokumentvektoren als Vektoren in einem n-dimensionalen Raum und berechnet den Winkel, der sich zwischen zwei in Betracht gezogenen Vektoren ergibt. Das lässt sich in einem n-dimensionalen Raum natürlich nicht mehr anschaulich darstellen, wohl aber – wie gleich gezeigt – sehr gut berechnen. Die beiden zuvor beispielhaft gezeigten Dokumentvektoren haben drei Dimensionen und sind daher in Bild 14.5 noch darstellbar, wenn auch durch die perspektivische Darstellung etwas verzerrt.

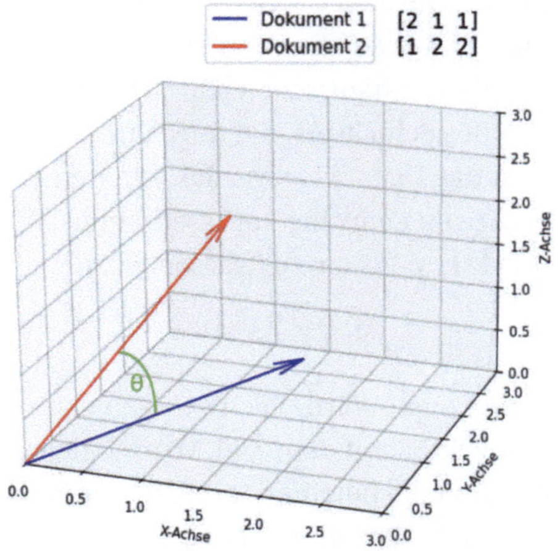

Bild 14.5 Grafische Darstellung der beiden Dokumentvektoren im dreidimensionalen Raum

Zwischen den beiden Dokumentvektoren ergibt sich der im Bild mit Theta gekennzeichnete Winkel, der umso größer wird, je weiter die Texte der Dokumente auseinander liegen. Je kleiner der Winkel, desto ähnlicher sind sie sich, natürlich ggf. „modulo" entfernter Stopworte oder Wortendungen. Auch die Reihenfolge der Worte spielt hier keine Rolle. Was mit vielen Dimensionen unmöglich zu visualisieren ist, lässt sich mit folgender Formel für das sogenannte Kosinusmaß glücklicherweise leicht für zwei

Vektoren d_1 und d_2 berechnen.

$$\cos(\theta) = \frac{d_1 \cdot d_2}{||d_1|| \cdot ||d_2||} = \frac{\sum_{i=1}^{n}(d_{1,i} \cdot d_{2,i})}{\sqrt{\sum_{i=1}^{n}(d_{1,i})^2} \cdot \sqrt{\sum_{i=1}^{n}(d_{2,i})^2}}$$

Der konkrete Wert für θ kann anschließend über den Arkuskosinus (acos), also die Umkehrfunktion des Kosinus, berechnet werden.

Dieser vergleichsweise einfache Ansatz wurde bereits in den 1970er Jahren von Gerard Salton an der Cornell University entwickelt [SWY75] und hat sich weit bis in die 2000er Jahre hinein als Quasistandard für Ähnlichkeitsanalysen bzw. -suchen gehalten. Um nochmals darauf hinzuweisen: Das Kosinusmaß ist offensichtlich ein rein rechnerischer Vergleich von Dokumentvektoren und leidet ebenfalls unter den schon zuvor beschriebenen, von Homonymen und Synonymen[12)] verursachten Problemen mit der Genauigkeit. Auch das Kosinusmaß hat keinerlei „Verständnis" über die Semantik der Dokumentinhalte. Ferner fallen die meisten Dokumentvektoren dadurch auf, dass sie sehr viele Nullen enthalten,[13)] also nur dünn besetzt sind und damit viel unnötigen Speicher verbrauchen.

Word2Vec als Grundlage für LLMs

Es wird vermutlich immer eines der spannenden Mysterien der Informatik bleiben, warum es bis ins Jahre 2013 gedauert hat, bis mit Word2Vec [Mik+13] eine zentrale Grundlage moderner Sprachmodelle veröffentlicht wurde, die auch endlich das Problem des im traditionellen Vektormodell fehlenden semantischen „Sprachverständnisses" adressieren konnte. Eine weitere Ironie des Schicksals, die durchaus Fragen über die Qualität von Peer Reviews aufwirft, ist die Tatsache, dass das von den Entwicklern zunächst bei der International Conference on Learning Representations 2013 eingereichte Paper abgelehnt[14)] und nur als Workshop-Poster zugelassen wurde.

Embeddings

Im Grunde ähnlich wie das Vektormodell wandelt auch Word2Vec Texte in Vektoren um. Allerdings erhält jedes Wort einen eigenen Vektor mit dem Ziel, Worte, die eine ähnliche Bedeutung haben, in diesem Vektorraum nahe beieinander abzubilden. Daher bestehen die Dimensionen der dort genutzten Vektoren nicht aus allen Worten des betrachteten Korpus, sondern lediglich aus einigen hundert (z. B. 300) anfangs ohne Bedeutung festgelegten Dimensionen. Die dabei entstehenden Vektoren sind heute

12 Eine Erweiterung von Suchen mit Synonymen ist unter Verwendung eines Wörterbuchs wie WordNet natürlich recht einfach umsetzbar.

13 Insbesondere, wenn wir beispielsweise Tweets oder andere eher kurze Dokumente verarbeiten.

14 Spannenderweise sind die Reviews unter *https://openreview.net/forum?id=idpCdOWtqXd60* frei im Netz einsehbar.

als **Embeddings** bekannt und gelten in erweiterter Form als ein wichtiger Grundbaustein moderner LLMs. Die konkreten Bedeutungen der Dimensionen schälen sich erst mit der Zeit im Verlauf des Trainings eines neuronalen Netzes heraus. Sie bleiben uns allerdings verborgen, da sie nicht explizit gemacht werden können (Stichwort: (not) Understandable AI) und für Menschen in dieser großen Zahl ohnehin nicht mehr vorstellbar wären. Die konkrete Position eines Begriffs im „Embedding-Raum" wird durch die gelernten Parameter des neuronalen Netzes definiert, wie im eingangs genannten Original-Paper nachzulesen ist. Wer es etwas anschaulicher bevorzugt, findet beispielsweise bei YouTube eine Reihe gut gemachter Videos wie etwa von Josh Stamers StatQuest.[15)]

Als eine anschauliche Verwendung von Embeddings können wir uns in Anlehnung an einen Blog-Post von Jay Alammar [Ala19] einen Persönlichkeitstest vorstellen. Für einen solchen müssen üblicherweise eine Reihe von Fragen beantwortet werden, aus denen durch die Auswertung Scores für verschiedene Persönlichkeitsmerkmale wie Offenheit oder Verträglichkeit usw. bestimmt werden können. Bei insgesamt 5 Merkmalen ergibt sich für jede Person ein individueller Vektor mit 5 Dimensionen, der ihre Persönlichkeitsmerkmale in Zahlen zusammenfasst. Ein solcher, bei den Werten jeweils auf 1 normierter Vektor ist in Bild 14.6 beispielhaft dargestellt. Die Ähnlichkeit verschiedener Personen bzw. ihrer Vektoren lässt sich auch in diesem Fall leicht mit dem Kosinusmaß berechnen.

Merkmal	Score
Offenheit	70
Gewissenhaftigkeit	83
Extraversion	23
Verträglichkeit	42
Neurotizismus	37

$$\Rightarrow \begin{pmatrix} 0{,}70 \\ 0{,}83 \\ 0{,}23 \\ 0{,}42 \\ 0{,}37 \end{pmatrix}$$

Bild 14.6 Beispielhafte Werte für einen Persönlichkeitstest

Ganz ähnlich können wir uns die „Persönlichkeitsmerkmale" von Worten bei Word2Vec vorstellen, die in den zuvor genannten 300 Kategorien bewertet werden. Der Persönlichkeitstest dort ist das Training des neuronalen Netzes, das üblicherweise darauf abzielt, Worte in der Umgebung[16)] eines Wortes (sog. Skip-gram-Ansatz) bzw. ein Wort bei gegebenen Umgebungsworten (das wird Continuous Bag of Words genannt) möglichst gut vorherzusagen. Dazu werden der Reihe nach alle vorliegenden Texte Wort für Wort durchgegangen. Die Vektoren der Embeddings können nach dem Training aus den gelernten Parametern des neuronalen Netzes abgeleitet werden. Dadurch werden semantisch ähnliche Worte im Vektorraum näher beieinander angeordnet als Worte, die selten im gleichen Kontext vorkommen. So liegen beispielsweise Kaffee

15 *https://www.youtube.com/watch?v=viZrOnJclY0*

16 Bspw. 1 oder 2 Worte vor und nach dem gerade betrachteten Wort

und Tee näher beieinander als etwa Kaffee und Bratwurst. Berechnen können wir die konkreten Abstände abermals über das Kosinusmaß. Beispiele wie diese lassen sich online etwa beim Nordic Language Processing Laboratory[17] erkunden, wo auch Bild 14.7 mit der Umgebung von „Coffee“ entstanden ist.

Bild 14.7 Zu „Coffee“ ähnliche Word-Embeddings

Da mit den Vektoren im Embedding-Space gerechnet werden kann, ist eine gerne erzählte Anekdote, dass die Rechnung `König - Mann + Frau = Königin` ergeben soll. Dies hängt nach unserer Erfahrung ein wenig von den verwendeten Embeddings ab; mit Listing 14.2 (einem mit Google Gemini erstellten Quellcode) klappt das auf Basis des GloVe-Modells[18] [PSM14] tatsächlich, das Ergebnis der Berechnung ist wirklich `queen (Ähnlichkeit: 0.7699)`.

Listing 14.2 Etwas Vektorarithmetik mit englischsprachigen Word-Embeddings

```
import gensim.downloader as api
import numpy as np
from sklearn.manifold import TSNE
import matplotlib.pyplot as plt

print("Lade GloVe Word Embeddings (glove-wiki-gigaword-100)...")
glove = api.load("glove-wiki-gigaword-100")
print("Laden abgeschlossen!")

print("\nVektorarithmetik: King - Man + Woman = ?")
result = glove.most_similar(positive=['king', 'woman'],
↪  negative=['man'], topn=1)
for word, similarity in result:
    print(f"- Ergebnis: {word} (Ähnlichkeit: {similarity:.4f})")
```

17 *https://vectors.nlpl.eu/explore/embeddings/en*

18 GloVe erstellt wie Word2Vec Word-Embeddings, nutzt aber statt der lokalen Umgebung eine zuvor erstellte globale Kookkurrenz-Matrix für sein Training.

Mit `glove.most_similar('coffee', topn=5)` können wir in gleicher Weise die ähnlichsten Begriffe zu „coffee“ abfragen und erhalten hier:

```
- tea: 0.7733
- drinks: 0.7288
- beer: 0.7253
- cocoa: 0.7027
- wine: 0.7003
```

Das vorherige Königsbeispiel kann uns ferner helfen, ein besseres Verständnis zu den Vektordimensionen zu bekommen. Diese sind wie gesagt zunächst nur schwer greifbar, da sie vom neuronalen Netz rein auf Basis von Wort-Kookkurrenzen[19)] gelernt werden und somit keine für Menschen klare Bedeutung widerspiegeln. Stark vereinfacht können wir uns jedoch beispielsweise einen zweidimensionalen Raum mit einem Merkmal für die „Königlichkeit“ und einem Merkmal für das „Geschlecht“ ausdenken, in dem einige Begriffe, wie in Bild 14.8 gezeigt, abgebildet sein könnten.

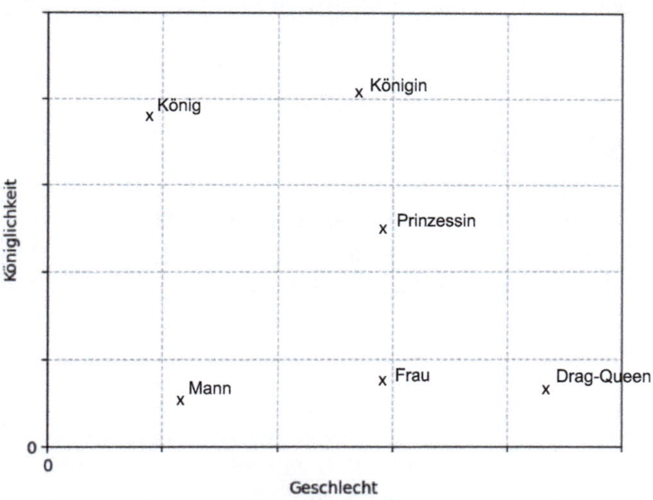

Bild 14.8 Beispielhafte Darstellung von zwei Embedding-Dimensionen

Männliche Begriffe landen in diesem Beispiel recht weit links auf der x-Achse, während weibliche etwa in der Mitte abgebildet werden. Je königlicher ein Term von unserem Modell eingeordnet wird, desto höher liegt er auf der y-Achse. Wie gesagt, in heutigen LLMs werden einige hundert bis einige tausend dieser Kategorien für jedes Wort berechnet; der benötigte Rechenaufwand ist entsprechend groß und ohne Parallelverarbeitung gar nicht zu stemmen.

19 D. h., welches Wort taucht mit welchen anderen Wörtern häufig gemeinsam auf

Retrieval Augmented Generation

Eine spannende Kombination von Text-Retrieval, Embeddings und Sprachmodellen ist übrigens die sogenannte Retrieval Augmented Generation (oder kurz RAG), bei der Spezialwissen für Sprachmodelle in einem Retrieval-System wie einer Suchmaschine oder einer Vektordatenbank abgelegt wird (siehe Kapitel 11 zu NoSQL-Systemen). Eine Anfrage an ein generisches LLM wird zuerst intern an das Retrieval-System weitergereicht, sodass die Antwort des LLM auf Basis des dort abgelegten Spezialwissens generiert werden kann. Das ist ein relativ einfacher Ansatz, um ein LLM auf eine eigene Wissensbasis zu „trainieren", der bei Weitem nicht so aufwendig ist wie ein sogenanntes Fine-Tuning. Ein vielzitierter Überblick zu diesem Thema stammt von Gao et al. [Gao+23] und ist bei arXiv abrufbar. Wir haben einige weitere Hintergründe und ein einführendes Codebeispiel in Abschnitt 18.3 zusammengefasst.

Umgekehrt gibt es auch eine Reihe von Möglichkeiten zur Verbesserung des Information Retrieval durch LLMs. Als Ausgangspunkt für weitere Recherchen zu diesem jungen und sehr breiten Feld kann beispielsweise das Survey-Paper von Zhu et al. [Zhu+23] verwendet werden.

14.6.4 Textanalysealgorithmen

Im klassischen Information Retrieval wird mithilfe der zuvor erläuterten Grundlagen eine Reihe von Textanalysen durchgeführt, von denen wir die wichtigsten im Folgenden in aller Kürze und mit den passenden Bezügen zu Big Data gerne vorstellen möchten.

Textähnlichkeiten und Clustering

Wer war nicht schon einmal davon genervt, dass im Netz zahlreiche Seiten beim Buhlen um Klicks und Werbeeinnahmen oft hemmungslos etwa bei Wikipedia plagiieren, sodass bei manchen Suchen gerade zu technischen Themen die Suchergebnisse oft sehr ähnlich, wenn nicht sogar wortgleich sind. Das herauszufinden und ähnliche Seiten bei den Suchergebnissen zusammenzuclustern, um Redundanzen zu vermeiden, wäre nicht nur im Netz eine große Arbeitserleichterung, sondern vor allem auch bei Suchen in Unternehmensdatenspeichern wie SharePoint oder ähnlichen. Gerade dort landen vielfach Dutzende Kopien etwa von unter Kollegen herumgeschickten PowerPoints oder auch nur minimal geänderte neue Versionen. Auf Basis der zuvor vorgestellten Dokumentvektoren ist das Clustering von Texten schon seit Jahren eine gängige Aufgabe des Information Retrieval. Das Vorgehen klingt zunächst simpel: Wir vergleichen die Dokumentvektoren aller Dokumente untereinander, und solche mit sehr ähnlichem oder gleichem Text sollten nahe beieinander oder sogar übereinander liegen. Warum wird es dann nicht mehr in Suchsystemen eingesetzt, fragen Sie sich?

Die Antwort hat einmal mehr mit den oft großen Datenmengen und der langen Laufzeit für eine optimale Lösung zu tun. Um eine Ähnlichkeitsmatrix aller Dokumente untereinander zu erstellen, muss offensichtlich jedes Dokument mit jedem verglichen werden, und das bedeutet, dass sich der Berechnungsaufwand einer Brute-Force-Lösung in $O(n^2)$ bewegt und damit nur schlecht skaliert. Auch die Berechnung der Ähnlichkeit erst zur Abfragezeit verbietet sich meist, da Antwortzeiten von mehreren Sekunden bei einer Suche auf großen Datenmengen als heute nicht mehr tolerabel gelten. Gerade auch aufgrund eines zunehmenden Bedarfs beim Vergleichen von Term-Embeddings wurden in den letzten Jahren jedoch einige heuristische Verfahren zu diesem Zweck entwickelt, von denen wir eines im Detail in Abschnitt 14.7 im Detail und einige in Abschnitt 11.8 zu Vektordatenbanken überblicksartig vorgestellt haben. Diese sind gerade auch für das aufwendige Zusammenclustern von Daten in mehrere Gruppen sehr hilfreich.

Eine weitere sehr schlaue Möglichkeit, diese Ähnlichkeitssuchen performanter zu erledigen, bietet sich in Suchmaschinen durch eine einfache Nutzung der gewöhnlichen Suche. Dazu benutzen wir die prägnantesten Schlüsselworte – beispielsweise bestimmt über TFIDF – des Ausgangsdokuments und verodern sie für eine normale Suchanfrage. Das wird dazu führen, dass alle mutmaßlich ähnlichen Dokumente, in denen diese Schlüsselworte ebenfalls vorkommen, zurückgeliefert werden. Dieser Ansatz ist offensichtlich nicht vollständig genau, kann aber durch Verunden der Suchbegriffe oder das Einschränken der Suche auf die Schlüsselwort-Einträge (statt der Nutzung des sogenannten Fulltexts[20]) nochmals prägnantere Ergebnisse liefern. Elastic- und Opensearch haben unter dem Namen „more like this" beide eine entsprechende Funktion[21] schon fertig implementiert.

Mit den genannten Techniken ist zwar möglich, ähnliche Dokumente zu finden und damit auch Cluster zu finden, das Erkennen von übergeordneten Themengebieten, das sogenannte **Topic Modelling**, ist damit allerdings noch immer nicht möglich. Zwar können wir versuchen, etwa mithilfe von TFIDF in Kombination mit Ontologien[22] und ähnlichen Ansätzen sinnvolle Kategorien in eine Dokumentensammlung einzuziehen, das ist oft aber alles andere als einfach. Auch den Term-Embeddings alleine fehlt die Information, welche Begriffe über- und untergeordnet sein sollen, und selbst neueste LLMs tun sich mit der konsistenten Zuordnung [SH25] zu vorgegebenen Kategorien schwer, da sie noch oft nicht vorhandene Kategorien halluzinieren. In einer freien Ermittlung von Themen liefern Sprachmodelle aber durchaus bereits brauchbare Ergebnisse ab.

20 Als Fulltext bezeichnet man alle textuell durchsuchbaren Elemente eines Dokuments, also auch Überschriften oder Abstracts, die eventuell nicht direkt zu einem Dokument gehören.

21 siehe z. B.: *https://docs.opensearch.org/latest/query-dsl/specialized/more-like-this*

22 Eine Ontologie ist eine formale Beschreibung von Konzepten und ihren Beziehungen, meist bezogen auf ein bestimmtes Wissensgebiet.

Die schon gut 20 Jahre alte „Latent Dirichlet Allocation“ (LDA) [BNJ03] galt lange als richtungsweisender Lösungsansatz für das Topic Modelling, also für die Herausforderung, Themen in Dokumenten zu finden. Er ist allerdings gerade bei großen Datenmengen sehr aufwendig in der Ausführung, auch wenn es auf der Hand liegt, zur Reduzierung der Wortanzahl wieder die durch TFIDF herausgefilterten, prägnantesten Worte zu verwenden. Beispielsweise bietet die Spark MLLib[23)] eine Implementierung der LDA an, die in einem Spark-Cluster verteilt ausgeführt werden kann. Wir können uns LDA in etwa wie einen Restaurantkritiker vorstellen,[24)] der gegebene Gerichte (das sind in der Analogie die Dokumente) auf Basis von Zutaten (das sind die Worte) nachzukochen versucht, um auf Basis der Zutaten herauszufinden, in welche Rezeptkategorien sich die Gerichte einteilen lassen. So könnte der Kritiker beispielsweise herausfinden, dass es eine Gruppe von Gerichten gibt, in denen viel Curry, Chili und Kokosmilch zum Einsatz kommt, oder eine andere, in der oft Mehl, Eier und Zucker verwendet werden. Die eigentliche Benennung der Kategorien bzw. Themen muss allerdings auch bei LDA abschließend von einem Menschen vorgenommen werden.

Text-Klassifikation

Text-Klassifikationen sind beispielsweise für Marktanalysen oder Kundenservice von großer Wichtigkeit, aber auch für die Spam-Filterung unserer E-Mails aus dem täglichen Leben nicht mehr wegzudenken. Im Wesentlichen gibt es dafür drei verschiedene Ansätze:

- Regelbasiert (meist) mit Wörterbuchunterstützung
- Maschinelles Lernen (traditionell)
- Nutzung großer Sprachmodelle

Die sogenannte **Sentiment-Analyse**, die zur Extraktion der Grundstimmung von Texten entwickelt wurde, verwendet meist Wörterbücher oder Wortlisten, wo Terme positiv oder negativ annotiert worden sind. Somit lässt für einen Text oder auch Textteile oder einzelne Sätze ein Score berechnen, auf dessen Basis dann beispielsweise sehr negativ eingestellte Serviceanfragen schneller oder von speziell geschultem Personal beantwortet werden können. Herausfordernd sind bei der Sentiment-Analyse vor allem Verneinungen, die die Stimmung eines Worts ins Gegenteil verkehren können („ich bin damit nicht zufrieden!“), selbstredend können mit passenden Wortlisten auch weitere Stimmungen außer nur positiv und negativ ermittelt werden. Weitere Details dazu finden sich beispielsweise bei Jurafsky und Martin [JM14].

In diesem Standardwerk finden sich auch Erläuterungen zur sogenannten **Named Entity Recognition**, also zur Erkennung von Personen, Firmen, Orten u. Ä. in Texten.

23 *https://spark.apache.org/docs/latest/api/java/org/apache/spark/ml/clustering/LDA.html*

24 Ein sehr sehenswertes Video mit ebenfalls einer schönen Analogie ist bei YouTube zu finden: *https://www.youtube.com/watch?v=BaM1uiCpj_E*

Diese ist auch insofern ein schönes Beispiel, als dass sie alle eingangs genannten Ansätze durchlaufen hat: Frühe Systeme waren meist regelbasiert und immerhin auf englischsprachigen Texten, wo ein Wortanfang mit einem Großbuchstaben meist bei Eigennamen vorkommt, leidlich erfolgreich. Danach folgten klassische Machine-Learning-Ansätze, die auf Basis großer annotierter Datensätze trainiert werden mussten, bevor in jüngster Zeit auch mehr und mehr LLMs zu diesem Zweck eingesetzt werden.

Ein weiteres Beispiel für Text-Klassifikation mit Machine Learning, das wir alle aus dem Alltag kennen, sind **Spam-Filter**. Diese verwenden meist ein überwachtes maschinelles Lernverfahren, das auf dem Naive-Bayes-Ansatz beruht. Überwachte Lernverfahren benötigen annotierte Daten, die wir unserem Spam-Filter immer dann liefern, wenn wir in unserem E-Mail-Client eine Nachricht als Spam markieren. Was auf den ersten Blick sehr abgehoben und komplex klingen mag, funktioniert unter der Haube erstaunlich simpel, wie der Autor dieser Zeilen vor einigen Jahren in einem Blog-Beitrag[25] beschrieben hat. Kurz zusammengefasst erstellt dieser Ansatz eine Wortliste, in der alle bisher in Mails aufgetauchten Begriffe (Tokens) gelistet werden: einmal, wie oft sie in Spam-Mails vorgekommen sind, und einmal, wie oft sie in „Ham-Mails", also nicht als Spam markierten Nachrichten, aufgetaucht sind, wie Tabelle 14.3 beispielhaft darstellt:

Tabelle 14.3 Lookup-Tabelle mit beispielhaften Spam- und Nicht-Spam-Wörtern

Wort	p_{spam}	$p_{no\text{-}spam}$
Hallo	1/8	2/6
Welt	0/8	1/6
Java	0/8	1/6
Dringende	0/8	1/6
Nachricht	1/8	1/6
Günstige	1/8	0/6
Viagra	2/8	0/6
wolle	1/8	0/6
kaufen	2/8	0/6

Wir normalisieren in den beiden Spalten jeweils noch auf die Gesamtzahl der in Spam- bzw. Ham-Mails gesehenen Worte und erhalten so einen Hinweis darauf, wie spamverdächtig ein Wort jeweils ist oder eben nicht. Für eine neue Nachricht multiplizieren[26] wir die Wahrscheinlichkeiten für jedes in der Liste gefundene Wort jeweils für p_{spam} und $p_{no\text{-}spam}$ auf und können – je nachdem, welches der beiden Produkte größer ist – daraus ableiten, ob es sich um eine Spam-Mail handelt oder nicht. Dieser Ansatz wird beispielsweise auch von SpamAssassin[27] zur Erkennung von Spam genutzt.

25 *https://bigdataengineering.blogspot.com/search/label/Spam-Filter*

26 Zuvor sollten wir noch alle Zellen, die eine Null enthalten, durch eine Eins ersetzen.

27 *https://spamassassin.apache.org*

14.7 Schnelle Ähnlichkeitssuche

Die Suche nach ähnlichen Datensätzen (engl. nearest neighbors) ist seit jeher ein gängiger Anwendungsfall der elektronischen Datenverarbeitung, sei es bei Suchmaschinen (ähnliche Inhalte), im Online-Shopping („Ähnliche Kunden kauften auch“) oder etwa beim Abgleich von Kunden- oder sonstigen Daten aus verschiedenen Datenbeständen, wie sie etwa bei einer Unternehmensfusion auftauchen können. Durch das Aufkommen großer Sprachmodelle in der jüngeren Vergangenheit und die dafür genutzten Vektordatenbanken (siehe Abschnitt 11.8) ist die Notwendigkeit für eine schnelle Ähnlichkeitssuche auf großen Datensätzen noch einmal sprunghaft gestiegen.

Vollständig identische Daten können gewöhnlich leicht durch eine HashMap miteinander gematcht werden, sodass nach einem Durchlauf durch alle Daten alle Duplikate gefunden sind. Ähnliche Daten zu identifizieren kann ebenfalls einfach sein, sofern es ein einzelnes Kriterium gibt, nach dem die Ähnlichkeit bemessen werden kann und die Daten sortiert werden können. Sobald jedoch mehrere Dimensionen benötigt und somit keine eindeutige Sortierreihenfolge mehr festgelegt werden kann, steigt unweigerlich der Rechenaufwand.

Müssen etwa als Vektoren dargestellte Texte, das Kaufverhalten von Kunden oder Word-Embeddings für die KI-Anwendungen auf ähnliche Elemente durchsucht werden, führt kein Weg daran vorbei, den Ausgangsvektor mit allen gespeicherten Vektoren zu vergleichen, um seine nächsten Nachbarn beispielsweise über das Kosinusmaß (siehe z. B. [SMR08] zu berechnen. Diese Suche läuft entsprechend in $O(n)$ und ist damit zwar recht gut skalierbar und auch verteilbar, aber dennoch bei vielen Dimensionen recht teuer zu berechnen. Bei sehr großen Datenmengen mit vielen Milliarden Datensätzen kann das zu deutlichen Wartezeiten führen, sodass in der jüngeren Vergangenheit zahlreiche schnellere Ansätze entwickelt wurden.

Wie immer in der Informatik gilt auch an dieser Stelle die Regel „there is no free lunch“, sodass für eine schnellere Lösung die Genauigkeit geopfert und abermals ein Pakt mit dem Zufall eingegangen werden muss. Entsprechend wird eine Familie möglicher Lösungen Approximate-Nearest-Neighbor-Algorithmen (ANN) genannt.[28] Die wesentliche Grundidee von ANN liegt auf der Hand: wir versuchen, die gespeicherten Datensätze derart zu clustern, dass zunächst nur ein Repräsentant für eine ganze „Nachbarschaft“ von Daten gefunden werden muss, was die Suchzeiten deutlich verringern sollte. Ebenso auf der Hand liegt der zu erwartende Nachteil: gerade an den Grenzen dieser Cluster kann es zu suboptimalen Ergebnissen kommen.

Ein Team von der IT University in Kopenhagen hat eine Webseite mit Benchmarks von ANN-Algorithmen[29] aufgebaut, auf die wir für einen Vergleich von Geschwindigkeit

28 Ansätze zur Dimensionsreduktion wie die Principal Component Analysis [Has+09] wollen wir an dieser Stelle nicht näher betrachten.

29 *https://ann-benchmarks.com*

und Genauigkeit verweisen möchten. Einige weitere Verfahren wie ein Inverted File Index oder Hierarchical Navigable Small Worlds wurden schon in Abschnitt 11.8 kurz angesprochen.

Als eine recht anschauliche Lösung, die noch dazu auf den im Informatik-Grundstudium beliebten binären Suchbäumen basiert, möchten wir im Folgenden eine Lösung namens ANNOY (für ANN Oh Yeah [Ber15]) genauer vorstellen, die im Jahre 2013 im Rahmen einer „Hackweek" bei Spotify entwickelt wurde.[30] Eine Abfrage mit ANNOY läuft in $O(\log n)$ und ist im Vergleich zur naiven Brute-Force-Lösung in $O(n)$ unschlagbar schnell. Sogar so schnell, dass sie zur Qualitätsverbesserung ohne merkliche Verzögerung (wenn auch mit höherem Speicherbedarf) mehrfach ausgeführt werden kann.

Binäre Suchbäume basieren bekanntlich darauf, dass der mögliche Wertebereich immer hälftig aufgeteilt und so eine binäre Suche auf den Daten möglich wird. Das folgende Bild ruft diese Idee am Beispiel von Ganzzahlen noch einmal in Erinnerung.

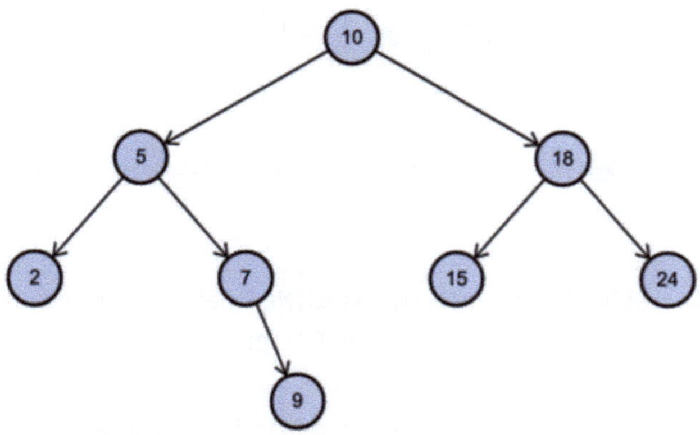

Bild 14.9 Ein einfacher, mit Zahlen gefüllter Binärbaum

Neue Werte werden ausgehend von der Wurzel rekursiv in den Binärbaum eingefügt: kleinere Werte immer in den linken Ast, größere in den rechten Ast; Dopplungen von Werten sind nicht erlaubt. Eine neu einzufügende Acht würde im Beispiel links unter die Zehn, rechts unter die Fünf, rechts unter die Sieben und zuletzt links unter die Neun wandern. Unter der Annahme, dass es sich um einen AVL-Baum (nach Adelson-Velski und Landis, vgl. [Cor+22]) handelt, würde in diesem Beispiel eine Rebalancierung erforderlich werden, da das AVL-Kriterium eines maximalen Höhenunterschieds von eins im Knoten mit der Sieben verletzt wäre.

Der Grundgedanke von ANNOY ist sehr ähnlich: die vorhandenen Daten werden in jedem Schritt in zwei Teile geteilt, um den Suchraum logarithmisch zu verkleinern. Zur Veranschaulichung betrachten wir die in Bild 14.10 gezeigten Datenpunkte bzw. Vektoren in einem zweidimensionalen Raum. Auch die Verwendung in einem beliebig

30 siehe auch: *https://github.com/spotify/annoy*

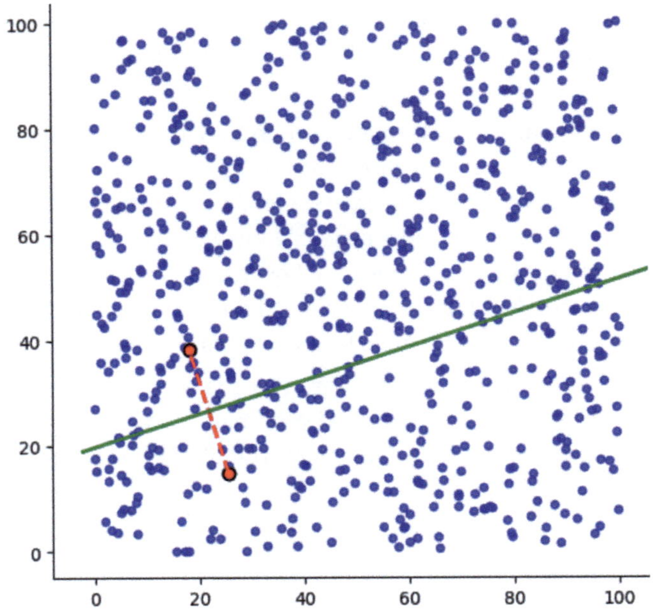

Bild 14.10 Beispielhafte Punktewolke mit einem ersten Unterteilungsschritt des ANNOY-Algorithmus

höherdimensionalen Raum ist problemlos möglich, sodass ANNOY beispielsweise auch mit Term-Embeddings in Vektordatenbanken für LLMs und RAG gut verwendet werden kann.

ANNOY unterteilt den Datenraum, indem zwei der Vektoren bzw. Punkte zufällig (sic!) ausgewählt werden und auf ihrer Verbindungslinie (rot gestrichelt in Bild 14.10) die Orthogonale (grüne, durchgezogene Linie) eingezeichnet wird. So entstehen zwei Bereiche, die für die Unterteilung des Baums verwendet werden können. Auch das funktioniert in Räumen mit beliebigen Dimensionen, weil es in einem n-dimensionalen Raum immer eine sogenannte Hyperebene mit n-1 Dimensionen gibt, die den Raum in zwei Bereiche unterteilen kann.

Beim Aufbau der ANNOY-Baumstruktur landen alle Vektoren unterhalb der gewählten Gerade (bzw. der Hyperebene) im linken Zweig des Binärbaums, und alle Vektoren, die darüber liegen, werden in den rechten Zweig einsortiert.

Dieser Aufteilungsprozess wird auf beiden Seiten der Trennungslinie bzw. entsprechend in beiden Ästen des Baums so lange wiederholt, bis die übrig gebliebenen Bereiche nur noch maximal die gewünschte Anzahl k an Nachbarn (also Vektoren) enthalten. Bild 14.11 zeigt beispielhaft zwei weitere Unterteilungen für den Teil der Punktewolke über der ersten Gerade G_1. In diesem Bereich werden erneut zwei zufällige Punkte ausgewählt, deren Orthogonale G_2 diesen Raum unterteilt, G_3 unterteilt danach abermals den verbleibenden Raum.

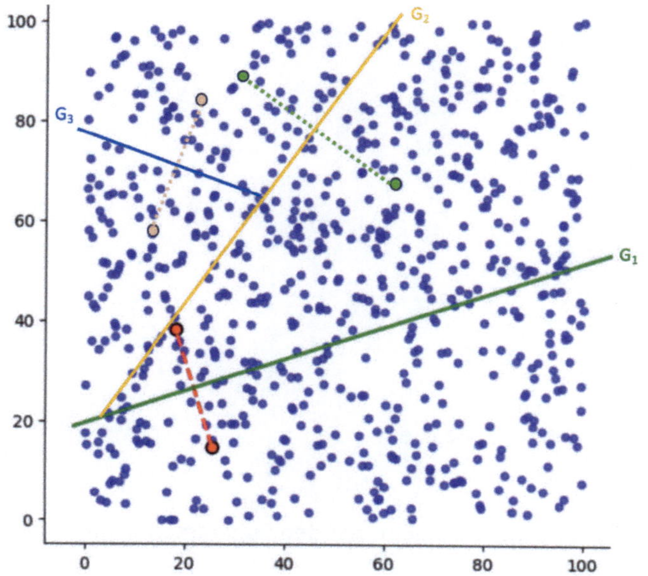

Bild 14.11 Die Punktewolke nach zwei weiteren Unterteilungsschritten des ANNOY-Algorithmus oberhalb der ersten Trennungsgerade

Gleichzeitig wird bei jedem Unterteilungsschritt ein neuer Knoten im Baum angelegt, sodass sowohl die spätere Suche auf den gespeicherten Daten als auch das Einfügen von neuen Vektoren sehr schnell (durch die entstehende Baumstruktur in $O(\log n)$) möglich sind. Da beim Aufbau des Baums für n Vektoren maximal $\log n$ Schritte unternommen werden müssen, ergibt sich eine Laufzeit-Komplexität in $O(n \log n)$. Im Baum selbst müssen bei den inneren Knoten nur die Koordinaten der trennenden Hyperebene (also der Orthogonalen) gespeichert werden, nicht die Vektoren, sodass das recht speichersparend vonstattengeht. Nach den beiden in den vorherigen Bildern gezeigten Aufteilungsschritten würde der Baum ungefähr aussehen wie in Bild 14.12 dargestellt. Die Referenzen zu den Vektoren bzw. Punkten selbst werden erst in den Blättern gespeichert, wie das ebenfalls im Bild unten angedeutet ist. Bei YouTube findet sich beispielsweise folgende schöne Illustration[31] dieses Ablaufs.

Für eine Suche schauen wir an der Wurzel des Baums, ob der gegebene Punkt unter- oder oberhalb der dort gespeicherten Trennungslinie liegt. Daraufhin steigen wir auf der passenden Seite des Baums eine Ebene tiefer und schauen auch im nächsten Knoten, ob der neu gegebene Punkt unter- oder oberhalb der Trennungslinie liegt usw. Das wiederholen wir so lange, bis wir das zugehörige Blatt erreichen, von dem nun die nächstgelegenen Nachbarn zurückgeliefert werden können oder in das der neue Punkt nach bekanntem Muster eingefügt werden kann.

31 *https://www.youtube.com/watch?v=DRbjpuqOsjk*

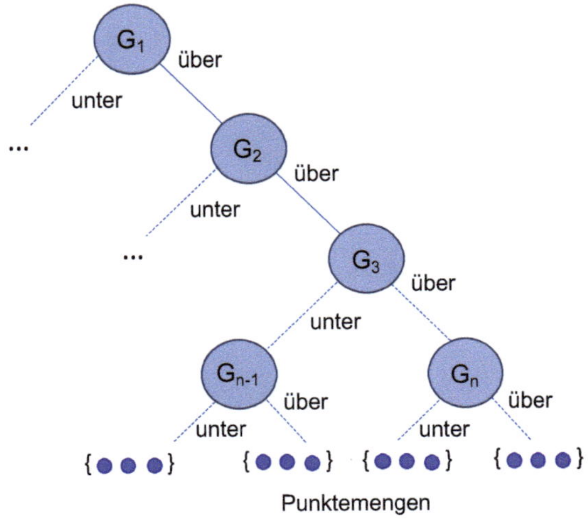

Bild 14.12 Schematischer Aufbau der Baumstruktur mit den Punktemengen mit bis zu *k* Punkten bzw. Vektoren als Blättern

Sollte das Blatt durch eine Einfüge-Operation die maximal erwünschte Anzahl von Werten überschreiten, müssen seine Werte abermals nach dem bekannten Muster in zwei Partitionen unterteilt werden, die als zwei neue Knoten an den Baum gehängt werden.

In einem ungünstigen Fall kann es durchaus vorkommen, dass ein Ausgangspunkt in der Nähe einer Trennlinie liegt und näher zu zumindest einigen Punkten auf der anderen Seite läge. Das ist der Preis an Ungenauigkeit, den wir für den Geschwindigkeitsgewinn in Kauf nehmen müssen. Gewöhnlich können wir diese Unschärfe bei Datensätzen mit vielen Millionen Einträgen gut in Kauf nehmen; beispielsweise sollte das Kaufverhalten so gefundener ähnlicher Kunden immer noch ausreichend ähnlich sein, um dem Online-Shop unseres Vertrauens genügend passende Werbemöglichkeiten zu liefern. Ist mehr Genauigkeit vonnöten, können auch problemlos mehrere ANNOY-Bäume parallel erstellt und genutzt werden, da die Zeitersparnis von $O(\log n)$ im Vergleich zu $O(n)$ bei großen Datenmengen so enorm ist. Beispielsweise wären das bei 4 Milliarden Daten 4 Milliarden Zugriffe bei $O(n)$ gegenüber lediglich 32 Zugriffen bei $O(\log n)$.

14.8 Websuche mit PageRank

Der PageRank-Algorithmus darf in diesem Buch auf keinen Fall unerwähnt bleiben: Auch wenn er heute – zumindest bei Google – schon lange nicht mehr in seiner ursprünglichen Form eingesetzt wird, ist er sowohl für die Geschichte des Internets als auch für die des Big-Data-Hypes von großer Bedeutung. Der Autor dieser Zeilen erinnert sich noch gut an die ersten Monate seines Studiums Ende der 1990er Jahre, als eine neue Suchmaschine aus dem Silicon Valley rasant den Markt eroberte. Sie lieferte gefühlt deutlich bessere Ergebnisse als die bis dahin gängigen Web-Kataloge mit ihrer einfachen Stichwortsuche. Doch auch Google, dieser neue Stern am Suchmaschinenhimmel, bot nur eine stichwortbasierte Suche. Was war also das Geheimnis hinter seinen besseren Ergebnissen?

Eine im Rückblick recht offensichtliche, jedoch damals ziemlich revolutionäre Idee von **Googles PageRank** [Pag+99] war es, wichtige Schlüsselworte beispielsweise aus dem Seitentitel der URL oder aus Überschriften, die im HTML-Markup von Webseiten leicht zu erkennen sind, bei der Suche stärker zu berücksichtigen. Wird also beispielsweise nach dem Stichwort „Daten“ gesucht, werden diejenigen Webseiten, die „Daten“ in diesen hervorgehobenen Bereichen enthalten, höher gerankt als Seiten, bei denen dieser Begriff nur im Fließtext auftaucht.

PageRank bediente sich allerdings noch eines weiteren Kniffs, der den Algorithmus aus der Big-Data-Perspektive betrachtet erst richtig spannend macht, weil der MapReduce-Ansatz, wie wir ihn heute kennen, genau dafür bei Google weiterentwickelt wurde. PageRank bezieht auch noch die Wichtigkeit einer Webseite in seinen Ranking-Ansatz mit ein: Die damalige Idee zur Abschätzung der Wichtigkeit einer Seite war schlicht die Zählung der auf sie verweisenden Links: Eine Seite, auf die mehrere Hundert Links verweisen, wird also als wichtiger eingeschätzt als eine, die nur wenige oder gar keine eingehenden Links vorweisen kann.

Eine solche Zählung ist bei großen Datenmengen an sich schon recht komplex zu implementieren, noch spannender wird es allerdings, wenn dieser Mechanismus transitiv funktionieren soll. Mit anderen Worten, wenn eine Seite selbst eine große Bedeutung mitbringt, soll sie auch ein höheres Gewicht an verlinkte Seiten weitergeben als eine Seite mit einem geringen Gewicht. Die geniale Idee der beiden Google-Gründer Sergey Brin und Larry Page bestand nun darin zu erkennen, dass sich diese Berechnung über eine wiederholt ausgeführte Matrix-Vektor-Multiplikation umsetzen lässt. Wir benötigen also schon wieder etwas Mathematik, um den „billion dollar algorithm“ hinter Googles frühem Erfolg als Suchmaschine zu verstehen.

Die in Bild 14.13 schematisch dargestellte Grundidee ist recht simpel: Das WWW mit seinen Webseiten (hier im Sinne von Webpages gebraucht) wird als Graph bzw. zum besseren Rechnen als Matrix dargestellt. Jede Seite mit einer URL wird zu einem Knoten in diesem Graphen und verlinkt eine Seite auf eine andere, wird eine gerichtete Kante in diesem Graphen eingezogen. Ein solcher Graph kann, wie im folgenden Bild gezeigt, leicht auch als Matrix dargestellt werden, wenn alle Webseiten in der Horizontalen und Vertikalen der Matrix aufgezählt werden und für jeden Link beispielsweise der Wert 1 an der entsprechenden Stelle gesetzt wird wie für eine Verlinkung von A nach B.

Hat eine Seite mehrere ausgehende Links, wird der Wert 1 für die initiale Befüllung der Matrix gleichmäßig auf alle Zielseiten verteilt. Hätte eine Seite also 10 ausgehende

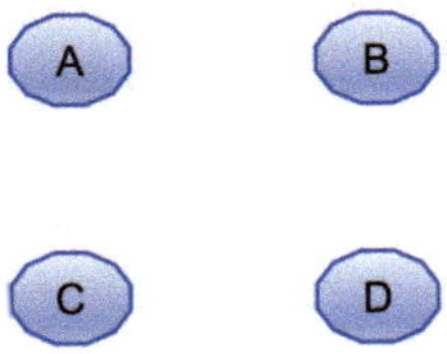

nach \ von	A	B	C	D
A	0	0	0	0
B	0	0	0	0
C	0	0	0	0
D	0	0	0	0

Bild 14.13 Schematische Darstellung von vier Webseiten – zunächst ohne Verlinkungen – als Graph und Matrix

Links, würden alle Ziele den Wert 0,1 zugewiesen bekommen. In unserem Beispiel in Bild 14.14 beträgt die maximale Anzahl von ausgehenden Links gleich zwei, sodass maximal ein Initialgewicht von 0,5 weitergegeben wird, beispielsweise von D nach A und B. Links zu sich selbst werden übrigens nicht gezählt, sodass die Diagonale immer vollständig auf Null gesetzt bleibt.

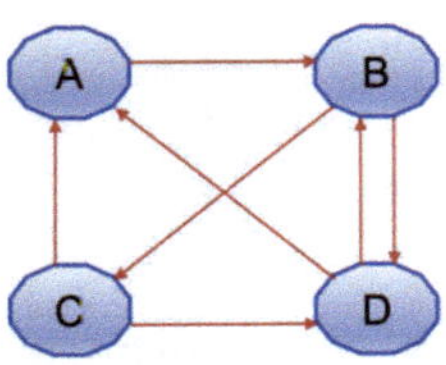

nach \ von	A	B	C	D
A	0	0	0,5	0,5
B	1	0	0	0,5
C	0	0,5	0	0
D	0	0,5	0,5	0

Bild 14.14 Darstellung der 4 Webseiten mit Verlinkungen

Um eine Matrix-Vektor-Multiplikation (MVM) ausführen zu können, benötigen wir neben der Matrix noch einen passenden Vektor. Wie im folgenden Bild zu sehen, wird dieser Vektor gleichmäßig mit gedachten Klick-Wahrscheinlichkeiten initialisiert. Bei vier Webseiten ist die Wahrscheinlichkeit, dass eine davon angeklickt wird, genau ein Viertel, also 0,25.

nach \ von	A	B	C	D	·	Vektor
A	0	0	0,5	0,5		0,25
B	1	0	0	0,5	·	0,25
C	0	0,5	0	0		0,25
D	0	0,5	0,5	0		0,25

Bild 14.15 Ausgangspunkt der Matrix-Vektor-Multiplikationen

Zur Ausführung einer MVM wird der Vektor nach links „umgelegt", sodass das erste Element des Vektors mit dem ersten Element jeder Matrix, das zweite des Vektors mit dem zweiten der Matrix usw. multipliziert wird. Diese Prozedur wird für jede Zeile der Matrix ausgeführt. Die sich ergebenden Produkte werden pro Zeile aufsummiert, also es ergibt sich beispielsweise 0,5 * 0,25 + 0,5 * 0,25 = 0,25 für Zeile 1 und 1 * 0,25 + 0,5 * 0,25 = 0,375 für Zeile 2. Als Ergebnis ergibt sich, wie in Bild 14.14 gezeigt, abermals ein Vektor gleicher Dimension, der in einer weiteren Iteration wieder mit der Matrix multipliziert werden kann.

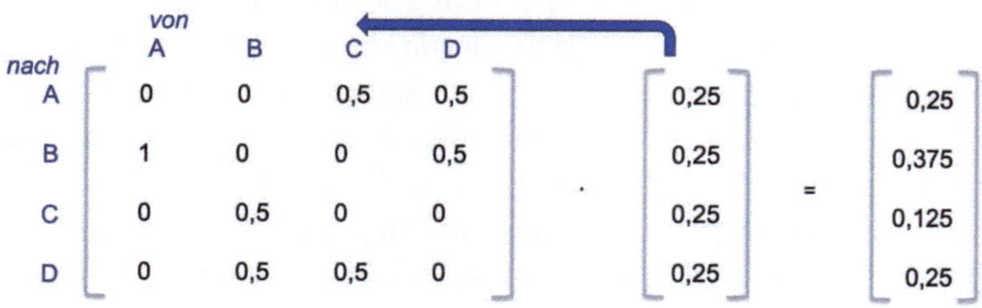

Bild 14.16 Ergebnis der ersten MVM-Iteration

Das Besondere am PageRank-Algorithmus ist nun, dass die Werte des Vektors sich mit jeder neuen Iteration, also jeder neuen Ausführung der MVM ein wenig verändern, je nachdem, wie hoch die Wichtigkeit der eingehenden Links einer Seite insgesamt ist. Nach einer gewissen Anzahl von Wiederholungen konvergieren die Werte zudem zu einem stabilen Wert. Wer es nachrechnen möchte, dieser stabile Wert ist der Eigenvektor der Matrix. Laut Original-Paper von Page und Brin [Pag+99] war ihr PageRank-Algorithmus mit den von ihnen gesammelten ca. 52 Millionen Webseiten nach etwa 50 Iterationen auf einen hinreichend stabilen Vektor konvergiert. Tabelle 14.4 illustriert diese Konvergenz für unser Beispiel-WWW aus Bild 14.14. Wie dort deutlich zu erkennen ist, hat die Seite B die höchste Wichtigkeit:

Tabelle 14.4 Ergebnisse der MVM nach verschiedenen Interationsschritten

Seite	nach 10	nach 20	nach 50
A	0,220458984375	0,21712779998779297	0,21739123103892766
B	0,3505859375	0,34794163703918457	0,3478260681737313
C	0,17041015625	0,17406225204467773	0,1739131068971107
D	0,258544921875	0,2608683109283447	0,26086959389023034

Im Angesicht einer beständig steigenden Zahl von Webservern mit zahlreichen Seiten liegt es auf der Hand, dass diese Berechnungen früher oder später die Grenzen eines einzelnen Rechners sprengen werden. Tatsächlich wurden diese und ähnliche Berechnungen bei Google lange jeweils „handgestrickt" auf mehrere Rechner verteilt, und es dauerte einige Zeit, bis schließlich der MapReduce-Ansatz [DG04] als allgemeines Parallelisierungsparadigma entwickelt worden war (vgl. auch Abschnitt 13.3.1). Die Grundidee war keineswegs neu, finden sich doch map- und reduce-Operationen praktisch in allen funktionalen Programmiersprachen.

Der große Vorteil eines solchen generisch nutzbaren Frameworks liegt nun darin, dass es die aufwendigen Details einer Parallelisierung wie Datenverteilung und Fehlertoleranz-Mechanismen in seinem Inneren verbirgt und es somit den Entwicklern bei Google ermöglichte, sich auf die Implementierung ihrer Algorithmen zu fokussieren und diese „Innereien" nicht für jede verteilte Berechnung neu erfinden zu müssen. Wenig später wurde Hadoop als frei verfügbare Variante von MapReduce nachgebaut, um auch der Open-Source-Community diesen Vorteil zugänglich zu machen. Weitere Details zur „Anatomie" von MapReduce und Hadoop finden sich in Abschnitt 13.3.1. Auch das online frei bei der Stanford University verfügbare Buch von Leskovec, Rajaraman und Ullman skizziert eine Möglichkeit zur Implementierung [LRU20] von Matrix-Vektor-Multiplikationen mit Hadoop und erläutert zudem die Implementierung weiterer Algorithmen mit Hadoop.

Dieses Kapitel enthält Textteile, die bereits in [Hum23] veröffentlicht wurden.

Literatur

[Ala19] Jay Alammar. „The illustrated word2vec". In: *Visualizing Machine Learning One Concept at a Time Blog* (2019).

[Ber15] Erik Bernhardsson. „Nearest neighbors and vector models–part 2–algorithms and data structures". In: *Erik Bernhardsson's Blog* (2015).

[Blo70] Burton H Bloom. „Space/time trade-offs in hash coding with allowable errors". In: *Communications of the ACM* 13.7 (1970), S. 422–426.

[BNJ03] David M Blei, Andrew Y Ng und Michael I Jordan. „Latent dirichlet allocation". In: *Journal of machine Learning research* 3.Jan (2003), S. 993–1022.

[BR+99] Ricardo Baeza-Yates, Berthier Ribeiro-Neto et al. *Modern information retrieval*. ACM Press., 1999.

[CM05] Graham Cormode und Shan Muthukrishnan. „An improved data stream summary: the count-min sketch and its applications". In: *Journal of Algorithms* 55.1 (2005), S. 58–75.

[CM11] Graham Cormode und Muthu Muthukrishnan. „Approximating data with the count-min sketch". In: *IEEE software* 29.1 (2011), S. 64–69.

[Cor+22] Thomas H Cormen et al. *Introduction to algorithms*. MIT press, 2022.

[DE19] Ted Dunning und Otmar Ertl. „Computing extremely accurate quantiles using t-digests". In: *arXiv preprint arXiv:1902.04023* (2019).

[DF03] Marianne Durand und Philippe Flajolet. „Loglog counting of large cardinalities". In: *European Symposium on Algorithms*. Springer. 2003, S. 605–617.

[DG04] Jeffrey Dean und Sanjay Ghemawat. „MapReduce: Simplified Data Processing on Large Clusters“. In: *6th Symposium on Operating System Design and Implementation (OSDI 2004), San Francisco, California, USA, December 6-8, 2004*. 2004, S. 137–150.

[Fla+07] Philippe Flajolet et al. „Hyperloglog: the analysis of a near-optimal cardinality estimation algorithm“. In: *Discrete mathematics & theoretical computer science* Proceedings (2007).

[Gao+23] Yunfan Gao et al. „Retrieval-augmented generation for large language models: A survey“. In: *arXiv preprint arXiv:2312.10997* 2.1 (2023).

[Has+09] Trevor Hastie et al. *The elements of statistical learning: data mining, inference, and prediction*. Bd. 2. Springer, 2009.

[Hum23] Oliver Hummel. „Auch mal Fünfe gerade sein lassen: Wie probabilistische Datenstrukturen daten-intensive Systeme besser skalierbar machen“. In: *Informatik Aktuell* (März 2023).

[JM14] Daniel Jurafsky und James H. Martin. *Speech and Language Processing: An introduction to speech recognition, computational linguistics and natural language processing*. 2nd. Prentice Hall, 2014.

[LRU20] Jure Leskovec, Anand Rajaraman und Jeffrey David Ullman. *Mining of massive data sets*. Cambridge University Press, 2020.

[Man08] Christopher D Manning. *Introduction to information retrieval*. Cambridge University Press, 2008.

[Mik+13] Tomas Mikolov et al. „Efficient estimation of word representations in vector space“. In: *arXiv preprint arXiv:1301.3781* (2013).

[Mil+90] George A Miller et al. „Introduction to WordNet: An on-line lexical database“. In: *International journal of lexicography* 3.4 (1990), S. 235–244.

[Mor78] Robert Morris. „Counting large numbers of events in small registers“. In: *Communications of the ACM* 21.10 (1978), S. 840–842.

[Pag+99] Lawrence Page et al. *The PageRank citation ranking: Bringing order to the web*. Techn. Ber. Stanford infolab, 1999.

[PSM14] Jeffrey Pennington, Richard Socher und Christopher D Manning. „Glove: Global vectors for word representation“. In: *Proceedings of the 2014 conference on empirical methods in natural language processing (EMNLP)*. 2014, S. 1532–1543.

[Ras24] Sebastian Raschka. *Build a Large Language Model (From Scratch)*. Simon und Schuster, 2024.

[SB88] Gerard Salton und Christopher Buckley. „Term-weighting approaches in automatic text retrieval“. In: *Information processing & management* 24.5 (1988), S. 513–523.

[SH25] Gautam Kishore Shahi und Oliver Hummel. „On the effectiveness of large language models in automating categorization of scientific texts“. In: *Proceedings of the 27th International Conference on Enterprise Information Systems (ICEIS 2025)*. 2025.

[SMR08] Hinrich Schütze, Christopher D Manning und Prabhakar Raghavan. *Introduction to information retrieval*. Bd. 39. Cambridge University Press Cambridge, 2008.

[Spä72] Karen Spärck Jones. „A statistical interpretation of term specificity and its application in retrieval“. In: *Journal of documentation* 28.1 (1972), S. 11–21.

[SWY75] Gerard Salton, Anita Wong und Chung-Shu Yang. „A vector space model for automatic indexing“. In: *Communications of the ACM* 18.11 (1975), S. 613–620.

[Vas+17] Ashish Vaswani et al. „Attention is All you Need“. In: *Advances in Neural Information Processing Systems*. Hrsg. von I. Guyon et al. Bd. 30. Curran Associates, Inc., 2017.

[WM02] David H Wolpert und William G Macready. „No free lunch theorems for optimization“. In: *IEEE transactions on evolutionary computation* 1.1 (2002), S. 67–82.

[Zhu+23] Yutao Zhu et al. „Large language models for information retrieval: A survey“. In: *arXiv preprint arXiv:2308.07107* (2023).

15 Datenanalyse und Visualisierung

„Ein Bild sagt mehr als tausend Worte.“ Dieses alte Sprichwort bildet die Essenz der Datenvisualisierung und ist im Zeitalter von Big Data relevanter denn je. Hier wächst es in eine ganz neue Dimension: Ein einziges Bild sagt nämlich auch mehr als Millionen Datenpunkte. Visualisierung wird zur entscheidenden Schnittstelle (d. h. Übersetzer) zwischen der schier unbegreiflichen Skalierung maschineller Datenverarbeitung und der einzigartigen Fähigkeit des Menschen, darin intuitive Muster, Zusammenhänge und Anomalien zu erkennen.

Bild 15.1 Big-Data-Visualisierung (Quelle: Generiert mit ChatGPT)

Dieses Kapitel widmet sich der Big-Data-Visualisierung. Dabei geht es weniger um das Erfinden neuer Diagrammtypen (siehe Bild 15.1) als vielmehr um die technologischen und methodischen Strategien, um die schiere *Menge (Volume)*, *Geschwindigkeit (Velocity)* und *Vielfalt (Variety)* von Big Data für das menschliche Auge zu erschließen. Die beiden dafür zentralen Thesen lautet entsprechend:

- *Big-Data-Visualisierung beginnt lange vor dem eigentlichen Diagramm.*
- *Big-Data-Verarbeitung ist die Voraussetzung für Big-Data-Visualisierung.*

Der Visualisierungsprozess startet daher bereits bei der Gestaltung der Datenarchitektur und der Rohdatenverarbeitung. Eine aussagekräftige Visualisierung ist schlicht unmöglich, wenn die zugrunde liegende Datenmenge nicht zuvor durch intelligente Verarbeitungsschritte beherrschbar gemacht worden ist (vgl. Kapitel 13 zur Datenverarbeitung).

15.1 Klassische Visualisierung

Balken-, Linien- und Streudiagramme sind die klassischen Arbeitstiere der Datenanalyse, die viele bereits aus der klassischen Tabellenkalkulation mit z. B. Excel und als etablierte Mittel zur Kommunikation von Erkenntnissen an zentrale Stakeholder kennen. Doch was geschieht, wenn man versucht, diese direkt mit den Herausforderungen von Big Data zu konfrontieren?

- *Das Problem der Menge (Volume):* Ein Streudiagramm mit einer Milliarde Punkte führt zu einer undifferenzierten, schwarzen Fläche (ein Phänomen, bekannt als *Overplotting*). Im besten Fall ist das Resultat nutzlos, im schlimmsten Fall überfordert es die Rechenleistung und führt zum Absturz der Software.
- *Das Problem der Geschwindigkeit (Velocity):* Ein statisches Liniendiagramm, das sekündlich wechselnde Social-Media-Trends oder Aktienkurse abbildet, ist in dem Moment veraltet, in dem es erscheint.
- *Das Problem der Vielfalt (Variety):* Ein Balkendiagramm ist für numerische und kategoriale Werte konzipiert. Es kann nicht gleichzeitig strukturierte Verkaufszahlen, unstrukturierte Kundenrezensionen (Text) und Geodaten (Koordinaten) in einer einzigen, zusammenhängenden Ansicht darstellen.

Warum also halten wir im Big-Data-Kontext an diesen scheinbar ungeeigneten Methoden fest? Die Antwort liegt in ihrer radikalen Einfachheit, die perfekt auf die grundlegenden Fähigkeiten unserer visuellen Wahrnehmung zugeschnitten ist (siehe weiterführende Literatur [War19]. Sie ermöglichen es uns, mit minimalem kognitivem Aufwand Längen zu vergleichen (z. B. Balkendiagramm), Trends zu verfolgen (z. B. Liniendiagramm) und Korrelationen zu erkennen (z. B. Streudiagramm). Darüber hinaus kann Visualisierung das zeigen, was wir bei der Verwendung von statistischen oder algorithmischen Techniken eventuell übersehen (vgl. Anscombe's Quartett, welches beispielhaft dieses Problem im Kontext rein numerischer Analysen verdeutlicht [Ans73]).

Warum ist Visualisierung kognitiv wirksam? (siehe Wahrnehmungspsychologie): Visualisierungen helfen beim Denken: Unser Arbeitsgedächtnis kann nur wenige Dinge gleichzeitig vorhalten, lange Zahlenkolonnen eben nicht. Bilder lagern Informationen hier „außerhalb" und ordnen sie. Manche Bildmerkmale springen sofort „ins Auge" (z. B. Position, Länge, Farbe) – so erkennen wir Muster und Ausreißer schnell. Für genaue Vergleiche von Daten sind gemeinsame Achsen und Längen am zuverlässigsten. 3D, Flächen und Regenbogenfarben können allerdings Täuschungen verursachen. Zeitvergleiche klappen beispielsweise mit kleinen, gleichformatierten Diagrammen oft besser als mit einer Animation. Wichtig für die Interaktion in Visualisierungen sind daher kurze Reaktionszeiten (z. B. wenn wir in einer Visualisierung etwas anklicken oder hereinzoomen, sollte die Antwort sofort erscheinen), damit der Denkfluss nicht abreißt. Für einen tieferen Einblick in die Thematik siehe z. B. [Mun14; War19].

Erstes Fazit

Das Ziel der Big-Data-Visualisierung ist also nicht, klassische Diagramme abzuschaffen, sondern die Daten durch intelligente Vorverarbeitung und Aggregation so zu transformieren, dass sie in diesen bewährten Formaten ihre Aussagekraft entfalten. Der Fokus verschiebt sich somit vom Design des Diagramms hin zur Architektur der vorgelagerten Datenverarbeitung.

Im Allgemeinen umfasst die Big-Data-Visualisierung eine Vielzahl von Diagrammtypen[1)] aus verschiedenen Bereichen und Domänen, die unterschiedliche Anwendungen und damit Ziele verfolgen. Klassische Diagramme wie Balken-, Linien-, Säulen-, Kreisdiagramme und Histogramme sind besonders für Vergleiche und Aggregationen geeignet. Zur Darstellung von zeitlichen Datenströmen dienen oft beispielsweise Zeitreihenplots oder Heatmaps. Geodaten und Netzwerkanalysen (d. h. räumliche und relationale Muster) lassen sich mit Karten, Dichte-Heatmaps oder speziellen Netzwerkgrafiken (z. B. Graphen) darstellen. Hochdimensionale Daten können mithilfe von Streudiagrammen, Hexbin-Plots, Parallelkoordinatenplots oder Radar-Charts untersucht werden. Treemaps (Kacheldiagramme), Sunburst-Diagramme und Sankey-Flussdiagramme wiederum können komplexe Hierarchien und Prozesse abbilden. Des Weiteren bieten Word Clouds, Dashboards und interaktive Visualisierungen flexible Möglichkeiten, große Datenbestände explorativ zu analysieren. So wird in gewisser Weise deutlich, dass die Vielfalt der Visualisierungstechniken geeignete Auswahlstrategien benötigt.

1 Eine Zusammenstellung als Katalog gibt es beispielsweise hier: *https://datavizcatalogue.com*

15.1.1 Die zentralen Disziplinen und ihre Abgrenzung

Obwohl die Big-Data-Visualisierung auf bewährten Diagrammen aufbaut, bewegt sie sich in einem Umfeld sich überschneidender Fachgebiete. Begriffe wie Statistik (Mathematik), Business Intelligence und Data Science, Data Mining oder sogar Machine Learning werden oft synonym verwendet und stiften dadurch Verwirrung.

Dieser Abschnitt versucht, mit einem kleinen Exkurs etwas mehr Klarheit zu schaffen: Zuerst grenzen wir die zentralen Disziplinen voneinander ab, um ihre jeweilige Rolle und Entwicklung nachvollziehbar zu machen. Anschließend richten wir den Fokus wieder auf die alles verbindende Komponente – die Visualisierung. Wir werden zeigen, warum Visualisierung gerade im Kontext von Big Data maßgeblich über den Erfolg oder Misserfolg von Analyseprojekten entscheidet.

Fundament: Klassische Datenanalyse (Statistik)

Die Statistik als Teilgebiet der Mathematik bildet das wissenschaftliche Fundament der Datenanalyse und wurde lange vor der Allgegenwart von Computern entwickelt. Sie verfolgt zwei Hauptziele: einerseits das Beschreiben und Zusammenfassen von Daten (deskriptive Statistik), andererseits das Schätzen und Testen von Aussagen über eine Grundgesamtheit auf Basis einer Stichprobe (Inferenzstatistik). Typische Fragestellungen sind: „Wie stark ist der Zusammenhang zwischen Werbeausgaben und Umsatz?" oder „Ist der beobachtete Unterschied zwischen Gruppe A und B statistisch signifikant?". Die erste Frage ist primär deskriptiv (z. B. durch die Beschreibung der Beziehung mittels Korrelationen), die zweite ist inferenzstatistisch, weil geprüft wird, ob ein beobachteter Unterschied über Zufall hinausgeht und verallgemeinert werden kann.

Die zugrunde liegenden Daten sind häufig überschaubar, strukturiert und gezielt für die Analyse erhoben, etwa durch Umfragen oder Experimente. Zentrale Ziele sind die Generalisierbarkeit, also der Schluss von der Stichprobe auf die Grundgesamtheit, sowie das Quantifizieren von Unsicherheit (z. B. über Konfidenzintervalle) und das Testen von Effekten.

Die Statistik hat viele der heute geläufigen Visualisierungen geprägt: Histogramme zeigen Verteilungen, Boxplots ermöglichen den Vergleich von Gruppen, und Streudiagramme visualisieren Beziehungen zwischen Variablen. Diese Werkzeuge werden besonders häufig in der Analyse kleiner, gezielt erhobener Stichproben eingesetzt.

Anwendung: Business Intelligence (BI)

Als Reaktion auf die zunehmende Digitalisierung entstand Business Intelligence (BI) mit dem Ziel, Geschäftsdaten systematisch auszuwerten. Die zentrale Aufgabe von BI ist es, die Vergangenheit zu beschreiben und die Gegenwart zu verstehen, um das Management zu informieren. Typische Fragestellungen sind „Wie hoch war der Umsatz im letzten Quartal in der Region XY?“ oder „Welches sind unsere Top-10-Produkte nach Verkaufszahlen?“.

Als Datenbasis dienen vorzugsweise interne, strukturierte Informationen aus ERP- oder CRM-Systemen, die in einem Data Warehouse konsolidiert und aufbereitet werden (vgl. Kapitel 7). Das operative Ziel von BI ist analytisches Monitoring und Reporting: Komplexe Daten werden zu Kennzahlen (KPIs), Berichten und Dashboards verdichtet (d. h. aggregiert und visualisiert), um eine fundierte Entscheidungsgrundlage zu schaffen. BI ist somit der Blick in den „Rückspiegel“ des Unternehmens und bedient sich aus einer Kombination von klassischen Datenanalysen und Visualisierungen aus Statistik und OLAP.

Vorhersagen: Data Science und Machine Learning

Data Science geht einen entscheidenden Schritt über die reine Vergangenheitsanalyse hinaus. Als interdisziplinäres Feld verbindet sie Methoden der Statistik und Informatik mit tiefem Domänenwissen. Ihr Kernziel ist die Vorhersage zukünftiger Ereignisse und die Ableitung proaktiver Handlungsempfehlungen durch das Erkennen komplexer Muster. Typische Fragestellungen lauten „Welcher Kunde wird mit 80 % Wahrscheinlichkeit im nächsten Monat kündigen?“ oder „Welches Produkt sollten wir diesem Kunden als Nächstes empfehlen?“ (z. B. E-Commerce).

Dabei nutzt Data Science ein breites Spektrum an Daten, von strukturierten bis hin zu unstrukturierten Formaten wie Texten oder Bildern, die oft unbereinigt aus diversen Quellen stammen. Das Ziel ist nicht mehr nur, Vergangenes zu erklären, sondern Zukünftiges zu prognostizieren und als höchste Disziplin strategische Empfehlungen für das künftige Handeln abzuleiten.

Herausforderung: Big Data Analytics

Big Data Analytics ist keine eigenständige Disziplin im klassischen Sinne, sondern der technologische „Enabler“, der die vorherigen Disziplinen auf extrem große und komplexe Datenmengen anwendbar macht. Der Hauptfokus liegt auf der Analyse von Daten, die durch die 3 Vs charakterisiert sind. Die Fragen sind oft dieselben wie bei BI oder Data Science, allerdings mit dem Zusatz „...mit Petabytes an Daten in beinahe Echtzeit“. Ein Beispiel aus E-Commerce könnte lauten: „Wie können wir personalisierte Produktempfehlungen für 10 Millionen Nutzer in Echtzeit generieren?“. Das Ziel von Big-Data-Analytics ist die Skalierbarkeit und Machbarkeit: Die Infrastruktur (z. B. Hadoop, Spark, NoSQL-Datenbanken) und die passenden Architekturen werden bereitgestellt, um riesige Datenmengen überhaupt erst zu speichern, zu verarbeiten (d. h. strukturieren) und zu analysieren. Tabelle 15.1 zeigt eine kurze Zusammenfassung unserer Abgrenzung.

Die zuvor vorgestellten Disziplinen lassen sich in das analytische Reifegradmodell einordnen, welches wir bereits am Anfang des Buches eingeführt haben (vgl. Maturity

Tabelle 15.1 Zusammenfassende Abgrenzung der Analysedisziplinen

Kriterium	Klassische Statistik	Business Intelligence (BI)	Data Science (Machine Learning)	Big Data Analytics
Hauptfokus	Hypothesen testen, erklären	Vergangenheit beschreiben	Zukunft vorhersagen, empfehlen	Analyse auf extremen Daten ermöglichen
Zeithorizont	Vergangenheitsorientiert	Vergangenheitsorientiert	Zukunftsorientiert	Vergangenheits-, Gegenwarts- & Zukunftsorientiert
Daten	Klein, strukturiert (Stichprobe)	Mittel, strukturiert (gesamtes Unternehmen)	Alle Arten, oft unstrukturiert	Die 3 Vs: Volume, Velocity, Variety
Ziel	Inferenz, Erklärung	Reporting, Monitoring	Vorhersage, Automatisierung	Skalierbarkeit, Echtzeitfähigkeit
Rolle	Das theoretische Fundament	Der Unternehmenshistoriker	Der Zukunftsstratege	Der Infrastruktur-Enabler

Levels in Abschnitt 1.3). Dieses beschreibt, wie Unternehmen durch den fortschreitenden Einsatz von Analytik einen immer höheren Geschäftswert generieren. Jede Stufe beantwortet dabei eine komplexere Frage:

1. **Deskriptive Analytik:** Was ist passiert? (BI-Fokus)
2. **Diagnostische Analytik:** Warum ist es passiert? (BI, explorative Analyse)
3. **Prädiktive Analytik:** Was wird passieren? (Data-Science-Fokus)
4. **Präskriptive Analytik:** Was sollten wir tun? (Data-Science-Fokus)

Aber wie bereits erwähnt ist auch in diesem Modell Big Data Analytics keine eigene Stufe, sondern der technologische Enabler, der orthogonal zu diesen Stufen steht (d. h. diese umfasst).

15.2 Human-in-the-Loop: Visualisierung

Während die grundlegenden 3 Vs die technischen Herausforderungen von Big Data definieren, adressiert ein weiteres, oft unterschätztes „V" eine sehr *menschliche Komponente: die Visualisierung*. Sie ist keine isolierte Disziplin, sondern eine entscheidende Querschnittsfunktion, deren Rolle sich je nach analytischem Kontext wandelt.

In der Business Intelligence (BI) ist die Visualisierung das zentrale Endprodukt. Für den Endanwender ist das Dashboard die BI, da es abstrakte Daten in verständliche KPIs und Trends für das Management übersetzt. In der Statistik und diagnostischen

Analyse hingegen ist sie primär ein Werkzeug zur Exploration. Diagramme wie Histogramme oder Boxplots sind dabei unverzichtbar, um Datenverteilungen zu verstehen, Ausreißer zu entdecken und Hypothesen visuell zu prüfen. In der Data Science entfaltet die Visualisierung schließlich eine entscheidende Doppelrolle. Zu Beginn des Prozesses dient sie im Rahmen der explorativen Datenanalyse (EDA) dazu, Muster und Korrelationen für die Modellentwicklung aufzudecken. Am Ende wird sie zum zentralen Instrument des „Data Storytellings" (vgl. [Kna15]), um die komplexen Ergebnisse eines prädiktiven Modells für Stakeholder nachvollziehbar zu machen und Vertrauen zu schaffen. Tabelle 15.2 fasst die unterschiedlichen Rollen und Ziele der Visualisierung in der Business Intelligence, der Statistik und der Data Science zusammen.

Tabelle 15.2 Die Rolle der Visualisierung in unterschiedlichen analytischen Disziplinen

Kriterium	Business Intelligence (BI)	Statistik	Data Science
Hauptzweck	**Endprodukt & Kommunikationsmittel:** Die Visualisierung *ist* das Ergebnis für den Anwender.	**Werkzeug zur Exploration & Diagnose:** Ein Mittel zum Zweck während der Analyse.	**Doppelrolle: Explorationswerkzeug & Kommunikationsmittel** (Storytelling).
Anwendungsphase	Am **Ende** des Analyseprozesses (Reporting).	**Während** des Analyseprozesses (Datenverständnis, Hypothesenprüfung).	Am **Anfang** (EDA) und am **Ende** (Ergebnispräsentation) des Prozesses.
Typische Anwender	Management, Fachabteilungen, Endanwender.	Analysten, Statistiker, Forscher.	Data Scientists (für EDA), Stakeholder & Management (für Ergebnisse).
Ziel/Ergebnis	Übersetzung von Daten in verständliche **KPIs und Trends** zur Entscheidungsfindung.	**Verständnis von Datenverteilungen**, Entdeckung von Ausreißern, visuelle Prüfung von Hypothesen.	1. **Aufdecken von Mustern** und Korrelationen für die Modellentwicklung. 2. **Verständlichmachen** komplexer Modellergebnisse und Schaffen von Vertrauen.
Typische Artefakte	Interaktive Dashboards, Management-Reports, KPI-Kacheln.	Histogramme, Boxplots, Streudiagramme etc.	Korrelationsmatrizen, Ergebnis-Dashboards, visuelles Data Storytelling.

Damit erweist sich die Visualisierung als das vielleicht wichtigste „V" von allen, denn sie ist die „Human-in-the-loop"-Schnittstelle (vgl. [Mun14]), die den Wert von Daten überhaupt erst an den Menschen verständlich kommuniziert. Erstens fungiert sie als kognitive Schnittstelle: Unser Gehirn ist auf die Erkennung visueller Muster evolutionär optimiert, nicht auf das Lesen quasi endloser Zahlenkolonnen. Visualisierung macht maschinell erzeugte Erkenntnisse für den Menschen fassbar. Zweitens demokratisiert sie den Zugang zu Daten. Gut gestaltete, interaktive Dashboards befähigen auch Nicht-Experten zu datengestützten Entscheidungen und fördern so eine datengetriebene Kultur im gesamten Unternehmen. Vor allem aber unterstützt die Visualisierung die kritische Endphase der Datenanalyse und damit die Interpretation der Ergebnisse: Die beste Analyse ist wertlos, wenn ihre Ergebnisse nicht verstanden werden und keine Handlung auslösen. Visualisierung sorgt dafür, dass die Erkenntnis die Entscheider erreicht und in greifbaren *Wert (Value)* umgewandelt wird.

Während die 3 Vs (Volume, Velocity und Variety) die technischen Herausforderungen von Big Data definieren, adressiert die Visualisierung die menschliche Herausforderung der Kommunikation für die verständliche Deutung der Daten.

15.3 Vorgehensmodelle für visuelle Analysen

Vorgehensmodelle können uns helfen, Datenverarbeitungsschritte (oder Pipelines) sinnvoll in einzelne Phasen zu zerlegen (Teile-und-herrsche-Prinzip), und aufzeigen, wann welche Datenverarbeitungsschritte üblicherweise angewandt werden können. Die in Kapitel 4 vorgestellten Vorgehensmodelle für Big Data Analytics sind vornehmlich auf der Ebene des Projektmanagements formuliert. Aus diesem Grund liefern sie nur wenige konkrete Aussagen zur konkreten Anwendung von Analysetechniken und entsprechender Visualisierung. Der Big-Data-Analytics-Lifecycle nach Erl et al. (vgl. Abschnitt 4.5 und [EKB16]) hingegen identifiziert die Visualisierung als eigenständige Phase und betont damit ihre besondere Bedeutung. Hier stehen Datenanalyse und Visualisierung in wechselseitiger und sich ergänzender Beziehung.

Neben den grundlegenden Vorgehensmodellen im Rahmen von Big Data Analytics wurde auch ein ergänzender Ansatz speziell für visuelle Analysen vorgeschlagen. Der interdisziplinäre Ansatz „Visual Analytics“ liefert hierfür ein fundamentales theoretisches Gerüst (vgl. [Kei+08]), das analytisches Denken mit interaktiven visuellen Schnittstellen ergänzt.

Die Kernidee des Visual-Analytics-Modells beschreibt keinen linearen Prozess von Daten zu Visualisierungen, sondern eine enge Feedback-Schleife (ähnlich zu agilen Methoden) zwischen Mensch und Maschine („human-in-the-loop“; vgl. [Mun14]). Der Prozess folgt daher oft der Vorgehensweise „Analyse First – Show the Important – Zoom, Filter and Analyse Further – Details on Demand“ [Kei+08].

Konkret bedeutet dies für uns im Big-Data-Kontext Folgendes:

1. *Automatisierte Analyse:* Zuerst reduzieren Algorithmen (d. h. Big-Data-Verarbeitungs-Pipelines und Schritte) die Komplexität der Datenmengen, indem sie diese

aggregieren, clustern oder nach Anomalien durchsuchen (vgl. weitere vorgestellte Visualisierungsstrategien weiter oben).

2. *Visuelle Darstellung:* Die Ergebnisse dieser Vorverarbeitung werden dem Menschen visuell präsentiert. Anstatt Rohdaten werden eine Zusammenfassung, Muster oder Ausreißer präsentiert.
3. *Menschliche Interaktion:* Der Mensch interagiert mit der Visualisierung. Er nutzt seine Intuition und sein Fachwissen, um Muster zu erkennen, Hypothesen zu bilden und Erkundungen in interessante Datenbereiche vorzunehmen.
4. *Feedback:* Die Erkenntnisse und Interaktionen des Menschen steuern die nächste Iteration der automatisierten Analyse, um gezieltere Ergebnisse zu erhalten.

Dieses Modell kann genutzt werden, um den Herausforderungen von Big Data zu begegnen. In diesem Kontext kombiniert es Big-Data-Verarbeitung (Big Data Analytics) zur Bewältigung der Datenmenge mit der kognitiven Wahrnehmung des Menschen zur Mustererkennung und Interpretation. Es nutzt Visualisierung nicht ausschließlich als Endprodukt (d. h. am Ende der gesamten Verarbeitungskette), sondern als integralen, interaktiven Teil des gesamten Erkenntnisprozesses.

15.4 Strategien der Big-Data-Visualisierung

Wie können wir riesige Datenmengen für das menschliche Auge zähmen? Da eine 1:1-Darstellung oft technisch unmöglich, nicht interpretierbar oder sinnvoll ist, benötigen wir geeignete Strategien, um Komplexität zu reduzieren, ohne die Kernaussage aus den Augen zu verlieren. Diese Strategien lassen sich grob in zwei Philosophien unterteilen: „Weniger, aber klüger anzeigen" und „den Nutzer interaktiv die Daten erforschen lassen". Sie gehen also das Problem der Skalierung der Daten mit spezifischen Methoden an.

Im Allgemeinen können wir die Schritte, die dafür nötig sind, lapidar als „Eindampfen" der Daten verstehen, also eine schrittweise Reduktion der Daten auf essenzielle Informationen, die für Menschen interpretierbar werden. Hier gilt: Die Datenmenge sinkt, aber die Informationsdichte steigt. Wir werden sehen, dass diese Strategien und deren Methoden intelligent miteinander kombiniert werden können, um die Informationsdichte weiter zu erhöhen. Als Zwischenfazit gilt: Big-Data-Visualisierung ist kein einzelnes Verfahren, sondern ein Spektrum. Die Kunst liegt darin, je nach Kontext (und Anwendungsfall) die passende Kombination aus Verarbeitungsgrad, Technik, Interaktivität und Zielgruppenorientierung zu wählen.

Nachdem wir im Folgenden eine Auswahl gängiger Strategien betrachtet haben (hier sei an weiterführende Literatur wie z. B. [Fre18] verwiesen), werden wir uns danach noch zwei renderingbasierte Ansätze anschauen, die es trotzdem schaffen, viele Datenpunkte zu visualisieren (d. h. zu „plotten").

15.4.1 Filtern und verdichten

Die direkteste Antwort auf zu viele Daten ist wohl, einfach weniger davon zu zeigen. Die fundamentalste Methoden hierfür sind das *Filtern* und die **Aggregation**. Der klassische Ansatz hierfür ist das Prinzip von OLAP mit OLAP-Cubes. Im Big-Data-Kontext wird dieses Prinzip erweitert und neu interpretiert: Anstatt eines nutzlosen Pixelbreis aus Millionen Punkten zeigt etwa eine **Heatmap** die Dichte der Daten mithilfe von Farb- bzw. Helligkeitsskalen an. Anstatt eines Sturms von Einkäufen im Online-Shop zur Weihnachtszeit zeigt ein Liniendiagramm die Einkäufe aggregiert pro Minute an.

Eine ebenfalls pragmatischere und noch schnellere Variante ist das **Sampling**, bei dem eine repräsentative Stichprobe[2)] gezogen wird – ideal für eine schnelle erste Exploration, aber mit dem Risiko, Ausreißer oder wichtige Muster zu übersehen. Die mathematisch eleganteste Methode ist die *Dimensionsreduktion*. Algorithmen wie Principal Component Analysis (PCA) (Hauptkomponentenanalyse) [BW05] oder t-distributed stochastic neighbor embedding (t-SNE) [HR02] komprimieren Datensätze mit hunderten von Merkmalen in zwei oder drei Dimensionen und machen so die Ergebnisse von Clustering-Verfahren visuell sichtbar.

15.4.2 Smarte Dashboards und verknüpfte Ansichten

Wenn es nicht möglich oder sinnvoll ist, alle Daten auf einmal anzuzeigen, kann es hilfreich sein, interessante Teile der Daten oder Ansichten davon zu erforschen. Die grundlegende Strategie hierfür ist die *Interaktivität*. Konkrete Methoden sind hier interaktive Abfragen und progressive Darstellungen. Bei interaktiven Abfragen werden nicht alle Daten geladen, sondern nur Details bei Bedarf nachgeladen (z. B. Drill-down, Zooming, Panning). In einer progressiven Darstellung wird zuerst eine grobe Übersicht gezeigt, die dann bei einer Interaktion weiter verfeinert werden kann. Ein intuitives Beispiel für diese Methoden hier ist ein Onlinekartendienst wie z. B. Google Maps: Eine Geo-Karte zeigt nicht sofort jede Straße der Welt, sondern erlaubt dem Nutzer, per Zooming (Herein- und Herauszoomen) und Panning (Schwenken) von einer globalen zu einer lokalen Ansicht von z. B. Städten und Straßen zu navigieren. In Dashboards entspricht dies dem Filtern (Ausblenden), Zoomen und Drill-downs, die im Hintergrund extrem schnelle Datenbankabfragen erfordern – eine Fähigkeit, die nur durch voraggregierte Daten, beispielsweise in OLAP-Cubes, möglich wird. In diesem Kontext kennen viele bereits auch die Möglichkeit, verschiedene „Layer" anzuzeigen, die ggf. mehr oder weniger Details enthalten (z. B. Anzeige von Live-Verkehrsdaten). Layer sind daher eine weitere Möglichkeit, Interaktivität zu erzielen.

Ein anderer Ansatz dieser Philosophie sind *verknüpfte Ansichten (Brushing & Linking)*. Hierbei wird eine Auswahl in einem Diagramm (z. B. einer Altersverteilung) sofort

2 Idealerweise aus einer Datenverteilung die die Daten gut repräsentiert; vgl. Statistik

zur Filterung aller anderen Diagramme (z. B. einer Produktübersicht). Es entsteht ein dynamischer Dialog zwischen den Visualisierungen, der eine intuitive und tiefgehende Erforschung von komplexen Zusammenhängen ermöglicht.

Praxisbeispiel: Wohnungspreistrends

Um interaktive Methoden wie Brushing & Linking weiter zu veranschaulichen, greifen wir auf das Beispiel einer Wohnungspreisanalyse zurück. Bild 15.2 zeigt die Marktanalyse für Wohnungspreise eines bekannten deutschen Immobilienportals mit zwei Diagrammarten: ein Liniendiagramm für eine Preisdiagnose von Wohnungspreisen und eine Geo-Map (Onlinekartenmaterial), um die Stadtgrenzen auszuwählen.

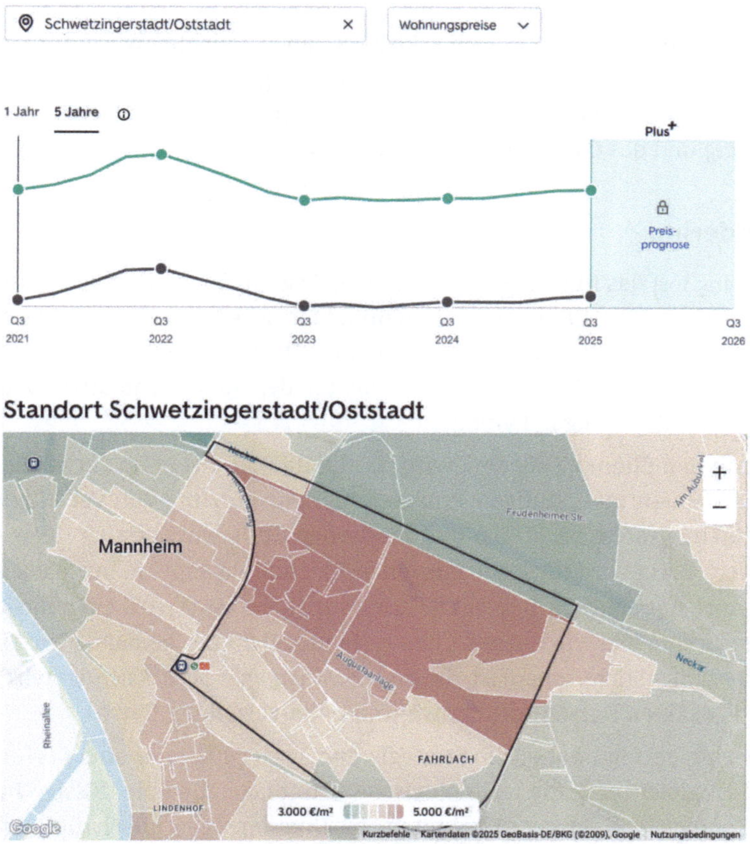

Bild 15.2 Beispiel: Wohnungspreisanalyse (Brushing: Onlinekarte – Google Maps, Linking: Preistrendanalyse als Liniendiagramm) (Quelle: ImmoScout24)

Wenn wir nun eine Stadt in der Onlinekarte auswählen – das Brushing –, bekommen wir direkt eine Wohnungspreistrendanalyse für diese in Form eines Liniendiagramms – das Linking. Es zeigt einen Zeitreihenplot mit zwei verbundenen Linien und Markern, wobei die x-Achse die Quartale über einen Zeitraum von 5 Jahren zeigt. Zeitgleich hebt die Geo-Map den Preisbereich farbig vor. Zusätzlich können wir wie bereits oben erwähnt auch das Zooming nutzen, um bis auf Straßenebene unsere gewünschten Wohnungspreistrends anzuzeigen. Der Nutzer erhält hier also durch Interaktivität die Möglichkeit, die Preistrends zu entdecken, um ggf. informierte Entscheidungen über einen Wohnungskauf zu treffen. Unter der Haube wird dies natürlich technisch aufwendiger, da bestimmte Datenbereiche ad hoc angefragt werden, Diagramme neu gerendert werden müssen usw.

15.4.3 Server-Side und Client-Side GPU Rendering

Nachdem wir die zwei allgemeinen Strategien skizziert haben, möchten wir nun zwei weitere konkrete Technologien vorstellen, die das Rendern großer (Roh-)Datenmengen mithilfe von Hardwarebeschleunigung zu einem gewissen Grad ermöglichen: das *Server-Side Rendering* und das *Client-Side GPU Rendering*.

Server-Side Rendering

Server-Side Rendering löst das fundamentale Dilemma, dass ein Client, beispielsweise ein Browser, am Empfang von Millionen von Datenpunkten scheitern würde. Ein prominenter Vertreter für Server-Side Rendering aus dem Python-Ökosystem, der dieses Dilemma löst, ist die freie Bibliothek **Datashader**[3] als Teil der HoloViz-Initiative[4] zur Vereinfachung von Visualisierung in Python.

Anstatt Rohdaten an den Client zu senden, wird das finale Bild direkt im Server-Backend gerendert. In einem mehrstufigen Prozess unter Ausnutzung von verteilten Rechnen (Unterstützung mehrerer CPUs) und moderner GPUs wird erst ein leeres Pixel-Raster definiert. Dann wird für jeden einzelnen Datenpunkt geprüft, in welchen Pixel er fällt, und dort aggregiert (z. B. gezählt). Dieses Dichte-Raster wird eingefärbt, und nur das fertige, leichte Bild wird an den Client gesendet. Der entscheidende Vorteil gegenüber dem Sampling (Stichproben) ist, dass *jeder Datenpunkt berücksichtigt* wird, was zu einer visuell exakten Darstellung der wahren Datenverteilung führt.

Server-Side Rendering verfolgt daher die Strategie der *Aggregation* auf eine performante Weise und ist gleichzeitig die technologische Grundlage, die eine flüssige Interaktivität (wie Zoomen und Panning) bei massiven Datenmengen überhaupt erst ermöglicht.

Bild 15.3 illustriert das Rendern mit Datashader anhand des öffentlich verfügbaren Datensatzes NYC Taxi Trips, welches das Projekt als Teil seiner Dokumentation nutzt.[5]

3 *https://datashader.org*

4 *https://holoviz.org*

5 Weitere Details sind hier verfügbar: *https://datashader.org/getting_started/Introduction.html*

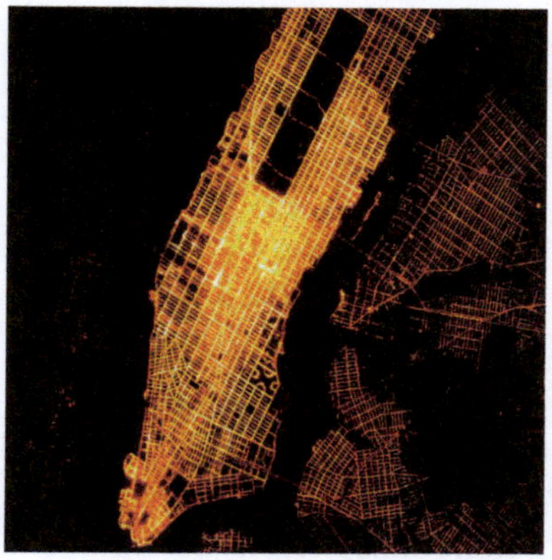

Bild 15.3 Beispiel: NYC Taxi Trips (Quelle: Datashader)

Das Ergebnis des Renderings ist ein dichtebasiertes Streudiagramm bzw. eine Heatmap mit feuerähnlichen Farbstufen der „Dropoff"-Koordinaten x und y (Taxi-Ausstiege), das hier für Geodaten verwendet wird. Die Verdichtung der Daten wird also durch die Intensität der feuerähnlichen Farbstufen hervorgehoben und visualisiert damit dem Menschen, wo die meisten Taxi-Ausstiege stattgefunden haben. Nur durch diese Daten ist also der allgemeine Grundriss von Manhattan und den Hotspots der Taxi-Ausstiege sichtbar geworden. Die wichtige Erkenntnis ist hier, dass wir die Manhattan-Karte und ihre Muster nicht ohne Weiteres mit einem reinen, analytischen Blick ohne jegliche Visualisierung im Datensatz so schnell gedeutet hätten.

Client-Side GPU Rendering

Während Server-Side Rendering die rohen Daten geschickt auf dem Server verbirgt, verfolgt ein anderer, ebenso leistungsfähiger Ansatz die entgegengesetzte Philosophie: *Client-Side GPU Rendering*. Diese Technik wird von Bibliotheken wie *deck.gl*[6] unterstützt und ermöglicht flüssige Visualisierungen großer Datenmengen in modernen Webanwendungen.

Die technologische Grundlage dafür ist *WebGL*,[7] eine Schnittstelle, die dem Browser per JavaScript direkten Zugriff auf die Prozessorkerne einer GPU gewährt. Statt eines fertigen Bildes werden die Rohdaten (bis zu einer Grenze von wenigen Millionen Punkten) an den Client gesendet. Die GPU kann diese dann in Echtzeit rendern. Dies ermöglicht eine höhere Interaktivität als Server-Side Rendering bietet: flüssigere Zooms, 3D-Perspektiven, fließende Animationen und sogar das Hervorheben einzelner Punkte beim Darüberfahren mit der Maus (engl. Hovering). Allerdings ist die Skalierbarkeit je nach Leistung der GPU begrenzt. deck.gl bietet einen interaktiven Playground, um die Möglichkeiten von Client-Side Rendering direkt im Browser auszuprobieren.[8]

6 *https://deck.gl*
7 *https://www.khronos.org/webgl*
8 *https://deck.gl/playground*

Server-side Rendering und Client-Side Rendering können auch intelligent miteinander kombiniert werden, um das Beste aus beiden Welten zu erhalten.

Immersion mit Virtual/Augmented Reality

Ein Trend, der maßgeblich von der fortschreitenden Hardwarebeschleunigung profitiert, ist die Immersion: die Erkundung von Daten in virtuellen (Virtual Reality, kurz VR) oder erweiterten (Augmented Reality, kurz AR) Realitäten. Während dies in der Ingenieurswelt (z. B. bei der 3D-Analyse von CAD-Modellen im Automobilbau) bereits etabliert ist, sinken die Kosten für die nötige Hardware rapide. Dies eröffnet völlig neue Möglichkeiten für die Big-Data-Analyse. Statt komplexe, hochdimensionale Daten auf einen flachen 2D-Bildschirm zu projizieren, können Analysten sie als räumliche Strukturen intuitiv „begehen" und interaktiv untersuchen. Es ist zu erwarten, dass immersive Analysen in Zukunft zu einem mächtigen Werkzeug werden, um in großen Datenmengen Muster zu entdecken, die auf traditionellen Dashboards verborgen bleiben.

Ob es um die Berechnung einer Heatmap in Apache Spark geht, die Low-Latency-Abfrage für einen interaktiven Drill-down oder das Servide-Side Rendering mit Datashader – all diese Visualisierungsstrategien stützen sich auf eine effiziente Datenverarbeitung im Hintergrund.

15.5 Praktische Werkzeuge und Plattformen

Neben den Strategien zur Visualisierung spielen konkrete Softwarewerkzeuge eine zentrale Rolle. Es ist wichtig zu erkennen, dass die Vielfalt von Werkzeugen unterschiedliche Stärken mit sich bringt, die sich je nach Datenmenge, Zielgruppe und Anwendungsszenario unterscheiden. Im Folgenden geben wir einen Überblick über gängige Ansätze, geordnet nach technologischer Ausrichtung.

Exkurs in die Praxis: Am weltberühmten CERN in der Schweiz fallen beim Large Hadron Collider (LHC) enorme Datenmengen an: Pro Sekunde können mehrere Petabyte an Rohdaten entstehen. Eine direkte Speicherung oder Visualisierung dieser Mengen ist nicht möglich, weshalb mehrstufige Verfahren eingesetzt werden. Dies beinhaltet unter anderem Techniken zur Reduktion der Daten bei ihrer Entstehung, verteilte Verarbeitung in einer Vielzahl von Rechenzentren weltweit, aber auch Aggregation, d. h. Verdichtung der Kollisionsdaten. Mit der Bibliothek *ROOT*[9] nutzt und bietet das CERN selbst eine freie C++ Bibliothek, mit der sich große binäre Datensätze effizient verarbeiten und wissenschaftliche Diagramme, also Visualisierungen, erzeugen lassen.

9 *https://root.cern*

Mithilfe von ROOT haben die beteiligten Wissenschaftlicher schlussendlich das Higgs-Boson 2012 entdeckt![10]

Der Schlüssel zur Visualisierung großer Datenmengen liegt also in einer Kombination aus früher Datenreduktion, verteilter Verarbeitung und optimierten Visualisierungstechniken.

15.5.1 Data Frames und Visualisierungssprachen

Ein zentrales Paradigma der modernen Datenanalyse ist die Arbeit mit Data Frames. Dabei handelt es sich um tabellarische Strukturen, die Daten in Zeilen und Spalten organisieren und effiziente Manipulation sowie einfache Anbindung an Visualisierung ermöglichen (vgl. Datenformate in Abschnitt 5.1.3 und Verarbeitung in Abschnitt 13.4.5). Dieses Konzept ist in vielen Sprachen und Werkzeugen umgesetzt. Wir zeigen hier einen kleinen Ausschnitt aus der Praxis:

- *Python:* Pandas (für Data Frames (DFs)), Matplotlib[11] (Standard bei Pandas), Seaborn[12] und Plotly[13] für statische und interaktive Visualisierungen.
- *R:* Populäre R-Pakete aus TidyVerse[14] wie dplyr für Datenmanipulation zusammen mit ggplot2 für Visualisierung auf Grundlage der „Grammar of Graphics"[15] (siehe [Wil11]).
- *Julia:* DataFrames.jl sowie Visualisierungsbibliotheken wie Plots.jl[16] oder Makie.jl, teilweise GPU-beschleunigt.

Alle Visualisierungserweiterungen von DFs haben gemeinsam, dass sie in der Regel viele gängige Diagrammtypen bereits unterstützen, aber auch Bausteine[17] (Komponenten und Layer) zur Verfügung stellen, um individuelle Diagramme zu erstellen (weitere Empfehlungen zu deren Design findet sich unter anderem in der Fachliteratur, etwa [Wil19]).

Darüber hinaus ist im Big-Data-Kontext hervorzuheben, dass es oft möglich ist, die konkreten DF-Frameworks direkt mit anderen Technologien, die in diesem Buch besprochen werden, zu kombinieren, oder diese als Unterbau (Engine) nutzen. Zum Bei-

10 Higgs-Diagramme sind hier zu entdecken: *https://root.cern/gallery/#higgs-plots*

11 *https://matplotlib.org*

12 *https://seaborn.pydata.org*

13 *https://plotly.com*

14 *https://www.tidyverse.org*

15 Wilkinson zeigt, dass jedes statistische Diagramm aus wenigen orthogonalen Komponenten zusammengesetzt ist. Statt Diagrammtypen einfach zu katalogisieren, beschreibt die Grammatik, wie man sie aus Komponenten durch Komposition zusammensetzt

16 *https://docs.juliaplots.org*

17 Einen guten Überblick über mögliche Diagrammarten und Bausteinkästen gibt es je nach Bibliothek hier: (1) ggplot2: *https://ggplot2-book.org*, (2) Matplotlib: *https://matplotlib.org/stable/gallery/index.html*, (3) Plotly: *https://plotly.com/python*

spiel können wir PySpark, pyarrow (Apache Arrow) oder duckdb nutzen, um Pandas DFs zu erzeugen, die wir dann beispielsweise mit Matplotlib visualisieren können. Gleichermaßen gibt es auch mit SparkR eine Spark-Integration, und mit arrow eine Apache-Arrow-Integration in R. Somit ist eine Integration mit modernen Big-Data-Techniken nahtlos möglich. Wie in Abschnitt 11.2 beispielhaft demonstriert, können wir Daten aus einem Data Lake mit duckdb in Python einlesen, als Pandas DF umwandeln und dann mithilfe von Matplotlib visualisieren (z. B. Anzahl der Verkäufe pro Tag mithilfe eines Liniendiagramms).

Unabhängig von der bevorzugten Programmiersprache oder Technologie ergibt sich das folgende Grundmuster:

Datenquelle → Data Frame (Transformation) → Visualisierung

Dieses Grundmuster ist typischerweise in allen möglichen Phasen wie Datenerfassung, Datenaufbereitung, Modellierung und Evaluation des Analyseprozesses vorzufinden, von Anfang bis Ende. Es kann sich je nach Strukturierung des Vorgehensmodell (d. h. die Art und Weise, wie Prozesse in Einzelprozesse bzw. Phasen zerlegt werden) von Anwendungsfall zu Anwendungsfall unterscheiden (vgl. Kapitel 4). Visualisierungen sind daher in allen möglichen Verarbeitungsschritten eine gute Option (oder auch ein Muss!), um Datenmengen besser deuten, das heißt interpretieren zu können (neue Erkenntnisse, Anomalien etc.).

Beispiel: Liniendiagramm für Verkaufsdaten

Um Visualisierungen mit Data Frames zu verdeutlichen, erstellen wir dasselbe Liniendiagramm, das in diesem Fall tägliche Verkäufe darstellt, einmal mit dem Python-Ökosystem (Pandas und Matplotlib) und einmal mit dem R-Ökosystem (dplyr und ggplot2). In beiden Fällen werden beispielhafte Rohdaten zuerst in einen Data Frame geladen und anschließend visualisiert.

Das erste Beispiel in Listing 15.1 zeigt den imperativen Ansatz von Matplotlib (`pip install matplotlib`). Nach der Erstellung des Data Frames werden schrittweise Befehle ausgeführt, um die Zeichenfläche zu konfigurieren, die Daten zu plotten, Titel und Achsenbeschriftungen hinzuzufügen und das Raster einzublenden. Jeder Befehl modifiziert das globale Zustandsobjekt der Grafik.

Listing 15.1 Erstellung eines Liniendiagramms mit Pandas und Matplotlib (Python)

```
import pandas as pd
import matplotlib.pyplot as plt

# 1. Datenquelle (hier als Dictionary simuliert)
data = {
    'Datum': ['2023-11-01', '2023-11-02', '2023-11-03', '2023-11-04',
              '2023-11-05', '2023-11-06', '2023-11-07'],              →
```

```
    'Verkaeufe': [150, 175, 160, 210, 205, 180, 195]
}

# 2. Data Frame erstellen und transformieren
# Die Spalte 'Datum' wird in einen echten Datumstyp umgewandelt.
df = pd.DataFrame(data)
df['Datum'] = pd.to_datetime(df['Datum'])

# 3. Visualisierung
plt.figure(figsize=(10, 5)) # Größe der Zeichenfläche festlegen

# Liniendiagramm erstellen mit Markern für die Datenpunkte
plt.plot(df['Datum'], df['Verkaeufe'], marker='o', linestyle='-')

# Diagramm beschriften
plt.title('Tägliche Verkäufe im November 2023')
plt.xlabel('Datum')
plt.ylabel('Anzahl der Verkäufe')
plt.grid(True) # Ein Gitter zur besseren Ablesbarkeit hinzufügen
plt.tight_layout() # Sorgt für eine saubere Anordnung der Elemente

# plt.show(...) zum direkten Anzeigen in Notebooks oder plt.savefig(...) zum Speichern als Bild
```

Im Gegensatz dazu folgt das R-Beispiel in Listing 15.2 dem deklarativen Ansatz der Grammar of Graphics von ggplot2. Die Visualisierung wird Schicht für Schicht aufgebaut. Die Basisschicht (‚ggplot') definiert die Daten und die Ästhetik (die Zuordnung von Datenvariablen zu visuellen Eigenschaften wie x- und y-Achse). Weitere Schichten (‚geom_line', ‚geom_point', ‚labs') werden mit einem ‚+' hinzugefügt, um die geometrischen Objekte (Linie, Punkte) und die Beschriftungen zu definieren. Das Endergebnis ist visuell sehr ähnlich, der Weg dorthin unterscheidet sich jedoch konzeptionell.

Listing 15.2 Erstellung des gleichen Liniendiagramms mit dplyr/ggplot2 (R)

```
# Benötigte Pakete laden (ggf. zuerst installieren mit install.packages(...))
library(dplyr)
library(ggplot2)

# 1. & 2. Data Frame (in R "tibble") erstellen und transformieren
sales_data <- tibble(
  Datum = as.Date(c('2023-11-01', '2023-11-02', '2023-11-03', '2023-11-04',
                    '2023-11-05', '2023-11-06', '2023-11-07')),
```

```
  Verkaeufe = c(150, 175, 160, 210, 205, 180, 195)
)

# 3. Visualisierung
# Die Grafik wird durch das Hinzufügen von "Schichten" (layers) aufgebaut.
plot <- ggplot(data = sales_data, aes(x = Datum, y = Verkaeufe)) +
  geom_line(color = "steelblue") +  # Fügt die Linie hinzu
  geom_point(color = "steelblue") + # Fügt die Punkte hinzu
  labs(                             # Fügt Titel und Achsenbeschriftungen hinzu
    title = "Tägliche Verkäufe im November 2023",
    x = "Datum",
    y = "Anzahl der Verkäufe"
  ) +
  theme_minimal() # Wendet ein sauberes, minimalistisches Design an

# direkt in Tools wie RStudio anzeigen, oder alternativ mit ggsave(...) als Bild speichern
```

Der Unterschied zwischen dem imperativen Ansatz von Matplotlib und dem deklarativen von ggplot2 wird durch die Syntax verdeutlicht. Während in Python eine Reihe von Funktionen aufgerufen werden, die den Zustand eines Plots verändern (`plt.title()`, `plt.grid()`), wird in ggplot2 die Grafik durch die Komposition von Schichten mit dem +-Operator aufgebaut (d. h. ggplot2 setzt dieses deklarative Prinzip durch die Grammar of Graphics um).

Bild 15.4 zeigt einen Vergleich der Liniendiagramme, die mit Pandas/Matplotlib und mit dplr/ggplot2 (tidyverse) anhand unserer Beispielsverkaufsdaten generiert wurden.

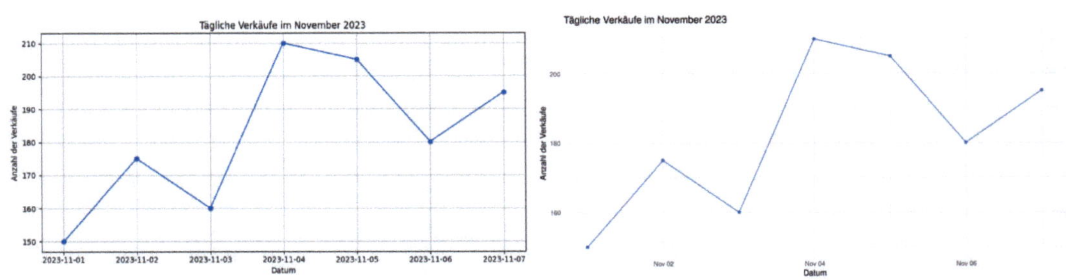

(a) Liniendiagramm mit Pandas/Matplotlib **(b)** Liniendiagramm mit dplyr/ggplot2

Bild 15.4 Vergleich von Liniendiagrammen für Verkaufsdaten mit: (a) Pandas/Matplotlib (Python) und (b) dplyr/ggplot2 (R)

In beiden Fällen können die erzeugten Diagramme beispielsweise durch Export in ein geeignetes Bildformat (oder PDF) direkt betrachtet werden oder, wenn eine Entwicklungsumgebung verwendet wird, können die Diagramme dort auch sofort angezeigt werden (z. B. RStudio für ggplot2 und Notebooks wie Jupyter oder Google Colab für Matplotlib).

Diese beiden Beispiele illustrieren, wie dasselbe Ziel – die Visualisierung von Daten aus einer tabellarischen Struktur – mit unterschiedlichen, aber gleichermaßen mächtigen Paradigmen erreicht werden kann, welche die gleichen Ergebnisse liefern. Die Wahl hängt oft von den Präferenzen des Entwicklers, den Konventionen eines Teams oder dem umgebenden technologischen Ökosystem ab.

15.5.2 Interaktive Analytik und Data Apps

Eine oben beschriebene Strategie zur Visualisierung von großen Datenmengen ist die Interaktion mit den Daten. Während statische Visualisierungen wie im vorherigen Beispiel ein fertiges, unveränderliches Ergebnis in Form eines Liniendiagramms präsentieren, eröffnet die interaktive Analytik die Möglichkeit zur dynamischen Exploration von Daten. Wir konsumieren also nicht länger passiv eine Visualisierung, sondern können durch Interaktion eigene Fragen an die Daten stellen. Dieser Paradigmenwechsel vom *statischen Bericht* zum *interaktiven Werkzeug* wird durch eine Reihe von Technologien ermöglicht, die sich grob auf einem Spektrum von der reinen Exploration zur Entwicklung bis zur fertigen Anwendung bewegen.

Interaktive Notebooks

Interaktive Notebooks wie z. B. Jupyter, Google Colab, R Markdown sind eine Art digitales Notizbuch oder Laborheft des Datenanalysten. Sie verbinden Code-Blöcke (meist Data-Frame-Transformationen in Python oder weitere Sprachen wie R), beschreibenden Text (via Markdown) und die resultierenden Ausgaben wie Tabellen und Visualisierungen in einem einzigen, ausführbaren Dokument. Ihre Stärke liegt in der *explorativen Datenanalyse*: Ein Analyst kann sogenannte Code-Zellen einzeln ausführen, sofort das Ergebnis sehen, Parameter ändern und so iterativ Fragen stellen und zu neuen Erkenntnissen gelangen. Bibliotheken wie *Plotly* oder *Bokeh* sind hier besonders beliebt, da sie Diagramme erzeugen, die direkt im Notebook interaktiv bleiben (z. B. mit Hover-Informationen, Zoom-Funktionen).

Viele der praktischen Beispiele in diesem Buch setzen teilweise auf Juypter Notebooks.

Data-App-Frameworks

Data-App-Frameworks sind der nächste Schritt: die Operationalisierung von Analyseergebnissen. Diese Frameworks erlauben es, aus Analyse-Code schnell interaktive

Webanwendungen und Dashboards zu erstellen, ohne dass wir Webentwickler sein müssen. Der Endnutzer sieht nicht den Code, sondern nur eine fertige Oberfläche mit Steuerelementen wie Schiebereglern, Dropdown-Menüs und Buttons (ähnlich zu BI Dashboards). Damit können auch nicht-technische Akteure eine Analyse eigenständig nutzen und verschiedene Szenarien durchspielen. Beliebte Tools für Python und R sind unter anderem:

- *Streamlit*[18], *Dash*[19] (Teil von plotly) und *Bokeh*[20] sind populäre Wahlmöglichkeiten im Python-Ökosystem.
- *Shiny*[21] ist das populäre und mächtige Pendant für das R-Ökosystem.

Visualisierungsbibliotheken

Auf der fundamentalsten Ebene liegen ausgereifte JavaScript-Bibliotheken, die die Bausteine für eine Vielzahl von webbasierten Visualisierungen liefern (genauer genommen die Erstellung von SVG Grafiken). *D3.js*[22] (Data-Driven Documents) ist hier der De-facto-Standard. Es bietet maximale Flexibilität und Kontrolle über das Ergebnis, erfordert aber tiefgehende Kenntnisse in der Webentwicklung[23] und hat eine steile Lernkurve. D3.js ist weniger ein Werkzeug für die schnelle Analyse als vielmehr eine Engine für Entwickler, um maßgeschneiderte, hochgradig interaktive Visualisierungen zu programmieren, die oft die Grundlage für die zuvor genannten Werkzeuge bilden. *Vega-Lite*[24] ist beispielsweise eine modernere Alternative, die ähnlich wie ggplot2 von R auf einer deklarativen Grammatik basiert und oft einfacher zu handhaben ist.

Die Wahl des richtigen Werkzeugs hängt somit stark vom Ziel ab, das wir uns mit folgenden, grundlegenden Fragen verdeutlichen können: Nutzen wir ein *Notebook* zur Exploration und Dokumentation für uns selbst (z. B. Experimentierung)? Bauen wir eine *Data App*, um unsere Analysen für andere Akteure nutzbar zu machen? Greifen wir auf *fundamentale Bibliotheken* zurück, weil wir eine komplett maßgeschneiderte Visualisierungslösung entwickeln müssen?

Generative KI

Im Kontext von generativer KI werden große Sprachmodelle (LLMs) zunehmend reifer für die Bildgenerierung anhand natürlichsprachiger Prompts. Beispiele hierfür sind OpenAI's GPT-4o oder Google's Gemini Flash. Diese Fortschritte eröffnen die Möglichkeit, die gleichen Fähigkeiten auch auf die Generierung von Visualisierungen bzw.

18 *https://streamlit.io*
19 *https://dash.plotly.com*
20 *https://bokeh.org*
21 *https://shiny.posit.co*
22 *https://d3js.org*
23 Für viele moderne Web UI Frameworks wie React.js und Angular gibt es eine Reihe von Integrationen, die die Arbeit mit D3.js etwas erleichtern
24 *https://vega.github.io/vega-lite*

Diagramme zu übertragen. Die Qualität der erzeugten Ergebnisse kann dabei jedoch stark variieren.

Je nach Perspektive lässt sich diese diagrammbezogene Generierung grob in zwei Kategorien unterteilen:

- *Direkte Bilderzeugung:* Hier wird KI mithilfe von natürlichsprachlichen Prompts und Daten angewiesen, Visualisierungen direkt als Bilder (oder als gängige, deklarative Formate wie z. B. Mermaid oder PlantUML) zu generieren.
- *Indirekte Bilderzeugung:* Alternativ kann KI dazu eingesetzt werden, Code für die oben genannten Tools und Bibliotheken zu erzeugen oder zu optimieren – etwa Data-Frame-Analysen mit R/ggplot2 oder Pandas/Matplotlib.

Abhängig vom konkreten Szenario kann so Generative KI als integrativer Co-Pilot genutzt werden, der direkt in den Verarbeitungsprozess eingebunden ist, oder die Daten werden vorab aggregiert und anschließend an einen Chatbot weitergereicht, der das finale Diagramm erstellt (z. B. mithilfe von RAG, siehe Abschnitt 18.3). Insgesamt demokratisiert hier KI den Zugang zur individuellen Generierung von Visualisierungen. Er steht nicht mehr nur Experten zur Verfügung, sondern auch anderen Personengruppen (Stakeholder). Anwender ohne (tiefe) Programmierkenntnisse oder spezielles Fachwissen können so die Tools problemlos nutzen.[25]

15.5.3 Echtzeit-Monitoring

Während interaktive Analyse-Tools wie Jupyter oder Streamlit ideal für die Ad-hoc-Exploration von statischen Datensätzen sind, stoßen sie an ihre Grenzen, wenn es um die kontinuierliche Überwachung von live eintreffenden Datenströmen geht (vgl. Echtzeitverarbeitung von Datenströmen in Abschnitt 13.5). Für den operativen Betrieb von Big-Data-Systemen – sei es zur Überwachung der Infrastruktur, der Analyse von IoT-Sensorik oder der IT-Sicherheit – sind spezialisierte Echtzeit-Monitoring- und Observability-Lösungen unerlässlich (vgl. DevOps, Monitoring und Observability in Abschnitt 17.1.2).

Diese Tools sind darauf ausgelegt, Daten nicht einmalig zu laden, sondern sich mit einer oder mehreren Datenquellen permanent zu verbinden und ihre Visualisierungen in Echtzeit zu aktualisieren. Wir konzentrieren uns auf zwei führende Open-Source-Lösungen, die unterschiedliche Philosophien verfolgen: Grafana[26] als der universelle Visualisierer und OpenSearch Dashboards[27] als eine individuelle Lösung für Log-Analysen.

25 Mittlerweile hat sich hier auch der Begriff „Vibe Coding" etabliert, für das Programmieren mit natürlichsprachigen Prompts.

26 *https://grafana.com*

27 *https://docs.opensearch.org/latest/dashboards*

Grafana: Das universelle Dashboard-Frontend

Grafana ist eine populäre Visualisierungsplattform, die vor allem für ihre Stärke bei der Darstellung von Zeitreihendaten (Metriken) bekannt ist. Die Kernphilosophie ist es, ein Frontend anzubieten, das sich mit einer Vielzahl heterogener Datenquellen verbinden kann wie:

- Zeitreihendatenbanken (z. B. Prometheus oder InfluxDB; vgl. Time-Series-DBs in Abschnitt 11.7),
- Log-Datenbanken (z. B. OpenSearch),
- klassische SQL-Datenbanken (z. B. PostgreSQL, MySQL)
- und viele weitere[28).

Die Entwicklung in Grafana findet nicht über Programmiercode statt wie bisher in diesem Kapitel betrachtet. Stattdessen konfigurieren wir eigene Dashboards über eine grafische Oberfläche. Für jedes Diagramm definieren wir (1) die *Datenquelle*, (2) eine *Abfrage* in der jeweiligen Sprache der Datenquelle (z. B. SQL) und (3) den *Visualisierungstyp*. Grafanas Stärke liegt in der Fähigkeit, Daten aus all diesen heterogenen Quellen in einem oder mehreren, zusammenhängenden Dashboard(s) zu vereinen.

OpenSearch Dashboard für Log-Analysen

OpenSearch Dashboards (ein Fork vom ELK Stack) ist das Visualisierungs- und Analysewerkzeug, das fest zum OpenSearch-Stack gehört (siehe Abschnitt „Beispiel Opensearch" in 11.5). Im Vergleich zu Grafana spricht dieses Tool nur mit OpenSearch selbst. Diese Spezialisierung ist zugleich seine größte Stärke. Es ist auf die interaktive Analyse und das Durchsuchen riesiger Textmengen von Log- und Event-Daten spezialisiert, die in OpenSearch-Indizes gespeichert sind. Funktionen wie die *Discover*-Ansicht erlauben ein intuitives Filtern, Suchen und Inspizieren von Roh-Events in Echtzeit, was weit über eine reine Dashboard-Anzeige hinausgeht.

Praxisbeispiel: Überwachung von Systemmetriken

Um die Funktionalität beider Tools praktisch vorzustellen, simulieren wir einen Datenstrom von Systemmetriken (z. B. Auslastung einer Maschine in unserem Spark Cluster), speichern ihn in OpenSearch und visualisieren ihn anschließend zuerst mit OpenSearch Dashboards und dann mit Grafana.

Die Architektur unserer Infrastruktur besteht aus drei Hauptkomponenten:

1. *OpenSearch*: Speichert und indiziert Systemmetriken (d. h. unsere simulierten Echtzeitdaten)

[28] *https://grafana.com/docs/grafana/latest/datasources*

2. *OpenSearch Dashboards* und *Grafana*: Visualisiert die Echtzeitdaten aus OpenSearch in einem Dashboard mithilfe von geeigneten Filtern und Aggregationen (Mittel über einen bestimmten Zeitraum)
3. *Python Simulator Skript*: Generiert kontinuierlich Datenströme unserer Systemmetriken und schickt sie an OpenSearch zur Indexierung

Infrastruktur aufsetzen

Um unseren Testaufbau aufzusetzen und zu starten, nutzen wir Docker Compose, um OpenSearch, OpenSearch Dashboards als auch Grafana zusammen als lokale Dienste zu starten. Die entsprechende `docker-compose.yml`-Datei zur Definition aller Container zeigt Listing 15.3. Mit `docker-compose up -d` können wir alle drei Dienste im Hintergrund starten. Über ein internes konfiguriertes Netzwerk können die Dienste miteinander kommunizieren.

Listing 15.3 Docker-Compose-Datei für OpenSearch, OpenSearch Dashboards und Grafana

```
services:
  opensearch:
    image: opensearchproject/opensearch:3.2.0
    container_name: opensearch
    environment:
      - OPENSEARCH_INITIAL_ADMIN_PASSWORD=UNSER_PASSWORT
      - discovery.type=single-node
      - plugins.security.disabled=true
    ports:
      - 9200:9200
      - 9600:9600
    volumes:
      - opensearch-data:/usr/share/opensearch/data
    networks:
      - opensearch-net
  opensearch-dashboards:
    image: opensearchproject/opensearch-dashboards:3.2.0
    container_name: opensearch-dashboards
    ports:
      - 5601:5601
    environment:
      - 'OPENSEARCH_HOSTS=["http://opensearch:9200"]'
      - "DISABLE_SECURITY_DASHBOARDS_PLUGIN=true"
    networks:
      - opensearch-net
    depends_on:
      - opensearch
```

```
  grafana:
    image: grafana/grafana:latest
    container_name: grafana
    ports:
      - 3000:3000
    environment:
      - GF_SECURITY_ADMIN_PASSWORD=UNSER_PASSWORT
      - GF_USERS_ALLOW_SIGN_UP=false
      - GF_INSTALL_PLUGINS=grafana-opensearch-datasource
    volumes:
      - grafana-data:/var/lib/grafana
      - ./grafana-provisioning:/etc/grafana/provisioning
    networks:
      - opensearch-net
    depends_on:
      - opensearch
volumes:
  opensearch-data:
  grafana-data:
networks:
  opensearch-net:
```

Die Mehrheit der Sicherheitsfeatures sind in diesem Beispiel für unsere Dienste deaktiviert. In einer Produktionsumgebung müssen wir unbedingt Authentifizierung und SSL/TLS aktivieren und ein sicheres Admin-Passwort setzen!

Simulation der Echtzeitdatenströme

Das Python-Skript in Listing 15.4 dient hier als unser Datengenerator für einen Echtzeitdatenstrom, der im Sekundentakt neue Werte für CPU- und RAM-Auslastung in einen OpenSearch-Index namens ‚system-metrics' mithilfe des Python-Moduls `opensearch-py` schreibt (`pip install opensearch-py`[29]).

Listing 15.4 Simulation eines Datenstroms von Systemmetriken nach OpenSearch

```
from opensearchpy import OpenSearch
from datetime import datetime, timezone
import random, time

# Verbindung zu einer laufenden OpenSearch-Instanz (lokal)
client = OpenSearch(                                              →
```

29 *https://docs.opensearch.org/latest/clients/python-low-level*

```
    hosts=[{"host": "localhost", "port": 9200}]
)
print("Schreibe kontinuierlich Systemmetriken in den Index 'system-metrics'...")

while True:
    doc = {
        "timestamp": datetime.now(timezone.utc), # OpenSearch erkennt Datumstyp automatisch
        "cpu_usage_percent": random.randint(10, 90),
        "memory_usage_mb": random.randint(1000, 8000)
    }
    # Dokument in den Index schreiben
    client.index(index="system-metrics", body=doc)
    print(f"Eintrag gespeichert: CPU={doc['cpu_usage_percent']}%, RAM={doc['memory_usage_mb']}MB")
    time.sleep(1) # alle 1 Sekunde ein neuer Wert
```

Visualisierung mit OpenSearch Dashboards

Da die Daten bereits in OpenSearch in unserem Index fortlaufend gespeichert werden, sobald wir das Python-Simulatorskript gestartet haben, ist die Visualisierung unserer Metriken mit OpenSearch Dashboards direkt möglich. Dazu müssen wir Folgendes beachten:

1. *Index Pattern erstellen:* In OpenSearch Dashboards (erreichbar unter *http://localhost:5601*) müssen wir ein „Index Pattern“ für ‚system-metrics‘ anlegen. Damit erkennt das Tool die Struktur der Daten. Als Zeitfeld wählen wir `timestamp` aus (siehe entsprechendes Attribut im Python-Skript).
2. *Daten entdecken:* In der „Discover“-Ansicht können wir sofort alle eingehenden Events unseres Skripts anzeigen lassen, und das in Echtzeit. Wir können diese weiter mithilfe der Abfragesprache DQL[30)] (z. B. cpu_usage_percent > 80) filtern und durchsuchen. Dies ist in der Praxis ideal für eine Fehlersuche (z. B. mögliche Serverüberlastung auf längere Zeit).
3. *Visualisierung/Dashboard erstellen:* Unter „Visualize“ kann nun z. B. ein Zeitreihendiagramm erstellt werden, das den Durchschnitt von cpu_usage_percent über ein gewisses Zeitintervall anzeigt. Mehrere solcher Diagramme können dann zu einem Dashboard kombiniert werden.

In Bild 15.5 haben wir ein Dashboard in OpenSearch Dashboards mit zwei Visualisierungen erstellt: einem Zeitreihendiagramm (in OpenSearch Dashboards „TSVB“ genannt) für jeweils die CPU- und die Speicherauslastung. Dabei zeigen die Diagramme

30 *https://docs.opensearch.org/latest/dashboards/dql*

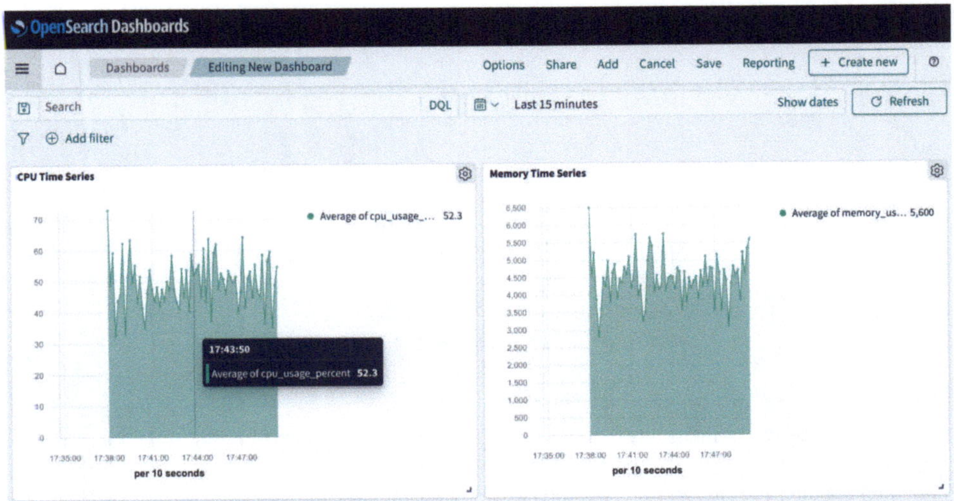

Bild 15.5 OpenSearch Dashboards: Zeitreihendiagramme für CPU- und Speicherauslastung

die aggregierten Durchschnittswerte (Y-Achse) in einem Intervall von 10 Sekunden (X-Achse) an. Wir zeigen also verdichtete Daten an, nicht aber die Rohdaten (vgl. Aggregationsstrategie). Neben Suchen und Filtern existiert auch die Möglichkeit, mit den Daten zu interagieren, indem wir über einzelne Datenpunkte im Zeitstrahl mit der Maus fahren können, um die exakten Durchschnittswerte zu erhalten. Darüber hinaus existieren noch weitere Möglichkeiten, die Datenanzeige zu beeinflussen.

Visualisierung mit Grafana

Grafana kann ebenfalls auf dieselben Daten aus unserem ‚system-metrics'-Index aus OpenSearch zugreifen. Da wir bereits Grafana als weiteren Dienst in Docker Compose konfiguriert haben (vgl. Listing 15.3), reicht es aus, unsere lokale Grafana-Instanz im Browser aufzurufen (*http://localhost:3000*). Um unsere Datenströme, die unser Python-Skript simuliert und an OpenSearch sendet, in Grafana zu visualisieren, müssen wir nun Folgendes unternehmen:

1. *Datenquelle hinzufügen:* In Grafana wird eine neue Datenquelle vom Typ `OpenSearch` konfiguriert, die auf unsere lokale Instanz (*http://localhost:9200*) zeigt. Im Normalfall ist Grafana in der Lage, unsere OpenSearch-Instanz automatisch zu ermitteln.
2. *Dashboard-Panel erstellen:* In einem neu erstellten Dashboard können wir Visualisierungen hinzufügen. Als Datenquelle wählen wir hier unsere eben konfigurierte OpenSearch-Quelle aus.

3. *Abfrage definieren:* Im Query-Editor wählen wir den Index ‚system-metrics‘ und definieren eine Metrik, z. B. „Average“ des Feldes „cpu_usage_percent“, gruppiert nach Zeitintervallen, so wie wir es bereits für OpenSearch Dashboards getan haben.
4. *Visualisierung wählen:* Als Visualisierungstyp wählen wir „Time Series“ (d. h. ein Zeitreihendiagramm). Das Ergebnis ist ein ähnliches Diagramm wie in OpenSearch Dashboards.

Bild 15.6 zeigt ein Grafana Dashboard, das wir mit unseren zwei Systemmetriken konfiguriert haben, analog zu OpenSearch Dashboards in Bild 15.5. Wie wir sehen können, bekommen wir eine sehr ähnliche Ansicht, die uns in diesem Fall wieder erlaubt, mit dem Mauszeiger konkrete Durchschnittswerte anzuzeigen.

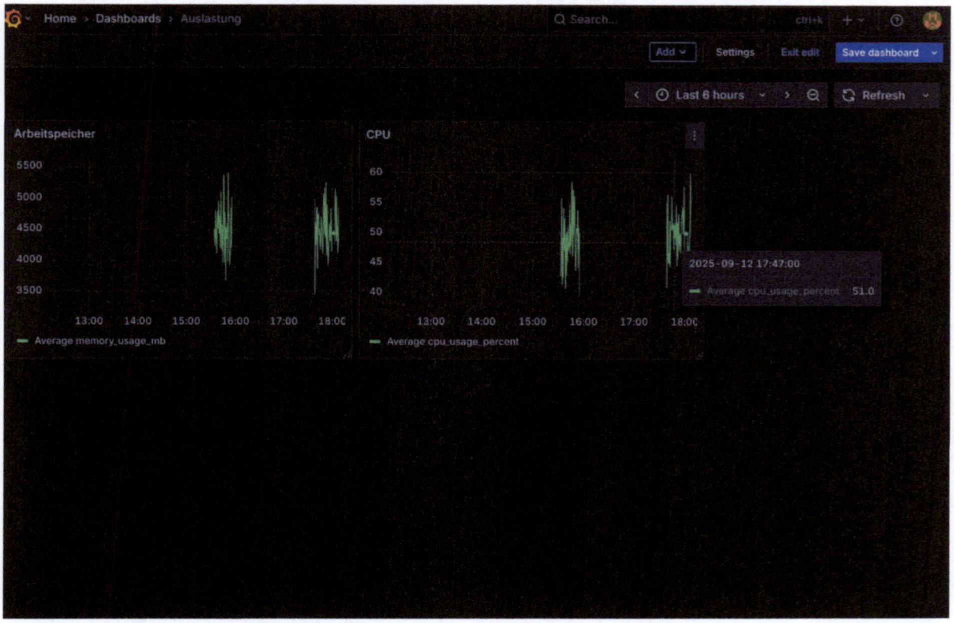

Bild 15.6 Grafana Dashboard: Zeitreihendiagramme für CPU- und Speicherauslastung

Alternativ zu einer grafischen Konfiguration ist es auch möglich, Konfigurationsdateien wie Dashboards in Grafana mit YAML zu beschreiben (Import/Export). Diese können auch mit anderen Personen geteilt werden. Allerdings müssen wir dann sicherstellen, dass die konfigurierten Datenquellen auch in einer neuen Instanz existieren bzw. dort angelegt werden.

Alerting (Observability)

Ein reines, manuelles Beobachten von Dashboards von Zeit zu Zeit reicht für ein robustes System nicht aus. Ein zentraler Aspekt der Observability (vgl. Abschnitt 17.1.2) ist die Fähigkeit des Systems, selbstständig auf anomale Zustände aufmerksam zu machen und eine schnelle Reaktion zu ermöglichen. Dies wird durch Alerting realisiert, eine Kernfunktion moderner Monitoring-Tools.

Grafana besitzt hierfür ein mächtiges, integriertes Alerting-Modul. Die Idee ist, vom passiven Beobachter zum aktiven Wächter zu werden. Dabei wird eine Alert-Regel auf eine Abfrage definiert (z. B. die durchschnittliche CPU-Last war für 5 Minuten über 90 %). Wird diese Bedingung erfüllt, löst Grafana einen Alarm aus und sendet eine Benachrichtigung über einen konfigurierten Kommunikationskanal (z. B. E-Mail, Messenger etc.).

OpenSearch verfügt ebenfalls über ein eigenes, sehr leistungsfähiges Alerting-Plugin,[31)] das seit der Abspaltung von ElasticSearch fester, quelloffener Bestandteil des Stacks ist. Das Prinzip ist sehr ähnlich. Ein Trigger definiert die Bedingung, die den Alarm auslöst (z. B. mehr als X Log-Events mit dem Level ERROR in der letzten Minute). Bei Auslösung wird eine Aktion ausgeführt, die z. B. eine Benachrichtigung sendet.

Durch diesen hohen Automatisierungsgrad schließt sich die Feedback-Schleife und ermöglicht es Teams, sofort auf Probleme zu reagieren, oft bevor diese sie überhaupt aktiv bemerken. Als Zusammenfassung können wir sagen, dass Grafana sich für Anwendungsfälle anbietet, in der wir (numerische) Daten aus mehreren, heterogenen Quellen zusammenführen und verdichten müssen (z. B. Big-Data-Systeme mit heterogener Architektur und vielen Diensten). OpenSearch Dashboards hingegen ist darauf spezialisiert, (textuelle) Log- und Event-Daten von verschiedenen Produzenten (z. B. lokale Dienste, die auf den Maschinen im Cluster laufen) effizient zu verarbeiten und zu visualisieren.

Insgesamt sehen wir also, dass auch Monitoring-Tools für Echtzeitdatenströme angefallene Daten bereits verdichten (z. B. über ein Zeitintervall wie in unserem Praxisbeispiel), um Menschen eine bessere Mustererkennung zu ermöglichen.

15.5.4 Self-Service Business Intelligence mit Anwendungsbeispiel

Die Herausforderungen bei „traditioneller" Business Intelligence

In „traditionellen" BI-Strukturen erstellte eine IT-Abteilung zentral alle Berichte für alle Fachabteilungen [Kum21]. Dieser Ansatz war aus mehrfacher Sicht problematisch: Die Fachabteilungen mussten ihre Anforderungen zunächst technisch spezifizieren, was sie mangels IT-Kenntnissen oft nicht präzise konnten. Die IT-Experten wiederum implementierten die Reports, verstanden aber die fachlichen Nuancen nicht vollständig. Diese Konstellation führte zwangsläufig zu Missverständnissen und Nacharbeiten.

Das eigentliche Problem lag tiefer: Damalige BI-Tools erforderten SQL-Kenntnisse oder spezifische Abfragesprachen wie etwa MDX (Multidimensional Data Expressions). Fachanwender beherrschten oft weder einschlägige BI-Tools noch Abfragesprachen,

31 *https://docs.opensearch.org/latest/observing-your-data/alerting/index*

sodass sie in Sachen BI-Reports von der IT abhängig blieben. Jeder neue Report durchlief einen formalen Request-Prozess, wurde technisch spezifiziert, implementiert und getestet. Dieser Prozess dauerte zu lang für dynamische Märkte, in denen sich Anforderungen schnell ändern und eine hohe Reaktionsgeschwindigkeit zum wichtigen Wettbewerbsfaktor wird.

Starre, vordefinierte Reports verschärften das Problem weiter. Fachanwender konnten keinen spontanen analytischen Fragestellungen nachgehen oder Daten ad hoc explorativ untersuchen. Sie arbeiteten nur mit dem, was die IT antizipiert und (meist unter Budget-Druck) implementiert hatte. Wenn während einer Analyse neue Fragen auftauchten, begann der Request-Prozess von vorn. Diese Inflexibilität verhinderte, dass sich Fachanwender selbstständig mit ihren Daten intensiv auseinandersetzen, interessante Muster in den Daten entdecken oder schnell auf Marktveränderungen reagieren konnten.

Parallel dazu verschlang die Report-Implementierung erhebliche IT-Ressourcen. Statt sich auf strategische Projekte wie Dateninfrastruktur, Datenmanagement oder neue Technologien zu konzentrieren, gingen Kapazitäten für repetitive Reporting-Aufgaben verloren – was letztlich die digitale Transformation der Unternehmen ausbremste.

Self-Service BI als Antwort auf diese Herausforderungen

Aus diesen strukturellen und organisatorischen Problemen entwickelte sich die Idee des Self-Service Business Intelligence: Anwender in Fachabteilungen sollten selbst auf Daten zugreifen und diese analysieren können – ohne IT-Kenntnisse und ohne Abhängigkeit von der IT-Abteilung. Diese Vision erforderte jedoch einen grundlegenden Wandel in der Tool-Architektur. Statt technischer Interfaces mit Abfragesprachen brauchte es intuitive, grafische Oberflächen. Statt starrer Reportstrukturen mussten Anwender befähigt werden, selbstständig Berichte zu erstellen und Daten interaktiv zu explorieren.

Diese Vorstellung umzusetzen, brachte eine Reihe von technischen und organisatorischen Anforderungen an moderne BI-Tools mit sich. Neben intuitiven Oberflächen mussten sie heterogene Datenquellen integrieren – von Excel-Dateien über Datenbanken bis zu Cloud-Services. Diese Integration sollte über vorkonfigurierte Connectors bzw. Schnittstellen erfolgen, ohne dass Nutzer programmieren müssen. Gleichzeitig wurde Performance zum kritischen Faktor: Auch bei großen Datenmengen müssen Analysen in Echtzeit funktionieren, was den Einsatz von In-Memory-Technologien und intelligenten Caching-Mechanismen erforderte. Ein besonders wichtiger Aspekt war dabei die Governance. Die Tools müssen Zugriffsrechte berücksichtigen, Datenherkunft nachvollziehbar machen und regulatorische Anforderungen erfüllen. Die Herausforderung bestand darin, eine zentrale „Single Source of Truth“ zu gewährleisten und gleichzeitig Raum für explorative Analysen zu lassen – eine Balance zwischen Kontrolle und Freiheit.

Self-Service-BI-Tools wie (Auswahl) DeltaMaster,[32] Google Looker,[33] Qlik,[34] Tableau,[35] und Power BI[36] adressieren in ihrer Kommunikation diese komplexen Anforderungen. Sie bieten grafische Oberflächen mit Drag-and-Drop-Operationen, integrieren Daten aus verschiedensten Quellen und bereiten diese für unternehmensweite Analysen auf. Nutzer filtern, gruppieren und analysieren in Echtzeit: Wirft eine Visualisierung neue Fragen auf, können sie diesen sofort nachgehen – ohne Request-Prozess. Diese Flexibilität macht es möglich, unerwartete Muster in Daten zu entdecken und schnell auf sich anbahnende Probleme oder Marktveränderungen zu reagieren.

Diese „Demokratisierung der Datenanalyse" löst den IT-Flaschenhals auf und beschleunigt Entscheidungsprozesse erheblich. Gleichzeitig fördert sie eine datengetriebene Unternehmenskultur – allerdings nur, wenn die organisatorischen Rahmenbedingungen stimmen: Mitarbeiter benötigen rollenspezifischen Zugriff auf relevante Daten, und die gewonnenen Erkenntnisse müssen tatsächlich in Entscheidungen einfließen. Ohne diese Voraussetzungen bleibt auch die beste BI-Technologie wirkungslos.

Anwendungsfall „Flight Data"

Um die praktische Anwendung von Self-Service BI zu demonstrieren, wurde ein Use Case mit öffentlich verfügbaren Flugdaten durchgeführt. Der Datensatz umfasst 11 Millionen Flugdatensätze von US-Airlines und zeigt typische Charakteristika von Unternehmensdaten: großes Volumen (1,4 GB), multiple Dimensionen, zeitliche Komponenten und verschiedene Aggregationsebenen.

Die Daten stammen vom US Department of Transportation[37] und werden als Open Data bereitgestellt. Für diesen Anwendungsfall wurden bereits konsolidierte Datensätze verwendet, die über Kaggle[38] verfügbar sind. Dabei spielt die Aktualität der Daten weniger eine Rolle – entscheidend sind für den Anwendungsfall das Datenvolumen, die intuitive Verständlichkeit des Datensatzes und die Demonstration des grundsätzlichen Handlings mit Daten in BI-Tools. Aus den Flugdaten werden im Folgenden vor allem die Stornierungen (Cancellations) näher untersucht.

Die Implementierung erfolgte parallel in mehreren Technologien – von Python-basierten Lösungen bis hin zu Implementierungen mit Self-Service-BI-Plattformen. Diese Parallelität ermöglicht es, verschiedene Ansätze anhand derselben Datenbasis zu vergleichen und ihre jeweiligen Charakteristika aufzuzeigen.

32 DeltaMaster: *https://www.bissantz.de*
33 Google Looker: *https://cloud.google.com/looker?hl=de*
34 Qlik: *https://www.qlik.com/de-de*
35 Tableau: *https://www.tableau.com*
36 Power BI: *https://www.microsoft.com/en-us/power-platform/products/power-bi*
37 Bureau of Transportation Statistics: *https://www.bts.gov*
38 *https://www.kaggle.com/datasets/yuanyuwendymu/airline-delay-and-cancellation-data-2009-2018*

Datenaufbereitung und technische Umsetzung

Der Use Case startete mit der Verarbeitung der Rohdaten. Die Flugdaten wurden von der Kaggle-Plattform heruntergeladen und in DuckDB[39] gespeichert. DuckDB fungierte als analytische In-Memory-Datenbank und ermöglichte die direkte SQL-basierte Verarbeitung der Millionen Datensätze ohne aufwendige Datenbankkonfiguration.

Mit dem Python-Framework `Plotly Dash`[40] wurde ein interaktives Web-Dashboard entwickelt (vgl. Data Apps in Abschnitt 15.5.2). Die Implementierung umfasste drei Module: `app.py` für die Navigation, `flights.py` für die Analyse von Stornierungen und Verspätungen sowie `routes.py` für geografische Visualisierungen der Flugrouten. Das resultierende Dashboard (Bild 15.7) zeigt zentrale Kennzahlen sowie deren Verteilung

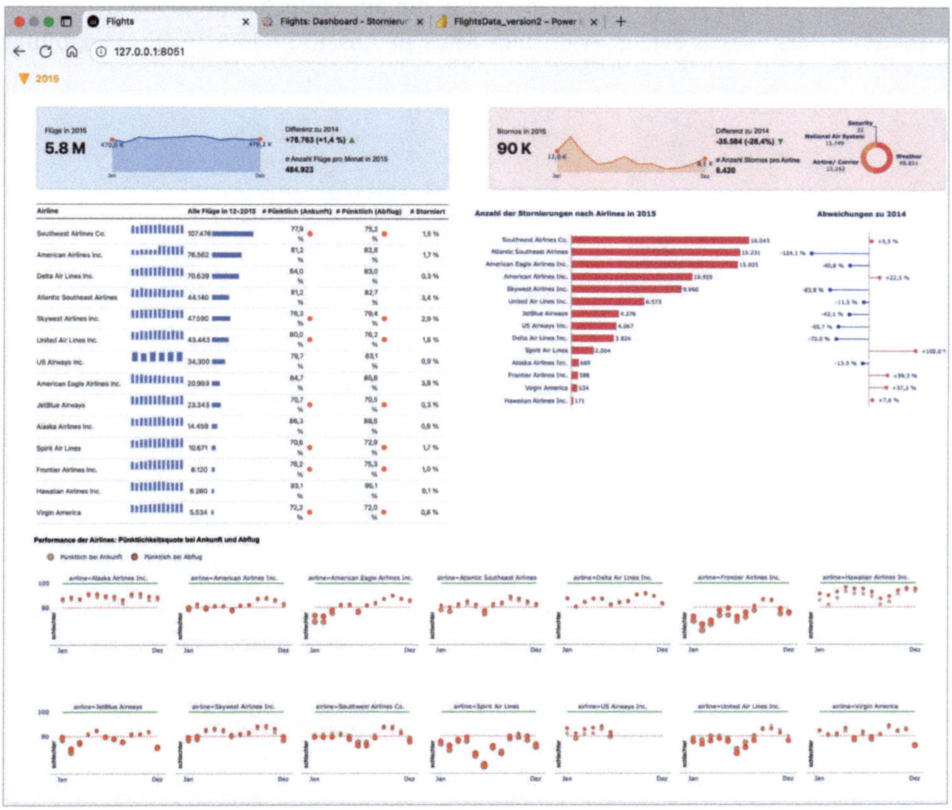

Bild 15.7 Dashboard mit Kennzahlen und Filteroptionen, umgesetzt mit Python und Plotly Dash. Die Visualisierung zeigt Gesamtstatistiken, monatliche Entwicklungen und Stornierungsquoten nach Airlines.

39 DuckDB: *https://duckdb.org*

40 Plotly Dash: *https://dash.plotly.com*

nach Airlines und Monaten. Nutzer können über Dropdown-Menüs nach Jahren und Airlines filtern. Die Karte stellt Flugrouten dar, wobei die Linienstärke die Frequenz der Verbindungen repräsentiert (Bild 15.8).

Der technische Stack – Python, DuckDB und Plotly Dash – erfordert Programmier- und Datenbankkenntnisse, bietet aber vollständige Kontrolle über Datenverarbeitung, Analyse und Visualisierung. Dieser Ansatz eignet sich für Teams mit technischer Expertise oder wenn spezifische Analyseverfahren zu implementieren sind.

KI-basierte Coding-Umgebungen wie etwa `Claude`[41], `Cursor`[42] oder `Microsoft GitHub Copilot`[43] eröffnen eine neue Anwenderschaft im Fachbereich für diesen programmatischen Ansatz (siehe Abschnitt „Generative KI"), vorausgesetzt, die Ergebnisse werden qualitätsgesichert. Neben `Plotly Dash` existieren weitere Frameworks wie `Streamlit` für Python oder `Shiny` für R, die auf einfache Implementierung interaktiver Dashboards setzen (vgl. Data Apps in Abschnitt 15.5.2). Die Flexibilität

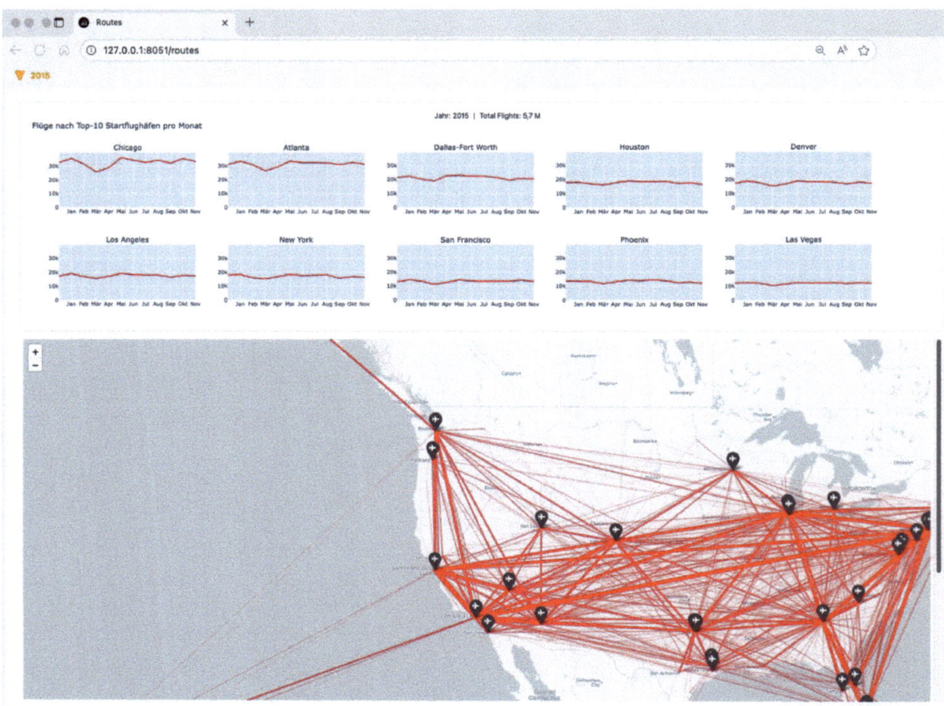

Bild 15.8 Interaktive geografische Analyse der Flugrouten. Die Linienstärke visualisiert die Anzahl der Flüge zwischen den Flughäfen

41 Claude: *https://claude.ai*

42 Cursor: *https://cursor.com*

43 GitHub Copilot: *https://github.com/features/copilot*

programmatischer Ansätze erklärt auch, warum kommerzielle BI-Tools zunehmend die Integration von Python- oder R-Code ermöglichen – etwa Power BI für Python- und R-basierte Visualisierungen oder statistische Analysen. Bild 15.7 zeigt das Kennzahlen-Dashboard.

Bild 15.8 zeigt die mit `Plotly Dash` umgesetzte Analyse der Flugrouten.

Umsetzung mit Tableau

Parallel zur Python-Implementierung wurde eine aggregierte CSV-Datei für die Analyse in Self-Service-BI-Tools erstellt. Mit SQL-Abfragen in DuckDB und Python Pandas wurden die 11 Millionen Einzeldatensätze zu einer kompakten Struktur mit 1.590 Zeilen und 60 vorberechneten Metriken verdichtet. Diese denormalisierte Tabelle folgt dem Ansatz einer „One Big Table" [Ehr24] und enthält Monatsaggregationen, Stornierungsgründe sowie abgeleitete Kennzahlen. Die Datei wurde sowohl im Wide-Format als auch im Long-Format strukturiert, um Kompatibilität mit verschiedenen Visualisierungstools zu gewährleisten. Der Export in die csv-Datei dient nur der einfacheren Projektbereitstellung – BI-Tools können auch direkt auf Datenbanken zugreifen.

Nach dem Import der CSV-Datei werden einzelne Visualisierungen erstellt (Bild 15.9), die in Summe das Dashboard (Bild 15.10) bilden. Die Software ermöglicht interaktive Filterungen nach Jahren, Airlines und Routen. Im konkreten Anwendungsfall identifizierte die Analyse Airlines mit unterschiedlichen Stornierungsquoten im Berichts-

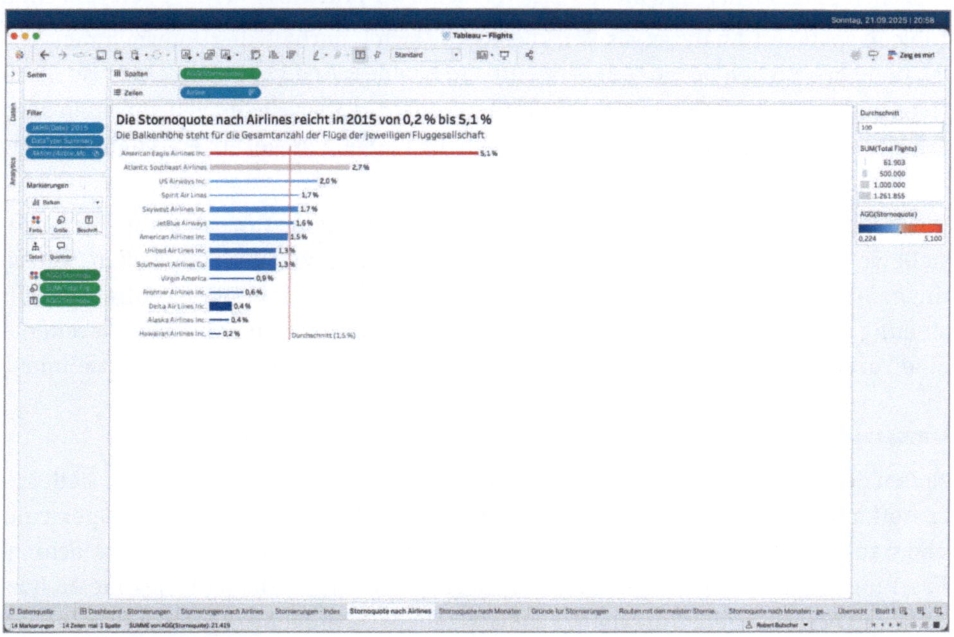

Bild 15.9 Bericht in Tableau

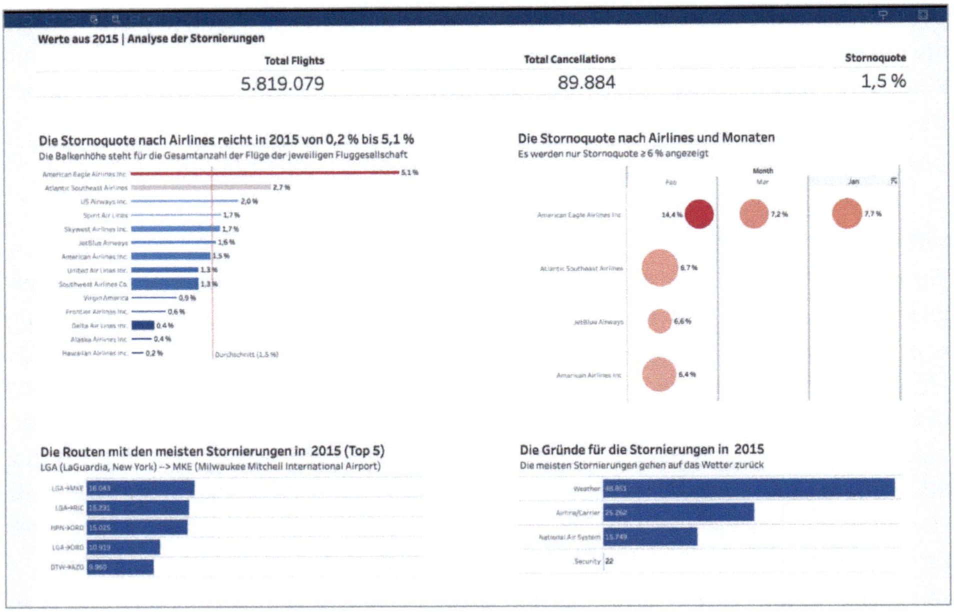

Bild 15.10 Veröffentlichtes Dashboard im Browser (bereitgestellt über Tableau Cloud)

zeitraum. Durch die interaktive Exploration können Nutzer die zugrunde liegenden Ursachen untersuchen und Muster erkennen, die für prädiktive Modelle relevant sind.

Tableau speichert Analysen als Workbooks, die sich innerhalb des Unternehmens teilen und bereitstellen lassen (Deployment). Ein Business Analyst erstellt eine Visualisierung, andere Nutzer können diese für ihre spezifischen Fragestellungen anpassen oder erweitern. Diese Zusammenarbeit ermöglicht es Teams, gemeinsam an Datenanalysen zu arbeiten und Erkenntnisse auszutauschen.

Die erstellten Dashboards können über Tableau Server oder Tableau Online bereitgestellt werden. Bild 15.10 zeigt das Dashboard im Browser, wodurch berechtigte Nutzer unabhängig vom Endgerät auf die Analysen zugreifen können. Diese zentrale Bereitstellung stellt sicher, dass alle Nutzer mit denselben Daten und Metriken arbeiten – eine Voraussetzung für konsistente, datenbasierte Entscheidungen im Unternehmen.

Umsetzung mit Power BI

Neben dem nach wie vor weit verbreiteten Microsoft Excel für BI-Analysen stellt Microsoft mit Power BI eine Analytics-Plattform bereit. Diese soll das gesamte Spektrum von traditioneller Datenvisualisierung bis hin zur Integration von KI- und Machine-Learning-Modellen abdecken. Während Excel weiterhin vor allem für flexible Ad-hoc-Analysen und „kleinere" (maximal 1.048.576 Zeilen) Datenmengen genutzt wird, adressiert Power BI die Anforderungen unternehmensweiter BI: Es ermöglicht datenmodellbasiertes Arbeiten mit großen Datenmengen, die Erstellung interaktiver Dashboards sowie unternehmensweite Zusammenarbeit und Bereitstellung. Die Plattform unterstützt zudem die Einbindung von Azure ML-Modellen und bietet integrierte KI-Features wie automatische Mustererkennung und Prognosen.

Power BI nutzte dieselbe aggregierte CSV-Datei wie die Tableau-Implementierung. Mehrere Visualisierungen wurden zu einem Dashboard zusammengefügt – Berichte lassen sich in Registerkarten organisieren. Die Übersichtsseite zeigt zentrale Kennzahlen: Gesamtflüge, Stornierungen und prozentuale Verteilungen. Eine Matrix-Visualisierung stellt Stornierungsquoten nach Airlines und Monaten dar, wobei bedingte Formatierung Werte durch Farbintensität hervorhebt (Bild 15.11).

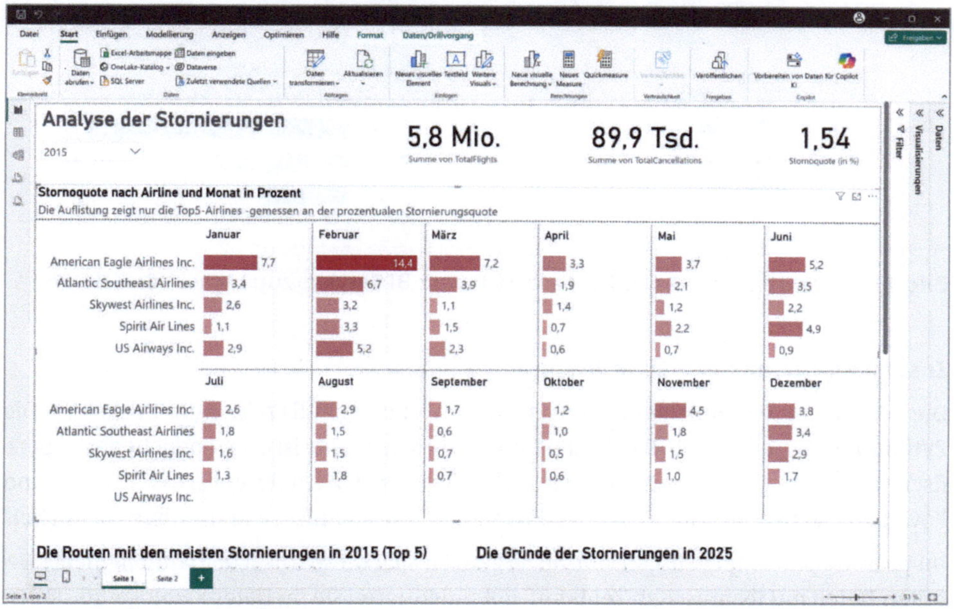

Bild 15.11 Dashboard in Power BI Desktop mit Kennzahlen und Matrix-Visualisierung

Power BI bietet verschiedene Interaktionsmöglichkeiten. Filter und Slicer ermöglichen es, die Werte nach Jahren, Airlines oder Zeiträumen auszuwählen. Eine optionale Q&A-Funktion (Natural Language Query) erlaubt Abfragen in natürlicher Sprache – eine Eingabe wie *„Stornierungen im Februar?“* generiert automatisch eine passende Visualisierung. Zusätzlich können Python- und R-Skripte für spezialisierte Visualisierungen oder statistische Analysen direkt in Reports eingebunden werden.

Die Architektur trennt Entwicklung und Bereitstellung: Power BI Desktop dient der Report-Erstellung, während Power BI Service die unternehmensweite Verteilung übernimmt. Reports werden im Service publiziert und sind für berechtigte Nutzer im Browser zugänglich (Bild 15.12). Geplante Datenaktualisierungen sorgen dafür, dass alle Nutzer mit konsistenten, aktuellen Daten arbeiten.

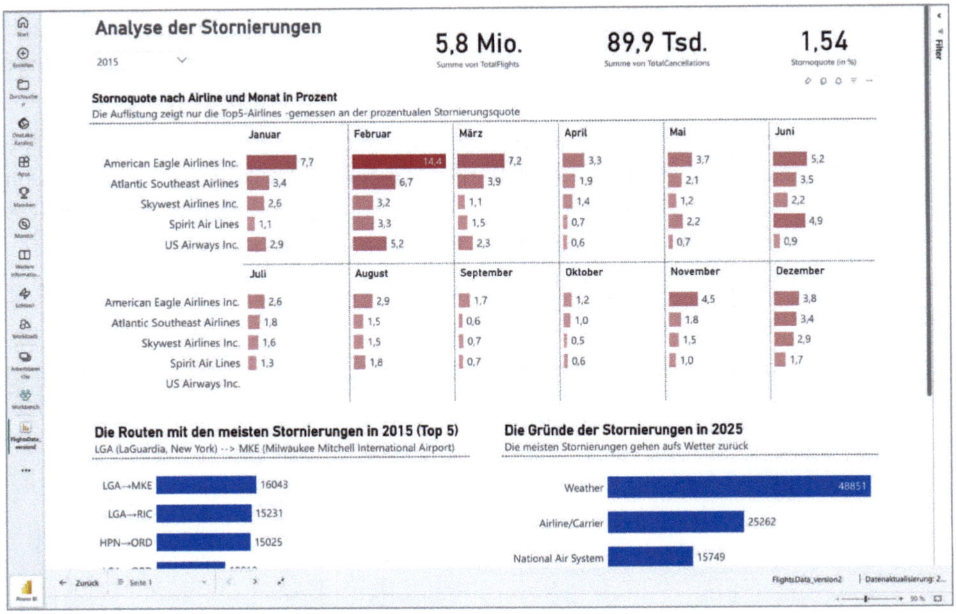

Bild 15.12 Veröffentlichtes Dashboard im Power BI Service, zugänglich über Browser

Zusammenfassung und Einordnung

Die verschiedenen Implementierungen des Anwendungsfalls zeigen das Spektrum: Die Python-Lösung mit DuckDB erfordert Programmierkenntnisse, ermöglicht aber spezifische Anpassungen und vollständige Kontrolle über den Analyseprozess. Tableau und Power BI machen die Daten für Fachanwender ohne technische Kenntnisse zugänglich.

Im praktischen Unternehmenseinsatz ergänzen sich diese Ansätze. Data Engineers bereiten Daten mit technischen Tools auf, dokumentieren sie im Datenkatalog und stellen sie als standardisierte, versionierte Datensätze bereit. Business Analysten nutzen Self-Service-Tools für Ad-hoc- oder multidimensionale Analysen, Data Scientists erstellen Hypothesentests, erstellen explorative Datenvisualisierungen oder bauen Machine-Learning-Modelle auf. Management und Fachabteilungen greifen auf vordefinierte Dashboards und Reports zu oder passen diese eigenen Informationsbedürfnissen an. Diese Arbeitsteilung nutzt die jeweiligen Stärken der Tools und berücksichtigt unterschiedliche Nutzerkompetenzen. Die gemeinsame Datenbasis gewährleistet Konsistenz, Nachvollziehbarkeit und Data Lineage über alle Analyseebenen hinweg.

Der Anwendungsfall zeigt, dass Self-Service BI die versprochene Demokratisierung der Datenanalyse teilweise realisiert. Fachanwender können eigenständig Analysen durchführen, wodurch sich die Zeit von der Fragestellung zur Erkenntnis erheblich verkürzt. Gleichzeitig bestehen Herausforderungen: Die initiale Datenaufbereitung erfordert weiterhin technische Expertise, und bei großen Datenmengen sind Performance-Optimierungen durch Indexierung, Partitionierung oder In-Memory-Verarbeitung notwendig. Governance-Strukturen müssen etabliert werden, um Data Quality, Zugriffs- und Berechtigungskonzepte im Rahmen von regulatorischen Vorschriften sicherzustellen.

Die Technologie selbst ist ausgereift und entwickelt sich stetig weiter – was etwa monatliche Releases verdeutlichen. Die eigentliche Herausforderung liegt jedoch in der organisatorischen Integration. Erfolgreiche Implementierungen erfordern mehr als die Bereitstellung von Tools oder Analytics-Plattformen: Mitarbeiter benötigen Schulungen und Data-Literacy-Programme, Prozesse sind anzupassen, und es bedarf einer Kultur, in der datenbasierte Entscheidungen tatsächlich umgesetzt werden. Self-Service BI ist somit ein Werkzeug innerhalb einer umfassenderen Analytics-Strategie, das seine Wirkung nur im Zusammenspiel mit organisatorischen Veränderungen und komplementären technischen Lösungen entfalten kann.

15.5.5 Visualisierung für Explainable AI (XAI)

Eine große Herausforderung seit der Markteinführung von LLMs ist deren hohe Komplexität. Mit Milliarden von Parametern und Terabytes an Trainingsdaten gelten LLMs oft als intransparente Black Boxes. Das Verhalten dieser Black Boxes ist daher nur sehr schwer nachvollziehbar und damit schwer verifizierbar („Warum liefert mir das Sprachmodell für Anfrage X eigentlich Ergebnis Y?") und vermindert dadurch unsere Vertrauenswürdigkeit (Trustworthiness) in diese.

Visualisierung ist hier eine der entscheidenden Methoden der *Explainable AI (XAI)* (vgl. [Dwi+23]): Visualisierungstechniken wie Dichteplots und Dimensionsreduktionen versuchen, die internen Mechanismen von hochdimensionalen Modellen sichtbar und damit interpretierbar zu machen.

Das Problem, Black-Box-Modelle interpretierbar zu machen, ist allerdings nicht auf moderne LLMs beschränkt. XAI ist kein neues Forschungsfeld. Diese Community hat bereits für viele Machine-Learning-Modelle, die z. B. auf tabellarischen Daten, Bilder oder Zeitreihen basieren, entsprechende Visualisierungstechniken entwickelt.[44] Für alle ML-Modelle (inkl. LLMs) gilt daher immer das gleiche Prinzip: Komplexe Zusammenhänge werden für den Mensch in verständliche Visualisierungen gebracht. Visualisierungstechniken plotten hier nicht nur einfach die Daten (*was*), sondern werden gezielt eingesetzt, um das *wie* zu beleuchten.

Es existieren eine Reihe von Open-Source-Werkzeugen, die Visualisierungen von Modellen ermöglichen. BertViz[45] beispielsweise erlaubt, den Attention-Mechanismus von Transformer-Sprachmodellen wie BERT und GPT anhand von Beispieldaten zu erkunden [Vig19]. Zur Visualisierung von LLM hochdimensionalen Embeddings kommen

44 Wer kennt sie nicht, die Wetterkarten zu Wettervorhersagen (z. B. Deutscher Wetterdienst)?

45 *https://github.com/jessevig/bertviz*

in der Regel Dimensionsreduktionstechniken zum Einsatz, um diese in 2D- oder 3D-Ansichten darzustellen. Die ML Community von Hugging Face bietet hier mit der „Semantic Galaxy" eine eindrucksvolle 3D-Visualisierung[46] von Embeddings, die direkt im Browser mit Transformers.js[47] läuft. Hier werden je nach verwendetem Text, der in eine Embedding überführt wird, verwandte Themen zusammengeclustert.

Generell liefern diese Visualisierungen in der Regel aber keine konkreten Erklärungen für große Modelle, dennoch helfen sie aber deren Verhalten mithilfe von Dashboards und Visualisierungen besser zu verstehen.

15.6 Zusammenfassung: Das Spektrum der Big-Data-Visualisierung

Wie in diesem Kapitel angedeutet, ist die Visualisierung von Big Data kein einzelnes Verfahren, sondern ein Designprozess, der bewusste Entscheidungen entlang mehrerer Dimensionen, einem Spektrum, erfordert. Eine effektive Visualisierung ist daher kein Zufall, sondern das Ergebnis eines systematischen Vorgehens.

Mit einer Auswahl an klassischen, interaktiven und technischen Strategien haben wir bereits ein gewisses Spektrum behandelt. Um dieses besser zu beleuchten, stellen wir noch vier weitere Dimensionen vor: vom strategischen Ziel über die Zielgruppe (Stakeholder) bis hin zur technischen Realisierung und den ethischen Regeln, die wir beachten müssen.

15.6.1 Ziel der Analyse

Jede Visualisierung beginnt mit einer fundamentalen Frage: Was wollen wir erreichen? Je nach Phase im Analyseprozess ändert sich der Zweck der Darstellung grundlegend. Wir können grundlegend drei Ziele unterscheiden:

- *Exploration („Was ist in den Daten?")*: In dieser experimentellen Phase geht es darum, unbekannte Muster, Korrelationen oder Ausreißer in den Daten zu entdecken und erste Hypothesen zu bilden. Die Visualisierungen sind oft interaktiv, dynamisch und dürfen auch approximativ sein, um schnelle Einblicke zu ermöglichen (z. B. durch interaktive Dichteplots).
- *Analyse („Was bedeuten die Daten?")*: Hier werden bereits formulierte Hypothesen validiert und Datenmodelle bewertet. Der Fokus liegt auf Präzision, Genauigkeit

46 *https://huggingface.co/spaces/webml-community/semantic-galaxy*
47 *https://huggingface.co/docs/transformers.js/index*

und Nachvollziehbarkeit. Die visuellen Darstellungen müssen statistisch fundiert sein, um verlässliche Schlussfolgerungen zu ziehen.

- *Kommunikation („Was sollen andere verstehen?“)*: Das Ziel ist, die gewonnenen Erkenntnisse an eine bestimmte Zielgruppe (z. B. Management, Kunden, Öffentlichkeit) zu vermitteln. Die Visualisierung wird vereinfacht, konzentriert sich auf eine klare Botschaft und nutzt sogenanntes Storytelling, um zu überzeugen und Handlungsempfehlungen abzuleiten.

15.6.2 Zielgruppe und Anwendungszweck

Eng mit dem Analyseziel verknüpft ist die Frage, *für wen* die Visualisierung bestimmt ist. Unterschiedliche Nutzer haben unterschiedliche Bedürfnisse (vgl. Vorgehensmodell in Kapitel 4), was zu verschiedenen Typen von Dashboards führt:

- *Operative Dashboards* dienen dem Echtzeit-Monitoring von Prozessen und Systemen (siehe Grafana und OpenSearch Dashboards). Sie zeigen aktuelle Zustände des Betriebs und warnen bei Abweichungen (z. B. bei der Überwachung der Systemauslastung oder in der Logistik).
- *Analytische Dashboards* sind die Werkzeuge für Fachexperten und Datenanalysten (siehe interaktive Notebooks wie Jupyter). Sie enthalten viele Interaktionsmöglichkeiten (Filter, Drill-downs) und dienen der tiefgehenden Exploration und Ursachenforschung.
- *Strategische Dashboards* richten sich an das Management (siehe BI Dashboards). Sie fassen wichtige Kennzahlen (KPIs), Trends und Prognosen zusammen, um die langfristige Entscheidungsfindung zu unterstützen. Die Informationsdichte ist hoch, die Detailtiefe tendenziell gering.
- *Public Dashboards* werden für die breite Öffentlichkeit konzipiert und bereitgestellt. Das Ziel ist es, Transparenz zu schaffen oder eine gesellschaftlich relevante Geschichte zu erzählen (z. B. Corona-Dashboards während der Pandemie).

15.6.3 Der Datenfluss

Die technische Architektur einer Visualisierungslösung wird maßgeblich von der Art und Geschwindigkeit der zugrunde liegenden Daten geprägt (vgl. Kapitel 13):

- *Batch-Verarbeitung* ist der klassische Ansatz. Hier werden historische, abgeschlossene Datensätze visualisiert (z. B. die Analyse der Umsätze des letzten Geschäftsjahres).
- *Streaming-Verarbeitung* wird für Daten genutzt, die kontinuierlich eintreffen und in Quasi-Echtzeit visualisiert werden müssen (z. B. die durchschnittlichen Einkäufe pro Zeitintervall in einem Online-Shop).

- *Hybrid-Modelle (HTAP)* kombinieren beide Ansätze. So kann ein Betrugserkennungssystem einer Bank Echtzeittransaktionen (Streaming) mit den historischen Mustern eines Kunden (Batch) abgleichen (z. B. sind modernere Lakehouse-Architekturen darauf ausgelegt).

15.6.4 Ethische Grundsätze

Der Satz „Glaube keiner Statistik, die du nicht selbst gefälscht hast" ist ein berühmtes Sprichwort, das fälschlicherweise Winston Churchill zugeschrieben wird, obwohl es von ihm nie geäußert wurde. Es verinnerlicht die Kernaussage, dass eine Visualisierung niemals neutral ist. Sie interpretiert Daten und hat die Macht, Meinungen zu formen und Entscheidungen zu beeinflussen. Daher trägt der Ersteller solcher Kommunikationsmedien eine erhebliche Verantwortung. Im Kontext von Big Data sind eine Vielzahl von ethischen Grundsätzen (Regeln) für alle Beteiligten essenziell:[48)]

- *Transparenz*: Die verwendeten Methoden müssen offengelegt werden. Wurden Daten aggregiert oder gesampelt? Wenn ja, wie? Unsicherheiten in den Daten, z. B. bei Prognosen, müssen kenntlich gemacht werden (etwa durch Konfidenzintervalle; vgl. Statistik).
- *Verzerrungsfreiheit (Fairness, Bias)*: Es muss sichergestellt werden, dass durch Aggregation oder Filterung keine Minderheiten unsichtbar gemacht oder benachteiligt werden. Gezielte Analysen von Datensegmenten können helfen, unbeabsichtigten Bias aufzudecken.
- *Zugänglichkeit (Accessibility)*: Visualisierungen sollten für alle Menschen zugänglich sein. Dazu gehören die Verwendung von farbenblinden-sicheren Farbpaletten, ausreichende Kontraste und die Unterstützung von Screen-Readern.
- *Datenschutz (Privacy)*: Bei der Darstellung von personenbezogenen Daten ist höchster Schutz geboten (z. B. DSVGO). Techniken wie die Anonymisierung von Individuen oder die Vergröberung von Standortdaten (Geomasking) sind unerlässlich.

Die Dimensionen dieses Spektrums verdeutlichen, dass die Visualisierung von Big Data einen ganzheitlichen Prozess darstellt. Dabei handelt es sich jedoch nur um einen Ausschnitt der möglichen Faktoren, die in der Praxis eine Rolle spielen. Eine weitere Dimension, die sich aus dem Kapitel über Self-Service-BI ableiten lässt, ist die vorhandene technische Expertise derjenigen, die Visualisierungen erzeugen wollen – etwa Programmierkenntnisse und der Grad der Unterstützung, den die Werkzeuge bieten. Die Herausforderung besteht darin, die Stellschrauben für jede Dimension kontextbewusst zu justieren.

48 In der Vergangenheit wurden neben Verordnungen wie der DSVGO eine Reihe von Leitfäden und Best Practices für Industrie und Forschung erarbeitet (z. B. Datenstrategie der Bundesregierung, Empfehlungen des BMI).

Literatur

[Ans73] F. J. Anscombe. „Graphs in Statistical Analysis“. In: *The American Statistician* 27.1 (1973), S. 17–21.

[BW05] Jürgen Bortz und René Weber. *Statistik: Für Human-und Sozialwissenschaftler*. Springer, 2005.

[Dwi+23] Rudresh Dwivedi et al. „Explainable AI (XAI): Core Ideas, Techniques, and Solutions“. In: *ACM Comput. Surv.* 55.9 (Jan. 2023). DOI: *10.1145/3561048*.

[Ehr24] Markus Ehrenmueller-Jensen. *Data Modeling with Microsoft Power BI: Self-Service and Enterprise Data Warehouse with Power BI*. O'Reilly Media, 2024, S. 441.

[EKB16] Thomas Erl, Wajid Khattak und Paul Buhler. *Big Data Fundamentals: Concepts, Drivers, and Techniques*. Prentice Hall Service Technology Series. Boston: Pearson, 2016, S. 200.

[Fre18] Jonas Freiknecht. *Big Data in der Praxis: Beispiellösungen mit Hadoop und NoSQL. Daten speichern, aufbereiten, visualisieren*. Carl Hanser Verlag GmbH Co KG, 2018.

[HR02] Geoffrey Hinton und Sam Roweis. „Stochastic neighbor embedding“. In: *Proceedings of the 16th International Conference on Neural Information Processing Systems*. NIPS'02. Cambridge, MA, USA: MIT Press, 2002, S. 857–864.

[Kei+08] Daniel A Keim et al. „Visual analytics: Scope and challenges“. In: *Visual data mining: Theory, techniques and tools for visual analytics*. Springer, 2008, S. 76–90.

[Kna15] Cole Nussbaumer Knaflic. *Storytelling with data: A data visualization guide for business professionals*. John Wiley & Sons, 2015.

[Kum21] Anoop V. K. Kumar. *Business Intelligence Demystified: Understand and Clear All Your Doubts and Misconceptions about BI*. BPB Publications, 2021.

[Mun14] Tamara Munzner. *Visualization Analysis and Design*. CRC Press, 2014.

[Vig19] Jesse Vig. „A Multiscale Visualization of Attention in the Transformer Model“. In: *Proceedings of the 57th Annual Meeting of the Association for Computational Linguistics: System Demonstrations*. Florence, Italy: Association for Computational Linguistics, Juli 2019, S. 37–42. DOI: *10.18653/v1/P19-3007*.

[War19] Colin Ware. *Information visualization: perception for design*. Morgan Kaufmann, 2019.

[Wil11] Leland Wilkinson. „The grammar of graphics“. In: *Handbook of computational statistics: Concepts and methods*. Springer, 2011, S. 375–414.

[Wil19] Claus O Wilke. *Fundamentals of data visualization: a primer on making informative and compelling figures*. O'Reilly Media, 2019.

Teil 4

Praktische Umsetzung

16 Architekturwissen für Big Data

Nachdem wir die einzelnen Bausteine zur Datenspeicherung und -verarbeitung besprochen haben, drängt sich ganz natürlich die Frage auf, wie sich diese zu komplexen Systemen bzw. Systemarchitekturen integrieren lassen. Zunächst können wir bei einer allgemeinen Betrachtung von Big-Data- oder auch generell Datenanalysesystemen feststellen, dass diese meist aus den folgenden Teilkomponenten bestehen:

- Rohdatenaufnahme und -speicherung
- Datenanalyse
- Ergebnisspeicherung
- Ergebnispräsentation

Interessanterweise spiegelt sich in der konkreten Entwicklung der Architekturaspekte von Big-Data-Systemen und speziell der Komponenten zur Datenanalyse sehr schön die chronologische Entwicklung des Fachgebiets an sich wider. Standen zu Anfang des Big-Data-Hypes Hadoop und MapReduce synonym für Big Data, entwickelte sich später durch die maßgeblich im Buch von Nathan Marz [MW15] geprägte Lambda-Architektur eine Art Dreiklang aus Batch- und Echtzeitverarbeitung sowie Präsentationsschicht, der den damaligen Stand der Technik abbildete.

Mit fortschreitender Entwicklung der zur Verfügung stehenden Frameworks sind mittlerweile sowohl die Möglichkeiten als auch die Komplexität von Big-Data-Systemen deutlich angewachsen und mit ihnen die Anforderungen, die heute gestellt werden. Mit ein wenig nostalgischer Wehmut möchte man beinahe sagen, in den Anfangstagen von Big Data war die Welt noch überschaubarer, denn mit den unzähligen neuen Technologien kamen auch zahllose neue Herausforderungen auf die Systemarchitekturen zu.

Diese Herausforderungen möchten wir in diesem Kapitel adressieren, wofür wir dieses grob nach Referenzarchitekturen für die grundlegende Systemstruktur und Architekturmuster zur Lösung sich wiederholender Entwurfsprobleme unterteilen wollen. Zuvor seien zum besseren Verständnis und zur Entwirrung der an vielen Stellen vorherrschenden Begriffsverwirrung kurz einige Begriffe definiert und Microservices als Architekturstil vorgestellt.

16.1 Begriffsdefinitionen

Zunächst wollen wir klären, was wir unter einer Referenzarchitektur verstehen und vor allem, wie sich eine solche von einem Architekturmuster, Architekturstil oder auch einem Framework abgrenzen lässt. Dazu hilft ein Blick in das Handbuch der Software-Architektur [RH06], das auf Seite 319 den Begriff Referenzarchitektur wie folgt definiert:

> „Referenzarchitekturen sind erprobte, generische Software-Architekturen für bestimmte Anwendungsdomänen (...). Sie gelten gelten über Produkt- und Unternehmensgrenzen hinweg. Sie beschreiben wiederverwendbare Strukturen, Komponenten, Schnittstellen, allgemeine Entwurfsregeln sowie Infrastrukturen für Softwaresysteme der jeweiligen Domäne."

Kurz zusammengefasst liefert eine Referenzarchitektur also eine Blaupause für alle wichtigen Teile, die die Architektur eines Systems in einer bestimmten Domäne enthalten sollte. Als ein bekanntes Beispiel sei an dieser Stelle die sogenannte Layered Architecture für objektorientierte Systeme genannt, wie sie beispielsweise im hervorragenden Buch von Craig Larman [Lar04] und auch in Abschnitt 16.3.6 beschrieben wird.

Im Handbuch der Software-Architektur heißt es weiter zur Definition von Mustern:

> „Ein Software-Muster beschreibt ein spezielles wiederkehrendes Entwurfsproblem (...) und präsentiert für dieses Problem ein bewährtes, generisches Lösungsschema. Ein Software-Muster ist unabhängig von einer konkreten Anwendungsdomäne und kann somit in beliebigen Domänen benutzt werden."

Bei Mustern haben sich in der Literatur (beispielsweise [Bus98]) drei Granularitätsstufen etabliert, nämlich Architekturmuster, Entwurfsmuster und sogenannte **Idiome**. Letztere sind kleinere Code-Konstrukte mit direktem Bezug zu einer Sprache wie beispielsweise ein try-with-Resources in Java. Ein **Entwurfsmuster** löst typischerweise wiederkehrende Probleme für ein bestimmtes Sprachparadigma; so sorgt beispielsweise das bekannte Singleton-Pattern dafür, dass in objektorientierten Systemen von einer Klasse nur eine Instanz erzeugt werden kann. „**Architekturmuster** (hingegen) nehmen Einfluss auf die Software-Architektur eines zu entwickelnden Systems in seiner Gesamtheit", um noch einmal das Handbuch der Software-Architektur zu zitieren. Mit anderen Worten, Entwurfsmuster manifestieren sich innerhalb von einzelnen Klassen oder höchstens Paketen, während Architekturmuster gewöhnlich Auswirkungen auf mehrere Pakete oder Komponenten haben. Die Übergänge zwischen den beiden Letztgenannten sind oftmals fließend; so finden sich beispielsweise für das Model-View-Controller-Pattern (MVC) durchaus Argumente, die es zu beiden Gruppen zuordenbar machen.

Nochmals auf einer anderen Ebene befinden sich die Architekturstile, diese werden im Handbuch der Software-Architektur wie folgt definiert:

„Architekturstile sind prinzipielle Lösungsstrukturen, die für ein Element einer Architektur durchgängig und mit weitgehendem Verzicht auf Ausnahmen angewandt werden."

Auch ein Architekturstil ist somit kein vollständiger Bauplan für eine Software, sondern gibt vielmehr grundlegende Entwurfsprinzipien vor, die im System Verwendung finden sollen. Betrachten wir die Gebäudearchitektur als Beispiel: Dort sind beispielsweise runde Bögen und Säulen dem römischen Stil zuzuordnen, während spitze Bögen, Kreuzrippengewölbe und vielfältige Streben dem gotischen Stil zugeschrieben werden. In der Softwareentwicklung können wir entsprechend die Verwendung grundlegender Prinzipien wie Objektorientierung, Microservices oder auch von Layers als Architekturstil verstehen. Erst die Vorgabe von konkreten Layers und deren Verflechtung untereinander in einer Layered Architecture macht aus dem Architekturstil eine Referenzarchitektur, die als Grundlage für den Entwurf eines Systems dienen kann.

Abschließend sei aus dem Handbuch der Software-Architektur noch die Definition für den Begriff Framework angeführt:

„Ein Software-Framework stellt ein halbfertiges Architekturgerüst für einen Anwendungsbereich dar, das auf die Bedürfnisse und Anforderungen einer konkreten Anwendung angepasst werden kann. (...)"

Halten wir auf Basis dieser Grundlagen zunächst Folgendes am Beispiel von Hadoop sowie der bekannten Lambda-Architektur fest:

- Die Lambda-Architektur stellt als **Referenzarchitektur** einen Rahmen für Big-Data-Systeme zur Verfügung, um beispielsweise auch Laufzeitanforderungen abdecken zu können, die mit Batch-Läufen alleine nicht umgesetzt werden können.
- Hadoop ist ein **Framework**, mit dessen Hilfe MapReduce-basierte Anwendungen implementiert werden können.

- MapReduce erfüllt aus unserer Sicht durchaus die gängigen Definitionen eines **Architekturmusters**,[1] wobei wir auch Meinungen gut nachvollziehen können, die es lieber als Programmiermodell oder Programmierparadigma bezeichnen möchten.

Im restlichen Teil dieses Kapitels werden wir zunächst kurz Microservices als einen wichtigen Architekturstil beschreiben, der heute zur Grundlage fast aller großen Softwaresysteme geworden ist. Ganz im Einklang mit dem Namen ist auch die Definition von Microservices nach Newman [New21] kurz und knackig:

„Microservices are small, autonomous services that work together."

Im Anschluss daran erläutern wir die verschiedenen Referenzarchitekturen, die sich in der Welt der großen Datenmengen im Gleichschritt mit dem Technologiefortschritt der letzten Jahre entwickelt haben. Beschließen werden wir das Kapitel mit einer Erläuterung der für Big-Data-Systeme wichtigsten Architekturmuster.

16.2 Microservices als Architekturstil

Die Grundidee von Microservices ist es, komplexe monolithische Anwendungen in kleinere, unabhängig voneinander betreibbare Teile zu zerlegen, die über eine klar definierte Schnittstelle (API) lose miteinander gekoppelt werden können. Auch Microservices folgen wie Web Services in serviceorientierten Architekturen (SOAs), die guten alten Remote Procedure Calls (RPCs) oder auch ganz normale, lokale Methodenaufrufe meist dem Request-Response-Paradigma und nutzen daher synchrone Aufrufe. Das bedeutet, dass der Aufrufer so lange auf das Ergebnis wartet, bis es vollständig übermittelt worden oder aber ein Timeout aufgetreten ist.

Zur Implementierung der Schnittstelle (API) eines Microservices hat sich heutzutage REST [Fie00] mit JSON als Quasistandard durchgesetzt. Wichtig ist, dass jeder Service gemäß dem Single Responsibility Principle [Mar17] auf eine einzige Aufgabe spezialisiert wird und somit eine größtmögliche Entkopplung (engl. Decoupling) von anderen Systemteilen gewährleistet wird. REST verwendet zustandslose Standard-HTTP-Aufrufe, um die Service-Schnittstellen nach außen zu führen, sodass heute quasi alle Web- bzw. Applikation-Server REST-Schnittstellen bereitstellen können und auch die Firewall-Konfiguration deutlich einfacher geworden ist, als das bei CORBA, RMI oder SOAs der Fall war, was mit ein Grund für die schnelle Verbreitung von REST gewesen sein dürfte. REST-Requests folgen der aus der Objektorientierung bekannten Abstraktion und stellen für jede Klasse von Objekten eine passende URL bereit.

1 Es gibt eine Struktur vor, die mit einer konkreten Implementierung ausgefüllt werden muss.

Auch wenn REST an das objektorientierte Paradigma angelehnt ist, ist es keine Umgebung für eine verteilte objektorientierte Programmierung wie RMI oder CORBA. Diese ermöglichten es, aus einer verteilten Laufzeitumgebung heraus auch auf Objektinstanzen auf einer anderen Maschine zuzugreifen.

Insbesondere moderne REST-Services kennen aber keine Objektidentitäten, sondern kommunizieren prozedural über das zustandslose HTTP-Protokoll. Entsprechend müssen ihnen bei jedem Aufruf alle für die Verarbeitung einer Anfrage notwendigen Informationen mit übergeben werden. Das vereinfacht den serverseitigen Aufbau enorm und verbessert dadurch im Big-Data-Kontext Skalierbarkeit und Resilienz.

Beispielsweise könnte der API-Endpoint eines Online-Shops zur Abfrage der Produktinformationen unter folgender API per GET-Request (mit einem `Accept: application: json`) erreichbar sein: `https://api.shop.com/products/32168`.

Eine Antwort im JSON-Format könnte wie folgt aussehen:

```
{
  "id": "32168",
  "name": "WM-Fußball",
  "price": 37.95,
  "currency": "EUR",
  "inventory": 17,
  "description": "Nicht nur einfach ein Fußball..."
}
```

Eine Microservice-Architektur richtig und „RESTful“ zu implementieren, kann aufgrund des ungewohnten Paradigmas durchaus anspruchsvoll werden, sodass an dieser Stelle für weiterführende Erläuterungen auf ein entsprechendes Buch [RAR13] verwiesen sei.

Gerade bei der Entwicklung von Big-Data-Systemen bieten REST-Services eine Reihe von Vorteilen: So können etwa einzelne Services bei Bedarf leichter skaliert werden, durch die sich ergebende Redundanz werden Systeme robuster gegen Ausfälle oder Störungen. Ferner steigt im Worst Case die Chance, dass beim Ausfall eines Services die restlichen Systemteile einigermaßen ungestört weiterarbeiten können. Auch die Entwicklung vereinfacht sich, da für jede anstehende Aufgabe die optimale Technologie ausgewählt werden kann, ohne auf andere Systemteile Rücksicht nehmen zu müssen. Zudem bleibt die Komplexität überschaubar und ein Service kann von einem „Two Pizza Team“[2], also einem Entwicklungsteam, das von zwei Party-Pizzen satt werden kann, entwickelt werden.

Die wichtigsten Nachteile von Microservices sind eine offensichtlich gestiegene Komplexität im Betrieb, insbesondere wenn Services ihre eigene Persistenz benötigen (vgl. Abschnitt 16.4.1) und Daten zwischen verschiedenen Services konsistent gehalten wer-

2 vgl. z. B.: *https://martinfowler.com/bliki/TwoPizzaTeam.html*

den müssen. Somit steigt automatisch auch der Aufwand in der Qualitätssicherung und insbesondere beim Debugging, da es sich per Definition um verteilte Systeme mit den ihnen eigenen Indeterminismen handelt. Durch moderne Deployment-Möglichkeiten wie Docker und Kubernetes hat sich immerhin die Frage nach dem Deployment in den letzten Jahren deutlich vereinfacht (vgl. Kapitel 17). Die Kommunikation zwischen den Services steigt allerdings stark an, da diese meist in eigenen virtuellen Maschinen bzw. Containern, wenn nicht sogar in verschiedenen Rechenzentren laufen.

16.3 Referenzarchitekturen

Passend zu den in Kapitel 13 vorgestellten Verarbeitungsansätzen haben sich über die Jahre (logische) Referenzarchitekturen für Batch- und Streaming-Systeme sowie Kombinationen daraus entwickelt. Spannend ist dabei die aus einer größeren Abstraktionshöhe feststellbare, recht große funktionale Ähnlichkeit zu den in Kapitel 7 beschriebenen Data-Warehouse-Lösungen. Salopp gesagt können wir frühe Big-Data-Systeme als eine Art Data Warehouse für große Datenmengen mit weniger strukturierten Daten und weniger Flexibilität in den Auswertungen bezeichnen. Letztere konnten anfangs nicht mal eben mit SQL durchgeführt werden, sondern mussten als Batch programmiert, kompiliert und von Hand in einem Cluster ausgeführt werden. Wir wollen daher auch unsere Betrachtung der verschiedenen Architekturideen mit dem Aufbau von Systemen, die für die verteilte Ausführung von Datenanalysen mit Batch-Läufen (vgl. Abschnitt 13.3) gedacht gewesen sind, beginnen und uns im Weiteren ebenfalls an der chronologischen Entwicklung orientieren.

16.3.1 Batch-„Architektur“

Am Anfang des Big-Data-Hypes der 2000er Jahre stand meist die Batch-Verarbeitung enormer Datenmengen mit Hadoop. Aufgrund der recht großen Latenzzeiten wurden regelmäßig benötigte Analyseläufe oft nur „nightly“ oder gar „weekly“ ausgeführt. Im Sinne einer Software-Architektur ist bei reinen Batch-Systemen jenseits der einzelnen Batch-Jobs keine Unterteilung in logische Einheiten erkennbar, weswegen wir Architektur in der Überschrift in Anführungszeichen gesetzt haben.

Die Rohdaten einer Batch-Analyse werden gewöhnlich in einem verteilten Dateisystem (wie dem HDFS von Hadoop) gespeichert, während die Analyseläufe im Falle von Hadoop aus einem oder auch mehreren verketteten MapReduce-Jobs bestehen. Ergebnisse und Zwischenergebnisse von Batch-Jobs wurden anfangs – wie die Eingangsdaten auch – meist ebenfalls als Textdateien im HDFS abgelegt. Sie waren daher nur für technisch versierte Nutzer mit Zugriff auf den Analyse-Cluster auslesbar bzw. mussten von dort erst einmal manuell auf andere Systeme oder Datenbanken transferiert werden, um auch von Domänenexperten genutzt und ausgewertet werden zu können.

Somit umfasst diese einfachste Big-Data-Architektur, wie in Bild 16.1 gezeigt, aus logischer Sicht gerade zwei Teile, nämlich einen Batch-Layer zur Ausführung der Batch-Verarbeitung sowie einen Datenspeicher (bei Hadoop das HDFS), in dem die Rohdaten (hier als „Master Data" bezeichnet) sowie auch die Analyseergebnisse abgelegt werden.

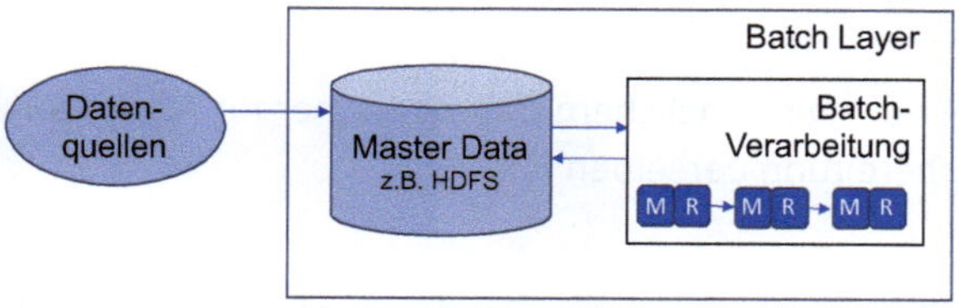

Bild 16.1 Schematischer Aufbau einer Batch-Architektur mit verteiltem Datenspeicher und Batch-Layer mit mehreren MapReduce-Jobs für die Datenanalyse. (Die Pfeile zeigen den Datenfluss zwischen den Komponenten.)

Die Datenquellen befinden sich außerhalb des eigentlichen Analysesystems, sodass ihre Daten vor Beginn eines Batch-Laufs ebenfalls in geeigneter Weise in das verteilte Dateisystem übermittelt und dort gespeichert werden müssen. Gerade als Big Data noch in den Kinderschuhen steckte, waren einfache textbasierte Formate wie CSV oder auch Textdateien das Mittel der Wahl, um Daten in einen Cluster zu bekommen (vgl. auch Abschnitt 5.1).

Serving Layer

Um auch technisch weniger versierten Nutzern Zugriff zu den Ergebnissen der Datenanalysen liefern zu können, bietet sich das Ablegen der Ergebnisse in einer Datenbank ebenso an wie der Zugriff darauf über Dashboards mit visuell aufbereiteten Daten in einer Weboberfläche, die auch von IT-Laien nutzbar ist. Solche aus der Architektursicht komplexeren Lösungen haben sich jedoch erst nach und nach entwickelt. Daraus ergibt sich eine mit einem zusätzlichen sogenannten Serving Layer und meist auch einer zusätzlichen Datenspeicherung für Analyseergebnisse erweiterte Batch-Architektur. Bild 16.2 zeigt deren grundlegenden Aufbau.

Wenn Sie sich fragen, ob hier – neben gängigen Tools (wie HBase) aus dem Hadoop-Ökosystem – auch eine „einfache" relationale Datenbank zum Speichern der Ergebnisse zum Einsatz kommen kann, ist die Antwort positiv: Die Ergebnisse eines Batch-Laufs sind in den allermeisten Fällen aggregiert und daher erheblich weniger umfangreich als die Rohdaten. Zudem ist das Design von MapReduce genau darauf ausgelegt, dass im Reduce-Schritt alle Werte eines „Ziel-Keys" an einer Stelle verarbeitet und zu einem (oder ganz wenigen) Werten zusammengeführt werden, sodass auch das lockfreie Schreiben in eine relationale Datenbank möglich wird. Stellen wir uns als einfaches Beispiel alle Umsätze eines Jahres für einen großen Konzern vor, das können leicht

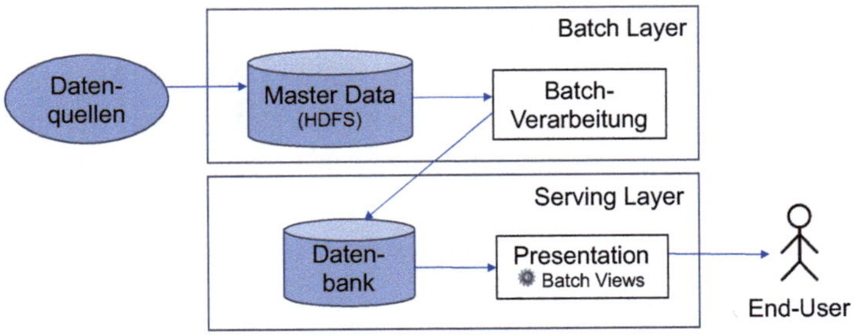

Bild 16.2 Erweiterte Batch-Architektur mit zusätzlichem Datenspeicher für Analyseergebnisse und Serving Layer zur Aufbereitung derselben

Millionen oder gar Milliarden an Buchungsposten sein. Bei der Berechnung von Gewinn oder Verlust pro Standort und Zeitperiode bleiben am Ende aber vielleicht einige hundert oder tausend Werte übrig, die leicht unter jeweils eigenen Primärschlüsseln in einer relationalen Datenbank gespeichert werden können.

Um es an dieser Stelle nochmals zu unterstreichen: Das Schreiben von aggregierten Werten in eine relationale Datenbank wird keine nennenswerten Locking-Probleme bereiten, da durch die Verarbeitung im Reducer keine sogenannten Concurrent Writes, also gleichzeitige Schreibversuche auf den gleichen Eintrag in einer Tabelle, auftreten können.

16.3.2 Lambda-Architektur

Rasch kam im Kontext der Big-Data-Verarbeitung ein wachsendes Verlangen nach mehr Aktualität der Analysedaten auf: Zeit ist in der schnelllebigen Geschäftswelt bekanntlich Geld. Eine rein auf Batch-Läufen basierende Systemarchitektur mit den ihr inhärenten Latenzzeiten von Stunden oder gar Tagen kann diese Anforderungen nicht zufriedenstellend erfüllen.

Entsprechend ist ein weiterer Layer vonnöten, um zwischen bzw. während der Batch-Läufe eingehende Daten zeitnah[3] wenigstens vorläufig analysieren zu können. So entstand die von Nathan Marz und seinem Buch mit Co-Autor James Warren [MW15] populär gemachte „Lambda Architecture“, die auch von zahlreichen Hadoop-Distributoren und -Consultants lange als das Mittel der Wahl gepriesen wurde. Ihr Aufbau ist in Bild 16.3 schematisch dargestellt.

Im Internet kursieren verschiedene Erklärungsansätze, woher der Name „Lambda“ stammen könnte. Einige halten die Ähnlichkeit des im Buch veröffentlichten origi-

3 Ungefähr im niedrigen einstelligen Sekundenbereich

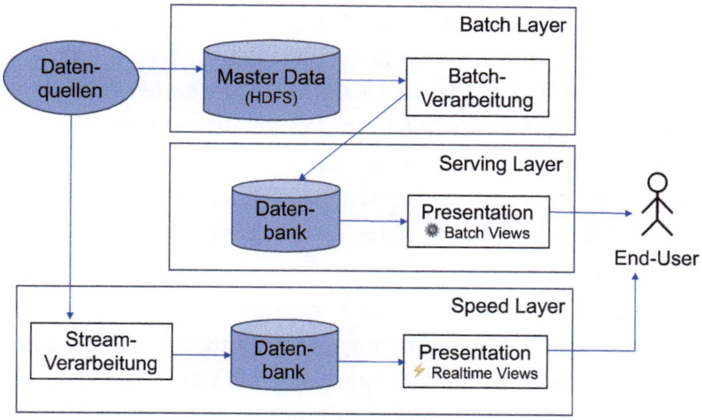

Bild 16.3 Schematischer Aufbau der Lambda-Architektur mit zusätzlichem Speed Layer

nalen Architekturbilds mit dem Buchstaben Lambda für einen plausiblen Ursprung, wahrscheinlicher erscheint uns jedoch die im Buch zum Ausdruck gebrachte Verankerung der Lambda-Architektur im Lambda-Kalkül. So sollen die in ein Lambda-System eingespielten und dort einmal gespeicherten **Rohdaten unveränderlich** (engl. immutable) bleiben und nur durch immer neuere Daten erweitert werden. Ebenso sollen alle Verarbeitungsschritte rein funktional und ohne Seiteneffekte durchgeführt werden. Marz und Warren bezeichnen das in ihrem Buch als die fundamentale „Batch-Gleichung“ `query = function(all data)` und postulieren neben Unveränderbarkeit die Ursprünglichkeit und Beständigkeit als weitere zentrale Prinzipien für die Speicherung großer Datenmengen.

„Alle Daten“ gilt hierbei für den **Batch-Layer**, in dem immer alle beim Start eines Batch-Laufs zur Verfügung stehenden Daten neu verarbeitet werden sollen. Neben dem Nachteil einer beständig mit der Datenmenge wachsenden Verarbeitungsdauer hat dieses Vorgehen durchaus auch Vorteile; so können etwa durch Programmierfehler fehlerhafte Auswertungen der Daten leicht durch eine erneute Analyse aktualisiert werden. In der Praxis drängt es sich auf, Batch-Läufe insoweit parametrisierbar zu machen, als dass etwa bei der Erstellung von unterjährigen Monatsabschlüssen aus Umsatzdaten immer nur die für den jeweiligen Monat relevanten Daten verarbeitet werden, was eine entsprechende Organisation der Rohdaten im verteilten Dateisystem erfordert.

Der neue und zugleich sowohl interessanteste als auch komplexeste Teil der Lambda-Architektur ist der sogenannte **Speed-Layer**, für den folgende Gleichung gilt: `query = function(recent data)`. Hier werden nur die seit dem letzten Start eines Batch-Laufs hinzugekommenen Daten in (nahezu) Echtzeit verarbeitet, sodass zum einen die Datenmenge deutlich geringer ist, zum anderen aber auch die Anforderungen insofern höher sind, als dass hier besonders auf die Vermeidung von Concurrent Writes geachtet werden muss.

Marz und Warren schlagen in ihrem Buch für den Speed Layer Cassandra (vgl. Abschnitt 11.3) als Datenspeicher vor, da sie durch ihre einstellbaren Konsistenzparameter ein sinnvolles Werkzeug in diesem Kontext sein kann. Durch beständig neu eintreffende Daten ändern sich die Auswertungen in den Realtime Views ohnehin beständig, daher kann meist auch eine „Eventual Consistency", also eine leichte Verzögerung bei der eindeutigen Speicherung von Werten über mehrere Replika hinweg, gut toleriert werden, sofern für die nur kurz genutzten Zwischenergebnisse überhaupt eine Replikation notwendig wäre.

Damals, also etwa zur Mitte der 2010er Jahre, standen nur erste Versionen von Streaming-Frameworks mit rudimentären Funktionalitäten zur Verfügung, sodass der Speed Layer oftmals auch aus einer „handgestrickten" Lösung bestand, die die im Batch-Layer entwickelte Verarbeitungslogik noch einmal nachempfinden musste, bei großen Datenmengen und harten Performance-Anforderungen schlimmstenfalls abermals als ein verteiltes System oder eben mit den neuartigen Streaming-Systemen. Der sich daraus ergebende **Nachteil einer doppelten Code-Basis** mit extrem hoher Komplexität durch zwei verschiedene Programmieransätze erschließt sich sicherlich ohne größeres Nachdenken. Nichtsdestotrotz erlangte diese Architektur eine große Popularität, sodass auch heute noch entsprechende technische Schulden (engl. Technical Debt) in darauf basierenden Systemen zu finden sind. Ironischerweise wurde die Lambda-Architektur in erster Linie dafür entwickelt, um die Komplexität im Umgang mit zeitkritischen Datenanalysen zu reduzieren, die dabei entstandene „accidental complexity" (vgl. [Bro87]) ist in erster Linie dem damaligen Stand der Technik geschuldet. Spannend ist zudem, dass es bis in die Mitte der 2020er Jahre gedauert hat, bis durch das Streaming-Framework Flink (siehe Abschnitt 13.5.3) die Möglichkeit von Batch- und Stream-Verarbeitungen mit einer einzigen Code-Basis im Mainstream angekommen ist.[4)]

Von daher überrascht es nicht, dass mit dem Aufkommen modernerer Frameworks wie zunächst Spark bzw. Spark Streaming, später auch Storm oder Samza und nicht zuletzt Flink (allesamt aus dem Stall von Apache), in Bezug auf Big-Data-Architekturen ein allgemeiner Trend zu schnellen reaktionsfähigen Streaming-Architekturen, wie wir sie im Folgenden erläutern möchten, eingeläutet wurde.

16.3.3 Streaming- und Kappa-Architekturen

Der Hunger nach Analysen mit minimalen Latenzzeiten („near realtime analytics") war auch mit der Lambda-Architektur bei Weitem nicht gestillt, sodass mit der fortschreitenden Reifung der Streaming-Frameworks schon bald das nächste Level der Datenarchitekturen propagiert wurde: die sogenannte **Kappa-Architektur**. Diese wurde

4 *https://www.youtube.com/watch?v=z9ye4jzp4DQ*

vor allem durch einen Blog-Beitrag von Jay Kreps (damals bei Linkedin, wo zu dieser Zeit auch das Queueing-System Kafka entwickelt wurde) aus dem Jahr 2014 populär [Kre14]. Die Verwendung des griechischen Kappa ist mutmaßlich eine Anspielung auf den Vorgänger Lambda und mag auch durchaus vom ersten Buchstaben von Kreps' Nachnamen inspiriert sein. Salopp gesagt, ähnelt eine Kappa-Architektur sehr stark einer Lambda-Architektur ohne Batch-Layer, wie das einst auf der heute nicht mehr existierenden Webseite kappa-architecture.com schön auf den Punkt gebracht wurde:

> „A Kappa Architecture system is like a Lambda Architecture system with the batch processing system removed."

Damit vereinfacht sich die Lambda-Architektur aus Bild 16.3 vornehmlich zunächst wie in Bild 16.4 dargestellt. Theoretisch sollten damit alle Datenströme auch aus verschiedenen Quellen in nahezu „Echtzeit" durch ein ausreichend dimensioniertes Streaming-System geleitet und zeitnah analysiert werden können (vgl. Abschnitt 13.5).

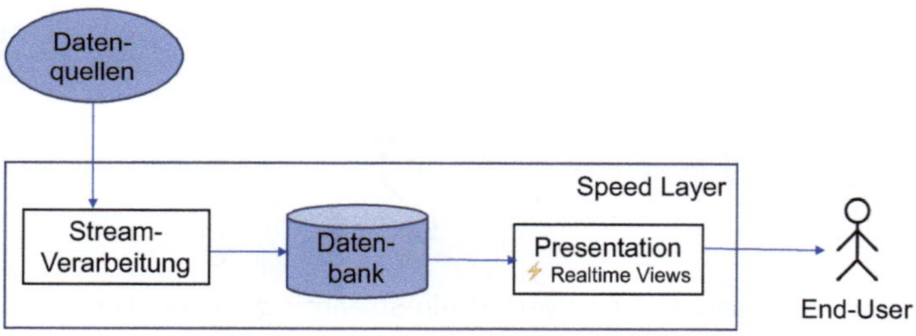

Bild 16.4 Übersicht der Kernbestandteile eines einfachen Streaming-Systems (analog zur Batch-„Architektur" aus Bild 16.1

Eine solche einfache Streaming-Architektur bietet sich neben der Nutzung bei Geschäftsdaten gerade auch für die Analyse von fortlaufend hereinkommenden IOT-Sensordaten u. Ä. an. Zur Speicherung und Abfrage der Daten sind auch hier eine Datenbank sowie eine Präsentationsschicht mit entsprechenden Dashboards für Datenanalysten und Fachexperten vorgesehen. Wie bereits beim Batch-Processing ist dabei ebenfalls auf ein passendes Routing der Datensätze gemäß ihres „Ziel-Keys" zu achten, um lästige Concurrent Writes zu vermeiden.

Versuchen wir nun die Frage zu klären, was eine Kappa-Architektur von der gerade gezeigten Lambda-Architektur und dem dort enthaltenen Speed Layer unterscheidet. Um die Verwirrung komplett zu machen, finden sich nämlich in der Literatur und im Internet auch Varianten der Kappa-Architektur mit einem extra angedockten Batch-Layer. Deutlich zielführender ist daher vermutlich die Frage nach der Speicherung der Rohdaten. Um zu einer Unterscheidung zwischen einfachem Streaming-System und einer Kappa-Architektur zu gelangen, schlagen wir vor, sich Ersteres (wie auch den Speed Layer bei Lambda), wie in Bild 16.4 gezeigt, ohne eine Speicherung der gestreamten Rohdaten über die Stream-Verarbeitung hinaus vorzustellen.

Da dies in der Praxis regelmäßig dazu führen wird, dass etwa im Falle einer Erweiterung der Analysen keine Neuverarbeitung bereits verarbeiteter Daten möglich wäre, sieht die Kappa-Architektur nach Kreps ein Commit Log für die zu verarbeiteten Daten vor. Abhängig von der Aufbewahrungszeit (engl. Retention Time) des Log können bei Bedarf auch ältere Daten nochmals in die Verarbeitung geleitet werden (sog. „Replay"), sodass auch eine Re-Analyse der Daten möglich ist. Damit ergibt sich der in Bild 16.5 dargestellte Aufbau der Kappa-Architektur mit einer impliziten Möglichkeit, alle vorhandenen Daten in einer Art von „Batch-Lauf" über die Streaming-Pipeline neu zu verarbeiten. Es liegt auf der Hand, dass es bei einem Replay großer Datenmengen sinnvoll sein kann, den Replay-Job parallel zum bisherigen Job laufen zu lassen, die Ergebnisse neu zu speichern und die Anzeige erst umzuschalten, wenn der Replay einen aktuellen Datenstand erreicht hat, um Latenz- oder gar Ausfallzeiten zu vermeiden.

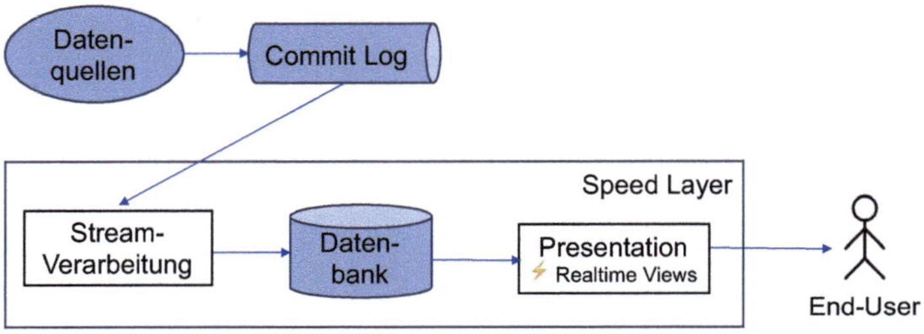

Bild 16.5 Die Kappa-Architektur nach Kreps erweitert ein Streaming-System um ein Commit Log zur Speicherung der Rohdaten, das ggf. auch zur Speicherung von Zwischenergebnissen und zum Replay aller Daten dienen kann.

Wir haben die Architektur im Bild bewusst ohne den eben erwähnten Batch-Layer dargestellt, da der Replay aller Daten aus dem Commit Log bei Bedarf über den Streaming Code abgewickelt werden kann. So wird keine doppelte Code-Basis mehr benötigt, und die Systemkomplexität ist im Vergleich zur Lambda-Architektur deutlich verringert. In der Praxis bieten jedoch die meisten Streaming-Frameworks noch Möglichkeiten zum Schreiben von dedizierten, in der Verarbeitung optimierbaren Batch-Codes an, womit wir jedoch wieder mit dem eingangs erwähnten Dilemma einer doppelten Code-Basis konfrontiert wären.

Ein skalierbarer Daten-Broker wie Kafka[5] (vgl. auch Kapitel 12) oder auch ähnliche, etwa JMS-kompatible[6] Systeme ermöglichen in dieser Architektur nicht nur Speicherung und Replay der Rohdaten,[7] sondern können auch als Puffer dienen, wenn es im Stream oder in einer Verarbeitungsstufe wegen einer großen Last etwas länger dauern sollte.

5 Es ist übrigens sicherlich kein Zufall, dass der zuvor erwähnte Jay Kreps in seiner Zeit bei LinkedIn maßgeblich an der Entwicklung von Kafka beteiligt war und später für dessen Vermarktung die Firma Confluent mitgegründet hat.

6 JMS steht für Java Messaging Service und stellt eine Interface-Queueing-Funktionalität zur Verfügung.

7 JMS-Queues löschen die Daten sofort nach dem Auslesen, sodass damit kein Replay möglich ist.

Grenzen von Kappa-Systemen

Es lohnt sich durchaus, im Folgenden noch einige Gedanken zu den Möglichkeiten und Grenzen dieses Ansatzes zu investieren, um die Mitte der 2020er Jahre aktuellen Entwicklungen besser nachvollziehen zu können. Wie in Abschnitt 12.3 erläutert, ist Kafka darauf optimiert, Daten sequenziell und schnell in sogenannten Topics zu speichern und diese von dort nach dem FIFO-Prinzip zu lesen. Das passt perfekt sowohl zu den Anforderungen eines Replay-Vorgangs als auch zu denen eines Puffers: Daten werden in der anfallenden Reihenfolge schnell, skalierbar und zuverlässig geschrieben und können flüssig ab einem beliebigen[8] Punkt ausgelesen werden.

Der Skalierbarkeit von Daten-Brokern sind im Sinne der dauerhaften Speicherung von älteren Daten in rauen Mengen allerdings gewisse Grenzen gesetzt,[9] da sie auf die Skalierung des Datendurchsatzes optimiert sind. Mit anderen Worten, Broker verwenden aus Performance-Gründen typischerweise den schnelleren, aber auch teureren SSD-Speicher und haben daher gewöhnlich eine recht kurze Retention Time (zu deutsch Aufbewahrungszeit) für die gespeicherten Daten von beispielsweise einer Woche voreingestellt. Alles, was die längerfristige Speicherung von Rohdaten in Streaming-Systemen angeht, erfordert also entweder ausreichend Kleingeld zum Aufbau eines entsprechend großen Clusters oder aber den Einsatz eines Tiered-Storage-Ansatzes (vgl. Abschnitt 16.4.1) mit einer Auslagerung von Daten etwa auf einen günstigeren Object Store, der natürlich Performance kosten wird.

Mit den immer weiter wachsenden Möglichkeiten moderner Tools und Frameworks drängt sich abschließend die Frage auf, wo die Grenzen einer Kappa-Architektur genau liegen. Kreps initiale Idee zielte noch rein auf Analytik, um etwa Dashboards mit Umsatzverläufen o. Ä. in nahezu Echtzeit (mit maximalen Latenzen im niedrigen einstelligen Sekundenbereich) anzeigen zu können. Auch die damals verfügbaren Tools und die Hardware waren nur schwer in der Lage, zuverlässig schnellere Verarbeitungszeiten für große Datenmengen zu ermöglichen, und taten sich auch mit „exactly once"-Verarbeitungsgarantien schwer.

Doch die Entwicklung sowohl der Hard- als auch der Software ist nach wie vor sehr dynamisch, sodass wir gerade erleben, wie moderne Streaming-Architekturen und -Systeme die Latenzzeiten bis an die Grenze des einstelligen Millisekunden-Bereichs drücken können und damit eine Vereinheitlichung von analytischen mit transaktionalen Workflows in greifbare Nähe rücken. Daher wollen wir im Folgenden einige weitere architektonische Grundlagen und aktuelle Trends erläutern, um zu verstehen, ob eine sich „am Horizont" abzeichnende „Streamhouse Architecture" die Zukunft

8 Moderne Broker wie Kafka oder Pulsar unterscheiden sich genau in diesem Punkt von rein queuebasierten Systemen wie etwa RabbitMQ: Letztere erlauben es nur, Daten genau einmal auszulesen, danach werden sie unwiederbringlich gelöscht.

9 Auch wenn gerade das Marketing der Firma Confluent aktuell vieles daran setzt, Kafka als „Datenspeicher" für fast alles zu positionieren.

der Big-Data-Verarbeitung sein und zu einer Wiedervereinigung von OLTP- und OLAP-Systemen führen könnte.[10]

16.3.4 Quo vadis, Datenarchitektur?

Es ist auffällig, dass in der Praxis nur selten reine Batch-, Streaming-, Lambda- oder Kappa-Architekturen zu finden sind. Vielmehr begegnen wir oft Mischformen, die alle möglichen Ansätze, Frameworks und Tools miteinander kombinieren. Diese sind vielfach über Jahre, wenn nicht mittlerweile Jahrzehnte, aufgrund von immer neuen Geschäftsanforderungen pragmatisch gewachsen, und es stellt sich die Frage, wie weit sie sich überhaupt zu einer konsistenten Referenzarchitektur generalisieren lassen.

Ein Blick in die Vergangenheit zeigt abermals eine Reihe von interessanten Ideen, die aber vom Big-Data-Hype und seinen großen Datenmengen quasi „weggeschwemmt" worden sind. Dennoch, gerade die zentrale Idee der Software-Architektur, monolithische Systeme in handhabbare Teile zu modularisieren, ist zeitlos und war einer der Haupttreiber der populärsten Software-Architekturtrends der letzten Jahrzehnte. Diese entwickelten sich hauptsächlich aus der Notwendigkeit, in verteilten Systemen „Remote Procedure Calls" ausführen zu können, also die Möglichkeit zu haben, auch auf einem entfernten Rechner Funktionen „normal" aufrufen zu können. War dafür Ende der 1990er Jahre plattformübergreifend noch das CORBA-Framework der OMG das Mittel der Wahl, wurde die Serviceorientierte Architektur (SOA) der propagierte Quasistandard im neuen Jahrtausend[11].

Es lässt sich im Nachhinein nur spekulieren, warum den SOA-Standards (wie UDDI und WSDL) trotz des riesigen Standardisierungsaufwands, der von Industriegiganten wie Microsoft, IBM oder auch SAP getragen wurde, nie der große Durchbruch gelang und sie heute von einem in einer einzigen Doktorarbeit [Fie00] vorgeschlagenen (und gleich näher erläuterten) Ansatz wie REST verdrängt werden konnte. Die Eleganz und Einfachheit von REST im Vergleich zur SOA werden vermutlich eine gewichtige Rolle dabei gespielt haben.

Sowohl SOA als auch REST und Microservices adressieren aus Sicht der Softwaretechnik gedacht eine wichtige Herausforderung allerdings nicht, nämlich wie der Datenfluss in einer Unternehmensarchitektur konkret gesteuert werden soll. Ein wildes Konglomerat von einzelnen Services, die alle beliebig und direkt (tightly coupled) miteinander „sprechen", ist weder besonders skalier- noch übermäßig gut wartbar. Abhilfe

10 Vermutlich wird allerdings schon kurz nach Erscheinen unseres Buches ein anderer neuer Trend durchs Dorf getrieben werden ...

11 Der Autor dieser Zeilen erinnert sich noch gut daran, wie er in seinem Studium mit der Java Remote Method Invocation (RMI) einige Kämpfe austragen musste.

vor allem bei der Lastverteilung und Entkopplung können die im Folgenden beschriebenen Ideen einer sogenannten Event-Driven Architecture wie auch die des Enterprise Service Bus schaffen.

Event-Driven Architectures

Einige Zeit, bevor der Begriff Event Sourcing durch Martin Fowler populär gemacht und einer breiteren Masse bekannt geworden war (vgl. Abschnitt 16.4.3), wurde im Jahre 2001 von Welsh, Culler und einem gewissen Eric Brewer[12] [WCB01] unter dem Namen Staged Event-Driven Architecture (SEDA) eine Architektur zur Verarbeitung von Ereignissen in skalierbaren Serversystemen vorgeschlagen. Das Buch von Hohpe und Woolf [HW04] thematisiert ebenfalls diese Idee einer losen Kopplung von Services auf Unternehmensebene und gilt als eines der Grundlagenwerke für Event-Driven Architectures (EDAs).

Unter einem Event bzw. einem Ereignis wollen wir in diesem Kontext das Auftreten einer für unser System relevanten Information verstehen. Das kann beispielsweise das Auslösen einer Bestellung durch eine Kundin, eine Überweisung auf ein Bankkonto oder auch ein Sensormesswert in einem IoT-System sein. Einmal aufgetreten und aufgezeichnet, wird es üblicherweise unverändert im System gespeichert und zwischen verschiedenen Services „herumgereicht". Ein Event wird üblicherweise mit einem Zeitstempel seines Auftretens annotiert.

Eine EDA (bzw. auch eine SEDA) enthält, wie in Bild 16.6 in Anlehnung an [WCB01] abstrakt gezeigt, verschiedene, durch Puffer (also Queues) voneinander isolierte Verarbeitungsstufen, sodass sich eine Übertragung auf moderne Big-Data-Architekturen mit Microservices förmlich aufdrängt.

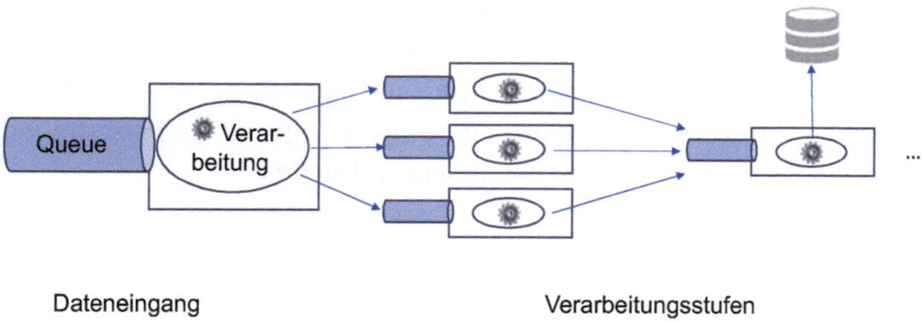

Bild 16.6 Eine SEDA mit Queues an jeder Stufe einer ggf. massiv parallelen Verarbeitung. Jede Verarbeitung kann eigene Persistenzen nutzen.

12 Brewer ist heute in erster Linie für die Formulierung des CAP-Theorems bekannt, vgl. Abschnitt 6.3.

Der gepufferte Aufbau einer EDA ermöglicht es prinzipiell, nicht nur Microservices oder Stream-Verarbeitungs-Pipelines einzusetzen, sondern bei Bedarf auch Micro-Batches oder gar Batches zu verwenden, da die einzelnen Verarbeitungsstufen durch die Puffer wunderbar voneinander entkoppelt gehalten werden.

Was in der bisherigen Beschreibung recht harmlos daherkommt, ist, gerade auch im Kontext von Microservices, eine fundamental andere Herangehensweise und soll daher an dieser Stelle deutlich hervorgehoben werden.

Bleiben wir bei Microservices als Beispiel: Ein klassischer Systemaufbau basiert auf **synchronen, Request-Response** basierten Aufrufen von Service A zu Service B, bei denen Service A erst weiterarbeiten kann, nachdem seine Anfrage von Service B beantwortet wurde. Das erfordert insbesondere eine ständige Verfügbarkeit aller Systemteile bzw. sehr komplexe Fehlerbehandlungen mit internen Queues in den Services, um eventuelle Ausfälle von anderen Services abfangen zu können.

In einer (reinen) EDA-Implementierung werden Services voneinander entkoppelt, und alle Aufrufe von bzw. besser Aufträge an andere Services werden **asynchron per „Fire and Forget"** in entsprechende Queues hineingeschrieben. Service A kann also unmittelbar weiterarbeiten, ohne auf Service B warten zu müssen.

Das erfordert entsprechend ein deutliches Umdenken in der Modellierung und Umsetzung von Geschäftsprozessen, da nicht mehr ein einzelner Service den Zustand einer Verarbeitung orchestriert, sondern der Zustand sich nur aus den Verarbeitungsschritten herleiten lässt. Wenn es die Geschäftsprozesse erlauben, ist es in einer EDA auch gewöhnlich kein Problem, einzelne Services „anzuhalten", etwa wenn in einem Online-Shop am Wochenende kein Versand stattfinden sollte. Auch ein Austausch oder eine Erweiterung von Services ist gut umsetzbar, da leicht ein neuer Service oder eine weitere Instanz auf die entsprechende Queue geklemmt werden kann.[13]

Selbstverständlich sind in einer EDA auch mehrere Eingänge sowie mehrere Datensenken am Ende machbar, um Daten in verschiedenen Anwendungen weiterzuverarbeiten. Entsprechend werden Big-Data-Systeme mit sehr verschlungenen Wegen möglich, die allerdings einiges an Komplexität beim Datenfluss mit sich bringen können. Andererseits ist eine EDA sehr flexibel und gibt uns eine gute Vorlage für die Entkopplung der Verarbeitungsstufen durch die dazwischen gesetzten Queues.

Enterprise Service Bus

Der sogenannte Enterprise Service Bus (ESB) offerierte in den frühen 2000er Jahren als sogenannte Middleware eine konkrete Umsetzungsmöglichkeit für EDAs. Er wird häufig als eine breite Datenleitung zum Austausch von Events dargestellt, die Datenquellen

13 Dieses Video der Firma Confluent illustriert diesen Gedanken sehr anschaulich: *https://www.youtube.com/watch?v=7fkS-18KBlw*.

ebenso wie -senken und Services miteinander verbindet und damit auch Brücken für B2B-Anwendungen in andere Unternehmen bauen kann. Der ESB selbst war einerseits als eine Art Referenzarchitektur für die Komposition innerhalb von SOAs zu sehen, entsprechend wurde er auch im Zuge des Hypes um die SOA populär, andererseits gab und gibt es von vielen Software-Anbietern wie etwa von Oracle, IBM oder auch SAP konkrete Middleware-Implementierungen zu erwerben.

Ein solche besteht üblicherweise nicht nur, wie in Bild 16.7 vereinfacht gezeigt, aus dem zentralen Bus als Datenleitung, sondern benötigt eine Reihe von weiteren Komponenten, um die ESB-Funktionalitäten anbieten zu können. Dazu gehören Nachrichtenbroker zur Pufferung und Weiterleitung von Nachrichten bzw. Events innerhalb des Systems, ein Repository zur Registrierung und Beschreibung von Diensten sowie Komponenten zum gezielten Routen, Orchestrieren und ggf. Adaptieren bzw. Transformieren von Daten bzw. Nachrichten. Nicht zuletzt werden auch Werkzeuge zur Leistungsüberwachung und zur Definition von Datenzugriffsrichtlinien benötigt.

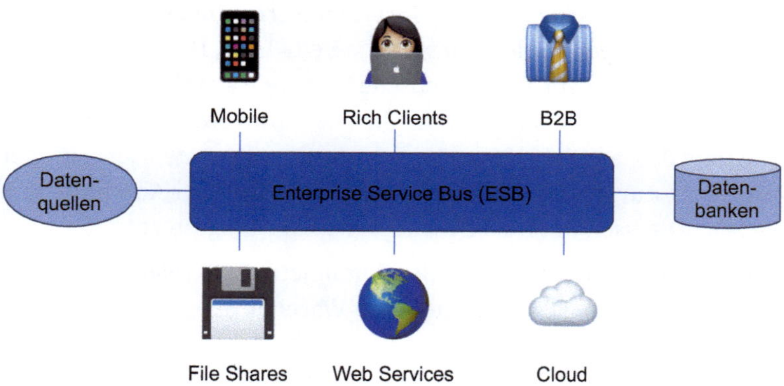

Bild 16.7 Der Enterprise Service Bus als zentrale Verbindung aller Informationssysteme im Unternehmen

ESB-Systeme bieten zwar einerseits den Vorteil einer einheitlichen Systemumgebung zur Integration aller möglichen Systeme, andererseits sind sie sehr komplex und wurden „on premise" gerade bei wachsenden Datenmengen leicht zum Bottleneck. Nicht zuletzt ist auch die Gefahr eines sogenannten „Vendor Lock-in" bei einem Anbieter sehr real. Insofern verwundert es auch nicht, dass ESB-Systeme eher im Umfeld von Unternehmenssoftware-Lösungen entstanden sind und in Umgebungen mit großen Datenmengen kaum Verbreitung gefunden haben.

Lakehouse Architecture

Das in Kapitel 9 bereits ausführlich beschriebene Data Lakehouse ist ein recht neuer Trend unter den analytischen Big-Data-Architekturansätzen, der an dieser Stelle nochmals aus Architektursicht betrachtet werden soll. In den letzten Jahren sind die Anforderungen der „datengetriebenen Unternehmung“ insofern gestiegen, dass relevante Geschäftsdaten in (nahezu) Echtzeit allen relevanten Stakeholdern im Unternehmen (und somit auch Nicht-Datenexperten) zugänglich gemacht werden sollen. Data Lakes können das alleine ebenso wenig leisten wie klassische Data Warehouses. Das wird bei der Betrachtung der beiden Beispiele in Abschnitt 11.2 zu Object Stores anschaulich deutlich. Eine Kombination von Data Lake und Data Warehouse drängt sich zur Behebung dieses Mangels also förmlich auf. Ein erster Schritt in diese Richtung wurde im Hadoop-Öksystem (vgl. Tabelle 13.6) schon früh mit der Einführung von Hive unternommen. Hive ist dafür ausgelegt, per SQL, und damit nach einem relationalen Schema, auf die Daten in einem HDFS zugreifen zu können. Genau das ist auch die Idee eines Data Lakehouse: Vereinfacht ausgedrückt, erhalten wir die Möglichkeit, auf alle in einem flexiblen und skalierbaren Data Lake enthaltenen strukturierten Daten ACID-konform[14] per SQL und eventuell sonst benötigter APIs zuzugreifen. Vorausgesetzt, wir hinterlegen die nötigen Schema-Informationen an passender Stelle und haben ein entsprechendes Werkzeug, das die SQL- bzw. API-Abfragen ermöglicht. Hierfür kommen gewöhnlich sogenannte „Open Table Formats“ wie Delta Lake, Hudi oder Iceberg zum Einsatz, die jedoch nach wie vor für analytische Workflows optimiert sind. Die ursprüngliche Variante des Data Lakehouse ist in Bild 16.8 stark vereinfacht und noch ohne eigene Verarbeitung dargestellt. Größere Verarbeitungen der Daten, jenseits von SQL-Abfragen, waren dort nur außerhalb vorgesehen. Im Beispiel in Abschnitt 11.2 haben wir einfache SQL-Analysen mit DuckDB und Delta Lake umgesetzt.[15]

Der Fokus des Lakehouse lag zunächst klar auf der Kombination des relativ günstigen Data Lake[16] mit den Abfragemöglichkeiten eines Data Warehouse.

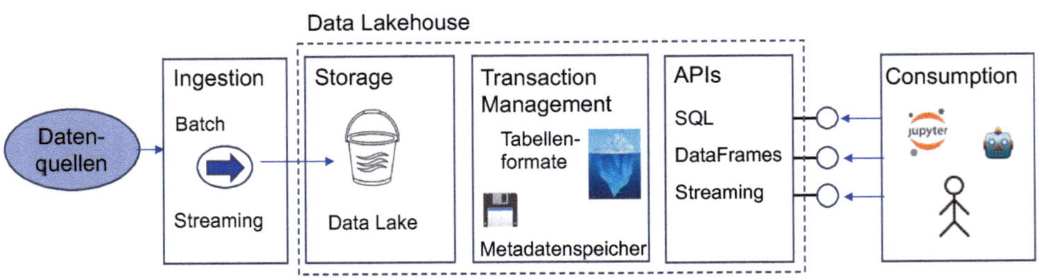

Bild 16.8 Das Data Lakehouse als Fassade für einen einheitlichen Zugriff auf mit Schema-Informationen angereicherte Datenspeicher

14 Hive bietet ACID-Compliance erst seit Version 3.0 und ist auf große Datenmengen hin optimiert. OLTP-artige Anfragen sind aufgrund großer Latenzen damit nicht sinnvoll umsetzbar.

15 Im folgenden Video wird anschaulich gezeigt, wie sich ein Lakehouse mithilfe von Iceberg auf AWS aufsetzen lässt: *https://youtube.com/watch?v=iGvj1gjbwl0*.

16 Die Referenzarchitektur für den Aufbau von Data Lakes ist in Bild 8.4 gezeigt.

Erst neuere strukturelle Darstellungen des Lakehouse, die eine explizite Medallion-Datenorganisation (mit Bronze, Silber, Gold, vgl. Abschnitt 9.3) vorsehen, integrieren auch Datenverarbeitungswerkzeuge in das Lakehouse selbst, wie wir es in Bild 9.2 ebenfalls dargestellt haben. Aus der Deployment-Perspektive betrachtet, dürfte eine Stream-Verarbeitungsumgebung ohnehin in den allermeisten Fällen separat installiert werden, sodass wir uns auch im Lakehouse gespeicherte Datentöpfe leicht wieder als Ausgangspunkt für neue Verarbeitungen vorstellen können. Die in Bild 16.8 implizierte Unterteilung dürfte in der Praxis also recht schnell verschwimmen, zumal Lakehouses aufgrund ihrer Komplexität am besten ohnehin in hochintegrierten Cloud-Systemen der großen Hyperscaler betrieben werden. Auch das Data Lakehouse bleibt – nicht zuletzt aufgrund oft recht hoher Latenzzeiten – in erster Linie eine Architektur für analytische Workflows, die bisher noch nicht dafür ausgelegt ist, auch als hinreichend schneller Speicher für operative transaktionale Datenzugriffe zur Verfügung zu stehen. Daten für das Tagesgeschäft müssen nach wie vor in OLTP-Systemen (vgl. auch Abschnitt 16.3.6) gehalten und zur Analyse (OLAP) in das Lakehouse kopiert werden.

16.3.5 Kommt nun das Data Streamhouse?

Keiner der bisher vorgestellten Architekturansätze ist für sich in der Lage, alle Anforderungen an operative und analytische Workflows zugleich abzudecken. Setzen wir jedoch die zuvor erläuterten Puzzleteile mit den immer besser werdenden Streaming-Möglichkeiten zu einem **Data Streamhouse** zusammen, zeichnen sich auch architektonisch interessante Optionen ab: Der Traum einer modernen Datenarchitektur, die transaktionale (OLTP) und analytische Workflows (OLAP) in einem skalierbaren System verarbeiten und damit vereinigen kann, scheint zum Greifen nah und würde die Art, wie wir heute mit Daten umgehen und große Softwaresysteme bauen, fundamental verändern.

Wir können uns ein solches Streamhouse zunächst in etwa als ein Data Lakehouse mit permanentem Datenzufluss aus Data Streams vorstellen, wie das in Bild 16.9, die darüber hinaus nicht allzu ernst genommen werden sollte,[17)] angedeutet ist.

Diese Kombination ist zunächst einmal ein offensichtlicher und auch gut nachvollziehbarer Gedanke, der sich durchaus als eine neue nächste Referenzarchitektur etablieren könnte. In der Datenbank-Community findet sich in einem ähnlichen Kontext gelegentlich auch der auf Gartner zurückgehende Begriff Hybrid Transactional/Analytical Processing (HTAP). Es gibt auch vereinzelte Datenbanken wie Singlestore[18)] oder SAPs HANA, die für sich in Anspruch nehmen, OLTP und OLAP vereinen zu können. Bisher durchgesetzt haben sich diese Systeme unter dem Label HTAP nach unserer Be-

17 Zur Klarstellung: Das Data Treehouse haben wir völlig frei erfunden.

18 *https://www.singlestore.com*

Bild 16.9 Nicht ganz ernst gemeinte Illustration zu aktuellen und möglichen künftigen Storage-Trends durch die Sora-KI

obachtung allerdings nicht, was neben zahlreichen technischen Herausforderungen auch daran liegen mag, dass zahlreiche Cloud-Anbieter durch die Doppelung der Daten in OLTP- und OLAP-Stores sowie deren Hin-und-her-Verschieben gutes Geld verdienen.

Auf den ersten Blick sollte sich das Streamhouse durch Microservices auf Basis einer Event-Driven Architecture und einem skalierbaren Broker als Daten-Backbone in Kombination mit einem Streaming-Framework und einem Data Lakehouse umsetzen lassen. Als ob das alleine nicht schon komplex genug wäre, sind dabei noch diverse Implementierungdetails zu beachten, die an vielen Stellen erst noch erarbeitet und verstanden werden müssen. Im Sommer 2025 gibt es zum Streamhouse[19] nur wenige Veröffentlichungen wie etwa von Ververica[20] (der neuen Firma hinter Apache Flink) oder auch im Umfeld von Apache Iceberg.[21]

Eine Referenzarchitektur für das aufkommende Streamhouse könnte ungefähr wie in Bild 16.10 aufgebaut sein. Aber wie gesagt, es handelt sich um eine noch recht junge Idee, die sich noch rasant weiterentwickeln dürfte.

Die angedachte Architektur des Data Streamhouse bindet das Produktivsystem, das mit den End-Usern kommuniziert, direkt über Change Data Capture (CDC, vgl. Abschnitt 16.4.3) ein, um so alle relevanten Datenereignisse in wenigen Millisekunden mitzubekommen. Diese Events werden als Rohdaten für künftige Analysen im günstigen Lakehouse-Speicher abgelegt und können bei Bedarf (etwa zur Betrugserkennung) zeitgleich über das Stream-Processing analysiert werden. Die Rohdaten können später jederzeit für neue Analysen von der Stream-Verarbeitung herangezogen oder auch für das Training von KI-Modellen verwendet werden.

19 Es könnte auch HTAP 2.0 genannt werden?
20 *https://www.ververica.com/streamhouse*
21 *https://www.youtube.com/watch?v=iTe34FMCfro*

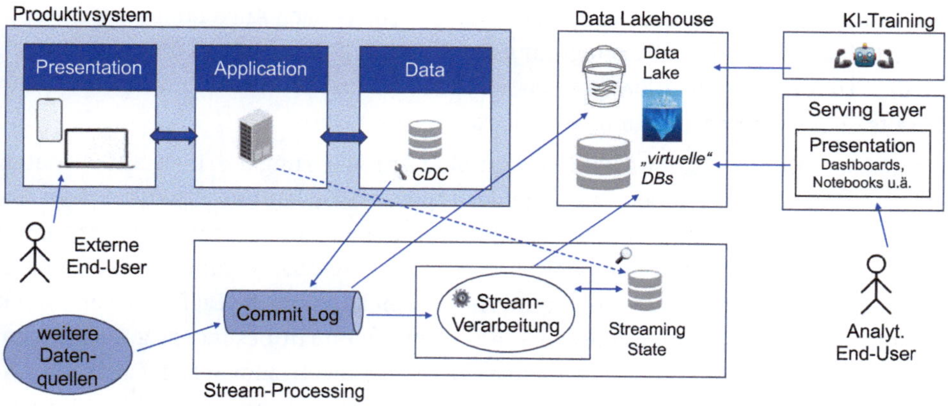

Bild 16.10 Vorschlag für eine Streamhouse-Referenzarchitektur, die ein Lakehouse mit Stream-Processing vereinigt und sogar das Abfragen des „Streaming State" erlauben kann

Ein wichtiger Gedanke für die Umsetzung des Data Streamhouse ist die sogenannte **Stream-Table Duality** [Sax+18; Kle17], die besagt, dass eine Tabelle nur das Endresultat (also ein Snapshot) eines Stroms von Operationen (dem sogenannten Changelog) sei. Entsprechend lässt sich beispielsweise aus einem Strom von SQL-Befehlen jederzeit wieder die entsprechende Tabelle einer Datenbank herleiten.

Denken wir diesen Gedanken weiter, könnten wir in einer EDA alle Änderungen über das Stream-Processing direkt in die passende Tabelle (oder eine andere Art von Zustandsspeicher) leiten (vgl. Abschnitt 16.4.3). Beispielsweise könnte ein Verkaufsvorgang in einem Supermarkt automatisch die Umsatzzahlen des entsprechenden Standorts aktualisieren. Noch weiter gedacht, könnten damit künftig (bei entsprechender Performance) auch transaktionale Workloads über das Stream-Processing abgewickelt und das Ergebnis zur Rückgabe aus dem Zustandsspeicher ausgelesen werden. Da beispielsweise Flink SQL oder auch Confluents Tableflow bereits genau solche Abfragen erlauben, wird die Zukunft sicher spannende Entwicklungen bringen.

Blick in die Glaskugel

Mit den neuesten Fortschritten im Stream-Processing wird eine „Wiedervereinigung" von Analytikdaten mit transaktionalen „Live-Daten" immer besser vorstellbar. Voraussetzung dafür ist die (in Bild 16.10 mit einem gestrichelten Pfeil angedeutete) Möglichkeit, einen in der Stream-Verarbeitung berechneten Zustand von der Produktiv-Applikation aus mit niedrigen Latenzzeiten abfragen zu können. Das ist im Wesentlichen über zwei Varianten denkbar: zum einen durch das Schreiben der berechneten Werte in eine gesonderte Datenbank (wie einen schnellen In-Memory-Store) oder durch einen direkten Zugriff auf den Zustand des Stream-Processing, wie das etwa Flink SQL oder spezieller das Flink SQL Gateway[22] per REST erlaubt. Je nach Anwendungsszenario ist natürlich auch eine Push-Rückmeldung des Streaming-Frameworks über eine Queue an die Produktiv-Applikation denkbar, wie das etwa bei Online-Aktienbrokern heute bereits über Microservices umgesetzt wird.

Aktuell sind darüber bereits Abfragen für eine Anreicherung der Transaktionsdaten gut vorstellbar wie etwa eine Anzeige der top-n meistgekauften Produkte eines bestimmten Zeitraums als Produktempfehlung in einem Online-Shop. Das wäre zwar auch über die OLTP-Datenbank des Shops selbst umsetzbar, kann dort aber je nach verlangter Aktualität zu einer nicht unerheblichen Last führen. Da für diesen Zweck oft eingesetzte relationale Datenbanken bekanntlich nicht besonders gut skalieren, könnte es für die Zukunft eine spannende Option darstellen, zum Beispiel auch die Warenkorb-Verwaltung selbst komplett über Tabellenabfragen auf einem Event-Stream umzusetzen, da Streaming-Systeme deutlich besser skalierbar sind. Zudem könnten dort auch leicht andere Workflows angedockt werden, beispielsweise die Erkennung und Analyse von Betrugsversuchen, wenn sich ein Warenkorb binnen sehr kurzer Zeit sehr stark füllen würde o. Ä. Zudem ist natürlich auch die Ableitung von analytischen Abfragen (wie der Wert aller aktuellen Warenkörbe oder Bestellungen in der letzten Stunde) und Dashboards ohne weitere Belastung des Shop-Systems möglich.

Wie eingangs bereits gesagt, sind unsere Gedanken zum Data Streamhouse noch sehr spekulativ, und wir sind selbst gespannt, welchen Weg die zukünftigen Entwicklungen nehmen werden. Im Folgenden wollen wir uns daher einem bereits länger etablierten und auch zuvor schon mehrfach angesprochenen Thema zuwenden und erläutern, wie heute große Webanwendungen etwa für Online-Shops skalierbar gemacht werden können.

16.3.6 Große Webanwendungen

An dieser Stelle drängt sich die Frage auf, inwiefern große Softwaresysteme wie beispielsweise die Online-Shops von großen Versandhändlern, die gleichzeitig Abertausende von Kunden bedienen können, in unserer Reihe von klassischen Big-Data-Architekturen Berücksichtigung finden sollten. Aus unserer Sicht sind jedoch auch große moderne Web-Systeme nach der klassischen Three-Tier-Deployment-Architektur Systeme, die massive Datenmengen erzeugen und bewegen und somit hier erläutert werden sollen.

Ähnlichkeiten zur logischen Schichten-Architektur [Lar04] und dem Model-View-Controller-Pattern sind nicht zufällig, sondern den ähnlichen Intentionen aller drei Ansätze geschuldet. Eine Three-Tier-Architektur besteht üblicherweise aus einer Präsentationsschicht (engl. **Presentation Tier**), die bei einer Webanwendung vereinfacht

22 *https://github.com/ververica/flink-sql-gateway*

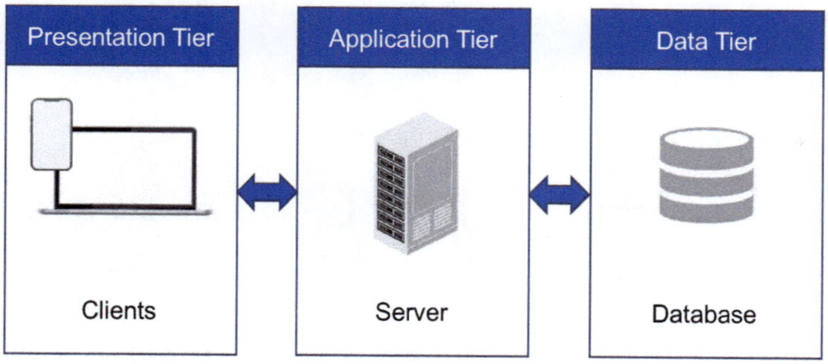

Bild 16.11 Die klassische Three Tier Architecture für das Deployment von Webapplikationen

gesagt aus einer meist dynamisch generierten HTML-Seite besteht, die im Browser des Nutzers dargestellt wird. Generiert wird diese Seite bzw. ihr Inhalt von der Anwendungsschicht (engl. **Application Tier**), in der die Geschäftslogik in einem sogenannten Application Server ausgeführt wird. Ältere Darstellungen unterteilen dieses Tier oftmals noch in Web und Application Tier. Da allerdings heute vielfach moderne Frameworks wie Spring Boot[23] eingesetzt werden, deren Applikationen bereits einen eingebetteten Webserver enthalten, wollen wir uns diese Unterscheidung sparen. Die Datenhaltung erfolgt in einer **Data Tier** genannten Schicht mithilfe einer relationalen Datenbank, auf die durch ein objektrelationales Mapping-Werkzeug wie Hibernate[24] zugegriffen wird.

Um viele tausend Zugriffe pro Sekunde abarbeiten zu können, ist eine Last-Balancierung (engl. load balancing) im Backend eines solchen Systems eine wichtige Grundvoraussetzung. Dafür müssen die Zugriffe der Webclients auf den Web- bzw. Application-Server durch davorgeschaltete Server zur Last-Balancierung verteilt werden. Wichtig ist dabei, dass alle Anfragen eines Clients auch immer zum gleichen Webserver geroutet werden, da nur dort die Informationen zur Client-Session vorgehalten werden, sodass ein anderer Server Anfragen nicht beantworten könnte. Das Deployment eines solchen Systems könnte in etwa wie in Bild 16.12 gezeigt, aufgebaut sein.

Das **Load-Balancing** auf Ebene der Application Server ist heute eine gut gelöste Herausforderung, die für Endnutzer meist gänzlich unauffällig (d. h. im Informatik-Jargon: transparent) funktioniert. In älteren Systemen waren manchmal noch durchnummerierte Webserver (wie www1.xyz.com) erkennbar, aber das ist heute nur noch äußerst selten der Fall. Oftmals werden reine Load Balancer auch durch sogenannte **Reverse-Proxy-Server** wie nginx[25] ersetzt, die neben dem Load Balancing auch Caching-Diens-

23 *https://spring.io/projects/spring-boot*
24 *https://hibernate.org/orm*
25 *https://docs.nginx.com/nginx*

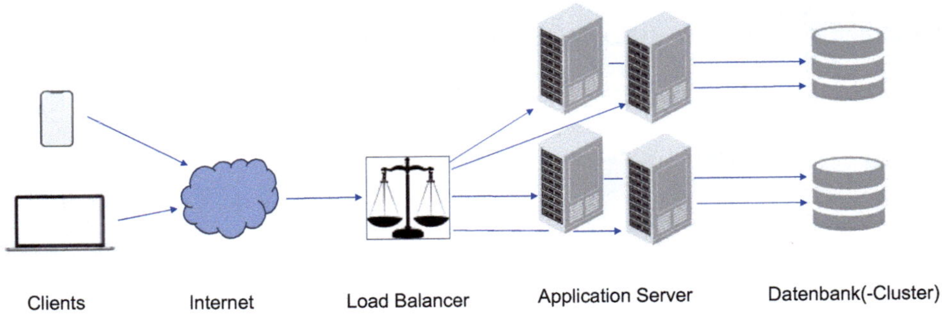

Bild 16.12 Darstellung einer über Load-Balancing skalierbaren Web-Architektur.

te anbieten und für eine weitere Entlastung der Webserver durch Übernahme der SSL-Verschlüsselung zum Client sorgen können.

Schwieriger ist die Skalierung von relationalen Datenbank(en) im Data Tier, was primär zunächst einmal an deren bereits an anderer Stelle beschriebenen, eher beschränkten Skalierbarkeit liegen dürfte (vgl. Abschnitt 6.1).[26] Auf der Hand liegt das Skalieren einer verwendeten relationalen Datenbank über einen Master-Slave-Ansatz, was immer dann vielversprechend ist, wenn Daten relativ viel gelesen und wenig geschrieben bzw. geändert werden. Als ein anschauliches Beispiel dafür könnten die Produkte eines Online-Shops herhalten. Wenn im Vergleich zu den Abfragen nur verhältnismäßig wenige Updates erfolgen müssen, kann eine Replikation des Master-Knotens auf mehrere Slaves eine deutlich größere Leselast abfedern als ein Knoten alleine.

Die Verwaltung der Warenkörbe der Kundinnen und Kunden hingegen erfordert meist sehr viele Updates und auch sehr kurze Zugriffszeiten, da bereits Unterschiede von 100 Millisekunden im Aufbau einer Online-Shopping-Seite zu deutlichen Unterschieden beim Umsatz führen können.[27] Diese Tatsache führt oft dazu, dass große Online-Shops für bestimmte Aufgaben spezielle Caching-Systeme oder auch In-Memory-Datenbanken wie Redis oder DynamoDB verwenden. Letztere wird auch von Amazon selbst in seinem Online-Shop zur Verwaltung der Warenkörbe eingesetzt. Die Verwendung mehrerer Persistenzoptionen in einem System führt letztlich zu einer Polyglot Persistence, die zwar einerseits Optimierungen für eine maximale Performance und Skalierbarkeit erlaubt, andererseits aber auch die Komplexität des Systems in die Höhe treibt. Aufgrund der hohen Performance-Anforderungen in diesem Umfeld verbietet sich das Ausführen von Datenanalysen auf den Produktivsystemen von selbst, und es drängt sich das permanente Weiterleiten der gesammelten Daten zur Analyse in einer streamhouse-artigen Architektur förmlich auf.

26 NoSQL-Datenbanken werden in OLTP-Systemen bisher nur spärlich eingesetzt, was mit der geringen Unterstützung in gängigen Persistenz-Frameworks zu tun haben könnte. Spring Boot bietet immerhin ein Object Mapping für MongoDB an, siehe *https://spring.io/projects/spring-data-mongodb.*

27 *https://nitropack.io/blog/post/how-page-speed-affects-conversion*

16.4 Architekturmuster für große Datenmengen

Große Systeme zur Verarbeitung von großen Datenmengen bringen auch eine Menge von Herausforderungen mit sich, an die wir beim Entwurf konkreter Systemarchitekturen denken müssen. Entsprechend haben sich auch im Umgang mit großen Datenmengen über die Jahre eine Reihe von Dos und Don'ts oder eben Patterns und Anti-Patterns etabliert, die wir im Folgenden erläutern möchten, um Ihnen, liebe Leserinnen und Leser, ein solides Grundverständnis für den Systementwurf an die Hand zu geben.

16.4.1 Tiered Storage

Um in einer modernen Datenarchitektur alle Daten beispielsweise aus rechtlichen Gründen über einen längeren Zeitraum (d. h. perspektivisch Jahrzehnte) aufbewahren zu können, bietet sich ein sogenannter Tiered-Storage-Ansatz an, bei dem ältere Daten (auch sog. „Cold Data") auf günstigere Speicher wie etwa einen S3 Object Store von Amazon verschoben werden. Tiered-Storage-Ansätze sind insofern nicht neu, als dass Daten in der Praxis nach ihrer Verarbeitung bereits seit Langem in günstigere dauerhafte Speicher wie HDFS oder S3 weggeschrieben wurden, um ggf. noch für künftige Analysen zur Verfügung zu stehen. Ferner sind sie offensichtlich vom Aufbau der Cache-Hierarchie in modernen Prozessoren (Level 1, Level 2, Level 3 und letztlich der Arbeitsspeicher) inspiriert. Die Grundidee ist in beiden Fällen identisch: Wie zuvor angedeutet, werden Daten je nach Zugriffshäufigkeit und Performance-Anforderungen in schnelleren bzw. günstigeren Speicherschichten abgelegt. Dieses Prinzip wird auch seit Jahrhunderten in Bibliotheken angewendet, wo Archive meist schwerer zugänglich etwa im Keller untergebracht sind.

Kafka (bzw. die Confluent Cloud-Version davon) ist beispielsweise in der Lage, ein Tiered Storage für seine Clients vollständig transparent zu handhaben und ausgelagerte Daten bei Bedarf direkt aus S3 durchzuleiten – ebenso wie auch etwa die Atlas Database, der Cloud-Service von MongoDB. Aktuelle Berichte über eine Nutzung gibt es beispielsweise von Uber,[28] wo Tiered Storage für eine Datenverarbeitungspipeline eingesetzt wird, die mehreren Petabytes Durchsatz pro Tag standhalten kann. Auch in der Suchmaschine Elasticsearch lassen sich den Serverknoten verschiedene „Temperaturen" zuweisen und die Daten manuell bzw. über das sogenannte Index Lifecycle Management automatisch zwischen den Speicher-Tiers verschieben.

Tabelle 16.1 fasst die gängigen Speicher-Tiers und ihre Eigenschaften auf einen Blick zusammen. Die genutzten Technologien sind nicht allzu trennscharf zu verstehen, wichtig ist hier vor allem der Übergang zwischen Warm Storage und Cold Storage. In-Memory, Hot und Warm Storage können sich zwar in modernen Systemen ebenfalls in

28 *https://www.uber.com/en-DE/blog/kafka-tiered-storage*

Tabelle 16.1 Übersicht typischer Speicher-Tiers und ihrer Merkmale

Name	Latenz	Technologie	Merkmale
In-Memory	Nanosekunden	RAM	extrem schnell, teuer, flüchtig
Hot Storage	Millisekunden	schnelle SSDs	SSD-basiert, niedrige Latenz
Warm Storage	bis ca. 1 sek	SSDs und HDDs	günstiger, höhere Latenz
Cold Storage	Minuten	Cloud-Speicher	sehr günstig, hohe Latenz
Deep Archive	bis Stunden	Tape-Speicher	extrem günstig

der Cloud befinden, sind dort aber typischerweise lokal in den Servern des genutzten Clusters verbaut, während der Cold Storage in dedizierten und günstigeren Speicher-Clustern anderswo in der Cloud untergebracht wird.

Die Vor- und Nachteile dieses Architekturmusters sind offensichtlich: Durch seinen Einsatz lassen sich bei großen Datenmengen und ggf. hohen Compliance-Anforderungen Kosten sparen. Auf der anderen Seite erhöhen sich, wie bei den meisten Mustern, die Komplexität der Anwendung und damit auch die Entwicklungskosten, sofern der Tiered Storage nicht direkt von der genutzten Persistenz verwaltet wird. Zudem können durch die Nutzung von kalten Speichern natürlich nicht gerne gesehene Latenzen in das System hineinkommen; hier muss also geklärt werden, worauf die Priorität gelegt werden soll. In der Praxis wird es meistens so sein, dass der Speicherbedarf eines Systems mit der Zeit stark wächst und die Speicherebenen nachträglich eingezogen werden. Dabei sollte darauf Wert gelegt werden, das sogenannte Lifecycle Management der Daten von Anfang an zu automatisieren, wie eingangs angesprochen.

Shared DB Anti-Pattern

Wo es Patterns gibt, gibt es auch Anti-Patterns, also Worst Practices, an denen wir uns besser nicht orientieren sollten. Dazu gehört im Kontext der Microservices auf jeden Fall das „Shared DB Anti-Pattern", das auf den ersten Blick verlockend klingt, auf den zweiten Blick oftmals Probleme bereitet und auf den dritten Blick in modernen Cloud-Architekturen zumindest physisch oft nicht mehr vermieden werden kann. Dieser widersprüchliche Eindruck entsteht oft, wenn man das Problem nicht konsequent durchdenkt. Schauen wir uns es daher einmal genauer an.

Wie zuvor beschrieben, soll jeder Microservice möglichst autark gegenüber den anderen Systemteilen sein. Dazu gehört auch, dass jeder Service die für sich am besten passende Persistenzlösung auswählt, was häufig automatisch zu einer polyglotten Persistenz (siehe auch Abschnitt 16.4.2) mit mehreren Persistenzen (also unterschiedlichen Datenbanksystemen) führt und damit die Betriebskomplexität deutlich erhöht. Andererseits wird nur so die Unabhängigkeit der Microservices und damit auch die Resilienz des Systems gewährleistet.

Nun könnten wir auf die Idee kommen, zwar die einzelnen Services voneinander unabhängig zu entwickeln, für die Persistenz aber eine gemeinsame Datenbank und auch ein gemeinsames Datenmodell zu nutzen (1. Blick bzw. Gedanke), weil alle Services auf einheitliche Datensätze zugreifen sollen. So gesehen ist es eine spannende Fragestellung, wie weit es überhaupt Sinn ergeben könnte, in komplexen Systemen, die wir gerade aufgrund ihrer Komplexität in viele einzelne Teile zerlegen müssen, ein einheitliches Datenmodell anzustreben. Eric Evans sieht das in seinem bekannten Buch zu Domain-Driven Design [Eva04] kritisch (2. Blick) und empfiehlt stattdessen einen „Bounded Context", mit dem auch jeder Microservice sein eigenes Datenmodell benutzt, wie das auch Richardson [RAR13] aus technischer Sicht empfiehlt.

Auf den 3. Blick drängt sich vor allem bei modernen Cloud-Infrastrukturen dann aber doch die Frage auf, wie sinnvoll es wäre, wenn wir etwa zwei getrennte MongoDB-Instanzen zum Speichern unserer Daten managen müssten. Aus Sicht des Systembetriebs spricht bei entsprechender Skalierung bzw. Elastizität der Datenbank und einer hinreichenden Ausfallsicherheit durch Replikation wenig dagegen, wenn Microservices sich die Datenbankinfrastruktur teilen (vgl. auch [RAR13]). Wichtig ist, die logischen Datenmodelle der Services getrennt voneinander zu halten. Ein offensichtlicher Nachteil bei diesem Vorgehen ist, dass ein Ausfall der Datenbank direkt zwei oder noch mehr Services lahmlegen wird.

16.4.2 Polyglot Persistence

Ein interessanter Aspekt großer Datenmengen ist, dass sie schnell „von selbst" noch größer werden, sei es durch Replikation, aus Gründen der Abfrage-Performance oder durch die im Folgenden vorgestellte Ployglot Persistence. Es drängt sich ein Vergleich mit Brooks und seinem berühmten Aufsatz „No Silver Bullet" [Bro87] auf, da wir feststellen können, dass nicht nur Softwaresysteme von essenzieller und unbeabsichtigter (engl. accidental) Komplexität geplagt werden, sondern auch deren Datenmanagement. Die unbeabsichtigte Komplexität schleicht sich nach Brooks vor allem durch die verwendeten Werkzeuge, die Umgebung oder auch den gewählten Lösungsansatz in ein System. Beim Datenmanagement dürfte sie in erster Linie auf die in einem gegebenen Kontext mangelnde Performance von Speicherlösungen und unabgestimmte Datenmodelle in größeren Organisationen verursacht sein. Die Grundidee einer Polyglot Persistence (dt. etwa eine mehrsprachige Datenspeicherung) ist es, immer die Speichertechnologie zu nutzen, die für eine gegebene Aufgabe am besten geeignet ist. Somit sind sowohl eine höhere Performance als auch eine höhere Flexibilität in Systemen möglich, die dadurch auch besser skalierbar werden.

Ein häufiger Grund zur Nutzung einer Polyglot Persistence kann etwa die Notwendigkeit sein, in einer Datenbank abgelegte Daten (oder einen Teil davon) mit einer leistungsstarken Volltextsuche durchsuchen zu können. In einem solchen Fall führt häufig kein Weg daran vorbei, die gewünschten Daten zusätzlich in einer Suchmaschine zu indexieren. Ähnliches gilt heute für die suchunterstützte Generierung von KI-Inhalten (engl. Retrieval Augmented Generation, RAG), für die Texte oder Daten oft in Vektordatenbanken hinterlegt werden. Auch Materialized Views oder manuell für Queries optimierte Tabellen, wie wir sie oft in NoSQL-Datenbanken benötigen, sind bereits eine Art Polyglot Persistence im Kleinen und vergrößern die gespeicherte Datenmenge nochmals weiter, von einer weiteren Verbreitung von Daten[29] in Institutionen aufgrund von organisatorischen Gegebenheiten, wie etwa „Datensilos" mit unzureichendem Rechte-Management, ganz abgesehen.

Neben der Systemkomplexität steigt mit einer Polyglot Persistence natürlich auch der Betriebsaufwand, und es ist mit der Herausforderung umzugehen, wie die Daten zwischen den verschiedenen Sichten oder Systemen konsistent gehalten werden können. Wo „Eventual Consistency" in einer einzelnen verteilten Datenbank noch über Bordmittel erreicht werden kann, muss diese in einer Umgebung mit einer Polyglot Persistence durch selbstentwickelte Konsistenzmechanismen auf Basis des sogenannten Saga-Patterns [Ric18] sichergestellt werden, was den Entwicklungsaufwand abermals erhöht.

16.4.3 Event Sourcing

Event Sourcing ist eine Idee, die vielen aktuellen Diskussionen im Big-Data-Umfeld zugrunde liegt und in der Softwaretechnik zumeist auf einen Blog-Artikel von Martin Fowler[30] zurückgeführt wird. Der Grundgedanke ist, nicht nur den aktuellen Zustand von Objekten zu speichern, sondern auch die Änderungshistorie, die zu diesem Zustand geführt hat. Das erklärt dann auch das „Sourcing" im Namen, da „to source" so viel bedeutet wie „von einer Quelle beschaffen" und wir uns also die Events als Quelle für den Systemzustand vorstellen können.

Stellen wir uns weiter als Beispiel ein Trackingsystem für Postsendungen vor. Dort könnte der aktuelle Status eines Sendungsobjekts etwa „In Verteilzentrum 68 angekommen" lauten. Das ist sozusagen die eine Momentaufnahme auf der Reise des Pakets. Natürlich wird bei einer Postsendung üblicherweise die gesamte Historie der Sendung mit den jeweiligen Timestamps aufgezeichnet und auf Wunsch in der Sendungsverfolgung angezeigt. Darauf aufbauend kann für jeden Zeitpunkt festgestellt werden, wo sich die Sendung genau befunden hat.

Die Grundidee von Event Sourcing in der Softwaretechnik ist nun, dass über die Historie jederzeit der Zustand eines Objekts zu einem bestimmten Zeitpunkt rekonstruiert werden kann, die Werbung für moderne Tabellenformate wie Delta Lake u. Ä. spricht

29 Sogenannte Data Proliferation, zu deutsch etwa Datenwucherung

30 *https://martinfowler.com/eaaDev/EventSourcing.html*

hier gewöhnlich von „Timetravel". Das hat auch eine deutliche Ähnlichkeit zu einem Commit-Stream in einer Versionskontrolle, aus dem bei Bedarf ein beliebiger Commit aus der Vergangenheit wieder hergestellt werden kann.

Wenden wir diese Idee auf moderne Datenarchitekturen an, kann auf Basis der Historie auch jederzeit der Status aller Objekte im System neu abgeleitet werden, beispielsweise wenn Änderungen an der Verarbeitungslogik das notwendig machen oder neue Datenanalysen erstellt worden sind. Das erinnert frappierend an die Ideen, die heutige Streaming-Frameworks im Lichte der „Stream-Table Duality" propagieren: So lange nur die Rohdaten mit allen Events gespeichert sind, können wir diese jederzeit neu durch die Verarbeitungspipeline leiten und einen Snapshot aller Tabellen zu jedem Zeitpunkt daraus ableiten lassen.

Change Data Capture (CDC)

Für eine „near realtime" Analytik müssen in modernen Datenarchitekturen Ereignisdaten (also Events) sehr schnell in die Analytik geleitet werden. Um Produktivsystem und -code nicht mit dem Nachrichtenversand an das Streaming-System zu belasten (vgl. Abschnitt 16.3.3), hat es sich heute eingebürgert, das Change Log der Produktivdatenbank zu überwachen und die relevanten Daten von dort abzugreifen. Entsprechend hat sich dafür der Name Change Data Capture eingebürgert.

CDC ist insofern eine große Erleichterung, dass die Änderungsdaten inkrementell – quasi als Diff – bei der Entstehung abgegriffen werden und nicht mehr (wie früher bei Data Warehouses üblich) nächtliche Kopieraktionen des gesamten Datenbestands notwendig sind. Das reduziert natürlich sowohl die Last auf dem Produktivsystem als auch im Datenspeicher. Umgesetzt werden kann eine CDC heute beispielsweise direkt mit Flink, Debezium[31] oder auch dem Amazon Database Migration Service.[32]

16.4.4 Dead Letter Queue

Eine Dead Letter Queue[33] ist ein wichtiges Bauteil für eine robuste Datenverarbeitung in verteilten Big-Data-Systemen. Wir können sie uns ungefähr vorstellen wie das Lager der Post, in dem unzustellbare Briefe landen.

Gerade bei Sensordaten, die von einfachen Devices gesendet werden, aber auch bei Geschäftsdaten kann es vorkommen, dass sie an irgendeiner Stelle der Verarbeitungskette nicht verarbeitet werden können, etwa weil die Formatierung nicht korrekt ist oder Ähnliches (Stichwort: „Veracity"). Es wäre schade darum, wenn diese Daten komplett verworfen werden würden, und oft dürfen sie schon aus Compliance-Gründen nicht ohne Weiteres gelöscht werden. Manchmal kommt es auch vor, dass ein Daten-

31 *https://debezium.io*

32 *https://docs.aws.amazon.com/dms/latest/userguide/CHAP_Task.CDC.html*

33 Oder auch eine Tabelle oder ein Ordner

satz aus anderen Gründen wie einem Hardware-Defekt o. Ä. nicht verarbeitet werden kann. Insofern sollte ein nicht erfolgreich verarbeiteter Datensatz auch nicht direkt beim ersten Fehler von der Verarbeitung ausgeschlossen werden, sondern auch an einen Retry-Mechanismus[34] gedacht werden. Damit wird dafür gesorgt, dass meist nach einer kurzen Pause von beispielsweise einer Sekunde versucht wird, einen Datensatz erneut zu verarbeiten.

Erst nach einer bestimmten Anzahl von Fehlversuchen wird ein fehlerhafter Datensatz vom System in die „Totablage" verschoben. Muss dort regelmäßig mit eingehenden Daten gerechnet werden, ist eine manuelle syntaktische und ggf. inhaltliche Analyse dieser Daten obligatorisch.[35] Für ein leichtes Zurückspielen der Daten in den Verarbeitungsprozess müssen wir an eine Möglichkeit zum Editieren sowie auch an einen manuellen Einlass für die Verarbeitungspipeline denken, um einen korrigierten Datensatz wieder ins System bekommen zu können.

Nicht vergessen dürfen wir ferner, dass eine plötzlich stark wachsende Dead Letter Queue auch ein deutliches Warnsignal dafür sein kann, dass mit dem System insgesamt etwas nicht stimmt, wenn beispielsweise ein fehlerhaftes Deployment dafür gesorgt haben könnte, dass ein Datenformat nicht mehr korrekt erkannt wird oder Ähnliches. Das Auslösen eines Circuit Breakers (siehe Abschnitt 16.4.5) sollte hingegen nicht dazu führen, dass die Daten in die Dead Letter Queue laufen. Vielmehr sollten diese Daten so lange in der Eingangs-Queue des fehlerhaften Services aufbewahrt werden, bis dieser wieder zur Verfügung steht.

16.4.5 Circuit Breaker

Im Sinne des Resilient Software Design zum Entwurf widerstandsfähiger Systeme klemmt das Circuit-Breaker-Muster (dt. etwa Sicherungsautomat) fehlerhafte Services vom Rest eines Systems ab. Die Grundidee hinter diesem Muster ist, dass etwa ein überlasteter Service nicht noch mit weiteren Anfragen belastet oder das Netzwerk mit unnötigen Anfragen geflutet wird, wenn ein Service nicht erreichbar ist. Ein Circuit Breaker kennt für die Verbindung zu einem Service drei grundlegende Zustände, nämlich:

- Geschlossen: Das ist der Normalzustand, in dem Anfragen zeitnah beantwortet werden.
- Offen: Der Fehlerzustand, der ausgelöst wird, wenn eine konfigurierte Zahl von Anfragen nicht oder nicht zeitnah beantwortet wird.
- Halb-offen: Nach einer vorgegebenen Wartezeit lässt der Circuit Breaker wieder einzelne Anfragen durch, um zu prüfen, ob der genutzte Service wieder zur Verfügung steht, sodass ggf. wieder zu „geschlossen" gewechselt werden kann.

34 Dieser wird auch manchmal als eigenes Pattern gesehen.

35 Zumindest so lange das noch nicht von einer KI behandelt werden kann

Es liegt auf der Hand, dass das Auslösen eines Circuit Breakers in einem Service auch bei allen von diesem abhängigen Services über kurz oder lang zum Auslösen ihres eigenen Circuit Breakers führen wird, sofern sie keine passende Antwort zurückbekommen, sodass es zu einem Kaskadeneffekt kommen kann. Eine Möglichkeit, das zu verhindern, ist das womöglich interne Puffern von Anfragen, das aber in einem klassischen Request-Response-System meist auch keine längeren Ausfallzeiten auffangen kann. Eleganter wäre sicherlich die Verwendung einer ereignisgetriebenen Architektur (vgl. Abschnitt 16.3.4), in der Aufrufe anderer Services ohnehin asynchron und über Queues gepuffert stattfinden, sodass ein Circuit Breaker nur bei Überlastung einer Queue auslösen würde.

Literatur

[Bro87] Frederik Brooks. „No Silver Bullet – Essence and Accidents of Software Engineering". In: *IEEE computer* 20.4 (1987), S. 10–19.

[Bus98] Frank Buschmann. *Pattern-orientierte Software-Architektur: Ein Pattern-System*. Pearson Deutschland, 1998.

[Eva04] Eric Evans. *Domain-driven design: tackling complexity in the heart of software*. Addison-Wesley Professional, 2004.

[Fie00] Roy Thomas Fielding. „Architectural styles and the design of network-based software architectures". In: *PhD Thesis, University of California* (2000).

[HW04] Gregor Hohpe und Bobby Woolf. *Enterprise integration patterns: Designing, building, and deploying messaging solutions*. Addison-Wesley Professional, 2004.

[Kle17] Martin Kleppmann. *Designing data-intensive applications: The big ideas behind reliable, scalable, and maintainable systems*. O'Reilly Media, 2017.

[Kre14] Jay Kreps. *Questioning the Lambda Architecture*. *https://www.oreilly.com/radar/questioning-the-lambda-architecture*. Juli 2014.

[Lar04] Craig Larman. *Applying UML and Patterns*. 3. Prentice Hall, 2004.

[Mar17] Robert C Martin. *Clean architecture: a craftsman's guide to software structure and design*. Prentice Hall Press, 2017.

[MW15] Nathan Marz und James Warren. *Big Data: Principles and best practices of scalable realtime data systems*. Simon und Schuster, 2015.

[New21] Sam Newman. *Building microservices: designing fine-grained systems*. O'Reilly Media, Inc., 2021.

[RAR13] Leonard Richardson, Mike Amundsen und Sam Ruby. *RESTful web APIs: services for a changing world*. O'Reilly Media, Inc., 2013.

[RH06] Ralf Reussner und Wilhelm Hasselbring. *Handbuch der Software-Architektur*. dpunkt.verlag, 2006.

[Ric18] Chris Richardson. *Microservices patterns: with examples in Java*. Simon und Schuster, 2018.

[Sax+18] Matthias J Sax et al. „Streams and tables: Two sides of the same coin". In: *Proceedings of the International Workshop on Real-Time Business Intelligence and Analytics*. 2018.

[WCB01] Matt Welsh, David Culler und Eric Brewer. „SEDA: An architecture for well-conditioned, scalable internet services". In: *ACM SIGOPS operating systems review* 35.5 (2001), S. 230–243.

17 Test und Betrieb von Big-Data-Systemen

Gerade bei komplexen Big-Data-Systemen sind in der Softwaretechnik propagierte moderne Entwicklungspraktiken wie DevOps, CI/CD-Pipelines und „Infrastructure as Code“ unverzichtbar (vgl. auch [Kim+21]). Ein vollständig automatisiertes Deployment des Systems, sodass es von allen Personen im Team leicht getestet werden kann, ist das A und O, um einen hohen Qualitätsanspruch im gesamten Team zu verankern. Aufgrund der enormen Hardware-Ressourcen, die für den Betrieb solcher Systeme benötigt werden, ist es jedoch oftmals nicht mehr praktikabel, eigene Test- oder zumindest ausgewachsene Staging-Umgebungen in zum Produktivsystem vergleichbarer Größe zu unterhalten. Dafür wäre neben dem Unterhalten und Überwachen der Hardware auch das Erzeugen einer ernstzunehmenden Menge von Testdaten viel zu aufwendig, sodass es heute Stand der Technik geworden ist, Big-Data-Systeme im laufenden Betrieb ständig engmaschig zu überwachen, mit Rolling Updates auf dem neuesten Stand zu halten und sogar im Produktionssystem zu testen bzw. damit zu experimentieren, wie das etwa bei Netflix[1)] gemacht wird.

Entsprechend finden sich zur Lösung dieser Herausforderung zwar zahlreiche gängige Buzzwords von DevOps über DataOps bis hin zu MLOps, um Entwicklung, Testen und Betrieb von großen Systemen ganzheitlich zu denken und zu planen, aber relativ wenig allgemeine Vorgehensweisen zur Qualitätssicherung von Big-Data-Systemen. Um im Rahmen dieses Buches zu bleiben, möchten wir in diesem Kapitel vor allem auf die wichtigsten technischen Grundlagen zum Testen von Big-Data-Systemen fokussieren. Ferner möchten wir darauf hinweisen, dass auch die Überwachung der Datenqualität und die Abstimmung der Schnittstellen zur „Data Ingestion“ eine wichtige Rolle spielen, können aber jenseits von Kapitel 10 aus Platzgründen nicht im Detail auf die eher weichen Themen rund um Data Governance und Projektmanagement eingehen.

1 *https://www.youtube.com/watch?v=3WRVgC8SiGc*

Gleiches gilt für die Themen rund um Security und Compliance. Was wir im Folgenden konkret vorstellen wollen, sind DevOps-Ansätze und mögliche Teststrategien, die von funktionalem Testen bis hin zum Testen der Systemleistung und Skalierbarkeit reichen sowie nicht zuletzt auch Fehlertoleranz und Ausfallsicherheit umfassen.

17.1 DevOps für skalierbare Datenplattformen

In den Anfängen von Big Data war die Einrichtung einer Analyseumgebung ein manuelles und oft langwieriges Unterfangen. Ein Team von Systemadministratoren konfigurierte über eine längere Zeit eine Vielzahl von Servern, installierte komplexe Software wie Hadoop und YARN und übergab die fertige Umgebung an ein separates Team von Entwicklern und Datenexperten. Jede Aktualisierung war sozusagen ein riskantes Projekt in sich, und die Ressourcen wurden oft starr und ineffizient[2] genutzt.

Diese Trennung von Entwicklung (*Development*) und Betrieb (*Operations*) führte zu langen Wartezeiten, Missverständnissen und einer langsamen Innovationsgeschwindigkeit. Als Antwort darauf entstand (nicht nur bei Big Data) die **DevOps-Kultur** (oder Bewegung), eine Philosophie, die darauf abzielt, diese „Silos" aufzubrechen. Das vorrangige Ziel ist, die gesamte Datenplattform wie eine moderne Softwareanwendung zu behandeln – u. a. agil, automatisiert, versioniert und zuverlässig (vgl. etwa [Kim+21]).

Agile Methoden als Wurzel von DevOps: Die Wurzeln von DevOps liegen in den agilen Softwareentwicklungsmethoden der späten 1990er und frühen 2000er Jahre. Besonders prägend war **Kent Beck** mit der Einführung von *Extreme Programming* (XP, [Bec00]), einer Methodik, die auf kurze Entwicklungszyklen, enge Zusammenarbeit im Team und eine hohe Testabdeckung setzt. Ein zentrales technisches Prinzip von XP war die *Continuous Integration (CI)*[3]: Änderungen am Code werden häufig (mehrmals täglich) in einem gemeinsamen Branch (heutzutage meist in einem Git-Repository) integriert und sofort automatisiert getestet. Dadurch werden Integrationsprobleme früh sichtbar, und die Auslieferungsgeschwindigkeit steigt.

Im Jahr 2001 formulierten Vordenker verschiedener leichtgewichtiger Entwicklungsmethoden das **Agile Manifesto**.[4] Es betonte Werte wie *Individuen und Interaktionen über Prozesse und Werkzeuge*, *funktionierende Software über umfassende Dokumentation*, *Zusammenarbeit mit dem Kunden über Vertragsverhandlungen* und *Reagieren auf Veränderung über das Befolgen eines Plans*.

Diese Grundprinzipien – kurze Feedback-Zyklen, schnelle Integration, kontinuierliche Verbesserung – ließen sich später nahtlos auf den IT-Betrieb übertragen und bildeten

2 d. h. mit viel Leerlauf (engl. Idle)
3 *https://martinfowler.com/articles/continuousIntegration.html*
4 *https://agilemanifesto.org*

die kulturelle Grundlage für das, was heute als *DevOps* bekannt ist: die enge Verzahnung von Entwicklung (*Development*) und Betrieb (*Operations*) mit dem Ziel, Software schneller, zuverlässiger und in hoher Qualität auszuliefern.

In den folgenden Abschnitten erkunden wir die technischen Grundpfeiler dieser Kultur, die Schlüsseltechnologien, die sie ermöglichen, sowie die strategischen Entscheidungen, vor denen Big-Data-Projekte und -Unternehmen in diesem Zusammenhang heute stehen.

17.1.1 Grundlegende Technologien: Container und Orchestrierung

Moderne Big-Data-Plattformen verlassen sich auf zwei Schlüsseltechnologien, die ursprünglich aus der DevOps-Welt gekommen sind und die Art des Anwendungsbetriebs grundlegend verändert haben: *Container* und *Container-Orchestrierung*. Sie ermöglichen es, komplexe Analyse-Workloads skalierbar, reproduzierbar und effizient auf verteilten Ressourcen zu betreiben.

Im Folgenden nutzen wir Docker und Kubernetes als die gängigsten und populärsten Werkzeuge für Container-Umgebungen und deren Orchestrierung. Es ist aber wichtig anzumerken, dass weitere freie Alternativen am Markt verfügbar sind (z. B. OCI Container[5] oder LXC/LXD[6]). Ferner gibt es auch für das Management von Docker-Containern alternative Toolkits und Registries (z. B. freie wie Podman[7] oder kommerzielle von den bekannten Cloud-Anbietern).

Container: Die standardisierte „Box“ für Anwendungen

Der Schiffscontainer: Vor der Erfindung des Schiffscontainers war das Be- und Entladen ein logistisches Chaos – jede Kiste, jeder Sack wurde einzeln bewegt. Der Container-Standard änderte alles: Egal was transportiert wird, weltweit wird es in standardisierte Container verpackt, was die Effizienz enorm gesteigert hat.

Ein Software-Container ist das digitale Äquivalent dieses Prinzips: Er verpackt eine Anwendung samt aller Abhängigkeiten – Bibliotheken, Konfigurationsdateien, Laufzeitumgebungen – in eine *einzige*,[8] standardisierte und portable Einheit. Dadurch läuft

5 *https://opencontainers.org*
6 *https://canonical.com/lxd*
7 *https://podman.io*
8 Formal gesehen ist dies nicht ganz richtig, da Container oft von externen Daten in Form von lokalen Verzeichnissen (d. h. „mounts“ oder Docker Volumes) abhängig sind.

dieselbe Anwendung in jeder Umgebung gleich – ob lokal auf einem Laptop, im Rechenzentrum oder in der Cloud. Wichtig ist, dass wir Container-Umgebungen feingranular kontrollieren können, was Ressourcenbedarf und vor allem Berechtigungen angeht. Diese Isolierung „by design" ermöglicht uns sichere und robuste Ausführungsumgebungen.

Docker als Containerplattform

Docker[9] ist die am weitesten verbreitete Plattform für die Entwicklung, die Bereitstellung und den Betrieb von Containern. Zentrale Begriffe in diesem Kontext sind:

- **Image:** Eine schreibgeschützte Vorlage, die alles enthält, was zur Ausführung einer Anwendung notwendig ist (Betriebssystem-Basis, Bibliotheken, Anwendungscode).
- **Container:** Eine laufende Instanz eines Images. Container sind leichtgewichtig und starten in Sekunden.
- **Registry:** Eine zentrale Ablage (z. B. das offizielle `Docker Hub`[10]) oder unternehmens-interne Registries auf Basis von Sonatype Nexus[11] oder GitLab Container Registry[12], aus der Images heruntergeladen (*pull*) oder in die sie hochgeladen (*push*) werden können.

Dockerfile

Um Container zu erstellen, können wir selbst ein Container Image erstellen. Dazu brauchen wir nur ein sogenanntes Dockerfile zu schreiben. Das gezeigte Dockerfile in Listing 17.1 definiert, wie ein Docker-Image für eine einfache Python-Anwendung gebaut werden kann:

1. `FROM python:3.12-slim`: Legt das *Basis-Image* fest, hier eine schlanke Variante von Python 3.12 mit minimalem Linux-Betriebssystem.
2. `WORKDIR /app`: Definiert das Arbeitsverzeichnis `/app` innerhalb des Containers, in dem alle folgenden Befehle ausgeführt werden.
3. `COPY requirements.txt .`: Kopiert die Datei `requirements.txt`[13] aus dem lokalen Projekt in das Arbeitsverzeichnis des Containers.
4. `RUN pip install ...`: Installiert die in `requirements.txt` aufgeführten Python-Bibliotheken ohne Zwischenspeicherung (‚–no-cache-dir' reduziert die Imagegröße).
5. `COPY . .`: Kopiert den restlichen Anwendungscode in das Arbeitsverzeichnis des Containers.

9 *https://www.docker.com*
10 *https://hub.docker.com*
11 *https://help.sonatype.com/en/docker-registry.html*
12 *https://docs.gitlab.com/user/packages/container_registry*
13 *https://pip.pypa.io/en/stable/reference/requirements-file-format*

6. `CMD ["python", "app.py"]`: Definiert den Standardbefehl, der beim Starten des Containers ausgeführt wird. In diesem Fall wird `app.py` mit Python gestartet.

Das Ergebnis ist ein eigenständiges Docker-Image, das alle notwendigen Abhängigkeiten und den Anwendungscode enthält, sodass es in jeder Docker-fähigen Umgebung identisch lauffähig ist.

Listing 17.1 Ein einfaches Dockerfile für eine Python-Anwendung

```
# Basis-Image mit Python
FROM python:3.12-slim
# Arbeitsverzeichnis im Container
WORKDIR /app
# Abhängigkeiten installieren
COPY requirements.txt .
RUN pip install --no-cache-dir -r requirements.txt
# Quellcode kopieren
COPY . .
# Startbefehl definieren
CMD ["python", "app.py"]
```

Docker Compose für Multi-Container-Anwendungen

In der Praxis bestehen viele Anwendungen aus mehreren Diensten: beispielsweise ein Webserver, der mit einer Datenbank kommuniziert, und eventuell zusätzliche Hintergrundprozesse.

> Anfang der 2000er Jahren wurden oft sogenannte LAMP-Stacks ausgerollt, die aus Diensten wie Apache Webserver, MySQL Datenbank und PHP-Interpreter bestanden haben, um dynamische Webseiten bereitzustellen. Hier wurde zwar die komplette ausführbare Programmkombination als Distribution bereitgestellt, aber noch nicht mithilfe von moderner Containertechnologie.

Docker Compose erlaubt es, solche Dienste in einer `docker-compose.yml`-Datei zu definieren und mit einem einzigen Befehl gemeinsam zu starten.

`docker-compose.yml`

Die gezeigte `docker-compose.yml` in Listing 17.2 beschreibt zwei Dienste, die zusammen eine kleine Webanwendung mit einer separaten Datenbank bilden:

1. `services`: definiert die Dienste (Container), die gemeinsam gestartet werden sollen.
2. `web:`: heißt der erste Dienst.
   - `build: .` baut das Image aus dem aktuellen Verzeichnis mithilfe des dort liegenden Dockerfiles (`.` = aktuelles Verzeichnis; vgl. Listing 17.1).

- `ports: - "5000:5000"` leitet Port 5000 des Host-Systems (links von „:") auf Port 5000 im Container (rechts von „:") weiter, sodass die Anwendung von außen erreichbar ist.
- `depends_on: - db` stellt sicher, dass der Datenbankdienst *db* vor dem Start von *web* hochgefahren wird.

3. `db`: ist der zweite Dienst, der ein fertiges Datenbank-Container-Image nutzt.
   - `image: postgres:17` lädt (falls noch nicht lokal verfügbar) das vorkonfigurierte PostgreSQL-17-Image aus der Docker Registry.[14]
   - `environment: POSTGRES_PASSWORD` setzt Umgebungsvariablen für den Container, hier das Passwort für den PostgreSQL-Benutzer `postgres`.

Listing 17.2 Beispiel für eine `docker-compose.yml`:-Webanwendung mit PostgreSQL-Datenbank

```
services:
  web:
    build: .
    ports:
      - "5000:5000" # Links: Host Port, Rechts: Container Port
    depends_on:
      - db
  db:
    image: postgres:17 # https://hub.docker.com/_/postgres
    environment:
      POSTGRES_PASSWORD: example
```

Mit `docker compose up` (oder `docker-compose up` bei älteren Docker-Versionen) werden in diesem Beispiel sowohl die Python-Webanwendung als auch die PostgreSQL-Datenbank automatisch erstellt, gestartet und in ein gemeinsames Netzwerk eingebunden. Der Webdienst kann anschließend über `http://localhost:5000` auf die Datenbank zugreifen. Dadurch können komplexe Entwicklungsumgebungen schnell reproduziert werden. Dies ist ein zentraler Vorteil gerade im Big-Data-Bereich, in dem oft mehrere Komponenten (Datenverarbeitung, Speicher, Visualisierung) zusammenspielen.

Vorteile im Big-Data-Kontext

Wir haben Containerisierung auch in diesem Buch bereits vielfach eingesetzt. So sind die Vorteile, die Containerisierung uns hier bietet, sicher schon ersichtlich geworden. Wir können mit wenig Aufwand komplexe Big-Data-Stacks, etwa Spark in Kombination mit Kafka und einer Datenbank, lokal bereitstellen und direkt testen. Auf diese

14 *https://hub.docker.com/_/postgres*

Weise garantieren wir reproduzierbare Umgebungen und umgehen das typische „läuft aber auf meinem Rechner"-Problem. Dank der Portabilität der Container können wir dieselben Images später unverändert in die Produktionsumgebung übernehmen.

Container vs. virtuelle Maschinen

Obwohl Container und virtuelle Maschinen auf den ersten Blick ähnlich wirken, gibt es fundamentale Unterschiede in ihrer Architektur.

Virtuelle Maschinen (*VMs*) virtualisieren komplette Hardware inklusive eines eigenen Betriebssystems (Gast-OS) auf Basis eines Hypervisors (z. B. KVM[15]). Dadurch ist jede VM vollständig isoliert, bringt jedoch den Overhead eines kompletten Betriebssystem-Stacks mit sich (Kernel, Systembibliotheken, Userspace etc.).

Container dagegen nutzen keinen eigenen Kernel, sondern teilen sich den Kernel des Host-Systems. Sie isolieren Prozesse mithilfe von Mechanismen des Betriebssystems wie etwa `chroot`,[16] *Namespaces* und *Control Groups (cgroups)*. Dadurch werden Dateisystem, Prozessraum, Netzwerk-Interfaces und Ressourcenlimits voneinander getrennt, ohne die Hardware zu virtualisieren.

Dies hat mehrere Konsequenzen:

- Container sind deutlich leichtgewichtiger als VMs und starten meist innerhalb weniger Sekunden.
- Der Ressourcenbedarf ist geringer, da kein eigener Kernel oder vollständiges Gastbetriebssystem geladen werden muss.
- Die Isolation ist in der Regel schwächer als bei VMs, da sie auf Betriebssystemebene ansetzt.

Während VMs auf Hardware-Virtualisierung setzen und ein komplettes Gastbetriebssystem emulieren, basieren Container auf dem Prinzip der Virtualisierung auf Betriebssystemebene. Anstatt Hardware nachzubilden, nutzen sie Mechanismen des Host-Betriebssystems, um Prozesse und ihre Abhängigkeiten voneinander zu isolieren. Alle Container teilen sich dabei den Kernel des Host-Systems, was sie in der Regel leichtgewichtiger und schneller macht.

Kubernetes (K8s): Das „Betriebssystem" für den Cluster

Einzelne Container sind praktisch – doch in Big-Data-Umgebungen müssen oft *Hunderte oder Tausende* gleichzeitig betrieben, überwacht und skaliert werden. Hier kommt eine *Container-Orchestrierung* ins Spiel. Um dies besser zu verstehen, fassen wir nochmals kurz zusammen, wie wir von Docker zu Docker Compose und schließlich zur Container-Orchestrierung gelangen können.

15 *https://linux-kvm.org*

16 Früher gab es auch sogenannte **V-Server**, die eine solche chroot-Umgebung genutzt haben, um die Ressourcen auf einer Maschine besser ausnutzen zu können.

Docker ist die grundlegende Laufzeitumgebung für Container. Mit dem Befehl `docker run` startet man einen einzelnen Container mit einer Anwendung. Das ist ideal, um einzelne Dienste oder sehr kleine Setups schnell auszuprobieren. Sobald eine Anwendung aus mehreren Diensten besteht – etwa einer Web-App, einer Datenbank und einem Cache –, wird die manuelle Verwaltung einzelner Container unübersichtlich. Docker Compose ermöglicht es daher, alle benötigten Container in einer `docker-compose.yml` zu definieren, gemeinsam zu starten, zu vernetzen und zu konfigurieren. Die zentrale Einschränkung: Compose läuft typischerweise nur auf einem einzelnen Host-Rechner. Es eignet sich daher vor allem für Entwicklung, lokale Tests und kleinere Deployments.

In modernen Produktionsumgebungen reichen Einzelhost-Setups nicht aus. Es müssen hunderte oder tausende Container über viele physische oder virtuelle Rechner verteilt, überwacht und bei Bedarf skaliert werden. Aus strategischen Gründen kommt es in der Praxis auch vor, dass Container über mehrere Cloud-Anbieter hinweg ausgerollt werden (siehe Abschnitt 17.2).

Kubernetes[17] (kurz *K8s*) hat sich dabei als De-facto-Industriestandard für die Container-Orchestrierung etabliert. Es übernimmt mehrere zentrale Aufgaben, die helfen, Skalierung und Effizienz bei der Bereitstellung von Big-Data-Systemen sicherzustellen:

- **Verteiltes Scheduling:** Kubernetes weist Container (in Pods) automatisch passenden Knoten im Cluster zu.
- **Self-Healing:** Fehlgeschlagene Container oder Knoten werden erkannt, ersetzt oder umverteilt.
- **Skalierung:** Dienste lassen sich automatisch oder manuell hoch- und herunterskalieren.
- **Update-Strategien:** Rollouts und Rollbacks minimieren Ausfallzeiten.
- **Service Discovery und Netzwerkverwaltung:** Container finden einander im Cluster, unabhängig davon, auf welchem Knoten sie laufen.

Big-Data-Frameworks wie Apache Spark, Flink oder Kafka lassen sich direkt auf Kubernetes ausführen – eine Plattform kann so Analyse- und Web-Workloads gemeinsam betreiben. Führende Cloud-Anbieter unterstützen in der Regel Kubernetes teils mit kommerziellen Lösungen und weiteren Toolkits (z. B. Google Kubernetes Engine GKE[18] oder AWS EKS[19]).

Insgesamt können wir uns Kubernetes als eine zusätzliche Abstraktionsschicht zur Containerisierung über einen Cluster von Maschinen vorstellen:

1. *Docker* liefert die Basis: Container-Images und Container-Laufzeitumgebungen.
2. *Docker Compose* bündelt und koordiniert mehrere Container, aber nur auf *einem* Host.

17 *https://kubernetes.io*
18 *https://cloud.google.com/kubernetes-engine?hl=de*
19 *https://aws.amazon.com/de/eks*

3. *Kubernetes* orchestriert Container (Pods) auf *beliebig vielen* Hosts, verteilt Workloads, sorgt für Ausfallsicherheit und Skalierbarkeit.

Die Architektur eines Kubernetes-Clusters

Bevor wir uns die Objekte wie Deployments und Services ansehen, ist es wichtig zu verstehen, wie ein Kubernetes-Cluster grundlegend aufgebaut ist.[20] Ein Cluster besteht aus mindestens zwei Arten von Maschinen, den sogenannten *Nodes*:

- *Control Plane:* Sie ist das Gehirn des Clusters. Hier laufen die zentralen Steuerungsprozesse wie der `kube-apiserver`, über den alle Befehle empfangen werden, und der `kube-scheduler`, der entscheidet, auf welchem Worker Node neue Container gestartet werden.
- *Worker Nodes:* Dies sind die eigentlichen Arbeitsmaschinen, die die Anwendungscontainer ausführen. Sie stellen ihre Ressourcen wie CPU und Speicher dem gesamten Cluster zur Verfügung.

Damit diese verteilte Container-Architektur funktioniert, ist auf jedem Worker Node der `kubelet`-Agent nötig. Dieser kommuniziert mit der Control Plane, meldet den lokalen Zustand des Nodes, auf dem er läuft, und empfängt Befehle für das Management von Containern (z. B. Starten, Stoppen etc.). Damit Pods miteinander kommunizieren können, wird zudem ein Netzwerk-Plug-in benötigt. Dieses spannt ein virtuelles Netzwerk auf (ähnlich zur internen Netzwerkfunktionalität von Docker), das jedem Pod eine eigene IP-Adresse gibt und die Kommunikation zwischen Containern im gesamten Cluster ermöglicht.

Die Anwendungsdefinitionen (wie die YAML-Dateien, die wir gleich sehen werden) sind rein deklarativ – sie beschreiben den angestrebten Wunschzustand der Anwendung („Was?"), nicht auf welcher konkreten Maschine (IP-Adresse) sie laufen soll („Wie?"). Kubernetes kümmert sich selbst darum (d. h. handelt autonom), die verfügbaren Worker Nodes optimal auszulasten und die Container entsprechend zu verteilen. Die tatsächlich verfügbare Hardware wird also von Kubernetes verwaltet und von der Anwendungsdefinition abstrahiert.

Deployment vs. Service in Kubernetes

Technisch gesehen können Kubernetes-Cluster ähnlich zu docker compose mit YAML-Dateien deklarativ beschrieben werden. Für weitere Details verweisen wir alle Interessierten auf „Objects in Kubernetes".[21] Im Folgenden gehen wir nur auf die wichtigsten grundlegenden Konzepte ein.

In Kubernetes erfüllen `Deployment` und `Service` unterschiedliche, sich ergänzende Aufgaben. Ein *Deployment* beschreibt, in welcher Form eine Anwendung im Cluster

---

20 siehe *https://kubernetes.io/docs/concepts/architecture* für Details

21 *https://kubernetes.io/docs/concepts/overview/working-with-objects*

betrieben werden soll: Es legt etwa die gewünschte Anzahl von Pods, deren Container-Images, Ports und Update-Strategien fest. Kubernetes sorgt anschließend automatisch dafür, dass stets die definierte Anzahl von Pods in der angegebenen Version ausgeführt wird, und ersetzt im Fehlerfall ausgefallene Instanzen (vgl. Immutable Instrastructure in Abschnitt 17.1.2).

Ein *Service* dagegen stellt die Netzwerkanbindung dieser Pods sicher. Da Pods flüchtige, sich verändernde IP-Adressen besitzen, bietet ein Service einen stabilen Endpunkt mit festem Namen und Lastverteilung auf alle passenden Pods. Über Selektoren (`selector`) verknüpft der Service die Anfragen mit den richtigen Pods – unabhängig davon, auf welchem Node diese aktuell laufen. Häufige Servicetypen sind `ClusterIP` (nur im Cluster erreichbar), `NodePort` (Port auf jedem Node) und `LoadBalancer` (externe Erreichbarkeit über Cloud-Load-Balancer).

Das Deployment steuert also, *was* wie oft läuft, der Service regelt, *wie* und wo es erreichbar ist.

Beispiel: Minimales Deployment und zugehöriger Service

Listing 17.3 zeigt ein knappes Deployment-Manifest für Kubernetes, das drei Kopien (d. h. Repliken) einer einfachen Webanwendung auf Basis des populären freien Webservers Nginx[22] ausführt.

Listing 17.3 Beispiel für ein Kubernetes-Deployment (‚nginx-deployment.yaml')

```
apiVersion: apps/v1
kind: Deployment
metadata:
  name: webapp-deployment
spec:
  replicas: 3
  selector:
    matchLabels:
      app: webapp
  template:
    metadata:
      labels:
        app: webapp
    spec:
      containers:
      - name: webapp
        image: nginx:1.29 # s. https://hub.docker.com/_/nginx
        ports:
        - containerPort: 80
```

22 *https://nginx.org*

Damit diese Pods im Cluster erreichbar sind, definiert Listing 17.4 einen Service vom Typ `ClusterIP`, der alle Pods mit dem Label app=webapp unter einem stabilen Endpunkt erreichbar macht (‚kubectl apply -f nginx-service.yaml‘). Deployment und Service Manifeste können in Kubernetes in derselben YAML-Datei definiert werden. Kubernetes-YAML-Dateien bestehen in diesem Fall aus Ressourcendefinitionen, die durch -- voneinander getrennt werden können. So können wir mehrere Objekte in einer Datei verwalten.

Listing 17.4 Beispiel für einen Service in Kubernetes (‚nginx-service.yaml‘)

```
apiVersion: v1
kind: Service
metadata:
  name: webapp-service
spec:
  selector:
    app: webapp
  ports:
    - protocol: TCP
      port: 80
      targetPort: 80
  type: ClusterIP
```

In diesem Beispiel sorgt das Deployment dafür, dass stets drei Webserver-Pods mit Nginx-Version 1.29 laufen. Der Service stellt im internen Cluster-Netzwerk eine feste IP sowie einen DNS-Namen `webapp-service` bereit und verteilt eingehende Anfragen gleichmäßig auf alle drei Pods.

Anwenden der Konfiguration

Diese zwei YAML-Manifeste beschreiben den gewünschten Zustand unserer Anwendung. Um sie auf einen Kubernetes-Cluster anzuwenden und die Ressourcen tatsächlich zu erstellen, wird das Kommandozeilen-Tool `kubectl`[23] verwendet.

Um kubectl auf der lokalen Maschine nutzen zu können, benötigen wir einen lokalen Cluster (d. h. eine Testumgebung), in dem wir Pods ausrollen können. Hier gibt es mehrere Optionen, unter anderem Minikube, kind (für Docker) und k3d. Im Folgenden nutzen wir das populäre Minikube,[24] welches für alle gängigen OS verfügbar ist.

Es ist wichtig zu erkennen, das kubectl und Minikube unterschiedliche, aber komplementäre Aufgaben im lokalen Kubernetes-Setup erfüllen. Minikube realisiert einen lokalen Kubernetes-Cluster, der in einer VM auf dem eigenen Rechner läuft. Er stellt

23 *https://kubernetes.io/docs/reference/kubectl/kubectl*
24 *https://minikube.sigs.k8s.io/docs*

alle notwendigen Kubernetes-Komponenten, die wir bereits besprochen haben, bereit. Mit anderen Worten ist Minikube hier der (lokale) Cluster (das System), auf dem Kubernetes tatsächlich ausgeführt wird.

Hingegen ist kubectl, wie der Name bereits suggerieren mag, das Command-Line-Interface (CLI), also ein Client, um den Cluster zu steuern. Es dient zur Kommunikation mit unserem Minikube-Cluster, um Befehle über die Kubernetes API zu senden (beispielsweise Deployment, Services, Monitoring etc.). Diese klare Trennung der Architektur unterstützt somit das Aufbauen von entfernten Clustern in der Cloud (z. B. Google's GKE) als auch lokal „On-Premise".

Sind beide Definitionen (Deployment und Service) jeweils in einer Datei gespeichert, würde der Befehl wie folgt lauten:

```
$ kubectl apply -f nginx-deployment.yaml
$ kubectl apply -f nginx-service.yaml
```

`kubectl` kommuniziert mit dem API-Server der Control Plane und beauftragt Kubernetes, die beschriebenen Ressourcen zu erstellen oder zu aktualisieren (d. h. entsprechend Container auf den Worker Nodes zu verwalten). Kubernetes sorgt ab diesem Moment eigenständig dafür, dass der im Cluster laufende Zustand diesem Manifest entspricht.

Um die Erreichbarkeit unseres Nginx-Diensts lokal zu testen, können wir beispielsweise Port Forwarding (ähnlich zu Docker's ‚-p' Parameter) einschalten, da die „ClusterIP" nur innerhalb des Clusters erreichbar ist:[25)]

```
$ kubectl port-forward service/webapp-service 8899:80
```

Um Kubernetes effizient einzusetzen, ist die reine Containerisierungstechnologie allein noch nicht ausreichend. Sie muss in Kernprozesse wie die von DevOps integriert werden. Erst durch eine Integration in die bestehende Infrastruktur und einer Deployment Pipeline wird die Bereitstellung neuer Software-Versionen agil (d. h. effizient und automatisiert), und erst durch gezieltes Monitoring wird die komplexe verteilte Anwendung im Betrieb auch wirklich beobacht- und steuerbar.

17.1.2 Die drei Säulen von DevOps in der Praxis

Der erfolgreiche Betrieb von Big-Data-Systemen erfordert nicht nur leistungsfähige Hardware und skalierbare Software (d. h. Big-Data-Plattformen), sondern auch moderne betriebliche Prinzipien, die Agilität, Stabilität und Effizienz fördern. DevOps ist also keine einzelne Technologie, sondern eine Menge von Praktiken. In diesem Abschnitt werden wir drei zentrale Konzepte vorstellen, die sich in der Praxis bewährt haben:

---

25 Nginx ist dann im Browser unter *http://localhost:8899* erreichbar.

- *Infrastructure as Code (IaC)*
- *Continuous Integration und Continuous Deployment (CI/CD)*
- *Monitoring und Observability*

Infrastructure as Code (IaC)

Infrastructure as Code, kurz IaC, ist ein Ansatz, bei dem die gesamte Infrastruktur einer Big-Data-Umgebung – einschließlich Cluster von Maschinen, Container-Orchestrierung, Netzwerke, Speicher und Dienste – über maschinenlesbaren Code (bzw. Definitionsdateien) beschrieben wird (entweder deklarativ so wie YAML in Docker und Kubernetes oder prozedural, also imperativer Code), anstatt sie manuell zu konfigurieren.

Motivierendes Beispiel

Viele von uns kennen dies wahrscheinlich bereits vom Aufsetzen beliebiger Software, z. B. Open-Source-Software von GitHub, auf einer lokalen Maschine (z. B. Laptop). Viele Schritte und Befehle müssen bei einer herkömmlichen, manuellen Bereitstellung einzeln ausgeführt werden (z. B. anhand einer Dokumentation[26)]), und es müssen zahlreiche Annahmen berücksichtigt werden, damit eine bestimmte Version einer Software in einer lokalen Umgebung korrekt ausgeführt werden kann. Dies betrifft beispielsweise die *richtige Version der Programmiersprache* (z. B. Python) sowie die *passenden Versionen aller benötigten Bibliotheken.* Abweichungen in der Konfiguration zwischen verschiedenen Rechnern führen häufig zu Fehlverhalten oder gar zum Ausfall des Systems. „Bei mir läuft es" wird in der Praxis zu einer beliebten Ausrede für das Entwicklungsteam.

Vorteile von IaC im Big-Data-Kontext

Durch die Definition der Infrastruktur als Code lassen sich solche Abhängigkeiten und Konfigurationen eindeutig festlegen, automatisieren und reproduzieren. Dies ermöglicht folgende konkrete Vorteile gegenüber manuellen und langwierigen Konfigurationen:

- Automatisierte Bereitstellung komplexer Cluster-Architekturen (z. B. Hadoop, Spark, Kafka)
- Konsistente Entwicklungs-, Test- und Produktionsumgebungen
- Schnelle und „elastische" Skalierung von Rechenressourcen bei hohen Datenlasten (z. B. kann es sein, dass kurzfristig für eine hohes Datenaufkommen mehr Ressourcen benötigt werden)
- Versionierung und Nachvollziehbarkeit von Infrastrukturänderungen
- Wiederherstellung nach Ausfällen (Disaster Recovery)

---

26 Sofern eine ausreichende Dokumentation überhaupt bereitgestellt wird!

Insgesamt fördert dieses Vorgehen die Reproduzierbarkeit, Versionierung der Infrastruktur in einem Versionierungssystem wie z. B. Git sowie die Vermeidung von manuellen Fehlern. Ein klassisches Werkzeug für IaC ist `Terraform`.[27] `OpenTofu`[28] stellt einen alternativen Fork von Terraform bereit, der als vollständige Alternative eingesetzt werden kann. Cloud-Anbieter wie Amazon Web Services (AWS) bieten oft eigene Werkzeuge dafür an.[29] Diese IaC-Werkzeuge können den gesamten Lebenszyklus einer geplanten Infrastruktur managen (erstellen, ändern, zerstören).

Big-Data-Beispiel

Ein mögliches Szenario für IaC ist der automatisierte Aufbau eines Spark-Clusters in der Cloud. Dabei werden sowohl die Laufzeitumgebungen – also virtuelle Maschinen (z. B. VMWare VSphere) oder Container (z. B. Kubernetes)[30] – als auch die gesamte Softwarekonfiguration vollständig als Code definiert und automatisiert ausgerollt. Dies ermöglicht es, identische Clusterkonfigurationen jederzeit reproduzierbar bereitzustellen, Skalierungen mit minimalem Aufwand vorzunehmen und Ausfälle durch schnellen Wiederaufbau zu kompensieren.

> Historisch wurden Big-Data-Cluster oft als virtuelle Maschinen betrieben. Heute werden vermehrt Container eingesetzt, da sie schnellere Deployment-Zeiten und im Vergleich geringere (oder gar keine) Lizenzkosten bieten.

Konfigurationsmanagement vs. IaC

In der Praxis ist IaC ein oft uneindeutiger Begriff, unter den verschiedene Ebenen fallen können: Tools wie Terraform kümmern sich um das Provisioning der Infrastruktur selbst – also VMs, Container, Netzwerke oder Datenbanken. Auf der nächsthöheren Ebene stehen Werkzeuge wie Ansible,[31] Puppet[32] oder Chef,[33] die für das *Konfigurationsmanagement* und das Einspielen von Software zuständig sind. Eine Kubernetes-YAML-Datei wiederum beschreibt beispielsweise den Deployment-Zustand von Anwendungen und Clustern und bewegt sich damit an der Grenze zwischen Infrastruktur- und Applikations-Code. Das Dilemma: Alle Ansätze sind gewisserweise „IaC“, aber sie adressieren unterschiedliche Schichten und spezifische Anwendungsfälle, was zu Verwirrung führen kann.

27 *https://developer.hashicorp.com/terraform*
28 *https://opentofu.org*
29 AWS CloudFormation, siehe *https://aws.amazon.com/de/cloudformation*
30 Terraform beispielsweise bietet sogenannte „Provider“ für VM- und Container-Lösungen an.
31 *https://docs.ansible.com*
32 *https://www.puppet.com*
33 *https://www.chef.io*

Es ist daher entscheidend, ihren unterschiedlichen Zweck (d. h. Einsatzgebiete)[34] zu verstehen:

- *Infrastructure as Code (z. B. Terraform):* Diese Werkzeuge sind für die Provisionierung zuständig. Sie erstellen, ändern und zerstören die grundlegende Infrastruktur – virtuelle Maschinen, Container, Netzwerke, Datenbanken. *Sie bauen sozusagen das leere Haus.*
- *Konfigurationsmanagement (z. B. Ansible):* Diese Werkzeuge verwalten den Zustand der Software auf der bereitgestellten Infrastruktur. Sie installieren Pakete, konfigurieren Dienste und verwalten Benutzer. **Sie richten also das Haus ein.**

Typische Aufgaben, die Tools wie Ansible im Konfigurationsmanagement übernehmen, beinhalten das Installieren von Software, die Verwaltung von Diensten (z. B. „systemctl" in systemd unter Linux), die Anpassung von Konfigurationsdateien und die Verwaltung von Benutzern, Berechtigungen und Firewall-Regeln.

Von Mutable zu Immutable Infrastructure

Die Bedeutung von Konfigurationsmanagement-Tools hat sich mit dem Aufkommen von Containern stark verändert, wie durch die „Pets vs. Cattle Analogy" deutlich wird.[35] Früher wurden langlebige Server („Pets") mit den genannten Tools kontinuierlich gewartet und repariert. Im modernen, auf Containern basierenden Paradigma der *Immutable Infrastructure* („Cattle") werden fehlerhafte Instanzen nicht mehr repariert, sondern durch neue, saubere Instanzen aus einem Container Image ersetzt.

Pets vs. Cattle Früher wurden Server wie „Haustiere" (Pets) gepflegt und bei Problemen repariert. Heute sind Container „Nutzvieh" (Cattle): Sie sind kurzlebig und werden bei Fehlern einfach durch neue Instanzen ersetzt.

Konfigurationswerkzeuge wie Ansible haben aber dennoch weiterhin wichtige Anwendungsfälle. Diese umfassen unter anderem:

1. **Erstellung von „Golden Images":** Mit einem Tool wie Packer kann Ansible verwendet werden, um eine vorkonfigurierte VM-Vorlage („Golden Image"[36]; auch als Standard Operating Environments, kurz SOE, bekannt) zu erstellen, aus der dann neue, identische VMs gestartet werden.
2. **Verwaltung von Nicht-Container-Systemen:** Nicht alles läuft in Kubernetes. Dedizierte Datenbankserver, Legacy-Anwendungen oder spezialisierte Hardware müssen weiterhin konfiguriert und gewartet werden.

34 So wie das Bauen von Software mithilfe von speziellen Build Tools wie Maven/Gradle in Java
35 *https://joachim8675309.medium.com/devops-concepts-pets-vs-cattle-2380b5aab313*
36 ähnlich zu Amazon Machine Images (AMI)

3. **Bootstrapping von Knoten:** Sie können verwendet werden, um die grundlegende Konfiguration auf einem Server vorzunehmen, bevor dieser z. B. einem Kubernetes-Cluster beitritt.

Continuous Integration/Continuous Deployment (CI/CD)

Continuous Integration (CI) und *Continuous Deployment (CD)*[37] übertragen agile Prinzipien aus der Softwareentwicklung direkt auf den Betrieb von Daten- und Analyseplattformen. Die Kernidee ist, dass jede Code-Änderung eine vollautomatische Pipeline aus Tests, Erstellung eines Artefakts und dessen Bereitstellung (Deployment) durchläuft:

Continuous Integration (CI) bedeutet, dass Änderungen am Code (z. B. für Daten-Pipelines, ML-Modelle oder Infrastruktur) mehrmals täglich automatisiert getestet und in einen Hauptzweig integriert werden. Dies verkürzt Feedback-Zyklen drastisch und reduziert Integrationsprobleme.

Continuous Deployment (CD) ist die logische Fortsetzung von CI. Es automatisiert die Auslieferung der erfolgreich geprüften Änderungen bis in die produktive Zielumgebung und ermöglicht so eine schnelle Reaktion auf neue Anforderungen.

Im Big-Data-Umfeld fasst CI/CD drei Kernaufgaben zusammen: Erstens werden Tests für Daten-Pipelines und Modelle automatisiert, um deren Qualität zu sichern. Zweitens werden Laufzeitumgebungen konsistent als Container-Images gebaut und versioniert. Drittens wird Infrastructure as Code in die Pipeline eingebunden, wodurch die gesamte Plattform versionier- und automatisierbar wird.

Die Deployment-Pipeline (Continuous Delivery)

Um Änderungen sicher und kontrolliert auszurollen, durchläuft ein Software-Artefakt (z. B. ein Docker-Image) eine Pipeline von Umgebungen. Jede Umgebung dient als Qualitäts-Gateway, das die Risiken schrittweise zu reduzieren versucht. Diese in der Fachliteratur (vgl. [HF10]) etablierte „Deployment-Pipeline" (oder Continuous Delivery) umfasst typischerweise folgende Stufen (engl. Stages):

Entwicklungsumgebung (Development): Dies ist der lokale Rechner des Entwicklers, auf dem mit kleinen Testdatensätzen schnell experimentiert wird.

CI-/Testumgebung (Integration): Nach dem Einchecken des Codes übernimmt ein Build-Server. Hier laufen automatisierte Unit- und Integrationstests und weitere Code-Qualitätstests (z. B. Code Linting, Style Checks etc.; vgl. [Mar11]). Dies ist das Herzstück der *Continuous Integration*. Schlägt hier ein Test fehl, wird der Prozess sofort gestoppt.

37 *https://martinfowler.com/articles/continuousIntegration.html*

Staging-Umgebung (Pre-Production): Dies ist die Generalprobe vor dem Produktions-Deployment. Die Staging-Umgebung ist eine exakte Kopie der Produktionsinfrastruktur und wird mit einer großen Menge an anonymisierten und/oder generierten Produktionsdaten betrieben. Hier finden Last- und Performance-Tests sowie finale Abnahmetests statt, um sicherzustellen, dass die neue Version auch unter realistischer Last stabil läuft.

Produktionsumgebung (Production): Dies ist das Live-System, das von Endbenutzern oder für kritische Geschäftsprozesse genutzt wird. Nur Artefakte, die alle vorherigen Stufen erfolgreich passiert haben, werden hier – idealerweise vollautomatisch – ausgerollt.

Jede Stufe erhöht das Vertrauen in die neue Softwareversion, sodass das Deployment in die Produktion zu einem vorhersehbaren und (hoffentlich) risikoarmen Routinevorgang wird.

Praxisbeispiel: CI/CD für einen Apache-Spark-Job

Um CI/CD für Big-Data-Systeme beispielhaft zu veranschaulichen, stellen wir uns das Szenario vor, in der wir einen täglichen Batch-Job pflegen müssen (Teil der Software-Maintenance-Phase; vgl. Phasen in Software Engineering[38] [Som11]). Dieser Job, geschrieben in z. B. PySpark,[39] analysiert große Datenmengen an Klicks von einem erfolgreichen Online-Shop (sogenanntes Click Tracking), um einen Report der beliebtesten Produktkategorien des letzten Tages zu erstellen. Die Logs werden in einen Data Lake geschrieben (z. B. im Object Storage S3; vgl. Abschnitt 11.2), und das Ergebnis wird in eine Datenbank (z. B. S3 oder klassische Datenbank) für das Business-Intelligence-Team geschrieben.

Nun sollen wir eine neue Anforderung umsetzen: Der Report soll um eine neue Kennzahl (KPI), beispielsweise die durchschnittliche Verweildauer pro Kategorie, erweitert werden. Die Code-Änderung zur Logik der Berechnung der Verweildauer machen wir in unserer lokalen Entwicklungsumgebung (IDE). Um sicherzustellen, dass die Code-Änderung funktioniert, testen wir sie automatisert mit z. B. Unit-Tests lokal mit einer kleinen Beispieldatei. Sind wir zufrieden, committen wir Änderungen in einen neuen Git-Branch (z. B. ‚feature/verweildauer-report') und eröffnet einen *Pull Request* im zentralen Git-Repository (z. B. GitHub).

Unser Vorgehen löst folgende, vollautomatische CI/CD-Pipeline aus:

1. *Die CI-Phase (Testautomatisierung):* Das Eröffnen des Pull Requests ist der Startschuss für die CI-Pipeline (z. B. mit GitHub Actions,[40] Travis CI,[41] Jenkins[42]). Diese

38 Eine umfangreiche Sammlung über Software-Engineering-Wissen ist im SWEBOOK Version 4 zu finden: *https://www.computer.org/education/bodies-of-knowledge/software-engineering/v4.*

39 stellvertretend für viele Batching Frameworks; vgl. Batching Frameworks

40 *https://github.com/features/actions*

41 *https://www.travis-ci.com*

42 *https://www.jenkins.io*

führt *automatisch*[43] Code-Qualitätsprüfungen und Tests aus mit dem Ziel, dass diese erfolgreich durchlaufen werden, beispielsweise:

- *Code-Prüfung (Linting):* Zuerst wird der Python-Code auf Stil- und Syntaxfehler geprüft.
- *Unit-Tests:* Anschließend werden kleine, isolierte Tests ausgeführt, die wir vorab committed haben. Ein solcher Test könnte eine Mini-Spark-Session starten, eine Handvoll vordefinierter Log-Einträge als Input geben und prüfen, ob die neue Funktion die Verweildauer korrekt berechnet. So werden Logikfehler früh und schnell gefunden, ohne einen teuren Cluster zu benötigen.

Der Bau des Artefakts (Packaging): Nach den erfolgreichen Tests baut die Pipeline die Anwendung in ein portables Format. Im modernen Big-Data-Umfeld ist das in der Regel kein Codepaket mehr, sondern ein Container Image (z. B. Docker Image). Die Pipeline nutzt beispielsweise ein ‚Dockerfile' und ein Konfigurationswerkzeug (vgl. IaC und Konfigurationsmanagement), um eine saubere Umgebung mit der richtigen Python-Version, den Spark-Bibliotheken und dem neuen Anwendungscode zu erstellen. Dieses fertige Image wird mit einer eindeutigen Kennung (z. B. dem Git-Commit-Hash) versehen und in eine zentrale Container-Registry (z. B. AWS ECR in der Cloud) hochgeladen.

2. *Die CD-Phase (Automatisches Deployment):* Nun beginnt der Deployment-Teil der Pipeline:
   - *Deployment in die Staging-Umgebung:* Die Pipeline rollt das neue Docker-Image automatisch in einer *Staging-Umgebung* aus. Das ist eine produktionsnahe, aber isolierte Umgebung. Technisch bedeutet das, dass z. B. ein Kubernetes-Job, der für die Ausführung der Analyse zuständig ist, auf das neue Image aktualisiert (d. h. neu ausgerollt) wird.
   - *End-to-end-Test:* Der Job wird in der Staging-Umgebung einmal testweise auf einem größeren, aber nicht produktiven Datensatz (z. B. ein Snapshot von historischen Daten aus einem Data Lake) ausgeführt. Die Pipeline prüft anschließend, ob der Job erfolgreich durchlief und ob die Zieldatenbank korrekt mit den neuen Kennzahlen befüllt wurde.
3. *Finale Freigabe und Produktion:* Erst wenn auch dieser letzte Test erfolgreich war, wird der Mensch wieder involviert. Der Pull Request wird von einer Person geprüft, sieht die erfolgreichen automatischen Checks, und erteilt die fachliche Freigabe. Nach dem Mergen des Codes in den Haupt-Branch (oft ‚master' oder ‚main') wird exakt derselbe automatisierte Deployment-Prozess für die *Produktionsumgebung* angestoßen. Wenn erfolgreich deployed wurde, wird der tägliche Report ab der nächsten Nacht die neue Kennzahl enthalten.

43 Das ist der Knackpunkt: Der hohe Grad der Automatisierung. Entwickler bekommen automatisch mitgeteilt, ob die Code-Änderungen zu Probleme geführt haben – sind also reaktiv (z. B. Benachrichtigung per E-Mail).

Dieses Beispiel zeigt, wie CI/CD das Risiko von Änderungen reduzieren hilft. Anstatt eines manuellen, fehleranfälligen Deployments in einer „Nacht-und-Nebel-Aktion" (oder scherzhaft genannte „Big Bang"-Integrationen und Deployments) stellt eine Pipeline von automatisierten Qualitäts-„Gateways" sicher, dass nur vorab geprüfter und damit funktionierender Code in die Produktion gelangt – und das schnell und reproduzierbar. Die Grundidee ist also, so schnell wie möglich Feedback zu erhalten (sowohl gutes als auch schlechtes!), um auf Integrationsfehler schnell zu reagieren.

Aus technischer Sicht ist anzumerken, dass moderne CI/CD-Systeme selbst domänenspezifische Sprachen anbieten (z. B. Jenkins DSL), oft deklarative DSLs, um CI/CD Pipelines zu entwerfen, die ähnliche Vorteile wie IaC und Co bieten. Die allgemeine Vorgehensweise ist hier also sehr ähnlich.

Monitoring und Observability

Um ein komplexes Big-Data-System zu steuern, ist es nötig, seinen Zustand messen und verstehen zu können. Oder wie ein oft W. Edwards Deming zugeschriebenes Zitat besagt: *„You can't manage what you can't measure."* Im Betrieb von verteilten Big-Data-Systemen ist dies überlebenswichtig. Es ist nicht sehr weise, im Blindflug zu operieren und zu hoffen, dass alles gut geht. Alle Daten, die ein System über seinen eigenen Zustand aussendet, werden als Telemetriedaten[44)] bezeichnet. Traditionell sprechen wir hier von Monitoring. Dabei werden vordefinierte Metriken gesammelt (z. B. Ressourcenbedarf wie CPU-Auslastung, freier Speicher), um den Systemzustand zu überwachen und ggf. Alarme auszulösen. Monitoring ist gewissermaßen wie der Blick auf das Cockpit eines Autos oder E-Bikes, um zu schauen, ob wir noch genügend Treibstoff haben („Wie weit komme ich noch?" oder „Gibt es Anzeichen von Antriebsproblemen?").

Komplexe Systeme erfordern jedoch mehr als nur reines Monitoring. Observability (Beobachtbarkeit) ist die Fähigkeit, aus den externen Telemetriedaten beliebige Fragen über den internen Zustand des Systems zu beantworten, ohne neuen Code ausrollen zu müssen („Warum gibt es seit einer Stunde kaum noch Einkäufe von Kunden aus Land X?" – z. B. bei einem Ausfall eines Sub-Systems). Observability ist somit keine Alternative zum Monitoring, sondern eine Erweiterung, die durch das Zusammenspiel verschiedener Datenquellen ermöglicht wird.

Im Big-Data-Kontext ist dies entscheidend, um beispielsweise (vgl. [Bey+16][45)]):

- Latenzen in komplexen Daten-Pipelines zu diagnostizieren,
- Ressourcenengpässe (CPU, RAM, Netzwerk, Speicher) aufzuspüren,
- die Ursache von Datenqualitätsproblemen schnell zu identifizieren,
- die Auswirkungen von Lastspitzen auf das Gesamtsystem zu verstehen.

44 Auch wenn der Begriff Telemetrie heute bei Endanwendern oft negativ besetzt ist, beschreibt er im technischen Kontext neutral das Sammeln von Mess- und Diagnosedaten von entfernten Systemen

45 Passend hierzu gibt es eine Reihe von frei verfügbaren Büchern über Googles Site Reliability Engineering: *https://sre.google/books*.

Die drei Säulen der Observability

Observability stützt sich auf drei Haupttypen von Telemetriedaten, die oft als die „drei Säulen“ bezeichnet werden (vgl. [Sri18]). Nur ihre Kombination ermöglicht eine tiefgehende Analyse:

Metriken sind aggregierte, numerische Datenpunkte, die über Zeitintervalle gemessen werden (z. B. die durchschnittliche CPU-Last der letzten Minute). Sie sind effizient zu speichern und ideal für Dashboards, Alarme und die Erkennung von Trends. Sie beantworten die Frage: Was ist passiert? Typisches Werkzeug ist hier Prometheus[46] zur Sammlung und Grafana zur Visualisierung (vgl. Kapitel 15).

Logs sind unveränderliche, mit einem Zeitstempel versehene Aufzeichnungen von diskreten Ereignissen. Ein Logeintrag beschreibt je nach Logging Level (z. B. INFO, WARN, ERROR in gängigen Logging Frameworks wie logback oder log4j in Java) ein spezifisches Ereignis, z. B. einen Anwendungsfehler, eine Benutzeranmeldung oder eine abgeschlossene Transaktion. Sie sind sehr detailliert, aber ihre schiere Menge macht die Analyse ohne die richtigen Werkzeuge schwierig (vgl. Strukturierungsgrad in Kapitel 3). Sie beantworten die Frage: Warum ist etwas passiert? Der ELK-Stack (Elasticsearch, Logstash, Kibana) bzw. sein Open-Source-Pendant OpenSearch sind hier die Standardwerkzeuge.

Traces repräsentiert die Verfolgung einer einzelnen Anfrage durch alle Dienste eines verteilten Systems. In einer Microservice-Architektur (vgl. Abschnitt 16.3.6) oder einer mehrstufigen Daten-Pipeline kann eine Anfrage Dutzende (!) von Diensten durchlaufen.[47] Ein Trace verbindet all diese Einzelschritte zu einer quasi „zusammenhängenden Geschichte“ und visualisiert, wo die meiste Zeit verbracht wurde (ähnlich zu Performance Tracing Tools auf Programmiersprachenebene). Sie beantworten die Frage: Wo ist es passiert bzw. wo war es langsam? Ein bekanntes Werkzeug ist Zipkin[48] oder OpenTelemetry.[49]

Praxisbeispiel: Performanceprobleme

Stellen wir uns vor, ein nächtlicher Spark-Analyse-Job (vgl. unsere vorheriges CI/CD-Beispiel), der normalerweise 30 Minuten benötigt, überschreitet plötzlich sein Zeitfenster von sagen wir drei Stunden. Ein alarmierter Administrator beginnt die Untersuchung mit den drei Säulen der Observability. Ein Blick auf die Metriken im Grafana-Dashboard[50] zeigt das *Was*: Die CPU-Last des Spark-Clusters ist normal, aber die I/O-Wartezeit der Quell-Datenbank schießt in die Höhe. Der Verdacht fällt sofort auf die

46 *https://prometheus.io*

47 Ein Ansatz ist hier z. B., eine Session ID einer Sitzung an alle beteiligten Diensten durchzureichen, beispielsweise über HTTP Header.

48 *https://zipkin.io*

49 Ein herstellerneutraler Standard zur Erfassung aller drei Säulen: *https://opentelemetry.io*

50 In Visualisierung in Abschnitt 15.5.3 zeigen wir Grafana in Aktion und besprechen auch kurz ein Beispiel zu Alerting.

Datenbankinteraktion. Als Nächstes werden die Logs in OpenSearch analysiert, um das Warum zu klären: Tausende Einträge über langsame Anfragen vom Spark-Job bestätigen, dass ein ineffizienter Full-Table-Scan statt einer Indexnutzung stattfindet. Um die eigentliche Ursache aufzudecken, also das *Wo*, werden schließlich die Traces aus OpenTelemetry konsultiert. Der Trace einer Job-Ausführung enthüllt den gesamten Zusammenhang: Eine kürzliche Veränderung eines Dienstes verändert die SQL-Abfrage so, dass der Datenbank-Optimierer den Index nicht mehr verwenden kann. Der Fehler lag also nicht im Spark-Job selbst, sondern in der Interaktion der Dienste. Ohne das Zusammenspiel der drei Säulen wäre die Ursache nur durch Raten und langwierige manuelle Prüfungen zu finden gewesen.

17.1.3 Überblick: Wer macht was?

Obwohl die bisher genannten Werkzeuge (IaC, Docker, Docker Compose und Kubernetes) häufig gemeinsam eingesetzt werden, haben sie unterschiedliche Aufgaben im Lebenszyklus einer Anwendung. In Tabelle 17.1 haben wir dies mit entsprechenden Analogien veranschaulicht.

Tabelle 17.1 Rollenverteilung von Terraform (IaC), Kubernetes und Docker Compose

Werkzeug	Hauptzweck	Einsatzgebiet	Analogie
Terraform	Infrastruktur-Provisionierung (IaC)	Erstellt Ressourcen wie Cloud-VMs oder den Kubernetes-Cluster selbst	Der Bauunternehmer
Kubernetes (mit `kubectl` und dem Paketmanager Helm[a])	Orchestrierung von Containern	Verwaltet Anwendungen im Cluster	Die Schulleitung
Docker Compose	Lokale Entwicklung	Startet und verknüpft Container auf einem einzelnen Rechner	Der Lego-Bausatz

[a] *https://helm.sh*

In der Praxis beginnt der gesamte Entwicklungs- und Bereitstellungsprozess meist mit der lokalen Entwicklung. Hier nutzt ein Entwickler Docker Compose, um einen Prototypen, z. B. einen Webservice in Verbindung mit einer Datenbank, auf seiner lokalen Maschine zu starten und unmittelbar zu testen. Sobald der Prototyp verifiziert ist, wechselt das DevOps-Team den Fokus auf die Infrastruktur. Mithilfe von IaC-Tools wie Terraform richtet es die Produktionsumgebung ein, wobei ein Kubernetes-Cluster (z. B. auf Google GKE oder AWS EKS) bereitgestellt wird. Danach wird die Anwendung beispielsweise als Helm-Chart verpackt und in einer CI/CD-Pipeline ausgeliefert. Der Helm-Chart ist die Standard-Paket- und Deployment-Einheit im Kubernetes-Ökosystem. Er fasst alles zusammen, was nötig ist, um eine Anwendung (oder ein komplettes

Service-Ökosystem) in einem Kubernetes-Cluster zu installieren, zu konfigurieren und zu verwalten. Der Helm-Chart wird dann in den erstellten Kubernetes-Cluster eingespielt,[51] wodurch die Anwendung vollständig im Produktionssystem läuft.

Zusammenfassend bedeutet dies, dass üblicherweise *Docker Compose* für die Entwicklung (d. h. Wie laufen meine Container auf meinem Laptop?), IaC Tools wie *Terraform* für die Infrastruktur (d. h. Wo laufen meine Container?) und *Kubernetes* für den stabilen Dauerbetrieb verwendet werden (Wie laufen meine Container im Cluster?).

Ausblick: DataOps und MLOps

Die in diesem Kapitel vorgestellten DevOps-Prinzipien haben sich als so hilfreich erwiesen, dass sie für die speziellen Herausforderungen der Datenverarbeitung und des maschinellen Lernens weiter spezialisiert wurden. So etablierte sich u. a. DataOps (Data Operations), das agile Methoden und Automatisierung direkt auf Daten-Pipelines anwendet [Mun+20]. Der Fokus liegt hier auf automatisierten Datenqualitätstests (CI), der Orchestrierung von Workflows als Code und dem Monitoring von Datenströmen, um deren Qualität zu gewährleisten. Eng damit verwandt ist MLOps (Machine Learning Operations), das den gesamten Lebenszyklus von ML-Modellen industrialisiert [Tre+20]. Da hier nicht nur Code, sondern auch Daten und die trainierten Modelle selbst einer Evolution unterliegen (neue Versionen etc.), stellt MLOps Methoden für reproduzierbares Training, automatisches Neutrainieren (Continuous Training) und die Überwachung der Modellperformanz im Produktivbetrieb bereit. Beide Disziplinen haben als Ziel, datengetriebene Projekte in robuste und zuverlässige, agile Ingenieursprozesse zu verwandeln.

Fazit: DevOps ist mehr als nur Werkzeuge

Dieser kompakte Abschnitt zu DevOps hat gezeigt, wie man mithilfe von Technologien wie IaC, Container und CI/CD-Pipelines von manueller Administration zu hochautomatisierten Big-Data-Plattformen kommen kann. Die wichtigste Erkenntnis für uns ist jedoch, dass DevOps ein fundamentaler kultureller Wandel (vgl. „embrace the change") und nicht nur eine Sammlung von Werkzeugen ist. DevOps bricht die traditionellen „Silos" Entwicklung, Betrieb und Datenanalyse auf und hat zum Ziel, eine Kultur der Zusammenarbeit und der geteilten Verantwortung zu etablieren. Angesichts komplexer, verteilter Big-Data-Systeme ist dieser Ansatz keine bloße Option mehr, sondern eine Notwendigkeit, um die erforderliche Agilität und Zuverlässigkeit zu erreichen (und am Markt als Unternehmen zu bestehen!).

51 *https://helm.sh/docs/helm/helm_install*

17.2 Betriebsmodelle für Big-Data-Systeme

Nachdem wir die Säulen von DevOps kennengelernt haben, widmen wir uns nun einer der fundamentalsten strategischen Entscheidungen: an welchem Ort („wo“) und auf welche Weise („wie“) unsere Big-Data-Anwendungen und -Systeme betrieben werden. Die Wahl zwischen einem vollständig selbstverwalteten Aufbau (*Self-Managed*), der Nutzung von fertigen Diensten eines Cloud-Anbieters (*Cloud-Managed*) oder einer Mischform (*Hybrid*) hat weitreichenden Einfluss auf die Implementierungsgeschwindigkeit, die Kostenstruktur, den Grad der Kontrolle über technische Details sowie den Bedarf an Personal und dessen Qualifikationen.

Um diese Entscheidung wohlinformiert treffen zu können, ist es wichtig, zunächst einige grundlegende Konzepte der Cloud-Technologie zu verstehen.

17.2.1 Grundlagen: Cloud-Deployment- und Service-Modelle

Die Begriffe rund um Cloud-Computing[52)] werden oft synonym verwendet, beschreiben aber unterschiedliche Aspekte. Wir unterscheiden hauptsächlich zwischen *Deployment-Modellen* (wo sich die Infrastruktur befindet) und *Service-Modellen* (welchen Grad an Verwaltung der Anbieter übernimmt). Für spezifische Cloud-Computing-Details bitten wir interessierte Lesende, auf Fachliteratur wie etwa [EPM23; Kav14] auszuweichen.

Tabelle 17.2 zeigt einen Überblick über die vier allgemeinen Deployment-Modelle im Cloud Context: Public, Private, Hybrid und Multi Cloud.[53)] Das Deployment-Modell definiert den Besitz und den Standort der Infrastruktur.

Im Gegensatz zum reinen Deployment-Modell beschreibt das Service-Modell im Cloud-Computing, wie viel Verantwortung für den Betrieb beim Nutzer (dem Team) und wie viel beim Anbieter liegt. Hier wird oft von „Everything as a Service“ (XaaS) gesprochen (vgl. [Dua+15]). Moderne Dienste gehen weit über das klassische Cloud-Computing hinaus. Es werden immer mehr Kategorien und Anwendungsdomänen abgedeckt, in denen sich solche Dienste etablieren sollen oder schon etabliert haben. Bezüglich der von uns vorgestellten DevOps-Praktiken in diesem Kapitel lässt sich GitHub als Beispiel nennen. GitHub bietet seine Coding-Services (darunter Code-Hosting, CI/CD und Entwicklungsumgebungen) rund um den Software Development Lifecycle (SDLC) auch

52 Um eines vorweg zu nehmen: Der Cloud-Begriff ist ein sehr dehnbarer Begriff. Interpretationen reichen von Einzimmer-Rechenzentren bis zu Hyperscalern wie Amazon, Google und Microsoft. Es existiert eine ISO-Norm (ISO/IEC 22123-1), die das BSI übernommen hat: *https://www.bsi.bund.de/DE/Themen/Unternehmen-und-Organisationen/Informationen-und-Empfehlungen/Empfehlungen-nach-Angriffszielen/Cloud-Computing/Grundlagen/grundlagen_node.html.*

53 Gängige Cloud-Anbieter stellen oft selbst Informationen zu diesen Begriffen bereit, die sich unter Umständen unterscheiden können. Wir haben die wichtigsten Punkte zur grundlegenden Differenzierung zusammengefasst.

Tabelle 17.2 Vergleich der klassischen Cloud-Deployment-Modelle

Modell	Beschreibung	Typische Nutzung
Public Cloud	Infrastruktur gehört dem Anbieter (z. B. AWS, Google, Azure) und wird über das Internet mit anderen Kunden geteilt.	Skalierbare Anwendungen, Umgang mit Lastspitzen (Outsourcing).
Private Cloud	Infrastruktur wird rein exklusiv von einem Kunden (Unternehmen) genutzt. Sie kann sich im eigenen Rechenzentrum (*On-Premises*) oder bei einem Hoster befinden.	Organisationen mit strengen Datenschutz- und Compliance-Anforderungen (z. B. Banken, Gesundheitswesen).
Hybrid Cloud	Eine Kombination aus Public und Private Cloud. Daten und Anwendungen können zwischen beiden Umgebungen verschoben werden.	Sensible Daten bleiben On-Premise, während rechenintensive, aber unkritische Workloads in die Public Cloud ausgelagert werden.
Multi Cloud	Nutzung der Dienste von *mehr als einem* Public-Cloud-Anbieter (z. B. AWS und Azure parallel).	Vermeidung von Anbieterabhängigkeit (*Vendor Lock-in*), Nutzung der „besten“ Dienste jedes Anbieters, erhöhte Ausfallsicherheit.

Tabelle 17.3 Eine Auswahl relevanter Cloud-Service-Modelle (XaaS) für Big-Data-Systeme

Modell	Verantwortung des Nutzers	Beispiele im Big-Data-Kontext
IaaS (Infrastructure as a Service)	Betriebssystem, Middleware, Laufzeitumgebungen, Daten, Anwendungen. Der Anbieter stellt nur Hardware (Server, Speicher und Netzwerke etc.).	AWS EC2, Google Compute Engine, Azure VMs. *Basis für Self-Managed-Ansätze.*
CaaS (Container as a Service)	Containerisierte Anwendungen und deren Konfiguration. Der Anbieter managt die Container-Orchestrierung (z. B. Kubernetes-Steuerungsebene).	Google Kubernetes Engine (GKE), Amazon EKS, Azure AKS. *Typisch für hybride Ansätze.*
PaaS (Platform as a Service)	Nur die eigenen Anwendungen und Daten. Der Anbieter stellt die komplette Plattform (z. B. einen Spark-Cluster) bereit.	Google Dataproc, Amazon EMR. *Eine Form des Cloud-Managed-Ansatzes.*
SaaS (Software as a Service)	Keine Betriebsverantwortung. Der Kunde konsumiert eine fertige Software über eine Schnittstelle (API oder Frontend).	Google BigQuery, Snowflake, Microsoft 365. *Die „extremste“ Form von Cloud-Managed.*
DBaaS/STaaS (Database/ Storage as a Service)	Spezialisierte Formen von PaaS/SaaS für Datenbanken und Storage.	Amazon RDS, MongoDB Atlas (DBaaS), Amazon S3, Google Cloud Storage (STaaS).

kommerziellen Kunden an. In gewisser Weise lässt sich GitHub daher als SDLC-as-a-Service bzw. informell als DevOps-as-a-Service-Anbieter charakterisieren.[54]

Für Big-Data-Systeme sind unter anderem die folgenden Modelle in Tabelle 17.3 relevant: IaaS, CaaS, PaaS, SaaS und DBaaS/STaaS.

Mit diesem Verständnis an Service-Modellen können wir nun drei Kernstrategien für den Betrieb von Big-Data-Plattformen betrachten. Für mögliche Strategien gibt es eine ganze Reihe von Literatur und Leitfäden (z. B. Bitkom[55] oder auch den Cloud-Anbietern selbst). Welche Strategie zu welchem Unternehmen und Anwendungsfall passt, ist dabei sehr vorsichtig[56] abzuwägen.

17.2.2 Der Self-Managed-Ansatz

Bei einem Self-Managed-Betrieb installiert, konfiguriert und wartet das eigene Team die gesamte Big-Data-Infrastruktur. Dies umfasst alles von der Hardware im eigenen Rechenzentrum oder den virtuellen Maschinen (z. B. IaaS in der Cloud) über das Betriebssystem, die Netzwerkkonfiguration bis hin zu Kubernetes und den darauf laufenden Big-Data-Anwendungen (z. B. Spark, Kafka). Klassischerweise wird dieser „On-Premises“-Ansatz mit Virtualisierungstechnologien wie VMware vSphere lokal oder aber auch in der Public Cloud auf IaaS-Basis umgesetzt.

Der entscheidende Vorteil ist die volle Kontrolle über Architektur, Konfiguration und die eingesetzte Software. Dies verhindert eine Abhängigkeit von einem spezifischen Cloud-Anbieter (d. h. Vendor Lock-in) und erlaubt maßgeschneiderte Optimierungen.

Der Nachteil aber ist der immense operative Aufwand. Wie können wir eine hohe Ausfallsicherheit garantieren, insbesondere wenn mit Kunden Dienstleistungsvereinbarungen ausgehandelt wurden (engl. Service Level Agreements; kurz SLAs)? Der Aufwand erfordert Expertise auf allen Ebenen: von Betriebssystemen, Netzwerken, Sicherheit, Containern zu deren Provisionierung (z. B. Kubernetes-Verwaltung). Um diese Komplexität beherrschbar zu machen, ist daher der Einsatz von Infrastructure as Code (IaC)-Werkzeugen wie Terraform als Teil von DevOps unerlässlich. Dennoch bleibt der Personalbedarf für Wartung, Updates und Fehlerbehebung hoch, was angesichts eines möglichen Mangels an bezahlbaren Fachkräften eine große Herausforderung darstellt.

---

54 Weitere spezifische SaaS-Angebote umfassen Sicherheitsdienste wie Cloudflares Security as a Service oder Datendienste wie beispielsweise LLM-Inference as a Service.

55 *https://www.bitkom.org/sites/main/files/file/import/BITKOM-Leitfaden-Cloud-Computing-Was-Entscheider-wissen-muessen.pdf*

56 Mittlerweile dominieren hier auch ganz andere Motive wie der Souveränitätsgedanke ganzer Staatengemeinschaften in Bezug auf die hohe Abhängigkeit zu US-Hyperscalern (z. B. Kontrollverlust zu eigenen Daten). Aber auch Conway's Law kann hier einen Einfluss auf die Strategie nehmen. Das Gesetz besagt, dass die Kommunikationsstruktur eines Unternehmens zwangsläufig die Struktur des Systems beeinflusst, das diese Organisation entwirft.

17.2.3 Der Cloud-Managed-Ansatz

Der Cloud-Managed-Ansatz ist das genaue Gegenteil vom Self-Managed-Ansatz. Hier wird die Verantwortung für den Betrieb (insbesondere Ausfallsicherheit) so weit wie möglich an einen Cloud-Anbieter ausgelagert. Das Team interagiert nicht mehr direkt mit einzelnen Servern, sondern mit Diensten auf einer wesentlich höheren Abstraktionsebene. Der Grad der Abstraktion kann dabei aber je nach Dienst variieren:

- **Managed Container-Plattformen (CaaS/FaaS):** Bei Diensten wie Google GKE Autopilot oder AWS EKS mit Fargate wird die gesamte Kubernetes-Infrastruktur inklusive der Worker Nodes vom Anbieter verwaltet. Das Team benötigt in der Regel nur noch die Container-Images.
- **Managed Big-Data-Plattformen (PaaS):** Dienste wie Google Dataproc oder Amazon EMR stellen fertige, skalierbare Spark- oder Hadoop-Cluster bereit. Das Team konfiguriert den Cluster in einer Oberfläche oder per API-Aufruf und startet seine Jobs.
- **Serverless-Anwendungen (SaaS):** Bei Diensten wie Google BigQuery oder Snowflake interagieren Nutzer ausschließlich über eine SQL-Schnittstelle. Die gesamte darunterliegende Infrastruktur ist verborgen und wird pro Abfrage oder gespeicherter Datenmenge abgerechnet.

Der Hauptvorteil von einem Cloud-Managed-Ansatz ist die enorme Geschwindigkeit (Time-to-Market) und der geringe betriebliche Aufwand. Teams können sich fast vollständig auf die Entwicklung von Analyseanwendungen konzentrieren. Nachteile sind aber die geringere Kontrolle, die Abhängigkeit vom Anbieter (Vendor Lock-in) und potenziell höhere variable Kosten bei intensiver Nutzung.

17.2.4 Der Hybrid-Ansatz

Der Hybrid-Ansatz kombiniert Elemente aus beiden Welten, um eine Balance zwischen Kontrolle, Kosten und Komfort zu finden. Er ist oft die pragmatischste Lösung. Wichtig ist hier die Unterscheidung: Der Hybrid-Ansatz kann in einer *Hybrid Cloud* (Public + Private) umgesetzt werden, muss aber nicht. Es ist auch möglich, innerhalb einer einzelnen Public Cloud Dienste mit unterschiedlichem Verwaltungsbedarf zu mischen. Typische Szenarien sind unter anderem:

- **Managed Control Plane, Self-Managed Nodes:** Das Team nutzt einen CaaS-Dienst wie Amazon EKS, verwaltet aber die Worker Nodes selbst, um spezielle Hardware oder Konfigurationen zu nutzen.
- **Managed Basisdienste, Self-Managed Spezial-Workloads:** Eine verwaltete Datenbank (DBaaS wie Amazon RDS) oder Storage wie S3 (vgl. Data Lake/house, Abschnitt 11.2) wird genutzt, um den Aufwand für Backups und Updates zu reduzieren, während ein darauf zugreifender, hochspezialisierter Machine-Learning-Workflow auf einem selbstverwalteten Kubernetes-Cluster läuft.

- **On-Premises-Datenhaltung, Cloud-Verarbeitung:** Sensible Rohdaten verbleiben aus Compliance-Gründen in einer On-Premises-Datenbank (Private Cloud), werden aber für rechenintensive Analysen temporär in einen Managed-Spark-Cluster (Public Cloud) geladen.

Der Vorteil liegt in der Flexibilität. Der Nachteil kann in einer erhöhten Komplexität an den Schnittstellen zwischen den Systemen und einer unklaren Aufteilung von Verantwortlichkeiten („Wer ist schuld, wenn es langsam ist?") liegen. Die in diesem Buch vorgestellten Werkzeuge wie IaC und Kubernetes stellen Lösungen dar, die eine heterogene Infrastruktur aus mehreren Cloud-Anbietern und/oder On-Premise Deployment mit weiteren Abstraktionen über Cloud-Werkzeuge hinweg ermöglichen.

Der Multi-Cloud-Ansatz, welcher die gleichzeitige Nutzung mehrerer Cloud-Anbieter als Strategie nutzt, bietet zusätzliche Vorteile für den Betrieb neben einem rein hybriden Ansatz. Er verhindert ein Vendor-Lock-in bei einzelnen Anbietern und kann Verfügbarkeit weiter erhöhen, indem die Ausfallwahrscheinlichkeit gesenkt wird (d. h. Risiko wird auf mehrere Anbieter verteilt). Darüber hinaus ermöglicht er die Auswahl aus einem breiteren Dienstangebot. Offensichtliche Nachteile beinhalten allerdings eine weitere erhöhte Komplexität und weitere Expertise in neuen Cloud Tools diverser Anbieter.

Eine Auswahl möglicher Entscheidungskriterien für die Praxis:

- *Kontrolle und Flexibilität* Wie viel Kontrolle über die Hard- und Software wird wirklich benötigt? Sind spezielle Konfigurationen oder Software-Versionen zwingend erforderlich, die Cloud-Anbieter nicht bereitstellen?
- *Kosten und Total Cost of Ownership (TCO)* Eine reine Betrachtung der Cloud-Rechnung ist zu kurz gedacht. Ein Self-Managed-Ansatz hat hohe Anfangs- und Fixkosten (Personal, Hardware). Cloud-Managed hat niedrige Anfangskosten, aber höhere variable Kosten (Pay-per-Use).
- *Time-to-Market und Agilität* Wie schnell müssen neue Ideen und Produkte umgesetzt werden? Cloud-Managed-Dienste erlauben es, eine komplette Analyseplattform in Stunden oder Tagen aufzusetzen, während ein Self-Managed-Aufbau Wochen oder Monate dauern kann[57)].
- *Teamkompetenzen und Personalbedarf* Welche Kenntnisse sind im Team vorhanden? Der Betrieb einer Self-Managed-Plattform erfordert hochspezialisierte Infrastrukturexperten, ein Cloud-Managed-Ansatz verlagert den Fokus auf Anwendungs- und Daten-Know-how.
- *Sicherheit, Compliance und Vendor Lock-in* Welche regulatorischen Anforderungen (z. B. DSGVO) müssen erfüllt werden? Manchmal erzwingen diese eine Datenhaltung im eigenen Rechenzentrum (On-Premises), aber Cloud-Anbieter bieten oft hochentwickelte, zertifizierte Sicherheitsdienste.

57 Lieferengpässe von Hardware stellen hier ein konkretes Problem dar.

17.2.5 Fazit

Letztendlich gibt es nicht die universell „beste“ Lösung. Die Wahl des Betriebsmodells ist immer ein Kompromiss zwischen Kontrolle und Betriebsaufwand (Kosten), wie Bild 17.1 verdeutlicht. Es ist daher immer nötig, die hier genannten Kriterien kontinuierlich zu evaluieren und die Strategie an neue Gegebenheiten anzupassen. Dies erfordert aber eine entsprechende Kultur wie in DevOps vorangetrieben wird (vgl. Agilität und „Embrace the Change“).

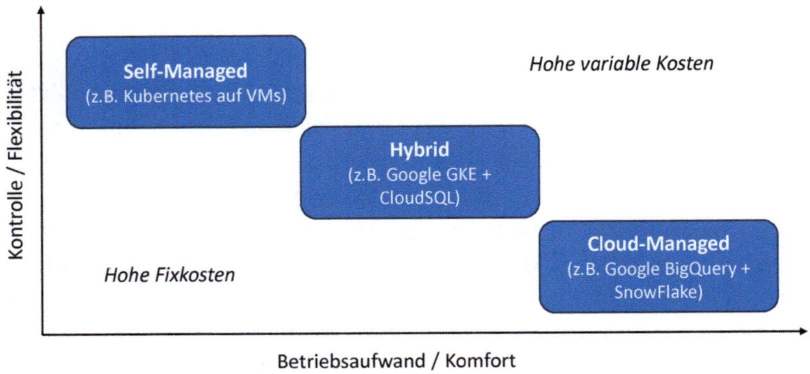

Bild 17.1 Positionierung der Cloud-Betriebsmodelle im Spannungsfeld zwischen Kontrolle und Betriebsaufwand (Kosten)

17.3 Teststrategien für Big Data

Auch Big-Data-Systeme sind Softwaresysteme, und so helfen uns beim Testen eine ganze Reihe von Best Practices aus dem Software Engineering enorm weiter, insbesondere, was die Automatisierungsideen der modernen CI/CD-Ansätze angeht. Im Lichte der heute verbreiteten Entwicklungsansätze wie Scrum o. Ä. sind populäre Phasenmodelle wie „der Wasserfall“ oder das V-Modell (siehe z. B. [Som11]) in erster Linie als Vorlagen für Aktivitäten in jedem Sprint bzw. jeder Iteration zu verstehen, wie das beispielsweise auch von Larman [Lar04] propagiert wird. In Bezug auf das Testen gibt uns das ursprüngliche V-Modell[58] wichtige grundlegende Orientierung, wie in Bild 17.2 gezeigt.

Im Bild sind Tätigkeiten mit Anforderungsbezug grünlich, Entwurfstätigkeiten grau und technische Tests mit blaugrau hinterlegt. Auf der rechten Seite sind für Big-Data-Systeme besonders relevante Testarten[59] noch einmal separat dargestellt, insbesonde-

58 Wir widerstanden an dieser Stelle standhaft der Versuchung, ein weiteres Big-Data-V zu propagieren.

59 Wir hoffen, Sie gestatten uns an dieser Stelle in Ermangelung passender deutscher Ausdrücke die Verwendung der englischen Begriffe.

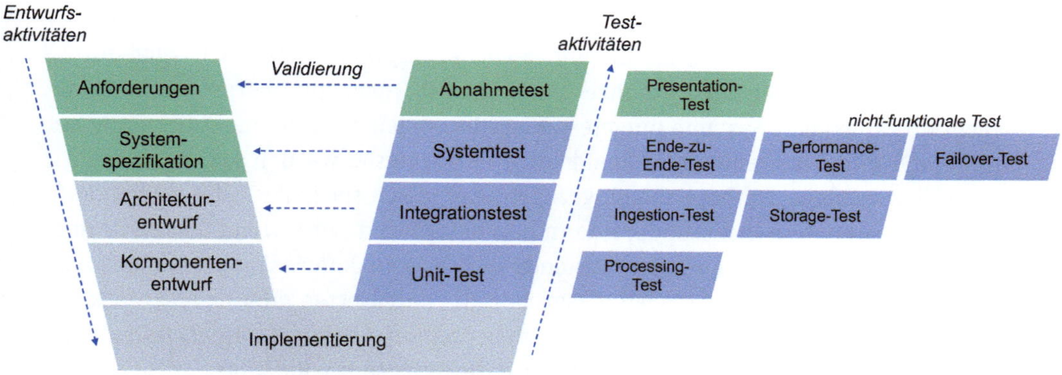

Bild 17.2 Das V-Modell zur technischen Qualitätssicherung in Softwaresystemen, erweitert mit spezifischen Tests für Big-Data-Systeme

re die Themen Performance- und Failover-Testing müssen aufgrund ihrer oft langen Laufzeiten unbedingt in die Entwicklungszeit mit eingeplant werden. Diese umfangreichen Aufgaben, die wir im Folgenden genauer erläutern werden, verdeutlichen nochmals, dass verteilte Big-Data-Systeme viele spezielle Herausforderungen mit sich bringen. Die jüngst veröffentlichte Version 4 des Software Engineering Body of Knowledge (SWEBOK, [Was24][60]) der IEEE listet für alle näher Interessierten auch die hier genannten Testziele sowie gängige Techniken zur Erstellung von Tests sehr akribisch auf.

17.3.1 Funktionales Testen

Das klassische V-Modell sieht mit Unit-, Integrations- und Systemtest drei Ebenen vor, auf denen wir uns von einzelnen Funktionen bis hin zum Gesamtsystem „nach oben testen" (vgl. auch [AO17]). Die Übergänge sind dabei wie so oft in der Informatik nicht absolut trennscharf aufzufassen, sondern durchaus fließend zu verstehen. Die zuvor (in Abschnitt 17.1.2) beschriebene Automatisierung der Systeminstallation und Testausführung betrachten wir im Big-Data-Kontext auf allen Ebenen als obligatorisch. Die einzelnen Verarbeitungseinheiten auf Komponenten- bzw. Job-Ebene mit Unit-Test zu überprüfen, ist auf Basis einer soliden Automatisierung gewöhnlich keine zu große Herausforderung, da die Entwickler der gängigen Verarbeitungs-Frameworks dafür bereits mitgedacht und entsprechende Möglichkeiten[61] vorgesehen haben. Auch gängige Mocking-Frameworks wie Mockito[62] können ggf. dabei helfen, etwa die Ergebnisse von Datenbankzugriffen durch Platzhalter zu ersetzen und damit die Testausführung

60 s. auch: *https://ieeecs-media.computer.org/media/education/swebok/swebok-v4.pdf*

61 siehe etwa: *https://spark.apache.org/docs/latest/api/python/getting_started/testing_pyspark.html* oder *https://nightlies.apache.org/flink/flink-docs-release-2.1/docs/dev/datastream/testing*

62 *https://site.mockito.org*

zu vereinfachen und zu beschleunigen. Das gilt auch für die in Bild 17.2 gezeigten Integrationstests von Datenaufnahme und -speicherung, diese lassen sich – ggf. durch Unterstützung von Mocking – in ihrer Funktionalität meist gut überprüfen, so lange nicht direkt externe Systeme mitgetestet werden sollen. Sobald eine Anbindung an andere Produktivsysteme unter Realbedingungen getestet werden soll, müssen dort entweder spezielle Testbereiche eingezogen oder gleich spezielle Testinstanzen aufgesetzt werden, was insbesondere dann herausfordernd wird, wenn diese Systeme unter Kontrolle eines anderen Teams stehen sollten. Dann kann es manchmal notwendig werden, eigene Testinstanzen dieser Systeme aufzusetzen oder eigene Mock-Instanzen, beispielsweise mit einem einfachen in-memory Lookup-Table, als Datenbasis aufzusetzen, um akzeptable Laufzeiten[63)] für die Tests zu gewährleisten.

Auch beim ggf. nebenläufigen Testen längerer Verarbeitungspipelines, bei denen oft viele, wenn nicht alle Systemkomponenten hochgefahren werden müssen, kommt es immer wieder zu unliebsamen Überraschungen, da korrekte Ergebnisse bei großen Datenmengen oft nicht deterministisch von der Verarbeitungsreihenfolge oder gar von zufallsbasierten Algorithmen abhängen können (vgl. Kapitel 14 oder auch [Hum+18]). Dieser in Testumgebungen absolut unerwünschte Effekt wird als „Test Flakiness" bezeichnet und kann das Vertrauen in die Nützlichkeit einer Test-Suite untergraben, wenn in dieser immer wieder sporadisch Fehler auftreten. Deren Ursache werden in Anlehnung an Heisenbergs Unschärferelation aus der Quantenmechanik gerne als „Heisenbugs" bezeichnet und sind besonders tückische Fehlfunktionen, die verschwinden, sobald wir sie beobachten wollen. Dies kann einerseits durch Zufallseffekte oder nicht immer auftretende Race Conditions in einem verteilten System verursacht werden, andererseits aber auch mit einem veränderten Timing durch Logging- oder Debugging-Aktivitäten zusammenhängen. Debugging in einem verteilten System ist eine weitere Herausforderung für sich, und wenn dabei noch unvorhersehbar auftretende Heisenbugs gejagt werden müssen, wird das Isolieren eines Fehlers nochmals anspruchsvoller.

Bild 17.3 Ein seltenes Bild eines Heisenbugs (von Sora illustriert)

63) Gerade im Rahmen einer CI/CD-Pipeline ist es wichtig, dass zumindest Unit- und einfache Integration-Tests in maximal einigen Minuten durchlaufen können.

Je weiter wir uns beim funktionalen Testen dem Gesamtsystem und damit einem Ende-zu-Ende-Test nähern, desto komplexer und zeitaufwendiger werden die Tests und desto mehr Hardware und realistische Testdaten werden dafür benötigt. Für rein funktionale Tests reichen im Gegensatz zu den gleich erläuterten Lasttests zwar meist einige kleinere Server oder virtuelle Maschinen aus, doch stellt sich nichtsdestotrotz die Frage, wie weit klassische Alpha-, Beta- und Staging-Umgebungen bei großen Big-Data-Systemen aufrecht erhalten werden können, wenn in der Produktion ohnehin eine elastische Cloud-Umgebung zur Verfügung steht (vgl. auch Abschnitt 17.3.3).

17.3.2 Nicht funktionale Tests

Konzentrieren sich nicht funktionale Tests in „normalen" Softwaresystemen meist auf die Überprüfung der Usability, machen Presentation-Tests in Big-Data-Systemen nur einen kleinen – wenn auch nicht zu vernachlässigenden – Teil der nicht funktionalen Testnotwendigkeiten aus. Viel wichtiger ist hier, vor der Auslieferung bzw. Indienststellung eines Systems auch sein Verhalten in Last- und Fehlersituationen zu überprüfen. Details zu diesem Themenblock folgen gleich in einem eigenen Unterkapitel.

Last- und Performance-Tests

Auch die umgangssprachlich gerne als Performance-Tests bezeichneten Untersuchungen der Leistungsfähigkeit von Systemen lassen sich in mehrere Unterkategorien unterteilen, die zwar von ihrem Aufbau her ähnlich, von ihrer Zielaussage jedoch unterschiedlich sind. In Anlehnung an den SWEBOK [Was24] definieren wir wie folgt:

- **Performance-Tests** beobachten kurzzeitig die Antwortzeiten, den Durchsatz und die Ressourcennutzung eines Systems unter verschiedenen Lasten.
- **Lasttests** betrachten Stabilität, Zuverlässigkeit und Ressourcenverbrauch im realitätsnahen Dauerbetrieb (und sind somit bei Big-Data-Systemen oft nur schwer in einer Testumgebung zu realisieren).
- **Stresstests** erhöhen die Last auf einem gegebenen System so lange, bis es zusammenbricht.
- **Volumen-Tests** zielen insbesondere auf die interne Speicherkapazität eines Systems.
- **Skalierbarkeitstests** zielen darauf ab herauszufinden, wie gut ein System bei wachsender Last mit zusätzlichen Ressourcen skaliert werden kann.
- **Elastizitätstests** messen die Fähigkeit eines Systems, bei steigenden und schrumpfenden Ressourcen weiterzuarbeiten.

Es ist beinahe überflüssig zu betonen, dass Überlappungen und fließende Übergänge auch hier eher die Regel als die Ausnahme darstellen. Für alle genannten Testarten ist zudem ein stabiles **Monitoring** eine Grundvoraussetzung, um die Ressourcenauslastung überhaupt aufzeichnen zu können. In Kubernetes-Clustern kann dafür beispielsweise das in Kubernetes integrierte Tool `cAdvisor` verwendet werden, um Ressourcenverbräuche aufzuzeichnen. Kubernetes unterstützt es direkt, Metrikendpunkte zu exponieren, die etwa von Prometheus abgegrast werden können, um den Ressourcenverbrauch im Cluster aufzuzeichnen und in Grafana-Dashboards darzustellen. Wollen wir auch Daten von eigenen Applikationen wie einer Webanwendung oder einer Flink-Pipeline in einem solchen Dashboard anzeigen können, müssen wir diese entsprechend instrumentieren und einen eigenen Endpunkt für die Datenabnahme selbst zur Verfügung stellen.

Ein weiterer wichtiger Punkt, über den wir uns Gedanken machen müssen, ist die Frage, wie ein System stimuliert werden kann, um entsprechende Performance-Tests auszuführen. Ließ sich das bei frühen Batch-Systemen durch das manuelle Starten von Batch-Jobs mit einem definierten Datensatz recht einfach bewerkstelligen, ist ein ähnliches Vorgehen zu Testzwecken auch für Streaming-Systeme vorstellbar. Spätestens bei großen Web-Systemen oder lang laufenden Lasttests stößt dieser Ansatz aber meist an seine Grenzen. Zum Lasttesten von Webapplikationen gibt es einige freie Werkzeuge wie etwa JMeter[64] für Java- oder Locust[65] für Python-Build-Pipelines, die beide auch in entsprechend automatisierte Build-Jobs eingebunden werden können. Während Locust jedoch lediglich auf HTTP(S)-Verbindungen spezialisiert ist, bietet JMeter auch eine Reihe weiterer Protokolle wie etwa FTP, JDBC oder Mail.

Mit beiden ist auch das verteilte Testen mit mehreren Client-Rechnern möglich, was wiederum die interessante Frage nach ausreichenden Hardware- und Netzwerkressourcen zum Simulieren der Client-Anfragen aufwirft. Eine hohe dreistellige Anzahl von Requests sollte – je nach Größe der Payload – mit einem einzelnen Rechner heute mit beiden Werkzeugen immerhin gut machbar sein. Benötigen wir semantisch sinnvolle Daten, wie etwa Sensordaten, zum Stimulieren einer Streaming-Pipeline, kann es durchaus notwendig werden, wieder selbst in die Tasten zu greifen und eine passende Simulation dafür zu coden. Auf das Erzeugen bzw. Finden von Testdaten generell werden wir gleich noch einmal zurückkommen. Für realistische Lasttests sind zudem oft auch Nutzungsprofile für das System erforderlich. Sollte es diese bei einem neuen System noch nicht geben, helfen uns ggf. möglichst realistische Annahmen weiter.

Muss ein System vor jedem Testlauf aufwendig auf einen Initialzustand zurückgesetzt werden, wird das die Laufzeit weiter erhöhen. Sofern möglich, kann es also sinnvoll sein, bereits befüllte Container für die notwendigen Last- und Performance-Tests bereitzuhalten. Ferner können bei durch Message-Brokern unterteilten Systemen auch diese genutzt werden, um einzelne Verarbeitungsschritte durch das Zurücksetzen von Topics neu testen zu können.

64 *https://jmeter.apache.org*

65 Benannt nach einer Heuschreckenart, die für Bildung größer Schwärme bekannt ist, s.: *https://locust.io*

Skalierbarkeitstests

Skalierbarkeitstests sind insofern noch eine besondere Erwähnung wert, als dass wir mit ihrer Hilfe herauszufinden können, wie sich veränderte Hardware auf ein System auswirkt und sie so gesehen ggf. auch Elemente der anderen Lasttestarten einbeziehen können. Das Ziel ist, kurz gesagt, ein Lastprofil für das getestete System zu erstellen. Dieses zeichnet den zeitlichen Verlauf von Ressourcen, Durchsatz oder Antwortzeiten in Abhängigkeit von der Anzahl der ausgeführten Benutzer-Requests auf. Im einfachsten Fall können wir dabei einzelne Komponenten untersuchen, um ein Gefühl dafür zu bekommen, wie gut ein bestimmter Service alleine skaliert; beispielsweise ob eine Verdopplung der Hardware für Spark auch zu einer halbierten Durchlaufzeit der Spark-Batches führt oder umgekehrt eine doppelt so hohe Last erlaubt. Da einzelne Komponenten in Big-Data-Systemen meistens zahlreiche Abhängigkeiten zu anderen Systemteilen haben, sind verallgemeinernde Aussagen oft schwierig, da ggf. auch weitere Komponenten hochskaliert werden müssen. Zu allem Überfluss ist es oft nicht von vorneherein bekannt, wie weit eine Lasterhöhung sich auf welche Komponente auswirkt. Auch solche Bottlenecks können mit systematisch ausgeführten Skalierbarkeitstests ermittelt werden.

Das ist in der Praxis jedoch alles andere als einfach, da wir an sehr vielen Stellschrauben drehen können und dabei einen großen Suchraum abdecken müssen. Bei den Laufzeiten, die solche Test in der Praxis oft mit sich bringen, ist eine gute Planung mit sinnvollen Stichproben an Konfigurationen umso wichtiger. Um diese zu ermitteln, kann wiederum ein gutes Verständnis der algorithmischen Komplexität der verwendeten Funktionalitäten hilfreich sein (vgl. Abschnitt 2.2.2). In einer idealen Welt würden wir damit ein realistisches Lastprofil zumindest von allen zentralen Systemkomponenten ermitteln, um genau zu wissen, wo wir bei steigender Last zuerst eingreifen müssen. Da das oft zu aufwendig und vor allem zu langwierig ist, müssen in der Praxis ein gutes Monitoring und eine zeitnahe Alamierung, also die automatische Benachrichtigung bei auffällig steigendem Ressourcenverbrauch, ausreichend sein, um Komponenten ggf. hochzuskalieren.

Benchmarking

Ein Benchmarking von Systemen mit standardisierten Benchmarks (wie TPC-DS, TPC-H[66]) macht bei Eigenentwicklungen üblicherweise wenig Sinn, außer wir schreiben zufälligerweise gerade selbst eine Datenbank und möchten die Performance unseres Systems mit der von Wettbewerbern vergleichen. Sonstige Big-Data-Systeme sind üblicherweise zu individuell, um dafür Standard-Benchmarks verwenden zu können. Benchmarks können allenfalls eine hilfreiche Inspiration bedeuten, um ein sinnvolles Vorgehen für eigene Performance-Tests zu finden. Konkret können sie

66 Zwei offene Benchmarks zur Vermessung von Data-Warehouses und Datenbanken anhand realitätsnaher Datensätze

Hinweise auf ein gutes Testfall-Design oder auch für die zu erhebenden Metriken und Kennzahlen geben. Nicht zuletzt kann es natürlich ebenso hilfreich sein, vor der Auswahl eines Persistenzsystems einen Benchmark auszuführen, um herauszufinden, welche Datenbank im eigenen Kontext am besten geeignet sein könnte. Erfahrungsgemäß sind solche Benchmarks aber oft von begrenztem Wert, da gerade NoSQL-Systeme nur mit großem Aufwand (und ggf. Support der Hersteller) für den Betrieb im eigenen Cluster optimiert werden können, sodass es heute meist besser ist, gleich auf die optimierten Clouds der großen Hyperscaler mit entsprechendem Support auszuweichen.

Failover-Tests

Auf den ersten Blick scheinen Failover-Tests losgelöst von den Performance-Tests zu sein, geht es doch hier in erster Linie darum, das Verhalten des Systems beim Ausfall von Komponenten zu untersuchen. Hardware- oder Netzwerkfehler sind ja gewöhnlich nicht auszuschließen, und so müssen wir uns auch hier zunächst über mögliche Szenarien Gedanken machen, mit denen ein System klarkommen können sollte. Wichtige Parameter, die bei Failover-Tests ermittelt werden sollten, sind die Folgenden:

- **Recovery Time**: wie lange dauert es, bis das System wieder einen stabilen (Normal-) Zustand erreicht hat? Bzw. hat das System überhaupt den vorgesehenen Zustand erreicht?
- Wie hoch waren die **Leistungseinbußen** bzw. die **Ressourcenauslastung** (auch beim Netzwerk) während des Failovers?
- Gab es **Datenverluste** oder haben alle Failover bzw. Datenwiederherstellungen wie vorgesehen gegriffen?

Sofern es hierbei zu negativen Auffälligkeiten kommt, sollte unbedingt über eine Disaster-Recovery-Strategie nachgedacht werden.

Auf den zweiten Blick werden wir dann bemerken, dass isolierte Failover-Tests zwar hilfreich sind, die „Mechanik“ beim Versagen von Komponenten zu testen und zu sehen, ob ein System prinzipiell in der Lage ist, weiterhin stabil zu funktionieren. Für verlässliche Aussagen zur Systemstabilität unter realistischen Lastbedingungen müssen wir den Failover jedoch unter ebensolchen Bedingungen testen. Schließlich kann dieser dazu führen, dass etwa in einer verteilten NoSQL-Datenbank eine aufwendige Rebalancierung der Partitions über die verschiedenen Knoten notwendig wird, was die Performance nicht unerheblich beeinträchtigen kann. Performance- und Failover-Tests sollten unbedingt Hand in Hand gehen, wenn eine Aussage zum Systemverhalten unter realistischen Lastbedingungen getroffen werden soll.

Da laut Murphy alles, was schiefgehen kann, auch schiefgehen wird, kann es gerade bei kritischen Systemen sehr sinnvoll sein, den Teufel an die Wand zu malen und sich mögliche Worst Cases zu überlegen. Was würde etwa passieren, wenn ein Rebalancing gerade während der Compaction einer Datenbank notwendig würde? Können die geforderten Antwortzeiten dann noch eingehalten werden? Ausnahmeszenarien, die bei Failover-Tests berücksichtigt werden sollten, sind das ordnungsgemäße Herunterfahren von Komponenten, um beispielsweise Wartungen zu simulieren, das „gewaltsame" Beenden von Prozessen (etwa in unix-basierten Systemen mit `kill -9`) und auch Netzwerkpartitionierungen. Letzteres lässt sich sehr gut auch mit Tools wie dem Chaos Monkey[67)] von Netflix bewerkstelligen, die Idee des „Chaos Engineering in Production" klingt dabei aber so abenteuerlich, dass wir sie gleich noch etwas genauer betrachten wollen.

17.3.3 Chaos Engineering: Testing in Production

Im Internet halten sich hartnäckig Gerüchte, dass Netflix eine Verfügbarkeit (Uptime) seiner Services von bis zu 99,99 % erreichen könne, was einer jährlichen Downtime von nur knapp über 50 Minuten entspräche (vgl. Tabelle 2.2 auf Seite 53). Eine originale Quelle mit genaueren Angaben dazu konnten wir trotz längerer Suche nicht ausfindig machen. Nichtsdestotrotz ist das dort praktizierte Chaos bzw. neuer Resilience Engineering [Bas+19] hochinteressant, nutzt es doch das Produktivsystem für fortlaufende Tests und Experimente, um die Verfügbarkeit und generell die Qualität des Systems möglichst hochzutreiben.

Die Idee dahinter ist leicht nachzuvollziehen: Wenn das Konfektionieren und Testen eines Big-Data-Systems aufwendig ist und ohnehin nur schwer realistische Ergebnisse erzielen kann, warum dann nicht direkt das Produktivsystem auf die Probe stellen? Das ist zwar offensichtlich ein Ansatz für Fortgeschrittene, kann aber gerade deswegen als State of Practice des modernen System Engineering für Big Data gesehen werden. Um bei den Experimenten einen „Tschernobyl-Moment" mit einem katastrophalen Ausfall zu vermeiden, benötigt es offensichtlich ein gut durchdachtes System mit dem passenden Werkzeugkasten. Grundelemente sind eine stabile und redundant ausgelegte Microservice-Architektur mit zuverlässig funktionierendem Monitoring und einem Failover, der bereits langsam laufende Server automatisiert ausklinken und ggf. neu aufsetzen kann. Ferner ist eine gut funktionierende CI/CD-Pipeline in der Entwicklung mit Infrastructure as Code und Rolling Updates ebenso obligatorisch.

Bei Netflix wurde dafür anfangs der bereits angesprochene Chaos Monkey eingesetzt, der zufällig (Teile von) Services im Produktivsystem deaktivieren konnte, um beispielsweise zu testen, ob der automatische Failover funktioniert und der entsprechende Traffic schnell genug über andere Server geroutet werden kann. Neuere Berichte beschreiben ein systematischeres Vorgehen mit einer Tool-Suite namens CHAP[68)] [Bas+19]. In

67 *https://netflix.github.io/chaosmonkey*
68 *https://netflixtechblog.com/chap-chaos-automation-platform-53e6d528371f*

dieser wird ein manuell ausgewählter Verarbeitungspfad im Cloud-System automatisch verdoppelt, sodass nach Abschluss der Tests ein Vergleich zwischen der beeinträchtigen Test- und der Kontrollumgebung möglich wird. Auf dieser Grundlage kann das Produktivsystem regelmäßig auf die Probe gestellt werden, ohne dass die Kunden davon etwas mitbekommen. Es gibt zudem die Möglichkeit, etwa auch plötzliche Lastspitzen zu simulieren, um zu sehen, ob das System auch dafür gerüstet ist. Wichtig ist dabei auch die gelebte Unternehmenskultur, in der aufgedeckte Fehler als Möglichkeit zur Verbesserung gesehen und so schnell wie möglich behoben werden; wofür wiederum die CI/CD-Integration hervorragende Dienste leistet. Einem fröhlichen Serienabend sollte also auch in Zukunft nichts im Wege stehen.

17.3.4 Beschaffung von Testdaten

Eine zentrale Herausforderung beim Testen von Big-Data-Systemen ist es, überhaupt ausreichend große Datenmengen für ernsthafte Tests zu finden. Das gilt insbesondere natürlich für Performance-Tests. Der Autor dieser Zeilen erinnert sich noch gut an seine Zeit in der Entwicklung einer mit Datenvernetzung verbesserten Enterprise-Suchmaschine, als Kunden aus internationalen Konzernen in Vorgesprächen von riesigen Datenmengen sprachen und am Ende mit wenigen tausend Dokumenten aus ihren Fileshares um die Ecke kamen. Die öffentliche Dateninfrastruktur war damals (Mitte der 2010er Jahre) bei Weitem noch nicht so gut ausgebaut wie heute. Dennoch griff das Entwicklungsteam auch stark auf damals schon öffentlich verfügbare Datensätze wie das von der Uni San Diego zur Verfügung gestellte „Amazon Product Review Dataset“[69] zurück. Wir haben in Abschnitt 3.3 bereits einen Überblick über die wichtigsten Datenquellen gegeben und wollen daher im Folgenden nur noch einige dort nicht erwähnte spezielle Aspekte aus der Testperspektive ergänzen. Ganz abstrakt betrachtet gibt es drei mögliche Arten, an Testdaten heranzukommen bzw. diese zu erzeugen:

- **Echtdaten:** Die beste Quelle, da die Daten bereits die korrekte Verteilung und Merkmale aufweisen. Aber aufgrund sensibler Daten erfordert der Datenschutz oft eine Vorverarbeitung.
- **Öffentliche Datensätze:** Eine (heute) schier unerschöpfliche Quelle, es kann je nach Anwendungsfall allerdings schwierig sein, passende Daten zu finden.
- **Synthetisch erzeugte Daten:** KI und moderne Generator-Tools eröffnen hier immer bessere Möglichkeiten.

In allen Fällen ist es zunächst wichtig, an die drei V zu denken und aus Sicht von Volume, Velocity und Variety eine ausreichende Versorgung des Testsystems sicherzustellen. Gerade bei Systemen, die Sensordaten oder direkte Benutzereingaben verarbeiten, sollte auch die Veracity nicht vergessen werden, um die Robustheit des Systems gegenüber verfälschten oder verstümmelten Daten überprüfen zu können.

---

69 *https://cseweb.ucsd.edu/~jmcauley/datasets.html*

Wie bereits angedeutet, ist bei der Verwendung von Echtdaten in einem Testsystem größte Vorsicht geboten, vor allem wenn es sich um sensitive persönliche oder geschäftskritische Daten handelt. Im Entwicklungsprozess und in Testumgebungen sind Sicherheitsmaßnahmen nämlich oft noch nicht so stark ausgeprägt wie im späteren Produktivsystem, wie etwa von Paulus [Pau12] anschaulich beschrieben. Zum Testen gedachte Echtdaten sollten daher – auch aus Compliance-Gründen bzgl. DSGVO u. Ä. – unbedingt anonymisiert oder mindestens pseudonymisiert werden.[70] Bei einer eventuell erfolgenden Auswahl von Echtdaten ist auf ein passendes Sampling zu achten, zumindest, wenn die sich Datenverteilungen wirklichkeitsgetreu in den Testdaten widerspiegeln sollen. Beide genannten Punkte können auch bei der Verwendung von öffentlich verfügbaren Daten eine Rolle spielen, insbesondere wenn durch fortschrittliche Analysetechniken neue Einblicke in die verwendeten Datensätze ermöglicht werden.

Bei der Erstellung synthetischer Datensätze denkt man heutzutage schnell an die Nutzung großer Sprachmodelle (LLMs). Das kann allerdings – wie so oft bei LLMs – durchaus mit Überraschungen behaftet sein. So wollte uns Google Gemini bei einem anekdotischen Experiment keinerlei Personendaten generieren, während ChatGPT anstandslos eine Liste mit einhundert künstlich generierten Personen sowie deren Anschrift und Telefonnummer erstellte. Dabei passten allerdings die Spalten untereinander (also etwa Ort, PLZ und Vorwahl) nicht auf Anhieb zueinander, und ein Wohnort außerhalb der größten deutschen Städte kommt für ChatGPT offenbar auch nicht in Frage. Dabei und auch bei der Generierung von ausreichend großen Datensätzen mit Millionen oder Milliarden Einträgen stoßen LLMs also (noch) an ihre Grenzen.

Glücklicherweise stehen für die Erstellung großer (generischer) Datensätze auch verschiedene Werkzeuge frei im Netz zur Verfügung, zu nennen wären etwa Faker,[71] Datafaker[72] oder auch Mockaroo.[73] Faker ist dabei neben JavaScript auch für Java und Python verfügbar, hat aber die kleinste Anzahl an unterstützen Datenarten. Hier glänzt Datafaker (für Java und Kotlin) mit über 250 mehr oder weniger sinnvollen Modulen, die unter anderem auch Charaktere passend zu Big Bang Theory oder Star Trek generieren können. Mockaroo geht insofern einen anderen Weg, als dass es die Daten ohne Programmierung direkt über eine Auswahlmaske auf seiner Webseite generiert und in gängigen Formaten wie CSV, Excel, JSON, SQL oder für diverse NoSQL-Datenbanken zur Verfügung stellt. Allen dreien gemeinsam ist leider ihre stark angloamerikanische Prägung. Zur Generierung von synthetischen deutschen Adressdaten gibt es immerhin ein sehr komfortables Tool von Migano,[74] das sehr realistisch anmutende Testdaten ebenfalls direkt online zum Herunterladen erzeugen kann.

---

70 Anonymisierung bedeutet die Entfernung aller Informationen, die eine Entität wie eine Person identifizierbar machen, bei der Pseudonymisierung werden Identifier durch Pseudonyme ersetzt.

71 *https://fakerjs.dev*

72 *https://www.datafaker.net*

73 *https://www.mockaroo.com*

74 *https://migano.de/testdaten.php*

Literatur

[AO17] Paul Ammann und Jeff Offutt. *Introduction to software testing*. Cambridge University Press, 2017.

[Bas+19] Ali Basiri et al. „Automating chaos experiments in production". In: *2019 IEEE/ACM 41st International Conference on Software Engineering: Software Engineering in Practice (ICSE-SEIP)*. IEEE. 2019, S. 31–40.

[Bec00] Kent Beck. *Extreme programming explained: embrace change*. Addison-Wesley professional, 2000.

[Bey+16] Betsy Beyer et al. *Site reliability engineering: how Google runs production systems*. O'Reilly Media, Inc., 2016.

[Dua+15] Yucong Duan et al. „Everything as a Service (XaaS) on the Cloud: Origins, Current and Future Trends". In: *2015 IEEE 8th International Conference on Cloud Computing*. 2015, S. 621–628. DOI: *10.1109/CLOUD.2015.88*.

[EPM23] Thomas Erl, Ricardo Puttini und Zaigham Mahmood. *Cloud computing: concepts, technology & architecture*. Pearson Education, 2023.

[HF10] Jez Humble und David Farley. *Continuous delivery: reliable software releases through build, test, and deployment automation*. Pearson Education, 2010.

[Hum+18] Oliver Hummel et al. „A collection of software engineering challenges for big data system development". In: *2018 44th Euromicro Conference on Software Engineering and Advanced Applications (SEAA)*. IEEE. 2018, S. 362–369.

[Kav14] Michael Kavis. *Architecting the cloud: design decisions for cloud computing service models (SaaS, PaaS, and IaaS)*. Wiley Online Library, 2014.

[Kim+21] Gene Kim et al. *The DevOps handbook: How to create world-class agility, reliability, & security in technology organizations*. It Revolution, 2021.

[Lar04] Craig Larman. *Applying UML and Patterns*. 3. Prentice Hall, 2004.

[Mar11] Robert C Martin. *The clean coder: a code of conduct for professional programmers*. Pearson Education, 2011.

[Mun+20] Aiswarya Raj Munappy et al. „From Ad-Hoc Data Analytics to DataOps". In: *Proceedings of the International Conference on Software and System Processes*. ICSSP '20. Seoul, Republic of Korea: Association for Computing Machinery, 2020, S. 165–174. DOI: *10.1145/3379177.3388909*.

[Pau12] Sachar Paulus. *Basiswissen Sichere Software: Aus-und Weiterbildung zum ISSECO Certified Professional for Secure Software Engineering*. Dpunkt. Verlag, 2012.

[Som11] Ian Sommerville. *Software Engineering*. Pearson Education, 2011.

[Sri18] Cindy Sridharan. *Distributed systems observability: a guide to building robust systems*. O'Reilly Media, 2018.

[Tre+20] Mark Treveil et al. *Introducing MLOps*. O'Reilly Media, 2020.

[Was24] Hironori Washizaki (ed.) „Software Engineering Body of Knowledge". In: *IEEE Computer Society* (2024).

18 KI-basierte Systeme mit Generativer KI

In diesem Kapitel stellen wir große Sprachmodelle, d. h. Large Language Models (LLMs), als ein Anwendungsbeispiel für die Verarbeitung großer Datenmengen und deren Beschaffung vor. Zuerst geben wir einen kurzen Überblick über die Geschichte der großen Sprachmodelle und deren Durchbruch Ende 2022. Anschließend heben wir die Wichtigkeit von Daten im Kontext der Modellentwicklung hervor.

Im Anschluss geben wir einen kurzen Einblick in das Training von LLMs und das Fine-Tuning von vortrainierten LLMs mithilfe von PyTorch und des HuggingFace Transformers-Frameworks. Danach demonstrieren wir drei alternative, praktische Szenarien, in denen große Sprachmodelle mit Werkzeugen und (heterogenen) Datenquellen kombiniert werden (vgl. Variety), um einen hohen Automatisierungsgrad zu erreichen, als auch die Barriere von Datenverarbeitung und Analyse zu verringern, indem natürliche Sprache zum Einsatz kommt anstatt spezieller Programmiersprachen. Diese Beispiele sind so konzipiert, dass sie alle auch lokal auf handelsüblichen Geräten ausführbar sind.

Abschließend stellen wir das Model Context Protocol (MCP) vor. Dieses hat seit Mitte 2024 breite Anwendung gefunden und kann als De-facto-Standard betrachtet werden, um heterogene Datenquellen effizient an Sprachmodelle anzubinden. Um die Vorteile von MCP praxisnah zu veranschaulichen, implementieren wir im letzten Abschnitt des Kapitels ein Beispiel mithilfe von Python.

Da sich dieses Buch auf große Datenmengen konzentriert, beschränken wir uns auf einen grundlegenden, praktischen Einblick in die Sprachmodelle und bitten unsere Leserschaft, für detailliertere Informationen auf weiterführende Fachliteratur auszuweichen (z. B. [AG24; Ras24]).

18.1 Große Sprachmodelle – Large Language Models (LLMs)

Naiv betrachtet können große Sprachmodelle wie OpenAIs ChatGPT, Googles Gemini, Mistrals Mistral/Mixtral oder Anthrophics Claude als ein kreativer Ansatz gesehen werden, um große Datenmengen „kompakt" zu repräsentieren, um sie ähnlich wie aus einer Datenbank mithilfe von natürlicher Sprache abfragen zu können. Allerdings liefern klassische Datenbanken unter der Annahme, dass sich der Datenbestand nicht geändert hat, immer das gleiche Ergebnis auf eine Anfrage (d. h. sie sind deterministisch). Große Sprachmodelle dagegen sind probabilistische Modelle, die unterschiedliche Ergebnisse auf dieselbe Anfrage (engl. Prompt) zurückgeben.

Die Entwicklung von großen Sprachmodellen hat in den letzten Jahren die Gebiete der Computerlinguistik und der künstlichen Intelligenz (KI) revolutioniert. Diese Modelle sind in der Lage, komplexe Sprachverständnis- und Generierungsaufgaben (engl. Tasks) durchzuführen, welche zuvor meist nur menschlichen Experten vorbehalten waren. Die Verwendung von Sprachmodellen ermöglicht eine Vielzahl von Anwendungen, wie beispielsweise maschinelle Übersetzung (z. B. Google Translate oder DeepL), Chatbots (z. B. ChatGPT) oder Sprachassistenten (z. B. Amazon Alexa, Google Assistant), die nun viel *natürlicher* und flüssiger mit Menschen kommunizieren können. Da wir in diesem Buch Sprachmodelle nur am Rande streifen können, sei für ein tieferes Verständnis über deren Aufbau an dieser Stelle beispielsweise auf das gut geschriebene Buch von Sebastian Raschka [Ras24] verwiesen.

In der Sprachverarbeitung (d. h. NLP) beschreibt **Natürlichkeit** den Grad, in dem computergenerierte Texte für Menschen flüssig, plausibel und „menschlich" wirken. Sie wird entweder durch menschliche Einschätzungen oder durch automatische Maße wie die *Perplexity* erfasst (eine Metrik, die ausdrückt, wie gut ein Modell die Wahrscheinlichkeit einer Wort- und Satzfolge einschätzen kann). Historisch knüpft dieser Gedanke direkt an den **Turing-Test** an: Eine Maschine gilt als intelligent, wenn ihre Kommunikation so natürlich erscheint, dass sie nicht mehr von der eines Menschen unterscheidbar ist. Natürlichkeit ist daher ein zentrales Kriterium gelingender Mensch-Maschine-Kommunikation. Ihre Grenzen zeigen sich jedoch deutlich: Texte können sehr natürlich klingen, ohne korrekt oder hilfreich zu sein. Deshalb wird Natürlichkeit heute als wichtige Voraussetzung, aber nicht als hinreichendes Qualitätsmerkmal von Sprachmodellen verstanden – ergänzt wird sie durch weitere Dimensionen wie Wahrheitsgehalt, Kohärenz und Nützlichkeit.

Im Vergleich zu klassischen Werkzeugen wie Software und Datenbanken, die das Beherrschen spezieller Programmier- oder Abfragesprachen voraussetzen, kann der Mensch bei Sprachmodellen Aufgaben in gewohnter, natürlicher Sprache formulieren und erhält die passenden Antworten ebenfalls in natürlicher Sprache zurückgeliefert.

Wir beobachten aktuell einen tiefgreifenden Wandel in unserer Gesellschaft, bei dem künstliche Intelligenz in vielen, teils sensiblen Lebensbereichen zum Einsatz kommt beziehungsweise kommen wird, um zum Beispiel automatisch Zusammenfassungen von Texten zu erstellen, automatisiert Kundenserviceanfragen zu beantworten (z. B. E-Commerce[1]) und sogar medizinische Diagnosen vorzuschlagen. Das Potenzial dieser Modelle ist enorm, und es wird erwartet, dass sie in den kommenden Jahren noch weiter an Bedeutung gewinnen werden. Mit ihrer Fähigkeit, menschliche Sprache auf eine Art und Weise zu „verstehen" und zu generieren, die der menschlichen Kommunikation ähnelt, können Großsprachmodelle dazu beitragen, die Art und Weise, wie wir mit Technologie interagieren, grundlegend zu verändern.

18.1.1 Der Durchbruch: Die Transformer-Architektur

Nach dem in Abschnitt 14.6.3 erläuterten Word2Vec-Ansatz [Mik+13] ist das im Jahr 2017 veröffentlichte „Attention is All You Need" von den Google-Forschern Ashish Vaswani et al. [Vas+17] eine weitere grundlegende Publikation, die wesentlich dazu beigetragen hat, große Sprachmodelle massentauglich und somit populär zu machen. In diesem Paper haben die Autoren ein neues Architekturdesign für neuronale Netze vorgestellt – die Transformer-Architektur. Die Transformer-Architektur ist ein Modelltyp, der auf dem Mechanismus der „Self-Attention" (d. h. Selbstaufmerksamkeit) basiert und im Unterschied zu früheren Ansätzen keine speziellen Netzwerkstrukturen wie rekurrente oder konvolutionale neuronale Netze (KNNs) benötigt. Sie hat mehrere Vorteile gegenüber anderen Architekturen. Transformer sind effizienter, schneller und einfacher zu trainieren, was sie zu einer attraktiven Wahl für die Anwendung in verschiedenen Sprachverständnis- und Generierungsaufgaben macht. Die oben genannte Publikation hat daher einen immensen Einfluss auf die Forschung im Bereich von Sprachmodellen gehabt und wird als ein zentraler Meilenstein in diesem Gebiet betrachtet.

Da diese Modelle hautpsächlich für Generierungsaufgaben eingesetzt werden, wird auch von *Generative AI* gesprochen (engl. generative AI, kurz GenAI oder GAI). Das bezeichnet die Fähigkeit von Sprachmodellen, auf Basis gelernter Muster neue, eigenständige Inhalte zu erzeugen – im Unterschied zu klassisch „diskriminativen" KI-Systemen, die nur entscheiden oder klassifizieren können (z. B. anhand von Entscheidungsbäumen).

Architekturvarianten

Ein Sprachmodell ist im Kern ein (linguistisches) Wahrscheinlichkeitsmodell für Sprache: Es schätzt die Wahrscheinlichkeit von Wortfolgen und kann damit Vorhersagen

1 Wer kennt sie nicht, die hilfsbereiten Assistenzen, die oft am Bildschirmrand erscheinen?

über fehlende oder folgende Wörter treffen. In generativen Sprachmodellen – insbesondere bei **Decoder-only-Transformern** wie z. B. GPT [Rad+18] oder LLaMA [al24] geschieht dies meist in Form der „Next-Word Prediction",[2] also der Vorhersage des nächsten Worts in einer Sequenz, ähnlich der Textvervollständigungsfunktion eines Smartphones für Texteingabe oder der eines Code-Editors für Quelltext. Andere Transformer-Architekturen nutzen jedoch verwandte Aufgaben: **Encoder-only-Transformer** (z. B. BERT [Dev+19]) sind auf das Ergänzen maskierter Wörter im Kontext trainiert („Masked Language Modeling"), während Encoder-Decoder-Modelle (z. B. T5 [Raf+23], BART [Lew+19]) eine Eingabesequenz in eine Ausgabesequenz übersetzen und dabei Wort für Wort vorhersagen.

Eine Übersicht der Transformer-Architekturvarianten und deren typische Aufgabengebiete geben wir in Tabelle 18.1.

Tabelle 18.1 Übersicht über zentrale Varianten der Transformer-Architektur

Architektur	Beispiele	Typische Aufgaben	Besonderheit
Encoder-only	BERT, RoBERTa	Textanalyse, Klassifikation, Sentiment-Analyse, Informationssuche	Fokus auf Kontextverständnis, keine Textgenerierung
Decoder-only	GPT, LLaMA	Textgenerierung, Chatbots, Code-Assistenz, kreatives Schreiben	Weit verbreitet; besonders leistungsfähig bei *next-word prediction*
Encoder-Decoder	T5, BART	Maschinelle Übersetzung, Textzusammenfassung, Paraphrasierung	Kombination aus Verstehen (Encoder) und Generieren (Decoder)

Decoder-only-Architekturen haben sich in der Praxis weitgehend durchgesetzt und bilden das Rückgrat der aktuellen generativen Sprachenmodelle und entsprechender Anwendungen wie Chatbots am Markt. Diese Architektur wurde vor allem durch GPT (Generative Pre-trained Transformer) populär. GPT wurde 2018 von OpenAI entwickelt, erstmals beschrieben von Radford et al. [Rad+18]. OpenAI veröffentlichte seither die Modelle GPT-1 bis GPT-5, die die Entwicklung großer Sprachmodelle entscheidend geprägt haben.

Im Kern erscheint die Vorhersage eines nächsten oder fehlenden Wortes zwar simpel, sie erfordert aber vom Sprachmodell die Berücksichtigung komplexer Sprachmuster und unterschiedlicher Kontexte, in denen eine Sequenz von Wörtern vorkommen kann. Daraus resultiert die oft erstaunliche Fähigkeit solcher Modelle, zusammenhängende und kontextuell genaue Texte zu produzieren, die dem menschlichen (d. h. natürlichen) Schreibstil bzw. Mustern sehr nahekommen.

2 Es wird auch von autoregressiven Modellen gesprochen.

Exkurs: Autoregressive Sprachmodelle (vereinfacht)[3]**.** Die klassische Definition der Sprachmodellierung ist die Zuweisung einer Wahrscheinlichkeitsverteilung über jede mögliche Token-Folge $[w_1, w_2, \ldots, w_n]$, unabhängig davon, ob diese sinnvoll erscheint:

- Fiona hat meinem Hund Fleisch gefüttert: P(Fiona, hat, meinem, Hund, Fleisch, gefüttert) = 0,03
- Mein Hund hat Fiona Fleisch gefüttert: P(Mein, Hund, hat, Fiona, Fleisch, gefüttert) = 0,005
- Fütterte den Hund Fleisch mein mein: P(Fütterte, den, Hund, Fleisch, mein, mein) = 0,0001

Ein „gutes" Sprachmodell sollte einer sinnvoll erscheinenden Sequenz von Tokens eine hohe Wahrscheinlichkeit zuweisen. Das bedeutet, das Modell bevorzugt Sequenzen, die grammatikalisch und inhaltlich in Bezug auf den geeigneten Kontext (d. h. semantisch) plausibel sind.

Prompt (Anfangswert): Next-Word-Prediction (NWP) ist die Lernaufgabe (d. h. das Vorhersageverfahren), bei der ein Modell die Wahrscheinlichkeit für den nächsten Token vorhersagt. Aus der bedingten Wahrscheinlichkeit folgt:

$$P(w_1, w_2, \ldots, w_n) = P(w_1) \times P(w_2|w_1) \cdots \times P(w_n|w_1, w_2, \ldots, w_{n-1})$$

Bei der Vorhersage geht es darum, aus allen möglichen Fortsetzungen die höchstmögliche Wahrscheinlichkeitsfolge zu finden. Wir legen deshalb eine feste maximale Länge für die Vervollständigung fest und verwenden ein Decodierungsverfahren (z. B. Beam-Search), um die beste Folgesequenz zu identifizieren (d. h. Entscheidungen zu treffen).

Prompt-Engineering und Prompt als Query

Seit 2023, als LLMs durch die Veröffentlichung von OpenAIs ChatGPT rasant an Fahrt aufgenommen haben, hat sich die Rolle vom sogenannten Prompt-Engineering (d. h. Erstellung effizienter Anfragen) gewandelt: Weg von „Wortakrobatik" und Trial-and-Error hin zu klassischem Schnittstellen- und Prozessdesign, wie wir im Verlauf des Kapitels noch sehen werden (s. LLM-basierte Agenten und MCP in Abschnitt 18.4). Moderne Modelle (in 2025) sind wesentlich robuster für die Alltagsnutzung geworden, doch ein guter Prompt-Entwurf bleibt zentral, um Aufgaben, Eingaben, Randbedingungen und Ausgabeformate präzise festzulegen und so Zuverlässigkeit, Reproduzierbarkeit und Integration zu sichern (siehe Übersicht von Prompting-Strategien[4] in [Sch+25].).

In der Datenbankanalogie dient der Prompt zur Anfrage eines Sprachmodells als eine Art Query (Anfrage): Er spezifiziert Ziel/Aufgabe ($\approx$ SELECT), heranzuziehende Daten

3 BertViz bietet eine gute Visualisierungsmöglichkeit, um die Funktionsweise dieser Modelle besser zu verstehen: *https://github.com/jessevig/bertviz*

4 LLM-Anbieter wie OpenAI stellen ihre eigenen LLM-spezifischen Guides zur Verfügung, z. B. *https://platform.openai.com/docs/guides/prompt-engineering*

oder Dokumente (≈ FROM), Randbedingungen (≈ WHERE) und das Rückgabeformat/Schema (z. B. JSON), während Beispiele als Query-Hints und Systemprompts als Sitzungsregeln dienen. LLM Tool-/Function-Calling ähnelt dem Aufruf von Prozeduren (siehe Abschnitt 18.4).

Prompts sind damit die Schnittstelle sowohl zum Menschen (natürlichsprachliche Aufgabenbeschreibung) als auch zur Maschine: Systeme können LLMs über Prompt-Schnittstellen bzw. -Templates einbinden, die festlegen, welche Daten übergeben werden und in welcher strukturierten Form (z. B. validierbares JSON) die Antwort zurückkommt, oft ergänzt durch Retrieval und weitere Validierungsschritte.

18.1.2 Sprachmodelle für alle?

Die Erstellung heutiger, großer Sprachmodelle wie OpenAIs kommerzielle GPT- oder Metas freie Llama-Modellreihe erfordert den Zugang zu enormen Rechenressourcen (unter anderem spezialisierte Beschleuniger-Hardware wie Grafikkarten, d. h. GPUs, oder Chips für maschinelles Lernen) sowie viel technisches Know-how und große Computing-Cluster, welche in der Regel großen Unternehmen und Forschungseinrichtungen vorbehalten bleiben. Für einzelne Personen oder kleine Gruppen ist es daher meist sinnvoller, sich mit vorgefertigten Sprachmodellen (engl. pre-trained language models, kurz PLMs) zu beschäftigen, die von großen Unternehmen oder Forschungseinrichtungen trainiert und kostenlos auf populären Plattformen wie z. B. Hugging Face[5] oder Ollama[6] angeboten werden oder gegen eine Gebühr über Webservice-Schnittstellen (z. B. *https://chatgpt.com*) genutzt werden können.

Warum GPUs für LLMs besonders geeignet sind:

- *Hohe Parallelität:* Sie besitzen tausende Rechenkerne, die gleichzeitig einfache Operationen ausführen können – dies ist perfekt für die vielen Matrix- und Vektoroperationen, die in neuronalen Netzen nötig sind.
- *Hohe Speicherbandbreite:* Sie sind darauf ausgelegt, sehr große Datenmengen schnell zu bewegen – wichtig, da KI-Modelle Milliarden von Parametern enthalten können.
- *Spezielle Hardwareerweiterungen:* Moderne GPUs integrieren sogenannte Tensor Cores (oder ähnliche Module), die Matrixmultiplikationen und reduzierte Genauigkeit (z. B. Formate wie FP16, INT8) besonders effizient verarbeiten.
- *Optimierte Software-Stacks:* Bibliotheken wie CUDA/cuDNN[7] (NVIDIA) oder ROCm[8] (AMD) ermöglichen den direkten Zugriff auf diese Fähigkeiten und bilden die Basis populärer KI-Frameworks (z. B. PyTorch, TensorFlow).

5 *https://huggingface.co/models*
6 *https://ollama.com/search*
7 *https://developer.nvidia.com/cuda/toolkit*
8 *https://www.amd.com/de/products/software/rocm.html*

Es ist jedoch wichtig zu beachten, dass es eine große Bandbreite an freien (engl. free oder open source) und proprietären (engl. closed-source) Sprachmodellen gibt, zwischen denen beträchtliche Unterschiede existieren (z. B. bzgl. der Qualität). Freie Sprachmodelle wie zum Beispiel die „Llama3"-Familie von Meta[9] sind zwar für jeden zugänglich, aber die Trainingsdaten und Trainingsprozesse sind oft nicht öffentlich einsehbar und daher intransparent. Dies erschwert es Entwicklern, diese Modelle zu verstehen, anzupassen und weiterzuentwickeln. Einige bekannte Beispiele für freie, Open-Source-Sprachmodelle mit offengelegten Trainingsdaten sind BERT, RoBERTa und GPT-2.

Im Gegensatz dazu sind proprietäre Sprachmodelle geistiges Eigentum von Unternehmen oder anderen Organisationen, und die zugrunde liegenden Trainingsdaten, Algorithmen und Prozesse sind in aller Regel weder öffentlich zugänglich noch ausreichend beschrieben. Dies macht es nochmals schwieriger, diese Modelle zu verstehen, anzupassen oder ihre Einschränkungen und ggf. Voreingenommenheiten (z. B. Zensur) zu erkennen. Einige bekannte Beispiele für Anbieter proprietärer Sprachmodelle sind OpenAI, Google und Anthrophic.

Bei der Verwendung von closed-source Sprachmodellen ist oft unbekannt, welche Datensätze zum Training verwendet und wie die Modelle genau trainiert wurden, einschließlich der wichtigen Phasen der Datengewinnung und Datenvorverarbeitung (z. B. Entfernen sensibler Daten[10]). Dies kann zu Bedenken hinsichtlich der Fairness, Transparenz und Verantwortlichkeit führen, insbesondere wenn diese Modelle in kritischen Anwendungen eingesetzt werden.

18.1.3 Große Datenmengen als Erfolgsgeheimnis

Die Entwicklung von großen Sprachmodellen hat seit der Veröffentlichung von OpenAIs ChatGPT Ende 2022 enorme Fortschritte gemacht. Allerdings gibt es ein wichtiges Geheimnis hinter der Erfolgsgeschichte dieser Modelle: Sie sind stark abhängig von der Verfügbarkeit großer, qualitativ hochwertiger und diverser Datenbestände.

Ohne eine große Menge an hochwertigen Trainingsdaten würden diese Modelle ihre volle Performanz nicht entfalten, da sie nicht hinreichend verallgemeinern könnten. Sie lernen durch Anpassung an diese Daten, erkennen Muster und Beziehungen zwischen Wörtern und Konzepten und erweitern ihr Wissen im Training kontinuierlich. Je mehr Daten sie sehen, desto besser werden sie, auch unkonventionelle oder komplexe Fragen zu beantworten. Die „Vs" von Big Data (vgl. Abschnitt 1.2) gelten also ebenso bei der Bereitstellung von Trainingsdaten für Sprachmodelle.

---

9 *https://ai.meta.com/blog/meta-llama-3*

10 *https://techcrunch.com/2025/02/26/thousands-of-exposed-github-repositories-now-private-can-still-be-accessed-through-copilot*

Skalierungsgesetze

Die Leistungsfähigkeit großer Sprachmodelle folgt den sogenannten Gesetzen der Skalierbarkeit (engl. scaling laws) [Kap+20; Hof+22]. Diese weisen eine wechselseitige Beziehung zwischen Leistungsfähigkeit (d. h. Performanz) und Ressourcenaufwand (d. h. Kosten) auf. Folgende Faktoren spielen eine entscheidende Rolle in dieser Beziehung, wenn es um die Erstellung von Modellen geht:

- **Modellgröße (Parameter):** Größere Modelle liefern bessere Ergebnisse, sofern genügend Trainingsdaten vorhanden sind. Die Anzahl der Parameter helfen, komplexe Muster zu lernen und darzustellen. Je mehr Parameter ein Modell hat, desto komplexer kann es Informationen verarbeiten. Der Postfix (z. B. „8B") in Modellen wie zum Beispiel „llama3.1:8B" gibt die Anzahl der verwendeten Parameter an. Ein Modell mit einer größeren Anzahl an Parametern ist in der Regel wesentlich größer (d. h. verbraucht mehr Speicherplatz; „llama3.1:8B" hat eine Größe[11)] von ~ 4.7 GB und „llama3.1:70B" hat eine Größe von ~ 40 GB).
- **Trainingsdaten (Volume und Variety):** Mehr Trainingsdaten verbessern die Leistung, allerdings nur dann, wenn das Modell groß genug ist, um die Informationen zu nutzen. Ein vielfältiger, somit diverser und umfangreicher Datensatz ermöglicht es dem Modell, die Sprache besser zu „verstehen".[12)]
- **Rechenaufwand (Compute):** Längeres Training mit ausreichend Daten und passender Modellgröße führt zu vorhersehbaren, stetigen Verbesserungen. Mehr Rechenressourcen ermöglichen also ein umfangreicheres Training, experimentellere Ansätze und vor allem Evaluierung (Auswahl) des besten Modells.

Es existiert somit ein *optimaler Gleichgewichtspunkt* zwischen Modellgröße, Datenmenge und Rechenaufwand. Werden diese Faktoren unausgeglichen skaliert, sinkt die Effizienz des Trainings.

Eine größere Anzahl an Parametern, umfangreichere Datensätze oder mehr Rechenaufwand können die Leistung großer Sprachmodelle deutlich steigern. Allerdings folgt diese Verbesserung einem Potenzgesetz (engl. power law): Die Zuwächse nehmen mit wachsender Skalierung stetig ab. Dieses Verhalten ähnelt dem ökonomischen Gesetz des abnehmenden Grenzertrags, bei dem zusätzlicher Aufwand immer weniger zusätzlichen Nutzen erbringt. Ab einem bestimmten Punkt übersteigen die Kosten den praktischen Nutzen, sodass weiteres Skalieren ökonomisch nicht mehr sinnvoll ist.

---

11 Größenangaben sind der Ollama-Bibliothek entnommen, können aber in der Praxis variieren, je nachdem in welcher Präzision die Gewichte eines Modells gespeichert werden.

12 Das Verständnis entspricht nicht dem des menschlichen Gehirns, ist auf Maschinenebene eher mit dem Auffinden von wiederkehrenden Mustern vergleichbar.

Domänenspezifische Datenmengen

Die Übertragbarkeit eines Sprachmodells auf eine bestimmte Aufgabe oder Frage hängt stark von der Qualität und Quantität seiner Trainingsdaten ab. Je besser die Daten sind, desto besser wird das Modell in der Lage sein, auch nicht-triviale Fragen zu beantworten. Dies ist insbesondere wichtig für Anwendungen wie medizinische Diagnose oder technischer Support, wo genaue und umfassende Informationen von entscheidender Bedeutung sind.

Ein wichtiger Aspekt ist daher die Domänenspezifität von Sprachmodellen. Modelle, die für eine bestimmte Domäne oder Thematik trainiert sind (z. B. Medizin, Softwareentwicklung usw.), benötigen eine große Menge an spezifischen Daten, um ihre Fähigkeiten in diesem Bereich zu entwickeln (z. B. Diagnosen in der Medizin oder Funktionsbeschreibungen in der Softwareentwicklung). Dies kann eine Herausforderung sein, besonders wenn es darum geht, Daten aus verschiedenen Quellen zu sammeln und zu verarbeiten.

Das Problem von Voreingenommenheit (engl. bias) ist ein weiterer wichtiger Aspekt bei der Entwicklung von Sprachmodellen. Wenn diese Modelle mit ungleich verteilten oder voreingenommenen Trainingsdaten arbeiten, können sie auch voreingenommene Ergebnisse liefern. Dies kann z. B. dazu führen, dass bestimmte gesellschaftliche Gruppen oder Perspektiven über- oder unterrepräsentiert oder erst gar nicht berücksichtigt werden, was auch bei der normalen Auswertung von großen Datensätzen ein ernstzunehmendes Problem sein kann.

Sammlung von Trainingsdaten

Es ist also wichtig, dass die Daten, mit denen große Sprachmodelle trainiert werden, sorgfältig gesammelt und vorbereitet werden. Die Qualität dieser Daten bestimmt die Leistungsfähigkeit des Modells und hat essentielle Auswirkungen auf den Erfolg bei verschiedenen Anwendungen und Aufgaben.

Bisher ist über die Methoden für die Datensammlung wenig bekannt. Von den Anbietern der Sprachmodelle wie OpenAI, Anthropic, Meta und Mistral werden dazu nur unzureichende Informationen zur Verfügung gestellt. Es ist davon auszugehen, dass diese Anbieter sowohl frei zugängliche als auch käuflich erwerbbare Datensätze dafür nutzen.[13)] Darüber hinaus berichten Medien von steigendem Traffic durch Web-Crawler von KI-Anbietern, die damit ihre de facto kostenfreie Datengewinnung weiter vorantreiben wollen.[14)] Daher ist es fraglich, ob öffentlich zugängliche Datensätze und dessen Qualität und Quantität ausreichen, um effiziente Modelle zu erstellen.

13 *https://blog.google/inside-google/company-announcements/expanded-reddit-partnership*

14 Es ist wichtig anzumerken, dass auch KI-Anbieter wie z. B. Perplexity AI in das Suchmaschinengeschäft eingestiegen sind.

Warum halluzinieren große Sprachmodelle?

Im Betrieb zeigen Sprachmodelle trotz ihrer erstaunlichen Sprachkompetenz ein weitreichendes Phänomen: Sie „halluzinieren" (siehe z. B. [Hua+25] für eine Übersicht). Das bedeutet, dass das Modell Antworten produziert, die grammatikalisch korrekt und überzeugend klingen, aber inhaltlich falsch, unrealistisch oder schlicht erfunden sind. Je nach Aufgabe, die das Modell lösen soll, kann das erhebliche Risiken mit sich bringen – von der Verbreitung von Fehlinformationen bis hin zum Vertrauensverlust gegenüber KI-Anwendungen.

Die Grundursache liegt in der Art, wie diese Modelle aufgebaut und trainiert werden. Sie lernen aus einer enormen, heterogenen Textmenge (vgl. Variety) – Büchern, Webseiten, Foren, Nachrichtenartikeln und vielem mehr. Dieser „Datensatz" enthält nicht nur korrekte Informationen, sondern auch Fehler, Meinungen und sogar bewusst fehlerhafte Inhalte (z. B. politisch motivierte Beiträge oder Satire). Beim Training kann das Modell nicht unterscheiden, welche Informationen wahr und welche nicht sind. Zudem bildet es sein gesammeltes Weltwissen auf eine festgelegte Anzahl von Parametern ab, was zu weiteren Unschärfen bei der Beantwortung von Nutzeranfragen führen kann.

Beim Generieren einer Antwort arbeitet das Modell nicht mit einer festen Faktenbasis. Stattdessen wählt es jedes Wort nach einer Wahrscheinlichkeit aus, die aus den erlernten Mustern abgeleitet wird (vgl. Next-Word-Prediction). Wenn mehrere plausible Wortfolgen existieren, kann das Modell insbesondere bei kürzeren Prompts oder bei Themen, die im Trainingskorpus unterrepräsentiert sind, eine der weniger korrekten, aber statistisch akzeptablen Varianten auswählen. Dies führt dazu, dass das Modell manchmal Text erzeugt, der logisch erscheint, aber nicht mit realen Fakten übereinstimmt. Ein weiterer Faktor ist das Fehlen von expliziten Faktenprüfungsmechanismen im Modell. Modernere Ansätze wie „fact-checking"-Modelle [TLD24], Retrieval-Augmented Generation (RAG) oder LLM-basierte Agentensystem mithilfe von MCP (siehe Kapitelende) versuchen, dieses Problem abzufangen.

18.2 Training eines Sprachmodells

Um zu verstehen, wie Sprachmodelle mit großen Daten trainiert werden, diskutieren wir im Folgenden zwei stark vereinfachte, praktische Beispiele, um Sprachmodelle in Python zu trainieren:

- Training eines eigenen, stark vereinfachten Sprachmodells, um Next-Word Prediction anhand eines Bigramm-Modells zu illustrieren
- Training eines vortrainierten Dekoder-only Transformers (hier DistilGPT-2)

Wichtige technische Begriffe für Sprachmodelle:

- **Attention-Mechanismus [Vas+17]:** Bestimmt, welche Teile einer Sequenz für die Verarbeitung besonders relevant sind. Ermöglicht die Berücksichtigung von Kontext über lange Distanzen. *Big-Data-Bezug:* Training großer Attention-Modelle erfordert extrem viele Daten und parallele Verarbeitung.
- **Batch Size:** Anzahl der Trainingsdaten, die gleichzeitig in einer Iteration verarbeitet werden. Kleine Batches = weniger Speicher, langsameres Lernen; große Batches = hohe Rechenlast, aber effizienter auf GPUs. *Big-Data-Bezug:* Bestimmung der Batch-Größe ist kritisch für verteiltes Training auf „Big-Data-Hardware".
- **Embedding:** Numerische Vektordarstellung eines Tokens oder Wortes. Embeddings bilden semantische Ähnlichkeiten in einen hochdimensionalen Vektorraum[15] ab, wie in „Embeddings" in Abschnitt 14.6.3 näher erläutert ist. *Big-Data-Bezug:* Embedding-Berechnung und -Speicherung sind rechen- und datenintensiv.
- **Gewichte (Weights):** Parameter eines neuronalen Netzes, die während des Trainings angepasst werden (quasi als „Stellschrauben"). Sie bestimmen, wie Eingaben in Ausgaben umgerechnet werden. *Big-Data-Bezug:* LLMs besitzen Milliarden von Gewichten, deren Training enorme Daten- und Rechenressourcen voraussetzt.
- **Fine-Tuning:** Anpassung eines pre-trained Modells (PLM) auf einen spezifischen Datensatz. *Big-Data-Bezug:* Oft notwendig, um Modelle an domänenspezifische Daten und Aufgaben anzupassen (z. B. Medizindaten).
- **Inference:** Nutzung des Modells zur Textgenerierung oder Vorhersage. Im Gegensatz zum Training läuft Inferenz oft in Echtzeitanwendungen (z. B. Chat-Anwendungen).
- **Iteration/Epoch:** Ein Durchlauf durch den gesamten Trainingsdatensatz. Viele Iterationen sind erforderlich, um ein Modell performant zu machen. *Big-Data-Bezug:* Bei sehr großen Datensätzen dauern Epochen sehr lange.
- **Loss-Funktion:** Misst die Abweichung zwischen Modellvorhersage und richtigem Ergebnis im Training mit dem Ziel, sie zu minimieren, um die Modellleistung zu verbessern.
- **Tensor:** Zentrale Datenstruktur in PyTorch (und TensorFlow[16]). Allgemeine Form: ein mehrdimensionales Array (ähnlich einem Vektor oder einer Matrix, aber mit beliebig vielen Dimensionen). *Big-Data-Bezug:* Sehr große Tensoren bilden das „Rechenzentrum" von Modellen – GPUs/TPUs sind darauf optimiert.
- **Token**: Kleinste Verarbeitungseinheit eines Sprachmodells (z. B. Wort, Teile eines Wortes und Satzzeichen). *Big-Data-Bezug:* Große Textmengen müssen zuerst in Milliarden von Tokens zerlegt werden.
- **Regression:** Statistisches Verfahren zur Modellierung von Zusammenhängen. In einer linearen Schicht $y = Wx + b$ sind W (Gewichte) und b (Bias) lernbare Parameter. *Big-Data-Bezug:* Regression ist eine Basisanalyse, die bei sehr großen Datenmengen massive Skalierung erfordert (z. B. verteiltes Training mit Spark MLlib).

15 Die ML Community von Hugging Face bietet mit der „Semantic Galaxy" eine eindrucksvolle Visualisierung von Embeddings, die typischerweise eine hohe Dimensionalität besitzen: *https://huggingface.co/spaces/webml-community/semantic-galaxy*.

16 *https://www.tensorflow.org*

Als Erstes trainieren wir unser eigenes, winziges Sprachmodell mit einem Minidatensatz. Unser „WinzlingLM“ genanntes Modell lernt, ausgehend von einem gegebenen Wort das nächste Wort vorherzusagen. Auch wenn es sich nur um ein „Spielzeugmodell“ handelt, illustriert es die Grundidee hinter modernen Decoder-only-Sprachmodellen wie GPT: die *Next-word Prediction.*

Technisch gesehen, erstellen wir ein Bigramm-Modell, welches Vorhersagen auf einem einzelnen vorherigen Wort vornimmt. Es lernt statistische Muster aus dem gegebenen Datensatz. Die Embedding-Schicht lernt während des Trainings Wortrepräsentationen (genauer gesagt Token-Repräsentationen) zur Vorhersage. Das Modell lernt im Grunde eine Wahrscheinlichkeitsverteilung P(nächstes _Wort | aktuelles_Wort) aus den Trainingsbeispielen. Um dies zu verdeutlichen, verwenden wir einen winzigen Beispieldatensatz:

```
Big Data Analyse Big Data KI Big Data
```

Dieser Text wird in einzelne Tokens (Wörter) zerlegt. Aus diesen Tokens bilden wir Trainingspaare der Form *aktuelles Wort → nächstes Wort*. Damit sieht unser Trainingsdatensatz folgendermaßen aus:

- Big → Data
- Data → Analyse
- Analyse → Big
- Big → Data
- Data → KI
- KI → Big
- Big → Data

Das Modell soll also lernen, dass auf *Big* fast immer *Data* folgt und dass *Data* im Kontext entweder zu *Analyse* oder zu *KI* übergehen kann. Schon in diesem stark vereinfachten Szenario wird sichtbar, wie Sprachmodelle Wahrscheinlichkeiten für Wortfolgen erfassen.

Dazu wird jedes Wort zunächst einer Zahl (Index) zugeordnet, zum Beispiel `Big = 0`, `Data = 1, Analyse = 2`. Diese Zahlenzuordnung wird mithilfe eines **Embedding-Layers** in einen Vektor umgewandelt und durch eine kleine **lineare Verarbeitungsschicht** weiterverarbeitet. Embeddings können wir uns als mathematische Wörterbücher vorstellen, die aus Wörtern Zahlenvektoren erstellen, da Computer Zahlen effizienter verarbeiten können. Die lineare Schicht hingegen dient als Rechenschicht die Vorhersage des nächsten Wortes anhand der Zahlenvektoren. Die Ausgabe des Sprachmodells ist also eine Vorhersage, welches Wort wahrscheinlich als Nächstes kommt.

Im Training erhält das Modell wiederholt ein Eingabewort und den korrekten Zielwert (das nächste Wort). Wenn die Vorhersage falsch ist, wird das Modell über die

Verlustfunktion angepasst. Nach vielen Iterationen verfeinern sich die Gewichte so, dass Übergänge wie *Big* → *Data* gelernte Muster sind.

Nach dem Training sollte das Modell idealerweise folgende Muster erlernt haben:

- „Big“ → „Data“ (kommt 3x vor)
- „Data“ → könnte „Analyse“ oder „KI“ sein
- „KI“ → „Big“ (kommt 1x vor)
- „Analyse“ → „Big“ (kommt 1x vor)

Listing 18.1 illustriert das Training unseres WinzlingLM und dessen Vorhersage mit obigem winzigen Datensatz mithilfe von PyTorch.[17] PyTorch ist ein Open-Source-Framework für maschinelles Lernen und Deep Learning, das ursprünglich von Facebook entwickelt wurde. Es bietet ein flexibles und leicht verständliches Werkzeug für Python, um neuronale Netzwerke zu bauen, zu trainieren und zu evaluieren. Die zugrunde liegende Datenstruktur bilden Tensoren – eine Form eines mehrdimensionalen Arrays (vgl. Vektor/Matrix).

Listing 18.1 Training unseres „WinzlingLM“ mit PyTorch (vereinfacht als Bigramm-Modell mit linearer Regression)

```python
import torch
import torch.nn as nn
import torch.optim as optim
# Trainings-Datensatz (Mini-Korpus)
text = "Big Data Analyse Big Data KI Big Data"
tokens = text.split()
vocab = list(set(tokens)) # Eindeutige Wörter: ['Big', 'Data', 'Analyse', 'KI']
stoi = {w:i for i,w in enumerate(vocab)} # Ordnet Wörtern Zahlen zu, z. B. {'Big': 0, 'Data': 1, ...}
itos = {i:w for w,i in stoi.items()} # Umgekehrte Zuordnung zum Decodieren

# Trainingsdaten (Paare: Input -> nächstes Wort)
data = [(stoi[tokens[i]], stoi[tokens[i+1]])
        for i in range(len(tokens)-1)]
# Modellarchitektur: Embedding Layer + Linear Layer
model = nn.Sequential(
    # Embedding-Schicht: Wandelt Wort-Indizes in dichte 8-dimensionale Vektoren um
    nn.Embedding(len(vocab), 8),
    # Lineare Schicht: Projiziert Embeddings auf Vokabulargröße (4) für Klassifikation
```

17 *https://pytorch.org*

```python
    nn.Linear(8, len(vocab))
)
loss_fn = nn.CrossEntropyLoss() # Loss Funktion
optimizer = optim.Adam(model.parameters(), lr=0.05) # Lernrate von 0,05
# Trainiert für 200 Epochen mit Adam-Optimierer
for epoch in range(200):
    total_loss = 0
    for x,y in data:
        x = torch.tensor([x]) # x: aktueller Wort-Index
        y = torch.tensor([y]) # y: Ziel-Wort-Index (nächstes Wort)
        optimizer.zero_grad() # Gradienten löschen
        logits = model(x) # Vorwärtsdurchlauf
        loss = loss_fn(logits, y) # CrossEntropy-Verlust
        loss.backward() # Gradienten berechnen
        optimizer.step() # Gewichte aktualisieren
        total_loss += loss.item()
    if epoch % 50 == 0:
        print(f"Epoch {epoch}: Loss {total_loss:.4f}")

# Testet, welches Wort das Modell nach "Big" vorhersagt
x = torch.tensor([stoi["Big"]])
logits = model(x)
pred = torch.argmax(logits, dim=1).item()
print(f"'Big' -> '{itos[pred]}'")
```

Nach einigen Trainingsdurchläufen[18] erkennt unser Modell einfache Muster wie *Big → Data*.[19] Dabei handelt es sich um eine extrem vereinfachte Form dessen, was große Sprachmodelle in massivem Maßstab tun.

Auch große Sprachmodelle wie GPT beruhen auf demselben Prinzip: Sie schätzen Wahrscheinlichkeiten für Wortfolgen, um das nächste Wort im Kontext vorherzusagen. Im WinzlingLM besteht das Modell z. B. aus zwei Layern: einem Embedding-Layer und einer linearen Schicht für die Vorhersage des nächsten Wortes. So entsteht eine einfache Pipeline: *Token → Embedding → Vorhersage*. In großen Sprachmodellen reicht das jedoch nicht aus, da dort komplexere Strukturen wie der Attention-Mechanismus benötigt werden.

18 Dauer von wenigen Sekunden auf einem modernen Laptop

19 Eine Dokumentation für die verwendete PyTorch-Funktionalität gibt es hier: *https://docs.pytorch.org/docs/stable/generated/torch.nn.Sequential.html*, *https://docs.pytorch.org/docs/stable/generated/torch.nn.Linear.html*.

18.2.1 Training (Fine-Tuning) eines vortrainierten Modells

Unser WinzlingLM-Beispiel hat gezeigt, wie ein Sprachmodell im Kern lernen kann: es sagt ausgehend von einem Eingabewort das nächste Wort vorher. In der Praxis würden wir aber aus wirtschaftlichen Kostengründen und Machbarkeit (vgl. Kapitelanfang) nicht bei Null anfangen wollen, sondern auf **vortrainierte Modelle** (PLMs) zurückgreifen, die bereits auf großen Datenmengen (d. h. Text) grundlegende Sprachmuster erlernt haben.

Mithilfe der `transformers`-Bibliothek[20] von Hugging Face und eigenen Datensätzen können wir mit relativ wenig Aufwand und Codezeilen ein vortrainiertes Modell *feintunen* (engl. fine-tuning).

Ein praktisches PLM, das wir als Demonstration dafür verwenden, ist *DistilGPT-2*[21]. DistilGPT-2 [San+20] ist eine kleinere und schnellere Variante des bekannten GPT-2-Modells von OpenAI[22] und wurde mit der freien OpenWebTextCorpus trainiert.[23]

Für folgendes Beispiel möchten wir DistilGPT-2 für individuelle Frage/Antwort-Aufgaben (weiter)trainieren. Unser Datensatz, der vordefinierte Frage/Antwort-Paare enthält, liegt dabei als eine einfache CSV-Datei vor (vgl. Listing 18.2). Es ist wichtig anzumerken, dass DistilGPT-2 nur mit englischen Texten trainiert wurde, daher enthält unser Datensatz ebenfalls nur englische Fragen/Antworten.

Listing 18.2 CSV-Datensatz für unser Fine-Tuning von DistilGPT-2 für Frage/Antwort-Aufgaben

```
question,answer
"Who is the founder of Hadoop?","Doug Cutting"
"What is 2+2?","4"
"What is the capital of France?","Paris"
"Who wrote Hamlet?","William Shakespeare"
```

Training (Fine-Tuning)

Das in Listing 18.3 gezeigte Fine-Tuning läuft auf einem modernen Laptop oder einer einzelnen GPU in wenigen Sekunden bis Minuten. Das Training großer Modelle wie GPT-4 hingegen erfordert *Tausende GPUs, Milliarden Parameter* und Wochen an Rechenzeit. In unserem Beispiel sehen wir also das gleiche Prinzip, aber in einer extrem vereinfachten und ressourcenschonenden Form.

20 *https://huggingface.co/docs/transformers*
21 *https://huggingface.co/distilbert/distilgpt2*
22 *https://openai.com/index/better-language-models*
23 *https://skylion007.github.io/OpenWebTextCorpus*

Listing 18.3 Fine-Tuning von DistilGPT-2 mit Hugging Face Transformers für Frage/Antwort-Aufgaben

```
import pandas as pd
from datasets import Dataset
from transformers import (
    AutoTokenizer, AutoModelForCausalLM, TrainingArguments, Trainer, DataCollatorForLanguageModeling
)

# CSV-Daten laden und vorbereiten
df = pd.read_csv("qa_dataset.csv")
df['text'] = "Q: " + df['question'] + " A: " + df['answer']
dataset = Dataset.from_pandas(df[['text']])

# Tokenizer und Modell
tokenizer = AutoTokenizer.from_pretrained("distilgpt2")
tokenizer.pad_token = tokenizer.eos_token
model = AutoModelForCausalLM.from_pretrained("distilgpt2")

# Tokenisieren
def tokenize(examples):
    return tokenizer(examples['text'], truncation=True, padding=True, max_length=64)
tokenized = dataset.map(tokenize, batched=True)

# Training
trainer = Trainer(
    model=model,
    tokenizer=tokenizer,
    args=TrainingArguments(
        output_dir="./output",
        num_train_epochs=50,  # Mehr Epochen bei wenig Daten
        per_device_train_batch_size=2,  # Klein bei wenig Daten
        save_strategy="no",
        logging_steps=10,
        no_cuda=True, # CPU Mode
    ),
    train_dataset=tokenized,
    data_collator=DataCollatorForLanguageModeling(tokenizer, mlm=False),
)

# Trainieren und Modell speichern
trainer.train()
trainer.save_model("./qa-model")
```

Das Listing zeigt, wie sich ein vortrainiertes Modell (`DistilGPT-2`) mit wenigen Codezeilen an die im CSV-Datensatz gegebenen Frage/Antwort-Paare anpassen lässt. Zunächst laden wir die CSV-Datei mit Fragen und Antworten als Pandas-DataFrame. Danach formatieren wir die Daten in das Format `Q: [Frage] A: [Antwort]`, um einen Trainingsdatensatz zu erstellen. Danach werden der Tokenizer und das Modell geladen: Der Tokenizer übersetzt Wörter in Token-IDs des vortrainierten DistilGPT-2, das bereits Sprachwissen enthält. Wir tokenisieren unsere Trainingsdaten so, dass sie auf maximal 64 Token pro Text begrenzt sind, um jede Textsequenz in eine feste Länge von Token-IDs zu bringen. Mit den `TrainingArguments` legen wir fest, wie groß die Batches sind, wie viele Epochen trainiert werden (hier 50 Durchläufe, da wir mit wenig Daten arbeiten) und wohin Ergebnisse gespeichert werden. Schließlich verbindet der `Trainer` Modell, Daten und Parameter und startet mit `trainer.train()` das Fne-Tuning. Dabei lernt das Modell, unsere Frage/Antwort-Textsequenzen Schritt für Schritt besser vorherzusagen.

Inferenz

Nach dem Training kann das Modell direkt zur Beantwortung unserer Fragen („Prompt") verwendet werden (auch Inferenz genannt). Wie in Listing 18.4 mithilfe von Pipelines[24] illustriert, erhält es dazu einen Eingabe-Prompt, und es erzeugt sequenziell Wort für Wort eine Fortsetzung.

Listing 18.4 Abfrage des feinjustierten Frage/Antwort-Modells

```
from transformers import pipeline

# Pipeline laden
pipe = pipeline("text-generation", model="./qa-model",
    tokenizer="distilgpt2")

# Prompt + Generieren
result = pipe("Q: Who originally developed Hadoop? A:", max_length=30)
print(result[0]['generated_text'])
```

Das getunte Modell generiert nun eine Fortsetzung (hier Antwort) im Stil seiner Frage/Antwort-Trainingsdaten. Damit schließen wir den Kreis: vom *Training auf Mini-Datensätzen* für Wortvorhersage (vgl. WinzlingLM) bis hin zur *Generierung neuer Textausgaben.*

24 *https://huggingface.co/docs/transformers/main_classes/pipelines*

Unser Fine-Tuning-Beispiel zeigt, dass wir mit vortrainierten Sprachmodellen nicht die enormen Rechenressourcen benötigen, die für ein initiales Training notwendig wären. Stattdessen können wir die Sprachbasis des Modells nutzen und es mit überschaubarem Aufwand an einen neuen Datensatz anpassen. Das Modell setzt also Sprachfolgen im Stil der Frage/Antwort-Paare fort, anstatt sie völlig neu erlernen zu müssen, und profitiert daher stark von den bereits erlernten Mustern von DistilGPT-2.

Evaluierung und Benchmarks: Der Trainingsprozess unserer kleinen Sprachmodelle ist sehr stark vereinfacht. Trainingsdaten werden in der Regel in Training, Validation und Test-Sets aufgeteilt (z. B. 80 %–10 %–10 %). Hier dient das Training-Set zum Lernen (wie in unseren Beispielen), das Validation-Set zur Überprüfung und Feinjustierung während des Trainings und das Test-Set zur abschließenden Bewertung des Modells.

Dabei wird typischerweise „Perplexity" für alle drei Sets gemessen. Perplexity gibt an, wie gut ein Modell die Wahrscheinlichkeitsverteilung einer Wortfolge abschätzen kann. Niedrige Werte entsprechen einer flüssigeren, natürlicheren Ausgabe und spiegeln einen geringeren Grad an Unsicherheit oder „Verwirrung" wider.

Mit steigender Anzahl von Epochen (d. h. alle Batches des Training-Sets werden einmal durchlaufen) sollte die Perplexity typischerweise sinken, da sie die Trainingsdaten besser kennenlernt. Für das Validation-Set wird Perplexity gemessen, um zu beurteilen, wie gut das Modell auf unbekannte Daten verallgemeinern kann. Wir müssen hier den „Sweet Spot" finden, in dem weder „Undertraining" (d. h. Muster wurden nur unzureichend erfasst) noch „Overfitting" (d. h. Muster zu stark auf Trainingsdaten spezialisiert) des Training-Sets stattfindet. Als finale Beurteilung der Performance des Modells, wird Perplexity dann anhand des Test-Sets gemessen.

Da Sprachmodelle probabilistische Vorhersagen treffen und oft mehrere plausible Antworten liefern, lässt sich ihre Genauigkeit schwierig mit nur einer Metrik beurteilen. In der Praxis wird daher auf weitere Evaluationsansätze zurückgegriffen, unter anderem:

- *Benchmarks und Leaderboards* (z. B. GLUE, SuperGLUE, HELM) prüfen standardisierte Aufgaben (kuratierte oder synthetisierte Sammlungen von Aufgaben mit Musterlösungen oder Tests).
- *Menschliche Evaluation* bewertet Antworten nach Natürlichkeit, Zusammenhang, Korrektheit und Nützlichkeit. Arena-basierte Ansätze[25] oder A/B Testing stellen die Antworten mehrerer Modelle gegenüber und lassen den Menschen entscheiden.

Besonders im Big-Data-Kontext wird Evaluation selbst zu einer daten- und rechenintensiven Aufgabe: große Mengen an Vergleichs- und Testdaten sowie skalierbare, automatisierte Verfahren sind nötig, um trainierte Modelle zu validieren und für den Produktiveinsatz auszuwählen.

25 *https://lmarena.ai*

18.2.2 Zwischenfazit: Sprachmodelle im Kontext von Big Data

Das Training von Sprachmodellen ist im Kern eine besondere Form der Verarbeitung von Big Data. Während wir in unseren kleinen Beispielen nur wenige Wörter oder einen kleinen CSV-Datensatz verwendet haben, benötigen große Sprachmodelle riesige Datenmengen mit Milliarden von Wörtern. Diese Daten liegen in der Regel *als Text* vor – sei es in Form von Webseiten, Social Media-Beiträgen oder anderweitig digitalisierten Textquellen.

Damit wird deutlich: Die bekannten Werkzeuge und Methoden der Big-Data-Welt (Hadoop, Spark, Datenbanken, verteilte Dateisysteme, Streams etc.) sind nicht nur für numerische Daten gedacht (z. B. als Mittel, um informierte Entscheidungen zu treffen), sondern können auch genutzt werden, um Textdaten in großem Maßstab zu gewinnen, zu bereinigen und für das Training von Sprachmodellen aufzubereiten. Gerade die Vorverarbeitungsschritte – vom Sammeln (z. B. Web-Crawling, vgl. Abschnitt 11.5), Filtern und Strukturieren (Datenanalyse) und Tokenisieren – sind klassische Big-Data-Anwendungen, nur angewandt auf Basis von natürlicher Sprache.

Damit lassen sich zwei Ebenen klar unterscheiden: Das Training der Modelle selbst erfolgt auf hochspezialisierter Hardware (GPUs, TPUs), aber die notwendige Vorbereitung der riesigen Textmengen ist eine klassische Big-Data-Aufgabe. Volumen, Vielfalt und Qualität der Trainingsdaten entscheiden dabei unmittelbar über die Leistungsfähigkeit des Modells (vgl. 3Vs).

✓ Sprachmodelle sind Big-Data-Anwendungen par excellence: Sie beruhen auf gewaltigen Mengen von Text, und ihre Vorbereitung erfordert dieselben Werkzeuge, die auch in anderen Big-Data-Szenarien eingesetzt werden – nur eben zugeschnitten auf Sprache.

18.3 Retrieval-Augmented Generation (RAG)

Ein zentrales Problem von Sprachmodellen ist die Vertrauenswürdigkeit (engl. Trustworthiness) der Antworten von Sprachmodellen (siehe z. B. [Hua+25] für eine Übersicht). Hierbei spielt auch die zentrale Einschränkung der Aktualität der Trainingsdaten eine wichtige Rolle. Ein Sprachmodell kann also nur mit dem Wissen arbeiten, das es während des Trainings in seinen Parametern gespeichert hat. Aktuelle Daten oder unternehmensspezifische Dokumente sind darin nicht enthalten.

Retrieval-Augmented Generation mit LangChain, kurz RAG, verbindet daher Sprachmodelle mit externen Datenquellen, die als weitere Informationen („Fakten") dienen:

1. Zuerst werden relevante Dokumente oder Textstellen aus einer externen Datenquelle (z. B. Vektordatenbank oder Suchindex) gesucht (engl. „retrieved").

2. Anschließend wird dieser Kontext zusammen mit der Benutzeranfrage (Prompt) an das Sprachmodell übergeben, d. h. Prompt wird erweitert (engl. „augmented").
3. Das Modell erzeugt daraufhin eine Antwort (d. h. engl. „generation").

RAG verbindet also skalierbares **Big-Data-Retrieval** mit generativer Sprachverarbeitung.

Wir illustrieren die Funktionsweise von RAG mithilfe von Python und dem Open-Source Framework LangChain anhand eines praktischen Beispiels, in dem wir ein Textdokument laden. LangChain[26)] erleichtert die Entwicklung von LLM-Anwendungen. Es stellt Werkzeuge und Bausteine bereit, um Sprachmodelle zu nutzen (d. h. Inferenz) und mit Datenbanken, APIs oder eigenen Workflows zu verbinden. Insbesondere für RAG bietet es fertig implementierte Komponenten, um Dokumente einzulesen, Vektorindizes aufzubauen (vgl. Vektordatenbanken in Abschnitt 11.8) und diese effizient beim Prompting zu verwenden.

In unserem Beispiel nutzen wir FAISS (*Facebook AI Similarity Search*) zur Vektorsuche in unserem Textdokument. Es kann aber natürlich jede andere unterstützte Vektordatenbank genutzt werden. FAISS[27)] ist eine von Meta entwickelte Bibliothek, die dazu dient, Dokumente nicht direkt als Zeichenketten, sondern als semantische Vektoren (Embeddings) zu speichern und nach Ähnlichkeit zu durchsuchen. So kann eine Anfrage wie „Welche Vorteile bringt Big Data für Unternehmen?" die inhaltlich passenden Textstellen finden, auch wenn die genauen Wörter nicht übereinstimmen.

Listing 18.5 demonstriert ein Minimalbeispiel zur Nutzung von RAG in drei Schritten:

1. **Einlesen** eines Dokuments (`bigdata.md`), das generierte[28)] themenrelevante Texte enthält. In einer echten Anwendung könnte dies eine Sammlung von Reports, Dokumentationen, wissenschaftlichen Artikeln oder Newsfeeds sein.
2. **Indexierung** des Inhalts als Vektorraum (Embedding) mit FAISS als in-memory Vektorspeicher.
3. **Abfragen** des Index: Zunächst wird in den Texten nach relevanten Passagen gesucht, anschließend formuliert das LLM (z. B. llama3.1) darauf basierend eine Antwort.

Listing 18.5 Einfaches RAG-Beispiel mit LangChain und FAISS. Hier dient Ollama mit „llama3.1" als lokaler LLM-Anbieter.

```
from langchain_community.document_loaders import TextLoader
from langchain.indexes import VectorstoreIndexCreator                    →
```

26 *https://www.langchain.com*
27 *https://faiss.ai*
28 Wir haben den Beispieltext mithilfe von Anthropics Claude Opus 4.1 generiert

```
from langchain_ollama import ChatOllama, OllamaEmbeddings
from langchain_text_splitters import CharacterTextSplitter

# 1. Dokument laden (z. B. "bigdata.md")
loader = TextLoader("bigdata.md")
# 2. Embedding festlegen
embedding = OllamaEmbeddings(model="llama3.1")

# 3. Index erstellen (FAISS-Vektordatenbank)
index = VectorstoreIndexCreator(embedding=embedding, text_splitter=CharacterTextSplitter(chunk_size=1000, chunk_overlap=100)).from_loaders([loader])

# 4. Modell: Lokales LLM über Ollama
model = ChatOllama(model="llama3.1")

# 5. Abfrage (Retrieval + Generation)
query = "Welche Vorteile bringt Big Data für Unternehmen?"
answer = index.query(query, llm=model)

print(answer)
```

In diesem Beispiel nutzen wir *Ollama*,[29] das auch lokal als eigenständige Anwendung oder mit Docker genutzt werden kann. Gerade beim Umgang mit sensiblen Informationen ist eine solche Nutzung natürlich besonders interessant, da keine Daten an fremde Server gesendet werden. Ollama unterstützt zudem verschiedenste Modelle[30] wie *LLaMA3.1* (Meta) oder *Gemma* (Google).

Statt über Ollama können wir auch OpenAIs populäre Webservice-Schnittstelle[31] nutzen, die von diversen Anbietern[32] unterstützt wird. Diese können ebenfalls über LangChain eingebunden und als Generator im RAG-Workflow genutzt werden, wie in Listing 18.6 gezeigt.

Listing 18.6 Einfaches RAG-Beispiel mit LangChain und FAISS – hier OpenAIs Webservice-API als remote LLM-Anbieter

```
...
from langchain_openai import ChatOpenAI, OpenAIEmbeddings
...
```

29 *https://ollama.com*
30 *https://ollama.com/search*
31 *https://platform.openai.com/docs/api-reference/introduction*
32 z. B. OpenRouter *https://openrouter.ai*

```
# 2. Embedding festlegen
embedding = OpenAIEmbeddings()
...
# 4. Modell: LLM über OpenAIs Webservice API
# Achtung: Es wird ein API Key benötigt, der in der Umgebungsvariable OPENAI_API_KEY gesetzt werden muss
model = ChatOpenAI(model="gpt-4o-mini")
...
```

RAG kombiniert Big Data mit LLMs: Große Datenmengen (z. B. Dokumente oder Textkorpora) werden zunächst durchsucht, und das Sprachmodell benutzt diese Ergebnisse als Basis für seine generative Antwort. Somit kann die existierende Big-Data-Umgebung von LLMs genutzt werden, um Anfragen mit natürlicher Sprache zu stellen.

18.4 Function Calling und Agenten-basierte LLMs

Neben dem Retrieval gibt es eine weitere spannende Erweiterungsmöglichkeit für LLMs: *agenten-basierte LLMs*. Hier agiert das LLM nicht nur als Textgenerator, sondern steuert aktiv externe Werkzeuge (z. B. Aufruf von Python-Funktionen, Suchmaschinen oder Datenbanken). Das Modell entscheidet dabei selbständig, welches Tool für die Aufgabe am besten geeignet ist, und kombiniert die Teilschritte zu einer Lösung und entsprechenden Antwort.

18.4.1 Function Calling

Ein wichtiger Trend bei der Nutzung von LLMs ist das sogenannte **Function Calling**. Dabei entscheidet das Modell nicht nur, wie es in natürlicher Sprache antwortet, sondern kann gezielt *Funktionen im Hintergrund aufrufen*, deren Ergebnisse dann in die Antwort einfließen. So lassen sich Sprachmodelle nahtlos mit externen Programmen oder Datenquellen verbinden – eine Schlüsselidee für praktische Big-Data-Anwendungen.

Im Hinblick auf das Hindernis der Aktualität der Trainingsdaten von Modellen ist ein besonders einfach nachvollziehbares Beispiel für Function Calling die Abfrage der aktuellen Uhrzeit. Anstatt dass das Modell eine Zeit errät oder halluziniert, kann es über eine definierte (Python-)Funktion (auch „Tool" in LangChain genannt) die echte Systemzeit ermitteln und diese als Teil der Antwort zurückgeben.

Listing 18.7 Function Calling: Abfrage der aktuellen Uhrzeit per Tool

```
from datetime import datetime

from langchain_core.prompts import ChatPromptTemplate
from langchain_ollama import ChatOllama
from langchain.tools import tool
from langchain.agents import create_tool_calling_agent, AgentExecutor

# 1. Funktion mit @tool Decorator definieren (wichtig: der docstring enthält wertvolle Metadaten für das LLM!)
@tool
def get_current_time(query: str = "") -> str:
    """Gibt die aktuelle Uhrzeit zurück."""
    return datetime.now().strftime("%H:%M:%S")

# 2. Tools Liste
tools = [get_current_time]

# 3. LLM laden (lokal via Ollama: das LLM muss Function Calling unterstützen)
llm = ChatOllama(model="gpt-oss:latest")

# 4. Prompt Template erstellen
prompt = ChatPromptTemplate.from_messages([
    ("system", "Du bist ein hilfreicher Assistent. Nutze die verfügbaren Tools, um Fragen zu beantworten."),
    ("human", "{input}"),
    ("placeholder", "{agent_scratchpad}")
])

# 5. Agent erstellen
agent = create_tool_calling_agent(llm, tools, prompt)
agent_executor = AgentExecutor(agent=agent, tools=tools, verbose=True)

# 6. Anfrage stellen
response = agent_executor.invoke({"input": "Wie spät ist es gerade?"})
print(response["output"])
```

In diesem Beispiel übernimmt das LLM (hier OpenAIs freies Modell `gpt-oss:latest`[33]) die Rolle eines smarten Assistenten: Es erkennt, dass die Frage nach der aktuellen Uhrzeit nur mit einem Tool sinnvoll zu beantworten ist, ruft die Funktion `get_current_time()` auf und integriert den Rückgabewert (z. B. `14:37:05`) in seine

33 *https://ollama.com/library/gpt-oss*, das explizit Function Calling unterstützt

Antwort. Dabei nutzt es die Metadaten des bereitgestellten Tools (d. h. die Python-Funktion `get_current_time`) als zwingend nötige Daten, um über die Verwendung des Tools zu entscheiden.

Function Calling im Big-Data-Umfeld

Im Big-Data-Umfeld ist es besonders nützlich, wenn ein Sprachmodell nicht nur allgemeine Antworten gibt, sondern direkt mit Datenquellen interagiert. Über Function Calling lassen sich so Datenbankabfragen, Auswertungen oder Statistikfunktionen als Schnittstellen bereitstellen. Das Modell erkennt anhand der Frage, dass es ein Tool einsetzen muss, ruft die entsprechende Funktion auf und integriert das Ergebnis in seine Antwort.

Das folgende Beispiel zeigt ein Miniszenario: Das Modell erhält eine klassische CSV-Datei, in der (wie so oft in Big-Data-Pipelines) relevante Datensätze gespeichert sind. Die Funktion `count_rows()` ermittelt die Anzahl der Zeilen. Das LLM entscheidet selbständig, das Tool aufzurufen, wenn der Nutzer fragt, wie groß der Datensatz ist.

Listing 18.8 Function Calling: Anzahl Zeilen in einer CSV-Datei als Tool

```python
import pandas as pd
from langchain_ollama import ChatOllama
from langchain.agents import create_tool_calling_agent, AgentExecutor
from langchain.tools import tool
from langchain_core.prompts import ChatPromptTemplate


# 1. Funktion mit @tool Decorator definieren
@tool
def count_rows(file_path: str = "data.csv") -> str:
    """Zählt die Anzahl der Zeilen in einer CSV-Datei.

    Args:
        file_path: Pfad zur CSV-Datei (Standard: data.csv)
    """
    try:
        df = pd.read_csv("./" + file_path)
        return f"Die Datei {file_path} enthält {len(df)} Zeilen."
    except Exception as e:
        return f"Fehler beim Lesen der Datei: {str(e)}"


# 2. Tools Liste
tools = [count_rows]
                                                                     →
```

```
# 3. LLM laden (lokal via Ollama: das LLM muss Function Calling unterstützen)
llm = ChatOllama(model="gpt-oss:latest")

# 4. Prompt Template erstellen
prompt = ChatPromptTemplate.from_messages([
    ("system", "Du bist ein hilfreicher Assistent. Nutze die verfügbaren Tools, um Fragen zu beantworten."),
    ("human", "{input}"),
    ("placeholder", "{agent_scratchpad}")
])

# 5. Agent erstellen
agent = create_tool_calling_agent(llm, tools, prompt)
agent_executor = AgentExecutor(agent=agent, tools=tools, verbose=True)

# 6. Anfrage stellen
response = agent_executor.invoke({"input": "Wie viele Zeilen sind in der Datei data.csv?"})
print(response["output"])
```

In diesem Szenario kann das LLM Fragen über die Größe des Datensatzes beantworten, ohne die gesamte CSV erst in den Prompt laden zu müssen. Das Modell erkennt an der Eingabe, dass die Frage nur durch einen Funktionsaufruf sinnvoll zu beantworten ist, ruft `count_rows()` auf und formuliert das Ergebnis in natürlicher Sprache, z. B.:

```
Die Datei data.csv enthält 4 Zeilen
```

Function Calling verbindet Sprachmodelle mit externen Funktionen oder Datenquellen. Das LLM generiert nicht nur Text, sondern kann Systeminformationen abrufen, Berechnungen durchführen oder Datenbanken abfragen, um so Aufgaben im Big-Data-Umfeld direkt zu steuern und zu automatisieren. Über Function Calling lassen sich so Sprachmodelle in Big-Data-Pipelines integrieren.

18.4.2 Agenten

Sprachmodelle können nicht nur reine Texte generieren, sondern auch als Teil von **Agentensystemen** eingesetzt werden. Ein Agent ist ein Framework (oder eine Komponente), das ein LLM als Kern benutzt, um externe Tools und Funktionen anzusteuern – ganz ähnlich wie beim *Function Calling*. Der wesentliche Unterschied ist jedoch, dass Agenten Iterationen erlauben. Sie planen mehrere Arbeitsschritte, rufen Tools wiederholt auf und kombinieren deren Ergebnisse, bis eine komplexe Aufgabe gelöst ist.

Gewissermaßen könnten wir das LLM in dieser Rolle als „Gehirn“ der Steuerung betrachten.

Didaktisch lassen sich Agenten als eine *Erweiterung von Function Calling* verstehen:

- **Function Calling:** Das Modell ruft eine einzelne Funktion auf, um eine spezifische Information oder Berechnung einzubinden. Beispiel: *„Wie spät ist es?“* → Aufruf von `get_current_time()` → Antwort.
- **Agenten:** Das Modell nutzt mehrere Funktionen oder Werkzeuge in Abfolge, kann Zwischenergebnisse reflektieren und weitere Schritte entscheiden. Beispiel: *„Lade eine CSV mit Unternehmensdaten, berechne den Durchschnittswert der Spalte* `Umsatz` *und erkläre anschließend, warum Umsatzanalysen für Big Data relevant sind.“* → erst Python-Tool, dann Wikipedia-Tool, dann kombinierte Antwort.

LangChain-Agents

LangChain stellt Bausteine bereit, um solche Agenten zu definieren und mit Tools auszustatten. Typische Tools sind Python-Interpreter/Funktionen, Suchmaschinen, Datenbanken (z. B. CSV-Reader) oder Dokument-Retrieval-Systeme (vgl. RAG). Das LLM entscheidet iterativ, welches Tool es als Nächstes benutzt.

Das in Listing 18.9 folgende Beispiel erstellt einen Agenten mit zwei Werkzeugen. Mit einem Python-Interpreter sind Modelle in der Lage, Python-Code selbstständig[34] zu erzeugen, anstatt nur auf vordefinierte Funktionen wie in unserem Function-Calling-Beispiel zurückzugreifen. Als Sprachmodell nutzen wir hier wieder das lokale `ChatOllama`.

Listing 18.9 Ein Agent mit Python-REPL zur Berechnung und Wikipedia zur Recherche (LangChain)

```
from langchain_ollama import ChatOllama
from langchain.agents import create_tool_calling_agent, AgentExecutor
from langchain_core.prompts import ChatPromptTemplate
from langchain_experimental.tools import PythonREPLTool
from langchain_community.tools import WikipediaQueryRun
from langchain_community.utilities import WikipediaAPIWrapper

# 1. LLM laden
llm = ChatOllama(model="gpt-oss:latest")

```
→

34 Wenn wir den LLM-basierten Agenten einfach walten lassen, stellt das natürlich potenziell ein hohes Risiko dar (z. B. zufälliges Löschen von Dateien), sofern keine hinreichenden Sicherheitsmechanismen eingesetzt werden. Diese Features sind deshalb mit Vorsicht zu genießen.

```
# 2. Tools - direkt aus LangChain
tools = [
    PythonREPLTool(),
    WikipediaQueryRun(api_wrapper=WikipediaAPIWrapper())
]

# 3. Einfaches Prompt
prompt = ChatPromptTemplate.from_messages([
    ("system", "Du bist ein hilfreicher Assistent. Nutze die
    ↪ verfügbaren Tools."),
    ("human", "{input}"),
    ("placeholder", "{agent_scratchpad}")
])

# 4. Agent
agent = create_tool_calling_agent(llm, tools, prompt)
agent_executor = AgentExecutor(agent=agent, tools=tools, verbose=True)

# Anfrage
query = (
    "Berechne den Zuwachs, wenn sich Datenmengen "
    "von 1 TB jährlich über 10 Jahre verdoppeln. "
    "Nutze Python für die Berechnung und erkläre "
    "dann mit Bezug auf Wikipedia, warum exponentielles "
    "Datenwachstum für Big Data wichtig ist."
)

response = agent_executor.invoke({"input": query})
print(response["output"])
```

Der Agent nutzt das lokal ausgeführtes Sprachmodell (Ollama mit dem Modell „gpt-oss:latest“) und stattet es mit zwei praktischen Werkzeugen aus:

- einem Python-Interpreter (PythonREPLTool) für mathematische Berechnungen und
- einem Wikipedia-Zugriff (WikipediaQueryRun) für Faktenwissen

Das Agentensystem funktioniert wie ein intelligenter Assistent, der selbstständig entscheidet, welches Tool er wann einsetzen muss: Bei der gestellten Aufgabe zur exponentiellen Datenverdopplung wird der Agent automatisch Python für die Berechnung ($1\,\text{TB} \times 2^{10} = 1024\,\text{TB}$) verwenden und anschließend Wikipedia konsultieren, um Kontextinformationen über Big Data und exponentielles Wachstum zu sammeln. Der AgentExecutor orchestriert dabei den gesamten Prozess – er interpretiert die Anfrage, plant die notwendigen Schritte, ruft die entsprechenden Tools auf und formuliert eine zusammenhängende Antwort. Dies zeigt eindrucksvoll, wie moderne KI-Systeme durch die Kombination von Sprachverständnis und externen Tools komplexe, mehrstufige

Aufgaben autonom lösen können. Wir sollten dabei aber auch mögliche Risiken, die durch autonom agierende KIs entstehen können, nicht außer Acht lassen: Zur Illustration sei an dieser Stelle an den spektakulären Fehlschlag von Microsofts KI-Chatbot Tay erinnert,[35] der sich von Nutzern zu extremistischen und beleidigenden Tweets „überreden" ließ.

Während Function Calling einzelne Funktionsaufrufe ermöglicht (z. B. „gib die aktuelle Uhrzeit zurück"), können Agenten mehrere Tools in Abfolge nutzen, Schritte planen und Zwischenergebnisse kombinieren. Damit erweitern sie Sprachmodelle zu flexiblen Steuerungsinstanzen für komplexe Big-Data-Aufgaben.

18.5 Model Context Protocol (MCP)

Function Calling und Agenten rüsten LLMs mit programmatischen Werkzeugen und Zugriff auf externe Datenquellen aus. Um das Zusammenspiel dieser Einheiten, und vor allem deren Interoperabilität, weiter zu vereinfachen und zu standardisieren, hat sich in jüngster Zeit das MCP-Protokoll etabliert.

Das *Model Context Protocol (MCP)* ist ein ursprünglich von Anthropic[36] ins Leben gerufener offener Standard, der definiert, wie KI-Anwendungen (insbesondere große Sprachmodelle) auf externe, meist heterogene Datenquellen und Tools (d. h. beliebige Werkzeuge) zugreifen. Wir können uns MCP wie den normierten „USB-C-Anschluss" für KI vorstellen. Es standardisiert die Verbindung von LLMs mit unterschiedlichsten Datenquellen und Diensten. Eine MCP-Implementierung besteht typischerweise aus einem Server und einem Client und nutzt JSON-RPC[37] zum Austausch von Nachrichten. Das LLM (bzw. die LLM-Agenten-Anwendung) fungiert als MCP-Client. Datenbanken, APIs oder andere Tools werden von MCP-Servern zur Nutzung angeboten. Über diese Kanäle kann das Modell in strukturierter Weise Tools (Funktionen) aufrufen oder Daten abfragen. Dabei liefert der MCP-Server Metadaten (vgl. Daten und Datenformate in Kapitel 3) zu den verfügbaren Tools („Tool-Metadaten"), sodass das Modell selbst entscheidet, welche Tools es wann nutzt.

Es ist anzumerken, dass in der Vergangenheit bereits viele bekannte Anbieter ihre Sprachmodelle spezifisch auf sogenanntes „Function Calling" trainiert und eigene Möglichkeiten bereitgestellt haben, dieses zu nutzen (z. B. Mistrals „Function Calling"[38]). MCP ist daher auch ein Versuch, individuelles „Function Calling" beliebiger LLMs zu standardisieren. Dies birgt unter anderem diverse Vorteile wie …

35 *https://www.sueddeutsche.de/wirtschaft/microsoft-programm-tay-rassistischer-chat-roboter-mit-falschen-werten-bombardiert-1.2928421*

36 *https://www.anthropic.com/news/model-context-protocol*

37 *https://www.jsonrpc.org*

38 *https://docs.mistral.ai/capabilities/function_calling*

- *Interoperabilität:* Ein MCP-Server kann einmal geschrieben und dann von beliebigen LLMs und Plattformen wiederverwendet werden – es kann darauf verzichtet werden, proprietäre Integrationen für jedes Modell einzeln zu bauen (wie z. B. OpenAIs Function Calling[39]).
- *Sicherheit & Zuverlässigkeit:* Da das LLM echte Funktionen (Tools) aufruft (statt zu halluzinieren[40]), erhält es in Echtzeit aktuelle Daten. Etwa kann es den aktuellen Lagerbestand oder Produktdaten aus der Datenbank abfragen, statt diese aus dem Trainingsdatenbestand zu „raten". Dies ist umso wichtiger, als LLMs normalerweise auf die Aktualität ihrer Trainingsdaten beschränkt sind.
- *Modularität:* In der Entwicklung können wiederverwendbare „Connectoren" (MCP-Server) für Dateisysteme, Datenbanken, Web-APIs etc. gebaut und genutzt werden. Zahlreiche Beispiel-Server existieren bereits (u. a. für SQLite/PostgreSQL, Online-Laufwerke wie Google Drive, Git-Repositories usw.[41]).

Durch diese Architektur werden LLM-basierte KI-Agenten vom isolierten, klassischen Chatbot hin zu „kontextbewussten, integrierten Systemen", ähnlich wie traditionelle Apps, weiterentwickelt.

18.5.1 Das Problem: Zusammenführung heterogener Datenquellen

Wie in den vergangenen Kapiteln bereits diskutiert (vgl. 3Vs, bzgl. Variety), liegen im Big-Data-Umfeld Daten oft verteilt in verschiedenen Formaten (vgl. Datenformate in Kapitel 3) und Systemen (vgl. Kapitel 11) vor (z. B. RDBMs, NoSQL-Datenbanken, CSV-Dateien, Web-APIs usw.). Das Zusammenführen dieser *heterogenen Quellen* erfordert in der Regel einen Datenintegrationsschritt (ETL/ELT). Das Ziel ist, Daten aus mehreren Quellen in ein gemeinsames Analyseformat zu überführen, um individuelle Anwendungsfälle zu realisieren (z. B. Entscheidungen).

Beispiel

Schauen wir uns nun als Beispiel einen konkreten Datensatz an. Ein „Superstore"-Riese führt seine Verkaufsdaten in einer CSV-Datei (z. B. dem Kaggle-Datensatz „Superstore Dataset"[42]) und speichert Kundendaten in einer relationalen SQL-Datenbank. Um beide zu kombinieren, könnten wir in Python etwa manuell so vorgehen wie Listing 18.10 am Beispiel von Pandas und SQLite skizziert.

39 *https://platform.openai.com/docs/guides/function-calling*

40 Natürlich sind wir hier der Annahme, dass die bereitgestellten Funktionen fehlerfrei funktionieren.

41 Eine Übersicht von MCP Servern wird hier gepflegt: *https://github.com/modelcontextprotocol/servers?tab=readme-ov-file*

42 *https://www.kaggle.com/datasets/vivek468/superstore-dataset-final*

Listing 18.10 Superstore

```
import pandas as pd, sqlite3

# CSV mit Verkaufsdaten laden (z. B. Kaggle Superstore)
sales_df = pd.read_csv("superstore.csv", parse_dates=["Order Date"])

# Lokale SQLite-Datenbank öffnen (enthält z. B. Kundentabellen)
conn = sqlite3.connect("customers.db")
customers_df = pd.read_sql("SELECT CustomerID, Segment, City FROM
↪ customers", conn)

# Daten zusammenführen (z. B. Join über CustomerID)
merged = pd.merge(sales_df, customers_df, on="CustomerID", how="left")
```

Hier erhalten wir einen DataFrame, der beide Informationsquellen verknüpft. MCP kann hier unterstützen, indem etwa ein MCP-Server die SQL-Datenbank abfragt und die CSV (als Dateisystem-Tool) zugänglich macht. Ein LLM-Agent könnte dann z. B. mit einem SQL-Tool, welches von einem MCP-Server bereitgestellt wird, einen Join anfordern, *ohne* dass manuell Code geschrieben wird. All dies nur unter Verwendung eines initialen Prompts in natürlicher Sprache! Wir benötigen also unser manuelles Python-Skript nicht mehr, da die Arbeit von einem Agenten übernommen wird.

Insgesamt besteht der Nutzen heterogener Datenintegration darin, dass das Modell umfassendere Analysen durchführen kann. Beispielsweise könnten die Verkaufszahlen mit externen Marketingdaten oder auch Wetterdaten verknüpft werden, um gezielt interessante Muster zu erkennen. MCP abstrahiert dabei die Details: Das LLM sieht eine standardisierte Schnittstelle, zusammen mit einer Beschreibung, über die es beliebige Daten (Datenbanken, Dateien, APIs) abfragen kann.

Manuelle (klassische) Analyse des Superstore-Datensatzes (Beispiel)

Bevor wir MCP als Praxisbeispiel demonstrieren, zeigen wir zuerst, was wir normalerweise „per Hand“ auf uns nehmen müssten, um gezielte Analysen durchzuführen zu können. Unser „Superstore Dataset“-Datensatz enthält Verkaufsdatensätze eines fiktiven Versandhauses (USA, Zeitraum 2014–2017, insgesamt 9.994 Zeilen). Wichtige Spalten sind etwa `Sales` (Umsatz) und `Profit` (Gewinn). Der Datensatz kann beispielsweise in Python mit Pandas geladen und ausgewertet werden wie in Listing 18.11 demonstriert.

Listing 18.11 Superstore: Analyse

```python
import pandas as pd

# CSV laden
df = pd.read_csv("superstore.csv", parse_dates=["Order Date"])

# Gesamtumsatz und -profit je Jahr berechnen
df["Year"] = df["Order Date"].dt.year
yearly = df.groupby("Year")[["Sales","Profit"]].sum().reset_index()

print(yearly)
```

Im Kaggle-Beispiel ergibt sich dabei etwa folgender Trend (Werte aus obiger Analyse):

Tabelle 18.2 Manuelle Superstore-Trendanalyse mit Pandas-DataFrames

Year	Sales	Profit
2014	484.247,50	49.543,97
2015	470.532,51	61.618,60
2016	609.205,60	81.795,17
2017	733.215,26	93.439,27

Wir sehen, dass der Gewinn über die Jahre stetig wuchs, während der Umsatz insgesamt anstieg. Solche klassischen OLAP-Auswertungen können weiterführend nach Produktkategorie, Bundesstaat oder Quartal gegliedert werden – etwa mit SQL-Gruppenabfragen oder wie hier mit Pandas' `groupBy`. Wichtig ist, dass bei großen Datenmengen die gleiche Logik gilt: Daten müssen geladen, bereinigt und aggregiert werden. Hier kann MCP helfen, indem z. B. ein Datenbank-Tool Abfragen übernimmt oder ein Dateisystem-Tool CSV-Daten bereitstellt, sodass das Modell (oder das Skript) die Inhalte direkt nutzen kann.

18.5.2 MCP-Beispiele mit FastMCP und LangChain

Im Folgenden diskutieren wir MCP-Beispiele anhand von LangChain mithilfe von Python. Als einführendes Beispiel bauen wir einen einfachen Taschenrechner nach, um die Grundidee und den Datenfluss von MCP zwischen Client und Server zu verstehen. Danach bauen wir einen MCP-Server für den Superstore-Datensatz.

Listing 18.12 Taschenrechner Beispiel: MCP-Server mit FastMCP und Python (`calc_server.py`)

```
from mcp.server.fastmcp import FastMCP
mcp = FastMCP("MathServer")

@mcp.tool()
def add(a: int, b: int) -> int:
    """Addiere zwei Zahlen."""
    return a + b

@mcp.tool()
def multiply(a: int, b: int) -> int:
    """Multipliziere zwei Zahlen."""
    return a * b

if __name__ == "__main__":
    mcp.run(transport="stdio")
```

Beispiel: Taschenrechner

Als erstes praktisches Beispiel richten wir einen einfachen MCP-Server in Python ein, der Daten verarbeitet, und verbinden ihn mithilfe von LangChain mit einem Agenten. In diesem Beispiel, welches wir mithilfe von FastMCP[43] realisieren, bieten wir Mathe-Funktionen an, welche wir als „Taschenrechner-Tools" werten können.

Listing 18.12 zeigt den Python-Code für den MCP-Server, Listing 18.13 den Python-Code für den MCP-Client. Für den Client können wir dank LangChain unser gewünschtes LLM beliebig auswählen (z. B. OpenAIs Web API und GPT-4o oder Metas lokales Llama 3.1 Modell mithilfe von Ollama).

Als Teil unseres Taschenrechner-Servers (`calc_server.py`) definieren wir zwei Tools („add" und „multiply" für Addieren und Multiplizieren zweier Ganzzahlen). In unserem Beispiel wird zur Vereinfachung des Beispiels der Server als Teil des MCP-Clients gestartet. Normalerweise läuft dieser dediziert auf einem anderen Rechner.

Bild 18.1 veranschaulicht die HTTP-Kommunikation und damit den Workflow zwischen dem Client (d. h. dem Agent) und dem Taschenrechner Server über das MCP-Protokoll anhand eines Interaktionsdiagramms. Zuerst wird ein Stream geöffnet, danach können via HTTP Anfragen und entsprechenden JSON-RPC-Methoden, die das MCP-Protokoll festlegt, Nachrichten ausgetauscht werden. Der LangChain-Agent in Listing 18.13 liest die vorhandenen MCP-Tools automatisch aus und kann entsprechende Anfragen zum Aufruf dieser Tools an den MCP-Server senden. Er schickt die Frage (d. h. den Prompt in natürlicher Sprache) „Berechne (3+5)12" zuerst an das Modell, welches erkennt,

43 *https://gofastmcp.com/getting-started/welcome*

Listing 18.13 Taschenrechner-Beispiel: MCP-Client/Agent mit FastMCP und LangChain Agents (`calc_client.py`)

```
import asyncio
from mcp import ClientSession, StdioServerParameters
from mcp.client.stdio import stdio_client
from langchain_mcp import MCPToolkit
from langgraph.prebuilt import create_react_agent
from langchain_ollama import ChatOllama

# LLM
model = ChatOllama(model="gpt-oss:latest")

# Server-Parameter für MCP
server_params = StdioServerParameters(
    command="python",
    args=["calc_server.py"],  # Starte den MCP Server
)

async def run_agent():
    """Führt den Agent mit MCP Tools aus."""
    async with stdio_client(server_params) as (read, write):
        async with ClientSession(read, write) as session:
            # Session initialisieren
            await session.initialize()
            # MCP Toolkit erstellen
            toolkit = MCPToolkit(session=session)
            await toolkit.initialize()
            tools = toolkit.get_tools()
            # Agent mit den Tools erstellen
            agent = create_react_agent(model, tools)
            # Agent-Anfrage ausführen (moderne Syntax)
            response = await agent.ainvoke({
                "messages": [{"role": "user", "content": "Berechne
                ↪ (3+5)*12"}]
            })
            # Antwort extrahieren
            print(response["messages"][-1].content)  # Erwartet: 96

# Agent ausführen
asyncio.run(run_agent())
```

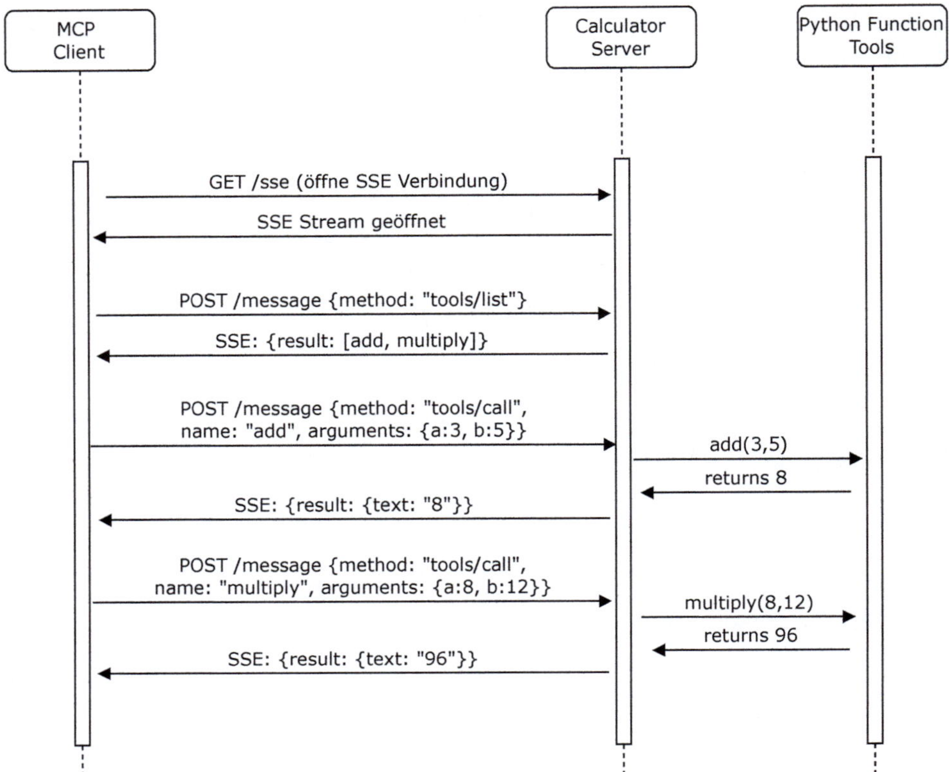

Bild 18.1 MCP-Taschenrechner-Beispiel: Client-Server-Kommunikation und Workflow

dass es zuerst „add(3,5)“ und dann „multiply(8,12)“ aufrufen muss. Diese gewünschten Aufrufe teilt das LLM nun dem Agenten mit, der dann entsprechende Anfragen an den MCP-Server schickt.

Am Ende sollte nun das korrekte Ergebnis „96“ herauskommen, ohne dass wir es selbst berechnen mussten. Eine mögliche Ausgabe des LLM-basierten Agenten kann für unseren Anwendungsfall beispielsweise wie folgt aussehen:

```
(3 + 5) x 12 = 8 x 12 = 96
```

Mit MCP lassen sich solche Workflows auch um Datenübertragung erweitern: Statt reiner Rechenfunktionen könnten Tools etwa Datenbankabfragen oder Datentransformationen sein (siehe nächstes Beispiel). Der Aufwand für die Integration mehrerer Tools entfällt, da alles über das MCP-Protokoll standardisiert wird.

18.5.3 Analyse des Superstore-Datensatzes mit MCP

In diesem Abschnitt demonstrieren wir in einem zweiten Beispiel die praktische Anwendung des MCP-Protokolls anhand des vorgestellten Superstore-Datensatzes, den wir zuvor händisch in Listing 18.11 mit Pandas manuell analysiert haben. Ziel ist es, einen KI-Agenten lokal mit einem Modell (hier über `Ollama`) auszuführen, der über MCP Zugriff auf die strukturierten Verkaufsdaten erhält und unsere natürliche Sprache automatisch in präzise SQL-Datenabfragen umsetzt. Das bedeutet, dass wir für unser Beispiel weder manuellen Code benötigen noch SQL als Abfragesprache verwenden müssen. Hier ein kurzer Überblick der die Verarbeitung veranschaulicht:

- **Datenquelle:** Superstore-Datensatz (CSV, in SQLite[44] importiert)
- **Tool:** MCP-Server stellt SQL-Tools zur Verfügung (Tabellenschemaabfrage und SQL-Abfrage)
- **Modell:** Lokal laufendes LLM (hier gpt-oss via Ollama)
- **Agent:** LangChain-Agent, der die SQL Tools dynamisch nutzt

Datenbank vorbereiten

Zunächst überführen wir, wie in Listing 18.14 gezeigt, den von Kaggle bereitgestellten CSV-Datensatz in eine SQLite-Datenbank, die wir (d. h. der LangChain Agent) später per SQL ansprechen können. Wir tun dies hier aus didaktischen Gründen manuell. Alternativ könnten wir diese Aufgabe auch in ein eigenes MCP-„Tool" auslagern.

Listing 18.14 Superstore Beispiel: Konvertierung CSV zu SQLite

```python
import pandas as pd
import sqlite3

df = pd.read_csv("superstore.csv")
conn = sqlite3.connect("superstore.db")
df.to_sql("sales", conn, if_exists="replace", index=False)
conn.close()
```

Danach erstellen wir einen MCP-Toolserver (wieder mithilfe von FastMCP), der SQL-Abfragen entgegennehmen und ausführen kann. Dafür stellt unser MCP-Server ein Tool, d. h. eine Python-Funktion `run_query` bereit, die beliebige SQL-Abfragen auf der Datenbank ausführen kann (siehe Listing 18.15). Wichtig hierbei ist es, dem MCP-Client (d. h. dem LLM-Modell) alle nötigen Informationen dazu bereitzustellen. In unserem Fall benötigt der KI-Agent Informationen über das Datenbankschema und die Tabelle,

44 Wir könnten hier beliebige Datenquellen wie z. B. NoSQL-Datenbanken nutzen.

die angefragt werden soll. Es gibt verschiedene Möglichkeiten, diese Metadaten bereitzustellen. Wir können, wie in unserem Beispiel realisiert, das Tabellenschema als weiteres Tool zur Verfügung stellen (siehe `get_schema()` in Listing 18.15), welches das SQL-Schema der aktuellen Datenbank automatisch zurückliefert (z. B. „`PRAGMA table_info(sales);`“). Alternativ dazu können wir es aber auch als Funktionsbeschreibung in Python als Teil von `run_query()` bereitstellen. Eine weitere denkbare Alternative ist beispielsweise, das Schema zum Start als „System Prompt“ mitzugeben (z. B. „Du bist ein SQL-Experte. Die Tabelle `sales` enthält folgende Spalten: ...“).

Listing 18.15 Superstore Beispiel: MCP-Server für SQL-Zugriff („Datenabfrage-Tool“ `sql_server.py`)

```python
from mcp.server.fastmcp import FastMCP
import sqlite3, pandas as pd

mcp = FastMCP("SuperstoreSQLTool")

@mcp.tool()
def run_query(sql: str) -> str:
    """
    SQL-Abfrage auf Superstore-Datenbank ausführen.
    Führt eine SQL-Abfrage auf der Tabelle 'sales' aus.
    """
    conn = sqlite3.connect("superstore.db")
    try:
        df = pd.read_sql_query(sql, conn)
        return df.to_string(index=False)
    except Exception as e:
        return f"Fehler: {e}"
    finally:
        conn.close()

@mcp.tool()
def get_schema() -> str:
    """Gibt das SQL-Schema der Tabelle 'sales' zurück."""
    conn = sqlite3.connect("superstore.db")
    cursor = conn.cursor()
    cursor.execute("PRAGMA table_info(sales);")
    schema = cursor.fetchall()
    conn.close()
    return "\n".join([f"{col[1]} ({col[2]})" for col in schema])


if __name__ == "__main__":
    mcp.run(transport="stdio")
```

Nun erstellen wir einen LLM-basierten Agenten mit lokalem Modell und obigem MCP-Tool-Server. In Listing 18.16 wird ein LangChain-Agent mit einem lokal laufenden LLM gestartet (d. h. GPT-OSS via Ollama) und automatisch das SQL-Tool über MCP genutzt.

Listing 18.16 Superstore-Beispiel: LangChain-Agent (MCP-Client) mit lokalem Modell via Ollama (`sql_client.py`)

```python
import asyncio
from mcp import ClientSession, StdioServerParameters
from mcp.client.stdio import stdio_client
from langchain_mcp import MCPToolkit
from langgraph.prebuilt import create_react_agent
from langchain_ollama import ChatOllama

# LLM
model = ChatOllama(model="gpt-oss:latest")

# Server-Parameter für MCP
server_params = StdioServerParameters(
    command="python",
    args=["sql_server.py"],  # Starte den MCP Server
)

async def run_agent():
    """Führt den Agent mit MCP Tools aus."""
    async with stdio_client(server_params) as (read, write):
        async with ClientSession(read, write) as session:
            # Session initialisieren
            await session.initialize()
            # MCP Toolkit erstellen
            toolkit = MCPToolkit(session=session)
            await toolkit.initialize()
            tools = toolkit.get_tools()
            # Agent mit den Tools erstellen
            agent = create_react_agent(model, tools)
            # Agent-Anfrage ausführen (moderne Syntax)
            response = await agent.ainvoke({
                "messages": [{"role": "user", "content": "Wie hoch war der Gewinn 2016?"}]
            })
            # Antwort extrahieren
            print(response["messages"][-1].content)

# Agent ausführen
asyncio.run(run_agent())
```

Bei Ausführung ruft der Agent automatisch die passenden Tools auf, um den Gewinn für 2016 zu ermitteln. Das Tool `get_schema()` wird aufgerufen, um Informationen (Metadaten) über die Datenbanktabelle `Sales` zu erhalten, und das Tool (`run_query`) wird genutzt, um die nötigen SQL-Abfragen zu stellen, z. B.:

```
SELECT SUM(Profit) FROM sales WHERE strftime('%Y', 'Order Date')
= '2016';
```

Das LLM antwortet anschließend mit dem berechneten Wert, z. B. Fließtext in Markdown formatiert (die Ausgabe kann je nach LLM und Wiederholung variieren!):

Listing 18.17 Beispiel: Ergebnis des MCP-SQL-Clients: „Wie hoch war der Gewinn 2016?"

```
Der Gesamtgewinn (Profit) für das Jahr 2016 betrug: **81 795,17 €**

(Die Daten stammen aus der Spalte `Profit` der Tabelle `sales`; die
    Berechnung wurde über die Datums-Spalte `Order Date` durchgeführt,
    die im Format `MM/DD/YYYY` vorliegt.)
```

Dieses Beispiel zeigt, wie durch MCP strukturierte Datenquellen über einfache Tools integriert und von lokalen KI-Modellen nutzbar gemacht werden können. Wie wir sehen, bekommen wir hier das gleiche Ergebnis wie in Tabelle 18.2, die wir mühsam manuell mit Pandas errechnet haben. Der wichtige Unterschied ist aber, dass wir mit dem MCP-Client/Agent automatisiert eine Antwort erhalten haben, ohne dass wir Code oder SQL-Ausdrücke schreiben mussten – alles ging automatisch. Wir mussten nur unsere Anfrage in natürlicher Sprache formulieren!

Unser Beispiel kann natürlich beliebig mit zusätzlichen Tools erweitert werden, um weiteren Anforderungen gerecht zu werden (z. B. weitere OLAP-Analysen oder das Zusammenführen von Datensätzen). Andererseits wäre es eventuell wünschenswert, die Ergebnisse direkt zu visualisieren (z. B. Agent nutzt Pandas `matplotlib`-Visualisierungen; vgl. Visualisierung in Abschnitt 15.5.1). In Bezug auf die Entwicklung von Tools mit MCP ist natürlich eine fehlerfreie Realisierung der Tools wie in der klassischen Softwareentwicklung unabdingbar, damit LLMs faktisch richtige Antworten generieren können. Dazu bietet es sich an, früh in der Entwicklung Werkzeugaufrufe zu protokollieren, um auch das Zusammenspiel mit LLM-Modellen zu verifizieren (d. h. Nachvollziehbarkeit und Transparenz). In einem solchen „Audit" der Tool-Nutzung kann es daher nützlich sein, diese zu protokollieren (z. B. Eingaben, Ausgaben und Modellentscheidung).

Fazit

MCP bietet einen standardisierten Ansatz, um Big-Data-Workflows mit KI-Anwendungen zu verschmelzen. Hier können unterschiedliche (d. h. heterogene) Datenquellen (CSV, Datenbanken, APIs, Wissensbasen etc.) über standardisierte MCP-Server als Werkzeuge („Tools") angeboten werden, die ein LLM-gestützter Agent zur Analyse oder Entscheidung heranzieht. Praktische Beispiele mit LangChain zeigen, dass wir in Python zügig MCP-Server programmieren und einen Agenten „Plug-and-Play" mit diesen Tools arbeiten lassen können. Wir haben gezeigt, dass wir auch lokal mit kleinen Modellen (z. B. über Ollama) experimentieren und gleichzeitig praxisnah erkunden können, wie Daten aus heterogenen Quellen in KI-gestützten Analysen zusammenfließen. Proprietäre Ansätze wie Anthropics Claude Desktop[45] bieten diese Funktionen auch für Endanwender an.

Zusätzlich ist hervorzuheben, dass hier LLMs im Einsatz sind. Wir können also nicht nur unsere Anfragen in natürlicher Sprache formulieren, wir können diese auch in mehreren Sprachen formulieren (englisch, deutsch etc.). Dies erhöht den Nutzen der bereitgestellten Tools weiter um ein Vielfaches, da LLMs uns einige Arbeit abnehmen können.

Exkurs: Code-Generierung mit LLMs – Die Lücke zwischen Syntax und Semantik: Wer schon einmal mit einem KI-Code-Assistenten wie ChatGPT, Claude oder GitHub Copilot gearbeitet hat, kennt den vermeintlich *magischen Moment*: Wir schreiben einen Kommentar, der eine komplexe Funktion beschreibt, und die KI generiert in Sekundenschnelle den passenden, syntaktisch perfekten Code. Diese Fähigkeit, die auf dem Training großer Sprachmodelle (LLMs) mit Abermilliarden Zeilen Open-Source-Code beruht (größtenteils aus GitHub [Loz+24]), hat das Potenzial, die Softwareentwicklung immens zu beschleunigen. Doch hinter der beeindruckenden Fassade verbirgt sich eine fundamentale Einschränkung, die gerade im Bereich Big Data Engineering und Analyse kritisch ist: Das LLM „versteht" und verarbeitet nur die Sprache des Codes (d. h. Syntax), nicht aber sein Verhalten zur Laufzeit (d. h. Semantik).

Syntax-Profi, Semantik-Anfänger: Heutige Modelle wie OpenAIs Codex oder Claudes Sonnet lernen daher hauptsächlich aus der statischen Struktur von Quelltext. Das LLM lernt aus Token-Sequenzen, Kommentaren und Mustern, wie Code *aussehen* sollte. Es hat aber keine Information darüber, wie sich dieser Code zur Laufzeit in einer spezifischen Laufzeitumgebung verhält. So wird aus der Rolle des Programmierers, gezwungenermaßen eine Testerrolle: Wir müssen nachvollziehen, ob der Code verlässlich funktioniert. Neben dem tatsächlich beobachteten Code-Verhalten zur Laufzeit (d. h. *Funktionalität*), dem wohl wichtigsten Aspekt von Programmen, bleiben weitere Aspekte verborgen:

45 *https://claude.ai/download*

- *Performance*: Ist der generierte Algorithmus für große Datenmengen effizient?
- *Ressourcenverbrauch*: Führt der Code zu Speicherlecks oder schließt er offene Verbindungen nicht?
- *Nebenwirkungen*: Interagiert der Code korrekt mit anderen Systemkomponenten, insbesondere in nebenläufigen oder verteilten Architekturen?

Diese „Ignoranz" gegenüber dem Laufzeitverhalten ist kein triviales Versäumnis, sondern wurzelt in einer tiefen Erkenntnis der theoretischen Informatik: dem Theorem von Rice [Ric53]. Vereinfacht ausgedrückt besagt dieser Satz, dass es unmöglich ist, einen allgemeinen Algorithmus zu schaffen, der eine beliebige nicht-triviale Eigenschaft des Laufzeitverhaltens eines Programms allein durch die Analyse des Quellcodes mit Sicherheit vorhersagen kann. Zu diesen „unentscheidbaren" Eigenschaften gehören Fragen wie: „Wird dieses Programm jemals anhalten?" (das berühmte Halteproblem; vgl. Alan Turing), „Wird der Speicherverbrauch einen Grenzwert überschreiten?" oder „Kann es zu einer Race Condition kommen?". Da auch ein LLM im Kern nur ein (sehr komplexer) Algorithmus ist, kann es diese Fragen durch rein statische Analyse ebenfalls nicht garantieren. Es kann lediglich auf Basis von Mustern in seinen Trainingsdaten wahrscheinliche Aussagen treffen, aber niemals eine absolute Gewissheit liefern.

Mit Laufzeitdaten zu besserem Code: Genau hier setzt ein Forschungszweig einer der Autoren dieses Buches an, der unter dem Begriff „Morescient GAI" (eine wissendere KI) firmiert [KA25b]. Die Vision ist es, die „Ahnungslosigkeit" (nescience) der Modelle bezüglich der Code-Ausführung zu überwinden. Statt die KI nur mit Quelltext zu füttern, wird sie zusätzlich mit einem riesigen Fundus an Laufzeitinformationen trainiert. Die Erfassung und Verarbeitung dieser Daten ist selbst eine klassische Big-Data-Herausforderung. Mögliche Trainingsdaten sind Testergebnisse [KA25a] (z. B. aus Unit Testing), Execution Traces und Performance Profile.

Indem das Modell lernt, syntaktischen Code mit seinem dynamischen Verhalten zu korrelieren, entwickelt es ein semantischeres Bewusstsein. Es lernt nicht nur, Code zu schreiben, der auf den ersten Blick oft erstaunlich gut aussieht, sondern der auch mit höherer Genauigkeit korrekt für das Vorhaben des Entwicklers funktioniert. Alternativ zu reinem Training können die erhobenen Laufzeitdaten von Code auch in anderen Techniken wie zur Anreicherung des Kontexts von LLM-Prompts, RAG, KI-Agenten oder als MCP Tool/Datenquelle genutzt werden. Erst dieser komplementäre Schritt könnte es ermöglichen, das volle Potenzial der KI-gestützten Softwareentwicklung zu entfalten und die Zuverlässigkeit zu schaffen, die für anspruchsvolle Datenanalyse- und Big-Data-Systeme unabdingbar ist.

Literatur

[AG24] Jay Alammar und Maarten Grootendorst. *Hands-on large language models: language understanding and generation*. O'Reilly Media, Inc., 2024.

[al24] Aaron Grattafiori et al. *The Llama 3 Herd of Models*. 2024. arXiv: *2407.21783* [cs.AI].

[Dev+19] Jacob Devlin et al. *BERT: Pre-training of Deep Bidirectional Transformers for Language Understanding*. 2019. arXiv: *1810.04805* [cs.CL].

[Hof+22] Jordan Hoffmann et al. *Training Compute-Optimal Large Language Models*. 2022. arXiv: *2203.15556* [cs.CL].

[Hua+25] Lei Huang et al. „A Survey on Hallucination in Large Language Models: Principles, Taxonomy, Challenges, and Open Questions". In: *ACM Trans. Inf. Syst.* 43.2 (Jan. 2025). DOI: *10.1145/3703155*.

[KA25a] Marcus Kessel und Colin Atkinson. „LASSO als Plattform für differenzielle Testdatenanalyse". In: *German Testing Magazine* (Juli 2025). Testdatenmanagement – das Rückgrat effektiver Tests.

[KA25b] Marcus Kessel und Colin Atkinson. „Morescient GAI for Software Engineering". In: *ACM Trans. Softw. Eng. Methodol.* 34.5 (Mai 2025). DOI: *10.1145/3709354*.

[Kap+20] Jared Kaplan et al. *Scaling Laws for Neural Language Models*. 2020. arXiv: *2001.08361* [cs.LG].

[Lew+19] Mike Lewis et al. *BART: Denoising Sequence-to-Sequence Pre-training for Natural Language Generation, Translation, and Comprehension*. 2019. arXiv: *1910.13461* [cs.CL].

[Loz+24] Anton Lozhkov et al. *StarCoder 2 and The Stack v2: The Next Generation*. 2024. arXiv: *2402.19173* [cs.SE].

[Mik+13] Tomas Mikolov et al. „Efficient estimation of word representations in vector space". In: *arXiv preprint arXiv:1301.3781* (2013).

[Rad+18] Alec Radford et al. „Improving language understanding by generative pre-training". In: (2018).

[Raf+23] Colin Raffel et al. *Exploring the Limits of Transfer Learning with a Unified Text-to-Text Transformer*. 2023. arXiv: *1910.10683* [cs.LG].

[Ras24] Sebastian Raschka. *Build a Large Language Model (From Scratch)*. Simon und Schuster, 2024.

[Ric53] H. G. Rice. „Classes of Recursively Enumerable Sets and Their Decision Problems". In: *Transactions of the American Mathematical Society* 74.2 (1953), S. 358–366.

[San+20] Victor Sanh et al. *DistilBERT, a distilled version of BERT: smaller, faster, cheaper and lighter*. 2020. arXiv: *1910.01108* [cs.CL].

[Sch+25] Sander Schulhoff et al. *The Prompt Report: A Systematic Survey of Prompt Engineering Techniques*. 2025. arXiv: *2406.06608* [cs.CL].

[TLD24] Liyan Tang, Philippe Laban und Greg Durrett. *MiniCheck: Efficient Fact-Checking of LLMs on Grounding Documents*. 2024. arXiv: *2404.10774* [cs.CL].

[Vas+17] Ashish Vaswani et al. „Attention is All you Need". In: *Advances in Neural Information Processing Systems*. Hrsg. von I. Guyon et al. Bd. 30. Curran Associates, Inc., 2017.

Teil 5
Epilog

19 Gedanken zum Abschluss

Lassen Sie uns das Schlusskapitel augenzwinkernd mit einem bekannten Zitat einleiten, das in den Anfangs- und Teenager-Jahren von Big Data einen nicht zu unterschätzenden Kern an Wahrheit enthielt.

> "Big data is like teenage sex: everyone talks about it, nobody really knows how to do it, everyone thinks everyone else is doing it, so everyone claims they are doing it."
>
> – Dan Ariely

Es bringt auch sehr schön den sogenannten „Big Data Envy", also den Neid auf die anderen, die Big Data vorgeblich längst erfolgreich nutzen, auf den Punkt. Dieser hat nach zahlreichen Anekdoten dazu geführt, dass in den späten Nullerjahren jede international tätige Firma, die etwas auf sich hielt, in einen Hadoop-Cluster investierte, der jedoch meist in Ermangelung von Daten und Datenexperten untätig vor sich hin dümpelte.

Zwischenzeitlich haben sich sowohl Hardware und Software weiterentwickelt und auch Big Data als Fachgebiet ist deutlich gereift. Wir wollen in diesem Schlusskapitel zunächst einige Anwendungsfälle vorstellen, bevor wir Ihnen die wichtigsten Erkenntnisse dieses Buches noch einmal gesammelt an die Hand geben und uns mit einigen philosophischeren Gedanken und einem Ausblick von Ihnen verabschieden.

19.1 Praxisbeispiele

Vom Umgang mit großen Datenmengen in der Praxis gibt es zahlreiche Erfolgs- und auch einige Misserfolgsgeschichten zu berichten. Oft reicht es aus, nach den Vorreitern von der amerikanischen Westküste (wie Amazon[1], Google[2], Linkedin[3], Meta[4], Netflix[5]) mit einigen passenden Stichwörtern zu googeln, um spannende Hintergründe, Ideen und auch die ein oder andere Anekdote im Internet zu finden, meist natürlich mit etwas Eigenwerbung garniert. Aus Platzgründen haben wir uns dazu entschieden, auf diese nur knapp hinzuweisen und unseren Schwerpunkt im Folgenden abseits des Mainstreams zu setzen. Wir möchten diese Einblicke dennoch nicht missen, weil wir denken, dass sie eine spannende Inspiration – und an manchen Stellen gewissermaßen auch eine Warnung – sein können, was mit Big Data bereits heute alles möglich ist und durch die Nutzung von KI-Agenten (siehe Abschnitt 18.4) in Zukunft womöglich noch stärker automatisiert werden wird.

Beginnen[6] möchten wir mit einem Beispiel aus der **Wissenschaft**, das häufig als nicht besonders prominent wahrgenommen wird. Der Large Hadron Collider (LHC) am CERN in Genf ist nicht nur eine der komplexesten Maschinen, die die Menschheit je gebaut hat, sondern ist auch bei der Menge an Daten, die sie produziert, ganz vorne dabei. Dort entstehen pro Jahr etwa 200 Petabyte an Daten, die im sogenannten Worldwide LHC Computing Grid (WLCG, [BBC+14]) in verschiedenen Stufen auf insgesamt etwa 170 Rechenzentren in über 40 Ländern zur Speicherung und Analyse verteilt werden. Alleine die Detektoren des LHC produzieren während eines Experiments bis zu 300 GB/s an Daten, aus denen bereits vor der ersten Speicherung etwa 1 Promille an tatsächlich relevanten Daten herausgefiltert wird. Die verschiedenen Rechenzentren des WLCG haben in den vergangenen rund zwei Jahrzehnten jede Menge verschiedene Technologien zur Bewältigung dieser Datenmassen eingesetzt, unter anderem gibt es Berichte über den erfolgreichen Einsatz von Open-Source-Werkzeugen wie HBase oder Phoenix [CAA21].

Aus der **Industrie** gibt es ebenfalls laufend Nachrichten über den Einsatz von Big-Data- und Data-Science-Methoden, etwa zur Verbesserung der Kundenzufriedenheit. Wir müssen für Big-Data-Erfolgsgeschichten nicht immer der Blick gen Silicon Valley schweifen lassen, es reicht durchaus aus, nur über den Ärmelkanal zu blicken. Der Triebwerkshersteller Rolls Royce ist dort vor einigen Jahren groß in die Datenverarbeitung eingestiegen und nutzt Big Data sowohl in Design und Herstellung seiner Triebwerke als auch in der Betriebsüberwachung.[7] So fallen bereits bei der Produktion einer Flugzeugturbine pro Blatt 500 Gigabyte an Daten an. Auch die Auswertung von mehreren Terabytes an Flugdaten, zum Teil noch in der Luft an Bord des Flugzeugs, ist letztlich nur ein konsequentes Weiterdenken der Möglichkeiten, die die Digitalisie-

1 *https://www.amazon.science/the-history-of-amazons-recommendation-algorithm*
2 *https://cloud.google.com/blog/de/products/datenanalysen/bigquery-als-vorreiter-fur-moderne-datenanalysen*
3 *https://www.linkedin.com/blog/engineering/data*
4 *https://engineering.fb.com/category/data-infrastructure*
5 *https://netflixtechblog.com/learning-a-personalized-homepage-aa8ec670359a*
6 Einige der folgenden Beispiele wurden aus [Hum23] übernommen.
7 *https://www.forbes.com/sites/bernardmarr/2015/06/01/how-big-data-drives-success-at-rolls-royce*

rung heute bietet. Stillstand oder gar Ausfall von Flugzeugen ist teuer, und so helfen Wartungsvorhersagen (sog. Predictive Maintenance) dabei, Wartungen möglichst frühzeitig zu planen und damit Ausfallzeiten zu reduzieren. Auch die von Airbus in Zusammenarbeit mit dem US-Börsenliebling Palantir errichtete Skywise-Plattform macht sich große Mengen von Flugzeugdaten zur Predictive Maintenance zunutze und half möglicherweise kürzlich dabei, katastrophale Unfälle aufgrund von Triebwerksproblemen zu verhindern.[8)]

Natürlich werden auch im **stationären Einzelhandel** Big-Data-Methoden genutzt. In den USA gilt Walmart als einer der Vorreiter auf diesem Gebiet. Dahinter wollen auch die Supermärkte und Discounter hierzulande nicht zurückstehen und analysieren den Verkauf eines jeden Produkts, sobald es über den Scanner an der Kasse gezogen wird. So arbeitet beispielsweise REWE seit mehreren Jahren an und mit einem System, das sogenannte „Out-of-Shelf"-Situationen in Regalen erkennen und dem Personal vor Ort direkt Anweisungen zum Wiederbefüllen geben kann.[9)] Ferner sollen damit auf Basis historischer Abverkaufszahlen Über- und Unter-Bevorratung besser verhindert werden, als menschliche Besteller oder die bisherige automatische Disposition dazu in der Lage wären. Der Einsatz moderner Technik ist unübersehbar auch in Deutschland auf breiter Front angekommen. Auch der hinter dem Discounter Lidl und Kaufland stehende Schwarz-Konzern macht in jüngerer Zeit durch massive Investitionen in Big-Data-Technologien von sich reden und ist dabei, mit STACKIT eine „souveräne Cloud für Europa" aufzubauen.[10)] Wir dürfen gespannt sein, ob STACKIT es schaffen wird, sich neben den amerikanischen Hyperscalern langfristig am Markt zu etablieren.

Auch im **Online-Handel** werden logischerweise Datenanalysen eingesetzt, weil Daten dort noch viel unmittelbarer genutzt werden können, um das Einkaufserlebnis von Kundinnen und Kunden zu verbessern (bzw. zugunsten der Verkaufszahlen zu beeinflussen). Passende Recommendation Engines finden sich nicht nur bei Amazon, sondern beispielsweise auch bei Zalando, wo – zumindest vor einigen Jahren – eine auf dem Spark-Framework basierende Datenauswertung[11)] zur Verbesserung der Datennutzung im Einsatz war. In Deutschland gilt Otto.de als einer der Analytics-Vorreiter, hier werden sogar die Clickstreams[12)] der Kundschaft im Online-Shop analysiert, um das Einkaufserlebnis zu verbessern.

Ein weiteres Beispiel, das gerade in Zeiten weltweit knapper werdender bzw. zu knapper Nahrungsmittelressourcen Hoffnung (und gleichzeitig auch ein wenig Sorgen) für die Zukunft macht, ist der **Agrarmaschinen**-Hersteller Deere & Company. Dieser investiert ebenfalls massiv in Big Data, um sowohl Ertrag als auch den Einsatz von Dünge- und Pflanzenschutzmittel für seine Kundschaft mit sogenannten Präzisionslandwirt-

8 *https://theaircurrent.com/aviation-safety/skywise-big-data-airbus-catastrophic-accident-a330neo*
9 *https://www.stores-shops.de/technology/bestaende-optimieren-mit-big-data*
10 *https://www.stackit.de/de/stackit-university*
11 *https://engineering.zalando.com/posts/2018/03/data-analysis-spark.html*
12 *https://www.otto.de/jobs/en/technology/techblog/blogpost/1-learning-to-rank-for-e-commerce-search.php*

schaftslösungen quadratmetergenau zu optimieren.[13] Darüber, wie weit die Firma Deere, in Deutschland mit einem Marktanteil von immerhin fast 20 %, darüber nachdenkt, diese Daten auch für eigene Zwecke zu nutzen, lässt sich an dieser Stelle nur spekulieren. Mit einer weitreichenden Erfassung von Erntemengen direkt beim Erzeuger sollte etwa eine fundierte Vorhersage von Zucker-, Weizen- oder auch Maispreisen in naher Zukunft ohne Weiteres im Bereich des Möglichen liegen.

Der **datenbasierte Journalismus** erlebte in den Jahren der Covid-Pandemie, als jede größere Zeitung ein Dashboard mit aktuellen (wenn auch meist nur über Nacht aktualisierten) Infektionszahlen im Internet bereitstellte, einen regelrechten Boom – auch wenn aufgrund überschaubarer Datenmengen für die allermeisten Analysen keinerlei Big-Data-Technologien benötigt wurde und Excel-Tabellen oder Jupiter-Notebooks[14] dafür absolut ausreichend waren. Ein wahres Meisterstück des Investigativjournalismus ereignete sich schon einige Jahre zuvor, als die nach einer dort ansässigen Anwaltskanzlei benannten und über 2,5 Terabyte großen **Panama-Papers** vom International Consortium of Investigative Journalists (ICIJ) mithilfe verschiedener Big-Data-Werkzeuge wie Neo4j[15] und wohl auch Redis und Elasticsearch[16] über ein Web-Portal analysierbar gemacht wurden. Gerade Neo4j erleichterte es ungemein, die dort verzeichneten, komplexen Machenschaften internationaler Finanznetzwerke besser zu durchdringen. In der Folge gerieten weltweit zahlreiche Prominente wie der Fußballer Lionel Messi oder Pakistans ehemaliger Staatschef Nawaz Sharif ins Fadenkreuz der Justiz. Auch zahlreiche Banken wie etwa die Deutsche Bank, die Commerzbank, die schweizerische UBS oder gar die Bayern LB tauchen in den Panama-Papers auf und werden mit Geldwäsche und Briefkastenfirmen in Verbindung gebracht.[17]

Zum Abschluss dieses Abschnitts sollen auch zwei spektakuläre **Misserfolge** mit Big Data näher beleuchtet werden und als eindringliche Warnung davor dienen, sich ohne kritisches Hinterfragen blindlings auf Datenanalysen oder KI zu verlassen. **Google Flu Trends**, das die Zahl von Grippe-Infektionen in einer Region anhand von Suchanfragen anfangs mutmaßlich recht gut einschätzen konnte, lieferte mit der Zeit immer schlechtere Ergebnisse.[18] Tendenziell überschätzte es die Zahl der Infektionen deutlich, teilweise bis zu einem Faktor zwei. Als Ursachen werden Änderungen am Suchalgorithmus sowie die Einführung der Auto-Completion bei der Sucheingabe vermutet. Auch ein zu vertrauensseliger Umgang mit einmal gefundenen Korrelationen werden als Gründe genannt [Ols+13].

13 *https://7wdata.be/business-analytics/from-farming-to-big-data-the-amazing-story-of-john-deere*
14 *https://www.youtube.com/watch?v=0x0BLRMMwa8*
15 *https://neo4j.com/blog/cypher-and-gql/icij-neo4j-unravel-panama-papers*
16 S. *https://github.com/ICIJ/datashare*, wobei hier nicht genau nachvollziehbar ist, wann welche Technologie in das System kam und wie weit diese schon für die anfänglichen Recherchen zu den Panama-Papers verwendet wurde
17 *https://www.tagesschau.de/ausland/panamapapers-banken-101.html*
18 *https://www.theguardian.com/technology/2014/mar/27/google-flu-trends-predicting-flu*

Ein weiterer Fehlschlag, der letztendlich zu Abschreibungen von über einer halben Milliarde Dollar und dem Verlust von rund 2.000 Arbeitsplätzen führte, ereignete sich bei Zillow, quasi dem US-amerikanischen Pendant zu Immobilienscout. Das dort 2018 gestartete Programm Zillow Offers sah vor, **Immobilien** auf Basis algorithmischer Marktwertanalysen automatisiert zu kaufen, leicht zu renovieren und zu einem höheren Preis weiter zu verkaufen.[19] Neben einer Überschätzung der Marktwerte der Immobilien durch die Algorithmen gilt insbesondere auch ein sehr aggressiver, weil später Markteintritt von Zillow in das sogenannte iBuying-Segment (i für instant) als Ursache für dieses Disaster.

19.2 Key Takeaways

Die aus unserer Sicht wichtigsten Punkten aus den über 600 Seiten unseres Buches haben wir Ihnen, liebe Leserinnen und Leser, im Folgenden noch einmal kurz und prägnant aufgelistet.

1. **Architektur- und Entwurfsprinzipien**
   - **Share-Nothing-Architektur**: Unterteile die Daten sinnvoll, um Abhängigkeiten bei parallelen Berechnungen zu vermeiden.
   - **Datenbewegungen reduzieren**: Bringe entweder die Berechnung (engl. Compute) zu den Daten oder route die Daten passend zur Logik.
   - **Resilienz**: Lege Systeme redundant aus, damit sie den Ausfall von Komponenten kompensieren können und Datenverluste vermieden werden.
   - **Idempotenz und Zustandslosigkeit**: Vermeide Zustandsänderungen und Seiteneffekte, gerade bei sich evtl. wiederholenden Operationen.
   - **Technologieauswahl**: Wähle die Technologie sorgfältig aus und lasse dich nicht von den Werbeversprechen der Hersteller blenden.
2. **Datenmanagement und Verarbeitung**
   - **Abfrageorientiertes Datenbank-Design**: Überlege zuerst, wie Daten performant abgefragt werden können.
   - **Polyglot Persistence**: Nutze ggf. mehrere Speicherformate, um die Abfragegeschwindigkeit zu erhöhen.
   - **Sequenzielles Schreiben**: Vermeide „Random Writes“ in bestehenden Dateien und strebe nach „append only“-Schreiboperationen.
   - **Lockfrei Schreiben**: Aggregiere die Daten vor dem Speichern, um langsam „concurrent writes“ zu vermeiden.
   - **Korrelation ≠ Kausalität**: Statistische Zusammenhänge belegen noch keine Ursache-Wirkung-Beziehungen.

19 *https://www.gsb.stanford.edu/insights/flip-flop-why-zillows-algorithmic-home-buying-venture-imploded*

- **Lineare Skalierbarkeit**: Strebe für eine nachhaltige Skalierbarkeit nach einer möglichst geringen Verarbeitungskomplexität.[20]
- **SQL lebt**: Die SQL ist als Quasistandard in der Datenanalytik etabliert und sollte auch mit großen Datenmengen verwendet werden.

3. **Wirtschaftliche und organisatorische Aspekte**
   - **Datenvervielfältigung antizipieren**: Redundanz und Polyglot Persistence werden große Datenmengen nochmal um ein Vielfaches vergrößern.
   - **Kostenkontrolle**: Überwache die Ausgaben für Cloud-Infrastrukturen kontinuierlich.
   - **Vendor Lock-in vermeiden**: Setze auf offene Technologien, Standards und Schnittstellen, um die Abhängigkeit von proprietären Angeboten niedrig zu halten und Anbieterwechsel möglich zu machen.
   - **Organisationen gestalten**: Big-Data-Projekte erfordern neue Fertigkeiten und Denkweisen in der gesamten Organisation.
   - **Daten-Governance**: Begleite den gesamten Lebenszyklus der Daten mit passenden Prozessen, um „Data Proliferation" zu vermeiden.
   - **Datensicherheit gewährleisten**: Vermeide Datenlecks unbedingt, denn je größer sie werden, desto größer sind auch die Folgen.
   - **Rechtsrahmen einhalten**: Halte Vorschriften wie die DSGVO auch beim Umgang mit Big Data ein.

Nach diesem bis hierhin weitestgehend technisch geprägten Resümee möchten wir im Folgenden auf die Bedeutung, die Chancen und auch die Risiken der Nutzung großer Datenmengen für die Gesellschaft und auch jede(n) Einzelnen von uns eingehen.

19.3 Soziale und ethische Aspekte

Die Welt befindet sich in einem radikalen Wandel: Big Data, Social Media und nicht zuletzt die daraus erwachsenen Möglichkeiten der künstlichen Intelligenz sind gerade dabei, vor allem bereits weitreichend technologisierte Gesellschaften völlig zu überrollen. Das Innovationstempo ist dabei so hoch, dass sich technologische Vorhersagen ohne Glaskugel fast von selbst verbieten. Die rasante Entwicklung großer Sprachmodelle hätten Ende der 2010er Jahre vermutlich nur wenige Menschen in einem solchen Ausmaß vorhergesagt. Die dadurch ausgelöste Unsicherheit über die Auswirkungen der KI ist nach wie vor so groß, dass die daraus erwachsenden Herausforderungen an vielen Stellen offenbar lieber totgeschwiegen als angegangen werden.

20 Ideal wäre $O(n)$, auch $O(n \log n)$ ist in der Praxis noch eine Zeitlang handhabbar, aber schon quadratisches Komplexitätswachstum ist nicht dauerhaft skalierbar.

19.3.1 Arbeitsplatz der Zukunft?

Haben Sie sich schon einmal konkrete Gedanken gemacht, was mit den Arbeitsplätzen von zahllosen LKW- und Taxifahrern passieren dürfte, sobald die KI soweit ist, das Steuer vollständig selbst zu übernehmen? Wo innovative Startups zum automatisierten Schreiben von Arzt-[21] oder einfachen Anwaltsbriefen[22] heute als willkommene Entlastung gesehen werden, könnten diese Technologien in einigen Jahren selbst hochqualifizierte Arbeitskräfte zunächst effizienter und schlussendlich gänzlich überflüssig machen sowie dabei noch qualitativ bessere Ergebnisse erzielen als wir Menschen. IBM berichtet jüngst davon, schon im Frühjahr 2025 über 90 Prozent aller Routinetätigkeiten rund um Human Resources von einer KI erledigen zu lassen.[23] Ganz zu schweigen von KIs zum automatischen Programmieren,[24] deren Fähigkeiten auch das Autorenteam an so mancher Stelle ins Grübeln gebracht haben. Wie weit wir Lehrende in der Informatik und vielen anderen Disziplinen in naher Zukunft ersetzbar sein könnten, darüber können wir derzeit nur spekulieren.

Wie wird er also aussehen, der Arbeitsplatz der Zukunft? Oder andersherum gefragt, wo wird es in Zukunft überhaupt noch sichere Arbeitsplätze geben? Vorhersagen sind bekanntlich schwierig, insbesondere, wenn sie die Zukunft betreffen, sodass auch wir das nicht seriös beantworten können. Wer hätte schließlich noch vor einigen Jahren gedacht, dass ausgerechnet zahlreiche wissensbasierte akademische Tätigkeiten so massiv von der KI bedroht werden würden? Rückblickend liegt es eigentlich förmlich auf der Hand: Überall da, wo eine große Menge von Trainingsdaten zur Verfügung steht, kann KI ihre Stärken besonders herausstellen. Überspitzt gesagt könnte sich also die Open-Source-Bewegung in absehbarer Zeit selbst überflüssig gemacht haben. Wir immerhin vermuten, dass Arbeitsplätze in handwerklichen Bereichen noch einige Jahre gesichert sein dürften und spürbar von Bürokratie-Entlastungen durch KI profitieren könnten – zumindest, bis irgendwann auch humanoide Roboter in handwerkliche Bereiche hineindrängen werden.

19.3.2 Ethische Überlegungen zur Datennutzung

War es in den Anfangsjahren des Internets noch möglich, durch Abstinenz eine Proliferation persönlicher Daten im Internet oder auch bei „Big Tech“ zu vermeiden, ist das Verhindern eines digitalen Fußabdrucks heute praktisch nur noch durch einen Totalausstieg aus der Technologie und damit quasi der Zivilisation vorstellbar. Wenn wir

21 *https://www.myscribe.de*

22 *https://rightflow.de*

23 *https://www.forbes.com/sites/chriswestfall/2025/05/27/ibm-replaces-hundreds-with-ai-as-hr-ld-leaders-rethink-roles*

24 Hierfür hat sich mittlerweile der Begriff Vibe-Coding etabliert, vgl. etwa *https://www.nzz.ch/technologie/chat-gpt-programmiere-bitte-eine-webseite-fuer-mich-vibe-coding-ist-im-trend-ld.1881342.*

uns vor Augen führen, welche technischen Möglichkeiten schon heute zur Verfügung stehen, muss eine mögliche künftige „Datakratie“ fast schon zwangsläufig dystopische Züge annehmen, vgl. etwa [Put24]. Im Folgenden möchten wir daher einige Denkanstöße dazu geben, um auch wichtige Diskussionen für unsere gesellschaftliche Zukunft mit großen Datenmengen anzuregen.

Datenkraken und Datenhoheit

Die Nutzung von Smartphone, moderner PKW- oder Smart-Home-Technologien sind ohne das Anlegen eines persönlichen Accounts heute faktisch nicht mehr möglich. Selbst für das Ablesen der Uhrzeit mit einer Smartwatch ist eine Registrierung beim Hersteller vorgesehen. Sogar Namen und Handynummern von Menschen, die etwa WhatsApp zu vermeiden versuchen, sind durch Adressbücher von allerlei Bekannten dem Zuckerberg-Konzern Meta längst bekannt, und, wie Edward Snowden sinngemäß formulierte, ist anzunehmen: „Once it's recorded, it's recorded forever.“ Zwar geben die Datenschutzgrundverordnung (DSGVO) und ähnliche Vorschriften uns Verbrauchern elementare Rechte an die Hand, doch nur wenige nutzen diese, um zu erfahren, was in persönlichen Profilen, die „Big Tech“ über uns gespeichert hat, im Detail enthalten ist. Noch schlimmer wird es, sobald ein Staat versucht, an diese Daten zu kommen oder gar begonnen hat, ein eigenes „Social Profiling“ für seine Untergebenen aufzubauen, wie das aus China[25)] seit mehreren Jahren berichtet wird.

Wir haben in diesem Buch zahlreiche technologische Herausforderungen, passende Lösungsansätze und die enormen Potenziale von Big Data beleuchtet – unter anderem die Transformation zur datengetriebenen Wertschöpfung (d. h. Schaffung neuer digitaler Dienste). Doch am Ende all dieser Entwicklungen steht keine technische, sondern eine zutiefst menschliche Frage, die über die Zukunft unserer digitalen Gesellschaft mitentscheiden wird: „Wem gehören eigentlich die Daten?“.

Gehören sie uns selbst – dem Individuum – als unveräußerliches digitales Eigentum, das wir wie persönlichen Besitz verwalten oder sogar verkaufen dürfen? Oder gehören sie den Unternehmen, die unsere Daten sammeln – sei es zur Bonitätsprüfung oder für (gezielte) Werbezwecke –, um damit die Dienste zu finanzieren, die wir täglich, oft scheinbar kostenlos, benutzen? Jüngste Regulierungen wie die Datenschutzgrundverordnung (DSGVO) oder der Digital Services Act (DSA) versuchen immerhin, der kommerziellen Verarbeitung Grenzen zu setzen. Gleichzeitig zeigen Richtlinien wie die Zahlungsrichtlinie PSD2 im Bankenwesen, dass der regulatorische Rahmen ebenso den Zugang für Dritte (Nichtbanken wie FinTechs) zu unseren Daten erleichtern kann – ein Beleg für die tiefen Widersprüche, in denen wir als Gesellschaft stecken.

Oder sind Daten ein Gemeingut – eine neue öffentliche Ressource, die dem Wohl der Gesellschaft dienen sollte? Die Debatte um die elektronische Patientenakte (ePA) in Deutschland illustriert dieses Dilemma perfekt. Der unschätzbare Vorteil: die Förde-

25 *https://merics.org/en/report/chinas-social-credit-system-2021-fragmentation-towards-integration*

rung der medizinischen Forschung zum Wohle aller, z. B. durch Entwicklung besserer Medikamente oder Behandlungsmethoden. Der evidente Nachteil: die Preisgabe hochsensibler Informationen, die in den „falschen Händen" – etwa bei Arbeitgebern, Versicherungen oder gar Kriminellen – immense individuelle Nachteile und Schäden verursachen könnten.

Bisher sind nur einige vorsichtige Initiativen zur Demokratisierung von Daten und deren Nutzung entstanden: Es existieren zwar verschiedene Open-Data-Portale etwa von Bund und Bundesländern[26] oder auch der EU, deren Inhalte sind aber meist eher belanglos und/oder veraltet, wie etwa eine Suche nach Krankenhausdaten[27] bei GovData mit ganzen 7 Treffern im September 2025 belegt. Noch trauriger wird es, wenn die Veröffentlichung von aus Eigeninitiative gesammelten Daten wie etwa Verspätungsdaten der Deutschen Bahn[28] offenbar bewusst verhindert wird.

Gerade das Vordringen von KI in unseren Alltag macht die Diskussion und Beantwortung dieser Fragen unumgänglich. KI-Systeme sind fleißige Lerner, die mit den Daten unserer menschlichen Existenzen gefüttert werden, um neue Dienste und damit Werte zu schaffen. Die Frage ist also nicht mehr nur, wer unsere Vergangenheit besitzt, sondern wer die Zukunft gestalten, kontrollieren und von ihr profitieren darf, die genau aus dieser Vergangenheit hergeleitet wird.

Zugleich stehen Gerichte vor einer Welle von Grundsatzfragen, die das Urheberrecht in seinen Grundfesten hinterfragen, wie: „Darf alles, was im Internet frei zugänglich ist, auch zum Training von Sprachmodellen genutzt werden?". Neben wiederkehrenden Mustern wie dem grundsätzlichen Stil von generierten Bildern werden sogar KI-Zusammenfassungen aus Suchergebnissen auf den Prüfstand gestellt. Die Antwort auf die Frage des Dateneigentums – und damit der Datensouveränität – wird also nicht nur in den großen Rechenzentren des Silicon Valley gefunden, sondern muss in einem breiten gesellschaftlichen Dialog erörtert werden. Einem Dialog, an dem sich hoffentlich auch die fachkundigen Leserinnen und Leser dieses Buchs beteiligen werden.

Wettstreit um die Deutungshoheit

Auch um die Deutung von Daten und Informationen ist in den letzten Jahren ein regelrechter Wettstreit entbrannt, gefühlt nimmt zudem die Zahl an öffentlichen „Shitstorms" beinahe wöchentlich weiter zu. Politik, Medien, Big Tech, NGOs und Aktivisten kämpfen mit zunehmend härteren Bandagen um die Deutungshoheit zu allen möglichen Themen, die die Menschen bewegen. Zur Verhinderung der Verbreitung sogenannter „Fake News" sind Faktenchecks auch in etablierten Medien üblich geworden, etwa um Aussagen von Talkshow-Gästen noch in der Sendung hinterfragen zu können. Durch die fortschreitenden technologischen Möglichkeiten fällt es aber auch uns

26 *https://www.govdata.de*

27 *https://www.govdata.de/suche?q=krankenhaus&state=07&groups=heal&sort=lastmodification_desc*

28 *https://bahnvorhersage.de/opendata*

Bürgerinnen und Bürgern immer leichter, einseitige Berichterstattungen wie jüngst sogar im öffentlich rechtlichen Rundfunk[29] schnell zu entdecken und zu hinterfragen. Ob das künftig zu einer sorgfältigeren Arbeitsweise im Journalismus und größerer Meinungsfreiheit oder langfristig einem Anwachsen der „Cancel Culture“ führen wird, dürfte zu einer der spannendsten Entwicklungen der nächsten Jahre gehören.

Ebenso wie die künftigen Auswirkungen von möglichen „Filterblasen“ in Social Media stehen doch die Algorithmen der Social-Media-Dienste im Verdacht, uns auf Basis ihrer umfangreichen Nutzerdaten gezielt nur solche Inhalte einzuspielen, die uns zu möglichst lange anhaltendem „Doom-Scrolling“ animieren. Hier müssen sich Tech-Firmen und ihre Entwicklerinnen und Entwickler die Frage gefallen lassen, ob alles, was technisch möglich ist, auch gemacht und erlaubt werden sollte und wie weit bereits heutige Algorithmen zu einer einseitigen Weltsicht (auf allen Seiten des politischen Spektrums) beitragen oder eine Verrohung der Debatte befördern können. Auch der Staat und jeder Einzelne sind gefordert, tragfähige Strategien für einen sinnvollen Umgang mit den sozialen Medien und ein allgemeines Digital Wellbeing zu entwickeln.

Gerade auf Heranwachsende können Filterblasen mit möglicherweise unrealistischen Schönheits- und Lebensidealen sonst – auch ganz ohne extremistisches Gedankengut – ernstzunehmende negative Auswirkungen haben. Wie weit die ganz alltägliche, passive Nutzung von Social Media in der Wirkung mit Heroin vergleichbar ist, wie Jens Spahn das im Herbst 2025 formuliert hat,[30] sei dahingestellt, doch negative Auswirkungen auf das Selbstbild junger Menschen sind jedenfalls auch nach wissenschaftlichen Studien nicht von der Hand zu weisen [Twe+18]. Wie weit hier der Gesetzgeber regulierend eingreifen muss oder es zu einer Selbstregulierung der Anbieter kommen kann, wird abermals die Zukunft zeigen müssen. Aktuell sind jedenfalls keine nennenswerten Initiativen zu einer Beschränkung durch die Anbieter selbst erkennbar.

Meinungsmanipulation

Wie Meinungen schon heute mit Daten gezielt gesteuert – um nicht zu sagen manipuliert – werden können, hat bereits der 2018 offenbar gewordene Skandal rund um die britische Firma Cambridge Analytica in das Bewusstsein der Öffentlichkeit gebracht. Cambridge Analytica analysierte große Datenmengen aus Social-Media-Diensten wie Facebook, um ein Persönlichkeitsprofil zu erstellen, das als Grundlage für personalisierte Online-Werbung diente, um Wählerinnen und Wähler gezielt mit für sie maßgeschneiderten Botschaften anzusprechen.[31] Damit soll Cambridge Analytica nicht nur den ersten Wahlsieg von Donald Trump im amerikanischen Präsidentschaftswahlkampf unterstützt, sondern möglicherweise auch einen Anteil am Ausgang des Brexit-Referendums auf den britischen Inseln gehabt haben. Immerhin führte dieser Skandal

29 *https://www.welt.de/kultur/medien/article249680016/Rundfunk-ARD-Sender-interviewt-eigene-Mitarbeiterin-bei-Demo-gegen-Rechts.html*

30 *https://www.tagesschau.de/inland/debatte-social-media-verbot-jugendliche-100.html*

31 *https://www.n-tv.de/wirtschaft/Facebook-Bis-zu-310-000-Deutsche-betroffen-article20368364.html*

zu einer Verschärfung des Datenschutzes und hoffentlich ebenso zu einem gesteigerten Bewusstsein innerhalb von Organisationen, die über große Mengen von persönlichen Daten verfügen. Trotzdem ist wohl nicht davon auszugehen, dass der Konkurs von Cambridge Analytica experimentierfreudige Naturen nachhaltig davon abhalten dürfte, weiter in diese Richtung zu denken, wie das etwa Forschende von der Uni Zürich kürzlich taten.[32)]

Es muss nicht einmal die aktive Nutzung von Daten zur Beeinflussung von Menschen sein: Wie Cathy O'Neil in ihrem Buch „Weapons of Math Destruction" [ONe16] schon vor beinahe zehn Jahren argumentierte, können Analysemodelle auch unbeabsichtigt in den Daten vorhandene Vorurteile verstärken und damit große Bevölkerungsgruppen benachteiligen. Schlimmer noch, es können sogar sich selbst verstärkende Schleifen entstehen, wenn etwa durch mehr Polizei in ärmeren Gegenden mehr Verbrechen aktenkundig werden und ein Analysesystem daraufhin die „Gefährlichkeit" einer Gegend weiter erhöht. Ein weiteres, nicht weniger bezeichnendes Beispiel ist der sogenannte Gender Bias, der auch in vielen Big-Data- oder KI-Systemen auftritt, wenn sie beispielsweise überwiegend mit Daten von Männern trainiert worden sind, vgl. etwa [Hou19]. Da solche Prozesse aufgrund nicht nachvollziehbarer Arbeitsweisen von Algorithmen oft lange unerkannt bleiben, ist es für Betroffene meist schwer, diese zu erkennen und sich zur Wehr zu setzen.

19.4 Farewell

Zum Abschluss möchten wir ein treffendes Zitat aus dem sehr lesenswerten Buch von Martin Kleppmann [Kle17] mit Ihnen teilen, um Sie wieder in eine positive Grundstimmung zu versetzen und noch einmal die umfangreichen Chancen von „Data Science mit Big Data" zu hervorzuheben:

> "Technology is a powerful force in our society. Data, software, and communication can be used for bad: to entrench unfair power structures, to undermine human rights, and to protect vested interests. But they can also be used for good: to make underrepresented people's voices heard, to create opportunities for everyone, and to avert disasters. This book is dedicated to everyone working toward the good."

Dieser Aussage können wir uns nur anschließen. Wir freuen uns, wenn Sie, liebe Leserinnen und Leser, das in unserem Buch vermittelte Wissen insbesondere in Zeiten zunehmender politischer und wirtschaftlicher Unsicherheit dazu verwenden, Transparenz, Verantwortung und nachhaltige Entwicklung zu fördern oder sogar die ganze Welt ein bisschen besser zu machen und im Guten voranzubringen. Wir freuen uns, wenn wir mit unserem Werk indirekt einen kleinen Beitrag dazu leisten konnten.

---

32 *https://www.science.org/content/article/unethical-ai-research-reddit-under-fire*

Insofern dürfen Sie unser Buch gerne als einen „Call to Experiment" verstehen, um Dinge auszuprobieren und Ihren Ideen freien Lauf zu lassen. Wer weiß, vielleicht hat es Ihnen ja bereits die ein oder andere Inspiration gegeben, sich in ein Thema einzuarbeiten und dadurch beruflich voranzukommen, sei es intern bei Ihrem Arbeitgeber oder sogar als Entrepreneur mit einer eigenen Geschäftsidee. Im Umfeld von Datenanalysen und Big Data scheinen die Möglichkeiten für Unternehmensgründungen gerade schier endlos zu sein, daher – dieser kleine Werbeblock liegt einem Autor ganz besonders am Herzen – freut sich das Gründungszentrum Ihrer Hochschule, einer Hochschule in der Nähe oder auch der IHK oder ähnlicher Institutionen immer darauf, mit Ihnen die Möglichkeiten für eine Gründungsunterstützung oder Fördermittelbeantragung[33)] zu erörtern.

Egal ob Sie eine persönliche Erfolgsgeschichte mit uns teilen oder Anregungen, Lob oder Kritik zu diesem Buch übermitteln möchten, Sie finden das gesamte Autorenteam bei LinkedIn oder auch per Google auf den Webseiten unserer Arbeitgeber. Wir freuen uns auf Ihre Kontaktaufnahme und danken Ihnen abschließend für Ihr Interesse und dass Sie sich durch dieses Buch gearbeitet haben!

Literatur

[BBC+14] Ian Bird, Predag Buncic, Federico Caminati et al. *Update of the Computing Models of the WLCG and the LHC Experiments*. Techn. Ber. CERN-LHCC-2014-014. Technical Report. CERN, 2014.

[CAA21] Elizaveta Cherepanova, Evgeny Alexandrov und Igor et al. Alexandrov. „The ATLAS EventIndex using the Hbase/Phoenix storage solution". In: *Distributed Computing and Grid-technologies in Science and Education*. 2021.

[Hou19] Kimberly A Houser. „Can AI solve the diversity problem in the tech industry: Mitigating noise and bias in employment decision-making". In: *Stan. Tech. L. Rev.* 22 (2019), S. 290.

[Hum23] Oliver Hummel. „Big Data und Big Data Analytics". In: *Datenkompetenz: Daten erfolgreich nutzen*. Hrsg. von Michael Lang. München: Hanser, 2023.

[Kle17] Martin Kleppmann. *Designing data-intensive applications: The big ideas behind reliable, scalable, and maintainable systems*. O'Reilly Media, 2017.

[Ols+13] Donald R Olson et al. „Reassessing Google Flu Trends data for detection of seasonal and pandemic influenza: a comparative epidemiological study at three geographic scales". In: *PLoS computational biology* 9.10 (2013), e1003256.

[ONe16] Cathy O'Neil. *Weapons of Math Destruction: How Big Data Increases Inequality and Threatens Democracy*. New York: Crown, 2016.

[Put24] Widodo Dwi Putro. „Democracy Crisis and the Rise of Datacracy". In: *Padjadjaran Jurnal Ilmu Hukum (Journal of Law)* 11.1 (2024), S. 53–75.

[Twe+18] Jean M Twenge et al. „Increases in depressive symptoms, suicide-related outcomes, and suicide rates among US adolescents after 2010 and links to increased new media screen time". In: *Clinical psychological science* 6.1 (2018), S. 3–17.

33 Siehe z. B. *https://launchtomars.de/funding*

Abbildungsverzeichnis

Tabellenverzeichnis

Listingsverzeichnis

Index

S

T